Herrfeld
Die Abhängigkeit des Franchisenehmers

GABLER EDITION WISSENSCHAFT

Kasseler Wirtschafts- und Verwaltungswissenschaften; Band 9

Herausgegeben von Dr. Heinz Hübner, Dr. Jürgen Reese, Dr. Peter Weise und Dr. Udo Winand, Univ.-Professoren des Fachbereiches Wirtschaftswissenschaften, Universität-Gh Kassel

Die Schriftenreihe dient der gebündelten Darstellung der vielfältigen wissenschaftlichen Aktivitäten des Fachbereichs Wirtschaftswissenschaften der Universität-Gh Kassel. Er umfaßt die Fachgebiete Betriebswirtschaftslehre, Volkswirtschaftslehre, Verwaltungswissenschaft und Wirtschaftsinformatik. Die Reihe ist jedoch auch offen für die Veröffentlichung von Arbeiten aus „verwandten" Fachgebieten und Ergebnissen aus interdisziplinären Projekten mit ausgeprägtem Bezug zu ökonomischen Fragestellungen.

Patricia Herrfeld

Die Abhängigkeit des Franchisenehmers

Rechtliche und ökonomische Aspekte

Mit einem Geleitwort
von Prof. Dr. Bernhard Nagel

Springer Fachmedien Wiesbaden GmbH

Die Deutsche Bibliothek - CIP-Einheitsaufnahme

Herrfeld, Patricia:
Die Abhängigkeit des Franchisenehmers : rechtliche und ökonomische Aspekte /Patricia Herrfeld. Mit einem Geleitw. von Bernhard Nagel.
- Wiesbaden : Dt. Univ.-Verl. ; Wiesbaden : Gabler, 1998
(Kasseler Wirtschafts- und Verwaltungswissenschaften ; Bd. 9)
(Gabler Edition Wissenschaft)
Zugl.: Kassel, Univ., Diss., 1997
ISBN 978-3-8244-6789-1

ISBN 978-3-8244-6789-1 ISBN 978-3-663-08370-2 (eBook)
DOI 10.1007/978-3-663-08370-2

Gabler Verlag, Deutscher Universitäts-Verlag, Wiesbaden

Ursprünglich erschienen bei Betriebswirtschaftlicher Verlag Dr. Th. Gabler GmbH, Wiesbaden 1998

http://www. gabler-online.de

Höchste inhaltliche und technische Qualität unserer Produkte ist unser Ziel. Bei der Produktion und Auslieferung unserer Bücher wollen wir die Umwelt schonen: Dieses Buch ist auf säurefreiem und chlorfrei gebleichtem Papier gedruckt.

Lektorat: Ute Wrasmann / Brigitte Knöringer

ISBN 978-3-8244-6789-1

Geleitwort

Patricia Herrfeld hat sich einem Thema zugewandt, das wegen der stetig wachsenden Zahl von Franchiseverträgen eine wachsende Bedeutung in der Wirtschaft erlangt hat. Ihre Arbeit befaßt sich mit der Abhängigkeit des Franchisenehmers. Diese Abhängigkeit kann sich in vielerlei Hinsicht äußern. Insbesondere kann der Franchisenehmer auch so in die Organisation des Franchisegebers eingegliedert sein, daß er bei kursorischer Betrachtung als unselbständig angesehen werden kann. Die Autorin legt eine umfangreiche ökonomische und juristische Untersuchung vor, in der die zivilrechtlichen, die handelsrechtlichen, die wettbewerbs- und kartellrechtlichen, die konzernrechtlichen, die arbeits- und mitbestimmungsrechtlichen Aspekte des Franchising abgehandelt werden. Die Arbeit behandelt diese Fragen nicht rein juristisch-dogmatisch, sondern wendet auch die Untersuchungsmethoden der Neuen Institutionenökonomie an. Ergänzt wird die Arbeit durch Aufarbeitung einer empirischen Untersuchung von mehr als 30 Franchiseverträgen.

Der besondere Reiz der Arbeit liegt darin, daß sie juristische und ökonomische Aspekte verknüpft. Der ökonomische Teil der Arbeit befaßt sich zunächst mit den Grundlagen der Neuen Institutionenökonomie. Hierunter fallen die Property-Rights-Theorie, die Transaktionskostentheorie und die Agency-Theorie. Anschließend wird die Literaturmeinung dargestellt, die auf der Grundlage dieser Theorien für die Existenz des Franchising entwickelt wurde. In einem eigenen Teil widmet sich die Autorin dem interessanten Punkt "Franchisierung versus Filialisierung" zu. Sie diskutiert sorgfältig die jeweiligen ökonomischen Vorteile dieser beiden Distributionskonzepte.

In ihrer juristischen Würdigung bezieht sich die Autorin zuerst auf eine Untersuchung von Vertragsklauseln, die aus der genannten empirischen Untersuchung hervorgegangen ist. Die juristische Würdigung befaßt sich zunächst mit dem Zivilrecht. Den größten Einfluß auf Franchiseverträge haben hier die Paragraphen 138 und 242 BGB. Darüber hinaus kommt dem Gesetz über die Allgemeinen Geschäftsbedingungen (AGB-Gesetz) eine große Bedeutung zu, da der Franchisegeber dem Franchisenehmer in der Regel standardisierte, vorformulierte Verträge zur Unterzeichnung vorlegt. Schließlich kommt das Verbraucherkreditgesetz zur Anwendung, wenn in dem Franchisevertrag Vereinbarungen über den wiederkehrenden Bezug von Sachen oder Dienstleistungen getroffen werden.

Die Würdigung des Handelsrechts erstreckt sich hauptsächlich auf die Zeit nach Vertragsbeendigung. Wichtigste Punkte sind hier der Ausgleichsanspruch für den überlassenen Kundenstamm und die Karenzentschädigung für ein nachvertragliches Wettbewerbsverbot.

In dem umfangreichen wettbewerbs- und kartellrechtlichen Teil werden zunächst das Kartellverbot, Ausschließlichkeitsbindungen sowie die Mißbrauchsaufsicht über marktbeherrschende Unternehmen nach dem Gesetz gegen Wettbewerbsbeschränkungen abgehandelt. Im Rahmen der Darstellung des europäischen Kartellrechts werden hauptsächlich die Gruppenfreistellungsverordnung für Franchisevereinbarungen und die einzelfallbezogene Rechtsprechung vor Einführung der Gruppenfreistellungsverordnung abgehandelt.

Im konzernrechtlichen Teil ihrer Arbeit untersucht die Autorin, ob Franchisesysteme als Vertragskonzerne oder auch als faktische Konzerne behandelt werden können. Sie befaßt sich hierbei insbesondere mit dem Begriff der Abhängigkeit in § 17 des Aktiengesetzes.

Im Kapitel zum Arbeitsrecht werden die Meinungen zum Arbeitnehmerbegriff dargelegt. Aufgezeigt werden hier die ontologische und die teleologische Definition des Arbeitnehmers. Schließlich werden Abgrenzungskriterien für die Arbeitnehmereigenschaft und ihrer Bedeutung für den Franchisenehmerbegriff entwickelt.

Abschließend wird der in letzter Zeit zunehmend diskutierte Bereich der Mitbestimmung in Franchisesystemen aufgegriffen. Hier finden alle Aspekte, angefangen von Betriebsräten, über Gesamtbetriebsräte bis hin zu Konzern- und europäischen Betriebsräten, Berücksichtigung.

Mit dieser Arbeit legt die Autorin eine umfassende Untersuchung zum Franchising vor, wie sie bisher in der Literatur nicht geboten wurde. Durch die sinnvolle Verknüpfung von ökonomischen und rechtlichen Aspekten sowie durch die Auswertung zahlreicher Verträge in der Franchisepraxis gelingt es der Autorin, Vorgaben für die Beurteilung von Vertragsklauseln in Franchiseverträgen zu entwickeln. Insbesondere zeigt es sich, daß die Abhängigkeit des Franchisenehmers über die Wahrnehmung von Weisungs- und Kontrollrechten des Franchisegebers abgesichert wird. Andererseits zeigt sich aber auch, daß der Franchisegeber ein dringendes Interesse an der Absicherung des Franchisesystems im Interesse aller am System Beteiligten, auch der Franchisenehmer, geltend machen kann.

Besonders erfreulich ist, daß die Autorin ihre Untersuchung durch eine Vielzahl von Quellen belegen und durch die Diskussion von Gerichtsentscheidungen bereichern kann. Interessant ist schließlich ihr Vorschlag, nach amerikanischem Beispiel eine Offenlegungspflicht des Franchisegebers einzuführen.

Prof. Dr. Bernhard Nagel

Es gibt sachlich keine Grenzen für das Franchising. (Tietz, B., Franchising, 1987, S.36)

Vorwort

Die vorliegende Arbeit entstand an der Universität Gesamthochschule Kassel im Fachbereich Angewandte Sozialwissenschaften und Rechtswissenschaften. Es stellt sich die Frage, warum noch eine Dissertation zum Thema "Franchising" notwendig war. Dies läßt sich mit zwei wesentlichen Argumenten beantworten. Zum einen ist die Organisationsform Franchising weiterhin sowohl bei Franchisegebern als auch bei Franchisenehmern begehrt; das belegen die aktuellen Zahlen. Hinzu kommt, daß dem Franchising keine Grenzen gesetzt sind, so daß mittlerweile erwogen wird, öffentliche Einrichtungen (Bibliotheken, Schwimmbäder etc.), aber auch das Versicherungs- und Bankenwesen zu franchisieren. Von einer Abnahme des Trends zur Franchisierung kann auch nach fast 20 Jahren des Franchising in der Bundesrepublik Deutschland folglich nicht die Rede sein. Zum anderen befaßte sich zu der Zeit, als das Thema einer potentiellen Arbeitnehmereigenschaft des Franchisenehmers zum Gegenstand dieser Dissertation wurde, keine Monographie ausführlich mit dieser Problematik. Mitte der achtziger Jahre stand vor allem die wettbewerbsrechtliche Diskussion im Vordergrund. Auch zu den planungstechnischen Aspekten von Franchisesystemen erschienen einige Monographien. Die arbeitsrechtliche Seite des Franchising wurde schon deshalb nicht diskutiert, weil die Auffassung vorherrschte, daß der Franchisenehmer rechtlich selbständig sei und deshalb eine Arbeitnehmereigenschaft ausscheide. Erst in den neunziger Jahren änderte sich diese Auffassung. Die vorliegende Dissertation hat aber gegenüber diesen Veröffentlichungen einen eigenen Charakter, da sie neben arbeitsrechtlichen Aspekten auch konzern-, zivil- und wirtschaftsrechtliche Thematiken behandelt. Als interdisziplinäre Arbeit werden der rechtlichen Analyse ökonomische Betrachtungen hinzugefügt. Die Arbeit soll einen interdisziplinären Überblick über die Normen geben, die das Franchiseverhältnis beeinflussen.

Gedankt sei zunächst Herrn Prof.Dr. Bernhard Nagel, der als Doktorvater die Betreuung dieser Arbeit übernommen hat. Besonderen Dank schulde ich ihm für die Freiheit, die mir bei der Bearbeitung dieses Themas eingeräumt wurde, für zahlreiche Anregungen zu diesem Thema, die Aufgaben, die mir während der Promotionsphase übertragen wurden, die Kontaktvermittlung zu der Hans-Böckler-Stiftung sowie für die Übernahme des Erstgutachtens. Weiterer Dank gebührt Herrn Privatdozent Dr.habil. Thomas Eger, der mir mit seinem ökonomischen Wissen, auch speziell zum Thema Franchising, sowie mit der Übernahme des Zweitgutachtens hilfreich zur Seite stand.

Prof. Dr. Michael Kittner und Prof. Dr. Alexander Roßnagel fungierten als weitere Mitglieder der Prüfungskommission, wofür ich ihnen an dieser Stelle meinen herzlichsten Dank aussprechen möchte. Durch die Gewährung eines Promotionsstipendiums seitens der Hans-Böckler-Stiftung bestand für mich die Möglichkeit, mit anderen Promovenden/innen Kontakt aufzunehmen. Gerade das entgegen gebrachte Interesse an dem Thema sowie die finanzielle Förderung stärkten mein Bewußtsein, daß diese Arbeit auch von gesellschaftspolitischer Relevanz ist. Besonders Herrn Werner Fiedler und Frau Sigrid Krämer von der Hans-Böckler-Stiftung sei für ihre Betreuung als Promotionsstipendienreferenten gedankt. Auch Herrn Prof.Dr. Herbert Schäfer, der für die Weiterförderungsgutachten zuständig war, möchte ich meinen Dank für diese Arbeiten aussprechen. Das gleiche gilt für die Stipendiatengruppenvertreter Michael Berndt und Olaf-Jörn Schumann für deren Gutachten. Frau Dr.rer.pol. Martina Schulze und Herrn Dipl.oec. Andreas Stehl sei insbesondere für die jedwede Unterstützung gedankt. Des weiteren möchte ich meinen Dank den Franchisegebern aussprechen, die mir ihre Franchiseverträge zur Verfügung gestellt haben, wodurch erst fundierte Aussagen möglich waren. Bei meinem Mann Andreas möchte ich mich für die moralische Unterstützung sowie für die Durchsicht und Korrektur dieser Schrift bedanken. Last, but not least möchte ich mich bei meinen Eltern bedanken, denen ich den Schritt zu Studium und Promotion verdanke.

Patricia Herrfeld

Inhaltsverzeichnis

Abbildungs- und Tabellenverzeichnis

Abkürzungsverzeichnis

a.A.	anderer Ansicht
AblEG	Amtsblatt der Europäischen Gemeinschaften
ABS	American Behavioural Scientist
Abs.	Absatz
AbzG	Abzahlungsgesetz
AcP	Archiv für die civilistische Praxis
AEA	American Economic Association
AER	American Economic Review
AFG	Arbeitsförderungsgesetz
AG	Amtsgericht; Aktiengesellschaft
AGB	Allgemeine Geschäftsbedingungen
AGBG	Gesetz über die Allgemeinen Geschäftsbedingungen
AiB	Arbeitsrecht im Betrieb
AktG	Aktiengesetz
Alt.	Alternative
AMR	Academy of Management Review
Anh.	Anhang
Annual Rev.Sociology	Annual Review of Sociology
AP	Arbeitsrechtliche Praxis (Entscheidungssammlung)
ArbG	Arbeitsgericht
ArbGG	Arbeitsgerichtsgesetz
ArbPlSchG	Arbeitsplatzschutzgesetz
ArbSichG	Arbeitssicherheitsgesetz
ArbStättV	Arbeitsstättenverordnung
ArbuR	Arbeit und Recht
ArbZG	Arbeitszeitgesetz
Art.	Artikel
ASR	American Sociological Review
Aufl.	Auflage
BAG	Bundesarbeitsgericht
BAnz.	Bundesanzeiger
BB	Der Betriebs-Berater, Zeitschrift für Recht und Wirtschaft

Bd.	Band
BDSG	Bundesdatenschutzgesetz
BEL	The Bell Journal of Economics
BErzGG	Bundeserziehungsgeldgesetz
BetrVG	Betriebsverfassungsgesetz
BGB	Bürgerliches Gesetzbuch
BGBl	Bundesgesetzblatt
BGH	Bundesgerichtshof
BGHZ	Entscheidungen des Bundesgerichtshofs in Zivilsachen
BKartA	Bundeskartellamt
BPersVG	Bundespersonalvertretungsgesetz
BSG	Bundessozialgericht
Buchst.	Buchstabe
BUrlG	Bundesurlaubsgesetz
BL	Business Lawyer
BRD	Bundesrepublik Deutschland
Bsp.	Beispiel
bspw.	beispielsweise
BT	Bundestag
BVerfG	Bundesverfassungsgericht
bzw.	beziehungsweise
ca.	circa
CalifLRev	California Law Review
CambridgeJEcon	Cambridge Journal of Economics
ComLJ	Commercial Law Journal
CR	Computer und Recht
DB	Der Betrieb
DBW	Die Betriebswirtschaft
DFV	Deutscher Franchise-Verband
DG	Der Gesellschafter
d.h.	das heißt
Die AG	Die Aktiengesellschaft
Die Mitb.	Die Mitbestimmung
DIN	Deutsches Institut für Normung e.V.
Diss.	Dissertation

DM	Deutsche Mark
DSWR	Zeitschrift für Praxisorganisation, Betriebswirtschaft und elektronische Datenverarbeitung
EBRG	Gesetz über Europäische Betriebsräte
ECO	Economica
EconInq	Economic Inquiry
ECU	European Currency Unit
EDV	Elektronische Datenverarbeitung
EFZG	Entgeltfortzahlungsgesetz
EG-Komm.	EG-Kommission
EGV	Vertrag zur Gründung der Europäischen Gemeinschaft
EJ	The Economic Journal
ELR	European Law Review
ErstrG	Erstreckungsgesetz, Gesetz über die Erstreckung von gewerblichen Schutzrechten
et al.	und andere
etc.	et cetera
EU	Europäische Union
EuGH	Europäischer Gerichtshof
EuGHE	Sammlung der Rechtsprechung des Europäischen Gerichtshofes
EuZW	Europäische Zeitschrift für Wirtschaftsrecht
EWGV	Vertrag zur Gründung der Europäischen Wirtschaftsgemeinschaft
EWiR	Entscheidungen zum Wirtschaftsrecht
EzA	Entscheidungssammlung zum Arbeitsrecht
f.	folgende Seite oder folgender Paragraph
ff.	folgende Seiten oder folgende Paragraphen
FMA	Financial Management
Fs	Festschrift
FTC	Federal Trade Commission
GbR	Gesellschaft bürgerlichen Rechts
GebrMG	Gebrauchsmustergesetz
GefStoffV	Gefahrstoffverordnung

GewO	Gewerbeordnung
GG	Grundgesetz
GmbH	Gesellschaft mit beschränkter Haftung
GmbHG	Gesetz betreffend die Gesellschaften mit beschränkter Haftung
GmbHR	GmbH-Rundschau
GMH	Gewerkschaftliche Monatshefte
GuV	Gewinn und Verlust
GVO	Gruppenfreistellungsverordnung
GWB	Gesetz gegen Wettbewerbsbeschränkungen
HAG	Heimarbeitsgesetz
Halbs.	Halbsatz
HaustürWG	Haustürwiderrufsgesetz
HB	Handelsblatt
HBS	Hans-Böckler-Stiftung
HGB	Handelsgesetzbuch
h.L.	herrschende Lehre
h.M.	herrschende Meinung
Hrsg.	Herausgeber
i.d.R.	in der Regel
i.e.S.	in engerem Sinne
IIC	International Review of Industrial Property and Copyright Law
IJIO	International Journal of Industrial Organizations
IlPol.	Il Politico
IMR	International Marketing Review
i.S.d.	im Sinne des / der
i.V.m.	in Verbindung mit
i.w.S.	in weiterem Sinne
JA	Juristische Arbeitsblätter
JOB	Journal of Business
JBusEthics	Journal of Business Ethics
JBL	Journal of Business Law
JEconLit	Journal of Economic Literature
JEH	Journal of Economic History

JEI	Journal of Economic Issues
JEP	Journal of Economic Perspectives
JES	Journal of Economic Studies
JFE	Journal of Financial Economics
JIE	Journal of Industrial Economics
JIO	Journal of Industrial Organization
JITE	Journal of Institutional and Theoretical Economics
JLE	Journal of Law and Economics
JLegE	Journal of Legal Economics
JLegStud	Journal of Legal Studies
JLEO	Journal of Law, Economics, and Organization
JLawSoc	Journal of Law and Society
JMR	Journal of Marketing Research
JM	Journal of Marketing
JPE	Journal of Political Economy
JRT	Journal of Retailing
JSB	Journal of Small Business Management
JuS	Juristische Schulung
JWT	Journal of World Trade Law
JZ	Juristen Zeitung
KG	Kammergericht; Kommanditgesellschaft
KGaA	Kommanditgesellschaft auf Aktien
KK	Kölner Kommentar
km	Kilometer
KO	Konkursordnung
Komm.	Kommentar
KSchG	Kündigungsschutzgesetz
LAG	Landesarbeitsgericht
LG	Landgericht
LFG	Lohnfortzahlungsgesetz
Manag	Management
Managerial and Decision Econ	Managerial and Decision Economics
MarkenG	Markengesetz

MDE	Management Decision
Mio.	Millionen
MKTG	Marketing
MbErgG	Mitbestimmungsergänzungsgesetz
MDR	Monatsschrift für Deutsches Recht
MitbestG	Mitbestimmungsgesetz
MJL	Marketing Journal
Montan-MbG	Montan-Mitbestimmungsgesetz
MS	Marketing Science
MuSchG	Mutterschutzgesetz
m.w.N.	mit weiteren Nachweisen
NwJInt´lL&Bus	Northwestern Journal of International Law & Business
NJW	Neue Juristische Wochenschrift
NJW-RR	Neue Juristische Wochenschrift, Rechtsprechungsreport Zivilrecht
NPÖ	Jahrbuch für Neue Politische Ökonomie
Nr.	Nummer
Nrn.	Nummern
NULR	Northwestern University Law Review
NZA	Neue Zeitschrift für Arbeits- und Sozialrecht
o.ä.	oder ähnliches
OHG	Offene Handelsgesellschaft
OLG	Oberlandesgericht
ORDO	Jahrbuch für die Ordnung von Wirtschaft und Gesellschaft
PatG	Patentgesetz
QuartJE	The Quarterly Journal of Economics
RAND J.	The RAND Journal of Economics
RdA	Recht der Arbeit
RdW	Recht der Wirtschaft
Rdnr.	Randnummer
RG	Reichsgericht
RGZ	Entscheidungen des Reichsgericht in Zivilsachen

RIW	Recht der Internationalen Wirtschaft
ResL&Econ	Research in Law and Economics
RVO	Reichsversicherungsordnung
S.	Seite / Satz
s.	siehe
SB	Selbstbedienung
SEJ	Southern Economic Journal
SGB	Sozialgesetzbuch
sog.	sogenannte/r
SozSich	Soziale Sicherheit
Stanf.L.Rev.	Stanford Law Review
StGB	Strafgesetzbuch
StrategManageJ	Strategic Management Journal
TVG	Tarifvertragsgesetz
u.ä.	und ähnliche(s/m)
u.a.	unter anderem
UFOC	Uniform Franchise Offering Circular
Univer.	Universitas
UrhG	Urhebergesetz
Urt.	Urteil
USA	United States of America
usw.	und so weiter
u.U.	unter Umständen
UWG	Gesetz gegen den unlauteren Wettbewerb
VerbrKrG	Verbraucherkreditgesetz
VermbG	Vermögensbildungsgesetz
vgl.	vergleiche
v.H.	vom Hundert
VO	Verordnung
VVG	Gesetz über den Versicherungsvertrag
WILR	Wisconsin Law Review
	Wirtschaftsdienst

WiSt	Wirtschaftswissenschaftliches Studium
WISU	Das Wirtschaftsstudium
WLE	Work, Employment & Society
WM	Wertpapier-Mitteilungen, Zeitschrift für Wirtschafts- und Bankrecht
WRP	Wettbewerb in Recht und Praxis
WSIMitt	Monatszeitschrift des Wirtschafts- und Sozialwissenschaftliches Instituts
WuW	Wirtschaft und Wettbewerb
WuW/E	Entscheidungssammlung zum Kartellrecht der WuW
z.B.	zum Beispiel
ZBB	Zeitschrift für Bankrecht und Bankwirtschaft
ZfA	Zeitschrift für Arbeitsrecht
ZfB	Zeitschrift für Betriebswirtschaft
ZgGW	Zeitschrift für das gesamte Genossenschaftswesen
ZfS	Zeitschrift für Sozialreform
ZfW	Zeitschrift für Wirtschaftspolitik
ZGR	Zeitschrift für Unternehmens- und Gesellschaftsrecht
ZHR	Zeitschrift für das gesamte Handelsrecht und Wirtschaftsrecht
Ziff.	Ziffer
ZIP	Zeitschrift für Wirtschaftsrecht
ZOR	Zeitschrift für Operations Research
ZPO	Zivilprozeßordnung
ZWP	Zeitschrift für Wirtschaftspolitik
ZWS	Zeitschrift für Wirtschafts- und Sozialwissenschaften

1 Einleitung

1.1 Formen der Abhängigkeit

Eine Abhängigkeit des Franchisenehmers kann rechtlicher und/oder wirtschaftlicher Natur sein. In rechtlicher Hinsicht werden in dieser Arbeit die konzernrechtliche, die persönliche (d.h. die arbeitsrechtliche) sowie eine wettbewerbsrechtliche Form der Abhängigkeit voneinander unterschieden. Wirtschaftliche Abhängigkeit kann in Form einer finanziellen oder gar existentiellen Abhängigkeit bestehen. Im folgenden soll nur kurz die Problematik aufgezeigt werden, um die es in den folgenden Kapiteln geht.

Abhängigkeit im konzernrechtlichen Sinne:

Gemeint ist damit die Möglichkeit eines herrschenden Unternehmens, einflußkonformes Verhalten eines abhängigen Unternehmens durchzusetzen, wobei der Einfluß dem einer Mehrheitsbeteiligung zu entsprechen hat. Beim Franchising handelt es sich aber gerade nicht um eine gesellschaftsrechtlich vermittelte Abhängigkeit im Sinne des Konzernrechts, sondern um eine schuldvertragliche. Ob die Unternehmen der Franchisenehmer nicht doch als abhängige Unternehmen unter einheitlicher Leitung auf rein faktischer Basis angesehen werden können, wird in dem entsprechenden Kapitel untersucht werden.

Persönliche Abhängigkeit im arbeitsrechtlichen Sinne:

Als persönliche Abhängigkeit wird die Abhängigkeit eines Arbeitnehmers bezeichnet. Ein Abhängigkeitsverhältnis im arbeitsrechtlichen Sinne ergibt sich daraus, daß ein Arbeitnehmer dem Direktionsrecht des Arbeitgebers unterliegt. Durch das Weisungsrecht hat der Arbeitgeber die Möglichkeit, einseitig die Arbeitsbedingungen, insbesondere im Hinblick auf Art, Zeit und Ort der Arbeitsleistung und das Verhalten im Betrieb zu bestimmen. Deshalb werden Arbeitnehmer einem arbeitsrechtlichen Schutz unterstellt. Hier gilt das "Alles-oder-Nichts-Prinzip". Wenn jemand Arbeitnehmer ist, so gelten für diesen alle Schutznormen. Ist jemand aber Selbständiger, so kommt eine Anwendung arbeitsrechtlicher Vorschriften nicht in Betracht.

Oftmals ist aber die Zuordnung einer Person zur Gruppe der Selbständigen oder der Arbeitnehmer schwierig. Eine verbindliche Definition des Arbeitnehmerbegriffs gibt es nicht. Die Rechtsprechung hat deshalb im Laufe der Jahre Kriterien entwickelt, die für das persönliche Abhängigkeitsverhältnis eines Arbeitnehmers typisch sind. Es wird überprüft werden, ob Franchiseverträge Klauseln enthalten, die diese Kriterien erfüllen.

Abhängigkeit im wettbewerbsrechtlichen Sinne:

Vertragliche und faktische Abhängigkeiten der Franchisenehmer durch Übernahme von Verpflichtungen stellen Wettbewerbsbeschränkungen dar. Im Gesetz gegen Wettbewerbsbeschränkungen (GWB) sind sowohl Einschränkungen der Inhalts- als auch der Abschlußfreiheiten erfaßt, da sich aus diesen für die Betroffenen eine Abhängigkeit ergeben kann. Insbesondere § 26 Abs.2 S.2 GWB beschäftigt sich mit verschiedenen Arten von Abhängigkeiten, die zwischen zwei Unternehmen vorliegen können. Eine davon, die unternehmensbedingte Abhängigkeit, wird regelmäßig beim Franchising vorliegen. Auch das Gemeinschaftsrecht befaßt sich mit Klauseln, die eine Abhängigkeit in wettbewerbsrechtlichem Sinne hervorrufen können. Es wird deshalb zu prüfen sein, ob Franchiseverträge Klauseln enthalten, die den Franchisenehmer wettbewerblich beschränken. Dies wird, wie im folgenden gezeigt wird, häufig der Fall sein, jedoch werden diese Wettbewerbsbeschränkungen häufig sowohl nach deutschem als auch nach Gemeinschaftsrecht zulässig sein, da sie zum Schutz des Knowhow und des Ansehens des Franchisesystems unerläßlich sind.

Wirtschaftliche Abhängigkeit:

Die wirtschaftliche Abhängigkeit ergibt sich aus verschiedenen Regelungen in Franchiseverträgen. So sind beispielsweise arbeitnehmerähnliche Personen wirtschaftlich abhängig, obwohl sie rechtlich selbständig sind. Deshalb nehmen sie eine "Zwischenstellung" zwischen den Arbeitnehmern und den "uneingeschränkt" Selbständigen ein. So liegt es nahe, bei Franchisenehmern den Status einer arbeitnehmerähnlichen Person zu vermuten. Ob eine solche Einstufung des Franchisenehmers in Betracht kommt, wird deshalb zu untersuchen sein.

Auch Konzernunternehmen sind rechtlich selbständig, jedoch wirtschaftlich abhängig. Hier finden sich Überschneidungen der wirtschaftlichen Abhängigkeit mit einer Abhängigkeit im konzernrechtlichen Sinn.

Eine wirtschaftliche Abhängigkeit kann mit Hilfe des Modells des konkreten Vertragsinteresses erklärt und belegt werden. Deshalb wird in dem entsprechenden Kapitel der "Wert" einer Vertragsbeziehung für Franchisegeber und Franchisenehmer ex ante (vor Vertragsabschluß) und ex post (nach Vertragsabschluß) untersucht. Es ist zu vermuten, daß das konkrete Vertragsinteresse des Franchisenehmers höher sein wird als das des Franchisegebers, was ein Zeichen seiner (wirtschaftlichen) Abhängigkeit ist.

1.2 Der Zusammenhang zwischen den Rechtsgebieten

Für die folgende rechtliche Beurteilung des Franchising ist es wichtig zu klären, ob es zwischen den verschiedenen Normen Anspruchskonkurrenzen gibt oder ob sich diese auch ausschließen können. Die *Sittenwidrigkeitskontrolle durch* § *138 BGB* gilt für alle Rechtsgeschäfte. Als ein Rechtsgeschäft bezeichnet man einen juristischen Tatbestand, der aus einer oder mehreren Willenserklärungen besteht, die erforderlich sind, um den mit der Willenserklärung bezweckten Erfolg herbeizuführen.[1] Mit Hilfe dieser Norm aus dem allgemeinen Teil des Bürgerlichen Gesetzbuches können folglich auch Franchiseverträge auf ihren Inhalt hin untersucht werden. Wenn in Franchiseverträgen Klauseln vorliegen, die gegen die guten Sitten verstoßen, so ist der Vertrag nichtig. Dies ist der Fall, wenn der Vertrag nach seinem Inhalt oder Zweck gegen das Anstandsgefühl aller billig und gerecht Denkenden verstößt. Dabei kommt es auf das Durchschnittsempfinden der jeweils in Frage kommenden beteiligten Kreise an.

Bei § *242 BGB* handelt es sich um den *Grundsatz von Treu und Glauben*. Dieser für das gesamte Privatrecht geltende Grundsatz ist im allgemeinen Teil des Rechts der Schuldverhältnisse geregelt. Zum Privatrecht gehören dabei u.a. das Handelsgesetzbuch, das Gesetz gegen Wettbewerbsbeschränkungen, das BGB sowie das Arbeitsrecht. Ein Schuldner ist nach § 242 BGB dazu verpflichtet, die Leistung so zu bewirken, wie Treu und Glauben mit Rücksicht auf die Verkehrssitte es erfordern. Dieser Grundsatz verbietet sowohl die Erbringung der Leistung in unzumutbarer Weise (z.B. zur Nachtzeit), als auch eine mißbräuchliche Rechtsausübung, d.h. der Glauben des anderen Beteiligten an einen redlichen Geschäftsverkehr wird geschützt.[2] Da es sich

1 Vgl. *Creifelds, C.*, Rechtswörterbuch, 1994, S.953.

2 Vgl. *Creifelds, C.*, Rechtswörterbuch, 1994, S.1190 f.

beim Franchising um ein (Dauer-) Schuldverhältnis handelt, werden Franchisenehmer *und* Franchisegeber durch den Grundsatz von Treu und Glauben im Geschäftsverkehr geschützt. Dies gilt auch für den Fall, daß der Franchisevertrag als Arbeitsvertrag eingestuft wird, da § 242 BGB ebenfalls auf Arbeitsverträge anwendbar ist.

Da die Franchisegeber schon aus Gründen der Einheitlichkeit und der Gleichbehandlung der Franchisenehmer Verträge standardmäßig vorformulieren, ist im allgemeinen eine *Inhaltskontrolle der Verträge nach AGBG* möglich.[3] Ausnahmen bestehen dann, wenn der Franchisevertrag sich als Arbeitsvertrag darstellt, da nach § 23 AGBG (sachlicher Anwendungsbereich) das Gesetz keine Anwendung bei Verträgen auf dem Gebiet des Arbeits-, Erb-, Familien- und Gesellschaftsrechts findet. Wenn sich die Unternehmen der Franchisenehmer, die als GmbH oder Personengesellschaft organisiert sind und für die das jeweilige Gesellschaftsrecht gilt, als Konzernunternehmen i.S.d. § 18 AktG darstellen, ist somit auch die Anwendbarkeit des AGBG ausgeschlossen. Eine weitere Einschränkung der Anwendbarkeit des AGBG ergibt sich aus dem persönlichen Anwendungsbereich des AGBG nach § 24 AGBG. Danach finden die §§ 2, 10, 11 und 12 AGBG keine Anwendung auf Allgemeine Geschäftsbedingungen, die gegenüber einem Kaufmann verwendet werden, wenn der Vertrag zum Betriebe seines Handelsgewerbes gehört. Schon aus dieser Formulierung läßt sich schließen, daß die anderen Normen des AGBG sehr wohl auf Verträge gegenüber Kaufleuten anwendbar sind, die im Zusammenhang mit dem Geschäftsbetrieb geschlossen werden. Darauf weist dann auch § 24 Abs.2 AGBG hin, in dem es heißt, daß § 9 AGBG, bei dem es sich um eine der wichtigsten Generalklauseln im Zivilrecht handelt, dennoch auf Kaufleute anwendbar ist, auch wenn dies zur Unwirksamkeit von in den §§ 10 und 11 genannten Vertragsbestimmungen führt. Aber auch § 3 AGBG (überraschende Klausel) und die Unklarkeitenregel des § 5 AGBG sind z.B. somit auf Franchiseverträge anwendbar, auch wenn es sich beim Franchisenehmer um einen Kaufmann handelt.

Zwischen § 242 BGB und § 9 AGBG besteht eine starke Verwandtschaft, da sich beide auf den Grundsatz von Treu und Glauben beziehen und i.d.R. die gleiche Rechtsfolge, nämlich die Unwirksamkeit der Bestimmung, bewirken. § 9 AGBG ist die speziellere Norm, weshalb sie § 242 BGB vorzuziehen ist. Es sind aber auch Fälle denkbar, in denen nur § 242 BGB anwendbar ist. Bei einer Inhaltskontrolle von

---

3 Das AGBG gilt allerdings in gar keinem Fall, wenn es sich bei einem Vertrag um einen Individualvertrag handelt, d.h. wenn die Vertragsbedingungen zwischen den Vertragsparteien *im einzelnen* ausgehandelt worden sind (§ 1 Abs.2 AGBG i.V.m. § 4 AGBG).

Arbeitsverträgen können z.B. die Grundsätze aus § 9 AGBG über die Anwendung des § 242 BGB mittelbar wirken.

Durch die Anwendung des § 9 AGBG wird der Anwendung des § 138 BGB im Prinzip die Grundlage entzogen, da kaum Fälle denkbar sind, in denen eine Klausel zwar nach § 138 BGB, aber nicht nach § 9 AGBG beanstandet wird. Dennoch ist § 138 BGB generell neben § 9 AGBG anwendbar. Eine Anwendung des § 138 BGB kommt z.B. dann in Frage, wenn Klauseln nicht vom AGBG erfaßt werden (z.B. Leistungsbeschreibungen). Zudem erlaubt § 138 BGB nicht nur ein Eingreifen aufgrund des Inhalts, sondern auch aufgrund der Art und Weise des Zustandekommens des Vertrags. Nach § 138 BGB werden also nicht nur einzelne Vertragsbestimmungen überprüft, sondern es wird auch eine Gesamtwürdigung des Vertrages vorgenommen.

Das *Verbraucherkreditgesetz* gilt für alle Kredit- und Kreditvermittlungsverträge zwischen Personen, die in Ausübung ihrer gewerblichen oder beruflichen Tätigkeit handeln, und einer natürlichen Person, sofern der Kredit nicht für deren bereits ausgeübte gewerbliche oder selbständige berufliche Tätigkeit bestimmt ist. Das Gesetz gilt aber nicht nur für die Vergabe von Krediten, sondern - was insbesondere für das Franchising interessant ist - bei regelmäßigen Lieferungen von Sachen gleicher Art, bei wiederkehrenden oder zusammengehörenden Leistungen mit Teilzahlungsabrede oder bei sonstiger Verpflichtung zu wiederkehrendem Erwerb oder Bezug. Es kommt keine Anwendung des Verbraucherkreditgesetzes in Betracht, wenn es sich bei dem Franchisenehmer um eine juristische Person handelt.

Das *Handelsgesetzbuch* stellt sich als Teil des Privatrechts, jedoch nicht des Zivilrechts dar. Das Handelsrecht ist das Sonderrecht des Kaufmanns. Es ist im Vergleich zu den Normen des BGB das speziellere Recht. Subsidiär gelten aber auch die Normen des BGB (insbesondere die §§ 138 und 242 BGB). Auch im Handelsrecht spielen AGB eine große Rolle. So unterliegen bspw. Handelsvertreterverträge, die formularmäßig vorformuliert sind, dem AGBG. Eine Analogie einiger handelsvertreterrechtlicher Normen auf Franchiseverträge kann aber nur dann in Erwägung gezogen werden, wenn die Franchisenehmer eines Systems nicht als Arbeitnehmer qualifiziert werden. Denn in dem einen Fall würde es sich um abhängig Beschäftigte handeln, für die die handelsvertreterrechtlichen Normen (§§ 84 ff. HGB) nicht gelten. Voraussetzung für deren Anwendbarkeit ist gerade die Selbständigkeit.

Das *Gesetz gegen Wettbewerbsbeschränkungen*, auch Kartellgesetz genannt, richtet sich als ein Gesetz des Wirtschaftsrechts an wirtschaftliche Unternehmen in einem speziell wettbewerbsrechtlichen Sinne. Voraussetzung für die Anwendbarkeit des GWB ist die rechtliche Selbständigkeit natürlicher oder juristischer Personen, zu der eine "wirtschaftliche" Selbständigkeit in dem Sinne hinzu kommen muß, daß z.B.

konzernangehörige Unternehmen nicht als wirtschaftlich selbständige Unternehmen betrachtet werden.[4] Da es sich bei den Unternehmen der Franchisenehmer um rechtlich selbständige Unternehmen handelt, ist eine Anwendbarkeit wettbewerbsrechtlicher Normen (dazu zählt neben dem GWB auch das UWG) gegeben, falls sie nicht als Konzernunternehmen qualifiziert werden. Eine parallele Anwendung arbeitsrechtlicher Normen muß aber unterbleiben, da es sich bei um als Arbeitnehmer eingestuften (natürlichen) Personen nicht um Unternehmen im Sinne des GWB handelt. Die §§ 138 und 242 BGB können aber ebenfalls herangezogen werden. Vereinbarungen zwischen Konzernunternehmen werden nicht von § 1 GWB erfaßt.

Das *Arbeitsrecht* kann sich sowohl als Teil des öffentlichen Rechts als auch des Privatrechts darstellen. Entscheidend ist für die Anwendbarkeit arbeitsrechtlicher Normen, daß es sich um eine natürliche Person handelt. Eine Einstufung als Arbeitnehmer hat zur Folge, daß auch das Betriebsverfassungsgesetz und das Tarifrecht Geltung finden kann. Auch eine Kontrolle der Arbeitsverträge anhand der §§ 138 und 242 BGB ist denkbar. Keine Anspruchskonkurrenz existiert hingegen zwischen arbeitsrechtlichen Normen und denen des AGBG, da sich Arbeitsrecht und AGBG ausschließen. Formulararbeitsverträge können lediglich durch verallgemeinerungsfähige Rechtsgedanken aus den §§ 2 bis 6 AGBG beeinflußt werden. Ein als Arbeitnehmer qualifizierter Franchisenehmer unterliegt nicht dem GWB oder dem Konzernrecht; es ist dann Aufgabe des Arbeitgebers (des Franchisegebers), auf eine mögliche Kollision mit diesen Rechtsgebieten zu achten. Denn in diesem Fall liegt nur ein Unternehmen vor, weshalb nicht von Verträgen zwischen Unternehmen gesprochen werden kann.

Das *Konzernrecht* im weiteren Sinne ist das Recht der verbundenen Unternehmen. Aus dieser Begrifflichkeit geht hervor, daß es sich um zwei oder mehrere selbständige Unternehmen handeln muß, die miteinander in einer bestimmten Weise verbunden sind. Da der Unternehmensbegriff weit gefaßt ist - es fallen auch Einzelpersonen, BGB-Gesellschaften, Stiftungen und Idealvereine darunter, sofern sie unternehmerisch tätig sind -, könnte es sich bei den Franchisenehmerunternehmen um Konzernunternehmen handeln. Das hätte die Anwendbarkeit bestimmter aktienrechtlicher und rechtsformabhängiger Normen zur Folge.

Zusammenfassend läßt sich also sagen, daß im Falle der *rechtlichen und wirtschaftlichen Selbständigkeit eines Franchisenehmers* unter Umständen bestimmte Normen des HGB (analog), des AGBG, des BGB, des VerbrKrG, des GWB, des

---

4 Vgl. *Creifelds, C.*, Rechtswörterbuch, 1994, S.1415.

europäischen Kartellrechts und die (gesamte) Gruppenfreistellungsverordnung für Franchisevereinbarungen anwendbar sind.

Ist zwar eine *rechtliche Selbständigkeit, aber keine wirtschaftliche Selbständigkeit* gegeben, so bestünde unter bestimmten Umständen die Möglichkeit, daß die Unternehmen der Franchisenehmer Konzernunternehmen sind oder daß es sich bei dem Franchisenehmer um eine arbeitnehmerähnliche Person handelt.

Wird ein *Franchisenehmer als Arbeitnehmer* qualifiziert, so besitzt er *keine rechtliche Selbständigkeit* mehr. Dann sind neben den arbeitsrechtlichen Regelungen bestimmte Normen des BGB anwendbar.

2 Der Franchisevertrag

Bevor eine rechtliche oder ökonomische Analyse des Franchising stattfindet, empfiehlt es sich, die Natur des Franchisevertrags und die von Franchisesystemen zu erfassen. Dazu können die Definition des Begriffs "Franchising", die aus dem Franchisevertrag resultierenden Pflichten der Vertragsparteien sowie die Typologisierung von Franchisesystemen beitragen. Die Abgrenzung des Franchising gegenüber anderen Absatzmittlungssystemen dient ebenfalls der Klärung des "Phänomens" Franchising. Durch einen Überblick über die wirtschaftlichen Vor- und Nachteile des Franchising für Franchisegeber, Franchisenehmer, Verbraucher und die Gesellschaft werden die Anreizstrukturen dieser Organisationsform für die Beteiligten deutlich, wobei durch den Hinweis auf die Nachteile auch die Schwächen dieses Systems nicht verborgen bleiben sollen. Aktuelle Zahlen und Fakten stellen die wirtschaftliche Bedeutung des Franchising für die Bundesrepublik Deutschland dar.

2.1 Zugrunde gelegte Definition

Eine europaweit akzeptierte Definition des Begriffes "Franchising" gibt es bis heute nicht. Innerhalb der Mitgliedstaaten der Europäischen Union differieren die Definitionen. Manche europäischen Länder wollen nur dann von Franchising sprechen, wenn die Vertragsbeziehung einen wesentlichen Transfer von Know-how und eine kontinuierliche Hilfe beinhaltet. Mit Hilfe dieser beiden Faktoren grenzen sie dieses Absatzmittlungsverhältnis gegenüber anderen (z.B. dem selektiven oder dem exklusiven Vertrieb) ab. Übereinstimmung herrscht über die Kernelemente, die vorhanden sein müssen, um von Franchising sprechen zu können. Eine Person (der Franchisegeber) muß ein Eigentum an einem Warenzeichen, einem Markennamen oder einem ähnlichen Zeichen haben. Die Person gewährt einem ausgewählten unabhängigen Einzelhändler (dem Franchisenehmer) die Lizenz, das Warenzeichen, den Markennamen oder ein anderes Zeichen im Austausch gegen eine vereinbarte Zahlung zu benutzen, um das Einzelhandelsprodukt oder die Einzelhandelsdienstleistung zu vertreiben. Die Lizenz- bzw. Franchisevereinbarung begründet eine laufende vertragliche Beziehung zwischen dem Franchisegeber und dem Franchisenehmer von bedeutender Dauer und spezifiziert eine Reihe von Verpflichtungen für den Franchisenehmer, den Franchisegeber oder beide.[1]

Voraussetzung für die Franchisierbarkeit von bestimmten Gütern und Dienstleistungen ist die Existenz einer besonderen Geschäftsidee und eines damit verbundenen Geschäftskonzeptes, das im allgemeinen von einem Markenzeichen begleitet wird. Während der Franchisegeber dem Franchisenehmer ein durchdachtes Absatzsystem zur Verfügung stellt, das eine Unterstützung des Franchisenehmers in Form von Beratung, Schulung, Zurverfügungstellung von Know-how und Nutzungsrechten der gewerblichen Schutzrechte beinhaltet, zahlt der Franchisenehmer für deren Inanspruchnahme laufende Franchisegebühren (und oftmals eine Eintrittsgebühr). Da der Franchisenehmer, zumindest per Definition, selbständiger Unternehmer ist und das wirtschaftliche Risiko trägt, darf er sich jedoch auch den überwiegenden Teil der Gewinne zurechnen.

Der *Deutsche Franchise-Verband e. V. (DFV)* definiert das Franchising wie folgt: "Franchising ist ein vertikal-kooperativ organisiertes Absatzsystem rechtlich selbständiger Unternehmen auf der Basis eines vertraglichen Dauerschuldverhältnisses. Dieses System tritt am Markt einheitlich auf und wird geprägt durch das arbeitsteilige Leistungsprogramm der Systempartner sowie durch ein Weisungs- und Kontrollsystem eines systemkonformen Verhaltens. Das Leistungsprogramm des Franchisegebers ist das Franchisepaket. Es besteht aus einem Beschaffungs-, Absatz- und Organisationskonzept, dem Nutzungsrecht an Schutzrechten, der Ausbildung des Franchisenehmers und der Verpflichtung des Franchisegebers, den Franchisenehmer aktiv und laufend zu unterstützen und das Konzept ständig weiterzuentwickeln. Der Franchisenehmer ist im eigenen Namen und für eigene Rechnung tätig; er hat das Recht und die Pflicht das Franchisepaket gegen Entgelt zu nutzen. Als Leistungsbeitrag liefert er Arbeit, Kapital und Information."[2]

Die *Definition des europäischen Verhaltenskodexes für Franchising* unterscheidet sich von obiger dadurch, daß diese hauptsächlich an den Rechten und Pflichten des Franchisegebers festgemacht wird. Dort heißt es in der Präambel: "Unter Franchising im Sinne dieses Kodex ist eine Form der vertraglichen Zusammenarbeit zwischen rechtlich unabhängigen Unternehmen auf der Grundlage der Gleichordnung zu verstehen, wobei auf der einen Seite ein franchisierendes Unternehmen (der Franchisegeber) und auf der anderen Seite ein oder mehrere franchisierte Unternehmen (Franchisenehmer) stehen.

---

1 Vgl. Competition Policy and Vertical Restraints, Franchising, 1994, S.19.

2 Infoblatt des DFV e.V.

Das franchisierende Unternehmen - der Franchisegeber - weist im allgemeinen folgende Merkmale auf:

1) Das Unternehmen besitzt eine Firma, einen Handelsnamen, ein Wortzeichen oder ein Symbol (eventuell eine Marke) für einen Produktions-, Handels- oder Dienstleistungsbetrieb sowie Erfahrungswissen (Know-how) und gestattet dem Franchisenehmer deren Nutzung.

2) Das Unternehmen verfügt über eine Produktgruppe und/oder eine bestimmte Art von Dienstleistungen im Rahmen einer genau festgelegten und originellen Geschäftskonzeption, die vom Franchisenehmer in dieser Form zu übernehmen und zu gebrauchen ist. Diese Konzeption beruht auf spezifischen und erprobten geschäftlichen Techniken, die laufend weiterentwickelt und auf ihren Wert und ihre Effizienz hin überprüft werden.

Hauptzweck eines Franchisevertrages ist es, durch das Zusammenwirken persönlichen Einsatzes und finanzieller Mittel sowohl für Franchisegeber als auch für Franchisenehmer wirtschaftliche Vorteile unter Wahrung der beiderseitigen Unabhängigkeit anzustreben."[3] Des weiteren sind im Verhaltenskodex, der Grundlage der nationalen Franchiseverbände ist, noch Grundsätze zur Anwerbung und Auswahl von Franchisenehmern, für die Vertragsgestaltung sowie ergänzende Bemerkungen festgehalten.

Artikel 1 der *Gruppenfreistellungsverordnung für Franchisevereinbarungen*[4] liefert folgende Begriffsbestimmungen:

"a) "Franchise" ist eine Gesamtheit von Rechten an gewerblichem oder geistigem Eigentum wie Warenzeichen, Handelsnamen, Ladenschilder, Gebrauchsmuster, Geschmacksmuster, Urheberrechte, Know-how oder Patente, die zum Zwecke des Weiterverkaufs von Waren oder der Erbringung von Dienstleistungen an Endverbraucher genutzt werden.

b) "Franchisevereinbarungen" sind Vereinbarungen, in denen ein Unternehmen, der Franchisegeber, es einem anderen Unternehmen, dem Franchisenehmer, gegen unmittelbare oder mittelbare finanzielle Vergütung gestattet, eine Fran-

3 *Skaupy, W.*, Franchising, 1987, S.7 f. und S.233 ff.
4 Vgl. zur Gruppenfreistellungsverordnung Abschnitt 8.5 (S.374 ff.).

chise zum Zwecke der Vermarktung bestimmter Waren und/oder Dienstleistungen zu nutzen. Sie müssen den folgenden Gegenstand enthalten:

- Die Benutzung eines gemeinsamen Namens oder Zeichens sowie die einheitliche Aufmachung der vertraglich bezeichneten Geschäftslokale und/oder Transportmittel;
- die Mitteilung von Know-how durch den Franchisegeber an den Franchisenehmer;
- eine fortlaufende kommerzielle oder technische Unterstützung des Franchisenehmers durch den Franchisegeber während der Laufzeit der Vereinbarung."[5]

2.2 Herkunft des Begriffs "Franchising"

Man wird versucht sein, das Wort "Franchising" etymologisch als Neo-Anglizismus bzw. Neo-Amerikanismus anzusehen. Dies ist jedoch nur teilweise richtig, da das Wort ursprünglich aus dem Französischen kommt und erst später in den englischen Sprachgebrauch Eingang fand. Das Wort "Franchise" entstand aus dem französischen "francher", welches "Gebührenfreiheit" ("franc" = frei) meint. Im Mittelalter bedeutete "Franchise" die Überlassung von bestimmten Privilegien von weltlichen und kirchlichen Fürsten gegen finanzielle Entschädigung oder gegen Leistung von Diensten an Dritte. Als Beispiel führte der Deutsche Franchise-Verband (DFV) die Übertragung des Rechts zur Abhaltung von Messen in Frankreich an Kaufleute und die Betrauung der Steuereinnahme an Vertrauensleute durch die Krone in England an.[6] In Frankreich wird unter dem Begriff der Franchise auch heute noch die Befreiung von Steuern und Zöllen verstanden. In den USA versteht man unter dem Begriff "Franchise" eine Konzession. So wurde bspw. dort das Recht zur Urbarmachung des Landes, später dann auch das Recht zum ausschließlichen Betrieb von Transportgesellschaften konzessioniert.

Franchising im modernen Sinne wurde zuerst von einigen Unternehmen in den USA Ende des 19.Jahrhunderts / Anfang des 20.Jahrhunderts betrieben. Dazu gehören die Singer Nähmaschinenunternehmung, General Motors und Coca-Cola; andere Nähmaschinen-, Automobil-, Getränke- und sonstige Hersteller wählten aufgrund des überwältigenden Erfolges dieser Unternehmen ebenfalls das Franchisesystem als Vertriebssystem. Einen wahren Franchiseboom initiierte aber erst Mitte der fünfziger

5 Art.1 Abs.3b der EG-Gruppenfreistellungsverordnung für Franchisevereinbarungen Nr.4087/88.
6 Vgl. *DFV*, Infoblatt Franchising.

Jahre R.Kroc mit seinen McDonald's Restaurants. Nach Deutschland gelangte die Idee des Franchising dann Anfang der sechziger Jahre, wo sie jedoch fast fünfzehn Jahre lang eine Art "Dornröschenschlaf" hielt. So wurde die Bundesrepublik Deutschland erst Anfang der achtziger Jahre von der Franchisewelle erfaßt.

2.3 Die Natur des Franchisevertrags

Bei Franchiseverträgen handelt es sich in bezug auf deutsches Recht um sogenannte Innominatverträge. Zu diesen gesetzlich nicht geregelten Vertragstypen zählen die gemischten Verträge, die aus den essentialia gesetzlich geregelter Verträge zusammengesetzten vertraglichen Neubildungen und die Verträge sui generis, die neue Schöpfungen darstellen. Innominatverträge sind nach dem Grundsatz der Vertragsfreiheit zulässig und rechtsgültig, sofern sie nicht gegen ein gesetzliches Verbot bzw. zwingendes Recht verstoßen. Für die gemischten, atypischen Verträge (Typenkombinationsvertrag) gilt nur bei klarem Dominieren eines Vertragstyps dessen Recht, sonst ist das anzuwendende Recht dem jeweiligen Vertragstyp direkt oder analog zu entnehmen (Kombinationsgrundsatz).[7] Der Franchisevertrag wird als ein Vertrag sui generis im Sinne des § 305 BGB charakterisiert. Dieser Paragraph besagt, daß zur Begründung eines Schuldverhältnisses durch Rechtsgeschäft sowie zur Änderung des Inhalts eines Schuldverhältnisses ein Vertrag zwischen den Beteiligten erforderlich ist, sofern nicht das Gesetz ein anderes vorschreibt. Probleme ergeben sich aus Innominatverträgen im Bereich der Rechtsanwendung. Enthält der entsprechende Vertrag Lücken, stellt sich die Frage nach einer angemessenen Vertragsergänzung. Auch im Hinblick auf die Inhaltskontrolle des Vertrages können sich Schwierigkeiten ergeben. Zudem wird mit Hilfe dieser Vertragstypen oftmals versucht, das Recht zu umgehen.[8]

Die Franchisebeziehung basiert auf einem rechtlichen Dauerschuldverhältnis, also einem Schuldverhältnis, das sich nicht in einmaligen Erfüllungshandlungen (z.B. Kauf, Werkvertrag) erschöpft, sondern eine Verpflichtung zu einem fortlaufenden Tun, Unterlassen oder Verhalten begründet. Auf Dauerschuldverhältnisse finden grundsätzlich die allgemeinen Vorschriften über Schuldverhältnisse entsprechende Anwendung. Anfechtung und Rücktritt werden hier jedoch durch die Kündigung ersetzt. Franchiseverträge sind außerdem gegenseitige Verträge (auch Austausch- oder synallagmatische Verträge genannt), bei denen die notwendig beiderseitigen Verpflichtungen in einem

7 Vgl. *Creifelds, C.*, Rechtswörterbuch, 1994, S.1321 ff.

8 Vgl. *Kramer, E.A.*, Innominatverträge, 1985, S.21 ff.

gegenseitigen Abhängigkeitsverhältnis stehen. Die Leistung der einen Vertragspartei wird nur um die Leistung der anderen willen erbracht (Prinzip des "do ut des").

Ein Franchisevertrag kann Elemente eines Kauf-, Miet-, Pacht-, Gebrauchsüberlassungs-, Dienst-, Geschäftsbesorgungs-, Darlehens-, Gesellschafts-, Lizenz- und Handelsvertretervertrags enthalten. Es gibt verschiedene Meinungen zu der Frage, worauf letztlich in juristischer Sicht das Schwergewicht bei den Franchiseverträgen liegt. Die Antwort ist umstritten. Manche Autoren qualifizieren den Franchisevertrag als einen Mischvertrag, der überwiegend pacht-, kauf- und dienstvertragliche Elemente enthält.[9] Martinek ist hingegen der Ansicht, daß es sich beim Franchisevertrag hauptsächlich um einen Geschäftsbesorgungsvertrag handelt.[10] Zudem wird das Vorherrschen lizenzvertraglicher Elemente im Franchisevertrag gesehen.[11]

2.4 Die Pflichten der Vertragsparteien

Aus dem Franchisevertrag ergeben sich für beide Vertragsparteien Rechte und Pflichten. Das Recht des einen begründet dabei häufig eine entsprechende Pflicht des anderen. Franchisenehmer und Franchisegeber verfolgen gleiche Ziele (Rentabilität, Liquidität, Sicherheit, Unabhängigkeit u.ä.), welche jedoch durch unterschiedliche Interessen für den jeweils eigenen Betrieb erreicht werden sollen. So wird ein Franchisegeber vor allem an einer Umsatzsteigerung, der Vergrößerung seines Marktanteils, einer Steigerung seines Goodwills, dem Ausbau seines Vertriebsnetzes, den Franchisegeschäften als einem zweiten Standbein zur Streuung des unternehmerischen Risikos, der Koordinierung und Kontrolle des gesamten Absatzweges und dem Franchising als einer Finanzierungsform interessiert sein. Für die Franchisenehmer stehen hingegen absatzwirtschaftliche Aspekte (z.B. die Sortimentsgestaltung, der Ladenaufbau u.ä.), Kapitaleinsparungseffekte und ein erfolgreiches Unternehmertum im Vordergrund. Um die Interessenkonflikte zu überbrücken, verpflichten sich beide Parteien, den jeweils anderen bei der Erreichung seiner Ziele zu unterstützen.

Dem *Franchisegeber* kommt z.B. die Pflicht zur Überlassung der Franchise mit allen Kennzeichnungsrechten und Unterlagen, zur Förderung des Absatzes des Franchise-

---

9 Vgl. z.B. *Weber, H.-J.*, Franchising, JA, 1983, S.350 ff.

10 Vgl. *Martinek, M.*, Franchising, 1987, S.231, 293 ff.; *derselbe*, Franchising, ZIP, 1988, S.1362, 1374; *derselbe*, Vertragstypen, 1992, S.65, 78 ff.

11 Vgl. *Forkel, H.*, Franchisevertrag, ZHR, 1989, S.525 ff.; *Ullmann, E.*, Franchise und Lizenz, CR, 1991, S.193; *Skaupy, W.*, Franchising, DB, 1982, S.2446 ff. und *derselbe*, Zu den Begriffen, NJW, 1992, S.1788 f; *Emmerich, V.*, Franchising, JuS, 1995, S.763.

nehmers, zur Schulung desselben sowie eine Unterstützungs- und Beratungspflicht in bezug auf die Franchisenehmer zu. Die Betriebsförderungspflicht, die sich für den Franchisegeber aus den §§ 157, 242 BGB ergibt, umfaßt die Pflicht zur fortlaufenden Überlassung etwaigen neuen Know-how und Erfahrungswissens und zur Unterstützung der Franchisenehmer bei der Werbung sowie die Gewährung eines (begrenzten) Gebietsschutzes.

Die typische *Hauptleistungspflicht des Franchisenehmers* besteht in der Absatzförderung des Franchisegebergeschäfts, der Zahlung der Gebühren und der Unterordnung unter das Weisungs- und Kontrollrecht des Franchisegebers. Außerdem bestehen für ihn Unterlassungs-, Geheimhaltungs-, Bezugs- und Kennzeichnungspflichten.[12]

Leistungsströme im Franchisesystem:[13]

Franchisegeber

immateriell:	materiell:
• Know-how	• Betriebsaufbau
• Image	• Dienstleistungen
• Strategie	• Ausrüstung
• Motivation	• Ware

Franchisenehmer

immateriell:	materiell:
• Engagement	• Eintrittsgebühr
• Risikoübernahme	• laufende Franchisegebühr
• Imagebeitrag	• Warenzahlung
• Marktinformation	• Servicegebühren
• Erfolgsinformation	

12 Vgl. *Mack, M.,* Franchising, 1975, S.51 ff.
13 Vgl. *DFV (Hrsg.),* Alles über Franchising, 1996.

2.5 Typologisierung von Franchisesystemen

Franchisesysteme lassen sich anhand verschiedener Merkmale typologisieren. Die Anzahl der vertikalen Stufen, die Branche, die Art des Geschäfts, die Mobilität des Betriebstyps und die Zahl der Franchisen können Abgrenzungsmerkmale sein.[14]

Ein Franchisesystem kann *einstufig oder auch mehrstufig* sein. In einem einstufigen System kooperiert eine Wirtschaftsstufe nur mit der jeweils vertikal direkt folgenden. So können ein Hersteller oder ein Systemträger (gemeint ist hier die Dienstleistungsbranche) mit dem Großhandel oder Hersteller oder Systemträger mit dem Einzelhandel zusammenarbeiten. Die ursprüngliche Form des Franchising zwischen einem Hersteller und Einzelhändlern in den USA wird "product distribution franchising", "Franchising der 1. Generation", "traditionelles" oder "straight product franchising" genannt. Es handelt sich dabei eigentlich um eine Form des selektiven oder exklusiven Vertriebs.[15] Aber auch die Kooperation zwischen Hersteller und Hersteller oder Groß- und Einzelhandel ist eine einstufige. Bildet jedoch der Hersteller / Systemträger mit dem Groß- und dem Einzelhandel ein System, so handelt es sich dabei um mehrstufiges Franchising.

Folgende Varianten der *Zusammenarbeit zwischen Marktstufen* sind möglich:

Hersteller	- Hersteller (Verarbeitung, Bearbeitung, Veredelung)	
	= Produktionsfranchising	
Hersteller	- Großhändler	= Vertriebsfranchising
Hersteller	- Einzelhändler/Handwerker	
Großhändler	- Einzelhändler/Handwerker	
Service-Franchisegeber	- Service-Franchisenehmer	
	= Dienstleistungsfranchising	
Franchisenehmer	- Unter-Franchisenehmer	
	= Masterfranchising	

Die amerikanische Literatur unterscheidet zwischen dem bereits oben genannten "product distribution franchising", "trade mark franchising" und "business format franchising". *Product distribution franchising* meint den Vertrieb von Gütern auf der

14 Vgl. zu den folgenden Ausführungen *Tietz, B. / Mathieu, G.*, Franchising, 1979, S.15 ff.; *Tietz, B.*, Franchising, 1987, S.25 ff.; *Knigge, J.*, Franchisesysteme, 1973, S.29 ff.; *Beyer, W.E.*, Franchising, 1988, S.49 ff.

15 Vgl. *Kneppers-Heijnert, E.M.*, Franchising, 1988, S.13.

Basis eines Vertrags zwischen einem Hersteller oder einem Importeur oder dem Großhandel einerseits und einem Abnehmer andererseits, wobei die Güter unter der Marke des ersten verkauft werden. Eigentlich handelt es sich dabei eher um eine Form des selektiven Vertriebs. Beispiel dafür ist die Automobilindustrie. Bei einem *trade mark-Franchisesystem* werden die Produkte in Lizenz geführt, gekoppelt an eine Präsentation und Förderung durch den Lizenznehmer. Als Beispiel können hier die Limonadenhersteller genannt werden, die die Abfüllungsrechte samt der Rezepturen an einen Abfüller vergeben. Im Vordergrund steht für den Lizenzgeber der Vertrieb der eigenen Produkte. Unter *business format franchising* werden fortlaufende Beziehungen zwischen Franchisegeber und Franchisenehmer, die das gesamte Geschäftskonzept beinhalten, bezeichnet. Der Austausch von Leistungen bestimmt die Franchisingform. Der Franchisegeber gestattet dem Franchisenehmer u.a. den Gebrauch seines Handelsnamens oder seiner Marke, den Verkauf von Produkten bzw. die Erbringung von Dienstleistungen in einem eigens dafür hergerichteten Geschäft nach dem vom Franchisegeber entwickelten exklusiven Marketingkonzept. Dafür bekommt er im Gegenzug in der Regel finanzielle Vergütungen von seinen Franchisenehmern. Der Franchisegeber hat das Recht, die Franchisenehmer auf die Einhaltung der von ihm erstellten Regeln zu kontrollieren, um somit die einheitliche Präsentation des Franchisesystems sowie eine gleichbleibende Qualität der Güter und/oder Dienstleistungen auf Dauer sicherzustellen.[16]

Der *Umfang der Franchise* kann ebenfalls als Unterscheidungsmerkmal dienen. Als *Produktfranchising* wird Franchising bezeichnet, welches sich nur auf den Vertrieb eines Produktes bezieht (gemeint ist hier das "product distribution franchising" aus den USA). Der Absatz unter einheitlichem Organisationskonzept steht hier nicht im Mittelpunkt. Die Bezeichnung kann zu Mißverständnissen führen, da sie auch als Synonym für das Warenfranchising benutzt wird und als Pendant zum Dienstleistungsfranchising auftaucht.[17] Das *Betriebsfranchising* umfaßt den gesamten Betrieb des Franchisenehmers, der nicht nur im Hinblick auf ein Produkt mit dem Franchisegeber zusammenarbeitet, sondern in dessen Vertriebsorganisation einbezogen ist. Ist hingegen ein Franchisenehmer nur mit Abteilungen, d.h. mit Waren- oder Dienstleistungsgruppen im Betrieb eines Einzelhandelspartners vertreten, bezeichnet man dies als *Abteilungsfranchising*. Diese Form des Franchising wird auch *Mini-Franchising oder Shop-in-shop-Franchising* genannt, wenn es sich um räumlich geschlossene Abteilungen handelt. Es gibt aber auch räumlich nicht geschlossene Abteilungen

16 Vgl. *Kneppers-Heijnert, E.M.*, Franchising, 1988, S.13 f.
17 Vgl. *Nolting, A.*, Franchisesysteme, 1994, S.45.

innerhalb eines Warenhauses oder Fachgeschäftes, die als Franchisegeschäfte betrieben werden.

Durch die *Größe des Franchisegeschäftes* und die *Höhe der erforderlichen Investitionen* unterscheiden sich *Klein- und Großbetriebsfranchisesysteme*. Kleine Franchisegeschäfte werden vom Franchisenehmer persönlich geführt. Deshalb bezeichnet man diese Form des Franchising auch als *direktes Franchising*. Bei besonders kapitalintensiven Franchisesystemen, die auch oft Gesellschaften als Investoren anlocken, spricht man von *Groß-, Investitions- oder indirektem Franchising*. Betreibt ein Franchisenehmer das Objekt durch ein angestelltes Management und liegt die letzte Entscheidung bei ihm, dann handelt es sich um *Unternehmens-Franchising* und damit um "echtes" Franchising. *Groß-(betriebs-)franchisegeschäfte* werden jedoch zumeist von dritten Unternehmen mit professionellem Management und zahlreichen Angestellten übernommen. In diesem Fall liegt lediglich ein franchiseähnliches Verhältnis vor. Mit Investitionssummen von über 1 Mio. DM zählen die Hotel- und Gaststättenbranche sowie die Heimwerkermärkte dazu.[18]

Eine weitere Unterscheidungsmöglichkeit bildet das Kriterium der *Existenzbasis*. Bezieht ein Franchisenehmer aus einer Franchise sein alleiniges Einkommen, das einer gleichartigen Tätigkeit in abhängiger Stellung entspricht, so liegt eine *Voll-Existenz-System* vor. Ist dies nicht der Fall, dann handelt es sich um eine *Teil-Existenz-Franchise*.

Weiterhin kann man zwischen mobilen, halbstationären und stationären Franchisesystemen unterscheiden.[19] Beim *mobilen Franchising* werden die Kunden in ihren Haushalten aufgesucht, beim *halbstationären Franchising* besuchen die Kunden den Franchisenehmer, der jedoch nicht immer an diesem Platz verweilt (z.B. der Gastronom in der Sportanlage oder im Autokino). *Stationäre Franchisenehmer* unterhalten auf Dauer eingerichtete Betriebe oder Abteilungen.

Eine weitere Kategorie bilden das Mono- und das Multifranchising. Beim Monofranchising, auch als *Einfachfranchising* bezeichnet, arbeitet der Franchisenehmer nur mit einem Franchisegeber zusammen. Gehört ein Franchisenehmer zwei oder mehr Systemen an, liegt Multifranchising (auch *Mehrfachfranchising* genannt) vor. Hiervon gilt es allerdings das Mono- oder Multi*system*franchising des Franchisegebers zu unterscheiden. Ist ein Franchisegeber nur Träger eines Franchisesystems, spricht man

---

18 Der Fall, daß ein Franchisenehmer nur als Kapitalgeber auftritt, wird in der amerikanischen Literatur als "Corporation-Franchise" bezeichnet (vgl. *Mack, M.*, Franchising, 1975, S.31).

19 In den USA unterscheidet man zwischen "conventional" und "mobile" Franchising (vgl. *Mack, M.*, Franchising, 1975, S.31).

von *Monosystemfranchising*, ist er Träger mehrerer Systeme von *Netz- oder Multisystemfranchising*.

Je nachdem, ob ein Franchisenehmer nur einen Betrieb oder grundsätzlich mehrere Betriebe betreuen soll, unterscheidet man zwischen *Einbetriebs- und Mehrbetriebs- oder Betriebsgruppenfranchising*.

Nach der *Lebensphase des Franchisegeberbetriebs* differenziert man zwischen originären Franchisesystemen (auch *Gründersysteme* genannt) und *derivativen bzw. umstrukturierten Systemen*, die aus Filialsystemen, freiwilligen Ketten, Vertragshändlersystemen oder Einkaufsgenossenschaften hervorgegangen sind.[20]

Die *Beteiligungsverhältnisse zwischen Franchisegeber und Franchisenehmer* grenzen die Systeme gleichfalls gegeneinander ab. Eine Beteiligung der Systemzentrale am Franchisenehmergeschäft oder die Beteiligung der Mitarbeiter der Zentrale am Franchisenehmergeschäft sind hier denkbar.

Auch die *Branchenzugehörigkeit des Franchisesystems* kann als Abgrenzungsmerkmal dienen. Neben dem *Franchising im Konsumgüter- und Dienstleistungssektor* gibt es mittlerweile auch *Franchisesysteme im Investitionsgüterbereich und für die institutionelle Distribution* (z.B. Vertrieb von Spezialgeräten für Schulen und Krankenhäuser).

Möchte ein Franchisegeber sein Franchisesystem in anderen Ländern ansiedeln, so kann er dies tun, indem er einem Master-Franchisenehmer das Recht erteilt, für das entsprechende Staatsgebiet Unterlizenzen an die inländischen Franchiseinteressenten zu vergeben. Dies bezeichnet man als *Master- oder Area- / Gebiets-Franchising*; hier ist jedoch eher der Begriff "Master- (oder Area-) Lizenzen" angebracht, da der Master-Franchisenehmer die Franchise dem jeweiligen Land erst anpassen muß.[21] Masterlizenzen können nicht nur für ein Staatsgebiet, sondern auch für bestimmte Regionen, z.B. im eigenen Land, erteilt werden.[22]

Die *Herkunft und die Expansionspolitik* kann ebenfalls als Gliederungstypus dienen. Zum einen kann man zwischen *aus der Europäischen Union und außerhalb der EU stammenden Franchisegebern* unterscheiden, zum anderen zwischen einer *Internationalisierung eines Franchisesystems innerhalb und außerhalb der EU*.

Verfolgt eine Unternehmung das Ziel, nur Franchisegeschäfte zu betreiben, dann nennt man diese Form des Franchising ein *reines Franchisesystem* ohne Tendenz zur

---

20 Vgl. *Schulthess, V.G.*, Franchisevertrag, 1975, S.46 ff.

21 Vgl. *Skaupy, W.*, Franchising, 1987, S.30.

22 In den USA wird eine Master-Franchise auch als "territorial franchise" bezeichnet, die regionale Franchise hingegen als "operating franchise" (vgl. *Mack, M.*, Franchising, 1975, S.31).

Filialisierung. Im Gegensatz dazu gibt es aber *gemischte Franchisesysteme* mit einer dauerhaft angestrebten Doppelstrategie von Filialisierung und Franchisierung. Beim sogenannten *eingeschränkten Franchising* wird die Franchisierung auf eine bestimmte Betriebsgröße beschränkt, während beim *uneingeschränkten Franchising* alle Betriebstypen und Größenklassen als Franchisegeschäfte vorkommen.

Nach dem *Merkmal der Gebietsabgrenzung* wird zwischen *exklusivem und nicht exklusivem Franchising* unterschieden. Während manche Franchisegeber ihren Franchisenehmern den Ausschließlichkeitsvertrieb in bestimmten Absatzgebieten zusichern, ist dies bei anderen nicht üblich.

Erfolgt die Differenzierung anhand des *Gegenstandes der Franchise*, so erhält man die Kategorien des *Waren- und des Dienstleistungsfranchising*. Die in der Pronuptia-Verhandlung von dem EuGH getroffene Typisierung in *Vertriebs-, Produktions- und Dienstleistungsfranchising* bezieht sich ebenfalls auf den Franchisegegenstand. Produktions- und Vertriebsfranchising stellen hierbei eine weitere Differenzierung des Warenfranchising dar.[23]

Beim *Vertriebsfranchising* ist der Vertrieb von Waren Gegenstand der Franchise. Der Franchisegeber läßt den Franchisenehmer beim Vertriebsfranchising am (Marken-) Namen teilhaben und stellt ihm bestimmte Geschäftsmethoden und Marketinginstrumente zur Verfügung. Das Vertriebsfranchising läßt sich noch unterteilen in *Hersteller- und Kettenfranchising*. Ersteres liegt vor, wenn ein Franchisenehmer nur Waren eines bestimmten Herstellers verkauft, während beim Kettenfranchising der Franchisenehmer unterschiedliche Produkte verschiedenen Ursprungs vertreibt. Als Beispiele für das Vertriebsfranchising seien hier Yves Rocher, Marc Picard und Ihr Platz erwähnt.

Beim *Dienstleistungsfranchising* bietet der Franchisenehmer eine vom Franchisegeber entworfene und ausgearbeitete Dienstleistung unter dessen Geschäftsbezeichnung in Wort oder Bild, dem Handelsnamen oder auch dem Warenzeichen des Franchisegebers in Übereinstimmung mit dessen Richtlinien an. Bekannte Beispiele für Dienstleistungsfranchising sind McDonald's, Portas und Cosy-Wash-Autoservice.

Gegenstand des *Produktionsfranchising* ist die Herstellung von Waren seitens des Franchisenehmers nach Anweisungen des Franchisegebers und deren Verkauf unter der Warenbezeichnung des Franchisegebers. Das Produktionsfranchising wird auch *industrielles Franchising* genannt. Kennzeichen dieser Franchisingform ist, daß der Franchisenehmer mit dem ihm vom Franchisegeber übermittelten Know-how das

---

23 Vgl. *SmlgEG*, Pronuptia-Urteil, 28.1.1986, S.374 ff.

Erzeugnis selbst herstellt, be- oder verarbeitet, veredelt und vertreibt. Coca-Cola und Yoplait sind Beispiele dafür.

Anzumerken ist hierbei, daß Dienstleistungs-, Vertriebs- und Produktionsfranchising sich nicht unbedingt ausschließen, sondern zum Teil fließend ineinander übergehen können, wie etwa beim Betrieb einer Imbißkette.

Auf Martinek ist eine Differenzierung von Franchisesystemen nach deren *Macht- bzw. Interessenstrukturen* zurückzuführen. Martinek unterscheidet zwischen *Subordinations- und Partnerschaftsfranchising*. Das Partnerschaftsfranchising unterteilt er wiederum in Koordinations-, Koalitions- und Konföderationsfranchising.[24]

Das *Subordinationsfranchising* ist ein interessenwahrendes Absatzmittlungsverhältnis, bei dem es ein Über- / Unterordnungsverhältnis zwischen Franchisegeber und Franchisenehmer gibt. "Im Vertragsverhältnis zwischen Franchisegeber und Franchisenehmer dominiert das Element der Interessenwahrung durch Geschäftsbesorgung in Form von Absatzförderung."[25] Der Franchisenehmer wahrt und fördert in erster Linie die Interessen des Franchisegebers, um davon dann selber zu profitieren. Das gemeinsame Interesse beider Vertragsparteien ist wirtschaftlicher, nicht rechtlich-vertraglicher Natur. Die Direktiven des Franchisegebers bewirken, daß die weisungsunterworfenen Absatzmittler nach außen hin als Gruppe erscheinen. Das Subordinationsfranchising ist eine bilateralvertragliche oder vertragsverbundliche Kooperation.

Die *drei Strukturtypen des Partnerschaftsfranchising* sind zwar Absatzkooperationsformen, aber keine interessenwahrenden, geschäftsbesorgungsvertraglichen Absatzmittlungsverhältnisse. Bei Franchisegeber und Franchisenehmer handelt es sich um gleich starke Vertragspartner, deren "Absatzmittlung" sich rein austausch- oder gesellschaftsvertraglich vollzieht. So gibt es im *Koordinations-* oder *Austauschfranchising* keine Unter- / Überordnung. Der Franchisenehmer verpflichtet sich nicht zur fremden Interessenwahrung oder -förderung. "Kooperationsintensität, Systemkonsistenz und -dynamik, Imageeinheit, Marketinggemeinschaft und Wettbewerbseinheit sind hier die Folge der gleichförmigen Austauschverträge zwischen Franchisegeber und der Vielzahl von Franchisenehmern [...].[26] Das Koordinationsfranchising ist die schwächste Form des Partnerschaftsfranchising, da hier die Struktur- und Funktionsmerkmale der vertikalen Gruppenkooperation nur relativ schwach ausgeprägt sind. Seiner Natur nach ist es ein synallagmatisch-individualvertragliches Austauschverhältnis ohne Interessenwahrungselemente.

---

24 Vgl. *Martinek, M.*, Franchising, 1987, S.246 ff.

25 *Martinek, M.*, Franchising, 1987, S.247.

26 *Martinek, M.*, Franchising, 1987, S.251.

Beim *Koalitions- oder Zweierbundfranchising* begründen die einzelnen Franchiseverträge jeweils eine Zweckgemeinschaft zwischen Franchisegeber und Franchisenehmer. Der gemeinsame Zweck, den beide Vertragsparteien verfolgen und der auch Vertragsinhalt wird, bewirkt die Systemkonsistenz. Die Franchiseverträge sind beim Koalitionsfranchising Gesellschaftsverträge zur Begründung einer BGB-Innengesellschaft.

Das *Konföderationsfranchising* ist nicht nur von einem gemeinsamen wirtschaftlichen Interesse, sondern auch von einem gemeinsamen Zweck (aller Systembeteiligten) im Rechtssinne geprägt. Dieser ist Inhalt des Vertrages zwischen allen Systembeteiligten (Systemvertrag). Die Systemkonsistenz und alles, was mit ihr verbunden ist, beruht auf einem Gesamtwillen. Die Systemmitglieder formieren eine BGB-Innengesellschaft, in der die Systemsteuerung mit Hilfe von Abstimmungsprozessen vorgenommen wird. Es handelt sich hierbei um eine konföderative Solidar- / Zweckgemeinschaft.

2.6 Abgrenzung zu anderen Absatzmittlungsformen

An dieser Stelle soll ein kurzer Vergleich zwischen Franchising und anderen Konzeptionen gezogen werden.[27] Das Wesentliche an Franchiseverträgen sind Lizenzvereinbarungen über die Gestaltung des Gebrauchs gewerblicher Schutzrechte, wie z.B. Waren- bzw. Dienstleistungszeichen, Namensrechte, die Benutzung von Patenten, Urheberrechten sowie die Verwendung von Gebrauchs- und Geschmacksmustern. Ferner kommen Know-how-Vereinbarungen über kommerzielles, betriebswirtschaftliches und technisches Erfahrungswissen hinzu. Überwiegend werden noch Vereinbarungen über Warenlieferungen und damit verbundene Eigentumsvorbehaltsklauseln sowie auch Miet- und Pachtverträge geschlossen. Der Franchisenehmer ist selbständig und auf eigene Rechnung tätig.

Das Vertragshändlersystem:

Dieses System steht dem Franchising begrifflich am nächsten. Dem Vertragshändler wird laut Vertrag gestattet, die vom Vertragspartner hergestellten oder vertriebenen Erzeugnisse *in eigenem Namen und auf eigene Rechnung* weiter zu vertreiben oder zu verkaufen. Im allgemeinen sind die Interessen des Unternehmens zu

27 Vgl. zu den Absatzorganisationsformen z.B. *Nagel, B.*, Wirtschaftsrecht II, 1989, S.130 ff. und *Führich, E.*, Wirtschaftsprivatrecht, 1992, S.290 ff.

wahren, ohne daß jedoch eine derart enge Bindung wie im Franchisesystem besteht. Dem Vertragshändler fehlt zudem die völlige Identifizierung mit dem Unternehmen. Das Marketing- und Werbekonzept ist nicht wie bei Franchisesystemen ein einheitliches, streng organisiertes Konzept, sondern im wesentlichen beiden Vertragspartnern selbst überlassen. Ferner werden Beratungen und Kontrollen, wie sie in Franchisesystemen üblich sind, nicht durchgeführt. Im Vertragshändlersystem gibt es kein Äquivalent zum Dienstleistungsfranchising, da nur Erzeugnisse verkauft werden. Ein Vertragshändlersystem ist einem Franchisesystem unter Umständen dann vorzuziehen, wenn z.B. technisch hochwertige Geräte verkauft werden sollen, die eine kompetente Beratung des Kunden erfordern. Für derartige Fälle hat sich die straffe Gliederung von Franchisesystemen als unvorteilhaft herausgestellt. Eine Umwandlung von Vertragshändlersystemen in Franchisesysteme ist zwar möglich, aber nicht immer auch sinnvoll.[28]

Lizenz- und Know-how-Vereinbarungen:

Franchiseverträge enthalten immer Lizenz- und Know-how-Vereinbarungen, jedoch für sich allein betrachtet stellen derartige Vereinbarungen noch keinen Franchisevertrag dar, falls die weiteren wesentlichen Merkmale wie z.B. eine einheitliche Organisation, Marketingkonzepte sowie das Überwachungs- und Weisungsrecht fehlen. Ein Lizenzvertrag erlaubt dem Lizenznehmer die Nutzung von gewerblichen Schutzrechten. Ein Know-how-Nehmer hingegen erhält i.a. Instruktionen, Pläne, Skizzen oder Zeichnungen sowie eine Schulung zum Gebrauch dieser Informationen. Derartige Vereinbarungen stellen eine lockerere Bindung zwischen Geber und Nehmer dar, als es in Franchisen der Fall ist. Anwendung finden sie sicherlich eher bei bereits bestehenden Unternehmen, die die Kompetenz oder die Erfahrung eines anderen Unternehmens nutzen wollen, während durch die umfangreiche Verflechtung bei Franchisen eher Existenzgründer angesprochen werden.[29] Forkel faßt den Franchisevertrag im Gegensatz zu der herrschenden Meinung, die entweder einen Geschäftsbesorgungs- oder einen Typenkombinationsvertrag hierin sieht, als Lizenzvertrag auf. Zu diesem Ergebnis gelangt er, indem er den Begriff der Lizenz über Schutzrechte hinaus ausdehnt und von einer Lizenz am *Immaterialgut Unternehmen* spricht. Als Immaterialgut ist hier die geistige Seite des Unternehmens gemeint, die durch die Ideen, geistigen Konzepte, die Organisation, die Erfahrung sowie die Geltung und die

---

28 Vgl. *Skaupy, W.*, Franchising, 1987, S.10.
29 Vgl. *Skaupy, W.*, Franchising, 1987, S.11.

Werbekraft gekennzeichnet ist.[30] Ein weiteres Indiz sei, daß man auch vom *Einräumen* oder *Erteilen* einer Franchise spreche.[31]

Agentursysteme:

Handelsvertreter ist nach § 84 Abs.1 HGB, wer als selbständiger Gewerbetreibender ständig damit betraut ist, für einen anderen Unternehmen Geschäfte zu vermitteln oder in dessen Namen abzuschließen. Selbständig ist, wer im wesentlichen frei seine Tätigkeit gestalten und seine Arbeitszeit bestimmen kann. Sind diese Kriterien nicht erfüllt, so handelt es sich um einen Handlungsgehilfen, der Angestellter ist (§ 84 Abs.2 HGB). Der Handelsvertretervertrag ist ein Dienstvertrag, der eine Geschäftsbesorgung zum Gegenstand hat. Ein Handelsvertreter kann arbeitnehmerähnliche Person sein, wenn er als Ein-Firmenvertreter weniger als 2000 DM monatlich verdient (§ 5 Abs.3 ArbGG).

Die Unterschiede derartiger Systeme zum Franchising bestehen darin, daß ein Agent / Handelsvertreter *nicht* im eigenen Namen und auf eigene Rechnung tätig ist, obwohl er handels-, gewerbe- und steuerrechtlich als Kaufmann anzusehen ist (§ 1 Abs.2 Nr.7 HGB). Bei den von ihm abgeschlossenen und vermittelten Geschäften fehlt ihm die unternehmerische Selbständigkeit, das wirtschaftliche Risiko liegt dafür bei dem, für den das Geschäft abgeschlossen wurde. Dadurch ist auch der Kapitaleinsatz vielfach geringer als in Franchisesystemen. Ferner kann er bei von ihm abgeschlossenen Geschäften rechtlich nicht in Anspruch genommen werden, es sei denn, aufgrund unerlaubter Handlungen, da er als Agent im Namen und auf Rechnung des von ihm vertretenen Unternehmens arbeitet. Dafür stehen einem Handelsvertreter aber "nur" Provisionsansprüche zu, während sich der Franchisenehmer den Großteil seiner Gewinne selber zuschreiben kann. Der Nachteil liegt darin, daß ein Handelsvertreterverhältnis nur für wenig kapitalintensive Bereiche verwendet werden kann. Außerdem könnte die Motivation des Handelsvertreters niedriger liegen als bei einem Franchisenehmer. Handelsvertreter werden vor allem als Versicherungs- und Bausparkassenvertreter und als Anlageberater eingesetzt.

---

30 Vgl. *Forkel, H.*, Franchisevertrag, ZHR, 1989, S.524.
31 Vgl. *Forkel, H.*, Franchisevertrag, ZHR, 1989, S.518.

Kommissionäre und Kommissionsagenten:

Eine Mittelstellung zwischen Franchisenehmer bzw. Vertragshändlern und Agenten nehmen *Kommissionäre* oder Kommissionsagenten ein. Ein Kommissionär tätigt seine Geschäftsabschlüsse zwar *im eigenen Namen, aber für Rechnung eines anderen* (vgl. hierzu die §§ 383 ff. HGB). Aus diesen Abschlüssen steht ihm eine Provision zu (§ 396 HGB). Außerdem besteht für ihn *kein eigenes Risiko, da er nicht unternehmerisch selbständig tätig* ist. Im Gegensatz zu den meisten anderen Geschäftsarten werden bei Kommissionsgeschäften die Preise ausgehandelt. Der Kommissionär ist nach § 1 Abs.2 Nr.6 HGB Kaufmann. Der Kommissionsvertrag ist ein Werk- oder Dienstvertrag, der eine Geschäftsbesorgung zum Gegenstand hat.

Kommissionsagenten stellen eine Zwischenstufe zwischen Handelsvertretern und Kommissionären dar. Sie treten *im eigenen Namen* nach außen hin auf, während sie nach innen zu ihren Geschäftsherren wie ein Handelsvertreter stehen, d.h., sie arbeiten *für Rechnung eines anderen*. Auf sie sind ebenfalls die §§ 383 ff. HGB sowie die §§ 89 und 89a HGB bei Kündigung anwendbar. Kommissionsagenten können in den Fällen Franchisenehmern vorzuziehen sein, in denen der Unternehmer die Preise festsetzen möchte.[32] Bei Kommissionsgeschäften bleibt der Auftraggeber meist ungenannt (das Geschäft wird im Namen des Kommissionärs abgeschlossen), während beim Franchising gerade die Marktstellung und der Markenname herausgehoben werden sollen. Kommissionäre werden hauptsächlich im Wertpapier-, Kunst- und Antiquitätenhandel eingesetzt. Zwischen dem Kommissionärsystem und dem Franchisesystem gibt es kaum Gemeinsamkeiten, so daß beide Absatzmittlungstypen sicherlich keine Alternative darstellen.

Genossenschaften und Handelsketten:

Genossenschaften sind wirtschaftliche Zusammenschlüsse mit dem Ziel, den Erwerb ihrer Mitglieder mittels eines gemeinschaftlichen Geschäftsbetriebes zu fördern. Die Zusammenarbeit der einzelnen Genossen bei dem Einkauf, dem Verkauf oder bei der Produktion ist nicht durchzusetzen, sondern beruht auf Freiwilligkeit. Handelsketten sind ebenso wie Genossenschaften freiwillige Zusammenschlüsse von Groß- und Einzelhändlern mit dem Ziel einer absatzwirtschaftlichen Zusammenarbeit. Die rechtliche und wirtschaftliche Selbständigkeit der Mitglieder bleibt gewahrt.

---

32 Vgl. *Skaupy, W.*, Franchising, 1987, S.12.

Während das Franchising ein vertikales Vertriebssystem darstellt, besitzen Genossenschaften und Handelsketten einen horizontalen Charakter. Bei diesen Vertriebsformen fehlen die für das Franchising typischen Merkmale wie straffe Organisation, einheitliches Marketingkonzept und Überwachungs- sowie Weisungsrechte. Ferner sind die Zusammenschlüsse freiwilliger Art, was zwar mehr Freiheiten für die Partner bedeutet, aber andererseits nicht ein so leistungsfähiges System wie das Franchisesystem hervorbringt. Da alle Partner einer Genossenschaft oder einer Handelskette gleichberechtigt sind, können sie ihre eigenen Interessen ohne Rücksicht auf das Gemeinwohl durchsetzen.

Die wirtschaftlichen Zusammenschlüsse in Form von Genossenschaften und Handelsketten bieten zwar Vorteile gegenüber Einzelunternehmern, können aber nach Ansicht Skaupys auf Dauer mit dem Franchising nicht konkurrieren, da das Fehlen einer straffen Organisation nicht mehr den Erfordernissen unserer Zeit gerecht werde.[33]

Joint ventures und Gemeinschaftsunternehmen:

Ebenso wie Genossenschaften und Handelsketten stellen Joint ventures und Gemeinschaftsunternehmen eine horizontale Kooperationsform dar. Die beteiligten Unternehmen dieser Kooperationsformen sind rechtlich als bürgerlich-rechtliche Gesellschaften zu betrachten. Der Unterschied liegt darin, daß Joint ventures für zeitlich begrenzte Vorhaben geschlossen werden, Gemeinschaftsunternehmen dagegen bei länger geplanten Bindungen gegründet werden. Joint ventures unterscheiden sich allein schon durch ihre zeitliche Begrenzung vom Franchising. Ziel ist die bessere Durchführung dieser Projekte durch das verknüpfte Know-how der beteiligten Unternehmen. Hierin liegt ein weiterer Unterschied zum Franchising, bei dem die Franchisenehmer die gleiche Leistung erbringen und diese nicht auf dem Know-how der anderen Franchisenehmer basiert. Die rechtliche Selbständigkeit der beteiligten Unternehmen wird dabei voll gewahrt. Sollten die Unternehmen eine dauerhafte Kooperation beabsichtigen, so werden sie ein Gemeinschaftsunternehmen gründen. Es entsteht eine Tochtergesellschaft mit eigenem Rechtscharakter, die kapitalmäßig von den beteiligten Unternehmen abhängig ist. Die Organisation und das Marketingkonzept wird, im Gegensatz zum Franchising, nicht zentral überwacht oder gesteuert.

Die Ziele von Joint ventures und Gemeinschaftsunternehmen sind somit grundsätzlich von denen des Franchising verschieden. Wettbewerbsvorteile werden durch

33 Vgl. *Skaupy, W.*, Franchising, 1987, S.16 f.

das Zusammenfügen von Know-how und Produktionsmitteln erlangt. Im internationalen Markt kann es aber Sinn machen, daß sich ein Franchisesystem mit einem in einem fremden Markt ansässigen Unternehmen zu einem Joint venture zusammenschließt, um auf diesem Markt schneller Fuß zu fassen.

Abgrenzungen zu weiteren Vertriebssystemen:

Von *Filialsystemen* unterscheidet sich ein Franchisesystem darin, daß der Franchisenehmer mehr unternehmerische Aufgaben wahrzunehmen hat als ein Geschäftsführer. Die Unternehmensführung von Filialen erfolgt zentral von der Unternehmensleitung. Zudem kann sich der Franchisenehmer den Restgewinn zurechnen. Wenn neben den Franchisegeschäften auch noch eigene Filialen existieren, man also nicht von reinem Franchising sprechen kann, liegt ein sogenanntes *Mischsystem* vor. Dieses beherbergt also zwei oder mehr Systemarten in einem Gesamtsystem. *Unechtes Franchising* liegt hingegen vor, wenn Vertragshändler-, Agentur- oder Kommissionsagentursysteme wie Franchisesysteme aufgemacht sind.

Werden Franchiseverhältnisse durch wirtschafts- bzw. gesellschaftsrechtliche Bindungen der Vertragspartner überlagert / abgesichert - wenn z.B. das Franchisesystem eine Kapitalgesellschaft und eine Kommanditgesellschaft ist -, dann nennt man dies *Quasi-Franchising*. Skaupy betont, daß es sich dabei um kein Franchising handele, da sich die Kontrollrechte nicht aus dem Franchisevertrag, sondern aus der Stellung des Mehrheitsgesellschafters herleiten. Es wird zwar ein Franchisevertrag geschlossen, aber der Franchisenehmer wird kapitalmäßig bzw. gesellschaftsrechtlich vom Franchisegeber beherrscht.[34]

Überträgt ein Hersteller dem Abnehmer das ausschließliche Recht zum Vertrieb seiner Waren in einem bestimmten Gebiet, so bezeichnet man dieses als *Alleinvertriebsbindung*. Im allgemeinen geht diese Hand in Hand mit einer *Alleinbezugsbindung*, d.h., der Abnehmer wird häufig dazu verpflichtet, Waren nur bei diesem Hersteller zu beziehen. Alleinvertriebsvereinbarungen sind häufig Bestandteile von Franchiseverträgen, aber ihnen fehlt im Unterschied zu diesen die übliche Identifizierung des Abnehmers mit dem Systemimage sowie ein striktes Organisations- und Marketingkonzept.

Ein *selektiver Vertrieb*, auch *exklusiver Vertrieb* genannt, ist dadurch gekennzeichnet, daß nur bestimmte Händler (z.B. Fachhändler / autorisierte Händler) als

---

34 Vgl. *Skaupy, W.*, Franchising, 1987, S.13 f.

Absatzmittler zugelassen werden, die den Anforderungen einer bestimmten Marketingkonzeption (z.B. hinsichtlich Größe und Ausstattung des Ladens, der Qualifikation des Personals, des Sortiments oder des Kundendienstes) entsprechen. Laut Skaupy ist keine Abgrenzung dieses Vertriebssystems zu Franchisesystemen möglich, da selektiver Vertrieb häufig nur eine dem Franchising entsprechende Ausgestaltung des Vertriebs darstellt.

Bei *Depotsystemen* bekommen Einzelhändler einen Gebietsschutz eingeräumt, müssen dafür aber das gesamte Herstellersortiment führen. Diese Einzelhändler werden als Kommissionäre, d.h. im eigenen Namen auf fremde Rechnung tätig. Für sie besteht deshalb kein Warenrisiko. Skaupy sieht außer dieser Verpflichtung keine Beziehung zum Franchising. Auch *Zuliefersysteme* können seiner Meinung nach nicht mit dem Franchising verglichen werden. Ein *Direktvertrieb*, bei dem Hersteller/Großhändler ihre Ware direkt an die Verbraucher absetzen (ohne Einschaltung des Einzelhandels), ist mit dem Vertriebssystem Franchising kompatibel.

Der DFV hält an seiner engen Definition des Franchising und der sachgerechten Abgrenzung zu benachbarten Vertriebssystemen fest, zumal diese Definition der EU-Gruppenfreistellungsverordnung für Franchisevereinbarungen entspricht. Der Lizenzbereich, Agenturen (z.B. Tankstellen), der Vertragsvertrieb (z.B. Automobilhändler) und moderne Genossenschaftsformen (z.B. Partnerschaftsmodelle im Lebensmitteleinzelhandel) werden folglich dem Franchising nicht zugerechnet.[35]

2.7 Ökonomische Vor- und Nachteile des Franchising

Im folgenden werden die potentiellen Vor- und Nachteile des Franchising für die beteiligten Gruppen aufgezeigt. Zunächst einmal sind als Beteiligte natürlich Franchisegeber und -nehmer zu nennen. Da jedoch größere Franchisesysteme eine überragende Marktstellung erlangen können, wird dies nicht ohne Auswirkungen auf den Verbraucher bzw. auf die Gesellschaft bleiben.

2.7.1 Vor- und Nachteile für den Franchisegeber

Die Expansionsmöglichkeiten eines Franchiseunternehmens, die mit dem Franchising verbundenen finanziellen Aspekte, die Motivation der Franchisenehmer im Gegensatz zu der von Geschäftsführern in Filialen und seine Kontroll- und Weisungs-

35 Vgl. *DFV (Hrsg.)*, Franchise-Telex (Stand Juli 1996).

befugnisse stellen aus Franchisegebersicht einen Anreiz zu franchisieren dar. Negativ kann sich das Franchising für ihn dann erweisen, wenn er ungeeignete oder unseriöse Franchisenehmer in sein System aufnimmt. Zudem ist die Auflösung eines Franchisevertrages nicht unproblematisch.

Expansionsmöglichkeiten:

Für einen Unternehmer ist sicherlich die *Möglichkeit der schnellen Expansion* ein wesentlicher Grund für die Wahl des Franchising. Während der Aufbau eigener Filialen viel Geld erfordert und selbst bei guter wirtschaftlicher Entwicklung höchstens ein bis zwei Filialen pro Jahr hinzukommen, bietet die Vergabe von Franchisen die Möglichkeit, ein Vielfaches dieser Expansionsrate zu erreichen. Diese schnelle Systemausbreitung hat weitere Vorteile. So führt sie zu einer tiefen und gleichmäßigen *Ausschöpfung des Marktpotentials*. Selbst in potentialschwachen Gebieten können Vertriebsstellen rentabel betrieben werden. Erreicht wird dies durch die Erfahrung des Franchisegebers und die *Kundennähe des Franchisenehmers*, der den Kunden - nach der amerikanischen Marketing-Devise *"all business is local"* - vor Ort mit Werbemaßnahmen anspricht. Die unternehmerische Initiative kann durch den Einsatz eines Franchisenehmers direkt am *point of sale* ansetzen.

Diese Kundennähe des Franchisenehmers bringt dem Franchisegeber aktuelle *Informationen über die Bedürfnisse des Marktes*, auf die er dann in entsprechender Weise reagieren kann. Neben diesen Informationen wird der Franchisegeber aber auch über die *wirtschaftliche Entwicklung der Franchisegeschäfte* durch periodische Berichte der Franchisenehmer informiert. So kann er Rückschlüsse ziehen auf die Wirksamkeit seines Systems bzw. auf Gebiete, in denen sich eine weitere Ausbreitung seines Systems lohnen wird. Diese Synergieeffekte gestatten dem System nicht nur eine kontinuierliche Ausbreitung, sondern auch die Absicherung der beteiligten Partner aufgrund der *gefestigten Marktposition des Franchisesystems*.

Eine schnelle Expansion verspricht aber auch eine *höhere Wirksamkeit von Marketingmaßnahmen*. Dies kann so weit führen, daß überregionale Werbeaktionen in bundesweiten Zeitschriften oder gar im Fernsehen lohnenswert werden, wie es mit großem finanziellen Aufwand z.B. McDonald's betreibt. Daneben bleiben jedoch lokale Aktionen der Franchisenehmer weiterhin bestehen.

Finanzielle Aspekte:

Geht man davon aus, daß die Einrichtung einer Filiale zwischen DM 150.000,- und DM 300.000,- kostet und für Schnellimbißrestaurants auch die Höhe von einer Millionen DM überschreiten kann, so verdeutlicht dies die Einschränkung, der ein Unternehmer aus finanzieller Sicht unterliegt. Die Vergabe von Franchisen kann dieses Problem lösen, wenn der Franchisenehmer das Franchisegeschäft ausschließlich selbst finanzieren muß. Dies hat den weiteren Vorteil, daß der Franchisenehmer durch den hohen finanziellen Einsatz ein eigenes Interesse an einer positiven Entwicklung des Franchisegeschäfts hat. Die frei werdenden Kapitalreserven des Franchisegebers können dadurch für andere Zwecke, z.B. eine verstärkte Werbung oder für Marktforschungsanalysen, aufgewendet werden.

Neben den bereits beschriebenen Vorteilen einer schnelleren Marktausbreitung durch Schonung der eigenen Kapitalreserven enthalten Franchisevereinbarungen aber noch weitere finanzielle Anreize für den Franchisegeber. So wird bei Abschluß eines Franchisevertrages in den meisten Fällen von dem neuen Franchisenehmer eine *Abschlußgebühr* gefordert. Auf diese sollte der Franchisegeber auch nicht verzichten, da sie unseriöse Franchisenehmer fernhält.[36] Hinzu kommt in der überwiegenden Zahl der Verträge eine *laufende Gebühr*, die sich zumeist nach dem Franchisenehmerumsatz richtet. Diese laufenden Gebühren, die sorgfältig auf die Leistungen des Franchisegebers abgestimmt sein sollten, stellen eine weitere Finanzquelle des Franchisegebers dar, der in anderen Systemen nichts Vergleichbares gegenübersteht. Mit diesen Gebühren werden auch die Rechte zur Nutzung des Namens und des Know-how durch den Franchisenehmer finanziell abgedeckt. So verwundert es auch nicht, daß Franchisenehmer häufig auch *Werbegebühren* an den Franchisegeber zahlen müssen. Dieser kann wiederum mit steigendem Werbebudget *effektivere Werbung* durchführen.

Eine Ausbreitung des Systems führt i.a. zu *günstigeren Einkaufskonditionen*, die den Franchisenehmern, aber auch dem Franchisegeber finanziell zugute kommen. Auf diese Weise verbessert ein neuer Franchisenehmer auch indirekt den Gewinn des Franchisegebers. Neben diesen finanziellen Vorteilen müssen aber auch einige *Nachteile* in Kauf genommen werden. Durch eine steigende Franchisenehmerzahl wird der *personelle und materielle Aufwand zur Verwaltung und Betreuung ansteigen*. Bei großen Systemen wird es dem Franchisegeber unmöglich werden, alle Franchiseneh-

36 Vgl. *Skaupy, W.*, Franchising, 1987, S.44.

mer regelmäßig aufzusuchen und zu beraten. Für diese Zwecke müssen verläßliche Mitarbeiter eingesetzt werden.

Motivation der Franchisenehmer:

Die Motivation des Franchisenehmers gründet sich zum einen auf den *Reiz der unternehmerischen Selbständigkeit* und zum anderen auf die *hohen finanziellen Aufwendungen*, die dieser insbesondere in der Gründungsphase tätigen muß. Ist der Franchisenehmer erfolglos oder hält er sich nicht an die vertraglich vereinbarten Regeln, was wiederum zu einer Kündigung des Vertragsverhältnisses führen kann, so ist dies für ihn mit hohen finanziellen Verlusten verknüpft. Williamson spricht hierbei von der Leistung eines Unterpfandes zur Absicherung des Tauschvorganges. Dies ist für ihn eine Lösung im Sinne effizienter Systeme.[37] Getauscht wird in diesem Falle das Know-how, der Markenname und die erfolgversprechenden Konditionen des Franchisegebers gegen den Einsatz und den finanziellen Beitrag des Franchisenehmers. Für den Franchisegeber besteht bei dieser Art des Tauschvorganges jedoch ein erhöhtes Risiko, da sein Image und das aller anderen Franchisenehmer Schaden durch einen unseriösen Franchisenehmer erleiden könnte. Die Absicherung geschieht durch die Leistung eines Unterpfandes, hier in Form von Investitionen in das Franchisegeschäft, und sichert somit auf finanziellem Wege die Motivation des Franchisenehmers. Dieser Druck, der auf den Franchisenehmer ausgeübt wird, ist jedoch kein Grund zur Klage über einen unseriösen Franchisegeber, sondern im Interesse aller beteiligten Partner, wie Williamson weiter schildert.[38] Nun wird aber auf Dauer ein finanzieller Druck, wie er durch Unterpfände ausgeübt wird, nicht allein zu dem Gelingen einer Franchise führen. Der Inhaber muß von sich aus *Gefallen am Franchisesystem*, d.h. an dem Geschäftskonzept, der Organisation und dem Verbund aus vielen einzelnen Mitinhabern, die die gleichen Leistungen erbringen, haben.

Neben diesen Aspekten fallen bei Franchisevergaben auch personelle Kriterien ins Gewicht. So braucht sich der Franchisegeber nicht mit *Personalentscheidungen* zu beschäftigen, die neben dem zeitlichen und finanziellen Aufwand einen entscheidenden Einfluß auf die Entwicklung des Geschäftes haben können. Im eigenen Interesse wird der Franchisenehmer hier wiederum darauf achten, daß er das bestmögliche Personal einstellt, da seine Mitarbeiter in hohem Maße seinen eigenen Verdienst mit beeinflussen.

---

37 Vgl. *Williamson, O.E.*, Die ökonomischen Institutionen, 1990, S.207.

38 Vgl. *Williamson, O.E.*, Die ökonomischen Institutionen, 1990, S.206 f.

Kontroll- und Weisungsbefugnisse:

Franchisegeber sichern sich häufig in den Franchiseverträgen umfangreiche Kontroll- und Weisungsbefugnisse. Diese beginnen bei der *Einrichtung des Ladenlokals*, führen über die *Verpflichtung der Weiterbildung der Franchisenehmer und deren Mitarbeiter* bis hin zu der *Kontrolle der Bilanzen*. Zweck dieser Regelungen ist die Kontrolle des Gesamtsystems, um den *Erfolg der Geschäftsidee abzusichern*. Die umfangreichen Kontroll- und Weisungsmöglichkeiten des Franchisegebers haben die Funktion eines Unterpfandes, das die Franchisenehmer bei Vertragsabschluß hinterlegen. Für die erhaltenen Leistungen müssen sie billigen, daß ihre firmenspezifischen Informationen einer großen Transparenz unterliegen.

Auflösung des Franchiseverhältnisses:

Ein Nachteil für den Franchisegeber beruht auf der komplexen vertraglichen Regelung zwischen ihm und seinen Franchisenehmern und den nicht unerheblichen finanziellen Aufwendungen bei Abschluß eines Vertrages. Die Auflösung einer Franchisevereinbarung ist in keiner Weise mit der Kündigung eines Arbeitsverhältnisses zu vergleichen, da bei letzterem ordentliche Kündigungsmöglichkeiten bestehen, Franchiseverträge jedoch über sehr lange Zeiträume *ohne ordentliche Kündigungsmöglichkeiten* geschlossen werden. Bei einem Arbeitsverhältnis dagegen wird zudem eine Probezeit vereinbart, in der beide Seiten das Recht einer Kündigung ohne Angabe von Gründen besitzen. Dies gestaltet sich im Franchising schwieriger, da sofort bei Gründung eines neuen Geschäftes erhebliche Investitionen aufgewendet werden müssen. Im Falle einer fristlosen Kündigung können zudem gerichtliche Streitigkeiten um den Kündigungsgrund auftreten.

Nach Beendigung des Vertragsverhältnisses bleibt dem Franchisenehmer in der Regel ein halbes Jahr Zeit, um die restlichen Waren zu verkaufen. Diese Zeit, in der er rechtlich nicht mehr zum System gehört und sich aus diesem Grund nicht mehr den Spielregeln des Systems verpflichtet fühlt, kann bei negativem Verhalten des Ex-Franchisenehmers für das Franchisesystem einen *erheblichen Imageverlust* bedeuten. So wird unter anderem die Kontrolle, welche Waren der ehemalige Franchisenehmer in der Abverkaufszeit vertreibt, nur sehr schwer möglich sein.

Auswahl geeigneter Franchisenehmer:

Ein Franchisekonzept kann auf Dauer nur mit *seriösen Franchisenehmern* funktionieren. Die Selektion geeigneter Partner ist aus diesem Grund eine sehr wichtige, aber auch zeitraubende Angelegenheit.

Die Vermittlung des Know-how, die Überlassung des Markennamens und alle anderen Leistungen, die einem Franchisenehmer erhebliche Vorteile während der Gründungsphase gegenüber anderen Existenzgründern verschaffen, werden jedoch häufig während einer längeren zeitlichen Bindung immer weniger honoriert. Zum einen kann der Franchisenehmer versuchen, vom Qualitätsniveau und dem Markenzeichen zu profitieren, indem er selbst unter der geforderten Qualität bleibt (sog. *Free-riding*). Zum anderen kann bei dem Franchisenehmer nach einiger Zeit ein verstärktes Selbstbewußtsein - hervorgerufen durch den geschäftlichen Erfolg - dazu führen, daß dieser immer mehr Regelungen des Franchisegebers als zu einschränkend empfindet und sich dagegen auflehnt. Dies kann durch Nichteinhalten von bestimmten Klauseln oder durch Anfechten des Vertrages geschehen. Um die Anreize zum Free-riding des Franchisenehmers zu minimieren, hat der Franchisegeber außerordentliche Kündigungsmöglichkeiten. Dadurch läuft der Franchisenehmer Gefahr, seine spezifischen Investitionen zu verlieren ("sunk cost penalties"). Es können aber auch positive Anreizsysteme durch Nachlässe bei den Franchisegebühren, Mitspracherechte bei der Geschäftspolitik oder ähnliches geschaffen werden. Nutzen Abmahnungsverfahren nichts, so können entweder Gerichtsverfahren Abhilfe schaffen, oder es kommt letztendlich zum Bruch zwischen den Vertragsparteien.

2.7.2 Vor- und Nachteile für den Franchisenehmer

Die Vorteile des Franchising für einen Franchisenehmer liegen vor allem in seiner wirtschaftlichen und rechtlichen Selbständigkeit, die durch die Betreuung des Franchisegebers unterstützt wird. Allerdings besteht auch die Gefahr, daß die Selbständigkeit nicht de facto, sondern nur de jure gegeben ist.[39] Zudem können Franchisenehmer an unseriöse oder ungeeignete Franchisegeber gelangen.

39 Vgl. dazu die Kapitel 4 ff.

Die wirtschaftliche und rechtliche Selbständigkeit:

Der Franchisenehmer tritt durch seine Unterschrift unter den Franchisevertrag rechtlich in die *Selbständigkeit*, d.h., er ist im eigenen Namen und auf eigene Rechnung tätig. Die Höhe seines Einkommens kann er bis zu einem bestimmten Grad - durch seinen eigenen Einsatz bestimmen. Der Franchisenehmer findet im Idealfall ein *vollständig ausgearbeitetes Geschäftskonzept* vor, das vom Einkauf über die Buchhaltung, über das Marketingkonzept bis hin zur Ladenlokalgestaltung in allen Einzelheiten durchdacht und erprobt ist. Dem Franchisenehmer wird ein *corporate identity-Konzept* vorgelegt, das er sowohl benutzen darf als auch muß. Die Vorteile für den Franchisenehmer ergeben sich aus der *Koppelung seiner eigenen Selbständigkeit mit den Vorteilen eines Großsystems*.

Individuelle Anpassungen nach den Wünschen des Franchisenehmers sind jedoch kaum möglich, um die Einheitlichkeit des Systems zu wahren. Im wesentlichen muß sich der *Franchisenehmer anpassen und Kompromisse eingehen*. Zudem entsteht durch die Kontrollmöglichkeiten des Franchisegebers eine *große Transparenz zwischen den Systempartnern*.

Neben der Zugehörigkeit zu einer großen Systemfamilie genießt der Franchisenehmer einen *Marken- und häufig auch einen Gebietsschutz*. Außerdem ist er bei Angriffen von außen nicht auf sich allein gestellt, sondern erhält wirtschaftliche und/oder rechtliche Unterstützung durch den Franchisegeber. Diese Vorteile bringen aber auch die Einschränkung mit sich, daß der Franchisenehmer Rücksicht auf die Interessen der anderen Systemmitglieder nehmen muß. Dies bedeutet in erster Linie die strikte Einhaltung der Vorgaben der Franchisevereinbarung, d.h. die Einhaltung der Richtlinien für Warensortiment, Einkauf, Präsentation, Werbung etc. Ferner enthalten Franchisevereinbarungen auch Beschränkungen des Geschäftsverkaufs. So kann der Franchisegeber z.B. das Vorkaufsrecht besitzen. In vielen Fällen wird jedoch auch nur das Geschäft dem Franchisenehmer vermietet, so daß er nach Vertragsbeendigung in keinem Fall einen ähnlichen Betrieb an der gleichen Stelle weiter betreiben kann.

Zieht man das hohe Risiko in Erwägung, mit dem eine Existenzgründung verknüpft ist, wird dieses ein Hauptgrund zum Anschluß an ein erprobtes Franchisesystem sein. Der Franchisenehmer profitiert vom Image und Bekanntheitsgrad des Franchisesystems, ohne auf seine rechtliche Selbständigkeit zu verzichten. Bei Problemen steht ihm der Franchisegeber zur Seite. Durch diese Faktoren wird das *Risiko eines Konkurses* während der Startphase für den Franchisenehmer minimiert.

Betreuung durch den Franchisegeber:

Neben dem verringerten Selbständigkeitsrisiko durch den Einstieg in ein erprobtes (Groß-) System ist die umfangreiche Betreuung durch den Franchisegeber einer der größten Pluspunkte eines Franchisesystems. In der Anfangsphase geschieht dies durch *Beratungen bei der Standortwahl und der Ladenlokalgestaltung*, die jedoch mehr eine Vorschrift darstellen. Ein bereitgestellter *Werbeplan* umfaßt die Eröffnungswerbung und spezielle Werbeaktionen. Während des Geschäftsbetriebes wird diese Betreuung durch Marketinghilfen wie Werbe- und Public-Relation-Pakete ergänzt. Weiterhin soll eine *spezielle Schaufenstergestaltung* den Kunden auf die Produkte / Dienstleistungen aufmerksam machen. Als *Werbemittel* werden Handzettel, Anzeigen, Plakate, Aufkleber und Werbegeschenke zur Verfügung gestellt. Diese *lokale Werbung* wird häufig ergänzt durch *überregionale Werbung* in den Medien. Ferner wird durch Präsenz auf Messen dem interessierten Publikum die Marke vorgestellt.

Die geschäftsbezogenen Hilfen umfassen u.a. eine *Rechtsberatung* sowie die *Hilfe von Systemanalytikern*, die die Effizienz der Franchisenehmergeschäfte überprüfen und unwirtschaftliche Praktiken beseitigen. Im allgemeinen wird dem Franchisenehmer auch eine *Hausbank* und eine *Versicherung* vorgeschlagen, die dem Franchisesystem als Großkunden günstige Konditionen einräumen. Die Public-Relation-Maßnahmen werden oft von Werbeagenturen geleitet, die schon seit längerem mit den Produkten / Dienstleistungen des Systems vertraut sind und Erfahrungen in der Absatzstrategie gesammelt haben. Spezialisierte *Verkaufstrainer* helfen vor Ort, die Ware angemessen zu präsentieren. Hinzu kommen *Schulungsmaßnahmen*, die häufig in regelmäßigen Abständen von dem Franchisegeber organisiert und durchgeführt werden und zu deren Teilnahme sich der Franchisenehmer vertraglich verpflichtet. Dabei wird das Know-how nicht nur durch Vorträge vermittelt; ein ganz wesentlicher Punkt ist der *Erfahrungsaustausch mit anderen Franchisenehmern* auf entsprechenden Tagungen.[40]

Diese umfangreiche Betreuung durch den Franchisegeber hat aber auch ihren Preis. In die Beiträge der Franchisenehmer zur Finanzierung der Werbemaßnahmen, die sich überwiegend nach dem Umsatz richten, kalkuliert der Franchisegeber Gebühren für die Verwaltung und die Bereitstellung des Know-how mit ein. Nachteilige Effekte bei der Betreuung der Franchisenehmer sind bei großen Systemen zu erwarten, da diese

40 Manfred Maus, persönlich haftender Gesellschafter der Deutschen Heimwerkermarkt Holding KGaA, Mitgeschäftsführer von OBI und Vorsitzender des Deutschen Franchiseverbandes, drückte diesen Sachverhalt folgendermaßen aus: "Einmal gedacht und hundertmal angewendet, ist billiger, als hundertmal gedacht und hundertmal angewendet" (vgl. *Mühlhaus, K.*, Franchising, 1989, S.28).

leichter zur *Bürokratie* neigen. Es besteht also die Gefahr, daß die Franchisenehmer nicht mehr betreut, sondern nur noch verwaltet werden.

Beschaffungskonditionen:

Große Bestellmengen verschaffen den Franchisegebern *günstigere Konditionen*. Diese wird er, zumindest teilweise, an seine Franchisenehmer weitergeben, die somit Vorteile gegenüber Einzelunternehmern haben. Aber nicht nur überdurchschnittliche Gewinnspannen sind mit dem zentralen Großeinkauf verbunden, sondern auch eine *höhere Kulanz bei fehlerhaften Produkten*.

Expansionsmöglichkeiten:

Während auf der Franchisegeberseite die Expansion zur Marktabdeckung und Sicherung der Absatzwege führt, gestaltet sich die Ausweitung des Franchisenehmergeschäftes als schwierig, da die Franchisevereinbarung Größe und Lage des Geschäftes vorschreibt. Eine Eröffnung weiterer Filialen ist dem Franchisenehmer durch die Geschäftslokal- bzw. die Ausschließlichkeitsklausel nur mit der Zustimmung des Franchisegebers gestattet. Die *Expansion* ist aus diesem Grunde *schwieriger als bei "eigenständigen" Unternehmern*.

Auswahl eines geeigneten Franchisegebers:

Die enge Bindung zwischen Franchisegeber und Franchisenehmer kann dazu führen, daß eine strategisch *falsche Geschäftspolitik der Zentrale* einen Franchisenehmer ruinieren kann. Das Fehlverhalten kann sich über alle Punkte erstrecken, die unter der Regie des Franchisegebers stehen, wie eine unsachgemäße Warenpolitik, sowohl in Art als auch in Menge, und eine Verschlechterung des Images durch zurückgehende Qualität. Zu seinem Nachteil hat der Franchisenehmer *kaum Einflußmöglichkeiten* auf eine derartige negative Entwicklung.

Minimieren läßt sich das Risiko, an einen unseriösen oder unerfahrenen Franchisegeber zu geraten, indem man sich einem etablierten System anschließt. Weiterhin sollte darauf geachtet werden, daß der Franchisegeber Mitglied im Deutschen Franchise-Verband e.V. ist, da er somit zur Einhaltung des europäischen Verhaltenskodexes für Franchising, der Ehrenkodex für Mitglieder im Deutschen Franchise-Verband ist, verpflichtet ist. In den USA wird dieses Problem durch die Offenlegungspflicht der Franchisegeber hinsichtlich ihrer Geschäftsinterna und durch spezielle Beziehungsnormen reduziert.[41] Auch kann es vorkommen, daß sich ein Franchisegeber dem Franchisenehmer gegenüber opportunistisch verhält.[42] Die gerichtliche Überprüfbarkeit von Kündigungsgründen oder ähnlichem begrenzt aber die Möglichkeiten des Franchisegebers zu treuwidrigem oder unlauterem Verhalten. Außerdem kann der Franchisenehmer unter Umständen eher einem Arbeitnehmer ähneln als einem Selbständigen, wenn sich der Franchisegeber vorbehält, wesentliche Geschäftsbereiche des Franchisenehmers zu regeln.[43]

2.7.3 Vor- und Nachteile für den Verbraucher

Sowohl in den Erwägungsgründen der Gruppenfreistellungsverordnung für Franchisevereinbarungen, den Freistellungsüberlegungen der Kommission als auch in der Literatur sind keine nachteiligen Wirkungen von Franchisesystemen auf die Verbraucher und die Gesellschaft genannt worden. Über mögliche Nachteile läßt sich deshalb nur spekulieren.

Flächendeckende Verbraucherversorgung:

Ist ein Franchisesystem erfolgreich, so findet meistens eine *rasche Expansion im In- und Ausland* statt. Dies hat zur Folge, daß es ein Geschäft dieses Franchisesystems nicht nur in einer Stadt oder einige in einer bestimmten Region gibt, sondern bundes-, europa- oder weltweit diese Geschäfte existieren. Da es den Franchisenehmern erlaubt sein muß, auch Kunden aus anderen Franchisenehmerbezirken zu beliefern bzw. zu bedienen, hat der Kunde den Vorteil, sich an jedweden Franchisenehmer eines Franchisesystems wenden zu können.

Zwar ist es einerseits für den Verbraucher beruhigend zu wissen, daß er auch in anderen Städten / Ländern nicht auf die Produkte / Dienstleistungen "seines" Franchisesystems, bei dem er Kunde ist, verzichten muß, dennoch kann es andererseits für die Nicht-Kunden Probleme mit sich bringen. Wenn es zu einer Homogenisierung der Infrastruktur der Innenstädte kommt, wie dies heute ja schon weitgehend der Fall ist, dann hat jemand, der nicht in diesen (Franchise-) Geschäften kaufen will, *kaum Alternativen*.

---

41 Vgl. hierzu Abschnitt 4.4.5 (S.126).
42 Vgl. hierzu z.B. Abschnitt 4.2.2 (S.79).
43 Siehe dazu Kapitel 10 (S.449).

Kundennähe und Wettbewerbsaspekte:

Ist ein Verbraucher Kunde eines Franchisesystems, so kommen ihm etliche Vorteile, die sich aus dem System ergeben, zugute. Zum einen handelt es sich bei den Franchisenehmern um selbständige Händler, die aufgrund der persönlichen Motivation bemüht sein werden, ihre *Kundschaft optimal zu beraten, zu versorgen und zu unterstützen*. Durch die direkte Tätigkeit der Franchisenehmer am Markt können Bedarfsanalysen besser durchgeführt und Trends besser erfaßt werden. Das bedeutet aber für die Verbraucher nichts anderes, als daß eine *beständige Versorgung mit Erzeugnissen*, die den Anforderungen des Marktes hinsichtlich Geschmack, Mode, Trends etc. angepaßt sind, durch die Franchisesysteme gewährleistet wird. Zudem werden die Kunden i.a. stets mit den *neuesten Produkten / Dienstleistungen*, in die das aktuelle Know-how "eingearbeitet" ist, versorgt werden.

Zusätzlich können Vorteile, die sich durch die *Rationalisierung der Produktion* ergeben, an die Verbraucher weitergegeben werden. Denkbar wäre hier ein niedrigerer Preis, eine kulante Abwicklung von Reparatur- und Serviceleistungen, eine bessere Beratung durch zusätzlich eingestelltes Personal, Werbeaktionen etc. Ein Preisniveau, das z.B. zwischen dem des Fach- und Einzelhandels liegt, kann oftmals dazu beitragen, den Kreis der Kunden zu erweitern. Durch die Existenz von Franchisesystemen wird der Wettbewerb verstärkt mit der Konsequenz, daß sowohl die Einzelhändler als auch die Franchisenehmer *bessere Qualität, Sortimente, Dienstleistungen und Preise* anbieten müssen, um "überleben" zu können. Als letzter, aber nicht unwichtiger Punkt, ist noch zu nennen, daß durch die *Selbständigkeit der Franchisenehmer* diese auch vom Verbraucher *zivilrechtlich haftbar* gemacht werden können.

Gleichbleibende Merkmale des Franchisesystems:

Der Verbraucher erkennt ein Franchisegeschäft bereits an der gleichen äußeren und inneren Aufmachung wie er es schon von anderen Geschäften dieses Franchisesystems gewöhnt ist. Ihm bieten sich die Vorteile eines *identischen Sortiments und einer gleichen Qualität der Produkte / Dienstleistungen*, die vor allem durch die enge Zusammenarbeit von Franchisenehmer und Franchisegeber gesichert wird, sowie häufig *gleicher oder zumindest ähnlicher Preise* (Preistransparenz). Sollte ein Produkt zufällig für einen Franchisenehmer nicht greifbar sein, so wird dieser bemüht sein, diesen Artikel bei einem anderen Franchisenehmer für den Kunden zu besorgen. Auch hinsichtlich des Wartungs- und Kundendienstes sowie der Beratung im allgemeinen bestehen zwischen den einzelnen Franchisenehmergeschäften große Ähnlichkeiten.

Einen Nachteil kann man darin sehen, daß, wenn ein Kunde von einem Franchisenehmer enttäuscht wurde, er häufig von dem gesamten Franchisesystem einen negativen Eindruck bekommt und sich kaum noch dazu entschließen wird, bei einem anderen Franchisenehmer des gleichen Systems zu kaufen. Wie hoch die *Abwanderungskosten für den Kunden* sind, läßt sich schwer einschätzen, da diese von der Substituierbarkeit der Waren oder Dienstleistungen abhängig sind.

2.7.4 Vor- und Nachteile für die Gesellschaft

Franchising wird heutzutage als moderne, rentable Kooperationsform gesehen, die andere Absatzmittlungssysteme dagegen oft veraltet erscheinen läßt. Damit letztere nicht ganz aus dem Markt gedrängt werden, bietet sich oftmals die Einbindung des Geschäfts in ein Franchisesystem an.

Mittelstandsförderung:

Sowohl für *Existenzgründungen als auch -sicherungen* ist das Franchising im Handwerks- und Dienstleistungssektor ein geeignetes "Mittel" zur Schaffung von soliden Grundvoraussetzungen. Da es sowohl im Groß- als auch im Einzelhandel einen großen Konkurrenzdruck gibt, kann Franchising das Überleben dieser Bereiche sichern. Wird dem Großhandel durch das Franchising Hilfestellung geleistet, *verhindert* man dadurch gleichzeitig die *Bildung von Monopolstellungen*. Franchising kann somit als Instrument der Mittelstandspolitik betrachtet werden, da es eine *Alternative zur Konzentration* darstellt.

Arbeitsplätze:

Franchising wird nach dem dritten Zeitalter der Dienstleistungsgesellschaft auch als viertes Zeitalter bezeichnet, da es eine Systemwirtschaft darstellt, die eine Weiterentwicklung des Dienstleistungssektors durch intensivere Planung, Beratung, Zusammenarbeit etc. beinhaltet. Diese Systemwirtschaft ist aber nur dann erfolgreich, wenn ein entsprechendes *Arbeitnehmerpotential* für die Durchsetzung derselben am Markt sorgt. Je mehr erfolgreiche Franchisesysteme es gibt, desto mehr Personen finden als Franchisenehmer und als deren Mitarbeiter Arbeit. Wie sich aus dem Informationsblatt des DFV e.V. entnehmen läßt, entscheiden sich viele Menschen aus den neuen Bundesländern - nicht zuletzt aufgrund der schlechten Arbeitsmarktsituation - für das Franchising.[44]

2.8 Franchising in Zahlen und Fakten

In der Bundesrepublik gab es 1996 440 (1995: 420) im Deutschen Franchise-Verband organisierte Franchisegeber. Die Gesamtzahl der in Deutschland tätigen Franchisegeber betrug 1996 560 (1995: 530). Die Franchisegeber hatten 1996 ca. 24.000 (1995: ca. 22.000) Franchisenehmer. Die Anzahl der Mitarbeiter (der Zentrale und der Franchisenehmer) konnte mit 250.000 gegenüber 1995 um 20.000 erweitert werden. Die Zahl der Neueröffnungen von Franchisenehmerbetrieben der DFV-Mitglieder war mit 2.900 gegenüber 3.000 im Jahre 1995 trotz der Wirtschaftslage relativ stabil. Für 1997 wird hinsichtlich der Neueröffnungen ein Zuwachs von 50% gegenüber 1996 erwartet. Der Umsatz aller Franchisesysteme lag 1996 bei ca. 25 Milliarden DM; das ist eine Milliarde DM mehr als 1995. Die Zahl der Geschäftsaufgaben lag 1996 bei 8% aller zum Jahresanfang 1996 aktiven Franchisenehmer. Knapp 50% dieser Franchisenehmer gaben wirtschaftliche Gründe an, während die anderen 50% Probleme wie die strukturelle Umorientierung der Zentrale angaben.

Der DFV bat seine Mitglieder um eine Zuordnung zu den Wirtschaftssparten. Dies führte zu folgendem Ergebnis: ca. 50% der Franchisegeber rechnen sich dem Dienstleistungssektor zu, 33% der Handelssparte. 10% der Franchisegeber stehen als Gastronomen zwischen produzierender und serviceleistender Unternehmerschaft. Ebenfalls 10% sehen sich als dem Handwerk zugehörig an. Der Dienstleistungssektor hat sich somit als stärkster Bereich mit den größten Entwicklungszahlen herauskristallisiert. Diese Angaben resultieren aus einer Erhebung des DFV bei seinen Mitgliedern sowie aus einer zusätzlichen DFV-Berechnung für die Franchise-Wirtschaft.[45]

44 Vgl. *DFV (Hrsg.)*, Franchise-Telex, 1991, S.1 f.
45 Vgl. *DFV (Hrsg.)*, Franchise-Telex (Stand April 1997).

3 Empirische Untersuchung von Franchiseverträgen

Bereits seit Jahren gibt es empirische Untersuchungen von Franchiseverträgen.[1] Aufgrund der Tatsache, daß jedoch die Franchiseverträge häufig überarbeitet werden und die folgenden Kapitel wesentlich auf die Gestaltung der Franchiseverträge Bezug nehmen, wurden diese erneut ausgewertet. Es handelt sich dabei um Franchiseverträge, die im Rahmen des Forschungsprojekts "Konflikt und Kooperation in Langzeitverträgen" an der Universität Kassel 1994 - neben den ebenfalls langfristigen Energielieferungs- und Leasingverträgen - angefordert und analysiert wurden. Von 315 angeschriebenen Franchisegebern schickten 30 ihre Verträge; ihnen sei an dieser Stelle noch einmal für die freundliche Unterstützung gedankt. Die Hälfte dieser Franchiseverträge waren Dienstleistungsfranchiseverträge, die andere Hälfte Vertriebsfranchiseverträge. Einige Franchisegeber baten um die Wahrung ihrer Anonymität. Aus diesem Grund werden grundsätzlich keine Systemnamen genannt.

3.1 Methodik der Untersuchung

Bei der Auswertung der Verträge ging es darum, die Vielfalt der Vertragsgestaltungsmöglichkeiten möglichst exakt zu erfassen. Obwohl es so etwas wie einen *typischen* Franchisevertrag aufgrund der Branchenunterschiede nicht gibt, wurde versucht, typische Franchisevertragsklauseln herauszustellen. Die bei der Recherche ermittelten *atypischen* Klauseln sind besonders interessant, da sie Indizien für eine Abhängigkeit oder Selbständigkeit der Franchisenehmer sein können. Die Erklärung der Abweichungen sowie die rechtliche Beurteilung vieler Klauseln wird in den folgenden Kapiteln vorgenommen. Die Ausführungen in diesem Kapitel geben lediglich die in den Verträgen vorgefundenen Formulierungen wieder. Insofern sind die in diesem Kapitel aufgeführten Regelungen nicht dahingehend zu verstehen, daß sie auch rechtlich zulässig sind.

---

1 Vgl. z.B. *Vogt, A.*, Franchising, 1976 (für die Produktivgüterindustrie); *Tietz, B. / Mathieu, G.*, Franchising, 1979; *Tietz, B.*, Franchising, DBW, 1986; *Bauder, W.*, Franchisevertrag, 1988; *Clemens, R.*, Franchising, 1988; *Maas, P.*, Franchising, 1990; *Ekkenga, J.*, Inhaltskontrolle, 1990.

Der Franchisevertrag bildet neben den Handbüchern und Nebenverträgen die wichtigste Grundlage der Beziehung zwischen den Vertragsparteien. Er ist auch für Außenstehende der einzige Anhaltspunkt für die Beurteilung eines Franchisesystems, da die Franchisegeber sich aus verständlichen Gründen in bezug auf die Betriebshandbücher und andere Interna bedeckt halten. Da aber gerade der Anreiz der Franchisegeber, sich in den Franchiseverträgen vor dem Opportunismus der Franchisenehmer zu schützen, groß ist, bietet ein solcher Vertrag einen Überblick über die "Lastenverteilung" der Parteien. Abhängigkeitsmomente sowie Versuche, diese zu kaschieren, finden sich ebenso in den Verträgen wie Klauseln zum Schutz der Franchisenehmer. Manche Klauseln sind dagegen nur auf den ersten Blick franchisenehmerfeindlich, wie die ökonomische Analyse zeigen wird. In den nachfolgenden Kapiteln soll untersucht werden, ob es einen konkreten, auch im Sinne der Franchisenehmer stehenden Grund für eine Klausel gibt oder ob es nur um die Festigung von Machtstrukturen geht.

3.2 Vertragsgestaltungspraxis

Der folgende Überblick über die Vertragsgestaltungspraxis zeigt die Vertragspunkte, die in einem Vertrag enthalten sein können, was jedoch nicht bedeutet, daß sie in allen Franchiseverträgen auch zu finden sind. Auch die Reihenfolge kann variieren, weil die Franchisegeber den einzelnen Regelungen unterschiedliche Bedeutung beimessen. Anzumerken sei an dieser Stelle, daß es neben dem Franchisevertrag noch weitere Verträge zwischen Franchisegeber und Franchisenehmer geben wird wie z.B. Miet-, Pacht- oder Kaufverträge. Auf diese kann jedoch hier nicht eingegangen werden, da sie nicht zusammen mit den untersuchten Franchiseverträgen ausgehändigt wurden.

3.2.1 Die Präambel

Ein Franchisevertrag beginnt im allgemeinen mit einer Präambel, in der der Franchisegeber sein Franchisesystem vorstellt. Oftmals erscheint an dieser Stelle auch ein Hinweis darauf, daß das System bereits einen hohen *Bekanntheitsgrad und einige Patente* erworben hat. Die besonderen Charakteristika des Systems werden manchmal schon in der Präambel aufgeführt, manchmal aber auch erst in der Rubrik "Vertragsgegenstand". In der Mehrzahl der Verträge erlegt der Franchisegeber dem Franchisenehmer bereits in der Präambel eine Geheimhaltungsverpflichtung auf, die sich auf den Zeitraum von Beginn der Vertragsverhandlungen bis nach Vertragsbeendigung bezieht, es sei denn, die Information bzw. das Know-how ist mittlerweile allgemein zugänglich. Mitunter geht die Verschwiegenheitspflicht des Franchisenehmers so weit, daß er die know-how-spezifischen Unterlagen sogar vor seinen Mitarbeitern zu verbergen hat. Einige Franchisegeber verpflichten sich ihrerseits dazu, ihr Wissen über den Franchisenehmer und seinen Betrieb geheimzuhalten.

Des weiteren verweisen einige Franchisegeber darauf, daß der *Franchisenehmer rechtlich selbständig* ist, dabei aber die *Systemführungsbefugnis des Franchisegebers anerkennen* und dessen Regelungen befolgen muß. Laut einigen Präambeln, oft auch als Einleitung oder Vorbemerkung bezeichnet, hat bzw. hatte der Franchisenehmer ausreichend *Gelegenheit, das System durch Betriebspraktika, Schulungen o.ä. kennenzulernen*. Seltener beinhaltet die Präambel die Bemerkung, daß der Franchisegeber sich das Recht vorbehält, weitere Franchisenehmer in das Gebiet des vertragsabschließenden Franchisenehmers einzusetzen. Außergewöhnlich ist außerdem die Implementierung einer mindestens 80%igen *Bezugsbindung* des Franchisenehmer in der Präambel. Oftmals verpflichten die Franchisegeber die Franchisenehmer bereits zu Beginn des Vertrages, das *Erfahrungswissen der Franchisegeber anzuwenden*. Gelegentlich werden in der Präambel die Rechte und Pflichten der Vertragspartner erwähnt, auf die jedoch erst in den jeweiligen Unterpunkten genauer eingegangen wird.

3.2.2 Vertragsgegenstand und Vertragsgebiet

Nach der Einleitung folgt oft die Darstellung des Vertragsgegenstandes. Der Franchisegeber räumt dem Franchisenehmer an dieser Stelle überwiegend *das Recht zur Benutzung des Warenzeichens und des Geschäftsknow-how* ein. Dieses Recht wird spezifiziert, indem das Vertragsgebiet sowohl verbal als auch graphisch (anhand einer Landkarte) im Vertrag festgehalten wird. Des weiteren erlegen sich manche Franchisegeber an dieser Stelle die Verpflichtung auf, keine weiteren Franchisen für dieses Gebiet zu erteilen und selbst keine Filialen dort zu eröffnen (sogenannte *territoriale Exklusivität*). Eine solche Klausel wurde in 14 Franchiseverträgen gefunden.

Jedoch nicht bei allen Franchisesystemen wird die territoriale Exklusivität zugesichert. Es gibt Systeme, in denen die Einräumung der Franchiserechte weder örtlich noch sachlich oder zeitlich ausschließlich erfolgt. Die Möglichkeit zur Einschränkung der territorialen Exklusivität behalten sich nur wenige Franchisegeber vor; das Recht, das Vertragsgebiet zu vergrößern oder zu verkleinern, insbesondere Teile des Vertragsgebietes herauszunehmen, soll z.B. dann greifen, wenn in diesen Gebieten der Marktanteil in einem Jahr niedriger als 60% des durchschnittlichen Marktanteils im gesamten Vertragsgebiet liegt oder wenn der Marktanteil in einem Jahr niedriger als 50% des durchschnittlichen Marktanteils in vergleichbaren Gebieten der anderen Partner liegt. Die Änderung wird zwei Wochen nach Anzeige an den Partner wirksam. Ein Franchisegeber verpflichtete sich allerdings dazu, vorher die Zustimmung des Franchisenehmers einzuholen.

Mitunter wird der Franchisenehmer angehalten, alle *Aktiva* (Warenzeichen, Dienstleistungsmarke, Namen und Geschäftsbezeichnung, Ausstattungsrechte sowie das gesamte Know-how des Franchisegebers) *zu verwenden* und nur unter Kenntlichmachung seiner Stellung als selbständiger Kaufmann im Geschäftsverkehr als Franchisenehmer des Franchisegebers aufzutreten. Manche Franchisegeber ziehen es jedoch vor, die *Rechtsstellung des Franchisenehmers* in einem gesonderten, sich an den Absatz über die Gewährung der Franchiserechte anschließenden Kapitel darzulegen. Betont wird an dieser Stelle oftmals auch, daß die Franchise dem Franchisenehmer persönlich gewährt wird; dabei kann es sein, daß dem Franchisenehmer kein Recht auf die Eröffnung und Führung weiterer Franchiseunternehmen zugestanden wird.

Erwähnt wird hier manchmal noch das Recht des Franchisegebers, die *Vertragsprodukte zu ändern* und/oder den *Handel mit einzelnen Produkten einzustellen*, ohne daß der Franchisenehmer daraus irgendwelche Rechte ableiten könnte. Als ungewöhnlich kann man eine Klausel bezeichnen, nach der der Franchisenehmer das Recht hat, auch Kunden außerhalb seines Gebietes aktiv zu werben, also auch in anderen Franchisenehmergebieten Werbung zu betreiben.

3.2.3 Die Schutzrechte

An dieser Stelle weisen die meisten Franchisegeber darauf hin, daß sie uneingeschränkt *Inhaber der Warenzeichen* bleiben, deren Benutzung dem Franchisenehmer gestattet wird. Allerdings darf der Franchisenehmer sie nur zur Kennzeichnung seines Ladengeschäftes und der darin verkauften Waren benutzen. Die Warenzeichen dürfen laut Franchisevertrag nicht als Franchisenehmergeschäfts- oder sonstige Bezeichnung verwendet werden. Die korrekte Kennzeichnung des Franchisenehmerbetriebes geschieht laut der Mehrzahl der Verträge durch den Zusatz "Franchisenehmer von [Name des Franchisegebers]" zur Geschäftsbezeichnung.

Fast alle Franchisegeber verpflichten ihre Franchisenehmer dazu, sie von *Verletzungen der dem Vertrag zugrundeliegenden Nutzungsrechte* und des sonstigen

Know-how unverzüglich zu unterrichten. Der Franchisegeber ist laut Vertrag berechtigt, gegen solche Maßnahmen eines Dritten einzuschreiten, auch wenn sich die Verletzungshandlungen allein auf das dem Franchisenehmer gewährte Vertragsgebiet beziehen. Sofern der Franchisegeber aber nicht binnen einer angemessenen Frist gegen die Verstöße Dritter einschreitet, ist der Franchisenehmer in der Regel berechtigt, selbst die Rechtsverletzung zu verfolgen. Ein Franchisegeber überläßt es aber dem pflichtgemäßen und dem Sinn des Vertrages entsprechenden eigenem Ermessen, ob er gegen Schutzrechtsverletzungen einschreiten will oder nicht. Das berechtigte Interesse des Franchisenehmers werde er allerdings berücksichtigen. Die Kosten der Abwehr der Verletzung durch den Dritten trägt bei Vorgehen des Franchisegebers dieser selbst, sonst der Franchisenehmer. Erlangte Entschädigungszahlungen oder Schadensersatzansprüche gehen dem jeweils tätig gewordenen Vertragspartner zu. Der Franchisenehmer darf nach der Gestaltung einiger Verträge weder die *Schutzrechte des Franchisegebers* angreifen noch durch Dritte angreifen lassen oder Dritte bei solchen Angriffen in irgendeiner Weise unterstützen.[2]

Einige Franchisegeber versäumen es nicht zu erwähnen, daß, sollte eines ihrer *Schutzrechte gelöscht, versagt oder für nichtig erklärt* werden, dieses ohne Einfluß auf die Wirksamkeit des vorliegenden Vertrages bleibt. Gegebenenfalls wird der Franchisegeber ein anderes Schutzrecht schaffen oder erwirken, das an die Stelle des bisherigen tritt. Ein Franchisegeber erweitert diese Klausel folgendermaßen: "Sollte er jedoch ein anderes Schutzrecht innerhalb von sechs Monaten nicht schaffen bzw. erwirken können, so räumt er seinen Franchisenehmern das Recht ein, das Vertragsverhältnis mit einer Frist von drei Monaten zum Monatsende zu kündigen."

3.2.4 Errichtung des Franchisenehmergeschäftes

Generell werden die Franchisenehmer von den Franchisegebern vertraglich dazu verpflichtet, bis zu einem bestimmten *Termin* (z.B. binnen drei Monaten nach Vertragsunterzeichnung und spätestens sechs Wochen nach der Anfangsschulung) ihren Geschäftsbetrieb zu eröffnen. Dabei anfallende Kosten wie etwa für Genehmigungen, Baumaßnahmen und Einrichtung werden vom Franchisenehmer getragen. Bei Mobiliar, Material, Gerätschaften, Einrichtung und Ausstattung des Geschäftslokals hat der Franchisenehmer *den Anweisungen des Franchisegebers zu folgen*. Teilweise übernehmen die Franchisegeber die *Standortwahl* aufgrund vorheriger Analysen sowie die

2 Zur Unzulässigkeit dieser Klausel vgl. Abschnitt 8.6.5 (S.389).

Planung der Ausstattung des Geschäftslokals. Manche Franchisegeber geben ihren Franchisenehmern die Möglichkeit, einen geeigneten Standort für das Ladenlokal selbst zu suchen und den Franchisegeber von der potentiellen Profitabilität dieses Ortes zu überzeugen. In einigen wenigen Verträgen wird der Franchisenehmer dazu angehalten, den Auftrag über die Einrichtung und Ausstattung des Geschäftslokals an ein vom Franchisegeber vorgeschlagenes Einrichtungsunternehmen zu vergeben.

In zwei der vorliegenden Verträge finden sich auch Klauseln, die die *Untervermietung des Geschäftslokals durch den Franchisegeber an die Franchisenehmer* regeln. Der Franchisegeber kann sich z.B. im Franchisevertrag dazu verpflichten, ein Geschäft anzumieten und dem Franchisenehmer unterzuvermieten. Dabei sollen oft die Laufzeiten von Franchise- und Mietvertrag identisch sein. Wird der Franchisevertrag aus wichtigem Grund gekündigt, so gilt in beiden Verträgen damit gleichzeitig der Untermietvertrag als aus wichtigem Grund gekündigt. Die Kündigung des Untermietvertrages hat umgekehrt zur Folge, daß auch der Franchisevertrag als aus wichtigem Grund gekündigt gilt. Ein Franchisegeber weist seine Franchisenehmer darauf hin, daß die Höhe der Untermiete identisch ist mit der Höhe der Miete im Mietvertrag und die Bedingungen des Untermietverhältnisses identisch sind mit den Bedingungen des Mietvertrages. Vereinbart wurde auch, daß, falls die Laufzeit des Untermietvertrages wegen der Laufzeit des Hauptmietvertrages kürzer als die Laufzeit des Franchisevertrages ist oder der Untermietvertrag wegen Nichtverlängerung des Hauptmietvertrages nicht verlängert werden kann, dies die Wirksamkeit und Fortdauer des Franchisevertrages nicht beeinträchtigt. Für diesen Fall hat der Franchisenehmer ein Kündigungsrecht zum Datum der Beendigung des Untermietvertrages, wenn der Franchisegeber ihm kein adäquates Ladenlokal mehr im Untermietverhältnis zur Verfügung stellen kann. Der Franchisenehmer hat seinen Franchisegeber bei der Suche des neuen Ladenlokals aktiv zu unterstützen.

Von einigen Franchisegebern werden auch die *Eröffnungsfeiern* festgelegt. In einem Vertrag schreibt der Franchisegeber dem Franchisenehmer schon hier den Umfang des Personals vor. Ein anderer Franchisegeber verlangt vom Franchisenehmer die Einstellung und Schulung des Personals vor Betriebseröffnung. Auch müssen die Franchisenehmer dieses Franchisegebers ihn vor der Eröffnung über die geplanten Werbemaßnahmen informieren, bei denen die Franchisenehmer auch mit Werbeagenturen des Franchisegebers zusammenarbeiten müssen.

Es gibt Franchiseverträge, die den Franchisenehmer dazu verpflichten, das von ihm unterhaltene Geschäftslokal während der maximalen - gemeint sind die gesetzlich zulässigen - Geschäftsöffnungszeiten geöffnet und mit geeignetem Personal besetzt zu halten. Viele Franchiseverträge lassen jedoch die Geschäftsöffnungszeiten ungeregelt.

Es ist allerdings zu vermuten, daß dieser Punkt in den Handbüchern genauer spezifiziert wird.

3.2.5 Die Rechte und Pflichten der Vertragsparteien

Als nächstes folgen in einem Franchisevertrag gewöhnlich die Rechte und Pflichten der Vertragsparteien. *Vertragliche Hauptpflicht des Franchisegebers* ist es, die Franchise mit den daraus resultierenden Rechten dem Franchisenehmer zur Verfügung zu stellen. Die *Leistungen des Franchisegebers*, die dieser den Franchisenehmern gegenüber zu erbringen hat, kann man grob in folgende Kategorien einteilen:

- Bereitstellung des Handbuchs, in welches das gesamte Wissen des Franchisegebers eingebracht ist,
- Beratung und Unterstützung des Franchisenehmers in allen Fragen der Betriebseröffnung und -führung (z.B. Standortanalyse und -konzept),
- Grundausbildung und Weiterbildung des Franchisenehmers,
- Organisation von Erfahrungsgruppen zum Zwecke des Austausches der Franchisenehmer untereinander,
- Überwachung der Einrichtungs- und Betriebsrichtlinien,
- Durchführung von offenen Betriebsvergleichen,
- Einsetzen einer Vertretung des Franchisenehmers im Falle von Krankheit oder sonstiger Unmöglichkeit des Franchisenehmers, seine Tätigkeit auszuüben,
- individuelle Finanzierungs- und Liquiditätsplanung sowie die Unterstützung bei der Durchsetzung eventuell notwendiger Finanzierungen,
- gemeinsames Controlling,
- Bereitstellung eines Ansprechpartners für den Franchisenehmer,
- Beratung bei der Auswahl und Einstellung von Mitarbeitern des Franchisenehmers,
- ständige Unterrichtung des Franchisenehmers über das Marktgeschehen,
- Wahrnehmung von zentralen Marketing- und Werbeaufgaben,
- Erstellen von Statistiken und Erfolgsrechnungen, Wareneinkauf u.ä.

Alle Franchisegeber behalten sich vor, "ihre" Franchisenehmerbetriebe gelegentlich unangemeldet während der üblichen Geschäftszeiten zu kontrollieren. Diese Kontrollen beziehen sich sowohl auf die *Geschäftsräume*, die *(Lager-) Bestände* als auch auf eine Einsicht in die *Geschäftsunterlagen*. Dabei empfinden viele Franchisegeber die Kontrollen nicht nur als ihr Recht, sondern auch als ihre Pflicht im Interesse der Franchisenehmer.

Auf Wunsch des Franchisenehmers erbringt der Franchisegeber gegen Berechnung mitunter folgende Leistungen: Lieferung von Formularen, Prospekten, Werbeträgern u.ä., Beratung und eventuell Bereitstellung eines geeigneten Hard- und Softwareprogrammes, eine zentralisierte Buchhaltung, regionale Werbung, Versicherungsberatung, Kostenrechnungserstellung usw.

Vertragliche Hauptpflicht des Franchisenehmers ist es, die in dem Vertrag eingeräumten Rechte mit der Sorgfalt eines ordentlichen Kaufmanns auszuüben und zu nutzen. Der Franchisenehmer wird in den meisten Franchiseverträgen zu folgenden Leistungen verpflichtet:

- Einhaltung aller den Franchisebetrieb betreffenden gesetzlichen Bestimmungen (z.B. Arbeitsschutzbestimmungen, Brandschutzvorschriften, Sicherheitsnormen etc.),
- Erhaltung des guten Rufes des Markenzeichens,
- Förderung des Absatzes der Franchiseprodukte,
- einwandfreie Präsentation des Franchisegeschäftes und der darin vertriebenen Produkte und/oder Dienstleistungen,
- Unterhalten eines Mindestbestandes,
- Verwendung des Handbuches bei der Betriebsführung,
- Teilnahme an Schulungsveranstaltungen,
- Informationspflichten (bei Verwendung des Markennamens durch Dritte, dem Auftreten von neuen Wettbewerbern und neuen Produkten usw.),
- Standardvorgaben einzuhalten,
- zum Abschließen bestimmter Versicherungen,
- Erstellung von Monats- oder Quartalsberichten,
- Schönheitsreparaturen nach Maßgabe des Franchisegebers durchführen zu lassen,
- dem Franchisegeber während der üblichen Geschäftszeiten den Zutritt zum Geschäftslokal und die Einsichtnahme in Unterlagen zu ermöglichen,
- die Franchisegebühren zu zahlen,
- die Geheimhaltungverpflichtungen einzuhalten,
- seine ganze Arbeitskraft dem Franchisebetrieb zu widmen (Verpflichtung zur hauptberuflichen Franchisenehmertätigkeit),
- sich dem EDV-System des Franchisegebers anzuschließen,
- sich überhöhter Preise oder Preisschleuderei zu enthalten,
- gut ausgebildetes Personal im nötigen Umfang einzustellen,
- Waren ganz oder überwiegend beim Franchisegeber zu beziehen etc.

Dem Franchisenehmer ist es u.a. *nicht erlaubt*, Unterverträge mit Dritten abzuschließen, die Rechte aus dem Franchisevertrag an Dritte zu übertragen, ohne Zustimmung des Franchisegebers einen weiteren Franchisebetrieb zu errichten, den Standort des Franchisebetriebes zu verlegen, das Geschäftslokal in seiner Aufmachung zu verändern, eine Tätigkeit auszuüben, die dem Franchisegeber direkt oder indirekt Konkurrenz macht und den Namen oder die Vertragsschutzrechte des Franchisegebers in die eigene Firmenbezeichnung aufzunehmen.

3.2.6 Die Rechtsstellung des Franchisenehmers

Der Franchisenehmer wird in allen Franchiseverträgen dazu verpflichtet, seinen Geschäftsbetrieb auf eigenen Namen, eigene Rechnung und eigene Gefahr als selbständiger Kaufmann entsprechend den Richtlinien des Franchisegebers zu führen. Dabei ist er zur Vertretung des Franchisegebers nicht berechtigt. Einige Franchisegeber fügen hinzu, daß der Franchisenehmer keinem generellen Weisungsrecht unterliegt und in bezug auf Zeit, Ort und Art der Arbeitsausführung frei und nicht in die Arbeitsorganisation des Franchisegebers eingebunden ist. Dennoch behalten sich die Franchisegeber Weisungsrechte im Interesse des gesamten Systems vor.

Manche Franchisegeber weisen darauf hin, daß dem Franchisenehmer eigene Rechte am Markennamen nicht zustehen. Deshalb darf der Franchisenehmer den Namen des Franchisegebers nicht firmenmäßig, sondern lediglich zur Kennzeichnung seiner geschäftlichen Tätigkeit benutzen und daher weder den Namen noch Teile davon als Bestandteil der Handelsfirma des Franchisenehmergeschäftes aufnehmen bzw. im Handelsregister anmelden. Der Franchisenehmer wird in einigen wenigen Verträgen ausdrücklich dazu verpflichtet, in der gesamten Korrespondenz Stempel mit dem Originallogo unter Hinzufügung der eigenen Firma durch den Zusatz "Franchisegeber-Partner" zu verwenden.

In einem Franchisevertrag bestätigen die Vertragsparteien unter dem Kapitel "Rechtsbeziehungen zwischen den Parteien", daß sie nach dem Sinn und Zweck dieses Vertrages als unabhängige Unternehmen in Geschäftsbeziehungen zueinander treten. Dabei hat keine Partei die Befugnis, den anderen zu verpflichten oder das Recht, die täglichen Geschäfte des anderen zu bestimmen oder zu überwachen. Aufgrund dieses Vertrages, so der Franchisegeber, werde weder ein Treuhandverhältnis noch eine Gesellschaft, noch ein gesellschaftsähnliches Verhältnis begründet.

Etliche Franchisegeber betonen, daß ihre Franchisenehmer als selbständige Kaufleute in der *Preisgestaltung* völlig frei sind. Im Interesse des gesamten Systems müssen sich die Franchisenehmer jedoch überhöhter Preise und der Preisschleuderei enthalten. Manche Franchisegeber stellen ihren Franchisenehmern auf Wunsch Kalkulationshilfen zur Verfügung, soweit dies gesetzlich zulässig ist. In vielen Verträgen betonen die Franchisegeber auch, daß die in den Geschäftsunterlagen des Franchisegebers genannten Endverbraucherpreise lediglich unverbindliche Preisempfehlungen darstellen. Von den Franchisenehmern wird gelegentlich gefordert, daß sie für die Waren wettbewerbsfähige Preise verlangen werden.

3.2.7 Die Schulungsvorschriften

Die überwiegende Zahl der Franchiseverträge enthält Vorschriften über die Schulungsmaßnahmen der Franchisenehmer. Nur 19% der Franchisegeber verzichten auf eine Festsetzung der Schulungsmodalitäten im Franchisevertrag, was aber nicht bedeuten muß, daß dieser Aspekt nicht eventuell im Handbuch enthalten ist. Teilweise wird der Schulung ein eigenes Kapitel gewidmet, womit die Bedeutung dieses Faktors noch unterstrichen wird. Die Häufigkeit dieser Schulungsveranstaltungen reicht von einmal im Jahr bis zu viermal, wobei aber das Gros der Verträge nichts darüber aussagt. Des weiteren werden die Franchisenehmer einiger Franchisegeber zur Teilnahme an Erfahrungsgruppen oder Spezialseminaren verpflichtet. Die erste Schulung des neuen Franchisenehmers erfolgt meistens vor Betriebseröffnung. Die Kosten der Schulung tragen für meistens die Franchisegeber, wohingegen die Franchisenehmer in allen Verträgen die Reise- und Unterkunftskosten zu übernehmen haben.

Die Verpflichtung zur Schulung bezieht sich allerdings nicht nur auf den Franchisenehmer, sondern im allgemeinen auch auf dessen Mitarbeiter. Ein Franchisegeber verlangt sogar, daß die Teilnahme von Mitarbeitern des Franchisenehmers in einem Trainingspaß bestätigt wird. Bei ausreichendem Wissensstand erhält der Mitarbeiter dann ein Zertifikat. Läßt der Franchisenehmer oder sein Mitarbeiter das Seminar ausfallen oder sagt er bzw. sein Mitarbeiter kurzfristig ab, so werden laut der überwiegenden Zahl der Verträge dem Franchisenehmer die Seminargebühren oder eine Kostenpauschale in Rechnung gestellt.

3.2.8 Die Werbung

Die *internationale, nationale und überregionale Werbung* wird überwiegend vom Franchisegeber getätigt. Zur Finanzierung derselben dienen zum Teil die Werbegebühren, die der Franchisegeber dem Franchisenehmer in vielen Fällen berechnet. Der Franchisenehmer hat auf die Verwendung dieses Geldes nur dann einen Einfluß, wenn es ihm möglich ist, über Werbeausschüsse Mitspracherechte geltend zu machen oder wenn der Franchisegeber sich dazu verpflichtet - wie es in einem Vertrag vorkommt - die überregionale Werbung in Abstimmung mit den Franchisenehmern durchzuführen.

Die *regionale Werbung*, deren Durchführung die Franchisegeber vielfach den Franchisenehmern auferlegen, muß immer mit dem Image des Franchisesystems konform gehen und bedarf der vorherigen Zustimmung des Franchisegebers. Ein Vertrag sieht vor, daß bei örtlicher Werbung durch den Franchisenehmer diese auf dessen Verantwortung geschieht. Anhaltspunkte, wie die Werbung auszusehen hat, liefert das Handbuch oder ein spezielles Werbehandbuch. Darin sind z.B. die Mindestgrößen für Anzeigen, der Mindestbetrag für die regionale Werbung (x% vom Umsatz; einige wenige Franchisegeber empfehlen zur Erreichung der Umsatzprognose nur jährliche Mindestwerbeinvestitionen), die einzusetzenden Werbeträger usw. genannt. Zum Teil erstellt aber auch der Franchisegeber Werbekonzepte, die dann nach gemeinsamer Abstimmung mit dem Franchisenehmer verbindlich sind. Die Franchisenehmer einiger Franchisesysteme können aus einer Palette der vom Franchisegeber angebotenen Absatzförderungsmaßnahmen und Werbemittel die für ihren Betrieb geeigneten selbst auswählen; aber auch diese werden nach Abstimmung mit dem Franchisegeber und unter Beachtung des Werbehandbuchs in einem Jahresabsatzförderplan festgelegt. Es gibt auch Franchisegeber, die den Franchisenehmern ihre jeweils aktuellsten Werbeträger zur Verfügung stellen.

Bei einigen Franchisesystemen besteht eine Pflicht zum Beitritt zu regionalen Werbegemeinschaften. In manchen Systemen findet einmal jährlich eine Sitzung der Franchisenehmer bzw. des Werbebeirats (wenn ein solcher existiert) statt, in der die Werbemaßnahmen für das kommende Jahr besprochen werden. Der Werbebeirat in einem Franchisesystem, der aus bis zu vier Franchisenehmern besteht, ist generell nicht entscheidungsbefugt und lediglich beratend im Hinblick auf die vom Franchisegeber vorgelegten Werbevorschläge tätig. Die Letztentscheidung über die durchzuführenden Werbemaßnahmen obliegt grundsätzlich dem Franchisegeber. Die Kosten der regionalen Werbung trägt überwiegend der Franchisenehmer; dabei kann es aber sein, daß eine beschränkte Beteiligung des Franchisegebers stattfindet, wenn der Franchisenehmer den normalen Werbebetrag überschreitet. In einem Franchisesystem wird die lokale Werbung zu einem Drittel aus einem gemeinsamen Werbebudget finanziert.

3.2.9 Die Franchisegebühren

Bei den Franchisegebühren kann man zwischen den Eintritts- ("lump sum fee", "entry fee" oder "base fee"), den laufenden ("royalties") und den Werbegebühren ("advertising fee") unterscheiden.[3] Gelegentlich werden noch sonstige Gebühren auferlegt. In 28% der vorliegenden Franchiseverträge werden keine *Eintrittsgebühren* gefordert; ein Teil der Franchisegeber verlangt eine Pauschale, die zwischen DM 3.000,- und DM 100.000,- in den vorhandenen Verträgen liegt. Andere Franchisegeber wiederum machen durch Platzhalter deutlich, daß die Eintrittssumme erst zu vereinbaren ist. In einem Vertrag findet sich eine Einstiegsgebühr, die linear mit der Größe des Geschäftslokals ansteigt. Die durchschnittliche Eintrittsgebühr in den vorliegenden Verträgen liegt bei ca. DM 26.360,-. Von den im DFV organisierten Franchisegebern verlangen nach Angaben des DFV 14% keine Eintrittsgebühren, 6% eine Eintrittsgebühr von bis zu DM 5.000, 11% zwischen DM 5.000 und 10.000, 14% zwischen DM 10.000 und 15.000, 16% zwischen DM 15.000 und 20.000, 11% zwischen DM 20.000 und 25.000, 10% zwischen DM 25.000 und 30.000, 6% zwischen DM 30.000 und 40.000, ebenfalls 6% zwischen DM 40.000 und 50.000, 3% zwischen DM 50.000 und 75.000, weitere 3% zwischen DM 75.000 und 100.000 und 1% zwischen DM 100.000 und 150.000.[4]

Große Unterschiede gibt es ebenfalls bei den *laufenden Gebühren*. 19% der Franchisegeber verzichten auf die Erhebung dieser Gebühren. Als Berechnungsbasis der laufenden Gebühren dienen einigen Franchisegebern die Bruttoumsätze und einigen die Nettoumsätze. In wenigen Verträgen kann der Prozentsatz mit dem Franchisegeber ausgehandelt werden. Vielfach findet man nach Umsatz gestaffelte Gebühren, die mit einem Anstieg desselben abnehmen. Außerdem müssen die Franchisenehmer mitunter einen Mindestbetrag als laufende Gebühren bezahlen. Eine weitere Berechnungsbasis bildet der Einkaufspreis für Waren, für den ein bestimmter Prozentsatz an Gebühren anfällt.

Gelegentlich erheben die Franchisegeber auch *Werbegebühren*, die zum größten Teil zwischen 1% und 3,5% des Nettoumsatzes liegen.[5] Doch werden auch Bruttoumsätze und Einkaufspreise als Basis herangezogen oder fixe monatliche Werbegebühren erhoben. Außerdem werden die Werbegebühren teilweise an die laufenden Gebühren gekoppelt, indem Franchisegeber 1/12 der Franchisejahresgebühren dafür verlangen oder nur gesagt wird, daß die Werbegebühren bis zu 100% der laufenden Gebühren betragen können. Immerhin erheben 37,5% der Franchisegeber, die ihre Franchiseverträge zur Verfügung gestellt haben, keine Werbegebühren.

---

3 Vgl. auch zur Häufigkeit bestimmter Klauseln in US-amerikanischen Franchiseverträgen die Studie von *Chan, P.S. / Justis, R.T.*, Franchise, MDE, 1993, S.22 ff.

4 Vgl. *DFV (Hrsg.)*, Informationsblatt zu den Gebühren und der Investitionssumme, o.J., o.S.

5 So auch die Angaben des DFV (vgl. *DFV (Hrsg.)*, Informationsblatt zu den Gebühren und der Investitionssumme, o.J., o.S.).

3.2.10 Die Warenerstausstattung und der Warenbezug

Aus Gründen der Einheitlichkeit, des Ansehens und der Sicherstellung einer einheitlich hohen Qualität der Produkte wird das *Warensortiment* meistens vom Franchisegeber vorgegeben, welches der Franchisenehmer im allgemeinen ausschließlich vom Franchisegeber beziehen muß (in 24 von 30 Franchiseverträgen). *Konkurrenzprodukte* dürfen vielfach nur bezogen werden, wenn es möglich ist, für die Produkte objektive Qualitätskriterien aufzustellen und diese Produkte qualitativ gleichwertig sind. Den Bezug von Konkurrenzprodukten schließen einige Franchisegeber aufgrund der Vielzahl der Produkte aber aus, weshalb sie dann Fremdbezüge jedweder Art untersagen. Andere Franchisegeber wiederum lassen den Einkauf von Fremdprodukten durch den Franchisenehmer dann zu, wenn diese bei gleicher Qualität mindestens 5% günstiger sind. Es gibt Franchisegeber, die Käufe bei Drittlieferanten nur bis zu einer Menge von 10% zulassen, damit es zu keiner Verwässerung des Franchisesortiments kommt. Andere lassen wiederum Fremdbezüge bis in der Höhe von 30% zu. In diesem Fall spricht man von einfachen, d.h. nichtexklusiven Bezugsbindungen. Zudem werden die Franchisenehmer einiger Franchisesysteme vertraglich dazu angehalten, die *Geschäftsausstattung und die Außenwerbung* erst nach der schriftlichen Erlaubniserteilung durch den Franchisegeber bei anderen als vom Franchisegeber benannten Dritten zu beziehen. Dabei kann die Zustimmung des Franchisegebers nur aus wichtigem Grund versagt oder widerrufen werden. Ein wichtiger Grund ist die Qualität. Die Zustimmung kann zeitlich begrenzt sein.

Manche Franchisegeber erlauben insbesondere dann einen Fremdbezug, wenn die Produkte eine *Ergänzung zum Sortiment* darstellen. Es besteht aber vorher eine Informationspflicht darüber. Bei Verkauf von Fremdartikeln muß laut Vereinbarung einiger Franchisegeber eine optische und räumliche Trennung erfolgen. Querlieferungen zwischen den Franchisenehmern sind ausdrücklich erlaubt.

Die *Warenerstausstattung* erfolgt in der Regel auf Kosten des Franchisenehmers, wobei es aber vorkommen kann, daß diese in der Eintrittsgebühr enthalten ist. Mitunter setzt der Franchisegeber einen bestimmten Betrag für die Warenausstattung fest, oder dieser wird zwischen beiden Vertragspartnern ausgehandelt.

3.2.11 Die Weiterentwicklung des Franchisesystems

Da es sich bei Franchisesystemen um dynamische Systeme handelt, ist gerade die Weiterentwicklung ein wichtiger Faktor für den Franchisegeber. Damit er nicht bei jeder Änderung die Zustimmung der Franchisenehmer einholen muß, wird meistens eine generelle Zustimmungsklausel in den Vertrag aufgenommen. Durch diese verpflichtet sich der Franchisenehmer, sinnvollen Änderungen des Markenzeichens und des Systems zuzustimmen; der Franchisegeber hingegen wird erst nach Beratung mit den zuständigen Partnerschaftsausschüssen gravierende Systemänderungen vornehmen. Dieser behält sich nämlich manchmal das Recht vor, regionale oder nationale Ausschüsse zu gründen, deren Mitglieder unter den Franchisenehmern, dem Franchisegeber und deren Mitarbeitern gewählt werden. Die Beschlüsse dieser Ausschüsse sind als verbindlich anzusehen.

Manche Franchisegeber erlegen sich bei Änderungen eine schriftliche Informationspflicht gegenüber dem Franchisenehmer auf. Die Kosten, die bei solchen Modifikationen entstehen, werden zum Teil anteilig von den Franchisegebern mitgetragen; es gibt aber auch Verträge, in denen diese ganz auf den Franchisenehmer übertragen werden. Wird der Franchisenehmer im Einzelfall durch eine solche Änderung in seiner vertragsrechtlichen und/oder wirtschaftlichen Stellung erheblich beeinträchtigt, so kann er seine Zustimmung zu der einzelnen Ergänzung oder Änderung rückgängig machen, es sei denn, diese Änderung liegt im übergeordneten Interesse des gesamten Systems und hat die Zustimmung der überwiegenden Zahl der Franchisenehmer. Jede Anpassung und Einführung neuer Bestandteile des Handbuches wird sich laut einigen Franchisegebern im Rahmen von Treu und Glauben bewegen.

3.2.12 Die Übertragung der Franchise

Besonders sorgfältig sind die *Übertragungsklauseln* formuliert. Fast alle Franchisegeber lassen die Übertragung tatsächlicher oder rechtlicher Art einzelner Rechte oder einer Mehrzahl von Rechten aus der Franchise sowie deren Verpachtung oder Verpfändung nur unter der Voraussetzung ihrer vorherigen Zustimmung zu. In einem Fall gesteht der Franchisegeber dem Franchisenehmer zwar die Möglichkeit der Übertragung der Franchise zu, räumt sich aber gleichzeitig ein Sonderkündigungsrecht ein. Manche Franchisegeber behalten sich das Recht vor, ihre Rechte und Pflichten aus dem Vertrag ganz oder teilweise auf andere Unternehmen der Franchisegebergruppe zu übertragen. Die Mehrzahl der Franchisegeber verbieten es ihren Franchisenehmern außerdem ausdrücklich, *Unterfranchisen* zu vergeben.

Bei einem Franchisegeber muß der Franchisenehmer oder der vorgeschlagene Käufer der Franchise dem Franchisegeber zur Deckung der Kosten, die dem Franchisegeber im Zusammenhang mit dem Antrag auf Zustimmung und der Schulung des vorgeschlagenen Käufers entstehen, einen Betrag in Höhe der Schulungsgebühren zahlen. Sofern der Franchisegeber einen etwaigen Käufer selbst ausfindig gemacht und vorgeschlagen hat, ist ein weiterer Betrag in einer bestimmten Höhe zu zahlen.

Auch die *Einbringung der Franchise durch den Franchisenehmer in eine Gesellschaft* wird in einigen Verträgen geregelt. Gründet oder übernimmt der Franchisenehmer zum Betrieb des Geschäftes eine Personen- oder Kapitalgesellschaft, so gehen die Rechte oder Pflichten aus dem Franchisevertrag für gewöhnlich nicht automatisch auf die Gesellschaft über. Dazu bedarf es der vorherigen schriftlichen Zustimmung des Franchisegebers. In diesem Fall wird die Gesellschaft des öfteren dazu verpflichtet, für die Erfüllung der Verpflichtungen des Franchisenehmers aus diesem Vertrag neben dem Franchisenehmer einzustehen. Alle Gesellschafter mit mehr als 25% der Stimmen müssen den Franchisevertrag unterschreiben. Die Aufnahme von Gesellschaftern, die zugleich an einem Wettbewerbsunternehmen beteiligt sind, sieht ein Franchisegeber als nicht zulässig an.

Die Franchisenehmer eines Franchisesystems sind berechtigt, Rechte und Pflichten aus diesem Vertrag in eine Gesellschaft einzubringen, falls der Gesellschaftszweck dieser Firma sich auf den Vertragsgegenstand beschränkt, der Franchisenehmer über einen Anteil von 51% des Gesellschaftskapitals und der Stimmrechte verfügt, er eine alleinvertretungsberechtigte Geschäftsführung der Firma innehat und sich alle Gesellschafter und Anteilseigner zur Erfüllung des vorliegenden Vertrages schriftlich verpflichten. Ändert sich die Rechtsform des Unternehmens des Franchisenehmers oder der Gesellschafterbestand, so steht einigen Franchisegebern laut Vertrag ein außerordentliches Kündigungsrecht zu. Aufgrund der Personenbezogenheit des Vertrages verlangen einige Franchisegeber von ihren Franchisenehmern, daß sie während der Dauer des Vertragsverhältnisses die Mehrheit des Kapitals nicht an einen Dritten übertragen werden, wenn sie eine Gesellschaft gegründet haben.

Weitere Klauseln betreffen die *Rechtsnachfolge* und das Vorkaufsrecht. Ein Franchisegeber verpflichtet seine Franchisenehmer, für den Fall ihres Todes hinsichtlich der Rechtsnachfolge durch letztwillige Verfügung eine einzige, natürliche Person zu bestimmen. Erfolgt solch eine letztwillige Verfügung nicht, so gilt der Vertrag als beendet. Andere Verträge enden bei Ableben des Franchisenehmers. Führen mehrere Personen ein Franchisenehmergeschäft gemeinsam, so wird der Vertrag mit dem oder den überlebenden Partnern fortgesetzt. Des öfteren bieten die Franchisegeber den Erben des Franchisenehmers den Abschluß eines neuen Franchisevertrages zu gleichen Bedingungen wie bei Übernahme der Franchise durch einen Dritten an, wenn diese die notwendigen Voraussetzungen erfüllen. Die Erben können den Vertrag innerhalb von drei Monaten nach dem Todestag mit einer Frist von drei Monaten zum Monatsende kündigen. Einige Franchisegeber sind zur Kündigung nicht berechtigt, wenn ein mindestens 21 Jahre alter Erbe des Franchisenehmers innerhalb von drei Monaten nach dem Todestag den Vertrag mit sämtlichen Rechten und Pflichten übernimmt und vom Franchisegeber gegen diesen keine persönlichen, fachlichen oder finanziellen Bedenken geltend gemacht werden können. Ein Franchisegeber gestattet es seinen Franchisenehmern, ihr Geschäft aus Altersgründen auf den Sohn oder die Tochter zu übertragen. Ist hingegen der Franchisenehmer krank und/oder arbeitsunfähig, so ist er berechtigt, sein Geschäft seinem Ehepartner zu übertragen. Dabei muß jedoch vorher die Zustimmung des Franchisegebers eingeholt werden.

Viele Franchisegeber behalten sich ein *Vorkaufsrecht* vor, falls der Franchisenehmer seinen Betrieb verkaufen will. Die Ausübung dieses Rechts erfolgt dann zu den Bedingungen, die von einem redlichen Käufer angeboten werden. Das Vorkaufsrecht gilt als ausgeschlagen, wenn nicht der Franchisegeber innerhalb vier Wochen nach Empfang der Mitteilung durch den Franchisenehmer seine Absicht kund tut, das Geschäft des Franchisenehmers zu den genannten Bedingungen zu kaufen. Das Vorkaufsrecht soll laut einigen Verträgen vom Franchisegeber auf Dritte übertragbar sein. Der Franchisenehmer hat außerdem sicherzustellen, daß sein Mietvertrag eine Übernahme des Geschäftes durch den Franchisegeber zuläßt.

3.2.13 Nebentätigkeiten und Wettbewerbsverbote

Gelegentlich machen die Franchisegeber darauf aufmerksam, daß sonstige Tätigkeiten des Franchisenehmers während der Laufzeit des Vertrages nicht gestattet sind oder der ausdrücklichen Genehmigung des Franchisegebers bedürfen. Kapitalbeteiligungen an anderen Unternehmen, die nicht in Wettbewerb zum Franchisegeber stehen, werden mitunter von den Franchisegebern erlaubt. Vielfach steht in den Verträgen, daß der Franchisenehmer seine gesamte Arbeitskraft zur Führung des Franchisegeschäftes einsetzen muß. Durch diese Klausel sollen Nebentätigkeiten der Franchisenehmer ausgeschlossen werden.

Beim Wettbewerbsverbot muß man zwischen vertraglichem und nachvertraglichem Wettbewerbsverbot unterscheiden. 19 der 30 Verträge enthalten ein *vertragliches Wettbewerbsverbot*, wonach der Franchisenehmer sich während der Vertragsdauer weder mittelbar noch unmittelbar an einem anderen Unternehmen beteiligen bzw. eines erwerben oder errichten darf. Außerdem ist es ihm untersagt, für ein anderes Unternehmen in irgendeiner Form unmittelbar oder mittelbar, selbständig oder unselbständig tätig zu werden oder dieses in irgendeiner Weise zu fördern, soweit dieses dritte Unternehmen mit dem Franchisegeber in Konkurrenz steht. Einige Franchisegeber nehmen reine Kapitalbeteiligungen an konkurrierenden Publikumsgesellschaften von diesem Verbot aus, sofern die Kapitalbeteiligungen einen unwesentlichen Umfang haben. Teilweise vereinbaren die Franchisegeber mit den Franchisenehmern eine Informationspflicht für den Fall, daß der Ehegatte des Franchisenehmers in der gleichen Branche tätig werden will. Die daraus resultierenden Konsequenzen werden nicht näher beschrieben. Ein Franchisegeber dehnt das vertragliche Wettbewerbsverbot aber auch auf den Ehegatten des Franchisenehmers aus.

Das *nachvertragliche Wettbewerbsverbot* wird von 14 Franchisegebern im Vertrag genannt. Es bezieht sich hauptsächlich auf einen Zeitraum von einem Jahr; zwei Franchisegeber legen jedoch eine Wettbewerbsverbotsdauer von zwei Jahren fest. Einige Franchisegeber betonen, daß das Verbot sich nur auf das ehemalige Vertragsgebiet des Ex-Franchisenehmers bezieht, während andere auch noch in einem Umkreis von 50 oder 100 km um das ehemalige Vertragsgebiet des Ex-Franchisenehmers eine Konkurrenztätigkeit untersagen.[6] Meistens sind die geographischen Details zum Wettbewerbsverbot jedoch nicht näher spezifiziert. Allen ehemaligen Franchisenehmern steht es frei, unmittelbar nach Vertragsbeendigung in einer anderen Branche im ehemaligen Vertragsgebiet tätig zu werden.

Nicht selten wird eine Vertragsstrafe bei einem Verstoß gegen das Wettbewerbsverbot vereinbart, wobei die Geltendmachung eines weiteren Schadens nicht ausgeschlossen wird. Vereinzelt werden die Wettbewerbsabreden noch in einem gesonderten Schriftstück festgelegt.

Bei der Gewährung einer *Entschädigung für das nachvertragliche Wettbewerbsverbot*, der sogenannten *Karenzentschädigung*, existieren beträchtliche Unterschiede zwischen den Franchiseverträgen. Etliche Franchisegeber schließen einen solchen Anspruch ganz aus, andere wollen dann eine angemessene Entschädigung zahlen, wenn sich aus der Rechtsprechung eine Verpflichtung dazu ergibt oder sofern dies wegen der besonderen Schutzwürdigkeit des Franchisenehmers rechtlich geboten erscheint.[7] Manche Franchisegeber gewähren eine Karenzentschädigung, "wenn es der Billigkeit entspricht." Doch es gibt auch Franchisegeber, die sich dazu verpflichten, dem Franchisenehmer eine Karenzentschädigung zu zahlen, die dann fast immer bei 50% des in den letzten zwölf Monaten (oder dem Durchschnitt der letzten drei Jahre) vor Ausscheiden erzielten Gewinns liegt. Eine Regelung gesteht den Franchisenehmern dieses Franchisegebers 30% der durchschnittlichen Umsätze der letzten sechs Monate als Karenzentschädigung zu. In einem weiteren Vertrag wird diese Entschädigung auf maximal DM 100.000,- festgesetzt. Der Franchisenehmer muß sich aber auf

---

6 Zur Unzulässigkeit dieser Klausel vgl. Abschnitt 8.6.1 (S.383 f.).

7 Zur Unzulässigkeit dieser Klausel vgl. Abschnitt 6.4 (S.277 ff.).

die Karenzentschädigung anrechnen lassen, was er durch anderweitige Verwertung seiner Arbeitskraft erworben oder zu erwerben vorsätzlich unterlassen hat. Anzurechnen ist auch ein(e) auf den Franchisenehmer bezogene(s) Arbeitslosengeld / -hilfe. Der Franchisenehmer ist verpflichtet, dem Franchisegeber auf Verlangen über die Höhe seiner Einkünfte vollständig und wahrheitsgemäß Auskunft zu erteilen.

Manche Franchisegeber legen vertraglich fest, daß sie auf ein Wettbewerbsverbot des Franchisenehmers verzichten können. Der Verzicht muß schriftlich erfolgen. Sechs Monate nach Erklärung des Verzichts wird der Franchisegeber von der Verpflichtung zur Zahlung einer Entschädigung frei, auch wenn das Vertragsende in diese Zeitspanne fällt. Kündigt der Franchisegeber aus wichtigem Grunde wegen eines schuldhaften Verhaltens des Franchisenehmers, so entfällt der Anspruch auf Entschädigung. Kündigt der Franchisenehmer aus wichtigem Grund wegen schuldhaften Verhaltens des Franchisegebers, so ist der Franchisenehmer berechtigt, sich innerhalb eines Monats schriftlich vom Wettbewerbsverbot loszusagen. In diesem Fall hat der Franchisenehmer keinen Anspruch auf Entschädigung.

Falls der Franchisegeber dem Franchisenehmer keine Genehmigung für die Tätigkeit als Wettbewerber erteilt, verpflichtet sich ein Franchisegeber, ihm eine angemessene Entschädigung zu zahlen. Was er unter angemessen versteht, wird dann im folgenden näher definiert. Interessant ist hierbei jedoch, daß zur Erteilung dieser Genehmigung der Franchisegeber vom Franchisenehmer schriftlich aufzufordern ist, anderenfalls entfällt - wie bei grobem Verschulden des Franchisenehmers - jede Entschädigungspflicht des Franchisegebers.

Ähnliche Unterschiede finden sich in den Verträgen auch in bezug auf die *Ausgleichsansprüche des Franchisenehmers* für den erworbenen *Kundenstamm.* Manche Franchisegeber schließen Ausgleichs- und Abfindungsansprüche jedweder Art, gegebenenfalls auch solche in analoger Anwendung des § 89b HGB, ausdrücklich aus.[8] Sollte aus zwingenden rechtlichen Gründen ein solcher Anspruch zu irgendeinem späteren Zeitpunkt begründet sein oder begründet werden, so gilt nach dem Wortlaut einiger Franchiseverträge der mindestens zu zahlende Betrag als vereinbart.

Nach Ansicht anderer Franchisegeber hat der Franchisenehmer einen Anspruch auf eine Abfindung für die Aufbauleistung. Der Anspruch soll aber dann nicht bestehen, wenn der Franchisenehmer vor Ablauf der vereinbarten Vertragsdauer kündigt, es sei denn, der Franchisegeber hat ihm einen begründeten Anlaß zur fristlosen Kündigung gegeben oder die Kündigung erfolgte aus Krankheitsgründen. Ein Ausgleichsanspruch für die Überlassung des Kundenstamms durch den Franchisenehmer wird nur dann

8 Zur Unzulässigkeit dieser Klausel vgl. Abschnitt 6.3 (S.264 ff.).

von einigen Franchisegebern gewährt, wenn in entsprechender analoger Anwendung des § 89b HGB die dort genannten Voraussetzungen erfüllt sind.

Für die meisten Franchisenehmer besteht zudem ein *Abwerbeverbot*. Dieses verbietet es den Franchisenehmern, Personal von anderen Franchisenehmern seines Systems abzuwerben, anzustellen oder in sonstiger Weise zu beschäftigen oder mit diesem in Kontakt zu treten, es sei denn, daß zwischen dem Ausscheiden des Angeworbenen aus dem Betrieb des anderen Franchisenehmers oder des Franchisegebers und der Neueinstellung in dem Franchisenehmerbetrieb eines Franchisenehmers des gleichen Franchisesystems mindestens ein halbes Jahr (in anderen Franchiseverträgen: acht Monate) vergangen ist. Ein Abwerbeverbot war aber nur in vier der vorliegenden Verträge enthalten.

3.2.14 Die Buchhaltung sowie Berichts- und Informationspflichten

Vielfach wird dem Franchisenehmer vom Franchisegeber ein *Buchhaltungssystem* bzw. ein Kontenrahmen vorgegeben, über welches / welchen eine Aufstellung der Forderungen und Verbindlichkeiten zu erfolgen hat. Sofern ein solches System noch nicht existiert, verpflichtet sich der Franchisenehmer, bei Einführung desselben, dieses zu benutzen. In einigen Fällen muß der Franchisenehmer einen Einkommenssteuernachweis der Mitarbeiter erbringen.

In der überwiegenden Zahl der Franchiseverträge hat der Franchisenehmer monatliche *Berichtspflichten*, nach denen er Bürokennzahlen und Umsatzstatistiken dem Franchisegeber mitteilen muß. In einigen Franchiseverträgen wird der Franchisenehmer sogar dazu verpflichtet, seine Geschäftsabschlüsse täglich zu melden. Die Datenerfassungsbögen des Franchisegebers beinhalten zumeist folgende Punkte: Umsatzanalysen, monatliche Berechnungsanalysen, monatliche Bestandsfortschreibung, monatliche GuV-Rechnung sowie Reservebuchungen für verschiedene Kostenarten. Die Bilanz mit Gewinn- und Verlustrechnung, erstellt von einem Steuerberater oder Wirtschaftsprüfer, muß den Franchisegebern überwiegend bis zum 31.3. des neuen Jahres vorliegen. Die Überprüfung von Bilanzunstimmigkeiten erfolgt teils auf Kosten des Franchisenehmers, teils werden sie zwischen Franchisenehmer und Franchisegeber geteilt.

Der Franchisegeber erlegt sich häufig eine *Informationspflicht* über Branchen- und Produktentwicklungen auf. Des öfteren verpflichtet sich der Franchisegeber zu offenen Betriebsvergleichen; die daraus gewonnenen Daten stellt der Franchisegeber dem Franchisenehmer dann überwiegend zur Verfügung. Auch eine *Meldepflicht des Fran-*

chisenehmers bei Abmahnungen, Klagen, Wettbewerbsverstößen oder Beschwerden und Disziplinarmaßnahmen gegen ihn, tritt in manchen Franchiseverträgen auf.

3.2.15 Die Vertragsdauer und die Vertragsbeendigung

Die *Vertragsdauer* variiert von Franchisesystem zu Franchisesystem. Je nachdem, ob es sich um ein investitionsintensives Unternehmen handelt (wie etwa in der Gastronomie, der Hotellerie oder der Gebäudereinigungsbranche) oder nicht, werden längere oder kürzere Vertragslaufzeiten vereinbart. Die höchste Laufzeit beträgt in den vorliegenden Verträgen zehn Jahre, die immerhin von zehn Franchisegebern (ca. 33%) gewählt wird. Zwei Jahre ist die kürzeste Laufzeit, die nur zwei Franchisegeber festgesetzt haben. Die durchschnittliche Vertragsdauer liegt bei 6,6 Jahren. Es gibt auch Franchiseverträge, in denen die Vertragslaufzeit erst zwischen den Vertragsparteien vereinbart werden kann oder die auf unbestimmte Zeit abgeschlossen werden. In einigen Verträgen gibt es gar keine Regelungen über die Vertragsdauer.

Der Vertrag beginnt entweder mit der Unterzeichnung oder zu einem vereinbarten Datum. Läuft der Vertrag aus, so ist in den meisten Fällen eine *Verlängerung des Vertrages* möglich bzw. gilt als automatisch vereinbart. Viele Verträge sollen dann enden, wenn die Vertragsparteien drei, sechs, zwölf oder 18 Monate vor dem regulären Vertragsende den Vertrag kündigen. Geschieht dies nicht, so verlängert sich der Vertrag regelmäßig automatisch. Als höchste Verlängerungsintervalle sind sechs Jahre in einem Vertrag vorgesehen, während einige Franchiseverträge die Verlängerung um jeweils ein Jahr regeln. Manche Franchiseverträge enthalten keine Bestimmungen über mögliche Vertragsverlängerungen. Die durchschnittliche Verlängerung in einem Intervall liegt bei 2,9 Jahren. Während fast alle Franchisegeber in den vorliegenden Verträgen keine Gebühren für die Verlängerung des Franchisevertrages nehmen, verlangt ein Franchisegeber hierfür DM 12.000,-.

Neben einer ordentlichen (fristgemäßen) Kündigung können sowohl Franchisegeber als auch Franchisenehmer außerordentlich (fristlos) kündigen. Eine *außerordentliche Kündigung* des Vertrages wird einer Vertragspartei immer dann zugestanden, wenn ihr die vertragliche Zusammenarbeit mit dem Vertragspartner nicht mehr zugemutet werden kann, weil dieser wesentliche, dem Vertrag obliegende Verpflichtungen trotz Abmahnung nicht erfüllt oder sein vertragswidriges Verhalten fortsetzt. Am häufigsten wurden als wichtige außerordentliche Kündigungsgründe in Franchiseverträgen erwähnt:

- die Einstellung der geschäftlichen Tätigkeit (häufiger: des Franchisenehmers, seltener: des Franchisegebers),
- Zahlungsrückstand, Zahlungseinstellung oder -unfähigkeit des Franchisenehmers,
- Nichterreichung von Mindestumsätzen,
- Verletzung des Wettbewerbsverbots,
- Verletzung von Geheimhaltungspflichten.

Fristlose Kündigungen können sich aus wichtigem Grund oder wegen Verletzung einer wesentlichen Vertragsverpflichtung ergeben. Die Grenzen sind fließend, da eine Verletzung einer wesentlichen Vertragsverpflichtung einen wichtigen Grund darstellen kann (so auch in einigen Franchiseverträgen eingeordnet). Manche Franchisegeber führen allerdings nur Kündigungsgründe auf, die *sie* dazu berechtigen, dem Franchisenehmer fristlos zu kündigen.[9] Das Recht des Franchisenehmers zur fristlosen Kündigung bleibt nicht selten unerwähnt.

Die fristlose Kündigung kann laut der verschiedenen Verträge entweder ohne Einhaltung einer Kündigungsfrist oder mit einer Kündigungsfrist von drei Monaten zum Ende eines Kalender(halb)jahres oder mit einer Kündigungsfrist von drei Monaten zum Monatsende erfolgen.[10] Bei einer Kündigungsmöglichkeit ohne Einhaltung einer Kündigungsfrist werden dem Franchisenehmer dann allerdings entsprechend angemessene Nachfristen zur Schaffung von Abhilfe gesetzt (meistens ein Monat), oder der Franchisegeber verpflichtet sich, erst nach der zweiten Mahnung oder der dritten Vertragsverletzung zu kündigen. Andere Franchiseverträge wiederum enthalten detaillierte Regelungen darüber, wann eine fristlose Kündigung ohne vorherige Abmahnung bzw. trotz vorheriger Abmahnung möglich ist. Kündigt eine der Vertragsparteien ohne Einhaltung der Kündigungsfrist, kann laut einem Franchisevertrag die jeweils andere Vertragspartei Schadensersatz verlangen.

Das Recht zur fristlosen Kündigung kann nach einigen Franchiseverträgen nur binnen eines Monats, bei anderen nur binnen zweier Monate, nachdem der Berechtigte von den Kündigungstatsachen Kenntnis erlangt hat, ausgeübt werden. Nur in einem Franchisevertrag beträgt die Frist einer Kündigungsmöglichkeit vier Monate. Liegt das Recht zur fristlosen Kündigung beim Franchisegeber, so ist der Franchisenehmer in einigen Franchiseverträgen verpflichtet, einen bestimmten Betrag pro Monat für die restliche Vertragslaufzeit oder eine bestimmte Anzahl von Jahren zu zahlen. Diese

9 Zur Unzulässigkeit dieser Klausel vgl. Abschnitt 6.6 (S.284).
10 Zur Unzulässigkeit dieser Klausel vgl. Abschnitt 6.5 (S.282).

Verpflichtung entfällt, wenn die außerordentliche Kündigung auf einem Verschulden des Franchisegebers beruht.

Aus einer ordentlichen oder außerordentlichen Kündigung ergeben sich - vor allem für die Franchisenehmer - *Folgen der Vertragsbeendigung*. Mit Vertragsende ist der Franchisenehmer grundsätzlich dazu verpflichtet, den Gebrauch von Logos einzustellen, die Franchiseunterlagen (Handbücher etc.) herauszugeben oder zu vernichten, die Zeichen und Ausstattungen zu entfernen, das Mietlokal zu räumen (wenn er mit dem Franchisegeber einen Untermietvertrag abgeschlossen hat), die Eintragungen im Telefonbuch oder in sonstigen Verzeichnissen und Registern löschen zu lassen sowie die Forderungen des Franchisegebers zu begleichen.

Manchmal legt der Franchisegeber vertraglich fest, daß er die Ausstattung und/ oder Ware des Franchisenehmers bei Vertragsende zurücknehmen wird; in der Mehrzahl der Fälle kann der Franchisegeber eine einseitig auszuübende Option wahrnehmen. Dieser Rückkauf kann zum Einkaufs-, Abschreibungs-, Markt- oder zum ausgehandelten / schiedsrichterlich festgelegten Wert geschehen. Ware, die sich in einwandfreiem Zustand befindet, wird trotzdem oft nur mit einem Abzug zurückgenommen; die Rücknahme von beschädigten oder sich nicht mehr im Sortiment befindlichen Produkten erfolgt unter noch größeren finanziellen Abzügen. Teilweise wird der Franchisenehmer darauf hingewiesen, daß der Verkauf der Ware im Rahmen eines ordentlichen Abverkaufes zu erfolgen hat.

Im Falle der ordentlichen Kündigung verpflichtet sich ein Franchisegeber, die noch nicht gebrauchte Ware zurückzunehmen und die gesamte Geschäftsausstattung zurückzukaufen. Werden die Ausrüstungs- und Einrichtungsgegenstände nicht vom Franchisegeber zurückgenommen, wie es in der Mehrzahl der Verträge der Fall ist, dann darf eine Veräußerung derselben erst nach Vernichtung der systemtypischen Merkmale geschehen. Ein Franchisegeber behielt sich das Recht vor, bei vorzeitiger Vertragsbeendigung durch Verschulden des Franchisenehmers eine Zahlung in Höhe einer Jahres-Netto-Franchisegebühr, berechnet nach dem Durchschnitt der gezahlten Franchisegebühren über den Vertragszeitraum bis zur vorzeitigen Beendigung vorbehaltlich weiterer Schadensersatzansprüche, zu verlangen, wobei der Franchisenehmer den Nachweis erbringen kann, daß ein wesentlich geringerer oder kein Schaden entstanden ist.

3.2.16 Gewährleistung, Haftung und Versicherungen

Die Franchisegeber heben immer wieder in den Verträgen hervor, daß der Franchisenehmer den Franchisebetrieb auf eigene Rechnung und eigene Gefahr betreibt.

Deshalb verweigert mancher Franchisegeber eine Haftung in bezug auf die *Rentabilität* und betont, daß hinsichtlich dieses Punktes keine Zusagen gemacht werden.

Die Inhaber bzw. Geschäftsführer des Franchisebetriebes müssen in einigen Verträgen persönlich und selbständig neben dem Franchisenehmer die Haftung für alle Verpflichtungen aus dem Vertrag übernehmen. Alle Franchisegeber schließen in den Verträgen ihre Haftung für *leichte Fahrlässigkeit* aus. So haftet der Franchisenehmer für sämtliche von Dritten im Zusammenhang mit dem Geschäftsbetrieb geltend gemachten Ansprüche, während der Franchisegeber nur haftet, wenn *vorsätzliches oder grob fahrlässiges Verhalten seiner Organe oder seiner Erfüllungsgehilfen* vorliegt. Ansprüche aus unerlaubter Handlung und insbesondere aus Produkthaftung werden von einigen Franchisegebern ausgeschlossen. Dieser Ausschluß gilt nicht, wenn und soweit der Schaden auf eine vorsätzliche oder grob fahrlässige Handlung eines gesetzlichen Vertreters oder Erfüllungsgehilfen des Franchisegebers zurückzuführen ist oder eine Haftung wegen Fehlens zugesicherter Eigenschaften, Verzug oder Unmöglichkeit besteht. In manchen Vertragstexten soll auch der Franchisenehmer hinsichtlich gesetzlicher oder vertraglicher Schadensersatzansprüche nur bei vorsätzlichem oder grob fahrlässigem Verhalten haften. Ein Franchisegeber verpflichtet sich zur Haftung bei leichter Fahrlässigkeit, die jedoch nicht über den Schaden, der angesichts der jeweils vereinbarten vertraglichen Leistungen typischerweise vorhersehbar ist, hinausgehen soll.

In allen Verträgen besteht der Franchisegeber auf den Abschluß bestimmter *Versicherungen*, wie Betriebsunterbrechungs-, Feuer-, Einbruch-, Diebstahl-, Leitungswasser-, Sturmschäden-, Haftpflichtversicherung u.ä. Mitunter gibt der Franchisegeber die Versicherungsgesellschaft zwingend vor und verlangt vom Franchisenehmer seine Aufnahme als zusätzlicher Versicherungsnehmer in allen Versicherungspolicen.

3.2.17 Die Vertragsstrafen

Vertragsstrafen werden für die verschiedensten Bereiche vereinbart. Vertragsstrafen sollen danach anfallen bei:

- Verstoß gegen die Geheimhaltungsverpflichtung und die Schutzrechte,
- Verstoß gegen das vertragliche und/oder nachvertragliche Wettbewerbsverbot,
- Verstoß gegen das Abwerbeverbot,
- Nichteinhaltung von Mindestbezügen,

- Zahlungsverzug,
- Nichteinhaltung von Pflichten nach Vertragsende,
- Nichtdurchführung des Kundendienstes,
- Nichteinhaltung der Alleinbezugsverpflichtung,
- Lieferverzögerungen seitens des Franchisegebers,
- nicht fristgerechter Erledigung der Vertragspflichten,
- Verhinderung von Kontrollen,
- außerordentlicher Kündigung,
- Veräußerung von Kraftfahrzeugen,
- Weitergabe des Handbuchs,
- Weiterbenutzung der Schutzrechte nach Vertragsende und
- nicht fristgerechter Räumung des Ladenlokals.

Insgesamt befanden sich in 16 Verträgen Vertragsstrafenklauseln. Des öfteren sind in den Franchiseverträgen zwei oder mehr Klauseln über Vertragsstrafen vorhanden. Entweder wird ein konkreter Betrag als Vertragsstrafe angegeben, oder ein prozentualer Anteil wird als pauschalierter Schadensersatz festgesetzt. Die Höhe der Vertragsstrafen schwankt in den Verträgen zwischen DM 1.000,- bei Weiterbenutzung des Franchisegeber-Kennzeichens und DM 50.000,- bei einem Verstoß gegen die Geheimhaltungsverpflichtung. Häufig wird die Geltendmachung weiteren Schadens durch das Fordern einer Vertragsstrafe *nicht* ausgeschlossen. Die Höhe der Strafen richtet sich i.a. nach der Schwere des Vergehens; ein Zahlungsverzug wird in allen Franchiseverträgen weniger hoch sanktioniert als beispielsweise ein Verstoß gegen das Wettbewerbsverbot. In einigen Franchiseverträgen ist es jedoch dem Franchisenehmer auch möglich, mit dem Franchisegeber die Vertragsstrafe erst auszuhandeln. Des weiteren liegt ein Franchisevertrag vor, bei dem die Vertragsstrafe bei einem Verstoß gegen das Wettbewerbsverbot vom Franchisegeber nach "billigem Ermessen" festgelegt werden kann, welche im Streitfall vom zuständigen Landgericht zu überprüfen ist. Neben den Vertragsstrafen und weitergehenden Ansprüchen behalten sich einige Franchisegeber vor, die fristlose Kündigung auszusprechen.

Die Strafen für Zahlungsverzug bedürfen einer besonderen Erwähnung, da hier die Klauseln erheblich voneinander abweichen. Bei einigen Franchisesystemen werden für diesen Fall Verzugszinsen in Höhe von 2% bis 5% über dem jeweiligen Diskontsatz der Deutschen Bundesbank fällig. Es gibt jedoch auch einen Vertrag, in dem bei Verzug nicht Bezug auf den Diskontsatz der Bundesbank genommen, sondern in dem 1% (wahrscheinlich von der geschuldeten Gebühr) pro Monat als Verzugszinsen gefordert wird. Ein Franchisegeber stellt es den Franchisenehmern bei Zahlungsverzug jedoch frei, weniger als die geforderten Zinsen zu zahlen, wenn sie nachweisen können, daß durch den Verzug ein geringerer Schaden entstanden ist.

Auch die Strafen bei einer nicht korrekten Buchführung divergieren. Danach muß in einigen Fällen der Franchisenehmer die Kosten für die Überprüfung der Buchführung (einschließlich Reisekosten) tragen, wenn der Prüfer Unterschiede von mehr als 5% zwischen den gemeldeten / abgerechneten Umsätzen einerseits und den tatsächlichen Umsätzen andererseits feststellt. Eine konkrete Festsetzung der Abweichungshöhe, ab der der Franchisenehmer die Kosten zu tragen hat, wird in anderen Verträgen nicht genannt. Dort heißt es nur, daß, wenn "wesentliche Unregelmäßigkeiten" bzw. "Unrichtigkeiten" festgestellt werden, der Franchisenehmer die Kosten der Überprüfung sowie den geschuldeten Betrag zu zahlen hat.

Hauptsächlich werden in den Franchiseverträgen Vertragsstrafen nur für Vergehen des Franchisenehmers verankert. Um so erstaunlicher ist es daher, daß in einem Franchisevertrag einem Franchisenehmer im Falle des Lieferverzuges des Franchisegebers, sofern dieser *nicht* auf höherer Gewalt beruht, eine pauschale Vertragsstrafe von 50% des Verkaufspreises des Artikels an den Kunden zugestanden wird.

3.2.18 Die Schiedsklauseln

Hier gilt es zwischen *Schiedsgutachterklauseln und Schiedsgerichtsklauseln* zu unterscheiden. Bei Schiedsgutachterklauseln wird vorwiegend vereinbart, daß ein Sachverständiger bei Streitigkeiten als Schlichter fungieren soll, wobei dieser dann von der zuständigen Industrie- und Handelskammer benannt wird. Allerdings wird in einem Franchisevertrag die Wahl des Schiedsgutachters nur dem Franchisegeber zugestanden.[11] In einem anderen Vertrag wird ein Gutachter vom Franchisegeber und ein Gutachter vom Franchisenehmer bestimmt. Das dritte Mitglied des Ausschusses wird einvernehmlich bestimmt, wobei bei Meinungsverschiedenheiten der Franchisegeber den Stichentscheid hat.

Die Schiedsgutachter haben die Aufgabe, bestimmte Bestandteile für die Entscheidung eines Streits verbindlich festzustellen, z.B. die Höhe der Vergütung für die bei Vertragsende übergebene Ladeneinrichtung. In den untersuchten Verträgen kamen Schiedsklauseln eher selten vor. Neun Verträge sahen Schlichtungsverfahren im Falle von Unstimmigkeiten zwischen Franchisegeber und Franchisenehmer vor. In einem dieser Verträge soll ein Franchisenehmerausschuß über die Lösung von Konflikten

---

11 Zur Unzulässigkeit dieser Klausel vgl. Abschnitt 5.3.11.11 (S.237 ff.).

entscheiden, in zwei anderen Fällen sollen die Schiedsklauseln nur bei Streitigkeiten über den Wert des Geschäftslokals zur Anwendung kommen.

In einem Franchisevertrag wurde vereinbart, daß Unstimmigkeiten bei der Zusammenarbeit der Franchisepartner in einem *Schiedsgerichtsverfahren* beigelegt werden, wenn sich die Parteien nicht selbst einigen können. Die Durchführungsbestimmungen der Schiedsgerichtsabrede regeln die Punkte Beschwerde, Gebühren, Klagebeantwortung, Schiedskommission, Verhandlung, Beilegung und persönliches Erscheinen.

3.2.19 Weitere rechtliche Regelungen

Nebenabreden, Zusätze, Ergänzungen und Abänderungen bedürfen, so der Wortlaut aller Verträge, zu ihrer Gültigkeit der Schriftform. Sollten einzelne Bestimmungen des Vertrages unwirksam oder anfechtbar sein, so wird dadurch die Wirksamkeit der übrigen Bestimmungen nicht berührt. Manche Franchisegeber ergänzen diese Klausel folgendermaßen: "[...] es sei denn, die unwirksame, anfechtbare oder undurchführbare Bestimmung betrifft wesentliche Leistungen dieses Vertrages, ohne die der Vertrag wirtschaftlich nicht durchführbar ist." Bei Lücken des Vertrages verpflichten sich die Vertragsschließenden, eine Regelung zu vereinbaren, die dem angestrebten Erfolg rechtlich und wirtschaftlich so nahe wie möglich kommt.

Mit Abschluß des Franchisevertrages sollen in den meisten Fällen alle früheren schriftlichen oder mündlichen Vereinbarungen zwischen den Vertragsparteien ihre Rechtswirksamkeit verlieren, soweit sie sich auf den Gegenstand des Vertrages beziehen. Änderungen und Ergänzungen des Vertrages bedürfen in allen vorliegenden Verträgen der *Schriftform*. Dies gilt auch für Änderungen oder Ergänzungen des Handbuchs sowie für die Aufhebung des Schriftformerfordernisses. Die einem Vertrag beigefügten und in dem Vertrag genannten Anlagen sind immer wesentlicher Bestandteil des Vertrages. Einige Franchisegeber fügen noch hinzu, daß durch vom Vertrag abweichendes Verhalten weder die vereinbarten Rechte oder Pflichten verändert oder aufgehoben noch neue Rechte oder Pflichten begründet werden.

Ganz selten treten in den Franchiseverträgen *Verjährungsklauseln* auf. Diese besagen z.B., daß alle Ansprüche aus dem Vertrag 24 Monate nach ihrer Fälligkeit verjähren, sofern gesetzliche Bestimmungen eine längere Verjährungsfrist vorsehen. Bei Ansprüchen, deren Geltendmachung von der Kenntnis besonderer Umstände abhängt, soll die Verjährung mit dem Zeitpunkt beginnen, an dem die Vertragspartei von den Umständen Kenntnis erlangt hat. Die Verjährung tritt dann in jedem Fall spätestens mit Ablauf von drei Jahren nach Fälligkeit des Anspruchs ein. Diese

Regelung soll sowohl für vertragliche als auch für deliktische und sonstige Ansprüche gelten.

Gerichtsstand für alle aus den Verträgen sich unmittelbar oder mittelbar ergebenden Streitigkeiten, gleich welcher Art, auch im Hinblick auf die Wirksamkeit des Vertrages, ist prinzipiell die Stadt, in der der Franchisegeber seinen Firmensitz hat, soweit der Franchisenehmer zum Zeitpunkt des Vertragsabschlusses Vollkaufmann ist. Wenn der Franchisenehmer zwar die Vollkaufmannseigenschaft nicht besitzt, er jedoch nach Vertragsabschluß seinen Wohnsitz oder gewöhnlichen Aufenthaltsort aus dem Geltungsbereich dieses Gesetzes verlegt oder der Wohnsitz oder der gewöhnliche Aufenthaltsort des Franchisenehmers im Zeitpunkt der Klageerhebung nicht bekannt ist, so soll trotzdem die Stadt, in der der Franchisegeber seinen Firmensitz hat, Gerichtsstand sein. Als *anwendbares Recht* kommen nach den Angaben etlicher Franchisegeber die Gesetze der Bundesrepublik Deutschland oder nur deutsches sachliches Recht in Frage.

Mit der *Widerrufsbelehrung* wird der Franchisenehmer durch den Franchisegeber ausdrücklich darauf hingewiesen, daß er den Vertrag gemäß Verbraucherkreditgesetz binnen einer Frist von einer Woche widerrufen kann. Zur Wahrung der Frist reicht die rechtzeitige Absendung des Widerrufsschreibens aus, wobei der Widerruf an den Geschäftssitz des Franchisegebers zu richten ist. In vielen Franchiseverträgen fehlt aber solch eine Widerrufsbelehrung oder sie ist wegen Formfehler ungültig. Nur 14 Franchiseverträge enthielten eine fehlerfreie Widerrufsbelehrung, in 11 Verträgen fehlte sie ganz. Die übrigen Verträge enthielten fehlerhafte Widerrufsbelehrungen.

3.2.20 Anlagen zu den Franchiseverträgen

Wichtigste Anlage zu einem Franchisevertrag ist da Handbuch. Es ist das Kernstück eines jeden Franchisesystems, da in ihm das Know-how spezifiziert ist. Die Franchisenehmer sollen ihre Arbeit in Übereinstimmung mit diesem verrichten. Die Regelungen darin können folgendes zum Inhalt haben: Einführung, Sortiment, Einrichtung, Werbung, Verkauf, Warenpräsentation, Kommunikation, Rechnungswesen, Personal, Schulungen, Administration usw. Das Handbuch wird immer Bestandteil des Franchisevertrages und ist damit verbindlich. Es bleibt Eigentum des Franchisegebers, der in der Mehrzahl der Fälle betont, daß eine Änderung des Handbuches keine Vertragsänderung darstellt. Viele Franchisegeber behalten sich das Recht vor, das Handbuch jederzeit ändern zu können.

Außerdem liegen den Franchiseverträgen mitunter folgende Anlagen bei: Gebietsentwicklungspläne, Warenzeichenlisten, Fahrzeugvereinbarungen, Systembeschreibungen, Betriebsrichtlinien, Zahlungs- und Lieferbedingungen, Datenerfassungsbogen, Aufstellungen über die geplanten Werbeaufwendungen, Beschreibung der Geschäftsausstattung und der Werbematerialien, Wirtschaftlichkeitsberechnung, Gewerbeanmeldung, Versicherungsnachweis, Kalkulation der Umsatzvorgaben, Wettbewerbsabreden, Schiedsgerichtsverträge, Widerrufsbelehrungen, Pläne des Franchisegebietes, Ausbildungspläne, der Ehrenkodex des europäischen Franchiseverbandes, Begriffsbestimmungen, Beschwerdenhandhabung, Richtlinien zur Personal-, Betriebsführungs- und EDV-Organisation, Artikel- und Preislisten, Darstellung der franchisepflichtigen Waren, Gliederungsverzeichnisse der Handbücher, Bestätigung über die Deckungssummen der Betriebshaftpflichtversicherung, Vertragsstrafen, Gesellschafterregelungen, Darstellung des Logos, Vertragsabschlußprotokolle, Rabattkonditionen, Berechnungsbeispiele der Franchisegebühren, Studio-Skizzen, Finanzierungsverträge und Vereinbarungen über gemeinsame Projekte. Diese Aufzählung erhebt keinen Anspruch auf Vollständigkeit.

4 Ökonomische Analyse des Franchising

Bevor auf die ökonomische Analyse des Franchising eingegangen wird, sollen an dieser Stelle die Grundzüge der zugrunde gelegten ökonomischen Theorien kurz erörtert werden. Diese Darstellung wird erforderlich, da die Begriffe in der Neuen Institutionenökonomik nicht einheitlich verwendet werden.[1] In Betracht gezogen werden die Property-Rights-Theorie, die Transaktionskostentheorie, der Principal-Agent-Ansatz und die Ökonomische Analyse des Rechts. Diese verschiedenen Ansätze werden benutzt, weil das Franchising zum einen sehr komplex ist und sich zum anderen die Theorien nicht gegenseitig ausschließen, da ihnen unterschiedliche Betrachtungsweisen zugrunde liegen. So argumentiert Schenk zu Recht, daß der Transaktionskostenansatz und die Property-Rights-Theorie als institutionenanalytisches Gesamtkonzept zu sehen und zu behandeln seien.[2] Aus diesem Grund werden dann auch die Argumente der Theorien bei der ökonomischen Analyse des Franchising parallel verwendet. Zu erwarten ist bei dieser Vorgehensweise ein Einblick in die wirtschaftlichen Zusammenhänge und die Hintergründe rechtlicher Regelungen beim Franchising.

4.1 Begriffe und Grundlagen der Neuen Institutionenökonomie

Der von Ronald Coase 1937 veröffentlichte Aufsatz "The Nature of the Firm" wird heute allgemein als Beginn der Forschungsrichtung der Neuen Institutionenökonomie (auch "Neuer Institutionalismus" genannt) angesehen[3] und wurde später als Transaktionskostenansatz gedeutet.[4] Coase beschäftigte sich mit der Frage, warum Unternehmungen bestehen. Er führte dies darauf zurück, daß sich durch die Internalisierung

---

1 Vgl. ausführlich über herrschende "terminologische Verwirrungen" und zur Abgrenzung des *Amerikanischen Institutionalismus* von der *Neuen Institutionenökonomie Reuter, N.*, Institutionalismus, ZWS, 1994, S.5 ff.; als ein Beispiel abweichender Betrachtungsweise vgl. die Diskussion zu Fezer in Fußnote 11 auf Seite 70.

2 Vgl. *Schenk, K.-E.*, Institutionenökonomik, ZWS, 1992, S.354.

3 Vgl. *Kern, H.-G.*, Langzeitverträge, JuS, 1992, S.13; *Thiele, M.*, Institutionenökonomik, WISU, 1994, S.993.

4 Vgl. *Schumann, J.*, Ökonomische Institution, WISU, 1987, S.212; *Schenk, K.-E.*, Institutionenökonomik, ZWS, 1992, S.353.

von Transaktionen in einer Unternehmung gewisse Kosten einsparen lassen. Zunächst stellte er fest, daß die Nutzung der Märkte und des Preismechanismus nicht kostenfrei erfolgt. Der primäre Grund für die Errichtung einer Unternehmung seien, so Coase, die Kosten, die bei der Benutzung des Preismechanismus anfallen.[5] Kosten entstehen einerseits für Informationen über die Preise und andererseits durch das Aushandeln und den Abschluß von Verträgen (ex ante-Kosten). Bei einigen Verträgen entstehen noch zusätzlich Kosten für spätere Anpassungen (ex post-Kosten). Werden einige dieser Aktivitäten statt am Markt in einer Unternehmung ausgeführt, so lassen sich Kosten einsparen. Hier drängt sich die Frage auf, warum es dann noch Markttransaktionen gibt. Die gesamte Produktion könnte schließlich auch von einer großen Unternehmung durchgeführt werden.[6] Der Grund sind Kosten, die auch innerhalb einer Unternehmung entstehen.[7]

Teils als Erweiterung zur Neoklassik[8], teils aber auch mit grundsätzlichen Gegenpositionen[9] haben sich im Bereich der Institutionenökonomie in den letzten Jahrzehnten mehrere Richtungen herausgebildet. Hierzu zählen die Property-Rights-Theorie, die Transaktionskostenökonomie, die Agencytheorie, die Ökonomische Analyse des Rechts, der neoinstitutionelle Ansatz der Wirtschaftsgeschichte, die Neue Politische Ökonomie ("public choice"), die Konstitutionelle Ökonomik und die Neue Österreichische Schule. Der von Williamson geprägte Begriff der *Neuen Institutionenökonomik* wurde von ihm zunächst nur für die Transaktionskostentheorie verwendet. Zur *Neuen* Institutionenökonomik zählen heute nur die Property-Rights-Theorie, die Transaktionskostenökonomie und die Agencytheorie.[10] Zusätzlich zu der *Neuen Institutionenökonomik* wird die Ökonomische Analyse des Rechts behandelt werden, wobei diese nicht als Oberbegriff, sondern als eigenständige Forschungsrichtung verstanden wird.[11]

---

5 Vgl. *Coase, R.H.*, Firm, ECO, 1937, S.390.

6 Vgl. *Coase, R.H.*, Firm, ECO, 1937, S.394.

7 Vgl. *Schumann, J.*, Ökonomische Institution, WISU, 1987, S.212; *Leipold, H.*, Institutionentheorie, ORDO, 1989, S.134 f.; *Kneppers-Heijnert, E.M.*, Franchising, 1988, S.38.

8 Z.B. die Berücksichtigung von methodologischem Individualismus und individueller Rationalität (vgl. *Richter, R. / Bindseil, U.*, Neue Institutionenökonomik, WiSt, 1995, S.132).

9 Z.B. die Berücksichtigung der eingeschränkten Rationalität ("bounded rationality") (vgl. *Richter, R. / Bindseil, U.*, Neue Institutionenökonomik, WiSt, 1995, S.132).

10 Vgl. *Ebers, M. / Gotsch, W.*, Organisation, 1993, S.193.; *Richter, R. / Bindseil, U.,* Neue Institutionenökonomik, WiSt, 1995, S.134.

11 Vgl. dagegen die Auffassung von *Fezer, K.-H.*, Rechtskritik, JZ, 1986, S.820 und S.824, der die Property-Rights-Theorie anscheinend als Unterpunkt der Ökonomischen Analyse des Rechts betrachtet, die Transaktionskostenökonomie wiederum als Untermenge der Property-Rights-Theorie und der Ökonomischen Analyse des Rechts.

Zu den Prämissen der Neuen Institutionenökonomik zählen der methodologische Individualismus[12], die Annahme individueller Präferenzen und die individuelle Nutzenmaximierung.[13] Der methodologische Individualismus stellt die Gegenposition zum Holismus dar. Er bedeutet, daß die Anreize oder Alternativkosten, und somit auch der Nutzen, die Handlungen des Individuums lenkt[14] und daß die zu erklärenden Phänomene auf Handlungen von Individuen zurückgeführt werden können.[15]

Das Erklärungsmuster der ökonomischen Institutionenanalyse beruht auf vier Komponenten, nämlich der Institution, dem Austausch, den Kosten und der Effizienz. Diese Komponenten stehen in folgendem Zusammenhang: "Institutionen" regulieren den Austausch von Gütern, Leistungen und Verfügungsrechten; dieser Austausch verursacht "Kosten"; die Kosten beeinflussen die "Effizienz" der Faktorallokation; diese wiederum entscheidet über die Vorteilhaftigkeit und die Wahl von bestimmten "Institutionen", welche den "Austausch" regulieren [...] usw.[16]

4.1.1 Institution

Institutionen besitzen erwartungsbildenden und konfliktmindernden Charakter, erfüllen häufig Informations- und Überwachungsfunktionen und wirken sich insgesamt kostensenkend aus.[17] Es stellt sich aber die Frage, was alles unter dem Begriff "Institution" zu verstehen ist. Richter / Bindseil weisen, ebenso wie andere Autoren,[18] darauf hin, daß eine präzise Definition des Begriffs "Institution" noch aussteht und greifen eine Definition Gustav Schmollers auf, der darunter "eine partielle, bestimmten Zwecken dienende, zu einer selbständigen Entwicklung gelangte Ordnung des Gemeinschaftslebens"[19] versteht. Elsner sieht in einer Institution eine Regel für das Entscheiden von Individuen in sich wiederholenden mehrpersonellen Entscheidungssituationen, bei denen die Individuen bestimmte wechselseitige Verhaltenserwartungen besitzen.[20] Schmid spricht im Zusammenhang mit dem Begriff "Institution" von einem Chamäleon, da der Begriff einmal soziale oder politische Regelungsinstanzen

---

12 Vgl. zum methodologischen Individualismus die Ausführungen von *Kaulmann, T.*, Unternehmungstheorie, 1987, S.12.

13 Vgl. *Thiele, M.*, Neue Institutionenökonomik, WISU, 1994, S.993.

14 Vgl. *Weise, P. et al.*, Mikroökonomie, 1991, S.41 f.; *Behrens, P.*, Arbeitsrecht, ZfA, 1989, S.213.

15 Vgl. *Hesse, G.*, Handlungsrechte, 1983, S.81.

16 Vgl. *Ebers, M. / Gotsch, W.*, Organisation, 1993, S.193 f.

17 Vgl. *Picot, A.*, Organisation, 1991, S.144.

18 Vgl. *Elsner, W.*, Institutionen, WiSt, 1987, S.5; *Thiele, M.*, Neue Institutionenökonomik, WISU, 1994, S.993.

19 *Richter, R. / Bindseil, U.*, Neue Institutionenökonomik, WiSt, 1995, S.133.

20 Vgl. *Elsner, W.*, Institutionen, WiSt, 1987, S.5.

(Betriebsräte, Arbeitsämter u.a.), normative Regelungen (Arbeitsvertrag, Betriebsverfassungsgesetz u.a.) oder aber dauerhafte Verhaltens- und Wertemuster (Traditionen und Gewohnheiten) bezeichnen kann.[21]

4.1.2 Transaktionskosten

Der Begriff der Transaktion im Zusammenhang mit Institutionen geht ursprünglich auf Commons zurück. "[...] transactions are, not the "exchange of commodities", but the alienation and acquisition, between individuals, of the *rights* of properties and liberty created by society [...]."[22] Eine Transaktion kann auch als ein Tauschhandel zwischen zwei oder mehr Personen angesehen werden, bei dem Verfügungsrechte (Property-Rights) übergehen.[23] Die Diskussion der Kosten einer Transaktion führte dagegen erst Coase ein. Die Kosten für die Verhandlung und den Abschluß eines Vertrages für jede Transaktion, die auf dem Markt stattfindet, müßten - so Coase - auch in Betracht gezogen werden.[24]

Die Transaktionskosten umfassen den Ressourcenverbrauch für alle Umstände, die mit dem Abschluß und der Durchsetzung eines Vertrages anfallen, d.h. die Kosten des Austauschvorgangs auf dem Markt.[25] Insbesondere fallen hierunter die Informationssuche, die Informationsbeschaffung, die Durchführung der Transaktion und die Überwachung der Einhaltung des Vertrages.[26] Köhler führt diesen Begriff noch weiter aus, indem er Kosten für das Aushandeln und das Fixieren der Tauschmöglichkeit ebenfalls zu den Transaktionskosten rechnet.[27] Picot fügt dieser Aufzählung noch Anpassungskosten für eventuell im Laufe der Vertragsbeziehung anfallende Änderungen hinzu.[28] Darüber hinaus zählt Kern die Kosten durch staatliche Belastungen wie die Umsatzsteuer zu den Transaktionskosten hinzu.[29] In den Transaktionskosten kann man auch Reibungskosten oder Friktionen des Wirtschaftssystems ("cost of running the system") sehen.[30]

---

21 Vgl. *Schmid, G. et al.*, Institutionelle Ökonomie, 1988, S.2.

22 *Commons, J.R.*, Economics, AER, 1931, S.652.

23 Vgl. *Kneppers-Heijnert, E.M.*, Franchising, 1988, S.50.

24 Vgl. *Coase, R.H.*, Firm, ECO, 1937, S.390 f.; vgl. auch die ausführliche Diskussion hierzu von *Cheung, S.N.S.*, Firm, JLE, 1983, S.3.

25 Vgl. *Fezer, K.-H.*, Rechtskritik, JZ, 1986, S.820.

26 Vgl. *Weise, P. et al.*, Mikroökonomie, 1991, S.412.

27 Vgl. *Köhler, H.*, Vertragsrecht, ZHR, 1980, S.591.

28 Vgl. *Picot, A.*, Organisation, 1991, S.147.

29 Vgl. *Kern, H.-G.*, Langzeitverträge, JuS, 1992, S.13.

30 Vgl. *Schenk, K.-E.*, Institutionenökonomik, ZWS, 1992, S.357.

Richter / Bindseil unterscheiden im Bereich der Transaktionskosten Kosten der Marktbenutzung von Kosten der Benutzung von Nichtmarktorganisationen. Kosten der Marktbenutzung setzen sich zusammen aus Such-, Inspektions-, Verhandlungs- und Entscheidungskosten sowie Kosten der Überwachung der Leistungspflichten und aus deren Durchsetzung. Zum zweiten Bereich gehören, neben anderen, Kosten der Leitung, der Informationsverarbeitung, der Kommunikation und der Überwachung.[31] Cheung wies darauf hin, daß neben Vertragskosten innerhalb einer Unternehmung auch Informationskosten hinsichtlich der Inputfaktoren sowie Meßkosten für Input- und Outputfaktoren anfallen. Er bezeichnete diese als "cost of discovering prices", "information cost of knowing a product", "cost of [...] measurement" und "cost of reaching price agreement".[32]

Schumann und Thiele trennen die Transaktionskosten in ex ante-Kosten der Vertragsanbahnung (Such- und Informationskosten) und Kosten des Abschlusses von Verträgen (Verhandlungs- und Entscheidungskosten) sowie ex post in Kosten der Überwachung, Durchsetzung und Anpassung von Leistungspflichten.[33] Williamson unterscheidet ebenfalls ex ante- von ex post-Transaktionskosten. Zu den ex ante-Transaktionskosten zählen für ihn die Kosten für den Entwurf des Vertrags, Verhandlungen und Absicherungen. Bei den ex post-Transaktionskosten unterscheidet Williamson vier verschiedene Vertragskosten: Fehlanpassungskosten, die Kosten des Feilschens, die Kosten der Einrichtung und des Betreibens von Überwachungssystemen und schließlich der Sicherungsaufwand zur Durchsetzung von Zusagen.[34]

4.1.3 Effizienz

Die Effizienz einer rechtlichen Regelung wird anhand des Pareto-Optimums oder anhand des Kaldor-Hicks-Kriteriums gemessen.[35] Ein Pareto-optimaler Zustand zeichnet sich dadurch aus, daß keine Umverteilung von Ressourcen denkbar ist, die zumindest ein Individuum besser stellt, ohne dabei ein anderes Individuum schlechter zu stellen. Voraussetzung für Pareto-Effizienz ist, daß eine effektive Güterproduktion, eine effektive Produktionsstruktur und ein effizienter Konsum vorliegen.[36] Das wei-

---

31 Vgl. *Richter, R. / Bindseil, U.*, Neue Institutionenökonomik, WiSt, 1995, S.136; *Windsperger, J.*, Transaktionskosten, 1985, S.204.

32 Vgl. *Cheung, S.N.S.*, Firm, JLE, 1983, S.6 ff.

33 Vgl. *Schumann, J.*, Ökonomische Institution, WISU, 1987, S.213; *Thiele, M.*, Neue Institutionenökonomik, WISU, 1994, S.994.

34 Vgl. *Williamson, O.E.*, Die ökonomischen Institutionen, 1990, S.22 ff.

35 Vgl. *Behrens, P.*, Arbeitsrecht, ZfA, 1989, S.214.

36 Vgl. *Beimowski, J.*, Geschäftsbedingungen, 1989, S.6.

tergehende Kaldor-Hicks-Kriterium besagt, daß eine Entscheidung zwischen zwei sozialen Zuständen, die mindestens ein Gesellschaftsmitglied bevorzugt und mindestens eins benachteiligt, nur durchgeführt werden soll, wenn die Benachteiligten aus dem Gewinn der Bevorzugten entschädigt werden können und den Bevorzugten immer noch ein Gewinn bliebe. Eine Entschädigung muß tatsächlich aber nicht gezahlt werden.[37] Sowohl das Pareto-Kriterium als auch das Kaldor-Hicks-Kriterium sind der Wohlfahrtsökonomik zuzurechnen.

Eine Grundlagenarbeit auf diesem Gebiet ist wiederum Coase zuzuschreiben, der sich in seiner Abhandlung zum Problem der sozialen Kosten unter anderem mit festgelegten Haftungsregeln beschäftigte. An einem Beispiel zur Immission einer Fabrik belegt er, daß dies zu einer Besserstellung des Schädigers auf Kosten der Allgemeinheit führen könne.[38]

4.1.4 Relationale Verträge

Beim *relationalen Vertrag* handelt es sich um ein ökonomisches Konzept, bei dem Transaktionskosten aufgrund von asymmetrischer Information zwischen den Vertragspartnern, Ungewißheit über die zukünftige Entwicklung und das Problem der begrenzten Informationsverarbeitung eine Rolle spielen. Im Gegensatz zum klassischen Vertrag, der Leistung und Gegenleistung für alle Eventualitäten festlegt, läßt der relationale Vertrag Lücken in der Vereinbarung zu, legt aber Mechanismen der Entscheidungsfindung und Konfliktlösungsstrategien fest.[39] Der ursprüngliche Vertrag kann dabei lediglich als Ausgangspunkt für die vertragliche Beziehung angesehen werden.[40] "Kennzeichen relationaler Vertragsbeziehungen sind die unvollständige Leistungs- und Risikoplanung zum Zeitpunkt des Kontraktabschlusses."[41] Oft wird statt der Bezeichnung *relationaler Vertrag* auch die Bezeichnung *Langzeitvertrag* verwendet.[42] Die gesamte Neue Institutionenökonomik kann deshalb als *persönliche* oder *relationale* Ökonomie bezeichnet werden.[43]

Sinn und Zweck relationaler Verträge ist die Schaffung von Koordinationsstrukturen zwischen den Extremen der marktlichen und der unternehmungsinternen Koor-

---

37 Vgl. *Burow, P.*, Ökonomische Analyse, JuS, 1993, S.9; *Weise, P. et al.*, Mikroökonomie, 1991, S.319; *Beimowski, J.*, Geschäftsbedingungen, 1989, S.7.

38 Vgl. *Coase, R.H.*, Social Cost, JLE, 1960, S.41 f.

39 Vgl. *Kneppers-Heijnert, E.M.*, Franchising, 1988, S.67 f.

40 Vgl. *Kern, H.-G.*, Langzeitverträge, JuS, 1992, S.13.

41 *Windsperger, J.*, Transaktionskosten, 1985, S.207.

42 Vgl. *Eger, T.*, Langzeitverträge, 1995, S.20.

43 Vgl. *Kneppers-Heijnert, E.M.*, Franchising, 1988, S.38.

dination, in denen "glaubhafte Bindungen" ("credible commitments") als Anreize [...] eine Rolle spielen."[44] Eine solche Glaubhaftmachung kann unter anderem durch "hostages" oder durch den Einsatzes des guten Rufs erfolgen. Unter dem Begriff "*hostage*" versteht man einen Pfand, den man bei Vertragsabschluß gibt und der bei vertragswidrigem Verhalten verfällt. Dieser Pfand muß nicht unbedingt in Form einer Geldleistung erfolgen, sondern kann auch z.B. in Form von spezifischen Investitionen auftreten.[45] In diesem Zusammenhang spricht man auch von einer ex ante-Garantie.[46] Gerade im Bereich unvollständiger Langzeitverträge spielt das Konzept des relationalen Vertrages eine wichtige Rolle, da es Erklärungen für die Überwindung von Informations- und Sicherungsproblemen bei asymmetrischer Information bietet.

Es gibt im wesentlichen fünf Merkmale von relationalen Verträgen:[47]

- Property-Rights werden zum Teil übertragen, was zur Folge hat, daß sowohl Vorteile als auch Nachteile geteilt werden.
- Der Vertrag ist allgemein formuliert. Leistung und Gegenleistung stehen zum Zeitpunkt des Vertragsschlusses nicht fest.
- Der Vertrag ist von Beginn an auf Kontinuität ausgerichtet. Beginn, Dauer und Ende des Vertrages sind minder deutlich bestimmt.
- Die Identität der Parteien ist wichtig.
- Da Property-Rights teilweise übertragen werden, sind die Parteien während der Vertragsdauer voneinander abhängig. Die Machtverteilung zwischen den Parteien kann bilateral, aber auch unilateral sein.

Durch Standardbestimmungen, die nicht von den Parteien beeinflußt werden können, durch Schiedsklauseln, durch bindende Parteienentscheidungen, durch Optionsverträge und durch "agreements to agree" wird die in relationalen Verträgen notwendige Flexibilität erreicht.

---

44 *Schumann, J.*, Ökonomische Institution, WISU, 1987, S.216 f.; vgl. weiterhin hierzu *Clemens, R.*, Franchising, 1988, S.31.

45 Spezifische Investitionen sind Investitionen, die ein spezifisches Aktiva schaffen. Ein spezifisches Aktivum hat in der besonderen Verwendung einen höheren Wert/Nutzen als in der nächstbesten Alternative; vgl. dazu Abschnitt 4.5.2 (S.141).

46 Vgl. *Eger, T.*, Langzeitverträge, 1995, S.220.

47 Vgl. *Kneppers-Heijnert, E.M.*, Franchising, 1988, S.69 f.

4.2 Die Neue Institutionenökonomie

Das Franchising wird auf der Grundlage der sogenannten *Neuen Institutionenökonomie* untersucht. Hierzu gehören die Property-Rights-Theorie, die Agencytheorie, die Transaktionskostentheorie und die Ökonomische Analyse des Rechts, die im folgenden in ihren Grundannahmen kurz dargestellt werden.

4.2.1 Die Property-Rights-Theorie

Der Begriff "Property-Rights" wird im deutschen Schrifttum meistens mit "Verfügungsrechte", "Dispositionsrechte", "Handlungsrechte", "Eigentumsrechte" oder "Vermögensrechte" übersetzt.[48] In den Aufsätzen von Alchian und Furubotn / Pejovich finden sich folgende Definitionen:

> "The rights of individuals to the use of resources (i.e. property rights) in any society are to be constructed as supported by the force of etiquette, social custom, ostracism, and formal legally enacted laws supported by the states' powers of violence and punishment."[49]

> "[...] property rights [...] do refer [...] to the sanctioned behavioral relations among men that arise from the existence of things and pertain to their use. Property rights assignments specify the norms of behavior with respect to things that each and every person must observe in his interactions with other persons, or bear the cost for nonobservance."[50]

Furubotn / Pejovich definierten die Property-Rights ursprünglich folgendermaßen:

> "The right of ownership in an asset, whether by a private party or a state, is understood to consist of the right to use it, to change its form and substance, and to transfer *all rights* in the asset [...]."[51]

---

48 Vgl. *Kaulmann, T.*, Property Rights, 1987, S.14; *Thiele, M.*, Neue Institutionenökonomik, WISU, 1994, S.994.

49 *Alchian, A.A.*, Property Rights, IlPol., 1965, S.818.

50 *Furubotn, E.G. / Pejovich, S.*, Property Rights, JEconLit, 1972, S.1139.

51 *Furubotn, E.G. / Pejovich, S.*, Property Rights, JEconLit, 1972, S.1139 f.

Alchian / Demsetz, die als Begründer[52] der Property-Rights-Theorie angesehen werden, legten ihrer Theorie die Verhaltensannahme zugrunde, daß alle privaten Eigentümer einen starken Anreiz haben, ihre Property Rights bestmöglich zu nutzen.[53] Zentrale These der Property-Rights-Theorie ist, daß die Verteilung der Verfügungsrechte über knappe Ressourcen das Verhalten der betroffenen Individuen in vorhersehbarer Weise beeinflußt. Der Umgang mit knappen Ressourcen hängt von der Verfügungsrechtsstruktur einer Gesellschaft ab.[54] Es werden vier verschiedene Arten von Verfügungsrechten unterschieden:

- das Recht, eine Sache zu nutzen (usus),
- das Recht, ihre Erträge einzubehalten (usus fructus),
- das Recht, ihre Form und Substanz zu verändern (abusus) und
- das Recht, die Sache ganz oder teilweise zu überlassen.[55]

Die vier Axiome der Property-Rights-Theorie sind die individuelle Nutzenmaximierung, das Vorhandensein von Property-Rights, die Berücksichtigung von Transaktionskosten und die Beeinflussung durch externe Effekte.[56] Unter *externen Effekten (Externalitäten)* werden nicht-marktmäßige Interdependenzen verstanden, insbesondere wenn Handlungen eines Individuums Auswirkungen auf ein anderes Individuum haben.[57] Gerade die externen Effekte können zu Wohlfahrtsverlusten führen. Ziel der Property-Rights-Theorie ist es daher, die Transaktionskosten und die Wohlfahrtsverluste zu minimieren.[58] Mit Hilfe der Property-Rights-Theorie können Gestaltungsempfehlungen für die institutionellen Rahmenbedingungen abgeleitet werden, um diese Kosten zu minimieren. Weiterhin lassen sich mit ihr die Auswirkungen unterschiedli-

---

52 Neben Alchian (vgl. *Alchian, A.A.*, Property Rights, Il Pol., 1965, S.816 ff.) und Demsetz (vgl. *Demsetz, H.*, Property Rights, AER, 1967) werden als weitere Mitbegründer der Theorie der Property-Rights Furubotn / Pejovich (vgl. *Furubotn, E.G. / Pejovich, S.*, Property Rights, JEconLit, 1972) und de Alessi (vgl. *Alessi, L. de*, Property Rights, ResL&Econ, 1980) angesehen.

53 *Alchian, A.A. / Demsetz, H.*, Property Right Paradigm, J.Econ.Hist., 1973, S.22.

54 Vgl. *Richter, R. / Bindseil, U.*, Institutionenökonomik, WiSt, 1995, S.134 und S.136.

55 Vgl. *Ebers, M. / Gotsch, W.*, Organisation, 1993, S.195; *Kaulmann, T.*, Unternehmungstheorie, 1987, S.15; *Picot, A.*, Verfügungsrechte, 1981, S.157; *Richter, R.*, Institutionenökonomik, ZWS, 1990, S.575; *Tietzel, M.*, Property Rights, ZWP, 1981, S.210; *Schenk, K.-E.*, Institutionenökonomik, ZWS, 1992, S.351.

56 Vgl. *Ebers, M. / Gotsch, W.*, Organisation, 1993, S.194 f.; *Picot, A.*, Organisation, 1991, S.145.

57 Vgl. *Krüsselberg, H.-G.*, Property-Rights-Theorie, in: *Schüller, A.*, Property Rights, 1983, S.63 f. Unter *Externalitäten* versteht man, daß Handlungen zu Schäden bei Unbeteiligten führen, die in keiner vertraglichen Beziehung zu dem Schädiger stehen (vgl. *Eger, T.*, in: *Nagel, B.*, Wirtschaftsrecht II, 1989, S.51).

58 Vgl. *Picot, A.*, Organisation, 1991, S.145.

cher Verteilungen von Verfügungsrechten auf das Verhalten der beteiligten Individuen und auf die Faktorallokation ableiten. Im übrigen läßt sich die Entstehung von Property-Rights sowie deren Verteilung und Wandel erklären.[59]

Bereits 1960 beschäftigte sich Coase mit dem Zusammenhang von Property-Rights und der Internalisierung externer Effekte. Unter der *Internalisierung externer Kosten* versteht man die Zurechnung externer Effekte und dadurch entstehender sozialer Kosten auf den Verursacher.[60] Betreffen die externen Effekte Güter der Allgemeinheit, so spricht man von sozialen Kosten.[61] Coase untersuchte den Einfluß rechtlicher Regelungen und die damit verbundenen Transaktionskosten auf die Effizienz der Güterallokation. Das sogenannte Coase-Theorem besagt, daß unterschiedliche, aber klar spezifizierte und übertragbare Rechtsnormen die Effizienz und Art der Ressourcennutzung nicht beeinflussen, wenn die Transaktionskosten gleich null sind. Allerdings sei die Annahme, daß mit Transaktionen keine Kosten verbunden seien, sehr unrealistisch.[62]

Die Property-Rights-Theorie kann zur Bewertung rechtlicher Regelungen eigentlich nicht herangezogen werden, da die Theorie weitgehend von Ideal- und nicht von Realbedingungen ausgeht.[63] Zudem ist die Mathematisierung in der Property-Rights-Theorie bis heute nicht weit gekommen, weshalb man von einer Exaktheit der Ergebnisse nicht sprechen kann.[64] Dagegen ist generell einzuwenden, daß mathematische Analysen zwar konkrete zahlenmäßige Zusammenhänge hervorbringen, die Ergebnisse aber nicht unbedingt der Realität entsprechen müssen. Dies hängt damit zusammen, daß für eine mathematische Behandlung Annahmen und Vereinfachungen getroffen werden müssen, die nicht alle Umstände erfassen. Insgesamt jedoch wird der Property-Rights-Theorie eine große Realitätsnähe bescheinigt.[65] Die Property-Rights-Theorie wird in der Theorie der wirtschaftlichen Entwicklung, der Theorie der Unternehmung und der Analyse nicht-marktlicher Allokationssysteme angewendet.[66]

---

59 Vgl. *Ebers, M. / Gotsch, W.*, Organisation, 1993, S.194. Ansätze zur Erklärung des Wandels von Eigentumsrechten gab bereits Demsetz mit seiner These: "Property rights develop to internalize externalities when the gains of internalization become larger than the cost of internalization." (*Demsetz, H.*, Property Rights, AER, 1967, S.350).

60 Vgl. *Fezer, K.-H.*, Rechtskritik, JZ, 1986, S.821.

61 Vgl. *Horn, N.*, Rationalität, AcP, 1976, S.308.

62 Vgl. *Coase, R.H.*, Social Cost, JLE, 1960, S.15.

63 Vgl. *Köhler, H.*, Vertragsrecht, ZHR, 1980, S.609.

64 Vgl. *Kaulmann, T.*, Unternehmungstheorie, 1987, S.9.

65 Vgl. *Picot, A.*, Organisation, 1991, S.146; ebenso Ebers / Gotsch, jedoch mit einer Reihe von Kritikpunkten an der Property-Rights-Theorie (vgl. *Ebers, M. / Gotsch, W.*, Organisation, 1993, S.201).

66 Vgl. *Tietzel, M.*, Property Rights, ZWP, 1981, S.207 ff.

4.2.2 Die Transaktionskostentheorie

Ziel der Transaktionskostentheorie ist es, die Effizienz einer Organisation bei verschiedenen institutionellen Rahmenbedingungen zu bestimmen. Als Effizienzkriterium werden die Kosten, die den Vertragspartnern bei der Organisation und der Abwicklung der Transaktionen entstehen, herangezogen.[67] Die Transaktionskostentheorie beschäftigt sich aber auch mit detaillierten institutionellen Regelungen wie Kündigungs- und Anpassungsklauseln, Konfliktlösungsmechanismen und ähnlichem mehr.[68] Die Transaktionskostentheorie läßt sich auf jedes Problem anwenden, welches sich als Vertragsproblem darstellt.[69]

Während sich die Property-Rights-Theorie hauptsächlich mit den institutionellen Rahmenbedingungen beschäftigt, behandelt die Transaktionskostentheorie die Koordination und insbesondere die Beherrschung und Überwachung wirtschaftlicher Leistungsbeziehungen. Ein Zusammenhang zwischen den Theorien besteht darin, daß beide Transaktionskosten als Kriterium heranziehen. Der *individuellen Nutzenmaximierung* stehen in der Transaktionskostentheorie die *Verhaltensannahmen des Opportunismus und der eingeschränkten Rationalität der Individuen* gegenüber. Aufgrund dieser eingeschränkten Rationalität können nicht alle Eventualitäten einer Transaktion vorhergesehen werden, wodurch ex post Anreize zu opportunistischem Verhalten entstehen. Eingeschränkt werden kann ein derartiges Verhalten durch Anreiz-, Kontroll- und Sanktionssysteme.[70] Ein maßgeblicher Unterschied zur Property-Rights-Theorie besteht darin, daß die Transaktionskostentheorie den Erfüllungsteil des Vertrages, d.h. die Durchsetzung des Vertrages ex post, berücksichtigt. "Die vollständige Wirkung des Rechtszwangs wird bezweifelt, und es erfolgt eine Betonung privater, außergerichtlicher Vorkehrungen ("private ordering") zur Sicherung der Vertragserfüllung."[71] Dies steht im Gegensatz zur neoklassischen Theorie, in der bei Streitigkeiten Richter den Vertrag nach Treu und Glauben auslegen.[72]

Neben den dargelegten Verhaltensannahmen der Individuen werden transaktionskostenbezogene Einflußgrößen wie der Unsicherheitsgrad ("uncertainty"), die Höhe der spezifischen und dauerhaften Investitionen ("asset specificity") sowie die Kom-

67 Vgl. *Müller-Hagedorn, L.*, Distribution, JITE, 1995, S.191 mit Kritik hieran.

68 Vgl. *Ebers, M. / Gotsch, W.*, Organisation, 1993, S.218.

69 Vgl. *Williamson, O.E.*, Economic Institutions, 1985, S.41; eine Aufzählung konkreter Anwendungen der Transaktionskostentheorie findet sich in *Ebers, M. / Gotsch, W.*, Organisation, 1993, S.232 f.

70 Vgl. *Ebers, M. / Gotsch, W.*, Organisation, 1993, S.218; *Picot, A.*, Organisation, 1991, S.147.

71 *Thiele, M.*, Neue Institutionenökonomik, WISU, 1994, S.994.

72 Vgl. *Kneppers-Heijnert, E.M.*, Franchising, 1988, S.57.

plexität ("complexity") und die Häufigkeit der Transaktionen ("frequency") berücksichtigt.[73] Williamson unterscheidet zwei Arten von Unsicherheit. Zum einen ergeben sich Unsicherheiten über die Bedingungen der Transaktion und deren zukünftige Entwicklung. Zum anderen herrscht eine Unsicherheit bezüglich des Verhaltens des Transaktionspartners. Es herrscht Unsicherheit darüber, ob der Transaktionspartner seine Verpflichtungen erfüllen kann ("adverse selection"), erfüllen wird ("moral-hazard" oder "hold-up")[74] oder erfüllt hat.[75] Als *adverse Selektion* bezeichnet man vorvertraglichen Opportunismus, der daraus resultiert, daß eine Vertragspartei Informationen über etwas hat, die die Nettogewinne der anderen Vertragspartei beeinflussen. Adverse Selektion ergibt sich somit aus dem unterschiedlichen Informationsstand der Parteien. *Moral-Hazard*-Probleme treten auf, wenn die Vertragsparteien Entscheidungsspielräume besitzen, z.B. durch eingeschränkte Kontrollmöglichkeiten, sich eigennützig verhalten und das eigennützige Verhalten dem anderen Vertragspartner schadet.

Hold-up-Probleme treten dann auf, wenn eine Vertragspartei hohe Abwanderungskosten besitzt und dies die andere Vertragspartei in der Form ausnutzt, daß sie vertragliche Lücken zu ihren Gunsten ergänzt oder Vertragsteile zu ihren Gunsten interpretiert. Ein wirkungsvolles Druckmittel ist z.B. die Androhung einer Kündigung.[76] Hierbei kommt es entscheidend auf das Vertragsinteresse beider Parteien an. Unter *positivem Vertragsinteresse* versteht man den Vorteil einer Partei, wenn der Vertrag erfüllt wird. Unter *negativem Vertragsinteresse* versteht man die Differenz des Vorteils der erstbesten Alternative zur nächstbesten. Das *konkrete Vertragsinteresse* schließlich ist definiert als die Differenz zwischen positivem und negativem Vertragsinteresse.[77] Für den Einsatz einer Kündigungsandrohung als wirkungsvolles Druckmittel ist es erforderlich, daß das konkrete Vertragsinteresse der bedrohten Partei hoch ist. Auf der anderen Seite ist ein mißbräuchliches Einsetzen dieses Druckmittels wahrscheinlich, wenn die drohende Partei ein sehr geringes konkretes Vertragsinteresse besitzt.

Transaktionskostenspezifische Investitionen lassen sich aufschlüsseln in standortspezifische ("site specificity") und anlagenspezifische ("physical asset specificity")

---

73 Vgl. *Williamson, O.E.*, Economic Institutions, 1985, S.43 ff.

74 Vgl. *Goldberg, V.G.*, Contracts, BEL, 1976, S.439; *Williamson, O.E.*, Economic Institutions, 1985, S.47 ff. bzw. S.167 ff.; *Fama, E.F. / Jensen, M.C.*, Separation, JLE, 1983, S.301 ff. und *dieselben*, Agency Problems, JLE, 1983, S.327 ff.

75 Vgl. *Barzel, Y.*, Measurement Cost, JLE, 1982, S.27 ff.; *Alchian, A.A. / Demsetz, H.*, Production, AER, 1972, S.777 ff.

76 Vgl. *Eger, T.*, Langzeitverträge, 1995, S.55.

77 Vgl. *Weise, P. et al.*, Mikroökonomie, 1991, S.448 f.; *Eger, T.*, Langzeitverträge, 1995, S.41 ff.

Investitionen, Investitionen in spezifisches Humankapital ("human asset specificity"), abnehmerspezifische Investitionen ("dedicated assets"), Investitionen in den Markennamen und terminspezifische Investitionen. Die Häufigkeit einer Transaktion hat den Einfluß, daß sich mit steigender Anzahl Skalen- und Synergieeffekte erzielen lassen.[78]

Große Bedeutung kommt der Spezifität, d.h. spezifischen und dauerhaften Investitionen, zu. Hierbei kann man zwischen ex ante- und ex post-Spezifität unterscheiden. Ex ante-spezifische Investitionen zeichnen sich durch hohe Anfangsinvestitionen in Produktionsgüter, Gebäude und ähnliches aus. In anderen Fällen besteht zunächst eine Konkurrenzsituation um die Erbringung der Leistung. Wurde aus der Vielzahl der Bewerber einer ausgewählt, so verschafft sich dieser durch seine ex post-Spezifität im Laufe der Vertragserfüllung Vorteile gegenüber anderen potentiellen Leistungserbringern ("first mover advantages"). Diese sich im Laufe der Beziehung entwickelnde monopolartige Transaktionsbeziehung wurde von Williamson als *fundamentale Transformation* bezeichnet.[79] "Sie steht für die ex post auftretende strategische Verwundbarkeit eines Partners in einer vorvertraglich noch wettbewerblichen Konstellation und damit für eine nachträglich entstehende Quasi-Rente [...]."[80] In diesem Falle, in dem beide Vertragspartner langfristig aufeinander angewiesen sind, bietet sich ein relationaler Vertrag an.[81]

Diese Überlegungen verdeutlichen, daß bei einer langfristigen Beziehung die Abhängigkeit der Transaktionspartner voneinander wächst. Daraus können sich Anreize ergeben, sich die Quasi-Rente des anderen Partners anzueignen, indem ein Partner die Bedingungen einseitig zu seinen Gunsten verändert. Den Begriff "*Quasi-Rente*"[82] definieren Klein / Crawford / Alchian folgendermaßen: "The quasi-rent value of the asset is the excess of its value over its salvage value, that is, its value in its next best *use* to another renter. The potentially appropriable specialized portion of the quasi-rent is that portion, if any, in excess of its value to the second highest-valuing *user*."[83] Um Ressourcen in ihren gegenwärtigen Verwendungsmöglichkeiten

---

78 Vgl. *Williamson, O.E.*, Economics of Governance, JITE, 1984, S.214; *Thiele, M.*, Neue Institutionenökonomik, WISU, 1994, S.994; *Böbel, I.*, Eigentum, 1988, S.178 f.

79 Vgl. *Williamson, O.E.*, Economics of Governance, JITE, 1984, S.207 f.; vgl. auch die Ausführungen hierzu in *Picot, A.*, Organisation, 1991, S.149; *Thiele, M.*, Institutionenökonomik, WISU, 1994, S.994; *Schmid, G. et al.*, Institutionelle Ökonomie, 1988, S.10.

80 *Schenk, K.-E.*, Institutionenökonomik, ZWS, 1992, S.357.

81 Vgl. *Schumann, J.*, Ökonomische Institution, WISU, 1987, S.216.

82 Die Quasi-Rente wird nach Harper Collins Dictionary Economics, 1991, S.443 wie folgt definiert: "the additional reward to a factor of production that is in short-term fixed supply, over and above variable costs. In the long term, the reward to the factor of production will equate to transfer earnings."

83 *Klein, B. / Crawford, R.G. / Alchian, A.A.*, Vertical Integration, JLE, 1978, S.298.

zu halten, benötigt man einen gewissen Mindestaufwand. Der Gewinn, der nach Abzug des Mindestaufwands verbleibt, bezeichnet man als Quasi-Rente. Diese steigt mit dem Spezifitätsgrad.[84]

Eine Quasi-Rente ist folglich eine Rente, die auf in der Vergangenheit getätigten Investitionen beruht. Somit ist sie eine Vergütung für früher aufgewendete versunkene Kosten.[85] Von einer Aneignung dieser Quasi-Renten spricht man vor allem bei Informationsasymmetrien, die von einer Partei in der Form ausgenutzt werden, daß sie den eigenen Nutzen zu Lasten der anderen Partei erhöht.[86] Ein Vorschlag zur Verminderung des Anreizes zur Aneignung der Quasi-Rente besteht in der Schaffung geeigneter rechtlicher Arrangements ("governance").[87] Zu unterscheiden sind hier drei Arten von Überwachungsstrukturen: Markt, Hierarchie und gemischte Systeme.[88]

Kritisiert wurde an der Transaktionskostentheorie, daß der hohe Allgemeinheitsgrad und die Einfachheit der Theorie zur Folge haben, daß die Ergebnisse zu ungenau sind, da zudem die besonderen Charakteristika des jeweils analysierten Einzelfalls außer Betracht bleiben.[89] Im übrigen wird der Theorie aber ein hoher empirischer Bewährungsgrad nachgesagt.[90]

4.2.3 Die Agencytheorie

Im Mittelpunkt der Agencytheorie steht die Beziehung zwischen Auftraggeber ("principal") und dem Auftragnehmer ("agent"). Die Kernüberlegung ist, daß die Entscheidungen des Agenten auch das Wohlergehen des Prinzipals beeinflussen. Eine Agencybeziehung liegt immer dann vor, wenn eine Partei (der Prinzipal) von den Handlungen einer anderen Partei (des Agenten), die diese im Namen des Prinzipals tätigt, abhängt.[91] Die Agencytheorie will nun Gestaltungsempfehlungen geben und die Entstehung der sogenannten Agencykosten erklären. Nach Jensen / Meckling ist das

---

84 Vgl. *Schenk, K.-E.*, Institutionenökonomik, ZWS, 1992, S.356 f.

85 Vgl. *Rau-Bredow, H.*, Institutionenökonomie, 1992, S.101; vgl. hierzu auch *Klein, B. / Crawford, R.G. / Alchian, A.A.*, Vertical Integration, JLE, 1978, S.298 ff.; "sunk costs" spielen immer wieder eine Rolle in der folgenden Diskussion, vgl. die Seiten 116, 122, 137, 144 und 147 ff. sowie die Abschnitte 4.5.1.3 (S.133) und 4.5.2 (S.141).

86 Vgl. *Eger, T.*, Langzeitverträge, 1995, S.57.

87 Vgl. *Behrens, P.*, Arbeitsrecht, ZfA, 1989, S.227.

88 Vgl. *Kneppers-Heijnert, E.M.*, Franchising, 1988, S.54; Franchising wird als Zwischenform zwischen Markt und Hierarchie verstanden.

89 Vgl. *Ebers, M. / Gotsch, W.*, Organisation, 1993, S.235.

90 Vgl. *Picot, A.*, Organisation, 1991, S.150; Kritik daran, die Transaktionskostentheorie als Kriterium heranzuziehen, übt Gerum (vgl. *Gerum, E.*, Neoinstitutionalismus, 1988, S.9).

91 Vgl. *Bergen, M. / Dutta, S. / Walker, O.C.*, Agency, JM, 1992, S.1.

Augenmerk der Agencyliteratur auf die Frage gerichtet, wie die vertragliche Beziehung zwischen Prinzipal und Agent strukturiert werden muß (insbesondere die Entschädigungsanreize), damit für den Agenten ein geeigneter Anreiz geschaffen wird, seine Entscheidungen so zu treffen, daß der Gewinn des Prinzipals bei gegebener Unsicherheit und unvollständiger Information maximiert wird.[92]

Fama / Jensen definierten die Agencykosten als Kosten für die Strukturierung, Überwachung und Durchsetzung einer Vielzahl von Verträgen zwischen Agenten mit unterschiedlichen Interessen.[93] Zu den Agencykosten zählen laut Jensen / Meckling Steuerungs-, Überwachungs- und Kontrollkosten des Prinzipals, Garantiekosten des Agenten und Wohlfahrtsverluste (Residualkosten). Als Agencykosten sind alle Kosten aufzufassen, die eine Abweichung vom fiktiven Idealzustand darstellen. Die Agency-Kosten setzen sich zusammen aus den Überwachungs- und Kontrollkosten des Prinzipals, den Garantiekosten des Agenten sowie dem verbleibenden Wohlfahrtsverlust (Residualverlust).[94]

Als Einflußgrößen werden im Rahmen der Agencytheorie eine asymmetrische Informationsverteilung und eine Risikoneigung der beiden Vertragspartner berücksichtigt. Für das Informationsgefälle gibt es drei verschiedene Ursachen, bezeichnet als "hidden action", "hidden information" und "hidden characteristics".[95] Unter dem Problem der "hidden action" versteht man, daß der Prinzipal keine genauen Kenntnisse über die tatsächlichen Handlungen des Agenten hat, da der Prinzipal diese nicht oder zumindest nicht kostenlos beobachten kann. Die Beobachtungen des Prinzipals ex post bezüglich des Ergebnisses des Agenten lassen keine Rückschlüsse auf dessen Entscheidungssituation ex ante zu. Diese eingeschränkte Beobachtbarkeit kann den Agenten dazu veranlassen, seine Leistungen zu reduzieren ("shirking").[96] Die Kosten, die sich für den Prinzipal daraus ergeben, lassen sich durch Informations- und Kontrollsysteme ("governance mechanisms") oder eine Ergebnisbeteiligung ("profit sharing") reduzieren.[97] Unter "hidden information" versteht man Situationen, in

92 Vgl. *Jensen, M.C. / Meckling, W.H.*, Theory of the Firm, JFE, 1976, S.309 f.

93 Vgl. *Fama, E.F. / Jensen, M.C.*, Separation, JLE, 1983, S.304; *Fama, E.F. / Jensen, M.C.*, Agency Problems, JLE, 1983, S.327.

94 "We define agency costs as the sum of: (1) the monitoring expenditures by the principal, (2) the bonding expenditures by the agent, (3) the residual loss." (*Jensen, M.C. / Meckling, W.H.*, Theory of the Firm, JFE, 1976, S.308).

95 Bergen / Dutta / Walker unterscheiden zusätzlich zwischen "precontractual problems" (hidden information) und "postcontractual problems" ("hidden action") (vgl. *Bergen, M. / Dutta, S. / Walker, O.C.*, Agency, JM, 1992, S.2 f.).

96 Vgl. *Ebers, M. / Gotsch, W.*, Organisation, 1993, S.207 f.

97 Vgl. *Fama, E.F. / Jensen, M.C.*, Agency Problems, JLE, 1983, S.327 ff. und *dieselben*, Separation, JLE, 1983, S.301 ff.; *Jensen, M.C. / Meckling, W.H.*, Theory of the Firm, JFE, 1976, S.308 f.

denen die Handlungen des Agenten problemlos beobachtbar sind, aufgrund fehlenden Sachverstandes vom Prinzipal aber nicht hinreichend beurteilt werden können. Die Möglichkeit des Agenten zu Aktionen ex post, die den Interessen des Prinzipals zuwiderlaufen, wird auch als "moral-hazard"-Problem bezeichnet. Für den Prinzipal gibt es drei Möglichkeiten, mit dem Problem der "hidden information" fertig zu werden: "screening, examining signals from potential agents, or providing opportunities for self-selection".[98] Fehlendes Wissen des Prinzipals über das Wissen und das Können des Agenten ("hidden characteristics"), wodurch es zur Auswahl ungeeigneter Agenten kommen kann, wird als Problem der "adverse selection" bezeichnet.[99] Neben diese Verhaltensannahmen tritt, ebenso wie in der Transaktionskostentheorie, die Annahme der eingeschränkten Rationalität der beteiligten Individuen.[100]

Vor allem durch die asymmetrische Informationsverteilung besteht die Gefahr, daß der Agent seine eigenen Interessen zum Nachteil des Prinzipals verfolgt. Zur Disziplinierung eines Agenten werden drei Maßnahmen unterschieden:

- eine effiziente Anreizgestaltung,
- direktive Verhaltenssteuerung, deren Einhaltung kontrolliert und deren Verletzung sanktioniert wird, und
- eine Verbesserung des Informationssystems.

Die Perspektive der Agencytheorie ex ante[101] zielt auf eine Vertragsgestaltung, bei der die aufgeführten Beziehungsprobleme zwischen Prinzipal und Agent geregelt werden. Sie läßt aber Probleme, die bei der Vertragserfüllung ex post entstehen, außer acht. Neben diesem Kritikpunkt ist weiterhin die auf den Prinzipal ausgelegte Betrachtungsweise zu bemängeln.[102] Die Vertragsgestaltung wird dahingehend optimiert, daß der Prinzipal möglichst gut den Agenten überwachen kann. Keine Berücksichtigung findet in der Theorie ein mögliches Fehlverhalten des Prinzipals. Trotzdem wird die Agencytheorie als wertvolles ökonomisches Instrumentarium eingeschätzt.[103]

98 *Bergen, M. / Dutta, S. / Walker, O.C.*, Agency, JM, 1992, S.2 f.

99 Milde spricht hier auch von *Negativauslese* und verdeutlicht dies am Beispiel des Gebrauchtwagen-[ver]kaufs (vgl. *Milde, H.*, Adverse Selektion, WiSt, 1988, S.1 ff.).

100 Vgl. *Picot, A.*, Organisation, 1991, S.152.

101 Vgl. *Bergen, M. / Dutta, S. / Walker, O.C.*, Agency, JM, 1992, S.2 f.

102 Vgl. *Ebers, M. / Gotsch, W.*, Organisation, 1993, S.213 f.

103 Vgl. *Picot, A.*, Organisation, 1991, S.156.

4.2.4 Ökonomische Analyse des Rechts

Aufgabe der Ökonomischen Analyse des Rechts ("economic analysis of law") ist es, "das geltende Recht an ökonomischen Effizienzkriterien einer optimalen Ressourcenallokation zu messen. Zielsetzung ist es, Rechtsänderungen in Richtung auf einen ökonomischen Optimalzustand zu bewirken."[104] Dies erreicht die Ökonomische Analyse des Rechts durch den Vergleich der Auswirkungen von unterschiedlichen Rechtsnormen auf die gesamtwirtschaftliche Effizienz[105], d.h. durch die Betrachtung der "Auswirkungen von Rechtsnormen im Hinblick auf die optimale Ressourcenallokation [...]."[106]

Die Ökonomische Analyse des Rechts sieht sich als Erweiterung der ökonomischen Betrachtungsmodelle, da rechtliche Bestimmungen als Einflußgrößen berücksichtigt werden. Neben der bereits angesprochenen Effizienzbetrachtung untersucht die Forschungsrichtung aber auch, welchen Einfluß Gesetze und die Rechtsprechung auf das ökonomische Modell haben.[107] Die Gestaltung des Rechts nach ökonomischer Rationalität beinhaltet vier Aufgaben: Erstens sollen die Kosten zur Durchführung von Transaktionen minimiert werden, um eine optimale Verteilung der Ressourcen zu erreichen. Zweitens sollten die sozialen Kosten bei denjenigen internalisiert werden, die sie zu Recht tragen sollten. Drittens sollten dem Austausch keine rechtlichen oder faktischen Hindernisse im Wege stehen. Als letzte Aufgabe sollte das Recht die richtige Allokation gewähren.[108]

Die Ökonomische Analyse des Rechts zieht außerdem auch die Property-Rights-Theorie heran.[109] Somit bedient sich die Ökonomische Analyse des Rechts eines umfangreichen Instrumentariums, um sowohl bestehende rechtliche Regelungen auf ihre ökonomische Wirkung hin zu untersuchen als auch um Gestaltungsempfehlungen für das Recht zu geben.

---

104 *Fezer, K.-H.*, Rechtskritik, JZ, 1986, S.820; Fezer kritisiert im gleichen Aufsatz jedoch, daß die Ökonomie die Komplexität des Rechts reduziere: "Ökonomische Rechtsanalyse und freiheitliches Rechtsdenken sind unvereinbar." (S.823) und "Die ökonomische Rechtstheorie ist ein Irrweg, den zu beschreiten, das Recht sich hüten sollte." (S.824).

105 Vgl. *Eger, T.*, in: *Nagel, B.*, Wirtschaftsrecht II, 1989, S.34; *Beimowski, J.*, Geschäftsbedingungen, 1989, S.9 f.; *Kirchner, Ch.*, Ökonomische Analyse, ZHR, 1980, S.564 f.

106 *Assmann, H.-D.*, Transformationsprobleme, in: *Assmann, H.-D. / Kirchner, C. / Schanze, E.*, Analyse des Rechts, 1993, S.39; sinngleich auch *Behrens, P.*, Arbeitsrecht, ZfA, 1989, S.213.

107 Vgl. *Thiele, M.*, Neue Institutionenökonomik, WISU, 1994, S.996.

108 Vgl. *Horn, N.*, Rationalität, AcP, 1976, S.310.

109 Vgl. *Burow, P.*, Ökonomische Analyse, JuS, 1993, S.9 f.; *Horn, N.*, Rationalität, AcP, 1976, S.313 ff.

4.3 Erklärungen für die Existenz des Franchising

Im folgenden werden nun die Ansätze und Aussagen der Neuen Institutionenökonomik,[110] die direkt zum Franchising getroffen wurden, dargestellt. Auch wenn die Quellen hauptsächlich aus dem nordamerikanischen Raum stammen, lassen sich die Ergebnisse trotzdem sehr gut auf die hiesigen Verhältnisse übertragen, da es in diesen Untersuchungen um das auch in Deutschland vorherrschende Business-format-Franchising[111] geht. Zunächst wird jedoch erst einmal eine frühe Erklärung der Existenz des Franchising aus Gründen der Kapitalknappheit erläutert werden.

4.3.1 Kapitalkostentheoretische Erklärung

Die kapitalkostentheoretische Erklärung des Franchising geht auf Caves / Murphy zurück.[112] Ihrer Ansicht nach sind die Miete von immateriellen Eigentumsaktiva und der dezentralisierte Produktions- oder Distributionsprozeß zentrale Merkmale des Franchising. Bei den immateriellen Aktiva handelt es sich um den Goodwill und die Bereitschaft der Kunden, mehr als die direkten Kosten für eine Ware oder Dienstleistung zu bezahlen. Der *Goodwill* (auch Geschäfts- oder Firmenwert genannt) ist bei einer Unternehmensbewertung der Betrag, den ein Käufer bei Übernahme einer Unternehmung als Ganzes und unter Berücksichtigung künftiger Ertragserwartungen über den Wert der einzelnen Vermögensgegenstände nach Abzug der Schulden hinaus zu zahlen bereit ist. Firmenwertbildende Faktoren sind z.B. gutes Management, rationelle Herstellungsverfahren, Facharbeiterstamm und Betriebsorganisation, verkehrsgünstige Lage und Stammkundschaft. Wenn die Unternehmung einen schlechten Ruf hat, dann liegt ihr Marktwert unter dem Wert ihrer Aktiva, und ihr Goodwill ist dann negativ.

Franchisesysteme existieren laut Caves / Murphy, weil der Franchisegeber zu Beginn seines Geschäftslebens zu wenig Kapital für eine Expansion hat. Anlegern sei das Risiko zu groß, in ein noch unbekanntes Warenzeichen zu investieren. Für das Kapital der Franchisenehmer gebe es keinen geeigneten Ersatz für den Franchisegeber. Wenn Kredite eher für den Franchisegeber erhältlich seien, dann werde er filialisieren, wenn Kredite eher für den Franchisenehmer erhältlich seien, dann werde der Fran-

---

110 Vgl. Abschnitt 4.1 (S.69 ff.).

111 Vgl. Abschnitt 2.5 (S.17).

112 Vgl. *Caves, R.E. / Murphy, W.F.*, Franchising, SEJ, 1976, S.572 ff.

chisegeber franchisieren. In beiden Fällen "habe" der Franchisegeber den Standort und könne dann später das Geschäft in die jeweils andere Form umwandeln.

Der Franchisegeber kann durch die Franchisegeschäfte sowohl sein Unternehmen kostengünstig bekannt machen als auch Einnahmen daraus beziehen. Dazu hat er laut Caves / Murphy drei Möglichkeiten: durch die Preise für die Inputs, die Franchisenehmer von ihm kaufen müssen, die Gebühren für variable Inputs oder Outputs und durch die Unterteilung von Transaktionen, die er den Franchisenehmern dann in verschiedenen Bündeln anbietet.[113]

Das Franchising habe aber neben der Kapitalbeschaffung noch einen weiteren Vorteil für den Franchisegeber. So komme es auch zu einer Reduktion der Überwachungskosten. Interne Kontroll- und Überwachungskosten können durch den Einsatz eines Eigentümers, der die örtliche Produktion überwacht, reduziert werden. Die Motivation und die Bemühungen des Eigentümers können die von Angestellten übersteigen.[114] Ein Franchisenehmer stelle nämlich oft auch die Arbeit seiner Familie zur Verfügung, und die marginalen Opportunitätskosten seiner Arbeit lägen unter denen von Angestellten. Ein Franchisegeber profitiert aber nicht nur - direkt und/oder indirekt - von den Finanzmitteln der Franchisenehmer, sondern auch von deren Humankapital und Managertalenten.[115] Während obige Theorie vor allem mit den Begriffen "capital restraints" und "capital market imperfections" bezeichnet wird, spricht man von dem erweiterten Modell als "resource scarcity theory".

Kapitalknappheit sei deshalb das primäre Motiv für das Franchising.[116] Mit der Zeit, wenn sich das Warenzeichen des Franchisegebers etabliert hat, werde es für diesen aber immer einfacher, Kapital zu beschaffen. Franchising wird deshalb häufig als Übergangsstadium verstanden, das in der Reifephase in der vertikalen Integration mündet.[117] Zu erklären sei dieser Zyklus mit der Erhältlichkeit von Kapital für den Franchisegeber.[118] Jede Unternehmung, die Kapital zu niedrigeren Kosten (als denen des Franchisenehmers) bekommen kann, wird nach Ansicht von Caves / Murphy dies wahrnehmen und filialisieren.[119] Die modifizierte Ressourcenknappheitstheorie weist noch auf das Problem der Auswahl geeigneter Geschäftsführer hin. Das Wachstum einer nur auf Filialen basierenden Kette sei durch Kapital- und Managerknappheit

113 Vgl. dazu Abschnitt 4.5 (S.128 ff.).
114 Vgl. *Caves, R.E. / Murphy, W.F.*, Franchising, SEJ, 1976, S.575.
115 Vgl. *Anderson, E.E. / Shueh, Ch.-T.*, Franchise Organizations, ZOR, 1986, S.231.
116 Vgl. *Martin, R.E.*, Franchising, AER, 1988, S.965.
117 So auch *Carney, M. / Gedajlovic, E.*, Franchise Systems, StrategManageJ, 1991, S.607.
118 Vgl. *Caves, R.E. / Murphy, W.F.*, Franchising, SEJ, 1976, S.581.
119 Vgl. *Caves, R.E. / Murphy, W.F.*, Franchising, SEJ, 1976, S.581.

begrenzt. Franchisenehmer lösen dieses Problem, da sie sowohl Kapital als auch Managerfähigkeiten mit in das Geschäft einbringen.[120] Mit der Zeit würden dann die attraktivsten Geschäfte zu Filialen umgewandelt. Franchising werde oft in besonderen Gebieten beibehalten, z.B. in ländlichen Gegenden oder neuen Gebieten.

Rubin übte als erster Kritik an der Kapitalkostentheorie von Caves / Murphy. Die Autoren würden von einer Monopolmacht des Franchisegebers ausgehen, die nicht existiere. Da sowohl die Franchisegeber- als auch die Franchisenehmermärkte Wettbewerb ausgesetzt seien, erscheine das Monopolargument als extrem schwach.[121] Des weiteren mache die Theorie über die Kapitalmarktzwänge nur Sinn, wenn der Franchisegeber risikoaverser sei als der Franchisenehmer. Ein risikoaverser Franchisenehmer würde es nämlich vorziehen, eher einen Teil seiner Finanzen in alle Franchisegeschäfte als alles in ein Geschäft zu investieren (Risikostreuung). Die Kritik an der Kapitalkostentheorie bzw. der Ressourcenknappheitstheorie beruht auf der Erkenntnis, daß das Franchising nicht dazu geeignet ist, eine effiziente Risikoverteilung herbeizuführen. Der Franchisegeber muß den Franchisenehmer daher irgendwie für das höhere persönliche Risiko entschädigen.[122]

Die Kapitalmarkterklärung für das Franchising und für die Gebühren kann trotz der Einwände von Rubin und Carney / Gedajlovic nicht ausgeschlossen werden, da die Franchisegeber dies als einen Hauptvorteil des Franchising ansehen.[123] Allerdings gibt es auch Franchisegeber, die ihre Franchisenehmer finanziell unterstützen, so daß in diesen Fällen die Argumentation nicht greift. Eine Folgerung aus der Theorie wäre, daß mit der Zeit - aufgrund der besseren Finanzsituation des Franchisegebers, dessen Warenzeichen mittlerweile bekannt geworden ist - ein Trend zur Filialisierung zu beobachten sein müßte.[124] Laut Lafontaine und Martin ist dies aber nicht der Fall.[125]

4.3.2 Agencytheoretische Erklärung

Die Mehrzahl der Autoren zieht jedoch andere als kapitalkostentheoretische Erklärungen für den Einsatz des Franchising heran. Wenn jemand von den Handlungen anderer abhängt, so entsteht eine Principal-Agent-Beziehung. Die Person, die

120 Vgl. *Carney, M. / Gedajlovic, E.*, Franchise Systems, StrategManageJ, 1991, S.608.

121 Vgl. *Rubin, P.H.*, Franchise Contracts, JLE, 1978, S.223.

122 Vgl. *Carney, M. / Gedajlovic, E.*, Franchise Systems, StrategManageJ, 1991, S.610 f.

123 Vgl. *Sen, K.C.*, Franchising, Managerial and Decision Econ, 1993, S.179.

124 Vgl. *Kneppers-Heijnert, E.M.*, Franchising, 1988, S.92.

125 Vgl. *Lafontaine, F.*, Franchising, RAND J., 1992, S.267 und *Martin, R.E.*, Franchising, AER, 1988, S.959; vgl. dazu Kapitel 4.4 (S.115 ff.).

handelt, ist der Agent; die Person, die von der Handlung des Agenten betroffen ist, ist der Prinzipal. So stellt auch die Franchisebeziehung eine Principal-Agent-Beziehung dar, in der die Franchisenehmer die Agenten und die Franchisegeber die Prinzipale sind.[126] Die Principal-Agent-Theorie behandelt die Innenbeziehung in einer Institution zwischen Prinzipal und Agent, die durch Informationsasymmetrie und Unsicherheit gekennzeichnet ist. In einer Welt, in der Informationen für jeden kostenlos erhältlich wären, wüßte jeder über die Aktivitäten der anderen Bescheid. Da in der Realität jedoch Informationen nicht kostenlos erhältlich sind, sondern Informationsasymmetrien vorliegen, stellt sich die Frage, wie eine Vereinbarung aussehen muß, in der die Agenten den Interessen des Prinzipals dienen, auch wenn ihre Aktivitäten nicht von diesem kontrolliert werden können. Denn im allgemeinen wird ein Prinzipal seine Agenten nicht vollständig und vor allem nicht kostenlos hinsichtlich ihrer Handlungen (Problem der "hidden action") und Informationen (Problem der "hidden information") überwachen können. Deshalb sind Geschäftsbeziehungen so zu strukturieren, daß der Prinzipal einen geeigneten Einfluß auf die Agenten ausüben kann. Dies kann durch die "Beseitigung" der Informationsasymmetrien mit Hilfe von Anreizen und Überwachung geschehen. Welcher Methoden man sich im Franchising bedient, wird im folgenden geklärt werden.

Die Gestaltung von Beziehungen mit möglichst geringen Agencykosten (Überwachungs- und Kontrollkosten des Prinzipals, Garantiekosten des Agenten und Residualverluste) steht im Mittelpunkt der folgenden Diskussion. Bei der Anwendung des Principal-Agent-Ansatzes auf das Franchising geht es u.a. um die Überwachungskosten des Franchisegebers, die Gestaltung von effizienten Anreizsystemen sowie das Problem des Trittbrettfahrens und der Quasi-Renten-Aneignung.

Allerdings gibt es auch kritische Stimmen zur Anwendbarkeit der Prinzipal-Agent-Theorie auf das Franchising. Katz / Owen stimmen einer Übertragbarkeit dieser Theorie auf das Franchising nur bedingt zu. Zwar hätten die Probleme beim Franchising einiges mit der Theorie "Prinzipal-mehrere Agenten" gemeinsam, aber es gebe auch Unterschiede. Der "herkömmliche" Prinzipal würde einen optimalen Vertrag in bezug auf die Gewinnteilung anstreben, der Franchisegeber nicht.[127] Außerdem sei die Anzahl der Franchisenehmer so groß, daß es einen Marktgleichgewichtspreis für das Recht, ein Geschäft als Franchisegeschäft zu betreiben, gebe. Während das

---

126 Betrachtet wird hier der Fall, daß die Franchisenehmer im Rahmen ihres Geschäfts tätig werden; auch der Franchisegeber kann Agent sein, wenn er handelt, z.B. bei überregionaler Werbung, Modifikation des Franchisesystems etc.

127 Katz / Owen befassen sich vorrangig mit der Bestimmung der spezifischen Werte des Franchisegeberentgeltschemas und des von ihm zu liefernden Services.

Ergebnis von "herkömmlichen" Agenten nur durch ihre eigenen Bemühungen bestimmt werde, hänge das der Franchisenehmer auch vom Franchisegeber und von einem Zufallselement ab.[128]

4.3.2.1 Agencyprobleme in Filialen

Ein Prinzipal weiß i.d.R. wenig von den Aufgaben und dem Wissen seiner Agenten. Diese Informationsasymmetrien verursachen Agencykosten, die aus Effizienzgründen minimiert werden müssen. Da es eine Welt ohne Informationsasymmetrien nicht gibt (beste Lösung), muß ein Zustand angestrebt werden, in dem die Informationsasymmetrien möglichst gering sind (zweitbeste Lösung). Erreicht wird dies von den Prinzipalen durch Überwachung ("monitoring") und/oder Anreizgestaltung ("incentives"). Die in der Realität vorkommende Vielzahl von Organisationsformen läßt sich auf einen unterschiedlichen Bedarf an Überwachung und Anreizen zurückführen.

Überwachungskosten ("monitoring costs"):

Eine Aussage der Agencytheorie ist die, daß dort weniger Überwachung stattfinden wird, wo diese teuer ist und/oder ein Ersatz für die Überwachung billig ist.[129] Franchising kann einen solchen Ersatz für die Überwachung von Filialen darstellen. Rubin war einer der ersten, der die Agencytheorie auf das Franchising angewandt hat. In seiner Erklärung für die Existenz des Franchising werden die Überwachungskosten herangezogen. Je weiter ein Geschäft von der Unternehmenszentrale geographisch entfernt liege, desto größer seien die Überwachungskosten für den Unternehmer. Bei einem solchen Geschäft bestehe die Gefahr, daß ein Filialgeschäftsführer auf Kosten des Unternehmens müßig werde (Problem der "hidden action"). Es handelt sich somit um ein Effizienzproblem der Überwachung. Geographisch konzentrierte Einheiten werden eher als Filialen geführt, um optimale Investitionsentscheidungen und effiziente Überwachung erreichen zu können.[130] Die Gewinnbeteiligung ("profit sharing") beim Franchising ist der kostengünstigste Überwachungsmechanismus für diese Geschäfte, da die Franchisenehmer dadurch einen Anreiz zu einem korrekten, ver-

---

128 *Katz, B.G. / Owen, J.*, Franchise Contracts, IJIO, 1992, S.568.
129 Vgl. *Pratt, J.W. / Zeckhauser, R.J.*, Principals and Agents, 1991, S.5.
130 Vgl. *Rubin, P.H.*, Franchise Contract, JLE, 1978, S.229.

tragskonformen Verhalten haben.[131] Die Ansicht, daß Franchising Überwachungskosten spart, ist mittlerweile unumstritten.[132] Es stellt sich die Frage, warum es mit der Zeit dann nicht nur Franchisegeschäfte, sondern zumindest ein Nebeneinander von Filialen und Franchisegeschäften gibt. Teilweise kommt es auch zu einer vollständigen vertikalen Integration. Rubin erklärt diese mit Hilfe eines im Laufe der Zeit immer dichter werdenden Geschäftsstellennetzes, welches eine Senkung der Überwachungskosten zur Folge habe ("economies of scale").[133] Franchising ist dann effizient, wenn die mit Filialen verbundenen Überwachungskosten hoch sind. Sollten die Überwachungskosten extrem niedrig sein, dann können mit dem Franchising nur wenig Gewinne erzielt werden. Unter diesen Umständen würden die beim Franchising auftretenden Agencyprobleme für eine Filialisierung sprechen.[134]

Brickley / Dark haben die Überwachungskostentheorie empirisch belegen können. Zu Beginn des Lebenszyklus eines Franchisesystems, so stellten sie fest, gibt es in der Nähe des Franchisegebers auch Filialen. Je weiter ein Geschäft geographisch aber von der Zentrale des Franchisegebers entfernt liegt, desto wahrscheinlicher ist es, daß es aufgrund der Überwachungskosten franchisiert wird.[135] Geschäftsführer haben nämlich einen höheren Anreiz, zu betrügen, da sie ein festes Gehalt beziehen. Franchisenehmer hingegen haben einen hohen Anreiz, sich vertragskonform zu verhalten, da ihr Einkommen von ihrer "Geschäftsführung" abhängt.

Das Problem der Überwachung spielt auch bei Mathewson / Winter eine Hauptrolle bei der Forschung nach den Ursachen des Franchising. Sie gehen davon aus, daß theoretisch ein vollständig spezifizierter Vertrag zwischen dem Franchisegeber und den Franchisenehmern möglich sei. Letztendlich würden aber die Kosten zur Durchsetzung solcher vollständigen Verträge, insbesondere die Überwachungskosten in bezug auf die Entscheidungen der Vertragsparteien, zu unvollständigen Verträgen führen.[136] Die Autoren sehen in den Überwachungskosten auch die Erklärung für eine vertikale Integration. Wenn im Idealfall (für den Franchisegeber) die Überwachungskosten gleich null sind, kann der Franchisegeber vertikal integrieren. Alle aus dem Markennamen erzielten Gewinne gehen dann direkt an diesen. Für die vertikale

131 Vgl. *Brickley, J. / Dark, F.H.*, Franchising, JFE, 1987, S.414-416.

132 Vgl. *Dnes, A.W.*, Economic Analysis, 1991, S.136.

133 Vgl. *Rubin, P.H.*, Franchise Contracts, JLE, 1978, S.229; so auch *Brickley, J.A. / Dark, F.H.*, Franchising, JFE, 1987, S.410 ff. und *Brickley, J. / Dark, F.H. / Weisbach, M.S.*, Franchising, FMA, 1991, S.35 und *Dark, F.H.*, Franchising, 1988, S.53 ff.

134 Vgl. *Carney, M. / Gedajlovic, E.*, Franchise Systems, StrategManageJ, 1991, S.610.

135 Zu dem Zusammenhang zwischen Filialisierung, Verwendung des Franchising und der geographischen Entfernung von der Zentrale vgl. ferner S.102, S.122 und Abschnitt 4.4.1 (S.115).

136 Vgl. *Mathewson, F.G. / Winter, R.A.*, Franchise Contracts, 1991, S.504.

Integration gibt es ihrer Meinung nach aber noch einen anderen Grund. Handelt es sich bei einem Franchisesystem um ein reiferes Absatzmittlungssystem, dann haben Franchisenehmer, die schon länger dem System angehören, einen hohen Anreiz zu betrügen. Dies hängt mit den Kosten bei Entdeckung des Betrugs zusammen, die niedriger sein können als die durch einen Betrug erzielten Gewinne. Deshalb wird der Franchisegeber verstärkt dazu übergehen, Geschäfte von "alten" Franchisenehmern zurückzukaufen.[137] Die Vertreter der Anreiztheorien dagegen nehmen an, daß durch die Franchisevereinbarung eine effizientere Operation möglich ist als bei vertikaler Integration und interner Kontrolle. Sie gehen deshalb davon aus, daß mit einer Anzahl Filialprototypen gestartet wird und dann immer mehr Franchising auftritt.[138]

Anreize ("incentive contracting"):

In einer Unternehmung existiert das Problem, daß die Arbeitnehmer so motiviert werden müssen, als wären sie die Eigentümer des Unternehmens. Dies ist aus verschiedenen Gründen aber häufig nicht möglich.[139] Das Problem von unmotivierten oder gar betrügerischen Arbeitnehmern stellt sich auch einem Franchisegeber, wenn er Filialen betreibt. Für einen Franchisegeber ist sein Warenzeichen besonders wertvoll, da es dem Kunden Informationen über Preis und Qualität des Gutes / der Dienstleistung liefert. In einer Filiale kann es zu einer Abwertung des Warenzeichens und des Markennamenkapitals kommen, da Filialgeschäftsführer und andere Filialangestellte i.d.R. keinen Anreiz zur Erhaltung desselben haben. Da dem Franchisenehmer der Residualgewinn - damit ist der Gewinn aus dem Franchisegeschäft abzüglich der Franchisegebühren gemeint - zusteht, hat er eine hohe Motivation, sich bei der Führung seines Geschäftes anzustrengen. Man könne davon ausgehen, so Rubin, daß ein "unabhängiger" Geschäftsführer, der zugleich Eigentümer sei, höher motiviert sei als ein Geschäftsführer, der Arbeitnehmer sei. Am besten wird ein Franchisenehmer durch eine Gewinnbeteiligung an der Franchise motiviert.[140]

Es gibt außerdem Werte, die durch ein "schlechtes" Verhalten verlorengehen können (z.B. die Reputation). Diese Werte stellen einen starken Anreiz zu einem korrekten Verhalten dar. Langzeitbeziehungen beinhalten solche Werte zur "Durchsetzung" der Verträge. Ein geringeres Maß an Überwachung in diesen Beziehungen

---

137 Vgl. *Mathewson, F.G. / Winter, R.A.*, Franchise Contracts, JLE, 1985, S.510 ff.

138 Vgl. *Mathewson, F.G. / Winter, R.A.*, Franchise Contracts, JLE, 1985, S.525.

139 Zum Beispiel kann oftmals der Beitrag des einzelnen nicht gemessen werden, was eine entsprechende Entlohnung unmöglich macht, oder Institutionen verhindern eine direkte Entlohnung der Arbeitnehmer.

140 Vgl. *Rubin, P.H.*, Franchise Contracts, JLE, 1978, S.226.

ist dort effektiver als ein Zuviel an Überwachung. Auch Franchisegeber und Franchisenehmer haben Werte geschaffen, da sie in diese Beziehung investiert haben. So hat der Franchisegeber Kapital in den Auf- und Ausbau seines Systems investiert, der Franchisenehmer hingegen in den seines Franchisegeschäfts. Die Anreize für beide Parteien sind somit symmetrisch. Der Franchisegeber hat einen Anreiz, seinen Pflichten nachzukommen, da er einen Teil seiner Einnahmen aus den Franchisenehmergebühren erhält und einen Reputationsverlust nicht riskieren kann. Auch der Franchisenehmer hat durch das "profit sharing" und eine potentielle Gefährdung seines Franchisegeschäfts (Gefahr des Verlustes von Werten) einen Anreiz zu einem vertragskonformen Verhalten. Deshalb haben beide Parteien ein Interesse daran, die Überwachungs- und Anreizstrukturen eines Franchisesystems so zu gestalten, daß das Ergebnis dem bei kostenloser Informationsüberwachung (geringe Agencykosten) möglichst nahe kommt.

4.3.2.2 Agencyprobleme im Franchising

Allerdings gibt es auch beim Franchising Agencyprobleme. Man kann folgende Arten von Agencyproblemen unterscheiden:

Ineffiziente Risikoverteilung ("inefficient risk bearing"):

Ein Agencyproblem ist die ineffiziente Risikoverteilung. Der Franchisenehmer kann sein Risiko nicht streuen, da es ihm z.B. untersagt ist, Partnerschaften einzugehen oder ähnliches.[141] Es gibt auch ineffiziente Investitionen (z.B. in die Werbung) für den Franchisenehmer, die sich für diesen aufgrund von Spillover-Effekten[142] nicht voll auszahlen. Sie werden deshalb nicht getätigt.[143] Abhilfe schaffen hier konkrete Vorgaben seitens des Franchisegebers hinsichtlich des Umfangs der Werbung, die für alle Franchisenehmer gelten.

141 Nach dem Wortlaut der meisten vorliegenden Franchiseverträge kann der Franchisenehmer Partnerschaften eingehen, benötigt dazu aber die Genehmigung des Franchisegebers.

142 Im Marketing versteht man unter "Spill-over-Effekt" die Beeinflussung von Image und Bekanntheitsgrad eines Objekts durch ein anderes Objekt und dessen Image. Denkbar sind positive (Spillover-Effekte i.e.S.) und negative Effekte (vgl. *Gabler Wirtschaftslexikon*, 1988, S.1606).

143 Vgl. *Carney, M. / Gedajlovic, E.*, Franchise Systems, StrategManageJ, 1991, S.608.

Trittbrettfahrerverhalten ("free-riding"):

Beim Franchising besteht auch die Gefahr eines Trittbrettfahrerverhaltens der Franchisenehmer und/oder der Franchisegeber. Ein Trittbrettfahrer ist jemand, der bewußt die Neigung / Vorliebe für ein kollektives Gut zu gering angibt, in der Hoffnung, dieses Produkt konsumieren zu können, ohne den vollen ökonomischen Preis dafür zahlen zu müssen.[144] Das Problem des "free-riding" wird beim Franchising immer wieder zur Erklärung bestimmter Phänomene herangezogen.[145]

Der Franchisenehmer kann vertikal auf dem Ruf des Franchisegebers und horizontal auf der Qualität der anderen Franchisenehmergeschäfte trittbrettfahren.[146] Die Existenz von Überwachungskosten erlaubt es einem Franchisenehmer, die Qualität des Franchisegutes / der Franchisedienstleistung zu mindern, da ihm die Sicherung oder Erhöhung der Qualität[147] nicht zugute kommt. Durch eine Gewinnbeteiligung ("profit sharing") trägt der örtliche Franchisenehmer aber die Kosten, die aus der niedrigeren Qualität entstehen, mit, weshalb opportunistisches Verhalten des Franchisenehmers eher verhindert wird. Um sicherzustellen, daß die Franchisenehmer eine ausreichende Qualität an die Endverbraucher liefern, wird in den Franchiseverträgen die Überwachung und die Gewinnbeteiligung der Franchisenehmer geregelt. Sinken die Überwachungskosten, dann sinken auch die Gewinnbeteiligungen der Franchisenehmer.[148]

Zwischen den Franchisegebern und ihren Franchisenehmern existieren auch Informationsasymmetrien. Der Franchisenehmer kennt die örtlichen Nachfragebedingungen besser als der Franchisegeber. Dieser kann nicht zwischen niedrigen Bemühungen des Franchisenehmers bei guten Nachfragekonditionen und hohen Bemühungen bei schlechten Nachfragekonditionen unterscheiden. Deshalb muß der Franchisegeber den Vertrag so gestalten, daß es für die Franchisenehmer lohnend ist, die wahren Nachfragebedingungen anzugeben und hohe Bemühungen an den Tag zu legen.[149] Mathewson / Winter weisen auf das Problem der Laufkundschaft hin, da der Franchisenehmer in diesem Fall eher Gelegenheit zu einem Trittbrettfahrerverhalten ha-

---

144 Vgl. *The Harper Collins Dictionary*, Economics, 1991, S.206.

145 Vgl. hierzu die Ausführungen auf den Seiten 89, 123, 117, 122, 135, 131, 142, 146, 150 und 156.

146 Vgl. *Sen, K.C.*, Franchising, Managerial and Decision Econ, 1993, S.177; so auch *Mathewson, F.G. / Winter, R.A.*, Franchise Contracts, JLE, 1985, S.506.

147 Das Trittbrettfahrer-Problem wird häufig als qualitätsbezogen dargestellt, ist aber auch in anderen Bereich (z.B. der Werbung) denkbar.

148 Vgl. *Mathewson, F.G. / Winter, R.A.*, Franchise Contracts, JLE, 1985, S.507 ff.

149 Vgl. *Mathewson, F.G. / Winter, R.A.*, Franchise Contracts, 1991, S.507 ff.

be.[150] Als Beispiel dient in diesem Zusammenhang oft das Fast-Food-Restaurant an einer Autobahn.[151] Wird dieses von einem Franchisenehmer geführt, hat dieser einen Anreiz zu einem Trittbrettfahrerverhalten, da die Kunden mit großer Wahrscheinlichkeit Laufkundschaft darstellen. Der von der Qualität enttäuschte Kunde zieht aus dem Erlebnis bei dem Franchisenehmer seinen Rückschluß auf das gesamte System und wird - in gewisser Weise zu Recht - nicht mehr bei dieser Restaurantmarke einkehren, da der Franchisegeber hier seinen Kontrollaufgaben nicht hinreichend nachkommt. Der Schaden, der durch dieses Verhalten entsteht, wird deshalb von allen Franchisenehmern dieses Systems getragen. So kommt es zu einer Reduzierung des Markennamenwertes.

Der Franchisenehmer wird einen Anreiz zum Trittbrettfahren haben, wenn seine Vertragslaufzeit ausläuft und eine Vertragsverlängerung nicht in Aussicht ist oder wenn die Wahrscheinlichkeit der Entdeckung des Betruges gering ist. Krueger ist der Auffassung, daß Filialgeschäftsführer weniger Anreize zum Trittbrettfahren haben, da negative Externalitäten[152] den Wert der gesamten Kette reduzieren. Die Feststellung, daß in Filialen weniger Möglichkeiten zum Trittbrettfahren gegeben sind, ist zwar korrekt, nur die Begründung scheint unglücklich gewählt. Denn die Geschäftsführer von Filialen werden sich im Falle eines Trittbrettfahrerverhaltens kaum den Kopf über die Folgen ihres Verhaltens zerbrechen. Überzeugender ist deshalb die folgende Argumentation: Da angestellte Geschäftsführer in Filialen keinen Anreiz haben, die Qualität zu senken, kommt die Agencytheorie zu der Vorhersage, daß Franchisegeber Geschäfte mit einem Anteil an mobiler Laufkundschaft als Filialen betreiben werden.[153]

Doch auch der Franchisegeber kann in vertikaler Hinsicht trittbrettfahren, indem er nicht genügend unternimmt, um den Ruf des Markennamens aufrechtzuerhalten (z.B. Verschlechterung des Service, keine Überwachung der Produktqualität). Das Trittbrettfahrer-Problem wird durch die Natur des Outputs verschlimmert, insbesondere in Serviceindustrien, in denen die Qualität des Outputs schwer greifbar ist. Der Franchisegeber wird dann einen Anreiz haben, seinen Verpflichtungen (z.B. der Beratung, der Schulung, der Werbung) nicht mehr ausreichend nachzukommen, wenn

150 Vgl. *Mathewson, F.G. / Winter, R.A.*, Franchise Contracts, JLE, 1985, S.506.

151 Vgl. zu dieser Thematik auch Abschnitt 4.3.2.3 (S.99 ff.) und Abschnitt 4.4.4 (S.123).

152 Unter *Externalitäten* oder auch *externen Effekten* versteht man Wirkungen, bei denen Verursacher und Betroffener nicht übereinstimmen. Externe Effekte stellen (Inter-) Dependenzen zwischen ökonomischen Aktivitäten verschiedener Wirtschaftssubjekte dar, die nicht über marktmäßige Austauschbeziehungen vermittelt werden. Die externen Effekte können negativer oder positiver Art sein (vgl. *Gabler Wirtschaftslexikon*, 1988, S.1710).

153 Vgl. *Krueger, A.B.*, Franchising, Quart.JE, 1991, S.610.

er keine weiteren Franchisen verkaufen will, ihm keine Filialen gehören oder er zu wenig Einnahmen aus den Franchisegeschäften bezieht.[154]

Quasi-Renten-Aneignung ("quasi-rent-appropriation"):

Die Aneignung der Quasi-Rente ist ebenfalls ein Agencyproblem. Werden Investitionen in ein spezifisches (beim Franchising: firmenspezifisches) Aktivum getätigt, so entsteht eine Quasi-Rente.[155] Darunter versteht man den Mehrwert eines Aktivum in seiner jetzigen Verwendung gegenüber dem Wert in seiner nächstbesten Verwendung. Bei solchen firmenspezifischen Investitionen besteht immer die Gefahr, daß sich die andere Vertragspartei diese durch (nachvertragliches) opportunistisches Verhalten aneignen möchte. Eine empirische Studie von Dark hat ergeben, daß Unternehmen mit hohen anfänglichen Investitionen weniger Franchisegeschäfte haben als solche mit niedrigen. Ebenso verhält es sich bei Unternehmen mit hohen firmenspezifischen Kapitalerfordernissen. Haben die Franchisenehmer zudem eine gute Chance zum Trittbrettfahren, so gibt es in diesen Unternehmen ebenfalls weniger Franchisegeschäfte. Erstaunlicherweise gilt dies auch für Unternehmen, bei denen für den Franchisegeber ein erhebliches Potential zum Trittbrettfahren gegeben ist. Nicht bestätigt wurde die Hypothese, daß an Autobahnen eher Filialen als Franchisegeschäfte zu finden seien.[156] Der umgekehrte Fall lag vor.[157]

Moral-hazard-Probleme:

Bei manchen Verträgen hat ein Vertragspartner einen Anreiz, nach Vertragsabschluß das vor Vertragsabschluß von beiden Seiten nicht gewünschte Ereignis eintreten zu lassen. Der andere Vertragspartner hat aber zu hohe Kontrollkosten aufzuwenden, um dieses Ereignis zu verhindern. Ein Vertragsabschluß wird dann nicht zustande kommen. Es existiert ein moral-hazard-Problem, d.h., man nimmt ein moralisches Risiko auf sich, wenn man sich über eine Norm hinwegsetzt. Beispiele für Verträge mit hohem moral-hazard-Potential sind Versicherungsverträge.[158] Zu unterscheiden sind einseitige von zweiseitigen moral-hazard-Modellen.

---

154 Vgl. *Dark, F.H.*, Franchising, 1988, S.24.

155 *Weise, P. et al.*, Mikroökonomie, 1991, S.276: "Manche Güter oder Produktionsfaktoren sind zwar vermehrbar, aber nicht sofort vermehrbar. Hier hat sich der Begriff Quasi-Rente eingebürgert."

156 Vgl. *Klein, B.*, Transaction Cost Determinants, AER, 1980, S.359.

157 Vgl. *Dark, F.H.*, Franchising, 1988, S.116 ff.

158 Vgl. *Weise, P. et al.*, Mikroökonomie, 1991, S.182 und S.237.

Auch bei Franchiseverträgen handelt es sich um Verträge, denen moral-hazard-Probleme immanent sind. Dieses Problem kann einseitig oder auch zweiseitig auftreten. Ein einseitiges moral-hazard-Modell bedeutet:[159] Der Franchisegeber kann das Verhalten der Franchisenehmer hinsichtlich der Franchisevertragsvorschriften nicht beobachten. Er kann es auch nicht aus den Umsätzen folgern, da es eine Zufallskomponente in der Nachfragegleichung gibt. Deshalb existiert ein moralisches Problem auf der Seite der Franchisenehmer. Man geht davon aus, daß der Franchisenehmer Anreize braucht, um das Geschäft gewinnbringend zu führen. Indem den Franchisenehmern ein großer Teil der Profite zugestanden wird, ist dieser Anreiz gegeben.[160] Der optimale Vertrag enthält deshalb normalerweise nur fixe Zahlungen. Da aber angenommen wird, daß der Franchisenehmer risikoavers und der Franchisegeber risikoneutral ist, ist es nicht optimal, den Franchisenehmer alle Risiken tragen zu lassen.[161] Ein Gewinnteilungsvertrag entsteht als Kompromiß aus der Notwendigkeit, den Franchisenehmer mit einer Versicherung zu versehen und ihn zu motivieren.[162]

Ein weiteres Modell der Gewinnteilungsverträge basiert auf den moral-hazard-Problemen beider Parteien (sogenanntes zweiseitiges moral-hazard). Gewinnteilungsverträge resultieren aus Anreizüberlegungen. Durch den Einbau einer variablen Zahlung in den Franchisevertrag (z.B. der laufenden Gebühren), kann der Franchisenehmer sicher sein, daß auch der Franchisegeber einen Anreiz hat, daß das System erfolgreich ist. Da die laufenden Gebühren der Faktor eines Vertrages sind, der die Franchisegeber zum Erfolg des Systems anhält, werden sie um so höher sein, je wichtiger der Input des Franchisegebers ist und je schwerer man sein Verhalten beobachten kann. Ebenso wie im Falle einseitigen moral-hazards werden aber die laufenden Gebühren mit der Wichtigkeit der Franchisenehmer-Inputs und der Kosten ihrer Überwachung abnehmen.[163] Lafontaine kommt ebenfalls zu dem Ergebnis, daß

159 Vgl. *Lafontaine, F.*, Franchising, RAND J., 1992, S.266 f.

160 So *Caves, R.E. / Murphy, W.F.*, Franchising, SEJ, 1976, S.572 ff.; *Mathewson, F.G. / Winter, R.A.*, Franchise Contracts, JLE, 1985, S.503 ff.; *Rubin, P.H.*, Franchise Contracts, JLE, 1978, S.223 ff.; *Norton, S.W.*, Franchising, JOB, 1988, S.197 ff.; *Norton, S.W.*, Franchising, JITE, 1989, S.578 ff.; *Lafontaine, F.*, Franchising, RAND J., 1992, S.263 ff.; *Sen, K.C.*, Franchising, Managerial and Decision Econ, 1993, S.175 ff.; *Brickley, J. / Dark, F.H.*, Franchising, JFE, 1987, S.401 ff.; *Brickley, J. / Dark, F.H. / Weisbach, M.S.*, Franchising, FMA, 1991, S.27 ff.; *Dark, F.H*, Franchising, 1988, S.1 ff. und *Williamson, O.E.*, Economic Institutions, 1985, S.319.

161 Martin nimmt im Gegensatz dazu an, daß die Franchisegeber risikoaverser sind als die Franchisenehmer (vgl. *Martin, R.E.*, Franchising, AER, 1988, S.954). Da die Franchisenehmer aber hohe Investitionen in das Franchisegeschäft tätigen und der Franchisegeber sowie seine Aktionäre diversifizieren können, ist es plausibler, den Franchisenehmer als die risikoaversere Partei anzusehen.

162 Vgl. *Lafontaine, F.*, Franchising, RAND J., 1992, S.266.

163 Vgl. *Rubin, P.H.*, Franchise Contracts, JLE, 1976, S.229 f.; *Lal, R.*, Franchising, MS, 1990, S.310.

es moral-hazard auf beiden Seiten gibt.[164] Franchising sei häufig dort anzutreffen, wo die Anreiz- und Überwachungsprobleme groß sind. Da die Unternehmen aber Franchising auch dazu benutzen, um schnell zu wachsen, müssen ihrer Auffassung nach auch Kapitalzwänge eine Rolle spielen.

Tabelle 1 gibt einen Vergleich zwischen den Agencyproblemen in Filialen und denen in Franchisesystemen wieder.

	Drückebergerei	Ineffiziente Risikoübernahme	Trittbrettfahrer-Probleme	Quasi-Rentenaneignung
Filialen	hoch	niedrig	niedrig	niedrig
Franchisegeschäfte	niedrig	hoch	hoch	hoch

Tabelle 1: Höhe der Agencyprobleme in Filialen und Franchisegeschäften (Quelle: *Brickley / Dark,* Franchising, JFE, 1987, S.404).

Zusammenfassend läßt sich somit folgendes festhalten: Die Vertreter der Agencytheorie stellen auf die Effizienzanreize der Franchisebeziehung ab, während andere Autoren die Finanzierungsaspekte betonen.[165] Doch den Überwachungsvorteilen des Franchising im Gegensatz zu Filialen stehen auch Agencyprobleme, die aus dem Franchising erwachsen, gegenüber. Zur Lösung der Agencyprobleme existieren zwei Möglichkeiten: Vertragsanreize zu schaffen und die Überwachung des/der Agenten. Die partielle vertikale Integration, die laufenden und die Einstiegsgebühren, die Vertragsdauer und die Überwachung der Franchisenehmer zeigen, so Michael, daß die Franchisegeber Agencyprobleme durch Überwachung, und nicht durch Vertragsanreize lösen.[166] Der Prozentanteil der Filialen variiere mit den Überwachungsschwierigkeiten, aber auch Kapitalzwänge spielten eine Rolle. Zu dem Ergebnis, daß neben den agencytheoretischen Erklärungen für die Existenz des Franchising auch kapitalkostentheoretische Erklärungen existieren, kommen auch Lafontaine / Kaufmann.[167]

Primär stehen für die meisten Autoren aber die Agencyprobleme als Erklärung für die Existenz des Franchising im Vordergrund. Brickley / Dark / Weisbach kommen in einer empirischen Studie zur Agencyperspektive des Franchising zu dem Schluß,

164 Vgl. *Lafontaine, F.,* Franchising, RAND J., 1992, S.281.

165 Vgl. *Carney, M. / Gedajlovic, E.,* Franchise Systems, StrategManageJ, 1991, S.607.

166 Vgl. *Michael, S.C.,* Strategy, 1993, S.231.

167 Vgl. *Lafontaine, F. / Kaufmann, P.J.,* Franchise Systems, JRT, 1994, S.97 und S.110.

daß Franchising nicht nur ein Instrument zur Finanzierung der Expansion kleinerer Unternehmen mit geringen Kapitalstock ist. Vielmehr existieren Kosten-Nutzen-Trade-offs zwischen den Entscheidungen für die Organisationsformen Franchising oder Filialen, denen sowohl die kleinen als auch die großen Unternehmen unterliegen.[168] Dieser Trade-off veranlaßt den Franchisegeber, zu franchisieren oder zu filialisieren. Letztendlich ist die Entscheidung, zu franchisieren oder zu filialisieren, also auf die Frage zu reduzieren, welche Organisationsform dem Franchisegeber die geringeren Kosten verursacht.[169]

4.3.2.3 Empirische Untersuchungen

Viele Autoren, die sich nach Rubins fundamentalem Aufsatz zur Natur des Franchising mit dieser Thematik befaßten, bestätigten dessen Ergebnisse theoretisch oder empirisch. So basieren auch die Dissertationen von Dark und Michael zum Franchising auf der Agencytheorie. Dark sieht die Agencykosten als *eine* mögliche Erklärung für die Wahl der Organisationsform Franchising an. Die Agencykosten werden von beiden Parteien getragen, wobei mindestens eine Partei dazu in der Lage ist, diese Kosten zu minimieren und davon profitiert. In der Unternehmenstheorie wird davon ausgegangen, daß die Organisationsform überlebt, die das/die vom Kunden gewünschte Produkt / Dienstleistung zum niedrigsten Preis bei Kostendeckung liefern kann. Dabei müssen die Kosten minimiert werden. Das schließt auch die Agencykosten ein. In bezug auf die Agencykosten bestehen deshalb Unterschiede zwischen Franchisegeschäften und den Filialen des Systems. Die empirische Analyse, so Dark, habe ergeben, daß die Entscheidung, ein Geschäft in Filial- oder in Franchiseform zu betreiben, den Tradeoff zwischen den Agencyproblemen dieser Organisationsformen widerspiegelt.[170] Franchising sei eine Organisationsform, bei der die Entschädigung des "Geschäftsführers" auf Anreizen basiert. Es sei die Antwort auf die Agencyprobleme. Nach Dark sind jedoch die Agencyprobleme nicht der einzige Grund für die Wahl des Franchising; die Ergebnisse zeigen jedoch, daß diese Überlegungen wichtige Determinanten darstellen.[171]

Habe jemand einen wertvollen Markennamen, dann müßten die Unternehmer, die diesen benutzen, zur Erhaltung desselben kontrolliert werden. Dies könne durch

---

168 Vgl. *Brickley, J. / Dark, F.H. / Weisbach, M.S.*, Franchising, FMA, 1991, S.35.

169 Vgl. *Carney, M. / Gedajlovic, E.*, Franchise Systems, StrategManageJ, 1991, S.609.

170 Vgl. auch *Lal, R.*, Franchising, MS, 1990, S.301 f.; *Brickley, J. / Dark, F.H.*, Franchising, JFE, 1987, S.35 und *Norton, S.W.*, Franchising, JOB, 1988, S.201 ff.

171 Vgl. *Dark, F.H.*, Franchising, 1988, S.5.

Überwachung und/oder durch die Beschränkung des Eigentums an den Residualansprüchen auf die Entscheidungsträger geschehen. Beim Franchising werden diese zwei Methoden miteinander kombiniert. Der Franchisenehmer kaufe die Residualansprüche, habe aber nicht die volle Entscheidungsbefugnis. Geschäftsführer von Filialen bekämen in der Regel ein festes Gehalt (evtl. auch Provision), der Franchisenehmer hingegen beziehe sein Einkommen aus den Residualansprüchen (Gewinn minus Franchisegebühren) aus seinem Franchisegeschäft. Ein Filialgeschäftsführer habe aufgrund der Gehaltsstruktur also einen Anreiz zur Drückebergerei. Die Kosten, die dadurch entstehen, daß der Geschäftsführer nicht besonders geschäftstüchtig sei, trage der Franchisegeber. Der Franchisenehmer, der aus seiner Geschäftstätigkeit sein Einkommen beziehe, habe im Gegensatz zum Filialgeschäftsführer einen hohen Anreiz, nicht schlecht zu arbeiten. Die Kosten würden in diesem Fall nämlich auf ihn zurückfallen.

Carney / Gedajlovic fanden heraus, daß es einen Zusammenhang zwischen dem Lebenszyklus eines Franchisesystems, seinen Gebühren und der Franchiseexpansionspolitik gibt. *Franchisegeber mit schnellem Wachstum ("rapid growers")* verlangen niedrige Gebühren, tätigen kaum Rückkäufe und betreiben mit der Zeit mehr Franchising. Sogenannte *konservative hochpreisige Franchisegeber ("conservative expensives")* bestehen auf einem hohem Investitionsniveau und hohen Gebühren (sowohl Einstiegs- als auch laufenden Gebühren), im Gegenzug dafür werden aber auch Langzeitverträge gewährt. Im Gegensatz zu den Franchisegebern mit schnellem Wachstum benutzen sie Franchising nicht nur zur Expansion, sondern auch aus Effizienzgründen in bezug auf die Verwaltung ("administrative efficiency reasons"). *Konvertierende Franchisegeber ("franchise converts")* zeichnen sich dadurch aus, daß sie jahrelang nur Filialen betrieben haben, benutzen dann aber auch das Franchising. Dies könne damit zusammenhängen, daß ein Wechsel im Management oder in der Managementphilosophie stattfindet oder daß neue Wettbewerber in den Markt eintreten. Die Franchisen werden zu einem niedrigen Preis angeboten, da so ein schnelles Wachstum erreicht werden soll. Der Hauptunterschied zu den Franchisegebern mit schnellem Wachstum liegt in der Zeitspanne bis zur Einführung des Franchising. Franchisegeber mit schnellem Wachstum beginnen früh mit Franchising, konvertierende Franchisegeber hingegen warten damit durchschnittlich 30 Jahre. *Reife Franchisegeber ("mature franchisors")* sind erfahrener als die anderen, da sie schon länger im Geschäft sind. Sie verfügen über eine große Anzahl an Franchisegeschäften. Je größer sie aber werden, desto mehr wird zurückgekauft. Sie expandieren außerhalb der Heimatgebiete und gewähren den Franchisenehmern oft territoriale Exklusivität. *Nicht erfolgreiche Franchisegeber ("unsuccessfuls")* verlangen niedrigere Gebühren mit dem Ziel, schnell zu expandieren. Sie sind aber deshalb nicht erfolgreich, da keine erfolgreiche Marktformel aufgebaut werden konnte.

	Rapid growers (n = 20)	Conservative (n = 30)	Converters (n = 21)	Matures (n = 16)	Unsuccessfuls (n = 28)	Durchschn.	Standardabweichung
Anzahl der Geschäfte	156,7	51,3	62,2	181,8	31,9	80,7	101,8
Anzahl der Franchisegeschäfte (%)	92,7	71,5	72,5	77,0	92,1	81,3	22,2
Anzahl der Geschäfte in Quebec	31,6	78,3	84,6	41,0	81,8	69,4	35,4
Geschäftseröffnungen pro Jahr	53,3	4,6	1,6	9,4	4,8	9,9	24,9
Franchisegeschäftseröffnungen pro Jahr	58,6	6,5	12,4	7,4	6,3	13,1	25,5
Durchschnittliche Investitionen (000 $)	125	397	95,6	188,5	128,1	187,4	208,8
Franchisegebühren (000 $)	21,7	44,1	15,8	15,5	13,9	21,6	27,4
Franchisegebühr pro Jahr (% vom Umsatz)	7,3	5,8	4,5	3,8	2,2	4,2	3,0
Werbegebühren (% vom Umsatz)	1,3	3,4	1,2	1,4	0,9	1,6	1,5
Vertragslänge (Jahre)	4,9	12,9	5,9	8,7	5,4	7,6	4,7
Jahre seit der ersten Franchise	4,1	6,1	5,6	19,2	5,9	8,0	5,0
Jahre zwischen Markteintritt und 1.Franchise	1,3	6,0	29,5	2,9	2,1	8,4	7,2
Jahre seit Markteintritt	5,4	12,0	35,1	22,1	8,1	16,4	9,0

Tabelle 2: Unterschiede zwischen den Franchisegebergruppen (Quelle: *Carney, M. / Gedajlovic, E.*, Franchise Systems, StrategManageJ, 1991, S.616).

Für Carney / Gedajlovic spielen sowohl die Kapitalknappheitstheorie als auch die Effizienztheorie bei der Existenz des Franchising eine Rolle.[172] *Rapid growers* hätten keine ernsthaften Agencyprobleme. Sie expandierten schnell außerhalb ihrer Heimatregion. Dadurch entstünden hohe Überwachungskosten, weshalb das Franchising effizienter sei. Die *Converts* hätten ebenfalls kaum Agencyprobleme. Sie wählten Franchising aus Wachstumsgründen, während *Mature franchisors* Franchising aus Verwaltungseffizienzgründen verwendeten. Es sei ein Mittel zur Reduzierung der Überwachungskosten.[173]

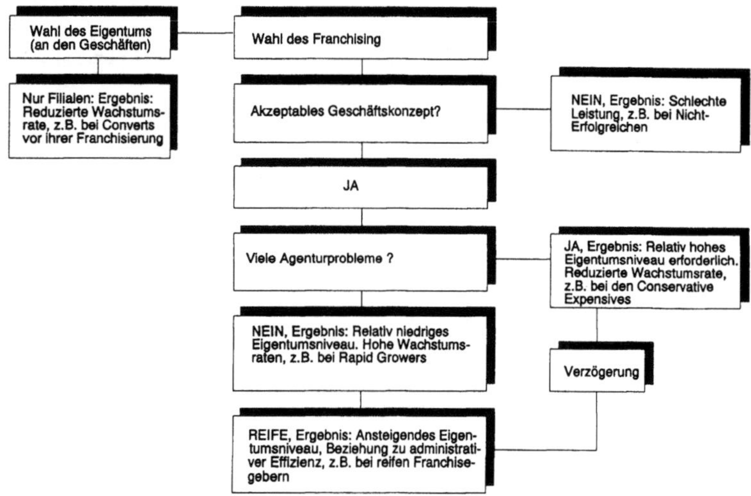

Abbildung 1: Pfadmodell von Franchiseeigentumsmustern (nach *Carney, M. / Gedajlovic, E.*, Franchisesystems, StrategManageJ, 1991, S.622)

Lillis, Narayana und Gilman beschäftigten sich mit den *wettbewerblichen Vorteilen* des Franchising in den verschiedenen Lebensstadien von Franchisesystemen. Als Hauptvorteile des Franchising werden von den Franchisegebern der schnelle Markt-

172 Diese Ansicht vertreten u.a. auch *Lafontaine, F. / Kaufmann, P.J.*, Franchise Systems, JRT, 1994, S.110; *Michael, S.C.*, Strategy, 1993, S.231 und *Lafontaine, F.*, Franchising, RAND J., 1992, S.280.

173 Über den Zusammenhang zwischen der Wahl der Organisationsform, der geographischen Entfernung eines Geschäfts zur Zentrale und dem Wachstum einer Organisation in der Agency- und in der Kapitalkostentheorie schreiben die Autoren: "While the administrative efficiency thesis focuses upon the relationship between ownership and geographic dispersion, the resource scarcity thesis highlights the relationship between ownership and growth." (*Carney, M. / Gedajlovic, E.*, Franchise Systems, StrategManageJ, 1991, S.621).

zugang, die niedrigen Kapitalkosten, das Risikosplitting und die hochmotivierten "Geschäftsführer" angesehen. Anhand von zwei Parametern, der Anzahl der Geschäfte und der Franchisegeschäftsjahre, die sie in ihre Untersuchung einbezogen haben, extrahierten die Autoren folgende vier Lebenszyklen:

- Markteintritt ("penetration"), 0-5 Jahre Marktrepräsentanz, 0-10 Franchisegeschäfte
- Wachstum ("growth"), 6-8 Jahre Marktrepräsentanz, 11 oder mehr Franchisegeschäfte
- Reife ("maturity"), 9-13 Jahre Marktrepräsentanz, 30 oder mehr Franchisegeschäfte
- Spätreife ("late maturity"), 14 Jahre oder mehr Marktrepräsentanz, 50 oder mehr Franchisegeschäfte

Durch eine empirische Studie, an der sich 55 Franchisegeber beteiligten, sollte analysiert werden, ob Unternehmen in dem gleichen Lebenszyklusstadium den zahlreichen möglichen Vorteilen des Franchising unterschiedlichen Wert beimessen und ob Unternehmen in verschiedenen Lebenszyklusstadien den Vorteilen den gleichen Wert beimessen. Lillis / Narayana / Gilman stellten fest, daß es signifikante Unterschiede in der von den Franchisegebern wahrgenommenen Wichtigkeit der verschiedenen Vorteile des Franchising in jedem Stadium des Lebenszyklus gibt. Die Motivation des Franchisenehmers wird in allen Lebenszyklen als wichtigster Vorteil des Franchising betrachtet, allerdings muß sich dieser Faktor im Stadium des Markteintritts den ersten Platz mit dem Faktor des schnellen Marktzugangs teilen. Das Kapitalargument spielt nach Angaben der Franchisegeber in allen Stadien eine geringe Rolle, besonders jedoch in dem der Spätreife. Die Bedeutung der Faktoren "Risikosplitting" und "schneller Marktzugang" verändert sich mit den Stadien. Mit der Zeit werde mehr filialisiert.[174] Die zunehmende Bedeutung von Filialen mit zunehmendem Lebensalter einer Unternehmung scheint mit der abnehmenden Bedeutung der Vorteile des Franchising zusammenzuhängen. Es sei aber unwahrscheinlich, daß nur Filialen betrieben werden. Die Vorteile des gemischten Eigentums liegen nämlich darin, daß Nachteile

174 Zu einem anderen Ergebnis kommt Martin. Seine Studie über Lebenszyklen von Franchisesystemen hat gezeigt, daß langfristig die Anzahl der Filialen abnimmt (vgl. *Martin, R.E.*, Franchising, AER, 1988, S.966)

des Franchising durch die Filialen ausgeglichen werden können. Wenn es also Synergieeffekte gibt, dann wird keine Vertriebsform überwiegen.[175]

Nach Bradach und Eccles benutzen Franchisesysteme den zweigleisigen Vertrieb nicht nur, weil die eine oder die andere Organisationsform für einige Geschäfte besser geeignet ist, sondern weil die Existenz der beiden Organisationsformen das Management der jeweils anderen positiv beeinflußt. Mit Filialen erhält man operationale Einblicke und Glaubwürdigkeit, mit Franchisegeschäften innovative Ideen und ein Feedback ("reality checks on decisions").[176] Zu diesem Ergebnis kommt auch die empirische Studie von Lafontaine / Kaufmann, in der 130 Franchisegeber in den USA zu ihrer Filial- / Franchisesituation befragt worden waren. Kein Franchisegeber wollte nur Filialen betreiben. Franchising wird von ihnen als Operationsmethode gegenüber Filialen bevorzugt. Andererseits wollten 75% der Befragten nicht auf ihre Filialen verzichten. Die Franchisegeber gaben an, daß durch den doppelgleisigen Vertrieb Synergieeffekte entstehen. Sie sehen im Franchising eine Managementhilfe für die Führung von Filialen und in den Franchisenehmern Quellen neuer Ideen und objektiver Inputs für die Franchisegeberpolitik. Die Wirkungen der Filialen auf das Franchising seien, so die befragten Franchisegeber, folgende: die Filialen dienen als Plattform für die Forschung und Entwicklung von Produkten, Dienstleistungen, Trainingsmethoden, Standards und Politiken; sie sind eine Quelle der Marktinformationen; sie dienen der Glaubwürdigkeit des Franchisegebers und als gemeinsames Band zwischen Franchisegeber und Franchisenehmern. Die Filialen tragen laut Aussage der Befragten zu einer erfolgreichen Führung der franchisierten Geschäfte bei. Die Tatsache, daß Franchisegeber die Synergieeffekte, die mit Filialen verbunden sind, kennen, erklärt, weshalb sie trotz der besseren Anreizstruktur des Franchising immer einige Geschäfte als Filialen betreiben wollen.[177] Nur wenige Franchisegeber gaben indessen an, daß Franchising sich positiv auf die Filialen auswirke. Dies könne damit zusammenhängen, daß die synergetischen Effekte der Filialen in der Firmengeschichte früher deutlich werden als die des Franchising.[178] Die Ergebnisse bestätigen somit sowohl die Anreiztheorie als auch die modifizierte Ressourcenknappheitstheorie, die die synergetischen Effekte des zweigleisigen Vertriebs erkennt. Im allgemeinen wird mehr franchisiert als filialisiert, aber Filialen werden aus Synergieeffekten nicht völlig aufgegeben. Franchising wird aus Anreizgründen bevorzugt.

---

175 Vgl. *Lillis, Ch.M. / Narayana, Ch.L. / Gilman, J.L.*, Franchise, JM, 1976, S.80.
176 Vgl. *Bradach / Eccles*, Price, Annual Rev.Sociology, 1989, S.97 ff.
177 Vgl. *Lafontaine, F. / Kaufmann, P.J.*, Franchise Systems, JRT, 1994, S.110.
178 Vgl. *Lafontaine, F. / Kaufmann, P.J.*, Franchise Systems, JRT, 1994, S.108.

Eine ökonometrische Analyse Michaels hat ergeben, daß in risikoreichen Industrien weniger Franchising auftritt und Franchising einer Korporation im Hinblick auf die Risikoübernahme unterlegen ist. Des weiteren ist Franchising dann weniger erfolgreich, wenn ein hohes Potential an Humankapital vorliegt, welches an hohen Löhnen erkennbar ist. Außerdem wurde festgestellt, daß der Anteil des Franchising unabhängig vom Industriewachstum ist.[179] Filialen haben laut Michael die Aufgaben Informationen zu sammeln und Qualität zu signalisieren. Ein Gleichgewicht zwischen Filialen und Franchisegeschäften sei dann gegeben, wenn beide eine hohe Qualität liefern.[180]

Auch die Erklärung von Gallini / Lutz für ein Nebeneinander von Franchisegeschäften und Filialen bezieht sich auf die Signalwirkung von Filialen. Der potentielle Franchisenehmer, der hohe Investitionen in spezifische Aktiva tätigen muß, will, bevor er diese tätigt, Informationen über die Produktnachfrage oder irgendeine Versicherung darüber erlangen, daß die Franchise rentabel ist. Selbst ein Erfolg des Franchisegebers sei vom potentiellen Franchisenehmer schwierig zu beurteilen, da dieser auf dessen Eigenschaften, auf örtliche Einflüsse oder auf einen temporär erhöhten Bedarf zurückzuführen sein könnte. Gallini / Lutz meinen, daß der Franchisegeber mit dem Betreiben von Filialen den potentiellen Franchisenehmern signalisiere, daß auch er einen Anreiz hat, daß die Franchisegeschäfte rentabel sind. Die Filialen sollen den potentiellen Franchisenehmern zeigen, daß die Franchise wertvoll und er als Franchisegeber fähig ist. Auch durch die Gebühren könne dies geschehen, da diese einen Teil seines Gewinns darstellen. Die Autoren kommen zu dem Ergebnis, daß die asymmetrischen Informationen der wichtigste Grund für beide Erscheinungen sind, obwohl sie auch andere Erklärungsansätze für möglich halten. Die Eigentümer neuer Produkte können somit Informationen über die Nachfrage weitergeben, indem sie ihre Produkte sowohl über Filialen als auch über Franchisegeschäfte vertreiben lassen. Bei Franchisegeschäften werde dieses Signal noch durch die Forderung laufender Gebühren gestützt.[181]

Martin sieht einen Zusammenhang zwischen der Risikohaltung des Franchisegebers und dem Gebrauch des Franchising, das er als reines risk-sharing-Modell betrachtet. Zuzustimmen ist seiner Ansicht, daß ein Franchisegeber sich eher der Organisationsform Franchising bedienen wird, falls ein hohes Risiko besteht. In großen Städten, in denen seiner Annahme nach das Risiko geringer ist, werden dagegen eher Filialen

179 Vgl. *Michael, S.C.*, Strategy, 1993, S.85.
180 Vgl. *Michael, S.C.*, Strategy, 1993, S.106 ff.
181 Vgl. *Gallini, N.T. / Lutz, N.A.*, Dual Distribution, JLEO, 1992, S.492.

betrieben. So verwundert es auch nicht, daß die Analyse des ihm vorliegenden Datenmaterials ergibt, daß der Umsatz der Filialen durchschnittlich um das Dreifache höher ist als der Umsatz der Franchisenehmer. Im Gegensatz zu anderen Autoren unterscheidet Martin zwischen einem Kurzzeit- und einem Langzeitmodell. In dem Kurzzeitmodell stellt er auf die Kreditvergabe ab, während sein Langzeitmodell auf dem Risikoverhalten des Franchisegebers basiert. Um in den Genuß von Skalenerträgen in den Bereichen der Verkaufsförderung und der Überwachung zu kommen, benötigt man eine große Anzahl an Geschäften in unterschiedlichen Standorten. Unterschiedliche Standorte haben unterschiedliche Gewinnerwartungen und unterschiedliche "Risiko"-Charakteristiken. Aus den Ergebnissen seines Kurzzeitmodells kommt Martin zu dem Schluß, daß es zunächst einmal keine Rolle spielt, ob franchisiert oder filialisiert wird, um Skalenertragsvorteile zu erlangen.

Auf Dauer sinke der Anteil der Filialen gegenüber den Franchisenehmergeschäften. Dieses Verhalten versucht Martin durch sein Langzeitmodell mathematisch zu untermauern, indem er vornehmlich Risikogesichtspunkte in Betracht zieht. Franchising erlaubt es den Unternehmen diese Skalenerträge auszuschöpfen und dabei zur gleichen Zeit risikoreiche Standorte zu franchisieren, während profitablere Standorte filialisiert werden.[182] Martin läßt bei seiner Begründung, warum der Anteil der Filialen auf Dauer sinkt, zwei Argumente außer acht: Zum ersten ist zu Beginn des Lebenszyklus das System nicht derart etabliert, daß viele Franchisenehmer hierfür gewonnen werden könnten. Zum zweiten ist es wahrscheinlich, daß nach längerer Zeit des Bestehens die "guten" Standorte bereits mit Filialen abgedeckt sind und der Franchisegeber somit nur noch Franchisenehmer einsetzen wird. Martin kommt zu folgendem Schluß: Ist ein Franchisegeber risikoavers, wird er eher franchisieren. Ist er risikoneutral, wird er aufgrund der Überwachungskosten auch franchisieren. Die Möglichkeit des Franchisegebers, das Risiko auf die Franchisenehmer abzuwälzen, ist aber durch die Risikoaversion der Franchisenehmer und die erwartete Gewinnträchtigkeit des Standorts begrenzt. Der Franchisenehmer werde eher bereit sein, ein hohes Risiko einzugehen, wenn er hohe Profite erwartet. Martin betrachtet das Franchising als eine Langzeitlösung für Überwachungs- und Risikodiversifikationsprobleme. Unsicherheit spiele bei der Wahl des Franchising eine wesentliche Rolle.[183]

---

182 Vgl. *Martin, R.E,* Franchising, AER, 1988, S.954.
183 Vgl. *Martin, R.E.,* Franchising, AER, 1988, S.965.

4.3.3 Property-Rights-Erklärungen

Die Property-Rights-Theorie geht im wesentlichen von vier Grundannahmen aus, nämlich der individuellen Nutzenmaximierung, der Verteilung von Property-Rights, der Berücksichtigung von Transaktionskosten und externen Effekten. Im Vordergrund steht die effiziente Verteilung von Handlungs- und Verfügungsrechten, so daß die Transaktionskosten und die durch externe Effekte verursachten Wohlfahrtsverluste minimiert werden. Gerade diese angestrebte effiziente Verteilung der Handlungs- und Verfügungsrechte ist für die umfangreichen Regelungen im Franchising relevant. Mit dem Property-Rights-Ansatz sind also vornehmlich Aussagen darüber zu erwarten, warum das Franchising anderen Organisationsformen vorgezogen wird.

Fama / Jensen stellten die Hypothese auf, daß die Organisation überlebt, die die Property-Rights am effizientesten zuteilt. Die Organisation wird von ihnen als ein Geflecht von Verträgen gesehen, welche innerhalb der Unternehmung die Entscheidungsrechte verteilen. Diese Verteilung bestimme die Effizienz der Organisation. Die Entscheidungsrechte lassen sich folgendermaßen unterteilen: Entscheidungsmanagement, Entscheidungskontrolle und Residualansprüche. Entscheidungsmanagement sei das Recht, Entscheidungen zu treffen und zu implementieren. Entscheidungskontrolle sei das Recht, diese Entscheidungen zu überwachen. Residualansprüche seien der Gewinnstrom, der aus diesen Entscheidungsrechten resultiert. Diese Rechte können auseinanderfallen (z.B. in einer Gesellschaft) oder zusammenfallen (in einer Partnerschaft). Bei der Wahl einer Organisationsform spielen auch das benötigte Kapital und das menschliche Wissen eine Rolle.[184]

Bei Rubin fließen deshalb neben den Property-Rights auch Aspekte der Anreizgestaltung und das Problem der Überwachung in seine Überlegungen zu der Existenz des Franchising ein. Die Gewinnbeteiligung sei ein Effizienzanreiz für beide Parteien. Durch sie habe der Franchisegeber einen Anreiz, das Warenzeichen zu überwachen und der Franchisenehmer den Anreiz, einen Betrug zu unterlassen. Franchising wird von Rubin als effiziente Verteilung von Property-Rights aufgefaßt. Die Property-Rights werden der Partei gegeben, die sie am effizientesten kontrollieren kann. Der Franchisegeber hat das Property-Right an dem Warenzeichen, der Franchisenehmer das an den Gewinnen. Der Franchisegeber führe Funktionen zu Kosten durch, die ab einem bestimmten Outputlevel fallen. Der Franchisenehmer könne hingegen die tägliche Führung seines Geschäfts kostengünstiger durchführen als der Franchisegeber. Nach Rubin haben die Franchisenehmer nur ein einziges Entscheidungsrecht, nämlich

184 Vgl. *Fama, E.F. / Jensen, M.C.*, Separation, JLE, 1983, S.305.

das, über ihre Anstrengungen zu entscheiden. Zwischen einem Franchisenehmer und einem Filialgeschäftsführer gebe es nur den Unterschied, daß ein Franchisenehmer sich die Gewinne zurechnen darf. Laut Rubin kann die Aufgabenteilung zwischen Franchisegeber und Franchisenehmer mit Hilfe der durchschnittlichen Kosten, die bei der Durchführung dieser verschiedenen Aufgaben entstehen, erklärt werden.[185]

Auch Dnes folgt Rubins Theorie. Einsparungen können seiner Meinung nach aber nur dann erzielt werden, wenn es dem Franchisegeber gelingt, daß die Franchisenehmer zum Wohle des Systems als Ganzes arbeiten. Der Franchisevertrag müsse daher Vertragsstrafenklauseln beinhalten, die die Franchisenehmer vom Trittbrettfahren abhalten.[186] Rubin überschätze jedoch die Leistungsfähigkeit der Kapitalmärkte. Es könne sein, daß sich junge Franchisesysteme der Franchisenehmer bedienen müssen. Zudem sei unklar, welches Überwachungsproblem mit der Verteilung der Property-Rights gelöst werde.[187]

4.3.4 Transaktionskostentheoretische Erklärung

Im Vordergrund der Transaktionskostentheorie steht die Koordination von wirtschaftlichen Leistungsbeziehungen. Die Betrachtungsweise ist ex ante und ex post, wobei der Schwerpunkt auf einer ex post-Betrachtung liegt. Den Ausgangspunkt transaktionskostentheoretischer Überlegungen bilden die Annahmen eingeschränkter Rationalität der Individuen und von Opportunismus. Gerade in Langzeitbeziehungen wie dem Franchising sind Konflikte zu erwarten, sei es aufgrund von Lücken in der Vertragsgestaltung, die bei Abschluß des Franchisevertrages nicht bedacht wurden, oder durch den Opportunismus der Vertragsparteien. Die Transaktionskostentheorie versucht hier Koordinationsmechanismen zu schaffen, indem sie Anreiz-, Kontroll- und Sanktionsmechanismen entwickelt. Ferner können mit der Transaktionskostentheorie aber auch die Entstehung und der Umfang von Unternehmungen ökonomisch begründet werden. Dies schließt auch ein, daß der optimale vertikale Integrationsgrad ermittelt oder auch die Benutzung des Franchising als effiziente Koordinationsform diskutiert wird.

Viele der bereits in der Agencytheorie verwendeten Begriffe und Ansätze sind auch in der Transaktionskostentheorie von Bedeutung. Jede wirtschaftliche Transaktion verursacht Kosten, die sogenannten Transaktionskosten. Diese lassen sich z.B. in

---

185 Vgl. *Rubin, P.H.*, Franchise Contract, JLE, 1978, S.231.

186 Vgl. *Dnes, A.W.*, Economic Analysis, 1991, S.137.

187 Vgl. *Dnes, A.W.*, Economic Analysis, 1991, S.155.

Informations-, Verhandlungs-, Durchsetzungs- und Kontrollkosten, die in Verbindung mit einem Vertragsabschluß und dessen Durchführung entstehen, unterteilen. "Als effiziente Vertragsbeziehungen sind letzten Endes diejenigen zu bezeichnen, die es erlauben, die Summe aus Produktionskosten und Transaktionskosten zu minimieren."[188] Eine Möglichkeit im Hinblick auf die Verbesserung der Effizienz besteht für Unternehmen in der Tätigung transaktionsspezifischer Investitionen, da diese zu Kostenersparnissen führen. Solche spezifischen Investitionen haben andererseits aber den Nachteil, daß sich ihre Einsatzmöglichkeiten reduzieren. Durch den irreversiblen Charakter dieser Investitionen stellen sie versunkene Kosten dar. Die Spezifität von Investitionen, die einerseits einen (Wettbewerbs-) Vorteil darstellt, führt aber andererseits dazu, daß dadurch derjenige, bei dem eine Quasi-Rente entsteht, erpreßbar wird. Denn i.d.R. wird er die spezifischen Investitionen aufgrund vertraglicher Beziehungen mit Dritten veranlassen.

Transaktionsspezifische Investitionen existieren sowohl auf Franchisegeber- als auch auf Franchisenehmerseite. Investitionen in die markengebundene Ausstattung des Geschäftslokals, in den örtlichen Goodwill, das Markennamenkapital, die Ausbildungskosten und die Gebühren stellen solche versunkenen Kosten dar. Doch durch diese Bilateralität der Investitionen sind beide Vertragsparteien noch nicht vor dem Opportunismus der anderen Partei geschützt. Es könnte bspw. ein Ungleichgewicht bezüglich der Höhe der Investitionen bestehen, so daß es sich für eine Partei lohnen würde, sich die Quasi-Rente der anderen Partei durch opportunistisches Verhalten trotz des möglichen Verlustes eigener Investitionen anzueignen. Deshalb dienen verschiedene Vertragspraktiken dazu, die Transaktionen abzusichern. Wechselseitige Unterpfänder sollen die Effizienz von Verträgen steigern. Eintrittsgebühren und Absatzgebietsbeschränkungen dienen z.B. als solche Unterpfänder zur Sicherung der spezifischen Investitionen. Die Transaktionskostentheorie versucht aber auch, Koordination zwischen den Vertragspartnern durch die Gestaltung von Anreizen zu schaffen. Einen derartigen Anreiz stellen die Einnahmen des Franchisenehmers und die in den meisten Fällen davon abhängigen laufenden Gebühren an den Franchisegeber dar. Durch diese Koppelung haben beide Vertragspartner ein Interesse an höheren Einnahmen des Franchisenehmers, da sie beide hiervon profitieren. Da auf die Funktion franchisespezifischer Klauseln als Unterpfand im folgenden eingegangen wird,[189] wird auf eine weitere Diskussion an dieser Stelle verzichtet.

---

188 *Kunkel, M.,* Franchising, 1994, S.32.
189 Vgl. hierzu Abschnitt 4.5 (S.128 ff.).

4.3.5 Suchkostentheoretische Erklärung

Der Überwachungskostenansatz, der sich aus der Agencytheorie ableiten läßt, hat nach Minkler[190] vier Schwächen: Erstens könne er nicht erklären, warum Franchisenehmer wesentliche Entscheidungsrechte in den Bereichen Produktion, Distribution und Marketing haben. Als Beispiele dafür nennt Minkler die Entscheidungsbefugnisse über Geschäftszeiten, Preise, die örtliche Werbung und örtliche Goodwill-Aktivitäten, Ankäufe von Grundstücken u.ä. Zweitens fehle es der Überwachungskostentheorie an einer Erklärung für das Nebeneinander von Franchisesystemen und Filialen in den gleichen Gebieten oder Märkten. Da die Überwachungskosten in einer Region gleich sind, wäre es nur logisch, daß die Geschäfte sich in *einem* Besitz (dem des Franchisegebers oder dem des Franchisenehmers) befänden. Dies sei in der Praxis aber nicht der Fall. Drittens würden die niedrigen Überwachungskosten dazu benutzt werden, sowohl die Existenz von Filialen als auch die von Franchisegeschäften zu erklären. Einerseits könnten durch eine Abnahme der Überwachungskosten getrost Geschäftsführer eingesetzt werden, da die Möglichkeiten zum Müßiggang ebenfalls abnehmen. Andererseits haben diese niedrigeren Überwachungskosten auch den Effekt, daß Franchisenehmer eingesetzt werden könnten, da die Möglichkeiten zum Betrug ebenfalls abnehmen. Und schließlich gehe die Überwachungskostentheorie davon aus, daß die Gewinnbeteiligung und die Überwachung die Funktion haben, einen Müßiggang der Geschäftsführer zu verhindern. Die Gewinnbeteiligung bewirkt nach Ansicht der Überwachungskostentheoretiker eine Implementierung von bekannten Aufgaben. Die Gewinnbeteiligung könne, so Minkler, aber auch die Implementierung von unbekannten Aufgaben sicherstellen. Die Folge daraus ist für Minkler, daß eine Gewinnbeteiligung auch dann als Entschädigungsmechanismus fungieren wird, wenn die Überwachung kostenlos möglich wäre.

Für Minkler ist der Entscheidungsspielraum der Franchisenehmer für die Erklärung des Franchising von zentraler Bedeutung. Sie basiert auf der Erkenntnis, daß Franchisenehmer ein dezentralisiertes Wissen von den örtlichen Märkten haben. Ihre Suchkosten (für die örtlichen Betriebsmittel, "search costs") seien deshalb niedriger als die des Franchisegebers. Franchisenehmer seien unternehmerisch tätig im Sinne von Kirzner (1973); sie agieren entsprechend den lokalen Gegebenheiten. Sie bringen Ideen, die auf ihrem örtlichen Wissen basieren, zum Wohle des gesamten Systems ein. Der Franchisegeber hingegen sehe sich einer strukturellen Unsicherheit gegenüber. Er wisse nicht nur nicht, welcher mögliche Zustand der wahre sei, sondern er wisse auch

190 Vgl. *Minkler, A.P.*, Franchise, JITE, 1992, S.240 ff.

nicht, welche Zustände möglich seien. Franchisenehmer wissen somit besser über den örtlichen Geschmack und die Marktkonditionen Bescheid als die Franchisegeber. Der Franchisenehmer besitze zudem Wissen, das nicht transferierbar sei und welches z.B. durch Praxis oder Imitation erworben wurde. Nach Minkler existiert Franchising vor allem deshalb, weil der Franchisenehmer weiß, was anfänglich und auf die Dauer zu geringen Kosten zu tun ist.[191]

Erst im Laufe der Zeit könne sich auch der Franchisegeber dieses Wissen aneignen. Dies führe mitunter dazu, daß er dann mehr Einfluß auf die Geschäftsführung des Franchisenehmergeschäftes nehme oder die Strategie der vertikalen Integration verfolge.[192] Die Entscheidung für oder gegen eine vertikale Integration hängt nach Minkler also von den Suchkosten ab. Kennt der Franchisegeber den Markt nicht, wird er einen Franchisenehmer dort plazieren, kennt er ihn, wird er filialisieren. Neuere Ketten werden wahrscheinlich weniger Franchisen vergeben, da sie von den älteren Franchisesystemen gelernt haben und deshalb keine Informationen von Franchisenehmern benötigen. Auch für Gallini / Lutz sind die Suchkosten neben den Überwachungskosten ein Grund für die vertikale Integration von Franchisegeschäften.[193]

Doch auch in der Theorie Minklers gibt es Schwachpunkte. So ist es schwer nachvollziehbar, daß der Franchisenehmer über die örtlichen Märkte besser informiert sein soll. Zumindest für die Zeit des ersten Geschäftsjahres wird diese Behauptung in der Regel nicht zutreffen, wenn man bedenkt, daß Franchisegeber sich primär geschäftlich unerfahrene Franchisenehmer wünschen.[194] Es sei an dieser Stelle einmal dahingestellt, ob der Franchisenehmer wirklich auf Dauer über ein genaueres Wissen über die örtlichen Märkte verfügt oder nicht. Entscheidend ist für die in Deutschland angetroffenen Franchiseverträge, daß die Franchisenehmer ein solches Wissen gar nicht voll zu ihrem Nutzen oder dem des Franchisegebers verwenden könnten, da zu viele Bereiche reglementiert sind. Man denke hier an die Belieferung des Franchisenehmers mit den Vertragswaren und der systemtypischen Innenausstattung, die Vorgabe des Geschäftsstandorts und die Vermietung des Geschäftslokals durch den

191 Vgl. *Minkler, A.P.*, Franchise, JITE, 1992, S.243.

192 Vgl. *Minkler, A.P.*, Franchise, JITE, 1992, S.243 und *Minkler, A.P.*, Franchise, 1988, S.19 f.; so auch *Gallini, N.T. / Lutz, N.A.*, Dual Distribution, JLEO, 1992, S.491 ff.

193 Vgl. *Gallini, N.T. / Lutz, N.A.*, Dual Distribution, JLEO, 1992, S.493.

194 Die Franchisegeber legen nicht nur Wert darauf, daß der potentielle Franchisenehmer noch keine Branchenerfahrungen gemacht hat, sondern auch darauf, daß er noch gar kein eigenes Geschäft betrieben hat. Franchisegeber scheuten sich nicht davor, dies mit pikanten Vergleichen zu verdeutlichen. Beim Franchising, so ein Franchisegeber, handele es sich um eine Hochzeit. Der eine Partner (der Franchisegeber) sei erfahren, während der andere (der Franchisenehmer) die Jungfrau sei, "who hopefully has never been in business before" (vgl. *Hadfield, G.K.*, Problematic Relations, Stanf.L.Rev., 1990, S.964).

Franchisegeber, die Beschränkungen im Werbungssektor u.v.m. So stehen den Franchisenehmern nur selten wesentliche Entscheidungsbefugnisse in den Bereichen der Preisgestaltung, der Öffnungszeiten, der Werbung etc. zu. Außerdem räumt Minkler selbst ein, daß die Suchkostentheorie nicht erklären kann, warum ein Franchisegeber manchmal einen erfolgreichen Franchisenehmer an einen anderen Standort versetzt. Seiner Meinung nach könne keine Theorie alle Facetten einer solch komplexen Organisation erklären. Unbestreitbar ist hingegen Minklers These, daß der Franchisegeber von den Erfahrungen seiner Franchisenehmer profitiert und dieses Wissen für seine Filialen nutzbar machen kann und wird.

4.3.6 Die Vertragsinteressen im Franchising

Das ökonomische Interesse von Wirtschaftssubjekten an einem Vertrag läßt sich mit Hilfe der Begriffe des positiven und des negativen Interesses quantifizieren. Das *positive Interesse* ist der Vorteil, den eine Partei realisiert, wenn ein Vertrag erfüllt wird. Für einen Verkäufer stellt die Differenz zwischen Vertragspreis und seiner Mindestforderung (Kosten, die ihm durch den Verzicht auf das Gut entstehen) das positive Interesse dar. Die Differenz zwischen dem Maximalgebot (subjektiver Wert des Gutes für den Käufer) und dem Vertragspreis definieren das positive Interesse des Käufers. Neben dem positiven Interesse existiert noch ein sogenanntes negatives Interesse. Das *negative Interesse* ist der Vorteil, den eine Vertragspartei realisiert hätte, wenn sie den Vertrag nicht abgeschlossen hätte und statt dessen die nächstbeste Alternative gewählt hätte. Für das Verkäufer-Käuferbeispiel bedeutet dies: Das negative Interesse des Verkäufers besteht aus der Differenz zwischen dem Erlös aus dem nächstbesten Vertragsabschluß und seiner Mindestforderung. Die Differenz zwischen dem Maximalangebot und den Kosten der nächstbesten Alternative ist das negative Interesse des Käufers. Die Differenz zwischen dem positiven und dem negativen Interesse bezeichnet man als *konkretes Vertragsinteresse*. Es handelt sich dabei um den Vorteil, den ein bestimmter Vertrag einer Vertragspartei im Vergleich zur nächstbesten Alternative bringt.

Das positive und das negative Interesse können mit den Alternativkosten in Beziehung gebracht werden, sofern der Nutzen den Geldbeträgen gleichgesetzt wird. Unter Alternativkosten versteht man den Nutzen der zweitbesten, nicht gewählten Alternative. Das positive Interesse erfaßt die Alternativkosten, die einem entstehen, wenn man keinen Vertrag abschließt und auf den bestmöglichen Vertragsabschluß verzichtet. Das negative Interesse bezeichnet die Alternativkosten, die einem entstehen, wenn man durch einen bestimmten Vertragsabschluß auf den zweitbesten Vertragsabschluß oder die zweitbeste sonstige Alternative verzichtet. Das konkrete Vertragsinteresse ist dann der "Alternativkostensprung", der entsteht, wenn man von der besten zur zweitbesten Alternative übergeht. Das konkrete Vertragsinteresse sagt somit auch etwas über die wechselseitige Abhängigkeit der Vertragsparteien voneinander aus. Je höher das konkrete Vertragsinteresse einer Partei, desto stärker ist deren Abhängigkeit von dem anderen Vertragspartner. Es geht dabei um die "Abwanderungskosten", die einer Vertragspartei entstehen, wenn sie von der besten Alternative abwandern muß (z.B. bei einem nicht zustande kommenden Vertrag oder Beendigung einer Vertragsbeziehung) und statt dessen zur nächstbesten Alternative übergeht.[195]

Mit Hilfe des Modells des konkreten Vertragsinteresses soll nun die Situation im Franchising ex ante und ex post betrachtet werden. *Ex ante* bestimmt sich das positive Interesse des Franchisegebers durch die Gewinne, die er mit dem zukünftigen Franchisenehmer erzielen wird. Diese Gewinne können sich z.B. aus der Einstiegsgebühr, den laufenden Gebühren und aus den Gewinnen aus Warenlieferungen zusammensetzen. Das negative Interesse wird annähernd so hoch sein wie das positive Interesse, da es die Gewinne mit dem am zweitbesten geeigneten Franchisenehmer beschreibt. Das konkrete Vertragsinteresse des Franchisegebers ex ante ist folglich annähernd null. Anders ausgedrückt, Franchisenehmer sind vor Vertragsabschluß nahezu beliebig substituierbar. Es sei weiterhin angenommen, daß sich das positive Interesse des Franchisenehmers ex ante aus dem Abschluß des Franchisevertrages ergibt. Es beschreibt den Gewinn, den der Franchisenehmer voraussichtlich mit dem Abschluß der Franchise erzielen wird. Das negative Interesse des Franchisenehmers ex ante kann von Fall zu Fall stark variieren. Angenommen, der Franchisenehmer könnte das Angebot eines anderen Franchisegebers annehmen mit ähnlich hohen Gewinnaussichten, wäre das konkrete Vertragsinteresse des Franchisenehmers ebenfalls nahe null. Hätte er jedoch keine Alternative, weder in Form einer Franchise noch in irgendeiner anderen Form, wäre sein negatives Interesse gleich null und das konkrete Vertragsinteresse gleich dem positivem.

Die Situation *ex post* ist wesentlich komplexer. Das positive Interesse des Franchisegebers wird jetzt festgelegt durch den Vorteil, den er erzielt, falls das Verhältnis mit dem Franchisenehmer aufrechterhalten wird. Das negative Interesse ist in diesem Fall der Vorteil, der sich aus der Aufgabe dieses Verhältnisses bei Nutzung der Franchise in ihrer zweitbesten Alternative ergibt. Diese zweite Alternative kann mehrere Formen annehmen. Es kann z.B. ein neuer Franchisenehmer in das System

195 Vgl. *Weise, P. et al.,* Mikroökonomie, 1991, S.448 ff.

eintreten. Für den Franchisegeber stellt es einen finanziellen Vorteil dar, daß er von dem neuen Franchisenehmer erneut eine Einstiegsgebühr verlangen kann. Dagegen werden die Einnahmen aus den laufenden Umsätzen mit einem neuen Franchisenehmer wahrscheinlich niedriger sein. Zusammengenommen kann das negative Interesse dieser Alternative sowohl kleiner als auch größer als das positive Interesse sein. Zum zweiten kann der Franchisegeber aber auch die Situation dazu nutzen, diesen Standort zu filialisieren. Diese Filialisierung kann dem Franchisegeber unter Umständen finanzielle Vorteile gegenüber den Einnahmen aus dem Franchisebetrieb verschaffen. Auch in diesem Fall kann folglich das negative Interesse größer sein als das positive. Daraus ergibt sich aber, daß das konkrete Vertragsinteresse in diesem Fall bei der zugrunde gelegten Definition sogar *negativ* werden kann. Dies bedeutet, daß der Franchisegeber ein starkes Interesse daran hätte, das Vertragsverhältnis zu beenden. Geschmälert wird das negative Interesse des Franchisegebers lediglich durch etwaige Zahlungen an den Franchisenehmer, die sich aus den Regelungen des HGB ergeben können.

Als letzten Fall soll noch das konkrete Vertragsinteresse des Franchisenehmers ex post untersucht werden. Das positive Interesse ergibt sich wiederum aus der Fortsetzung des Franchisevertrages. Das negative Interesse des Franchisenehmers hängt wiederum von dessen Alternativen ab. Besitzt der Franchisenehmer die Möglichkeit einer selbständigen Existenzgründung oder die Möglichkeit des Übergangs in ein anderes Franchisesystem, so kann das negative Interesse ebenso größer werden als das positive. Auch hier würde folglich ein negatives konkretes Vertragsinteresse einen starken Anreiz zum Ausscheiden des Franchisenehmers bilden. Zum negativen Interesse kommen noch Zahlungen des Franchisegebers aus den Regelungen des HGB hinzu. Besitzt der Franchisenehmer jedoch keine Alternative zu der Franchise, kann sein negatives Interesse null und das konkrete Vertragsinteresse an der Fortführung der Franchise sehr hoch sein.

Wie beide Ausführungen zu den Verhältnissen ex ante und ex post zeigten, kann vor allem ex post eine starke Abhängigkeit des Franchisenehmers vorliegen, falls der Franchisenehmer keine Alternative zu der Franchise besitzt. Sofern der Franchisegeber von den Verhältnissen des Franchisenehmers Kenntnis hat, kann sich diese Abhängigkeit noch weiter verstärken und sich konkret z.B. auf die Neuverhandlung von Verträgen auswirken. Ein weiterer Punkt, der in der obigen Diskussion nicht berücksichtigt wurde und die Abhängigkeit des Franchisenehmers weiter verstärkt, sind die versunkenen Kosten des Franchisenehmers. Diese versunkenen Kosten setzen sich in erster Linie aus den Investitionen in das Geschäftslokal, in die Ausstattung und zum Teil auch aus dem angelegten Warenlager zusammen. Insgesamt betrachtet ergibt sich bis auf wenige Ausnahmefälle vor allem ex post eine starke wirtschaftliche Abhängigkeit des Franchisenehmers vom Franchisegeber. Diese wird eventuell noch verstärkt durch einen hohen Anreiz des Franchisegebers, sein Know-how in Filialen zu nutzen.

4.4 Franchisierung versus Filialisierung

Im folgenden geht es um die Umstände, die einen Franchisegeber dazu veranlassen können, sich für oder gegen Franchisegeschäfte zu entscheiden. Die Faktoren, die die Wahl für Filialen oder für Franchising beeinflussen, sagen aber auch etwas über Risikoverteilung in der Franchisebeziehung, die Erfolgschancen des Franchisenehmers und dessen Abhängigkeit vom Franchisegeber aus. Die Art der Kundschaft, Nachfrageschwankungen, die Profitabilität des Geschäfts u.a.m. können die Abhängigkeit eines Franchisenehmers vom Franchisegeber weiter verstärken. So könnte es sein, daß die Franchisenehmer von ihren Franchisegebern mit "schlechten Risiken" behaftet werden.

4.4.1 Eigenschaften eines Unternehmens

Die räumliche Entfernung eines Geschäfts zur Zentrale, das Alter des Franchisesystems, das Markennamenkapital, die Unternehmensgröße und der Arbeitsmarkt für Geschäftsführer beeinflussen die Entscheidung eines Unternehmens für oder gegen dieses Absatzmittlungssystem wesentlich mit. Deshalb wird im folgenden auf diese Faktoren kurz eingegangen.

Die geographische Entfernung von der Zentrale:

Schon Rubin ging davon aus, daß die Überwachungskosten groß sind, wenn das Geschäft geographisch weit von der Zentrale des Unternehmens entfernt liege. Die Überwachungskosten beim Franchising seien hingegen null oder zumindest niedriger als bei Filialen. Martin vertritt diese Ansicht ebenfalls, da in dieser Situation das Risiko besteht, daß sich die Geschäftsführer drücken. Zwar müßten die Franchisenehmer ebenfalls überwacht werden, da diese einen Anreiz zum Trittbrettfahren haben, die Überwachungskosten seien jedoch nicht so hoch wie bei Filialen.[196] Eine empirische Studie von Brickley / Dark zeigte, daß die Filialen durchschnittlich 224 Meilen

196 Vgl. *Martin, R.E.,* Franchising, AER, 1988, S.955.

von der "Überwachungsstelle" entfernt waren, die Franchisegeschäfte hingegen 669 Meilen.[197] Norton überprüfte mit Hilfe empirischen Materials Rubins These und fand heraus, daß in allen drei untersuchten Industriezweigen (restaurants, refreshment places und motels / tourist courts) eine starke Interdependenz zwischen dem Gebrauch des Franchising und der geographischen Entfernung von der Zentrale besteht.[198]

Das Alter des Franchisesystems:

Lafontaines empirische Studie zur Agencytheorie des Franchising hat ergeben, daß ältere Franchisesysteme mehr Franchising benutzen als jüngere. Außerdem verlangen sie niedrigere laufende Gebühren als jene.[199] Von den drei franchisespezifischen Variablen Alter, Größe und Kapitalintensität eines Franchisesystems erwies sich in einer Studie von Castrogiovanni / Justis / Julian über die Zahl der Konkurse im US-amerikanischen Franchising nur das Alter als signifikant.[200] Für die potentiellen Franchisenehmer kann das Alter des Systems ein Hinweis auf dessen Erfolg sein. Ein Franchisegeber sollte aus Gründen der Seriosität deshalb nicht zu früh mit dem Franchising beginnen.

Das Markennamenkapital:

Eine vielzitierte Abhandlung zur Bedeutung des Markennamenkapitals und der damit verbundenen spezifischen Investitionen stammt von Klein / Leffler. Sie stellten fest, daß der Wettbewerb zwischen den existierenden Firmen um die ökonomischen Profite nicht im preislichen Sektor stattfindet. Statt dessen veranlasse dieser Wettbewerb die Firmen dazu, Anreize für die Kunden zu schaffen und versunkene Investitionen zu tätigen, indem zum Beispiel ein aufwendiges Firmenzeichen entworfen und dafür geworben werde. Diese Aufwendungen, die in hohem Maße ein firmenspezifisches Vermögen darstellen, werden als Markennamenkapitalinvestitionen bezeichnet. Ein zentrales Ergebnis von Klein / Leffler lautet, daß hohe Aufwendungen im Bereich der Werbung hohe Qualität sichern, da der Kapitalverlust aufgrund der

197 Vgl. *Brickley, J. / Dark, F.H.*, Franchising, JFE, 1987, S.414 und *Brickley, J. / Dark, F.H. / Weisbach, M.S.*, Franchising, FMA, 1991, S.29; so auch die empirischen Ergebnisse von *Lafontaine, F.*, Franchising, RAND J., 1992, S.278; *Norton, S.W.*, Franchising, JOB, 1988, S.209; *Martin, R.E.*, Franchising, AER, 1988, S.955 und indirekt *Krueger, A.B.*, Franchising, Quart.JE, 1991, S.75 ff.

198 Vgl. *Norton, S.W.*, Franchising, JOB, 1988, S.211.

199 Vgl. *Lafontaine, F.*, Franchising, RAND J., 1992, S.279.

200 Vgl. *Castrogiovanni, G.J. / Justis, R.T. / Julian, S.D.*, Franchise Failure Rates, JSB, 1993, S.113.

Reduzierung des Marktanteils bei niedriger Qualität erheblich wäre.[201] Entscheide sich eine Firma zu betrügen, so verliere sie ihren erwarteten zukünftigen Gewinnstrom. Da der Wert des Markennamenkapitals bestimmt werde durch die erwarteten zukünftigen Quasi-Renten, realisiere sich der Kapitalverlust durch Lieferung einer geringen Qualität in einer Entwertung des firmenspezifischen Vermögens. Investitionen in die Werbung kennzeichneten eine Firma, die nicht auf einen kurzfristigen Qualitätsbetrug aus ist.[202] Wenn auch die Annahmen von Klein / Leffler, nämlich daß die Konsumenten die Produktionskosten kennen und zwischen ihnen eine perfekte Kommunikation herrscht, realitätsfremd sind, so bietet die These doch interessante Anhaltspunkte für die Diskussion des Franchising. So ist zu erwarten, daß ein Franchisegeber, der einen bekannten Markennamen besitzt und diesen durch hohe Aufwendungen etabliert hat, weniger zu einem Trittbrettfahrerverhalten neigen wird als einer, der neu auf dem Markt ist.

Einen ähnlichen Ausgangspunkt für die Diskussion des Markennamenkapitals verwendet Norton. Durch spezifische Aktiva könne eine Unternehmung ihren Kunden signalisieren, daß ihre Verkaufspreise aufgrund des Qualitätsniveaus gerechtfertigt sind. Das Markennamenkapital stelle ein solches Aktivum dar. Die Kehrseite dabei sei aber, daß jede Unternehmung (und deren Geschäfte) mit Markennamenkapital verwundbar ist im Hinblick auf eine Abnahme des Markennamenkapitals bei Qualitätsverschlechterung in den Geschäften. Durch den Einsatz von Franchisenehmern, die hohe standortspezifische Investitionen tätigen, und durch den Gebrauch der Franchisegebühren, die ein Band zwischen Franchisegeber und Franchisenehmern darstellen, ist eine solche Qualitätsverschlechterung unwahrscheinlicher als bei Filialgeschäftsführern, da ein Franchisenehmer bei einer Kündigung i.d.R. höhere finanzielle Einbußen hat als ein Angestellter. Es sei außerdem zu erwarten, daß das Markennamenkapitalmotiv für das Franchising dann im Vordergrund stehe, wenn das Wissen der Kunden in bezug auf die Produktqualität gering ist.[203]

Die Unternehmensgröße:

Norton gibt zu bedenken, daß auch das Unternehmenswachstum bzw. die Unternehmensgröße an sich ein relevanter Marktparameter für die Entscheidung, zu filialisieren oder zu franchisieren, sein könnte. Einerseits ziehe ein Geschäft erst ab einer

---

201 Vgl. *Klein, B. / Leffler, K.B.*, Contractual Performance, JPE, 1981, S.627 und S.631.
202 Vgl. *Klein, B. / Leffler, K.B.*, Contractual Performance, JPE, 1981, S.626 f.
203 Vgl. *Norton, S.W.*, Franchising, JOB, 1988, S.203.

bestimmten Größe Vorteile aus dieser. Je größer ein Unternehmen sei, desto weniger werde Franchising aus Skalenertragsgründen (für die Filialen) eingesetzt werden. Andererseits werde die Größe eines Unternehmens aber durch den "Nachschub" an unternehmerischen Fähigkeiten beschränkt. Wenn man das Franchising als vertraglichen Mechanismus betrachtet, durch den die Knappheit an motivierten "Geschäftsführern" beseitigt wird, dann werde es um so mehr Franchising geben, je größer das Unternehmen ist. Allerdings sei die Beziehung zwischen der Unternehmensgröße und dem Franchising zweideutig, und genauere Untersuchungen zu diesem Thema stünden noch aus.[204]

Der Geschäftsführermarkt:

Ein zu schnelles Unternehmenswachstum hat "Anpassungskosten" zur Folge. Gemeint sind damit u.a. die Kosten, die der Unternehmung durch die Auswahl und das Training von geeigneten neuen Geschäftsführern durch andere Geschäftsführer entstehen. Unternehmen haben verschiedene Möglichkeiten, diese Wachstumskosten zu reduzieren. Sie können z.B. Lohnpläne oder Tests zur Auswahl der geeigneten Bewerber benutzen oder die Vertragsform als Auswahlkriterium verwenden. So werden durch Ernteteilungsverträge oder Franchiseverträge geeignete Personen selektiert. Die Idee, auf der diese Auswahl beruht, ist die, daß Bewerber mit einem niedrigen Fähigkeits- oder Motivationsniveau weniger dazu gewillt sein werden, ihren zukünftigen Wohlstand von einem Residualeinkommen abhängig zu machen als fähige und motivierte Bewerber. So dient also auch der Franchisevertrag dazu, die Auswahl von geeigneten "Geschäftsführern" zu erleichtern. Selbst wenn ein Franchisenehmer seine Fähigkeiten und Motivation überschätzt, werden die Kosten, die dem Franchisegeber aus dieser Fehleinschätzung entstehen, zum größten Teil durch die Gebühren des Franchisenehmers abgedeckt. Wenn die Kosten der Geschäftsführerauswahl bei schnellem Wachstum hoch sind, und Franchising ein Mittel der "Geschäftsführer"-auswahl ist, dann steht das Auftreten des Franchising in positivem Zusammenhang mit dem Unternehmenswachstum.[205]

204 Vgl. *Norton, S.W.*, Franchising, JOB, 1988, S.211.
205 Vgl. *Norton, S.W.*, Franchising, JOB, 1988, S.205.

4.4.2 Risikofaktoren im Franchising

Zu den Risikofaktoren im Franchising zählen die Investitionen, Nachfrageschwankungen, das Geschäftsrisiko und die Profitabilität des Geschäfts.

Die Höhe der Investitionen:

Brickley / Dark sagten weniger Franchising bei Geschäften voraus, in denen hohe Investitionskosten anfallen. Zum einen werde mit hohen Investitionskosten auch ein hohes Investitionsrisiko verbunden, zum anderen müßten die Investitionen vor allem in firmenspezifische Aktiva getätigt werden. Diese Voraussagen konnten von ihnen empirisch belegt werden. Lafontaine kommt in einer empirischen Studie zu dem gleichen Ergebnis.[206]

Nachfrageschwankungen:

Auch Nachfrageschwankungen beeinflussen die Wahl eines Franchisegebers hinsichtlich der Franchisierung von Geschäften. Es gibt häufig Perioden, in denen die Verkäufe unter den Erwartungen liegen (große Variabilität). Solche Perioden erfordern aber mehr Managementleistungen, was eine Steigerung der Überwachungskosten impliziert. Wenn die Überwachungskosten mit der Variabilität steigen, dann werden "risikoreiche" Standorte franchisiert werden, selbst wenn der Franchisegeber risikoneutral ist.[207] Norton fand in einer empirischen Analyse aber nur wenige Hinweise auf die Relevanz dieses Faktors in bezug auf die Entscheidung, zu filialisieren oder zu franchisieren. Signifikant seien die Nachfrageschwankungen nur in den Erfrischungsindustrien.[208]

Das Geschäftsrisiko:

Das Geschäftsrisiko, gemessen an der durchschnittlichen Anzahl der Geschäftsaufgaben im Franchisingsektor, steigert den Gebrauch des Franchising und senkt den Anteil der Filialen.[209] Da im Falle eines hohen Risikos auch die Überwachungs-

206 Vgl. *Lafontaine, F.*, Franchising, RAND J., 1992, S.278.
207 Vgl. *Martin, R.E.*, Franchising, AER, 1988, S.956.
208 Vgl. *Norton, S.W.*, Franchising, JOB, 1988, S.209.
209 Vgl. *Lafontaine, F.*, Franchising, RAND J., 1992, S.278.

kosten für eigene Filialen steigen würden, sieht Martin hierin ein Argument für den Einsatz von Franchisenehmern.[210]

Die Profitabilität eines Geschäfts:

Martin geht davon aus, daß ein risikoneutraler oder risikoaverser Franchisegeber Standorte mit hoher Profitabilität als Filialen betreibt, da die Opportunitätskosten beim Franchising viel höher für ihn wären. Die Kosten für das Franchising steigen für eine Unternehmung entsprechend zu den Überwachungskosten für die Filialen, wenn die erwartete Profitabilität steigt. Deshalb besteht ein großer Anreiz, profitable Standorte als Filialen zu führen.[211] Der Autor fand heraus, daß in allen US-amerikanischen Industrien die Umsätze der Filialen dreimal höher sind als die der Franchisegeschäfte. Dieses Ergebnis sieht Martin als eine Bestätigung für die Existenz von Skalenerträgen im Bereich der Überwachung und der Hypothese, daß Franchisegeber die Standorte mit hohen erwarteten Gewinnen als Filialen betreiben. Martin impliziert in seiner Argumentation, daß höhere Umsätze mit höheren Gewinnen einhergehen, was jedoch durch seine Untersuchung nicht belegt wird. Martins Untersuchung ergab außerdem, daß die Umsätze von Filialen schneller als die von Franchisegeschäften in neun von sechzehn Industrien innerhalb der gleichen Zeit stiegen. Von einem Übergewicht zugunsten der Filialen kann bei dieser Verteilung keine Rede sein. Weiterhin zeigt Martin, daß in 50% der Industrien das Risiko einer Filialisierung höher ist als der Gebrauch von Franchising bzw. umgekehrt. Als Maß für das Risiko dient ihm das Verhältnis des Regressionsfehlers zwischen Filialen- und Franchisenehmerdaten. Hieraus auf eine Risikoaversion von Franchisegeber oder Franchisenehmern zu schließen, ist nicht möglich.

4.4.3 Arbeitsspezifische Faktoren

Hinsichtlich der arbeitsspezifischen Faktoren sind vor allem die Arbeitsintensität und die Arbeitsproduktivität maßgebliche Entscheidungskriterien.

---

210 Vgl. *Martin, R.E.*, Franchising, AER, 1988, S.954.
211 Vgl. *Martin, R.E.*, Franchising, AER, 1988, S.956.

Die Arbeitsintensität:

Mit zunehmender Arbeitsintensität steigen die Überwachungskosten, da Menschen zur Drückebergerei neigen. Um dies zu verhindern, könnte ein Überwacher eingesetzt werden, aber auch dieser hat einen Anreiz zur Drückebergerei, wenn sein Wohlstand nicht in wesentlichem Umfang von der Art und Weise der Durchführung seiner Arbeit beeinflußt wird. Da die Zuweisung des Eigentums an einem Geschäft an den Franchisenehmer ein Standardmerkmal des Franchising ist, ist es wahrscheinlich, daß bei steigender Arbeitsintensität ein Geschäft aus Anreizgründen eher franchisiert werden wird.[212] Die empirische Untersuchung Nortons ergab, daß in zwei von drei Industrien die Arbeitsintensität aufgrund der damit verbundenen höheren Überwachungskosten ein positiver und signifikanter Faktor bei der Entscheidung zwischen Filialen oder Franchisegeschäften ist.[213]

Die Arbeitsproduktivität:

Mit der Beziehung zwischen Arbeitsproduktivität und Institutionen beschäftigte sich Norton. Die Arbeitsproduktivität von franchisierten Schnellrestaurants wurde mit der von filialisierten Schnellrestaurants verglichen. Bevor ein Vergleich zwischen Franchisegeschäften und Filialen aber möglich war, mußten zuerst die Determinanten der Arbeitsproduktivität bestimmt werden. Die Auswertung der Daten ergab, daß kaum Unterschiede zwischen der Arbeitsproduktivität von Franchisegeschäften und Filialen existieren. Dieses Ergebnis sei nicht überraschend, da zwei alternative Organisationsformen von einem Unternehmer bis zu dem Punkt gewählt werden sollten, bei dem diese beiden Formen gleich produktiv sind. Norton stellte einen Zusammenhang zwischen Rubins Erklärung für das Franchising und der Arbeitsproduktivität her. Sollte Rubin recht haben, daß das Principal-Agent-Problem der Hauptgrund für den Franchisingboom ist, und daß die Kosten für die Überwachung von Geschäftsführern von weit von der Zentrale gelegenen Geschäften steigen, dann müßte nach Ansicht Nortons die Arbeitsproduktivität mit der Entfernung eines Geschäftes von der Zentrale fallen. Allerdings werde sie in Franchisegeschäften weniger abnehmen als in Filialen, da der Franchisenehmer die Arbeit seiner Angestellten überwachen wird.[214]

---

212 Vgl. *Norton, S. W.*, Franchising, JOB, 1988, S.202.
213 Vgl. *Norton, S. W.*, Franchising, JOB, 1988, S.211.
214 Vgl. *Norton, S. W.*, Franchising, JITE, 1989, S.582.

Aber auch Informationsanreize könnten die Arbeitsproduktivität beeinflussen. Die Überwachungskosten steigen nämlich auch, wenn es Nachfrageschwankungen gibt, da der Prinzipal in diesem Fall nicht zwischen einem niedrigen Nachfragezustand trotz intensiver Bemühungen eines Agenten und einem betrügerischen Agenten in einem Gebiet mit hoher Nachfrage unterscheiden kann. Mathewson / Winter gehen aber davon aus, daß es im Franchisevertrag für den Franchisenehmer Anreize gibt, die wahre Nachfragehöhe anzugeben.[215] Sollte ihre Hypothese korrekt sein, dann müßte laut Norton die Arbeitsproduktivität fallen, wenn die Nachfragevariabilität steigt, für den Fall des Franchising allerdings nur in abgeschwächter Form.[216]

Auch das Markennamenkapital könne Auswirkungen auf die Arbeitsproduktivität einer Organisationsform haben. Geographisch weit von der Zentrale entfernte Geschäfte könnten die Geschäftsführer dazu verleiten, auf dem Markennamen der Kette Trittbrett zu fahren. Wenn der örtliche Geschäftsführer aber ein Franchisenehmer sei, dann werde er spezifische versunkene Investitionen in sein Geschäft getätigt haben.[217] Diese würden ihm im Falle einer Kündigung wegen Betrugs verlorengehen. Eine hohe Nachfrage nach Markennamenkapital gebe es vor allem in Tourismusindustrien. Nortons Hypothese lautete hier, daß, wenn Franchiseverträge von einem Trittbrettfahrerverhalten abschreckten, eine höhere Produktivität bei Franchisegeschäften in Industrien mit starken Tourismus zu erwarten sei.[218]

Ein schnelles Umsatzwachstum führt für eine Unternehmung zu "Anpassungskosten", insbesondere Auswahl- und Trainingskosten neuer Geschäftsführer. Wenn aber Anpassungskosten eine niedrigere Arbeitsproduktivität implizieren, und wenn Franchiseverträge ein Mittel zur Senkung von Anpassungskosten durch die Einsparung von Ressourcen sind, dann müßte, so Nortons Hypothese, die Arbeitsproduktivität bei einem Umsatzwachstum in Franchisegeschäften höher sein als in Filialen.[219] Weitere Faktoren, die die Arbeitsproduktivität beeinflussen können, sind gemäß Norton Umsatzsteuern und Kündigungsklauseln. Umsatzsteuern können dazu führen, daß der Preis, den der Konsument bezahlt, in den elastischen Bereich der Nachfragekurve gerät und die Einnahmen pro Angestelltem sinken. Dadurch wird die Arbeitsproduktivität beeinflußt. Kündigungsklauseln können die Arbeitsproduktivität positiv beein-

215 Vgl. *Mathewson, F.G. / Winter, R.A.*, Franchise Contracts, JLE, 1985, S.510 ff.
216 Vgl. *Norton, S.W.*, Franchising, JITE, 1989, S.584.
217 Vgl. *Klein, B. / Leffler, K.B.*, Contractual Performance, JPE, 1981, S.626 f.
218 Vgl. *Norton, S.W.*, Franchising, JITE, 1989, S.585.
219 Vgl. *Norton, S.W.*, Franchising, JITE, 1989, S.585.

flussen, aber einige US-Staaten haben deren Gebrauch rechtlich beschränkt. Deshalb ließen sich keine Aussagen über die Wirkung dieser Klauseln machen.[220]

Nortons Ergebnis stimmte mit Rubins Argument, daß Franchising aufgrund der hohen Überwachungskosten, die mit der geographischen Entfernung eines Geschäfts von seiner Zentrale verbunden sind, eingesetzt wird, überein. Es kommt in diesen Gebieten zu einer Abnahme der Arbeitsproduktivität, im Falle des Franchising jedoch nur unbedeutend. In bezug auf die Nachfrageschwankungen war Nortons Ergebnis konsistent mit dem von Mathewson / Winter. Wie schon vermutet, sinkt die Arbeitsproduktivität bei Nachfragevariabilität in Franchisegeschäften, allerdings nur in abgeschwächter Form. Bestätigt wurde von Norton auch die Hypothese über den Zusammenhang zwischen Reiseintensität, Arbeitsproduktivität und Markennamenkapital, die bereits Klein / Leffler aufgestellt hatten. Franchising bringt einige Markennamenkapitalvorteile mit sich, und die Anreize aus den Franchiseverträgen schrecken die Franchisenehmer von einem Trittbrettfahren auf dem Markennamen ab. Die Resultate hinsichtlich des Umsatzwachstums stimmen mit der Ansicht überein, daß Franchising dort vorherrschen wird, wo ein Wachstum gegeben ist. Kündigungsklauseln, so fand Norton heraus, haben in keinem Industriesegment eine bedeutende Wirkung auf die Arbeitsproduktivität in Franchisegeschäften. Auch die Umsatzsteuern haben keinen Einfluß auf die Arbeitsproduktivität.[221]

4.4.4 Kundenspezifische Faktoren

Die Art der Kundschaft und die Reiseintensität der Kunden sind Beispiele für kundenspezifische Faktoren, die die Entscheidung für eine bestimmte Organisationsform beeinflussen.

Die Art der Kundschaft:

Da sich der Anreiz zu einem Trittbrettfahrerverhalten des Franchisenehmers bei Laufkundschaft erhöht, prognostizierten Brickley / Dark eine Erhöhung der Wahrscheinlichkeit des Franchising bei Stammkundschaft. Dabei wird angenommen, daß Laufkundschaft vor allem in der Hotelbranche, bei Autovermietungen und Fast-Food-Restaurants vorkommt, während Stammkundschaft in Geschäften anzutreffen ist, die die örtliche Bevölkerung versorgen. Die empirischen Ergebnisse bestätigten die An-

220 Vgl. *Norton, S.W.*, Franchising, JITE, 1989, S.586.
221 Vgl. *Norton, S.W.*, Franchising, JITE, 1989, S.588 f.

nahmen. So ist die durchschnittliche Distanz eines (Franchise-) Geschäftes mit Stammkundschaft zur Zentrale größer als bei Filialen mit Laufkundschaft (651 Meilen zu 375 Meilen). Die Überwachung durch die Zentrale ist bei Franchisegeschäften mit Stammkundschaft weniger wichtig, da der Franchisenehmer Anreize (Erzielung von Gewinnen und die Erhaltung der Stammkunden) zur ordentlichen Geschäftsführung hat.[222] Die Stammkunden sorgen hier für eine "Überwachung" des Franchisenehmers. Martin führt darüber hinaus aus, daß der höchste Anteil an Stammkundschaft in kleineren Städten und ländlichen Gegenden beobachtet wird.[223] Neben den geringeren Umsatzerwartungen wird dies ein weiterer Grund sein, in diesen Bereichen Franchisenehmer einzusetzen.

Die Reiseintensität der Kunden:

Aber auch die Reiseintensität der Kunden spielt eine Rolle im Hinblick auf die Entscheidung für oder gegen Franchising. Da Touristen keine Kenntnisse über die örtlichen Märkte haben, diese Unkenntnis aber dazu führt, daß sie auf ihnen bekannte Marken zurückgreifen[224], könnte es einen Zusammenhang zwischen der Reiseintensität der Konsumenten und dem Auftreten von Franchising geben. Die Reiseintensität hat jedoch lediglich im Bereich der Hotelindustrie signifikante Auswirkungen auf die Verwendung des Franchising.[225]

4.4.5 Einfluß gesetzlicher Regelungen

Die folgenden Beispiele für den Einfluß gesetzlicher Regelungen auf die Wahl einer Organisationsform stammen zwar aus den USA, aber auch im deutschen und europäischen Recht gibt es eine Reihe von Normen, die dazu geeignet sein können, die Entscheidung für oder gegen das Franchising zu beeinflussen.[226]

---

222 Vgl. *Brickley, J. / Dark, F.H.*, Franchising, JFE, 1987, S.416 f. und *Brickley, J. / Dark, F.H. / Weisbach, M.S.*, Franchising, FMA, 1991, S.29.

223 Vgl. *Martin, R.E.*, Franchising, AER, 1988, S.955.

224 Hier muß man unwillkürlich an McDonald's denken. Jeder, der schon einmal bei dem Unternehmen mit dem Logo der goldenen Bögen gegessen hat, weiß, was ihn erwartet, sei es in Deutschland, den USA oder in anderen Ländern.

225 Vgl. *Norton, S.W.*, Franchising, JOB, 1988, S.209.

226 Vgl. dazu die folgenden Kapitel.

Gesetzliche Kündigungsnormen:

In einigen US-amerikanischen Staaten gibt es Kündigungsgesetze, nach denen der Franchisegeber den Franchisenehmern nur aus wichtigem Grund ("good cause") kündigen darf. In einer empirischen Untersuchung von Brickley / Dark / Weisbach über die ökonomischen Effekte von Kündigungsgesetzen im Bereich des Franchising wurde die Franchisesituation in Staaten ohne Kündigungsnormen der von Staaten mit Kündigungsnormen gegenübergestellt. Solche gesetzlichen Regelungen schützen zwar einerseits die Franchisenehmer, andererseits bedeuten sie aber für den Franchisegeber eine Abwertung zukünftiger Franchisen. Im wesentlichen konnten die Autoren zwei Unterschiede feststellen: In Staaten ohne Kündigungsnormen waren in den Franchiseverträgen weniger beschränkende Nichterneuerungsklauseln enthalten als in den anderen Staaten. In Staaten mit Kündigungsregelungen für das Franchising wurde ein Rückgang der Franchisen um 4,8% konstatiert. Als Grund dafür kann angesehen werden, daß die Gesetze die Kosten des Franchising (insbesondere die Kosten der Kündigung und Nichterneuerung der Franchise) in den Industrien mit Laufkundschaft erhöhen. Eine andere Interpretation könnte die sein, daß die Kündigungsgesetze in Staaten eingeführt wurden, in denen es wenig Franchising gab.[227] Sen spricht sich für Kündigungsregelungen im Bereich Franchising aus, da der Franchisegeber aus Imagegründen (Verlust des guten Rufs) diese nicht mißbrauchen wird.[228]

Pruitt spricht sich gegen diese Art des Franchisenehmerschutzes aus, da keine einheitliche Definition des Begriffes "wichtiger Grund" existiert. Dies löse eine Prozeßflut aus, deren Kosten letztendlich auf die Konsumenten überwälzt werden. Hinzu komme, daß die Kündigungsgesetze die Fähigkeit der Franchisegeber, ihre Markenzeichen durch vertragliche Verpflichtungen zu schützen, beschränke.[229] Hadfield sieht ebenfalls die Begriffe "Treu und Glauben" und "wichtiger Grund" als zu unbestimmt an. Bei der Auslegung dieser Begriffe greifen die Gerichte auf den sogenannten *Business Judgment Approach*[230] zurück. Sie respektierten Geschäftsentscheidungen des Vorstands, auch wenn diese Entscheidungen zu negativen Folgen für die Unternehmung führten. Der Vorstand sollte nur dann für diese falschen Entscheidungen haften, wenn er fahrlässig oder nicht loyal gehandelt hatte. In einem Fall legte das Gericht ein subjektives und ein objektives Kriterium an. Im objektiven Teil mußte

---

227 Vgl. *Brickley, J. / Dark, F.H. / Weisbach, M.S.*, Termination Law, JLE, 1991, S.125 ff.

228 Vgl. *Sen, K.C.*, Franchising, Managerial and Decision Econ, 1993, S.177.

229 Vgl. *Pruitt, M.*, Disclosure, ComLJ, 1985, S.568 f.

230 Vgl. hierzu Abschnitt 4.7 (S.162).

der Franchisegeber zeigen, daß es einen Geschäftsgrund für die Kündigung gab. Im subjektiven Teil mußte er zeigen, daß die Kündigung wirklich aus diesem Grund geschah, und nicht aus unlauteren Gründen.[231]

Staatliche Offenlegungs- und Registrierungsvorschriften:

Offenlegungsregelungen ("disclosure rules") sind in den USA eine Möglichkeit des Franchisenehmerschutzes. Sie sollen die Informationsasymmetrie zwischen Franchisegeber und (potentiellen) Franchisenehmern ausgleichen. So läßt sich Betrug oder falschen Darstellungen vorbeugen. In vielen Staaten der USA müssen die Franchisegeber wichtige Daten für jedermann zugänglich machen. Jeder US-amerikanische Franchisegeber hat aber die Wahl, die Offenlegung nach den Normen[232] der Federal Trade Commission (FTC) oder denen der Uniform Franchise Offering Circular (UFOC) vorzunehmen. Die FTC-Regelung hat in 42 US-Staaten Gültigkeit, die UFOC-Norm in allen 50. Außerdem haben einige US-Staaten eigene Offenlegungsgesetze.

Die Offenlegungsnormen sind inhaltlich sehr ähnlich. So müssen u.a. die Finanzstruktur des Unternehmens, die Identität und die Firmengeschichte des Franchisegebers, seine Politik, die bisherigen Kündigungen (incl. der Anschriften der gekündigten Ex-Franchisenehmer!), Prozesse und Nichterneuerungen von Franchiseverträgen, die Höhe der Gebühren, Bezugsverpflichtungen, territoriale und sonstige Beschränkungen, Überwachungsvorschriften sowie die Warenzeichen, Patente und Copyrights, statistische Informationen über das Zahlenverhältnis der Franchisegeschäfte zu den Filialen u.a. dargelegt werden. Jeder Franchisegeber ist dazu verpflichtet, den potentiellen Franchisenehmern vor dem Verkauf der Franchise eine Kopie des Franchisevertrages und ein Papier mit 20 bzw. 23 von ihm wahrheitsgemäß beantworteten Fragen zuzuschicken. Die Federal Trade Commission und die Behörden der Bundesstaaten überwachen die Abwicklung und Durchführung von Franchiseverträgen in den USA. Arglistige Täuschung und eine Nichtoffenlegung von bestimmten Daten von seiten des Franchisegebers sind somit durch die Codes verboten. Werden diese Erfordernisse nicht erfüllt, so drohen dem Franchisegeber nach den FTC-Normen Zivilstrafen in Höhe von bis zu US $ 10.000 täglich für jeden Verstoß. Der Nachteil dieses Codes ist aber, daß er nur von der FTC durchgesetzt werden kann. In einigen US-Staaten mit

---

231 Vgl. *Hadfield, G.K.*, Problematic Relations, Stanf.L.Rev., 1990, S.984.

232 "Disclosure Requirements and Prohibitions Concerning Franchising and Business Opportunity Ventures", Rule 436.

eigenen Offenlegungsgesetzen können die Franchisenehmer bei Verletzungen der Statuten selber gegen den Franchisegeber vorgehen.

In 14 amerikanischen Bundesstaaten existieren sogenannte "registration rules", durch die die Franchisegeber dazu verpflichtet werden, vor Abschluß eines Franchisevertrages eine amtliche Registrierung vornehmen zu lassen. Oft wird vom Franchisegeber verlangt, daß er das Material und die Werbungsanzeigen vorlegt, mit denen er neue Franchisenehmer werben möchte. Teilweise muß das Material sogar von amtlicher Seite genehmigt werden. Dem Franchisegeber obliegt zudem der Nachweis über einen ausreichenden Kapitalfonds, aus dem er seine vertraglichen Verpflichtungen bestreiten kann. Hat er nur unzureichende finanzielle Mittel, kann er dazu veranlaßt werden, seine Franchisegebühren auf ein Sonderkonto einzuzahlen oder einen Bürgen beizubringen. Falls der Staat die Registrierung ablehnt, darf der Franchisegeber keine Franchisen mehr in dem betreffenden Bundesstaat anbieten und keinen neuen Antrag auf Registrierung stellen, sofern es sich um das gleiche Produkt oder die gleiche Dienstleistung handelt.[233]

Auch sogenannte "business opportunities" (günstige Geschäftsgelegenheiten) unterliegen Veröffentlichungs- und Registrierungsnormen. Der Begriff "günstige Geschäftsgelegenheit" ist zwar nicht hinreichend definiert, bezieht sich aber auf solche Fälle, in denen sich ein Anbieter verpflichtet, z.B. für Geschäftsräume zu sorgen, Produkte an den Franchisenehmer zu verkaufen, für die Erstattung des Kaufpreises bei mangelhaften Waren zu garantieren oder dem Franchisenehmer unabhängig vom Absatz für ein Einkommen zu garantieren. Die FTC und 22 Bundesstaaten wollen damit auch Verträge, die nicht eindeutig als Franchiseverträge einzustufen sind, erfassen.[234]

Pruitt spricht sich für Offenlegungsgesetze aus, da er diese als Franchisenehmerschutz für besser geeignet hält als Kündigungsnormen. Sie verletzen nicht den guten Ruf des Franchisegebers und greifen nicht in die Vertragsrechte der Parteien ein. Der Franchisenehmer habe dadurch die Möglichkeit, eine qualifizierte Entscheidung zu treffen.[235] Zudem schütze der Offenlegungszwang die Franchisenehmer durch die Abschreckungswirkung vor einem Fehlverhalten des Franchisegebers. Durch die Offenlegungsregelung haben seiner Meinung nach sowohl Franchisenehmer als auch Franchisegeber und Endverbraucher einen Nutzen. Allerdings seien im Bereich der Offenlegung auch noch Verbesserungen notwendig. Zum einen müßten die Franchise-

233 Vgl. *Pitegoff, T. / Blinn, H.-J.*, Franchiseverträge, WRP, 1991, S.632 f.

234 Vgl. *Pitegoff, T. / Blinn, H.-J.*, Franchiseverträge, WRP, 1991, S.632.

235 Vgl. *Pruitt, M.*, Disclosure, ComLJ, 1985, S.567 f.

nehmer bei Verletzungen selbst handeln können, zum anderen gebe es noch Staaten ohne Offenlegungsregelungen. Darüber hinaus werde der Franchisenehmer in Staaten mit Offenlegungsnormen nur so lange geschützt, wie der Franchisegeber Franchisen verkauft. Mißbrauch könne daher auch dann auftreten, wenn der Franchisegeber keine Franchisen mehr verkauft und deshalb seine Situation nicht mehr offenzulegen braucht.[236]

4.5 Ökonomische Funktionen franchisespezifischer Klauseln

Die folgende Analyse einiger franchisespezifischer Vertragsklauseln soll klären, ob bestimmte Regelungen primär der Knebelung der Franchisenehmer dienen oder ob es auch noch andere, ökonomisch sinnvolle Funktionen dieser Bestimmungen gibt. Von wesentlicher Bedeutung sind neben den Gebühren Bezugsbindungen, Kündigungs-, Vertragsbeendigungs- und Investitionsklauseln sowie Wettbewerbsverbote, Kontrollrechte des Franchisegebers und dergleichen mehr. Bei näherer Betrachtung einiger franchisespezifischer Klauseln wird deutlich, daß diese oftmals - aber nicht immer - auch für den Franchisenehmer Vorteile in sich bergen.

4.5.1 Die Einstiegs- und die laufenden Gebühren

Auf den ersten Blick scheinen die Einstiegs- und die laufenden Gebühren nur den Zweck zu besitzen, den Franchisegebern Einnahmen zu verschaffen. Untersuchungen haben jedoch gezeigt, daß die Gebühren auch noch andere Funktionen besitzen. Zu nennen sind hier beispielsweise die "Screening"- und die Anreizfunktion. Ferner können die Gebühren als Kosten- und Wertindikatoren dienen.

4.5.1.1 Screening-Funktion

Nach Caves / Murphy hat die Einstiegsgebühr die Funktion, einen selbst-selektiven Prozeß bei der Auswahl der Franchisenehmer in Gang zu setzen (Screening-Funktion). Der potentielle Franchisenehmer signalisiert durch die Bereitschaft, eine hohe Summe für den Eintritt in ein Franchisesystem zu zahlen, daß er von seinen unternehmerischen Fähigkeiten überzeugt ist.[237] Bei perfekter Information, so Caves / Murphy, würde der Franchisegeber nur eine Einstiegsgebühr verlangen. Wenn die Einstiegsge-

236 Vgl. *Pruitt, M.*, Disclosure, ComLJ, 1985, S.569.
237 Vgl. *Caves, R.E. / Murphy, W.F.*, Franchising, SEJ, 1976, S.578.

bühren eine Screening-Funktion haben, so Sen, dann müßten sie positiv verknüpft sein mit den Investitionen, die in das Franchisegeschäft getätigt werden müssen. Diese Vermutung wurde in seiner empirischen Studie über den Gebrauch von Gebühren im Franchising bestätigt.[238] Auch Sciarra erkannte in hohen Einstiegsgebühren und laufenden Gebühren eine Screening-Funktion für ein System mit hoher Qualität.[239]

4.5.1.2 Kapitalbeschaffungsfunktion

Im Sinne von Caves / Murphy hätte die Einstiegsgebühr die Funktion, dem Franchisegeber Kapital zuzuleiten. Bestände eine hohe Notwendigkeit der Kapitalbeschaffung für den Franchisegeber und blieben ihm die konventionellen Kapitalquellen verschlossen, dann müßten die Einstiegsgebühren hoch sein. Sens empirische Analyse ergab aber, daß die Kapitalmarktunvollkommenheit allenfalls eine untergeordnete Rolle bei der Festlegung der Einstiegsgebühren spielt. Die Tatsache, daß junge Franchisegeber oft höhere Einstiegsgebühren berechnen als ältere, könne möglicherweise ein Indiz dafür sein, daß Kapitalzwänge doch ein Grund für das Franchising sind. Die Einstiegsgebühren müßten theoretisch mit der Länge der Vertragsdauer steigen, wenn sie den Franchisegebern als Einnahmenextraktionsmechanismus dienen. Allerdings gab es für eine Verifizierung dieser Hypothese in Sens empirischer Analyse nur wenige Anzeichen.[240] In diesem Zusammenhang kann auch die These diskutiert werden, daß die Einstiegsgebühren und die laufenden Gebühren sinken werden, wenn es eine Mindestabnahmeverpflichtung im Franchisevertrag gibt. Denn solch eine Vereinbarung stellt für den Franchisegeber eine weitere Einnahmequelle dar. Sen fand diese Annahme in seiner empirischen Studie bestätigt.[241]

Blair / Kaserman sehen die Einstiegsgebühren in Verbindung mit den laufenden Gebühren als ein Mittel der Rentenextrahierung durch den Franchisegeber an. Sie beschäftigen sich mit der Frage, wie die Einstiegsgebühren im Verhältnis zu den laufenden Gebühren festzulegen sind, so daß sich ein optimaler Gewinn für den Franchisegeber ergibt. Sie gehen davon aus, daß ein Wettbewerb um die Franchisenehmer existiert und daß Ungewißheit über den zukünftigen Absatz herrscht. Bei ihrer mathematischen Untersuchung unterscheiden sie zwischen einer vor- und einer nachvertraglichen Phase. Die Kalkulation der laufenden Gebühren müsse dabei so sein, daß

238 Vgl. *Sen, K.C.*, Franchising, Managerial and Decision Econ, 1993, S.185.
239 Vgl. *Sciarra, S.*, Franchising, 1991, S.254.
240 Vgl. *Sen, K.C.*, Franchising, Managerial and Decision Econ, 1993, S.185.
241 Vgl. *Sen, K.C.*, Franchising, Managerial and Decision Econ, 1993, S.185.

dem Franchisenehmer mindestens ein "normaler Profit" verbleibt. Durch den Wettbewerb zwischen den potentiellen Franchisenehmern wird dieser jedoch *genau* dem normalen Profit entsprechen (und nicht darüber!). Mit diesen Annahmen geben die Autoren Gleichungen für optimale laufende und Einstiegsgebühren an. Sie sehen kein Problem darin, geeignete Franchisenehmer zu finden und messen der Signalwirkung von Gebühren keine Bedeutung zu. Blair / Kaserman stellen die drei folgenden Behauptungen auf: 1) Bei einer Gewißheit über den zukünftigen Absatz wird der Franchisegeber keine laufende Gebühr verlangen, sondern nur eine Einstiegsgebühr. 2) Bei Ungewißheit über die zukünftigen Entwicklungen werde es beide Gebührenarten geben. 3) Bei Ungewißheit ist der Profit des Franchisegebers geringer als bei Gewißheit. Ungewißheit für die Zukunft besteht darin, daß es erforderlich werden kann, mehrere Franchisenehmer in einem begrenzten Gebiet einzusetzen. Dadurch werden diese reduzierte Gewinne haben. Infolgedessen wird der Franchisegeber kaum seine Franchise allein mit einer Einstiegsgebühr kapitalisieren können und daher eine "mixed strategy" verwenden.[242]

Die erste These Blair / Kasermans kann jedoch angezweifelt werden, da der Franchisegeber fast immer eine gemischte Strategie wählen wird. Hier können psychologische Gründe (Abschreckungswirkung einer zu hohen Einstiegsgebühr auf potentielle Franchisenehmer) und/oder die Tatsache, daß der Franchisegeber auf Dauer von erfolgreichen Franchisenehmern profitieren will, eine Rolle spielen.

Die Abhandlung von Anderson / Shueh beschäftigt sich ebenso wie die von Blair / Kaserman mit der Frage, wie der Franchisegeber seine Profite maximieren kann. Als Einflußfaktoren sehen die Autoren neben den Einstiegs- und den laufenden Gebühren[243] die Anzahl der Franchisenehmergeschäfte an. Diese werden mathematisch erfaßt und führen zu einer Gleichung für den optimalen Profit in Abhängigkeit von einer Gleichgewichtsanzahl von Franchisenehmergeschäften. Es sei einfach, die Anzahl der Franchisenehmergeschäfte bei sich ändernden äußeren Umständen über die Gebühren anzupassen. Sie kommen zu dem Ergebnis, daß es zwei optimale Lösungen gibt: Falls der Franchisenehmer überdurchschnittlich viel Stammkundschaft akquiriert hat, sollten nur laufende Gebühren und keine Einstiegsgebühren erhoben werden. Sollte er hauptsächlich Laufkundschaft bedienen, sollte nur eine Einstiegsgebühr erhoben werden.[244] Anderson / Shueh äußern sich leider nicht dazu, wie die Ergeb-

---

242 Vgl. *Blair, R.D. / Kaserman, D.L.*, Franchising, SEJ, 1982, S.500-504.

243 Laut Sen machen die Gebühren mehr als 50% der Einnahmen der Franchisegeber aus (vgl. *Sen, K.C.*, Franchising, Managerial and Decision Econ, 1993, S.175).

244 Vgl. *Anderson, E.E. / Shueh, C.T.*, Franchise Organizations, ZOR, 1986, S.241.

nisse ihres mathematischen Modells in die Realität umzusetzen sind. Bei Vertragsabschluß ist nämlich nicht absehbar, wie hoch der Anteil der Stammkundschaft eines Franchisegeschäftes sein wird.

Hadfield sieht aufgrund der Gebühren einen Interessenkonflikt zwischen Franchisegeber und Franchisenehmer. Während der Franchisegeber den Umsatz des Franchisenehmers maximieren wolle, sei dieser bestrebt, seine Profite zu maximieren. Eine Umsatzmaximierung sorge für die Bekanntheit des Warenzeichens und erhöhe die Wahrscheinlichkeit, daß ein Kunde Kontakt mit der Marke habe, was ihren Wert erhöhe. Je höher die Umsätze wiederum seien, desto höhere Gebühren könne der Franchisegeber verlangen.[245] Den Gebühren kommt bei Hadfield also direkt die Funktion der Rentenextrahierung des Franchisegebers als auch indirekt die der Bekanntmachung des Warenzeichens zu. Auch Cohen sieht die Gebühren als profitsteigernde Maßnahme des Franchisegebers an.[246]

Sen stellte die These auf, daß die Gebühren niedrig sein sollten, falls der Franchisenehmer eine hohe Verantwortung trägt (These H1c). Eine Modifikation dieser These nach Mathewson und Winter führt dazu, daß die Bekanntheit der Marke als zusätzliche Einflußgröße einbezogen wird. Bei etablierten Marken müßte nämlich der Franchisegeber den Franchisenehmer strenger überwachen. In ihrem Artikel kommen Mathewson / Winter daher zu dem Schluß, daß jüngere Franchisesysteme niedrigere Gebühren nehmen sollten als ältere bekannte Systeme.[247] Als Alternative könnte der Franchisegeber Anreize schaffen, was vor allem bei einem hohen Verantwortungspotential des Franchisenehmers wichtig sei. Als weitere These stellt Sen die Vermutung auf, daß die Gebühren um so niedriger sind, je bekannter die Marke und je höher die Verantwortung des Franchisenehmers ist (These H1d). Eine gewagte These von Sen lautet weiterhin, daß die Gebühren dann niedriger sind, wenn der Franchisegeber die Leistung des Franchisenehmers schlecht beurteilen kann, da er hierüber wenige Informationen besitzt (These H1e). Folge man weiter der Auffassung von Rubin, so haben alle drei Faktoren, die Bekanntheit der Marke, die Verantwortung des Franchisenehmers und fehlende Informationen über den Erfolg des Franchisenehmers, einen negativen Einfluß auf die Höhe der Einstiegsgebühren (These H1f).[248] Obwohl die Thesen H1c bis H1f in Sens Untersuchung bestätigt wurden, ist doch zu bedenken, daß niedrige Gebühren nicht unbedingt das Trittbrettfahrer-Problem beseitigen. Gerade

245 Vgl. *Hadfield, G.K.*, Problematic Relations, Stanf.L.Rev., 1990, S.949.

246 Vgl. *Blair, R.D. / Kaserman, D.L.*, Franchising, SEJ, 1982 und *Cohen, J.S.*, Franchise System, 1971, S.176 f.

247 Vgl. *Mathewson, F.G. / Winter, R.A.*, Franchise Contracts, JLE, 1985, S.525.

248 Vgl. *Sen, K.C.*, Franchising, Managerial and Decision Econ, 1993, S.180.

für Franchisenehmer, die schlecht vom Franchisegeber kontrolliert werden können, besteht ein Anreiz, sich nicht optimal für das System einzusetzen. Man könnte die Argumentation auch umkehren und vermuten, daß sich gerade solche Franchisenehmer Systeme mit niedrigen Gebühren aussuchen, die gerade nicht motiviert sind. Sen kommt nach der empirischen Überprüfung der Theorien über den Sinn und Zweck der Gebühren zu dem Ergebnis, daß diese die Funktion einer Kanalkontrolle haben. Zudem zeigten die Ergebnisse, daß es mit Hilfe eines optimalen Gebührendesigns zu einem schnellerem Unternehmenswachstum durch Franchising kommen kann.[249]

In einem vereinfachten Modell nehmen Gallini / Lutz an, daß der Bedarf an Gütern allgemein bekannt ist und daß die Filialen nicht profitabler sind als die Franchisen. Als Ergebnis erhalten die Autoren, daß in diesem Fall nur franchisiert wird.[250] Dies mag jedoch meines Erachtens mit der unrealistischen Annahme zusammenhängen, daß Filialen nicht profitabler sind. Zu bedenken ist, daß die Gewinne aus einer Filiale mit hoher Wahrscheinlichkeit höher sind als die laufenden Gebühren aus einer Franchise.[251] In der weiteren Untersuchung wird die Annahme der symmetrischen Information gelockert. Man geht dabei von der Annahme aus, daß nur der Franchisenehmer Informationen über seinen Bedarf hat. Ein Ergebnis der mathematischen Untersuchung ist, daß der Franchisegeber unter diesen Annahmen einen effizienten Franchisevertrag anbieten kann, bei dem keine laufenden Gebühren anfallen und der Franchisegeber alle Profite vom Franchisenehmer durch eine Einstiegsgebühr erzielen kann.[252] Weiterhin erhalten sie das Ergebnis, daß bei Verwendung dualer Distribution beide Gebührenarten, also Einstiegs- und laufende Gebühr, erhoben werden. Weitere empirische Resultate, die die Autoren aus der Literatur aufgreifen, würden durch ihr mathematisches Modell unterstützt werden. Dies gelte auch für das Resultat, daß sich etablierte Franchisegeber weniger auf Filialen als auf Franchisenehmer verlassen würden und daß wesentlich mehr Filialen in Franchisenehmergeschäfte als Franchisenehmergeschäfte in Filialen umgewandelt würden. Ebenfalls würde das empirische Ergebnis unterstützt werden, daß mit der Zeit und der Etablierung die laufenden Gebühren fallen und die Einstiegsgebühren fallen würden.[253] Als Kritik läßt sich anmerken, daß Gallini / Lutz nur relativ wenige Parameter einbezogen. Überhaupt keine Beachtung finden z.B. Bezugsbindungen. Da die Autoren aber

---

249 Vgl. *Sen, K.C.*, Franchising, Managerial and Decision Econ, 1993, S.189.

250 Vgl. *Gallini, N.T. / Lutz, N.A.*, Dual Distribution, JLEO, 1992, S.476 f.

251 Dies läßt sich bereits dadurch erklären, daß dem Franchisenehmer in der Regel ein *normaler Profit* verbleiben muß; vgl. S.130.

252 Vgl. *Gallini, N.T. / Lutz, N.A.*, Dual Distribution, JLEO, 1992, S.483.

253 Vgl. *Gallini, N.T. / Lutz, N.A.*, Dual Distribution, JLEO, 1992, S.491 f.

besonderes Gewicht auf die mathematische Ermittlung der Gebühren legen, spielt ein derartiger Gesichtspunkt eine wesentliche Rolle. Bezugsbindungen sorgen nicht nur für das homogene Auftreten aller Systemmitglieder, sondern dienen dem Franchisegeber auch als weitere Einnahmequelle.

4.5.1.3 Entgelt für den Franchisegeberservice

Für Dnes stellen die versunkenen Investitionen der Franchisegeber (z.B. in den Markennamen, die Werbung etc.) einen Grund für die Erhebung von Einstiegsgebühren dar. Die Einstiegsgebühr soll die versunkenen Kosten des Franchisegebers decken, ohne ihn zu nachvertraglichem Opportunismus zu verführen. Ein Franchisegeber werde seine Gebühren so bemessen, daß der effizienteste[254] Franchisenehmer in dem System überleben kann, wobei er auch dessen versunkene Kosten gedanklich mit einbezieht. Die Einstiegsgebühr muß dabei auch die versunkenen Investitionen des Franchisegebers schützen.[255] "Ugly princess"-Klauseln[256] verhindern, daß der Franchisegeber sich mit den Einstiegsgebühren und den versunkenen Investitionen der Franchisenehmer absetzt. Wichtig dabei ist auch, daß der Franchisegeber sich nicht den örtlichen Goodwill der Franchisenehmer aneignen kann. "Ugly princess"-Klauseln helfen also auch dabei, einen anreizkompatiblen Franchisevertrag zu gestalten, der sich selbst durchsetzt.[257] Der Franchisegeber muß die Einstiegsgebühr mindestens in der Höhe ansetzen, in der er spezifische versunkene Kosten geleistet hat oder erpreßbar ist. Sonst könnte der Franchisenehmer ihm damit drohen, das System zu verlassen, um so eine Reduktion der laufenden Gebühren zu erreichen. Die Einstiegsgebühr soll den Franchisegeber vor Erpressungen durch seine Franchisenehmer schützen, ohne ihm dabei einen Anreiz zu geben, sich diese Einstiegsgebühren opportunistisch anzueignen.[258]

Eine empirische Studie von Lafontaine besagt, daß die Einstiegsgebühr als Preis für den vom Franchisegeber gelieferten Service angesehen werden kann.[259] Die

---

254 Hier klingt auch die Screening-Funktion der Gebühren an.

255 Vgl. *Dnes, A.W.*, Economic Analysis, 1991, S.140.

256 Williamson definiert eine "häßliche Prinzessin" dadurch, daß sie ein Pfand darstellt, das für die eine Partei einen sehr hohen und für die andere Partei gar keinen Wert hat. "A king who is known to cherish two daughters equally and is asked, for screening purposes, to post a hostage is better advised to offer the ugly one" (vgl. *Williamson, O.E.*, Economic Institutions, 1985, S.177).

257 Vgl. *Dnes, A.W.*, Economic Analysis, 1991, S.140.

258 Vgl. *Dnes, A.W.*, Case-Study Analysis, JLegStud, 1993, S.385.

259 Vgl. *Lafontaine, F.*, Franchising, RAND J., 1992, S.282; auch Sen untersuchte den Zusammenhang zwischen dem Service und den Gebühren. Er vermutete eine proportionale Beziehung zwischen diesen Faktoren, die aber nur teilweise empirisch bestätigt wurde. Es ergibt sich eine Übereinstimmung mit

Gebühren könnten auch dazu dienen, Renten ("downstream") zu schaffen. Wenn der Franchisenehmer risikoaverser ist als der Franchisegeber, würde man vermuten, daß eine Erhöhung der Unsicherheit zu niedrigeren Einstiegsgebühren und zu höheren laufenden Gebühren führt. Das reduziert die Verluste des Franchisenehmers im Falle des Versagens. Wie Sen jedoch empirisch belegte, scheint das Franchisenehmerrisiko keinen bedeutenden Effekt auf die Gebühren zu haben.[260] Kneppers-Heijnert sieht die Einstiegsgebühr als Entgelt für den vorhandenen Franchisegeber-Goodwill, von dem der Franchisenehmer profitiert. Er müsse diesen Betrag bezahlen, weil er auf einen fahrenden Zug aufspringen wolle.[261] Die Franchisegeber bezeichnen die Einstiegsgebühr oft als Gegenleistung für die dem Franchisenehmer verliehenen Rechte. Dieser Einstellung schließt sich Flohr an, der sowohl in den Einstiegsgebühren als auch in den laufenden Gebühren das Entgelt für die besondere Leistung, die in Anspruch genommen wird, sieht. Sie seien der Teilhaberbeitrag, den ein Franchisenehmer für den Wettbewerbsvorteil, der ihm aus dem Beitritt zu einem Franchisesystem erwachse, zu zahlen habe. Der Franchisenehmer bezahle den Franchisegeber somit für dessen Dienstleistungen.[262]

4.5.1.4 Anreizfunktion

Durch den Einbau einer variablen Zahlung in Form der laufenden Gebühren in den Franchisevertrag kann der Franchisenehmer sicher sein, daß auch der Franchisegeber einen Anreiz hat, daß das System erfolgreich ist. Laut Rubin reduziert Franchising zwar das Problem der Überwachung, beseitigt es aber nicht ganz. Um dem Franchisegeber einen Anreiz zur Überwachung und zur Lieferung eines kontinuierlichen Service zu geben, müsse sein Einkommen von dauernden Einnahmen abhängen, weshalb man Gebührentabellen beobachten könne, die auf Prozentanteilen des Verkaufs basieren. Der gleichzeitige Gebrauch von Einstiegsgebühren und laufenden Gebühren zwinge zudem den Franchisenehmer zu einem optimalen Outputlevel. Rubin sieht in den Einstiegsgebühren die Differenz zwischen dem gegenwärtigen Gewinn aus der Franchise und dem Gehalt eines Geschäftsführers. Eine Reduktion der laufenden Gebühren führt seiner Ansicht nach zu höheren Einstiegsgebühren. Einstiegs- und

---

taine, da nur bestimmte Dienstleistungen des Franchisegebers (z.B. die Länge des Trainings und die finanzielle Hilfe) einen Einfluß auf die Gebührenberechnung haben (vgl. *Sen, K.C.*, Franchising, Managerial and Decision Econ, 1993, S.185).

260 Vgl. *Sen, K.C.*, Franchising, Managerial and Decision Econ, 1993, S.185.

261 Vgl. *Kneppers-Heijnert, E.M.*, Franchising, 1988, S.155.

262 Vgl. *Flohr, E.*, Franchisegebühren, 1991, S.35 und *Flohr, E.*, Franchiseverträge, 1990, S.10.

laufende Gebühren seien invers verknüpft. Der Markenname des Franchisegebers und die Befähigung des Franchisenehmers sind für Rubin die Hauptdeterminanten des Gebührendesigns.[263] Eine Zunahme der Markennamensstärke würde in der Theorie Rubins zu höheren laufenden Gebühren führen. Sens empirische Untersuchung bestätigte diese Hypothese.[264]

Auch Brickley / Dark beurteilen die laufenden Gebühren als Anreiz für den Franchisegeber, den hohen Warenzeichenwert aufrechtzuerhalten. Die Kehrseite sei aber, daß der Franchisenehmer bei hohen laufenden Gebühren eher zur Drückebergerei neige. Die Autoren erwarten hohe laufende Gebühren dort, wo der Franchisegeber die Hauptrolle bei der Sicherstellung der Warenzeichenqualität innehabe und es keine anderen Mechanismen zur Durchführung der Franchisen gebe.[265]

Lal gelangt bei seiner empirischen Analyse von Franchisevereinbarungen zu dem Ergebnis, daß der optimale Franchisevertrag auch dann laufende Gebühren beinhaltet, wenn es für die Franchisenehmer keine Gelegenheit zum Trittbrettfahren gibt. Dies hänge mit dem vom Franchisenehmer zu erbringendem Service und der vom Franchisegeber zu leistenden Förderung des Markennamens zusammen. Die Anreize für den Franchisenehmer, einen guten Service anzubieten, stehen in umgekehrter Beziehung zur Höhe der laufenden Gebühren, während die Anreize des Franchisegebers, in den Markennamen zu investieren, in direkter Beziehung zu der Höhe dieser Gebühren stehen. Der Franchisegeber kann durch die Erhebung von laufenden Gebühren seinen Franchisenehmern seine Bemühungen hinsichtlich des Markennamens signalisieren. Nimmt in diesem Fall der Wert des Markennamens ab, spürt auch der Franchisegeber finanzielle Verluste, da die Franchisenehmer aufgrund der geringeren Umsätze an den Franchisegeber auch nur geringere laufende Gebühren abführen werden.[266] Da sowohl der Service der Franchisenehmer als auch die Investitionen des Franchisegebers in den Markennamen die Verkaufspreise beeinflussen, gleichen die optimalen laufenden Gebühren die Vorteile und die Kosten dieser Faktoren aus. Allerdings besteht in einigen Franchisingindustrien nicht die Gefahr einer Unterinvestition des Franchisegebers in bezug auf die Faktoren, die die Nachfrage bestimmen, weshalb dort auch keine laufenden Gebühren beobachtet werden. Dies zeigen empirische Nachforschungen in der Auto- und Tankstellenbranche. In Industrien, in denen der Markenname eine bedeutende Rolle spielt (z.B. im Fast-Food-Bereich), werden jedoch laufende Gebüh-

---

263 Vgl. *Rubin, P.H.*, Franchise Contract, JLE, 1978, S.229 f.
264 Vgl. *Sen, K.C.*, Franchising, Managerial and Decision Econ, 1993, S.185.
265 Vgl. *Brickley, J. / Dark, F.H.*, Franchising, JFE, 1987, S.410.
266 Vgl. *Sen, K.C.*, Franchising, Managerial and Decision Econ, 1993, S.178.

ren benutzt. Überwachungsvereinbarungen, so die Voraussage von Lal, werden dort wahrscheinlich sein, wo Franchisenehmer möglicherweise den Service vernachlässigen könnten.[267]

Die Gebühren erweisen sich somit bei der Sicherstellung von Anreizkompatibilität zwischen Franchisegeber und Franchisenehmer als hilfreich.[268] Die Einstiegsgebühr kann in mehrfacher Weise dazu dienen, den Franchisenehmer an den Vertrag zu binden. Sie wird die Franchisenehmer davon abhalten, vorschnell aufzugeben und/oder die Qualität des Franchiseproduktes zu reduzieren.[269] Verhält sich ein Franchisenehmer vertragskonform, so hat er die Möglichkeit, die Einstiegsgebühren durch seine zukünftigen Einnahmen abzüglich der laufenden Gebühren wieder zu erwirtschaften. Verhält er sich opportunistisch, dann neutralisiert die Einstiegsgebühr diesen Betrug (zumindest teilweise). Durch die Einstiegsgebühr können also Einkommensverluste des Franchisegebers aufgrund von betrügerischem Verhalten des Franchisenehmers annähernd kompensiert werden. Der Mechanismus einer Einstiegsgebühr als verwirkbares Band funktioniert aber nur, wenn dieser Betrag über dem potentiellen Betrugsgewinn (abzüglich des Wertes der zukünftigen Gewinne) liegt.[270]

Nach Auffassung von Dnes helfen die Gebühren, opportunistisches Verhalten beider Vertragsparteien zu reduzieren. Die Einstiegsgebühr - Dnes spricht im diesem Zusammenhang von Pauschalgebühr - habe den Zweck, opportunistisches Verhalten des Franchisenehmers zu verhindern. Zusätzlich komme der Einstiegsgebühr eine Screening-Funktion zu. Die laufenden Gebühren liefern hingegen einen kontinuierlichen Anreiz für den Franchisegeber, seine Aufgaben korrekt durchzuführen. Zudem beziehe er einen kleinen Teil seines Einkommens aus den Gebühren. Es müsse aber immer im Interesse des Franchisegebers sein, sich an den Vertrag zu halten; d.h., ein Franchisegeber muß den langfristigen Wert der Franchisebeziehung höher einschätzen als einen kurzfristigen Wohlstandsgewinn durch die Aneignung der Einstiegsgebühren. Hierfür gelte die Bedingung

---

267 Vgl. *Lal, R.*, Franchising, MS, 1990, S.310-317; die Ergebnisse stimmen u.a. mit den Beobachtungen von *Norton, S.W.*, Franchising, JOB, 1988, S.204 ff. und *Lafontaine, F.*, Franchising, RAND J., 1992, S.279 überein.

268 Vgl. *Mathewson, F.G. / Winter, R.A.*, Franchise Contracts, JLE, 1985, S.511 ff. und *Lafontaine, F.*, Franchising, RAND J., 1992, S.276.

269 Williamson spricht hier von einer "hostage", einer Vergeiselung, während Klein diesen Sachverhalt als "forfeitable bond" (verwirkbares Band) bezeichnet (vgl. z.B. *Williamson, O.E.*, Credible Commitments, AER, 1983, S.540 ff. und *Klein, B.*, Transaction Cost Determinants, AER, 1980, S.358 ff.).

270 Vgl. *Klein, B.*, Transaction Cost Determinants, AER, 1980, S.360; sinngleich auch *Kneppers-Heijnert, E.M.*, Franchising, 1988, S.155.

$$P \geq rF - G$$

bzw.

$$F \leq (P + G)/r$$

wobei P den Profit des Franchisegebers durch die Einstiegsgebühr und die laufenden Gebühren darstellt, r die Wahrscheinlichkeit ist, mit der der Franchisegeber erfolgreich mit der Einstiegsgebühr aus dem Vertrag aussteigen kann, F die Einstiegsgebühr darstellt und G die versunkenen Kosten des Franchisegebers beinhaltet. Die erste Gleichung besagt folglich, daß die Einnahmen des Franchisegebers mindestens so groß sein müssen wie die Einstiegsgebühr multipliziert mit der Wahrscheinlichkeit für ein "erfolgreiches" Aussteigen, reduziert um die versunkenen Kosten. Die Umformung in die zweite Gleichung gibt an, daß die Einstiegsgebühren die Summe aus Einnahmen und versunkenen Kosten nicht übersteigen darf. Andernfalls (falls die Einstiegsgebühr zu hoch ist) habe der Franchisegeber Anreize, keinen Service mehr zu liefern oder den Vertrag zu kündigen. Hier ist zu bedenken, daß die Analyse von Dnes zwar schlüssig ist, sich jedoch kaum ein Franchisegeber diese Überlegungen vor Augen führen und seinen Vertrag entsprechend gestalten wird, d.h. die Einstiegsgebühr in gegebenem Fall senken wird. Dies würde bedeuten, daß der Franchisegeber freiwillig auf Einnahmen verzichtet, um sich selber Anreize zu schaffen.[271]

Kaufmann / Lafontaine untersuchten die Entwicklung der Franchisegebühren. 71% der von ihnen befragten 130 Franchisegeber gaben an, daß sich ihre Einstiegsgebühren im Laufe ihrer Geschäftstätigkeit verändert haben, 29% verneinten dies. 52% gaben an, daß sich ihre laufenden Gebühren mindestens einmal verändert haben, 48% verneinten dies. Als Gründe für die Gebührenanpassungen führten die Franchisegeber veränderte Betriebskosten, Nachfrageveränderungen nach Franchisen und einen veränderten Warenzeichenwert an. 89% der Franchisegeber, die ihre Einstiegsgebühren nicht geändert hatten, waren im Bereich des Franchising erst seit den 80er Jahren tätig. Zwischen den Anpassungen der Einstiegsgebühren und der laufenden Gebühren besteht eine positive Beziehung, denn oft steigen Einstiegs- und laufende Gebühren simultan. Grund dafür könnte der gesteigerte Wert der Franchise selbst sein. Kaufmann / Lafontaine vertreten die Ansicht, daß dieses Ergebnis Auswirkungen auf die ökonomische Theorie haben wird, die bisher keinen Zusammenhang zwischen den Gebührenarten sah.[272]

---

271 Vgl. *Dnes, A.W.*, Economic Analysis, 1991, S.133 ff.; *Dnes, A.W.*, Franchise Contracts, JITE, 1992, S. 484 ff.; *Dnes, A.W.*, Case-Study Analysis, JLegStud, 1993, S.367 ff.

272 Vgl. *Lafontaine, F. / Kaufmann, P.J.*, Franchise Systems, JRT, 1994, S.109 f.

4.5.1.5 Wert- und Kostenindikatoren

Baucus / Baucus / Human vertreten die Ansicht, daß die Gebühren den Wert der Franchise und die Kosten, die beim Betrieb von Franchisegeschäften entstehen, widerspiegeln. Ein Franchisegeber gebe die Kosten, die ihm durch die Bereitstellung seines Service, der Überwachung der Franchisenehmer und der Erhaltung des Wertes der Franchise erwachsen, in Form der Gebühren an die Franchisenehmer weiter. Franchisegeber mit guten Serviceleistungen ihren Franchisenehmern gegenüber würden höhere Einstiegs- und laufende Gebühren als Entschädigung für die hohen Kosten, die mit der strengen Überwachung der Franchisenehmer verbunden sind, verlangen.[273]

Während Rubin zu dem Schluß kam, daß die Einstiegs- und die laufenden Gebühren invers miteinander verknüpft seien, gibt es nach Baucus et al. zwischen ihnen einen positiven Zusammenhang. Mit hohen Einstiegsgebühren gehen, so ergaben ihre empirischen Forschungen, hohe laufende Gebühren einher, mit niedrigen niedrige. Dies bestätigt die Annahme, daß beide Gebührenarten mit dem Wert der Franchise steigen. Die Ergebnisse zeigten außerdem, daß die Gebühren mit dem Alter des Franchisesystems und der Marktrepräsentanz variieren, jedoch nicht mit dem Wachstum der Geschäfte. Die Franchisegeber, die niedrigere Gebühren verlangen, seien oft unbekannter als andere Systeme. Potentiellen Franchisenehmern, die einen Franchisegeber suchen, geben die Autoren folgende Ratschläge:[274]

- "You get what you pay for": Der Markt für Franchisen bzw. der Wettbewerb zwischen den Franchisegebern sorge für faire Einstiegspreise und faire laufende Gebühren. Der Wert einer Franchise sei also im allgemeinen an den zu zahlenden Gebühren ablesbar. Natürlich gebe es positive und negative Ausnahmen. Vorsicht sei geboten, wenn die Gebühren sehr gering sind.
- Nicht nur die Gebühren, sondern auch das Alter des Franchisesystems und die Marktrepräsentanz seien Wertindikatoren. Je länger das Franchisesystem bereits existiere, desto größer sei die Wahrscheinlichkeit, daß das System überlebe und erfolgreich sei. Der Franchisegeber könne besser mit kritischen Situationen umgehen.
- Informationen über den Umfang des Franchisegeber-Service seien nicht dienlich: Der Service sei oftmals nicht von der Höhe der Gebühren abhängig. Der anfängliche Service sowie der laufende Service, der von den Franchisegebern den neuen

---

273 Vgl. *Baucus, D.A. / Baucus, M.S. / Human, S.E.*, Franchise, JSB, 1993, S.94.
274 Vgl. *Baucus, D.A. / Baucus, M.S. / Human, S.E.*, Franchise, JSB, 1993, S.101 ff.

Franchisenehmern zur Verfügung gestellt werde, sondern variiere mit der Art der Industrie.

- Die kritischen Dienstleistungen in der jeweiligen Industrie müßten erfaßt werden. Der Franchisenehmer sollte sich einen Franchisegeber aussuchen, der genau die Dienstleistungen liefert, die in dieser Branche gebraucht werden.
- Die Qualität der Dienstleistungen sei von dem potentiellen Franchisenehmer zu bestimmen. Hier können Interviews mit den Franchisenehmern hilfreich sein.

Auch Lafontaine[275] vermutete eine Erklärung für die Erhebung von Gebühren in deren Signalwirkung in bezug auf den Wert eines Produktes oder einer Dienstleistung.[276] Der Käufer einer Franchise könne deren Wert schlecht einschätzen. Deshalb müsse er sich informieren, bevor er investiert. Franchisegeber haben hier also gegenüber ihren potentiellen Franchisenehmern einen Informationsvorteil. Ein guter Franchisegeber, der aber noch keinen Ruf erwerben konnte, wird nach Lafontaines Meinung darauf bedacht sein, seinen neuen Franchisenehmern hohe laufende Gebühren und niedrige Einstiegsgebühren abzuverlangen - bis zu dem Punkt, an dem es ein schlechterer Franchisegeber unrentabel findet, den besseren zu imitieren. Mit einer Zunahme des Markennamenwertes, so die These Lafontaines, werden die laufenden Gebühren steigen und die Einstiegsgebühren fallen. Einstiegs- und laufende Gebühren seien invers miteinander verknüpft. Eine weitere Methode, den Marktwert des Produktes oder der Dienstleistung zu signalisieren, sei die Operation von Filialen. Bei Unternehmen ohne etablierten Ruf, aber mit guter Substanz, werde der Anteil der Filialen mit dem Wert des Markennamens steigen. Wenn sowohl die laufenden Gebühren als auch die Filialen als Signalmaßnahmen benutzt werden, dann seien diese Faktoren negativ miteinander verknüpft. Werde das eine mehr eingesetzt, dann werde das andere weniger eingesetzt.

In einer Studie über 1000 Franchisesysteme neueren Datums wurde deren Markennamenwert ermittelt. Die Beurteilung basierte auf dem Wachstum an Franchisegeschäften. Eine wachsende Kette sei mit hoher Wahrscheinlichkeit auch eine profitable Kette. Die empirische Untersuchung lieferte folgende Ergebnisse: Die Gebühren blieben im 5-Jahres-Zeitraum relativ konstant. Da die meisten Unternehmen Filialen haben *und* laufende Gebühren verlangen, stimmen die Daten nicht mit der Hypothese überein, daß die Unternehmen nur eines von beiden benutzen, um ihren Wert zu

275 Vgl. *Lafontaine, F.*, Franchising, JLEO, 1993, S.256 ff.

276 Andere Möglichkeiten, den Wert eines Produktes zu signalisieren, seien die Produktpreise, die Werbung, Garantien und das zahlenmäßige Verhältnis von Filialen zu Franchisegeschäften.

signalisieren. Filialen können aber, so Lafontaine, auch aus anderen Gründen als der Signalwirkung benutzt werden, z.B. um Marktinformationen zu erhalten oder den Franchisenehmern ein Trainingsfeld zur Verfügung stellen zu können. Wenn man davon ausgeht, daß die laufenden Gebühren nicht aus Signalgründen erhoben werden, dann kann man auch den Vertragsmix (Filialen und Franchisegeschäfte) als empirisch belegt ansehen. Lafontaine zieht aus den empirischen Ergebnissen folgende Schlußfolgerungen: Die Ergebnisse unterstützen nicht die These, daß Franchisegeber die Gebühren (also die Vertragsbedingungen) oder Filialen oder beides dazu benutzen, um potentiellen Franchisenehmern Informationen über den Wert ihrer Franchise zu geben. Nicht nur die Ergebnisse lassen diesen Schluß zu, sondern auch, daß sich die Verträge innerhalb von fünf Jahren kaum änderten und die Anzahl an Geschäftsjahren einen positiven Effekt auf die laufenden Gebühren hatten, während bei einer Signalbedeutung diese Effekte negativ wären.

Dennoch haben die Franchisegeber einen informationellen Vorteil gegenüber potentiellen Franchisenehmern, wenn es um den Wert der Franchise geht. Allerdings gibt es bei der Signalerklärung zwei Probleme: 1) Wenn die Gebühren als Signale im Vertrag dienen und festgelegt werden, dann entstehen dem Franchisegeber Kosten, da es während der Vertragsdauer kaum Flexibilität in bezug auf die Gebühren gibt. Man würde deshalb vermuten, daß die Verträge nicht auf solch eine lange Dauer ausgerichtet werden, wie dies i.d.R. der Fall ist. Auch wird man davon ausgehen, daß der Vertragsmix im Laufe der Zeit durch effizientere Methoden der Signalisierung abgelöst werden würde. 2) Dem potentiellen Franchisenehmer geht es nicht nur darum, wie gut der Franchisegeber zur Zeit ist, sondern vor allem, wie gut er in der Zukunft sein wird. Deshalb sucht er nach Garantien im Vertrag, die ein angemessenes Verhalten des Franchisegebers in der Zukunft sicherstellen. Dies sind z.B. die Gebühren und die Filialen, da diese für den Franchisegeber Anreize zu einer korrekten Systemführung darstellen. Die Ergebnisse zeigen, daß, selbst wenn es Informationsasymmetrien gibt, Signalisierungswirkungen nicht dazu benutzt werden können, die Vertragsbedingungen in Langzeitverträgen zu erklären. Je länger die Beziehung dauert, desto wahrscheinlicher ist es, daß es günstigere Alternativen der Informationsverteilung gibt. Deshalb hält Lafontaine andere Ansätze, z.B. den Überwachungskostenansatz oder andere Organisationseffizienzargumente, für besser geeignet, die Natur und den Gebrauch von verschiedenen Arten von Langzeitverträgen zu erklären.[277]

---

277 Vgl. *Lafontaine, F.*, Franchising, JLEO, 1993, S.277 f.

4.5.2 Die spezifischen Investitionen

Unter franchisespezifischen Investitionen versteht man die für den Geschäftsbetrieb erforderlichen Investitionen in den Standort, die Werbung, die Ausstattung u.ä. Viele dieser Investitionen verlieren ihren Wert in einer anderen Verwendung als der franchisespezifischen und stellen somit versunkene Kosten dar.[278]

Mit der Zahl von erfolgreichen Markteintritten steigen auch die benötigten Investitionen, um eine Zerstörung des Goodwills zu verhindern. Williamson und Klein sehen in den spezifischen Investitionen versunkene Kosten ("sunk costs") des Franchisenehmers. Durch diesen vom Franchisegeber initiierten Mechanismus erhöhen sich für den Franchisenehmer die Kosten eines Fehlverhaltens. Durch transaktionsspezifische Investitionen kann somit nach Ansicht von Klein / Leffler z.B. eine Verschlechterung der von dem Franchisenehmer gelieferten Qualität vermieden werden.[279] Denn ein Franchisenehmer läuft bei nicht-vertragskonformem Verhalten Gefahr, die spezifischen Investitionen und weitere "sunk costs" im Falle einer Kündigung zu verlieren. Nach Klein wird der Franchisenehmer aufgrund der versunkenen Kosten erpreßbar. Er wird bis zu deren Höhe gewillt sein, eine Gebühr für die Erneuerung des Vertrages zu zahlen. Daneben sieht Klein die spezifischen Investitionen aber auch als ein Mittel an, den Franchisenehmer von betrügerischem Verhalten abzuhalten, zumindest, wenn diese Investitionen einen niedrigen "Bergungswert" haben.[280]

Diesem Standpunkt widerspricht Dnes teilweise. Die Empirie zeige, daß versunkene Investitionen des Franchisenehmers oft an diesen zurückgezahlt werden.[281] Es gebe aber auch versunkene Kosten, insbesondere solche, die mit dem Warenzeichen zusammenhängen, die einen hohen Anteil der anfänglichen Investitionen ausmachen (bis zu 90%). Für Dnes haben franchisespezifische Investitionen ex ante eine Screening-Funktion. Sie helfen dem Franchisegeber, Franchisenehmer mit speziellen Qualitäten zu finden. Daneben stellen sie sicher, daß die Franchisenehmer profitorientiert arbeiten.[282]

---

278 Vgl. *Hadfield, G.K.*, Problematic Relations, Stanf.L.Rev., 1990, S.951.

279 Vgl. *Klein, B. / Leffler, K.B.*, Contractual Performance, JPE, 1981, S.627.

280 Vgl. *Klein, B.*, Transaction Cost Determinants, AER, 1980, S.358; *Williamson* spricht von "hostages" oder einem Unterpfand (vgl. *Williamson, O.E.*, Die ökonomischen Institutionen, 1990, S.207).

281 Vgl. *Dnes, A.W.*, Economic Analysis, 1991, S.138.

282 *Dnes, A.W.*, Franchise Contracts, JITE, 1992, S.497.

4.5.3 Die Bezugsbindungen

Ein Franchisenehmer ist oftmals verpflichtet, seine Waren vollständig oder überwiegend beim Franchisegeber zu kaufen. Die (vorgeschobenen) Argumente der Franchisegeber sind die Vorteile des massenhaften Einkaufs und die Sicherung der Qualität. Bezugsbindungen sind jedoch häufig zum Nachteil der Franchisenehmer, da der Franchisegeber vom Lieferanten Vergünstigungen in Abhängigkeit von den Einkäufen der Franchisenehmer bekommt. So wird er den Franchisenehmern Güter zu Preisen über denen des Wettbewerbs verkaufen, da er dadurch sein Einkommen maximiert. Für die Franchisenehmer wäre es günstiger, nach den besten Preisen im Markt zu suchen. Ebenso stellt sich die Situation dar, wenn der Franchisenehmer vertraglich dazu verpflichtet wird, die Ladeneinrichtung vom Franchisegeber zu beziehen. Eine andere Form der Gewinnaneignung durch den Franchisegeber ist die Verpflichtung, daß der Franchisenehmer bestimmte, mit der Franchise verwandte Produkte nur bei bestimmten Herstellern kaufen darf.[283]

Auf der anderen Seite reduzieren Bezugsbindungen die Überwachungskosten, die notwendig wären, um die Franchisenehmer vom Trittbrettfahren auf dem Markennamen des Franchisegebers abzuhalten.[284] Selbst wenn sich die Produkte hinsichtlich ihrer Qualität gut spezifizieren ließen und dadurch die Bezugsbindungen gelockert werden könnten, gäbe es immer noch ein Durchsetzungsproblem. Der Franchisegeber müßte Kontrollen vornehmen und bei Verstößen gegen Qualitätsrichtlinien Sanktionen auferlegen, was vor allem mit hohen Transaktionskosten verbunden wäre.[285]

Bezugsbindungen haben keine Auswirkungen auf die Franchisegebühren. Nach Aussagen von Franchisegebern dienen sie nicht dazu, Einnahmen zu erzielen, sondern der Erleichterung der Qualitätskontrolle. Nach eigenen Aussagen empfinden dies auch die Franchisenehmer so. Wenn außerhalb des Systems gekauft werden dürfe, dann seien die Qualitätskontrolle und die Zustimmung des Franchisegebers zu dieser Bezugsquelle zu klärende Punkte. Dabei handelt es sich vor allem um Markenprodukte, zu denen alternative Konkurrenzmarkenprodukte existieren. Wenn es aber schwierig ist, die Qualität von alternativen Produkten zu messen, dann wird der Franchisegeber seine eigenen Produkte an die Franchisenehmer vertreiben. In manchen Franchisebranchen ist es nicht nötig, laufende Gebühren zu verlangen, da es kein Ersatzprodukt gibt oder der Franchisegeber die Höhe der absetzbaren Menge einstufen kann. Wenn

---

283 Vgl. *Cohen, J.S.*, Franchise System, 1971, S.177.
284 Vgl. *Klein, B. / Saft, L.F.*, Franchise Tying Contracts, JLE, 1985, S.361.
285 Vgl. *Kneppers-Heijnert, E.M.*, Franchising, 1988, S.132.

die Höhe des zu beziehenden Inputs in einem fixen Verhältnis zur Höhe der Verkäufe steht, dann hat dieses fixe Merkmal die Funktion einer fixen laufenden umsatzabhängigen Gebühr.[286]

Der Franchisegeber hat durch Bezugsbindungen somit Skalenvorteile beim Einkauf von Produkten, er kann seine Produktions- oder Distributionsplanung effizienter gestalten, und er hat eine gewisse Sicherheit im Hinblick auf die Franchisegebühren. Der Franchisenehmer braucht sich hingegen nicht um den Einkauf zu kümmern, sondern kann sich ganz dem Verkauf widmen. Zudem belasten ihn alle aus der Vermarktung der Produkte entstehenden Probleme, wie sie der Franchisegeber hat, nicht. Sowohl Franchisegeber als auch die Franchisenehmer profitieren davon, daß standardisierte Produkte keine Qualitätsprobleme bereiten und deshalb dem Image zugute kommen.[287]

4.5.4 Vermietung von Aktiva

In der Vermietung von Aktiva durch den Franchisegeber kann eine Möglichkeit gesehen werden, die Aneignung von Quasi-Renten zu vermeiden. Dadurch wird verhindert, daß die Franchisenehmer die Aktiva zu einem anderen Zweck benutzen und damit entwerten.[288] Durch Vermietung von Grundbesitz, auf welchem das Franchisegeschäft steht, hat der Franchisegeber die Möglichkeit, sich die Franchisenehmer "gefügig" zu machen. Die Drohung, den Vertrag nicht mehr zu erneuern, ist eine wirksame Waffe, den Franchisenehmer dazu zu zwingen, zu den empfohlenen Preisen zu verkaufen oder nur die Franchisegeberprodukte zu vertreiben.[289] Vermietet der Franchisegeber das Geschäft an den Franchisenehmer, dann kann dieser an diesem Standort kein Geschäft mehr betreiben, wenn er die Franchise verliert. Oft ist ein Franchisenehmer auch gezwungen, Zeichen vom Franchisegeber zu mieten, obwohl eventuell die Zeichen von anderen Herstellern die Spezifikationen des Franchisegebers treffen. Diese Klausel maximiert die Profite des Franchisegebers, während sie die des Franchisenehmers minimiert.

Die Vermietung von Geschäftsräumen stellt für den Franchisegeber eine "hostage", d.h. eine Disziplinierungsmaßnahme, dar.[290] Die Franchisenehmer investieren als Mieter in bauliche Veränderungen ("leasehold improvements"), die bei Beendigung

286 Vgl. *Dnes, A.W.*, Case-Study Analysis, JLegStud, 1993, S.385 f.
287 Vgl. *Kneppers-Heijnert, E.M.*, Franchising, 1988, S.131.
288 Vgl. *Brickley, J. / Dark, F.H.*, Franchising, JFE, 1987, S.409.
289 Vgl. *Cohen, J.S.*, Franchise System, 1971, S.178.
290 Vgl. *Williamson, O.E.*, Die ökonomischen Institutionen, 1990, S.206.

des Mietvertrages dann für diese verloren sind. Die versunkenen Kosten können entweder einfach als Kapitalkosten oder als kapitalisierte zukünftige Franchisenehmergewinne, die über der Norm liegen, betrachtet werden. Klein zeigt im Zusammenhang mit einem Mietvertrag das Problem des "hold-up" auf. Das Problem besteht darin, daß Franchisenehmer in Aktiva und damit in einen Quasi-Renten-Strom mit einem niedrigen eventuellen "Bergungswert" (Wiederverwertungswert) investieren müssen. Hat der Franchisenehmer das Geschäftslokal vom Franchisegeber gemietet, so hat dieser die Möglichkeit zum "hold-up" durch Aneignung dieses Quasi-Renten-Stroms, wenn der Franchisevertrag ausläuft und eine Neuverhandlung ansteht. Der Franchisegeber kann dem Franchisenehmer nun die Fortsetzung des Vertrages zu wesentlich ungünstigeren Konditionen anbieten. Als Lösung des Problems sieht Klein entweder die vertikale Integration oder aber den Abschluß eines langfristigen Mietvertrages an.[291]

Dnes kritisiert die Positionen von Williamson und Klein. Seine Kritik begründet sich u.a. darauf, daß nur wenige Franchisegeber die Verpachtung oder Vermietung von Geschäften als Kontrollinstrument benutzen. In seiner empirischen Analyse britischer Franchiseverträge, an der sich 15 Franchisegeber und einige von deren Franchisenehmern beteiligten, stellte sich heraus, daß nur fünf Franchisegeber auf einer Untermiete des Franchisenehmers bestehen und drei Franchisegeber ihren Franchisenehmern die Möglichkeit der Untermiete anbieten, während die anderen darauf verzichten.[292] Zudem räumen Franchisegeber, die die Untermiete in den Verträgen vereinbaren, den Franchisenehmern in diesem Zusammenhang auch gewisse Rechte ein. So enthielten die Verträge dieser Franchisegeber Erneuerungsvereinbarungen (vorausgesetzt, daß keine Vertragsverstöße vorliegen und so die Schiedsklauseln ins Spiel kommen), Entschädigungsklauseln in bezug auf die Mietobjektsverbesserungen und Schiedsklauseln für die Kündigungsbelange. So können die Franchisegeber den Franchisenehmern nicht nach Belieben kündigen, ohne deren versunkene Investitionen im Bereich der Untermiete mitzutragen.

Über die Rolle der Miete als "hostage" scheint Dnes seine Meinung im Laufe der Zeit geändert zu haben. Während Dnes 1991 noch ausdrücklich gegen eine Betrachtung der Untermiete als Form der versunkenen Kostenstrafe war, betonte er 1993 die Korrektheit der Aussage Kleins, bei den Mietvereinbarungen handele es sich um eine

291 Vgl. *Klein, B.*, Transaction Cost Determinants, AER, 1980, S.357 f.

292 Vgl. *Dnes, A.W.*, Case-Study Analysis, JLegStud, 1993, S.371. Dies deckt sich auch mit den Ergebnissen der Vertragsauswertung in Kapitel 3.

implizite Strafe bei unzureichender Vertragsdurchführung durch den Franchisenehmer.[293] Allerdings ergab Dnes' Befragung der Franchisegeber, daß sie um ihren Ruf besorgt seien, was es für sie schwierig mache, die Mietkontrolle als "sunk-cost hostage" der Franchisenehmer zu verankern. Bei den Franchisenehmern könne nämlich der Eindruck entstehen, daß es schwer sei, innerhalb des Systems erfolgreich zu sein oder daß sich der Franchisegeber opportunistisch verhält. Zwar kann der Ruf des Franchisegebers diesen von opportunistischen Verhalten gegenüber den Franchisenehmern abhalten, aber in den Fällen, in denen die Geschäftsbeziehung sich dem Ende entgegen neigt oder nur für eine kürzere Zeitspanne geschlossen wurde, funktioniert dieser Mechanismus nicht. Hier würden dann die kurzfristigen Gewinne des Franchisegebers durch einen Betrug die zukünftigen Vorteile der Beziehung überwiegen. Die Überwachung des potentiellen Opportunismus durch eine dritte Partei ist in diesem Fall notwendig, da anderenfalls kein Vertrag zustande kommt.[294]

Zur Untermiete komme es laut Franchisegebern, weil so main-street-Eigentum gesichert werden soll. Die wahren Gründe, so Dnes, sind aber andere. So bildet die Vermietung von Grundstücken und/oder Immobilien eine weitere Einnahmequelle für die Franchisegeber.[295] Ohne diese Kontrolle müßten die Franchisegeber eine zusätzliche Gebühr erheben, um sich vor Opportunismus durch den Franchisenehmer zu schützen. Allerdings dürfe diese Rolle der Miete nicht überbewertet werden. Die Mietkontrolle, so dürfe man getrost folgern, sei kein bedeutendes Instrument der finanziellen Kontrolle durch den Franchisegeber.[296]

Überdies profitieren die Franchisegeber eigenen Angaben zufolge von dem standortspezifischen Goodwill eines Franchisenehmergeschäftes, wenn ein Franchisenehmer aus dem System ausscheidet. Selbst wenn das Mietobjekt nicht automatisch an den Franchisegeber bei Vertragsbeendigung zurückgehe, werde der Ex-Franchisenehmer wahrscheinlich dieses an den Franchisegeber zurückgeben, da er es nur begrenzt benutzen könnte. Die Mietkontrolle ermöglicht es dem Franchisegeber, einen Geschäftsstandort zu geringen Kosten (fast null) zu halten. Anzumerken bleibt hier, daß dies den Franchisegeber nicht von den Kosten entlastet, die ihm bei der Suche nach einem neuen Franchisenehmer entstehen, und er nicht den spezifischen Franchiseneh-

---

293 "Agreements show that lease control does not create the sunk-cost penalty Klein identifies." (*Dnes, A.W.*, Franchise Contracts, JITE, 1992, S.487); "Klein is correct in arguing that, on the face of it, this arrangement creates an implicit penalty for unsatisfactory performance." (*Dnes, A.W.*, Case-Study Analysis, JLegStud, 1993, S.371).

294 Vgl. *Dnes, A.W.*, Case-Study Analysis, JLegStud, 1993, S.370 ff.

295 Vgl. *Dnes, A.W.*, Franchise Contracts, JITE, 1992, S.488 und *Dnes, A.W.*, Case-Study Analysis, JLegStud, 1993, S.375; *Caves, R.E / Murphy, W.F.*, Franchising, SEJ, 1976, S.580.

296 Vgl. *Dnes, A.W.*, Case-Study Analysis, JLegStud, 1993, S.375.

mer-Goodwill durch die Mietkontrolle an sich ziehen kann.[297] Zum anderen spielen die Transaktionskosten bei einem Wechsel der Geschäftsführung eine Rolle. Mietkontrollen werden dort eingesetzt, wo sie die Transaktionskosten des Franchisegebers, die bei der Neueinrichtung eines Franchisegeschäfts entstehen, reduzieren.[298] Mietkontrollen existieren nach der Theorie von Dnes also dort, wo ein standortspezifischer Goodwill existiert und der Erwerb von Standorten schwierig ist.

4.5.5 Qualitätsstandards

Der Wert des Warenzeichens kann als Erfolgs- und Qualitätsindikator des Systems betrachtet werden. Hinsichtlich des Warenzeichens besteht jedoch die Gefahr eines Trittbrettfahrens durch die Franchisenehmer, indem die Qualität gesenkt wird, um Kosten zu sparen.[299] Die speziellen Qualitätsvorgaben und Vertragsstrafen bei Verstoß gegen diese stellen eine Lösung dar, den Anreiz der Franchisenehmer des Trittbrettfahrens zu minimieren. Wenn das Trittbrettfahrerpotential sehr hoch ist, ist es somit sehr wahrscheinlich, daß spezifiziertere Qualitätskriterien in den Franchiseverträgen implementiert werden.[300]

Schwierigkeiten existieren aber bei der Spezifizierung und Durchführung von Qualitätsmerkmalen. Daher besteht für einen Franchisenehmer ein Anreiz, opportunistisch zu handeln und den Franchisegeber zu betrügen, indem er niedrige Qualität liefert. Einseitig ausgelegte Kündigungsregelungen sind deshalb nicht als unfair einzustufen, da sie zur Qualitätsüberwachung dienen. Ein weiteres Argument ist, daß Franchisegeber die Qualität sicherstellen können, indem dem Franchisenehmer spezifische Investitionen in Produktionsaktiva auferlegt werden, die nach einer Kündigung eine Kapitalkostenstrafe darstellen.[301] Allerdings ist hierbei zu bedenken, daß der Franchisegeber zwar durch eine einseitige Kündigungsmöglichkeit einen hohen Qualitätsstandard beim Franchisenehmer durchsetzen kann, er dadurch aber selbst einen Anreiz zu opportunistischem Verhalten erhält. Dem stehen für den Franchisenehmer kaum Eingriffsmöglichkeiten bei opportunistischem Verhalten des Franchisegebers gegenüber.

297 Vgl. *Dnes, A.W.*, Case-Study Analysis, JLegStud, 1993, S.375 f.

298 Vgl. *Dnes, A.W.*, Franchise Contracts, JITE, 1992, S.489 und *Dnes, A.W.*, Case-Study Analysis, JLegStud, 1993, S.376.

299 Vgl. *Hadfield, G.K.*, Problematic Relations, Stanf.L.Rev., 1990, S.948.

300 Vgl. *Brickley, J. / Dark, F.H.*, Franchising, JFE, 1987, S.409.

301 Vgl. *Klein, B.*, Transaction Cost Determinants, AER, 1980, S.358 f.

4.5.6 Vertragsstrafen

Vertragsstrafen sind ein häufig verwendetes Mittel, um Verträge durchzusetzen. Das Problem der Vertragsdurchsetzung trat bereits im Zusammenhang mit Kündigungsklauseln und mit spezifischen Investitionen auf. Ähnlich wie spezifische Investitionen, die bei Vertragsbeendigung in der Regel versunkene Kosten darstellen, haben Vertragsstrafen den Hintergrund, die betroffene Vertragspartei an die Einhaltung des Vertrages zu binden, da sie im anderen Fall einen Geldbetrag verwirkt hätte (Unterdrückung von Opportunismus). Gebräuchlich ist auch die Einschaltung eines Schiedsgerichts, das über die Folgen eines Vertragsbruches zu entscheiden hat. Klein spricht in diesem Zusammenhang von "Dritte-Partei-Sanktionen", die neben der Drohung der Kündigung ein wichtiges Element zur Durchführung und Durchsetzung des Vertrages darstellen.[302]

Aber auch Einstiegsgebühren können als eine Art Vertragsstrafe angesehen werden, wenn sie dazu benutzt werden, einem betrügerischen Handeln des Franchisenehmers entgegenzuwirken. Sieht man einmal von der Problematik ab, geeignete Franchisenehmer zu finden, stellt sich die Frage, was den Franchisegeber davon abhält, die Einstiegsgebühren zu erhöhen. Der Franchisegeber hätte in diesem Fall einen Anreiz zum Betrug, so daß ein derartiges Arrangement nicht stabil wäre.[303]

4.5.7 Kündigungsklauseln

In den Kündigungsrechten des Franchisegebers kann eine Disziplinierungsmaßnahme gesehen werden, die den Franchisenehmer vom Trittbrettfahren abhalten soll. Die versunkenen Kosten des Franchisenehmers dienen in diesem Zusammenhang als "hostage" und garantieren so eine ordnungsgemäße Durchführung der Verträge.[304] Durch die Androhung der Kündigung des Vertrages wird ein sich selbst durchsetzender Vertrag geschaffen. Ein Franchisenehmer wird so lange nicht betrügen, wie er den erwarteten Wert der Quasi-Rente, die er aus der Beziehung einnimmt, höher einschätzt als den sofortigen hold-up-Wohlstandsgewinn. Der Kapitalverlust, der einem betrügerischen Franchisenehmer auferlegt werden könne, ist deshalb ausreichend, um Betrug zu unterbinden. Dabei setzt sich der Kapitalverlust aus den spezifischen versunkenen Investitionen und einer Pauschalgebühr zusammen, welche nach Kleins Terminologie

302 Vgl. *Klein, B.*, Transaction Cost Determinants, AER, 1980, S.358.
303 Vgl. *Klein, B.*, Transaction Cost Determinants, AER, 1980, S.360.
304 Vgl. *Williamson, O.E.*, Die ökonomischen Institutionen, 1990, S.206 ff.

ein "kollaterales Band" zwischen Franchisegeber und Franchisenehmer darstellt.[305] Diese Überlegungen unterstellen jedoch, daß es dem Franchisegeber kostenlos möglich wäre, das Vertragsverhältnis zu beenden. Wäre dies der Fall, so hätte der Franchisegeber einen starken Anreiz zu opportunistischem Verhalten, was sicherlich nicht im Sinne eines auf Dauer angelegten Vertragsverhältnisses ist. Dem Franchisegeber entstehen aber auch durch jede Kündigung Kosten (z.B. für die Anwerbung, Auswahl und Einarbeitung eines neuen Franchisenehmers). Klein behandelt das Problem jedoch nur aus der Sicht des Franchisegebers, der opportunistisches Verhalten des Franchisenehmers verhindern möchte.

Nach Ansicht von Klein sind Kündigungen von Franchisenehmern durch den Franchisegeber in gewisser Weise unfair, da die Kosten bei einem Fehlverhalten größer sein müssen als die Gewinne des Franchisenehmers aus dem Betrug. Außerdem bestehe die Möglichkeit, daß der Betrug unentdeckt bleibe. Aus diesem Grund müsse die Kündigung einer kriminellen Sanktion gleichkommen. Klein spricht sich deshalb für erhöhte Kosten bei einer Kündigung aus, da beide Parteien diese bei Vertragsschluß bewußt vereinbart hätten, um Überwachungskosten zu sparen. Dem möglichen opportunistischen Verhalten des Franchisegebers bei derartigen Kündigungsmöglichkeiten wirke die Verschlechterung des Markennamens des Franchisegebers und der Rückgang der zukünftigen Nachfrage nach Franchisen durch potentielle Franchisenehmer, die der Kette beitreten wollen, entgegen. Er räumt aber selber ein, daß dieser schützende Mechanismus durch die relative Wichtigkeit der neuen Verkäufe, verglichen mit der kontinuierlichen Franchiseoperation, begrenzt ist.[306]

Die Franchisenehmer würden durch das Unterzeichnen des Vertrags auf implizite Marktdurchsetzungsmechanismen vertrauen und nicht etwa auf das Gericht, um einen Betrug des Franchisegebers zu verhindern. Es sei teuer, die Gerichte dazu zu benutzen, die Kündigungen zu regeln, da Durchführungselemente schwer vertraglich festzulegen und zu messen seien. Außerdem seien Gerichtsprozesse kostspielig und benötigten viel Zeit. Wäre diese Problematik nicht gegeben, dann würde der Wettbewerbsprozeß hinsichtlich der Etablierung von neuen Vertragsklauseln die Handelnden dazu bringen, sich eher auf explizite, gerichtlich durchsetzbare Verträge zu besinnen als auf implizite, marktdurchsetzbare Mechanismen zu vertrauen.[307] Hadfield fand jedoch in ihrer Untersuchung heraus, daß gerade Kündigungen Anlaß für Gerichtsverfahren geben. Kündigungen könnten zwei Gründe haben: Entweder der

---

305 Vgl. *Klein, B.*, Transaction Cost Determinants, AER, 1980, S.358 f.
306 Vgl. *Klein, B.*, Transaction Cost Determinants, AER, 1980, S.359.
307 Vgl. *Klein, B.*, Transaction Cost Determinants, AER, 1980, S.360.

Franchisenehmer hat gegen den Vertrag verstoßen, oder der Franchisegeber hat die Vertragsumwelt verändert.[308]

Klein hält den Markennamen und die korrespondierenden Marktdurchsetzungsmechanismen für völlig ausreichend, um Franchisebeziehungen auf Dauer zu regeln. In seinen Überlegungen spielt deshalb auch das opportunistische Verhalten des Franchisegebers eine untergeordnete Rolle. Allein auf die Entwertung des Markennamens zu vertrauen, ist jedoch nicht genug, um den Franchisegeber von einem unfairen Verhalten abzubringen, da sich solche Fälle wahrscheinlich kaum im System oder gar bis hin zur Kundschaft herumsprechen werden. Ganz außer acht gelassen wurde von Klein die Thematik der ordentlichen Kündigung oder der Ablauf einer vereinbarten Vertragsdauer. Hier besteht ein erhöhter Anreiz für den Franchisegeber, sich opportunistisch zu verhalten, sofern er umfangreiche Kündigungsmöglichkeiten besitzt.

Dnes vertritt die Ansicht, daß Kündigungsregelungen in Franchiseverträgen auch die spezifischen Aktiva der Franchisenehmer schützen. Bei einem hohen Niveau an versunkenen Kosten der Franchisenehmer stellen ugly princess-Klauseln[309] sicher, daß der Franchisegeber diese Aktiva nur zum Marktwert kaufen kann.[310]

4.5.8 Territoriale Beschränkungen

Mathewson / Winter gingen der Frage nach, wem das Recht, weitere Franchisenehmer zu einem System zuzulassen, zugestanden werden sollte. Zusätzliche Franchisenehmer bedeuten eine Aufteilung der Quasi-Renten-Ströme der bereits tätigen Franchisenehmer, aber auch höhere Einnahmen des Franchisegebers sowie eine Erhöhung seines Bekanntheitsgrades. Hier kommt es zu einem Interessenkonflikt zwischen Franchisegeber und Franchisenehmern. Der Wohlstand eines Systems könne, so Mathewson / Winter, maximiert werden, indem derjenige das Recht bekommt, dessen Input wichtiger für den finanziellen Erfolg des Systems ist. Wenn die Bemühungen des Franchisenehmers sehr wichtig für den Systemerfolg sind, dann wird der Franchisegeber den Franchisenehmern ein Vetorecht bezüglich weiterer Franchisenehmer in ihren Gebieten einräumen. Ist dies nicht der Fall, dann wird der Franchisegeber das Recht, nach Belieben weitere Franchisen zu verkaufen, behalten.[311] Hierzu ziehen die Autoren einen Vergleich zwischen den Franchisesystemen "McDonald's"

308 Vgl. *Hadfield, G.K.*, Problematic Relations, Stanf.L.Rev., 1990, S.970.

309 Vgl. die Erläuterungen zu ugly princess-Klauseln in Fußnote 256 auf S.133.

310 Vgl. *Dnes, A.W.*, Case-Study Analysis, JLegStud, 1993, S.393.

311 Vgl. *Mathewson, F.G. / Winter, R.A.*, Franchise Contracts, 1991, S.21 f.

und "Computerland" heran. McDonald's-Franchisenehmer und deren Mitarbeiter benötigen ihrer Ansicht nach nur wenig Fachwissen. Daher wird den Franchisenehmern auch keine territoriale Exklusivität zugesichert. Im Falle der Computerland-Franchisenehmer und Mitarbeiter müssen diese umfangreiches Fachwissen besitzen und mit den Produkten vertraut sein. Aus diesem Grund erhalten Computerland-Franchisenehmer eine territoriale Exklusivität. Die empirische Untersuchung zeigt, daß in vielen Fällen in jungen Franchisesystemen Exklusivgebiete vergeben werden, während dies in älteren Systemen nicht mehr geschieht.[312] Erklären läßt sich dies damit, daß ein "junger" Franchisegeber seinen potentiellen Franchisenehmern einen Anreiz bietet, in das System einzusteigen, indem er ein Exklusivgebiet anbietet. Ein bekannter Franchisegeber braucht auf einen solchen Mechanismus nicht mehr zurückzugreifen, da eine Nachfrage nach seinen Franchisen existiert.

Durch territoriale Beschränkungen verschafft ein Franchisegeber seinen Franchisenehmern ein Verkaufsmonopol. Ohne dieses wäre ein Franchisenehmer wahrscheinlich zu den erforderlichen Investitionen (z.B. in das Geschäftslokal, die Werbung, die Mitarbeiter etc.) nicht bereit, da sonst die Gefahr bestünde, daß die Kunden bei einem anderen Franchisenehmer kaufen. Der Franchisenehmer wird so gegen Intrabrand-Wettbewerb und Trittbrettfahren durch den Franchisegeber und andere Franchisenehmer geschützt. Außerdem wird so die Exklusivität der Franchise sichergestellt. Darüber hinaus werden die Franchisenehmer gleichmäßig über ein Absatzgebiet verteilt. Die optimale Größe eines Gebietes kann so bestimmt werden.[313]

4.5.9 Wettbewerbsverbote

Vertragliche oder nachvertragliche Wettbewerbsklauseln werden dann vereinbart, wenn der Franchisegeber große Summen in die Ausbildung des Franchisenehmers investiert hat. Er will so verhindern, daß das Humankapital anderweitig verwertet wird.[314] Das Wettbewerbsverbot dient als ein vertragliches Instrument zur Reduzierung von Opportunitätskosten aufgrund von asymmetrischen Investitionen. Überdies wird durch ein Wettbewerbsverbot das Know-how geschützt und der Franchisenehmer zu einem vertragskonformen Verhalten bewegt, da er Kapitalverluste erleiden würde, falls er sich opportunistisch verhält.[315]

---

312 Vgl. *Mathewson, F.G. / Winter, R.A.*, Franchise Contracts, 1991, S.21.

313 Vgl. *Kneppers-Heijnert, E.M.*, Franchising, 1988, S.129.

314 Vgl. *Rubin, P.H.*, Franchise Contract, JLE, 1978, S.231; ähnlich auch *Kneppers-Heijnert, E.M.*, Franchising, 1988, S.117.

315 Vgl. *Kneppers-Heijnert, E.M.*, Franchising, 1988, S.116.

Durch ein nachvertragliches Wettbewerbsverbot wird der Franchisenehmer des Nutzens an seinem örtlichen Goodwill beraubt.[316] Da in Deutschland der Franchisenehmer jedoch für die Zeit des nachvertraglichen Wettbewerbsverbots entschädigt werden muß, stellt sich bei uns die Situation anders dar.[317] Für Williamson ist der Goodwill des Franchisenehmers eine "ugly princess"[318]. Er sei ohne die Zustimmung des Franchisenehmers nicht transferierbar und habe für den Franchisegeber wenig bis gar keinen Wert. So müsse der Franchisenehmer dem Franchisegeber erst den Gebrauch der Kundendatei erlauben, bevor dieser von dessen örtlichen Goodwill profitieren könne. Der örtliche Franchisenehmergoodwill sei nicht durch den Franchisegeber aneigenbar.[319]

Franchisegeber, die auf Wettbewerbsverbote verzichten, vertrauen auf andere Mechanismen, um den Franchisenehmer für ein "Versagen" zu bestrafen. Zu nennen ist hier z.B. das Warenzeichen. Diese Franchisegeber befürchten, daß sich die Wettbewerbsverbote negativ auf die Rekrutierung der gewünschten Zielgruppe von Franchisenehmern auswirken könne. Im Gegensatz zu dem Wertverlust von physischen Aktiva steigt der Wert des örtlichen Goodwill mit der Zeit. Der Zweck nachvertraglicher Wettbewerbsverbote sei es deshalb, den Wert der Strafe für ein Versagen des Franchisenehmers über die gesamte Vertragsdauer aufrechtzuerhalten.[320]

4.5.10 Weitere Klauseln

In einigen Klauseln geht es um den *Mindestgebrauch von bestimmten Inputs*. Aufgrund des Trittbrettfahrerverhaltens werden einige Inputs (z.B. die Werbung) nicht genügend von den Franchisenehmern benutzt. Durch Klauseln, die die Franchisenehmer dazu verpflichten, bestimmte Inputs in einem Mindestmaß zu gebrauchen, soll dies verhindert werden. Die Franchisegeber verpflichten außerdem ihre Franchisenehmer überwiegend dazu, die *Zustimmung des Franchisegebers zur örtlichen Werbung* einzuholen. Der Franchisegeber will so verhindern, daß der Ruf des Franchisesystems gefährdet wird. Eine qualitative Kontrolle zum Zwecke der Uniformität wird deshalb

316 Vgl. *Dnes, A.W.*, Franchise Contracts, JITE, 1992, S.491 und *Dnes, A.W.*, Case-Study Analysis, JLegStud, 1993, S.387. Eine Untersuchung Hadfields ergab, daß in den USA dem Franchisenehmer ein nachvertragliches Wettbewerbsverbot von durchschnittlich zwei Jahren für einen gewissen geographischen Raum um das ehemalige Franchisegeschäft herum auferlegt wird (vgl. *Hadfield, G.K.*, Problematic Relations, Stanf.L.Rev., 1990, S.944).

317 Vgl. hierzu Abschnitt 6.4 (S.277 ff.).

318 Vgl. die Erläuterungen zu ugly princess-Klauseln in Fußnote 256 auf S.133.

319 Vgl. *Williamson, O.E.* und *Dnes, A.W.*, Case-Study Analysis, JLegStud, 1993, S.387 f.

320 Vgl. *Dnes, A.W.*, Case-Study Analysis, JLegStud, 1993, S.388.

vorgenommen. Wenn der Franchisegeber *unverbindliche Preisempfehlungen oder Preisrahmen* vorgibt, so geschieht das, um den Preiswettbewerb zwischen den Franchisenehmern zu beschränken und die externe Einheitlichkeit zu fördern. Das System profitiert somit von positiven Externalitäten. Die Wahrung und Förderung der Einheitlichkeit ist auch der Grund für *Vorschriften zu dem Interieur und dem Exterieur des Geschäftslokals.*[321] Die *Festlegung von* (oftmals unrealistischen) *Mindestumsätzen* in Verbindung mit Kündigungsmöglichkeiten des Franchisegebers bei Nichterreichen dieser durch den Franchisenehmer ist eine weitere Möglichkeit für den Franchisegeber, seine Profite zu maximieren.[322] Eine ökonomische Erklärung für die Vorgabe von Mindestumsätzen ist, daß die Franchisenehmer nicht nur zum Schein für die Franchisegeber tätig werden sollen.[323]

Die *Kontrollrechte der Franchisegeber* umfassen für gewöhnlich die Qualität der Produkte, die Geschäftseinrichtung, das Warenzeichen, die Schulung u.ä. Diese Kontrollen werden zum Schutz der Identität und des Rufes des Franchisesystems vorgenommen. Die Uniformität muß gewahrt und in allen Bereichen verbessert werden. Insbesondere die Buchhaltung und die Verwaltung der Franchisenehmergeschäfte werden von den Franchisegebern oftmals aus mehreren Gründen kontrolliert. Die Berechnung der Franchisegebühren, die Einhaltung der Mindestumsätze und die Einsicht in das Einkaufsverhalten der Franchisenehmer sind solche Gründe.[324]

Die *Festlegung des Standorts des Franchisenehmergeschäfts* erfolgt in der Regel durch den Franchisegeber. Dieser wird bestrebt sein, seine Filialen keinem Wettbewerb durch Franchisegeschäfte auszusetzen. Er kann ein neues Franchisegeschäft in die Nähe eines alten Franchisegeschäftes, mit dessen Franchisenehmer er unzufrieden ist, setzen, um diesen zu disziplinieren. Die Franchisenehmer haben i.a. keinen Einfluß auf das Muster, nach dem der Franchisegeber die Standorte für Filialen oder Franchisegeschäfte verteilt. Errichtet der Franchisegeber in der Nähe eines Franchisenehmergeschäfts eine Filiale, dann kann er dem Franchisenehmer eher eine neue Geschäftspolitik aufzwängen. Ein Franchisenehmer darf im allgemeinen eine *Verlegung seines Geschäftsstandorts* nicht ohne Zustimmung des Franchisegebers vornehmen, damit er dadurch nicht dem aufgebauten Image schadet. Oftmals besteht ein *Verbot weiterer Geschäftseröffnungen* durch den Franchisenehmer, damit der Wettbewerb zwischen den Franchisenehmern (Intrabrand-Wettbewerb) gewährleistet ist.

321 Vgl. *Kneppers-Heijnert, E.M.*, Franchising, 1988, S.136 ff.
322 Vgl. *Cohen, J.S.*, Franchise System, 1971, S.176.
323 Vgl. *Kneppers-Heijnert, E.M.*, Franchising, 1988, S.122.
324 Vgl. *Kneppers-Heijnert, E.M.*, Franchising, 1988, S.143.

Der Franchisenehmer benötigt zudem zu einem *Geschäftsverkauf* die Zustimmung des Franchisegebers. Andererseits steht es dem Franchisegeber frei, sein Franchisesystem an einen unerfahrenen Unternehmer zu verkaufen, wobei die Franchisenehmer hier tatenlos zusehen müssen. Für Cohen ist dies ein weiteres Mittel des Franchisegebers, Profite aus der Franchise zu ziehen.[325] Im Vordergrund dieser Regelung wird aber eher die Identität des Franchisenehmers stehen. Einem Franchisenehmer geht es um die Humankapitalspezifität einer besonderen Person, nämlich des Franchisenehmers. Verkauft ein Franchisenehmer seine Franchise an einen Dritten, so könnte dieser die vom Franchisegeber gewünschten Qualifikationen gerade nicht haben. Davor will sich ein Franchisegeber schützen. Außerdem ist zu bedenken, daß bei einer Übertragung der Franchise ohne die Zustimmung des Franchisegebers die Gefahr besteht, daß sich Konkurrenten in das System einkaufen, um von dessen Know-how zu profitieren.

Auch *Regelungen, die bei Beendigung eines Franchisevertrages* gelten, haben häufig verschiedene ökonomische Funktionen. Die *Pflicht des Franchisegebers, die Aktiva des Franchisenehmers nach Vertragsbeendigung zurückzukaufen,* ist ein guter Schutz des Franchisenehmers vor einer geplanten Kündigung.[326] Im übrigen wird auf diese Weise dem Franchisenehmer ein Markt für sein spezifisches physisches Kapital garantiert. Neben dem Franchisenehmer profitiert aber auch der Franchisegeber von einer solchen Regelung, da er nicht Gefahr läuft, daß seine Güter und Einrichtungen in falsche Hände kommen. Auch die Bank hat einen Vorteil von dieser Regelung, da ein Verkauf der Aktiva an den Franchisegeber dem Franchisenehmer finanziell mehr einbringt als ein Verkauf auf dem freien Markt.[327] *Schiedsklauseln oder Transfernormen* regeln in diesem Zusammenhang die Übernahme von Franchisenehmergeschäftsaktiva durch den Franchisegeber. Ein ausreichender Franchisenehmerschutz ist gegeben, da in diesem Fall die Preise von einem Dritten bestimmt werden.[328]

Wenn ein Franchisenehmer aus dem System ausscheidet, entstehen dem Franchisegeber neue Kosten. Diese kann er minimieren, indem er *das Recht* hat, *den Verkauf des Geschäfts an bestimmte Personen zu unterbinden* ("right of first refusal"), *Transfergebühren zu erheben und Kontrolle über die Mietvereinbarung des Franchisegeschäfts* zu haben. Auch die *Verpflichtung, alle franchisespezifischen Merkmale*

325 Vgl. *Cohen, J.S.*, Franchise System, 1971, S.177.

326 Vgl. *Dnes, A.W.*, Case-Study Analysis, JLegStud, 1993, S.390.

327 Vgl. *Kneppers-Heijnert, E.M.*, Franchising, 1988, S.125.

328 Vgl. *Dnes, A.W.*, Case-Study Analysis, JLegStud, 1993, S.390.

vom Geschäft zu entfernen, läßt sich so bewerten.[329] Ein Franchisenehmer muß den Gebrauch des Handelsnamens bei Beendigung des Franchisevertrages einstellen, damit es für den Franchisegeber nicht zu einem Verlust von spezifischen Investitionen und damit zu Kosten kommt. Franchisegeber versuchen mit Hilfe solcher Klauseln die erwarteten Nettokosten der Trennung gleich null zu setzen.

4.6 Die optimale Vertragsgestaltung

Im Vordergrund eines Artikels von Hadfield steht die Frage des strategischen Verhaltens von Unternehmungen. Daher dürfen die Ergebnisse der Untersuchung auch nicht als eine komplette Erklärung für die Existenz des Franchising verstanden werden, sondern dienen nur der Aufzählung von strategischen Gründen.[330] Es wird das Abschreckungspotential für potentiell in den Markt eintretende Unternehmen beim Franchising untersucht, indem die Preisbildung delegiert wird. Das Ergebnis der Untersuchung läßt sich dahingehend zusammenfassen, daß das Franchising für den Franchisegeber keine höheren Kosten verursacht als vertikale Integration, daß ein Abschreckungspotential für potentiell in den Markt Eintretende vorhanden ist und daß der Franchisegeber keine Profite verliert.[331] In allen Punkten ergeben sich also Vorteile aus dem Franchising für den Franchisegeber im Vergleich zu Filialen (vertikaler Integration). Dieses Ergebnis kann jedoch nicht erklären, warum neben dem Franchising auch Filialen von Franchisegebern betrieben werden.

Hadfield unterwirft das Problem der Abschreckung und der Preisgestaltung bei vorliegendem Wettbewerb einer umfangreichen mathematischen Analyse. Der zeitliche Verlauf wird dabei in zwei Perioden unterteilt. In Periode 1 muß ein monopolistischer Hersteller sich zwischen Filialen und Franchisegeschäften entscheiden. Sein Ziel wird bei der Wahl des Franchising eine Profitmaximierung sein, unter der Einschränkung, daß der Vertrag für die Franchisenehmer akzeptabel ist. Ferner soll der Markteintritt weiterer Anbieter verhindert werden und der Vertrag neuverhandlungssicher sein. Das Ergebnis von Hadfield besagt, daß ein solcher Vertrag existiert. Sofern es keine untere Grenze für die Großhandelspreise gebe, erfolge auch eine Abschreckung ohne Profitverluste für den Franchisegeber.[332] In Periode 2 wird eine geringe Zahl neu eintretender Unternehmen angenommen. Nach Periode 2 erfolgen keine Neueintritte, und

329 Vgl. *Dnes, A.W.*, Economic Analysis, 1991, S.139; *Dnes, A.W.*, Franchise Contracts, JITE, 1992, S.491 ff.; *Dnes, A.W.*, Case-Study Analysis, JLegStud, 1993, S.380 ff.

330 Vgl. *Hadfield, G.K.*, Franchising, RAND J., 1991, S.542.

331 Vgl. *Hadfield, G.K.*, Franchising, RAND J., 1991, S.532 und S.541.

332 Vgl. *Hadfield, G.K.*, Franchising, RAND J., 1991, S.538.

es herrscht Preiswettbewerb. In der Folge werden daraus Gleichungen abgeleitet für die Gleichgewichtspreise eines Franchisenehmers und eines eingetretenen Anbieters.

Der Ansatzpunkt zur Ableitung dieser Gleichungen erscheint jedoch bereits fragwürdig, da z.B. eine Bedingung aufgestellt wird, daß die Differenz zwischen zwei Preisen minus dem Abstand zwischen zwei Geschäften dividiert durch vier größer gleich null sein soll. Eine Verknüpfung derartiger Einheiten ist mathematisch nicht korrekt.[333] Auch scheint die Aussage fragwürdig, daß der optimale Ort für Einsteiger genau in der Hälfte zwischen zwei Franchisegeschäften läge.[334] Beobachtungen zeigen ganz andere Verhältnisse, wenn man an die Ballung von Heimwerkermärkten, Tankstellen, Möbel- oder Autohäusern denkt. Über diese Annahme von Hadfield könnte man hinwegsehen, wenn den Abständen zwischen den Geschäften nicht einer derart zentrale Bedeutung in den abgeleiteten Gleichungen zukäme. Das Ergebnis, daß die Franchisegeber keine Anreize haben, ihre Pflichten zu verletzen, ist ebenfalls zweifelhaft. Diese Aussage mag Ausdruck des Ergebnisses sein, daß der Franchisegeber keine Profite bei Verwendung des Franchising einbüßt.[335] In die Betrachtungen werden jedoch von Hadfield keine franchisespezifischen laufenden Leistungen des Franchisegebers mit einbezogen. Die theoretische Abhandlung von Hadfield bemüht sich zwar, einige Effekte im Franchising zu erklären, scheint aber wenig Realitätsnähe zu besitzen.

Katz / Owen kommen in ihrer theoretischen Abhandlung zu dem Ergebnis, daß der optimale Franchisevertrag ein *nichtlinearer* Vertrag ist. Linear sei der Vertrag zwar aufgrund der vereinbarten Gewinnteilung, die durch fixe und laufende Gebühren vorgenommen wird.[336] Katz / Owen argumentieren jedoch, daß das verwendete Entschädigungsschema nichtlinear sei, insbesondere da der Service des Franchisegebers den Profit erhöhe und dadurch eine Einflußgröße hierauf darstelle, die andere Autoren nicht berücksichtigen.[337] Der Franchisevertrag enthält nach Ansicht von Katz / Owen vier wesentliche Elemente, nämlich Regelungen über die Einstiegsgebühr, die laufenden Gebühren, den Aufwand des Franchisegebers hinsichtlich Werbung und ähnlichem und die Anzahl der Geschäfte, die ein Franchisenehmer eröffnet. Unterstellt wird die Existenz und die Eindeutigkeit eines optimalen Franchisevertrages. Das Problem des Franchisegebers bestehe nun in der Wahl der Einstiegsgebühr, des Prozentanteils der laufenden Gebühren vom Umsatz des Franchisenehmers, des Serviceaufwands sowie

333 Vgl. *Hadfield, G.K.*, Franchising, RAND J., 1991, S.533.
334 Vgl. *Hadfield, G.K.*, Franchising, RAND J., 1991, S.537.
335 Vgl. *Hadfield, G.K.*, Franchising, RAND J., 1991, S.535.
336 Vgl. *Katz, B.G. / Owen, J.*, Franchise Contracts, IJIO, 1992, S.584.
337 Vgl. *Katz, B.G. / Owen, J.*, Franchise Contracts, IJIO, 1992, S.587.

in der Anzahl der Geschäfte eines Franchisenehmers. Diese vier Variablen werden verstanden als "compensation scheme for the agents" und als "level of support services provided by the franchisor."[338] Ein Ergebnis der Untersuchung ist, daß der Franchisenehmer bei optimalem Franchisevertrag mehr als die Hälfte der Profite behält. Die Autoren zeigen, daß unter bestimmten Bedingungen ein Nutzenmaximierungsfranchisevertrag existiert, der einzigartig ist. Dieser Franchisevertrag besitzt die Eigenschaft, daß dem Franchisenehmer mehr als die Hälfte der Einnahmen aus seinem Franchisegeschäft verbleibt.[339] Geht man davon aus, daß sich die Bezeichnung "optimaler Franchisevertrag" wiederum auf die Profite des Franchisegebers bezieht, so ist eine derartige Teilung in der Tat als günstig einzustufen. Für den Franchisenehmer dagegen ist eine 50 / 50-Teilung jedoch ungünstig, so daß es dem Franchisegeber Probleme bereiten könnte, zu diesen Konditionen geeignete Franchisenehmer zu finden. Die Untersuchung von Katz / Owen ergab zudem, daß der Franchisegeber die Franchisenehmer anhand der Anzahl der Geschäfte, die diese eröffnen, einschätzen kann.[340] Die Autoren räumen jedoch selber ein, daß für eine derartige Einschätzung zu viele Daten benötigt werden. Allerdings besitze ein nichtlinearer Vertrag die Eigenschaft, daß er nur die härter arbeitenden Bewerber heraussieben wird.[341]

Lal beschäftigte sich mit der Frage, wie die Koordination zwischen Franchisegeber und Franchisenehmer verbessert werden kann. Hierzu werden von ihm vornehmlich zwei Faktoren in Betracht gezogen: die Gebühren und die Überwachungsstrategie. Er beginnt mit einem einfachen Modell, in dem ein Hersteller seine Produkte über einen Händler vertreibt. In dieser Konstellation könne kein horizontales Trittbrettfahren auftreten. Für eine volle Koordination seien, so das Ergebnis seiner Analyse, weder eine Gebühr noch Überwachung erforderlich. Lal gibt jedoch selbst zu, daß dieses Ergebnis wenig Aussagekraft für die Gestaltung praktischer Verträge und insbesondere der Gebühren besitzt. Interessanter wäre auch eine Beurteilung der Fragestellung, welche Einflüsse Gebühren auf das Franchiseverhältnis *haben*. Diese Betrachtungsweise unterscheidet sich erheblich von dem theoretischen Ergebnis, daß der Franchisegeber keine Gebühren zu erheben *braucht*.

In einem erweiterten Modell untersucht Lal das Verhalten bezüglich des Service-Levels von zwei Franchisenehmern. Für die mathematische Analyse nimmt er an, daß

---

338 Vgl. *Katz, B.G. / Owen, J.*, Franchise Contracts, IJIO, 1992, S.587.

339 Vgl. *Katz, B.G. / Owen, J.*, Franchise Contracts, IJIO, 1992, S.587.

340 Dieses Ergebnis ist jedoch für den deutschen Raum kaum brauchbar, da Franchisenehmer in der Regel lediglich ein Geschäft mit festgelegtem Standort eröffnen. Insofern kommt dem Parameter in dem mathematischen Modell als einer von vier wesentlichen zuviel Bedeutung zu.

341 Vgl. *Katz, B.G. / Owen, J.*, Franchise Contracts, JIO, 1992, S.587.

die Nachfrage bei beiden Franchisenehmern voneinander abhängt. Für Lal stellt sich nun die Frage nach dem optimalen Service-Level. Allein die Fragestellung impliziert bereits, daß der Service-Level niedrig gewählt wird, da Lal keine Unterscheidung zwischen beiden Franchisenehmern vornimmt und keinen variablen, vom Service-Level abhängigen Bedarf annimmt. Geht man von einer Nachfrage aus, die zwischen beiden Franchisenehmern in Abhängigkeit von deren Service-Level aufgeteilt wird, so werden die Kosten für den Service dazu führen, daß beide Parteien diesen niedrig wählen werden. Als Erfordernis müßte in das mathematische Modell eingebracht werden, daß die Nachfrage gegen null geht, sobald der Service gegen null geht. Zieht man jedoch beide Parameter, also die Kosten des Service und davon abhängig die Nachfrageschwankungen, in die Rechnung mit ein, so wird sich mathematisch kein Ergebnis ableiten lassen, so lange man keine Abhängigkeit zwischen beiden Parametern annimmt. Diese Abhängigkeit läßt sich jedoch nicht mathematisch errechnen, sondern könnte allenfalls empirisch bestimmt werden. Dem niedrigen Service könnte der Franchisegeber laut Lal lediglich durch vertragliche Sanktionen und Überwachung begegnen. Dies sei jedoch in der Realität oft nicht möglich. Trotzdem untersucht Lal die Einflüsse der Überwachung. Nach seiner mathematischen Analyse ergeben sich folgende Abhängigkeiten: Die Wahrscheinlichkeit eines besseren Service sinkt mit steigenden Kosten der Überwachung (a) und steigt mit zunehmenden Strafen (b). Die Wahrscheinlichkeit für die Durchführung von Überwachung sinkt mit steigenden Strafen (c) und steigt mit steigenden Kosten der Überwachung (d).

Bei Ergebnis d) räumt Lal ein, daß es zunächst gegen die Intuition spricht. Erklärbar sei dies dadurch, daß mit steigenden Kosten der Überwachung der Franchisenehmer öfter schlechteren Service bieten könne, wodurch der Franchisegeber seinen Überwachungsaufwand steigern müßte. Lal übersieht hierbei jedoch den Widerspruch zu Ergebnis a), da hohe Kosten der Überwachung angeblich mit umfangreicher Überwachung einhergehen. Es leuchtet nicht ein, daß bei steigender Überwachung der Service des Franchisenehmers schlechter werden soll. Wiederum betont Lal, daß keine laufenden Gebühren notwendig sind. Genau wie beim einfachen Modell ist hier aber die umgekehrte Fragestellung interessanter: Welchen Einfluß hat es, wenn der Franchisegeber Gebühren erheben *will*? Überhaupt keine Berücksichtigung findet in der Analyse die Tatsache, daß sich beide Franchisenehmer nicht homogen verhalten werden.

In der letzten Erweiterung seines Modells bezieht Lal den Einfluß des Markennamens mit ein. Er kommt zu dem Ergebnis, daß laufende Gebühren allein den Anreiz für den Franchisegeber geben, in den Markennamen zu investieren. Die Investitionen des Franchisegebers in den Markennamen steigen mit steigenden Gebühren. Umgekehrt verbessere sich der Service des Franchisenehmers, sofern die laufenden Gebühren sinken. Insgesamt kommt Lal zu dem Ergebnis: Ein optimaler Franchisevertrag enthält immer eine laufende Gebühr. Laufende Gebühren animieren den Franchisegeber dazu, in die Marke zu investieren. Die Überwachung des Franchisenehmers führt zu einem höheren Service-Level des Franchisenehmers. Insgesamt werde die Koordination zwischen Franchisegeber und Franchisenehmer durch Überwachung und Gebühren gefördert.

Den Ergebnissen von Lal wird man jedoch nur geringe praktische Relevanz bescheinigen können. Dies mag mit der sehr eingeschränkten Betrachtung von zwei oder maximal drei Parteien zusammenhängen. Hierbei gehen wesentliche Gesichtspunkte verloren, wie Anreize des Franchisegebers in den Markennamen zu investieren, um neue Franchisen zu verkaufen oder um die Gewinne der eigenen Filialen zu erhöhen. Die Anreize des Franchisegebers, in den Markennamen zu investieren, darauf zu reduzieren, daß er laufende Gebühren von dem Franchisenehmer nimmt, scheint zu eingeschränkt.[342]

Phillips untersuchte die Interdependenzen zwischen Eintrittsgebühr, den Preisen für die Waren, die vom Franchisegeber an den Franchisenehmer geliefert werden, den Wiederverkaufspreisen, der Anzahl der Franchisenehmer und dem Umsatz zwischen einem Franchisegeber und einem Franchisenehmer. Optimiert werden sollten dabei die ersten drei Parameter. Die Gebühren werden von Phillips als Möglichkeit der Rentenextraktion angesehen. Allerdings könnten die laufenden Gebühren leicht in den Abgabepreis der Waren an den Franchisenehmer eingearbeitet werden.[343] Nach Ansicht von Phillips wird ein profitorientierter Franchisegeber immer eine laufende Gebühr nehmen.[344] Es scheine ferner optimal zu sein, daß die Großhandelspreise unter den marginalen Kosten liegen, ein hoher Wiederverkaufspreis verlangt und eine Einstiegsgebühr erhoben wird.[345] Der Festlegung der Wiederverkaufspreise durch den Franchisegeber ("resale price maintenance") kommt in dem Modell ein hoher Stellenwert zu. Aus diesem Grund werden die Ergebnisse kaum für den deutschen Markt Bedeutung erlangen, da derartige Vorgaben nach nationalem und europäischem Recht verboten sind.[346]

---

342 Vgl. *Lal, R.*, Franchising, MS, 1990, S.299 ff.

343 Vgl. *Phillips, O.R.*, Franchises, SEJ, 1991, S.424.

344 Dieses Ergebnis ist nicht weiter verwunderlich und liegt in der Natur eines unternehmerisch denkenden Franchisegebers.

345 Vgl. *Phillips, O.R.*, Franchises, SEJ, 1991, S.428.

346 Vgl. hierzu Abschnitt 8.6.7 (S.392).

4.7 Konfliktlösungsmechanismen

Zwischen den Mitgliedern von Vertragssystemen gibt es dynamische Felder des Konflikts und der Kooperation. Konflikte sind ein vorherrschendes Charakteristikum der Interaktion zwischen allen Institutionssystemen. Vertikale Beziehungen unterscheiden sich von horizontalen dadurch, daß sie auf einer Macht als Form der Konfliktlösung basieren. Das Auftreten eines Managers in solchen Systemen ist nicht nur wahrscheinlich, sondern unvermeidbar. Im allgemeinen haben aber die Mitglieder eines Vertragssystems mehr übereinstimmende Interessen als voneinander abweichende. Der Grad der Konflikte oder der Kooperation in vertraglichen Kanälen variiert mit dem Lebenszyklus eines Systems. Konflikte erwachsen auch aus unterschiedlichen Rollenverständnissen. Nach Boulding gibt es ein Niveau an Konflikten innerhalb von Systemen, unter dem Konfliktprozesse gesund für das System sind. Er nennt dieses Niveau auch "level of hostility".[347]

Ein Marketingsystem kann sich nach Ansicht Mallens auf dreierlei Arten seiner konflikt- und kooperationsbehafteten Umwelt anpassen:[348] 1) Der Lieferant kann die Händler dazu zwingen zu kooperieren, wenn es sich um eine autokratische Beziehung handelt. 2) Der Lieferant kann die Händler in einer guten Beziehung davon überzeugen, mit ihm zu kooperieren. 3) In einer anarchischen Beziehung wird der Lieferant keine strenge Führerschaft betreiben.

Zwischen den Franchisegebern und ihren Franchisenehmern besteht ein Interessenkonflikt. Die Franchisegeber sind an einer Steigerung der Franchisenehmerumsätze interessiert, da sie bei Erhebung von laufenden Gebühren einen Teil ihrer Gewinne daraus beziehen. Die Franchisenehmer hingegen wollen ihre Gewinne maximieren. Eine Erhöhung der Umsätze ist weder eine Notwendigkeit noch eine ausreichende Bedingung für eine Erhöhung der Franchisenehmergewinne.[349] Der Franchisegeber wünscht sich nicht ein profitables Geschäft für den Franchisenehmer, sondern für sich.[350]

Konfliktquellen, die vom Franchisegeber ausgehen, sind laut Franchisenehmeraussagen:[351]

---

347 Vgl. *Boulding, K.E.*, Human Conflict, 1965, S.174 ff.

348 Vgl. *Mallen, B.*, Conflict, 1965, S.83 ff.

349 Vgl. *Felstead, A.*, Franchise, WLE, 1991, S.46.

350 Vgl. *Cohen, J.S.*, Franchise System, 1971, S.175.

351 Vgl. *Storholm, G. / Scheuing, E.E.*, Franchising, JBusEthics, 1994, S.187.

- Opportunistisches Verhalten aus dem zweigleisigen Vertrieb:
  Die Filialen haben bessere "economies of scale".
- Die Abnahmeverpflichtung:
  Oft könnten die Produkte / Dienstleistungen bei Dritten günstiger gekauft werden.
- Die Beendigung der Franchise:
  Häufig kündigen die Franchisegeber unfair, damit sie ein profitables Geschäft als Filiale führen können.
- Der fragwürdige Gebrauch der Gebühren:
  Es sei mitunter nicht nachvollziehbar, was mit den Gebühren geschieht.
- Die asymmetrische Natur des Franchisevertrages:
  Der Franchisegeber habe Gelegenheit zu opportunistischem Verhalten.

Konfliktquellen, die vom Franchisenehmer ausgehen, sind nach Angaben der Franchisegeber:[352]

- Weitergabe von geheimen Informationen an Dritte,
- Nichtzahlung oder ungenügende Zahlung von laufenden Gebühren (z.B. falsche Angaben über die Umsätze) und
- die Weigerung des Franchisenehmers, sich an die vorgeschriebenen Standards zu halten.

Einige Autoren sind verärgert über den Unterschied zwischen dem Konzept und der Realität beim Franchising. Cohen z.B. sieht deutlich die Vorteile für die Wirtschaft, die Verbraucher und die Franchisegeber, ist aber der Meinung, daß die Franchisenehmer nur dann auch Vorteile haben, wenn die Kontrolle durch den Franchisegeber entspannter ist und wesentliche Konfliktgründe im Franchisegeber-Franchisenehmer-Verhältnis beseitigt werden. Als Lösung biete sich das Recht an. Dem Franchisegeber eine Treuepflicht aufzuerlegen, sei ein Anfang, aber noch nicht genug. Das Kartellrecht sei noch besser geeignet, die Probleme zu lösen. Bestimmte Bezugsbindungen wurden z.B. vom Obersten Gerichtshof der Vereinigten Staaten als illegal angesehen. Wenn solche Bezugsbindungen eliminiert werden könnten, so würde nach Dafürhalten Cohens der Bereich möglicher Konflikte zwischen Franchisegeber und Franchisenehmer eingeengt, und der Franchisegeber wäre gezwungen, die Interessen des Franchisenehmers mehr zu beachten.[353] Rubin spricht sich allerdings gegen eine

352 Vgl. *Storholm, G. / Scheuing, E.E.*, Franchising, JBusEthics, 1994, S.187.
353 Vgl. *Cohen, J.S.*, Franchise System, 1971, S.181

zu starke Einmischung des Kartellrechts in die Franchisebeziehung aus. Die Argumente, daß ein Franchisenehmer unwissend sei und der Franchisegeber die bessere Verhandlungsbasis habe, läßt er nicht gelten.[354] Die rechtliche Einmischung sei die falsche Interpretation der Natur der Beziehung zwischen Franchisegeber und Franchisenehmern. Die ökonomische Situation sei aber eine andere als die rechtliche. Der Franchisenehmer sei eher ein Arbeitnehmer des Franchisegebers als ein unabhängiger Unternehmer. Dies würden sowohl die Kontrollmöglichkeiten als auch die Leichtigkeit, mit der ein Franchisevertrag durch einen Franchisegeber gekündigt werden kann, deutlich machen.[355] Eine Kategorisierung des Franchising im Rechtssystem führe zu Ineffizienz, wenn die Gerichte sich so verhalten, als hätte diese rechtliche Kategorisierung irgendeine ökonomische Gültigkeit. Sollten sich die Gerichte weiterhin in die Franchiseverträge einmischen, so könne es sein, daß die Franchisegeber sich ganz auf die Filialen ausrichten und keine Franchisen mehr verkaufen.[356] Dnes gibt zu bedenken, daß der Schutz der Franchisenehmer zwar durch die Überwachung der Kündigung von Franchiseverträgen durch die Gerichte erfolgen könne, allerdings würden sich dabei die Kosten im Vergleich zu Schiedsvereinbarungen erhöhen. Eine Neuverhandlung der Franchiseverträge könne am besten unter Aufsicht der Gerichte oder durch Schiedsvereinbarungen geschehen, da dann sichergestellt sei, daß sich niemand opportunistisch verhält.[357]

Auch Offenlegungs- und Kündigungsgesetze im Bereich des Franchising wurden in den letzten Jahren in den USA implementiert. Erstere schützen den potentiellen Franchisenehmer vor Betrug, letztere sehen eine Entschädigung des Franchisenehmers vor, wenn ihm ohne wichtigen Grund gekündigt oder sein Vertrag nicht mehr erneuert wird. Durch eine solche Gesetzgebung verbessert sich die Verhandlungsmacht zwischen Franchisegeber und Franchisenehmer, und es kommt mehr Fairness in den Franchisevertrag. Andere Möglichkeiten sind Schiedsklauseln sowie die Trennung der Produktion eines Produktes von seiner Distribution. Franchising werde nur dann sein volles Potential entfalten können, wenn die Interessen der Franchisegeber und der Franchisenehmer mehr Gemeinsamkeiten aufweisen.[358]

---

354 Anderer Ansicht ist Hadfield. Ihrer Meinung nach zeigt sich die Überlegenheit des Franchisegebers und die Unerfahrenheit des Franchisenehmers schon im Gebrauch von AGB. Sei ein Franchisesystem zu Vertragsverhandlungen bereit, um die Franchise zu verkaufen, so sei dies schon ein Zeichen der Schwäche des Unternehmens (vgl. *Hadfield, G.K.*, Problematic Relations, Stanf.L.Rev., 1990, S.961).

355 Vgl. *Rubin, P.H.*, Franchise Contracts, JLE, 1978, S.231 f.

356 Vgl. *Rubin, P.H.*, Franchise Contracts, JLE, 1978, S.232.

357 Vgl. *Dnes, A.W.*, Economic Analysis, 1991, S.142.

358 Vgl. *Cohen, J.S.*, Franchise System, 1971, S.183.

Die Gefahr des Mißbrauchs liegt nach Ansicht Hadfields in der Struktur des Franchising. Der Grad der Franchisegeber-Kontrolle, gekoppelt mit der Existenz von Franchisenehmer-Investitionen, bilde die Konfliktgrundlage. Die Franchisegeber würden den Franchisenehmern nur so lange helfen, wie die Interessen gleichgerichtet seien. Gingen diese auseinander, dann würden die Franchisegeber nur an sich denken. Kritiker von Franchisesystemen behaupten deshalb auch, die Franchisenehmer würden den Franchisegebern als Kanonenfutter dienen. Sie würden erst mal vorgeschickt, um die Lage zu sondieren.[359] Zwei Arten von Vertragsstreitigkeiten lassen sich für Hadfield unterscheiden: Entweder der Franchisenehmer richtet sich nicht nach den Vertragsverpflichtungen, oder der Franchisegeber will das System verändern, womit ein oder mehrere Franchisenehmer nicht einverstanden sind. Leider können die Franchisenehmer nicht unterscheiden, ob es für Systemveränderungen einen konkreten Bedarf gibt oder ob sich der Franchisegeber nur opportunistisch verhält. Die Komplexität ergibt sich somit aus dem Konflikt zwischen dem legitimen Interesse des Franchisegebers, auf einen sich verändernden Markt zu reagieren, und seinem illegitimen Interesse, diese Kosten auf den Franchisenehmer abzuwälzen oder opportunistische Veränderungen als marktinduzierte auszugeben.[360]

Das Interesse des Franchisegebers an einer Kontrolle der Franchisenehmer sei mit dem Interesse der Franchisenehmer an der Verhinderung von opportunistischem Verhalten des Franchisegebers in Einklang zu bringen. Als Lösungsmöglichkeiten bei Streitigkeiten bieten sich drei Ansätze an. Erstens können die Gerichte z.B. die Lücken im Franchisevertrag (Interpretation des unvollständigen Vertrages) füllen oder den Vertrag für nichtig erklären.[361]

Eine zweite Möglichkeit ist der Business Judgment Approach. Diesen Ansatz verfolgten die Gerichte in Prozessen gegen Unternehmensvorstände. So lange der Vorstand seine Entscheidungen im guten Glauben und in der ernsthaften Annahme getroffen hatte, daß sie im Interesse der Unternehmung sind, haftet er nicht für diese Entscheidungen, auch wenn sie der Unternehmung Schaden zugefügt haben. Der Business Judgment Approach, den die Gerichte bisher in den USA verfolgen, sei aber zur Beurteilung der Franchiseverträge ungeeignet, da er die Beziehung außen vorlasse. Die Theorie, daß sich die Franchisebeziehung nur auf den Schutz der Integrität des Franchisesystems und des Wertes des Warenzeichens bezieht, führe dazu, daß dem

359 Vgl. *Hadfield, G.K.*, Problematic Relations, Stanf.L.Rev., 1990, S.969.

360 Vgl. *Hadfield, G.K.*, Problematic Relations, Stanf.L.Rev., 1990, S.975; zum Argument des Mißbrauchs der Geschäftsmacht vgl. auch S.970.

361 Vgl. *Hadfield, G.K.*, Problematic Relations, Stanf.L.Rev., 1990, S.978.

Franchisegeber hinsichtlich der Füllung der Vertragslücken eine Klugheit zugestanden wird, als ob es sich um vertikale Integration handele. Bei diesem Ansatz fragt man deshalb nicht danach, ob die Entscheidung eines Franchisegebers zu Verlusten bei den Franchisenehmern geführt hat oder ob diese Entscheidung für den Franchisegeber nur deshalb profitabel war, weil sie auf Kosten der Franchisenehmerinvestitionen umgesetzt wurde.[362] Außerdem würdigen die Gerichte bei Gebrauch dieses Ansatzes den Einsatz der Franchisenehmer nicht.

Die dritte, bessere Lösung sei die, daß sich die Gerichte mit der schwierigen Aufgabe der Interpretation der Franchisebeziehungen beschäftigen sollten. Hadfield spricht sich für einen relationalen Ansatz ("relational approach") bei der Interpretation der Franchiseverträge aus. Ihrer Meinung nach sollten die Gerichte aufhören, die Franchisebeziehung als eine solche zu sehen, bei der nur das Warenzeichen und der Goodwill des Franchisegebers geschützt werden müssen. Die Franchisebeziehung beruhe auf einem gegenseitigen Austausch. Viele der Verpflichtungen würden sich daher aus der Beziehung selbst ergeben. Der Franchisevertrag sei eingebettet in eine identifizierbare, zu entdeckende Beziehung. Um einen Franchisevertrag interpretieren zu können, müsse man ihn im Kontext mit der Franchisebeziehung lesen, das Geschriebene mit dem Grundverständnis der Beziehung und den Verpflichtungen der Vertragsparteien vergleichen. Nur auf diese Weise könnten die Gerichte sicherstellen, daß ihre Rechtsprechung auch dem Sinn der Franchise entspricht.[363]

Kein rationaler Entscheidungsträger würde einen solch unvollständigen Vertrag wie den Franchisevertrag eingehen, wenn er nicht auf die Beziehung vertrauen könnte. Franchisegeber und Franchisenehmer gehen im Gegenteil die Verbindung im Vertrauen auf die Merkmale der Franchisebeziehung ein, die die Lücken des geschriebenen Vertrags ausfüllen.[364] Da auch der Franchisenehmer versunkene Investitionen tätige, sei der Franchisegeber verpflichtet, den Franchisenehmer bei einer profitablen Führung seines Geschäftes zu unterstützen. Die Gerichte sollten zuerst immer fragen, ob es versunkene Investitionen gibt, da diese eine notwendige Vorbedingung für Opportunismus darstellen. Das Gericht müsse somit immer nach den wahren Motiven der Franchisegeberhandlung forschen.

Joseph geht der Frage nach, ob die Franchisegeber den Franchisenehmern eine Kompetenzpflicht schulden. In vielen Franchiseverträgen sind die Aufgaben des Franchisegebers nicht verankert. Für die Franchisenehmer bedeutet es aber eventuell

---

362 Vgl. *Hadfield, G.K.*, Problematic Relations, Stanf.L.Rev., 1990, S.983.
363 Vgl. *Hadfield, G.K.*, Problematic Relations, Stanf.L.Rev., 1990, S.992.
364 Vgl. *Hadfield, G.K.*, Problematic Relations, Stanf.L.Rev., 1990, S.957.

den Verlust ihrer Existenzgrundlage, wenn ihr Franchisegeber inkompetent handelt. Joseph hält vier "Schutzregelungen" für denkbar. Erstens könne man den Franchisegebern eine Sorgfaltspflicht auferlegen, wie sie andere Berufsstände bereits haben. Hintergrund der Regelung ist der, daß in dem Fall, in dem Geschäftsleute mit der Behauptung in die Öffentlichkeit gehen, einen bestimmten Wissenstandard oder besondere Fähigkeiten zu haben, sie ihre Dienste auch entsprechend ausüben müssen. In den USA erkannten Gerichte den Klägern einen finanziellen Ersatz im Falle monetärer und körperlicher Schäden zu (Verlust des Lebens durch ungeeignete Ausstattung des Franchisegebers). Die Mehrheit der Richter vertritt jedoch den Standpunkt, daß wirtschaftliche Verluste aufgrund von Nachlässigkeit (des Franchisegebers) nicht ersetzt werden müssen. Vielmehr müßten sich im Vertrag entsprechende Lösungen finden.

Eine zweite Lösung seien implizite Verträge nach Treu und Glauben ("implied covenants of good faith and fair trade"): Es handelt sich dabei um durch konkludentes Handeln begründete Verträge, nach denen keine Partei der anderen schaden darf. Die Gerichte erkannten, daß die Parteien gelegentlich Erwartungen haben, die so fundamental sind, daß sie nicht über diese verhandeln brauchen. Dieser Grundsatz kann dann angewendet werden, wenn Böswilligkeit, Vorsatz o.ä. ("bad faith") vorliegt. Die dritte Möglichkeit greift, wenn der Franchisegeber seinen vertraglichen Verpflichtungen nicht nachkommt. Dann ist er dem Franchisenehmer aufgrund des Vertragsbruches zu Schadensersatz verpflichtet. Viertens hat ein Franchisegeber nach US-amerikanischem Recht die Verantwortung dafür, daß die an den Franchisenehmer gelieferten Waren verkaufstauglich sind (Produkthaftungspflicht). Die Gewährleistung im Handwerksbereich ist ebenfalls eine implizite Garantie der Kompetenz und der Fähigkeit, die in den jeweiligen Berufen zu erwarten sind.

Joseph konstatiert, daß die US-amerikanischen Gerichte sehr vorsichtig bei der Auferlegung außervertraglicher Pflichten auf die Franchisegeber-Franchisenehmer-Beziehung sind. Er kommt wie Hadfield zu der Erkenntnis, daß ein "relational approach" am besten geeignet sei, Vertragsstreitigkeiten zu interpretieren. Wenn es eine solche Kompetenzpflicht des Franchisegebers gebe, dann müsse diese im Kontext der Franchisevereinbarung entwickelt und unter Berücksichtigung der Vertragssprache und der vernünftigen Erwartungen der Parteien interpretiert werden. Unter bestimmten Umständen könne es dann zu einer Schadensersatzpflicht des Franchisegebers kommen.[365]

---

365 Vgl. *Joseph, R.T.,* Franchisors, BL, 1991, S.505.

4.8 Zusammenfassung

Die *Neue Institutionenökonomie*, mit deren Hilfe die Existenz der verschiedensten Organisationsformen erklärt werden kann, wird auch zur Erklärung des Franchising herangezogen. Zur Neuen Institutionenökonomie zählen die Agency-, die Property-Rights- und die Transaktionskostentheorie. Vor allem die agency- und die transaktionskostentheoretische Analyse des Franchising ergibt wichtige Hinweise auf die Frage, warum es Franchising gibt. Der Hauptunterschied zwischen beiden Theorien ist, daß bei der Transaktionskostentheorie der Leistungsaustausch selbst im Mittelpunkt steht, während es bei der Principal-Agent-Theorie um die beteiligten Wirtschaftssubjekte geht. Des weiteren ist die Untersuchungsperspektive eine andere. Während es bei der Transaktionskostentheorie primär um die nach Vertragsabschluß auftretenden Vertragsprobleme und deren Eindämmung geht (ex post-Betrachtung), sollen bei der Principal-Agent-Theorie die Agencykosten ex ante durch entsprechende Anreizgestaltung vermieden werden.

Aber auch die *Betrachtungsweisen von Juristen und Ökonomen* sind unterschiedlich. Während die Ökonomen einen Vertrag ex ante betrachten, analysieren ihn die Juristen ex post. Die Ökonomen suchen nach einem effizienten Vertrag, der drei Funktionen erfüllen muß: erstens muß er für die Vertragsparteien Anreize enthalten, zweitens müssen Schwierigkeiten vorausgesehen werden, und drittens müssen Mechanismen dafür sorgen, daß die Parteien später ihrem Wort nachkommen. Der Jurist hingegen interpretiert den Vertrag und forscht nach dem Parteiwillen.

Zum besseren Verständnis der ökonomischen Theorien ist es notwendig, sich über die *Natur eines Franchisesystems* klar zu werden. Beim Franchising handelt es sich um eine Zwischenform zwischen Markt und Hierarchie, d.h., es hat (noch) keine vollständige Integration stattgefunden. Der Franchisevertrag wird auch als Hybridform zwischen Vertriebsvertrag und Arbeitsvertrag gesehen. Zur Natur des Franchisevertrages gehört es auch, daß er einen unvollständigen Vertrag darstellt, da es sich in der Regel um ein Langzeitverhältnis handelt. Dies bedeutet, daß nicht alle Eventualitäten bei Vertragsabschluß vorausgesehen werden und sich mit der Zeit Vertragslücken herausstellen können. Für die Unvollständigkeit eines Langzeitvertrages gibt es zwei Gründe. Die Unsicherheit schließt eine große Anzahl von Gegebenheiten ein, bei denen es sehr teuer wäre, im voraus alle diese Möglichkeiten zu spezifizieren. Außerdem sind einzelne vertragliche Punkte, wie zum Beispiel der Einsatz, mit der sich ein

Arbeitnehmer seiner Aufgabe widmen muß, sehr schwer zu messen.[366] Beide Punkte treffen in hohem Maße auch auf das Franchiseverhältnis zu. Das Franchiseverhältnis ist somit ein Verhältnis, das sich mit der Zeit durch ständige Anpassung entwickelt und dessen Management kontinuierlicher Korrekturen bedarf.[367]

Hauptaussage der *Agencytheorie* hinsichtlich der Existenz des Franchising ist die, daß Franchising die Agencyprobleme zwischen dem Franchisegeber als Prinzipal und den Franchisenehmern als Agenten minimiert, indem den Franchisenehmern ein Teil der Gewinne zugestanden wird (sogenanntes "profit sharing"). Ein vollständig spezifizierter Vertrag sei weder in Form eines Arbeitsvertrages noch in Form eines Franchisevertrages zu gestalten. So ist es beispielsweise schwer, einen Müßiggang von Filialmitarbeitern zu verhindern. Beim Franchising treten hingegen andere Probleme auf. Es besteht z.B. die Gefahr, daß Franchisenehmer trittbrettfahren. Gemeint ist damit, daß ein Franchisenehmer einen Anreiz hat, seine Präferenzen für ein bestimmtes Gut zu verbergen, in der Hoffnung, daß die jeweils anderen Franchisenehmer schon für die Herstellung dieses Gutes sorgen werden und ihn dann später nicht mehr vom Konsum dieses Gutes ausschließen können. Zwischen Franchisegeber und Franchisenehmern besteht eine Informationsasymmetrie; so kennt ein Franchisegeber nicht die Nachfragebedingungen eines jeden Franchisenehmers. Da sich aus dieser Informationsasymmetrie Konflikte zwischen den Vertragsparteien ergeben können, müssen Anreize geschaffen werden, damit die Franchisenehmer die wahren Gegebenheiten offenlegen. Ein solcher Anreiz besteht z.B. in den laufenden Gebühren, da diese mit steigendem Umsatz sinken. Aber auch für den Franchisegeber bestehen Anreize zum Trittbrettfahren. Wie diesen begegnet wird, wird bei einer Diskussion der Funktion von Gebühren deutlich. Die Überwachung ist ein weiteres Instrument, um die Franchisenehmer vom Trittbrettfahren oder einer opportunistischen Aneignung der Franchisegeber-Quasi-Rente abzuhalten. Empirische Untersuchungen haben gezeigt, daß die Entscheidung, ein Geschäft als Filiale oder als Franchisegeschäft zu betreiben, den Trade-off zwischen den Agencyproblemen dieser beiden Organisationsformen widerspiegelt.

Nach der *Property-Rights-Theorie* findet beim Franchising eine effiziente Verteilung von Verfügungsrechten statt, was zur Folge hat, daß dieses Organisationssystem in bestimmten Branchen effizienter ist als andere Systeme.

---

366 Vgl. *Klein, B.*, Transaction Cost Determinants, AER, 1980, S.356; Hadfield sieht in der Unvollständigkeit der Verträge sogar den *Kern* oder das *Schlüsselmerkmal* des Problems (vgl. *Hadfield, G.*, Problematic Relations, Stanf.L. Rev., 1990, S.929 und S.947).

367 Vgl. *Sciarra, S.*, Franchising, 1991, S.252.

Wenn man *transaktionskostentheoretische Betrachtungen* dem Franchising zugrunde legt, die auf den Annahmen einer eingeschränkten Rationalität der Beteiligten und nachvertraglichem Opportunismus basieren, dann wird man in Franchiseverträgen mit Klauseln zu rechnen haben, die zur Koordination der wirtschaftlichen Beziehungen führen sollen. Dies können Anreiz-, Kontroll- oder Sanktionsmechanismen bewirken. Viele der auf den ersten Blick "ungerechten" Klauseln stellen sich bei näherer Analyse als sinnvoll dar.

Eine weitere Erklärung für die Existenz des Franchising ist die *Kapitalkostentheorie*. Nach dieser Theorie entsteht Franchising aufgrund der Kapitalknappheit der Franchisegeber zu Beginn ihres Unternehmenslebenszyklus. Für den Franchisegeber sei es in der Regel beim Aufbau einer (inter-) nationalen Unternehmenskette kostengünstiger, auf Franchisenehmer zurückzugreifen als diese selbst zu finanzieren. Wenn der Franchisegeber dann mit der Zeit bekannt geworden ist (Aufbau eines Markennamens), werde er dazu übergehen, zu filialisieren.

Nach der *Suchkostentheorie* wirbt der Franchisegeber Franchisenehmer an, da diese über qualifiziertere Kenntnisse der örtlichen Märkte verfügen als der Franchisegeber. Hat dann der Franchisegeber im Laufe der Zeit diese Kenntnisse auch erworben, wird er nach dieser Theorie verstärkt Filialen aufbauen. Das Franchising trete dann in den Hintergrund.

Analysiert wurden zudem *Faktoren, die die Wahl eines Franchisegebers, zu filialisieren oder zu franchisieren, beeinflussen*. Dazu gehört z.B. die *Art der Kundschaft*. Wenn das aufzubauende Geschäft aller Wahrscheinlichkeit nach vorwiegend von Stammkundschaft besucht werden wird, dann ist die Wahrscheinlichkeit einer Franchisierung sehr hoch. Ebenso verhält es sich bei einer großen *geographischen Entfernung des Geschäfts von der Zentrale*. Das *Markennamenkapital* stellt für potentielle Kunden einen Qualitätshinweis dar. Eine Qualitätsverschlechterung und damit eine Abwertung des Markennamenkapitals wird durch das Franchising vermieden, was ein weiterer Vorteil dieses Systems ist. Dies hängt mit den potentiellen Verlusten der Franchisenehmer bei einem Niedergang des Markennamens zusammen, weshalb diese in der Regel geschäftlich motivierter sind als Arbeitnehmer in Filialen. Auch die *Profitabilität eines Geschäfts* spielt eine Rolle bei der Entscheidung für oder gegen ein Franchisegeschäft. Denn die Kosten für das Franchising steigen, wenn die erwartete Profitabilität steigt. Mit einem schnellen Unternehmenswachstum haben die Unternehmer einen großen *Bedarf an Geschäftsführern und Mitarbeitern* für die geplanten Filialen. Diese personellen Engpässe entfallen, wenn der Unternehmer franchisiert. Hier hat "nur" eine Auswahl der neuen Franchisenehmer zu erfolgen; diese haben dann selbst für die Anwerbung qualifizierter Mitarbeiter zu sorgen. Mit zunehmender *Arbeitsintensität* steigen die Überwachungskosten, da Menschen zum Müßiggang neigen. Da ein Franchisenehmer auch bei hoher Arbeitsintensität durch das "profit sharing" einen Anreiz zum korrekten Verhalten hat, wird in diesem Falle eher franchisiert werden. Zwischen der *Arbeitsproduktivität* von Franchisegeschäften und Filialen existieren nach empirischen Untersuchungen kaum Unterschiede, weshalb dieser Faktor die Entscheidung wahrscheinlich nicht beeinflussen wird. Weniger Franchising wird es voraussichtlich in Ländern mit *gesetzlichen Kündigungs- und Offenlegungsregelungen* geben.

Die *ökonomische Analyse franchisespezifischer Klauseln* liefert Anhaltspunkte, inwieweit die vom Franchisegeber aufgestellten Klauseln sinnvoll oder gar notwendig sind, um ein funktionierendes System zu schaffen, oder ob die Regelungen dazu dienen, den Franchisenehmer nach Belieben erpreßbar zu machen und auszubeuten. *Die Einstiegsgebühren* können eine Vielzahl von Funktionen haben. Sie können der Auswahl der potentiellen Franchisenehmer dienen ("Screening"-Funktion), tragen zur Kapitalbeschaffung für den Franchisegeber bei und decken - zumindest teilweise - die Kosten des Franchisegebers für erbrachte Leistungen und versunkene Investitionen (z.B. in den Markennamen und Werbung). Zudem sollen sie ein opportunistisches Verhalten des Franchisenehmers verhindern (Funktion eines "verwirkbaren Bandes"). Auch die *laufenden Gebühren* beinhalten mehrere Funktionen. Sie liefern dem Franchisegeber einen Anreiz zur Überwachung der Franchisenehmer und zur kontinuierlichen Erbringung seiner im Vertrag näher spezifizierten Leistungen. Eine Sicherstellung der Warenzeichenqualität ist eine weitere Folge aus der Erhebung von laufenden Gebühren, da der Franchisegeber bei einem Verfall der Qualität auch einen drastischen Rückgang der Einnahmen aus den laufenden Gebühren zu spüren bekommt. Darüber hinaus sind die laufenden Gebühren Wert- und Kostenindikatoren, da der Franchisegeber den von ihm gelieferten Service sowie die Kosten zur Überwachung der Franchisenehmer und zur Erhaltung des Wertes der Franchise in dieser Form an die Franchisenehmer weiter geben wird. Außerdem dienen die laufenden Gebühren der Rentenextrahierung und signalisieren den Wert der Franchise an sich.

Spezifische Investitionen, die die Franchisenehmer zu tätigen haben, haben sowohl die Funktion der Auswahl von geeigneten Franchisenehmern als auch die einer "sunk cost penalty". Darunter versteht man eine Strafe in Form versunkener Kosten, die einem Franchisenehmer bei einer Kündigung verlorengehen. *Bezugsbindungen* haben oftmals den Hintergrund, daß sie eine Verschlechterung der Produktqualität verhindern sollen. Sie dienen aber auch dazu, dem Franchisegeber zusätzliche Einnahmen zu verschaffen. Die *Vermietung oder Verpachtung von Grundstücken oder Immobilien* des Franchisegebers an seine Franchisenehmer dient unter anderem der Vermeidung der Aneignung von Quasi-Renten des Franchisegebers durch den Franchisenehmer. Die Franchisenehmer werden so "gefügig" gemacht. Das Eigentum des Franchisenehmers stellt für den Franchisegeber eine "Geisel" ("hostage") dar. Die Franchisenehmer investieren nämlich in dieses Franchisegebereigentum; im Falle einer Kündigung gehen diese Investitionen jedoch verloren. Da der Erwerb eines geeigneten Standorts für ein neues Geschäft für den Franchisegeber bei einem Ausscheiden des Franchisenehmers oft sehr schwierig ist, kann er diesem Problem wirksam begegnen, indem er dieses nur vermietet. Dies hat den weiteren Vorteil, daß der standortspezifische Goodwill des ausgeschiedenen Franchisenehmers dann vom Franchisegeber angeeignet werden kann. *Klauseln zu den Qualitätsstandards und zum Mindestgebrauch von Inputs* sollen die Franchisenehmer ebenso von einem Trittbrettfahren abhalten wie *Kündigungsklauseln*. *Klauseln, die die Vertragsbeendigung regeln*, haben vor allem eine Minimierung der mit der Vertragsbeendigung für den Franchisegeber verbundenen Kosten zum Ziel. Daneben verhindert der Franchisegeber auf diese Weise eine Abwertung seines Images durch einen ausscheidenden Franchisenehmer. Das *Verwirken von Geldbeträgen* in Form von Vertragsstrafen oder Gebühren stellt bei Vertragsbruch eine "sunk cost penalty" dar. *Territoriale Beschränkungen im Sinne der Zuweisung von Exklusivgebieten* sind ein Zeichen dafür, daß das Fachwissen und die Bemühungen der Franchisenehmer sehr wichtig für den Systemerfolg sind. Durch *vertragliche und/oder nachvertragliche Wettbewerbsverbote* soll eine anderweitige Verwertung von Humankapital und Investitionen des Franchisegebers durch den Franchisenehmer verhindert werden.

Abschließend läßt sich festhalten, daß *Konflikte* jedem System immanent sind. Bis zu einem gewissen Konfliktniveau sind diese sogar gesund für ein System. Dennoch ist es wichtig, eine beständige Kooperation der Vertragsparteien zu erwirken. Deshalb müssen das Interesse des Franchisegebers an einer Umsatzsteigerung und das des Franchisenehmers an einer Gewinnsteigerung in Einklang gebracht werden. Dies ist schwierig, da ein Franchisesystem auf der Basis der Trennung von Eigentum und Kontrolle über ein Geschäft funktioniert. Viele der in einem Franchisevertrag enthaltenen Klauseln wirken auf den ersten Blick nur für den Franchisegeber vorteilhaft, doch wie die obige Zusammenfassung der ökonomischen Funktion einiger Klauseln zeigt, gibt es auch Vorteile für die Franchisenehmer. Dabei kann es sein, daß ein Franchisegeber die ein oder andere Funktion einer Regelung nicht bewußt einkalkuliert hat oder daß, je nach Franchiseart, der ein oder andere Nutzen nicht gegeben ist. Da aber die Konfliktquellen bekannt sind, muß an deren Beseitigung gearbeitet werden. Dies ist zum Teil Aufgabe des Rechts, kann aber auch auf andere Weise geschehen. Schiedsklauseln sowie die Trennung der Produktion eines Produkts von seiner Distribution können bestehende Konfliktquellen beseitigen und die Entstehung neuer Konflikte vermeiden.

Ein anderer Ansatz ist der relationale ("relational approach"). Nach diesem Ansatz muß der Franchisevertrag im Kontext der Franchisegeber-Franchisenehmer-Beziehung gesehen werden. Es geht unter anderem um einen Vergleich des Vertragswortlauts mit der Grundbedeutung der Beziehung und den Verpflichtungsproblemen der Parteien. So sei es notwendig, daß Gerichte immer nach den wahren Motiven für die Handlungen der Franchisegeber suchen, da bei versunkenen Investitionen der Franchisenehmer die Möglichkeit eines opportunistischen Verhaltens des Franchisegebers bestehe. Des weiteren könnte den Franchisegebern eine Sorgfaltspflicht auferlegt werden, aus der ihnen unter bestimmten Umständen die Zahlung eines Schadensersatzes erwächst.

5 Zivilrechtliche Analyse des Franchisevertrags

Unter das Zivilrecht fallen die für das Franchising relevanten Bestimmungen des BGB, des Abzahlungsgesetzes bzw. des Verbraucherkreditgesetzes sowie des AGB-Gesetzes. Abschnitt 5.1 behandelt primär die Sittenwidrigkeit sowie Treu und Glauben. Die Bestimmungen des Abzahlungsgesetzes und des Verbraucherkreditgesetzes haben die Konsequenz, daß in die meisten Franchiseverträge eine Widerrufsbelehrung aufzunehmen ist, an die strenge formale Richtlinien angelegt werden. Mit diesen Normen beschäftigt sich Abschnitt 5.2. Das AGB-Gesetz, dem sich Abschnitt 5.3 widmet, greift hauptsächlich unter dem Gesichtspunkt von Treu und Glauben in die Gestaltung von Franchiseverträgen ein.

5.1 Bürgerliches Gesetzbuch

Die beiden wichtigsten Normen des BGB für das Franchising sind die §§ 138 und 242 BGB. Die §§ 138 und 242 BGB stellen allgemeine Rechtsgrundsätze dar, die als Generalklauseln vor die Klammer gezogen wurden und die auf alle Rechtsverhältnisse, und somit auch auf das Franchising, anwendbar sind. Im Anschluß an die Diskussion dieser beiden Normen werden einige weitere Paragraphen des BGB diskutiert.

5.1.1 Die Sittenwidrigkeit nach § 138 BGB

Die Begründung von Schuldverhältnissen unterliegt dem Grundsatz der Privatautonomie, was bedeutet, daß sowohl der Abschluß als auch der Inhalt des Vertrages dem freien Parteiwillen unterliegen. Ihre Grenzen findet die Privatautonomie im Bereich des Franchising im Zivilrecht durch die Sittenwidrigkeitsnorm des § 138 BGB. Ein sittenwidriges Rechtsgeschäft ist nach § 138 BGB wie folgt definiert: "(1) Ein Rechtsgeschäft, das gegen die guten Sitten verstößt, ist nichtig. (2) Nichtig ist insbesondere ein Rechtsgeschäft, durch das jemand unter Ausbeutung der Zwangslage, der Unerfahrenheit, des Mangels an Urteilsvermögen oder der erheblichen Willensschwäche eines anderen sich oder einem Dritten für eine Leistung Vermögensvorteile versprechen oder gewähren läßt, die in einem auffälligen Mißverhältnis zur Leistung stehen."

Die Vorschrift des § 138 BGB soll demnach hauptsächlich dem Mißbrauch der Privatautonomie entgegenwirken. Allerdings ist die Grenze der Privatautonomie nicht bereits dort gezogen, wo ein Geschäft risikoreich ist und die Leistungen nur unter besonders günstigen Umständen erbracht werden können. Neben dem Eliminationszweck (§ 138 Abs.1 BGB), nämlich der Nichtigkeit eines sittenwidrigen Rechtsgeschäfts, verfolgt die Vorschrift auch einen Abschreckungszweck.[1]

Was als sittenwidriges Rechtsgeschäft im Sinne des § 138 Abs.1 BGB anzusehen ist, wurde in jahrelanger richterlicher Fortbildung des Gesetzes konkretisiert. Verträge oder Vertragsklauseln, die eine übermäßige Beschränkung der persönlichen Freiheit oder der wirtschaftlichen Betätigungsmöglichkeit enthalten, sind gemäß § 138 BGB sittenwidrig. Bereits ein *auffälliges Mißverhältnis von Leistung und Gegenleistung* kann den Tatbestand der Sittenwidrigkeit erfüllen, falls hierzu noch eine verwerfliche Gesinnung hinzutritt, die bereits durch die Ausnutzung einer Machtposition gegeben sein kann. "Nützt [der überlegene Vertragspartner] jedoch diese "Vormachtstellung" aus, indem er Ansprüche auf überhöhte Gegenleistungen durchsetzt [...], so verstoßen die auf diese Weise erzielten Regelungen gegen die guten Sitten."[2] Als besonders schwere Äquivalenzstörung ist das *Fehlen einer Gegenleistung* anzusehen. Aber auch die *Beschränkung der wirtschaftlichen Freiheit* durch ein Rechtsgeschäft kann als sittenwidrig angesehen werden.[3] Ebenso kann eine *sittenwidrige Knebelung* die Unwirksamkeit eines Vertragsverhältnisses nach sich ziehen.[4]

Durch § 138 BGB soll eine Absicherung von anerkannten Ordnungen bewirkt werden. Beim Franchising bedeutet dies hauptsächlich die Abwehr von Standeswidrigkeit und von Gesetzesumgehungen.[5] Ferner kann die *Ausbeutung einer Zwangslage* als Grundlage für die Beurteilung nach § 138 BGB herangezogen werden.[6] Beim Franchising ist hier vor allem an die existentielle Abhängigkeit des Franchisenehmers von dem System zu denken.

---

1 Vgl. *Mayer-Maly*, in: *Rebmann, K. / Säcker, F.J. (Hrsg.)*, Münchener Kommentar, 1993, § 138, S.1132, Rdnr.1 f. und S.1137, Rdnr.11.

2 *Mayer-Maly*, in: *Rebmann, K. / Säcker, F.J. (Hrsg.)*, Münchener Kommentar, 1994, § 138, S.1158, Rdnr.78; zur Abgrenzung von *schweren* Äquivalenzstörungen vgl. auch S.1167, Rdnr.98 der gleichen Quelle.

3 Vgl. *Gittermann, D.*, Arbeitnehmerstatus, 1995, S.102.

4 Vgl. hierzu S.174.

5 Vgl. *Mayer-Maly*, in: *Rebmann, K. / Säcker, F.J. (Hrsg.)*, Münchener Kommentar, 1994, § 138, S.1141 ff., Rdnrn.21, 64 ff.

6 Vgl. *Mayer-Maly*, in: *Rebmann, K. / Säcker, F.J. (Hrsg.)*, Münchener Kommentar, 1994, § 138, S.1161, Rdnr.84.

Hat eine Partei die Sittenwidrigkeit und damit die Nichtigkeit zu vertreten, so ist sie aus culpa in contrahendo schadensersatzpflichtig (§ 826 BGB).[7] Die bis zur Feststellung der Nichtigkeit erbrachten Leistungen und Gegenleistungen sind nach § 812 BGB aufzurechnen.[8]

Potentiell sittenwidrige Franchiseklauseln:

Beim Abschluß eines Franchisevertrages herrscht in der Regel eine starke Informationsasymmetrie zwischen Franchisegeber und Franchisenehmer.[9] Diese beruht u.a. auf der Erfahrung des Franchisegebers, die dieser in das System einfließen und sich auch (direkt oder indirekt) vergüten läßt. Dem Franchisenehmer bleibt zunächst kaum eine andere Wahl, als auf die Angaben des Franchisegebers zu vertrauen. Als Beispiel seien die vom Franchisegeber genannten Umsätze bzw. Umsatzentwicklungen genannt, auf die der potentielle Franchisenehmer seine Kalkulationen aufbaut, um seine Entscheidung für oder gegen einen Vertragsabschluß zu treffen. Nutzt der Franchisegeber die Unwissenheit des Franchisenehmers aus, indem er ihn durch unkorrekte Angaben zu einem Vertragsabschluß veranlaßt, so liegt ein sittenwidriges Verhalten vor. Das Nichterreichen von erwarteten Umsätzen kann nach Ansicht des OLG Frankfurt zu einem Kündigungsrecht oder zu einer Vertragsanpassung führen, "aber nicht zur Nichtigkeit des Vertrages nach § 138 Abs.1 BGB, für deren Beurteilung allein auf den Zeitpunkt der Vornahme des Rechtsgeschäfts abzustellen ist."[10]

Ein weiterer kritischer Punkt ist die in manchen Franchiseverträgen vorgesehene ausschließliche Bezugsbindung des Franchisenehmers. Eine Sittenwidrigkeit wird aber selbst dann noch nicht angenommen, wenn zu einer Ausschließlichkeitsbindung ein Mißverhältnis von Leistung und Gegenleistung hinzu kommt.[11] Hinzu treten müssen noch weitere zu mißbilligende Umstände.[12] Erst wenn die wirtschaftliche Abhängig-

---

7 Vgl. *Palandt, O.*, Bürgerliches Gesetzbuch, 1983, § 138, S.117, Rdnr.1g); unter *culpa in contrahendo* versteht man das *Verschulden bei Vertragsabschluß*, d.h. daß bereits bei dem Eintritt in Vertragsverhandlungen ein vertragsähnliches Vertrauensverhältnis entsteht, bei dessen schuldhafter Verletzung der Betreffende auf Schadensersatz haftet, vgl. hierzu auch *Gittermann, D.*, Arbeitnehmerstatus, 1995, S.100.

8 Vgl. *Eßer, G.*, Franchising, 1987, S.96; *Wessels, A.M.*, Franchiseverträge, 1990, S.123; *Mayer-Maly*, in: *Rebmann, K. / Säcker, F.J. (Hrsg.)*, Münchener Kommentar, 1994, § 138, S.1182, Rdnr.141.

9 Vgl. hierzu die Ausführungen im ökonomischen Teil auf den Seiten ?, 89, 94, 126 und 166.

10 OLG Frankfurt, Urteil vom 03.05.1984, WM, 1984, S.1009; vgl. hierzu ebenso OLG München, Urteil vom 13.11.1987, BB, 1988, S.865.

11 Wessels spricht dann von einer möglichen Sittenwidrigkeit, wenn ein *krasses* Mißverhältnis zwischen Leistung und Gegenleistung besteht, wobei dies nicht weiter präzisiert wird (vgl. *Wessels, A.M.*, Franchiseverträge, 1990, S.119).

12 Vgl. OLG München, Urteil vom 07.03.1986, ZIP, 1987, S.850.

keit ein solches Maß erreicht, daß von einer auch nur beschränkten Ausübung eines eigenen wirtschaftlichen Willens nicht mehr die Rede sein kann, greift § 138 BGB unter dem Gesichtspunkt der sittenwidrigen Knebelung ein. Diese Knebelung ist gegeben, wenn die Weisungs- und Kontrollrechte des Franchisegebers derart bestimmend seien, daß der Franchisenehmer zum Angestellten in seinem eigenen Betrieb wird.[13] Anderenorts vertritt Martinek dagegen die Ansicht, daß für den typischen Subordinationsfranchisevertrag eine sittenwidrige Knebelung ausscheide.[14]

Mack sieht es als eine sittenwidrige Knebelung bereits dann an, wenn der Franchisegeber über zukünftige Finanzierungs- und Investitionsentscheidungen des Franchisenehmers bestimmen könnte oder ein "nahezu beliebiges" Einsichtsrecht in die Geschäftsbücher habe.[15] Würde man Macks Auffassung folgen, müßte bereits folgende Klausel zu einem sittenwidrigen Franchisevertrag führen: "Der Franchisenehmerbetrieb muß in einwandfrei gepflegtem Zustand erhalten werden. Schönheitsreparaturen sind regelmäßig durchzuführen, spätestens nach Ablauf von drei Jahren."[16]

Nach Meinung Skaupys können überhöhte Abnahmepflichten des Franchisenehmers als sittenwidrig angesehen werden. Allerdings ist in diesem Fall nicht, wie nach Meinung von Skaupy, die Klausel, sondern der gesamte Vertrag nichtig, wenn davon auszugehen ist, daß der Vertrag ohne die Abnahmepflichten des Franchisenehmers vom Franchisegeber nicht eingegangen worden wäre (§ 139 BGB).[17]

Dagegen sieht Ekkenga einen Franchisevertrag nicht schon deshalb als sittenwidrig an, "weil sich der Franchisegeber vorbehält, alle wichtigen Entscheidungen im Betrieb des Franchisenehmers selbst treffen zu dürfen und den Franchisenehmer dadurch faktisch zum Filialleiter im eigenen Betrieb degradiert."[18] Kübler geht in seiner Ansicht noch darüber hinaus, indem er in keinem Fall ein sittenwidriges Knebelungsverhältnis in einem Franchisevertrag anerkennt, da sich der Franchisenehmer freiwillig in das Vertriebssystem eingegliedert habe.[19] Diese Ansicht geht jedoch zu weit, da hier nicht auf die *Freiwilligkeit* abzustellen ist. Würde man die Freiwilligkeit in bezug auf den Abschluß beliebiger Verträge als Maßstab anlegen, so würde die gesamte

13 Vgl. *Martinek, M.*, Franchising, 1987, S.301 f. und *Martinek, M.*, Vertriebsrecht, 1992, S.59.

14 Vgl. *Martinek, M.*, Franchising, 1987, S.301; vgl. zum Begriff des *Subordinationsfranchising* auch Abschnitt 2.5 (S.21).

15 Vgl. *Mack, M.*, Franchising, 1975, S.121; weitere Nachweise in *Ekkenga, J.*, Inhaltskontrolle, 1990, S.205.

16 Untersuchte Verträge.

17 Vgl. *Skaupy, W.*, Franchising, 1987, S.112; vgl. hierzu das BGH-Urteil vom 08.10.1990, BGHZ 112, S.288 ff. und ZIP, 1990, S.1410 ff. und DB, 1990, S.2414 f.

18 *Ekkenga, J.*, Inhaltskontrolle, 1990, S.212.

19 Vgl. *Kübler, T.*, Franchiseverträge, 1989, S.88.

juristische Würdigung von Verträgen nach § 138 BGB überflüssig. Die aufgezeigten konträren Ansichten verdeutlichen jedoch, daß man von vornherein keine klare Grenzziehung vornehmen kann und somit dem Ermessen des Gerichts eine gesteigerte Bedeutung zukommt.

Ebenso wird angeregt, daß ein Schiedsgerichtsvertrag, der einer Partei eine übermäßige Machtstellung verleiht, als sittenwidrig eingestuft wird.[20] Hierbei ist jedoch zu beachten, daß derartige Vereinbarungen nach AGBG nichtig sind.[21] § 138 BGB könnte erst dann greifen, wenn die (einseitige) Schiedsgerichtsabrede individuell vereinbart wurde und somit das AGBG nicht einschlägig ist.

§ 90a Abs.1 HGB regelt die Form der Wettbewerbsabrede.[22] Die Vereinbarung muß *vor* Vertragsende getroffen werden. § 90a HGB findet keine Anwendung, wenn die Wettbewerbsabrede erst *nach* Vertragsbeendigung getroffen wird.[23] Solche Abreden sind dann formlos gültig, unterliegen keiner zeitlichen Begrenzung und sind nicht entschädigungspflichtig. Schranken werden solchen Vereinbarungen in diesem Fall nur durch § 138 BGB gesetzt.[24] Als Beispiele können zeitlich oder örtlich unbegrenzte Wettbewerbsverbote ohne eine angemessene Entschädigung angesehen werden.

Sittenwidrige Franchiseverträge:

Wie ein Urteil des OLG München zeigt, genügt eine verwerfliche Gesinnung, die zu einem Mißverhältnis zwischen Leistung und Gegenleistung hinzu tritt, um einen Vertrag insgesamt als sittenwidrig einzustufen. Der Franchisegeber hatte die wirtschaftliche Lage des Franchisenehmers bei Vertragsabschluß bewußt ausgenutzt. Zusätzlich trat noch ein besonders grobes Mißverhältnis zwischen Leistung und Gegenleistung hinzu, da der Vertrag so ausgelegt war, daß der Franchisegeber noch erhebliche Einnahmen haben konnte, während der Franchisenehmer schon in die Verlustzone geraten war.[25]

Entschieden wurde auch über die Sittenwidrigkeit eines Schneeballsystems auf Franchisebasis.[26] Ein derartiges System wird mit einer progressiven Werbung betrieben; in dem Fall, der dem OLG München vorlag, ging es hauptsächlich um die

---

20 Vgl. *Palandt, O.*, Bürgerliches Gesetzbuch, 1983, § 138, S.126, Rdnr.5p).
21 Vgl. S.237 ff.
22 Vgl. hierzu Abschnitt 6.4 (S.277 ff.).
23 Vgl. *Martinek, M.*, Franchising, ZIP, 1988, S.1378; vgl. auch Fußnote 148 auf Seite 278.
24 Vgl. *Martinek, M.*, Franchising, 1987, S.373.
25 Vgl. OLG München, Urteil vom 07.03.1986, ZIP, 1987, S.850.
26 Vgl. OLG München, Urteil vom 12.09.1985, NJW, 1986, S.1880.

Werbung neuer Franchisenehmer. Dem sogenannten Franchisesystem gehörten bereits 8250 Mitglieder an. Nachdem es infolge der Kündigung eines Franchisenehmers Streitigkeiten über die Rückzahlung der Einstiegsgebühren gab, wurde der Vertrag vom OLG München für sittenwidrig nach § 138 BGB erklärt.[27] Schneeballsysteme sind zudem wettbewerbsrechtlich nach den §§ 1 und 3 UWG unlauter und sogar nach den §§ 263 und 286 StGB oder § 6c UWG strafbar.[28]

Ein vorprozessuales Rechtsgutachten qualifizierte einen Vertrag im Hotelgewerbe als sittenwidrig nach § 9 AGBG i.V.m. den §§ 138 und 242 BGB.[29] Hauptkritikpunkt war, daß der Hoteleigentümer zwar Kosten und Risiken zu tragen hatte, er aufgrund eines fremden Managements aber ohne große Einflußmöglichkeiten auf die Hotelführung blieb. Zu bedenken ist jedoch, daß diese Entscheidung kein Franchisesystem betrifft, wie es teilweise angenommen wird, sondern, daß ein Betriebsführungs- bzw. ein Managementvertrag geschlossen wurde.[30]

In dem vom BGH getroffenen Pronuptia II-Urteil[31] stand vornehmlich die Frage im Vordergrund, ob ein Vertrag wegen kartellrechtlich nichtiger Abreden insgesamt nichtig ist oder eine Teilwirksamkeit angenommen werden muß. Im konkreten Fall verstieß der Franchisevertrag gegen das Preisbindungsverbot[32] und sah eine verbotene Marktaufteilung vor. Ferner enthielt der Vertrag eine sogenannte salvatorische Klausel, nach der die Gültigkeit der übrigen Bestimmungen des Vertrages unberührt bleiben sollten, falls eine der Bestimmungen des Vertrages nicht wirksam sei. Mit dieser Formulierung wurde § 139 BGB wirksam abbedungen, so daß der restliche Vertrag Bestand hatte, selbst wenn der Vertrag ohne die unwirksamen Bestimmungen nicht vorgenommen worden wäre. Der BGH nahm in seiner Entscheidung die salvatorische Klausel bewertungsfrei hin. Dabei ist jedoch zu bedenken, daß derartige salvatorische Klauseln nicht anwendbar sind, wenn Bestimmungen von grundsätzlicher Bedeutung sittenwidrig oder aufgrund sonstiger Normen nichtig sind.[33] Hier hätte zumindest geprüft werden müssen, ob das Preisbindungsverbot und die Marktaufteilung von grundsätzlicher Bedeutung sind.

---

27 Vgl. OLG München, Urteil vom 12.09.1985, NJW, 1986, S.1880 ff.; *Kübler, T.*, Franchiseverträge, 1989, S.90.

28 Vgl. *Martinek, M.*, Vertragstypen, 1992, S.93.

29 Vgl. *Kübler, T.*, Franchiseverträge, 1989, S.89.

30 Vgl. *Martinek, M.*, Vertragstypen, 1992, S.92; vgl. die Holiday Inn-Entscheidung des BGH vom 05.10.1981, DB, 1982, S.846; NJW, 1982, S.1817 f.; WM, 1982, S.394; ZIP, 1982, S.578 ff.; NJW, 1983, S.2920 ff.

31 Vgl. BGH-Urteil vom 08.02.1994, NJW, 1994, S.1651 ff.

32 Vgl. hierzu Abschnitt 7.3 (S.305 ff.).

33 Vgl. *Palandt, O.*, Bürgerliches Gesetzbuch, 1983, § 138, S.131, Rdnr.6a).

Ferner hatte der BGH über die Klage eines Franchisegebers, der Schnellrestaurantketten betrieb und mit dem Beklagten einen Franchisevertrag geschlossen hatte, zu entscheiden. Dieser Franchisevertrag sah eine Anzahlung von DM 60.000,- auf die Gesamtsumme von über DM 200.000,- vor, die auch fristgerecht bezahlt wurde. Der Franchisevertrag enthielt eine Klausel, die dem Franchisenehmer ein Rücktrittsrecht einräumte, falls sich die Finanzierung nicht realisieren lassen sollte. Nachdem dieser Fall eintrat, machte der Franchisenehmer von diesem Recht Gebrauch und kündigte den Vertrag fristlos. Daraufhin verklagte der Franchisegeber den Franchisenehmer auf Zahlung des restlichen Kaufpreises. Diese Klage wurde mit der Begründung abgewiesen, daß der Franchisevertrag sittenwidrig sei und somit die Unwirksamkeit des Kaufvertrages zur Folge habe. Der Franchisevertrag sei gemäß § 138 BGB nichtig, weil die Interessen des Franchisegebers in zahlreichen Bestimmungen einseitig berücksichtigt seien[34] und dem Beklagten nahezu das gesamte wirtschaftliche Risiko aufgebürdet werde.[35] Selbst der Widerklageantrag des Franchisenehmers zur Rückzahlung des von ihm bereits geleisteten Betrages hatte in der Revision Erfolg.

Das OLG Hamm sah ein zweimaliges Einsichtsrecht des Franchisegebers pro Monat in die Geschäftsbücher des Franchisenehmers als sittenwidrig an, da die geschäftliche Dispositions- und Handlungsfreiheit des Franchisenehmers dadurch erheblich beeinträchtigt werde. Verstärkt werde der Eindruck der Sittenwidrigkeit dadurch, daß der Überwachung keinerlei Äquivalent gegenüberstehe.[36]

Ein sittenwidriges Mißverhältnis zwischen Leistung und Gegenleistung wurde ferner in einem Franchisevertrag über die Erstellung und Vermarktung eines "Buches der Persönlichkeiten" gesehen, die der Franchisenehmer selber durchführen mußte. Daneben hatte der Franchisenehmer neben einer einmaligen Gebühr monatliche Zahlungen selbst bei fehlendem Einkommen an den Franchisegeber zu leisten. Diesen Leistungen des Franchisenehmers stand lediglich die Genehmigung zur Vermarktung der Geschäftsidee in einem begrenzten Gebiet als Leistung des Franchisegebers gegenüber.[37]

Auch ein Franchisevertrag über die Vermittlung von Ehepartnern war sittenwidrig, da die Leistung des Unternehmers lediglich in der Bereitstellung einer Adreßdatei an den klagenden Franchisenehmer mit rund 100 Namen bestand, die zudem noch jedem Systemmitglied zur Verfügung stand. Daneben wurde weder ein Gebietsschutz noch

34 Leider werden zu diesem Punkt in den Veröffentlichungen keine weiteren Angaben gemacht.

35 Vgl. BGH-Urteil vom 12.11.1986, BGHZ 99, S.101 ff. und NJW, 1987, S.639 ff.

36 Vgl. OLG Hamm, Urteil vom 02.07.1968, BB, 1970, S.374.

37 Vgl. LG Karlsruhe, Urteil vom 16.09.1988, NJW-RR, 1989, S.822.

eine fortlaufende Beratung zugesichert. In der Gesamteinschätzung kam das OLG Celle zu der Auffassung, daß ein auffälliges Mißverhältnis zwischen Leistung und Gegenleistung vorliege und der Vertrag deshalb nach § 138 Abs.1 BGB sittenwidrig sei.[38] Ebenso wurde ein Vertretervertrag über die Werbung an Toilettentüren als sittenwidrig eingestuft, da den Zahlungen des Vertreters keine Gegenleistung gegenüberstand.[39]

Das OLG Rostock stellte schließlich fest, daß ein Franchisevertrag mit einer Laufzeit von zehn Jahren *nicht* nach § 138 Abs.1 BGB nichtig ist.[40]

5.1.2 Treu und Glauben nach § 242 BGB

§ 242 BGB beinhaltet den Grundsatz von Treu und Glauben, der auf alle Rechtsgeschäfte und somit auch auf das Franchising anwendbar ist. Der Paragraph ist wie folgt formuliert: "Der Schuldner ist verpflichtet, die Leistung so zu bewirken, wie Treu und Glauben mit Rücksicht auf die Verkehrssitte es erfordern." In der Rechtsentwicklung haben sich unter der Anwendung dieser Generalklausel drei Fallgruppen herausgebildet: 1) Begründung von Nebenpflichten, 2) unzulässige Rechtsausübung und 3) Lehre vom Wegfall der Geschäftsgrundlage.[41]

Der Grundsatz von Treu und Glauben findet sich sowohl in § 242 BGB als auch in § 9 AGBG. § 242 BGB ist auf jegliche Art von Schuldverhältnissen und darüber hinaus auf jedes Rechtsgebiet anwendbar und bezieht über § 9 AGBG hinaus auch die Art und Weise der Erfüllung mit ein.[42] "Im einzelnen spielen Treu und Glauben eine um so größere Rolle, je längerfristiger (Dauerschuldverhältnisse) oder je stärker von personaler Bindung oder treuhänderischer Interessenwahrung geprägt die Beziehungen sind."[43]

In der Regel werden viele Bestimmungen in Franchiseverträgen durch das AGBG als speziellere gesetzliche Regelung kontrolliert. Somit könnte die Frage aufkommen, ob sich ein über das AGBG hinaus erweiterter Schutz durch § 242 BGB ergibt. Es sind jedoch Fälle denkbar, z.B. bei der Benachteiligung Dritter, in denen das AGBG nicht greift und die Nichtigkeit einer Bestimmung über § 242 BGB abgeleitet werden

38 Vgl. OLG Celle, Urteil vom 18.03.1988, NJW-RR, 1988, S.1516 f.

39 Vgl. LG Paderborn, Urteil vom 19.02.1987, NJW-RR, 1987, S.672 f.

40 Vgl. OLG Rostock, Urteil vom 29.06.1995, DB, 1995, S.2006.

41 Vgl. *Roth*, in: *Rebmann, K. / Säcker, F.J. (Hrsg.)*, Münchener Kommentar, 1994, § 242, S.119, Rdnr.93.

42 Vgl. *Roth*, in: *Rebmann, K. / Säcker, F.J. (Hrsg.)*, Münchener Kommentar, 1994, § 242, S.96, Rdnr.8 und S.109, Rdnr.57.

43 *Roth*, in: *Rebmann, K. / Säcker, F.J. (Hrsg.)*, Münchener Kommentar, 1994, § 242, S.109, Rdnr.58.

kann. Ferner greift das AGBG nur bei vorformulierten Bestimmungen. § 242 BGB gilt jedoch auch bei individuell vereinbarten Bestimmungen. Ferner müssen sich nicht nur die vertraglichen Bestimmungen, sondern auch das *Verhalten* der Vertragspartner an dem Grundsatz von Treu und Glauben orientieren. In diesem Zusammenhang ist in Franchisevereinbarungen vor allem an den Kündigungsschutz zu denken.[44] Insofern ist § 242 BGB selbst für vorformulierte Verträge nicht ohne Bedeutung.[45]

Das Spektrum der Rechtsfolgen ist, entsprechend dem generellen Charakter des § 242 BGB, sehr breit. Es kann hier der Grundsatz des geringst möglichen Eingriffs bzw. der "geringstmöglichen Abweichung von der "an sich" geltenden Rechtsfolge formuliert werden."[46] So findet die ergänzende Vertragsauslegung letztlich auch ihre Begründung in § 242 BGB.[47]

Häufig treten Berührungen zwischen dem Franchising und § 242 BGB im Zusammenhang mit dem Kündigungsschutz des Franchisenehmers auf, sofern dieser Investitionen getätigt hat, die sich noch nicht amortisiert haben.[48] Dabei spielt es keine Rolle, ob es sich um Anfangs- oder um Folgeinvestitionen handelt. Denkbar ist zum einen eine aus § 242 BGB abgeleitete Unwirksamkeit der Kündigung[49] und zum anderen eine Wirksamkeit der Kündigung, jedoch mit einer Schadensersatzpflicht.[50] Martinek sieht die Formel "Kündigung nur gegen Schadensersatz" als passend an[51] und spricht in diesem Zusammenhang von "Vertrauensinvestitionen".[52] Ebenroth begründet den gleichen Standpunkt damit, daß der Franchisegeber eine Mitverantwortung für die Amortisation der Investitionen trägt.[53] Tiemann spricht sich für die Wirksamkeit einer Kündigung aus, die gegen das Gebot von Treu und Glauben verstößt, falls die Nachteile durch einen Schadensersatz ausgeglichen werden können. Sollte dies nicht möglich sein, so sei die Kündigung unwirksam.[54] Ferner sei die

---

44 Vgl. z.B. das McDonald's-Urteil auf S.225.

45 Vgl. ebenso die Ausführungen auf Seite 218.

46 *Roth*, in: *Rebmann, K. / Säcker, F.J. (Hrsg.)*, Münchener Kommentar, 1994, § 242, S.107, Rdnr.48.

47 Vgl. *Roth*, in: *Rebmann, K. / Säcker, F.J. (Hrsg.)*, Münchener Kommentar, 1994, § 242, S.117, Rdnr.86.

48 Vgl. *Martinek, M.*, Franchising, 1987, S.334; Ulmer befürwortet für den Vertragshändler den Ersatz des Vertrauensschadens, d.h. der Investitionen, nicht jedoch des entgangenen Gewinns (vgl. *Ulmer, P.*, Der Vertragshändler, 1969, S.466 f.).

49 Vgl. *Liesegang, H.*, Franchiseverträge, BB, 1991, S.2384.

50 Vgl. *Tiemann, R.*, Franchisevertrag, 1990, S.220.

51 Vgl. *Martinek, M.*, Franchising, 1987, S.340.

52 Vgl. *Martinek, M.*, Vertriebsrecht, 1992, S.129, Rdnr.160; sinngemäß auch *Tiemann, R.*, Franchisevertrag, 1990, S.212.

53 Vgl. *Ebenroth, C.T.*, Absatzmittlungsverträge, 1980, S.177.

54 Vgl. *Tiemann, R.*, Franchisevertrag, 1990, S.226.

Freiheit zur Vertragsbeendigung dann eingeschränkt, wenn das Machtgleichgewicht gestört sei.[55]

Dauerschuldverhältnisse können aber auch wegen Unzumutbarkeit der Fortsetzung über § 242 BGB gekündigt werden.[56] Nach Ekkenga ist daher auch eine *fristlose* Kündigung eines Dauerschuldverhältnisses nach § 242 BGB aus wichtigem Grund möglich.[57] Als wichtigen Grund für ein außerordentliches Kündigungsrecht nennt er den Fall, daß sich die Ertragslage derartig verschlechtert, daß der Franchisenehmer den Betrieb nur unter Verlust fortführen könnte.[58]

Auch die Unterstützungspflichten des Franchisegebers unterliegen dem Gebot von Treu und Glauben nach § 242 BGB. Die Art und Weise der Unterstützung durch den Franchisegeber, die vertraglich in den meisten Fällen verankert ist, unterliegt laut Ekkenga nicht der freien Disposition durch den Franchisegeber, "sondern beurteilt sich nach dem Maßstab dessen, was zur Übermittlung und Realisierung der jeweils aktuellen Planungsergebnisse objektiv erforderlich ist."[59] Dabei könne auch die Verkehrsüblichkeit gemäß § 242 BGB eine Rolle spielen. Als eine Art Unterstützung ist auch die Belieferung des Franchisenehmers durch den Franchisegeber anzusehen. Das OLG Hamm entschied, daß der Franchisegeber im Zweifel frei in der Belieferung des Franchisenehmers ist, sofern er die Belieferung des Franchisenehmers aus vertretbaren Gründen und ohne Willkür ablehnt.[60]

Bezüglich der §§ 138 und 242 BGB sind eine Reihe weiterer Fallgestaltungen denkbar, die als Verstöße gegen die eine oder andere Klausel gewertet werden können. Die Vielzahl der Möglichkeiten macht es jedoch unmöglich, eine umfassende Darstellung zu liefern.[61] Weitere Ausführungen zum Grundsatz von Treu und Glauben finden sich jedoch in der Diskussion zu § 9 AGBG.[62]

---

55 Vgl. *Tiemann, R.*, Franchisevertrag, 1990, S.210.

56 Vgl. *Roth*, in: *Rebmann, K. / Säcker, F.J. (Hrsg.)*, Münchener Kommentar, 1994, § 242, S.120, Rdnr.101.

57 Vgl. *Ekkenga, J.*, Inhaltskontrolle, 1990, S.151 und S.166 ff.; vgl. zur fristlosen Kündigung auch Abschnitt 5.1.5 (S.183) und Abschnitt 6.6 (S.284 ff.).

58 Vgl. *Ekkenga, J.*, Inhaltskontrolle, 1990, S.181.

59 *Ekkenga, J.*, Inhaltskontrolle, 1990, S.148.

60 Vgl. OLG Hamm, Urteil vom 22.06.1993, DB, 1993, S.221 f. und NJW-RR, 1994, S.243 ff.

61 Vgl. hierzu auch *Roth*, in: *Rebmann, K. / Säcker, F.J. (Hrsg.)*, Münchener Kommentar, 1994, § 242, S.99, Rdnr.20; zum Sinn einer umfassenden Darstellung vgl. auch in der gleichen Quelle S.101 f., Rdnrn.30 f.

62 Vgl. hierzu Abschnitt 5.3.7 (S.213 ff.).

5.1.3 Das Verhältnis zwischen § 138 BGB, § 242 BGB und § 9 AGBG

Die Sittenwidrigkeitskontrolle ist das zentrale Instrument zur Überprüfung der zivilrechtlichen Wirksamkeit von Franchiseverträgen. Dabei geht es nicht wie bei anderen zivilrechtlichen Normen um die Prüfung einzelner Klauseln, sondern um die Gesamtwürdigung des Vertrages. Die Grenzziehung zwischen zulässigen Vertragsbedingungen und sittenwidrigen Klauseln ist jedoch gerade beim Franchising schwer zu ziehen. Die Kontrolle nach dem Recht der Allgemeinen Geschäftsbedingungen besitzt den Vorrang vor einer Anwendung des § 138 BGB, so daß damit seine Anwendung weitgehend verdrängt wird. Klauseln, die der AGB-Kontrolle unterliegen, können nach Ansicht von Ekkenga nicht in die Gesamtwürdigung des Vertrages nach § 138 BGB einbezogen werden.[63] "Für die Anwendung des § 138 BGB neben den §§ 9 ff. AGBG ist jedoch kein Raum, denn eine Vertragsklausel, die der AGB-Kontrolle standhält, kann schlechterdings nicht inhaltlich sittenwidrig sein."[64] § 138 BGB ist nur dann anwendbar, wenn die Vereinbarung sittenwidrig ist oder gegen die Allgemeinen Geschäftsbedingungen Bedenken bestehen, die nicht in den Schutzbereich der §§ 9 ff. AGBG fallen.[65] Darüber hinaus sind vor der Anwendung des § 138 BGB die §§ 157 und 242 BGB heranzuziehen.[66] Dagegen bleibt § 138 BGB auf Regelungen, die nicht von der Systematik des AGBG erfaßt werden, wie z.B. Leistungsbeschreibungen, anwendbar. § 138 BGB erlaubt nicht nur ein Eingreifen aufgrund des Inhalts, sondern auch aufgrund der Art und Weise des Zustandekommens des Vertrages (§ 138 Abs.2 BGB).[67] Ob in die Gesamtbetrachtung nach § 138 Abs.1 BGB auch kartellrechtliche Wertungen mit einbezogen werden können, ist laut Ekkenga umstritten.[68]

Nach einer Anwendung des AGBG verbliebe somit kein Raum mehr für die Anwendung des § 138 BGB. Schlosser sieht als Lösung des Problems, daß ein Vertrag dann als sittenwidrig einzustufen ist, wenn dieser vor Inkrafttreten des AGBG so eingestuft worden wäre.[69] An anderer Stelle wird jedoch die Meinung vertreten, daß

63 Vgl. *Ekkenga, J.*, Inhaltskontrolle, 1990, S.207.

64 *Ekkenga, J.*, Franchiseverträge, Die AG, 1989, S.304.

65 Vgl. *Palandt, O.*, Bürgerliches Gesetzbuch, 1983, § 138, S.117 f., Rdnr.16.

66 Vgl. *Emmerich, V.*, Franchising, JuS, 1995, S.764; *Palandt, O.*, Bürgerliches Gesetzbuch, 1983, § 138, S.117, Rdnr.1f).

67 Vgl. *Ekkenga, J.*, Inhaltskontrolle, 1990, S.204; *Palandt, O.*, Bürgerliches Gesetzbuch, 1983, § 138, S.116, Rdnr.1c); *Martinek, M.*, Vertriebsrecht, 1992, S.59, Rdnr.74.

68 Vgl. *Ekkenga, J.*, Inhaltskontrolle, 1990, S.209.

69 Vgl. *Schlosser* in: *Staudinger, J.v.*, Bürgerliches Gesetzbuch, 1983, § 9 AGBG, Rdnr.10; vgl. ebenso die Ausführungen auf Seite 218.

der mit dem § 9 AGBG zu vergleichende § 242 BGB *vor* dem § 138 BGB herangezogen werden müsse, so daß gegen § 138 BGB verstoßende Klauseln so durch § 242 BGB geändert werden könnten, daß kein Sittenverstoß mehr vorliege.[70] Bruse sieht keine Überschneidung der §§ 138 BGB und 9 AGBG und eine Vorrangigkeit des AGBG. Ferner unterliegen unangemessene AGB dem alleinigen Anwendungsbereich der §§ 9 ff. AGBG, während insbesondere die vertraglichen Hauptleistungen, wie z.B. die vereinbarten Preise, der Sittenwidrigkeitskontrolle unterliegen.[71] Ebenso sieht Mayer-Maly eine Subsidiarität des § 138 BGB gegenüber § 9 Abs.1 AGBG.[72] Die Lösung dieser Problematik könnte in der Argumentation von Roth liegen, der zwar grundsätzlich die Vorrangigkeit des § 138 BGB vor § 242 BGB sieht, im Einzelfall aber auch § 242 BGB vorzieht, falls die Rechtsfolge der Nichtigkeit nicht ausreichend erscheint.[73]

5.1.4 Der gemeinsame Zweck nach § 705 BGB

§ 705 BGB regelt den Gesellschaftsvertrag. Durch den Gesellschaftsvertrag verpflichten sich die Gesellschafter gegenseitig, die Erreichung eines gemeinsamen Zweckes in der durch den Vertrag bestimmten Weise zu fördern, insbesondere die vereinbarten Beiträge zu leisten.

Weitgehende Einigkeit besteht in der Literatur darüber, daß der Franchisevertrag weder ganz noch überwiegend einen gesellschaftsvertraglichen Charakter im Sinne des § 705 BGB besitzt.[74] Lediglich Baumgarten kommt in seiner Dissertation zu einem abweichenden Ergebnis. Für ihn sind die ausschlaggebenden Merkmale der funktionale Charakter und die Gleichrichtung der Leistung sowie die Gemeinsamkeit des wirtschaftlichen Interesses von Franchisegeber und Franchisenehmer.[75] Ferner zieht Martinek für das in dieser Arbeit nicht betrachtete Koalitionsfranchising ein gesellschaftsähnliches Verhältnis in Erwägung.[76] Für das Subordinationsfranchising kommt jedoch ein gesellschaftsvertragliches Verhältnis nicht in Betracht.

---

70 Vgl. *Schmidt* in: *Staudinger, J.v.*, Bürgerliches Gesetzbuch, 1983, § 242, Rdnr.238.

71 Vgl. *Bruse, M.*, Allgemeine Geschäftsbedingungen, BB, 1986, S.482 f.

72 Vgl. *Mayer-Maly*, in: *Rebmann, K. / Säcker, F.J. (Hrsg.)*, Münchener Kommentar, 1994, § 138, S.1134, Rdnr.8.

73 Vgl. *Roth*, in: *Rebmann, K. / Säcker, F.J. (Hrsg.)*, Münchener Kommentar, 1994, § 242, S.118, Rdnr.91.

74 Vgl. *Baumgarten, A.K.*, Franchising, 1993, S.114 m.w.N.

75 Vgl. *Baumgarten, A.K.*, Franchising, 1993, S.136.

76 Vgl. *Martinek, M.*, Franchising, 1987, S.389 ff. und S.527 ff.

§ 723 BGB bezieht sich auf die Kündigung in einer Gesellschaft. Danach kann jeder Gesellschafter die Gesellschaft jederzeit kündigen, sofern sie nicht für eine bestimmte Zeit eingegangen ist. Ist eine gewisse Dauer vereinbart, so ist eine Kündigung vor Ablauf der Zeit nur zulässig, falls ein wichtiger Grund vorliegt. Eine Anwendung des § 723 BGB kommt nicht in Betracht, wenn kein Gesellschaftsvertrag im Sinne des § 705 BGB vorliegt.

5.1.5 Die fristlose Kündigung nach den §§ 626 und 628 BGB

Die §§ 626 ff. BGB beziehen sich auf die fristlose Kündigung eines Dienstvertrages. Nach § 626 Abs.1 BGB kann das Dienstverhältnis aus wichtigem Grund ohne Beibehaltung einer Kündigungsfrist gekündigt werden, falls die Fortsetzung des Dienstverhältnisses dem Kündigenden nicht zugemutet werden kann. Die §§ 626 ff. BGB werden durch die spezielleren Bestimmungen des § 89a HGB für das Franchising verdrängt. Der wesentliche Unterschied zwischen beiden Normen besteht darin, daß nach § 626 Abs.2 BGB die Kündigung nur innerhalb von zwei Wochen erfolgen kann. § 89a HGB bestimmt hierfür keine Frist. Nach Rechtsprechung und Lehre dürften jedoch Fristen bis zu einem Monat ab Kenntnis des Kündigungsgrundes tolerierbar sein.[77]

5.1.6 Weitere zivilrechtliche Normen

Aufgrund der Natur des Franchisevertrages ergeben sich Berührungspunkte mit einer Vielzahl von weiteren Regelungen des BGB, die hier nicht weiter diskutiert, aber wenigstens erwähnt werden sollen. So wird der Franchisevertrag in der Regel als Dauerschuldverhältnis angelegt sein mit Elementen des Kaufs (§§ 433 ff. BGB), der Miete (§§ 535 ff. BGB), der Pacht (§§ 581 ff. BGB), der Lizenz (§§ 31 ff. UrhG, § 15 PatG, § 22 GebrMG) und der Geschäftsbesorgung (§ 675 BGB). Bei Unmöglichkeit oder Verzug sind die §§ 320 bis 327 BGB einschlägig. Ein Verzugsschaden wird nach § 286 BGB zu bemessen sein. Ein Verschulden bei Vertragsschluß oder wegen Schlechterfüllung wird nach den §§ 276 und 278 BGB zu beurteilen sein.[78] Für einen Gesellschafter ist § 708 BGB heranzuziehen.[79] "Bei einer Verletzung seiner

---

77 Vgl. Abschnitt 6.6 (S.284 ff.) zu § 89a HGB.

78 Vgl. OLG München, Urteil vom 13.11.1987, BB, 1988, S.865; unrichtige Angaben des Franchisegebers vor Vertragsabschluß führten zu einer Schadensersatzpflicht.

79 Vgl. *Palandt, O.*, Bürgerliches Gesetzbuch, 1983, Einführung vor § 581, S.602, Rdnr.4e).

lizenzvertraglichen Pflichten haftet der Franchisegeber nach den §§ 581 Abs.2 und 537 ff. BGB, im übrigen nach den Regeln über die positive Vertragsverletzung."[80] Der Franchisevertrag kann auch wegen arglistiger Täuschung (§ 123 BGB) angefochten werden, falls das System z.B. keine - wie behauptet - Verkehrsgeltung besitzt.[81]

Für die Beendigung des Franchisevertrages durch Zeitablauf gelten die §§ 581 Abs.2 und 564 Abs.1 BGB sowie § 584 Abs.1 BGB für einen auf unbestimmte Zeit geschlossenen Vertrag, sofern sich nicht aus dem Handelsgesetzbuch etwas anderes ergibt.[82] Erfolgt eine Kündigung zur Unzeit, so ist der Schadensersatz nach den §§ 249 ff. BGB sowie der entgangene Gewinn nach § 252 BGB zu bemessen.[83] Über § 134 BGB (Verstoß gegen ein gesetzliches Verbot) kann es sich ergeben, daß das Machtproblem bei einer anstehenden Vertragsverlängerung entschärft wird.[84] Martinek sieht dagegen einen Schutz aus § 138 BGB bei der Verlängerung eines kündbaren oder befristeten Vertrages.[85] Die Bemessung der Anlaufzeit, in der keine Kündigung erfolgen sollte, beurteilt sich neben den allgemeinen Grundsätzen von Treu und Glauben nach § 624 S.1 BGB.[86] Im Bereich des Franchising wurde vom OLG Oldenburg nach § 305 BGB entschieden, daß ein Warenschwund zu Lasten des Franchisenehmers geht, falls dieser Kontrollen versäumt hat.[87]

Des weiteren werden Franchiseverträge durch die §§ 105, 306 BGB oder § 125 BGB i.V.m. § 313 BGB oder § 34 GWB beeinflußt.[88] So ist ein Franchisevertrag bei Geschäftsunfähigkeit eines Vertragspartners, bei Unmöglichkeit der Leistung oder bei Formmängeln nichtig.

5.1.7 Zusammenfassung

Die beiden für das Franchising wichtigsten Normen des BGB sind die §§ 242 und 138 BGB. § 242 BGB stellt eine Generalklausel dar, die den Schuldner verpflichtet, seine Leistung nach Treu und Glauben zu erbringen. Der größte Anwendungsbereich des § 242 BGB wird sich in bezug auf die Kündigungsmöglichkeiten des Franchisegebers im Zusammenhang mit noch nicht amortisierten Investitionen des Franchiseneh-

80 *Emmerich, V.*, Franchising, JuS, 1995, S.764.
81 Vgl. *Wessels, A.M.*, Franchiseverträge, 1990, S.124.
82 Vgl. *Mack, M.*, Franchising, 1975, S.135.
83 Vgl. *Martinek, M.*, Franchising, 1987, S.339.
84 Vgl. *Ekkenga, J.*, Inhaltskontrolle, 1990, S.211.
85 Vgl. *Martinek, M.*, Franchising, 1987, S.305.
86 Vgl. *Martinek, M.*, Vertriebsrecht, 1992, S.65.
87 Vgl. OLG Oldenburg, Urteil vom 03.09.1996, DB, 1996, S.2176.
88 Vgl. *Martinek, M.*, Vertragstypen, 1992, S.90.

mers ergeben. § 138 BGB befaßt sich mit dem Tatbestand der Sittenwidrigkeit. In erster Linie wird § 138 BGB auf Franchiseverträge anzuwenden sein, die ein auffälliges Verhältnis von Leistung und Gegenleistung beinhalten.

5.2 Abzahlungs- und Verbraucherkreditgesetz

Die Anwendbarkeit des Verbraucherkreditgesetzes auf Franchiseverträge hat zur Folge, daß der Franchisenehmer bei Vertragsabschluß eine Widerrufsbelehrung unterschreiben muß. Weist diese Belehrung Mängel auf oder fehlt sie gar, so steht dem Franchisenehmer ein Widerrufsrecht des Franchisevertrages von einem Jahr zu. Bei korrekter Belehrung beträgt die Widerrufsfrist eine Woche. Weitere Vorzüge bietet das Verbraucherkreditgesetz für den Franchisenehmer nicht, so daß sich an der Abhängigkeit des Franchisenehmers ex post im Anschluß an die Widerrufsmöglichkeit nichts ändern wird.

Bis zum Jahre 1990 galt das Abzahlungsgesetz (AbzG), das ab dem 01.01.1991 durch das Verbraucherkreditgesetz (VerbrKrG) abgelöst wurde. Beide Gesetze besitzen einen nicht unerheblichen Einfluß auf Franchisevereinbarungen, wie die zahlreichen Entscheidungen hierzu verdeutlichen. Da beide Gesetze zwar einen unterschiedlichen Wortlaut besitzen, jedoch bis auf wenige Ausnahmen gleichen Einfluß auf Franchisevereinbarungen haben, werden in der Folge beide Regelungen und Entscheidungen in die Diskussion mit einbezogen.

5.2.1 Gesetzliche Regelungen

Von dem Abzahlungs- bzw. dem Verbraucherkreditgesetz werden nicht nur, wie die Bezeichnung der Gesetze vermuten läßt, Regelungen über die Abzahlung bzw. die Gewährung von Krediten betroffen. Beide Gesetze beziehen sich auch auf Geschäfte, die die *Verpflichtung zum wiederkehrenden Erwerb oder Bezug von Sachen* zum Gegenstand haben (§ 1c Nr.2 AbzG bzw. § 2 Nr.2 VerbrKrG). Durch die in den meisten Franchiseverträgen vereinbarte Bezugspflicht des Franchisenehmers ergaben oder ergeben sich somit Berührungspunkte mit beiden Gesetzen. Jedoch sind in diesen Fällen nicht die gesamten Vorschriften des Verbraucherkreditgesetzes und des Abzahlungsgesetzes anwendbar, sondern nur die §§ 4 Abs.1 S.1 und Abs.3, § 7 Abs.1, 2 und 4 und § 8 VerbrKrG sowie die §§ 1a Abs.1 S.1, Abs.2 und 1b AbzG. Insofern bedürfen lediglich diese Paragraphen einer näheren Untersuchung.[89] Nach Ansicht des BGH findet insbesondere § 3 Abs.1 Nr.2 VerbrKrG keine analoge Anwendung auf die Verpflichtung zum wiederkehrenden Bezug von Waren nach § 2 Nr.3 VerbrKrG.[90] § 3 VerbrKrG regelt Ausnahmen, in denen das Verbraucherkreditgesetz nicht anwendbar ist.

Allen Geschäften, die dem Abzahlungs- bzw. Verbraucherkreditgesetz unterfallen, ist gemein, daß der Käufer ein Widerrufsrecht innerhalb einer Woche genießt. Die auf den Vertragsabschluß gerichtete Willenserklärung wird daher erst wirksam, wenn sie der Käufer dem Verkäufer gegenüber nicht binnen einer Frist von einer Woche widerruft (§ 1b Abs.1 AbzG bzw. § 7 Abs.1 VerbrKrG). Die Belehrung über die Widerrufsmöglichkeit muß in drucktechnisch deutlich gestalteter Weise den Käufer über sein Recht zum Widerruf aufklären sowie Namen und Anschrift des Widerrufsempfängers enthalten. Ferner ist die Belehrung vom Käufer gesondert zu unterschreiben (§ 1b Abs.2 AbzG bzw. § 7 Abs.2 VerbrKrG). Des weiteren verweist § 7 Abs.4 VerbrKrG auf § 3 des Gesetzes über den Widerruf von Haustürgeschäften. Nach § 3 Abs.1 S.1 HaustürWG ist jeder Vertragspartner im Falle eines Widerrufs verpflichtet, dem anderen Vertragspartner die empfangene Leistung zurückzugeben. Die übrigen Absätze dieses Paragraphen beziehen sich auf die Verschlechterung oder die Unmöglichkeit der Herausgabe der Sache. Die meisten Probleme in den untersuchten Verträgen entstehen entweder aus dem Fehlen oder aus verletzten Formerfordernissen einer Widerrufsbelehrung. Nach § 4 Abs.1 VerbrKrG bedarf der Kreditvertrag der Schriftform. § 4 Abs.3 VerbrKrG regelt, daß dem Verbraucher eine Abschrift der Urkunde auszuhändigen ist. § 8 VerbrKrG enthält schließlich Sondervorschriften für den Versandhandel.

5.2.2 Voraussetzungen für die Anwendbarkeit

In einem Streitfall sprachen Franchisegebühren in Höhe von DM 300.000,- gegen die Widerrufsmöglichkeit des Franchisenehmers.[91] § 3 Nr.2 VerbrKrG regelt nämlich, daß das Gesetz keine Anwendung auf Verträge findet, wenn der Kredit DM 100.000,- übersteigt. Nach Meinung von Schmidt wird die Bedeutung des Verbraucherkreditgesetzes daher gering sein, da der Nettokreditbetrag oder Barzahlungspreis den Betrag von DM 100.000,- in den meisten Fällen übersteigen wird. "Für diesen

89 Eine Erläuterung der Inhalte dieser Paragraphen folgt im nächsten Absatz.
90 Vgl. BGH-Urteil vom 14.12.1994, ZIP, 1994, A 153.
91 Vgl. BGH-Urteil vom 14.12.1994, ZIP, 1995, S.108.

Grenzwert kommt es auf den Gesamtwert der Bezugspflichten an."[92] Hier wurde jedoch übersehen, daß bei einem wiederkehrenden Bezug von Sachen gemäß § 2 Nr.3 VerbrKrG § 3 VerbrKrG *keine* Anwendung findet. Für diesen Fall ist also die obere Grenze von DM 100.000,- nicht maßgeblich für die Anwendbarkeit des Verbraucherkreditgesetzes.[93] In den meisten Fällen wird es sich bei den widerrufbaren Vertragsteilen in Franchiseverträgen um vereinbarte Pflichten zum wiederkehrenden Bezug von Waren nach § 2 Nr.3 VerbrKrG handeln.[94] Im Ergebnis wird daher zumindest in den Fällen, in denen ein wiederkehrender Bezug von Waren vereinbart wurde, dem Franchisenehmer ein Widerrufsrecht zustehen. Man muß hier folglich klar trennen zwischen einmaligen Lizenz- oder Abschlußgebühren, für die die Grenze von DM 100.000,- für die Anwendbarkeit maßgeblich ist, und einer Verpflichtung zum wiederkehrenden Bezug von Waren, für die diese Grenze nicht maßgeblich ist. Die Warenerstausstattung stellt nach Ansicht des BGH kein Abzahlungsgeschäft dar und ist daher nach dem Abzahlungsgesetz wie auch nach dem Verbraucherkreditgesetz unwiderruflich.[95]

Immer wieder gab es bereits in bezug auf die Anwendung des Abzahlungsgesetzes gegenüber Kaufleuten Unklarheiten bzw. Unstimmigkeiten. Dabei regelte § 8 AbzG eindeutig, daß die Bestimmungen des Abzahlungsgesetzes keine Anwendung finden, wenn der Empfänger der Ware als Kaufmann in das Handelsregister eingetragen ist. So entschied auch der BGH zu Recht, daß bei der Frage der Anwendbarkeit des Abzahlungsgesetzes auf Kaufleute nicht die Kaufmannseigenschaft, sondern lediglich die entsprechende Eintragung in das Handelsregister entscheidend sei. Die Rechtsklarheit werde dabei über die generelle oder konkrete Schutzbedürftigkeit gestellt.[96] Selbst ein pflichtwidrig nicht eingetragener Vollkaufmann fällt nach Ansicht des OLG Koblenz unter den Schutz des Abzahlungsgesetzes.[97]

§ 8 AbzG findet sich in ähnlicher oder gleicher Form im Verbraucherkreditgesetz nicht wieder. An seine Stelle ist § 1 Abs.1 VerbrKrG getreten, der besagt, daß die Bestimmungen des Gesetzes *nicht* für die Gewährung von Krediten gelten, die für eine

---

92 *Ulmer, P. / Brandner / Hensen / Schmidt, H.*, AGB-Kommentar, 1993, Anh. §§ 9-11, S.820, Rdnr.358.

93 Vgl. BGH-Urteil vom 14.12.1994, ZIP, 1994, A 153.

94 Derartig wurde bereits vom BGH ein Fall zum Franchising nach dem Abzahlungsgesetz entschieden, vgl. BGH-Urteil vom 16.04.1986, BGHZ 97, S.357.

95 Vgl. BGH-Urteil vom 08.10.1990, DB, 1990, S.2414 f. und ZIP, 1990, S.1410 ff. und BGHZ 112, S.288 ff.

96 Vgl. BGH-Urteil vom 15.01.1987, DB, 1987, S.929 und OLG Koblenz, Urteil vom 25.03.1994, NJW, 1994, S.2099; ebenso auch in der *Yves Rocher*-Entscheidung des BGH vom 16.04.1986, ZIP, 1986, S.784.

97 Vgl. OLG Koblenz, Urteil vom 25.03.1994, NJW, 1994, S.2099.

bereits ausgeübte oder selbständige berufliche Tätigkeit bestimmt sind. Damit werden aber alle Fälle von dem Verbraucherkreditgesetz erfaßt, in denen eine Existenzgründung vorliegt.[98] Eine bereits vorliegende selbständige Tätigkeit in einem anderen Bereich schließt die Anwendung des Verbraucherkreditgesetzes nicht aus. Böhner stellt die These auf, daß Franchisenehmer *bei einer Existenzgründung* unter den Schutz des Verbraucherkreditgesetzes fallen, daß sie jedoch diesen Schutz *nicht* genießen, *wenn sie bereits als selbständige Unternehmer tätig waren.*[99] Soweit es sich bei dem Franchisegeschäft jedoch um eine Existenzgründung handelt, genießen die Franchisenehmer das Widerrufsrecht der §§ 2 und 7 Abs.1, 2 und 4 VerbrKrG. Relevant ist für die Anwendbarkeit des Gesetzes der Begriff der *Existenzgründung*.[100]

Ähnlich wie bei der Diskussion zu § 24 AGBG kann in diesem Bereich die Frage auftreten, ob ein Franchisenehmer unter den Schutz des Verbraucherkreditgesetzes fällt, wenn er erst infolge des Abschlusses des Franchisevertrages die Kaufmannseigenschaft erlangt. Fragwürdig ist dies zudem, da der Franchisenehmer erst während der Ausübung seines Gewerbes Waren bezieht. Als maßgeblichen Zeitpunkt ist jedoch nicht auf die Erfüllung, sondern auf die Begründung und damit auf den Abschluß des Vertragsverhältnisses abzustellen.[101] Ein Franchisenehmer, der folglich erst durch den Abschluß des Vertrages die Kaufmannseigenschaft erlangt, genießt demnach den Schutz des Verbraucherkreditgesetzes.

Martinek kritisiert die Anwendung des Abzahlungsgesetzes auf Franchiseverträge, da die Bezugsverpflichtungen keinen kaufvertraglichen, sondern geschäftsbesorgungsvertraglichen Charakter hätten. Somit verbiete sich beim Absatzmittlungsfranchising die Anwendung des § 1c Nr.3 AbzG.[102] Martinek stellt vor allem auf die Folgen für den Franchisegeber ab, die eine fehlende Widerrufsbelehrung bei Anwendung des Abzahlungsgesetzes auf Absatzmittlungsverhältnisse haben würde. Außerdem sieht er die Anwendung als im Ansatz verfehlt an.[103] Eine derartige Betrachtung vom gewünschten Ergebnis her ist jedoch nicht angebracht.[104] Martinek ist deshalb mit seiner eigenen Auffassung zu begegnen: "Man kann den Franchisenehmer nicht mit einer Hausfrau auf dieselbe Stufe stellen, der an der Haustür ein Lexikon verkauft

98 Vgl. BGH-Urteil vom 14.12.1994, NJW, 1995, S.723 und JuS, 1995, S.461.

99 Vgl. *Böhner, R.*, Franchiseverträge, NJW, 1992, S.3136.

100 Vgl. *Böhner, R.*, Franchiseverträge, NJW, 1992, S.3138.

101 Vgl. *Pfeiffer, T. / Dauck, A.*, Verbraucherkreditgesetz, NJW, 1997, S.31.

102 Vgl. *Martinek, M.*, Abzahlungsgesetz, ZIP, 1986, S.1444 und S.1448 und *derselbe*, Vertragstypen, 1992, S.98; ebenso *Tiemann, R.*, Franchisevertrag, 1990, S.257.

103 Vgl. *Martinek, M.*, Kommentar, EWiR, 1987, S.312.

104 Vgl. vor allem *Martinek, M.*, Abzahlungsgesetz, ZIP, 1986, S.1442.

wird."[105] Damit soll ausgedrückt werden, daß der Franchisenehmer sich bei Abschluß des Vertrages über die rechtlichen Konsequenzen im klaren sein sollte. Erst recht sollte man dann aber dies von dem in den meisten Fällen rechtlich erfahreneren Franchisegebern verlangen können. Fehlende oder mangelhafte Widerrufsbelehrungen sind nämlich der den Vertragstext aufstellenden Partei zuzuordnen. Bedenken bei der Anwendung des Abzahlungs- bzw. Verbraucherkreditgesetzes aus Überlegungen heraus, daß eine Vielzahl von Verträgen unwirksam sein könnte, dürften aus diesem Grund keinen Raum haben.

Im Rahmen der Diskussion um § 138 BGB argumentiert Martinek ebenfalls, daß "Subordinations-Franchiseverträge [...] oft mit "Neulingen im Geschäft" geschlossen [werden], denen jede kaufmännische Erfahrung fehlt."[106] Deshalb will er die Franchisenehmer einem erweiterten Schutz unterstellen. Dieser Argumentation folgend müßte man die Franchisenehmer gerade unter den Schutz des Verbraucherkreditgesetzes stellen.

5.2.3 Mangelhafte oder fehlende Widerrufsbelehrung

Die Folgen einer Verletzung der Regelungen des Abzahlungs- bzw. Verbraucherkreditgesetzes können so weit gehen, daß das gesamte Vertragsverhältnis als von Anfang an nichtig angesehen werden kann. Dies ist nur dann nicht der Fall, wenn anzunehmen ist, daß das Rechtsgeschäft auch ohne den nichtigen Teil vorgenommen worden wäre (§ 139 BGB). In Franchisevereinbarungen, in denen die Bezugsverpflichtung eine sehr große Rolle spielt, ist hiervon aber in der Regel nicht auszugehen. Als Folge einer Nichtigkeit des gesamten Rechtsgeschäfts ist dieses nach Bereicherungsrecht (§§ 812 f. BGB) rückabzuwickeln.[107] Für Franchiseverträge würde dies bedeuten, daß der Franchisenehmer seine Waren und seine Geschäftseinrichtung an den Franchisegeber zurückgibt und einen Großteil seiner Eintrittsgebühr zurückerhält. Abgezogen werden hiervon nur die Aufwendungen des Franchisegebers, wobei Schulungskosten in keiner bisherigen Entscheidung angerechnet wurden.[108] Trotz der Nichtigkeit des gesamten Vertrages mußte ein Franchisenehmer dem Franchisegeber finanzielle Aufwendungen für Warenlieferungen, Nebenkosten, Fernsprechgebühren

105 *Martinek, M.*, Kommentar, EWiR, 1987, S.312.

106 *Martinek, M.*, Franchising, 1987, S.304; vgl. zum Begriff des *Subordinationsfranchising* auch Abschnitt 2.5 (S.21).

107 Vgl. BGH-Urteil vom 08.10.1990, BHGZ 112, S.288.

108 Vgl. BGH-Urteil vom 14.12.1994, JuS, 1995, S.462.

und die Mehrwertsteuer auf die Miete erstatten.[109] Die Unwirksamkeit eines Franchisevertrages berührte nicht die Unwirksamkeit der erst später abgeschlossenen Kaufverträge zwischen Franchisenehmer und Franchisegeber.[110] Waren, die der Franchisenehmer bestimmungsgemäß weiterverkauft hat, fallen daher aus der Rückgabepflicht heraus und sind dem Franchisegeber in vereinbarter Weise zu vergüten. Hinsichtlich der vom Franchisenehmer ordnungsgemäß weiterverkauften Ware ist folglich trotz eines nichtigen Vertrages so zu verfahren und abzurechnen, als wäre das Vertragsverhältnis zustande gekommen. Hier zeigt sich eine Parallele zu den Regelungen des HGB.[111] Denn danach ist dem Handelsvertreter auch bei Nichtigkeit des Handelsvertretervertrages infolge Anfechtung ein Ausgleichsanspruch zuzubilligen, wenn der Unternehmer die vom Handelsvertreter hergestellten Geschäftsbeziehungen künftig weiterhin nutzen kann. Dieser Vorteil des Unternehmers beruht nach Ansicht des BGH auf dem Handelsvertreterverhältnis, das nach seiner Invollzugsetzung bis zu seiner Beendigung wie ein fehlerfrei zustande gekommenes Dienstverhältnis zu behandeln sei.[112] In beiden Fällen kann also der Franchisegeber trotz einer rückwirkenden Nichtigkeit des Vertrages verpflichtet sein, Zahlungen an den Franchisenehmer zu leisten. Dies verdeutlicht die Relevanz beider Bestimmungen für das Franchiseverhältnis.

5.2.4 Widerruf einer Bezugsverpflichtung

Die vorangegangenen Ausführungen bezogen sich auf die Fälle, in denen die Widerrufsbelehrung Mängel aufwies oder gar fehlte. Davon zu unterscheiden sind die Fälle, in denen eine gültige Widerrufsbelehrung vorliegt und die Bezugsverpflichtung innerhalb der Wochenfrist widerrufen wird. Geht man einmal von einer wirksam widerrufenen Bezugsverpflichtung aus, so stellt sich die Frage, was sich in einem derartigen Fall für die übrigen vertraglichen Vereinbarungen ergibt. In der Regel wird dabei das Rechtsgeschäft als eine Einheit anzusehen sein, da in einer Vielzahl der Fälle nicht anzunehmen ist, daß der Vertrag auch ohne den nichtigen Teil vorgenommen worden wäre. Im Ergebnis ist damit der gesamte Vertrag als von Anfang an

---

109 Vgl. OLG Düsseldorf, Urteil vom 15.01.1987, WM, 1987, S.600.

110 Vgl. OLG Düsseldorf, Urteil vom 15.01.1987, NJW-RR, 1987, S.633; gleichermaßen wurde die Situation beurteilt in der *Yves Rocher*-Entscheidung des BGH vom 16.04.1986, ZIP, 1986, S.781 ff. und NJW, 1986, S.1988 ff.

111 Vgl. Abschnitt 6.3 (S.264 ff.).

112 Vgl. BGH-Urteil vom 03.05.1995, BB, 1995, S.1437 und ZIP, 1995, S.1002 und DB, 1995, S.1658.

nichtig anzusehen (§ 139 BGB). Rechtsfolge aus der Nichtigkeit des gesamten Rechtsgeschäfts ist die Rückabwicklung nach Bereicherungsrecht (§§ 812 f. BGB).[113] Im anderen Falle wären nur die Bestimmungen kauf- bzw. kreditrechtlicher Natur widerrufbar.[114]

Solange die Widerrufsmöglichkeit besteht, "befindet sich der Vertrag in einem der Vorschrift des § 177 BGB entsprechenden Schwebezustand. Aus einem schwebend unwirksamen Vertrag kann weder Erfüllung noch Schadensersatz wegen Nichterfüllung verlangt werden."[115] Als Folge eines schwebenden Vertragsverhältnisses sind somit weder Franchisegeber noch Franchisenehmer zu Vorleistungen verpflichtet. Für den Fristbeginn ist in einem Franchiseverhältnis nicht auf die Übergabe der Handbücher abzustellen, sondern auf die Aushändigung der Vertragsurkunde und der Widerrufsbelehrung.[116]

5.2.5 Entscheidungen im Bereich Franchising

Das LG Berlin sah das Verbraucherkreditgesetz auf Franchiseverträge als anwendbar an, wenn sie einen wiederkehrenden Bezug von Sachen zum Gegenstand haben und dies nicht eine völlig unwesentliche Nebenleistung darstellt. Im Ergebnis sah das Gericht den gesamten Vertrag nach § 139 BGB als von Anfang an nichtig an.[117] Ebenso befand das OLG Düsseldorf einen Franchisevertrag für unwirksam nach § 139 BGB, da davon auszugehen war, daß die Franchise nur dann eingeräumt wurde, falls sich der Franchisenehmer zum Bezug *aller* Waren beim Franchisegeber verpflichtete.[118]

In einem vom BGH entschiedenen Franchisingfall enthielt der Franchisevertrag eine Verpflichtung zum wiederkehrenden Bezug.[119] Die in einem Franchisevertrag enthaltene Vereinbarung über die Verpflichtung des Franchisenehmers zum wiederkehrenden Bezug von Waren des Franchisegebers fiel somit unter § 2 Nr.3 VerbrKrG.

---

113 Vgl. BGH-Urteil vom 08.10.1990, BHGZ 112, S.288.

114 Vgl. BGH-Urteil vom 14.12.1994, NJW, 1995, S.724.

115 BGH-Urteil vom 30.09.1992, DB, 1993, S.479; *Pfeiffer, T. / Dauck, A.* sehen dagegen das Vertragsverhältnis als schwebend *wirksam* an, vgl. dieselben, Verbraucherkreditgesetz, NJW, 1997, S.33.

116 Vgl. *Böhner, R.*, Franchiseverträge, NJW, 1992, S.3138.

117 Vgl. LG Berlin, Urteil vom 09.12.1993, BB, 1994, S.742 f. und DB, 1993, S.675 f.

118 Vgl. OLG Düsseldorf, Urteil vom 15.01.1987, EWiR, 1987, S.311 und WM, 1987, S.599 ff. und NJW-RR, 1987, S.631 ff.; vgl. hierzu auch die Beurteilung des BGH, Urteil vom 08.10.1990, DB, 1990, S.2414 f. und ZIP, 1990, S.1410 ff. und BGHZ 112, S.288 ff.

119 Vgl. BGH-Urteil vom 14.12.1994, ZIP, 1995, S.108 und NJW, 1995, S.722.

Dabei kam es nicht darauf an, daß sich die Bezugsverpflichtung erst auf die Phase der Ausübung des Gewerbes bezog.[120]

5.2.5.1 Fehlende Widerrufsbelehrung

Im Abzahlungsgesetz war das Widerrufsrecht in § 1b AbzG sowie die erforderliche Form der Erklärung in § 1a AbzG geregelt. Inhaltlich sind sich Abzahlungsgesetz und Verbraucherkreditgesetz in dieser Hinsicht sehr ähnlich, wodurch Entscheidungen zum Abzahlungsgesetz als richtungsweisend für das Verbraucherkreditgesetz angesehen werden können. Der grundlegende Unterschied besteht darin, daß nach § 7 Abs.2 VerbrKrG das Widerrufsrecht bei fehlender oder fehlerhafter Belehrung spätestens ein Jahr nach Abgabe der Willenserklärung erlischt, wohingegen nach dem Abzahlungsgesetz keine Frist relevant war. So wurde ein Franchisevertrag rechtskräftig nach einer Laufzeit von sechs Jahren unter Bezug auf das Abzahlungsgesetz widerrufen, da die Widerrufsbelehrung gefehlt hatte.[121] Die Anwendbarkeit von § 1b AbzG auf einen Franchisevertrag wurde auch vom OLG Frankfurt bestätigt.[122] Ebenso wurde ein Bierlieferungsvertrag nach Streitigkeiten nach einer Laufzeit von zehn Jahren erfolgreich widerrufen, da es an einer gesonderten Unterschrift unter die Belehrung gefehlt hatte.[123] Des weiteren konnte selbst nach ausgesprochener Kündigung noch das Vertragsverhältnis aufgrund einer fehlenden Widerrufsbelehrung erfolgreich widerrufen werden.[124]

Im Gegensatz zu der herrschenden Meinung entschied das OLG Frankfurt, daß eine fehlende Widerrufsbelehrung in einem Franchisevertrag nicht zum Widerruf nach dem Abzahlungsgesetz berechtigte, da das Vertragsverhältnis sieben Monate praktiziert worden sei. Ein Berufen auf die fehlende Widerrufsbelehrung erscheine daher rechtsmißbräuchlich.[125] Dieser vereinzelten Meinung ist nicht zu folgen. Dagegen ist einzuwenden, daß sogar unter Anwendung des heute geltenden restriktiveren Verbraucherkreditgesetzes ein sieben Monate lang praktiziertes Vertragsverhältnis dazu berechtigt hätte, bei Fehlen der Widerrufsbelehrung den Vertrag zu widerrufen. Zu

---

120 Vgl. BGH-Urteil vom 14.12.1994, NJW, 1995, S.722 f.; zum gleichen Ergebnis gelangte das OLG Hamm mit Urteil vom 28.07.1992, NJW, 1992, S.3179 ff.

121 Vgl. OLG Schleswig, Urteil vom 28.07.1988, NJW, 1988, S.3024.

122 Vgl. OLG Frankfurt, Urteil vom 14.03.1991, DB, 1991, S.1769.

123 Vgl. OLG Zweibrücken, Urteil vom 09.12.1988, EWiR, 1989, S.729 f.

124 Vgl. BGH-Urteil vom 16.04.1986, BGHZ 97, S.359.

125 Vgl. OLG Frankfurt, Urteil vom 03.05.1984, WM, 1984, S.1009 und BB, 1984, S.1124 f.

Recht sah der BGH in dem Widerruf eines Vertragsverhältnisses aufgrund einer fehlenden Widerrufserklärung keinen Rechtsmißbrauch.[126]

5.2.5.2 Mangelhafte Widerrufsbelehrung

Aber auch an die Form der Widerrufsbelehrung werden strenge Anforderungen gestellt. Dementsprechend stellt es einen wesentlichen Mangel dar, wenn die Widerrufsbelehrung in einem Franchisevertrag weder Name noch Anschrift des Widerrufsempfängers enthält.[127] Dadurch erfolgt keine hinreichende Belehrung im Sinne des § 7 Abs.2 VerbrKrG. So wurde ein Franchisevertrag aufgrund dieses Sachverhalts als von Anfang an unwirksam betrachtet.[128] Ebenso beurteilte der BGH eine Widerrufsbelehrung, bei der sich die Unterschrift nicht nur auf die Widerrufsbelehrung, sondern zugleich auf die Bestätigung der Aushändigung einer Vertragsabschrift sowie auf die Belehrung selbst bezog. Dies erfülle nicht die Anforderungen an eine *gesonderte Unterschrift* im Sinne des § 1b Abs.2 S.3 AbzG, da der Charakter der Gesondertheit nicht erfüllt sei.[129] Ebenso genügt es nicht den Anforderungen, wenn die Widerrufsbelehrung nur durch eine durchgezogene Linie vom übrigen Vertragstext getrennt ist und im übrigen noch in einer kleineren Drucktype gehalten ist.[130] Es genügt auch nicht den Erfordernissen der Gesondertheit, daß zusammen mit einem Bierlieferungsvertrag eine von einem Vertreter der Brauerei unterschriebene Belehrung dem Verbraucher geschickt wurde und dieser beides zusammen schriftlich bestätigte.[131] Restriktiver noch ist die Auslegung des BGH, der als Beginn der Einwochenfrist die vertragliche Angabe "ab heute" nicht ausreichend ansah, da die Widerrufsbelehrung nach § 1b Abs.2 S.2 AbzG den Beginn der Widerrufsfrist unmißverständlich kennzeichnen muß. Relevant ist jedoch nicht das Datum der Unterzeichnung, sondern das der Aushändigung der Vertragsurkunde. Obwohl beides am gleichen Tag vorgenommen wurde, entsprach die Widerrufsbelehrung nach Ansicht des BGH trotzdem nicht den gesetzlichen Erfordernissen, da die Bezeichnung "ab heute" den unzutreffenden Eindruck erwecke, daß dieser Tag mitgezählt würde. Nach § 187 Abs.1 BGB wird jedoch

---

126 Vgl. BGH-Urteil vom 16.04.1986, BGHZ 97, S.359; zur gleichen Entscheidung vgl. ZIP, 1986, S.781 ff. und NJW, 1986, S.1988 ff.

127 Vgl. LG Berlin, Urteil vom 09.12.1993, BB, 1994, S.742 f. und DB, 1994, S.675 f.

128 Vgl. LG Berlin, Urteil vom 09.12.1993, DB, 1994, S.676.

129 Vgl. BGH-Urteil vom 30.09.1992, DB, 1993, S.477 f.

130 Vgl. BGH-Urteil vom 25.04.1996, DB, 1996, S.1561 f. und NJW, 1996, S.1964 f.

131 Vgl. OLG Zweibrücken, Urteil vom 09.12.1988, EWiR, 1989, S.729.

dieser Tag bei der Fristberechnung *nicht* mitgezählt.[132] Der bloße Hinweis, daß das Widerrufsschreiben binnen Wochenfrist abzusenden sei, reicht ebenfalls - aus formaler Perspektive - nicht aus.[133]

5.2.6 Regelungen in den Franchiseverträgen

Die meisten Widerrufsbelehrungen in den untersuchten Franchiseverträgen wurden separat abgefaßt und erforderten eine gesonderte Unterschrift durch den Franchisenehmer. In einigen Fällen mußte sogar der Ehepartner unterschreiben oder die Unterschrift unter den Vertrag mit der eigenen Unterschrift gemäß § 1365 BGB genehmigen. Mängel bestanden in der Bestimmung der Einwochenfrist. Eine Klausel, nach der die Widerrufsfrist ab dem Tag der Unterzeichnung und Aushändigung des Vertrages beginnt, genügt nicht den Anforderungen. Unpräzise ist in dieser Hinsicht auch die folgende Widerrufsbelehrung: "Ich bestätige, daß ich eine ausgefertigte Abschrift des Franchisevertrages [...] einschließlich einer Belehrung über mein Recht erhalten habe, meine Zustimmung zu diesem Vertrag zu widerrufen."[134] Zu dieser Belehrung kommt noch hinzu, daß keine Adresse aufgeführt wird, an die ein Widerruf zu schicken ist.

Interessant ist der folgende Zusatz zu einer Widerrufsbelehrung: "Wenn der Partner nicht unterschreibt, bringt er damit zum Ausdruck, daß er als Kaufmann im Handelsregister eingetragen ist."[135] Auf diesem Wege können nicht die Bestimmungen des Verbraucherkreditgesetzes umgangen werden, falls der Franchisenehmer kein Kaufmann ist. Eine nicht unterschriebene und ausgehändigte Widerrufsbelehrung hat in diesem Fall die Konsequenz, daß der Vertrag von dem Franchisenehmer innerhalb eines Jahres widerrufen werden kann.

5.2.7 Zusammenfassung

Die Anwendung des Verbraucherkreditgesetzes wird sich in den meisten Fällen im Bereich des Franchising auf die wiederkehrenden Bezugsverpflichtungen des Franchisenehmers beziehen. Hier räumt das Gesetz dem Franchisenehmer eine Widerrufsmöglichkeit der Bezugsverpflichtung von einer Woche ein, was in der Regel die

---

132 Vgl. BGH-Urteil vom 27.04.1994, NJW, 1994, S.1800 f.; *Pfeiffer, T. / Dauck, A.*, Verbraucherkreditgesetz, NJW, 1997, S.33.

133 Vgl. BGH-Urteil vom 25.04.1996, DB, 1996, S.1562 und NJW, 1996, S.1965.

134 Untersuchte Verträge.

135 Untersuchte Verträge.

Nichtigkeit des gesamten Vertrages zur Folge hat. Solange diese Widerrufsmöglichkeit besteht, ist die Vereinbarung nach § 177 BGB als schwebend unwirksamer Vertrag anzusehen. Dadurch empfiehlt es sich für beide Parteien in dieser Zeit keine großen Investitionen vorzunehmen.

Zweifel, die an der Anwendbarkeit des Verbraucherkreditgesetzes aufkommen, beziehen sich hauptsächlich auf die Überlegung, ob der Franchisenehmer ebenso zu schützen ist wie ein (nichtkaufmännischer) Verbraucher. In der Tat könnte man sich auf den Standpunkt stellen, daß der Franchisenehmer nicht schützenswert sei, da er sich vor Abschluß des Franchisevertrages über die Konsequenzen im klaren sein sollte. Ein anderer Standpunkt könnte sein, daß ein Kaufmann bei Abschluß eines privaten Abzahlungsgeschäftes, das nichts mit seiner kaufmännischen Tätigkeit zu tun hat, nicht unter das Verbraucherkreditgesetz fallen sollte. Während im letzteren Fall der Kaufmann bei einem privaten Geschäft eindeutig unter den Schutz des Gesetzes gestellt wird, wird dieser Schutz im Falle des Franchisenehmers teilweise angezweifelt. Doch auch der Franchisenehmer sollte bei Abschluß des Franchisevertrages den Schutz des Verbraucherkreditgesetzes genießen.

Über das Verhältnis zwischen Verbraucherkreditgesetz und Abzahlungsgesetz spalten sich die Meinungen. Während Böhner die Auffassung vertritt, daß im Verbraucherkreditgesetz das Widerrufsrecht gegenüber dem Widerrufsrecht im Abzahlungsgesetz stark eingeschränkt wurde, erklärte der BGH, daß durch § 2 VerbrKrG die bisherige Rechtslage nicht zum Nachteil des Verbrauchers geändert werden sollte.[136] Der wesentliche Unterschied zwischen beiden Gesetzen besteht in der Einschränkung, daß nach dem Verbraucherkreditgesetz die Widerrufsmöglichkeit bei fehlender oder mangelhafter Widerrufsbelehrung nach einem Jahr erlischt, während nach dem Abzahlungsgesetz noch nach vielen Jahren der Vertrag unter den erwähnten Umständen widerrufen werden konnte. Die frühere gesetzliche Regelung war jedoch unangemessen, da sie zu einem Mißbrauch verleitete. Bei einem mehrjährig praktizierten Vertragsverhältnis sollte der Franchisenehmer nicht mehr unter den Schutz des Widerrufsrechts gestellt werden. Der Franchisenehmer sollte darum nicht durch einen formalen Fehler im Franchisevertrag die Möglichkeit erhalten, von dem Vertrag zurückzutreten. Eine derartige Möglichkeit würde zu einem unbilligen Ergebnis für den Franchisegeber führen. Will ein Franchisenehmer von einem Franchisevertrag loskommen, ist dies bei einer Widerrufsmöglichkeit durch das Verbraucherkreditgesetz wesentlich günstiger als durch eine fristgerechte Kündigung. In letzterem Fall könnte

136 Vgl. BGH-Urteil vom 14.12.1994, NJW, 1995, S.723 und ZIP, 1995, S.107; ähnlich: OLG Hamm, Urteil vom 28.07.1992, NJW, 1992, S.3180.

zum Beispiel ein nachvertragliches Wettbewerbsverbot greifen. Diese Konsequenzen hat ein Widerruf nach dem Verbraucherkreditgesetz nicht, da der Vertrag als von Anfang an nichtig gelten würde. Insofern ist die gesetzliche Einschränkung des Verbraucherkreditgesetzes gegenüber dem Abzahlungsgesetz zu begrüßen.

Sieht man von den Zweifeln, die in der Literaturmeinung hinsichtlich der Anwendung des Verbraucherkreditgesetzes auf Franchisevereinbarungen angebracht werden, ab, so empfiehlt es sich in jedem Falle für den Franchisegeber, der Widerrufsbelehrung erhöhte Aufmerksamkeit zu widmen. Fehler, die in diesem Bereich begangen werden und zunächst scheinbar nur zu Lasten des Franchisegebers gehen, treffen in der Regel das gesamte System, sei es durch eine verminderte Expansionsgeschwindigkeit oder durch eine negative Publicity infolge eines Gerichtsverfahrens.

5.3 Allgemeine Geschäftsbedingungen

In der Regel wird dem zukünftigen Franchisenehmer bei Vertragsabschluß ein vom Franchisegeber vorformulierter Vertrag vorgelegt. Bis auf wenige Eintragungen, die die Laufzeit oder die Abschlußgebühr betreffen können, steht der Franchisenehmer vor der Wahl, diesen Vertrag, wie er vorliegt, zu unterschreiben oder auf einen Vertragsabschluß zu verzichten ("Take-it-or-leave-it-Basis"). Hierbei besteht die Gefahr, daß der Franchisenehmer nicht alle vertraglichen Details bei seiner Entscheidung berücksichtigt oder auch einige Regelungen nicht interpretieren kann. Das AGBG bietet dem Franchisenehmer einen Schutz vor unangemessenen Regelungen, die auf die Vorformulierung des Vertragstextes zurückzuführen sind. Unter Umständen können aufgrund des AGBG die Bestimmungen, die gerade eine sehr starke Abhängigkeit des Franchisenehmers bewirken, unzulässig sein.

Allgemeine Geschäftsbedingungen sind nach § 1 Abs.1 AGBG alle für eine Vielzahl von Verträgen vorformulierten Vertragsbedingungen, die die aufstellende Vertragspartei, der sogenannte *Verwender*, der anderen Vertragspartei bei Abschluß des Vertrages stellt.[137] Gleichgültig ist es nach § 1 Abs.1 AGBG dabei, ob die Bestimmungen einen äußerlich gesonderten Bestandteil des Vertrages bilden oder in die Vertragsurkunde selbst aufgenommen werden, welchen Umfang sie haben,[138] in

137 Nach neuester Rechtsprechung kommt es erstaunlicherweise dabei nicht unbedingt darauf an, daß die Allgemeinen Geschäftsbedingungen von dem Verwender direkt "gestellt" werden, sondern darauf, daß sich eine Vertragspartei die Bedingungen als von ihr gestellt zurechnen lassen muß (vgl. *Heinrichs, H.*, Allgemeine Geschäftsbedingungen, 1994, NJW, 1995, S.1396).

138 In einem Urteil erkannte der BGH einen Makler-Alleinauftrag mit 27 Zeilen nicht als Individualvertrag an (vgl. BGH-Urteil vom 26.02.1981, BB, 1981, S.757).

welcher Schriftart sie verfaßt sind und welche Form der Vertrag hat. Insbesondere sind auch Formularverträge den Bestimmungen des AGB-Gesetzes zu unterwerfen. Die Zulässigkeit der Aufstellung von Allgemeinen Geschäftsbedingungen ergibt sich aus dem Grundsatz der Vertragsfreiheit. Nach § 1 Abs.2 AGBG liegen Allgemeine Geschäftsbedingungen nicht vor, soweit die Vertragsbedingungen im einzelnen ausgehandelt sind.

Die EG-Richtlinie 93/13/EWG über mißbräuchliche Klauseln in Verbraucherverträgen vom 05.04.1993[139] führt über das deutsche AGBG hinausgehend aus, daß Klauseln in Verbraucherverträgen auch dann einer Inhaltskontrolle unterliegen, wenn sie nur *einmal* verwendet werden sollen.[140] Dies wird im Ergebnis annähernd bereits mit dem nationalen Recht erreicht, da bereits die Absicht, vorformulierte Verträge mehrfach zu verwenden, für die Anwendbarkeit des AGBG in der Regel ausreicht.[141] Gegenstand einer Inhaltskontrolle nach AGBG sind "alle im voraus abgefaßten und nicht im einzelnen ausgehandelten Vertragsklauseln."[142] Bei voller Ausschöpfung des nationalen Rechts könne der europarechtlichen Pflicht zur Inhaltskontrolle von Einzelvertragsklauseln nachgekommen werden, auch wenn dies über die allgemeine Norm des § 242 BGB geschieht.[143] In der Praxis wird dies jedoch nicht konsequent umgesetzt, wie eine Entscheidung des BGH zeigt. Danach ergibt sich die Qualifizierung als Allgemeine Geschäftsbedingung nicht schon daraus, daß ein vorformulierter Vertrag mehreren Bietern vorgelegt wurde, jedoch nur auf den Abschluß eines Vertrages abzielt. Ferner wird eine Klausel, die nur für einen Einzelfall vorformuliert wird, nicht zur Allgemeinen Geschäftsbedingung, falls sie *später* in weiteren Verträgen verwendet wird.[144]

5.3.1 Abgrenzung zum Individualvertrag

Die Verlesung und Erläuterung der Allgemeinen Geschäftsbedingungen bzw. des Formularvertrages ist weder ein geeignetes noch ein ausreichendes Kriterium zur Unterscheidung eines Individualvertrages von einem AGB-Vertrag.[145] Ebenfalls

139 Vgl. ABlEG Nr. L 95 vom 21.05.1993, NJW, 1993, S.1838; vgl. zu Grundfragen der Umsetzung in nationales Recht: *Schmidt-Salzer, J.*, AGB-Grundfragen, JZ, 1995, S.223-231; *Schmidt-Salzer, J.*, Verbraucherverträge, BB, 1995, S.1493-1499; *Nassall, W.*, Verbraucherverträge, JZ, 1995, S.689-694.

140 Zu weiteren Folgen der Umsetzung der EG-Richtlinie siehe Abschnitt 5.3.9 (S.217).

141 Vgl. *Eßer, G.*, Franchising, 1987, S.28.

142 *Heinrichs, H.*, Verbraucherverträge, NJW, 1995, S.155.

143 Vgl. *Heinrichs, H.*, Verbraucherverträge, NJW, 1995, S.156.

144 Vgl. BGH-Urteil vom 26.09.1996, DB 1997, S.89.

145 Vgl. OLG Celle, Urteil vom 19.12.1975, BB, 1976, S.1287 f.

genügen keine notariellen Belehrungen oder eine Verhandlungsbereitschaft.[146] Das Einsetzen der Laufzeit in einen vorgefertigten Vertragstext, wie es in vielen Franchiseverträgen gehandhabt wird, schließt zwar die Anwendung der §§ 9 ff. AGBG auf die Laufzeitklausel aus, da es sich um eine Individualabrede handelt. Dies schließt aber nicht die Anwendung des AGB-Gesetzes auf den übrigen Vertragstext aus, begründet also nicht im ganzen einen Individualvertrag. Ebenso verhält es sich mit sonstigen kleinen Änderungen. Diese Änderungen werden im übrigen keinen umfassenden Charakter haben können, da eine Gleichbehandlung aller Franchisenehmer eines Systems nach § 242 BGB und § 26 Abs.2 GWB geboten ist.[147]

In einem Individualvertrag ist jede Abrede bis zu den Grenzen der zwingenden Rechtsnormen der §§ 134 und 138 BGB zulässig, da die Vertragspartner gleichermaßen für den Vertrag verantwortlich sind. Bei einem AGB-Vertrag trägt jedoch der Verwender die Verantwortung für den Inhalt und muß sich an den Paragraphen des AGBG einer schärferen Rechtskontrolle unterziehen.[148] Allerdings ist bei Anwendung der §§ 9 bis 11 AGBG die Anwendung des § 138 BGB nicht ausgeschlossen, dieser tritt als Bewertungsmaßstab daneben.[149] Eine Ablehnung der AGB-Inhaltskontrolle für einseitig gestaltete Individualverträge schließt jedoch nicht aus, daß eine Inhaltskontrolle über § 242 BGB durchgeführt wird.[150]

5.3.2 Zweck und Inhalt des AGBG

Hinter den Regelungen des AGBG steht der Grundgedanke, daß der Vertragspartner des Verwenders vor einer unangemessenen einseitigen Vertragsgestaltung geschützt werden soll. Dieser Schutz bezieht sich sowohl auf Endverbraucher als auch auf geschäftstätig erfahrene Kaufleute.[151] Die §§ 9 ff. AGBG beziehen sich jedoch nicht auf Drittinteressen, sondern schützen nur die Interessen des Vertragspartners des Verwenders.[152] Die Schutzbedürftigkeit resultiert aus zwei Gründen. Zum einen handelt es sich um vorformulierte Bedingungen, so daß mit einer einseitigen Aus-

---

146 Vgl. *Heinrichs, H.*, Verbraucherverträge, NJW, 1995, S.155; OLG Celle, Urteil vom 28.10.1977, WM, 1977, S.1389; *Wolf, M. / Ungeheuer, Ch.*, Allgemeine Geschäftsbedingungen - Teil 1, JZ, 1995, S.78 f.

147 Vgl. *Liesegang, H.*, Franchiseverträge, BB, 1991, S.2381; vgl. zur Gleichbehandlung aller Franchisenehmer (§ 26 Abs.2 GWB) Abschnitt 7.9.6.1 (S.357).

148 Vgl. *Ulmer, P. / Brandner / Hensen / Schmidt, H.*, AGB-Kommentar, 1993, § 9, S.396, Rdnr.1.

149 Vgl. *Ulmer, P. / Brandner / Hensen / Schmidt, H.*, AGB-Kommentar, 1993, § 9, S.412, Rdnr.32.

150 Vgl. *Ulmer, P. / Brandner / Hensen / Schmidt, H.*, AGB-Kommentar, 1993, § 9, S.397, Rdnr.3.

151 Vgl. *Ulmer, P. / Brandner / Hensen / Schmidt, H.*, AGB-Kommentar, 1993, § 24, S.1207, Rdnr.2.

152 Vgl. *Bruse, M.*, Allgemeine Geschäftsbedingungen, BB, 1986, S.482.

legung zugunsten des Verwenders gerechnet werden muß. Zum zweiten ist der Verwender in der Regel der rechtlich erfahrenere Vertragspartner, so daß es dem anderen Vertragspartner oft nicht möglich ist, den vollen Inhalt der dem Vertrag zugrunde gelegten AGB zu verstehen bzw. diesen zum Teil doch recht umfangreichen Inhalt zu prüfen. Das AGBG bietet aus diesem Grund dem Vertragspartner des Verwenders zweifachen Schutz. § 3 AGBG schützt durch eine *Ungewöhnlichkeitskontrolle*. Bestimmungen in Allgemeinen Geschäftsbedingungen, die so ungewöhnlich sind, daß der Vertragspartner des Verwenders nicht mit ihnen zu rechnen braucht, werden nicht Vertragsbestandteil.[153] Neben dieser Ungewöhnlichkeitskontrolle erfolgt durch die §§ 9 ff. AGBG eine *Unangemessenheitskontrolle*. Sollte eine Klausel der Prüfung durch die §§ 9 ff. AGBG nicht standhalten, so ist in der Regel nur die Klausel und nicht der gesamte Vertrag unwirksam.

Ist eine Klausel gemäß § 6 Abs.2 AGBG unwirksam, so greift hier die gesetzliche Regelung ein. Dabei kann jedoch das Problem entstehen, daß das Gesetz keine Regelung zu einem bestehenden Konfliktfall anbietet. Bei der Existenz einer derartigen Regelungslücke kommt eine richterliche ergänzende Vertragsauslegung in Betracht.[154] "Voraussetzung einer solchen ergänzenden Vertragsauslegung ist jedoch, daß unterstellt werden kann, die Parteien hätten bei gebührender Interessenabwägung redlicherweise eine ganz bestimmte Konstruktion gewählt."[155] Es besteht das Verbot der *geltungserhaltenden Reduktion*. Eine Klausel, die nur teilweise gegen das AGBG verstößt (z.B. unzulässig lange Frist), ist in der Regel völlig unwirksam und kann nicht mit dem gesetzlich (noch) zulässigen Inhalt aufrechterhalten werden.[156]

Als Rechtsfolge einer nach AGBG beanstandeten Klausel kann sich jedoch auch aus dem AGBG, ebenso wie aus § 138 BGB, die Unwirksamkeit des Vertrages ergeben, wenn das Festhalten an ihm auch unter Berücksichtigung der nach § 6 Abs.2 AGBG vorgesehenen Änderung eine unzumutbare Härte für einen Vertragspartner darstellen würde (§ 6 Abs.3 AGBG). Dieser Absatz hat jedoch nach Angaben von Heinrichs kaum praktische Bedeutung.[157] In vielen Fällen ist dem Vertragspartner des Verwenders aber mehr damit gedient, wenn der Vertrag fortbesteht.[158] Dies dürfte gerade für den Bereich des Franchising gelten, da Franchisenehmer oftmals hohe In-

153 Vgl. *Wolf, M. / Ungeheuer, Ch.*, Allgemeine Geschäftsbedingungen - Teil 1, JZ, 1995, S.81.

154 Zur ergänzenden Vertragsauslegung siehe ausführlich *Lörcher, I.*, Anpassung, DB, 1996, S.1269 ff.

155 *Wolf, M. / Ungeheuer, Ch.*, Allgemeine Geschäftsbedingungen - Teil 1, JZ, 1995, S.85.

156 Vgl. *Creifelds, C.*, Rechtswörterbuch, 1994, S.33.

157 Vgl. *Heinrichs, H.*, Allgemeine Geschäftsbedingungen, 1994, NJW, 1995, S.1398.

158 Vgl. *Bruse, M.*, Allgemeine Geschäftsbedingungen, BB, 1986, S.482 f.; *Niebling, J.*, Allgemeine Geschäftsbedingungen, BB, 1992, S.719.

vestitionen zu tätigen haben. Ferner kann eine aufgrund einer unwirksamen Vertragsbestimmung erbrachte Leistung schadensersatzrechtlich nach § 812 BGB zurückgefordert werden.[159] So mußten z.B. bei Anfechtung einer Klausel in einem Partnerschaftsvermittlungsvertrag die in der beanstandeten Klausel vereinbarten Gebühren für eine Grundausbildung zurückgezahlt werden.[160]

5.3.3 Anwendbarkeit des AGBG auf Franchiseverträge

Der Anwendung des AGBG auf Franchiseverträge steht zunächst einmal nichts entgegen, sofern es sich um vorformulierte Vertragsbedingungen handelt. Eine derartige Vorformulierung und Verwendung des Vertragstextes für alle Franchisenehmer eines Systems ergibt sich aus dem Grundsatz der Gleichbehandlung (§ 242 BGB bzw. § 26 Abs.2 GWB).[161] Bei einer gegebenen Anwendung des AGBG sind hiervon nicht nur die Vertragstexte betroffen, sondern auch die Betriebshandbücher und die Verfahrensrichtlinien.[162] Der vor dem Vertragsabschluß stehende Franchisenehmer muß folglich die Möglichkeit haben, diese Unterlagen einzusehen.[163] Nach Liesegang sind Franchiseverträge in der Regel Formularverträge, die unter die Bestimmungen des AGB-Gesetzes fallen.[164]

5.3.4 Sachlicher und persönlicher Anwendungsbereich

Nach § 23 Abs.1 AGBG findet das AGBG u.a. keine Anwendung bei Verträgen auf dem Gebiet des Arbeits-[165] und des Gesellschaftsrechts, wobei § 23 AGBG grundsätzlich eng auszulegen ist.[166] Dies bedeutet jedoch nicht, daß diese Vertragsarten keiner Inhaltskontrolle unterzogen werden; die Kontrolle findet jedoch nicht über

---

159 Vgl. *Ulmer, P. / Brandner / Hensen / Schmidt, H.*, AGB-Kommentar, 1993, § 9, S.425, Rdnr.57.

160 Vgl. OLG Hamm, Urteil vom 08.06.1989, NJW-RR, 1990, S.567 f.

161 Vgl. *Liesegang, H.*, Franchisevertrag, 1992, S.8.

162 Vgl. *Martinek, M.*, Franchising, 1987, S.305; *Wolf, M. / Horn, N. / Lindacher, W.F.*, AGB-Kommentar, 1994, § 9, S.476, Rdnr.F 111; *Gittermann, D.*, Arbeitnehmerstatus, 1995, S.100.

163 Vgl. *Ulmer, P. / Brandner / Hensen / Schmidt, H.*, AGB-Kommentar, 1993, Anh. zu §§ 9-11, S.822, Rdnr.360.

164 Vgl. *Liesegang, H.*, Franchiseverträge, BB, 1991, S.2381.

165 Vgl. neben dem AGBG die Ausführungen zur EG-Richtlinie von 1993 von *Heinrichs, H.*, Verbraucherverträge, NJW, 1995, S.159. Die Ausnahme gilt pauschal, da der Gesetzgeber den Schutz des Arbeitnehmers durch das AGBG für nicht erforderlich ansah, obwohl der Arbeitnehmer gegenüber vorformulierten Verträgen ähnlich schutzbedürftig sei wie der Verbraucher (vgl. *Wolf, M. / Horn, N. / Lindacher, W.F.*, AGB-Kommentar, 1994, § 23, S.1529 ff., Rdnrn. 30 und 35 und S.1534, Rdnr.40).

166 Vgl. *Wolf, M. / Horn, N. / Lindacher, W.F.*, AGB-Kommentar, 1994, § 23, S.1519, Rdnr.3.

das AGBG, und im speziellen nicht über § 9 AGBG, statt,[167] sondern z.B. über § 242 BGB.[168] Insofern ist die Einordnung eines (sogenannten) Franchiseverhältnisses als Arbeitsverhältnis auch für diesen Bereich entscheidend. Würde man einen Franchisevertrag als Arbeitsvertrag einordnen, so könnten seine Bestimmungen nicht durch das AGBG direkt kontrolliert werden. Formulararbeitsverträge und Allgemeine Arbeitsbedingungen können lediglich durch verallgemeinerungsfähige Rechtsgedanken aus den §§ 2 bis 6 AGBG beeinflußt werden.[169] Allerdings sollte nicht von einer analogen Anwendung, sondern lieber von einem mittelbaren Wirken gesprochen werden.[170] Davon abgesehen liefern die Absätze 2 und 3 des § 23 AGBG jedoch keine weiteren Ansatzpunkte für die Einschränkung der Anwendung des AGBG auf Franchiseverträge. Trotzdem werden aber auch Arbeitsverträge einer richterlichen Inhaltskontrolle unterzogen, und zwar durch Berufung auf die Grundrechtsnormen sowie auf § 315 BGB, wonach die Bestimmung der Leistung nach billigem Ermessen erfolgen muß.[171]

Nach § 24 Abs.1 AGBG finden die Vorschriften der §§ 2, 10, 11 und 12 AGBG keine Anwendung auf Allgemeine Geschäftsbedingungen, die gegenüber einem Kaufmann geschlossen werden, wenn der Vertrag zum Betriebe seines Handelsgewerbes gehört. Damit bezieht sich § 24 AGBG auf den persönlichen Anwendungsbereich, während § 23 AGBG den sachlichen Anwendungsbereich bestimmt. Jedoch kann sich der Verwender auch im kaufmännischen Verkehr nicht wirksam von bestimmten Obliegenheiten befreien.[172]

Fraglich ist, ob der Abschluß eines Franchisevertrages bereits ein Handelsgeschäft ist. Rechtlich gesehen ist der Franchisenehmer nicht unbedingt bei Vertragsunter-

---

167 Vgl. *Wolf, M. / Horn, N. / Lindacher, W.F.*, AGB-Kommentar, 1994, § 23, S.1520 f., Rdnr.4.

168 Vgl. *Schmidt*, in: *Staudinger, J.v.*, Bürgerliches Gesetzbuch, 1983, § 242, Rdnr.249; in dieser Quelle sind in (5) auch Einzelfälle genannt, in denen § 242 BGB mangels Konkurrenz mit den §§ 9 bis 11 AGBG herangezogen wurde. Schließt der Arbeitgeber dagegen einen Vertrag mit dem Arbeitnehmer über ein vergünstigtes Darlehen ab, so unterliegt dieser Vertrag direkt dem AGBG (vgl. *Wolf, M. / Horn, N. / Lindacher, W.F.*, AGB-Kommentar, 1994, § 23, S.1537, Rdnr.47).

169 Vgl. *Ulmer, P. / Brandner / Hensen / Schmidt, H.*, AGB-Kommentar, 1993, § 23, S.1168, Rdnr.4a.

170 Vgl. *Wolf, M. / Horn , N. / Lindacher, W.F.*, AGB-Kommentar, 1994, § 23, S.1522, Rdnrn.5 und 6.

171 Vgl. *Wolf, M. / Horn, N. / Lindacher, W.F.*, AGB-Kommentar, 1994, § 23, S.1520 f., Rdnr.4; *Ulmer, P. / Brandner / Hensen / Schmidt, H.*, AGB-Kommentar, 1993, § 23, S.1167, Rdnr.3; zur Inhaltskontrolle von Arbeitsverträgen vgl. weiterhin S.1172, Rdnrn.11 und 11a). Vorformulierte Verträge mit arbeitnehmerähnlichen Personen sowie Dienstverträge unterfallen dagegen grundsätzlich dem AGBG (*Wolf, M. / Horn, N. / Lindacher, W.F.*, AGB-Kommentar, 1994, § 23, S.1532, Rdnr.37; *Ulmer, P. / Brandner / Hensen / Schmidt, H.*, AGB-Kommentar, 1993, § 23, S.1170 f., Rdnrn.7 und 9.).

172 Vgl. *Wolf, M. / Ungeheuer, Ch.*, Allgemeine Geschäftsbedingungen - Teil 2, JZ, 1995, S.187.

zeichnung bereits ein Kaufmann;[173] zumindest nicht in den Fällen eines Sollkaufmanns, bei dem die Kaufmannseigenschaft erst mit Eintragung in das Handelsregister begründet wird. Insofern müßten bei wörtlicher Auslegung des § 24 AGBG die oben aufgeführten Paragraphen im Falle von Sollkaufleuten auf Franchiseverträge anwendbar sein. Im übrigen werden Voll- und Minderkaufleute, sofern diese Eigenschaft bei Vertragsabschluß bereits vorliegt, in § 24 AGBG gleichgestellt.[174] Die aufgeworfene Frage, ob der Franchisenehmer bei Vertragsabschluß bereits als Kaufmann anzusehen ist, ist in der Literatur umstritten. Schmidt[175], Erdmann[176], Liesegang[177] und Ekkenga[178] befürworten die Kaufmannseigenschaft des Franchisenehmers bei Vertragsabschluß und kommen so zu der Folgerung, daß die Anwendung der §§ 10 und 11 AGBG ausgeschlossen ist. Das OLG Oldenburg begründet die gleiche Auffassung dadurch, daß sich derjenige, der die Kaufmannseigenschaft erst durch Vertragsabschluß erlangt, vorher orientieren und sich auf seine weitere Tätigkeit vorbereiten muß.[179]

Zu einer gegenteiligen Auslegung kommt Kötz, der anmerkt, daß selbst in dem Fall, in dem keine intellektuelle oder wirtschaftliche Unterlegenheit des Vertragspartners des Verwenders vorliegt, die AGB in zahlreichen Fällen hingenommen werden. Somit sei selbst der vorgebildete oder informierte Vertragspartner des Verwenders durch das AGBG zu schützen.[180] Diese Position bezieht auch das OLG Koblenz.[181] Demnach ist § 24 AGBG nicht anwendbar, wenn der Vertragspartner des Verwenders erst durch Abschluß des Vertrages kraft Gesetzes Kaufmann wird. Für das OLG Koblenz war entscheidend, daß der geschäftsunerfahrene Vertragspartner vor unangemessenen Benachteiligungen zu schützen sei. Ohne weitere Begründung gelangt Martinek zu der gleichen Einschätzung.[182] Bei der Zustimmung zu dieser Argumentation auf den Abschluß des Franchisevertrages müßte man zu dem Ergebnis gelangen, daß die §§ 10 und 11 AGBG auf diesen anzuwenden sind.

---

173 An dieser Stelle sei auf die Diskussion der Kaufmannseigenschaft in Abschnitt 6.1 (S.258 ff.) verwiesen.

174 Vgl. *Heinrichs, H.*, Allgemeine Geschäftsbedingungen 1993, NJW, 1994, S.1388; *Ulmer, P. / Brandner / Hensen / Schmidt, H.*, AGB-Kommentar, 1993, § 24, S.1208, Rdnr.2.

175 Vgl. *Ulmer, P. / Brandner / Hensen / Schmidt, H.*, AGB-Kommentar, 1993, Anh. zu §§ 9-11, S.822, Rdnr.361.

176 Vgl. *Erdmann, G.*, Franchiseverträge, BB, 1992, S.796.

177 Vgl. *Liesegang, H.*, Franchiseverträge, BB, 1991, S.2381.

178 Vgl. *Ekkenga, J.*, Inhaltskontrolle, 1990, S.40 f. und S.43 f.

179 Vgl. OLG Oldenburg, Urteil vom 27.04.1989, NJW-RR, 1989, S.1081.

180 Vgl. *Kötz*, in: *Rebmann, K. / Säcker, F.J. (Hrsg.)*, Münchener Kommentar, 1993, § 9, S.1875, Rdnr.19.

181 Vgl. OLG Koblenz vom 24.07.1986, NJW, 1987, S.74 f.

182 Vgl. *Martinek, M.*, Franchising, 1987, S.306.

Brandner formuliert vorsichtiger, daß der Vertrag, durch dessen Abschluß der Vertragspartner erst Kaufmann wird, bereits ein Handelsgeschäft sein *dürfte.*[183] Da diese Fragestellung nicht mit Bestimmtheit entschieden werden kann, werden im folgenden die Auswirkungen der §§ 10 und 11 AGBG mit erörtert. Im übrigen kommt den §§ 10 und 11 AGBG auch bei der Inhaltskontrolle nach § 9 AGBG unter Kaufleuten eine richtungsweisende Bedeutung zu.[184] Kein Zweifel besteht jedoch darüber, daß die Allgemeinen Geschäftsbedingungen einer Inhaltskontrolle ohne Rücksicht auf die Qualifikation des *Verwenders* unterliegen.[185] Somit kann der Verwender keinen Schutz vor den von ihm aufgestellten Allgemeinen Geschäftsbedingungen beanspruchen, da durch das AGBG nur der Vertragspartner des Verwenders geschützt wird.[186]

Der letzte Satz des § 24 AGBG bestimmt, daß auf die im Handelsverkehr geltenden Gewohnheiten und Gebräuche angemessen Rücksicht zu nehmen ist. Verkehrssitte und Handelsbrauch können sich jedoch nur in den Grenzen von Treu und Glauben durchsetzen. Eine "allgemein übliche" oder "branchenübliche" Klausel ist nach der Meinung von Brandner kein maßgeblicher Gesichtspunkt.[187] Im übrigen, sieht man einmal von den besonderen Regelungen für Kaufleute ab, ist eine individualisierende Betrachtungsweise, die berücksichtigt, ob der Kunde die Konsequenzen einer Klausel hätte absehen können, für die Beurteilung einer AGB-Klausel unzulässig.[188] Vielmehr wird auf einen "durchschnittlichen Vertragspartner" abgestellt.[189]

5.3.5 Schranken der Inhaltskontrolle nach § 8 AGBG

Die §§ 9 ff. AGBG ermöglichen eine Inhaltskontrolle der von dem Verwender formulierten Allgemeinen Geschäftsbedingungen. Während § 9 AGBG[190] eine mit § 242 BGB vergleichbare Generalklausel darstellt, führt § 10 AGBG einzelne Klauselverbote *ohne* Wertungsmöglichkeit und § 11 AGBG Klauselverbote *mit* Wertungs-

---

183 Vgl. *Ulmer, P. / Brandner / Hensen / Schmidt, H.*, AGB-Kommentar, 1993, § 24, S.1213, Rdnr.15.

184 Vgl. *Kötz*, in: *Rebmann, K. / Säcker, F.J. (Hrsg.)*, Münchener Kommentar, 1993, § 9, S.1874, Rdnr.18.

185 Vgl. *Ulmer, P. / Brandner / Hensen / Schmidt, H.*, AGB-Kommentar, 1993, § 9, S.408, Rdnr.23.

186 Vgl. *Ulmer, P. / Brandner / Hensen / Schmidt, H.*, AGB-Kommentar, 1993, § 9, S.434, Rdnr.75; *Wolf, M. / Ungeheuer, Ch.*, Allgemeine Geschäftsbedingungen - Teil 2, JZ, 1995, S.178.

187 Vgl. *Ulmer, P. / Brandner / Hensen / Schmidt, H.*, AGB-Kommentar, 1993, § 9, S.455, Rdnr.118.

188 Vgl. *Kötz*, in: *Rebmann, K. / Säcker, F.J. (Hrsg.)*, Münchener Kommentar, 1993, § 9, S.1862, Rdnr.6.

189 Vgl. *Ulmer, P. / Brandner / Hensen / Schmidt, H.*, AGB-Kommentar, 1993, § 8, S.382, Rdnr.24.

190 Vgl. dazu Abschnitt 5.3.7 (S.213 ff.).

möglichkeit auf.[191] In den meisten Abhandlungen zur Inhaltskontrolle von Franchiseverträgen schenkt man dagegen § 8 AGBG wenig oder gar keine Beachtung. Dies kann zu der irrigen Annahme führen, daß *alle* Klauseln in einem Franchisevertrag einer Inhaltskontrolle unterzogen werden können.[192] § 8 AGBG besagt jedoch, daß die §§ 9 bis 11 AGBG nur für Bestimmungen in Allgemeinen Geschäftsbedingungen gelten, durch die von Rechtsvorschriften abweichende oder diese ergänzende Regelungen vereinbart werden. Eine "Ergänzung" gesetzlicher Vorschriften im Sinne von § 8 AGBG liegt immer dann vor, "wenn AGB zur Regelung von Fragen verwandt werden, deren Regelung im dispositiven Recht erwartet werden kann."[193]

Diese als unvollkommen[194], unglücklich formuliert[195] oder als schwer deutbar[196] bezeichnete Formulierung des § 8 AGBG bestimmt zweierlei. Zum einen sind Inhalte von der Kontrolle ausgenommen, die ihrer Art nach *nicht* der Regelung durch Gesetz oder anderen Rechtsvorschriften unterliegen,[197] und zum anderen Regelungen, die eine zwingende Rechtsvorschrift lediglich wiedergeben. Zu den Regelungen, die keiner gesetzlichen Vorschrift unterfallen, gehören Leistungsbeschreibungen wie z.B. Gegenstand, Art, Umfang, Quantität und Qualität der vertraglichen Waren-, Dienst- oder sonstigen Leistungen.[198] Von der Inhaltskontrolle sind somit alle Hauptleistungen, die den unmittelbaren Gegenstand des Vertrages bilden, ausgenommen. Hierzu gehört neben der vom einen Vertragspartner geschuldeten Leistung auch die vom anderen Vertragspartner zu erbringende Gegenleistung, vornehmlich die Höhe des Preises.[199] Die §§ 612 Abs.2 (Dienstvertragsvergütung) und 632 Abs.2 BGB (Werkvertragsvergütung) sind dabei nicht als Rechtsvorschriften anzusehen, die eine Kontrolle der Preise zulassen.[200] Insbesondere unterliegen individuelle Preisabreden nicht der Inhaltskontrolle, da sie keine Allgemeinen Geschäftsbedingungen sind.[201] Es ist deshalb nicht Ziel und Gegenstand des AGBG, die Angemessenheit des verein-

---

191 Vgl. dazu Abschnitt 5.3.6 (S.209 ff.).

192 Vgl. *Erdmann, G.*, Franchiseverträge, BB, 1992, S.795.

193 *Schlosser*, in: *Staudinger, J.v.*, Bürgerliches Gesetzbuch, 1983, Einleitung zu § 8 AGBG, Rdnr.4.

194 Vgl. *Ekkenga, J.*, Franchiseverträge, Die AG, 1989, S.311.

195 Vgl. *Schmidt-Salzer, J.*, Verbraucherverträge, BB, 1995, S.1496.

196 Vgl. *Ulmer, P. / Brandner / Hensen / Schmidt, H.*, AGB-Kommentar, 1993, § 8, S.372, Rdnr.1.

197 Vgl. *Wolf, M. / Horn, N. / Lindacher, W.F.*, AGB-Kommentar, 1994, § 8, S.305, Rdnr.8.

198 Vgl. *Wolf, M. / Horn, N. / Lindacher, W.F.*, AGB-Kommentar, 1994, § 8, S.306 f., Rdnr.10.

199 Vgl. *Ekkenga, J.*, Inhaltskontrolle, 1990, S.110; *Ulmer, P. / Brandner / Hensen / Schmidt, H.*, AGB-Kommentar, 1993, § 8, S.373, Rdnr.8; *Wolf, M. / Horn, N. / Lindacher, W.F.*, AGB-Kommentar, 1994, § 8, S.310, Rdnr.14; *Schlosser*, in: *Staudinger, J.v.*, Bürgerliches Gesetzbuch, 1983, Einleitung zu § 8 AGBG, Rdnr.1; *Schmidt-Salzer, J.*, Verbraucherverträge, BB, 1995, S.1496.

200 Vgl. *Wolf, M. / Horn, N. / Lindacher, W.F.*, AGB-Kommentar, 1994, § 8, S.304, Rdnr.5.

201 Vgl. *Wolf, M. / Horn, N. / Lindacher, W.F.*, AGB-Kommentar, 1994, § 8, S.311, Rdnr.14.

barten Preises zu kontrollieren,[202] weder als isolierte Größe noch die Angemessenheit des Preis-/Leistungsverhältnisses.[203] Die Festlegung der Preise gehört zu den Inhalten, die durch die Parteien im Rahmen ihrer Vertragsfreiheit selbst bestimmt und ausgehandelt werden müssen.

Zu den Hauptleistungen gehören weiterhin die Betriebseingliederungspflicht des Franchisegebers sowie die Absatzförderungspflicht des Franchisenehmers.[204] Ferner sind "Gebietszuweisungen, Anleitungen für die Einrichtung und Ausgestaltung des Verkaufslokals, der Warenlager und der Transportmittel, zur Gestaltung des "Layout" und Benutzung der systemeigenen Warenzeichen, Beschränkungen der Lieferantenauswahl, Vorschriften über den Bezug von Roh-, Hilfs- und Betriebsstoffen für die Fertigung, über die Art und Weise der Fertigung, die Zusammensetzung des Verkaufssortiments, die Verkaufskonditionen und Serviceleistungen und der Erwerb und Einsatz von Werbemitteln [...]"[205] AGB-rechtlich nicht überprüfbar. Wollte man die AGB-rechtliche Kontrolle dieser Klauseln, die den wesentlichen Vertragsinhalt darstellen, zulassen, so besteht die Gefahr, daß der Vertrag derart verfremdet wird, daß er mit dem Parteiwillen nicht mehr zu vereinbaren ist. Dieses zu verhindern sei gerade die Aufgabe des § 8 AGBG.[206] Bei Fehlen des wesentlichen Vertragsinhalts (essentialia negotii) kann der Vertrag nicht durchgeführt werden und deshalb nicht mehr als wirksam angesehen werden.[207]

Dagegen unterliegt die Ausgestaltung der Haftung oder Gewährleistung und vor allem auch die Einschränkung oder Veränderung der vereinbarten Leistungspflichten, wie es in Franchisevereinbarungen häufig der Fall ist, der Inhaltskontrolle.[208] Ekkenga spricht hier von Modifikationen des Leistungsversprechens durch Klauseln, die das *Ob*, *Wie* und *Wann* regeln.[209] Solche leistungsbeschreibenden Vereinbarungen werden auch als Nebenabreden bezeichnet und sind kontrollfähig.[210] Da die Unterscheidung von Hauptleistungen und Nebenabreden problematisch sein kann, wird

---

202 Vgl. *Ulmer, P. / Brandner / Hensen / Schmidt, H.*, AGB-Kommentar, 1993, § 8, S.377, Rdnr.14.

203 Vgl. *Wolf, M. / Horn, N. / Lindacher, W.F.*, AGB-Kommentar, 1994, § 8, S.311, Rdnr.14; dies gilt jedoch nur, sofern diese Klauseln klar und verständlich abgefaßt sind; vgl. *Ulmer, P. / Brandner / Hensen / Schmidt, H.*, AGB-Kommentar, 1993, § 8, S.373, Rdnr.4a.

204 Vgl. *Hiestand, M.*, Franchiseverträge, RIW, 1993, S.179.

205 *Ekkenga, J.*, Inhaltskontrolle, 1990, S.114.

206 Vgl. *Ekkenga, J.*, Inhaltskontrolle, 1990, S.111.

207 Vgl. *Wolf, M. / Ungeheuer, Ch.*, Allgemeine Geschäftsbedingungen - Teil 2, JZ, 1995, S.177; *Wolf, M. / Horn, N. / Lindacher, W.F.*, AGB-Kommentar, 1994, § 8, S.305, Rdnr.8.

208 Vgl. *Wolf, M. / Horn, N. / Lindacher, W.F.*, AGB-Kommentar, 1994, § 8, S.306 f., Rdnr.10; hinsichtlich Änderungsvorbehalten vgl. auch *Ekkenga, J.*, Inhaltskontrolle, 1990, S.116.

209 Vgl. *Ekkenga, J.*, Inhaltskontrolle, 1990, S.111.

210 Vgl. *Ulmer, P.*, Verbraucherverträge, EuZW, 1993, S.337.

angeregt, lediglich die unmittelbare Hauptleistung und den Preis keiner Inhaltskontrolle zu unterziehen, während alle modifizierenden und einschränkenden Regelungen in Allgemeinen Geschäftsbedingungen nach den Maßstäben der §§ 9 ff. AGBG kontrolliert werden sollten.[211]

Die Schwierigkeit der Unterscheidung von Haupt- und Nebenleistungen verdeutlicht weiterhin ein Urteil des OLG Hamm, wonach die von einem Handelsvertreter zu erbringende Geldleistung für Grundausbildung und Schulung bei Vertragsabschluß als kontrollfähig und nicht vereinbar mit § 9 AGBG angesehen wurde.[212] Beachtet werden muß ferner bei der Unterscheidung, daß typische Nebenleistungen auch als Hauptleistungen vertraglich vereinbart werden können.[213] Der Kontrolle unterliegt z.B. auch eine vertraglich begrenzte Laufzeit des Dauerschuldverhältnisses,[214] da hierdurch von der gesetzlichen Regelung, die eine Laufzeit von unbestimmter Dauer mit der Möglichkeit zur ordentlichen Kündigung vorsieht, abgewichen wird.[215] Ferner werden zu den kontrollfähigen Bestimmungen in AGB-Regelungen über den Liefertermin und den Lieferort und z.B. über Mengen-, Gewichts- und Qualitätstoleranzen gezählt.[216] Der Inhaltskontrolle unterliegen weiterhin Preisnebenabreden, die nicht die Art und den Umfang des Entgelts regeln, sondern die Art und Weise seiner Berechnung oder Erbringung.[217] Hierzu zählen u.a. auch Klauseln über Preisänderungen, Wertsicherungen und Preisanpassungen in langfristigen Bezugsverträgen, wie sie in Franchiseverträgen sehr häufig verwendet werden.[218] Ekkenga sieht schließlich alle Duldungs- und Unterstützungspflichten, die der Franchisegeber dem Franchisenehmer zum Schutz seines Systems auferlegt, als kontrollfähig an. Dazu gehören vor allem Wettbewerbsverbote, Geheimhaltungspflichten, Unterstützungspflichten zur Abwehr von Angriffen auf das System, insbesondere seiner Warenzeichen, Pflichten zur Rücksichtnahme und zur Duldung von Kontrollmaßnahmen des Franchisegebers

---

211 Vgl. *Ulmer, P. / Brandner / Hensen / Schmidt, H.*, AGB-Kommentar, 1993, § 8, S.375, Rdnr.10. An anderer Stelle spricht sich Brandner dafür aus, daß modifizierende Preisklauseln nur unter der Voraussetzung kontrollfrei sind, daß ihre Preisrelevanz und Auswirkung auf den Preis klar erkennbar sind (vgl. *Ulmer, P. / Brandner / Hensen / Schmidt, H.*, AGB-Kommentar, 1993, § 8, S.379, Rdnr.20).

212 Vgl. OLG Hamm, Urteil vom 08.06.1989, NJW-RR, 1990. S.568; zur Schwierigkeit der Unterscheidung zwischen Haupt- und Nebenleistungen in Allgemeinen Versicherungsbedingungen vgl. *Schlosser*, in: *Staudinger, J.v.*, Bürgerliches Gesetzbuch, 1983, Einleitung zu § 8 AGBG, Rdnr.3.

213 Vgl. OLG Hamm, Urteil vom 08.06.1989, NJW-RR, 1990, S.568.

214 Zur Frage einer zu kurz vereinbarten Laufzeit, bei der keine Amortisation möglich ist, vgl. die Diskussion zu § 242 BGB in Abschnitt 5.1.2 (S.179).

215 Vgl. *Wolf, M. / Horn, N. / Lindacher, W.F.*, AGB-Kommentar, 1994, § 8, S.309, Rdnr.12.

216 Vgl. *Ulmer, P. / Brandner / Hensen / Schmidt, H.*, AGB-Kommentar, 1993, § 8, S.384; Rdnr.29; vgl. auch die Diskussion zur McDonald's-Entscheidung auf S.225.

217 Vgl. *Wolf, M. / Horn, N. / Lindacher, W.F.*, AGB-Kommentar, 1994, § 8, S.312, Rdnr.16.

218 Vgl. *Ulmer, P. / Brandner / Hensen / Schmidt, H.*, AGB-Kommentar, 1993, § 8, S.380, Rdn.21.

sowie entgegen landläufiger Ansicht auch Informations- und Auskunftspflichten des Franchisenehmers.[219] Man muß jedoch klar zwischen der Zulässigkeit einer Inhaltskontrolle (§ 8 AGBG) und der Inhaltskontrolle an sich (§§ 9 ff. AGBG) trennen, so daß die aufgeführten Klauseln nach AGB-Recht zulässig sein können.

Neben den Klauseln, die keiner gesetzlichen Regelung entsprechen, werden aber auch solche Klauseln keiner inhaltlichen Kontrolle unterzogen, die deklaratorischen Charakter haben und lediglich eine gesetzliche Vorschrift wiedergeben.[220] Durch § 8 AGBG soll der Vorrang spezialgesetzlicher Regeln anerkannt werden.[221] Im anderen Falle würde eine Inhaltskontrolle nach § 9 AGBG auf eine Kontrolle der jeweiligen Rechtsvorschrift hinauslaufen. Dagegen unterliegen Klauseln einer Inhaltskontrolle, die von zulässigen, aber nicht ipso iure geltenden Rechtsinstituten und den dazu gehörigen Vorschriften Gebrauch machen. Aus diesem Grund sind auch Vereinbarungen über Abtretungsvorbehalte, Vertragsstrafen, Rücktrittsrechte und den Ausschluß oder die Beschränkung der Gewährleistung kontrollfähig.[222] Rein deklaratorische Klauseln liegen nur dann vor, "wenn sie gestrichen werden könnten, ohne daß irgendeine Änderung der vertraglichen, durch das gesetzliche Dispositivrecht ergänzten Rechtslage eintreten würde."[223] Nach Brandners Ansicht dürfen gesetzeskonforme Klauseln keiner Inhaltskontrolle unterzogen werden.[224] Diese Formulierung kann den fälschlichen Anschein erwecken, daß alle in einen Franchisevertrag aufgenommenen gesetzlichen Formulierungen keiner Inhaltskontrolle unterzogen werden können. Als Rechtsvorschriften im Sinne des § 8 AGBG gelten alle Gesetzesvorschriften, sowie alle ungeschriebenen Rechtsgrundsätze wie der Wegfall der Geschäftsgrundlage,[225] die Regeln des Richterrechts, Handelsbräuche und die Rechte und Pflichten aufgrund ergänzender Vertragsauslegung nach den §§ 157 und 242 BGB.[226]

---

219 Vgl. *Ekkenga, J.*, Inhaltskontrolle, 1990, S.117.

220 Vgl. *Schlosser*, in: *Staudinger, J.v.*, Bürgerliches Gesetzbuch, 1983, Einleitung zu § 8, Rdnr.9. Zwei Beispiele für Klauseln, die lediglich deklaratorischen Charakter haben, betreffen die Kündigung eines Vertrages: eine Klausel, die eine unbefristete Laufzeit des Vertrages mit der Möglichkeit zur ordentlichen Kündigung vorsieht (§§ 581 Abs.2, 564 Abs.1 und 584 Abs.1 BGB) und eine, die bestimmt, daß jeder Partei das Recht zur außerordentlichen Kündigung aus wichtigem Grund zusteht (§§ 626 Abs.1 und 628 BGB).

221 Vgl. *Wolf, M. / Horn, N. / Lindacher, W.F.*, AGB-Kommentar, 1994, § 8, S.302, Rdnr.1; *Ulmer, P. / Brandner / Hensen / Schmidt, H.*, AGB-Kommentar, 1993, § 8, S.385, Rdnr.30.

222 Vgl. *Wolf, M. / Horn, N. / Lindacher, W.F.*, AGB-Kommentar, 1994, § 8, S.318 f., Rdnr.26.

223 *Ulmer, P. / Brandner / Hensen / Schmidt, H.*, AGB-Kommentar, 1993, § 8, S.385, Rdnr.30. Alle Rechtsvorschriften, die auch ohne eine vertragliche Vereinbarung gelten, unterliegen nicht der Inhaltskontrolle (vgl. *Wolf, M. / Horn, N. / Lindacher, W.F.*, AGB-Kommentar, 1994, § 8, S.303, Rdnr.5).

224 Vgl. *Ulmer, P. / Brandner / Hensen / Schmidt, H.*, AGB-Kommentar, 1993, § 8, S.370, Rdnr.2.

225 Vgl. *Wolf, M. / Ungeheuer, Ch.*, Allgemeine Geschäftsbedingungen - Teil 2, JZ, 1995, S.179.

226 Vgl. BGH-Urteil vom 10.12.1992, DB, 1993, S.675.

Für das Franchising ergeben sich hieraus Probleme im Zusammenhang mit der EG-Gruppenfreistellungsverordnung für Franchisevereinbarungen, die seit dem 01.01.1989 gilt.[227] Jedoch ist zu beachten, daß eine in der Gruppenfreistellungsverordnung erlaubte Klausel nicht ipso iure gelten würde. Somit ist nach oben dargestellter Ansicht die Inhaltskontrolle einer derartigen Klausel nicht ausgeschlossen. Zu diesem Ergebnis kommt auch Schmidt indirekt, indem er die Freistellungsregeln der Artikel 2 und 3 der Gruppenfreistellungsverordnung nicht als Leitbild der Inhaltskontrolle nach § 9 AGBG in dem Sinne ansieht, daß ihnen entsprechende Klauseln *generell* angemessen sind.[228] Ekkenga sieht ebenfalls in den positiven Aussagen der Gruppenfreistellungsverordnung für Franchisevereinbarungen keine "wesentlichen Grundgedanken einer gesetzlichen Regelung", von denen gemäß § 9 Abs.2 Nr.1 AGBG im Zweifel nicht abgewichen werden darf.[229] Anders wird dies jedoch von Niebling beurteilt, der der Gruppenfreistellungsverordnung eine Leitbildfunktion zukommen läßt und somit Vereinbarungen, die in dieser Verordnung freigestellt werden, nicht einer Inhaltskontrolle unterziehen will.[230]

Die bisherige Darstellung zeigte, daß, bevor eine Inhaltskontrolle der Klauseln in Franchisevereinbarungen nach den §§ 9 bis 11 AGBG durchgeführt werden kann, sich zwei Problembereiche auftun: Es wird kontrovers diskutiert, ob Klauseln, die einer gesetzlichen Regelung entsprechen, insbesondere der Gruppenfreistellungsverordnung für Franchisevereinbarungen, der Inhaltskontrolle unterzogen werden können. Strittig ist auch die Frage, ob der Abschluß eines Franchisevertrages bereits ein Handelsgeschäft ist und somit die Anwendung der §§ 10 und 11 AGBG nach § 24 AGBG ausgenommen ist.[231] Beide Bereiche werden sowohl in der Lehre als auch in der Rechtsprechung unterschiedlich bewertet.

---

227 Vgl. die Ausführungen in Abschnitt 8.5 (S.374 ff.).

228 Vgl. *Ulmer, P. / Brandner / Hensen / Schmidt, H.*, AGB-Kommentar, 1993, Anh. zu §§ 9-11, S.821, Rdnr.359.

229 Vgl. *Ekkenga, J.*, Franchiseverträge, Die AG, 1989, S.315.

230 Vgl. *Niebling, J.*, Allgemeine Geschäftsbedingungen, 1991, S.46.

231 Selbst wenn durch die Kaufmannseigenschaft bei Vertragsabschluß die Anwendung der §§ 10 und 11 AGBG ausgenommen ist, oder gar durch Erfüllung der Bedingungen in § 8 AGBG die Anwendung der Generalklausel in § 9 AGBG ausgeschlossen ist, sollte man sich vergegenwärtigen, daß trotzdem Eingriffsmöglichkeiten in den Vertrag über § 242 BGB bestehen bleiben (vgl. *Ulmer, P. / Brandner / Hensen / Schmidt, H.* AGB-Kommentar, 1993, § 9, S.397, Rdnr.3).

5.3.6 Klauselverbote nach den §§ 10 und 11 AGBG

Für den Fall, daß eine Klausel in den AGB nicht bereits durch § 8 AGBG von der Inhaltskontrolle ausgenommen ist und daß die Anwendung der §§ 10 und 11 AGBG nicht bereits durch § 24 Nr.1 AGBG ausgeschlossen ist,[232] können einzelne Regelungen der §§ 10 und 11 AGBG auch Franchisevereinbarungen erfassen. Die Inhalte der beiden Paragraphen unterscheiden sich dadurch, daß Bestimmungen in § 10 AGBG einer richterlichen Einschätzung (Wertungsmöglichkeit) unterliegen, während die Bestimmungen in § 11 AGBG keine richterliche Wertungsmöglichkeit erlauben. Ansatzpunkte der Wertung in § 10 AGBG sind die in dem Gesetzestext verwendeten Begriffe wie "unangemessen lange" und "angemessen" (Nr.1, 2 und 5), "unangemessen hoch" (Nr.6) oder "zumutbar" (Nr.4).

§ 11 Nr.12 AGBG bestimmt, daß bei einem Vertragsverhältnis, das die regelmäßige Lieferung von Waren oder die regelmäßige Erbringung von Dienst- oder Werkleistungen durch den Verwender zum Gegenstand hat, eine den anderen Vertragsteil länger als zwei Jahre bindende *Laufzeit des Vertrages* unwirksam ist. Die Laufzeit beginnt dabei ab dem Zeitpunkt des Vertragsschlusses[233] und nicht etwa erst ab einem vereinbarten späteren Zeitpunkt zu Beginn der Leistungserbringung.[234] Zu beachten ist bei der Formulierung des § 11 Nr.12 AGBG, daß die regelmäßige Erbringung von Leistungen durch den *Verwender* erfolgen muß. Hiervon kann man jedoch in Franchisevereinbarungen ausgehen, sieht man die entgeltliche Vermittlung von Know-how als solche an.[235] Geht man vom Wortlaut aus, dürften also alle Bestimmungen, die eine Laufzeit von mehr als zwei Jahren in Franchiseverträgen vorsehen, unwirksam sein. Durch Befürwortung der Erfüllung der Bedingungen des § 24 AGBG könnte man diese Diskussion umgehen, was jedoch an dieser Stelle nicht geschehen soll. Unzweifelhaft wird § 11 Nr.12 AGBG auf Dauerschuldverhältnisse mit Endverbrauchern wie Zeitungs- und Zeitschriftenabonnements oder Mitgliedschaften in Buchgemeinschaften angewendet.[236] Die Regelung des § 11 Nr.12 AGBG wird jedoch in der Rechtsprechung dahingehend ausgelegt, daß diese grundsätzlich nicht auf Miet-, Pacht- und Leasingverträge anzuwenden ist.[237] Damit werden die

232 Vgl. die Diskussion auf S.201

233 Vgl. *Ulmer, P. / Brandner / Hensen / Schmidt, H.*, AGB-Kommentar, 1993, § 11 Nr.12, S.680, Rdnr.9.

234 Vgl. BGH-Urteil vom 17.03.1993, DB, 1993, S.1766.

235 Vgl. *Ekkenga, J.*, Inhaltskontrolle, 1990, S.44.

236 Vgl. *Wolf, M. / Horn, N. / Lindacher, W.F.*, AGB-Kommentar, 1994, § 11 Nr.12, S.1329, Rdnr.5.

237 Vgl. *Heinrichs, H.*, Allgemeine Geschäftsbedingungen 1993, NJW, 1994, S.1386; *Wolf, M. / Horn, N. / Lindacher, W.F.*, AGB-Kommentar, 1994, § 11 Nr.12, S.1327, Rdnr.2.

typischen Dauerschuldverhältnisse gerade *nicht* erfaßt.[238] Ferner wurden durch die Rechtsprechung Bereiche wie Automatenaufstellverträge und Bierlieferungsverträge von dieser Regelung ausgenommen.[239] Dies schließt jedoch noch nicht grundsätzlich ihre Anwendung auf Franchisevereinbarungen aus.

Wolf bezieht sich in dieser Diskussion auf den Zweck der Regelung. Demnach soll der Vertragspartner des Verwenders nicht durch eine überlange Vertragsdauer überrumpelt werden. § 11 Nr.12 AGBG sei somit eine typische Verbraucherschutzbestimmung.[240] Aus diesem Grund kommt auch keine analoge Anwendung des § 11 Nr.12 AGBG über § 9 AGBG auf den Geschäftsverkehr gegenüber Kaufleuten in Betracht, da die Vorschrift betont verbraucherbezogen ist.[241] *Nicht* zuzustimmen ist der Meinung von Erdmann, der die Anwendbarkeit von § 11 Nr.12 AGBG ausschließt, da der Gegenstand des Franchisevertrages in der Regel nicht (in erster Linie) die regelmäßige Lieferung von Waren oder die Erbringung von Dienstleistungen beinhalte. Gegenstand der Franchise sei eher ein Bündel von Leistungen, bei dem die wiederkehrende Warenbezugsverpflichtung oder die laufende Erbringung von Dienstleistungen lediglich einen Teil darstelle, jedoch nicht den ausschließlichen Gegenstand.[242] Relevant ist für Dauerschuldverhältnisse hingegen, daß die Lieferung der Waren bzw. die Erbringung der Dienstleistungen *regelmäßig* erfolgt, was nicht unbedingt voraussetzt, daß die Zeitabstände von gleicher Dauer sind.[243] Es kann hierbei nicht entscheidend sein, daß dies nicht der ausschließliche Gegenstand des Franchisevertrages ist, sondern andere Leistungen auf seiten des Franchisegebers hinzu kommen. Zutreffend ist hingegen Erdmanns Argumentation, daß Laufzeitklauseln nicht nach AGB-Recht beurteilt werden, sofern es sich um Individualabreden handelt (§ 1 Abs.2 AGBG).[244] Im Ergebnis kommt er zu der Aussage, daß Laufzeitklauseln bis zu zehn Jahren in Franchiseverträgen nicht beanstandet werden können,[245] was zwar im Ergebnis korrekt ist, jedoch nicht mit dieser Argumentation begründet werden kann. Als zu schwammig müssen die Aussagen von Ekkenga gewertet werden, der sich auf den *Wortlaut* des

---

238 Vgl. *Ulmer, P. / Brandner / Hensen / Schmidt, H.*, AGB-Kommentar, 1993, § 11 Nr.12, S.678, Rdnr.4.

239 Vgl. *Ulmer, P. / Brandner / Hensen / Schmidt, H.*, AGB-Kommentar, 1993, § 11 Nr.12, S.679, Rdnr.6.

240 Vgl. *Wolf, M. / Horn, N. / Lindacher, W.F.*, AGB-Kommentar, 1994, § 11 Nr.12, S.1327, Rdnr.1.

241 Vgl. *Ulmer, P. / Brandner / Hensen / Schmidt, H.*, AGB-Kommentar, 1993, § 11 Nr.12, S.684, Rdnr.18.

242 Vgl. *Erdmann, G.*, Franchiseverträge, BB, 1992, S.795.

243 Vgl. *Wolf, M. / Horn, N. / Lindacher, W.F.*, AGB-Kommentar, 1994, § 11 Nr.12, S.1328, Rdnr.5.

244 Vgl. *Erdmann, G.*, Franchiseverträge, BB, 1992, S.795.

245 Vgl. *Erdmann, G.*, Franchiseverträge, BB, 1992, S.797.

§ 11 Nr.12 AGBG bezieht[246] und nur in dem Falle, in dem der Franchisenehmer Kaufmann ist bzw. diese Eigenschaft durch Vertragsabschluß begründet wird, die Anwendung über § 24 Abs.1 AGBG ausschließt.[247]

Gemäß § 11 Nr.10 f) AGBG können die *gesetzlichen Gewährleistungsfristen* bei Verträgen über die Lieferung neu hergestellter Sachen und Leistungen nicht verkürzt werden. Fraglich ist nun, ob dieses Verbot auch im kaufmännischen Verkehr über § 9 AGBG gilt. Das OLG Frankfurt hat hierzu entschieden, daß das Verbot in § 11 Nr.10 f) AGBG, die gesetzlichen Gewährleistungsfristen zu verkürzen, auch im kaufmännischen Verkehr gilt.[248] Der Franchisegeber darf deshalb diese Fristen nicht dem Franchisenehmer gegenüber verkürzen.

Franchisegeber verankern in ihren Verträgen häufig *vertragliche Änderungsvorbehalte*, die sich unter anderem auf Preise, Ladenausstattung oder Lieferbedingungen beziehen können. Solche Vereinbarungen können sich erheblich auf die Umsatz- bzw. die Gewinnentwicklung des Franchisenehmers auswirken und sind deshalb einem strengen rechtlichen Maßstab zu unterwerfen. Insofern ist ein Anknüpfungspunkt zu § 10 Nr.4 AGBG gegeben, der besagt, daß Klauseln unwirksam sind, falls für den Verwender ein Recht vereinbart ist, eine Leistung zu ändern oder von ihr abzuweichen. Eine Ausnahme besteht nur, wenn die Vereinbarung über die Änderung oder Abweichung unter Berücksichtigung der Interessen des Verwenders für den anderen Vertragsteil zumutbar ist. Der BGH entschied, daß derartige Änderungsvorbehalte auch für Dauerschuldverhältnisse, wie in dem konkreten Fall eines Kfz-Vertragshändlervertrages, zulässig sind.[249] § 10 Nr.4 AGBG fand in den letzten Jahren vor allem Beachtung bei der Diskussion von Kfz-Reparaturbedingungen.[250] Zu der Klage eines Kfz-Vertragshändlers führte der BGH aus: "Formularmäßige einseitige Leistungsänderungsrechte des Verwenders sind grundsätzlich nur wirksam, wenn die Klausel schwerwiegende Änderungsgründe nennt und in ihren Voraussetzungen und Folgen erkennbar die Interessen des Vertragspartners angemessen berücksichtigt."[251] Der BGH bezog sich in seiner weiteren Beurteilung der strittigen Klausel auf § 9 Abs.2 Nr.2 AGBG, weil sie ein wesentliches aus dem Vertrag folgendes Recht des Vertragspartners des Verwenders - nämlich seine Verdienstmöglichkeiten - derart ein-

246 Vgl. *Ekkenga, J.*, Inhaltskontrolle, 1990, S.44.

247 Vgl. *Ekkenga, J.*, Inhaltskontrolle, 1990, S.165.

248 Vgl. OLG Frankfurt am Main, Urteil vom 11.01.1994, NJW-RR, 1994, S.530; im Ergebnis auch *Ekkenga, J.*, Inhaltskontrolle, 1990, S.145.

249 Vgl. BGH-Urteil vom 12.01.1994, ZIP, 1994, S.465.

250 Vgl. z.B. BGH-Urteil vom 14.07.1987, NJW, 1987, S.2818-2821.

251 BGH-Urteil vom 12.01.1994, ZIP, 1994, S.466.

schränkte, daß die Erreichung des von ihm angestrebten Vertragszwecks gefährdet war. Ekkenga führt zu § 10 Nr.4 AGBG aus, daß der Franchisegeber in das Pflichtenprogramm des Franchisenehmers eingreifen darf, "sofern er sich an die ihm durch die vertragliche Risikoverteilung gesteckten Grenzen seiner Weisungsbefugnis hält."[252]

Von Interesse ist ferner § 11 Nr.15 AGBG. Danach ist eine Klausel, durch die der Verwender die *Beweislast* zum Nachteil des anderen Vertragsteils ändert, unwirksam. Hierzu zählt insbesondere, indem er a) die Beweislast für Umstände auferlegt, die im Verantwortungsbereich des Verwenders liegen und b) den anderen Vertragsteil bestimmte Tatsachen bestätigen läßt. So wurde eine Klausel als unzulässig nach § 11 Nr.15 b) AGBG eingestuft, die am Ende des vorformulierten Vertragstextes bestimmte, daß die Parteien die Punkte im einzelnen ausgehandelt[253] und endgültig festgelegt hatten. Sie wurde nach § 9 AGBG als unwirksam eingestuft, da § 11 Nr.15 b) AGBG als Leitbild für die Beurteilung der Klausel herangezogen wurde.[254]

Nach § 11 Nr.8 AGBG ist eine Bestimmung unwirksam, in der für den *Fall des Leistungsverzugs* des Verwenders oder der von ihm zu vertretenden *Unmöglichkeit der Leistung* a) das Recht des anderen Vertragsteils, sich vom Vertrag zu lösen, ausgeschlossen oder eingeschränkt wird oder b) das Recht des anderen Vertragsteils, Schadensersatz zu verlangen, ausgeschlossen oder eingeschränkt wird. Selbst diese Bestimmung wurde in einem Formularvertrag unter Kaufleuten über § 9 AGBG herangezogen, so daß eine Klausel für unwirksam erklärt wurde, die den Auftragnehmer selbst bei längerer Unterbrechung der Leistungserbringung nicht zur Vertragskündigung oder zu Schadensersatz berechtigte.[255]

§ 11 Nr.6 AGBG besagt, daß eine Bestimmung, durch die dem Verwender unter bestimmten Umständen eine *Vertragsstrafe* versprochen wird, unzulässig ist. Formularmäßig kann eine Vertragsstrafe folglich unter den Voraussetzungen von § 11 Nr.6 AGBG nicht mehr vereinbart werden.[256] Diese Bestimmung ist jedoch auf den Schutz von Verbrauchern zugeschnitten, so daß sie auf das Verhältnis zwischen Franchisegeber und Franchisenehmer keinen Einfluß hat.[257]

---

252 *Ekkenga, J.*, Inhaltskontrolle, 1990, S.142; Ekkenga legt in der weiteren Diskussion besonderen Wert auf das Äquivalenzverhältnis zwischen Leistung und Gegenleistung, das nicht zugunsten des Franchisegebers verschoben werden darf (vgl. *Ekkenga, J.*, Inhaltskontrolle, 1990, S.152).

253 Damit zielte die Bestimmung auf die Qualifizierung des gesamten Vertragstextes als Individualabrede ab, die sich der Kontrolle durch das AGBG entzieht.

254 Vgl. LG Konstanz, Urteil vom 19.12.1980, BB, 1981, S.1421.

255 Vgl. LG Konstanz, Urteil vom 19.12.1980, BB, 1981, S.1422 f.

256 Vgl. *Schlosser*, in: *Staudinger, J.v.*, Bürgerliches Gesetzbuch, 1983, Einleitung zu § 8 AGBG, Rdnr.8.

257 Vgl. OLG München, Urteil vom 26.01.1994, NJW-RR, 1994, S.867.

Nach § 11 Nr.1 AGBG sind Klauseln über *kurzfristige Preiserhöhungen* unwirksam. Diese Bestimmung gilt jedoch nicht für Waren oder Dienstleistungen, die im Rahmen eines Dauerschuldverhältnisses geliefert oder erbracht werden (§ 11 Nr.1 2.Halbsatz AGBG). Daraus läßt sich ableiten, daß Klauseln über kurzfristige Preiserhöhungen in Franchiseverträgen mit dem AGBG vereinbar sind.

5.3.7 Inhaltskontrolle nach § 9 AGBG

Eine besondere Bedeutung bei der Bewertung von Franchiseverträgen kommt § 9 AGBG zu. Die einseitige Vorformulierung des Vertragstextes durch den Franchisegeber birgt die Gefahr in sich, daß die Bedingungen ausschließlich oder hauptsächlich auf die Interessen des Franchisegebers zugeschnitten sind und Regelungen enthalten, die den Geboten von Treu und Glauben nicht gerecht werden. Hier läßt sich mit Hilfe von § 9 AGBG vertragskorrigierend eingreifen. Bevor jedoch eine Inhaltskontrolle nach § 9 AGBG durchgeführt werden kann, müssen einige Voraussetzungen erfüllt werden, die zwar teilweise bereits diskutiert wurden, an dieser Stelle jedoch noch einmal zusammenfassend wiederholt werden. Zunächst einmal muß untersucht werden, ob Allgemeine Geschäftsbedingungen im Sinne des § 1 AGBG vorliegen. Als nächstes wird geprüft, ob der Vertrag nicht unter eine der Ausnahmen des § 23 AGBG und in den Anwendungsbereich des § 24 AGBG fällt. In Franchisebeziehungen wird dies der Fall sein, wenn der Franchisenehmer bei Vertragsabschluß bereits Kaufmann war. Als nächstes ist zu untersuchen, ob die fragliche Klausel als überraschende Klausel nach § 3 AGBG oder als Individualabrede nach § 4 AGBG anzusehen ist. Dann ist zu fragen, ob es Unklarheiten gibt, die nach § 5 AGBG zu Lasten des Verwenders der Allgemeinen Geschäftsbedingungen gehen. Dem folgt die Prüfung, ob die AGB-Klausel eine gesetzliche Regelung ändert oder ergänzt (§ 8 AGBG). Sollte der Vertragspartner des Verwenders bei Vertragsabschluß kein Kaufmann gewesen sein, so folgt als nächstes eine Inhaltskontrolle nach den §§ 10 und 11 AGBG. Abschließend wird die Generalklausel des § 9 AGBG mit Vorrang des Abs.2 vor Abs.1 angewendet.[258] Erst wenn eine Klausel alle Prüfungen besteht, ist sie gültig.

§ 9 AGBG sieht vor, daß Bestimmungen in Allgemeinen Geschäftsbedingungen unwirksam sind, wenn sie den Vertragspartner des Verwenders entgegen den Geboten von Treu und Glauben unangemessen benachteiligen. Es ist im Einzelfall schwierig zu entscheiden, was als unangemessene Benachteiligung anzusehen ist. Dies setzt eine

258 Vgl. *Ulmer, P. / Brandner / Hensen / Schmidt, H.*, AGB-Kommentar, 1993, § 9, S.404, Rdnr.15; *Nagel, B.*, Wirtschaftsrecht I, 1987, S.98.

Analyse und Abwägung der Interessen beider Vertragsparteien voraus.[259] Bei der Beurteilung einzelner Klauseln eines Franchisevertrages nach § 9 AGBG besteht somit die schwierige Aufgabe, daß Sinn und Zweck sowie die wirtschaftliche Ausrichtung des Vertrages berücksichtigt werden müssen.[260] Generell ist eine formularmäßige Vertragsbestimmung dann unangemessen, wenn der Verwender durch einseitige Vertragsgestaltung mißbräuchlich die eigenen Interessen auf Kosten seines Vertragspartners durchsetzen will, ohne dessen Interessen hinreichend zu berücksichtigen und ihm einen angemessenen Ausgleich zuzugestehen.[261] Als Prüfungsmaßstab für die Angemessenheit einer Klausel in einem Formularvertrag gelten die jeweiligen Vorschriften des dispositiven Rechts, die ohne die Klausel gelten würden. Eine Entscheidung für oder gegen die Gültigkeit einer Klausel kann dann durch die Abwägung der Interessen des Verwenders und seines Vertragspartners vorgenommen werden.[262] Ein für den Vertragspartner des Verwenders überwiegend günstig gestalteter Vertrag kann jedoch nicht eine unwirksame Klausel kompensieren.[263] In Franchisebeziehungen ergeben sich somit zwangsläufig Berührungspunkte mit § 9 AGBG, da der Franchisegeber viele Regelungen in den Vertrag aufnehmen muß, um die Systemkonformität zu wahren.[264]

§ 9 Abs.2 AGBG präzisiert, was als unangemessene Benachteiligung nach § 9 Abs.1 AGBG anzusehen ist. Eine unangemessene Benachteiligung ist im Zweifel dann anzunehmen, wenn eine Bestimmung mit wesentlichen Grundgedanken der gesetzlichen Regelung, von der abgewichen wird, nicht zu vereinbaren ist (§ 9 Abs.2 Nr.1 AGBG), oder wesentliche Rechte oder Pflichten, die sich aus der Natur des Vertrages ergeben, so einschränkt, daß die Erreichung des Vertragszwecks gefährdet ist (§ 9 Abs.2 Nr.2 AGBG). Allerdings ist nur die *Gefährdung* des Vertragszweckes kontrollfähig, nicht aber der Vertragszweck an sich.[265] Gesetzliche Regelungen im Sinne des § 9 Abs.2 Nr.1 AGBG sind dabei nicht nur die Vorschriften des geschriebenen Rechts, sondern auch die von der Rechtsprechung herausgebildeten Rechtsgrundsätze.[266] So ist auch das Transparenzgebot aus der Rechtsprechung entwickelt worden,

---

259 Vgl. *Ulmer, P. / Brandner / Hensen / Schmidt, H.*, AGB-Kommentar, 1993, § 9, S.431, Rdnr.71.

260 Vgl. *Liesegang, H.,* Franchiseverträge, BB, 1991, S.2381.

261 Vgl. *Heinrichs, H.,* Allgemeine Geschäftsbedingungen 1993, NJW, 1994, S.1383 f.

262 Vgl. *Heinrichs, H.,* Allgemeine Geschäftsbedingungen 1994, NJW, 1995, S.1399.

263 Vgl. *Ulmer, P. / Brandner / Hensen / Schmidt, H.*, AGB-Kommentar, 1993, § 9, S.439, Rdnr.85.

264 Daß dies nicht unbedingt zu einem Schaden für den Franchisenehmer führen muß, zeigt die Diskussion auf S.255. Grundthese ist hier, daß das System am besten funktioniert, wenn alle Systemmitglieder vertragstreu handeln.

265 Vgl. *Wolf, M. / Horn, N. / Lindacher, W.F.*, AGB-Kommentar, 1994, § 9, S.305, Rdnr.8.

266 Vgl. *Heinrichs, H.,* Allgemeine Geschäftsbedingungen 1993, NJW, 1994, S.1384.

das besagt, daß sich eine unangemessene Benachteiligung aus der Unklarheit oder Undurchschaubarkeit der Allgemeinen Geschäftsbedingungen ergeben kann[267] oder wie Kötz formuliert, daß eine Klausel dem Kunden nicht hinreichend erkennbar gemacht hat, welches ihre für ihn nachteiligen Auswirkungen sind.[268] Ebenso muß die Risikobeherrschung angemessen berücksichtigt werden, wenn ein Risiko durch eine AGB-Klausel auf den Vertragspartner des Verwenders abgewälzt werden soll. "Es ist also zu fragen, ob und in welchem Maße die Verwirklichung des Risikos besser durch den Kunden [also den Franchisenehmer] oder besser durch den Verwender [den Franchisegeber] durch zumutbares eigenes Handeln verhindert werden kann."[269] In der Ökonomie spricht man in diesem Zusammenhang von dem *cheapest cost avoider*.

Unangemessen im Sinne des § 9 AGBG ist eine Klausel auch dann, wenn sie gegen den aus Treu und Glauben ableitbaren Grundsatz der Verhältnismäßigkeit verstößt, wenn also leichte Verstöße schwerwiegend sanktioniert werden sollen.[270] Schwierig ist auch die Frage zu beurteilen, wie eine strittige Klausel auszulegen ist. Hierbei darf nicht auf das Verständnis des einzelnen Kunden abgestellt werden, sondern es kommt auf die generellen Auswirkungen an. Im Widerspruch dazu steht die EG-Richtlinie 93/13/EWG über Verbraucherverträge,[271] nach der es nach Art.4 Abs.1 (3) auf alle den Vertragsabschluß begleitenden Umstände ankommt.[272] In diesem Punkt unterscheiden sich EG-Richtlinie und AGBG erheblich. "Die EG-Richtlinie beruht auf einem einzelvertraglichen Denkansatz. Das deutsche "Recht der AGB" [...] geht dagegen von einem "massenvertraglichen" Denkansatz aus."[273]

Die sogenannte Schriftformklausel, nach der mündliche Abmachungen in jedem Fall ungültig sind, verstößt nicht gegen § 9 AGBG.[274] Die Frage, ob nach AGBG eine einzelne Klausel zu prüfen oder der gesamte Vertrag zu berücksichtigen ist, wird von Niebling dahingehend beantwortet, daß bei der Prüfung nach AGBG lediglich die

---

267 Vgl. *Heinrichs, H.*, Allgemeine Geschäftsbedingungen 1993, NJW, 1994, S.1384.

268 Vgl. *Kötz*, in: *Rebmann, K. / Säcker, F.J. (Hrsg.)*, Münchener Kommentar, 1993, § 9, S.1868, Rdnr.11a.

269 *Kötz*, in: *Rebmann, K. / Säcker, F.J. (Hrsg.)*, Münchener Kommentar, 1993, § 9, S.1866 f., Rdnr.10.

270 Vgl. *Wolf, M. / Ungeheuer, Ch.*, Allgemeine Geschäftsbedingungen - Teil 2, JZ, 1995, S.179.

271 Vgl. Fußnote 139 auf Seite 197; vgl. ferner *Ulmer, P.*, Verbraucherverträge, EuZW, 1993, S.337 ff.

272 Vgl. *Schmidt-Salzer, J.*, AGB-Grundfragen, JZ, 1995, S.223 f.

273 *Schmidt-Salzer, J.*, Verbraucherverträge, BB, 1995, S.1499.

274 Vgl. Kammergericht, Beschluß vom 12.02.1980, DB, 1980, S.2033.

einzelne Klausel relevant ist. Die Würdigung des Gesamtzusammenhangs sei dagegen den §§ 138 und 242 BGB vorbehalten.[275]

5.3.8 Transparenzgebot und salvatorische Klauseln

Bereits aus den §§ 2, 3 und 5 AGBG läßt sich ein Transparenzgebot für Allgemeine Geschäftsbedingungen ableiten. Die Rechtsprechung leitete jedoch vor allem aus § 9 AGBG das Transparenzgebot ab, indem dann eine unangemessene Benachteiligung des Vertragspartners des Verwenders angenommen wird, wenn eine Klausel unklar oder undurchschaubar ist. Nach Brandner sind am Maßstab der Transparenz besonders solche Konditionen zu prüfen, die gesetzlich nicht normierte Vertragstypen regeln, worunter auch Franchiseverträge fallen.[276] Das Transparenzgebot gilt sowohl für die Verständlichkeit als auch für die Bestimmtheit einer Klausel.[277] Ziel des Transparenzgebotes ist es, auf einen angemessenen Inhalt hinzuwirken.[278] Aus diesem Grund wird auch die geltungserhaltende Reduktion einer Klausel auf den Teil, der gesetzlich gerade noch zulässig ist, grundsätzlich abgelehnt.[279] Sind jedoch in einer Klausel inhaltlich voneinander abtrennbare Teile vorhanden, von denen ein Teil unangemessen ist, so wird der andere Teil seine Gültigkeit behalten.[280]

Unwirksam sind auch Klauseln, die auf eine Teilaufrechterhaltung einer beanstandeten Bestimmung mit reduziertem Inhalt abzielen. Hierunter fallen salvatorische Klauseln, die einer Klausel "soweit gesetzlich zulässig" Geltung verschaffen sollen.[281] Schlosser will den Zusatz "soweit gesetzlich zulässig" nur dann zulassen,

---

275 Vgl. *Niebling, J.*, Allgemeine Geschäftsbedingungen, BB, 1992, S.720.

276 Vgl. *Ulmer, P. / Brandner / Hensen / Schmidt, H.*, AGB-Kommentar, 1993, § 9, S.443, Rdnr.93.

277 Vgl. *Wolf, M. / Ungeheuer, Ch.*, Allgemeine Geschäftsbedingungen - Teil 2, JZ, 1995, S.180.

278 Vgl. *Löwe, W.*, Geltungserhaltende Reduktion, ZIP, 1995, S.1274.

279 Das Verbot der geltungserhaltenden Reduktion ist aus § 6 AGBG herleitbar; vgl. *Wolf, M. / Ungeheuer, Ch.*, Allgemeine Geschäftsbedingungen - Teil 1, JZ, 1995, S.84; *Ulmer, P. / Brandner / Hensen / Schmidt, H.*, AGB-Kommentar, 1993, § 9, S.440, Rdnr.88; *Wolf, M. / Horn, N. / Lindacher, W.F.*, AGB-Kommentar, 1989, § 6, S.244, Rdnr.29; in dem Verbot der geltungserhaltenden Reduktion sieht Ekkenga zu Recht einen Disziplinierungseffekt (vgl. *Ekkenga, J.*, Inhaltskontrolle, 1990, S.160); Hager sieht dagegen in der neueren Rechtsprechung des BGH eine Abkehr von dem Grundsatz des Verbots der geltungserhaltenden Reduktion, vgl. *Hager, J.*, Geltungserhaltende Reduktion, JZ, 1996, S.175 ff.; für die Unzulässigkeit der geltungserhaltenden Reduktion Heinrichs, vgl. *Heinrichs, H.*, Allgemeine Geschäftsbedingungen 1993, NJW, 1994, S.1383.

280 Vgl. *Wolf, M. / Ungeheuer, Ch.*, Allgemeine Geschäftsbedingungen - Teil 1, JZ, 1995, S.84; *Ulmer, P. / Brandner / Hensen / Schmidt, H.*, AGB-Kommentar, 1993, § 9, S.422, Rdnr.50; BGH-Urteil vom 18.04.1989, BGHZ 107, S.185.

281 Vgl. *Ulmer, P. / Brandner / Hensen / Schmidt, H.*, AGB-Kommentar, 1993, § 9, S.422, Rdnr.51; *Wolf, M. / Horn, N. / Lindacher, W.F.*, AGB-Kommentar, 1989, § 9, S.335, Rdnr.144; anderer Ansicht noch *Thümmel, H. / Oldenburg, W.*, Unklarheitenregel, BB, 1979, S.1070, die die Verwendung der

wenn er zur Vermeidung eines unübersichtlichen Ausmaßes an Differenzierungen unerläßlich ist.[282] Salvatorische Klauseln, die auf die Gültigkeit des restlichen Vertrages bei Nichtigkeit einer oder mehrerer Vertragsklauseln abzielen, können jedoch nicht beanstandet werden.[283]

5.3.9 Die EG-Richtlinie über mißbräuchliche Klauseln

Zum 25.07.1996 trat das Gesetz zur Änderung des AGB-Gesetzes in Kraft, durch das die EG-Richtlinie über mißbräuchliche Klauseln in Verbraucherverträgen in nationales Recht umgesetzt wurde. Das Gesetz gilt für alle nach seinem Inkrafttreten abgeschlossenen Verträge.[284] Geändert wurde das bestehende AGBG durch die Aufnahme des § 24a AGBG über Verbraucherverträge und durch die Neufassung des § 12 AGBG, der den internationalen Geltungsbereich festlegt.[285]

Der neue § 24a AGBG betrifft sowohl den persönlichen als auch den sachlichen Anwendungsbereich. Die EG-Richtlinie erfaßt ausschließlich solche Verträge, "bei denen der eine Vertragspartner im Rahmen seiner gewerblichen oder beruflichen Tätigkeit handelt, der andere Vertragspartner dagegen nicht."[286] Dies schließt jedoch nicht den Schutz des Gewerbetreibenden aus, dem AGB vorgelegt werden, da die EG-Richtlinie lediglich einen Mindestschutz festlegt.[287] Hinsichtlich des sachlichen Anwendungsbereichs ergibt die Neuerung durch § 24a AGBG, daß auch die von neutraler Stelle vorformulierten Vertragsbedingungen einer Inhaltskontrolle unterworfen werden können, so lange sie von dem Unternehmer eingebracht wurden.[288] Ferner sind nach § 24a Nr.3 AGBG die den Vertragsabschluß begleitenden Umstände zu berücksichtigen.[289]

Klausel "soweit gesetzlich zulässig" sogar empfehlen.

282 Vgl. *Schlosser*, in: *Staudinger, J.v.*, Bürgerliches Gesetzbuch, 1983, Einleitung zu §§ 8-11 AGBG, Rdnr.15.

283 Vgl. die Diskussion zu § 139 BGB und insbesondere zu dem Pronuptia II-Urteil auf S.176.

284 Vgl. *Bunte, H.-J.*, EG-Richtlinie, DB, 1996, S.1393.

285 Vgl. *Heinrichs, H.*, Änderung, NJW, 1996, S.2191.

286 *Bunte, H.-J.*, EG-Richtlinie, DB, 1996, S.1391.

287 Vgl. *Heinrichs, H.*, Änderung, NJW, 1996, S.2196.

288 Vgl. *Bunte, H.-J.*, EG-Richtlinie, DB, 1996, S.1391; *Heinrichs, H.*, Änderung, NJW 1996, S.2192.

289 Vgl. *Bunte, H.-J.*, EG-Richtlinie, DB, 1996, S.1390; *Heinrichs, H.*, Änderung, NJW, 1996, S.2193.

5.3.10 Das Verhältnis von § 9 AGBG zu den §§ 138 und 242 BGB

Die starke Verwandtschaft zwischen den §§ 9 AGBG und 242 BGB wirft die Frage auf, welcher Vorschrift der Vorrang bei der Anwendung gegeben werden sollte. Dieser Fragestellung ist jedoch kein besonderes Gewicht beizumessen, da in der Regel beide Bestimmungen die gleichen Rechtsfolgen, nämlich die Unwirksamkeit einer Bestimmung, nach sich ziehen. Zudem ist § 9 AGBG die speziellere Norm, sofern es sich um vorformulierte Klauseln handelt. Insoweit wird man zunächst § 9 AGBG heranziehen. Es sind jedoch auch Fälle denkbar, in denen die Anwendung der AGB-Regelungen ausgeschlossen ist. Dann kann dem Vertragspartner des Verwenders durch § 242 BGB geholfen werden. Ferner wird § 242 BGB z.B. dann Anwendung finden, wenn Dritte durch den Vertrag benachteiligt werden, wodurch die Anwendung des AGBG ausgeschlossen ist.[290] Im übrigen können aber auch die Grundsätze von § 9 AGBG über § 242 BGB für die Inhaltskontrolle von Arbeitsverträgen herangezogen werden.[291] Dies kann relevant werden, da ein Franchisevertrag, der als Arbeitsvertrag qualifiziert wird, nicht nach AGBG beurteilt werden kann, wie die Diskussion oben zeigt.[292]

Die Anwendung des § 138 BGB tritt sicherlich insofern hinter die des § 9 AGBG zurück, als kaum Vertragsbestimmungen denkbar sind, die nach § 138 BGB, aber nicht nach § 9 AGBG beanstandet werden. Als Konsequenz würden alle im Hinblick auf § 138 BGB kritischen Klauseln durch die Anwendung des § 9 AGBG nichtig werden. Die Grundlage für eine Prüfung nach § 138 BGB würde somit vollends entzogen werden. Schlosser empfiehlt zur Lösung des Problems, § 138 BGB nach wie vor heranzuziehen. Ein Vertrag ist seiner Meinung nach als sittenwidrig einzustufen, falls dieser auch vor Inkrafttreten des AGBG so eingestuft worden wäre. Somit sind Fälle denkbar, in denen durch eine Kumulation von unangemessenen Klauseln der gesamte Vertrag als sittenwidrig eingestuft wird.[293] Wolf ist der Auffassung, daß eine Gesamtbeurteilung zur Feststellung der Sittenwidrigkeit eines Vertrages nicht durch eine isolierte Inhaltskontrolle nach §§ 9 bis 11 AGBG unterlaufen werden kann. Hinzu kommt, daß bei einer Beurteilung nach § 138 BGB der gesamte Vertragsinhalt

290 Vgl. *Schlosser*, in: *Staudinger, J.v.*, Bürgerliches Gesetzbuch, 1983, § 9 AGBG, Rdnrn.10 und 11.
291 Vgl. *Wolf, M. / Horn, N. / Lindacher, W.F.*, AGB-Kommentar, 1989, § 9, S.279, Rdnr.6.
292 Vgl. Abschnitt 5.3.4 (S.200).
293 Vgl. *Schlosser*, in: *Staudinger, J.v.*, Bürgerliches Gesetzbuch, 1983, § 9 AGBG, Rdnr.10.

überprüft wird, also auch die individualrechtlichen Teile einschließlich des Preises und des Äquivalenzverhältnisses.[294]

Es sollte jedoch beachtet werden, daß § 6 Abs.3 AGBG ebenso die Möglichkeit der Nichtigkeit des gesamten Vertragswerkes offenläßt, jedoch nur für den Fall, in dem der Vertrag auch unter der Berücksichtigung der nach § 6 Abs.2 AGBG vorgesehenen Änderung eine unzumutbare Härte für eine Vertragspartei darstellen würde. Daher sind beide Regelungen, § 138 BGB und § 6 Abs.3 AGBG, nicht in ihren Folgen, aber in ihren Voraussetzungen voneinander zu unterscheiden.

5.3.11 AGB-rechtliche Diskussion franchisespezifischer Klauseln

Im folgenden werden franchisespezifische Klauseln auf ihre AGB-rechtliche Einstufung hin untersucht. Hierzu werden u.a. Passagen aus den vorliegenden Franchiseverträgen zitiert. Die Formulierung in der Präambel eines Vertrages, *die Vertragsparteien seien dabei wie folgt übereingekommen*,[295] kann nicht darüber hinwegtäuschen, daß es sich um einen vom Franchisegeber vorformulierten Vertrag handelt und das AGBG anwendbar ist.

5.3.11.1 Qualitäts- und Absatzrichtlinien

In vielen Franchiseverträgen werden Klauseln aufgenommen, die Vorschriften hinsichtlich des Absatzes und der Qualität der Waren beinhalten. Solche Klauseln können wie folgt lauten:

"Wegen des Umfangs und der Anzahl der Produkte ist es im Einzelfall praktisch unmöglich, für jedes einzelne Produkt objektive Qualitätsrichtlinien aufzustellen. [...] Vor diesem Hintergrund verpflichtet sich der Franchisenehmer, in seinem Geschäftslokal ausschließlich Waren aus dem Sortiment des Franchisegebers [...] anzubieten [...]."

"Der Franchisenehmer wird sich nach Kräften bemühen, in jeder Hinsicht den höchsten Qualitätsstandard bei der Durchführung seines Geschäftes zu erreichen. [...] Er wird alle angemessenen Weisungen befolgen, die ihm die Franchisegeberin hinsichtlich Standard und Qualität der von ihm auszuführenden Dienstleistungen gibt."

---

294 Vgl. *Wolf, M. / Horn, N. / Lindacher, W.F.*, AGB-Kommentar, 1989, § 9, S.279 f., Rdnrn.19 und 23.

295 Untersuchte Verträge.

Qualitäts- und Absatzrichtlinien sind mit § 9 AGBG vereinbar, "soweit sie der Sicherung der für das Franchising typischen einheitlichen und gleichbleibenden Qualität und Aufmachung der unter dem Namen- und Firmenzeichen des Franchisegebers angebotenen Waren und Leistungen dienen."[296] Im übrigen ist die Verpflichtung, die von dem Franchisegeber entwickelten Geschäftsmethoden beim Absatz von Waren und Dienstleistungen anzuwenden, mit der "weißen Liste" der Verordnung 4087/88 EGV vereinbar und selbst dann keine unangemessene Benachteiligung nach AGB-Recht, wenn diese Richtlinien nachträglich verändert werden.[297] Ein Franchisegeber hat nicht nur das Recht, die Qualitätsrichtlinien festzusetzen, sondern auch die Pflicht der Weiterentwicklung des Systems. Mit dem Abschluß des Franchisevertrages fügen sich die Franchisenehmer in das System ein, akzeptieren zum einen die vorgegebenen Richtlinien und vertrauen zum anderen auf die Weiterentwicklung und Anpassung durch den Franchisegeber. Eine unangemessene Benachteiligung aus Sicht des AGBG ist aus diesen Gründen nicht gegeben. Eine solche unangemessene Benachteiligung des Franchisenehmers könnte dann angenommen werden, wenn ihm keine Einsicht in das Handbuch vor Vertragsabschluß gegeben wird. Folgende Formulierung läßt eine derartige Praxis vermuten: "Das Handbuch wird dem Franchisenehmer unmittelbar nach Vertragsunterzeichnung und Zahlung der Vergütung [...] ausgehändigt."[298]

5.3.11.2 Bezugsbindungen

In Franchiseverträgen sind vielfach Verpflichtungen vorgesehen, nach denen die Franchisenehmer die Waren entweder bei dem Franchisegeber oder bei vertraglich bestimmten Dritten zu beziehen haben. Derartige Bindungen schränken die Freiheit des Franchisenehmers erheblich ein. Auf der anderen Seite muß jedoch auch in Erwägung gezogen werden, daß der Franchisegeber ein berechtigtes Interesse daran hat, die Qualität der angebotenen Waren auf einem gleich hohen Niveau zu halten. Bezugsbindungen sind mit § 9 AGBG zu vereinbaren, wenn sie der Sicherung der für das jeweilige System charakteristischen Qualitätsanforderungen und des damit verbundenen Markennamens dienen.[299] In einigen Franchiseverträgen wird der Verkauf von Konkurrenzprodukten völlig ausgeschlossen, um das einheitliche Image des

---

296 *Liesegang, H.*, Franchiseverträge, BB, 1991, S.2382.

297 Vgl. *Ekkenga, J.*, Inhaltskontrolle, 1990, S.195 f.; vgl. Abschnitt 8.6.3 (S.386 f.).

298 Untersuchte Verträge.

299 Vgl. *Liesegang, H.*, Franchiseverträge, BB, 1991, S.2382; *Skaupy, W.*, in: *Hoffmann-Becking, M. (Hrsg.)*, Formularbuch, 1991, S.843.

Systems nicht zu beeinträchtigen.[300] Als Argument für eine ausschließliche Bezugsbindung kann auch die Forderung nach selbstentwickelten Sicherheitsstandards gelten, so daß die folgende Vertragsklausel einer Prüfung nach § 9 AGBG sicherlich standhalten würde: "Aus diesem Grunde wird der Partner [die Produkte ausschließlich beim Franchisegeber] beziehen, damit auf diese Weise der hohe Sicherheitsqualitätsstandard lückenlos gewährleistet werden kann."[301]

Ähnlich verhält es sich mit folgender Klausel: "Der Partner verpflichtet sich, sämtliche Artikel des jeweiligen Sortiments [...] ausschließlich [beim Franchisegeber] zu beziehen [...]."[302] Bezugsbindungen dürften nach § 9 AGBG unangemessen sein, wenn ein Fehlen dieser Bindungen das Qualitätsniveau und den Markennamen *nicht* gefährdet.[303] Dagegen wendet Ekkenga ein, daß der Sortimentsrahmen oft zu den wesentlichen Elementen der zentral gesteuerten Marketing-Strategie gehöre, den der Franchisenehmer nicht überschreiten dürfe, ohne seine Betriebspflicht zu verletzen.[304] Als Folgerung dieser Argumentation dürfte der Franchisenehmer nicht über das Sortiment hinaus Waren oder Dienstleistungen anbieten.

Verletzungen der Bezugsbindungen können oft hohe Vertragsstrafen nach sich ziehen. So fand sich in einem Vertrag folgende Bestimmung: "Der Franchisenehmer verpflichtet sich, während der Dauer des Vertragsverhältnisses jeden Fremdbezug [...] zu unterlassen [...]. Für den Fall einer Zuwiderhandlung gegen vorstehende Verpflichtung vereinbaren die Parteien die Zahlung einer Vertragsstrafe von DM 5.000,- [...]."[305]

In einem Franchisevertrag wurde statt der üblichen Bezugsbindung des Franchisenehmers eine Ausschließlichkeitsbindung zugunsten des Franchisenehmers vereinbart: "[Der Franchisegeber] verpflichtet sich, nur solche anderen Fachhändler mit Ware zu beliefern, die einen entsprechenden Fachhändlervertrag unterzeichnen."[306] Eine solche Vereinbarung verstößt natürlich nicht gegen § 9 AGBG.

300 Vgl. so z.B. *Skaupy, W.*, in: *Hoffmann-Becking, M. (Hrsg.)*, Formularbuch, 1991, S.828.

301 Untersuchte Verträge.

302 Untersuchte Verträge.

303 Bezugsbindungen werden auch in der GVO geregelt; vgl. Abschnitt 8.6.6 (S.389).

304 Vgl. *Ekkenga, J.*, Inhaltskontrolle, 1990, S.137.

305 Untersuchte Verträge.

306 Untersuchte Verträge.

5.3.11.3 Geschäftslokal

Zum einen kann der Franchisenehmer die Geschäftsräume vom Franchisegeber mieten. Neben den Franchisevertrag tritt dann zusätzlich ein Mietvertrag, wobei sich meistens beide Laufzeiten gegenseitig bedingen. Bei Beendigung des Franchisevertrages wird dann der Mietvertrag beendigt und umgekehrt. Bei derartigen Formulierungen ist darauf zu achten, daß die Kündigung des Mietvertrages nur mit den gleichen Fristen wie die Kündigung des Franchisevertrages möglich ist. Folgende Klausel fiel in den untersuchten Verträgen auf: "Die Unwirksamkeit oder die Kündigung des Untermietvertrages hat [...] zur Folge, daß auch der vorliegende Vertrag als zu den im Untermietvertrag geltenden Fristen als gekündigt gilt."[307] Wäre die Kündigungsfrist des Mietvertrages wesentlich kürzer vereinbart als die Kündigungsfrist des Franchisevertrages, so wäre es dem Franchisegeber über einen Umweg möglich, das Franchiseverhältnis zu beenden, wodurch der Franchisenehmer unangemessen benachteiligt wäre.

Zum anderen besteht die Möglichkeit, daß Franchisenehmer und Dritte einen Mietvertrag über das Geschäftslokal abschließen. Auch hier ist eine Klausel nach § 9 AGBG kritisch zu beurteilen, falls sie vorsieht, daß bei Beendigung des Mietverhältnisses automatisch das Franchiseverhältnis endet, selbst wenn sich ein angemessener Ersatz findet. Als dritte Möglichkeit ist noch in Erwägung zu ziehen, daß der Franchisenehmer Eigentümer des Geschäftslokals ist. Dieser Fall ist rechtlich unproblematisch und wurde in keinem der untersuchten Verträge erwähnt.

Nach § 9 AGBG nicht zu beanstanden sind Klauseln, die fordern, "daß die Verkaufsstelle des Franchisenehmers sich stets in ordentlichem Zustand den Besuchern präsentiert und das Personal nur in entsprechender Kleidung in Erscheinung tritt."[308] Ferner ist die Verpflichtung des Franchisenehmers, das Geschäftslokal nach den von dem Franchisegeber entwickelten Gesichtspunkten einzurichten und zu gestalten, keine unangemessene Benachteiligung im Sinne des § 9 Abs.2 AGBG.[309]

Unangemessen ist eine Klausel, die bestimmt, daß der Franchisevertrag automatisch erlischt, falls der Franchisenehmer das Geschäftslokal nicht binnen 6 Monaten nach Vertragsabschluß eröffnet hat. Diese Klausel ist deshalb nicht mit § 9 AGBG vereinbar, da sie die Frist von keinen Umständen abhängig macht. Selbst in dem Fall, in dem der Franchisegeber seinen Pflichten zur Ausstattung des Geschäftslokals oder

---

307 Untersuchte Verträge.

308 *Skaupy, W.*, in: *Hoffmann-Becking, M. (Hrsg.)*, Formularbuch, 1991, S.827.

309 Vgl. *Ekkenga, J.,* Inhaltskontrolle, 1990, S.195.

Lieferung von Waren nicht nachkommt, stünde ihm ein Kündigungsrecht bei Nichteröffnung des Franchisenehmergeschäfts zu.

Fast ausnahmslos ist der Betrieb der Franchise auf ein vorgegebenes Geschäftslokal beschränkt. Dem Franchisenehmer ist es in den meisten Fällen weder möglich, den Standort zu verlegen, noch können weitere Geschäftslokale ohne weiteres eröffnet werden. Eine Ausnahme bildet hierbei folgende Vereinbarung: "Der Partner hat weiterhin das Recht, in dem [gekennzeichneten] Gebiet innerhalb von 3 Jahren weitere [Betriebe] zu errichten. Macht der Partner hiervon keinen Gebrauch, so erlischt dieses Recht. Der [Franchisegeber] ist dann berechtigt, die Rechte an Dritte zu vergeben oder in diesem Gebiet selbst einen [Betrieb] zu eröffnen [...]."[310] Hier besteht aber die Gefahr, daß das Gebiet des Franchisenehmers eingeschränkt wird, falls er nicht weitere Betriebe eröffnet. Bedacht werden muß jedoch die Möglichkeit, daß das Gebiet durch genau *eine* Franchise abgedeckt wird. Würde der Franchisegeber in einem solchen Fall weitere Franchisegeschäfte in dem Gebiet eröffnen lassen, so ist dies eine unangemessene Benachteiligung des Franchisenehmers.

Vielfach werden auch Änderungsvorbehalte hinsichtlich der Gestaltung des Geschäftslokals vereinbart. Die folgende Klausel ist exemplarisch: "Die Parteien sind sich einig, daß die Warenpräsentation und die Marktgestaltung im Laufe der Zeit jeweils angepaßt und modernisiert wird. Der Franchisenehmer verpflichtet sich, nach den Vorgaben der Franchisegeberin die entsprechenden Änderungen auf eigene Kosten vorzunehmen."[311] Nach § 9 AGBG ist eine solche Klausel nicht zu beanstanden.[312]

5.3.11.4 Kontroll- und Weisungsrechte

Zur Kontrolle der Angaben der Franchisenehmer behalten sich einige Franchisegeber vor, die Bücher des Franchisenehmers einzusehen. Streitig sind Formulierungen, die ein Besuchsrecht von Vertretern des Franchisegebers zur Sicherung des einheitlichen Systemimages vorsehen, wobei den Vertretern gleichzeitig Einblick in die geschäftlichen Unterlagen zu gewähren ist.[313] Dieses Kontrollrecht wurde zudem in einem Muster-Franchisevertrag unter der Überschrift "Unterstützung und Beistand durch die Franchisegeberin" manifestiert. Einsichtsrechte sind aber nur dann angemessen, wenn sie tatsächlich zur Sicherung des Images oder zur Kontrolle der Berech-

---

310 Untersuchte Verträge.

311 Untersuchte Verträge.

312 Bestimmungen bezüglich des Geschäftslokals sind auch in der GVO geregelt; vgl. Abschnitt 8.6.4 (S.387).

313 Vgl. *Skaupy, W.*, in: *Hoffmann-Becking, M. (Hrsg.)*, Formularbuch, 1991, S.827, § 5 (2).

nungsgrundlagen zur Festsetzung der Franchisegebühr notwendig sind. In dem zitierten Mustervertrag wurde jedoch ein Einsichtsrecht unabhängig von dem Erfordernis der Imagesicherung vereinbart. Ebenso differenziert Ekkenga, der eine Einsichtsmöglichkeit des Franchisegebers in die Buchungs- und Abrechnungsbelege aus AGB-rechtlicher Sicht für statthaft hält, die Vorlagepflicht von Umsatzsteuervoranmeldungen und Einkommensteuererklärungen jedoch beanstandet.[314]

Unangemessen dürfte folgende Formulierung sein: "Entstehen nach Vertragsabschluß ernsthafte und erhebliche Bedenken gegen die Zahlungsbereitschaft, -fähigkeit oder Kreditwürdigkeit des Franchisenehmers, gerät der Franchisenehmer insbesondere mit dem Ausgleich erheblicher Forderungen der Franchisegeberin in Verzug, so ist die Franchisegeberin zur Durchführung einer Inventur im Betrieb des Franchisenehmers berechtigt."[315] In dieser Klausel ist kein Zusammenhang zwischen dem Vergehen des Franchisenehmers und der Kontrolle des Franchisegebers zu erkennen, der eine umfassende Maßnahme wie eine Inventur rechtfertigen würde.

Zu weit gehen auch Kontrollrechte des Franchisegebers, die direkte Auskünfte bei Versicherungen erlauben sollen: "Der Franchisenehmer hat dem Franchisegeber auf Verlangen den Abschluß der vorgenannten Versicherungen durch Vorlage der Versicherungsscheine und Bestätigungen nachzuweisen. Der Franchisegeber kann unmittelbar von dem Versicherer Auskünfte einholen."[316] Während der erste Teil angemessen ist, umfaßt der zweite Teil der Klausel alle Umstände wie Schadensfälle und ähnliches und dürfte somit unangemessen sein. Im Zusammenhang mit der EDV-mäßigen Datenverarbeitung fand sich in einem Vertrag folgende Klausel: "[Der Franchisenehmer] erteilt sein Einverständnis, daß Daten beim Franchisegeber EDV-mäßig erfaßt, verarbeitet und gegebenenfalls zu Zwecken von Betriebsvergleichen Dritten zur Verfügung gestellt werden."[317] Während der erste Teil der Regelung angemessen sein könnte, stellt die Weitergabe der Daten an Dritte einen Verstoß gegen § 9 AGBG und gegen die §§ 28 f. BDSG dar, da weder die Anonymität zugesichert noch der Kreis der Datenempfänger eingeschränkt wird.[318] Auch die Verpflichtung des Franchisenehmers bei Fremdbezug von Waren dem Franchisegeber die Lieferbedingungen und Bezugspreise mitzuteilen, könnte nach § 9 AGBG unangemessen sein. Eine unangemessene Benachteiligung des Franchisenehmers könnte dann

---

314 Vgl. *Ekkenga, J.*, Inhaltskontrolle, 1990, S.157 und S.182.

315 Untersuchte Verträge.

316 Untersuchte Verträge.

317 Untersuchte Verträge.

318 Vgl. zu den rechtlichen Problemen der Kundendatenübermittlung beim Franchising ausführlich *Büser, F.*, Datenübermittlung, BB, 1997, S.213 ff.

gegeben sein, wenn die Auswertung der übermittelten Daten durch den Franchisegeber dazu führt, daß die Waren nur zu ungünstigeren Konditionen bezogen werden können.

Nur begrenzte Weisungsrechte besitzt der Franchisegeber hinsichtlich der *Verkaufspreise* durch den Franchisenehmer. Hier gilt als Leitbild § 38a Abs.1 GWB, wonach lediglich unverbindliche Preisempfehlungen für die Weiterveräußerung von Markenwaren erlaubt sind. Die Gruppenfreistellungsverordnung für Franchisevereinbarungen besagt, daß Verkaufspreise, die ein Franchisenehmer von seinen Kunden fordert, nicht vom Franchisegeber festgelegt werden dürfen.[319]

1984 entschied der BGH über die detaillierten Richtlinien und Weisungsrechte von McDonald's. Die Richtlinien[320] schrieben u.a. Grilltemperaturen bis auf 1° Celsius genau vor, abhängig von den zuzubereitenden Speisen. Bei einer Abweichung von diesen Grilltemperaturen sah der Franchisevertrag ein außerordentliches Kündigungsrecht nach zeitlich auseinanderliegenden vorherigen Abmahnungen des Franchisegebers vor. Trotz zweimaliger Abmahnung eines Franchisenehmers wurden bei Überprüfungen Abweichungen von bis zu 70° Celsius festgestellt, was die ersten beiden gerichtlichen Instanzen dazu veranlaßte, die Kündigung für rechtmäßig anzusehen. Erst die Revision wies die Klage auf eine ordnungsgemäße Vertragsbeendigung ab, da die Kündigung erst zehn Monate nach der zweiten Abmahnung erfolgte.[321] Es ist also davon auszugehen, daß die Gründe zu einer außerordentlichen Kündigung berechtigt hätten. Letztendlich wurde jedoch der Klage des Franchisegebers auf Feststellung der Kündigung des Vertrages nicht statt gegeben, da es der Franchisegeber versäumt hatte, dem Franchisenehmer innerhalb einer angemessenen Frist nach der zweiten Abmahnung zu kündigen.[322] Ekkengas Kritik an der McDonald's-Entscheidung bezieht sich darauf, daß der BGH nicht die Verbindlichkeit der Weisungen des Franchisegebers in Zweifel zog. Damit identifiziere der Senat die vom Franchisegeber verfolgten Steuerungsziele mit dem normativen Vertragszweck des § 9 Abs.2 Nr.2 AGBG. Diese Radikallösung könne nicht überzeugen, da sie "in unlösbaren Konflikt mit dem Schutzzweck des AGBG, dem ja gerade die Vorstellung zugrunde liegt, daß der Klauselgegner durch die einseitige Vertragsgestaltung des AGB-Verwenders an einer Durchsetzung seines geschäftlichen Willens gehindert ist [, stehe]."[323] Dem kann entgegen-

319 Vgl. die Ausführungen zur Preisfestsetzung in Abschnitt 7.3 (S.305 ff.).

320 Zur Anpassung der Richtlinien und der Variabilität der Vertragspflichten durch den Franchisegeber und den damit verbundenen Weisungsvorbehalten vgl. ausführlich *Ekkenga, J.*, Inhaltskontrolle, 1990, S.120 ff.

321 Vgl. BGH-Urteil vom 03.10.1984, NJW, 1985, S.1894 f. und ZIP, 1984, S.1494 ff.

322 Vgl. die Ausführungen zu § 242 BGB in Abschnitt 5.1.2 (S.178) und die Diskussion im Rahmen des HGB-Rechts in Abschnitt 6.6 (S.284 ff.) und in Abschnitt 6.3.5 (S.271).

323 *Ekkenga, J.*, Inhaltskontrolle, 1990, S.47.

gehalten werden, daß sich der BGH der Begründung der Vorinstanzen anschloß und anerkannte, daß es sich um einen *wesentlichen* Verstoß handeln müsse. Selbst die Klägerin sei davon ausgegangen, "daß nur ein nachhaltiger Verstoß gegen die Grundsätze und Richtlinien des McDonald's-Systems sie zur fristlosen Kündigung berechtigen solle."[324] Insofern kann nicht davon ausgegangen werden, daß der BGH grundsätzlich *alle* Verstöße gegen Richtlinien des Franchisegebers als Kündigungsgründe bei einer Inhaltskontrolle billigen würde. Von einer "totalen Systembindung",[325] nach der in jedem Falle alle durch den Franchisegeber aufgestellten Richtlinien akzeptiert werden müssen, kann folglich nicht die Rede sein.

5.3.11.5 Personalangelegenheiten

Die Gestaltungsrechte im Personalbereich werden als weisungsfreier Kernbereich unternehmerischen Handelns angesehen. Dem Franchisegeber ist es jedoch gestattet, Auswahlrichtlinien festzulegen. Die endgültige Entscheidung und Auswahl des Personals muß jedoch in jedem Fall dem Franchisenehmer überlassen bleiben.[326] Sollte in einem Franchisevertrag eine andere Bestimmung enthalten sein, so dürfte es sich um eine unangemessene Benachteiligung im Sinne des § 9 AGBG handeln. Die Klausel wäre somit nichtig. "Im Zweifel unangemessen sind daher Klauseln, die Personalmaßnahmen des Franchisenehmers schlechthin von der Zustimmung des Franchisegebers abhängig machen, ohne Voraussetzungen und Bedingungen der Zustimmung hinreichend konkret zu bezeichnen."[327] Ulmer fordert für den Vertragshändler, daß diesem grundsätzlich die Entscheidung über die Auswahl geeigneten Personals überlassen bleiben muß.[328]

Des weiteren können Franchisenehmer einer *Präsenzpflicht* unterliegen. Regelungen, die bestimmen, daß der Franchisenehmer zur Führung seines Betriebes seine *gesamte* Arbeitskraft zur Verfügung stellen wird und keiner anderen Beschäftigung oder Nebentätigkeit nachgehen wird, können die Selbständigkeit des Franchisenehmers so weit einschränken, daß das Franchiseverhältnis in ein Arbeitnehmerverhältnis umschlägt.[329] Die Einbringung der gesamten Arbeitskraft kommt nämlich faktisch

---

324 BGH-Urteil vom 03.10.1984, NJW, 1985, S.1895.

325 *Ekkenga, J.*, Inhaltskontrolle, 1990, S.47.

326 Vgl. *Liesegang, H.*, Franchiseverträge, BB, 1991, S.2382; vgl. zur eigenen Personalauswahl auch Abschnitt 10.2.1 (S.453).

327 *Ekkenga, J.*, Inhaltskontrolle, 1990, S.119.

328 Vgl. *Ulmer, P.*, Der Vertragshändler, 1969, S.420.

329 Vgl. *Skaupy, W.*, in: *Hoffmann-Becking, M. (Hrsg.)*, Formularbuch, 1991, S.826.

einer Präsenzpflicht des Franchisenehmers gleich. Ekkenga sieht derartige Bestimmungen jedoch durch das AGB-Recht eingeschränkt, da es seiner Meinung nach zu weit gehen würde, aus der Interessenwahrungspflicht des Franchisenehmers ein absolutes Nebentätigkeitsverbot herleiten zu wollen.[330] Sollten jedoch Nebentätigkeiten des Franchisenehmers erlaubt sein, so kann ihm keine Präsenzpflicht auferlegt werden. Eine unangemessene Benachteiligung liege auch vor, wenn sich der Franchisenehmer nicht ohne die Erlaubnis des Franchisegebers an anderen Unternehmen - auch konkurrierenden - beteiligen dürfe, unabhängig von der Möglichkeit, in die Geschäftspolitik einzugreifen.[331] Ekkenga geht bei dieser Einschätzung davon aus, daß keine Informationen von dem Franchisenehmer an das konkurrierende Unternehmen fließen, wovon man bei einer finanziellen Beteiligung jedoch nicht unbedingt ausgehen kann.

Für *Urlaubsregelungen* gelten ähnliche Grundsätze wie für die Präsenzpflicht. Konkrete Vorschriften über Zeiten, in denen kein Urlaub angetreten werden kann, kommen einer Präsenzpflicht in dieser Zeit nahe. Die Entscheidung über Urlaubszeiten gehört ebenso wie die Entscheidung über die persönliche Anwesenheit in den Kernbereich der unternehmerischen Entscheidungsfreiheit.[332]

5.3.11.6 Änderungsvorbehalte

In Dauerschuldverhältnissen besteht oft die Notwendigkeit, die Vertragsinhalte veränderten Umständen anzupassen. Insofern scheint es berechtigt, dem Verwender Allgemeiner Geschäftsbedingungen Änderungsvorbehalte einzuräumen. Auf der anderen Seite können Änderungsvorbehalte jedoch für den anderen Vertragspartner ein unkalkulierbares Risiko darstellen, da er damit der Willkür des Absatzherrn ausgesetzt ist. Die Zulässigkeit von Änderungsvorbehalten aus AGB-rechtlicher Sicht ist aus diesen Gründen schwer zu ermitteln. Nach Meinung von Ulmer ginge es zu weit, die Verankerung eines einseitigen Bestimmungs- oder Änderungsrechts des Verwenders in den Allgemeinen Geschäftsbedingungen als generell unangemessen nach § 9 AGBG zu beurteilen.[333]

Viele Franchiseverträge sehen eine *Pflicht* des Franchisegebers zur *Weiterentwicklung* des Franchisesystems vor. Das Franchisekonzept soll fortlaufend weiterentwickelt und den Erfordernissen des Marktes angepaßt werden. Änderungsvorbehalte sind

---

330 Vgl. *Ekkenga, J.*, Inhaltskontrolle, 1990, S.159.

331 Vgl. *Ekkenga, J.*, Inhaltskontrolle, 1990, S.160.

332 Vgl. hierzu die Jacques´Weindepot I-Entscheidung in Abschnitt 10.7.3 (S.521 ff.).

333 Vgl. *Ulmer, P. / Brandner / Hensen / Schmidt, H.*, AGB-Kommentar, 1993, §§ 9-11, S.1002, Rdnr.882; so im Ergebnis auch *Ekkenga, J.*, Inhaltskontrolle, 1990, S.48 ff.

daher systemimmanent.[334] Insofern können Klauseln nicht kritisiert werden, die die Anpassung der Franchisenehmergeschäfte an die vom Franchisegeber weiterentwickelten Richtlinien fordern. Einen ähnlichen Inhalt hat auch die folgende Vereinbarung: "Künftige Weiterentwicklungen der Konzeption [...] können zum Vertragsgegenstand erklärt werden. Sie stehen dann den Partnern zur uneingeschränkten Nutzung zur Verfügung."[335]

In der Regel hat der Franchisenehmer alle Kosten zu tragen, die sich aus Änderungsvorgaben des Franchisegebers ergeben: "Etwaige Änderungen, die insbesondere zur werblichen Anpassung des äußeren und inneren Erscheinungsbildes des [...] Franchisesystems erforderlich werden sollten, wird der Franchisepartner bei systemeinheitlicher Einführung auf eigene Kosten vornehmen."[336] In der Literatur wird die Ansicht vertreten, den Franchisenehmer von solchen Investitionen freizustellen, die sich nicht bis zum vorgesehenen Vertragsende amortisieren können.[337] Dies schließt jedoch nicht generell aus, daß sich durch den Franchisenehmer vorgenommene Investitionen bis zum Vertragsende nicht amortisieren. Dies liegt zum einen an der Tatsache, daß sich die zukünftige geschäftliche Entwicklung nicht voraussagen läßt und zum anderen daran, daß beiden Vertragspartnern nach einer gewissen Anlaufzeit relativ kurzfristige Kündigungsmöglichkeiten offenstehen.

Beschränkungen im Hinblick auf die Modernisierungsintervalle wären jedoch dann denkbar, wenn sich die Investitionen der Franchisenehmer, die durch jede Umstellung erforderlich werden, noch nicht amortisiert haben. Solche Beschränkungen können aus § 242 BGB abgeleitet werden. Noch restriktiver urteilt Ulmer, daß die Zuführung neuer Mittel zum Geschäftsvermögen Sache des Vertragshändlers bleiben muß. Die Bindung des Vertragshändlers könne nicht so weit gehen, dem Hersteller auch Einfluß auf die Verwendung seines sonstigen Vermögens oder die Aufnahme von Krediten zu geben.[338] Dagegen hält es Ekkenga für irrelevant, daß der Umfang der Weisungsbindungen an die Liquidität des Franchisenehmer-Betriebes gekoppelt sein soll.[339] Er stellt als Lösung des Problems auf den Investitionszweck ab; dienen die Investitionen der Beibehaltung des ursprünglich vorgesehenen Geschäftsvolumens, so seien derartige Klauseln nicht zu beanstanden, dienen sie jedoch der Umstellung, Erweiterung[340]

334 Vgl. *Liesegang, H.*, Franchiseverträge, BB, 1991, S.2383.

335 Untersuchte Verträge.

336 Untersuchte Verträge.

337 Vgl. *Ekkenga, J.*, Inhaltskontrolle, 1990, S.130.

338 Vgl. *Ulmer, P.*, Der Vertragshändler, 1969, S.421.

339 Vgl. *Ekkenga, J.*, Inhaltskontrolle, 1990, S.126.

340 Speziell bei Sortimentserweiterungen könne es darauf ankommen, ob diese mit Kosten verbunden sind (vgl. *Ekkenga, J.*, Inhaltskontrolle, 1990, S.134).

und Diversifikation, so blieben sie der Entscheidung des Franchisenehmers überlassen.[341] Durch diese Lösung würde jedoch der Fall gedeckt, daß der Franchisegeber seine *Geschäftslokalgestaltung* in beliebigen Zeitabständen umgestalten kann, wobei die Franchisenehmer diesen Änderungen folgen müßten, solange keine Erweiterung vorliege. Im Extremfall könnte einem neu eingestiegenen Franchisenehmer nach sehr kurzer Zeit eine Neugestaltung des Geschäftslokals auferlegt werden. Klauseln über die Verpflichtung zum Kauf neuer Geschäftseinrichtungen müßten jedoch an die Häufigkeit der Umstellungen und damit auch an das einzusetzende Kapital gekoppelt werden, damit der finanzielle Einsatz des Franchisenehmers in vertretbarem Rahmen bleibt.

In einem Franchisevertrag wurden die umfassenden vertraglichen Änderungsrechte des Franchisegebers zu Änderungen auch unter der Überschrift *Verbesserungen* aufgeführt: "Die Franchisegeberin wird alle Anstrengungen unternehmen, um neue und verbesserte Techniken sowie sonstige Verbesserungen und Änderungen des Systems zu erarbeiten und zu entwickeln [...]."[342] Dies geht mit der Pflicht des Franchisenehmers einher, diese Änderungen auch vorbehaltlos zu nutzen. Ein Änderungsvorbehalt kann z.B. auch folgendermaßen in den Vertrag einbezogen werden: "Das Handbuch wird in seiner jeweils vom Franchisegeber als verbindlich herausgegebenen Fassung Bestandteil dieses Vertrages. Als Konkretisierung des Weisungsrechtes des Franchisegebers stellen Änderungen und Ergänzungen des Handbuches keine Vertragsänderungen dar, die der Zustimmung des Franchisenehmers unterliegen."[343] Noch deutlicher kommt dies in einem Franchisevertrag bezüglich der Änderungen der Handbücher zum Ausdruck: "Zu solchen Änderungen gibt der [Franchisenehmer] schon jetzt seine Zustimmung."[344] Häufig wird auch folgende oder ähnliche Klausel in Franchiseverträgen vorgefunden: "Die Richtlinien und Grundsätze werden in ihrer jeweils von der Franchisegeberin als verbindlich herausgegebenen Fassung wesentliche Bestandteile dieses Vertrages und sind vom Franchisenehmer [...] unabdingbar anerkannt."[345] In einem anderen Vertrag wird durch folgende Formulierung versucht, die Korrektheit der Änderungsklausel bezüglich § 9 AGBG zu belegen: "Die Anpassung und Einführung neuer Bestandteile der Betriebshandbücher wird sich im Rahmen von Treu und Glauben bewegen."[346]

---

341 Vgl. *Ekkenga, J.*, Inhaltskontrolle, 1990, S.126.
342 Untersuchte Verträge.
343 Untersuchte Verträge.
344 Untersuchte Verträge.
345 Untersuchte Verträge.
346 Untersuchte Verträge.

Einen Schutz vor unbilligen Änderungen bietet § 315 Abs.3 BGB, da die zu erbringende Leistung, die durch den einen Teil bestimmt wird, für den anderen Teil nur verbindlich ist, wenn sie der Billigkeit entspricht. Weitere Einschränkungen können sich aus dem BGB ergeben, wenn die Änderungen das Verhältnis von Leistung und Gegenleistung verschieben. Unbillig ist auch folgende Forderung eines Franchisegebers, da sie eine Umkehr der Pflichten der Vertragspartner festlegt: "Der Franchisenehmer ist verpflichtet, sicherzustellen, daß sich das ihm überlassene Handbuch stets auf dem neuesten Stand befindet."[347]

Änderungsvorbehalte können ferner hinsichtlich des Produktprogramms vereinbart werden. "Änderungsvorbehalte zugunsten des Franchisegebers hinsichtlich der *Produktionsumstellung* oder -einstellung einzelner Produkte unter grundsätzlicher Beibehaltung des vom Franchisegeber gelieferten Produktsortiments sind [...] grundsätzlich mit § 9 AGBG vereinbar, weil hier das Recht des Herstellers zur Bestimmung seiner Modellpolitik im Vordergrund steht."[348] Da derartige Änderungen auch schwerwiegende Konsequenzen für die Franchisenehmer haben können, besteht jedoch die Verpflichtung des Franchisegebers, den Franchisenehmer mit einer angemessenen Frist von beabsichtigten Änderungen zu informieren, damit sich dieser hierauf einstellen kann.

Änderungsvorbehalte werden oft auch in bezug auf *Preislisten* vereinbart. Schlosser vertritt die Auffassung, daß Preiserhöhungsklauseln in Dauerschuldverhältnissen keine "Preisbestandteile" und damit Nebenabreden sind, die dadurch einer Inhaltskontrolle unterzogen werden können. Dagegen liegt eine reine Preisbestimmung vor, falls sich der Verwender der AGB auf die allgemein gültigen Preise zu einem zukünftigen Zeitpunkt bezieht. Dies sei ein Leistungsbestimmungsrecht im Sinne von § 315 BGB, "dessen Ausübung ihn zwar in bestimmter Weise bindet (Gleichbehandlung aller Kunden), dessen Statuierung aber dennoch nicht von gesetzlichen Vorschriften abweicht."[349] Behält sich der Verwender Änderungen vor, ohne konkret die Voraussetzungen zu nennen, handelt es sich um eine nach AGB-Recht unzulässige Klausel.[350] Ekkenga läßt in dem Fall Preisänderungen zu, wenn der Franchisenehmer diese an seine Kunden weitergeben kann.[351] Dies ist dann nicht möglich, wenn der Franchisenehmer selbst Allgemeine Geschäftsbedingungen aufstellt, an Endverbraucher verkauft und die Lieferung nach Abschluß des Vertrages erfolgt. In diesem Fall ver-

---

347 Untersuchte Verträge.

348 *Liesegang, H.*, Franchiseverträge, BB, 1991, S.2383.

349 *Schlosser*, in: *Staudinger J.v.*, Bürgerliches Gesetzbuch, 1983, Einleitung zu § 8 AGBG, Rdnr.6.

350 Vgl. *Kötz*, in: *Rebmann, K. / Säcker, F.J.*, Münchener Kommentar, 1993, § 9, S.1869, Rdnr.11.

351 Vgl. *Ekkenga, J.*, Inhaltskontrolle, 1990, S.144.

bietet nämlich § 11 Nr.1 AGBG kurzfristige Preiserhöhungen innerhalb von vier Monaten nach Vertragsabschluß. Dagegen spricht sich Ebenroth zu Unrecht generell gegen die Zulässigkeit von Änderungs- und Bestimmungsvorbehalten aus.[352]

Wie weiter oben erläutert wurde,[353] sind Preise selbst nicht kontrollfähig, da sie nach § 8 AGBG zu den Hauptleistungen zählen. Im Gegensatz dazu sind Preisnebenabreden kontrollfähig. *Preiserhöhungsklauseln* werden von Liesegang in Franchiseverträgen grundsätzlich als mit § 9 AGBG vereinbar angesehen, selbst wenn keine Preiserhöhungsfaktoren angegeben werden.[354] Ebenso scheiden Preisvereinbarungen und sonstige Festlegungen des Äquivalenzverhältnisses aus dem Anwendungsbereich der §§ 9 bis 11 AGBG nach Ansicht des OLG Hamm aus.[355] Diese Ausführungen decken sich auch mit dem Inhalt des § 11 Nr.1 AGBG, der kurzfristige Preiserhöhungen in Dauerschuldverhältnissen nicht grundsätzlich verbietet. Aus § 11 Nr.1 AGBG läßt sich jedoch nicht jede (beliebige) Preiserhöhung legitimieren. Preisbestimmungs- und Preisanpassungsklauseln unterliegen daher der Inhaltskontrolle.[356] Im Zusammenspiel mit Bezugsbindungen wären Fälle denkbar, in denen ein Franchisegeber - statt einer Kündigung - über drastische Preiserhöhungen versuchen könnte, den Franchisenehmer zu einer Kündigung zu veranlassen. Im Zusammenhang mit sich aus dem HGB ergebenden nachvertraglichen Pflichten könnten Überlegungen darüber, *wer* die Kündigung ausspricht, relevant sein. Dem Franchisenehmer bliebe in einem solchen Fall nichts anderes übrig, als sich auf das Diskriminierungsverbot (§ 26 Abs.2 GWB) zu berufen, falls die erhöhten Preise nur ihm und nicht den anderen Franchisenehmern in Rechnung gestellt würden.

Im übrigen muß jedoch betont werden, daß Franchisegeber ihre Verkaufspreise für Waren an Franchisenehmer autonom festlegen können. Meistens wird vereinbart, daß dem Franchisenehmer die Waren zu den Preisen der jeweils gültigen Preisliste geliefert werden, wodurch eine Gleichbehandlung aller Systemmitglieder gewährleistet wird.

5.3.11.7 Vertragsgebiet und Direktvertrieb

In vielen Franchiseverträgen wird vereinbart, daß keine weiteren Franchisenehmer vom Franchisegeber in ein vertraglich bezeichnetes Gebiet eingesetzt werden dürfen

---

352 Vgl. *Ebenroth, C.T.*, Absatzmittlungsverträge, 1980, S.55.

353 Vgl. die Diskussion auf S.204.

354 Vgl. *Liesegang, H.*, Franchiseverträge, BB, 1991, S.2384.

355 Vgl. OLG Hamm, Urteil vom 08.06.1989, NJW-RR, 1990, S.568.

356 Vgl. *Wolf, M. / Horn, N. / Lindacher, W.F.*, AGB-Kommentar, 1994, § 8, S.312, Rdnr.16.

und der Franchisegeber selbst keine eigenen Filialen betreibt ("exclusive territories"). Dieser Schutz wird teilweise an Umsatzvorgaben oder an eine ausschließliche Bezugsbindung ("exclusive dealing") gekoppelt.[357] Bei einem *fehlenden* Alleinvertriebsrecht wird bei Vertragshändler-Vereinbarungen befürwortet, daß Direktgeschäfte im Verkaufsgebiet des Vertragshändlers zulässig sind. "Je mehr der Vertragshändler in die Vertriebsorganisation eingegliedert ist und den Hersteller durch Einsatz von Kapital und Personal zu unterstützen hat, desto mehr sind diesem Eigenvertriebsaktivitäten auf der Handelsstufe des Vertragshändlers nach der Natur des Vertrages verboten."[358] Bei diesem entschiedenen Fall zu einem Kfz-Vertragshändlervertrag lag eine starke Eingliederung des Vertragshändlers in die Vertriebsorganisation des Beklagten vor, so daß dieser laut Ausführungen des BGH dem Vertragshändler nicht uneingeschränkt Konkurrenz machen dürfe.[359]

Der BGH sah außerdem eine Formularklausel als unangemessen an, die es einem Kfz-Hersteller erlaubte, aus Gründen der Marktabdeckung oder bei ungenügender Verkaufsleistung, einen oder mehrere zusätzliche Haupthändler im Vertragsgebiet zu ernennen. Selbst im kaufmännischen Verkehr könne dies nur zulässig sein, wenn in der Vertragsklausel schwerwiegende Gründe benannt werden und in ihren Voraussetzungen und Folgen die Interessen des Vertragspartners angemessen berücksichtigt werden.[360] Im Falle eines Kfz-Vertragshändlers sah der Vertrag vor, daß zur "Sicherung der Marktanteile" weitere Niederlassungen im Vertragsgebiet errichtet werden könnten bzw. das Vertragsgebiet geändert werden könne. Der Vertragshändler müsse zwar rechtzeitig hiervon unterrichtet werden, könne jedoch keine Ansprüche hieraus ableiten. Diese Vereinbarungen wurden vom BGH als unangemessen eingestuft und führten somit nach § 9 Abs.2 Nr.1 AGBG zur Unwirksamkeit.[361]

5.3.11.8 Vertragslaufzeit und Kündigung

Selbst im Handelsverkehr sind formularmäßige Bestimmungen über die Vertragsdauer an § 9 AGBG zu messen.[362] Derartige Klauseln sind kontrollfähig, da von der gesetzlichen Regelung, die eine unbestimmte Vertragsdauer mit der Möglichkeit zur

357 Vgl. *Katz, M.L.*, Relations, 1989, S.659.

358 BGH-Urteil vom 12.01.1994, ZIP, 1994, S.463.

359 Vgl. BGH-Urteil vom 12.01.1994, ZIP, 1994, S.463.

360 Vgl. BGH-Urteil vom 21.12.1983, NJW, 1984, S.1182 f.; sinngemäß für das Franchising auch *Liesegang, H.*, Franchiseverträge, BB, 1991, S.2383.

361 Vgl. BGH-Urteil vom 25.05.1988, BB, 1988, S.2202 und S.2205.

362 Vgl. BGH-Urteil vom 13.02.1985, BB, 1985, S.956 und NJW, 1985, S.2328.

ordentlichen Kündigung vorsieht, abgewichen wird. Eine unangemessene Benachteiligung kann sich durch eine zu kurze Vertragslaufzeit, verbunden mit hohen Anfangsinvestitionen, oder bei zu langer Laufzeit ohne eine ordentliche Kündigungsmöglichkeit ergeben.

Für den Franchisenehmer ist der Verlust bei einseitiger Vertragsbeendigung durch den Franchisegeber in der Regel besonders hoch, obwohl sich über eine analoge Anwendung des Handelsvertreterrechts Ausgleichsansprüche für den übertragenen Kundenstamm oder ein nachvertragliches Wettbewerbsverbot ergeben können.[363] Die Beendigung des Vertrages bedeutet jedoch nicht nur den Verlust der Erwerbsquelle, sondern auch eine erhebliche Entwertung der getätigten Investitionen ("sunk costs"). Derartige Überlegungen führen zu dem Ergebnis, daß Möglichkeiten des Franchisegebers zur vorzeitigen fristlosen Vertragsbeendigung der Inhaltskontrolle nach § 9 AGBG nicht standhalten, falls die Anforderungen an die Kündigungsgründe nicht sehr hoch sind.[364]

Bei vertraglicher Vorgabe von außerordentlichen Kündigungsgründen ist zu beurteilen, ob eine unangemessene Benachteiligung des Franchisenehmers im Sinne des § 9 AGBG vorliegt. Der Ausschluß der außerordentlichen Kündigung für den Franchisenehmer ist nach § 9 AGBG unwirksam.[365] Eine Kündigung aus wichtigem Grund kann daher nicht von vornherein ausgeschlossen werden. Eine unangemessene Benachteiligung kann in diesem Sinne nur dann vorliegen, wenn vom Franchisegeber kein Grund als wichtig eingestuft wird, durch den die weitere Fortsetzung des Vertragsverhältnisses für den Franchisenehmer unzumutbar wird.[366] Wichtige Gründe können unter anderem im Wegfall der Geschäftsgrundlage oder in Lieferstörungen infolge höherer Gewalt gesehen werden.[367] Kritisch zu beurteilen sind solche Klauseln, die dem Franchisegeber eine außerordentliche Kündigung ermöglichen, falls der Franchisenehmer seine Gebühren trotz Abmahnung nicht gezahlt hat.[368] In manchen Franchiseverträgen steht dem Franchisegeber bei einem dreimaligen Zahlungsverzug des Franchisenehmers die Möglichkeit zur außerordentlichen Kündigung offen. Da hier die Folgen des Zahlungsverzuges nicht an das sonstige Verhältnis oder an die

---

363 Vgl. Abschnitt 6.3 (S.264 ff.) und Abschnitt 6.4 (S.277 ff.).

364 Vgl. die ähnliche Diskussion für Vertragshändler von *Ulmer, P. / Brandner / Hensen / Schmidt, H.*, AGB-Kommentar, 1993, §§ 9-11, S.1006, Rdnr.891.

365 Vgl. *Wolf, M. / Horn, N. / Lindacher, W.F.*, AGB-Kommentar, 1994, § 11 Nr.12, S.1336, Rdnr.19.

366 Vgl. *Liesegang, H.*, Franchiseverträge, BB, 1991, S.2384.

367 Vgl. *Wolf, M. / Horn, N. / Lindacher, W.F.*, AGB-Kommentar, 1994, § 11 Nr.12, S.1337, Rdnr.20.

368 So z.B. *Skaupy, W.*, in: *Hoffmann-Becking, M. (Hrsg.)*, Formularbuch, 1991, S.830.

besonderen Umstände gekoppelt werden, kann daraus eine unangemessene Benachteiligung resultieren. Ein dreimaliger Zahlungsverzug in einem Jahr ist sicherlich anders zu beurteilen als ein dreimaliger Verzug in zwanzig Jahren. Ebenso muß es auf die Umstände ankommen, die zu einem Zahlungsverzug trotz Mahnung führen. Hier müßte z.B. berücksichtigt werden, ob zwischen Franchisegeber und Franchisenehmer Differenzen über die Rechnung aufgetreten sind.

Klauseln, die ein Kündigungsrecht bei einseitiger Änderung der Eigentumsverhältnisse vorsehen, werden in Vertragshändlerverträgen nicht schlechthin beanstandet.[369] Anders sieht dies der BGH im Urteil vom 26.11.1984. Danach war es in einem Vertragshändler-Formularvertrag unzulässig, daß dem Vertragshändler bei jeder Veräußerung, Übertragung oder Abtretung des Vertrages oder einzelner sich daraus ergebender Rechte oder Pflichten ohne vorherige schriftliche Zustimmung des Klauselverwenders gekündigt werden konnte. Dies sei "jedenfalls dann unangemessen, wenn es ohne Rücksicht darauf eingreifen soll, ob und inwieweit Interessen der Beklagten durch die Veränderung berührt werden."[370] Ebenso sei das Zustimmungserfordernis und Kündigungsrecht bei Veräußerung von mehr als 10% des Händlerunternehmens unangemessen.[371]

Ist die Kündigungsfrist der AGB unwirksam, so gilt die gesetzliche Kündigungsfrist. Fehlt diese, so ist sie im Wege ergänzender Vertragsauslegung festzulegen.[372] So entschied auch das OLG Stuttgart, daß eine vertraglich vereinbarte Kündigungsfrist von sechs Monaten nach § 9 AGBG zu kurz bemessen sei. Die die Kündigungsfrist bemessende Klausel war somit insgesamt unwirksam, die ausgesprochene Kündigung war jedoch trotzdem wirksam, da Dauerschuldverhältnisse grundsätzlich mit einer angemessenen Frist kündbar sind. Fristen von *deutlich* unter einem Jahr werden dabei als unangemessen angesehen; die in dem behandelten Rechtsstreit diskutierte Kündigungsfrist von neun Monaten wurde jedoch als ausreichend erachtet.[373]

---

369 *Ulmer, P. / Brandner / Hensen / Schmidt, H.*, AGB-Kommentar, 1993, §§ 9-11, S.1004, Rdnr.887.

370 BGH-Urteil vom 26.11.1984, BB, 1985, S.220; sinngemäß auch in der gleichen Quelle S.224.

371 Vgl. BGH-Urteil vom 26.11.1984, BB, 1985, S.220 und NJW, 1985, S.623 ff.

372 Vgl. *Wolf, M. / Horn, N. / Lindacher, W.F.*, AGB-Kommentar, 1994, § 11 Nr.12, S.1338, Rdnr.22.

373 Vgl. OLG Stuttgart, Urteil vom 04.05.1984, WRP, 1984, S.648; kürzere ordentliche Kündigungsfristen dagegen befürwortet *Skaupy, W.*, Franchising, 1987, S.118.

5.3.11.9 Pflichten nach Vertragsbeendigung

Vertragliche Pflichten des Franchisenehmers zur Rückgabe markengebundener Geschäftsausstattung sind unbedenklich.[374] Die Pflicht des Franchisegebers zur Rücknahme des Warenlagers kann sich auch ohne vertragliche Vereinbarung aus der nachvertraglichen Treuepflicht des Franchisegebers ergeben. Diese Pflicht wurde zu Recht vom BGH bei einem Vertragshändlervertrag angenommen.[375] Aber auch in den Fällen, in denen eine Rücknahmepflicht vertraglich festgehalten wird, müssen sich die Konditionen an dem Maßstab des § 9 AGBG, an Treu und Glauben, orientieren. So sah es der BGH als unangemessen an, daß bei originalverpackten Ersatzteilen ein Abzug von 25% vom Einkaufspreis vorgenommen wird. Selbst wenn ein Abschlag von 10% angemessen gewesen wäre, ist die Klausel, die einen Abzug von 25% vorsieht, unzulässig, womit im Ergebnis aufgrund des Verbots der geltungserhaltenden Reduktion kein Abzug vorgenommen werden darf. Ebenso war es in dem gleichen Vertrag unzulässig, die Rücknahme von Ersatzteilen, die vor mehr als drei Jahren geliefert wurden, auszuschließen, da dies unbegründet war.[376] Die Vergütung hat sich laut Ekkenga nicht nach dem Marktwert, sondern nach dem Einkaufswert zum Zeitpunkt der Anschaffung zu richten.[377] Aus diesem Grund kann es auch gegen § 9 AGBG verstoßen, wenn der Rückkauf der Waren nach Vertragsbeendigung nach abschreibungsrechtlichen Gesichtspunkten erfolgen soll, wie dies ein Vertrag vorsieht. Ebenso liegt dann eine Benachteiligung des Franchisenehmers vor, wenn der Rückkauf von vier Jahre alten Waren zu lediglich 1% des ursprünglichen Warenwertes erfolgen soll.

Des weiteren kann sich eine Pflicht des Franchisegebers zur Rücknahme des Warenlagers aus der Pflicht des Franchisenehmers ergeben, ein derartiges Warenlager zu halten. Diese Pflicht des Franchisegebers kann sich dadurch verstärken, daß es dem scheidenden Franchisenehmer nach Vertragsbeendigung unmöglich ist, die Waren anderweitig zu veräußern. Von der Rücknahmepflicht können nur Produkte ausgenommen werden, die nicht mehr verkaufsfähig sind.[378] Während der Franchisenehmer die Pflicht hat, nach Vertragsbeendigung das aus der Geschäftsbesorgung Erlangte

---

374 Vgl. *Ulmer, P. / Brandner / Hensen / Schmidt, H.*, AGB-Kommentar, 1993, §§ 9-11, S.1008, Rdnr.892.

375 Vgl. BGH-Urteil vom 23.11.1994, NJW, 1995, S.526.

376 Vgl. BGH-Urteil vom 23.11.1994, NJW, 1995, S.526.

377 Vgl. *Ekkenga, J.*, Inhaltskontrolle, 1990, S.175.

378 Vgl. *Liesegang, H.*, Franchiseverträge, BB, 1991, S.2385.

herauszugeben, hat der Franchisegeber aufgrund des Gebots von Treu und Glauben auch die Pflicht, diese Sachen entgegenzunehmen (§§ 667, 675 BGB).

5.3.11.10 Haftung

Haftungsbeschränkungen werden in § 615h BGB geregelt. Da diese Norm jedoch nicht zu den ipso iure geltenden Rechtsinstituten gehört, sind Haftungsbegrenzungen nach § 8 AGBG nicht von der Inhaltskontrolle auszunehmen. Gleiches gilt für den Ausschluß oder die Beschränkung von Gewährleistungsrechten (§§ 443, 476, 476a, 540 und 637 BGB).[379] "Nach herrschender Meinung gilt das Freizeichnungsverbot des § 11 Nr.7 AGBG für Vorsatz und grobe Fahrlässigkeit des Geschäftsinhabers und leitender Angestellter über §§ 24 S.2, 9 AGBG grundsätzlich auch im kaufmännischen Verkehr."[380] Dementsprechend findet sich in einem Franchisevertrag die Klausel: "Der Partner haftet für sämtliche von Dritten im Zusammenhang mit dem Geschäftsbetrieb oder dem Geschäftslokal des Partners geltend gemachten Ansprüche gleich welcher Art."[381] Im weiteren Vertragstext wird dann lediglich vorsätzliches oder grob fahrlässiges Verhalten hiervon ausgenommen.

In vielen Franchiseverträgen haftet der Franchisenehmer für alle Ansprüche, die gegen ihn aus seiner Tätigkeit heraus abgeleitet werden. Einige Franchisegeber behalten sich vor, dem Franchisenehmer vorzuschreiben, welche Versicherungen er abzuschließen habe.[382] In einem Muster-Franchisevertrag geht dies sogar so weit, daß die Versicherungen abgeschlossen werden müssen, die der Franchisegeber jeweils für nötig hält.[383] Ein derartiger Eingriff in die unternehmerische Entscheidungsfreiheit des Franchisenehmers geht zu weit, da es dem Ermessen des Franchisenehmers überlassen bleiben muß, welche Versicherungen er für notwendig erachtet und welche nicht. Als Konsequenz müßten derartige Bestimmungen als eine unangemessene Benachteiligung im Sinne des § 9 AGBG eingestuft werden.

Ekkenga ist der Ansicht, daß der Franchisegeber nur dann *Gewährleistungsansprüche* gegenüber dem Franchisenehmer ausschließen kann, wenn sich dieser wiederum gegenüber seinen Kunden freizeichnen kann. Dies wird jedoch dann an § 11 Nr.10

---

379 Vgl. *Wolf, M. / Horn, N. / Lindacher, W.F.*, AGB-Kommentar, 1994, § 8, S.319, Rdnr.26; *Ulmer, P. / Brandner / Hensen / Schmidt, H.*, AGB-Kommentar, 1993, § 8, S.386, Rdnr.33.

380 *Liesegang, H.*, Franchiseverträge, BB, 1991, S.2385.

381 Untersuchte Verträge.

382 Ekkenga befürwortet die AGB-Kontrolle von Klauseln, die sich auf abzuschließende Versicherungen beziehen, da sie nicht die Einheitlichkeit des Systems betreffen (vgl. *Ekkenga, J.*, Inhaltskontrolle, 1990, S.114).

383 Vgl. *Skaupy, W.*, in: *Hoffmann-Becking, M. (Hrsg.)*, Formularbuch, 1991, S.829.

AGBG scheitern, wenn der Franchisenehmer seinerseits Allgemeine Geschäftsbedingungen aufstellt und es sich bei seinen Kunden um Endverbraucher handelt.[384]

Eine Art Freizeichnung des Franchisegebers in bezug auf die *Funktionalität des Systems* wird auch in einem Franchisevertrag durch folgende Klausel angestrebt: "Der Franchisenehmer bestätigt, daß er die Betriebshandbücher tatsächlich eingesehen hat und die wirtschaftlichen Grundlagen überprüft hat" oder auch durch die Bestimmung "Der Franchisenehmer erklärt, daß er [...] Gelegenheit hatte, [die] gemachten Angaben zu überprüfen." Ferner ließ sich ein Franchisegeber bestätigen: "Dem Partner wurde bei Vertragsabschluß Gelegenheit gegeben, die wirtschaftlichen Chancen und Risiken des Franchise-Vertrages zu beurteilen bzw. durch einen Steuerberater / Wirtschaftsprüfer beurteilen zu lassen."[385] Diese Formulierung legt die Vermutung nahe, daß sich der Franchisegeber bezüglich der Erfolgschancen seines Systems freizeichnen will. Der Franchisenehmer wird in der Regel jedoch nur die Möglichkeit haben, sich vor Vertragsabschluß von der Plausibilität der angegebenen Erfolgschancen ein Bild zu machen oder bei anderen Systemmitgliedern einen Eindruck zu gewinnen. Dies bedeutet jedoch noch keine Garantie, daß dieses System in jedem Fall und an jedem Ort rentabel sein wird.

5.3.11.11 Schiedsklauseln

Bei den Schiedsklauseln sind Schiedsgerichts- und Schiedsgutachtenklauseln strikt voneinander zu trennen. Während Schiedsgerichtsklauseln in den §§ 1025 ff. ZPO normiert sind, gelten für Schiedsgutachtenklauseln die §§ 317 bis 319 BGB.[386] Spricht man allgemein von Schiedsklauseln, so sind meistens Schiedsgerichtsklauseln gemeint.

Schiedsgerichtsklauseln:

§ 1025 Abs.1 ZPO regelt, daß die Vereinbarung, die Entscheidung einer Rechtsstreitigkeit solle durch einen oder mehrere Schiedsrichter erfolgen, insoweit rechtliche Wirkung hat, als die Parteien berechtigt sind, über den Gegenstand des Streites einen Vergleich abzuschließen. Damit ist gemeint, daß grundsätzlich nur Streitgegenstände

384 Vgl. *Ekkenga, J.*, Inhaltskontrolle, 1990, S.144.

385 Untersuchte Verträge.

386 Vgl. *Röhl*, in: *Ankermann, E.*, ZPO-Kommentar, 1987, vor § 1025, S.2245, Rdnr.47; *Ulmer, P. / Brandner / Hensen / Schmidt, H.*, AGB-Kommentar, 1993, Anh. §§ 9-11, Rdnr.620; *Wolf, M. / Horn, N. / Lindacher, W.F.*, AGB-Kommentar, 1994, § 9, S.691, Rdnr.S 11.

schiedsfähig sind, über die die Parteien Verpflichtungs- und Verfügungsgeschäfte getätigt haben. Die Vergleichs- und damit die Schiedsfähigkeit hängt jedoch nicht davon ab, ob der Gegenstand durch zwingendes Recht geregelt ist.[387] Ob auf eine Schiedsklausel das AGB-Gesetz anzuwenden ist, hängt zunächst von der Art der Einbeziehung in den Vertrag ab. Sollten Schiedsklauseln formularmäßig verwendet werden und damit keine Individualabrede darstellen, so steht einer Anwendung des AGBG nichts im Wege. Ausschlaggebend für die Anwendbarkeit des § 1025 ZPO ist die Schriftform und die Ausführung in einer gesonderten Urkunde, sofern der Schiedsvertrag nicht für beide Teile ein Handelsgeschäft ist und keine der Parteien zu den in § 4 HGB bezeichneten Gewerbetreibenden gehört (§ 1027 Abs.1 und 2 ZPO). "Erlangt eine Schiedsvertragspartei erst durch den Abschluß des Hauptvertrags zum Schiedsvertrag die Vollkaufmannseigenschaft, so ist hinsichtlich der Form des Schiedsvertrags § 1027 Abs.2 ZPO anwendbar."[388]

Nicht zu folgen ist folgender Aussage von Wolf: "Die Unwirksamkeit nach § 9 [AGBG] ergibt sich grundsätzlich daraus, daß eine Schiedsgerichtsklausel den freien Zugang zu den Gerichten einschränkt und deshalb gegen den rechtsstaatlichen Gerichtsschutz als Grundgedanken der gesetzlichen Regelung verstößt (§ 9 Abs.2 Nr.1). Die Wirksamkeit ist aber anzunehmen, wenn ein besonderes Bedürfnis für die Einsetzung eines Schiedsgerichts besteht [...] Die Schiedsgerichtsklausel unterliegt auch zwischen Vollkaufleuten der Inhaltskontrolle nach § 9 [AGBG] und ist deshalb grundsätzlich unwirksam, sofern nicht ein überwiegendes Interesse des Verwenders gegeben ist [...]."[389] Gegen die Existenz von Schiedsabreden an sich ist daher nichts einzuwenden. Schiedsklauseln sind im kaufmännischen Geschäftsverkehr sogar im allgemeinen weder unangemessen noch überraschend,[390] und im übrigen ist der Ausschluß der staatlichen Gerichtsbarkeit bisher nicht als inhaltlich unangemessen im Sinne des § 9 AGBG angesehen worden.[391] In der Schiedsgerichtsbarkeit wird die Fortsetzung der Vertragsfreiheit in den Bereich der Konfliktregelung gesehen, die jedoch bei Ungleichheit der Beteiligten der Gefahr des Mißbrauchs ausgesetzt ist.[392]

---

387 Vgl. *Röhl*, in: *Ankermann, E.*, ZPO-Kommentar, 1987, § 1025, S.2252 f., Rdnr.4.

388 BGH-Beschluß vom 26.09.1996, NJW, 1996, S.3217.

389 *Wolf, M. / Horn, N. / Lindacher, W.F.*, AGB-Kommentar, 1994, § 9, S.689 f., Rdnrn. S4 und S7; vgl. sinngemäß auch *Liesegang, H.*, Franchiseverträge, BB, 1991, S.2385.

390 Vgl. *Ulmer, P. / Brandner / Hensen / Schmidt, H.*, AGB-Kommentar, 1993, Anh. §§ 9-11, Rdnr. 621 und § 24, S.1215, Rdnr.20.

391 Vgl. *Basedow* in: *Rebmann, K. / Säcker, F.J.*, Münchener Kommentar, 1993, § 9, S.2055, Rdnr.32.

392 Vgl. *Röhl*, in: *Ankermann, E.*, ZPO-Kommentar, 1987, vor § 1025, S.2247, Rdnr.54.

Ansatzpunkte für eine unangemessene Benachteiligung nach § 9 AGBG können im Bereich der Auswahl des oder der Schiedsrichter liegen, sofern deren Unabhängigkeit vom Verwender nicht gewährleistet ist.[393] "Die Bestimmung in einem Schiedsvertrag, nach der ein Schiedsgericht, das nur aus Mitgliedern der Vereins besteht, über Streitigkeiten zwischen Vereins- und Nichtvereinsmitgliedern zu entscheiden hat, ist grundsätzlich nicht zulässig. In einem solchen Fall ist der Schiedsspruch eines so besetzten Schiedsgerichts aufzuheben."[394] Falls mehrere Schiedsrichter zu bestimmen sind, sollten beide Parteien eine gleich große Anzahl bestimmen können. Sollte die Ernennungsfrist fruchtlos verstreichen oder ein Schiedsrichter wegfallen, so bieten die §§ 1029 und 1031 ZPO ein Leitbild für die Verfahrensweise. Danach ist nämlich der fehlende Schiedsrichter durch das Gericht zu bestimmen, und nicht etwa, wie in einigen Verträgen vorgeschrieben, vom Verwender der AGB. Andernfalls ist eine unangemessene Benachteiligung des Vertragspartners anzunehmen.

Weiterhin wurde vom BGH eine Schiedsklausel bemängelt, die allein dem Verwender das Recht einräumte, unter Ausschluß des ordentlichen Rechtsweges ein Schiedsgericht anzurufen. Dies sei im Regelfall grundsätzlich nicht zulässig, so daß die Schiedsklausel einer Überprüfung nach § 9 AGBG nicht standhielt. Der BGH kritisierte, daß der Verwender seine AGB der Kontrolle durch die staatlichen Gerichte entziehen wolle, und beanstandete weiterhin, daß rechtsunerfahrene, dafür aber branchenkundige Fachleute als Schiedsrichter eingesetzt werden sollten.[395] Dieses Urteil wurde wiederum von Schumann kritisiert, der folgerte, daß danach zukünftig nur noch Juristen als Schiedsrichter fungieren könnten, da sie allein die AGB angemessen überprüfen könnten. Dies sei aber nicht die Absicht bei dem Einsatz von Schiedsgerichten.[396]

Weitere Ansatzpunkte für § 9 AGBG könnten sich durch die Wahl des Schiedsortes ergeben oder durch das alleinige Recht einer Partei, zwischen der Anrufung des Schiedsgerichts und der Anrufung der staatlichen Gerichte zu wählen. Basedow spricht hier von einer groben Verletzung der *prozessualen Waffengleichheit.*[397]

Die Folge einer nach § 9 AGBG beanstandeten Schiedsklausel ist, daß ein ergangener Schiedsspruch aufzuheben ist und es beiden Parteien weiterhin offensteht, die staatlichen Gerichte anzurufen.

---

393 Vgl. *Röhl*, in: *Ankermann, E.*, ZPO-Kommentar, 1987, vor § 1025, S.2245, Rdnr.48.

394 BGH-Urteil vom 19.12.1968, NJW, 1969, S.750.

395 Vgl. BGH-Urteil vom 10.10.1991, NJW, 1992, S.576.

396 Vgl. *Schumann, C.-D.*, Schiedsrichterlizenz, NJW, 1992, S.2065 f.

397 Vgl. *Basedow*, in: *Rebmann, K. / Säcker, F.J.*, Münchener Kommentar, 1993, § 9, S.2055, Rdnr.32.

Schiedsgutachtenklauseln:

Der grundlegende Unterschied zwischen Schiedsgerichtsklauseln und Schiedsgutachtenklauseln besteht darin, daß das Schiedsgericht an Stelle des staatlichen Gerichts endgültig entscheidet, während das Schiedsgutachten den Rechtsweg zu den staatlichen Gerichten nicht beschränkt.[398] Hierbei ist zwischen rechtsgestaltenden und feststellenden Schiedsgutachten zu unterscheiden. *Rechtsgestaltende Schiedsgutachten* zielen darauf ab, daß ein Dritter Lücken eines Vertrages ausfüllt oder den Vertrag veränderten Umständen anpaßt. *Feststellende Schiedsgutachten* sind dagegen nach § 64 VVG zu beurteilen.[399] Während man an der Legitimität von Schiedsgutachtenklauseln in vorformulierten Franchiseverträgen im allgemeinen kaum zweifeln wird, steht im Mittelpunkt der Einschätzung nach § 9 AGBG wiederum die konkrete Ausgestaltung der Klausel. So liegt bereits dann eine unangemessene Benachteiligung vor, wenn für die Schiedsgutachtenabrede kein berechtigtes Bedürfnis besteht, da dadurch zeitlich als auch faktisch der Rechtsweg behindert wird.[400] Als unangemessen wird eine Schiedsgutachtenklausel auch dann angesehen, wenn der Schiedsgutachter in einem Abhängigkeitsverhältnis zum Verwender steht.[401] Auch sind bereits dann Zweifel an der Klausel angebracht, falls der Schiedsgutachter dem Interessenbereich des Verwenders in irgendeiner Weise, wirtschaftlich, sachlich oder rechtlich, nahesteht.[402] Danach müßten Schiedsgutachtenvereinbarungen in Franchiseverträgen als nichtig einzustufen sein, wenn die Auswahl der Gutachter einseitig geschieht oder wenn der oder die Gutachter in irgendeiner Beziehung zu dem Franchisesystem stehen.

Möglich ist auch die Bestimmung der Schiedsgutachter von einer neutralen Stelle, wie in einer Klausel, bei der es um die Vergütung der bei Vertragsbeendigung vom Franchisegeber zurückgenommenen Waren geht: "Können sich die Parteien hierüber nicht einigen, so entscheidet verbindlich ein vom Präsidenten der Handelskammer Hamburg zu benennender Schiedsgutachter."[403]

---

398 Vgl. *Wolf, M. / Horn, N. / Lindacher, W.F.*, AGB-Kommentar, 1994, § 9, S.691, Rdnr.S 13.

399 Vgl. *Röhl*, in: *Ankermann, E.*, ZPO-Kommentar, 1987, vor § 1025, S.2243 f., Rdnr.44 f.

400 Vgl. *Wolf, M. / Horn, N. / Lindacher, W.F.*, AGB-Kommentar, 1994, § 9, S.693, Rdnr.S 15.

401 Vgl. *Wolf, M. / Horn, N. / Lindacher, W.F.*, AGB-Kommentar, 1994, § 9, S.694, Rdnr.S 17.

402 Vgl. *Ulmer, P. / Brandner / Hensen / Schmidt, H.*, AGB-Kommentar, 1993, Anh. §§ 9-11, Rdnr.620.

403 Untersuchte Verträge.

5.3.11.12 Vertragsstrafen

Nach § 11 Nr.6 AGBG sind in AGB Bestimmungen verboten, durch die dem Verwender für den Fall der Nichtabnahme oder verspäteten Abnahme der Leistung, des Zahlungsverzugs oder für den Fall, daß der andere Vertragsteil sich vom Vertrag löst, die Zahlung einer Vertragsstrafe versprochen wird. § 11 Nr.6 AGBG findet lediglich auf Allgemeine Geschäftsbedingungen gegenüber Verbrauchern Anwendung.[404] Einer Anwendung von Vertragsstrafenklauseln in Franchisebeziehungen steht demnach theoretisch nichts entgegen. Trotzdem bleibt jedoch zu prüfen, ob die jeweilige Klausel angemessen oder nach § 9 AGBG zu beanstanden ist. Die §§ 339 ff. BGB befassen sich mit Vertragsstrafeversprechen, gelten jedoch nicht ipso iure und haben daher eine rein deklaratorische Wirkung.[405] Aus diesem Grund sind Vertragsstrafeversprechen, selbst wenn sie dem Inhalt der §§ 339 ff. BGB entsprechen, einer Inhaltskontrolle nach § 9 AGBG zu unterziehen. "Vertragsstrafenklauseln bezwecken eine angemessene Erfüllungssicherung bei Ausschließlichkeitsbindungen oder Unterlassungspflichten, sind aber anstößig, wenn übermäßig in die Handlungsfreiheit des Kunden eingegriffen wird."[406] Vertragsstrafen verstoßen u.U. gegen § 9 Abs.2 Nr.1 AGBG, falls sie bei einverständlicher Vertragsauflösung oder für ein Überschreiten der vertraglich vereinbarten Lieferzeit gefordert werden.[407]

In vielen Verträgen wird festgelegt, daß nach Beendigung des Franchiseverhältnisses mit sofortiger Wirkung der Gebrauch des Namens, der Marke und sämtlicher sonstiger Kennzeichen durch den Franchisenehmer eingestellt werden muß. Bei Zuwiderhandlung gegen diese Bestimmungen können Vertragsstrafen greifen. Unsinnig erscheint in diesem Zusammenhang jedoch eine Formulierung, daß "der Franchisenehmer für jeden einzelnen Verstoß eine Vertragsstrafe [...] verwirkt",[408] da ein Verstoß in den genannten Bereichen nicht durch eine Anzahl, sondern über einen Zeitraum zu bemessen ist. Sinnvoller wäre ein Bezug der Vertragsstrafe auf einen Zeitraum. Bei mehrfachem Verstreichen dieses Zeitraums wäre die Vertragsstrafe dann unter Umständen mehrfach zu zahlen. Der BGH befand jedoch, daß der uneingeschränkte Verzicht auf die Einrede des Fortsetzungszusammenhangs eine unangemessene Benachteiligung des Schuldners im Sinne des § 9 Abs.2 AGBG sei, da er mit

---

404 Vgl. S.212.

405 Vgl. *Ulmer, P. / Brandner / Hensen / Schmidt, H.*, AGB-Kommentar, 1993, § 8, S.386, Rdnr.33.

406 *Ulmer, P. / Brandner / Hensen / Schmidt H.*, AGB-Kommentar, 1993, § 9, S.437, Rdnr.83.

407 Vgl. *Kötz* in: *Rebmann, K. / Säcker, F.J.*, Münchener Kommentar, 1993, § 9, S.1871, Rdnr.14a.

408 *Skaupy, W.*, in: *Hoffmann-Becking, M. (Hrsg.)*, Formularbuch, 1991, S.830.

wesentlichen Grundgedanken des Vertragsstrafenrechts nicht zu vereinbaren sei.[409] Unter *Fortsetzungszusammenhang* versteht man, daß mehrere Handlungen zu einer einzigen Handlung im Rechtssinne zusammengefaßt werden.

Vertragsstrafen werden häufig auch eingesetzt, um den Weisungen des Franchisegebers Nachdruck zu verleihen. Ohne derartige Strafen hätte der Unternehmer kaum die Macht, seine Anweisungen bei den Absatzmittlern durchzusetzen. Ekkenga wirft jedoch den Gedanken auf, daß Franchisenehmer in vielen Fällen nach dem Kriterium ausgesucht werden, daß sie ortsansässig sind und sich mit den lokalen Marktverhältnissen auskennen.[410] Dies legt die Vermutung nahe, daß die Franchisenehmer flexibel auf das Konsumverhalten reagieren und ihre Leistungen selbständig diesem geänderten Verhalten anpassen sollen.[411] Für Ekkenga hat die feste Vergütung für den Franchisegeber die Funktion, ihn vor den Folgen wirtschaftlicher Fehlleistungen zu bewahren, und zwar unabhängig davon, ob die Ursache beim Franchisenehmer oder im Franchisekonzept selbst zu suchen ist. "Darin liegt [...] ein Mißtrauensvotum des Franchisegebers, das sich [...] gegen das eigene Erfolgsprogramm richtet. Warum es dann gegebenenfalls nicht auch dem Franchisenehmer gestattet sein soll, seinem Mißtrauen gegenüber dem Rezept des Franchisegebers Ausdruck zu verleihen und von dessen Planungsvorhaben abzuweichen, ist nicht einzusehen."[412] Ein derartiges Abweichen von Weisungen wäre durch § 665 BGB gedeckt, jedoch nur, "wenn er den Umständen nach annehmen darf, daß der Auftraggeber bei Kenntnis der Sachlage die Abweichung billigen würde" (§ 665 BGB). Ein generelles Abweichungsrecht durch den Franchisenehmer und somit der Ausschluß von solchen Vertragsstrafen läßt sich jedoch daraus nicht ableiten.

Das OLG München entschied, daß eine Vertragsstrafe von DM 5.000,- für jeden Verstoß nicht vereinbart werden kann, "wenn weder nach der objektiven Schwere des Verstoßes und dem Grad des Verschuldens differenziert wird, noch eine Obergrenze vorgesehen ist."[413] Ein Vertragsstrafeversprechen in einem Handelsvertretervertrag über DM 10.000,- für den Fall des Abwerbens von Mitarbeitern wurde vom OLG München dagegen nicht beanstandet.[414] Ebenso sah der BGH ein Vertragsstrafever-

409 Vgl. BGH-Urteil vom 10.12.1992, DB, 1993, S.674.

410 Amerikanische Untersuchungen haben jedoch herausgefunden, daß gerade branchenfremde Neulinge als Franchisenehmer ausgewählt werden. Vgl. hierzu auch Abschnitt 4.3.5 (S.111).

411 Vgl. *Ekkenga, J.*, Inhaltskontrolle, 1990, S.130 f.

412 *Ekkenga, J.*, Inhaltskontrolle, 1990, S.135.

413 OLG München, Urteil vom 13.12.1995, DB, 1996, S.422; unabhängig von einem Verschulden kann eine Vertragsstrafe nur individualvertraglich vereinbart werden (vgl. BGH-Urteil vom 28.01.1997, BB, 1997, S.1554 f.).

414 Vgl. OLG München, Urteil vom 26.01.1994, NJW-RR, 1994, S.867.

sprechen eines Handelsvertreters von DM 250,- für jede bei Vertragsbeendigung zurückbehaltene Kundenanschrift als mit § 9 AGBG vereinbar an.[415] Jedoch bemängelte der BGH die Entscheidungen der Vorinstanzen in dem Punkt, daß es hätte festgestellt werden müssen, wieviele Personen noch "aktive" Kunden darstellen würden, da nur für die zurückbehaltenen Anschriften dieses Personenkreises eine Vertragsstrafe denkbar ist. Die Ungewißheit hierüber könne nicht zu Lasten des Handelsvertreters gehen.[416]

Da Vertragsstrafen zu den Nebenleistungen gehören, können die in ihnen vereinbarten Beträge hinsichtlich ihrer Höhe kontrolliert werden. Als unangemessen hoch würde wahrscheinlich folgender Betrag eingestuft werden: "Wird der Vertrag vorzeitig durch Verschulden des Franchisenehmers beendet, so kann der Franchisegeber [...] die Zahlung in Höhe einer Jahres-Netto-Franchisegebühr [...] verlangen."[417] Ebenso ist in einem weiteren Franchisevertrag eine Vertragsstrafe in Höhe einer Jahresgebühr festgeschrieben, falls der Franchisenehmer eine jederzeit mögliche Betriebsprüfung verhindert. Zusätzlich hat der Franchisegeber in diesem Fall eine Möglichkeit zur fristlosen Kündigung. Als unangemessen dürfte auch folgende Formulierung einzustufen sein: "Mit Ende des Vertrages durch außerordentliche Kündigung des Franchisegebers ist der Franchisenehmer verpflichtet, dem Franchisegeber eine Vertragsstrafe in Höhe von 50% der Mindestgebühren [...] zu zahlen."[418] Unangemessen dürfte diese Bestimmung vor allem deswegen sein, da sich die Höhe der Vertragsstrafe nicht absehen läßt. Zudem ist bei einigen Verträgen eine Laufzeit von zehn oder mehr Jahren vorgesehen. Sollte daher eine außerordentliche Kündigung im Anfangsstadium einer Franchisebeziehung ausgesprochen werden, könnte die Vertragsstrafe zu hohe und damit unangemessene Summen annehmen. Ebenfalls nicht hinreichend konkret ist die Höhe einer Vertragsstrafe, wenn sie nach billigem Ermessen des Franchisegebers festgesetzt werden sollte. Im Streitfalle solle diese, so der Vertragswortlaut, durch das zuständige Landgericht festgelegt werden.[419] Ferner ist die Höhe der Vertragsstrafe an das Gewicht des Vertragsverstoßes anzuknüpfen.[420]

Eine unangemessene Benachteiligung des Franchisenehmers durch eine Vertragsstrafe kann auch darin liegen, daß bei gleichen Pflichten der Vertragspartner bei Verletzung derselben nur den Franchisenehmer eine Vertragsstrafe treffen soll. Im

415 Vgl. BGH-Urteil vom 10.05.1995, BB, 1995, S.1437.
416 Vgl. BGH-Urteil vom 10.05.1995, DB, 1995, S.1658 f.
417 Untersuchte Verträge.
418 Untersuchte Verträge.
419 Untersuchte Verträge.
420 Vgl. BGH-Urteil vom 07.05.1997, DB, 1997, S.1816 f. und BB, 1997, S.1380 ff.

konkreten Fall verpflichteten sich beide Vertragspartner, sich gegenseitig über geschäftliche Vorgänge zu unterrichten, "die wesentliche Interessen des Partners berühren oder gefährden können [...]. Verstößt der Franchisenehmer gegen eine der vorstehend aufgeführten Verpflichtungen, so ist eine Vertragsstrafe in Höhe von DM 50.000,- als verwirkt anzusehen [...]."

5.3.11.13 Weitere Klauseln

Im folgenden werden einige Klauseln, die unter die Stichwörter "Übertragung von Rechten und Pflichten", "Wettbewerbsverbot", "Übermittlung von Kennzahlen und Buchhaltung", "Werbung" und "Mindestabnahmen" gefaßt werden können, aus AGB-rechtlicher Sicht betrachtet.

Übertragung von Rechten und Pflichten:

Klauseln, die es dem Franchisenehmer verbieten, die aus der Franchise resultierenden Rechte und Pflichten zu übertragen, um sich während der Laufzeit des Vertrages aus dem Geschäft zurückzuziehen, sind mit dem AGB-Gesetz vereinbar.[421] Das gleiche gilt für ein Verbot des eigenmächtigen Einsatzes weiterer Absatzmittler durch den Franchisenehmer. Es bestehen auch keine Bedenken gegen Klauseln, die eine Kündigungsmöglichkeit des Franchisegebers bei Übertragung der Rechte und Pflichten vom Franchisenehmer auf Dritte vorsehen, da der Franchisegeber ein berechtigtes Interesse daran hat, daß der Franchisebetrieb durch den Franchisenehmer selbst geführt wird.[422] Als gesetzliches Leitbild bei der Beurteilung, ob die Rechte und Pflichten auf Dritte übertragbar sind, kann § 664 Abs.1 BGB herangezogen werden, nach dem der Beauftragte im Zweifel die Ausführung des Auftrages nicht einem Dritten übertragen darf.[423]

Als unangemessen kann auch eine Klausel gelten, die festlegt, bei welcher Bank ein Konto zur Verrechnung aller das Franchiseverhältnis betreffenden Zahlungen einzurichten ist. Ferner sah ein Franchisevertrag eine Anzeigepflicht für den Fall vor, daß der Ehepartner des Franchisenehmers im gleichen Bereich tätig werden will.

---

421 Zur Übertragung der Franchise vgl. auch die GVO-Bestimmungen in Abschnitt 8.6.2 (S.385).

422 Vgl. *Liesegang, H.*, Franchiseverträge, BB, 1991, S.2384.

423 Widersprüchlich hierzu ist jedoch die BGH-Entscheidung vom 26.11.1984 (vgl. BGH-Urteil vom 26.11.1984, BB, 1985, S.220).

Sorgfältig zu prüfen sind auch Klauseln, nach denen der Franchisegeber Kosten in unvorhersehbarer Höhe auf die Franchisenehmer abwälzen kann, wie die folgende: "Bei Hinzuziehung von externen Beratern oder Schulungsspezialisten werden die Kosten anteilig umgelegt."[424] Berücksichtigt man die meist jährlich anfallende Pflicht zur Schulung und weiterhin die Zahl der Mitarbeiter des Franchisenehmers, die sich in der Regel auch einer Schulung unterziehen müssen, so können hohe unvorhersehbare Kosten auf den Franchisenehmer zukommen.

Wettbewerbsverbote:

Vertragliche und/oder nachvertragliche Wettbewerbsverbote dürfen sich nur auf gleiche oder sehr ähnliche Branchen beziehen, wie sie Gegenstand der Franchise sind. Einem Franchisenehmer muß es also zu jeder Zeit überlassen bleiben, in einem branchenfremden Bereich tätig zu werden. Die Billigkeit von vertraglichen und nachvertraglichen Wettbewerbsverboten, die mit dem sachlichen und regionalen Tätigkeitsbereich des Franchisesystems in Verbindung stehen, wird befürwortet.[425] Als Grund dafür ist das zentrale Interesse des Franchisegebers am Schutz seines Know-how zu nennen.[426] Zu beachten ist jedoch die zeitliche Begrenzung des nachvertraglichen Wettbewerbsverbots auf zwei Jahre durch § 90a HGB oder auf ein Jahr durch Artikel 3 Abs.1c der Gruppenfreistellungsverordnung für Franchisevereinbarungen. Nach dieser Zeit ist der Franchisenehmer zwar noch immer zur Verschwiegenheit von Geschäftsgeheimnissen verpflichtet, ein Verbot zur Betätigung in einem Gewerbe, das dem des ehemaligen Franchisegebers entspricht, erlischt jedoch dann.[427]

Übermittlung von Kennzahlen und Buchhaltung:

Ekkenga hält selbst kurzfristige Berichtsintervalle zur *Übermittlung von Kennzahlen* für angemessen, damit der Franchisegeber schneller auf Impulse am Absatzmarkt reagieren kann, was wiederum dem gesamten System zugute kommt. Auf der anderen Seite wohnt dieser Berichtspflicht natürlich die Gefahr einer überzogenen Tätigkeitskontrolle inne. Die Kontrolle geht in den untersuchten Franchiseverträgen so weit, daß

---

424 Untersuchte Verträge.

425 Leider unterscheidet Liesegang nicht zwischen "sachlichen" und "regionalen" Tätigkeiten, sondern faßt sie als ein Kriterium zusammen.

426 Vgl. *Liesegang, H.*, Franchiseverträge, BB, 1991, S.2385.

427 Bezüglich der genauen Ausgestaltung des Wettbewerbsverbots und seiner Voraussetzungen siehe die Diskussion zum HGB-Recht, insbesondere § 90a HGB in Abschnitt 6.4 (S.277 ff.).

in einem Fall ein Geschäftsabschlußbogen für jedes abgeschlossene Geschäft innerhalb von 24 Stunden per Telefax der Zentrale zu melden ist. In einem anderen Franchisesystem muß der Franchisenehmer dem Franchisegeber täglich Akquisitionslisten zuschicken. Kontrollrechte des Franchisegebers sind nach § 9 AGBG nicht zu beanstanden, wenn sie zur Sicherung des Franchisesystems erforderlich sind. Im übrigen kann die Übermittlung von Umsatzzahlen für die ordnungsgemäße Abrechnung der Franchisegebühr erforderlich sein, falls sich diese danach berechnet.[428]

Liesegang ist der Ansicht, daß es dem Franchisenehmer überlassen bleiben muß, die *Buchhaltung* selbst zu übernehmen oder einen Steuerberater zu beauftragen.[429] Dies steht jedoch im Gegensatz zu den Ausführungen in einigen Franchiseverträgen, die vorschreiben, daß die Buchführung von dem Franchisegeber übernommen wird. Eine unangemessene Benachteiligung könnte dann angenommen werden, wenn die Buchführung und die Übermittlung von betriebsinternen Zahlen einer Tätigkeitskontrolle gleichzusetzen wäre. Auch Klauseln, nach denen der Jahresabschluß durch einen Steuerberater, einen vereidigten Buchprüfer oder einen Wirtschaftsprüfer zu bestätigen ist, sind aufgrund § 9 AGBG unzulässig.[430]

Werbung:

Richtlinien zu Inhalt, Gestaltung und Mindestaufwand an Werbung sind mit § 9 AGBG zu vereinbaren, nicht jedoch eine Beschränkung hinsichtlich des Umfangs und der Medien für darüber hinausgehende Werbung.[431] Vielfach ist eine zentrale Werbung durch den Franchisegeber vorgesehen, die in der Regel über entsprechende Werbebeiträge der Franchisenehmer finanziert wird.[432] Darüber hinaus bleibt es den Franchisenehmern überlassen, ob sie auf eigene Kosten zusätzliche regionale Werbung betreiben wollen. Zu dieser zusätzlichen Werbung behält sich der Franchisegeber meistens sein Einverständnis vor. Dieses Einverständnis darf sich jedoch lediglich auf die systemkonforme Aufmachung beziehen, nicht jedoch auf die Durchführung der Werbung an sich.[433] Ferner darf sich durch die Kontrolle des Franchisegebers keine

428 Vgl. *Liesegang, H.*, Franchiseverträge, BB, 1991, S.2382.

429 Vgl. *Liesegang, H.*, Franchiseverträge, BB, 1991, S.2382.

430 Vgl. *Ekkenga, J.*, Inhaltskontrolle, 1990, S.156.

431 Vgl. *Liesegang, H.*, Franchiseverträge, BB, 1991, S.2382.

432 Zur Rückerstattung etwaiger von dritter Seite gezahlter Werbekostenzuschüsse vgl. das Urteil zum Sixt-Franchisesystem (*Böhner, R.*, Werbekostenzuschüsse, NJW, 1998, S.109 ff.).

433 Zur Zulässigkeit schockierender Werbung durch den Benetton-Franchisegeber vgl. BGH-Urteil vom 23.07.1997, WuW, 1997, S.901 ff. und NJW, 1997, S.3304 ff. und NJW, 1997, S.3309 ff.

übermäßige zeitliche Verzögerung ergeben, da diese den Franchisenehmer im Sinne des § 9 AGBG unangemessen benachteiligen würde.

Hinsichtlich der Finanzierung der durch den Franchisegeber durchgeführten Werbung kommt Ekkenga zu dem Ergebnis, daß ein zentral eingerichteter Werbefonds, der durch fortlaufende Zahlungen der Franchisenehmer gespeist wird, im Zweifel unangemessen sei, da der Franchisegeber seine Unterstützungsleistungen auf eigene Kosten erbringen muß. Die Zahlungen der Franchisenehmer dürften nicht der Kostendeckung dienen, sondern müßten für gesondert ausgewiesene Dienst- oder Werkleistungen des Franchisegebers gezahlt werden.[434] Im weiteren Text befürwortet Ekkenga jedoch die Vereinbarkeit einer Klausel mit AGB-Recht, nach der der Franchisenehmer verpflichtet wird, dem Franchisegeber einen bestimmten Teil seiner Einnahmen für Werbezwecke zu überweisen.[435] Bei diesen widersprüchlichen Aussagen ist der zweiten Auffassung zuzustimmen.[436]

Unangemessen dürfte auch regelmäßig eine Klausel sein, die einer im gleichen Vertrag enthaltenen anderen Klausel zuungunsten des Franchisenehmers widerspricht. In einem untersuchten Franchisevertrag wurde zunächst ausgeführt, daß die überregionale Werbung in Rundfunk und Zeitungen für den Franchisenehmer kostenlos sei. Weiter unten im Vertrag wurde jedoch festgelegt, daß der Franchisenehmer einen festen monatlichen Betrag für überregionale Werbung an den Franchisegeber zu zahlen habe. Außerdem wurde spezifiziert, daß dieser monatliche Betrag *überwiegend* in Werbung investiert wird.[437] Diese drei widersprüchlichen Regelungen verstoßen gegen die Unklarheitenregel des § 5 AGBG, so daß sie zu Lasten des Verwenders gehen. Im Ergebnis wird der Franchisenehmer *keinen* Beitrag zur überregionalen Werbung an den Franchisegeber zu zahlen haben.

Mindestabnahmen:

Nicht per se zu beanstanden sind Vereinbarungen, die die Verpflichtung des Händlers zu Mindestabnahmen, Lagerhaltung, Garantie- und Kundendienst, Teilnahme an Werbeaktionen u.a. begründen.[438] Bedenklich sind derartige Vorschriften dann, wenn sie mit ausschließlichen Bezugsbindungen einhergehen. In diesem Falle besteht

---

434 Vgl. *Ekkenga, J.*, Inhaltskontrolle, 1990, S.139.

435 Vgl. *Ekkenga, J.*, Inhaltskontrolle, 1990, S.195.

436 Der Bereich der Werbung ist auch in der GVO geregelt; vgl. Abschnitt 8.6.8 (S.392).

437 Untersuchte Verträge.

438 Vgl. *Ulmer, P. / Brandner / Hensen / Schmidt, H.*, AGB-Kommentar, 1993, §§ 9-11, S.1003, Rdnr.885.

keine Veranlassung, dem Franchisenehmer Mindestabnahmemengen vorzuschreiben. Eine schwache Marktlage könnte zur Folge haben, daß der Franchisenehmer mehr einkaufen muß als er absetzen kann, nur damit der Franchisegeber in dieser Situation seine Ware an den Franchisenehmer absetzen kann. Diese Regelungen können daher als unangemessene Benachteiligung gesehen werden, da sie primär zur Sicherung der Einnahmen des Franchisegebers dienen. Angemessen wäre eine Formulierung, die dem Franchisenehmer vorschreibt, ein Mindestsortiment vorrätig zu haben.[439]

5.3.12 Ökonomische Effizienz von AGB

Ohne Zweifel erspart die Existenz von AGB den Vertragspartnern das Aushandeln der meisten mit einem Vertrag verbundenen Konditionen. Dadurch werden vor allem Transaktionskosten reduziert. Eine Allokationseffizienz ist allein schon durch die Existenz von AGB, im Falle des Franchising durch einen vorformulierten Franchisevertrag, gegeben.[440] Beimowski unterscheidet eine externe AGB-Kontrolle durch Gesetz von einer marktinternen Kontrolle, die durch Informationsaustausch stattfinden muß. Der Verbraucher sei strukturell unterlegen; nicht aufgrund von Marktmacht, sondern aufgrund eines Informationsgefälles, vor allem in bezug auf die Qualität der Waren. Die Marktmacht des Verwenders und das Informationsgefälle begründeten ein Kontrollbedürfnis der AGB. Er will dies jedoch nicht gelten lassen, sofern die AGB den Gesetzen eines relativ unverzerrten Marktmechanismus unterliegen.[441] Dieser Argumentation liegt die Annahme zugrunde, daß die AGB positiv formuliert und als "Verkaufsargument" benutzt werden. Als Indikatoren sind z.B. weitreichende Garantiebestimmungen denkbar, die über die gesetzlichen Gewährleistungsbestimmungen hinausgehen und die besondere Qualität der Ware hervorheben sollen. Diese Einschätzung muß aber kritisch gesehen werden. Ein "unverzerrter Marktmechanismus" bedeutet auch, daß die AGB (möglichst) aller Anbieter miteinander verglichen werden müssen, um die günstigsten AGB herauszufinden. Selbst wenn dieses gelänge, wäre es noch kein Grund, auf eine Inhaltskontrolle zu verzichten. Denn auch die günstigsten AGB garantieren noch nicht, daß sie nicht doch Bestimmungen enthalten, die eine unangemessene Benachteiligung des Kunden darstellen.

---

439 Die Verpflichtung zu Mindestumsätzen wird auch in der GVO geregelt; vgl. Abschnitt 8.6.11 (S.405).

440 Vgl. im folgenden *Beimowski. J.*, Geschäftsbedingungen, 1989, S.12 ff.

441 Vgl. *Beimowski, J.*, Geschäftsbedingungen, 1989, S.107, 116 und 118 f.

Auf das Franchising übertragen bedeutet dies, daß der potentielle Franchisenehmer sich über die Qualität der Franchise an sich und die des Franchisevertrages im unklaren ist. Als Richtlinie können ihm hier nur sein Gefühl und die Beobachtung der sonstigen Systemmitglieder, die im besten Falle jahrelang erfolgreich in dem System arbeiten, dienen. Hier kommt dem Franchisenehmer die Eigenart der AGB, nämlich deren Vorformulierung und gleichartige Verwendung gegenüber allen Systemmitgliedern, zugute. Dadurch sparen beide Vertragspartner nicht nur Transaktionskosten; darüber hinaus wird der Vertragsinhalt nicht vom Verhandlungsgeschick und dem juristischen und ökonomischen Wissen des Vertragspartners bestimmt. Ein erfolgreiches System und einheitlich gestaltete Franchiseverträge sind aber andererseits noch keine Garantie für die Funktion des Systems bei dem potentiellen Franchisenehmer. Dafür hängt das Gelingen zu sehr von den persönlichen Eigenschaften des Franchisenehmers, dem Standort und ähnlichen Faktoren ab. Ebenso bietet es keine Garantie, daß der Franchisevertrag keine Unzulänglichkeiten enthält. Es ist gerade die Unvollkommenheit von Langzeitverträgen, die ein gewisses Risiko birgt, das erst nach Jahren erfolgreichen Bestehens zu Tage treten kann. Dafür läßt sich jedoch nicht der AGB-Charakter des Vertrages verantwortlich machen.

Das Modell des vollständigen Vertrages:

Den unvollständigen Verträgen der Praxis wird in der Ökonomie das Modell des vollständigen Vertrages gegenübergestellt, der zwar denkbar, aber aufgrund der hohen Transaktionskosten nicht realisierbar ist. In dem Modell des vollständigen Vertrages sollen die Vertragsrisiken effizient geregelt werden. Dabei sollte derjenige ein Risiko tragen, der es am kostengünstigsten verhindern ("cheapest cost avoider"), oder, wenn dies nicht möglich ist, absorbieren kann. Diese Absorption kann als Fremd- oder Eigenversicherung erfolgen ("cheapest insurer"). Nach dem Modell des vollständigen Vertrages liegt der wirtschaftliche Zweck in der effizienten Regelung von Vertragsrisiken.[442] Eine effiziente Regelung von Vertragsrisiken ist jedoch nicht direkt ein Ergebnis von vorformulierten Verträgen. Beide Vertragsparteien könnten auch in einem speziell ausgehandelten Vertrag Überlegungen anstellen, wer welche Risiken übernehmen soll. Der entscheidende Unterschied zu einem vorformulierten Vertrag liegt darin, daß im anderen Fall zu hohe Transaktionskosten anfallen würden.

Die Überlegungen zum "cheapest cost avoider" und zum "cheapest insurer" lassen sich auch auf die Praxis in Franchiseverträgen übertragen. Die Vorstellung eines

---

442 Vgl. *Beimowski, J.*, Geschäftsbedingungen, 1989, S.21 und 24.

Modells des vollständigen Vertrages suggeriert, daß sich die Parteien über einen weiten Regelungsbereich einig sind und nur die unabsehbaren Ereignisse über das Modell regeln wollen. Dabei wird verkannt, daß viele Konfliktpunkte nicht durch Unwissenheit, sondern durch Absicht der vertragsaufstellenden Partei hervorgerufen werden. Dies manifestiert sich bei der Betrachtung der Verträge z.B. an der einseitigen Auswahl von Schiedsgutachtern oder bei der einseitigen Formulierung von Klauseln, die die außerordentliche Kündigung betreffen. Würde hier nicht das AGB-Gesetz eingreifen, wäre der Franchisenehmer gegenüber dem Franchisegeber erheblich benachteiligt.

Geltungserhaltende Reduktion und ergänzende Vertragsauslegung:

Die Position von Beimowski, daß aus wohlfahrtsökonomischer Sicht das Instrument der geltungserhaltenden Reduktion eingesetzt werden sollte, ist kritisch zu bewerten. Er begründet seine Haltung mit der Argumentation, daß mit geltungserhaltender Reduktion die Rechtssicherheit steigen würde, wenn von dem Gericht das zulässige Maß bestimmt würde. Im anderen Falle würde eine Bestimmung lediglich verworfen werden, ohne daß eine Sicherheit über das zulässige Maß geschaffen würde. Dies müßte über ein "trial and error"-Verfahren ermittelt werden.[443] Falls diese geltungserhaltende Reduktion praktiziert würde, hätte der Franchisegeber jedoch kaum noch einen Anreiz, seine Bedingungen am Gesetz und an der Rechtsprechung zu orientieren, da im ungünstigsten Fall der Vertragsinhalt auf das zulässige Maß reduziert werden würde. Beimowski sieht in diesem Zusammenhang die Präventivwirkung von drohenden Rechtsverfahren als Anreiz für den Franchisegeber, seine AGB dem zulässigen Maß anzupassen.[444]

Als weiteres könnte es für einen Franchisegeber schwierig werden, geeignete Franchisenehmer zu finden, wenn seine Verträge offensichtlich "überzogen" sind. Auf diesen und den im vorangegangenen Absatz erwähnten Mechanismus zu vertrauen, ist jedoch nicht besonders zuverlässig. Das AGBG zwingt den Franchisegeber dazu, realistische Vorgaben in seinen Verträgen zu machen. Des weiteren könnte man sich vorstellen, daß Franchisegeber die Verträge klarer strukturieren und Sachverhalte voneinander trennen. Ist eine Regelung mit einer nach AGBG unzulässigen Regelung verknüpft, besteht somit die Gefahr, daß die gesamte Regelung unwirksam ist. Die Rechtsprechung differenziert zwar in solchen Fällen, die Gefahr der Unzulässigkeit

443 Vgl. *Beimowski, J.*, Geschäftsbedingungen, 1989, S.22 und S.123 f.

444 Vgl. *Beimowski, J.*, Geschäftsbedingungen, 1989, S.123 ff.

einer an sich gültigen Klausel, die mit einer unzulässigen verknüpft ist, ist aber dennoch gegeben.

Eine der geltungserhaltenden Reduktion ähnelnde Problemstellung ist die der ergänzenden Vertragsauslegung. Das Problem tritt auf, wenn eine Klausel ungültig ist und keine gesetzliche Regelung in diesem Zusammenhang existiert. Hier gibt es die Möglichkeit, daß der Vertrag aufgrund dieser Lücke unwirksam wird, wenn das Festhalten an ihm eine unzumutbare Härte für eine Vertragspartei darstellen würde. Als Alternative bietet sich jedoch die Möglichkeit, eine ergänzende Vertragsauslegung vorzunehmen. In vielen Fällen ist der letzteren Möglichkeit der Vorzug zu geben, da dem Vertragspartner des Verwenders mit einer Unwirksamkeit des Vertrages in der Regel am wenigsten gedient ist. Dies gilt insbesondere auch für Franchisebeziehungen, da der Franchisenehmer erhebliche Investitionen tätigen muß, die versunkene Kosten darstellen. Die erste Lösungsmöglichkeit könnte sogar die Folge haben, daß der Franchisenehmer eine ihm zu weitgehende AGB-Bestimmung nicht angreift, da er befürchten muß, daß seiner Argumentation gefolgt wird und eventuell der gesamte Vertrag nichtig würde. Das Verbot der geltungserhaltenden Reduktion sowie die Möglichkeit einer ergänzenden Vertragsauslegung sind daher aus ökonomischer Sicht zu begrüßen.

Haftungsbegrenzungen:

Einen interessanten Ansatzpunkt für eine ökonomische Diskussion bieten Haftungsbegrenzungsklauseln für falsche Informationen. Als Informationen können alle Angaben des Franchisegebers gewertet werden, die er dem Franchisenehmer für die Durchführung der Franchise gibt. Dies kann von Richtlinien und Handbüchern über die Lehrinhalte von Schulungsmaßnahmen bis hin zu Umsatz- und Gewinnprognosen reichen. Auf der einen Seite könnte man den Standpunkt vertreten, daß der Franchisegeber für Fehlinformationen vollständig haften soll. Dies könnte bei strenger Auslegung dazu führen, daß er dem Franchisenehmer Differenzen zwischen prognostiziertem und erzieltem Gewinn ersetzen muß. Dadurch hätten die Franchisenehmer aber einen sehr hohen Anreiz zum Trittbrettfahren,[445] d.h., infolge einer solchen Handhabung bestehen für den Franchisenehmer keine Anreize, sich in geschäftsmäßigen Belangen besonders anzustrengen. Diese Lösung ist ökonomisch ineffizient. Als weitere Lösung könnte man dem Franchisenehmer nur dann einen finanziellen Ausgleich zugestehen, wenn sich die Vorgaben trotz aller Anstrengung nicht erreichen

445 Vgl. hierzu Abschnitt 4.3.2.2 (S.94 f.).

lassen. Abgesehen von dem Problem, das Bemühen des Franchisenehmers korrekt einzuschätzen, ergibt sich ein weiteres Dilemma. Der Franchisegeber müßte die erwarteten mittleren Kosten für eine derartige Haftung auf die Franchisegebühren aufschlagen. Bei voller Haftung durch den Franchisegeber könnten die Kosten des Franchisegebers so hoch werden, daß die Franchise nicht mehr angeboten bzw. nicht mehr nachgefragt würde. Des weiteren können die speziellen Kenntnisse der Franchisenehmer über den jeweiligen Standort ein Grund für das Einsetzen eines Franchisenehmers in einem Gebiet sein. Folglich wäre es Aufgabe des Franchisenehmers, die Erfolgsaussichten zu bemessen. Dies scheitert jedoch an fehlenden Informationen und dem fehlenden Vergleich mit anderen Systemmitgliedern. Im Ergebnis sollte der Franchisegeber nicht für die Rentabilität und seine Umsatz- / Gewinnprognosen haften, da ihm, ebenso wie dem Franchisenehmer, Informationen zur genauen Bestimmung fehlen. Diese Risiken sind als übliche Unternehmerrisiken zu bewerten, weshalb sie dem Franchisenehmer zugeordnet werden sollten. Es ist jedoch zu betonen, daß von den diskutierten Fällen diejenigen auszunehmen sind, in denen der Franchisegeber falsche Informationen grob fahrlässig oder sogar vorsätzlich weitergibt. Hier sollte er in vollem Umfang haften und schadensersatzpflichtig sein.

Schiedsklauseln:

Auch bei einer Konfliktlösung über Schiedsklauseln können Transaktionskosten entstehen. Zu berücksichtigen sind Kosten für die Schiedsrichter oder für Gutachten. Außerdem können Kosten durch den Vertrauensverlust beim Vertragspartner und durch die Verminderung des guten Rufs anfallen.[446] Auf der anderen Seite kann eine Schiedslösung jedoch auch effizient sein, wenn die damit verbundenen Transaktionskosten niedriger sind als die Kosten des Scheiterns der Vertragsbeziehung.

Weisungen und Kontrollrechte des Franchisegebers:

Die Abhängigkeit des Franchisenehmers manifestiert sich vor allem in den Weisungsrechten des Franchisegebers. Weisungsrechte sind ökonomisch betrachtet sinnvoll, da sie einen wesentlichen Beitrag zu der (erfolgreichen) Führung des Systems leisten. Die Schwierigkeit besteht nun darin, Klauseln, die sinnvoll oder gar notwendig sind, von denen zu unterscheiden, die lediglich die Position des Franchisegebers auf Kosten des Franchisenehmers verbessern sollen. Eine konkrete Beurteilung wird man

---

446 Vgl. *Kern, H.-G.*, Langzeitverträge, JuS, 1992, S.16.

nur im Einzelfall und nur im Zusammenhang mit dem gesamten Vertrag und dessen tatsächlicher Durchführung vornehmen können. Tendenziell lassen sich jedoch folgende Aussagen treffen:

Der Franchisegeber trägt in seiner Rolle als Systembegründer und Entwickler die Verantwortung dafür, daß dieses System auch auf Dauer funktioniert. Hierbei trifft ihn die schwierige Aufgabe, dafür zu sorgen, daß jedes einzelne Systemmitglied sich konform verhält, damit nicht durch das Fehlverhalten eines einzelnen das gesamte System in seiner Existenz bedroht wird. Maßnahmen, die den Franchisegeber ermächtigen, Franchisenehmer an die Einhaltung zu binden, sind also im Sinne aller sich konform verhaltenden Franchisenehmer. Beispiele für solche Maßnahmen sind Vertragsstrafen, Kontrollrechte, die Übermittlung von Kennzahlen und Weisungsrechte, die sich auf die Durchführung der Franchise beziehen. Aus ökonomischer Sicht sind gegen solche Bestimmungen keine Einwände zu erheben, wenn sie der Sicherung des Systems dienen.

Kritisch zu beurteilen sind Klauseln, die es dem Franchisegeber ermöglichen, das dem Franchisenehmer versprochene Vertragsgebiet einseitig zu verkleinern. Meistens wird dies durch den Vertrag ermöglicht, wenn der Franchisenehmer die Umsatzerwartungen nicht erfüllt. Die Klausel ist jedoch dann als unangemessen einzustufen, wenn den Franchisenehmer kein Verschulden an dem verminderten Umsatz trifft. Eine Gebietsverkleinerung wird ein negatives Ergebnis noch weiter verschlechtern. Durch den Einsatz eines weiteren Franchisenehmers in ein Vertragsgebiet strebt der Franchisegeber einseitig das Ziel an, seine Umsatzziele zu erreichen, ohne die Belange des Franchisenehmers zu berücksichtigen. Zulässig sollte dieses Mittel lediglich sein, wenn das Verschulden für den Umsatzrückgang auf der Seite des Franchisenehmers liegt.

Vertragslaufzeit und Kündigung:

Da der Einstieg in ein bestehendes Franchisekonzept in der Regel mit hohen Investitionen verbunden ist, sollte die minimale Vertragslaufzeit einige Jahre betragen, damit sich die Investitionen amortisieren können. Nach dieser Anlaufzeit sollte aber jeder Partei die Möglichkeit gegeben sein, den Vertrag fristgerecht zu kündigen.

Der Franchisenehmer befindet sich in bezug auf eine wirtschaftlich vertretbare Kündigung meistens in einer schlechteren Position als der Franchisegeber. Dies resultiert aus dem unterschiedlichen konkreten Vertragsinteresse beider Parteien. Das konkrete Vertragsinteresse des Franchisenehmers ist bei profitabler Franchise sehr hoch, da für ihn die Verwendung des Geschäftslokals und der Einrichtung nach

Beendigung des Verhältnisses in der Regel vertraglich ausgeschlossen wird. Sein negatives Vertragsinteresse strebt somit gegen null. Für den Franchisegeber hingegen kann des konkrete Vertragsinteresse sehr klein sein, da es für ihn weniger schwer sein dürfte, einen neuen Franchisenehmer zu finden. Als zusätzlicher Anreiz fungiert hier die Einstiegsgebühr eines neu eintretenden Franchisenehmers. Sofern man das positive Vertragsinteresse mit dem bestehenden Verhältnis mit dem Franchisenehmer ansetzt, kann das konkrete Vertragsinteresse nicht nur klein, sondern sogar negativ werden. Dies ist dann der Fall, wenn der Franchisegeber die Franchise kündigt und in der zweitbesten Verwendung, beispielsweise durch Umwandlung in eine Filiale, sogar seinen Gewinn erhöhen kann. Hier erhält der Franchisegeber sogar einen Anreiz, den Vertrag mit dem Franchisenehmer zu kündigen. Eine derartige Anreizsituation ist jedoch nicht sinnvoll, da der Franchisenehmer für seine Bemühungen, nämlich die Etablierung seines Franchisegeschäfts, bestraft wird. Gerade erfolgreiche Franchisenehmer würden Gefahr laufen, ihre Franchise durch eine ordentliche Kündigung zu verlieren. Dieser Mechanismus bewirkt jedoch, daß sich kein Franchisenehmer übermäßig engagieren würde, was wiederum dem gesamten System schadet.

Eine gesetzliche Regelung müßte diese Anreizsituation für den Franchisegeber kompensieren. Denkbar ist dies durch Zahlungen, die der Franchisegeber bei einer ordentlichen Kündigung seinerseits dem Franchisenehmer zu leisten hätte. Die im HGB verankerten Regelungen zum nachvertraglichen Wettbewerbsverbot und zur Vergütung des überlassenen Kundenstamms besitzen solche Effekte. Jedoch kommt es bei diesen Normen, wie die rechtliche Diskussion zeigt, immer auf den Einzelfall an. Eine pauschale Vergütung für jede ordentliche Kündigung ist keinesfalls gegeben.

Das Ungleichgewicht des Vertragsinteresses während der Laufzeit eines Franchisevertrags und die daraus resultierende Machtposition des Franchisegebers kann jedoch auch dazu führen, daß der Franchisegeber dem Franchisenehmer lediglich mit einer Kündigung droht und nur zu verschlechterten Konditionen bereit ist, das Vertragsverhältnis fortzusetzen. Eine effiziente rechtliche Regelung müßte aus diesem Grund dafür sorgen, daß das konkrete Vertragsinteresse beider Vertragsparteien während der Durchführung des Langzeitvertrages ungefähr gleich hoch ist.

Abhängigkeit:

Wie die Darstellung der in Franchiseverträgen verwendeten Klauseln gezeigt hat, besteht in vielerlei Hinsicht eine Abhängigkeit des Franchisenehmers vom Franchisegeber. In vielen Fällen zeigt sich jedoch nach einer ökonomischen Bewertung, daß bestimmte Klauseln notwendig oder sogar für einen sich systemkonform verhaltenden

Franchisenehmer nützlich sein können. Die Grenze zu unzulässigen Klauseln ist dort zu ziehen, wo sich der Franchisegeber einen einseitigen Vorteil verschafft, der ihn entweder finanziell bereichert oder ihm eine vorteilhafte Verhandlungsposition verschafft. Als Abgrenzungsmerkmal ist unter ökonomischen Gesichtspunkten danach zu fragen, ob eine Klausel dem gesamten System nutzt, indem sie das Fortbestehen sichert, oder ob sich der Franchisegeber primär (finanziell) bereichern will. Bestimmte Arten der Abhängigkeit des Franchisenehmers sind systemimmanent und notwendig. Man kann hier auch von einer Abhängigkeit der Franchisenehmer sprechen, die unter Abwägung aller Einflußfaktoren *bewußt* eingegangen wird.

5.3.13 Zusammenfassung

Hintergrund des AGBG ist der Gedanke, daß der Vertragspartner des Verwenders von vorformulierten Verträgen vor einer unangemessenen Vertragsgestaltung geschützt werden soll. Grundlegende Voraussetzung für die Anwendung des AGBG auf Franchiseverträge ist, daß es sich um vom Franchisegeber vorformulierte Vertragsbedingungen handelt. Die AGB-Inhaltskontrolle bezieht sich aber nur auf Vertragsnebenpflichten. Von der Kontrolle durch das AGBG sind alle Hauptleistungen ausgenommen; hierzu zählen vor allem die zwischen Franchisegeber und Franchisenehmer vereinbarten Einstiegsgebühren sowie laufende Gebühren.

Kontrolliert werden AGB hinsichtlich der Ungewöhnlichkeit und hinsichtlich der Unangemessenheit. Als Folge einer gegen die Maßstäbe des AGBG verstoßenden Vertragsklausel ist diese in den meisten Fällen unwirksam, in selteneren Fällen ist der gesamte Vertrag nichtig. Bisher nicht eindeutig geklärt ist die Frage, ob der Franchisenehmer bei Abschluß des Vertrages als Kaufmann anzusehen ist. Durch die Kaufmannseigenschaft würde die direkte Anwendung der §§ 10 und 11 AGBG (konkrete Klauselverbote mit und ohne Wertungsmöglichkeit) ausgeschlossen. Aber auch in diesem Fall würden diese beiden Paragraphen über § 9 AGBG auf die Beurteilung der Klausel einwirken.

Da der Franchisegeber für die Einheitlichkeit sowie für die Funktionsfähigkeit und für die Weiterentwicklung des Systems zu sorgen hat, werden in die Verträge zahlreiche Bestimmungen mit aufgenommen, die den Franchisenehmer einschränken, Kontrollmöglichkeiten des Franchisegebers zulassen oder Anpassungsmechanismen vorsehen. Hier ergeben sich zwangsläufig Berührungspunkte mit dem AGBG. Insbesondere sind hier Bestimmungen über das Geschäftslokal, durchzuführende Werbung, Wettbewerbsverbote, Schiedsklauseln und andere zu nennen. Anpassungsklauseln beziehen sich hauptsächlich auf die Gestaltung des Geschäftslokals, das Warensortiment und die Bezugspreise. Im einzelnen ist hier aus AGB-Sicht zu prüfen, ob die jeweilige Klausel für das Funktionieren des Systems erforderlich ist oder ob sie den Franchisenehmer unangemessen benachteiligt.

6 Handelsvertreterrechtliche Analyse des Franchising

Von den Regelungen des Handelsgesetzbuches (HGB) sind vor allem zwei Bereiche in bezug auf Franchisevereinbarungen interessant. Der erste Bereich ergibt sich aus den §§ 1 ff. HGB. Dort ist der Begriff des Kaufmanns geregelt. Relevant wird die Einstufung des Franchisenehmers als Kaufmann hauptsächlich bei der Anwendung des Verbraucherkreditgesetzes, bei der Verabredung von Vertragsstrafen und im Rahmen des § 24 AGBG. Der zweite Bereich betrifft die Vorschriften für Handelsvertreter in den §§ 84 bis 92c HGB. Bei diesen Normen handelt es sich um wichtige Bestimmungen zur Kündigung des Vertragsverhältnisses und zu deren Folgen. Allerdings besteht zunächst die Frage der analogen Anwendbarkeit der Handelsvertretervorschriften. Die Anwendung bestimmter Regelungen auf das Franchising hängt immer von der Prüfung der analogen Anwendbarkeit auf das speziell zu betrachtende Franchiseverhältnis ab. Selbst wenn dieses in der folgenden Diskussion nicht erwähnt wird, so muß diese Prüfung für jeden konkreten Fall durchgeführt werden.

Die Bestimmungen des HGB haben vor allem bei Vertragsbeendigung einen Einfluß auf die Abhängigkeit des Franchisenehmers. Die Abhängigkeit des Franchisenehmers wird dadurch begründet, daß er bei Vertragsbeendigung in der Regel seine Existenzgrundlage verliert, während der Franchisegeber unter Umständen den Franchisenehmerbetrieb in eine gewinnbringende Filiale umwandeln kann. Das HGB unterstützt in dieser Situation den Franchisenehmer dadurch, daß der Franchisegeber unter bestimmten Voraussetzungen Zahlungen an den Franchisenehmer zu leisten hat.

Zur Benutzung der Begriffe ist folgendes anzumerken: Im Gesetzestext werden aufgrund der Ausrichtung des Gesetzes die Begriffe *"Unternehmer"* und *"Handelsvertreter"* benutzt. Da die §§ 84 ff. HGB in bestimmten Fällen jedoch auch auf dem Agentursystem ähnelnde Systeme wie Vertragshändler- oder Franchisesysteme angewendet werden, wird in einem solchen Fall im folgenden zum Teil der allgemeine Ausdruck *"Absatzmittler"* gebraucht werden. In den Fällen, in denen bestimmte Zeitschriftenaufsätze oder Gerichtsurteile zitiert werden, wird jedoch der entsprechende Bezug auf den Absatzmittlertypus, z.B. auf den Vertragshändler oder den Franchisenehmer, belassen.

6.1 Der Kaufmannsbegriff: seine Relevanz und Rechtsfolgen

Die §§ 1 ff. HGB definieren den Kaufmannsbegriff. Differenziert wird dieser Begriff zum einen durch die Art der Entstehung der Kaufmannseigenschaft in Mußkaufleute, Sollkaufleute und, was hier jedoch nicht weiter von Belang ist, in Kannkaufleute und Formkaufleute. Zum anderen wird nach Art und Umfang des Gewerbebetriebes zwischen Voll- und Minderkaufleuten unterschieden.[1] Relevant wird die Unterscheidung zwischen Voll- und Minderkaufleuten nicht nur für die in § 4 Abs.1 HGB angegebenen Vorschriften über Firmen, Handelsbücher und Prokura, die auf Minderkaufleute keine Anwendung finden. Aus der Unterscheidung ergeben sich unterschiedliche Rechtsfolgen bei der Vereinbarung von Vertragsstrafen, Schiedsgerichtsverfahren[2] und für die Anwendung des Verbraucherkreditgesetzes. Des weiteren ist für die Anwendung einiger Bestimmungen des AGBG wesentlich, ob der Franchisenehmer seine Kaufmannseigenschaft erst aufgrund des Vertragsabschlusses erlangt oder ob diese bereits vorlag.[3]

6.1.1 Voll-, Minder- und Mußkaufleute

§ 1 Abs.1 HGB definiert, daß ein Kaufmann im Sinne des HGB ist, wer ein Handelsgewerbe betreibt. Als Handelsgewerbe gilt nach § 1 Abs.2 HGB jeder Gewerbebetrieb, der eine der in den Ziffern 1 bis 9 aufgezählten Arten von Geschäften zum Gegenstand hat. Für das Franchising ist vor allem Ziffer 1 wichtig, wonach als Handelsgewerbe die *Anschaffung und Weiterveräußerung von beweglichen Sachen bzw. Waren* gilt, ohne Unterschied, ob die Waren unverändert oder nach einer Bearbeitung oder Verarbeitung weiter veräußert werden. Hierunter fallen die historischen Grundtypen des Unternehmers, nämlich die Händler und Fabrikanten,[4] aber auch nahezu alle Fälle des Vertriebsfranchising, nicht jedoch Dienstleistungsunternehmen wie Reinigungen oder Immobilienmakler. Wird eine Einstufung nach § 1 HGB vorgenommen, so bezeichnet man den Kaufmann als sogenannten *Muß*kaufmann.

Die Begriffe des *Kaufmanns* und des *Unternehmers* sind nicht unbedingt synonym zu verstehen. Nicht alle Unternehmer, worunter Selbständige mit persönlichem Risiko

---

1 Ein Mußkaufmann nach § 1 HGB kann durchaus ein Minderkaufmann nach § 4 HGB sein, wobei hingegen ein Sollkaufmann nach § 2 HGB immer auch ein Vollkaufmann sein wird; vgl. dazu Abschnitt 6.1.1 ff. (S.258 f.).

2 Vgl. *Hopt, K.J.*, Handelsgesetzbuch, 1995, § 4, S.40, Rdnr.9; vgl. hierzu auch S.238.

3 Vgl. hierzu die Ausführungen zum AGBG in Abschnitt 5.3.4 (S.202).

4 Vgl. *Emmerich, V.*, HGB-Kommentar, 1989, § 1, S.79, Rdnr.37.

oder einem Kapitalrisiko zu verstehen sind, müssen aus rechtlicher Sicht unbedingt Kaufleute sein.[5] Dagegen sind die Begriffe des *Kaufmanns* und das *Betreiben eines Handelsgewerbes* nach § 1 HGB synonym zu sehen, so daß der Betrieb eines Handelsgewerbes stets notwendigerweise die Kaufmannseigenschaft bedingt und umgekehrt.[6] Kaufmann ist dabei immer derjenige, in dessen Namen das Gewerbe betrieben wird.[7] Unter *Gewerbe* im Sinne von § 1 HGB ist eine *selbständige* Tätigkeit zu verstehen, wobei es nicht darauf ankommt, ob der Handelnde Geschäfte in eigenem oder in fremdem Namen abschließt.[8] Unter einer unselbständigen Tätigkeit kann man folglich umgekehrt kein Gewerbe verstehen, was wiederum die Kaufmannseigenschaft ausschließt. Die Kaufmannseigenschaft beginnt für Mußkaufleute mit der Vornahme des ersten, zum Kreis des geplanten Gewerbes gehörenden Geschäftes einschließlich der Vorbereitungshandlungen.[9] Im Gegensatz zu den Bestimmungen für Sollkaufleute nach § 2 HGB ist die Kaufmannseigenschaft für Mußkaufleute unabhängig von der Eintragung im Handelsregister. Diese Eintragung hat dann nur noch deklaratorische Bedeutung.[10]

Die Unterscheidung zwischen *Voll-* und Minderkaufleuten richtet sich nach der Art und dem Umfang des Gewerbebetriebes. Laut § 4 HGB handelt es sich bei einem Minderkaufmann um eine Person, dessen Gewerbebetrieb nach Art oder Umfang einen in kaufmännischer Weise eingerichteten Geschäftsbetrieb *nicht* erfordert. Im umgekehrten Falle zählt derjenige als Vollkaufmann, dessen Gewerbe einen in kaufmännischer Weise eingerichteten Geschäftsbetrieb erfordert. Fälle von Minderkaufleuten sind im Bereich des Franchising nach dieser Definition nahezu ausgeschlossen, da eine Franchise in aller Regel einen in kaufmännischer Weise eingerichteten Geschäftsbetrieb erfordert, wenn dieser nicht sogar vertraglich vorgeschrieben wird.

§ 1 Abs.2 Nr.7 HGB sieht zwar vor, daß Handelsvertreter oder Handelsmakler Kaufleute sind. Obwohl die analoge Anwendbarkeit der §§ 84 ff. HGB auch auf Vertragshändler und Franchisenehmer diskutiert und in vielen Fällen befürwortet wird, fallen Vertragshändler und Franchisenehmer nach herrschender Meinung nicht unter § 1 Abs.2 Nr.7 HGB.[11]

5 Vgl. *Hopt, K.J.*, Handelsgesetzbuch, 1995, § 1, S.29, Rdnr.3.

6 Vgl. *Emmerich, V.*, HGB-Kommentar, 1989, § 1, S.70, Rdnr.2.

7 Vgl. *Hopt, K.J.*, Handelsgesetzbuch, 1995, § 1, S.30, Rdnr.10; *Emmerich, V.*, HGB-Kommentar, 1989, § 1, S.73, Rdnr.13.

8 Vgl. *Hopt, K.J.*, Handelsgesetzbuch, 1995, § 1, S.29, Rdnr.4.

9 Vgl. *Emmerich, V.*, HGB-Kommentar, 1989, § 1, S.73, Rdnr.14.

10 Vgl. *Emmerich, V.*, HGB-Kommentar, 1989, § 1, S.79, Rdnr.36.

11 Vgl. *Hopt, K.J.*, Handelsgesetzbuch, 1995, § 1, S.35, Rdnr.31.

Nach § 4 Abs.1 HGB finden die Vorschriften über die Firmen (§§ 17 bis 37 HGB), über Handelsbücher (§§ 238 ff. HGB) und über die Prokura (§§ 48 bis 53 HGB) auf Minderkaufleute keine Anwendung. Aus den §§ 17 ff. HGB folgt für Minderkaufleute, daß sie keinen Wahlnamen annehmen, d.h. keinen Firmennamen wählen dürfen. Ferner bestimmt § 351 HGB, daß die §§ 348 bis 350 HGB auf Minderkaufleute keine Anwendung finden. Die §§ 348 bis 350 HGB enthalten allgemeine Vorschriften für Handelsgeschäfte bezüglich Vertragsstrafen, der Vorausklage und der Formfreiheit. Gerade § 348 HGB könnte in vielen Fällen beim Franchising einschlägig sein. Er regelt, daß eine Vertragsstrafe, die von einem Kaufmann im Betriebe seines Handelsgewerbes vereinbart ist, *nicht* aufgrund der Vorschriften des § 343 BGB herabgesetzt werden kann.

6.1.2 Sollkaufleute

Sollkaufleute werden von Mußkaufleuten durch die Art der Entstehung der Kaufmannseigenschaft unterschieden. Nach § 2 HGB gilt ein Unternehmen als Handelsgewerbe im Sinne des HGB, dessen Gewerbebetrieb nicht schon nach § 1 Abs.2 HGB als Handelsgewerbe gilt, das jedoch nach Art und Umfang einen in kaufmännischer Weise eingerichteten Geschäftsbetrieb erfordert.[12] Für eine kaufmännische Einrichtung sprechen vor allem eine kaufmännische Buchführung und Bilanzierung, eine kaufmännische Bezeichnung (eine Firma) und eine kaufmännische Ordnung der Vertretung und Haftung.[13] Kennzeichen können Art und Umfang der Geschäftstätigkeit, die Zahl und Funktion der Mitarbeiter und die Größe und Organisation des Betriebes sein.

Zur Erlangung der Sollkaufmannseigenschaft macht § 2 HGB die Eintragung in das Handelsregister erforderlich, wozu der Unternehmer in dem gegebenen Fall verpflichtet ist. Die Eintragung hat somit konstituierende Wirkung.[14] Im Gegensatz zu einem Mußkaufmann erlangt der Sollkaufmann seine Kaufmannseigenschaft also erst kraft Eintragung.[15] Eine Eintragung einer Firma in das Handelsregister hat zur Folge, daß gegenüber demjenigen, der sich auf die Eintragung beruft, nicht geltend gemacht werden kann, daß das unter der Firma betriebene Gewerbe kein Handelsgewerbe ist oder daß es zu den in § 4 Abs.1 HGB bezeichneten Betrieben gehört. Der Zweck dieser Norm ist nicht etwa Schutz gutgläubiger Dritter, sondern eine objektive

12 § 2 HGB enthält quasi eine "positive" Formulierung des § 4 HGB.

13 Vgl. *Hopt, K.J.*, Handelsgesetzbuch, 1995, § 2, S.37, Rdnr.3.

14 Vgl. *Hopt, K.J.*, Handelsgesetzbuch, 1995, § 2, S.37, Rdnr.4.

15 Einige Ausnahmen zur Vorwirkung enthält jedoch § 262 HGB.

Rechtssicherheit.[16] Unter § 2 HGB können Immobilienmakler, beratende Berufe, aber auch chemische Reinigungen fallen.[17]

6.1.3 Grenzfälle im Franchising

Abgrenzungsprobleme im Bereich des Franchising können im Rahmen des § 1 Abs.2 Nr.1 HGB entstehen. Danach erfordert eine Klassifikation als Handelsgewerbe, daß die Geschäfte die Anschaffung und Weiterveräußerung von *beweglichen* Sachen zum Gegenstand haben. Zweifelhaft sind solche Fälle, in denen die betreffenden Waren zum Zeitpunkt der Anschaffung noch beweglich waren, jedoch nach der Weiterveräußerung zu unbeweglichen Sachen werden. In diesen Fällen ist darauf abzustellen, worauf das Schwergewicht des Vorgangs liegt.[18] Relevant werden derartige Überlegungen z.B. bei Baustofflieferanten, im Bereich des Franchising insbesondere bei der Gebäudeausstattung. Hier kommt es darauf an, ob der Verkauf einem Einbau gegenüber im Vordergrund steht. Eindeutiger ist der Fall bei Immobilien. Auf Immobilienmakler ist die Anwendung von § 1 Abs.2 Nr.1 HGB ausgeschlossen,[19] und es bleibt somit nur der Weg über § 2 HGB, um die Kaufmannseigenschaft zu erlangen. Ebenso können nach § 2 HGB Unternehmer aus dem Reparaturgewerbe oder auch von chemischen oder sonstigen Reinigungen[20] die Kaufmannseigenschaft erlangen.[21] Allerdings kann eine Qualifizierung als Sollkaufmann nach § 2 HGB nur erfolgen, wenn das Unternehmen auch einen nach Art und Umfang in kaufmännischer Weise eingerichteten Geschäftsbetrieb mit sich zieht.

Klauseln finden sich in den Franchiseverträgen nach folgender Art: "Der Franchisenehmer wird als selbständiges Unternehmen oder als selbständiger Kaufmann unter eigener Firma auf eigene Rechnung und Gefahr tätig." "Der Franchisenehmer wird den Geschäftsbetrieb auf eigene Rechnung und eigenes Risiko als selbständiger Kaufmann betreiben." Teilweise wird dem Franchisenehmer auch die Eintragung ins Handelsregister vorgeschrieben. "Der Franchisenehmer verpflichtet sich, sämtliche behördlichen Anmeldungen, gegebenenfalls auch Anmeldungen zum Handelsregister, nach Abschluß dieses Vertrages vorzunehmen."[22]

---

16 Vgl. *Hopt, K.J.*, Handelsgesetzbuch, 1995, § 5, S.40, Rdnr.1.

17 Vgl. *Emmerich, V.*, HGB-Kommentar, 1989, § 2, S.85, Rdnr.4 und S.89, Rdnr.15.

18 Vgl. *Emmerich, V.*, HGB-Kommentar, 1989, § 1, S.80, Rdnr.42.

19 Vgl. *Hopt, K.J.*, Handelsgesetzbuch, 1995, § 1, S.34, Rdnr.25; *Emmerich, V.*, HGB-Kommentar, 1989, § 1, S.80, Rdnr.38.

20 Im Bereich des Franchising vor allem Unternehmen, die Autowaschanlagen betreiben.

21 Vgl. *Emmerich, V.*, HGB-Kommentar, 1989, § 2, S.85, Rdnr.4.

22 Untersuchte Verträge.

6.2 Die Anwendung von HGB-Normen auf Franchiseverträge

Die analoge Anwendung einiger handelsvertreterrechtlicher Bestimmungen des HGB auf andere Absatzmittlungsverhältnisse wird seit längerem erwogen und in vielen Fällen auch befürwortet. Eine analoge Anwendung der §§ 84 ff. HGB auf andere Absatzmittlungsverhältnisse ist nicht *generell* angebracht, sondern nur bei vergleichbarer Interessenlage und im Einzelfall.[23] Vor allem bei Vertragshändlern[24] und Eigenhändlern[25] kommt eine Analogie in Betracht, wobei beide Begriffe vom BGH auch synonym gebraucht werden.[26] Aber auch in der Literatur zum Franchising wird die analoge Anwendung dieser HGB-Bestimmungen diskutiert.[27] Gittermann vertritt die Ansicht, "daß die analoge Anwendung des Handelsvertreterrechts für den Franchisenehmer sogar viel näher liegt als für den Vertragshändler."[28] Eine Veränderung der Diskussion hätte durch die Änderung der §§ 84 bis 92c HGB zum 01.01.1990 eintreten können. Diese Änderung geht auf die EG-Richtlinie zur Koordinierung des Rechts der Handelsvertreter vom 23.10.1989 zurück.[29] Die beiden für das Franchising wichtigen Bestimmungen des § 89b HGB und des § 90a HGB haben aber nur geringfügige Veränderungen erfahren.[30] Hinsichtlich der analogen Anwendbarkeit auf Vertragshändler - und damit auch im Hinblick auf die analoge Anwendbarkeit auf ähnliche Absatzmittlungssysteme - wird sich jedoch nach herrschender Meinung nichts ändern.[31]

Die generelle Anwendung *aller* Bestimmungen des Handelsvertreterrechts auf den Franchisenehmer ist abzulehnen, da einige Bestimmungen speziell auf den Handelsvertreter zugeschnitten sind.[32] Zu Unrecht wird von Weber ohne Differenzierung die

---

23 Vgl. *Wolf, M. / Horn, N. / Lindacher, W.F.*, AGB-Kommentar, 1989, § 9 AGBG, S.476, Rdnr.F 110.

24 Vgl. *Foth, D.*, Investitionsersatzanspruch, BB, 1987, S.1270 ff.; BGH-Urteil vom 06.10.1993, DB, 1993, S.2526 f.

25 Vgl. *Bechtold, R.*, Ausgleichsanspruch, BB, 1984, S.1262 ff.; BGH-Urteil vom 02.07.1987, ZIP, 1987, S.1383 ff.

26 Vgl. *Eckert, J.*, Ausgleichsanspruch, WM, 1991, S.1237 ff.; *Schmidt, K.*, Handelsrecht, 1994, S.769.

27 Vgl. *Weber, H.*, Franchising, JA, 1983, S.347 ff.; *Martinek, M.*, Franchising, ZIP, 1988, S.1362 ff.; *Ekkenga, J.*, Inhaltskontrolle, 1990, S.175 ff.; *Vortmann, J.*, Franchiseverträge, 1990, S.29 f.; *Schmidt, K.*, Handelsrecht, 1994, S.779 ff.

28 *Gittermann, D.*, Arbeitnehmerstatus, 1995, S.95; sinngemäß auch *Selzner, H.*, Mitbestimmung, 1994, S.45.

29 Vgl. Bundesgesetzblatt vom 31.10.1989, S.1910.

30 Vgl. *Küstner, W. / Manteuffel, K.v.*, Handelsvertreterrecht, BB, 1990, S.297 f.

31 Vgl. z.B. *Ankele, J.*, Handelsvertreterrecht, DB, 1989, S.2211.

32 Vgl. *Gittermann, D.*, Arbeitnehmerstatus, 1995, S.95.

Anwendung des gesamten Handelsvertreterrechts auf das Franchising erwogen.[33] Eine analoge Anwendung erfordert zumindest zwei Voraussetzungen: Zum einen darf der Sachverhalt gesetzlich nicht geregelt sein, und zum anderen muß der Sachverhalt gleich gelagert sein. Eine analoge Anwendung des Handelsvertreterrechts auf andere Absatzmittlungsverhältnisse wird in der Regel befürwortet, wenn das Verhältnis zwischen Unternehmer und Absatzmittler über bloße Käufer-Verkäufer-Beziehungen hinausgeht.[34] Für den Vertragshändler fordert der BGH, daß er in die Verkaufsorganisation des Unternehmers eingegliedert ist und wirtschaftlich in weitem Umfang Aufgaben und Pflichten erfüllen muß, die denen eines Handelsvertreters gleichkommen.[35] Hierzu kann gehören, daß der Vertragshändler ein bestimmtes Gebiet für den Alleinvertrieb zugewiesen bekommt, aber auch, daß ihm eine Berichtspflicht auferlegt wird, daß er Weisungen des Unternehmers befolgen muß oder daß ihm ein Konkurrenzverbot auferlegt wird.[36]

Für eine Gleichbehandlung von Vertragshändlervertrag und Franchisevertrag in bezug auf die analoge Anwendung handelsvertreterrechtlicher Vorschriften wird ins Feld geführt, daß sich beide Systeme durch die Intensität, nicht aber durch die Art der Bindung unterscheiden.[37] Dadurch lassen sich die Argumente, die für die analoge Anwendbarkeit der §§ 84 ff. HGB auf Vertragshändlerverträge angeführt werden, im gewissen Rahmen auf Franchiseverträge übertragen.[38] Nach Martinek ist der Subordinationsfranchisenehmer[39] in die von Rechtsprechung und Literatur entwickelten Rechtsgrundsätze, die für die Handelsvertretung, Kommissionsagentur und den Vertragshandel entwickelt wurden, einzupassen.[40] Daneben tritt die *allgemeine* Interpretation der relevanten HGB-Norm, wenn deren analoge Anwendbarkeit auf das Franchising befürwortet wurde.

---

33 Vgl. *Weber, H.*, Franchising, JA, 1983, S.352.

34 Vgl. BGH-Urteil vom 06.10.1993, CR, 1994, S.462; *Thume, K.-H.*, Ausgleichsanspruch, BB, 1994, S.2359; dagegen: OLG Köln, Urteil vom 20.05.1994, CR, 1995, S.24 ff.

35 Für eine Aufzählung einiger BGH-Entscheidungen vgl. *Martinek, M.*, Franchising, 1987, S.361, Fußnote 451.

36 Vgl. *Weber, H.*, Franchising, JA, 1983, S.353.

37 Vgl. *Weber, H.*, Franchising, JA, 1983, S.353.

38 Aus diesem Grund werden in den folgenden Kapiteln auch des öfteren Entscheidungen oder Abhandlungen zu Vertragshändlerverträgen zitiert.

39 Vgl. zu dem Begriff *Subordinationsfranchisenehmer* Abschnitt 2.5 (S.21).

40 Vgl. *Martinek, M.*, Franchising, 1987, S.376 f.

6.3 Der Ausgleichsanspruch nach § 89b HGB analog

Die intensivste Diskussion im Bereich der analogen Anwendbarkeit handelsvertreterrechtlicher Normen bezieht sich auf die Gewährung eines Ausgleichsanspruchs für den überlassenen Kundenstamm nach § 89b HGB. § 89b Abs.1 HGB sieht vor, daß ein Handelsvertreter von dem Unternehmer nach Beendigung des Vertragsverhältnisses einen angemessenen Ausgleich für den von ihm erworbenen Kundenstamm verlangen kann, wenn bestimmte, in den Nummern 1 bis 3 des § 89b Abs.1 HGB genannte Voraussetzungen erfüllt sind. Der Ausgleichsanspruch entsteht grundsätzlich zum Zeitpunkt der Beendigung des Vertragsverhältnisses[41] und ist auch zugleich die erste Tatbestandsvoraussetzung.[42] Als weitere Bedingungen nennt § 89b Abs.1 HGB zum einen, daß der Unternehmer aus der Geschäftsverbindung mit neuen Kunden, die der Handelsvertreter geworben hat, auch nach Beendigung des Vertragsverhältnisses erhebliche Vorteile haben muß.[43] Außerdem muß der Handelsvertreter infolge der Beendigung des Vertragsverhältnisses Ansprüche auf Provision verlieren, die er bei Fortsetzung desselben aus bereits abgeschlossenen oder künftig zustande kommenden Geschäften mit den von ihm geworbenen Kunden hätte. Als letzten Punkt fordert das Gesetz, daß die Zahlung eines Ausgleichs unter Berücksichtigung aller Umstände der Billigkeit entsprechen muß.

Nach § 89b Abs.3 HGB ist jedoch der Anspruch unter gewissen Voraussetzungen ausgeschlossen. Hierzu zählt, wenn der *Handelsvertreter* das Vertragsverhältnis *gekündigt* hat, es sei denn, daß ein Verhalten des Unternehmers hierzu begründeten Anlaß gegeben hat oder dem Handelsvertreter eine Fortsetzung seiner Tätigkeit wegen seines Alters oder wegen Krankheit nicht zugemutet werden kann (§ 89 Abs.3 Nr.1 HGB). Unter Nr.2 wird aufgeführt, daß der Anspruch ebenfalls nicht besteht, wenn der *Unternehmer* das Vertragsverhältnis *gekündigt* hat *und* für die Kündigung ein wichtiger Grund *wegen schuldhaften*[44] *Verhaltens des Handelsvertreters* vorlag. Als Neuregelung ab dem 01.01.1990 ist Nr.3 eingefügt worden. Danach besteht auch kein Anspruch auf Ausgleich für den überlassenen Kundenstamm für den Handelsvertreter, wenn aufgrund einer Vereinbarung zwischen dem Unternehmer und dem Handelsvertreter ein Dritter anstelle des Handelsvertreters in das Vertragsverhältnis eintritt.

---

41 Vgl. *Sonnenschein, J.*, HGB-Kommentar, 1989, § 89b, S.563, Rdnr.69.

42 Vgl. *Hopt, K.J.*, Handelsgesetzbuch, 1995, § 89b, S.285, Rdnr.7.

43 Vgl. *Thume, K.-H.*, Ausgleichsanspruch, BB, 1994, S.2361.

44 Gerade diese Differenzierung des *schuldhaften* Verhaltens wird auf S.272 noch diskutiert werden.

Für die Vertragsgestaltung ist weiterhin nach § 89b Abs.4 HGB zu berücksichtigen, daß der Ausgleichsanspruch nicht im voraus (vor Vertragsbeendigung) ausgeschlossen werden kann. Ein formularmäßig vereinbarter Ausschluß des Ausgleichsanspruch verstößt gegen § 9 Abs.2 Nr.2 AGBG und ist nichtig.[45] Unwirksam sind ausgleichsabträgliche Vereinbarungen auch dann, wenn die gleichzeitig vereinbarte Auflösung des Vertrages erst in einem späteren Zeitpunkt wirksam werden soll.[46] Eine fehlende vertragliche Regelung schadet nicht, da bei analoger Anwendung § 89b HGB zwingendes Recht ist.[47] Der Anspruch ist innerhalb eines Jahres nach Vertragsbeendigung geltend zu machen.[48]

§ 89b Abs.2 HGB enthält noch einige weitere wichtige Bestimmungen in bezug auf die Berechnung des Anspruchs.[49] Die konkrete Berechnung des Anspruchs steht jedoch im Rahmen dieser Arbeit nicht im Vordergrund. Statt dessen ist zu klären, ob und unter welchen Bedingungen Franchisenehmern ein Ausgleichsanspruch für den überlassenen Kundenstamm nach § 89b HGB analog zusteht, um daraus Schlußfolgerungen für die Abhängigkeit des Franchisenehmers bei Vertragsbeendigung ziehen zu können.

6.3.1 Funktionen der Norm

Der Zweck des Ausgleichsanspruchs nach § 89b HGB ist umstritten. Nach Eckert existieren folgende drei Meinungen über die Funktion des Ausgleichsanspruchs:[50]

Die Vergütungsfunktion des Ausgleichsanspruchs:

Nach Meinung von Bechtold ist der Ausgleichsanspruch kein Versorgungsanspruch, sondern ein Vergütungsanspruch, der den Anspruch auf Provision ergänzt.[51] Er soll dem Vertreter eine Gegenleistung dafür verschaffen, daß der Unternehmer den Kundenstamm nach Ausscheiden des Handelsvertreters ohne dessen finanzielle Beteili-

45 Vgl. *Kümmel, H.H.*, Ausgleichsanspruch, DB, 1997, S.28.

46 Vgl. BGH-Urteil vom 10.07.1996, DB, 1996, S.2278.

47 Vgl. *Köhler, H.*, Ausgleichsanspruch, NJW, 1990, S.1690.

48 Vor der Neuregelung von 1990 betrug die Frist drei Monate.

49 Vgl. zur Berechnung des Ausgleichsanspruchs Abschnitt 6.3.6 (S.274 ff.).

50 Vgl. *Eckert, J.*, Ausgleichsanspruch, WM, 1991, S.1239 f.

51 Vgl. *Bechtold, R.*, Ausgleichsanspruch, BB, 1984, S.1262; *Sonnenschein, J.*, HGB-Kommentar, 1989, § 89b, S.548, Rdnr.4.

gung nutzen kann.[52] Ebenso faßt Hopt den Ausgleichsanspruch als Gegenleistung für die durch Provision noch nicht voll abgegoltene Leistung des Handelsvertreters auf.[53] Der Ausgleichsanspruch sei aber auch kein *reiner* Vergütungsanspruch, da er durch Umstände der Billigkeit beeinflußt werde.[54]

Die Schutzfunktion des Ausgleichsanspruchs:

Obwohl sich die Diskussion meistens auf die Vergütung für Leistungen bezieht, die sich der Unternehmer nach dem Ausscheiden des Absatzmittlers anderenfalls kostenfrei aneignen könnte, wird bei Betrachtung aus ökonomischer Sicht der starke Schutzcharakter der Regelung deutlich.[55] Für eine Schutzfunktion des Ausgleichsanspruchs hat sich bereits Ulmer ausgesprochen.[56] Diese Position wird von Ekkenga bekräftigt, der daraus weiter folgert, daß die analoge Anwendbarkeit des § 89b HGB entscheidend davon abhängt, ob der Franchisenehmer in gleicher Weise schutzbedürftig ist wie der Handelsvertreter.[57]

Die Schutz- und Vergütungsfunktion des Ausgleichsanspruchs:

Martinek dagegen sieht die Schutz- und Vergütungsfunktion als gleichrangige, sich ergänzende Komponenten an.[58] Der Ausgleichsanspruch sei "auf einen Ersatz für den Verlust der vom Vertriebsmittler akquirierten Kundschaft und auf Ausgleich des von ihm geschaffenen und bei Vertragsbeendigung der Systemzentrale zugute kommenden Goodwill gerichtet."[59]

---

52 Vgl. *Hopt, K.J.* Handelsgesetzbuch, 1995, § 89b, S.284 f., Rdnr.2; *Thume, K.-H.*, Ausgleichsanspruch, BB, 1994, S.2360; *Mayer, U.*, Handels- und Versicherungsvertreter, AiB, 1989, S.76.

53 Vgl. *Hopt, K.J.*, Handelsgesetzbuch, 1995, § 89b, S.284 f., Rdnr.2.

54 Vgl. *Hopt, K.J.*, Handelsgesetzbuch, 1995, § 89b, S.285, Rdnr.3.

55 Vgl. die ökonomische Diskussion in Abschnitt 6.8 (S.289 ff.).

56 Vgl. *Ulmer, P.*, Der Vertragshändler, 1969, S.456 f.

57 Vgl. *Ekkenga, J.*, Inhaltskontrolle, 1990, S.177.

58 Vgl. *Martinek, M.*, Franchising, 1987, S.357; vgl. auch *Herbert, M.*, Ausgleichsanspruch, BB, 1997, S.1317 ff.

59 *Martinek, M.*, Vertriebsrecht, 1992, S.127, Rdnr.157.

6.3.2 Analoge Anwendung auf das Franchising

In der Vergangenheit wurde die Anwendbarkeit des § 89b HGB in der Literatur und Rechtsprechung hauptsächlich auf den Vertragshändler diskutiert.[60] Eine analoge Anwendung auf den Kommissionsagenten[61] wird dabei noch eher zu bejahen sein, da dieser dem Handelsvertreter rechtlich und wirtschaftlich noch näher steht als der Vertragshändler.[62] Da sich jedoch Vertragshändler und Franchisenehmer sehr ähneln, sind die Argumente, die bei Vertragshändlern angeführt werden, eine gute Grundlage bei der Frage nach der analogen Anwendbarkeit auf Franchiseverträge. In der Literatur und in der Rechtsprechung gibt es zu dieser Thematik jedoch differierende Meinungen. Während auf der einen Seite kaum Probleme für eine analoge Anwendung des § 89b HGB auf das Franchising gesehen werden,[63] bestehen auf der anderen Seite noch Zweifel,[64] oder es wird einer analogen Anwendung nur bedingt zugestimmt.[65] Eine negative Abgrenzung führt Ekkenga durch, für den die Analogie dann ausscheidet, wenn der Franchisevertrag dem gesetzlichen Leitbild des Lizenz- bzw. Know-how-Vertrages zuzuordnen ist.[66] Nach herrschender Meinung wird jedoch eine analoge Anwendung befürwortet, wobei zwischen Waren- und Dienstleistungsfranchising, zumindest bei der Prüfung der Analogievoraussetzungen, kein Unterschied gemacht werden sollte.[67]

Als erste Voraussetzung für eine analoge Anwendbarkeit muß der Absatzmittler in die Absatzorganisation des Lieferanten eingegliedert sein.[68] Nach Martinek liegt eine dem Handelsvertreter vergleichbare Eingliederung des Subordinationsfranchisenehmers

60 Vgl. die umfangreiche Literaturangabe in *Küstner, W. / Manteuffel, K.v.*, Ausgleichsanspruch, BB, 1988, S.1972; *Ulmer, P.*, Der Vertragshändler, 1969, S.207 ff.

61 Vgl. *Schmidt, K.*, Handelsrecht, 1987, S.681.

62 Vgl. *Sonnenschein, J.*, HGB-Kommentar, 1989, § 89b, S.550, Rdnr.10.

63 Vgl. *Weber, H.*, Franchising, JA, 1983, S.353; *Martinek, M.*, Franchising, ZIP, 1988, S.1378; *Ekkenga, J.*, Inhaltskontrolle, 1990, S.176; *Vortmann, J.*, Franchiseverträge, 1990, S.29; *Selzner, H.*, Mitbestimmung, 1994, S.49.

64 Vgl. *Schmidt, K.*, Handelsrecht, 1994, S.781 f.

65 Vgl. *Gittermann, D.*, Arbeitnehmerstatus, 1995, S.98; Gittermann stimmt der analogen Anwendung nur bedingt zu, da unter bestimmten Umständen ein Ausgleichsanspruch ausscheiden soll. Er übersieht hier jedoch, daß derartige Überlegungen erst im Rahmen der Beurteilung nach § 89b HGB greifen, und nicht bereits bei der Überlegung der analogen Anwendbarkeit eine Rolle spielen.

66 Vgl. *Ekkenga, J.*, Inhaltskontrolle, 1990, S.176.

67 Vgl. *Martinek, M.*, Franchising, 1987, S.345 f.

68 Vgl. *Bechtold, R.*, Ausgleichsanspruch, BB, 1984, S.1262; BGH-Urteil vom 06.10.1993, NJW-RR, 1994, S.100; *Köhler, H.*, Ausgleichsanspruch, NJW, 1990, S.1690; *Martinek, M.*, Franchising, 1987, S.361.

in die Absatzorganisation des Franchisegebers in aller Regel vor.[69] Ferner muß er wirtschaftlich in erheblichem Umfang Aufgaben erfüllen, die mit denen eines Handelsvertreters vergleichbar sind. Außerdem wird verlangt, daß der Franchisenehmer dem Franchisegeber tatsächlich bei Vertragsbeendigung seinen Kundenstamm überläßt[70] und die Vorteile des Kundenstamms sofort und ohne weiteres dem Franchisegeber nutzbar macht.[71] Neben diesen beiden Kriterien, der *Eingliederung* und der *Zurechnungskontinuität*, führt Martinek die *Schutzbedürftigkeit* des Absatzmittlers aufgrund der wirtschaftlichen Funktion als wichtiges Kriterium an. Dies leitet er u.a. aus der aus dem Gedanken des Sozialschutzes entwickelten Handelsvertreternovelle von 1953 ab. Entgegen der neueren Rechtsprechung und der herrschenden Meinung lehnt er deswegen den Ausgleichsanspruch für den Vertragshändler in der Regel ab. Wichtige Argumente gegen die Schutzbedürftigkeit des Vertragshändlers liegen laut Martinek in der Teilintegration, die den Vertragshändler einem freien Sortimentshändler ähnlicher erscheinen läßt als einem Handelsvertreter, und in der verbleibenden eigenunternehmerischen Dispositionsfreiheit.[72] Für das Subordinationsfranchising befürwortet er jedoch die analoge Anwendbarkeit, da der Franchisenehmer durch seine erhebliche wirtschaftliche Abhängigkeit wesentlich schutzbedürftiger sei als ein Vertragshändler. Befürwortet man die analoge Anwendbarkeit des § 89b HGB auf das Franchising, so ist im nächsten Schritt zu prüfen, ob die Voraussetzungen für einen Ausgleichsanspruch gegeben sind.

6.3.3 Voraussetzungen

Nach § 89b Abs.1 Nr.1 HGB ist eine Voraussetzung für den Ausgleichsanspruch, daß *erhebliche* Vorteile auf seiten des Unternehmers bestehen müssen.[73] Ferner kommt es auf Stammkunden, und nicht etwa auf Laufkundschaft, an[74] und darauf, daß der Absatzmittler diese tatsächlich geworben[75] oder einen wesentlichen Beitrag

---

69 Vgl. *Martinek, M.*, Franchising, 1987, S.256 ff.; vgl. auch *Eckert, J.*, Ausgleichsanspruch, WM, 1991, S.1245.

70 Vgl. *Bamberger, H.G.*, Ausgleichsanspruch, NJW, 1985, S.34; *Bechtold, R.*, Ausgleichsansprüche, NJW, 1983, S.1396; *Sonnenschein, J.*, HGB-Kommentar, 1989, § 89b, S.549, Rdnr.8.

71 Vgl. *Bechtold, R.*, Ausgleichsanspruch, BB, 1984, S.1262; BGH-Urteil vom 07.11.1991, BB, 1992, S.597; BGH-Urteil vom 02.07.1987, ZIP, 1987, S.1384; *Kümmel, H.H.*, Ausgleichsanspruch, DB, 1997, S.27; *Bodewig, T.*, Ausgleichsanspruch, BB, 1997, S.639.

72 Vgl. *Martinek, M.*, Franchising, 1987, S.364 ff.

73 Vgl. *Bechtold, R.*, Ausgleichsanspruch, BB, 1984, S.1266.

74 Vgl. *Sonnenschein, J.*, HGB-Kommentar, 1989, § 89b, S.554, Rdnr.23; *Hopt, K.J.*, Handelsgesetzbuch, 1995, § 89b, S.286, Rdnr.12.

75 Vgl. *Sonnenschein, J.*, HGB-Kommentar, 1989, § 89b, S.556, Rdnr.31.

dazu geleistet hat.[76] Der Unternehmer dagegen kann sich seiner Ausgleichspflicht nicht dadurch entziehen, daß er die ihm durch den Handelsvertreter verschafften Vorteile willkürlich *nicht* ausnutzt.[77]

Entscheidend ist weiterhin, ob die vom Absatzmittler aufgebaute Geschäftsbeziehung zu Abnehmern über die Beendigung des Absatzmittlungsverhältnisses hinaus zu Vorteilen für den Absatzherrn führen wird, ob also z.B. Nachbestellungen zu erwarten sind.[78] Die konkreten Sachverhalte müssen daraufhin in produktbezogener und in unternehmensbezogener Hinsicht überprüft werden. Unter produktbezogener Prüfung versteht man die Zweckbestimmung bzw. die Langlebigkeit eines Gutes. So kann man bei den Käuferinnen von Brautkleidern kaum - oder nur in den seltensten Fällen - von Stammkunden reden. Bei einer unternehmensbezogenen Prüfung wird untersucht, ob aufgrund der geographischen Lage von Stammkunden ausgegangen werden kann. Bei Restaurants an Autobahnen ist mit hoher Wahrscheinlichkeit von Laufkundschaft auszugehen. Diese Differenzierung erlaubt in einigen Fällen sicherlich den Ausschluß des Ausgleichsanspruchs.

Selbst bei einem Konkurs des Unternehmers kann ein Ausgleichsanspruch entstehen.[79] Ebenso kann ein Ausgleichsanspruch auch trotz eines von Anfang an nichtigen Vertrages, etwa durch eine Beurteilung nach § 138 BGB, bestehen.[80] Bei einer Einstufung eines Franchisenehmers als *"Arbeitnehmer"* ist ein Ausgleichsanspruch nach § 89b HGB allerdings ausgeschlossen,[81] da das HGB auf abhängig Beschäftigte keine Anwendung findet.[82]

6.3.4 Die Übermittlung der Kundendaten

Köhler ist der Ansicht, daß entgegen der älteren Rechtsprechung zum Vertragshändler das Bestehen einer Vertragspflicht zur Überlassung des Kundenstammes bei Beendigung keine notwendige Voraussetzung für die Gewährung eines Ausgleichsanspruchs ist.[83] Diese Tendenz wird von der Rechtsprechung bestätigt. Nach der

---

76 Vgl. *Hopt, K.J.*, Handelsgesetzbuch, 1995, § 89b, S.286, Rdnr.14; der BGH sah dagegen im Urteil vom 05.06.1996 bereits eine *geringe Mitursächlichkeit* als ausreichend an, vgl. DB, 1996, S.2331.

77 Vgl. *Sonnenschein, J.*, HGB-Kommentar, 1989, § 89b, S.556, Rdnr.31.

78 Vgl. *Köhler, H.*, Ausgleichsanspruch, NJW, 1990, S.1693; *Niebling, J.*, Ausgleichsanspruch, BB, 1997, S.2388.

79 Vgl. *Sonnenschein, J.*, HGB-Kommentar, 1989, § 89b, S.550, Rdnr.10.

80 Vgl. *Sonnenschein, J.*, HGB-Kommentar, 1989, § 89b, S.553, Rdnr.20.

81 Vgl. *Köhler, H.*, Ausgleichsanspruch, NJW, 1990, S.1692; *Sonnenschein, J.*, HGB-Kommentar, 1989, S.549, Rdnr.7.

82 Vgl. *Schmidt, K.*, Handelsrecht, 1994, S.735.

83 Vgl. *Köhler, H.*, Ausgleichsanspruch, NJW, 1990, S.1696.

Rechtsprechung werden die Voraussetzungen des § 89b HGB auch dann als gegeben angesehen, wenn der Unternehmer bereits während des Vertragsverhältnisses Kenntnis von den Kundendaten erlangt,[84] indem z.B. dem Unternehmer die Daten während der Vertragslaufzeit laufend übermittelt werden.[85] Im Sinne der Rechtsprechung reicht es dabei bereits aus, daß die Kundendaten zu Marketingzwecken dem Unternehmer nutzbar gemacht werden.[86] An die vertragliche Verpflichtung zur Überlassung des Kundenstamms werden keine allzu hohen Anforderungen gestellt.[87] Auf den Anlaß der Übermittlung kommt es dabei folglich nicht an, sondern darauf, daß der Hersteller die Daten tatsächlich auch nutzen kann.[88] Ferner kommt es nur auf eine *möglichst* vollständige Übermittlung der Kundendaten an.[89] Noch weiter ging der BGH in einer Entscheidung, nach der selbst bei einer nicht in Anspruch genommenen Übermittlung der Kundendaten der Ausgleichsanspruch nicht ausgeschlossen werden kann.[90] Dagegen kann die Übermittlung von Kundendaten zur Prüfung von erhöhten Rabattsätzen, die nicht von dem Unternehmer veranlaßt wurde, nicht mit einer vertraglichen Verpflichtung zur Überlassung des Kundenstamms gleichgesetzt werden.[91] Eine vertragswidrige Nichtherausgabe von Kundenanschriften seitens des Absatzmittlers kann zu einer Vertragsstrafe für jede zurückbehaltene Anschrift führen.[92]

Selzner schließt die analoge Anwendbarkeit des § 89b HGB auf das Franchising aus. Seiner Meinung nach bedarf es nicht der Übertragung des Kundenstamms vom Franchisenehmer auf den Franchisegeber, da der Kundenstamm dem Franchisegeber *verbleibe*.[93] Diese Argumentation vermag jedoch nicht zu überzeugen, da im Falle des Franchisenehmers noch eher von *eigenen* Kunden gesprochen werden müßte als bei einem Handelsvertreter.

---

84 Vgl. BGH-Urteil vom 06.10.1993, CR, 1994, S.462; *Thume, K.-H.*, Ausgleichsanspruch, BB, 1994, S.2360.

85 Vgl. OLG Köln, Urteil vom 26.09.1995, DB, 1995, S.2547.

86 Vgl. BGH-Urteil vom 06.10.1993, NJW-RR, 1994, S.100 und CR, 1994, S.463.

87 Vgl. *Kümmel, H.H.*, Ausgleichsanspruch, DB, 1997, S.27.

88 Vgl. BGH-Urteil vom 06.10.1993, DB, 1993, S.2527 und CR, 1994, S.463; *Kümmel, H.H.*, Ausgleichsanspruch, DB, 1997, S.27.

89 Vgl. BGH-Urteil vom 06.10.1993, NJW-RR, 1994, S.100 und CR, 1994, S.461 ff. und DB, 1993, S.2527.

90 Vgl. BGH-Urteil vom 27.03.1996, DB, 1996, S.1279.

91 Vgl. BGH-Urteil vom 01.12.1993, DB, 1994, S.728 und BB, 1994, S.241 f.

92 Vgl. BGH-Urteil vom 28.01.1993, DB, 1993, S.1282 ff.

93 Vgl. *Selzner, H.*, Mitbestimmung, 1994, S.48.

6.3.5 Gründe für das Verwirken

Kündigung des Handelsvertreters:

Nach § 89b Abs.3 Nr.1 HGB besteht kein Ausgleichsanspruch des Handelsvertreters, wenn dieser das Vertragsverhältnis gekündigt hat, es sei denn, daß das Verhalten des Unternehmers hierzu begründeten Anlaß gegeben hat oder ihm eine Fortsetzung seiner Tätigkeit aufgrund seines Alters oder wegen Krankheit nicht zugemutet werden kann.[94] Ein Verhalten des Unternehmers, das zu einer berechtigten Kündigung durch den Handelsvertreter Anlaß gibt, begründet für den Handelsvertreter einen Anspruch auf Ausgleich.[95] Der begründete Anlaß braucht jedoch nicht so schwerwiegend gewesen zu sein wie ein wichtiger Grund.[96] Die Beurteilung eines wichtigen Grundes ist in den gesetzlich festgelegten Fällen von Krankheit oder Alter einfach,[97] in anderen Fällen wie z.B. einer wirtschaftlich angespannten Lage des Unternehmens schwierig.[98] So stand einem Handelsvertreter ein Ausgleichsanspruch trotz eigener Kündigung zu, da er als wichtigen Grund seine länger anhaltende Krankheit, deren Dauer nicht abgesehen werden konnte (§ 89b Abs.3 Nr.1 HGB), angab. Eine daraufhin erfolgte fristlose Kündigung des Unternehmers wegen arglistiger Täuschung aus anderen Gründen war nichtig, da der Vertrag bereits gekündigt war. Bei Vorliegen eines wichtigen Grundes, der zur fristlosen Kündigung berechtigen würde, muß diese Kündigung auch rechtzeitig ausgesprochen werden. Eine verspätete Kündigung des Unternehmers ist für den Ausgleichsanspruch ohne Belang und kann nur noch bei der Billigkeitsprüfung gemäß § 89b Abs.1 HGB Berücksichtigung finden.[99]

Das gesetzlich verankerte Verwirken des Anspruchs bei eigener Kündigung des Handelsvertreters ohne wichtigen Grund wird zum Teil heftig kritisiert.[100] Das Landgericht Koblenz hat in einem Rechtsstreit sogar dem Bundesverfassungsgericht die

---

94 Vgl. BGH-Urteil vom 29.04.1993, DB, 1993, S.1969 ff.; *Kümmel, H.H.*, Ausgleichsanspruch, DB, 1997, S.28.

95 Vgl. BGH-Urteil vom 10.02.1993, DB, 1993, S.1031 ff.

96 Vgl. *Sonnenschein, J.*, HGB-Kommentar, 1989, § 89b, S.567, Rdnr.84; BGH-Urteil vom 13.12.1995, DB, 1996, S.724.

97 Vgl. BGH-Urteil vom 29.04.1993, DB, 1993, S.1970; *Hopt, K.J.*, Handelsgesetzbuch, 1995, § 89b, S.294, Rdnrn.60-62.

98 Vgl. die Ausführungen bei *Hopt, K.J.*, Handelsgesetzbuch, 1995, § 89b, S.293 f., Rdnrn.56-59.

99 Vgl. BGH-Urteil vom 03.05.1995, BB, 1995, S.1437 f; vgl. hierzu auch die Diskussion der McDonald´s-Entscheidung in Abschnitt 5.3.11.4 (S.225); anderer Ansicht *Herbert, M.*, Ausgleichsanspruch, BB, 1997, S.1317 ff.

100 Vgl. *Noetzel, L.*, Ausgleichsanspruch, DB, 1993, S.1557 ff.

Frage zur Entscheidung vorgelegt, ob § 89b Abs.3 S.1 HGB mit Artikel 12 GG (Grundrecht der freien Berufsausübung) vereinbar sei.[101]

Kündigung des Unternehmers:

Der Anspruch entfällt nach der bestehenden gesetzlichen Regelung auch, wenn der Unternehmer das Vertragsverhältnis bei schuldhaftem Verhalten des Handelsvertreters aus wichtigem Grund gekündigt hat.[102] Keine aufhebende Wirkung hat jedoch eine Verpflichtungserklärung eines Handelsvertreters vor Beendigung des Vertragsverhältnisses, die den Ausgleichsanspruch abbedingt. Eine derartige Vereinbarung ist grundsätzlich nach § 89b Abs.4 HGB unwirksam. Einer Kündigung durch den Handelsvertreter ist es gleichzustellen, wenn die Fortsetzung eines befristeten Vertrages, der mit einer Verlängerungsklausel ausgestattet ist, von seiten des Handelsvertreters abgelehnt wird.[103] Die einvernehmliche Vertragskündigung ist jedoch der Kündigung nicht gleichzustellen,[104] und der Ausgleichsanspruch bleibt bestehen.[105]

Nach § 89b Abs.3 Nr.2 HGB muß ein wichtiger Grund für den Ausschluß des Ausgleichsanspruchs in einem *schuldhaften* Verhalten des Handelsvertreters liegen. Nicht jeder wichtige Grund genügt deshalb, den Ausgleichsanspruch auszuschließen; hinzu kommen muß immer ein schuldhaftes Verhalten des Handelsvertreters.[106] So könnte eine außerordentliche Kündigung berechtigt sein, würde jedoch nicht automatisch den Ausgleichsanspruch ausschließen. Zweifelhaft wäre ein unverschuldeter Umsatzrückgang, der den Unternehmer vertraglich zu einer außerordentlichen Kündigung berechtigt. Ein Verschulden ist nach den Maßgaben des § 276 BGB zu beurteilen. Danach hat der Schuldner, sofern nichts anderes bestimmt ist, Vorsatz und Fahrlässigkeit zu vertreten.

Beachtenswert ist ein Fall, in dem einem Versicherungsvertreter ordentlich gekündigt worden war.[107] Dieser warb in der Folgezeit dem Unternehmer Kunden ab,

---

101 Vgl. LG Koblenz, Beschluß vom 10.09.1991, DB, 1991, S.2230 und DB, 1992, S.2182 f.; zum weiteren Verlauf vgl. *Thume, K.-H.*, Ausgleichsanspruch, BB, 1994, S.2362 f.; das LG Koblenz mußte jedoch seinen Vorlagebeschluß wieder zurückziehen, so daß das BVerfG hierüber nicht entschied.

102 Vgl. z.B. OLG Nürnberg, Urteil vom 21.09.1973, MDR, 1974, S.144.

103 Vgl. *Sonnenschein, J.*, HGB-Kommentar, 1989, § 89b, S.566, Rdnr.83; anderer Ansicht *Köhler, H.*, Ausgleichsanspruch, NJW, 1990, S.1692.

104 Vgl. BGH-Urteil vom 02.07.1987, ZIP, 1987, S.1383; *Sonnenschein, J.*, HGB-Kommentar, 1989, § 89b, S.566, Rdnr.83.

105 Vgl. *Noetzel, L.*, Ausgleichsanspruch, DB, 1993, S.1558.

106 Vgl. *Sonnenschein, J.*, HGB-Kommentar, 1989, § 89b, S.569, Rdnr.91; *Hopt, K.J.*, Handelsgesetzbuch, 1995, § 89b, S.295, Rdnr.65.

107 Vgl. OLG München, Urteil vom 22.09.1993, NJW-RR, 1994, S.104 ff. und BB, 1993, S.2403.

wobei der Unternehmer ihm sogar Schreibhilfe leistete. Da der Unternehmer es unterließ, neben der bereits ausgesprochenen ordentlichen Kündigung die außerordentliche Kündigung daraufhin auszusprechen, behielt der Versicherungsvertreter seinen Ausgleichsanspruch. Dies wurde damit begründet, daß kein wichtiger Grund im Sinne des § 89b Abs.3 HGB anzunehmen sei, da der Unternehmer andernfalls zusätzlich fristlos gekündigt hätte.[108] Zu beachten ist jedoch, daß sich die Höhe des Ausgleichsanspruchs mindern wird, da der überlassene Kundenstamm durch den Versicherungsvertreter selber durch sein Abwerben reduziert wurde.

Eintritt eines Dritten anstelle des ausscheidenden Handelsvertreters:

Der Ausgleichsanspruch entfällt nach der Neuregelung des § 89b Abs.3 Nr.3 HGB, falls ein Dritter anstelle des Handelsvertreters in das Vertragsverhältnis eintritt, und dies aufgrund einer Vereinbarung zwischen dem Unternehmer und dem Absatzmittler geschieht.[109] Die Nachfolgeregelungen und die Vergütungen können dabei frei ausgehandelt, jedoch erst *nach* Vertragsbeendigung getroffen werden. Diese Bestimmung verstärkt den Schutz des Absatzmittlers, der davor bewahrt werden soll, daß der Anspruch vor Vertragsende ausgeschlossen werden kann. Einem scheidenden Franchisenehmer steht bei einer Übernahmevereinbarung mit einem Dritten deshalb kein Ausgleichsanspruch zu.[110]

In einem Fall, der noch nach alter Gesetzeslage beurteilt wurde, hatte ein Kfz-Hersteller einem Vertragshändler fristgerecht die ordentliche Kündigung ausgesprochen.[111] Der Vertragshändler verkaufte daraufhin einer Nachfolgerin das Unternehmen. Der Kfz-Hersteller schloß mit dieser Nachfolgerin einen Vertrag ab, wonach der alte Vertragshändlervertrag mit dieser fortgesetzt werden sollte. Der ausgeschiedene Vertragshändler machte nach Abschluß des Vertrages zusätzlich neben dem Verkaufserlös den Ausgleichsanspruch analog § 89b HGB geltend. Während die beiden Vorinstanzen den Anspruch ablehnten, hat der BGH das Berufungsurteil aufgehoben. Dies wurde u.a. damit begründet, daß es nicht von Bedeutung sei, ob das Vertragsverhältnis durch Kündigung, Tod oder - wie hier - durch vertraglich vereinbartes Aus-

108 Vgl. OLG München, Urteil vom 22.09.1993, NJW-RR, 1994, S.104 und DB, 1993, S.2280 und BB 1993, S.2403.

109 Vgl. *Thume, K.-H.*, Ausgleichsanspruch, BB, 1994, S.2358 f.

110 Vgl. *Eckert, J.*, Ausgleichsanspruch, WM, 1991, S.1248.

111 Vgl. *Martinek, M.*, zu BGH-Urteil vom 14.04.1988, WM, 1988, S.685 f.; vgl. ebenso den Fall eines Eigenhändlers nach alter Gesetzeslage, vgl. BGH-Urteil vom 27.03.1996, DB, 1996, S.1278 f.

scheiden unter gleichzeitigem Eintreten eines Nachfolgers ende.[112] Dieser Fall würde nach der neuen Gesetzeslage sicherlich anders entschieden werden.

6.3.6 Berechnung

Der Ausgleichsanspruch wird durch Gesichtspunkte der Billigkeit beeinflußt bzw. nach oben begrenzt.[113] Die Würdigung der Umstände, die die Billigkeit des Anspruches beeinflussen, obliegt im wesentlichen dem Tatrichter, der im Wege der Schätzung nach § 287 ZPO einen Abzug vornehmen kann.[114] Zu berücksichtigen sind hinsichtlich der Billigkeit alle Umstände des Einzelfalls. Hierzu zählen jedoch nur vertragsbezogene Umstände, nicht aber Kriterien wie Alter, Gesundheit oder Vermögenslage der Parteien.[115] Nicht gefolgt werden kann der Ansicht, daß sowohl die Vermögenslage des Franchisenehmers als auch die des Franchisegebers im Rahmen des Billigkeitsgrundsatzes relevant seien.[116] Auch die anderen Partner würden von der Erhaltung des Systems wirtschaftlich abhängen, weshalb bei der Billigkeitsprüfung die finanzielle Lage des Franchisegebers zu berücksichtigen sei.[117] Dabei wird jedoch übersehen, daß der Franchisegeber sofort nach der Vertragsbeendigung erhebliche Vorteile aus dem überlassenen Kundenstamm ziehen kann, als eine Voraussetzung dafür, daß ein Ausgleichsanspruch in Betracht kommt.

Nach § 89b Abs.2 HGB beträgt der Ausgleich *höchstens* eine nach dem Durchschnitt der letzten fünf Jahre der Tätigkeit des Handelsvertreters berechnete Jahresprovision.[118] Dieser Höchstbetrag dient jedoch nur dazu, den nach § 89b Abs.1 HGB zu ermittelnden Betrag zu begrenzen.[119] Bei kürzerer Vertragsdauer ist der Provisionsdurchschnitt während dieser Dauer der Tätigkeit maßgebend. Eine kurze Vertragsdauer berechtigt deshalb grundsätzlich nicht, den Ausgleichsanspruch zu mindern.[120] Andererseits wird der Ausgleichsanspruch bei einer kürzeren Vertragsdauer

---

112 Vgl. *Martinek, M.*, zum BGH-Urteil vom 14.04.1988, WM, 1988, S.686.

113 Vgl. *Sonnenschein, J.*, HGB-Kommentar, 1989, § 89b, S.548, Rdnr.4.

114 Vgl. BGH-Urteil vom 05.06.1996, DB, 1996, S.2330 f.

115 Vgl. *Hopt, K.J.*, Handelsgesetzbuch, 1995, § 89b, S.290, Rdnr.33.

116 Vgl. *Skaupy, W.*, Franchising, 1987, S.122.

117 Vgl. *Skaupy, W.*, Franchising, 1987, S.123.

118 Vgl. *Hopt, K.J.*, Handelsgesetzbuch, 1995, S.292 f., Rdnr.49; anderer Meinung dagegen *Vortmann, J.*, Franchiseverträge, 1990, S.30, nach dem der Ausgleichsanspruch genau die durchschnittliche Jahresprovision betragen soll.

119 Vgl. BGH-Urteil vom 15.10.1992, DB, 1993, S.222; *Hopt, K.J.*, Handelsgesetzbuch, 1995, § 89b, S.292, Rdnr.49.

120 Vgl. *Sonnenschein, J.*, HGB-Kommentar, 1989, § 89b, S.560, Rdnr.47; *Hopt, K.J.*, Handelsgesetzbuch, 1995, § 89b, S.291, Rdnr.36.

sicherlich niedriger ausfallen als bei einer langjährigen Beziehung, da der erworbene Kundenstamm im ersten Fall nicht so groß sein wird wie im zweiten Fall. Bei der Berechnung sind jedoch auch Umsatzentwicklungen[121] und etwaige Abwanderungsraten von Stammkunden[122] zu berücksichtigen. Ein Ausgleichsanspruch kann auch dann bestehen, wenn der dem Verhältnis zugrunde liegende Vertrag nichtig ist.[123] Die Aufnahme einer Konkurrenztätigkeit ist als Minderungsgrund umstritten.[124] Dagegen erlaubt die *Sogwirkung einer Marke*[125] grundsätzlich einen Abzug.[126] Diese Diskussion wurde vor allem im Bereich der Automobil-Vertragshändler geführt.[127] Ferner ist bei einer Billigkeitsprüfung eine etwaige Karenzentschädigung nach § 90a HGB zu berücksichtigen.[128] Eine detaillierte Berechnung für einen Kfz-Eigenhändlervertrag wurde vom BGH durchgeführt.[129] Eine Berechnung der Höhe des Ausgleichsanspruchs von Vertragshändlern wurde von Küstner / von Manteuffel aufgestellt.[130] In dem konkreten Fall eines Kfz-Vertragshändlers wurde eine jährliche Abwanderungsquote von 25% angesetzt. Nach den zugrunde gelegten fünf Jahren verbleibt demnach für das letzte Jahr lediglich noch ein Anteil von knapp 24% des ursprünglich übermittelten Kundenstamms. Ferner wurde die Sogwirkung der Marke mit ebenfalls 25% angesetzt und schmälerte somit den Ausgleichsanspruch des Vertragshändlers.[131]

Ekkenga diskutiert die Berechnungsgrundlagen für die Höhe des Ausgleichsanspruchs von Franchisenehmern.[132] Ein Problem ergibt sich bei der analogen Anwendung des § 89b HGB aus der gesetzlichen Formulierung der *Provision* des Handels-

121 Vgl. *Sonnenschein, J.*, HGB-Kommentar, 1989, § 89b, S.562, Rdnr.62.

122 Vgl. *Hopt, K.J.*, Handelsgesetzbuch, 1995, § 89b, S.288, Rdnr.21; dagegen wurden vom BGH jedoch auch Erst-Kunden, bei denen innerhalb eines überschaubaren Zeitraums nach Vertragsende Wiederholungskäufe zu erwarten sind, in die Berechnung mit einbezogen (vgl. BGH-Urteil vom 26.02.1997, DB, 1997, S.871 ff.).

123 Vgl. BGH-Urteil vom 11.12.1996, DB, 1997, S.425 und BB, 1997, S.222.

124 Vgl. *Sonnenschein, J.*, HGB-Kommentar, 1989, § 89b, S.560, Rdnr.45; befürwortend *Kümmel, H.H.*, Ausgleichsanspruch, DB, 1997, S.32 und BGH-Urteil vom 05.06.1996, DB, 1996, S.2331.

125 Unter "*Sogwirkung*" einer Marke versteht man, daß zu einer Kaufentscheidung im wesentlichen die Marke beiträgt und weniger die Einzelleistung des Verkäufers.

126 Vgl. *Köhler, H.*, Ausgleichsanspruch, NJW, 1990, S.1694; *Hopt, K.J.*, Handelsgesetzbuch, 1995, § 89b, S.286, Rdnr.14 und S.291, Rdnr.35; gegen die anspruchsmindernde Sogwirkung der Marke beim Franchising *Bodewig, T.*, Ausgleichsanspruch, BB, 1997, S.643 f.

127 Vgl. BGH-Urteil vom 06.10.1993, CR, 1994, S.462 ff.

128 Vgl. *Köhler, H.*, Ausgleichsanspruch, NJW, 1990, S.1695; vgl. zur Karenzentschädigung S.277.

129 Vgl. BGH-Urteil vom 02.07.1987, ZIP, 1987, S.1386 ff.

130 Vgl. *Küstner, M. / Manteuffel, K.v.*, Ausgleichsanspruch, BB, 1988, S.1975 ff.

131 Vgl. OLG Köln, Urteil vom 26.09.1995, BB, 1995, S.2548; ähnliche Raten von Abwanderungsquoten bei Kfz-Vertragshändlern werden von *Kümmel* angegeben (vgl. *Kümmel, H.H.*, Ausgleichsanspruch, DB, 1997, S.32).

132 Vgl. *Ekkenga, J.*, Ausgleichsanspruch, Die AG, 1992, S.345 ff.

vertreters, da die Vergütungs- und Zurechnungsmechanismen beim Franchising auf andere Art und Weise geregelt sind. Grundsätzlich wird jedoch diese unterschiedliche Vergütungsform nicht als hinderlich für die analoge Anwendung betrachtet.[133] Nach Köhler sollte beim Warenfranchising die Handelsspanne abzüglich der spezifischen Erfüllungskosten angesetzt werden. Beim Dienstleistungsfranchising sei eine freie richterliche Schätzung analog zu § 287 ZPO vorzunehmen.[134] Nach Martinek kommt beim Warenfranchising nur der sonst übliche Anteil der Handelsvertreterprovision in Betracht, also nur ein Teil der sonst verdienten Handelsspanne.[135]

6.3.7 Regelungen in den Franchiseverträgen

Die Unstimmigkeiten in den Franchiseverträgen beziehen sich ausnahmslos auf die Frage, ob ein derartiger Anspruch besteht oder nicht. Vielfach wird ein Ausgleichsanspruch nach § 89b HGB analog von vornherein ausdrücklich ausgeschlossen. "Eine Entschädigung für vorstehende Wettbewerbsabrede nach Beendigung des Vertrages wird nicht gewährt. Darüber hinaus sind Ausgleichs- und Abfindungsansprüche jedweder Art, gegebenenfalls auch solche in analoger Anwendung des § 89b HGB ausdrücklich ausgeschlossen." In einem weiteren Vertrag wird die Anwendung des HGB an sich ausgeschlossen: "Es besteht Einigkeit, daß eine direkte[136] oder analoge Anwendung der Regeln des Handelsvertreterrechts auf diesen Vertrag ausgeschlossen ist."[137] Hierbei wird zweierlei übersehen: Zum einen kann es sich - auch eventuell nach Vertragsabschluß - ergeben, daß die Rechtsprechung eine analoge Anwendung des Handelsvertreterrechts auf gleiche oder ähnlich gelagerte Franchisebeziehungen befürwortet. Ein Ausschluß des Anspruchs von vornherein für die gesamte Laufzeit ist daher nicht angebracht. Zum anderen ist der Ausgleichsanspruch, sofern er dem Franchisenehmer zusteht, nicht abdingbar. Unsinnig ist eine Formulierung, nach der dem Franchisenehmer keinerlei Ausgleichsansprüche für den Vertrieb der Vertragsware zustehen.

Die Kundendaten werden in den untersuchten Franchiseverträgen zum Teil bereits während des Vertragsverhältnisses übermittelt. Die Erfassung der Daten wird dabei

133 Vgl. *Eckert, J.*, Ausgleichsanspruch, WM, 1991, S.1246.

134 Vgl. *Köhler, H.*, Ausgleichsanspruch, NJW, 1990, S.1694; *Eckert, J.*, Ausgleichsanspruch, WM, 1991, S.1247; *Martinek, M.*, Franchising, 1987, S.370; *Hopt, K.J.*, Handelsgesetzbuch, 1995, § 89b, S.289, Rdnr.22.

135 Vgl. *Martinek, M.*, Franchising, 1987, S.370.

136 Eine direkte Anwendung ist sowieso nicht möglich, da es sich um Franchisenehmer und nicht um Handelsvertreter handelt.

137 Untersuchte Verträge.

folgendermaßen vereinbart: "Der [Verwaltungsdienst] wird alle vom [Franchisegeber] und vom [Franchisenehmer] genannten Interessenten erfassen und verarbeiten."[138] In manchen Verträgen wird die Übermittlung der Daten sogar an sehr kurze Übermittlungszeiten gebunden: "Der Franchisenehmer meldet [...] innerhalb von 24 Stunden per Telefax seine Geschäftsabschlüsse an die [...] Zentrale."[139] Diese Bestimmungen gewährleisten dem Franchisegeber einen direkten Zugriff auf alle Kundendaten, auch nach Vertragsbeendigung durch den Franchisenehmer, womit diese Tatbestandsvoraussetzung zur Gewährung eines Ausgleichsanspruchs erfüllt ist.

Eine außergewöhnliche Regelung fand sich in einem Franchisevertrag, die dem Franchisenehmer eine Gebühr "pro aufgebautem Kunden" mit der monatlichen Abrechnung auszahlt. Im übrigen werden die Kundendaten als *Eigentum* des Franchisegebers bezeichnet, deren exklusive Betreuung vom Franchisenehmer erworben werden kann.[140]

6.4 Die Karenzentschädigung nach § 90a HGB analog

Unter dem Begriff *"Karenzentschädigung"* versteht man die Entschädigung für ein zeitlich begrenztes nachvertragliches Wettbewerbsverbot. In § 90a Abs.1 HGB ist dies wie folgt definiert: "Eine Vereinbarung, die den Handelsvertreter nach Beendigung des Vertragsverhältnisses in seiner gewerblichen Tätigkeit beschränkt (Wettbewerbsabrede) [...] kann nur für längstens zwei Jahre von der Beendigung des Vertragsverhältnisses an getroffen werden [...]. Der Unternehmer ist verpflichtet, dem Handelsvertreter für die Dauer der Wettbewerbsbeschränkung eine angemessene Entschädigung zu zahlen."

In diesem Zusammenhang muß wiederum die analoge Anwendbarkeit der HGB-Norm auf dem Handelsvertreterverhältnis verwandte Absatzmittlungsverträge diskutiert werden. Die Anwendbarkeit des § 90a HGB auf Vertragshändlerverträge wird grundsätzlich für möglich gehalten.[141] Eine analoge Anwendbarkeit der Wettbewerbsabrede auf das Franchising ist ebenfalls zu bejahen.[142] Gerade auf das Vertriebsfranchising wird die analoge Anwendung des § 90a HGB regelmäßig befürwortet.[143]

138 Untersuchte Verträge.

139 Untersuchte Verträge.

140 Untersuchte Verträge.

141 Vgl. *Sonnenschein J.*, HGB-Kommentar, 1989, § 90a, S.578, Rdnr.3.

142 Vgl. *Schmidt, K.*, Handelsrecht, 1994, S.779 f.; *Martinek, M.*, Franchising, 1987, S.373.

143 Vgl. *Matthießen, V.*, Franchisenehmerschutz, ZIP, 1988, S.1096; *Köhler, H.*, Ausgleichsanspruch, NJW, 1990, S.1689 ff.; *Ullmann, E.*, Franchise und Lizenz, CR, 1991, S.199 f. Martinek spricht sich jedoch gegen eine Unterscheidung verschiedener Franchisearten, ob nun Waren-, Dienstleistungs- oder Ver-

Unter Beachtung der Besonderheiten der Schriftform, der Beschränkung auf zwei Jahre und der Karenzentschädigung gilt das Wettbewerbsverbot nach Martinek auch für das Subordinationsfranchising.[144] Die Wettbewerbsabrede verletzt in aller Regel keine kartellrechtlichen Vorschriften, weder § 1 GWB noch die §§ 18 GWB oder 26 GWB.[145]

§ 90a HGB hat die Aufgabe, den Handelsvertreter - und somit auch bei analoger Anwendung den Franchisenehmer - vor einseitigen Regelungen zugunsten des Unternehmers, der bei Vertragsabschluß in der Regel in der wirtschaftlich stärkeren Position ist, zu schützen und sein Existenzminimum für die Zeit des Wettbewerbsverbots zu sichern. § 90a HGB koppelt eine Wettbewerbsabrede an eine zeitliche und örtliche Begrenzung und an eine Entschädigungspflicht.[146] Die Karenzentschädigung ist jedoch, entgegen der Ansicht von Enghusen, keine Entschädigung für die Aufgabe des Betriebes.[147]

§ 90a Abs.1 HGB regelt die Form der Wettbewerbsabrede. Die Vereinbarung muß *vor* Vertragsende getroffen werden.[148] Ferner bedarf die Wettbewerbsabrede der Schriftform und der Aushändigung einer vom Unternehmer unterzeichneten Urkunde an den Absatzmittler. "Nicht genügt, wenn die nicht unterzeichnete Wettbewerbsabrede nur Anlage des unterzeichneten Handelsvertretervertrages ist, selbst wenn dieser ausdrücklich darauf Bezug nimmt [...], anders nur bei fester Verbindung beider Urkunden."[149]

§ 90a Abs.1 S.2 HGB legt die Höchstdauer der Wettbewerbsabrede auf zwei Jahre ab Beendigung des Vertragsverhältnisses fest.[150] Abweichende, für den Handelsvertreter nachteilige Vereinbarungen, können nach § 90a Abs.4 HGB nicht getroffen werden. Nachteilige Vereinbarungen machen die Wettbewerbsabrede nichtig, nicht jedoch den ganzen Vertrag. Eine Ausnahme davon liegt bei einer Wettbewerbsabrede mit einer Dauer von mehr als zwei Jahren vor. Diese ist dann nicht insgesamt nichtig, sondern beschränkt sich nach dem gesetzlichen Schutzumfang der Verbotsnorm auf zwei Jahre. Ist vertraglich ein Vorbehalt des Unternehmers zur Inanspruchnahme des

---

triebsfranchising, aus, da diese Differenzierungen für die juristische Würdigung unbedeutend seien (vgl. *Martinek, M.*, Franchising, ZIP, 1988, S.1370 und *derselbe,* Franchising, 1987, S.373).

144 Vgl. *Martinek, M.*, Franchising, ZIP, 1988, S.1378.

145 Vgl. *Sonnenschein, J.*, HGB-Kommentar, 1989, § 90a, S.579, Rdnr.6.

146 Vgl. *Sonnenschein, J.*, HGB-Kommentar, 1989, § 90a, S.578, Rdnr.3.

147 Vgl. *Enghusen, G.*, Franchiseverträge, 1977, S.179.

148 § 90a HGB findet keine Anwendung, wenn die Wettbewerbsabrede erst *nach* Vertragsbeendigung getroffen wird. Solche Abreden sind dann formlos gültig, unterliegen keiner zeitlichen Begrenzung und sind nicht entschädigungspflichtig. Schranken werden solchen Vereinbarungen jedoch durch § 138 BGB gesetzt.

149 *Hopt, K.J.*, Handelsgesetzbuch, 1995, § 90a, S.305, Rdnr.14.

150 Vgl. *Hopt, K.J.*, Handelsgesetzbuch, 1995, § 90a, S.305, Rdnr.16.

Wettbewerbsverbots festgelegt, so ist dieser unwirksam. Die Wettbewerbsbeschränkung und die Karenzentschädigung bleiben in diesem Fall nach Vertragsbeendigung bestehen.[151]

Die Neuregelung des HGB ab dem 01.01.1990 sieht zusätzlich vor, daß sich die Wettbewerbsabrede nur auf den dem Handelsvertreter zugewiesenen Bezirk oder Kundenkreis und nur auf die Gegenstände erstrecken darf, hinsichtlich derer sich der Handelsvertreter zu bemühen hatte (§ 90a Abs.1 S.2 2.Teilsatz).[152] Die Wettbewerbsabrede beinhaltet darüber hinaus, daß der Absatzmittler keine Konkurrenten des Unternehmers fördern darf.[153] Vor 1990 getroffene Vereinbarungen waren nur noch bis Ende 1993 gültig. Ab dem 01.01.1994 fanden automatisch die neuen Regelungen auch auf bereits laufende Verträge Anwendung, so daß bei heute auslaufenden Verträgen eine Wettbewerbsabrede lediglich für den vertraglich vereinbarten Kundenbezirk gilt, selbst wenn vertraglich etwas anderes vereinbart ist.[154] Laut § 90a Abs.1 S.3 HGB hat der Unternehmer dem Handelsvertreter für die Dauer der Wettbewerbsbeschränkung eine angemessene Entschädigung zu zahlen. Was angemessen ist, bestimmt sich durch die dem Absatzmittler durch die Wettbewerbsabrede erwachsenden Nachteile und aus den Vorteilen des Unternehmers.[155]

§ 90a Abs.2 Satz 1 HGB regelt die Wirkung eines Verzichts des Unternehmers auf ein nachvertragliches Wettbewerbsverbot. Der Unternehmer kann bis zum Ende des Vertragsverhältnisses auf ein solches schriftlich verzichten. Der Absatzmittler wird somit vom nachvertraglichen Wettbewerbsverbot befreit; für den Unternehmer verkürzt sich in diesem Fall die Entschädigungspflicht auf eine Dauer von sechs Monaten, auch über die Dauer des Vertragsverhältnisses hinaus.[156] Erklärt also ein Unternehmer schriftlich den Verzicht auf eine vertraglich vereinbarte nachvertragliche Wettbewerbsabrede kurz vor Beendigung des Vertragsverhältnisses, so steht dem

151 Vgl. *Hopt, K.J.*, Handelsgesetzbuch, 1995, § 90a, S.308, Rdnr.31.

152 Vor der Neuregelung war das Wettbewerbsverbot für das gesamte Bundesgebiet und auch für vom Handelsvertreter während der Vertragsdauer nicht vertretene Waren zulässig (vgl. *Küstner, W. / Manteuffel, K. v.*, Handelsvertreterrecht, BB, 1990, S.289 f.; *Kuther, H.*, Handelsvertretervorschriften, NJW, 1990, S.305; *Ankele, J.*, Handelsvertreterrecht, DB, 1989, S.2213; *Küstner, W.*, Wettbewerbsverbot, BB, 1997, S.1753 ff.).

153 Vgl. *Sonnenschein, J.*, HGB-Kommentar, 1989, § 90a, S.580, Rdnr.10.

154 Vgl. *Küstner, W. / Manteuffel, K. v.*, Handelsvertreterrecht, BB, 1990, S.299; *Thume, K.-H.*, Ausgleichsanspruch, BB, 1994, S.2358.

155 Vgl. *Hopt, K.J.*, Handelsgesetzbuch, 1995, § 90a, S.306, Rdnr.19; zur Anrechnung eines anderweitigen Einkommens auf die Karenzentschädigung im Bereich des Arbeitsrechts im Sinne des § 74c HGB vgl. *Plett, M. / Welling, T.*, Wettbewerbsverbot, DB, 1986, S.2282 ff.

156 Vgl. *Hopt, K.J.*, Handelsgesetzbuch, 1995, § 90a, S.307, Rdnr.23.

Absatzmittler für die Dauer von sechs Monaten eine Karenzentschädigung zu, bei gleichzeitiger Möglichkeit zum Wettbewerb.

Bei Verstößen gegen die Wettbewerbsabrede von seiten des Absatzmittlers entfällt der Anspruch der Karenzentschädigung für die Dauer der Zuwiderhandlung.[157] Ein Verstoß kann bereits in einer bloßen Kontaktpflege zu den bisherigen Kunden liegen.[158] Eventuell wird in einem solchen Fall auch eine Vertragsstrafe fällig.[159] Bei vertraglich vereinbartem Wettbewerbsverbot *ohne* Entschädigungsregelung wird die Karenzentschädigung trotzdem für den Unternehmer fällig.[160]

§ 90a Abs.2 S.2 und Abs.3 HGB regeln die Folgen einer Kündigung des einen oder anderen Vertragspartners aus wichtigem Grund auf die Wettbewerbsabrede. § 90a Abs.2 Satz 2 HGB schließt die Karenzentschädigung des Absatzmittlers aus, wenn der Unternehmer das Vertragsverhältnis aus wichtigem Grund wegen schuldhaften Verhaltens des Absatzmittlers gekündigt hat. Der Absatzmittler unterliegt in einem solchen Fall dem vereinbarten Wettbewerbsverbot *ohne* eine Entschädigung. Kündigt dagegen der Handelsvertreter das Vertragsverhältnis aus wichtigem Grund wegen schuldhaften Verhaltens des Unternehmers, so kann er sich nach Abs.3 binnen eines Monats nach der Kündigung von der Wettbewerbsabrede lossagen. Mit Zugang der schriftlichen Erklärung bei dem Unternehmer ist der Absatzmittler nicht mehr an die Abrede gebunden.[161]

In ca. 30% der Franchiseverträge befand sich eine Regelung zum nachvertraglichen Wettbewerbsverbot. Grundsätzlich sind solche Vereinbarungen ohne die Zahlung einer Karenzentschädigung unwirksam. Gegen eine Klausel, nach der eine Entschädigung gezahlt wird, sofern dies rechtlich geboten scheint, ist nichts einzuwenden. Immerhin wird der Franchisenehmer durch diese Formulierung darauf hingewiesen, daß ihm unter Umständen eine derartige Entschädigung zusteht. Das Festsetzen der Entschädigung auf 50% des in den letzten zwölf Monaten vor Ausscheiden des Absatzmittlers von diesem erzielten Gewinns ist dann nicht zu beanstanden, wenn der Vertrag mindestens zwölf Monate durchgeführt wurde. Eine Begrenzung dagegen auf einen maximalen Wert von DM 100.000,- ist jedoch nicht angebracht.

In den untersuchten Franchiseverträgen fand sich eine Bestimmung, nach der der Franchisegeber dem Franchisenehmer zwar eine Entschädigung für ein nachvertragli-

---

157 Vgl. *Hopt, K.J.*, Handelsgesetzbuch, 1995, § 90a, S.306, Rdnr.21 ; *Sonnenschein, J.*, HGB-Kommentar, 1989, S.583, Rdnr.20.

158 Vgl. *Sonnenschein, J.*, HGB-Kommentar, 1989, § 90a, S.583, Rdnr.20.

159 Vgl. *Hopt, K.J.*, Handelsgesetzbuch, 1995, § 90a, S.308, Rdnr.30.

160 Vgl. *Hopt, K.J.*, Handelsgesetzbuch, 1995, § 90a, S.306, Rdnr.18.

161 Vgl. *Hopt, K.J.*, Handelsgesetzbuch, 1995, § 90a, S.307, Rdnr.26.

ches Wettbewerbsverbot zahlt, dieses aber nur unter der Bedingung, daß der Franchisenehmer den Franchisegeber zuvor schriftlich aufgefordert hat, eine Genehmigung für die Tätigkeit als Wettbewerber zu erteilen. Fordere der Franchisenehmer laut Vertragstext den Franchisegeber nicht dazu auf, so entfalle jede Entschädigungspflicht des Franchisegebers. Diese Regelung verstößt gleich in mehrfacher Hinsicht gegen die rechtliche Regelung. Zum einen ist ein Abbedingen der Entschädigung für ein nachvertragliches Wettbewerbsverbot nicht möglich. Zum anderen kann der Franchisegeber beim Verzicht auf ein vertraglich vereinbartes Wettbewerbsverbot erst nach sechs Monaten von etwaigen Ausgleichszahlungen frei werden. Der Franchisegeber versucht sich hiermit also zwei Vorteile, die ihm rechtlich nicht zustehen, anzueignen.

In einem Franchisevertrag fand sich die folgende Regelung: "[Der Franchisegeber] kann jederzeit während der Laufzeit des Vertrages oder danach mit einer Frist von drei Monaten auf seine aus dem nachvertraglichen Wettbewerbsverbot sich ergebenden Rechte verzichten."[162] Nach § 90a Abs.2 HGB wird der Franchisegeber mit einer Frist von sechs Monaten nach dem Verzicht auf die Wettbewerbsabrede von der Verpflichtung zur Zahlung einer Entschädigung frei. Dies bedeutet für die zitierte Klausel, daß der Franchisegeber zwar mit einer Frist von drei Monaten auf ein nachvertragliches Wettbewerbsverbot verzichtet, jedoch für weitere drei Monate eine Entschädigung an den ehemaligen Franchisenehmer zahlen muß.

Viele Klauseln in den untersuchten Franchiseverträgen waren dadurch unzulässig, daß sie keine Karenzentschädigung vorsahen oder das Gebiet, für das das nachvertragliche Wettbewerbsverbot gelten soll, nicht einschränkten oder es auf angrenzende Gebiete ausdehnten. Nur in einem der untersuchten Franchiseverträge wurde eine Klausel zur Karenzentschädigung aufgenommen, die allen Kriterien der gesetzlichen Regelung Rechnung trägt.[163]

Zusammenfassend läßt sich zu den §§ 89b und 90a HGB folgendes festhalten: Kündigt der Unternehmer aus wichtigem Grund wegen *schuldhaften* Verhaltens des Absatzmittlers, so erhält dieser keinen Ausgleichsanspruch für den überlassenen Kundenstamm (§ 89b Abs.3 Nr.2 HGB) und keine Karenzentschädigung (§ 90a Abs.2 S.2 HGB). Kündigt auf der anderen Seite der Absatzmittler, besteht ein Ausgleichsanspruch nur, wenn ein Verhalten des Unternehmers hierzu begründeten Anlaß gegeben hat oder dem Absatzmittler die Fortsetzung seiner Tätigkeit wegen seines Alters oder wegen Krankheit nicht zugemutet werden kann (§ 89b Abs.3 Nr.1 HGB). Die Karenzentschädigung dagegen steht dem Absatzmittler auch bei eigener Kündi-

162 Untersuchte Verträge.
163 Aufgrund des Umfanges dieser Klausel wurde auf eine Wiedergabe verzichtet.

gung zu. Kommt ein wichtiger Grund wegen *schuldhaften* Verhaltens des Unternehmers hinzu, kann sich der Absatzmittler von der Wettbewerbsabrede sofort lossagen.

6.5 Die ordentliche Kündigung nach § 89 HGB analog

Die Bestimmungen des § 89 HGB regeln die ordentlichen Kündigungsfristen, falls diese Fristen im Vertrag fehlen[164] oder falls diese zeitlich zu kurz vereinbart wurden. § 89a HGB hat die fristlose Kündigung von Vertragsverhältnissen zum Gegenstand. Die fristlose Kündigung nach § 89a HGB verdrängt als Spezialregelung insbesondere die §§ 675 und 626 ff. BGB.[165] Die analoge Anwendbarkeit der Kündigungsvorschriften der §§ 89 und 89a HGB auf andere Absatzmittlungsverhältnisse als Handelsvertreterverhältnisse wird zumeist befürwortet[166] oder gar als zwingend erachtet.[167]

In § 89 Abs.1 HGB sind die Kündigungsfristen für Vertragsverhältnisse, die auf unbestimmte Zeit eingegangen werden, festgesetzt. Abs.2 sieht vor, daß die in Abs.1 angegebenen Fristen verlängert werden können. Zu beachten ist jedoch, daß diese Fristen für den Unternehmer nicht kürzer sein dürfen als für den Handelsvertreter. Ist eine kürzere Frist für den Unternehmer vereinbart, so gilt für ihn die für den Handelsvertreter vereinbarte Frist. Vereinbarungen über den Kündigungstermin sind unbeschränkt möglich, soweit die Frist nach Abs.1 gewahrt bleibt.[168] Die Vereinbarung über die Kündigungsfrist ist dagegen nur in einem gewissen Rahmen möglich. So ist eine Verkürzung der Kündigungsfristen nach Abs.1 nicht - auch nicht zugunsten des Absatzmittlers - zulässig.[169] Dagegen sieht der BGH die Grenzen des *Ausschlusses* des Rechts zur ordentlichen Kündigung für den Handelsvertreter in einer langfristigen Vereinbarung allein durch die guten Sitten (§ 138 BGB) und durch den Grundsatz von Treu und Glauben (§ 242 BGB) gezogen. "Vertragliche Beschränkungen des ordentlichen Kündigungsrechts bedürfen zu ihrer Wirksamkeit keiner besonderen Rechtfertigung, sondern sie sind [...] Ausfluß der Vertragsfreiheit und daher [...] grundsätzlich zulässig."[170] Im Ergebnis werden also zeitliche Einschränkungen des ordentli-

---

164 Vgl. *Martinek, M.*, Franchising, ZIP, 1988, S.1377 f.
165 Vgl. *Martinek, M.*, Franchising, ZIP, 1988, S.1378.
166 Vgl. *Schmidt, K.*, Handelsrecht, 1994, S.779; *Gittermann, D.*, Arbeitnehmerstatus, 1995, S.95 f.
167 Vgl. *Martinek, M.*, Franchising, 1987, S.326.
168 Vgl. *Hopt, K.J.*, Handelsgesetzbuch, 1995, § 89a, S.276, Rdnr.27.
169 Vgl. *Hopt, K.J.*, Handelsgesetzbuch, 1995, § 89a, S.276, Rdnr.28.
170 BGH-Urteil vom 26.04.1995, DB, 1995, S.1560.

chen Kündigungsrechts vom BGB als wirksam anerkannt. In Franchiseverträgen hat dies zur Folge, daß meistens eine Anlauffrist von mehreren Jahren vereinbart wird, in der das Recht zur ordentlichen Kündigung für beide Parteien ausgeschlossen ist.

Gilt zunächst § 89 Abs.1 HGB nur für ordentliche Kündigungen von auf unbestimmte Zeit abgeschlossenen Vertragsverhältnissen,[171] so ist insbesondere Abs.3 zu beachten. Er sieht vor, daß ein auf bestimmte Zeit eingegangenes Vertragsverhältnis, das nach Ablauf der vereinbarten Zeit von beiden Teilen fortgesetzt wird, als auf *unbestimmte* Zeit verlängert gilt. Für die Bestimmung der Kündigungsfristen nach Abs.1 ist zu beachten, daß die Gesamtdauer des Vertragsverhältnisses maßgeblich ist. Das bedeutet, daß § 89 HGB zunächst für auf *bestimmte* Zeit abgeschlossene Verträge nicht anwendbar ist. Dies ändert sich jedoch nach § 89 Abs.3 HGB, sobald ein befristetes Vertragsverhältnis von beiden Vertragspartnern verlängert wird.[172] Der Vertrag gilt dann als auf unbestimmte Zeit verlängert, und § 89 HGB wird anwendbar.[173] Als unbefristeter Vertrag gilt außerdem ein "bis zum Widerruf" geltender Vertrag oder einer, der auf bestimmte Zeit abgeschlossen wurde und der sich mangels Kündigung automatisch verlängert.[174]

Nach der Neuregelung des Handelsgesetzbuches zum 01.01.1990 muß der Fortsetzung eines Vertragsverhältnisses von beiden Seiten zugestimmt werden entgegen der früheren Praxis, bei der die Fortsetzung als vereinbart galt, wenn ihr nicht von einem Vertragspartner widersprochen wurde. Insgesamt führte die Neuregelung des HGB zu einem größeren Kündigungsschutz für den Handelsvertreter.[175]

Die Kündigungsfristen für eine ordentliche Kündigung für auf unbestimmte Zeit abgeschlossene Verträge richten sich für Franchiseverträge nach § 89 HGB analog. Die Fristen betragen zwischen einem Monat im ersten Vertragsjahr und sechs Monaten ab dem fünften Jahr. Verlängerungen dieser Fristen sind jedoch möglich, allerdings nicht zum einseitigen Vorteil des Unternehmers. Die in den untersuchten Verträgen auftretenden Fristen von drei, sechs, zwölf oder achtzehn Monaten sind demnach nur in einem der betrachteten Verträge zu beanstanden, in dem eine dreimonatige Kündigungsfrist in einem auf unbestimmte Zeit abgeschlossenen Franchisevertrag vereinbart ist. Hier ergibt sich eine zu kurz bemessene Kündigungsfrist, sofern die Vertragsdauer fünf Jahre überschreitet.

---

171 Vgl. *Hopt, K.J.*, Handelsgesetzbuch, 1995, § 89, S.273, Rdnr.10.

172 Vgl. *Hopt, K.J.*, Handelsgesetzbuch, 1995, § 89, S.274, Rdnr.19.

173 Vgl. *Martinek, M.*, Franchising, 1987, S.323; *Hopt, K.J.*, Handelsgesetzbuch, 1995, § 89, S.275, Rdnr.21.

174 Vgl. *Hopt, K.J.*, Handelsgesetzbuch, 1995, § 89, S.274 f., Rdnr.20.

175 Vgl. *Ankele, J.*, Handelsvertreterrecht, DB, 1989, S.2212.

Als unzulässig sind ebenfalls Klauseln anzusehen, die eine automatische Vertragsverlängerung um jeweils drei, fünf bzw. sechs Jahre vorsehen, wie sie in mehreren Verträgen auftraten. Sobald die (erste) Laufzeit des Vertrages unter Ausschluß der ordentlichen Kündigung abgelaufen ist, gilt der Vertrag als auf unbestimmte Zeit geschlossen. In einem Vertrag wurde sogar nach Ablauf von jeweils fünf Jahren eine erneute Abschlußgebühr fällig. In einem anderen Franchisevertrag wurden keine Bestimmungen zur Laufzeit und zur ordentlichen Kündigung gefunden. In diesem Falle gilt der Vertrag als auf unbestimmte Zeit geschlossen, auf den die Fristen des § 89 HGB analog anzuwenden sind.

6.6 Die außerordentliche Kündigung nach § 89a HGB analog

Die außerordentliche Kündigung richtet sich beim (Subordinations-) Franchising allein nach § 89a HGB analog,[176] nach dem ein Vertragsverhältnis von jedem Partner aus wichtigem Grund ohne Einhaltung einer Kündigungsfrist gekündigt werden kann. Im Gegensatz zu den §§ 89b und 90a HGB kommt es in § 89a HGB *nicht* auf ein schuldhaftes Verhalten an.[177] Nach § 89a Abs.1 S.2 HGB kann das Recht auf eine außerordentliche Kündigung nicht ausgeschlossen oder beschränkt werden. Wird die Kündigung durch ein Verhalten veranlaßt, das der Vertragspartner zu vertreten hat, so ist dieser nach Abs.2 zum Ersatz des durch die Aufhebung des Vertragsverhältnisses entstehenden Schadens verpflichtet.

Der Franchisevertrag kann also, wie alle anderen Dauerschuldverhältnisse auch, aus *wichtigem Grund* fristlos gekündigt werden. Auch ein ordentlich gekündigter Vertrag kann aus wichtigem Grund zusätzlich noch außerordentlich gekündigt werden.[178] § 89a HGB ersetzt als Spezialbestimmung die Regelung des § 626 BGB. Die Frage, was als wichtiger Grund anzusehen ist, bleibt in § 89a HGB ebenso offen wie in § 626 BGB. Als hilfreich können die Ausführungen in den §§ 723 Abs.1 BGB und § 133 Abs.2 HGB angesehen werden. Ein Grund berechtigt dann zur außerordentlichen Kündigung, wenn er dem Kündigenden das Abwarten des Vertragsablaufs oder der Frist zur ordentlichen Kündigung unzumutbar macht.[179] Gegen diese Unzumutbarkeit können z.B. die Aussicht auf Abhilfe, eine langjährige erfolgreiche Tätigkeit für den Unternehmer oder eine längere Duldung eines Verhaltens sprechen.[180]

176 Vgl. *Martinek, M.*, Franchising, 1987, S.329.

177 Vgl. *Martinek, M.*, Franchising, 1987, S.330.

178 Dies ist durchaus relevant, wie die Diskussion auf S.273 zum Ausgleichsanspruch zeigt.

179 Vgl. *Holling, W.*, Handelsvertreterverhältnis, BB, 1961, S.994.

180 Vgl. *Hopt, K.J.*, Handelsgesetzbuch, 1995, § 89a, S.277, Rdnr.7.

Das Recht zur außerordentlichen Kündigung ist zwingend und weder im voraus abdingbar noch beschränkbar.[181] Vertragliche Vereinbarungen, was als wichtiger Grund anzusehen ist, wie sie in vielen Franchiseverträgen vorgesehen werden, sind jedoch zulässig. Jedoch sind hier nicht alle Tatbestände zulässig, da der Inhalt der Absprachen durch Treu und Glauben begrenzt wird. Unzulässig sind z.B. Vereinbarungen, die etwa *jede* Vertragsverletzung als wichtigen Grund ansehen. Mit anderen Worten: "es muß eine schwere Verletzung gegenüber den spezifischen Pflichten aus einem [Vertrags-] Verhältnis vorliegen."[182]

Viele Franchiseverträge enthalten Aufzählungen von "wichtigen Gründen", die einen Vertragspartner zur außerordentlichen Kündigung berechtigen sollen. Oft wird dieses Recht in den Verträgen nur auf den Franchisegeber bezogen. Dennoch besitzt auch der Franchisenehmer das Recht zur außerordentlichen Kündigung, auch wenn dies in vielen Franchiseverträgen nicht expressis verbis erwähnt wird. Ferner müssen nicht alle aufgeführten Gründe tatsächlich zur fristlosen Kündigung berechtigen, ebenso wie die Aufzählung in einem Franchisevertrag mit wichtigen Kündigungsgründen auch nicht abschließend zu verstehen ist.[183] Eine vertragliche Vorausbewertung von Kündigungsgründen schränkt das Recht zur außerordentlichen Kündigung weder ein noch erweitert sie dieses.[184] Absprachen, daß bestimmte Gründe eine fristlose Kündigung *nicht* rechtfertigen sollen, sind dagegen unwirksam.[185] Im Zweifelsfall muß die Zumutbarkeit einer außerordentlichen Kündigung richterlich überprüft werden.

Im folgenden werden einige Beispiele gegeben, die jedoch keinesfalls eine umfassende Abhandlung darstellen können. Eine Übersicht über wichtige Kündigungsgründe im Bereich des Handelsvertreterrechts wird z.B. von Holling[186] und für den Bereich des Subordinationsfranchising von Martinek gegeben.[187] Als wichtiger Grund können z.B. wesentliche Vertragsverletzungen des Absatzmittlers angesehen werden, wie eine grob eigennützige Mißachtung der Interessen des Unternehmers oder die Nichtbefolgung seiner Weisungen. Ebenso können Pflichtverletzungen mit der Folge eines Umsatzrückgangs als Gründe für eine fristlose Kündigung gelten.[188] Ein

181 Vgl. *Hopt, K.J.*, Handelsgesetzbuch, 1995, § 89a, S.281, Rdnr.26.

182 *Mayer, U.*, Handels- und Versicherungsvertreter, AiB, 1989, S.76.

183 Vgl. *Martinek, M.*, Franchising, 1987, S.331.

184 Vgl. *Schwerdtner, P.*, Handelsvertreterrecht, DB, 1989, S.1759 mit einer ausführlichen Würdigung des Sachverhalts auf den Seiten 1757 ff.

185 Vgl. *Hopt, K.J.*, Handelsgesetzbuch, 1995, § 89a, S.281, Rdnr.28.

186 Vgl. *Holling, W.*, Handelsvertreterverhältnis, BB, 1961, S.994 ff.

187 Vgl. *Martinek, M.*, Franchising, 1987, S.331.

188 Vgl. *Hopt, K.J.*, Handelsgesetzbuch, 1995, § 89a, S.279, Rdnr.17.

bloßes Nachlassen der Bemühungen des Absatzmittlers, besonders nach langjähriger erfolgreicher Zusammenarbeit, reicht jedoch nicht aus. Ebenso reicht eine Weigerung des Absatzmittlers zur Verkleinerung seines Bezirks nicht als außerordentlicher Kündigungsgrund aus.[189] Ein unzulässiger Wettbewerb jedoch kann das Vertrauensverhältnis derart stören, daß er den Unternehmer zur fristlosen Kündigung berechtigt. Hierzu zählt ein Verstoß gegen eine vertraglich vereinbarte Wettbewerbsklausel.[190] Aber auch ohne ein vertraglich vereinbartes Wettbewerbsverbot ist der Absatzmittler dazu verpflichtet, den Unternehmer von einer bevorstehenden wettbewerbsmäßigen Tätigkeit zu unterrichten. Die Unterlassung der Unterrichtung kann einen Grund zur fristlosen Kündigung darstellen, auch wenn der Unternehmer nicht geschädigt worden ist.[191]

Auf der anderen Seite berechtigt eine wesentliche Vertragsverletzung des Unternehmers den Handelsvertreter ebenso zur fristlosen Kündigung. Hierzu zählt etwa eine wiederholte verspätete Abrechnung und Zahlung an den Absatzmittler oder eine vertragswidrige Beschneidung des Handelsvertreterbezirks.[192] Aber auch ein unzulässiger Wettbewerb auf seiten des Unternehmers durch Abwerben von Stammkunden, durch den Einsatz eines weiteren Handelsvertreters in den Bezirk oder aber die Aufnahme des parallelen Direktvertriebs durch den Unternehmer, berechtigen den Handelsvertreter zur fristlosen Kündigung.[193]

Die Frage, von *wem* die außerordentliche Kündigung ausgeht, ist überaus wichtig. Erinnert sei hier z.B. an § 89b Abs.3 oder § 90a Abs.2 und 3 HGB. Neben den Auswirkungen auf den Ausgleichsanspruch und die Karenzentschädigung entsteht aber für den berechtigt außerordentlich Kündigenden ein Recht auf Schadensersatz nach § 89a Abs.2 HGB und nicht etwa nach § 628 BGB.[194] Wer zum Schadensersatz verpflichtet ist, hat nach § 249 BGB den Zustand herzustellen, der bestehen würde, wenn der zum Ersatz verpflichtende Umstand nicht eingetreten wäre (sogenannte *Naturalrestitution*). Für ein Absatzmittlungsverhältnis bedeutet dies, daß der Kündigende so zu stellen ist, als wäre der Vertrag ordentlich beendet worden. Die Beendigung ist durch Vertragsablauf oder durch ordentliche Kündigung zum nächstmöglichen Termin anzusetzen, ist also zeitlich begrenzt.[195] Eine solche Pflicht zur Leistung von Scha-

---

189 Vgl. *Hopt, K.J.*, Handelsgesetzbuch, 1995, § 89a, S.279, Rdnr.18.
190 Vgl. *Hopt, K.J.*, Handelsgesetzbuch, 1995, § 89a, S.280, Rdnr.19.
191 Vgl. BGH-Urteil vom 03.05.1995, ZIP, 1995, S.1003.
192 Vgl. *Hopt, K.J.*, Handelsgesetzbuch, 1995, § 89a, S.280, Rdnr.22.
193 Vgl. *Hopt, K.J.*, Handelsgesetzbuch, 1995, § 89a, S.280, Rdnr.23.
194 Vgl. *Martinek, M.*, Franchising, 1987, S.329.
195 Vgl. *Hopt, K.J.*, Handelsgesetzbuch, 1995, § 89a, S.282, Rdnr.34.

densersatz kann z.B. entstehen, wenn ein Unternehmer vertragswidrig den parallelen Direktvertrieb aufnimmt.[196] Eine unberechtigte fristlose Kündigung der einen Partei gilt als außerordentlicher Kündigungsgrund für die andere Partei. Ferner wird derjenige, der unberechtigt kündigt, dem anderen Teil wegen positiver Vertragsverletzung nach § 325 BGB analog schadensersatzpflichtig. Zu ersetzen ist der dem anderen Teil aus der unberechtigten Kündigung entstandene oder entstehende Schaden.[197] Auf den Ausspruch der Kündigung nach Kenntnis des Kündigungsgrundes ist die Zweiwochenfrist des § 626 Abs.2 BGB nicht anzuwenden. Vielmehr hat der Kündigungsberechtigte eine angemessene Zeit zur Sachverhaltsaufklärung und Überlegung zur Verfügung. Unter Umständen kann diese Frist drei Wochen betragen, nicht jedoch zwei Monate.[198]

Eine fristlose Kündigung darf auch in Franchiseverträgen nur *aus wichtigem Grund* ausgesprochen werden, da dies dem Inhalt des § 89a HGB entspricht. Ferner kann eine *wesentliche Vertragsverletzung* als wichtiger Grund angesehen werden. Entscheidend ist bei einer derartigen Formulierung, daß nicht *jede* Vertragsverletzung zu einer außerordentlichen Kündigung berechtigen darf. Unzulässig ist eine Formulierung, nach der eine *fristlose* Kündigung mit einer *Kündigungsfrist* von drei Monaten zum Ende eines Kalender(halb)jahres bzw. zum Monatsende erfolgen kann, wie sie in mehreren Franchiseverträgen auftrat. Einer außerordentlichen Kündigung muß ein Fehlverhalten des einen Vertragspartners vorausgehen, so daß dem anderen die Vertragsfortführung nicht mehr zugemutet werden kann. Mehrfach wurden in den untersuchten Verträgen dem Franchisegeber auch zwei, drei oder sogar vier Monate Frist eingeräumt, um nach einem Fehlverhalten des Franchisenehmers eine außerordentliche Kündigung auszusprechen. Diese Frist ist allerdings als zu lang anzusehen.[199]

Unzulässig ist auch ein vertraglich vorgesehenes außerordentliches Kündigungsrecht, falls über die Einrichtungs- und Ausbaupläne, insbesondere den Pauschalpreis hierfür, keine Einigung erzielt wird. Da diese Klausel nicht weiter präzisiert wird, ist davon auszugehen, daß sie sich sowohl auf die Ersteinrichtung des Ladenlokals als auch auf spätere Änderungen bezieht. Auf der einen Seite hat der Franchisegeber aufgrund der Systemuniformität ein Interesse daran, daß alle Ladenlokale ein gleiches Erscheinungsbild tragen. Bei späteren Änderungen ist er also darauf angewiesen, daß

196 Vgl. BGH-Urteil vom 10.02.1993, DB, 1993, S.1031 ff.

197 Vgl. *Hopt, K.J.*, Handelsgesetzbuch, 1995, § 89a, S.283, Rdnr.40.

198 Vgl. *Hopt, K.J.*, Handelsgesetzbuch, 1995, § 89a, S.281, Rdnr.30.

199 Vgl. hierzu die Diskussion der McDonald´s-Entscheidung in Abschnitt 5.3.11.4 (S.225).

sich alle Systemmitglieder an diese Standardisierung halten. Als Durchsetzungsmittel für derartige Anpassungen ist ein außerordentliches Kündigungsrecht geeignet. Es stellt sich die Frage, warum der Franchisegeber für derartige Umbaupläne einen *Pauschalpreis* verlangt. Fairer wäre eine Bezahlung auf Einzelrechnungsbasis oder - bei zu großem Verwaltungsaufwand - eine direkte Bezahlung durch den Franchisenehmer. Dem Franchisenehmer wäre es zuzumuten, für den Koordinierungsaufwand an den Franchisegeber eine Gebühr zu zahlen. Ein Pauschalpreis dagegen trägt dagegen nicht den speziellen Umbauerfordernissen Rechnung. Ferner ist § 242 BGB zu berücksichtigen, wonach eine Amortisation der Investitionen bis zum Vertragsende aussichtsreich sein muß.

6.7 Weitere relevante Regelungen des HGB

Unter die weiteren relevanten Regelungen des Handelsvertreterrechts, die auch auf Franchisebeziehungen anwendbar sein können, fällt zunächst § 85 HGB. Danach kann jeder Vertragspartner für den Inhalt sowie für spätere Vereinbarungen eine vom anderen Partner unterzeichnete Vertragsurkunde verlangen. Ebenso wie die §§ 89a und 89b HGB kann § 85 HGB nicht vertraglich ausgeschlossen werden. Diese Norm hat jedoch kaum praktische Bedeutung.[200]

Martinek ist der Ansicht, daß § 86 HGB ebenso auf Franchisevereinbarungen anwendbar ist.[201] § 86 HGB schreibt vor, daß sich der Handelsvertreter um die Vermittlung oder den Abschluß von Geschäften zu bemühen und dabei das Interesse des Unternehmers zu vertreten hat. Nach Abs.2 hat er dem Unternehmer ferner unverzüglich jeden Geschäftsabschluß mitzuteilen. Die analoge Anwendbarkeit dieser Norm auf Franchiseverträge geht jedoch zu weit. Im übrigen ist eine derartige Ausgestaltung nicht durchführbar, sofern es sich bei dem Unternehmen um bestimmte Einzelhandelsbetriebe handelt. Außerdem würde sich die inhaltliche Diskussion des § 90a HGB erübrigen, da der Franchisenehmer durch § 86 HGB zur Überlassung der Daten des Kundenstammes verpflichtet wäre. Nach § 86 Abs.3 HGB hat der Handelsvertreter seine Pflichten mit der Sorgfalt eines ordentlichen Kaufmanns wahrzunehmen. Da jedoch nicht jeder Franchisenehmer die Kaufmannseigenschaft besitzt,[202] ist die Anwendbarkeit des § 86 HGB einzelfallbezogen zu beurteilen.

---

200 Vgl. *Martinek, M.*, Franchising, 1987, S.318.
201 Vgl. *Martinek, M.*, Franchising, 1987, S.319.
202 Vgl. die Diskussion auf den Seiten 258 ff.

Analoge Anwendung finden kann jedoch § 86a Abs.2 HGB. Er verpflichtet den Franchisegeber dazu, den Franchisenehmer von bevorstehenden Änderungen des Marketingkonzepts, des Sortiments u.a. rechtzeitig, d.h. im voraus, zu informieren. Diese Informationspflicht des Unternehmers bezieht sich dagegen nicht auf den Abschluß und die Ausführung einzelner Geschäfte. Begründet wird die analoge Anwendbarkeit dieser Bestimmung damit, daß der Franchisenehmer noch leichter als der Handelsvertreter in die Grenzzone völliger wirtschaftlicher Abhängigkeit gerät.[203]

Zu befürworten ist ebenso eine analoge Anwendung des § 87 Abs.3 HGB. Dem Absatzmittler steht aufgrund dieser Norm ein Anspruch auf Provision zu, falls ein Geschäft erst nach Beendigung des Vertragsverhältnisses abgeschlossen wird. Dieser Anspruch ist jedoch nicht zwingend und kann vertraglich abbedungen werden.[204] In den im Rahmen dieser Arbeit untersuchten Verträgen sind jedoch derartige Klauseln nicht enthalten gewesen.

Auch § 88 HGB wird auf Franchisevereinbarungen als analog anwendbar gesehen, zumindest dann, wenn der Franchisenehmer Kaufmann ist.[205] § 88 HGB besagt, daß Ansprüche aus dem Vertragsverhältnis in vier Jahren, beginnend mit dem Schluß des Jahres, in dem sie fällig geworden sind, verjähren.

Abschließend sei noch § 90 HGB erwähnt, wonach der Absatzmittler ihm anvertraute oder durch seine Tätigkeit für den Unternehmer bekannt gewordene Geschäfts- und Betriebsgeheimnisse auch nach Vertragsbeendigung nicht verwerten oder anderen mitteilen darf. Der Franchisegeber wird daneben aber auch durch die §§ 18 und 19 UWG gegen derartige nachvertragliche Verwertungen geschützt.[206]

6.8 Ökonomische Analyse franchiserelevanter HGB-Normen

Die analoge Anwendung der Handelsvertreternormen auf Franchiseverträge betrifft einen äußerst wichtigen Abschnitt der Franchisegeber-Franchisenehmer-Beziehungen, nämlich hauptsächlich die Vertragsbeendigung und deren Folgen. Die Vorteile einer Vertragsbeendigung liegen jedoch nicht einseitig auf der Seite des Franchisegebers. Zumindest bei einer ordentlichen Kündigung werden beide Vertragspartner mit ähnlich hohen Kosten zu rechnen haben. Bei einer ökonomischen Betrachtung ist zweierlei zu beachten. Auf der einen Seite darf der Franchisenehmer nicht benachteiligt werden,

---

203 Vgl. *Martinek, M.*, Franchising, 1987, S.318 f.

204 Vgl. *Martinek, M.*, Franchising, 1987, S.374.

205 Vgl. *Martinek, M.*, Franchising, 1987, S.319.

206 Vgl. *Martinek, M.*, Franchising, 1987, S.373 f. Ferner wird der Franchisegeber auch durch Artikel 3 Abs.2a und d der Gruppenfreistellungsverordnung für Franchisevereinbarungen geschützt.

da er in der Regel bei Vertragsabschluß in der wirtschaftlich schlechteren Position ist und über die Konsequenzen des Vertragsabschlusses schlechter informiert ist. Auf der anderen Seite hat der Franchisegeber, auch im Interesse aller anderen Systemmitglieder, dafür zu sorgen, daß ein reibungsloser Ablauf im Franchisesystem gewährleistet wird. Er wird aus diesem Grund bestrebt sein, Klauseln in den Vertrag aufzunehmen, die ihm eine Trennung von ungeeigneten Franchisenehmern ohne allzu hohen finanziellen Aufwand erlauben. Der Franchisegeber darf jedoch derartige Bestimmungen nicht willkürlich oder zu seinen Gunsten ausnutzen.

Das außerordentliche Kündigungsrecht des Franchisegebers darf jedoch nicht derart weit gefaßt werden, daß es ihm zu jeder beliebigen Zeit eine Kündigung erlaubt. In diesem Fall könnte dies dazu ausgenutzt werden, ein profitables Franchisenehmergeschäft zu filialisieren. Ähnlich sind Vertragsklauseln zu bewerten, die dem Franchisegeber bei einer anstehenden Vertragsverlängerung Vorteile einräumen. Diese können so gestaltet sein, daß eine neue Vertragsgebühr *auszuhandeln* ist oder aber, daß das von dem Franchisenehmer beanspruchte Vertragsgebiet neu abgegrenzt wird. Solche Bestimmungen sind dazu geeignet, dem Franchisenehmer entweder eine höhere Belastung aufzuerlegen oder aber eine ordentliche Kündigung des Vertrages herbeizuführen. Diesem Bestreben des Franchisegebers, gut laufende Franchisenehmer-Betriebe bei einer "günstigen" Gelegenheit sich anzueignen, wirkt zum einen der Ausgleichsanspruch für den überlassenen Kundenstamm und zum anderen eine Vergütung für das nachvertragliche Wettbewerbsverbot entgegen. Nach diesen Überlegungen erscheinen daher Franchiseverträge aus Franchisenehmersicht ungünstig, bei denen kein nachvertragliches Wettbewerbsverbot vereinbart ist und aufgrund der Eigenarten der Branche kein Ausgleichsanspruch für einen Kundenstamm in Anspruch genommen werden kann.

Durch die Vereinbarung eines Wettbewerbsverbots wird der Franchisegeber vor opportunistischem Franchisenehmerverhalten geschützt. Für den Franchisegeber besteht nämlich die Gefahr, daß der Franchisenehmer sich zunächst Know-how aneignet und nach Ablauf der festen Vertragslaufzeit mit der Absicht kündigt, den Standort in eigener "Regie" weiter zu führen. Für derartige Fälle ist es sinnvoll, daß der Franchisegeber diese Praxis durch ein Wettbewerbsverbot unterbinden kann. Zwar besteht weiterhin die Gefahr, daß sich der Franchisenehmer das Know-how des Franchisegebers aneignet und zur eigenen Verwendung nutzt, jedoch wird dieser gezwungen, ein Risiko einzugehen, um es zu nutzen. Das Risiko besteht darin, daß er entweder erst nach Ablauf einer bestimmten Frist das Know-how im gleichen Gebiet nutzen kann oder sich in einem anderen geographischen Gebiet selbständig machen muß.

Durch die Wettbewerbsabrede werden also unmittelbar der Franchisegeber und mittelbar auch die anderen Systemmitglieder geschützt.

Die Regelungen des HGB zur außerordentlichen Kündigung sichern jedem Vertragspartner zu, daß er den Vertrag vorzeitig beenden kann, falls der andere sich nicht an wesentliche vertragliche Verpflichtungen hält. Wichtig ist hierbei, daß der zu einer außerordentlichen Kündigung Berechtigte nicht aus finanziellen Gründen hierauf verzichtet. Zu denken ist hierbei in erster Linie an den Franchisenehmer, da dieser in der Regel seine Existenzgrundlage durch eine außerordentliche Kündigung verliert. Aus diesem Grunde muß demjenigen, der berechtigt außerordentlich kündigt, ein Recht auf Schadensersatz zustehen. Ferner wird ein Franchisenehmer in diesem Fall mit sofortiger Wirkung von dem Wettbewerbsverbot frei, so daß er in der gleichen Branche, jedoch nicht unter der gleichen Geschäftsbezeichnung, weiter tätig sein kann. Eine unberechtigte außerordentliche Kündigung kann jedoch schwerwiegende Folgen haben. Dann verliert nämlich der unberechtigt Kündigende seine Ansprüche, der andere Vertragspartner erhält ein Recht auf außerordentliche Kündigung und auf Schadensersatz aus positiver Vertragsverletzung.[207]

6.9 Zusammenfassung

Das Handelsgesetzbuch enthält zwei für Franchisesysteme relevante Bereiche. Zum einen sind dies die §§ 1 ff. HGB, die den Begriff des Kaufmanns bestimmen, zum anderen die §§ 84 ff. HGB, in denen das Handelsvertreterrecht geregelt ist. Eine direkte Anwendung des Handelsvertreterrechts auf das Franchising ist ausgeschlossen. Allerdings wird für dem Handelsvertreterverhältnis ähnliche Absatzmittlungssysteme eine analoge Anwendung des Handelsvertreterrechts erwogen und meistens auch befürwortet. Für Franchiseverträge kommt primär die analoge Anwendung der §§ 89b und 90a HGB in Betracht.

§ 89b HGB sieht einen Ausgleichsanspruch des Handelsvertreters und bei analoger Anwendung für den Franchisenehmer für die Überlassung des Kundenstammes an den Franchisegeber vor. Als Voraussetzung gilt hier allerdings, daß der Absatzherr aus diesem überlassenen Kundenstamm erhebliche Vorteile haben muß. An den Ausgleichsanspruch an sich bzw. dessen Höhe werden jedoch strenge Anforderungen gestellt. So muß es sich um die Daten von Stammkunden handeln, und es kommen Abzüge wegen einer Sogwirkung der Marke in Betracht. Der Ausgleichsanspruch nach

207 Vgl. S.287.

§ 89b HGB kann nicht vertraglich ausgeschlossen werden, da er zwingendes Recht darstellt. Ebenso schadet eine fehlende vertragliche Regelung hierzu nicht. In vielen der untersuchten Franchiseverträge wurde zu Unrecht ein Ausgleichsanspruch in analoger Anwendung des HGB ausdrücklich ausgeschlossen.

§ 90a HGB regelt den Umfang einer nachvertraglichen Wettbewerbsabrede. Bei analoger Anwendung auf das Franchising sind Wettbewerbsverbote für einen ausscheidenden Franchisenehmer nur bis zu zwei Jahren und nur für den vertraglichen Bezirk und für das betreffende Gewerbe zulässig. Laut Gruppenfreistellungsverordnung für Franchisevereinbarungen ist jedoch nur ein nachvertragliches Wettbewerbsverbot von einem Jahr nach Vertragsbeendigung per se freigestellt. Ein zweijähriges Verbot wäre denkbar, müßte jedoch von der EG-Kommission einzeln freigestellt werden. Außerdem muß der Franchisegeber dem ausgeschiedenen Franchisenehmer eine angemessene Vergütung, eine sogenannte Karenzentschädigung, zahlen.

Darüber hinaus sind von den Regelungen des Handelsvertreterrechts für das Franchising vor allem die Bestimmungen über die ordentliche und außerordentliche Kündigung (§§ 89 und 89a HGB) relevant. Darin wird geregelt, daß die Kündigungsfristen nicht zum Nachteil des Franchisenehmers bestimmt werden dürfen. Ferner haben in einem Franchisevertrag Aufzählungen außerordentlicher Kündigungsgründe keinen abschließenden Charakter. Sowohl Franchisegeber als auch Franchisenehmer besitzen immer ein außerordentliches Kündigungsrecht, falls ein wichtiger Grund für eine Kündigung vorliegt.

7 Wettbewerbsrechtliche Analyse des Franchising nach dem Gesetz gegen Wettbewerbsbeschränkungen

Die Zuweisung des Rechts, wer über das Ob und Wie des Vertriebs der Produkte oder Dienstleistungen des Herstellers zu entscheiden hat, bestimmt sich nach der mittelbaren Funktion der Wettbewerbsordnung, d.h. danach, eine möglichst effiziente Allokation der Produktionsfaktoren sicherzustellen und Wettbewerbsbeschränkungen zu verhindern, die diesem Ziel entgegenstehen. Das Gestaltungsrecht in bezug auf die Vertriebswege, dessen kartellrechtliche Relevanz in den §§ 15, 18, 22 und 26 Abs.2 GWB zum Ausdruck kommt, ist demjenigen zu belassen, bei dem nach dem Gebrauch des Rechts die Transaktionskosten minimiert werden. Nur so kann eine Leistungs- und Fortschrittsförderung, wie sie das GWB bezweckt, erreicht werden.[1] Eine Vertragskontrolle ist aber nur dann angebracht, wenn sich der Prozeß der Ausgestaltung der Vertragskonditionen nicht unter Wettbewerbsbedingungen abspielt. "Der Kontrollmechanismus des Wettbewerbs kann sich vor allem dann nicht entfalten, wenn die gesamte Branche aufgrund einer Absprache einheitliche Konditionen verwendet (insoweit aber Abhilfe durch §§ 1, 2, 12 und 25 GWB möglich), wenn eine Partei wirtschaftliches Übergewicht über die andere hat oder wenn die Markttransparenz fehlt."[2]

Ziel des Gesetzes gegen Wettbewerbsbeschränkungen (GWB) ist deshalb die Gewährleistung des Wettbewerbsbestandes, um eine freiheitliche Ordnung der sozialen Beziehungen aller Marktbeteiligten herzustellen. Hintergrund des Gesetzes ist die Annahme, daß ein freier und wirksamer Wettbewerb den größten Nutzen für die Gesamtwirtschaft, insbesondere die Verbraucher, besitzt. Das GWB versucht daher den Wettbewerb vor Beschränkungen jedweder Art zu schützen, die sich in seinem Geltungsbereich auswirken, und zwar auch dann, wenn sie außerhalb des Geltungsbereichs veranlaßt werden (§ 98 Abs.2 GWB).

Wettbewerbsbeschränkende Verträge werden im GWB in verschiedener Weise voneinander unterschieden. Im Vordergrund steht die Unterscheidung zwischen Ver-

---

1 Vgl. *Kirchner, C.*, Ökonomische Analyse, ZHR, 1980, S.583 ff.; *Köhler, H.*, Vertragsrecht, ZHR, 1980, S.607; *Ebenroth, C. / Parche, U.*, Absatzmittlungsverhältnisse, BB, 1988, S.21.

2 *Köhler, H.*, Vertragsrecht, ZHR, 1980, S.606.

trägen zu einem gemeinsamen Zweck und solchen ohne. Nur für die Verträge zu einem gemeinsamen Zweck, die sogenannten Kartelle, gibt es in den §§ 1 bis 14 GWB eine einheitliche Regelung. Verträge ohne gemeinsamen Zweck werden wiederum in solche unterschieden, die eine Beschränkung der Inhaltsfreiheit (§§ 15 bis 17 GWB) oder der Abschlußfreiheit (§§ 18 und 19 GWB) zum Gegenstand haben oder solche, die sich auf bestimmte gewerbliche Schutzrechte beziehen (§§ 20, 21 GWB). "Idealtypisch steht dahinter die Unterscheidung zwischen (horizontalen[3]) Verträgen zwischen aktuellen oder potentiellen Konkurrenten (§§ 1 bis 14 GWB) auf der einen Seite und vertikalen Bindungen im Rahmen von Absatzverhältnissen auf der anderen Seite (§§ 15 bis 21 GWB)."[4] Wettbewerbsbeschränkungen können aber auch durch einseitige Maßnahmen besonders mächtiger Unternehmen (§§ 22, 26 GWB) oder durch Unternehmenszusammenschlüsse (§§ 23 bis 24a GWB) hervorgerufen werden.

Beim Franchising können sowohl vertragliche Wettbewerbsbeschränkungen als auch solche aufgrund von Marktmacht auftreten. Zum einen schließt ein Franchisegeber mit seinen Franchisenehmern einen Vertrag, der diesen viele Beschränkungen auferlegt. Zum anderen kann ein wettbewerbsbeschränkendes oder diskriminierendes Verhalten eines marktmächtigen Franchisegebers dessen Franchisenehmer oder Dritte in ihrer Handlungsfreiheit beeinträchtigen. Aus diesem Grund wird im folgenden die Bedeutung der §§ 1, 15, 18, 20, 21, 22 und 26 Abs.2 GWB für Franchisevereinbarungen, insbesondere unter dem Gesichtspunkt einer möglichen Abhängigkeit der Franchisenehmer von ihren Franchisegebern, untersucht.

7.1 Das Verhältnis zwischen deutschem und europäischem Kartellrecht

Das Verhältnis zwischen deutschem und europäischem Kartellrecht[5] wird bestimmt durch den Grundsatz des Vorrangs des Gemeinschaftsrechts vor widersprechendem nationalen Recht. Aufgrund dieser Rechtsprechung des EuGH ist es den Mitgliedstaaten nicht erlaubt, die eigenständige Rechtsordnung des EGV (Vertrag zur Gründung der Europäischen Gemeinschaft) durch Maßnahmen in Frage zu stellen, die ihre Wurzeln im nationalen Recht haben. Die nationalen Richter dürfen vom Gemeinschaftsrecht abweichendes Recht nicht anwenden.

---

3 Zum System horizontaler Wettbewerbsbeschränkungen im deutschen Recht vgl. z.B. *Baier, M.*, Wettbewerbsbeschränkungen, WiSt, 1987, S.95 ff.

4 *Emmerich, V.*, Kartellrecht, 1991, S.132.

5 Vgl. im folgenden *Bunte, H.-J.*, in: *Langen/ Bunte*, Kartellrecht, Einführung zum EG-Kartellrecht, 1994, S.1429 ff., Rdnrn.48 ff.

Der Vorrang des Gemeinschaftsrechts gilt aber nur so weit, wie dieses den Sachverhalt regelt. Das Gemeinschaftsrecht (die Art.85 und 86 EGV) beurteilt einen wettbewerbsrechtlich relevanten Sachverhalt nach seinen Auswirkungen auf den zwischenstaatlichen Handel. Das nationale Recht kann hingegen einen anderen Schutzzweck verfolgen. Wenn vom nationalen und vom Gemeinschaftsrecht unterschiedliche Schutzzwecke verfolgt werden, so sind beide nebeneinander anwendbar. Die Rechtsfolgen kumulieren sich, und das strengere Recht setzt sich durch.

Kommt es bei der gleichzeitigen Anwendung innerstaatlicher und gemeinschaftsrechtlicher Normen zu Konflikten, so ist das Gemeinschaftsrecht vorrangig. Ein Konflikt liegt nicht vor, wenn Gemeinschaftsrecht und nationales Recht zu der gleichen Rechtsfolge gelangen, wenn das Gemeinschaftsrecht strenger ist als das nationale Recht oder wenn die Gemeinschaft auf die Durchsetzung des Kartellverbots aus Rechts- oder Opportunitätsgründen verzichtet. Es ist ebenfalls kein Konflikt gegeben, wenn die Kommission zur Nichtanwendbarkeit der Art.85 und 86 EGV Stellung nimmt. Ein möglicher Konfliktfall ist die Freistellung der Kommission nach Art.85 Abs.3 EGV, die durch Einzelentscheidung oder gruppenweise durch Verordnung erteilt werden kann. Der Gerichtshof sieht die Möglichkeit eines Konfliktes, wenn die Freistellung der Kommission den Charakter eines positiven, obgleich mittelbaren Eingriffs zur Förderung einer harmonischen Entwicklung des Wirtschaftslebens innerhalb der Gemeinschaft hat. Ob Freistellungen immer solche Eingriffe darstellen, ist umstritten.

Unumstritten ist hingegen, daß die Gruppenfreistellungsverordnungen am Vorrang des Gemeinschaftsrechts in vollem Umfang teilhaben. Gruppenfreistellungen vom Kartellverbot nach Art.85 Abs.3 EGV setzen sich demgemäß immer gegenüber einem nationalen Verbot durch. Eine konkurrierende Anwendung des innerstaatlichen Rechts ist aber insoweit zulässig und möglich, als sie die beabsichtigten Wirkungen der gemeinschaftsrechtlichen Vorschrift oder Maßnahme unbeeinträchtigt läßt. Die Anwendung des nationalen Rechts ist auch so lange möglich, wie der Wesenskern der Freistellungsentscheidung oder -verordnung nicht angetastet wird. Die nationalen Kartellbehörden können einen einzeln oder gruppenweise freigestellten Vertrag oder Beschluß nicht verbieten oder die Beteiligten mit Geldbußen belegen.

Das nationale Recht wird an dieser Stelle aber deshalb vor dem europäischen Kartellrecht diskutiert, da bei Fehlen des Zwischenstaatlichkeitsmerkmals allein das deutsche Kartellrecht anwendbar ist.[6] Insbesondere bei Neugründungen von Franchisesystemen kann dies der Fall sein. Viele der im deutschen Kartellrecht verwende-

6 Vgl. zur spürbaren Beeinträchtigung des zwischenstaatlichen Handels Abschnitt 8.2 (S.367 ff.).

ten Argumente finden sich auch im europäischen Kartellrecht und in der Gruppenfreistellungsverordnung wieder. Die ausführliche Diskussion bestimmter Bindungen nach deutschem Kartellrecht erleichtert somit das Verständnis des Gemeinschaftsrechts.

7.2 Die Relevanz des Kartellverbots nach § 1 GWB

Es besteht die Möglichkeit, daß es sich bei Franchisesystemen um Kartelle handelt, da Franchisegeber und Franchisenehmer eigene Unternehmen führen, beide vertraglich miteinander verbunden sind, und von diesem Vertrag auch Wettbewerbsbeschränkungen ausgehen können. Deshalb muß zum einen die Beziehung zwischen einem Franchisegeber und einem Franchisenehmer untersucht werden, zum anderen muß die Möglichkeit in Betracht gezogen werden, daß die Franchisenehmer untereinander oder alle Franchisenehmer zusammen mit dem Franchisegeber ein Kartell bilden. Außerdem gilt es Sonderfälle zu beurteilen, wie etwa den Fall, daß Franchisenehmerbeiräte existieren.

7.2.1 Zielsetzung und Voraussetzungen des § 1 GWB

Laut § 1 Abs.1 S.1 GWB sind Verträge, die Unternehmen oder Vereinigungen von Unternehmen zu einem gemeinsamen Zweck schließen, und Beschlüsse von Vereinigungen von Unternehmen unwirksam, soweit sie geeignet sind, die Erzeugung oder die Marktverhältnisse für den Verkehr mit Waren oder gewerblichen Leistungen durch Beschränkung des Wettbewerbs zu beeinflussen (sogenannte Kartelle). Bestimmt das Gesetz gegen Wettbewerbsbeschränkungen etwas anderes, so gilt Abs.1 nicht (§ 1 Abs.1 S.2 GWB).

Rechtsfolge eines verbotenen Kartellvertrages ist gemäß § 1 GWB die Unwirksamkeit desselben. Setzen sich die Beteiligten über die Unwirksamkeit hinweg, dann begehen sie eine Ordnungswidrigkeit, die mit einer Geldbuße geahndet werden kann (§§ 38 Abs.1 Nr.1, 39 GWB). Des weiteren können unter bestimmten Voraussetzungen Dritte, die durch die Beschränkung des Wettbewerbs auf einem bestimmten Markt beeinträchtigt werden, Schadensersatzansprüche geltend machen, da dieser Paragraph ein Schutzgesetz im Sinne des § 35 Abs.1 GWB ist.

Um § 1 GWB, der nur horizontale Verträge[7] und Verhandlungsstrategien erfaßt, anwenden zu können, müssen folgende Voraussetzungen erfüllt sein:

---

7 Unter dem Begriff "horizontale Verträge" versteht man Verträge zwischen Unternehmen derselben Wirtschaftsstufe.

1. Franchisegeber und Franchisenehmer müssen *Unternehmen* im Sinne des GWB führen:

Die Unternehmenseigenschaft wird im Wettbewerbsrecht weit ausgelegt. Jede aktive Teilnahme am Wirtschaftsleben bzw. das Betreiben eines Gewerbes erfüllt den Unternehmensbegriff (sog. funktionaler Unternehmensbegriff). Unter Umständen genügt bereits die Möglichkeit, als Unternehmen tätig zu sein (potentielles Unternehmen).[8] Außerdem ist erforderlich, daß die Unternehmen im Verhältnis zueinander rechtlich und wirtschaftlich selbständig sind; Vereinbarungen zwischen Konzernunternehmen werden von § 1 GWB nicht erfaßt. Bei den Franchisenehmern handelt es sich um rechtlich und wirtschaftlich selbständige Unternehmen, die aktiv am Wirtschaftsleben teilnehmen. Auch der interessenwahrende Charakter des Franchisevertrags ändert nichts daran, da die Unternehmenseigenschaft davon nicht berührt wird.[9]

2. Ein Unternehmen muß mit einem oder mehreren anderen Unternehmen einen *Vertrag* schließen:

Zwischen Franchisegeber und Franchisenehmer existiert ein Vertrag, bei dem es sich um übereinstimmende Willenserklärungen der Vertragsparteien handelt, durch die bestimmte Rechtsfolgen begründet werden sollen. Die Voraussetzung des Vorliegens eines Vertrages ist folglich ebenso wie die der Unternehmenseigenschaft erfüllt.

3. Dieser Vertrag muß dazu geeignet sein, den *Wettbewerb zu beschränken und die Marktverhältnisse zu beeinflussen*:

Eine weitere Voraussetzung des § 1 GWB ist, daß der Vertrag (oder Beschluß) dazu geeignet sein muß, die Marktverhältnisse durch Beschränkung des Wettbewerbs zu beeinflussen. Gemeint ist damit eine Beeinträchtigung der wettbewerblichen Handlungsfreiheit als Anbieter oder Nachfrager. Auch die Schaffung künstlicher Marktzutrittsschranken stellt eine Wettbewerbsbeschränkung im Sinne des § 1 GWB dar. Eine abschließende Definition des Begriffs "Wettbewerbsbeschränkung" ist laut Emmerich aber derzeit noch nicht möglich.[10] Durch § 1 GWB werden nicht nur formale Handlungsbeschränkungen erfaßt, sondern auch schon die Beeinflussung der Entschließungsfreiheit. Eine solche liegt vor, wenn es der gemeinsamen Zielvorstellung und kaufmännischen Vernunft widerspricht, sich in einer bestimmten Weise zu verhalten. Der Begriff der Beschränkung des Wettbewerbs betrifft nur das Innenverhältnis der beteiligten Unternehmen, die Beeinflussung der Marktverhältnisse, die daraus folgt, betrifft das Außenverhältnis. Vereinbarungen ohne Außenwirkung unter-

---

8 Vgl. *Bechtold, R.*, Kartellgesetz-Kommentar, 1993, § 1, S.26, Rdnr.2.
9 Vgl. *Epp, W.*, Franchising, 1994, S.54.
10 Vgl. *Emmerich, V.*, Kartellrecht, 1991, S.60.

liegen nicht dem Kartellverbot. Durch die Wettbewerbsbeschränkung muß also eine Beeinflussung der Marktverhältnisse bewirkt werden. Mit dem Begriff "Marktverhältnisse" ist die Summe aller derjenigen Eigenschaften gemeint, die einem bestimmten Markt das Gepräge geben. Eine Beeinflussung der Marktverhältnisse liegt folglich dann vor, wenn die Produktions- und Marktverhältnisse von Gütern und Dienstleistungen durch die Wettbewerbsbeschränkung verändert werden. Die Abgrenzung des relevanten Marktes hat bei § 1 GWB - ebenso wie bei den §§ 18, 22 und 26 Abs.2 GWB - in sachlicher und räumlicher Hinsicht zu erfolgen. Die sachliche Abgrenzung wird von dem Konzept der funktionellen Austauschbarkeit bestimmt.[11] Darunter versteht man die Austauschbarkeit einer Ware mit einer anderen aufgrund ihrer Gleichartigkeit.[12] Der räumlich relevante Markt deckt sich i.d.R. mit dem Hauptabsatzgebiet einer Ware.[13]

Die Marktbeeinflussung muß außerdem spürbar sein, d.h., die Wahlmöglichkeiten der Marktgegenseite müssen in einer fühlbaren und praktisch ins Gewicht fallenden Weise beeinträchtigt werden.[14] Wichtige Hinweise auf eine spürbare Marktbeeinflussung sind die Zahl der Marktbeteiligten und der Marktanteil des Kartells. Bei Kooperationsverträgen kleiner und mittlerer Unternehmen mit Marktanteilen unter 5% vertritt das BKartA die Auffassung, daß die Spürbarkeit der Wettbewerbsbeschränkung und damit die Anwendbarkeit des Kartellverbots generell zu verneinen sei.[15] Franchiseverträge können die Marktverhältnisse durch Beschränkung des Wettbewerbs also dann spürbar beeinflussen, wenn die Zahl der Marktbeteiligten und der Marktanteil des Kartells entsprechend hoch ist. Diese Voraussetzung kann von Franchisesystemen folglich erfüllt werden.

Bei der Anwendung des § 1 GWB war lange Zeit strittig, ob die Wettbewerbsbeschränkung "Gegenstand" des Vertrages ("Gegenstandstheorie") sein müsse oder ob die Bezweckung einer Wettbewerbsbeschränkung bereits ausreiche ("Zwecktheorie"). Vertreter einer dritten Theorie wollten es als ausreichend ansehen, wenn die Wettbewerbsbeschränkung bloße Folge des Vertrages oder Beschlusses sei ("Folgetheorie"). Heute hat sich die Zwecktheorie durchgesetzt.[16]

---

11 Vgl. dazu die Abgrenzung des relevanten Marktes in den §§ 18 und 26 GWB.

12 Vgl. zum Begriff der Gleichartigkeit auch § 18 GWB, S.321 f. und § 26 Abs.2 GWB, S.349.

13 Vgl. *Emmerich, V.*, Kartellrecht, 1991, S.66.

14 Vgl. *Bechtold, R.*, Kartellgesetz-Kommentar, 1993, § 1, S.36 f., Rdnrn.19 ff.

15 Vgl. *Bekanntmachung* Nr.57/80 vom 8.7.1980, BAnz. 1980 Nr.133, S.6.

16 Vgl. *Bechtold, R.*, Kartellgesetz-Kommentar, 1993, § 1, S.32, Rdnr.12.

4. Der Vertrag muß zu einem *gemeinsamen Zweck* abgeschlossen werden:

Die Auslegung des Begriffs "gemeinsamer Zweck" in § 1 GWB ist eine andere als die des gleichen Begriffs in § 705 BGB.[17] Emmerich sieht die wenig befriedigenden wettbewerbspolitischen Konsequenzen als Grund für die Abwendung von der Orientierung an § 705 BGB an.[18] Martinek hält allerdings immer noch an dieser Orientierung fest.[19] Heute richtet sich die Auslegung des Begriffes in § 1 GWB nach dem funktionalen Ansatz. Darunter versteht man, daß ein gemeinsamer Zweck dann bereits gegeben ist, wenn aktuelle oder potentielle Wettbewerber wechselseitig oder auch nur einseitig den Wettbewerb untereinander beschränken. Folglich sind die von § 1 GWB erfaßten Kartelle Verhaltenskoordinationen von Wettbewerbern auf einem Markt, welche den Ausschluß des Wettbewerbs untereinander bezwecken. Somit ist neben § 1 GWB noch § 25 Abs.1 GWB zu nennen, der ein aufeinander abgestimmtes Verhalten von Unternehmen oder Vereinigungen von Unternehmen, das nach dem GWB nicht zum Gegenstand einer vertraglichen Bindung gemacht werden darf, verbietet. Für die Anwendbarkeit der §§ 1 und 25 Abs.1 GWB auf das Franchising kommt es also darauf an, ob aktueller oder potentieller Wettbewerb ein- oder zweiseitig beschränkt wird. Bei reinen Franchisesystemen[20] gibt es keinen aktuellen Wettbewerb zwischen Franchisegeber und Franchisenehmern, da die Beteiligten nicht wie erforderlich auf der gleichen Marktstufe tätig sind.

In bezug auf den potentiellen Wettbewerb läßt sich festhalten, daß Franchisegeber grundsätzlich potentielle Wettbewerber der Franchisenehmer sind. Allerdings müssen neben einem gewissen Wahrscheinlichkeitsgrad der Realisierung des Wettbewerbsverhältnisses auch noch die Eintrittsfähigkeit und die Eintrittsbereitschaft des potentiellen Wettbewerbers bei der Diskussion um den potentiellen Wettbewerb mit berücksichtigt werden. Eintrittsfähigkeit bedeutet, daß der potentielle Wettbewerber auch objektiv in der Lage sein muß, in den betreffenden Markt einzutreten. Hierbei spielen vor allem finanzielle Aspekte eine entscheidende Rolle. Die Neigung zum Markteintritt eines potentiellen Wettbewerbers bezeichnet man als Eintrittsbereitschaft. Ekkenga verneint ein potentielles Wettbewerbsverhältnis zwischen Franchisegeber und Franchisenehmern, wenn dem Franchisegeber die Finanzkraft zur Aufnahme des Wett-

---

17 Vgl. *Bechtold, R.*, Kartellgesetz-Kommentar, 1993, § 1, S.28, Rdnr.5; BGH-Urteil vom 27.5.1986, NJW-RR, 1986, S.1487; vgl. hierzu auch Abschnitt 5.1.4 (S.182).

18 Vgl. *Emmerich, V.*, Kartellrecht, 1991, S.56.

19 Vgl. *Martinek, M.*, Franchising, 1987, S.530.

20 Der Begriff "reines" Franchisesystem bedeutet, daß der Franchisegeber keine Filialen und kein eigenes Franchisegeschäft betreibt.

bewerbs fehlt.[21] Für Epp steht die mangelnde Eintrittsbereitschaft des Franchisegebers einem potentiellen Wettbewerbsverhältnis entgegen. Vor allem wirtschaftliche Gründe würden die Franchisegeber daran hindern, von der theoretischen Eintrittsmöglichkeit Gebrauch zu machen.[22]

Der Bundestag gab zu bedenken, daß zunehmend Systeme entstünden, die die vertikale Struktur des klassischen Franchising aufgeben und rein horizontale Kooperationen darstellen, in denen die Mitglieder gemeinsam - teilweise durch Gründung neuer Gemeinschaftsunternehmen - einheitliche Marketingstrategien entwickeln. Diese Systeme werden von der Bundesregierung nicht als klassisches Franchising akzeptiert und unterliegen dem Kartellverbot des § 1 GWB.[23]

Als Fazit ergibt sich, daß die Voraussetzung des gemeinsamen Zwecks bei Franchiseverträgen nicht erfüllt ist, so daß es sich bei ihnen i.d.R. nicht um Horizontalverträge, sondern um Vertikalverträge handeln wird. Deren Beurteilung basiert auf den §§ 15 ff. GWB und - wenn es sich um marktbeherrschende oder marktstarke Franchisesysteme handelt - auf den §§ 22 und 26 GWB.[24]

7.2.2 Besonderheiten in Franchisesystemen

Allerdings könnte in Ausnahmefällen § 1 GWB auf Franchisesysteme dennoch Anwendung finden. Dies ist dann der Fall, wenn Franchisegeber und Franchisenehmer auf der gleichen Wirtschaftsstufe tätig werden. Deshalb sind im folgenden die wettbewerblichen Auswirkungen von Mischsystemen, Franchisenehmerbeiräten und Gesellschaftsverträgen in Franchisesystemen zu untersuchen.

§ 1 GWB und Mischsysteme:

Da bei Mischsystemen (ein Unternehmen hat sowohl Filialen als auch Franchisegeschäfte) der Franchisegeber auf der Marktstufe der Franchisenehmer tätig wird, ist das Vorliegen von aktuellem oder potentiellem Wettbewerb denkbar. Zur Bestimmung des aktuellen Wettbewerbs ist eine Abgrenzung der Handelsmärkte notwendig. Bei geographisch weit auseinander liegenden Märkten von Franchisegeber und Franchisenehmern

---

21 Vgl. *Ekkenga, J.*, Vertikale Gruppenkooperation, Die AG, 1987, S.376.

22 Vgl. *Epp, W.*, Franchising, 1994, S.65 f.

23 Vgl. *Deutscher Bundestag (Hrsg.)*, Selbständiger Mittelstand, BT-Drucksache, 10/6090 vom 30.09.1986; vgl. Abschnitt 7.2.2 (S.300).

24 Siehe dazu Abschnitt 7.8 (S.339 ff.) und Abschnitt 7.9 (S.347 ff.).

ist ein aktueller Wettbewerb zu verneinen.[25] Bei dicht nebeneinander liegenden Märkten besteht ein aktueller Wettbewerb, da die Verbraucher dann Franchisegeber und Franchisenehmer als Wettbewerber wahrnehmen. Der potentielle Wettbewerb zwischen den Filialen des Franchisegebers und den Franchisenehmern des Systems kann sowohl vom Franchisegeber als auch von den Franchisenehmern betrieben werden. Der Fall, daß ein Franchisegeber als potentieller Wettbewerber der Franchisenehmer auftritt, ist unwahrscheinlich, da es ihm aus ökonomischen Gründen an der Eintrittsbereitschaft fehlen wird. In der Regel ist es für den Franchisegeber ökonomisch effizienter, zu franchisieren als zu filialisieren. Nur wenn diese wirtschaftlichen Gründe wegfallen, wird der Franchisegeber als potentieller Wettbewerber der Franchisenehmer in Frage kommen. Aber auch die Franchisenehmer können potentielle Wettbewerber des Franchisegebers sein. Sowohl Eintrittsfähigkeit als auch Eintrittsbereitschaft können unter Umständen gegeben sein. Es kann deshalb nicht ausgeschlossen werden, daß Mischsysteme unter § 1 GWB fallen.

Martinek weist noch auf den Fall hin, daß Filialen auch als Test- oder Pilotprojekte in Marktverantwortungsbereichen fungieren können, die deutlich von denen der Systempartner getrennt sind. Dann sei aber aufgrund nicht ausreichender Bedrohlichkeit des potentiellen Wettbewerbsverhältnisses eine Anwendbarkeit des § 1 GWB zu bezweifeln.[26]

§ 1 GWB und Franchisenehmerbeiräte:

Oftmals bilden Franchisenehmer auf eigene Initiative oder auf die des Franchisegebers hin Franchisenehmerbeiräte. Diese können sich in ihrer Funktion und in ihren Rechten gegenüber dem Franchisegeber erheblich voneinander unterscheiden. Rein beratende Beiräte und nur mitspracheberechtigte Beiräte bilden mit dem Franchisegeber keinen horizontalen Verbund. Haben die Beiräte dagegen Entscheidungsbefugnisse in Teilbereichen, die die Geschäftspolitik des Franchisegebers beeinflussen können, werden die §§ 1 und 25 Abs.1 GWB auf das Verhalten der Franchisenehmer anwendbar sein.[27] Die Klausel, nach der die Franchisenehmer zueinander ein *freundschaftliches Verhältnis* zu pflegen haben, führt zu einer Art "Begünstigtenstellung" der Franchisenehmer eines Systems, die bei der kartellrechtlichen Bewertung des Gesamt-

25 Vgl. *Tietz, B.*, Handbuch Franchising, 1991, S.555.
26 Vgl. *Martinek, M.*, Vertragstypen, 1992, S.177.
27 Vgl. *Epp, W.*, Franchising, 1994, S.82 ff. und *Martinek, M.*, Franchising, 1987, S.544 ff.

systems nicht außer Betracht bleiben darf. Hier müssen die §§ 1 ff. GWB zugrunde gelegt werden.[28]

§ *1 GWB und Gesellschaftsverträge:*

Bei einer gesellschaftsvertraglichen Beteiligung der Franchisenehmer an der Franchisegebergesellschaft verhält es sich ähnlich wie mit den Beiräten. Nur eine Beteiligung mit Einfluß auf die Systemsteuerung und auf die Bestimmung des eigenen Marktverhaltens wird von § 1 GWB erfaßt. Dabei dient die Höhe der Beteiligung als Abgrenzungsmerkmal. Sollten im Ausnahmefall einem Franchisenehmer mit einer niedrigen Beteiligung dennoch Entscheidungsbefugnisse zustehen, dann ist auf diese Befugnisse bei der Subsumtion des § 1 GWB abzustellen. Eine gesellschaftsvertragliche Beteiligung kann also aufgrund der Beteiligungshöhe und/oder der Entscheidungsbefugnisse § 1 GWB unterliegen.[29] Dies gilt auch für Abwehrzusammenschlüsse des Einzelhandels gegen Großunternehmen, die zwar häufig genossenschaftlichen Charakter haben, sich aber in Verbindung mit Eigenmarken auch als Franchisesysteme darstellen können.[30] Der Kartellcharakter eines Franchisesystems wurde vom BKartA bestätigt, da eine Identität von Gesellschaftern des Franchisegebers und Franchisenehmern vorlag. Der Kreis der Gesellschafter war in diesem Franchisesystem identisch mit den Unternehmen, die als Franchisenehmer der Gesellschaft in den Franchiseverträgen erschienen. Auch der Unternehmensgegenstand der GmbH und der Vertragsgegenstand des Franchisevertrages waren identisch. Das Vertragssystem diente als Sternvertrag einem gemeinsamen Zweck.[31] Das Kartellamt erteilte dem Franchisesystem die Erlaubnis zur Bildung eines Rationalisierungskartells, da das Vorhaben die Voraussetzungen des § 5 Abs.2 und 3 GWB erfüllte.

7.2.3 Gesamtvertragsbetrachtung

Zwar ist die Anwendung von § 1 GWB auf die vertragliche Beziehung zwischen einem Franchisegeber und seinen einzelnen Franchisenehmern in "reinen" Franchisesystemen ausgeschlossen, jedoch muß auch das Franchisesystem als Ganzes einer kartellrechtlichen Prüfung unterzogen werden. Es muß untersucht werden, ob die

---

28 Vgl. *Blaurock, U.*, Franchisesysteme, 1984, S.27.

29 Vgl. *Epp, W.*, Franchising, 1994, S.85 f.

30 Vgl. *Blaurock, U.*, Franchisesysteme, 1984, S.27.

31 Vgl. BKartA, Beschluß vom 31.03.1987, WuW/E 1987, S.1051 ff. "System-gut Logistik Service" und BKartA, Beschluß vom 01.06.1989, WuW/E 1989, S.851 ff. "German Parcel Paket-Logistik".

Franchisenehmer untereinander oder die Franchisenehmer mit dem Franchisegeber zusammen ein Kartell bilden. Das bloße Vorliegen einer Vielzahl gleichartiger Verträge mit vertikalen Bindungen erfüllt noch nicht den Kartelltatbestand. Laut KG kommt es auf eine zusammenfassende Betrachtung gleichlautender Vertikalverträge an. Wenn alle Verträge gemeinsam geeignet seien, die Marktverhältnisse zu beeinflussen, handele es sich um ein Kartell.[32] In der Literatur wird dieser Grundsatz als Lehre von der kartellrechtlichen Funktionseinheit bezeichnet.[33] Anderer Meinung ist Epp, für den eine Gesamtvertragsbetrachtung beim Franchising nicht möglich ist, da dort nur Vertikalverträge, aber keine Horizontalverträge vorliegen. Allerdings könnte unter den Franchisenehmern eine Verhaltensabstimmung stattfinden. Um von einer kartellrechtlich relevanten Verhaltensabstimmung im Sinne der §§ 1 und 25 Abs.1 GWB reden zu können, ist die Kontaktaufnahme zwischen Konkurrenten zum Zwecke der Information der anderen Unternehmen über das eigene geplante Verhalten oder zum Zwecke der Beeinflussung des Verhaltens der anderen Unternehmen mit dem Ziel der Ausschaltung von Wettbewerbsrisiken notwendig.[34] Die Franchisenehmer können aber gerade nicht über den Franchisegeber und dessen Geschäftspolitik entscheiden, denn die Gründungsinitiative und die Leitungsmacht des Franchisesystems liegen beim Franchisegeber. Nach Erachten von Epp fehlt es zudem an der Willensübereinkunft der Franchisenehmer über ein abgestimmtes Verhalten, da der mittelbare Kontakt zwischen den Franchisenehmern untereinander über den Franchisegeber nicht ausreicht, um von einem Kartell reden zu können. Der einzelne Franchisenehmer mache sein Verhalten nicht von dem der anderen Franchisenehmer abhängig, sondern von den Vorgaben des Franchisegebers. Im Falle von Franchisenehmerbeiräten mit Entscheidungsbefugnissen bzw. von gesellschaftsvertraglichen Beteiligungen der Franchisenehmer mit Entscheidungsbefugnissen, sei eine horizontale Verhaltensabstimmung aber gegeben.[35]

Wird jedoch ein Franchisesystem neu gegründet, dann wird dadurch in der Regel der Wettbewerb nicht beschränkt, sondern erweitert. Waren die Franchisenehmer aber vor ihrem Eintritt in das System "potentielle" Wettbewerber des Franchisegebers, so könnte doch eine Wettbewerbsbeschränkung vorliegen. Für diesen Fall liegt jedoch dann keine Wettbewerbsbeschränkung vor, wenn die betreffenden Bindungen Nebenbedingungen eines wettbewerblich neutralen Hauptvertragszwecks sind. Gemeint sind

32 Vgl. KG-Urteil vom 19.06.1975, BGHZ 65, S.30 ff.

33 Vgl. *Steindorff, E.*, Handelsgenossenschaften, BB-Beilage, 3/1979, S.6.

34 Vgl. *Emmerich, V.*, Kartellrecht, 1991, S.51 f.

35 Vgl. *Epp, W.*, Franchising, 1994, S.77 ff.

damit solche Vereinbarungen, die zur Aufrechterhaltung des Know-how und Ansehens des Franchisesystems (funktions-) notwendig sind.[36] Gebiets- und Preisbindungen würden demnach gegen § 1 GWB verstoßen, da sie nicht funktionsnotwendig, sondern bloß funktionsförderlich sind.

7.2.4 Freistellungsmöglichkeiten von Kartellen nach § 5b GWB

Sollte ein Franchisesystem § 1 GWB unterliegen, so ist zu prüfen, ob nicht eine Freistellung nach den §§ 2 bis 8 GWB möglich ist. Eine Freistellung für Konditionenkartelle (§ 2 GWB), Rabattkartelle (§ 3 GWB) und Strukturkrisenkartelle (§ 4 GWB) kommt aufgrund der speziellen Ausrichtung der Paragraphen für Franchisesysteme nicht in Betracht. Auch die §§ 5 (Rationalisierungskartelle), 5a (Spezialisierungskartelle), 5c (Einkaufskartelle), 6 (Ausfuhrkartelle), 7 (Einfuhrkartelle) und 8 GWB (Sonderkartelle) scheiden aus diesem Grund aus. Nach § 5b GWB sind aber Kooperationserleichterungen für kleine oder mittlere Unternehmen von § 1 GWB unter bestimmten Voraussetzungen freigestellt. Dort heißt es: "§ 1 GWB gilt nicht für Verträge und Beschlüsse, die die Rationalisierung wirtschaftlicher Vorgänge durch eine andere als die in § 5a bezeichnete Art der zwischenbetrieblichen Zusammenarbeit zum Gegenstand haben, wenn dadurch der Wettbewerb auf dem Markt nicht wesentlich beeinträchtigt wird und der Vertrag oder Beschluß dazu dient, die Leistungsfähigkeit kleiner oder mittlerer Unternehmen zu fördern." § 5b GWB betrifft alle Rationalisierungsvereinbarungen, die nicht auf Spezialisierung (siehe dazu § 5a GWB) beruhen. Besondere Bedeutung hat § 5b GWB für Rationalisierungen durch gemeinsamen Vertrieb erlangt. Diese Vereinbarungen können sich auch auf Preisabreden oder die Bildung von gemeinsamen Beschaffungs- und Vertriebseinrichtungen beziehen (§ 5b Abs.2 i.V.m. § 5a Abs.3 GWB).[37]

Kooperationsvereinbarungen zwischen kleinen und mittleren Unternehmen sind nach § 5b GWB erlaubt, wenn der Wettbewerb nicht wesentlich beeinflußt und die Leistungsfähigkeit dieser Unternehmen gefördert wird. Dabei ist jedoch nicht abschließend geklärt, was unter den Begriffen "nicht wesentliche Beeinträchtigung des Wettbewerbs" und "kleine oder mittlere Unternehmen" zu verstehen ist. Maßstab für die Stärke der Wettbewerbsbeeinträchtigung können die Marktanteile der Beteiligten, die Marktstruktur sowie Art, Dauer und Grad der Beschränkung sein.[38] Die Abgren-

36 Hier existiert eine Parallele zu Art.85 Abs.1 EWGV; vgl. dazu Abschnitt 8.3 auf S.371 f.
37 Vgl. *Bechtold, R.*, Kartellgesetz-Kommentar, 1993, § 5b, S.72, Rdnr.2.
38 Vgl. *Emmerich, V.*, Kartellrecht, 1991, S.109.

zung der kleinen und mittleren Unternehmen von großen Unternehmen wird anhand der Aufgreifkriterien der Fusionskontrolle (§§ 23 ff. GWB) vorgenommen. Emmerich weist darauf hin, daß für absolute Kriterien bei der Abgrenzung kein Raum sei.[39] Bei der Abgrenzung kommt es auf die beteiligten Unternehmen einschließlich der mit ihnen verbundenen Unternehmen an; im Sinne von § 17 AktG herrschende und abhängige Unternehmen sind also einzubeziehen.[40] Nicht durch § 5b GWB freigestellt sind Preiskartelle und Vereinbarungen über einen absoluten Gebietsschutz, da diese Abreden primär der Ausschaltung des Wettbewerbs und nicht der Rationalisierung in den beteiligten Unternehmen dienen. Vertriebs- oder Bezugsbindungen eines nach § 5b GWB freigestellten Franchisesystems sind nur in dem von § 18 GWB gezogenen Rahmen zulässig.[41] Gegen die Beteiligung nur eines Großunternehmens (Franchisegeber) an einem Mittelstandskartell bestehen keine Bedenken, wenn der Rationalisierungserfolg nicht ohne dieses Unternehmen eintritt. Da der Rationalisierungserfolg jedoch gerade durch die Mitwirkung des Franchisegebers zustande kommt, können Franchisesysteme mit begrenztem Gebietsschutz und vom Franchisegeber festgelegten Preisspannen deshalb über § 5b GWB vom Kartellverbot des § 1 GWB freigestellt werden.[42]

7.3 Preisgestaltung und Geschäftsbedingungen nach § 15 GWB

Die §§ 15 ff. GWB regeln die sogenannten "sonstigen Verträge". Diese sonstigen wettbewerbsbeschränkenden Verträge sind im Gegensatz zu den Kartellverträgen, die zu einem gemeinsamen Zweck geschlossen werden und daher horizontale Bindungen enthalten, auf den bloßen Austausch gegenseitiger Leistungen gerichtet. Wesentliches Merkmal der §§ 15 ff. GWB ist, daß sie die Freiheit eines Vertragsbeteiligten, Verträge mit Dritten abzuschließen und deren Inhalt zu gestalten, beschränken. Auch durch solche Individualverträge mit vertikalen Bindungen wird der Wettbewerb auf dem Markt beschränkt. Selbst wenn Franchisesysteme nach den §§ 1 ff. GWB zu beurteilen sind, sind im Rahmen der Zulässigkeitsprüfung der vertikalen Elemente des Vertragssystems die in den §§ 15 ff. GWB enthaltenen Wertungen mit einzubeziehen.

Verträge zwischen Unternehmen über Waren oder gewerbliche Leistungen, die sich auf Märkte innerhalb des Geltungsbereiches des Gesetzes gegen Wettbewerbsbeschrän-

---

39 Vgl. *Emmerich, V.*, Kartellrecht, 1991, S.108; vgl. dazu auch die entsprechende Diskussion zu § 26 Abs.2 GWB in Abschnitt 7.9 (S.347 ff.).

40 Vgl. *Bechtold, R.*, Kartellgesetz-Kommentar, 1993, § 5b, S.73, Rdnr.4.

41 Vgl. *Blaurock, U.*, Franchisesysteme, 1984, S.28.

42 Vgl. *Epp, W.*, Franchising, 1994, S.97.

kungen beziehen, sind nach § 15 GWB nichtig, soweit sie einen Vertragsbeteiligten in der Freiheit der Gestaltung von Preisen oder Geschäftsbedingungen bei solchen Verträgen beschränken, die er mit Dritten über die gelieferten Waren, über andere Waren oder über gewerbliche Leistungen schließt.[43] § 15 GWB schützt die Freiheit der Parteien des Erstvertrages hinsichtlich der Gestaltung des Inhalts von "Zweitverträgen" mit Dritten. Der Schutz des § 15 GWB bezieht sich auf alle durch die Bindung betroffenen Dritten und den Wettbewerb als Institution. Bei § 15 GWB handelt es sich um ein Schutzgesetz im Sinne des § 35 GWB. Danach ist derjenige, der vorsätzlich oder fahrlässig gegen eine Vorschrift des GWB verstößt, sofern diese Vorschrift den Schutz eines anderen bezweckt, diesem zum Ersatz des aus dem Verstoß entstandenen Schadens verpflichtet. § 15 GWB ist in Verbindung mit § 38 Abs.1 Nr.1 GWB ein gesetzliches Verbot. Verstößt eine Vertragsklausel dagegen, so ist sie nichtig, und der übrige Vertrag wird nach § 139 BGB beurteilt. Verstöße gegen § 15 GWB stellen eine Ordnungswidrigkeit i.S.d. § 38 Abs.1 Nr.1 GWB dar und können nach § 37a Abs.1 GWB untersagt werden.

Der Anwendungsbereich des § 15 GWB beschränkt sich auf Unternehmen und auf Verträge über Waren oder gewerbliche Leistungen. § 15 GWB verbietet jede unmittelbare oder mittelbare Fixierung der Preise oder einzelner Preisbestandteile in dem Erstvertrag für den Zweitvertrag sowie jede Einflußnahme auf die Geschäftsbedingungen des Zweitvertrages in dem Erstvertrag. In bezug auf die Preisgestaltung spricht man auch von einem Verbot der Preisbindung der zweiten Hand. Preisbindungen (dazu gehören auch Rabatte oder Skonti, Minimum- und Maximum-, Niedrig- und Hochpreise, Preisrahmen und Kalkulationshilfen) sind per se verboten, also auch dann, wenn sie sogar wettbewerbsfördernde Wirkungen hätten.

Zuerst einmal muß die Anwendbarkeit des § 15 GWB auf Franchiseverträge eruiert werden. Die Voraussetzung des Bezugs von Waren oder gewerblichen Leistungen wird bei allen Franchisingformen erfüllt. Der Anwendung des § 15 GWB (und der §§ 18, 20, 21 GWB) steht auch nicht die Natur des Franchisevertrages als Interessenwahrungsvertrag entgegen, da das GWB nicht zwischen Austausch- und Interessenwahrungsverträgen[44] unterscheidet, sondern nur Verträge zu einem gemeinsamen Zweck und sonstige Verträge kennt.[45] Auch an einer Zweistufigkeit des Vertrags-

---

43 Eine Ausnahme davon stellt die Zulässigkeit der Preisbindung bei Verlagserzeugnissen nach § 16 GWB dar, auf die hier wegen der geringen Relevanz für Franchisesysteme aber nicht eingegangen wird.

44 Zum Begriff des Interessenwahrungsvertrags siehe auch S.21.

45 Vgl. *Ebenroth, C. / Parche, U.*, Absatzmittlungsverhältnisse, BB, 1988, S.9; *Ebenroth, C.*, Absatzmittlungsverträge, 1980, S.75; § 15 GWB müsse, so Martinek, im Grundsatz bei sämtlichen Absatzmittlern, die im eigenen Namen und auf eigene Rechnung tätig sind, uneingeschränkte Anwendung finden. Das

aufbaus fehlt es nicht, da Franchisenehmer mit den Endverbrauchern regelmäßig im eigenen Namen und auf eigene Rechnung Verträge abschließen.

Allerdings wird eine Einschränkung des Verbots einer Preis- und Konditionenbindung bei Handelsvertreterverhältnissen von der herrschenden Meinung bejaht.[46] Um Franchisesysteme von der Anwendung des § 15 GWB ausnehmen zu können, müssen die Risiken eines Franchisenehmers denen eines Handelsvertreters entsprechen. Die Risiken eines Franchisenehmers sind aber gerade von denen eines Handelsvertreters verschieden, da ein Franchisenehmer das volle Geschäftsrisiko aus den von ihm abgeschlossenen Verträgen trägt.[47] Die Konsequenz daraus ist aber, daß bei einer Beurteilung nach dem Aspekt der Risikoverteilung eine Preisbindung im Franchising nicht zulässig wäre. Deshalb schlägt Epp vor, dem Aspekt der wirtschaftlichen Eingebundenheit mehr Gewicht zukommen zu lassen. Nach der Immanenzlehre, die zu dem gleichen Ergebnis führt wie der Ansatz der wirtschaftlichen Einheit, müßte es sich beim Franchisevertrag um ein kartellrechtsneutrales Rechtsverhältnis handeln, dem eine Bindung der Preise immanent ist, um diese wettbewerbsrechtlich für zulässig erklären zu können. Epp befindet den Aufbau eines Franchisesystems für kartellrechtsneutral. Er weist auf die Gefahr der Verbraucherverwirrung hin, die stark voneinander abweichende Preise innerhalb eines Franchisesystems mit sich bringen würden.[48] Minimale Preisabweichungen würden hingegen das "äußere" einheitliche Erscheinungsbild nicht gefährden. Deshalb sei beim Franchising die Festlegung von Preisspannen notwendig. Allerdings, so Epp, sei zu beachten, daß preissensitive Produkte kleinere Preisspannen haben müßten als andere.[49]

Im Einzelfall kann nach der Überzeugung Martineks eine Anwendung des § 15 GWB auf Franchisesysteme dann ausscheiden, wenn Franchisenehmer jedes unternehmerischen Spielraums beraubt sind. Sie seien dann "Handelsvertreter im Innenverhältnis", auf die eine Anwendung des § 15 GWB nicht möglich sei. Grundsätzlich sei aber eine Anwendbarkeit des § 15 GWB auf Franchisesysteme sowohl beim Waren- als auch beim Dienstleistungsfranchising gegeben. Hauptfunktion des Preis- und

---

betreffe natürlich auch das (Subordinations-) Franchising (vgl. *Martinek, M.*, Vertragstypen, 1992, S.179 f. und *derselbe*, Franchising, 1987, S.554).

46 Vgl. u.a. BGH-Beschluß vom 15.04.1986, DB, 1986, S.2221 ff.; *Epp, W.*, Franchising, 1994, S.110; *Martinek, M.*, Vertragstypen, 1992, S.178 ff.

47 Vgl. LG München I, Urteil vom 20.03.1985, NJW, 1985, S.1908.

48 So auch Bechtold, nach dessen Ansicht die Eingliederung in eine Franchiseorganisation unter dem Gesichtspunkt der auf die Einheitlichkeit des Auftretens gestützten Verbrauchererwartung zur Unanwendbarkeit des § 15 GWB auf Preisbindungen führen kann (vgl. *Bechtold, R.*, Kartellgesetz-Kommentar, 1993, § 15 GWB, S.111, Rdnr.9).

49 Vgl. *Epp, W.*, Franchising, 1994, S.127 ff.

Konditionenbindungsverbots sei bei Franchisesystemen, ebenso wie bei anderen vertraglichen Vertriebssystemen, die Sicherung eines systeminternen (oder produktinternen) Restwettbewerbs zwischen den Absatzmittlern als Anbieter des gleichen Produkts. § 15 GWB verhindere somit das Auftreten von Preis- oder Konditionenkartellen im Markt.[50] Auch Emmerich hält die Anwendbarkeit des § 15 GWB auf Franchiseverträge grundsätzlich für gegeben. Zwar werde das Weisungsrecht des Geschäftsherrn hinsichtlich der Preise und Konditionen bei Handelsvertretern und Kommissionären durch § 15 GWB nicht tangiert, bei Vertragshändlern und Franchisenehmern aber müsse die Rechtslage anders beurteilt werden, da diese selbständigen Kaufleute die Risiken aus den von ihnen abgeschlossenen Verträgen selber tragen müssen.[51]

Zeisberg hält Bestimmungen in Franchiseverträgen, die die Geschäftsbedingungen für Nachfolgeverträge inhaltlich festlegen, auch dann für nichtig, wenn es sich um für die Güte der Ware notwendige Gewährleistungsregeln handelt. Werde aber nur die Verpflichtung auferlegt, daß vom Franchisenehmer gegenüber dem Käufer bestimmte Kundendienstleistungen übernommen werden, werde es sich in der Regel um Abschlußbindungen handeln.[52] Abschlußbindungen werden im Gegensatz zu den Inhaltsbindungen nicht von § 15 GWB erfaßt.[53] Im einzelnen muß einem Franchisenehmer freigestellt sein, welche Transportunternehmen er beauftragt, welche Transportmittel er einsetzt, ob er seinen Abnehmern Mengenrabatte und Skonti gewährt, um das Lagerhaltungsrisiko zu senken, welche Zahlungsbedingungen er einräumt und welche Sicherheiten er akzeptiert. Kreditierungsrichtlinien des Franchisegebers, die den Franchisenehmern bestimmte Bedingungen zur Kreditform, den Kreditmodalitäten oder Kundengruppen auferlegen, sind nichtig. Auch Mindest- oder Höchstliefermengen des Franchisenehmers an Endverbraucher oder ein Entscheidungsrecht des Franchisegebers in bezug auf die an die Franchisenehmer zu liefernden Mengen greifen unzulässig in die unternehmerische Freiheit der Franchisenehmer ein und verstoßen gegen § 15 GWB. Ein Franchisenehmer muß seinen Abgabepreis an den Abnehmer selbst festlegen können.[54]

Eine Konditionenbindung im Sinne des § 15 GWB in einem Franchisevertrag wurde vom LG München als unzulässig qualifiziert. Das Gericht kam zu dem Ergeb-

50 Vgl. *Martinek, M.*, Vertragstypen, 1992, S.180 f.

51 Vgl. *Emmerich, V.*, Kartellrecht, 1991, S.140.

52 Vgl. dazu Abschnitt 7.6 (S.311 ff.).

53 Zum Franchising vgl. OLG Düsseldorf, Beschluß vom 24.05.1976, WuW/E OLG 1684 "Wimpy" und *Zeisberg, H.-J.*, Franchisevertrag, 1991, S.214.

54 Vgl. *Ebenroth, C. / Parche, U.*, Absatzmittlungsverhältnisse, BB, 1988, S.10 f.

nis, daß die Franchisenehmer nur Verträge gemäß festen, zum Vertragsgegenstand gemachten Vertragsmustern bzw. gemäß einem konkreten Angebot des Franchisegebers abschließen konnten. Die Konditionen der Zweitverträge seien demnach vollständig inhaltlich durch den Franchisevertrag bestimmt.[55]

Ein Verstoß gegen das Preisbindungsverbot wurde vom BGH im Pronuptia II-Urteil festgestellt. Ungeachtet der Vertragsbestimmungen, die nur von Richtlinien und empfohlenen Richtpreisen sprachen, hat der Franchisegeber die von den Franchisenehmern zu berechnenden Endverkaufspreise einseitig festgelegt und bei den Franchisenehmern durchgesetzt. Damit sei der Tatbestand der verbotenen Preisbindung nach § 15 GWB erfüllt.[56]

Auch das OLG München wandte die §§ 15 und 38 Abs.1 Nr.11 GWB auf ein Franchisesystem, in diesem Fall das Sixt-Autovermiet-Franchisesystem, an. In dem abgeschlossenen Franchisevertrag hieß es: "Um ein Funktionieren der Kooperation zu gewährleisten, wird dem Lizenznehmer empfohlen, die von Sixt veröffentlichten Mietpreise gemäß jeweils aufgelegter gültiger Preisliste und die von Sixt oder Budget mit Firmen, Reiseunternehmen oder Luftfahrtgesellschaften abgeschlossenen Rahmenvereinbarungen über Rabatte oder Sonderkonditionen zu übernehmen."[57] In der Praxis konnte sich der Franchisenehmer durch das Auftreten des Franchisegebers (im Geschäftsverkehr und in der Werbung mit einheitlichen Preisen in der Zeitungs- und Plakatwerbung, in Preislisten und Katalogen) der Übernahme dieser Preise kaum entziehen. Außerdem brachte der Verdrängungswettbewerb des Franchisegebers den Franchisenehmer in wirtschaftliche Schwierigkeiten. Nach Ansicht des OLG München hatte der Franchisegeber durch den Entschluß, Franchisenehmer in das System aufzunehmen, auch deren unternehmerische Eigenverantwortlichkeit zu respektieren.[58]

7.4 Mittelstandsempfehlungen nach § 38 Abs.2 GWB

Empfehlungen auszusprechen, die eine Umgehung der im GWB ausgesprochenen Verbote oder der von den Kartellbehörden aufgrund dieses Gesetzes erlassenen Verfügungen durch gleichförmiges Verhalten bewirken, ist nach § 38 Abs.1 Nr.11 GWB ordnungswidrig. Empfiehlt jemand den Abnehmern seiner Ware, bei der

55 Vgl. LG München I, Urteil vom 20.03.1985, NJW, 1985, S.1907; ähnlich auch OLG Köln, Beschluß vom 14.06.1976, WuW/E OLG 1716.

56 Vgl. BGH-Urteil vom 08.02.1994, WuW/E 1994, S.550 "Pronuptia II".

57 OLG München, Urteil vom 27.02.1997, BB, 1997, S.1430.

58 Vgl. *Böhner, R.*, Preisempfehlungen, BB, 1997, S. 1427 ff. und OLG München, Urteil vom 27.02.1997, BB, 1997, S.1429 ff.

Weiterveräußerung an Dritte bestimmte Preise zu fordern oder anzubieten, bestimmte Arten der Preisfestsetzung anzuwenden oder Ober- oder Untergrenzen bei der Preisfestsetzung zu beachten, so handelt er laut § 38 Abs.1 Nr.12 GWB ebenfalls ordnungswidrig. Preisempfehlungen oder sonstige Empfehlungen, die vom GWB verboten werden, stellen somit Ordnungswidrigkeiten dar und können mit Geldbußen geahndet werden (§ 38 Abs.4 GWB). Allerdings gibt es Ausnahmen von dem Verbot der (Preis-) Empfehlungen. Nach § 38 Abs.2 Nr.1 GWB gilt das Empfehlungsverbot des § 38 Abs.1 Nr.11, 12 GWB nicht für Empfehlungen, die von Vereinigungen kleiner oder mittlerer Unternehmen unter Beschränkung auf den Kreis der Beteiligten ausgesprochen werden, wenn die Empfehlungen dazu dienen, die Leistungsfähigkeit der Beteiligten gegenüber Großbetrieben oder großbetrieblichen Unternehmensformen zu fördern und dadurch die Wettbewerbsbedingungen zu verbessern. Die Empfehlung muß gegenüber dem Empfehlungsempfänger ausdrücklich als unverbindlich bezeichnet werden und zu ihrer Durchsetzung darf kein wirtschaftlicher, gesellschaftlicher oder sonstiger Druck angewendet werden (§ 38 Abs.2 Nr.1b GWB). Die Franchisenehmer eines Systems können sich folglich zum Zwecke der Empfehlung von Preisen vereinigen, um dadurch ihre Wettbewerbsposition gegenüber Großbetrieben zu verbessern. Die Franchisegeber dürfen jedoch nicht an der Bildung der Mittelstandsempfehlung mitwirken. Diese darf immer nur von den Franchisenehmern erarbeitet und empfohlen werden.[59] Zugelassene Mittelstandsempfehlungen unterliegen der Mißbrauchsaufsicht des Bundeskartellamts (§ 38 Abs.3 GWB).

7.5 Preisempfehlungen für Markenwaren nach § 38a Abs.1 GWB

Auch Markenwaren sind wie die oben erwähnten Mittelstandsempfehlungen vom Verbot von Preisempfehlungen nach § 38 Abs.1 Nr.11 und 12 GWB ausgenommen (§ 38a Abs.1 GWB). Allerdings müssen bestimmte Voraussetzungen erfüllt sein, damit § 38a Abs.1 GWB anwendbar ist. Die Preisempfehlung muß unverbindlich und als solche gekennzeichnet sein. Zu ihrer Durchsetzung darf kein wirtschaftlicher, gesellschaftlicher oder sonstiger Druck verwendet werden (§ 38a Abs.1 Nr.1 GWB). Zudem muß der empfohlene Preis dem von der Mehrheit der Empfehlungsempfänger voraussichtlich geforderten Preis entsprechen, d.h., er muß sich am vermutlichen Marktpreis orientieren (§ 38a Abs.1 Nr.2 GWB). Die Preisempfehlungen dürfen sich nur auf Markenwaren beziehen. Darunter versteht man Erzeugnisse, deren Lieferung in

59 Vgl. *Tietz, B.*, Handbuch Franchising, 1991, S.559.

gleichbleibender oder verbesserter Güte von dem preisempfehlenden Unternehmen gewährleistet wird und die mit einem ihre Herkunft kennzeichnenden Merkmal versehen sind (§ 38a Abs.2 GWB). Preisempfehlungen für Dienstleistungen und Nichtmarkenwaren sind nach § 38a GWB nicht zulässig. Handelt es sich um eine Kombination aus Dienstleistungen und Waren, so kommt es darauf an, wo der Erfolg eintritt und der Schwerpunkt liegt.[60] Laut Epp toleriert das Bundeskartellamt (BKartA) aber trotz des gesetzlichen Verbots unverbindliche Preisempfehlungen für Dienstleistungen und Nichtmarkenwaren.[61] Als letzte Voraussetzung muß die Markenware mit gleichartigen, d.h. funktionell austauschbaren Waren anderer Hersteller in Preiswettbewerb stehen. Adressaten der Preisempfehlung können Verbraucher, aber auch Händler sein. § 38a GWB erlaubt somit auch Handelspreisempfehlungen, also solche Preisempfehlungen, die nur gegenüber Händlern ausgesprochen werden, nicht aber gegenüber den Verbrauchern offengelegt werden. Die Preisempfehlung darf sich immer nur auf einen konkreten Preis beziehen, nicht erlaubt sind "Von-bis-Preise" oder ähnliches. Unverbindliche Preisempfehlungen für Markennamen unterliegen der Mißbrauchsaufsicht des Bundeskartellamts (§ 38a Abs.3 GWB).

Bei den Produkten, die ein Franchisegeber seinen Franchisenehmern liefert bzw. liefern läßt, wird es sich im allgemeinen um Markenwaren handeln. Denn Franchisesysteme bauen auf Erzeugnissen (oder Dienstleistungen) auf, die - da das Unternehmen bestrebt ist, einen guten Ruf zu etablieren - in gleichbleibender (oder verbesserter) Qualität an die Franchisenehmer geliefert werden. Während es den Franchisegebern somit erlaubt ist, unverbindliche Preisempfehlungen auszusprechen, ist es den Franchisenehmern möglich, von diesen abzuweichen.

7.6 Ausschließlichkeitsbindungen im Sinne des § 18 GWB

§ 18 GWB normiert die Rechtsfolgen von wettbewerbsbeschränkenden Ausschließlichkeitsbindungen im weiteren Sinne in Verträgen zwischen Unternehmen. Er regelt die Mißbrauchsaufsicht der Kartellbehörden über Verwendungs-, Ausschließlichkeits- (im engeren Sinne), Vertriebs- und Koppelungsbindungen. In § 18 Abs.1 GWB heißt es: "Die Kartellbehörde kann Verträge zwischen Unternehmen über Waren oder gewerbliche Leistungen mit sofortiger Wirkung oder zu einem von ihr zu bestimmenden künftigen Zeitpunkt für unwirksam erklären und die Anwendung neuer, gleichartiger Bindungen verbieten, soweit sie einen Vertragsbeteiligten

60 Vgl. *Emmerich, V.*, Kartellrecht, 1991, S.152 f.

61 Vgl. *Epp., W.*, Franchising, 1994, S.131.

1. in der Freiheit der Verwendung der gelieferten Waren, anderer Waren oder gewerblicher Leistungen beschränken oder
2. darin beschränken, andere Waren oder gewerbliche Leistungen von Dritten zu beziehen oder an Dritte abzugeben, oder
3. darin beschränken, die gelieferten Waren an Dritte abzugeben, oder
4. verpflichten, sachlich oder handelsüblich nicht zugehörige Waren oder gewerbliche Leistungen abzunehmen,
und soweit
a) dadurch eine für den Wettbewerb auf dem Markt erhebliche Zahl von Unternehmen gleichartig gebunden und in ihrer Wettbewerbsfreiheit unbillig eingeschränkt ist oder
b) dadurch für andere Unternehmen der Marktzutritt unbillig beschränkt oder
c) durch das Ausmaß solcher Beschränkungen der Wettbewerb auf dem Markt für diese oder andere Waren oder gewerbliche Leistungen wesentlich beeinträchtigt wird."

Zweck dieser Vorschrift ist der Schutz der gebundenen Vertragspartner (§ 18 Abs.1 Buchstabe a GWB), der Schutz dritter Unternehmen hinsichtlich des Marktzutritts (§ 18 Abs.1 Buchstabe b GWB) und der Schutz des Wettbewerbs als Institution (§ 18 Abs.1 Buchstabe c GWB). Der Institutionenschutz darf dabei gegenüber dem Individualschutz nicht überbewertet werden.[62]

§ 18 GWB läßt Ausschließlichkeitsbindungen grundsätzlich zu, unterstellt sie aber der Mißbrauchsaufsicht durch die Kartellbehörden. Diese haben die Befugnis, Verträge, die die Tatbestands- und Eingriffsvoraussetzungen erfüllen, mit sofortiger Wirkung oder zu einem künftigen Zeitpunkt für unwirksam zu erklären und/oder die Anwendung neuer, gleichartiger Bindungen zu verbieten.[63] Wie sich aus der Formulierung "soweit" in § 18 GWB ergibt, erfaßt die Unwirksamkeitserklärung nicht den gesamten Vertrag, sondern beschränkt sich auf die wettbewerbsbeschränkende Bindung. Die Wirksamkeit der übrigen Bestimmungen des Vertrags richtet sich nach § 139 BGB. Auch ganze Bindungssysteme können für unwirksam erklärt werden. Nach dem Grundsatz der Verhältnismäßigkeit ist die Kartellbehörde jedoch nur berechtigt, Bindungssysteme insoweit für unwirksam zu erklären, als es zur Beseitigung der unerwünschten Marktfolgen gemäß den Buchstaben a bis c des § 18 Abs.1 GWB erforderlich ist. Die Kartellbehörden verfügen aber nicht über die Befugnis, bindende Unternehmen dazu zu verpflichten, künftig bestimmte Verträge mit Dritten zu schließen.

---

62 Vgl. *Klosterfelde, W. / Metzlaff, K.*, GWB-Kommentar, 1994, § 18, S.397, Rdnr.9.
63 Vgl. *Bechtold, R.*, Kartellgesetz-Kommentar, 1993, § 18, S.125, Rdnr.2.

Die Kartellbehörden können die Anwendung neuer, gleichartiger Bindungen verbieten. Durch diese Bestimmung soll verhindert werden, daß die Unwirksamkeitsverfügung dadurch umgangen wird, daß das betreffende Unternehmen anstelle der für unwirksam erklärten Bindungen neue, eventuell geringfügig abgeänderte Bindungen mit den gleichen Marktfolgen einführt.[64] Wer sich vorsätzlich oder fahrlässig über die Unwirksamkeit des Vertrages hinwegsetzt, den die Kartellbehörde durch unanfechtbare Verfügung für unwirksam nach § 18 GWB erklärt hat, der handelt ordnungswidrig und kann mit einer Geldbuße belegt werden (§ 38 Abs.1 Nr.2 und Abs.4 GWB).

Die Nichtigkeit von Abschlußbindungen kann sich auch aus anderen Normen ergeben, z.B. aus § 138 BGB oder aus § 34 GWB[65] i.V.m. § 125 Abs.1 BGB. Der Anspruch auf Schadensersatz wurde bislang verneint. Nach herrschender Meinung ist § 18 GWB kein Schutzgesetz i.S.d. § 35 Abs.1 GWB, weil er lediglich Eingriffsbefugnisse der Kartellbehörden begründet. Nach Ansicht Emmerichs ist diese Meinung aber aus wettbewerbspolitischen Gründen abzulehnen. Der Anerkennung des § 18 GWB als Schutzgesetz stehe tatsächlich nichts im Wege. Schadensersatzansprüche können sich aber im Einzelfall auch aus § 826 BGB oder § 1 UWG ergeben.[66]

Die §§ 1 und 15 GWB stehen nicht mit § 18 GWB in Konkurrenz, da sie unterschiedliche Fälle erfassen. Wenn das bindende Unternehmen marktbeherrschend im Sinne des § 22 GWB ist und die Bindung sich als ein Mißbrauch einer marktbeherrschenden Stellung gemäß § 22 Abs.4 GWB darstellt, kann die Kartellbehörde nach § 22 GWB eingreifen, da § 18 GWB dessen Anwendung nicht ausschließt. Auch die Anwendung des § 26 Abs.2 GWB wird durch § 18 GWB nicht verdrängt. Zudem verhindern die unterschiedlichen Tatbestandsvoraussetzungen und Rechtsfolgen das Vorliegen einer echten Gesetzeskonkurrenz.[67] Bindungen gemäß § 18 GWB, die gegen § 26 Abs.1 oder Abs.2 GWB verstoßen, sind nach § 134 BGB nichtig, ohne daß es einer entsprechenden Verfügung bedarf. Hinsichtlich Art.85 EGV besteht ein Vorrang des Gemeinschaftsrechts, so daß sämtliche durch § 18 GWB erlaubten Bindungen nach Art.85 Abs.1 EGV verboten sind, wenn sie zur Beeinträchtigung des

64 Vgl. *Klosterfelde, W. / Metzlaff, K.*, GWB-Kommentar, 1994, § 18, S.437 ff.

65 Die Formbedürftigkeit besteht schon dann, wenn die Tatbestandsvoraussetzungen erfüllt sind; die Eingriffsvoraussetzungen müssen nicht gegeben sein.

66 Vgl. *Emmerich, V.*, Kartellrecht, 1991, S.175.

67 Vgl. *Ebenroth, C. / Parche, U.*, Absatzmittlungsverhältnisse, BB, 1988, S.16, die ausführlich das Verhältnis von § 26 Abs.2 GWB zu § 18 GWB diskutieren.

Handels zwischen den Mitgliedstaaten geeignet sind, und eine Freistellung nicht gegeben ist.[68]

7.6.1 Der Anwendungsbereich des § 18 GWB

Auch bei § 18 GWB wird - ebenso wie bei § 15 GWB - eine Einschränkung der Anwendbarkeit der Vorschrift auf interessenwahrende Absatzmittler diskutiert. Die sogenannte absolute Theorie beinhaltet die generelle Unanwendbarkeit der §§ 15 ff. GWB auf Absatzmittlungsverträge, da die Absatzmittler zwar rechtlich selbständig, nicht jedoch wirtschaftlich selbständig seien.[69] Nach der Immanenztheorie (auch relative Theorie genannt) sollen solche Bindungen von § 18 GWB nicht erfaßt werden, die einem System aufgrund der Treue- und Interessenwahrungspflichten der Absatzmittler immanent sind. Alle über den Tatbestand des § 86 Abs.1 HGB hinausgehenden Beschränkungen des Handelsvertreters unterliegen nach dieser Theorie aber der Mißbrauchskontrolle.[70] Für Martinek ist eine Immanenzzone bei Franchiseverträgen nicht zu begründen, weil deren Treuepflicht nicht unmittelbar aus § 86 Abs.1 HGB folge und damit keine "institutionelle Gegebenheit" sei, wie sie von der Immanenztheorie gefordert wird. Daher stehe einer Überprüfung von Franchiseverträgen nach § 18 GWB nichts entgegen.[71] Diese Ansicht vertritt auch Epp. Aus Gründen der wettbewerbspolitischen Effizienz müsse die Anwendbarkeit des § 18 GWB auf Absatzmittlungsverträge und insbesondere auch auf Franchiseverträge bejaht werden.[72] Kurtenbach betont, daß gerade die eigenunternehmerische Tätigkeit das ausschlaggebende Merkmal für die Anwendbarkeit des § 18 GWB sei. Durch die wirtschaftliche Selbständigkeit des Franchisenehmers werde dieser nicht nur Unternehmer im Sinne des § 18 GWB, sondern es liege auch ein Austauschvertrag zwischen Franchisegeber und Franchisenehmer vor. Die Voraussetzungen des § 18 GWB seien damit erfüllt.[73]

Nach der Abgrenzung des sachlichen Anwendungsbereichs des § 18 GWB, gilt es, den räumlichen Anwendungsbereich zu erfassen. Dieser wird durch § 98 Abs.2 GWB konkretisiert. Danach findet das GWB auch auf Wettbewerbsbeschränkungen Anwendung, die sich im Geltungsbereich des GWB auswirken, auch wenn sie außerhalb des

---

68 Vgl. *Klosterfelde, W. / Metzlaff, K.*, GWB-Kommentar, 1994, § 18, S.441 ff.

69 Vgl. *Rittner, F.*, Wettbewerbsverbot, DB, 1989, S.2591.

70 Vgl. BGH-Beschluß vom 15.04.1986, DB, 1986, S.2221 ff. "EH-Partner-Vertrag" und *Kurtenbach, J.*, Franchiseverträge, 1986, S.21.

71 Vgl. *Martinek, M.*, Vertragstypen, 1992, S.183.

72 Vgl. *Epp, W.*, Franchising, 1994, S.139 und *Emmerich, V.*, Kartellrecht, 1991, S.160.

73 Vgl. *Kurtenbach, J.*, Franchiseverträge, 1986, S.25 und *Blaurock, U.*, Franchisesysteme, 1984, S.29.

Geltungsbereichs des GWB veranlaßt wurden. Es kommt also nicht auf den Sitz der Vertragsparteien an, sondern auf die unmittelbare Auswirkung der Wettbewerbsbeschränkungen in der Bundesrepublik Deutschland. Im folgenden ist daher ausschließlich zu prüfen, ob die Tatbestands- und Eingriffsvoraussetzungen des § 18 Abs.1 GWB von Franchiseverträgen erfüllt werden.

7.6.2 Die Tatbestandsvoraussetzungen

Bei § 18 GWB ist zwischen den Tatbestandsvoraussetzungen und den Eingriffsvoraussetzungen zu trennen. Tatbestandsvoraussetzung ist das Vorliegen eines Vertrags zwischen Unternehmen über Waren oder gewerbliche Leistungen, soweit sie einen Vertragsbeteiligten in der in den Ziffern 1 bis 4 bezeichneten Weise beschränken. Der *Vertragsbegriff* ist der gleiche wie der der §§ 1 und 15 GWB. Auf den zivilrechtlichen Typ des Vertrags kommt es nicht an. Auch Franchiseverträge fallen unter § 18 GWB, da die dort genannten Bindungen in der Franchisepraxis eine große Bedeutung haben. Verträge zu einem gemeinsamen Zweck und Verträge der in den §§ 20 und 21 GWB genannten Art fallen nicht unter § 18 GWB. Zudem erfaßt die Norm nur vertragliche (d.h. rechtliche) und wirtschaftliche Bindungen, nicht aber gesetzliche Bindungen und tatsächliches Verhalten. Der *Unternehmensbegriff* ist in § 18 GWB ebenso funktional zu verstehen wie in den §§ 1 und 15 GWB und den anderen Vorschriften des Gesetzes. "Es genügt jede selbständige Tätigkeit im Geschäftsverkehr, unabhängig von der Rechtsform und der Absicht der Gewinnerzielung."[74] Ob eine unternehmerische Tätigkeit vorliegt, hängt allein von der im Vertrag erfaßten Tätigkeit ab. Auch *der Begriff der Waren und gewerblichen Leistungen* muß kurz erläutert werden, da § 18 GWB einen Vertrag über diese voraussetzt. Beide Begriffe sind die gleichen wie in den §§ 1 und 15 GWB. Waren sind alle übertragbaren Wirtschaftsgüter, die Gegenstand des Geschäftsverkehrs sein können. Der Begriff "Waren" setzt nicht Körperlichkeit voraus, sondern umfaßt auch Rechte und Eigentumsanteile. Der Begriff "gewerbliche Leistungen" wird in § 18 GWB, ebenso wie der Warenbegriff, genauso weit ausgelegt wie in § 1 GWB. Zu den gewerblichen Leistungen zählen außer den gewerblichen Schutzrechten, den Urheberrechten oder den Leistungen der freien Berufe z.B. noch die Lieferung von Wärme oder der Anschluß von Häusern an das Fernwärmenetz.[75]

---

74 *Klosterfelde, W. / Metzlaff, K.*, GWB-Kommentar, 1994, § 18, S.398, Rdnr.17.

75 Vgl. *Emmerich, V.*, Kartellrecht, 1991, S.65 und S.159.

Die Nummern 1 bis 4 des § 18 Abs.1 GWB enthalten vier Arten von Bindungen: Verwendungs-, Ausschließlichkeits-, Vertriebs- und Koppelungsbindungen. In der Praxis sind Überschneidungen der einzelnen Bindungstatbestände möglich. Enthält ein Vertrag eine der in Nr.1 bis 4 aufgeführten Bindungen, so muß er laut § 34 GWB schriftlich abgefaßt werden.[76] Auf das Vorliegen der nachfolgend genannten Eingriffsvoraussetzungen kommt es nicht an. Die Schriftform soll den Kartellbehörden die Prüfung der wettbewerbsbeschränkenden Vereinbarungen im Rahmen der Mißbrauchsaufsicht ermöglichen.

7.6.2.1 Verwendungsbeschränkungen

§ 18 Abs.1 Nr.1 GWB erfaßt die sogenannten Verwendungsbeschränkungen. Darunter versteht man eine Beschränkung in der Freiheit der Verwendung der gelieferten Waren, anderer Waren oder gewerblicher Leistungen. Gemeint sind damit alle Beschränkungen einer Verwertung,[77] die nicht den Absatz oder den Bezug betreffen, da diese in den Nrn.2 und 3 geregelt sind. Unter dem Begriff "gelieferte Waren" sind alle Waren zu verstehen, die aufgrund des Vertrags, der die Bindung enthält, in den unmittelbaren Besitz des Gebundenen gelangt sind. Eine Eigentumsübertragung ist nicht notwendig. "Andere Waren" sind andere als die gelieferten Waren, also solche, die sich bereits im Besitz des Gebundenen befanden oder ihm von Dritten geliefert werden. Leistungen, die von dem Begünstigten der Bindung, von Dritten oder von dem Gebundenen erbracht werden, sind "gewerbliche Leistungen". Beispiele für Verwendungsbeschränkungen sind z.B. die Abrede, daß Katalysatornachrüstsätze nur von besonders geschultem Personal eingesetzt werden dürfen, die Verpflichtung, die gelieferten Videokassetten nur in einem bestimmten Ladengeschäft an Endverbraucher abzugeben und der Zustimmungsvorbehalt einer Brauerei gegenüber dem Pächter einer Gaststätte hinsichtlich der Aufstellung von Automaten.[78]

---

76 Ein Franchisevertrag wurde vom OLG Düsseldorf als nichtig eingestuft, weil er Ausschließlichkeitsbindungen im Sinne des § 18 GWB enthielt, ohne das Schriftformerfordernis nach § 34 GWB zu erfüllen (vgl. OLG Düsseldorf, Urteil vom 30.04.1987, WuW/E OLG 3993 "Eismann-Partner").

77 "Verwertung" kann z.B. die Herstellung neuer Waren, die Bearbeitung der gelieferten oder anderer Waren oder die Erbringung von Dienstleistungen mit Hilfe der Waren sein.

78 Vgl. *Klosterfelde, W. / Metzlaff, K.*, GWB-Kommentar, 1994, § 18, S.402 ff.

7.6.2.2 Ausschließlichkeitsbindungen i.e.S.

Ausschließlichkeitsbindungen i.e.S. (§ 18 Abs.1 Nr.2 GWB) beziehen sich nur auf den Bezug oder Absatz *anderer* Waren oder gewerblicher Leistungen als die, die Vertragsgegenstand sind. Es kommt mithin hier darauf an, ob Dritte am Bezug von anderen Waren / Leistungen oder dem Absatz solcher Waren / Leistungen durch eine Bindung behindert werden. Hierin liegt auch der Unterschied zu den Vertriebsbindungen nach § 18 Abs.1 Nr.3 GWB, die sich wiederum nur auf die von dem Bindenden gelieferten Waren oder gewerblichen Leistungen beziehen. Nicht nur Unternehmen, sondern auch Endverbraucher können Dritte i.S.d. § 18 Abs.1 Nr.2 GWB sein.

§ 18 Abs.1 Nr.2 GWB ist nicht nur anwendbar, wenn dem Gebundenen der Abschluß von Bezugs- bzw. Absatzverträgen mit Dritten völlig untersagt ist. Es genügt auch eine teilweise Untersagung, da diese Nummer *jede* Beeinträchtigung der Handlungsfreiheit des gebundenen Unternehmens in bezug auf den Abschluß solcher Verträge mit Dritten erfaßt. Die Ausschließlichkeitsbindung kann positiv oder negativ formuliert sein. Die Verpflichtung, bestimmte Waren oder einen objektiv bestimmten Teil des Bedarfs nur vom Vertragspartner zu beziehen, enthält zugleich das Verbot, diese Waren oder diesen Teil des Bedarfs von Dritten zu beziehen. Deshalb stellen auch einfache Bezugsbindungen eine Ausschließlichkeitsbindung i.S.d. Nr.2 dar. Enthält ein Vertrag Bestimmungen über den Bezug von Mindestmengen, so ist § 18 Abs.1 Nr.2 GWB ebenfalls anwendbar. Auch Wettbewerbsverbote können unter diese Nummer fallen, wenn die Pflicht zum Unterlassen des Wettbewerbs für den Austauschzweck des zugrunde liegenden Vertrags nicht sachlich erforderlich ist. Das Verbot für Reisebüros, andere Reiseveranstalter zu vertreten, der Erlaubnis- bzw. Zustimmungsvorbehalt für den Bezug von Dritten oder die Lieferung an Dritte, Treuerabattvereinbarungen und die Verpflichtung des Gebundenen, das gesamte Sortiment des Bindenden zu führen, sind Beispiele für Ausschließlichkeitsbindungen im engeren Sinn.[79]

---

79 Vgl. *Klosterfelde, W. / Metzlaff, K.*, GWB-Kommentar, 1994, § 18, S.405 ff.

7.6.2.3 Vertriebsbindungen

In Nr.3 des § 18 Abs.1 GWB geht es um die Fälle, in denen ein Vertragsbeteiligter daran gehindert wird, gelieferte Waren an Dritte abzugeben.[80] Diese Art von Wettbewerbsbeschränkungen bezeichnet man als Vertriebsbindungen. Sie können sich aber immer nur auf den Vertrieb der eigenen Erzeugnisse des Vertragspartners beziehen. Unter dem Begriff "Waren" ist hier das gleiche zu verstehen wie in § 1 GWB. "Gelieferte" Waren sind alle diejenigen Waren, die der Gebundene von dem Bindenden aufgrund der zwischen ihnen geschlossenen Vereinbarung erhalten hat. Mit Hilfe einer solchen Bindung nimmt ein Hersteller oder Lieferant Einfluß auf den Vertriebsweg seiner Erzeugnisse. Die Vertriebsbindungen können zeit-, personen- oder gebietsbezogen sein. Zeitliche Bindungen können z.B. darin bestehen, eine Ware erst von einem bestimmten Tag oder nur zu einer bestimmten Zeit zu verkaufen. Personenbezogene und gebietsbezogene Vertriebsbindungen sind z.B. die Verpflichtung des Großhandels, nur den Fachhandel zu beliefern oder nur im Inland zu verkaufen. Weitere Beispiele für Vertriebsbindungen sind die Verpflichtung, Speiseöl nur an Großküchen zu liefern und das von einem Hersteller elektrischer Geräte den Großhändlern auferlegte Zustimmungserfordernis bei Lieferung an Discountgeschäfte und Versandhäuser.[81]

7.6.2.4 Koppelungsbindungen

Koppelungsgeschäfte enthalten eine Verpflichtung des Gebundenen, sachlich oder handelsüblich nicht zugehörige Waren oder gewerbliche Leistungen abzunehmen. Das Gesetz sieht Koppelungsgeschäfte nur dann als wirksam an, wenn sie sich auf sachlich oder handelsüblich zugehörige Waren oder gewerbliche Leistungen beziehen (§ 18 Abs.1 Nr.4 GWB). Die praktische Relevanz von Koppelungsbindungen ist eher gering, da Koppelungsgeschäfte immer auch eine unter § 18 Abs.1 Nr.2 GWB fallende Bezugsbindung darstellen. Benutzt zudem ein marktbeherrschendes Unternehmen Koppelungsbindungen, so werden diese nach § 22 GWB beurteilt.

Die Waren oder gewerblichen Leistungen, die von § 18 Abs.1 Nr.4 GWB erfaßt werden, sind andere Waren oder gewerbliche Leistungen als die, über die der Vertrag

---

80 § 18 Abs.1 Nr.3 GWB erfaßt nur Waren, nicht aber gewerbliche Leistungen. Wird ein Franchisenehmer dazu verpflichtet, Dienstleistungen nur innerhalb eines Vertragsgebietes zu erbringen, so ist eine Absatzbindung nach § 18 Abs.1 Nr.2 2.Alt. GWB gegeben.

81 Vgl. *Klosterfelde, W. / Metzlaff, K.*, GWB-Kommentar, 1994, § 18, S.409 ff.

geschlossen wird. Es muß sich nicht nur um die Koppelung von Waren mit Waren oder gewerblichen Leistungen mit gewerblichen Leistungen handeln, sondern es können auch Waren und Leistungen miteinander gekoppelt werden. Außerdem können die Waren oder gewerblichen Leistungen verschiedener Hersteller / Erbringer gekoppelt werden.

Ob eine Koppelung nach § 18 GWB von den Kartellbehörden untersagt wird, richtet sich nach der Frage der Zugehörigkeit. § 18 Abs.1 Nr.4 GWB ist anwendbar, wenn die gekoppelte Ware oder Leistung der anderen Ware oder Leistung weder sachlich noch handelsüblich zugehörig ist. Das BKartA vertritt die Auffassung, daß beide Arten der Zugehörigkeit ausgeschlossen sein müssen, um die Tatbestandsvoraussetzung des Koppelungsgeschäfts zu erfüllen. Eine gegenläufige Meinung vertritt Epp, der diesen doppelten Schutz für nicht notwendig und bereits eine der beiden Voraussetzungen für ausreichend hält.[82] Dafür spricht auch der Gesetzeswortlaut ("oder"). Anderer Meinung sind Klosterfelde / Metzlaff, die zwar eine solche Auslegung nach dem Wortlaut für möglich halten, aber zu bedenken geben, daß kein sachlich gerechtfertigter Grund dafür spreche, eine Koppelung beim Vorliegen der sachlichen Zugehörigkeit lediglich deshalb der Mißbrauchsaufsicht des § 18 Abs.1 Nr.4 GWB zu unterstellen, weil die Koppelung nicht (oder noch nicht) handelsüblich ist und umgekehrt.[83] Für das Franchising macht dies jedoch keinen wesentlichen Unterschied.[84]

Die Frage der Zugehörigkeit ist objektiv nach der Verkehrsauffassung und nicht nach dem Interesse des Bindenden oder Gebundenen festzustellen. Eine Interessenabwägung findet erst später bei dem Tatbestandsmerkmal der Unbilligkeit statt. Die *sachliche Zugehörigkeit* ist nur dann gegeben, wenn das gekoppelte Gut für sich allein unvollständig ist und der Hauptgegenstand ohne es unvollständig wäre. Als *handelsüblich* kann nur angesehen werden, was sich nach allgemeiner Auffassung der beteiligten Verkehrskreise im Rahmen vernünftiger kaufmännischer Gepflogenheiten hält. Die Handelsüblichkeit setzt aber nicht voraus, daß die betreffenden Waren oder gewerblichen Leistungen stets zusammen angeboten werden. Beispiele für diese Art von Bindungen sind Rabattkoppelungen, d.h. die Bindung der Gewährung von Rabatten an den Bezug anderer Produkte, die Bindung des Kaufs von Eintrittskarten für begehrte Veranstaltungen an den Kauf von Eintrittskarten für weniger begehrte Veranstaltungen

82 Vgl. *Epp, W.*, Franchising, 1994, S.148.

83 Vgl. *Klosterfelde, W. / Metzlaff, K.*, GWB-Kommentar, 1994, § 18, S.412, Rdnr.91.

84 Vgl. dazu Abschnitt 7.6.4.4 (S.335).

oder die Koppelung des Verkaufs von Etikettiermaschinen an den Kauf der vom selben Hersteller vertriebenen Haftetiketten.[85]

7.6.3 Die Eingriffsvoraussetzungen

Vertragliche Bindungen der in § 18 Abs.1 Nrn.1 bis 4 GWB beschriebenen Art sind grundsätzlich wirksam. Die Kartellbehörden können sie jedoch untersagen, wenn eine der drei Eingriffsvoraussetzungen, die durch die Buchstaben a bis c gekennzeichnet sind, vorliegt. Die Ausschließlichkeitsbindung muß immer ursächlich für die in den Buchstaben a bis c beschriebenen Auswirkungen sein, wie sich aus den Begriffen "dadurch" und "durch" in § 18 Abs.1 Buchstabe a bis c GWB entnehmen läßt.

7.6.3.1 Bündeltheorie

Die Buchstaben a bis c des § 18 Abs.1 GWB enthalten sowohl quantitative als auch qualitative Elemente. Beim Franchising taucht die Frage auf, ob bei der Subsumtion der Eingriffsvoraussetzungen nur die Auswirkung der Bindung auf das zu untersuchende Franchisesystem (isolierte Betrachtungsweise) oder auch die Auswirkungen paralleler Bindungssysteme anderer Unternehmen mit berücksichtigt werden müssen (sogenannte "Bündeltheorie"). Die herrschende Meinung stellt auf die Bündeltheorie bei der Beurteilung der quantitativen Elemente ab, und will bei Buchstabe b) die Unbilligkeitsprüfung dagegen nur im Verhältnis zwischen dem bindenden und dem gebundenen Unternehmen vornehmen.[86] Auch in der Judikatur hat sich die Bündeltheorie seit der "Kraftfahrzeugpflegemittel"-Entscheidung durchgesetzt. Das BKartA betrachtete in dieser Entscheidung die Bindungssysteme nicht gesondert, sondern hielt nach Wortlaut, Sinn und Zweck des Gesetzes eine gesamtwirtschaftliche Betrachtungsweise für notwendig. Einzelne Bindungen könnten nicht aus dem allgemeinen Marktgeschehen herausgelöst und für sich betrachtet werden. Dies gelte auch für eine unbillige Marktzutrittsbeschränkung. An dieser Stelle sei noch einmal darauf hingewiesen, daß sich die als Bündeltheorie bezeichnete gesamtwirtschaftliche Betrachtungsweise von Ausschließlichkeitsverträgen nur auf die quantitativen Kriterien der Eingriffstatbestände bezieht.[87] Bei der Beurteilung von Franchiseverträgen ist somit

85 Vgl. *Klosterfelde, W. / Metzlaff, K.*, GWB-Kommentar, 1994, § 18, S.411 ff.

86 Vgl. *Epp, W.*, Franchising, 1994, S.155; *Kurtenbach, J.*, Franchiseverträge, 1986, S.43 ff.; *Emmerich, V.*, Kartellrecht, 1991, S.165.

87 Vgl. *Kurtenbach, J.*, Franchiseverträge, 1986, S.47.

hinsichtlich der quantitativen Kriterien nicht nur auf das Franchisesystem als Ganzes, sondern auf sämtliche Bindungssysteme (z.B. Vertragshändlersysteme, andere Franchisesysteme o.ä.) abzustellen, die auf dem jeweiligen relevanten Markt gegeben sind, soweit eine Gleichartigkeit der Bindungen vorliegt. Die Unbilligkeitsprüfung hat aber für jedes System getrennt zu erfolgen.

Bevor ein Vertrag von den Kartellbehörden für wettbewerbsbeschränkend und damit für unwirksam erklärt werden kann, muß eine Abgrenzung des relevanten Marktes erfolgen, und die quantitativen und qualitativen Elemente müssen erfüllt sein. Deshalb sind diese Kriterien zuerst zu untersuchen.

7.6.3.2 Quantitative Elemente

Buchstabe a) verlangt, daß durch die Beschränkung eine *erhebliche Zahl* von Unternehmen *gleichartig gebunden* sein muß. Bezweckt wird damit ein begrenzter Individualschutz gegen übermäßige Beeinträchtigung der Wettbewerbsfreiheit der gebundenen Vertragsbeteiligten. Er tritt neben den zivilrechtlichen, primär auf § 138 BGB gestützten Individualschutz.[88] Neben dem Schutz des Gebundenen wird auch der Wettbewerb als Institution durch den Buchstaben a) geschützt. Man spricht in diesem Zusammenhang auch von einem kollektiven Individualschutz, da nicht nur die gebundenen Unternehmen, sondern auch die Wettbewerber des bindenden Unternehmens geschützt sind. Die Kartellbehörde kann jedoch erst dann eingreifen, wenn neben der unbilligen Beschränkung der Wettbewerbsfreiheit des gebundenen Unternehmens eine erhebliche Zahl anderer Unternehmen auf dem gleichen relevanten Markt gleichartig gebunden ist. Der relevante Markt ist dabei aus der Sicht der gleichartig gebundenen Unternehmen abzugrenzen.

Der Begriff der Gleichartigkeit bezieht sich dabei sowohl auf die betroffenen Waren oder gewerblichen Leistungen, die Bindungsart (im Sinne der Nrn.1 bis 4) und die Bindungsdauer als auch auf die Wettbewerbswirkungen. Allerdings ist dabei nicht allein auf identische Bindungen abzustellen, da es nur auf eine Gleich*artigkeit* ankommt. Der Gesetzgeber verlangt bei der Eingriffsvoraussetzung a) eine Gesamtbetrachtung des wettbewerblichen Umfelds. Für das Franchising bedeutet dies, daß ähnliche Märkte (z.B. Fachhandels- oder Vertragshändlermärkte) auch in die Betrachtung mit einbezogen werden müssen. Beim Aspekt der Erheblichkeit der Zahl der gebundenen Unternehmen sind der sachlich, örtlich und zeitlich relevante Markt sowie

---

88 Vgl. *Bechtold, R.*, Kartellgesetz-Kommentar, 1993, § 18, S.129, Rdnr.12.

die gebundenen Marktanteile ausschlaggebend. Für die Frage, ob eine Gruppe von Unternehmen für den Wettbewerb auf dem relevanten Markt erheblich ist, kommt es nicht auf die absolute oder die relative Anzahl der gebundenen Unternehmen an, sondern nur auf das Marktgewicht der Bindung. Ein wesentliches, aber nicht das entscheidende Kriterium zur Beurteilung der Erheblichkeit stellt der Marktanteil dar.[89]

Buchstabe b) sieht die *unbillige Beschränkung* des Marktzutritts anderer Unternehmen durch die betreffende Bindung als Eingriffsgrund vor. Zweck dieser Eingriffsvoraussetzung ist der Schutz außenstehender Wettbewerber. Aus ihm folgt mittelbar ein Schutz des Wettbewerbs als Institution. Mit dem Begriff des Marktzutritts wird nicht nur das erstmalige Tätigwerden auf dem Markt erfaßt, sondern auch die Betätigungsmöglichkeiten der bereits auf dem Markt als Anbieter oder Nachfrager tätigen Unternehmen. Ein Unternehmen muß generell die Möglichkeit haben, eine Ware abzusetzen oder zu beziehen bzw. eine gewerbliche Leistung zu erbringen oder zu erhalten. Die Beschränkung muß ursächlich ("wesentlich" oder "spürbar") für die Verschlechterung des Marktzutritts sein, damit Buchstabe b) erfüllt ist. Außerdem muß sie unbillig sein, d.h., sie muß quantitativ ein bestimmtes Mindestmaß haben.[90] In diesem Zusammenhang ist § 18 Abs.2 GWB zu berücksichtigen, der unwesentliche Beschränkungen des Marktzutritts durch Bindungen nicht als unbillig betrachtet. Daraus darf aber nicht der Umkehrschluß gezogen werden, daß jede wesentliche Beschränkung des Marktzutritts unbillig sei, da im Rahmen der Unbilligkeitsprüfung immer eine Interessenabwägung vorgenommen werden muß. Es kommt folglich auf die gesamten Marktverhältnisse an, was eine Abgrenzung des relevanten Marktes voraussetzt. Eine solche Abgrenzung hat aus der Sicht des am Marktzugang behinderten Unternehmens zu erfolgen. Dabei ist der Markt, auf dem die Bindung spürbar ist, der sachlich relevante Markt. Bei spürbarer Beeinträchtigung des Marktzutritts (die Bindung eines Drittels der Abnehmer reicht aus[91]) greift Buchstabe b) bereits; außer acht bleiben sollen nur ganz unbedeutende Beschränkungen. Eine absolute Marktanteilsgrenze läßt sich jedoch nicht feststellen; es muß immer eine einzelfallbezogene Prüfung stattfinden.

Buchstabe c) setzt voraus, daß durch eine der Bindungen im Sinne von Nr.1 bis 4 der Wettbewerb auf dem Markt für diese oder andere Waren oder gewerbliche Leistungen *wesentlich beeinträchtigt* wird. Durch diese Eingriffsvoraussetzung wird der

---

89 Vgl. *Klosterfelde, W. / Metzlaff, K.*, GWB-Kommentar, 1994, § 18, S.418, Rdnr.125.
90 Vgl. *Bechtold, R.*, Kartellgesetz-Kommentar, 1993, § 18, S.131, Rdnr.15.
91 Vgl. BGH-Urteil vom 21.03.1979, WuW/E BKartA, S.613 ff. "Identteile".

Wettbewerb als Institution geschützt. Der Schutz bezieht sich dabei nicht nur auf die am Marktzutritt gehinderten Unternehmen, sondern auch auf den gesamten Nachfragebereich (die Verbraucher) sowie auf Drittmärkte, auf denen sich die Bindungen nur mittelbar auswirken. Der Abschluß wettbewerbsbeschränkender Verträge führt noch nicht per se zur Beeinträchtigung des Wettbewerbs, da die Wettbewerbsbeschränkung i.S.d. § 18 Abs.1 Nr.1 bis 4 GWB und die Eingriffsvoraussetzungen des § 18 Abs.1 Buchstaben a bis c GWB jeweils unterschiedliche Märkte betreffen können.[92] Allerdings wird sich die Prüfung der Wettbewerbsbeeinträchtigung auf die Frage der Wesentlichkeit dieser beschränken können. Die Wettbewerbsbeschränkung ist dann wesentlich, "wenn sie unter Berücksichtigung der Gesamtheit aller Bindungen für die Wettbewerbssituation auf dem betreffenden Markt relevant oder typisch ist."[93] Wird die Funktionsfähigkeit des Wettbewerbs auf dem Markt beeinträchtigt, d.h. werden ein oder einige wenige Wettbewerber vom Markt und vom Wettbewerb ausgeschlossen, dann kann eine wesentliche Beeinträchtigung des Wettbewerbs vorliegen. Die Marktanteile der gebundenen bzw. der ungebundenen Unternehmen spielen hierbei eine Rolle. Deshalb sind Marktstrukturanalysen zu erstellen. Bei Bindungen mit einem Marktanteil von einem Drittel wurde vom BKartA bereits ein Verbot nach § 18 Abs.1 Buchstabe c GWB ausgesprochen.[94] Aber auch Bindungssysteme mit weniger als 33% Marktanteile können den Wettbewerb wesentlich beeinträchtigen. In bezug auf die Marktanteile von Franchisesystemen in der Bundesrepublik Deutschland hielt Kurtenbach bereits 1986 die quantitativen Kriterien durch die Franchisesysteme für erfüllt, zumal auch gleichartige Bindungen anderer Systeme zu berücksichtigen seien.[95] Seitdem sind mehr als zehn Jahre vergangen, in denen das Franchising boomte, so daß heute erst recht die quantitativen Kriterien erfüllt sein dürften.

7.6.3.3 Interessenabwägung (qualitatives Element)

Die Eingriffsvoraussetzungen a bis c verlangen darüber hinaus noch eine Interessenabwägung. Deren Notwendigkeit ist in den Buchstaben a) und b) direkt durch den Begriff der Unbilligkeit vorgegeben, in c) ergibt sie sich aus der Wertung des

92 Vgl. *Klosterfelde, W. / Metzlaff, K.*, GWB-Kommentar, 1994, § 18, S.426, Rdnr.173.
93 *Epp, W.*, Franchising, 1994, S.159.
94 Vgl. BKartA, Beschluß vom 22.05.1968, WuW/E BKartA 1199, 1209 "Kraftfahrzeugpflegemittel".
95 Vgl. *Kurtenbach, J.*, Franchiseverträge, 1986, S.63.

Begriffs "wesentlich".[96] Bei einer Interessenabwägung im Rahmen des Buchstaben a) wird es auf die Interessen des bindenden Unternehmens und des jeweiligen gebundenen Unternehmens unter Berücksichtigung des auf die Offenhaltung der Wettbewerbsfreiheit gerichteten Ziels des Gesetzes ankommen. Erfolgt die Interessenabwägung im Rahmen des Buchstaben b), so sind neben den Interessen der Beteiligten (des bindenden und des gebundenen Unternehmens einerseits und des am Marktzutritt behinderten Unternehmens andererseits) noch die Interessen der Allgemeinheit und der Verbraucher zu berücksichtigen. Nach Emmerich wird man die Prüfung der Unbilligkeit auf die Frage beschränken können, ob durch die Gesamtheit der für den betreffenden Markt typischen Bindungen der Wettbewerb in einem Ausmaß beschränkt wird, das durch die legitimen Interessen des oder der bindenden Unternehmen nicht mehr gerechtfertigt ist, wobei von einem bedingten Vorrang des allgemeinen Interesses an der Offenhaltung aller Märkte vor dem Interesse der bindenden Unternehmen an ihren wettbewerbsbeschränkenden Vertragssystemen auszugehen ist.[97] Folgende Umstände können von Fall zu Fall bei der Prüfung der Unbilligkeit Bedeutung erlangen: der Verstoß des Bindungssystems gegen andere Gesetze (insbesondere gegen den EGV), die Lückenhaftigkeit des Bindungssystems, Marktanteil, Funktion, Größe und Zahl der gebundenen Unternehmen, Art und Höhe der Gegenleistung, die Freiwilligkeit der Übernahme der Bindungen, das Verhältnis von Art und Ausmaß der Einschränkung der wirtschaftlichen Bewegungsfreiheit des Gebundenen zu den Leistungen des Bindenden und die wettbewerbsrechtliche Bedenklichkeit der ausgeschlossenen Handlungen. Unbillig sind 1. Vereinbarungen, die sich aus den Besonderheiten der Vermarktung bestimmter Produkte oder Produktgruppen nicht ableiten lassen, 2. Vereinbarungen, die nicht im Verhältnis zu den vom Franchisenehmer selbst zu tragenden Risiken stehen, 3. Vereinbarungen, die die Wettbewerbsfreiheit Dritter beeinträchtigen.[98]

7.6.3.4 Der relevante Markt in Franchiseverträgen

Unter dem Begriff des relevanten Marktes versteht man den Markt, auf dem sich die von dem Gesetz geschützten und von der Wettbewerbsbeschränkung beeinträchtig-

---

96 Manche Autoren halten eine Interessenabwägung bei der Eingriffsvoraussetzung c) nicht für erforderlich (vgl. *Bechtold, R.*, Kartellgesetz-Kommentar, 1993, § 18, S.132, Rdnr.16 und *Klosterfelde / Metzlaff*, GWB-Kommentar, 1994, § 18, S.427, Rdnr.176). Anderer Meinung ist Kurtenbach, die eine Interessenabwägung schon aus gesetzessystematischen Gründen für notwendig hält (vgl. *Kurtenbach, J.*, Franchiseverträge, 1986, S.94); vgl. hierzu auch S.322.

97 Vgl. *Emmerich, V.*, Kartellrecht, 1991, S.167 f.

98 Vgl. *Tietz, B.*, Handbuch Franchising, 1991, S.558.

ten Unternehmen betätigen.[99] Die Abgrenzung des relevanten Marktes hat in zeitlicher, sachlicher und räumlicher Hinsicht aus der Sicht der geschützten Unternehmen zu erfolgen. Eine zeitliche Abgrenzung ist beim Franchising nicht notwendig, da die "Lebensdauer" von Franchisesystemen nicht von bestimmten Ereignissen abhängig gemacht wird. Bei der räumlichen Abgrenzung kommt es auf die Betroffenheit der Konkurrenten des bindenden Franchisesystems und deren zumutbare Alternativen an. Im Gegensatz zu den Kriterien des zeitlich und des sachlich relevanten Marktes ist der räumlich relevante Markt bei jedem der drei Eingriffsvoraussetzungen jeweils neu abzugrenzen. Für Bezugs- und Absatzbindungen in Franchiseverträgen ist nach Buchstabe a) der räumliche Markt maßgebend, auf dem die jeweils gebundenen Franchisenehmer tätig sind bzw. die Waren oder Dienstleistungen anbieten / nachfragen. Bei Vertriebs- und Verwendungsbindungen ist auf den räumlichen Markt abzustellen, auf dem die gebundenen Franchisenehmer nicht tätig werden dürfen. Für Koppelungsbindungen ist der räumliche Markt nach Buchstabe a) relevant, auf dem für die Franchisenehmer die Beschränkung besteht. Der räumlich relevante Markt nach Buchstabe b) ist bei Bezugsbindungen der Markt, auf dem die Konkurrenten des Franchisegebers ihre Waren oder Dienstleistungen anbieten, bei Absatzbindungen der, auf dem die Konkurrenten der Franchisenehmer die Waren oder Dienstleistungen des Franchisegebers beziehen wollen. Bei Vertriebsbindungen ist auf den räumlichen Markt abzustellen, auf dem die Franchisenehmer nicht tätig werden dürfen.[100] Als räumlich relevanter Markt nach Buchstabe b) ist für Koppelungs- und Verwendungsbeschränkungen jeweils der Markt anzusehen, auf dem andere Unternehmen (z.B. Konkurrenten des Franchisegebers oder der Franchisenehmer) nicht tätig werden können. Bei der Bestimmung des nach Buchstabe c) relevanten Marktes der Tatbestandsvoraussetzungen kann auf die Ausführungen zu Buchstabe b) verwiesen werden, da der Schutz des Wettbewerbs als Institution nur gelingt, wenn die Märkte offen gehalten werden.

Die sachliche Abgrenzung richtet sich nach der Austauschbarkeit der Waren oder gewerblichen Leistungen gegen andere; die relevante Perspektive ist dabei die der Konkurrenten des Franchisesystems. Zu dem sachlichen Markt gehören dabei alle Waren oder gewerblichen Leistungen, die nach ihren Eigenschaften, ihrem wirtschaftlichen Verwendungszweck und ihrer Preislage vom Nachfrager aus seiner subjektiven Sicht als für die Deckung eines bestimmten Bedarfs in etwa gleicher Weise geeignet und austauschbar angesehen werden.[101] Eine Gleichwertigkeit der Waren

99 Vgl. *Emmerich, V.*, Kartellrecht, 1991, S.166.

100 Vgl. *Kurtenbach, J.*, Franchiseverträge, 1986, S.55.

101 Vgl. KG, Beschluß vom 18.02.1969, WuW/E OLG 995 f. "Handpreisauszeichner".

muß nicht bestehen (z.B. bei neuen und runderneuerten Reifen), da es nur auf die subjektive Austauschbarkeit ankommt.

7.6.4 Potentielle Rechtfertigungsgründe für Ausschließlichkeitsbindungen in Franchisesystemen

Bei einer Interessenabwägung ist auf den Schutzzweck der jeweiligen Eingriffsvoraussetzung abzustellen. Den Interessen des bindenden Unternehmens sind die des geschützten Unternehmens unter Berücksichtigung der auf die Freiheit des Wettbewerbs gerichteten Zielsetzung des Gesetzes gegenüberzustellen. Das bindende Unternehmen kann eventuell Rechtfertigungsgründe für die Wettbewerbsbeschränkung geltend machen. Eine Bindung wird dann gerechtfertigt sein, wenn sie "unerläßlich" für die Durchführbarkeit des Franchisevertrags und damit für die Funktion des Franchisesystems ist. So stellt das Systemkonzept des Franchisegebers einen sachlichen Rechtfertigungsgrund für bestimmte Bindungen dar. Der Schutz des Know-how, der Systemidee, der Schutzrechte, des Ansehens des Franchisesystems, der Einheitlichkeit, des Eigentums und des unternehmerischen Gestaltungsspielraums sowie der Aufbau eines funktionsfähigen Vertriebssystems können rechtfertigende Wirkung haben.[102] Das Ziel einer Gewinnverbesserung ist für sich allein aber nicht als Rechtfertigungsgrund zu billigen. Bei der Interessenabwägung ist auch das Prinzip der Verhältnismäßigkeit zu berücksichtigen. Es muß immer untersucht werden, ob die wettbewerbliche Zielsetzung auch mit anderen, milderen Mitteln bewirkt werden kann.

7.6.4.1 Verwendungsbeschränkungen

Bei Franchiseverträgen handelt es sich um Verträge zwischen Unternehmen über Waren und gewerbliche Leistungen, wie § 18 Abs.1 GWB es als eine Voraussetzung erfordert. Verwendungsbeschränkungen im Sinne dieser Norm werden in der Regel nur bei industriellen Franchisen vorkommen, da beim Dienstleistungs- und Vertriebsfranchising der Absatz der Waren bzw. Dienstleistungen im Vordergrund steht und eine Beschränkung der Weiterverwendung oder Weiterverarbeitung, wie es die Nr.1 erfordert, nicht gegeben sein wird. Bei industriellen Franchisen kann die Eingriffsalternative a) vorliegen, wenn der Franchisenehmer in der Verwendung der Produkte durch den Franchisegeber begrenzt wird. Die Rechtfertigung von Verwendungsbeschränkungen wird im allgemeinen in den Bestrebungen des Franchisegebers zur

---

102 Vgl. *Tietz, B.*, Handbuch Franchising, 1991, S.558.

Erhaltung und zum Schutz seines Systems zu sehen sein. Denn ein einheitlicher Qualitätsstandard läßt sich nur durch die "lizenzierten" Vorgaben des Franchisegebers und deren Einhaltung durch die Franchisenehmer erreichen.

Beschränkt ein Franchisegeber seine Franchisenehmer durch Vorgaben über die Art und Weise der Geschäftsgestaltung und der Werbung, so handelt es sich bei diesen Maßnahmen um einfache Verwendungsbeschränkungen, die die in dem Warenzeichen ausgedrückte Identität des Franchisesystems schützen sollen. "Geschäftsgröße, Lagerhaltung, Ausstellungsräume, Warenpräsentation, Schaufenstergestaltung, Umfang des Warensortiments und Auswahl des Personals symbolisieren den betrieblichen Qualitätsanspruch des Systems."[103] Auch die Dienstleistungen, die ein Franchisegeber seinen Franchisenehmern gegenüber erbringt, haben eine Qualitätsfunktion. Durch solche gewerblichen Leistungen wie Standortanalysen, Ladenplanung, Listung und Pflege des Sortiments, Werbekonzeptionen und Personaltraining wird das Know-how des Franchisegebers geschützt und verbessert. Zur Qualitätssicherung tragen auch Vorgaben für Bestellwesen, Buchhaltung, Statistik, Erfolgsrechnung und betriebswirtschaftliche Vergleiche bei. Sie dienen dem Franchisegeber als Kontrollinstrument und ermöglichen es ihm, den Warenabsatz zu beobachten und wirtschaftliche Überlegungen anzustellen. Verpflichtungen über die Art und Weise der Zeichennutzung sind in dem Rahmen erlaubt, in dem dadurch dem Franchisegeber die Möglichkeit erhalten bleibt, Anweisungen über die Verwendungsart zu geben, um die Herkunftsfunktion zu erhalten. Alle erwähnten Maßnahmen sind aber nur dann zulässig, wenn sie nicht der Festsetzung der Preise oder der Aufteilung der Märkte dienen.[104]

7.6.4.2 Ausschließlichkeitsbindungen i.e.S.

Unter § 18 Abs.1 Nr.2 GWB fallen, wie bereits oben erwähnt, Bezugs- und Absatzbindungen. Um diese Art von Bindung geht es beim Franchising primär. Durch Wettbewerbsverbote (sowohl solche für den Franchisenehmer als auch für den Franchisegeber), die eine Form von Absatzbindungen darstellen, wird die Absatzfreiheit des Betroffenen eingeschränkt. Bezugsbindungen schränken hingegen die Bezugsfreiheit des Franchisenehmers ein. Dies gilt sowohl für den Fall, daß dieser alle Waren beim Franchisegeber oder bei einem vom Franchisegeber festgelegten Dritten beziehen muß als auch dafür, daß nur ein Teil der abzusetzenden Waren beim Franchisegeber oder bei einem vom Franchisegeber festgelegten Dritten eingekauft werden

---

103 *Zeisberg, H.-J.*, Franchisevertrag, 1991, S.209.
104 Vgl. *Zeisberg, H.-J.*, Franchisevertrag, 1991, S.209 f.

muß. Denn schon eine Beschränkung der Abschlußfreiheit reicht aus, um von einer Wettbewerbsbeschränkung im Sinne des § 18 GWB sprechen zu können. Werden die Bezugspflichten beim Dienstleistungsfranchising auf Nebenprodukte ausgedehnt, so kommt ebenfalls die Anwendung des § 18 Abs.1 Nr.2 GWB in Betracht.

Bezugsbindungen in Franchiseverträgen:

Bezugsbindungen können in Franchiseverträgen offen oder verdeckt enthalten sein. Als verdeckte Bezugsbindungen bezeichnet man solche, die nur indirekt den Bezug regeln. Dazu gehören die Absatzförderungspflicht der Franchisenehmer, die Verpflichtung des Franchisenehmers, die vom Franchisegeber vorgeplanten Umsatzziele zu erreichen sowie weitere geschäfts- und umsatzfördernde Anweisungen in Franchiseverträgen. Bei offenen Bezugsbindungen, d.h. solchen, die expressis verbis im Vertrag enthalten sind, kann man wiederum zwischen Bezugsbindungen zugunsten des Franchisegebers und solchen zugunsten von Dritten unterscheiden. Folgende Bezugsklauseln können in Franchiseverträgen vorkommen:

- Die Franchisenehmer werden dazu verpflichtet, sämtliche Waren / gewerbliche Leistungen beim Franchisegeber / bei Dritten zu beziehen.
- Die Franchisenehmer müssen einen bestimmten Prozentsatz an Waren oder gewerblichen Leistungen vom Franchisegeber / von Dritten beziehen.
- Die Franchisenehmer dürfen Waren / gewerbliche Leistungen anderer Hersteller nicht vertreiben / erbringen (andere Umschreibung); teilweise können Franchisenehmer mit Zustimmung des Franchisegebers doch ihre Waren im Ausnahmefall (z.B. gleiche Qualität zu einem günstigeren Preis) bei Dritten beziehen.

Nach Ansicht Kurtenbachs werden all diese Arten der Bezugsbindungen (sowohl zugunsten des Franchisegebers als auch zugunsten Dritter) durch § 18 Nr.2 GWB erfaßt, da immer die Abschlußfreiheit der Franchisenehmer beeinträchtigt wird. Dies gilt auch für verdeckte Bezugsbindungen, da der weite Anwendungsbereich des § 18 Abs.1 Nr.2 GWB im Einzelfall noch über die Eingriffsvoraussetzungen des § 18 Abs.1 Buchstaben a bis c GWB eingeschränkt werden kann.[105]

Im allgemeinen werden die Franchisenehmer dazu verpflichtet, Waren und/oder Dienstleistungen vom Franchisegeber oder von einem vom Franchisegeber bestimmten Dritten zu beziehen. Die Eingriffsvoraussetzungen a bis c können greifen. Gerecht-

---

105 Vgl. *Kurtenbach, J.*, Franchiseverträge, 1986, S.30 ff.

fertigt sind diese Bindungen nur, wenn anderenfalls die Systemidentität oder die Nutzung der Systemidee gefährdet ist. Die Qualitätssicherung ist ein wichtiger Aspekt, weshalb Bezugsbindungen notwendig sein können. Können jedoch objektive Qualitätskriterien festgelegt werden, so werden Bezugsbindungen in Franchiseverträgen nur dann gerechtfertigt sein, wenn weitere Gründe hinzukommen.[106] Dies können die Einheitlichkeit des Warenangebots, die Breite der Produktpalette, der rasche technologische Fortschritt, die Komplexität der Produkte und der Erhaltung der gewerblichen Schutzrechte sein. "Eine einheitliche Qualität kann am ökonomischsten über Bezugsverpflichtungen der Franchisenehmer erreicht werden."[107] Systeminterne Bezüge von anderen Franchisenehmern dürfen nicht verboten werden, da dadurch die Qualität der Produkte in der Regel keinen Schaden nehmen wird.[108]

Interessenabwägung bei Bezugsbindungen nach Buchstabe a)

Durch Bezugsbindungen werden die Franchisenehmer an einem Fremdbezug von Waren oder gewerblichen Leistungen gehindert. Die Interessen der Franchisenehmer an einem freien Bezug sind folglich denen des Franchisegebers an einer Bezugsbindung gegenüberzustellen. Der für das Franchising typische Aufbau eines effektiven Vertriebssystems, die nach außen erforderliche Einheitlichkeit des Erscheinungsbildes und die Notwendigkeit der Bindung zur Zielerreichung sind Faktoren, die gegen die Unbilligkeit einer (Bezugs-) Bindung sprechen können. Auch die Fragen, ob das zu beziehende Produkt vom Franchisegeber selbst entwickelt worden ist und ob die gebundenen Leistungen von Dritten zu einem niedrigeren Preis erhältlich sind als dem des Franchisegebers, sind von Bedeutung bei der Unbilligkeitsprüfung.[109] Bezugsbindungen werden im Rahmen der Interessenabwägung jedenfalls dann nicht als unbillig betrachtet, wenn dem Franchisenehmer für die Bezugsbindung eine angemessene Gegenleistung gewährt wird. Sie sind insbesondere dann gerechtfertigt, wenn durch sie den Franchisenehmern die Qualität der Waren und Dienstleistungen gewährleistet wird.[110]

---

106 Vgl. *Zeisberg, H.-J.*, Franchisevertrag, 1991, S.208; siehe dazu auch Abschnitt 8.6.6 (S.389 ff.).

107 *Epp, W.*, Franchising, 1994, S.169.

108 Vgl. dazu Art.4a der Gruppenfreistellungsverordnung für Franchisevereinbarungen und Abschnitt 8.5.4 (S.379) sowie S.391.

109 Vgl. *Blaurock, U.*, Franchisesysteme, 1984, S.31.

110 Vgl. *Kurtenbach, J.*, Franchiseverträge, 1986, S.73.

Interessenabwägung bei Bezugsbindungen nach Buchstabe b)

Auch Konkurrenten des Franchisegebers werden durch Bezugsbindungen innerhalb eines Franchisesystems daran gehindert, ihre Produkte / Leistungen bei den Franchisenehmern abzusetzen. Als berechtigtes Argument dafür, daß Dritten der Absatz an die Franchisenehmer eines Franchisesystems verwehrt wird, kann die Notwendigkeit der Einheit des Erscheinungsbildes genannt werden. Das Erscheinungsbild wird nämlich neben der Ausstattung und Einrichtung der Geschäftsräume auch durch die Art und den Umfang der angebotenen Waren und/oder Dienstleistungen geprägt. Im Falle des Dienstleistungsbereiches, in dem das Argument des einheitlichen Erscheinungsbildes nicht greift, kann man die Qualitätssicherung als Argument heranziehen. Ein Franchisegeber hat allerdings konkret nachzuweisen, inwieweit die Bezugsbindung zur Sicherung der Qualität erforderlich ist. Von entscheidender Bedeutung ist zudem die Frage, ob es nicht mildere Mittel zur Erreichung dieses Ziels gibt. An der Einheitlichkeit des Erscheinungsbildes und der Sicherung der Qualität hat der Franchisegeber ein schützenswertes Interesse. Außerdem kann ein Franchisegeber ein berechtigtes Interesse an der Sicherung seines Absatzmarktes haben, soweit das zu beziehende Produkt von ihm selbst entwickelt und/oder hergestellt wurde.[111] Nicht akzeptiert werden kann das Argument der Sicherung von Investitionen des Franchisegebers durch die Bezugsbindung, da die Franchisegeber zu diesem Zweck die Franchisegebühren erheben.

Interessenabwägung bei Bezugsbindungen nach Buchstabe c)

Hier kann auf die in den Buchstaben a) und b) genannten Rechtfertigungsgründe verwiesen werden, da der Wettbewerb als Institution (wie er von Buchstabe c) geschützt wird) nur über eine Offenhaltung der Märkte (wie sie durch die Buchstabe a und b erreicht werden soll) geschützt wird. Bezugsbindungen sind deshalb auch nach Buchstabe c) gerechtfertigt, wenn sie nach den Buchstaben a) und b) gerechtfertigt sind.

Wettbewerbsverbote:

Wettbewerbsverbote beschränken die Bezugsmöglichkeiten anderer Waren und/oder Dienstleistungen als der Vertragswaren eines Abnehmers ein. Man kann dabei zwi-

111 Vgl. *Blaurock, U.*, Franchisesysteme, 1984, S.31; *Kurtenbach, J.*, Franchiseverträge, 1986, S.75.

schen Wettbewerbsverboten, die ohne ausdrückliche Vereinbarung bestehen und solchen, die erst durch die Parteien begründet werden, unterscheiden. Erstere findet man beim Franchising selten. Sie ergeben sich dann aus der analogen Anwendung des § 86 Abs.1 HGB.[112] Wettbewerbsverbote durch gesonderte Abrede sind kartellrechtlich unbedenklich, wenn sich die Abreden im Rahmen der allgemeinen Bestimmungen (z.B. der §§ 138, 242 BGB) bewegen.

Franchisenehmer unterliegen häufig *vertraglichen Wettbewerbsverboten*, d.h., sie dürfen laut der überwiegenden Zahl der Franchiseverträge während der Vertragsdauer nicht für Konkurrenten des Franchisegebers tätig werden. So ist es ihnen untersagt, Nebentätigkeiten auszuüben oder andere als die vom Franchisegeber vorgeschriebenen Waren / Dienstleistungen zu vertreiben, herzustellen oder zu erbringen. Auch bei dieser Art von Bindung können alle drei Eingriffsvoraussetzungen einschlägig sein. Der Schutz des Franchisesystems stellt auch hier wieder einen Rechtfertigungsgrund für Wettbewerbsverbote dar. Dies schließt die Notwendigkeit des Schutzes des Franchisegeberwissens in Form von Know-how und Schutzrechten mit ein. Ohne Wettbewerbsverbote bestünde die Gefahr einer Qualitätsverschlechterung und einer Beeinträchtigung des Erscheinungsbildes des Franchisesystems.[113]

Das *Verbot von Kapitalbeteiligungen der Franchisenehmer an Konkurrenzunternehmen* ist dann gerechtfertigt, wenn eine Gefährdung des Franchisesystemimages und des Know-how zu befürchten ist. Dies kann schon bei Minderheitsbeteiligungen der Fall sein, wenn der Franchisenehmer in seinen Bemühungen um sein Franchisegeschäft nachläßt oder das Know-how des Franchisegebers in die Konkurrenzorganisation einbringt.

Nachvertragliche Wettbewerbsverbote der Franchisenehmer sind dann gerechtfertigt, wenn sie dem Schutz des Franchisegeber-Know-how dienen, und zudem sachlich (d.h. auf die Benutzung von Know-how und Vertriebsmethoden) sowie zeitlich und geographisch begrenzt sind. Nicht untersagen kann der Franchisegeber die Eröffnung von Konkurrenzbetrieben in Regionen, die nicht Vertragsgegenstand waren.[114]

Auch die *Franchisegeber* unterwerfen sich nicht selten *vertraglichen Wettbewerbsverboten*. Verpflichten sich Franchisegeber dazu, in dem Vertragsgebiet ihrer Franchisenehmer nur die jeweiligen Franchisenehmer zu beliefern und damit keine anderen

---

112 Zum Verhältnis des § 18 GWB zu § 86 HGB vgl. *Ebenroth, C. / Parche, U.*, Absatzmittlungsverhältnisse, BB, 1988, S.14.

113 Vgl. auch *Zeisberg, H.-J.*, Franchisevertrag, 1991, S.212.

114 Vgl. hierzu Abschnitt 6.4 (S.277 ff.).

Franchisenehmer zuzulassen, so spricht man von "externem" Platzschutz. Oftmals wird dieser "externe" Platzschutz noch durch die Verpflichtung des Franchisegebers, nicht selbst in den Franchisenehmergebieten tätig zu werden, ergänzt. Durch solche Bindungen werden sowohl die Interessen der Gebundenen als auch die der Konkurrenten der Franchisenehmer beschränkt. Der Wettbewerb als Institution kann ebenfalls beeinträchtigt werden. Als Grund für einen "externen" Platzschutz und das Wettbewerbsverbot des Franchisegebers ist das Schutzbedürfnis der Franchisenehmer in finanzieller Hinsicht zu nennen. Diese würden ohne diese Absatzbindungen Gefahr laufen, ihre getätigten Investitionen zu verlieren, was zur Folge hätte, daß kein Marktzutritt durch Franchisenehmer stattfände und kein Wettbewerb mehr entstünde. Weitere Argumente für diese Bindungen sind der Schutz des Ansehens des Systems, dessen optimale Nutzungsmöglichkeiten und der aus § 26 Abs.2 GWB abgeleitete Grundsatz, daß ein Hersteller bei der Bestimmung des Vertriebsweges seiner eigenen Produkte frei ist. Dieser Grundsatz gilt zwar direkt nur für industrielle Franchisen, jedoch läßt sich der Grundgedanke, daß jedes Unternehmen seine Absatzorganisation nach eigenem Gutdünken aufbauen darf, auch auf die anderen Franchiseformen übertragen.

7.6.4.3 Vertriebsbindungen

Gebietsbindungen des Franchisenehmers:

Die Franchisenehmer werden in der Regel von ihren Franchisegebern dazu verpflichtet, nicht außerhalb ihres Franchisegebietes tätig zu werden. Die Eröffnung weiterer Geschäfte durch einen Franchisenehmer in seinem Gebiet bedarf im allgemeinen der Zustimmung des Franchisegebers, ist aber auch in einigen Franchiseverträgen ausdrücklich untersagt. Bei diesen Klauseln handelt es sich um sogenannte Gebietsbindungen.

Den Gebietsbindungen der Franchisenehmer stehen aber oftmals die Absatzbindungen der Franchisegeber im Sinne des § 18 Abs.1 Nr.2 2.Alt. GWB gegenüber. Viele Franchisegeber verpflichten sich, keine weiteren Franchisenehmer in dem Vertragsgebiet eines Franchisenehmers zuzulassen oder diesem zuerst die weitere Franchise anzubieten. In einigen Verträgen bedarf die Einsetzung eines weiteren Franchisenehmers in ein Gebiet eines Franchisenehmers der Zustimmung des betroffenen Franchisenehmers. Auch beschränken sich die Franchisegeber häufig in ihren Möglichkeiten, Filialen in Franchisenehmergebieten zu errichten. Zudem verpflichten sich Franchisegeber oftmals, Dritte in den Vertragsgebieten der Franchisenehmer nicht selbst zu beliefern; Ausnahmen davon sind anzutreffen, wenn es sich um die Belieferung von Großkunden handelt.

Die Gebietsbindungen der Franchisenehmer (der sogenannte "interne" Platzschutz) haben positive und negative Folgen für den Wettbewerb. Auf der einen Seite erhält ein Franchisenehmer durch die Kombination von externem und internem Platzschutz ein Alleinvertriebsrecht für das Vertragsgebiet, auf der anderen Seite wird er aber dadurch an einer räumlichen Geschäftsexpansion gehindert. Ferner kann dies zu fehlendem Intrabrand-Wettbewerb (gemeint ist damit der Wettbewerb zwischen den Franchisenehmern) führen, womit der Wettbewerb als Institution betroffen wäre. Allerdings kann es Gründe geben, die die Gebietsbindungen rechtfertigen. Die einheitliche Servicequalität, die optimale Marktdurchdringung (Versorgung der Randgebiete) und damit eine bessere Verbraucherversorgung, sowie die Verstärkung des Interbrand-Wettbewerbs (des Wettbewerbs zwischen dem Franchisesystem und anderen Unternehmen) können diese Art von Bindung unter Umständen legitimieren. Zudem werden die Franchisenehmer durch Gebietsbindungen in ihren (Anlauf-) Investitionen geschützt. Müßte jeder Franchisenehmer um seine Investitionen aufgrund möglicher Intrabrand-Konkurrenz in "seinem" Gebiet bangen, würde er sich möglicherweise gegen einen Eintritt in das Franchisesystem entscheiden, was zu weniger Wettbewerb führen würde. Probleme bereiten aber Gebietsmonopole. Diese können bei großen und marktmächtigen Franchisesystemen zur Untersagung nach § 18 Abs.1 GWB führen, wenn es an einer ausreichenden Rechtfertigung fehlt. Umgangen werden kann dieses Problem, indem bei solchen Systemen Marktverantwortungsbereiche vereinbart werden, die dann vom Franchisenehmer überschritten werden dürfen, wenn er seine Mindestumsatzvorgaben erfüllt hat. Doch auch diese "Umgehungsstrategie" ist nicht unproblematisch, da bei zu hohen Umsatzvorgaben durch den Franchisegeber eine kartellbehördliche Untersagung aufgrund der Abschottungswirkung, die diese haben, droht. Bei zu niedrigen Mindestumsatzvorgaben kann aber andererseits das System in Mitleidenschaft gezogen werden. Die Geschäftslokalklausel, nach der die Franchisenehmer keine weiteren Geschäfte eröffnen dürfen, stellt einen Ausweg aus dem genannten Dilemma dar, da durch sie ein ausreichendes Maß an Intrabrand-Wettbewerb gewährleistet wird.

Kundenbindungen:

Manchmal behält sich ein Franchisegeber das Recht zur Belieferung bestimmter Kunden (z.B. von Großkunden) vor. Liegt kein sachlicher Grund für die Kundenbindung vor, d.h. möchte der Franchisegeber nur aus finanziellen Gründen bestimmte

Kunden selbst bedienen, so ist eine Kundenbindung nicht zu vertreten. Läuft der Franchisegeber aber Gefahr, daß bei Zuweisung bestimmter Kunden an seine Franchisenehmer die Marktbearbeitung durch diese sich verschlechtert, hat eine Klausel, nach der der Franchisegeber zur alleinigen Versorgung dieser Kunden berechtigt ist, einen sachlichen Grund und ist damit nach § 18 Abs.1 GWB nicht zu beanstanden.

Bei industriellen Franchisen gibt es mitunter solche Kundenbindungen. Hier kommt es darauf an, ob das Vorprodukt bloß das später nur noch aufbereitete Endprodukt verkörpert oder ob durch die Weiterverarbeitung ein völlig neues Produkt entsteht. Ist ersteres der Fall, dann greift - unter dem Vorbehalt des Vorliegens eines der Buchstaben a) bis c) - § 18 Abs.1 Nr.3 GWB, liegt letzteres vor, dann besteht eine Absatzbindung im Sinne von § 18 Abs.1 Nr.2 GWB.

Das reine Dienstleistungsfranchising wird nicht von § 18 Abs.1 Nr.3 GWB erfaßt, da diese Nummer sich nur auf gelieferte Waren bezieht. Da der Franchisenehmer aber andere gewerbliche Leistungen an den Endverbraucher erbringt als der Franchisegeber an den Franchisenehmer, fallen solche Bindungen unter § 18 Abs.1 Nr.2 GWB. Werden beim Dienstleistungsfranchising auch Waren bezogen, so richtet sich die Beurteilung von Gebiets- und Kundenbindungen danach, ob der Franchisegeber der Lieferant ist oder Dritte.

Interessenabwägung bei Alleinvertriebsbindungen nach Buchstabe a)

Alleinvertriebsbindungen setzen sich aus der Absatzbindung des Franchisegebers und den Gebietsbindungen der Franchisenehmer zusammen. Für die Gebietsbindung erhält der Franchisenehmer einen Kundenschutz. Doch auch der Franchisegeber profitiert von den Gebietsbindungen der Franchisenehmer. Durch fehlenden Intra-brand-Wettbewerb wird die Leistungsfähigkeit des Systems gefördert, es findet eine Tiefenverwertung des Franchisegebietes statt, und eine Unterrepräsentation im Vertragsgebiet wird verhindert. Dadurch wird eine fast vollständige Marktabschöpfung erreicht. Allerdings müssen diese Bindungen immer lückenlos, d.h. im gesamten System, durchgeführt werden, da eine nicht lückenlose Handhabung eines Vertriebssystems zur Unzulässigkeit desselben führt.

Interessenabwägung bei Alleinvertriebsbindungen nach Buchstabe b)

Das Interesse von Newcomern, in ein Franchisesystem aufgenommen zu werden, ist kein schützenswertes Interesse, da "aufgrund der besonderen Interessenlage und des ausgeprägten Vertrauensverhältnisses zwischen den Parteien des Franchisesystems [..]

das Mitgliedschaftsrecht in einem Franchisesystem keineswegs gleichzusetzen [ist] mit dem Recht, Waren beziehen und absetzen zu dürfen."[115]

Interessenabwägung bei Alleinvertriebsbindungen nach Buchstabe c)

Zu untersuchen ist an dieser Stelle, ob schützenswerte Interessen des Wettbewerbs als Institution durch Alleinvertriebsbindungen betroffen sind. Ohne diese Bindungen hätten die Verbraucher keine Vorteile im Hinblick auf Qualität und Service. Nur durch den fehlenden Intrabrand-Wettbewerb kommt es zu einer Verstärkung des Interbrand-Wettbewerbs, da sich die Franchisenehmer auf den Wettbewerb außerhalb des Systems "konzentrieren" können. Für die Verbraucher haben Alleinvertriebsbindungen also positive Wirkungen. Dies gilt jedoch nur für den Fall, in dem eine Austauschbarkeit der Waren / Leistungen der konkurrierenden Unternehmen mit anderen Waren / Dienstleistungen existiert. Bei einer Produktdifferenzierung kommt es zu einer Marktzutrittsbeschränkung, die aufgrund ihrer negativen Wirkung für den Wettbewerb als Institution zur Unzulässigkeit der Alleinvertriebsbindungen eines Systems führen kann.

7.6.4.4 Koppelungsbindungen

Koppelungsbindungen treten in Franchiseverträgen häufig auf, da Franchisesysteme auf Einheitlichkeit angelegt sind, die sich durch die vom Franchisegeber vorgeschriebene Abnahme von bestimmten Sach- und Dienstleistungen erreichen läßt. "Deshalb werden viele Koppelungen "handelsüblich" im Sinne der Nr.4 des § 18 Abs.1 GWB sein, so daß schon aus diesem Grunde eine Mißbrauchsverfügung nach § 18 Abs.1 GWB ausscheidet."[116] Nach Erachten von Epp wird beim Franchising selten eine sachfremde oder handelsunübliche Koppelung vorliegen. Denn durch die intensive Kooperation lassen sich beim Franchising eher sachliche Gründe für eine Koppelung als bei anderen Vertriebsformen finden.[117] Der Schutz des Know-how und die Erhaltung der Einheitlichkeit - sowohl des Franchisesystems als auch der Qualität der Franchiseprodukte - stellen solche sachlichen Gründe dar. Beim Dienstleistungsfranchising kommt es hinsichtlich der zu beziehenden Vor- oder Nebenprodukte auf deren nachvollziehbare Funktion für das Marketingkonzept an. Es geht folglich darum, ob ihr

---

115 *Kurtenbach, J.*, Franchiseverträge, 1986, S.92.
116 *Epp, W.*, Franchising, 1994, S.183.
117 Vgl. *Epp, W.*, Franchising, 1994, S.149.

gekoppelter Bezug zum Schutz der Einheitlichkeit des Systems erforderlich ist oder nicht.[118] Können objektive Qualitätsnormen aufgestellt werden, dann ist eine Koppelungsbindung nicht zu rechtfertigen.

Schon im Rahmen der Prüfung, ob es sich bei den gekoppelten Waren / Dienstleistungen um sachlich oder handelsüblich zugehörige Waren oder gewerbliche Leistungen handelt, fließen Argumente wie die der Qualitätssicherung und der Erhaltung des Ansehens des Systems ein, weshalb deren Heranziehung für eine sachliche Rechtfertigung von Koppelungsbindungen nicht mehr möglich ist.

7.7 Wettbewerbsbeschränkende Verträge nach den §§ 20 und 21 GWB

Nach § 20 Abs.1 GWB sind Verträge über den Erwerb oder die Benutzung von Patenten, Gebrauchsmustern, Topographien (dies sind ausschließlich dreidimensionale Strukturen von mikroelektronischen Halbleitererzeugnissen[119]) oder Sortenschutzrechten unwirksam, soweit sie dem Erwerber oder Lizenznehmer Beschränkungen im Geschäftsverkehr auferlegen, die über den Inhalt des Schutzrechts hinausgehen; Beschränkungen hinsichtlich Art, Umfang, Menge, Gebiet oder Zeit der Ausübung des Schutzrechts gehen nicht über den Inhalt des Schutzrechts hinaus. Wettbewerbsbeschränkungen, die in einem inneren Zusammenhang mit dem Schutzrecht stehen, sind somit zulässig.

Die §§ 20 und 21 GWB gehören zu den Vorschriften über Austauschverträge (§§ 15 bis 21 GWB). Sie sind deshalb nur anwendbar, wenn die Parteien keinen gemeinsamen Zweck verfolgen (§ 20 Abs.4 GWB). Typische Lizenzverträge, so Emmerich, seien zwar Dauerschuldverhältnisse, aber auch Austauschverträge mit im Regelfall einander entgegengesetzten Interessen, die grundsätzlich unter die §§ 20 und 21 GWB fallen.[120] § 20 GWB erfaßt nicht nur Verträge zwischen Unternehmen, sondern auch solche zwischen Privatpersonen, wenn sie Beschränkungen des Lizenznehmers im Geschäftsverkehr enthalten.[121] Eine solche Beschränkung im Geschäftsverkehr liegt vor, wenn die wirtschaftliche Bewegungsfreiheit des Lizenznehmers *spürbar* durch den Vertrag eingeschränkt wird.[122]

Die Anwendbarkeit des § 20 GWB auf Franchiseverträge scheint aufgrund der lizenzvertraglichen Elemente in den Verträgen einleuchtend, ist aber laut Martinek in

---

118 Zur Abgrenzungsproblematik vgl. auch *Blaurock, U.*, Franchisesysteme, 1984, S.29.

119 Vgl. *Bechtold, R.*, Kartellgesetz-Kommentar, 1993, § 20, S.141, Rdnr.6.

120 Vgl. *Emmerich, V.*, Kartellrecht, 1991, S.181.

121 Durch § 20 GWB werden aber nicht Beschränkungen des Lizenzgebers geregelt.

122 Vgl. *Emmerich, V.*, Kartellrecht, 1991, S.182.

Wirklichkeit nur selten gegeben. Zum einen könnten diese Elemente im Franchisevertrag fehlen, zum anderen seien in den Franchiseverträgen oftmals solche Schutzrechte und Rechtsgüter enthalten, die nicht von den §§ 20 und 21 GWB erfaßt werden. Selbst für den Fall, daß in einem Franchisevertrag eine "echte" Lizenz auftrete, werde das lizenzvertragliche Element eher eine untergeordnete Rolle spielen, so daß § 20 GWB nicht angewendet werden könne. "Im übrigen müßten für die Anwendbarkeit des Lizenzvertragsprivilegs die Lizenznehmerbeschränkungen (die Gebietsbindungen, Ausschließlichkeits-, Bezugs-, Preisbindungen usw.) gezielt der Regelung über die Benutzung des Schutzrechts zuzurechnen sein; spätestens an dieser Hürde werden Franchiseverträge bis auf wenige Ausnahmen scheitern."[123] Tietz macht darauf aufmerksam, daß die meisten Franchiseverträge nicht von den §§ 20 und 21 GWB berührt werden, da sie dem Franchisenehmer nur den Gebrauch von Geschmacksmustern, Namensrechten, Warenzeichen, Ausstattungsrechten und Erfahrungswissen gestatten.[124]

§ 20 GWB greift also nur dann, wenn die oben genannten Schutzrechte auch Gegenstand eines Erwerbs- oder Lizenzvertrages sind. Darunter sind Verträge zwischen verschiedenen Wirtschaftsstufen zu verstehen (sog. Vertikalverträge). Bei industriellen Franchisen ist dies der Fall, womit § 20 GWB anwendbar ist. Bei den anderen Franchiseformen muß bei einer analogen Anwendung des § 20 GWB zunächst geprüft werden, ob in der Einräumung einer Nutzungsbefugnis eine Lizenzierung zu sehen ist. Dies kann für den Fall bejaht werden, in dem ein Verbotsrecht des Warenzeicheninhabers besteht. Beim Vertriebsfranchising werden Warenzeichen aus absatzpolitischen Gründen eingesetzt. Deren Beurteilung richtet sich nach dem Markengesetz (MarkenG) und dem Gesetz über die Erstreckung von gewerblichen Schutzrechten, dem sogenannten Erstreckungsgesetz (ErstrG). Warenzeichen können dann "unlizenziert" benutzt werden, wenn sich das Warenzeichen mit dem ersten Inverkehrbringen "erschöpft". Dies gilt auch für die anderen Schutzrechte.[125] Wirbt ein Franchisenehmer für Franchisegeberwaren mit dessen Warenzeichen, so stellt dies folglich kein warenzeichenrechtliches Problem dar. Eine Lizenz ist hierfür nicht erforderlich. Anders sieht es hingegen aus, wenn das Warenzeichen als Firmenbestandteil oder Geschäftsbezeichnung verwendet wird *und* in dem Geschäft nicht nur Franchisegeberwaren vertrieben werden. Hier kann es zu einer Täuschung der Kunden über die Herkunft der Waren kommen, was zu einer Wettbewerbsbeschränkung hinsichtlich der Waren anderer Hersteller führen kann.

---

123 *Martinek, M.*, Vertragstypen, 1992, S.188.

124 Vgl. *Tietz, B.*, Handbuch Franchising, 1991, S.561.

125 Vgl. *Bechtold, R.*, Kartellgesetz-Kommentar, 1993, § 20, S.143, Rdnr.10.

Die analoge Anwendung der §§ 20 und 21 GWB auf Warenzeichenlizenzen ist umstritten. Epp verneint die Möglichkeit einer Analogie, da ihr der Wille des Gesetzgebers und der Sonderregelungsstatus der §§ 20 und 21 GWB entgegenstehen.[126] Diese Meinung vertritt auch Emmerich, der von einer uneingeschränkten Anwendbarkeit der allgemeinen Vorschriften (§§ 1 bis 8, 15 und 18 GWB) auf Lizenzverträge über andere Schutzrechte ausgeht.[127] Die Anwendung der §§ 20 und 21 GWB ist somit dann ausgeschlossen, wenn z.B. die §§ 1 und 25 Abs.1 GWB bereits einschlägig waren. "Die Anwendung der §§ 20 und 21 GWB hängt also von der Reichweite des Kartellverbots ab."[128] Jedoch sind die §§ 15 bis 19 GWB nicht uneingeschränkt auf Warenzeichenlizenzen anwendbar. "Die Frage, welche Vorschriften des GWB auf solche Wettbewerbsbeschränkungen in Warenzeichen- und Urheberlizenzverträgen anzuwenden sind, ist noch nicht endgültig geklärt. Die Praxis ist unklar und schwankend."[129] Zuerst muß geprüft werden, ob sich die dem Lizenznehmer auferlegten Beschränkungen noch im Rahmen der zeichenrechtlichen Befugnisse halten. Sodann muß ein Ausgleich zwischen dem Markenrecht und der Wettbewerbsfreiheit hergestellt werden. Nur die zur Erfüllung der Herkunftsfunktion notwendigen Bindungen sind kartellrechtlich erlaubt. Preisbindungen in Warenzeichenlizenzverträgen z.B. können aufgrund der Ordnungsfunktion kartellrechtlich gerechtfertigt sein.

§ 21 GWB ist in Verbindung mit § 20 GWB zu sehen. In § 21 Abs.1 GWB werden Verträge über die Überlassung oder Benutzung gesetzlich nicht geschützter Erfindungsleistungen, Fabrikationsverfahren, Konstruktionen, sonstiger die Technik bereichernder Leistungen sowie nicht geschützter, den Pflanzenbau bereichernder Leistungen auf dem Gebiet der Pflanzenzüchtung, soweit sie Betriebsgeheimnisse darstellen, dem Anwendungsbereich des § 20 GWB unterstellt. Hauptanwendungsgebiet des § 21 GWB sind die sogenannten technischen Betriebsgeheimnisse. Der Begriff "Betriebsgeheimnisse" wird weit ausgelegt, nach Ansicht von Emmerich ist dieser weiten Auslegung aber nicht zu folgen. Man könne bei der Auslegung auch nicht auf die Definition des Begriffes in § 17 UWG zurückgreifen, da § 21 GWB einen anderen Zweck verfolge als § 17 UWG. Seines Erachtens nach können nur solche Erfindungen als Betriebsgeheimnisse im Sinne des § 21 GWB anerkannt werden, die nach Erfindungshöhe und Neuheit mit patentwürdigen Erfindungen i.S.d. § 1 PatG vergleichbar sind.[130] Gebietsbeschränkungen (zu Lasten des Lizenzneh-

---

126 Vgl. *Epp, W.*, Franchising, 1994, S.104 f.; so auch *Martinek, M.*, Vertragstypen, 1992, S.188.

127 Vgl. *Emmerich, V.*, Kartellrecht, 1991, S.202.

128 *Epp, W.*, Franchising, 1994, S.99.

129 *Emmerich, V.*, Kartellrecht, 1991, S.201.

130 Vgl. *Emmerich, V.*, Kartellrecht, 1991, S.197.

mers), technisch bedingte Bezugsbindungen, Preisbindungen und Rückgewährklauseln seien zulässige Beschränkungen. Eine Beschränkung ende allerdings dann, wenn das Betriebsgeheimnis offenkundig wird.[131]

Verträge, die gegen die §§ 20 und 21 GWB verstoßen, sind unwirksam. Ist davon auszugehen, daß das Rechtsgeschäft nicht auch ohne den nichtigen Teil vorgenommen worden wäre, dann ist das gesamte Rechtsgeschäft nichtig (§ 139 BGB). Die §§ 20 und 21 GWB sind außerdem noch Verbote i.S.d. § 25 Abs.1 GWB. Ein aufeinander abgestimmtes Verhalten wird auch von diesen Paragraphen verboten. Zudem handelt es sich bei ihnen um Schutzgesetze i.S.d. § 35 Abs.1 GWB. Wer vorsätzlich oder fahrlässig gegen diese Normen verstößt, ist Dritten zum Ersatz des aus diesem Verstoß entstandenen Schadens verpflichtet. Vorsätzliche Verstöße fallen außerdem unter § 38 Abs.1 Nr.1 GWB, d.h., es liegt dann eine Ordnungswidrigkeit vor.

7.8 Marktbeherrschung und Mißbrauch im Sinne des § 22 GWB

§ 22 GWB erfaßt marktbeherrschende Unternehmen und regelt in Abs.4 die Mißbrauchsaufsicht der Kartellbehörden, wenn diese ihre marktbeherrschende Stellung mißbräuchlich ausnutzen. Marktbeherrschung ist folglich nicht per se verboten, sondern durch § 22 GWB soll nur der aus der Machtposition resultierende Verhaltensspielraum der Unternehmen eingeschränkt werden. Es soll der Wettbewerb als Institution durch Gewährleistung der Handlungs- und Wahlfreiheit der Marktteilnehmer sichergestellt werden. Von ihm geht nur eine mittelbare Schutzwirkung zugunsten der Betroffenen und der Verbraucher aus.

Die Rechtsfolgen aus § 22 GWB können verschieden sein. Zum einen kann die Kartellbehörde unter den Voraussetzungen des § 22 Abs.4 GWB mißbräuchliches Verhalten marktbeherrschender Unternehmen laut § 22 Abs.5 GWB untersagen und Verträge für nichtig erklären. Dem Verbot hat aber grundsätzlich eine Abmahnung des marktbeherrschenden Unternehmens durch die Kartellbehörde vorauszugehen. § 19 GWB, der sich mit der Weitergeltung der übrigen Vertragsbestandteile befaßt, gilt entsprechend. Nach § 22 Abs.6 GWB stehen der Kartellbehörde die Befugnisse des Absatzes 5 gegenüber jedem Konzernunternehmen zu, wenn ein Konzern i.S.d. § 18 AktG die Voraussetzungen des § 22 Abs.1 GWB erfüllt. Die Funktion der Kartellbehörde ist auf ein Verbot des mißbräuchlichen Verhaltens beschränkt; sie kann nicht den betreffenden Unternehmen ein bestimmtes Verhalten positiv vorschreiben. Bei

---

131 Vgl. *Emmerich, V.*, Kartellrecht, 1991, S.199.

§ 22 GWB handelt es sich um kein Schutzgesetz i.S.d. § 35 Abs.1 GWB, obwohl nach Aussage Emmerichs einer solchen Zuordnung nichts entgegen gestanden hätte. Dieser Fehlgriff des Gesetzgebers werde nur deshalb meistens nicht spürbar, weil neben § 22 Abs.4 GWB in aller Regel zugleich § 26 Abs.2 GWB[132] eingreift, dessen Schutzgesetzqualität nicht fraglich sei.[133] In Fällen des Preismißbrauchs können die Kartellbehörden zudem nach § 37b GWB den Mehrerlös abschöpfen, den ein marktbeherrschendes Unternehmen durch einen schuldhaften Verstoß gegen eine Mißbrauchsverfügung nach deren Zustellung erlangt hat.

7.8.1 Der Begriff der Marktbeherrschung

Die Vorschrift des § 22 GWB unterscheidet zwischen Marktbeherrschung durch einzelne Unternehmen und der gemeinsamen Marktbeherrschung durch zwei oder mehr Unternehmen. Eine weitere Unterscheidung der Marktbeherrschung ist darauf gerichtet, ob sie durch mangelnden wesentlichen Wettbewerb oder durch eine überragende Marktstellung hervorgerufen wird. Nach § 22 Abs.1 GWB ist *ein* Unternehmen marktbeherrschend, wenn es als Anbieter oder Nachfrager einer bestimmten Art von Waren oder gewerblichen Leistungen ohne Wettbewerber ist (Monopol) oder keinem wesentlichen Wettbewerb (Teilmonopol) ausgesetzt ist oder eine im Verhältnis zu seinen Wettbewerbern überragende Marktstellung (marktstarke Unternehmen) hat. Nach § 22 Abs.3 Nr.1 GWB wird vermutet, daß ein Unternehmen marktbeherrschend i.S.d. § 22 Abs.1 GWB ist, wenn es einen Marktanteil von mindestens einem Drittel hat (sogenannte Monopolvermutung). Diese Vermutung gilt nicht, wenn die Umsatzerlöse des Unternehmens im letzten Geschäftsjahr unter 250 Mio. DM lagen.

Nach § 22 Abs.2 GWB gelten *zwei oder mehr* Unternehmen als marktbeherrschend, soweit zwischen ihnen für eine bestimmte Art von Waren oder gewerblichen Leistungen allgemein oder auf bestimmten Märkten aus tatsächlichen Gründen ein wesentlicher Wettbewerb nicht besteht und soweit sie in ihrer Gesamtheit die Voraussetzungen des § 22 Abs.1 GWB erfüllen. Absatz 2 beschäftigt sich mit den Wettbewerbsbeschränkungen, die von einem (engen) Oligopol ausgehen. Auch im Hinblick auf Oligopole gibt es eine Vermutungsregel. Wenn drei oder weniger Unternehmen zusammen einen Marktanteil von 50 vom Hundert oder mehr haben oder wenn fünf oder weniger Unternehmen zusammen einen Marktanteil von zwei Dritteln oder mehr haben (sogenannte Oligopolvermutung), gelten sie gemäß § 22 Abs.3 Nr.2 GWB als

132 Auch eine Subsumtion unter die §§ 1 und 13 UWG ist denkbar.

133 Vgl. *Emmerich, V.*, Kartellrecht, 1991, S.277 f.

marktbeherrschend im Sinne des § 22 Abs.2 GWB. Allerdings gilt die Vermutung nicht, wenn es sich um Unternehmen handelt, die im letzten abgeschlossenen Geschäftsjahr Umsatzerlöse von weniger als 100 Mio. DM hatten (§ 22 Abs.3 Nr.2 GWB).

Wie sich bereits aus dem Gesetzestext ersehen läßt, müssen zwei Voraussetzungen vorliegen, damit Abs.2 einschlägig ist. Zum einen darf innerhalb des Oligopols kein wesentlicher Wettbewerb existieren; zum anderen darf das Oligopol gegenüber den übrigen Wettbewerbern keinem wesentlichen Wettbewerb ausgesetzt sein, oder es muß über eine überragende Marktstellung verfügen. Zwar ist grundsätzlich von einem Wettbewerb auch zwischen den Einzelunternehmen eines Oligopols auszugehen; treten aber die Oligopolisten nach außen einheitlich auf und können sich Dritte nicht mehr ihrem Diktat entziehen, dann liegt Marktmacht vor.[134] "Der Wettbewerb im Oligopol ist aufgehoben, wenn die Einzelunternehmen aus tatsächlichen Gründen zu homogenen Aktionsparametern und damit zu einem gleichförmigen, spannungslosen Absatzmarkt ohne Konkurrenzdruck gelangen."[135] Auch beim Franchising muß die Wettbewerbssituation anhand eines Marktstruktur- und Marktverhaltenstests gesamtbildlich ermittelt werden. Faktoren wie das Vorliegen eines engen oder weiten Oligopols, die Markttransparenz, die Markterschließung, die Betriebsorganisation und das Ressourcenpotential sind für die Beurteilung, ob wesentlicher Wettbewerb zwischen den Oligopolunternehmen gegeben ist, von Bedeutung.

Der Wettbewerb im Außenverhältnis kann mit Hilfe der drei Marktbeherrschungsformen überprüft werden. Insbesondere der Fall einer überragenden Marktstellung i.S.d. § 22 Abs.1 Nr.2 GWB ist beim Franchising denkbar und dank der Vermutungsregel des § 22 Abs.3 Nr.2 GWB leicht festzustellen. Wird eine überragende Marktstellung für das Oligopol konstatiert, so gilt auch jedes einzelne Oligopolunternehmen als marktbeherrschend.

7.8.2 Der relevante Markt von Franchisesystemen

Die konkrete Prüfung des Begriffs "Marktbeherrschung" wird anhand des relevanten Marktes und des dort vorhandenen Beherrschungsgrades seitens des Unternehmens vorgenommen. Dabei muß der relevante Markt in sachlicher, räumlicher und zeitlicher Hinsicht abgegrenzt werden, damit auf diesem dann der Grad der Beherrschung analysiert werden kann. Die Abgrenzung des *sachlich relevanten Marktes* hat

134 Vgl. *Emmerich, V.*, Kartellrecht, 1991, S.244.

135 *Zeisberg, H.-J.*, Franchisevertrag, 1991, S.262.

nach dem *Bedarfsmarktkonzept* zu erfolgen. Nach dieser Theorie sind sämtliche Erzeugnisse, die sich nach ihrer Eigenschaft, ihrem wirtschaftlichen Verwendungszweck und ihrer Preislage so nahe stehen, daß der verständige Verbraucher sie als für die Deckung eines bestimmten Bedarfs geeignet hält, in berechtigter Weise abwägend mit anderen vergleicht und als gegeneinander austauschbar ansieht, marktgleichwertig.[136] Der sachlich relevante Markt wird also durch die Marktgleichwertigkeit von Waren, d.h. von deren funktioneller Austauschbarkeit, bestimmt. Der BGH berücksichtigt dabei all die Anbieter, die den Kunden als sinnvolle Alternative zur Verfügung stehen.[137] Der *räumlich relevante Markt* ist identisch mit dem Hauptabsatzgebiet des Produkts. Er kann das gesamte Bundesgebiet oder auch nur Teilmärkte umfassen. Die Abgrenzung erfolgt auch hier nach dem Grundsatz der funktionellen Austauschbarkeit. Der *zeitlich relevante Markt* ist für Franchisesysteme nicht von Bedeutung, da deren Existenz nicht an bestimmte Zeitabschnitte gebunden ist.

Als sachlich relevanter Markt von Franchisesystemen ist der Markt anzusehen, der im Sinne der Austauschtheorie gleichwertige Waren zu denen des Franchisesystems aufweist. Betrachtet werden hier nur die Franchisesysteme, in denen die Franchisenehmer mit den Verbrauchern Verträge abschließen, da nur solche Verträge vorlagen und untersucht wurden. Zeisberg nimmt eine Abgrenzung des sachlich relevanten Marktes bei Franchisesystemen anhand der Art der franchisierten Waren und des Vertragszwecks vor. Franchisesysteme des Lebensmittelhandels seien entsprechend ihres Sortiments auf der Marktstufe des Einzelhandels zu vergleichen. Marktrelevante Mitbewerber des Vollsortiments seien Spezial- und Fachhandel sowie der Lebensmitteleinzelhandel und das Handwerk. Franchisesystemen der Baumärkte stünden fachspezifischen Handels- und Werkstätten sowie Spezialgeschäften, dem Versandhandel und den Fachabteilungen der Warenhäuser gegenüber. Bei Franchisesystemen, die auf den Vertrieb von besonderen Produkten spezialisiert sind, ergebe sich der sachlich relevante Markt aus dem spezifischen Teilmarkt der Warengattung. Zur Abgrenzung könne auch auf die Preisbildung zurückgegriffen werden. Franchisierte Dienstleistungssysteme in Teilmärkten, z.B. Autoreparaturbetriebe oder die Fast-Food-Gastronomie, seien als eigene Märkte zu betrachten. Die Gesamtwürdigung eines Franchisesystems werde letztlich nach den Grundsätzen der bisherigen Rechtsprechung zu den einzelnen Warenmärkten zu erfolgen haben.[138]

---

136 Vgl. KG, Beschluß vom 18.02.1969, WuW/E OLG, 996 "Handpreisauszeichner".

137 Vgl. BGH, Beschluß vom 11.05.1986, WuW/E BGH, 2231, 2234 "Metro/Kaufhof" und KG-Urteil vom 05.11.1986, WuW/E OLG 3917, 3919 "Coop/Wandmaker".

138 Vgl. *Zeisberg, H.-J.*, Franchisevertrag, 1991, S.230 ff.

In den meisten Fällen wird sich der räumlich relevante Markt auf das Bundesgebiet erstrecken, da die Franchisesysteme i.d.R. auf Marktdurchdringung ausgerichtet sind. Aber auch regionale oder lokale Teilmärkte sind in bezug auf Franchisesysteme denkbar. Die bei einer Abgrenzung des räumlich relevanten Marktes möglicherweise bestehenden Probleme werden praktisch dadurch gelöst, daß eine von den Kartellbehörden zu erlassene Mißbrauchsverfügung nur den Geltungsbereich umfaßt, auf dem das Unternehmen tatsächlich marktbeherrschend ist und darüber hinausreichende ungeklärte Marktzonen vorläufig nicht berücksichtigt.[139]

Marktstruktur (Marktanteile) und Marktverhalten bestimmen den Grad der Marktbeherrschung. Sie sind beide zu berücksichtigen, da sie zusammen die Marktposition eines Unternehmens ergeben. Neben dem Marktanteil sind somit der Zugang zu den Beschaffungs- und Absatzmärkten, Marktzutrittsschranken (diese drei Merkmale bezeichnet man als marktbezogene Kriterien), Verflechtungen mit anderen Unternehmen[140] und die Finanzkraft des Unternehmens (diese zwei Merkmale werden als unternehmensbezogene Kriterien bezeichnet) in die Betrachtung einzubeziehen. Auch die Fähigkeit, sein Angebot oder seine Nachfrage auf andere Waren oder gewerbliche Leistungen umzustellen, sowie die Möglichkeit der Marktgegenseite, auf andere Unternehmen auszuweichen, sind zwei weitere Merkmale, mittels derer der Grad der Marktbeherrschung ermittelt werden kann.

Für Franchisesysteme ist von einem marktanteiligen Wertumsatz auszugehen. Eine andere Berechnung kann dann angebracht sein, wenn aufgrund der Spezialware die Berechnung nach Stückzahl möglich erscheint. Der Marktanteil wird immer als ein Moment der gesamten Marktsituation zu betrachten sein. Neben einer Steigerung des Marktanteils fördern die Franchisesysteme einen bevorzugten Zugang zum Absatz- und Beschaffungsmarkt. Der Leistungsvorsprung der Franchiseunternehmen gegenüber Mitbewerbern auf den Absatzmärkten, der sich aus der franchisespezifischen Organisation ergibt, wächst mit der Möglichkeit des zentralen Warenbezugs beim Franchisegeber. Durch die optimale Organisation und das wirtschaftliche und kaufmännische Know-how werden auch die Zugangschancen von Mitkonkurrenten zu dem Beschaffungsmarkt beeinflußt. Ein mit einem Franchisesystem kontraktierender Lieferant kann einen konstanten Warenumsatz einplanen. Dieser Vorteil macht für ihn Franchisesysteme gegenüber anderen Unternehmen attraktiver, weshalb er versuchen wird, vorrangig Franchisesysteme zu beliefern. Die Möglichkeit eines Marktzutritts von anderen Unternehmen wird durch die genannten Faktoren geprägt. "Der Markt-

139 Vgl. *Zeisberg, H.-J.*, Franchisevertrag, 1991, S.235.

140 Vgl. z.B. BGH-Beschluß vom 19.12.1995, DB, 1996, S.1230 ff. "Raiffeisen".

anteil, die Distributionsdichte und die Organisationsoptimierung der Franchiseunternehmen und der hieraus resultierende besondere Zugang zum Beschaffungs- und Absatzmarkt, verbunden mit dem erworbenen Vertrauensschutz, kann für andere Betriebe den Marktzutritt erschweren oder verhindern."[141] Auf die Verflechtungen von Unternehmen soll hier nicht weiter eingegangen werden, da solche weder in horizontaler noch in vertikaler Hinsicht bei Franchisesystemen bekannt sind. Ermittlungsgrundlage der Finanzkraft bildet die Gesamtheit der finanziellen Mittel und Möglichkeiten, insbesondere die Eigen- und Fremdfinanzierung, sowie der Zugang zum Kapitalmarkt und die Auswirkung und das Verhältnis der Finanzkraft zu der Finanzkraft von Mitbewerbern des relevanten Marktes. Beim Franchising ist deshalb sowohl die Finanzkapazität der Franchisenehmer als auch die des Franchisegebers zu berücksichtigen.

7.8.3 Mißbrauch von Marktmacht

Eingriffskriterium der Kartellbehörden ist der Mißbrauch von Marktmacht im Sinne des § 22 Abs.4 GWB, da Marktmacht nicht per se wettbewerbswidrig und verboten ist, sondern nur, wenn sie die wirtschaftliche Handlungsfreiheit Dritter beschränkt. Die Nummern 1 bis 3 des § 22 Abs.4 GWB erfassen dabei sowohl die Wettbewerbsfreiheit der vor- und nachgelagerten Wirtschaftsstufen als auch der Drittmärkte. Man kann in Absatz 4 zwischen folgenden Formen des Mißbrauchs unterscheiden:

Behinderungsmißbrauch:

Ein Mißbrauch im Sinne des Absatzes 1 liegt nach § 22 Abs.4 S.2 Nr.1 GWB dann vor, wenn ein marktbeherrschendes Unternehmen als Anbieter oder Nachfrager einer bestimmten Art von Waren oder gewerblichen Leistungen die Wettbewerbsmöglichkeiten anderer Unternehmen in einer für den Wettbewerb auf dem Markt erheblichen Weise ohne sachlich gerechtfertigten Grund beeinträchtigt. Damit wendet sich diese Nummer gegen alle von marktbeherrschenden Unternehmen ausgehenden Wettbewerbsbeschränkungen. Hier gibt es wesentliche Parallelen zu § 26 Abs.2 S.1 GWB. Nach Meinung von Emmerich dürften sich die beiden Verbote sogar weitgehend, wenn nicht völlig decken. "Auf jeden Fall stellen sämtliche gegen § 26 II S.1 [GWB] verstoßende Behinderungspraktiken marktbeherrschender Unternehmen

141 *Zeisberg, H.-J.*, Franchisevertrag, 1991, S.242.

zugleich einen Mißbrauch i.S. des § 22 IV S.2 Nr.1 [GWB] dar. Umgekehrt dürfte, zumindest in aller Regel, dasselbe anzunehmen sein."[142] Damit das Verhalten eines Unternehmens als mißbräuchlich im Sinne der Nr.1 qualifiziert werden kann, muß es unbillig ("ohne sachlich gerechtfertigten Grund") sein und die Wettbewerbsmöglichkeiten anderer Unternehmen in erheblicher Weise beeinträchtigen.

Die Frage der Unbilligkeit der Behinderung beurteilt sich nach der "Zweischrankentheorie" des KG danach, ob es sich erstens um eine Maßnahme des Nichtleistungswettbewerbs handelt, die zweitens infolge des Ausschlusses des letzten noch funktionsfähigen Wettbewerbs eine spürbare Verschlechterung der Marktstruktur bewirkt oder zumindest den Restwettbewerb unmittelbar gefährdet.[143] Die Zweischrankentheorie stieß auf Kritik und Bedenken, da eine Unterscheidung von Leistungswettbewerb und Nichtleistungswettbewerb schwierig ist. Zudem ist nicht jede Maßnahme des Nichtleistungswettbewerbs als mißbräuchlich anzusehen, da man dann marktbeherrschenden Unternehmen auch Werbung verbieten müßte. Andererseits kann es Maßnahmen des Leistungswettbewerbs geben, die die Marktstruktur verschlechtern, aber nach der Zweischrankentheorie nicht vom Mißbrauchsverbot des § 22 Abs.4 GWB erfaßt würden. Mittlerweile hat das KG seine Theorie dahingehend modifiziert, daß keine Beeinträchtigung oder unmittelbare Bedrohung des Restwettbewerbs auf dem Markt verlangt wird; es genügt bereits die objektive Eignung der Maßnahme des Nichtleistungswettbewerbs zur Beeinträchtigung der Marktverhältnisse.[144] Dieser Modifikation kann ebenfalls nicht zugestimmt werden, da die Bedenken gegen den Maßstab des Nichtleistungswettbewerbs bestehen bleiben. Als sinnvollere Lösung böte sich eine einzelfallbezogene Interessenabwägung unter Berücksichtigung der auf die Freiheit des Wettbewerbs gerichteten Zielsetzung des Gesetzes gegen Wettbewerbsbeschränkungen an, die man als *Theorie der beweglichen Schranken* bezeichnet.

Die Reichweite des Behinderungsverbots ist bislang noch nicht geklärt worden. Dieses quantitative Tatbestandsmerkmal, das neben das qualitative Merkmal der Unbilligkeit tritt, hat eine eigenständige Bedeutung. "Es weist lediglich auf die (an sich selbstverständliche) Notwendigkeit hin, im Rahmen der ohnehin stets gebotenen umfassenden Interessenabwägungen (u.a., auch) die Marktwirkungen der betreffenden Maßnahme mit zu berücksichtigen."[145]

142 *Emmerich, V.*, Kartellrecht, 1991, S.254.
143 Vgl. z.B. BKartA-Beschluß vom 17.10.1983, WuW/E BKartA 2092 ff. "Metro-Eintrittsvergütung".
144 Vgl. BKartA vom 17.10.1983, WuW/E BKartA 2092 ff. "Metro-Eintrittsvergütung".
145 *Emmerich, V.*, Kartellrecht, 1991, S.257.

Die Verknüpfung der Theorie der beweglichen Schranken mit dem Franchising führt zu folgender Erkenntnis: "Die in Franchiseverträge aufgenommen Bindungen präzisieren sich als Behinderungsmißbrauch, wenn eine interessengerechte Abwägung ergibt, daß die Freiheit des Wettbewerbs eingeschränkt ist, indem anderen Unternehmen Wettbewerbsmöglichkeiten genommen werden, um den Markt besetzen zu können."[146]

Preis- oder Konditionenmißbrauch:

Fordert ein marktbeherrschendes Unternehmen als Anbieter oder Nachfrager von Waren oder gewerblichen Leistungen Entgelte oder sonstige Geschäftsbedingungen, die von denjenigen abweichen, die sich bei wirksamem Wettbewerb mit hoher Wahrscheinlichkeit ergeben würden, so liegt ein Mißbrauch der Marktmacht nach § 22 Abs.4 S.2 Nr.2 GWB vor. Dabei sind insbesondere die Verhaltensweisen von Unternehmen auf vergleichbaren Märkten mit wirksamen Wettbewerb zu berücksichtigen. Ob z.B. ein Preis- oder Konditionenmißbrauch eines marktbeherrschenden Unternehmens vorliegt, kann mittels des sogenannten *Vergleichsmarktkonzepts* eruiert werden. Als Maßstab für die Preise bzw. Konditionen fungieren die auf einem räumlichen, zeitlichen oder gegenständlichen Vergleichsmarkt geltenden. Man spricht in diesem Zusammenhang auch von "Als-ob-Wettbewerb", da die mit Hilfe der Marktmacht durchgesetzten Bedingungen theoretisch ermittelten Bedingungen bei wesentlichem Wettbewerb gegenübergestellt werden, und ein Verhalten gefordert wird, als ob sich das beherrschende Unternehmen in wesentlichem Wettbewerb befindet.

Für Franchisesysteme kann § 22 Abs.4 S.2 Nr.2 GWB dann relevant sein, wenn der Franchisegeber aufgrund seiner Marktmacht überhöhte Preise oder preiskonformes Verhalten fordert oder wenn niedrige Preise dem Zwecke einer Preisunterbietung unter den Wettbewerbspreis dienen.

Preisspaltung und Konditionenmißbrauch:

Fordert ein marktbeherrschendes oder ein marktstarkes Unternehmen als Anbieter oder Nachfrager einer bestimmten Art von Waren oder gewerblichen Leistungen ungünstigere Entgelte oder sonstige Geschäftsbedingungen, als sie dieses Unternehmen selbst auf vergleichbaren Märkten von gleichartigen Abnehmern fordert, so handelt es

---

146 *Zeisberg, H.-J.*, Franchisevertrag, 1991, S.268 f.

sich nach § 22 Abs.4 S.2 Nr.3 GWB um einen Mißbrauch der Marktmacht, es sei denn, daß der Unterschied sachlich gerechtfertigt ist.

Zwischen § 22 Abs.4 S.2 Nr.3 GWB und § 26 Abs.2 GWB besteht eine große Ähnlichkeit. Beide Paragraphen behandeln reine Diskriminierungsfälle. Der einzige Unterschied ergibt sich aus dem Schutzumfang. Im Gegensatz zum Diskriminierungsverbot des § 26 Abs.2 GWB schützt das Mißbrauchsverbot des § 22 Abs.4 S.2 Nr.3 GWB Endverbraucher auch dann, wenn sie keine Unternehmen sind. Aufgrund der Gleichrichtung der beiden erwähnten Normen sei an dieser Stelle auf die Ausführungen zu § 26 Abs.2 GWB verwiesen.

7.9 Das Diskriminierungsverbot nach § 26 Abs.2 GWB

Der freie Wettbewerb kann nicht nur durch Verträge, sondern auch durch Maßnahmen tatsächlicher Art beschränkt werden, die sich gegen Außenseiter sowie Abnehmer oder Lieferanten richten. Die §§ 25 bis 27 GWB sollen dies verhindern. Für eine rechtliche Diskussion des Franchisenehmer-Franchisegeber-Verhältnisses im Hinblick auf eine mögliche Abhängigkeit des Franchisenehmers wird in der Regel nur § 26 Abs.2 GWB (das sogenannte Diskriminierungsverbot im weiteren Sinne[147]) von Bedeutung sein, da es dort um diskriminierende oder behindernde Maßnahmen marktbeherrschender oder marktstarker Unternehmen gegenüber anderen Unternehmen geht. In ihm heißt es: "(2) Marktbeherrschende Unternehmen, Vereinigungen von Unternehmen im Sinne der §§ 2 bis 8, 99 Abs.1 Nr.1 und 2 sowie Abs.2, § 100 Abs.1 und 7, §§ 102 bis 103 und Unternehmen, die Preise nach den §§ 16, 100 Abs.3 oder § 103 Abs.1 Nr.3 binden, dürfen ein anderes Unternehmen in einem Geschäftsverkehr, der gleichartigen Unternehmen üblicherweise zugänglich ist, weder unmittelbar noch mittelbar unbillig behindern oder gegenüber gleichartigen Unternehmen ohne sachlich gerechtfertigten Grund unmittelbar oder mittelbar unterschiedlich behandeln. Satz 1 gilt auch für Unternehmen und Vereinigungen von Unternehmen, soweit von ihnen kleine oder mittlere Unternehmen als Anbieter oder Nachfrager einer bestimmten Art von Waren oder gewerblichen Leistungen in der Weise abhängig sind, daß ausreichende und zumutbare Möglichkeiten, auf andere Unternehmen auszuweichen, nicht bestehen. [...]"

147 Vgl. dazu auch das Diskriminierungsverbot im engeren Sinne in Abschnitt 7.9.6 (S.354 ff.).

7.9.1 Zweck und Normadressaten

Schutzobjekt des § 26 Abs.2 GWB ist der Wettbewerb auf den Märkten als Institution und der tatsächlichen oder potentiellen Wettbewerber. Ein gesamtwirtschaftlicher Schutz ist aus dieser Norm nicht ableitbar.

Als Normadressaten nennt § 26 Abs.2 GWB im ersten Satz *marktbeherrschende Unternehmen, erlaubte Kartelle* (da sie ein gewisses Maß an wirtschaftlicher Macht haben), *Preisbinder* (nicht jedoch preisempfehlende Unternehmen) und im zweiten Satz *marktstarke* Unternehmen, da der Gesetzgeber den Standpunkt vertrat, daß auch von diesen Unternehmen eine potentielle Gefahr eines behindernden oder diskriminierenden Verhaltens ausgehe. Das Gesetz nimmt hinsichtlich des Begriffs der Marktbeherrschung Bezug auf die Definition des Begriffs in § 22 Abs.1 bis 3 GWB. Nach § 22 Abs.1 GWB ist ein Unternehmen marktbeherrschend, wenn es als Anbieter oder Nachfrager einer bestimmten Art von Waren oder gewerblichen Leistungen ohne Wettbewerber ist (Monopol) oder keinem wesentlichen Wettbewerb (Teilmonopol) ausgesetzt ist oder eine im Verhältnis zu seinen Wettbewerbern überragende Marktstellung (marktstarke Unternehmen) hat. Für das kartellamtliche Verfahren kann auch die Vermutungsregel des § 22 Abs.3 GWB zur Bewertung der Marktmacht herangezogen werden. Dem Diskriminierungsverbot liegt somit das sogenannte Marktmachtkonzept zugrunde, nach dem Marktbeherrschung immer nur auf einem bestimmten, dem relevanten Markt bestehen kann. Eine Prüfung muß also immer erst mit der Abgrenzung des relevanten Marktes in sachlicher und räumlicher Hinsicht beginnen.

Durch S.2 des § 26 Abs.2 GWB wird der Kreis der Normadressaten des Diskriminierungsverbots auf solche Unternehmen (und Unternehmensvereinigungen) erweitert, von denen kleine und mittlere Anbieter oder Nachfrager einer bestimmten Art von Waren oder gewerblichen Leistungen in einer Weise abhängig sind, daß (objektiv) ausreichende und (subjektiv) zumutbare Möglichkeiten, auf andere Unternehmen auszuweichen, nicht bestehen. Die Abgrenzung der kleinen und mittleren Unternehmen von den nicht geschützten "großen" Konkurrenten richtet sich nach den gleichen Kriterien wie bei den §§ 5b und 5c GWB.[148] Auch dort sagt das Gesetz an keiner Stelle, was es unter den Begriffen versteht. Es geht in erster Linie um relative Größenverhältnisse. "Umstritten ist hingegen nach wie vor, ob daneben - in Anlehnung an die §§ 22 bis 24 GWB - auch absolute Kriterien wie insbesondere der Umsatz

148 Seit der 5.GWB-Novelle vom 01.01.1990 schützt das Diskriminierungsverbot des § 26 Abs.2 S.2 GWB nur noch kleine und mittlere Unternehmen. Großunternehmen dürfen von marktstarken Unternehmen trotz Abhängigkeit diskriminiert werden.

zu berücksichtigen sind, wobei die Angaben über die hiernach maßgeblichen Umsatzgrenzen im Schrifttum zwischen 50 und 250 Mio. DM schwanken."[149] § 26 Abs.2 S.2 GWB erfaßt also solche Unternehmen, von denen kleine oder mittlere Unternehmen abhängig sind, weil keine Ausweichmöglichkeiten existieren. Diese Unternehmen besitzen eine relative Marktmacht, sie sind marktstark.

Um die Abhängigkeit eines kleinen oder mittleren Unternehmens von einem marktstarken Unternehmen zu ermitteln, muß zunächst der sachlich relevante Markt abgegrenzt werden, um somit die erforderliche Gleichartigkeit von Waren und gewerblichen Leistungen feststellen zu können, da diese ein Tatbestandsmerkmal des § 26 Abs.2 GWB darstellt. Im Anschluß daran ist zu prüfen, ob sich der Anbieter oder Nachfrager die fragliche Ware oder gewerbliche Leistung über andere Kanäle beschaffen kann bzw. ob er sie über andere Kanäle absetzen kann und ob ihm diese Kanäle wirtschaftlich zumutbar sind. Sie sind dann nicht zumutbar, wenn ihm zwar ein Ausweichen auf diese möglich ist, er aber so erhebliche Nachteile in Kauf nehmen müßte, daß dadurch seine Wettbewerbsfähigkeit nachhaltig beeinträchtigt wird.[150]

Als Rechtsfolgen des § 26 Abs.2 GWB sind Unterlassungs- und Schadensersatzansprüche des diskriminierten / behinderten Unternehmens nach § 35 GWB zu nennen. Außerdem ist ein Verstoß gegen § 26 GWB ordnungswidrig und kann mit einem Bußgeld geahndet werden (§ 38 Abs.1 Nr.8 und Abs.4 GWB). Die Kartellbehörden haben zudem die Möglichkeit, ein Untersagungsverfahren nach § 37a GWB durchzuführen, wobei sie auf den Ausspruch des Verbots beschränkt sind, nicht aber die Belieferung anderer Unternehmen anordnen können.[151] Bei dem Diskriminierungsverbot handelt es sich um ein gesetzliches Verbot i.S.d. § 134 BGB, dessen Rechtsfolge die Nichtigkeit des Rechtsgeschäfts ist. § 26 Abs.2 GWB kann mit anderen Verboten des GWB zusammentreffen. Seine Anwendung wird nicht durch § 18 GWB ausgeschlossen. § 26 Abs.2 GWB ist im Tatbestand enger als § 18 GWB, weil er nur für marktmächtige Unternehmen gilt. Seine Rechtsfolgen gehen aber weiter als die des § 18 GWB, da es sich dabei um ein Schutzgesetz i.S.d. § 35 GWB handelt.

7.9.2 Arten der Abhängigkeit

Bei § 26 Abs.2 S.2 GWB können vier Arten der Abhängigkeit unterschieden werden: die mangel-, die sortiments-, die nachfrage- und die unternehmensbedingte

149 *Emmerich, V.*, Kartellrecht, 1991, S.108.
150 Vgl. *Emmerich, V.*, Kartellrecht, 1991, S.290 f.
151 Vgl. *Martinek, M.*, Vertragstypen, 1992, S.189.

Abhängigkeit. *Mangelbedingte Abhängigkeit* meint die Abhängigkeit eines Händlers vom Hersteller in Falle der Knappheit von Waren oder Dienstleistungen. Als *sortimentsbedingte Abhängigkeit* bezeichnet man die Abhängigkeit eines Händlers von einer Ware oder mehreren Waren, die er führen muß, wenn er seine Wettbewerbsfähigkeit nicht verlieren will. Wenn ein Händler gerade dieses eine Markenprodukt führen muß, um wettbewerbsfähig zu bleiben, so handelt es sich um eine *Spitzenstellungsabhängigkeit*, die eine Form der sortimentsbedingten Abhängigkeit darstellt. Eine weitere Form der sortimentsbedingten Abhängigkeit ist die *Spitzengruppenabhängigkeit.* Gemeint ist damit, daß ein Händler zwar keine bestimmten Waren führen muß, sondern mehrere allgemein anerkannte Markenwaren, deren Anbieter zur Belieferung nicht bereit sind. Hier existiert eine Abhängigkeit des Händlers von mehreren Anbietern von Markenwaren. Eine *unternehmensbedingte Abhängigkeit* ist dann zu bejahen, wenn ein Anbieter oder Nachfrager einer bestimmten Art von Waren oder gewerblichen Leistungen seinen Geschäftsbetrieb im Rahmen langfristiger Vertragsbeziehungen so stark auf ein anderes Unternehmen der anderen Marktseite ausgerichtet hat, daß er nur unter Inkaufnahme gewichtiger Wettbewerbsnachteile auf dem betreffenden Markt auf andere Unternehmen überwechseln kann. Der Begriff der *nachfragebedingten Abhängigkeit* erfaßt die Abhängigkeit zahlreicher kleiner oder mittlerer Lieferanten von ihren großen Abnehmern, auf die sie als Absatzkanäle unter keinen Umständen verzichten können.

7.9.3 Der Begriff der unbilligen Behinderung

§ 26 Abs.2 GWB verbietet den Normadressaten nicht die Behinderung von anderen Unternehmen per se, sondern nur eine *unbillige* Behinderung. Der Begriff der unbilligen Behinderung stammt aus dem Recht des unlauteren Wettbewerbs und meint jede tatsächliche unmittelbare und mittelbare Beeinträchtigung der Betätigungs- und Wettbewerbsmöglichkeiten anderer Unternehmen. Eine Behinderung stellt somit eine für das Wettbewerbsverhalten des betroffenen Unternehmens nachteilige Maßnahme eines anderen Unternehmens dar.

Eine Behinderung allein ist noch keine Rechtswidrigkeit. Erst die Unbilligkeit der Behinderung ist rechtlich ausschlaggebend.[152] Über die Unbilligkeit einer behindernden Maßnahme kann nach Meinung der Gerichte immer nur im Einzelfall aufgrund einer umfassenden Interessenabwägung unter Berücksichtigung der auf den

152 Vgl. *Emmerich, V.*, Kartellrecht, 1991, S.285 und 302.

Schutz und die Freiheit des Wettbewerbs gerichteten Zielsetzung des Gesetzes entschieden werden. Berücksichtigt werden dürfen dabei nur die (legitimen) Individualinteressen, nicht aber die Interessen unbeteiligter Dritter oder der Marktteilnehmer an sich. Nicht berücksichtigungsfähige Interessen eines marktstarken Unternehmens können z.B. solche sein, die gegen UWG, GWB, EGV oder andere Gesetze verstoßen. Zudem muß ein Unternehmen sich um so größere Einschränkungen seiner wirtschaftlichen Bewegungsfreiheit aufgrund des § 26 Abs.2 GWB gefallen lassen, je mächtiger es ist, da Macht auch Verantwortung nach sich zieht. "Ganz im Vordergrund hat deshalb bei der Anwendung des § 26 Abs.2 S.2 GWB in jedem Fall die Frage zu stehen, ob es sich bei der betreffenden Maßnahme des marktstarken Unternehmens (noch) um einen grundsätzlich hinzunehmenden, legitimen Einsatz seiner Aktionsparameter im Wettbewerb handelt oder ob die davon ausgehenden wettbewerbsbeschränkenden Wirkungen so schwerwiegend sind, daß eine Intervention der Rechtsordnung erforderlich ist."[153] Wichtige Bewertungskriterien in bezug auf die Unbilligkeit ergeben sich auch aus den Eingriffsvoraussetzungen des § 18 Abs.1 Buchstaben a) bis c) GWB. Für § 26 Abs.2 GWB darf daraus der Schluß gezogen werden, daß Ausschließlichkeits- und Vertriebsbindungen und gleichstehende Wettbewerbsbeschränkungen wie Treuerabatte und Jahresumsatzbonussysteme dann in der Hand marktstarker Unternehmen eine verbotene unbillige Behinderung Dritter darstellen, wenn dadurch für Dritte spürbare Marktzutrittsschranken errichtet werden.

Die Franchisegeber behindern im allgemeinen Dritte nicht unmittelbar, da keine direkten Beschränkungen seitens des Franchisegebers gegenüber einzelnen Unternehmen oder Unternehmensgruppen ausgesprochen werden. Sie behindern hingegen andere Unternehmen mittelbar durch ihre Verwendungs-, Bezugs-, Ausschließlichkeits- und Koppelungsbindungen den Franchisenehmern gegenüber, da durch diese Bindungen deren Betätigungsmöglichkeiten im Wettbewerb beeinträchtigt werden.

7.9.4 Der Begriff der ungerechtfertigten unterschiedlichen Behandlung

Der Begriff "Behinderung" bezieht sich hauptsächlich auf das Verhältnis zu Wettbewerbern, während die (unzulässige) Ungleichbehandlung, auch Diskriminierungsverbot genannt, überwiegend Unternehmen vor- oder nachgelagerter Wirtschaftsstufen betrifft. Dabei ist es schwierig, zwischen beiden Begriffen abzugrenzen, da eine diskriminierende Maßnahme auch eine Behinderung darstellen kann.

---

153 *Emmerich, V.*, Kartellrecht, 1991, S.305.

Das Diskriminierungsverbot im engeren Sinne verbietet jede unterschiedliche Behandlung gleichartiger Sachverhalte ohne sachlich gerechtfertigten Grund, insbesondere jede Differenzierung zwischen Anbietern oder Nachfragern durch ein Unternehmen. Wirtschaftlich gleichliegende Sachverhalte müssen also von den Normadressaten des § 26 Abs.2 GWB - marktbeherrschenden oder marktstarken Unternehmen - gleich behandelt werden. Dies gilt allerdings nur für Märkte, auf denen die Marktbeherrschung oder Marktstärke besteht. Emmerich weist darauf hin, daß hier erst das zusätzliche Tatbestandsmerkmal des gleichartigen Unternehmen üblicherweise zugänglichen Geschäftsverkehrs seinen eigentlichen Sinn erlangt. Dieses Merkmal bildet nämlich den Vergleichsmaßstab für die Feststellung der Ungleichbehandlung.[154] Aus § 26 Abs.2 GWB ergibt sich aber weder die Verpflichtung, unterschiedliche Sachverhalte auch unterschiedlich zu behandeln noch ein Verbot, unterschiedliche Sachverhalte gleich zu behandeln. Die Diskriminierung von Unternehmen in einem Geschäftsverkehr, der gleichartigen Unternehmen üblicherweise zugänglich ist, ist nicht per se verboten, sondern nur dann, wenn sie ohne sachlich gerechtfertigten Grund vorgenommen wird. Die sachliche Rechtfertigung ergibt sich - wie auch die Beurteilung der Unbilligkeit - aus einer Interessenabwägung. Im Rahmen der Interessenabwägung sind die Zielsetzung des GWB (Freiheit des Wettbewerbs) und die unternehmerische Freiheit zu berücksichtigen. Einem Unternehmer muß es unbenommen sein, aus betriebswirtschaftlich nachweisbaren Gründen unterschiedliche Konditionen mit seinen Absatzmittlern auszuhandeln.

Wichtig ist in diesem Zusammenhang noch, daß die in § 18 GWB vorgenommene Wertung der dort benannten Bindungen nicht noch einmal einer Prüfung im Rahmen des § 26 Abs.2 GWB unterzogen werden darf. Denn die zur Rechtfertigung der Bindung im Sinne des § 18 GWB angeführten Gründe können aufgrund eines Wertungsgleichklangs zwischen den beiden Normen immer auch zur Rechtfertigung einer Bindung im Sinne des § 26 Abs.2 GWB herangezogen werden.

Die Ungleichbehandlung kann bei Franchisesystemen von unterschiedlicher Art sein und sich z.B. auf Preise, Konditionen, Rabatte und Mengen beziehen. Sie kann ihren Ursprung in einer der Abhängigkeitsformen, die von der Rechtsprechung entwickelt wurden, haben.[155]

---

154 Vgl. *Emmerich, V.*, Kartellrecht, 1991, S.306 f.

155 Vgl. hierzu Abschnitt 7.9.2 (S.349) und speziell zum Franchising S.358.

7.9.5 Der Begriff des üblicherweise zugänglichen Geschäftsverkehrs

Darüber hinaus ist zu untersuchen, wer zu den Normbegünstigten des § 26 Abs.2 GWB gehört. Durch das Diskriminierungsverbot werden nur Unternehmen geschützt, und dies auch nur in einem Geschäftsverkehr, der gleichartigen Unternehmen üblicherweise zugänglich ist. Durch den Begriff des üblicherweise zugänglichen Geschäftsverkehrs wird indirekt die Branchenüblichkeit als Vergleichsmaßstab in die rechtliche Bewertung mit eingebracht, denn es wird ein Vergleich zwischen dem (angeblich) diskriminierten Unternehmen und anderen Unternehmen, mit denen ein Geschäftsverkehr besteht, vorgenommen. Der Begriff der Gleichartigkeit wird weit gefaßt. Er soll eine im großen und ganzen *gleiche unternehmerische Tätigkeit* (beim Franchising die um Aufnahme ins Franchisesystem bemühten potentiellen Franchisenehmer) und eine *gleichartige wirtschaftliche Funktion* (Wettbewerber des Franchisenehmers, die auch das Franchisegeberprodukt vertreiben wollen, jedoch nicht als Franchisenehmer) umfassen. Diese beiden Merkmale des sogenannten funktionalen Ansatzes werden anhand der Produktion und Leistung sowie der Absatzwege und der Absatzgebiete konkretisiert. Die Gleichartigkeit kann nur im Hinblick auf den betroffenen Markt beurteilt werden, ohne Berücksichtigung der Tätigkeit des Unternehmens auf anderen Märkten. Es muß geprüft werden, ob die Unternehmen auch sonst die gleiche Tätigkeit erfüllen oder ob Unterschiede bestehen, die sich auf die konkrete Tätigkeit oder die Wettbewerbsbedingungen auswirken. Die Gleichartigkeit ist demzufolge stets nach objektiven Kriterien zu beurteilen. Vergleichsobjekt für die Gleichartigkeit muß immer ein externes Unternehmen sein.[156]

In bezug auf das Kriterium des *üblicherweise zugänglichen Geschäftsverkehrs* soll die allgemeine Marktsituation maßgeblich sein. Das Merkmal der Zugänglichkeit ist folglich ebenso wie das der Gleichartigkeit objektiv zu interpretieren. Für das Franchising bedeutet das, daß neben diesem Absatzmittlungssystem noch andere Absatzformen berücksichtigt werden müssen, wenn Lieferungen an diese erfolgen.[157] Nach Epps Ansicht müßte dieses objektive Kriterium auch für die Zuweisung der Franchisekonzeption, die auch die Überlassung von Nutzungsrechten beinhaltet, gelten. Hier dürfe nicht die Geschäftspraxis des Schutzrechtsinhabers ausschlaggebend sein, da dies zur Begründung einer marktbeherrschenden Stellung führen könnte.[158]

---

156 Vgl. *Bechtold, R.*, Kartellgesetz-Kommentar, 1993, § 26 Abs.2, S.345, Rdnr.33.
157 Vgl. *Zeisberg, H.-J.*, Franchisevertrag, 1991, S.281 f.
158 Vgl. *Epp, W.*, Franchising, 1994, S.195.

7.9.6 Die Bedeutung des Diskriminierungsverbots für Franchisesysteme

Bevor das Diskriminierungsverbot aber greift, müssen dessen Voraussetzungen erst einmal erfüllt sein. Zum einen ist zu prüfen, ob die verbotene Handlung von einem Normadressaten vorgenommen wurde. Als Unternehmen im Sinne des § 26 Abs.2 S.1 GWB kommen der Franchisegeber oder das Franchisesystem in Betracht, als Vereinigung von Unternehmen (Kartelle) auf der Franchisegeberebene operierende Franchisenehmer (im Fall der Franchisenehmerbeiräte und der gesellschaftsrechtlichen Beteiligung der Franchisenehmer am Franchisegeberunternehmen). Da jedoch nur solche Unternehmensvereinigungen als Normadressaten in § 26 Abs.2 S.1 GWB aufgeführt sind, die durch die §§ 2 bis 8 GWB freigestellt sind, können nur die nach § 5b GWB vom Kartellverbot freigestellten Franchisesysteme bei den nachfolgenden Überlegungen Berücksichtigung finden.[159] Die in der Regel preisbindenden Franchisesysteme fallen nicht unter die Normadressaten, da die zugelassenen Preisbindungen von § 15 GWB ausgenommen sind.[160] Eine marktbeherrschende Stellung wird ein Franchisesystem weniger in bezug auf ein Produkt, sondern eher in bezug auf das Franchisekonzept erlangen können. Denn oft gibt es gerade für potentielle Franchisenehmer kaum Alternativen, wenn sie nicht Zugang zu einem von ihnen präferierten Markt finden.

Des weiteren könnte es sich bei einem Franchisesystem um ein sogenanntes marktstarkes Unternehmen nach § 26 Abs.2 S.2 GWB handeln, das über "relative" Marktmacht verfügt, da kleine oder mittlere Unternehmen aufgrund mangelnder Alternativen von diesem abhängig sind. Die Marktstärke eines jeden Unternehmens - auch die von Franchisesystemen - wird durch den Umstand geprägt, daß die anderen Anbieter oder Nachfrager keine objektiv ausreichenden und subjektiv zumutbaren Ausweichmöglichkeiten auf dem sachlich relevanten Markt besitzen.

Da eine Behinderung oder Ungleichbehandlung nicht per se verboten ist, sondern immer die normative Beurteilung des Handelns als unbillig oder ungerechtfertigt hinzu kommen muß, um ein Verhalten nach § 26 Abs.2 bis 4 GWB zu untersagen, ist auch dieser Aspekt beim Franchising zu überprüfen. Aufgrund der unternehmerischen Entscheidungsfreiheit kann es keinem Unternehmen verwehrt werden, sein Absatzsystem in ein Franchisesystem umzuwandeln, auch wenn es sich dabei um ein marktbeherrschendes oder marktstarkes Unternehmen handelt. Allerdings dürfen Unternehmen in diesem Fall nur dann von einer zukünftigen Belieferung ausgeschlossen

159 Siehe dazu Abschnitt 7.2.4 (S.304 f.).

160 Hiermit sind vor allem die unverbindlichen Preisempfehlungen für Markenwaren gemeint.

werden, wenn ihnen eine angemessene Umstellungsfrist eingeräumt wird. Anderenfalls handelt das marktbeherrschende bzw. marktstarke Unternehmen unbillig oder sachlich ungerechtfertigt.

Die Bewertung, ob eine Bindung die Betätigungsfreiheit Dritter und die Wettbewerbsfreiheit als Institution unangemessen beschränkt und damit unbillig oder sachlich nicht gerechtfertigt ist, erfolgt auf zwei Ebenen: Zum einen sind die Interessen der Franchisebeteiligten gegenüber denen der Mitbewerber und der vor- und nachgelagerten Unternehmen als unmittelbar oder mittelbar Betroffene abzugrenzen, zum anderen ist zu klären, ob die Maßnahme mit dem Sinn und Zweck des GWB vereinbar ist. Die Eingriffsvoraussetzungen des § 18 Abs.1 Buchstaben a) bis c) GWB können als Bewertungskriterien zur Beurteilung der Frage, ob durch Ausschließlichkeitsbindungen im weiteren Sinne die Marktzutrittsschranken anderer Unternehmen erhöht werden, herangezogen werden. Generell läßt sich festhalten, daß die in den Franchiseverträgen verwendeten Ausschließlichkeitsbindungen im Sinne des § 18 GWB in dem Maße zulässig sind, wie der Marktverschließungseffekt zu verneinen ist.[161] Je größer die Marktstärke eines Franchisesystems ist, desto höher ist die Wahrscheinlichkeit, daß durch diese Bindungen Marktzutrittsschranken errichtet werden und desto hochrangiger sind die Interessen der geschützten Unternehmen zu bewerten.

In bezug auf die Diskriminierung / Behinderung durch Franchisesysteme kann man zwischen einer systemexternen und einer systeminternen Diskriminierung oder Behinderung unterscheiden.[162] Bei einer Diskriminierung der Franchisenehmer durch den Franchisegeber handelt es sich um eine systeminterne Diskriminierung, bei der unterschiedlichen Behandlung von Wettbewerbern der Franchisenehmer und des Franchisegebers und von abgelehnten "Franchisenehmern" durch den Franchisegeber spricht man von systemexterner Diskriminierung. Auch die unterschiedliche Behandlung von Anbietern durch die Franchisegeber im Nachfragewettbewerb stellt eine externe Diskriminierung dar. Im Falle der systeminternen Diskriminierung geht es um die kartellrechtlich zulässige Ausgestaltung des Franchisesystems, im Falle der systemexternen Diskriminierung um die Zulässigkeit eines Franchisesystems als selektives Vertriebssystem.

Ein Hersteller eines Markenartikels kann aus verschiedenen Gründen daran interessiert sein, daß sein Vertrieb selektiv organisiert ist. Die Qualität des pre-sale- und

---

161 Vgl. *Zeisberg, H.-J.*, Franchisevertrag, 1991, S.287 f.

162 Martinek spricht in diesem Zusammenhang von Insider- und Outsiderschutz (vgl. *Martinek, M.*, Vertragstypen, 1992, S.189).

post-sale-Service ist ein wichtiges Argument. Die Prestigebedürfnisse der Verbraucher können nur durch eine entsprechende Hochpreisstrategie befriedigt werden. So gibt es Verbraucher, die vergleichsweise mehr von einem Gut konsumieren, wenn es teurer ist als andere Güter (Prestigeeffekt, auch Veblen-Effekt genannt). Andere konsumieren von einem Gut um so weniger - und um so mehr dann von einem anderen - je mehr Einheiten dieses Gutes andere Konsumenten konsumieren (sogenannter Snob- oder Antikonformitätseffekt).[163] Wird ein Gut nun beispielsweise in SB-Märkten vertrieben, so sinkt die Exklusivität des Produkts mit der Folge, daß die erwähnten Verbrauchergruppen als Konsumenten ausscheiden. Ein dauerhafter Vertrieb einer Ware über SB-Märkte kann außerdem bewirken, daß der Hersteller den "Namen" seines Produktes verliert (oder gar seinen Goodwill) und weniger Nachfrager dazu bereit sein werden, einen Aufschlag für den Markennamen zu zahlen. Ein selektives Vertriebssystem wie das Franchising befriedigt folglich Service-, Qualitäts- und Prestigebedürfnisse der Verbraucher, was nicht über den Vertrieb durch andere Verkaufsstätten möglich wäre. Zwar wird durch vertikale Bindungen generell der Intrabrand-Wettbewerb beschränkt, jedoch sind diese aus Gründen der ökonomischen Effizienz gerechtfertigt.[164]

7.9.6.1 Systeminterne Diskriminierung von Franchisenehmern durch den Franchisegeber

Eine unterschiedliche Behandlung der Franchisenehmer kann sich durch die Vertragsgestaltung ergeben. Franchisenehmer könnten in einer unternehmensbedingten Abhängigkeit[165] zum Franchisegeber stehen.[166] Diese liegt dann vor, wenn ein Vertragspartner seinen Geschäftsbetrieb im Rahmen einer längerfristigen Vertragsbeziehung so stark auf ein bestimmtes Unternehmen der anderen Marktseite ausgerichtet hat, daß er nur unter Inkaufnahme schwerer Wettbewerbsnachteile auf dem betreffenden Markt auf andere Unternehmen wechseln kann.[167] Es kommt hierbei nur auf die wirtschaftliche Ausrichtung eines Unternehmens auf ein anderes an, nicht jedoch darauf, ob sich die getätigten Investitionen des abhängigen Unternehmens bereits

163 Vgl. *Weise et al.*, Mikroökonomie, 1991, S.159.
164 Vgl. *Ebenroth, C. / Parche, U.*, Absatzmittlungsverhältnisse, BB, 1988, S.22.
165 Vgl. zur Definition der unternehmensbedingten Abhängigkeit Abschnitt 7.9.2 (S.349).
166 Vgl. *Martinek, M.*, Vertragstypen, 1992, S.189.
167 Vgl. BGH-Urteil vom 23.02.1988, DB, 1988, S.1690 ff. "Opel-Blitz".

amortisiert haben.[168] Die unternehmensbedingte Abhängigkeit von Franchisenehmern wird in der Regel gegeben sein, da sich die Franchisenehmer ganz nach den Vorgaben des Franchisegebers zu richten haben. Folgt ein Franchisenehmer nicht den Vorstellungen seines Franchisegebers in puncto Ausstattung, Investitionen, Bezug von Produkten / Dienstleistungen u.ä., kann es zu einer Kündigung durch den Franchisegeber kommen. Der Franchisenehmer müßte sich dann geschäftlich neu orientieren, was für ihn aber aufgrund der entwerteten franchisespezifischen Investitionen zu großen finanziellen Einbußen führen würde. Im Falle von hohen versunkenen Investitionen des Franchisenehmers wird dessen konkretes Vertragsinteresse höher als das des Franchisegebers sein. Der Franchisenehmer ist somit in stärkerem Maße auf den Franchisegeber angewiesen als umgekehrt. Seine Abwanderungskosten, d.h. die Vorteilsminderung, die der Franchisenehmer bei Abbruch der Vertragsbeziehung mit dem Franchisegeber im Vergleich zur nächstbesten Alternative erfährt, bestimmen sein Verhältnis zum Franchisegeber.[169]

Sollte es zwischen den Franchisenehmern eines Systems starke Preis- oder Konditionendifferenzierungen geben, dann muß nach § 26 Abs.2 GWB geprüft werden, ob es einen sachlichen Grund dafür gibt. Grundsätzlich darf also differenziert werden, wenn sachgerechte betriebswirtschaftliche Gründe dafür vorliegen. Sollte die Differenzierung jedoch auf Willkür oder betriebsfremden Erwägungen beruhen, so verstößt sie gegen § 26 Abs.2 S.2 GWB. Martinek weist darauf hin, daß die Rechtsprechung, die zu den verschiedenen Rabattsystemen entwickelt wurde, auch für das Franchising gilt. Der Fall ungerechtfertigter Differenzierungen durch den Franchisegeber sei jedoch eher ein theoretischer, da ein Franchisegeber zur Erhaltung der Systemeinheitlichkeit den Franchisenehmern kaum unterschiedliche Konditionen einräumen werde. Er laufe sonst Gefahr, daß benachteiligte Franchisenehmer versuchen werden, durch Abweichungen von Franchisegebervorgaben wie z.B. in Servicefragen diese Differenzen zu anderen Franchisenehmern anderweitig "auszugleichen".[170]

Ein Kündigungs- und Auslaufschutz kann aus § 26 Abs.2 GWB nicht hergeleitet werden. Zum einen werden die Marktteilnehmer durch diese Norm nur in ihren wettbewerblichen Handlungsmöglichkeiten geschützt, zum anderen muß auch bei unternehmensbedingter Abhängigkeit eine Kündigung immer möglich bleiben. § 26 Abs.2 GWB greift nur, wenn eine Kündigung wettbewerbsbezogen ist. Können für

168 Vgl. BGH-Urteil vom 23.02.1988, DB, 1988, S.1691 "Opel-Blitz" und OLG München, Urteil vom 21.01.1993, WuW/E 1993, S.539 ff.

169 Vgl. hierzu auch die Diskussion von versunkenen Kosten in Abschnitt 4.5.2 (S.141 f.).

170 Vgl. *Martinek, M.,* Vertragstypen, 1992, S.194.

diese Kündigung keine sachlichen Gründe geltend gemacht werden, so ist sie nach § 26 Abs.2 GWB unwirksam. Bei diesem Paragraphen handelt es sich jedoch nicht um eine allgemeine Kündigungsschutznorm. Es ist Aufgabe der zivil- (§§ 138, 242, 826 BGB) und handelsrechtlichen Normen (§ 89b HGB), als Kündigungsschranken und Sozialschutz zu fungieren.

7.9.6.2 Systemexterne Diskriminierung von Wettbewerbern der Franchisenehmer durch den Franchisegeber

Richtet sich die diskriminierende Maßnahme gegen systemfremde Konkurrenten der Franchisenehmer, so stellt sich die Frage, ob diese vom Franchisegeber in irgendeiner Form abhängig sind. Die Abhängigkeit ist nur tatbestandsbegründend, wenn das abhängige Unternehmen ein kleines oder mittleres Unternehmen ist. Abhängigkeit besteht, wenn ein Unternehmen zur Erhaltung seiner Wettbewerbsfähigkeit auf ein anderes - das marktstarke oder marktbeherrschende Unternehmen - angewiesen ist. Die Abhängigkeit muß immer im Hinblick auf einen bestimmten Markt dargelegt werden. Soll § 26 Abs.2 GWB auf ein Vertriebssystem mit einer Vielzahl von Händlern angewendet werden, so wird bei der Beurteilung der Abhängigkeit eine generalisierende Betrachtungsweise vorgenommen.

In bezug auf die Arten der Abhängigkeit unterscheidet man zwischen nachfrage-, unternehmens-, mangel- und sortimentsbedingter Abhängigkeit. Die nachfragebedingte Abhängigkeit scheidet aus, da der Franchisegeber für Wettbewerber der Franchisenehmer nicht Nachfrager, sondern Anbieter der Waren / Dienstleistungen und des Geschäftskonzepts ist. Eine unternehmensbedingte Abhängigkeit liegt dann vor, wenn einem Unternehmen das Ausweichen auf andere Geschäftspartner unzumutbar ist, weil es aufgrund bestehender Geschäftsverbindungen in eine existentielle Abhängigkeit zu einem anderen Unternehmen geraten ist.[171] Die unternehmensbedingte Abhängigkeit greift auch nicht, weil der geschädigte Dritte gerade nicht zum Franchisesystem gehört. Kennzeichen der mangelbedingten Abhängigkeit ist die generelle Warenverknappung, woraufhin ein Unternehmen Waren nicht mehr oder nicht mehr in der üblichen Menge erhält. Die mangelbedingte Abhängigkeit ist deshalb nicht einschlägig, weil es für die betroffenen Dritten keine derartige Waren- oder Dienstleistungsverknappung gibt. Es herrscht folglich kein Mangel an den vom Franchisegeber vertriebenen Waren / Dienstleistungen. Es ist im Gegenteil so, daß die Franchisegeber hartem Wettbewerb ausgesetzt sind. Die sortimentsbedingte Abhängigkeit ist jedoch nicht von

171 Diese Art der Abhängigkeit liegt häufig bei Vertragshändlern und industriellen Zulieferern vor.

vornherein auszuschließen. Man versteht darunter die Angewiesenheit vieler Groß- und Einzelhändler auf bestimmte Markenartikel, da der Kunde erwartet, diese bei ihnen vorzufinden. Hier geht es also um die Präsenz von berühmten Produkten im Handel, um konkurrenzfähig sein zu können. Dem Publikum ist aber bekannt, daß bestimmte (Franchisegeber-) Waren nur in den entsprechenden Geschäften erhältlich sind. Auch beim Absatzprogrammfranchising, bei dem vom Franchisenehmer verschiedene Produkte unterschiedlicher Hersteller geführt werden, liegt keine sortimentsbedingte Abhängigkeit der Wettbewerber der Franchisenehmer vom Franchisegeber vor, da nicht der Franchisegeber Normadressat ist, sondern der Lieferant. Der Fall liegt allerdings dann anders, wenn der Franchisegeber die Lieferanten veranlaßt, nicht an Außenstehende zu liefern. Gegen eine sortimentsbedingte Abhängigkeit der Wettbewerber der Franchisenehmer spricht in diesem Fall aber die Tatsache, daß die im Rahmen des Franchising vertriebenen Produkte häufig mit anderen austauschbar sind und ihr besonderes Gepräge erst durch die Form des Franchisevertriebs erhalten.

7.9.6.3 Systemexterne Diskriminierung von Wettbewerbern des Franchisegebers durch den Franchisegeber

In der Regel wird es schon an einer Behinderung von Wettbewerbern des Franchisegebers durch diesen fehlen, da die Nachfrage nach Franchisen das Angebot im allgemeinen übersteigt. Zudem tritt bei dieser Konstellation das Problem auf, daß der Franchisegeber nicht auf den ersten Blick als Adressat des Verbots erkennbar ist. Da der Franchisegeber der einzige Anbieter der speziellen Franchise ist, fehlt es ihm an Konkurrenten. § 26 Abs.4 GWB enthält ein horizontales Behinderungsverbot. Dort heißt es: "Unternehmen mit gegenüber kleinen und mittleren Wettbewerbern überlegener Marktmacht dürfen ihre Marktmacht nicht dazu ausnutzen, solche Wettbewerber unmittelbar oder mittelbar unbillig zu behindern." Ein marktstarker Franchisegeber, der seine (kleinen und mittleren) Wettbewerber unbillig behindert, fällt somit unter § 26 Abs.4 GWB. Die Norm hat als lex specialis Vorrang vor § 26 Abs.2 S.2 GWB, wenn kleine und mittlere Wettbewerber betroffen sind. Bei der Interessenabwägung kann auf die obigen grundsätzlichen Ausführungen zurückgegriffen werden. Es ist also auch hier in Betracht zu ziehen, ob das Verhalten des Franchisegebers nur auf die Marktmacht zurückzuführen ist oder ob es auch davon unabhängig existieren würde. Ein Franchisegeber wird in der Regel auch dann seine Waren oder gewerblichen Leistungen nur über Franchisenehmergeschäfte vertreiben, wenn er nicht marktmächtig ist. Die Behinderung von Wettbewerbern ist somit systembedingt.

7.9.6.4 Systemexterne Diskriminierung der vom Franchisegeber abgelehnten Systembewerber

An der Franchise Interessierte, die von einem Franchisegeber als Franchisenehmer abgelehnt wurden, können sich durch die unterschiedliche Behandlung der Systembewerber diskriminiert fühlen. Beim Franchising handelt es sich jedoch um eine Form des selektiven Vertriebs. Es findet eine qualitative und eine quantitative Selektion statt. So wird ein Franchisegeber nur solchen Bewerbern Zugang zum Franchisesystem gewähren, die gewisse Mindestkriterien erfüllen. Diese Kriterien können sich auf den persönlichen, den fachlichen und den finanziellen Hintergrund des Bewerbers beziehen. Aber auch Kriterien, die ihren Ursprung in der Franchise selbst haben, können selektierenden Charakter haben. Die Erklärungs- und Beratungsbedürfigkeit sowie die Reparatur- und Wartungsabhängigkeit von Produkten, die Warenpräsentation, die Größe des Geschäfts, das Einzugsgebiet, die Ausstattung und der Standort können einen Franchisegeber davon abhalten, einen Bewerber zum System zuzulassen.

Beispiele für quantitative Selektionsmaßstäbe sind die Leistungsfähigkeit des Franchisegebers, die optimale Marktbearbeitung und die Verträglichkeit systemimmanenten Wettbewerbs. Dabei spielt vor allem die Verteilungsdichte der Franchisenehmer eine Rolle. Soweit ein Franchisegeber sein angestrebtes Ziel nicht durch die Wahl milderer, den Wettbewerb weniger beeinträchtigender Mittel als der Zugangsverweigerung erreichen kann, ist diese gerechtfertigt.

Bei einer Interessenabwägung sind die Franchisegeberinteressen den Interessen der potentiellen Franchisenehmer gegenüberzustellen. Dabei ist zu untersuchen, ob das Verhalten des Franchisegebers marktmachtbedingt ist oder ob er sich auch so verhalten würde, wenn er nicht marktmächtig wäre. Das potentielle Verhalten des Franchisegebers bei potentiellem Wettbewerb ist also ausschlaggebend dafür, wie die Gesamtwürdigung ausfällt. Da anzunehmen ist, daß sowohl marktmächtige als auch nicht marktmächtige Franchisegeber nur eine begrenzte Anzahl von Franchisenehmern in den "Bearbeitungsgebieten" zulassen, ist die Marktmacht nicht das entscheidende Kriterium für das Verhalten.

7.9.6.5 Systemexterne Diskriminierung im Nachfragewettbewerb durch den Franchisegeber

Ein marktbeherrschendes oder marktstarkes Franchisesystem kann sich aber auch als Nachfrager von Grund- und Rohstoffen, Vor- und Halbfertigprodukten und Wiederverkaufswaren gegenüber den Anbietern dieser Erzeugnisse diskriminierend verhalten. Für marktbeherrschende Franchisesysteme gilt in einem solchen Fall § 22 GWB entsprechend. Bei marktstarken Franchisesystemen kommt es nach § 26 Abs.2 S.2 GWB darauf an, ob kleine oder mittlere Unternehmen als Anbieter einer bestimmten Art von Waren oder gewerblichen Leistungen in der Weise abhängig sind, daß ausreichende und zumutbare Möglichkeiten, auf andere Unternehmen auszuweichen (unter Berücksichtigung der Produktionsumstellung), nicht bestehen. Andererseits muß als Besonderheit des Nachfragewettbewerbs berücksichtigt werden, daß ein Nachfrager auch die Möglichkeit haben muß, auf das Angebot in seinem Sinne Einfluß zu nehmen, um seine eigenen Wettbewerbschancen im nachfolgenden Warenabsatz zu verbessern. Für eine Beurteilung eines mutmaßlich diskriminierenden Verhaltens kommt es auf die Besonderheiten des konkreten Einzelfalls an, so daß allgemeine Richtlinien nicht aufgestellt werden können.

Bezugssperren und das Fordern von Sondervergünstigungen durch marktstarke Nachfrager stellen für die Anbieter Diskriminierungen dar. Zwar schließen Franchisesysteme einzelne Lieferanten nicht namentlich aus, aber durch die Weisung der Franchisegeber an ihre Franchisenehmer, nur bei bestimmten Unternehmen Waren zu beziehen, findet de facto eine "Aussperrung" anderer Lieferanten statt. Jedoch muß jedem Anbieter die Möglichkeit eingeräumt werden, dem Franchisesystem sein Angebot zu offerieren, der Franchisegeber ist aber letztlich frei in seiner Entscheidung, welches Angebot er annimmt. Ein Anspruch auf Quotierung unter einzelnen günstigen Anbietern besteht nicht.[172] Oftmals versuchen marktstarke Nachfrager bei ihren Lieferanten Sondervergünstigungen durchzusetzen. Dazu zählen Eintrittsgelder, die Gewährung verschiedenster Rabatte und das Stellen von Verkaufspersonal. Emmerich vertritt den Standpunkt, daß es sich bei diesen Sondervergünstigungen durchweg um nichts anderes als um normale Preisnachlässe handelt, die nur deshalb in zum Teil abenteuerliche Formen gekleidet werden, um sie vor den anderen Nachfragern möglichst lange geheim zu halten. Solche Preiszugeständnisse seien häufig die letzte noch wirksame Form des Preiswettbewerbs. Da dieses Vorgehen letztendlich auch dem Verbraucher zugute komme, komme eine Anwendung des Diskriminierungsverbots nur in Ausnahmefällen in Betracht. Beispiele seien das gezielte Vorgehen marktstarker Nachfrager gegen einzelne dadurch besonders benachteiligte Lieferanten, weiter alle Versuche der Nachfrager, die Gewährung gleicher Vergünstigungen an die Konkurrenten zu verhindern, wobei z.B. an die Meistbegünstigungsklausel zu denken ist, sowie Preisstrukturmißbräuche (z.B. in Form von Rabattsystemen). Da aber auch in diesen Fällen immer noch ein Nachweis der Voraussetzungen des Diskriminierungs-

172 Vgl. *Zeisberg, H.-J.*, Franchisevertrag, 1991, S.293.

verbots schwierig sei, habe der Gesetzgeber das speziell auf die genannten Fälle gemünzte Verbot passiver Diskriminierungen erlassen (§ 26 Abs.3 GWB).[173]

7.10 Zusammenfassung

Franchisesysteme werden in der Regel nicht unter § 1 GWB fallen, da Franchisenehmer und Franchisegeber unterschiedliche Zwecke verfolgen. Sie unterliegen allerdings dem *Kartellverbot des § 1 GWB*, wenn Franchisegeber und Franchisenehmer einen gemeinsamen Zweck verfolgen. Dies kann der Fall sein, wenn es Mischsysteme sind, gesellschaftsrechtliche Beteiligungen zwischen dem Franchisegeber und seinen Franchisenehmern vorliegen oder wenn ein Franchisenehmerbeirat in bezug auf die Franchisegebergeschäftspolitik Entscheidungsbefugnisse besitzt. Sollte im Ausnahmefall doch einmal ein Kartell vorliegen, so besteht die Möglichkeit einer Freistellung desselben nach § 5b GWB.

Ein Franchisegeber darf seine Franchisenehmer gemäß § *15 GWB* nicht an von ihm gesetzte *Preise oder Konditionen in bezug auf den Zweitvertrag* zwischen Franchisenehmer und Verbraucher binden. Zulässig sind lediglich *Mittelstandsempfehlungen nach § 38 Abs.2 Nr.1 GWB und unverbindliche Preisempfehlungen für Markenwaren nach § 38a Abs.1 GWB*, wenn deren Voraussetzungen erfüllt sind.

Enthalten Franchiseverträge *Ausschließlichkeitsbindungen im weiteren Sinne*, dann unterliegen sie der *Mißbrauchsaufsicht durch die Kartellbehörden nach § 18 GWB*. Bei Vorliegen einer der drei Eingriffsvoraussetzungen des § 18 Abs.1 GWB (Beeinträchtigung der Wettbewerbsfreiheit von Wettbewerbern, Einschränkung des Marktzutritts oder Gefährdung des Wettbewerbs als Institution) hat die Kartellbehörde die Befugnis, die *Verwendungs-, die Absatz- oder Bezugs-, die Vertriebs- oder die Koppelungsbindung* zu verbieten und die entsprechenden Verträge für unwirksam zu erklären. Hinsichtlich der Eingriffsvoraussetzungen müssen quantitative und qualitative Elemente berücksichtigt werden. Die Verwendung von Ausschließlichkeitsbindungen i.w.S. ist nämlich nicht per se mißbräuchlich, sondern nur dann, wenn keine sachlichen Gründe eine solche rechtfertigen. Verwendungsbeschränkungen bei industriellen Franchisen sind oft aus Systemgründen notwendig. Bezugsbindungen und Wettbewerbsverbote sind nur dann nach § 18 GWB gerechtfertigt, wenn anderenfalls die Systemidentität oder die Nutzung der Systemidee gefährdet ist. Selbige Argumentation gilt für Vertriebsbindungen in Form von Gebiets- oder Kundenbindungen sowie für

173 Vgl. *Emmerich, V.*, Kartellrecht, 1991, S.319.

Koppelungsbindungen. Es stellt sich somit immer die Frage, ob die jeweilige Bindung zum Schutz der Einheitlichkeit des Franchisesystems erforderlich ist oder nicht. Nur wenn es keine sachliche Rechtfertigung für die jeweilige Bindung gibt und der Wettbewerb in oben beschriebener Weise wesentlich beeinträchtigt wird, bestehen für die Kartellbehörde die oben genannten Befugnisse.

Die Anwendbarkeit der §§ *20 und 21 GWB* auf Franchiseverträge wird selten gegeben sein, da die dort genannten Schutzrechte (*Patentrechte und Betriebsgeheimnisse*) Gegenstand eines Erwerbs- oder Lizenzvertrags sein müssen. Diese Voraussetzung wird aber beim Franchising häufig nicht erfüllt sein.

Von Bedeutung ist bei der Beurteilung *wettbewerbsbeschränkenden und diskriminierenden Verhaltens marktbeherrschender Unternehmen § 26 Abs.2 GWB*. Während § 26 Abs.1 GWB den Boykott verbietet, enthält § 26 Abs.2 GWB ein *Behinderungs- und Diskriminierungsverbot*. Normadressaten dieses Verbots sind marktbeherrschende Unternehmen, Kartelle und preisbindende Unternehmen. Das *Verbot der unbilligen Behinderung* (§ 26 Abs.1 S.1 1.Alt. GWB) schützt zum einen die Wettbewerber marktmächtiger Unternehmen auf der gleichen Wirtschaftsstufe, zum anderen aber auch Anbieter und Nachfrager. Die Unbilligkeit einer Maßnahme ergibt sich aus einer Abwägung der Interessen der Beteiligten unter Berücksichtigung der auf die Freiheit des Wettbewerbs gerichteten Zielsetzung des Kartellgesetzes.

Zudem existiert für marktbeherrschende Unternehmen, Kartelle und Preisbinder ein *Diskriminierungsverbot*. In einer Wettbewerbswirtschaft ist einem Unternehmen zwar die Diskriminierung von Marktpartnern grundsätzlich erlaubt, allerdings ist es den Normadressaten des § 26 Abs.2 GWB wegen ihrer Marktmacht untersagt, ein Unternehmen der vor- oder nachgelagerten Wirtschaftsstufe in einem Geschäftsverkehr, der gleichartigen Unternehmen üblicherweise zugänglich ist, ohne sachlich gerechtfertigten Grund unterschiedlich zu behandeln (§ 26 Abs.2 S.1 GWB). Ob eine unterschiedliche Behandlung sachlich nicht gerechtfertigt ist, bestimmt sich aufgrund einer Abwägung der Interessen der Beteiligten unter Berücksichtigung der auf die Freiheit des Wettbewerbs gerichteten Zielsetzung des Kartellgesetzes.

Das Diskriminierungsverbot gilt ebenso wie das Behinderungsverbot auch im Vertikalbereich für relativ marktmächtige Unternehmen. Sein Anwendungsbereich erstreckt sich auf Unternehmen (und Unternehmensvereinigungen), von denen Anbieter oder Nachfrager einer bestimmten Art von Waren oder gewerblichen Leistungen in der Weise abhängig sind, daß ausreichende und zumutbare Möglichkeiten, auf andere Unternehmen auszuweichen, nicht existieren (§ 26 Abs.2 S.2 GWB).

Da Franchisesysteme vertikal organisiert sind, die Franchiseverträge oft vielfältige Bindungen enthalten und die Möglichkeit einer (unternehmensbedingten) Abhängigkeit des Franchisenehmers vom Franchisegeber besteht, wurde der *Aspekt einer unbilligen Behinderung oder Diskriminierung der Franchisenehmer durch den Franchisegeber* untersucht. Die Existenz einer unternehmensbedingten Abhängigkeit der Franchisenehmer vom Franchisegeber wird in der Literatur nicht bestritten; allerdings wird darauf hingewiesen, daß der Franchisegeber den Franchisenehmern aus Gründen der Systemeinheitlichkeit kaum unterschiedliche Preise oder Konditionen einräumen wird. Grundsätzlich darf der Franchisegeber jedoch zwischen den Franchisenehmern differenzieren, wenn es dafür sachliche (z.B. betriebswirtschaftliche) Gründe gibt. Gibt es diese jedoch nicht, so verstößt er bei einer unterschiedlichen Behandlung der Franchisenehmer gegen § 26 Abs.2 S.2 GWB.

Eine *Diskriminierung von Wettbewerbern der Franchisenehmer* durch Nichtbelieferung seitens des Franchisegebers kann nicht bejaht werden, da keine der vier von der Rechtsprechung zu § 26 Abs.2 S.2 GWB entwickelten Abhängigkeitsformen einschlägig ist. Insbesondere die sortimentsbedingte Abhängigkeit, für deren Vorliegen auf den ersten Blick einige Gründe sprechen, ist nicht gegeben, da den Kunden bekannt ist, daß es bestimmte Franchisegeberwaren oder -dienstleistungen nur in den entsprechenden Franchisenehmergeschäften gibt. Auch eine *Diskriminierung der Wettbewerber des Franchisegebers* liegt nicht vor, da der Franchisegeber als Anbieter der speziellen Franchise ohne Wettbewerber ist. Hinzu kommt, daß es sich bei dem Verhältnis von Franchisegeber zu Wettbewerbern um ein horizontales Verhältnis handelt, dessen rechtliche Beurteilung sich nach § 26 Abs.4 GWB richtet. Da es für die *Ablehnung von Systembewerbern durch den Franchisegeber* sachlich gerechtfertigte Gründe persönlicher, finanzieller, fachlicher, systembedingter oder sonstiger Natur geben wird, ist auch eine Diskriminierung dieser Gruppe nicht gegeben. In bezug auf eine mögliche *Diskriminierung im Nachfragewettbewerb* läßt sich festhalten, daß jeder Anbieter zwar die Möglichkeit haben muß, dem Franchisegeber sein Angebot zu unterbreiten, ein Anspruch auf Quotierung aber nicht besteht.

8 Wettbewerbsrechtliche Analyse des Franchising nach europäischem Recht

Im folgenden wird die Anwendbarkeit des Art.85 Abs.1 EG-Vertrag auf Franchiseverträge, die wettbewerbsbeschränkende Klauseln enthalten, untersucht. Die rechtliche Situation vor der Geltung der Gruppenfreistellungsverordnung für Franchisevereinbarungen wird am Pronuptia-Urteil des EuGH und weiteren von der Kommission einzelfreigestellten Franchiseverträgen dargestellt werden. Im Anschluß daran erfolgt eine Analyse der Gruppenfreistellungsverordnung für Franchisevereinbarungen. In diesem Abschnitt geht es allerdings vorrangig um den Aufbau dieser Gruppenfreistellung, während auf die Beurteilung franchisespezifischer Klauseln nach Gemeinschaftsrecht, sowohl im Hinblick auf die Erteilung von Einzelfreistellungen als auch durch die Gruppenfreistellungsverordnung, dann im nachfolgenden Abschnitt eingegangen wird. Auch die Relevanz des Art.86 EGV für Franchisesysteme wird kurz aufgezeigt werden.

Dieses Kapitel ist von besonderer Bedeutung, da die rechtliche Beurteilung franchisespezifischer Klauseln durch den EuGH und die Kommission, unter Berücksichtigung ökonomischer Aspekte, Aussagen über eine potentielle Abhängigkeit des Franchisenehmers vom Franchisegeber erlaubt.

8.1 Anwendbarkeit des Art.85 EG-Vertrag auf Franchiseverträge

Art.85 Abs.1 EGV ist die Norm im europäischen Wettbewerbsrecht, die wettbewerbsbeschränkende Vereinbarungen zwischen Unternehmen unter bestimmten Umständen verbietet. Anders als im GWB wird im europäischen Kartellrecht nicht zwischen horizontalen und vertikalen Bindungen unterschieden. Vielmehr soll nur mit Hilfe dieses Artikels in Europa ein gemeinsamer Markt realisiert werden, indem man zu diesem die Zugangschancen sichert sowie Vormachtstellungen und Abhängigkeiten von Unternehmen untereinander verhindert. Mit dem Gemeinsamen Markt unvereinbar und verboten sind gemäß Art.85 Abs.1 EGV alle Vereinbarungen zwischen Unternehmen, Beschlüsse von Unternehmensvereinigungen und aufeinander abgestimmte Verhaltensweisen, welche den Handel zwischen Mitgliedstaaten zu beeinträchtigen geeignet sind und eine Verhinderung, Einschränkung oder Verfälschung des Wettbewerbs innerhalb des Gemeinsamen Marktes bezwecken oder bewirken (horizontale und vertikale Kartelle), insbesondere

a) die unmittelbare oder mittelbare Festsetzung der An- und Verkaufspreise oder sonstiger Geschäftsbedingungen,
b) die Einschränkung oder Kontrolle der Erzeugung, des Absatzes, der technischen Entwicklung oder der Investitionen,
c) die Aufteilung der Märkte oder Versorgungsquellen,
d) die Anwendung unterschiedlicher Bedingungen bei gleichwertigen Leistungen gegenüber Handelspartnern, wodurch diese im Wettbewerb benachteiligt werden,
e) die an den Abschluß von Verträgen geknüpfte Bedingung, daß die Vertragspartner zusätzliche Leistungen annehmen, die weder sachlich noch nach Handelsbrauch üblich in Beziehung zum Vertragsgegenstand stehen.

Eine *Eignung* zu einer Wettbewerbsbeschränkung reicht bereits aus, um die Unwirksamkeit der Vereinbarungen hervorzurufen. Eine konkrete Beeinträchtigung muß nicht vorliegen. *Wettbewerbsbeschränkende Klauseln* sind solche, die für ein System nicht "überlebenswichtig" sind, sondern dazu dienen, den Wettbewerb innerhalb des Systems oder den Wettbewerb zwischen dem System und anderen Unternehmen zu beschränken.

Art.85 Abs.2 EGV ordnet die Nichtigkeit der oben genannten, verbotenen Vereinbarungen an. An sich wettbewerbsbeschränkende Maßnahmen können von der Kommission jedoch dann nach Art.85 Abs.3 EGV freigestellt werden, wenn die dort genannten Voraussetzungen vorliegen. Art.85 Abs.3 EGV erlaubt neben einer Einzelfreistellung auch die Freistellung für Gruppen von wettbewerbsbeschränkenden Maßnahmen. Der Beurteilungsmaßstab für eine Freistellung richtet sich allein nach objektiven Kriterien der positiven und negativen Auswirkung der wettbewerbsbeschränkenden Bindungen auf das Marktgeschehen.

Freistellungen werden gewährt, wenn folgende Voraussetzungen gegeben sind (s. Art.85 Abs.3 EGV):

- Die Vereinbarung muß entweder eine Verbesserung der Warenerzeugung oder -verteilung oder Förderung des technischen oder wirtschaftlichen Fortschrittes bewirken und
- den Verbraucher am entstehenden Gewinn angemessen beteiligen.

- Des weiteren darf sie den beteiligten Unternehmen keine zur Verwirklichung der angestrebten Ziele unerläßlichen Beschränkungen auferlegen (Unerläßlichkeitskriterium).
- Außerdem dürfen den Beteiligten keine Möglichkeiten eröffnet werden, für einen wesentlichen Teil der betreffenden Waren (und analog: Dienstleistungen), den Wettbewerb auszuschalten.

Nur wenn *alle* Kriterien erfüllt sind, kann die Vereinbarung freigestellt werden. Diese Freistellung bewirkt dann, daß weder Art.85 Abs.1 EGV noch nationales Kartellrecht auf die Vereinbarung angewendet werden kann, wenn dies zu einem Widerspruch mit der Freistellungsentscheidung führen würde.[1] Als es noch keine Gruppenfreistellungsverordnung für Franchisevereinbarungen gab, konnten Franchiseverträge nur einzeln freigestellt werden. Heute wird aber in der Regel die Gruppenfreistellungsverordnung einschlägig sein. Wettbewerbsbeschränkende Großhandels- und Produktionsfranchisesysteme, die nicht von der Gruppenfreistellungsverordnung erfaßt werden, müssen weiterhin per Verwaltungsakt durch eine Einzelfreistellung von der Kommission erlaubt werden.

Art.85 ist unmittelbar anzuwendendes Recht in den EU-Mitgliedstaaten. Dies ergibt sich aus Abs.1 der VO Nr.17. Hinsichtlich der Frage von Anspruchskonkurrenzen läßt sich festhalten, daß deutsches Recht (z.B. die §§ 15 und 18 GWB) und Art.85 parallel und in den einzelnen Rechtsfolgen kumulativ anwendbar sind. Führt die Anwendbarkeit beider Vorschriften aber zu unterschiedlichen Rechtsfolgen, so ist dem Gemeinschaftsrecht Vorrang einzuräumen, wenn das nationale Recht dessen Anwendung und Vollzug beeinträchtigt.[2] "Das GWB findet demnach auf grenzüberschreitende Franchise-Vereinbarungen nur insoweit Anwendung, als die Vereinbarung entweder nicht nach Art.85 I EWG-V nichtig oder nicht nach Art.85 III gruppen- oder einzelfreigestellt ist."[3]

8.2 Spürbare Beeinträchtigung des zwischenstaatlichen Handels

Damit das europäische Kartellrecht greifen kann, müssen die Vereinbarungen dazu geeignet sein, den *zwischenstaatlichen Handel* spürbar zu beeinträchtigen. Die Voraus-

1 Vgl. *Kecht, W.*, EWG-Kartellrecht, 1988, S.42; vgl. auch Abschnitt 7.1 (S.294 f.).

2 Vgl. hierzu Abschnitt 7.1 (S.294 f.).

3 *Kurtenbach, J.*, Franchiseverträge, 1986, S.111 und vgl. *Zeisberg, H.-J.*, Franchisevertrag, 1991, S.308 f.

setzungen dieser sogenannten *Zwischenstaatlichkeitsklausel* liegen bereits dann vor, wenn sich infolge einer Maßnahme der zwischenstaatliche Handel anders als in einem System unverfälschten Wettbewerbs entwickelt.[4] Ist eine Vereinbarung dazu geeignet, eine Außenwirkung auf den zwischenstaatlichen Handel zu entfalten, so erfüllt sie diese Voraussetzungen.

Die Vereinbarungen müssen zudem geeignet sein, den zwischenstaatlichen Handel *spürbar* zu beeinträchtigen. Diese spürbare Beeinträchtigung des Wettbewerbs muß außerdem *bezweckt oder bewirkt* werden. Ob eine Vereinbarung dazu geeignet ist, den zwischenstaatlichen Handel spürbar zu beeinflussen, hängt von qualitativen und quantitativen Kriterien ab. In der Bagatellbekanntmachung der Kommission vom 03.09.1986[5] werden eine Reihe von Vereinbarungen aufgeführt, die die Kommission nicht als wettbewerbsbeschränkend ansieht, da sie den Handel zwischen den Mitgliedstaaten oder den Wettbewerb nur geringfügig beeinträchtigen. Durch diese *quantitative Begrenzung* wird der weite Anwendungsbereich des Art.85 Abs.1 EGV eingeschränkt, da Vereinbarungen dieser Norm erst dann unterliegen, wenn sie eine *spürbare Beeinträchtigung des Wettbewerbs bezwecken oder bewirken und gleichzeitig dazu geeignet sind, den zwischenstaatlichen Handel spürbar zu beeinflussen*. Art.1 Abs.2 der Bagatellbekanntmachung führt dazu aus: "Vereinbarungen sind vielmehr nur verboten, wenn sie spürbare Auswirkungen auf die Marktverhältnisse haben, d.h. wenn die Marktstellung dritter Unternehmen und der Verbraucher, also deren Absatz- oder Versorgungsmöglichkeiten, spürbar verändert werden.[6]

Als nicht unter das Verbot des Art.85 Abs.1 EGV fallend, da nicht "spürbar", sieht die Kommission folgende Vereinbarungen an: Wenn die in den Vereinbarungen genannten Waren oder Dienstleistungen in dem Gebiet des Gemeinsamen Marktes, auf das sich die Vereinbarung auswirkt, nicht mehr als 5% des Gesamtmarktes der Waren oder Dienstleistungen ausmachen *und* der Gesamtumsatz der beteiligten Unternehmen innerhalb eines Geschäftsjahres 200 Millionen ECU nicht überschreitet (kumulative Betrachtung). Für die Berechnung des Gesamtumsatzes sind die Umsätze zusammenzuzählen, welche die beteiligten Unternehmen im letzten Geschäftsjahr mit allen Waren und Dienstleistungen vor Steuer erzielt haben. Dabei werden Umsätze zwischen den beteiligten Unternehmen nicht mitgezählt (Abs.2 Nr.15).

---

4 Vgl. *Epp, W.,* Franchising, 1994, S.217.

5 Vgl. AblEG Nr.C 231 vom 12.09.1986, S.2 ff.

6 Sollte solch eine spürbare Beeinträchtigung des zwischenstaatlichen Handels nicht gegeben sein, greift das nationale Kartellrecht; vgl. dazu Kapitel 7 (S.293 ff.).

Die Franchiseverträge dürfen hinsichtlich ihrer Auswirkungen auf den Wettbewerb jedoch nicht isoliert betrachtet werden; es ist im Gegenteil so, daß die anderen Franchiseverträge eines Systems über den Gesamtumsatz und die Gesamtmarktanteile des Franchisegebers mittelbar berücksichtigt werden. Im Falle eines Masterfranchisevertrages findet auch der Marktanteil und der Umsatz des Franchisegebers Berücksichtigung bei der Beurteilung der Außenwirkung der Wettbewerbsbeschränkung dieses Vertrags, da der Franchisegeber und der Masterfranchisenehmer eine wirtschaftliche Einheit bilden.[7] Das gesamte Vertragsnetz eines Franchisesystems ist folglich bei der Betrachtung der Wettbewerbsbeschränkung mit einzubeziehen (sogenannte "Bündeltheorie im engeren Sinne").[8] Die Gruppenfreistellungsverordnung für Franchisevereinbarungen enthält dieses Kriterium in Erwägungsgrund 6. Dort heißt es, daß die Eignung zur Beeinträchtigung des innergemeinschaftlichen Handels dann bejaht wird, wenn Franchisevereinbarungen die Grundlage eines über die Grenzen eines Mitgliedstaates hinausgehenden Franchisenetzes bilden. Parallelbindungen anderer Vertriebssysteme ("Bündeltheorie im weiteren Sinne") bleiben allerdings außer Betracht.[9]

Die rein *quantitative Bestimmung der "Spürbarkeit"* kann anhand des Umsatzes und der Marktanteile erfolgen, darf aber nicht nur auf diese Kriterien beschränkt sein, da sich Markteinfluß auch in anderen Kriterien äußern kann. Der *sachlich relevante Markt* bei der Abgrenzung der Marktanteile eines Franchisesystems richtet sich ebenso wie im GWB[10] nach der Austauschbarkeit der Waren und Dienstleistungen aus der Sicht der Abnehmer. Dabei kommt es auf die Gleichartigkeit der Erzeugnisse an, die an Kriterien wie dem Verwendungszweck, der Preislage oder der Eigenschaft des Gutes bzw. der Dienstleistung festgemacht werden kann. Als *räumlich relevanter Markt* ergibt sich bei einem grenzüberschreitend tätigen Franchisesystem der Marktanteil aus allen Gebieten, in denen es franchisierend oder filialisierend tätig ist. Nicht mit einbezogen werden darf die Tätigkeit auf dem Heimatmarkt, wenn es dabei am zwischenstaatlichen Bezug fehlen sollte.

Doch kann es in *qualitativer Hinsicht* zu einer veränderten Wahrnehmung der Spürbarkeit der Wettbewerbsbeschränkung dann kommen, wenn der Franchisenehmer unter einer berühmten Marke oder einem berühmten Namen tätig wird, da sich dadurch die Austauschbarkeit des Produkts mit anderen Produkten reduziert (*Sogwirkung der Marke*). Dies führt zu einem Anstieg der Marktanteile, so daß diese deutlich

---

7 Vgl. *Kurtenbach, J.*, Franchiseverträge, 1986, S.117 f.

8 Vgl. OLG Koblenz, Urteil vom 26.10.1984, WuW, 1985, S.741 "Eismann".

9 Vgl. *Kurtenbach, J.*, Franchiseverträge, 1986, S.117; a.A. *Epp, W.*, Franchising, 1994, S.222.

10 Vgl. zu dem Begriff der Austauschbarkeit von Waren oder Dienstleistungen § 1 GWB in Abschnitt 7.2.1 (S.298), § 18 GWB in Abschnitt 7.6.3.4 (S.325).

oberhalb der "Eingriffsschwelle" des europäischen Wettbewerbsrechts liegen werden. Des weiteren sind die *mittel- und langfristigen Prognosen* eines Unternehmens und der *Markterschließungsgedanke* mit zu berücksichtigen. Ist eine Vereinbarung notwendig, um in einen neuen Markt einzudringen, in dem das Unternehmen bisher nicht tätig war, dann kann sie aufgrund des Markterschließungsgedankens gerechtfertigt sein.[11] Auch eine Abwägung im Sinne einer "*rule of reason*" ist denkbar.[12] Gemeint ist damit, daß wirtschaftlich vernünftige Wettbewerbsbeschränkungen zulässig sein können. Aufgrund dieser qualitativen Faktoren sind auch Fälle vorstellbar, in denen Art.85 EGV auch bei Marktanteilen unter 5% greift. Denn nicht nur die Höhe der Marktanteile beeinflußt die Spürbarkeit, sondern es kommt auch darauf an, ob das System unter einer berühmten Marke oder einem berühmten Namen tätig wird. Diese qualitativen Elemente können aber andererseits ebenso bewirken, daß auch Vereinbarungen zwischen Unternehmen, die die obigen Schwellenwerte überschreiten, durchaus - je nach Einzelfall - den Handel zwischen den Mitgliedstaaten oder den Wettbewerb nur geringfügig beeinträchtigen können und dann deshalb nicht von Art.85 Abs.1 EGV erfaßt werden.

Einwände hinsichtlich eines möglichen Fehlens des Zwischenstaatlichkeitsmerkmals bei Franchisesystemen lassen sich entkräften. Nicht nur, daß Franchisesysteme auf Marktverbreitung angelegt sind und damit Grenzüberschreitung naheliegt, so Bunte, auch der EuGH geht in der Auslegung des Begriffes sehr weit.[13] Die Zwischenstaatlichkeit kann man eigentlich immer als gegeben ansehen, da der EuGH auch Verträge, die nur zwischen Vertragspartnern ein und desselben Landes abgeschlossen wurden, dem europäischen Kartellrecht unterstellt hat. Ausreichend war dabei bereits, daß sich die Verträge auf die Ein- oder Ausfuhr von Waren bzw. Dienstleistungen von oder nach anderen Mitgliedstaaten in das betreffende Land bezogen.[14] Es geht bei der Zwischenstaatlichkeitsklausel also um die bloße Möglichkeit einer Beeinträchtigung des Handels zwischen den Staaten. Da die Franchisenehmer i.a. daran gehindert werden, in anderen Mitgliedstaaten ein Geschäft zu eröffnen,[15] ist eine Beeinträchtigung des zwischenstaatlichen Handels zu bejahen.

Als Fazit läßt sich dazu festhalten, daß Franchisevereinbarungen, ebenso wie andere Vereinbarungen (z.B. Alleinbezugs- oder Alleinvertriebsvereinbarungen,

---

11 Vgl. dazu auch *Kurtenbach, J.*, Franchiseverträge, 1986, S.123; *Epp, W.*, Franchising, 1994, S.223 und *Fritzsche, J.*, Wettbewerbsbeschränkungen, ZHR, 1996, S.37 f.

12 Vgl. *Epp, W.*, Franchising, 1994, S.224.

13 Vgl. *Bunte, H.-J.*, Franchising, NJW, 1986, S.1407.

14 Vgl. AblEG Nr.L 16 vom 16.01.1977, S.11 "Gerofabriek".

15 Vgl. zur Geschäftslokalklausel Abschnitt 8.6.9.2 (S.398 f.).

Know-how- oder Patentlizenzvereinbarungen etc.), nur dann unter Art.85 Abs.1 EGV fallen, wenn eine spürbare Beeinträchtigung des Wettbewerbs durch diese vorliegt.

8.3 Das Unerläßlichkeitskriterium des EuGH

Art.85 Abs.1 EGV beinhaltet ein vertikales und horizontales Kartellverbot. Da es sich bei den Franchiseverträgen um vertikale Vereinbarungen handelt, unterliegen diese Art.85 Abs.1 EGV, wenn sie Klauseln enthalten, die dazu geeignet sind, den Wettbewerb zu beeinträchtigen. Insbesondere die Aufteilung der Märkte und die unmittelbare oder mittelbare Festsetzung der An- oder Verkaufspreise oder sonstiger Geschäftsbedingungen, die wesentliche Bestandteile der genannten Vereinbarungen sind, sind nach Art.85 Abs.1 EGV verboten. Der EuGH hielt nach einer Abgrenzung der Franchisetypen zueinander fest, daß sich die Vereinbarkeit der Vertriebsfranchiseverträge mit Art.85 Abs.1 EGV nicht abstrakt, sondern nur aufgrund der einzelnen Vertragsbestimmungen beurteilen ließe. Er betrachtete den Franchisevertrag nicht a priori als einen Verstoß gegen Art.85 Abs.1 EGV. Das Verbot des Art.85 Abs.1 EGV gilt nur dann, wenn der Franchisevertrag wettbewerbsbeschränkende Klauseln beinhaltet. Es gibt also demnach zwei Gruppen von Klauseln: a) solche, die gar nicht in den Anwendungsbereich des Art.85 Abs.1 fallen, da sie unerläßlich sind (nicht wettbewerbsbeschränkende Klauseln) und b) solche, die unter Art.85 Abs.1 EGV fallen (wettbewerbsbeschränkende Klauseln).

Nicht wettbewerbsbeschränkende Klauseln sind solche, die *unerläßlich* bzw. notwendig[16] sind, damit entweder das vermittelte Know-how des Franchisegebers nicht Konkurrenten zugute kommt oder damit Identität und Ansehen der durch die Geschäftsbezeichnung symbolisierten Vertriebsorganisation gewahrt werden. Durch die Anwendung des Begriffs der Unerläßlichkeit werden vertragsimmanente Beschränkungen anerkannt. So werden sowohl die Verwertung gewerblicher Schutzrechte als auch die Verwertung von geschäftlichem Know-how grundsätzlich als nicht wettbewerbsbeschränkend im Sinne des Art.85 Abs.1 EGV angesehen. Diese nicht wettbewerbsbeschränkenden Klauseln befindet der EuGH als per se legal, weshalb sie sich einer Kontrolle der wettbewerblichen Wirkungen im Rahmen des Art.85 Abs.3 EGV entziehen. Damit entzieht der EuGH der Kommission Kompetenzen, da die allein für eine Freistellung nach Art.85 Abs.3 EGV zuständige Kommission gar nicht mehr "zum Zuge" kommt. Denn dann würden die nationalen Gerichte und der EuGH über

16 Zur Thematik der "notwendigen" Wettbewerbsbeschränkungen im Spannungsfeld von Verbot und Freistellung nach Art.85 EGV vgl. *Fritzsche, J.*, Wettbewerbsbeschränkungen, ZHR, 1996, S.31 ff.

die Klauseln entscheiden. Außerdem kommt es zu einer Verwischung der Anwendungsbereiche der Absätze 1 und 3 des Art.85.[17]

Freigestellt von Art.85 Abs.1 sind vom EuGH aufgrund ihrer Unerläßlichkeit z.B.[18] folgende Klauseln:

- die Verwertung / Weitergabe der Systemidee,
- die Geheimhaltungspflicht der Franchisenehmer,
- das Verbot der Weitergabe von Know-how durch den Franchisenehmer,
- das Verbot der Erteilung von Unterlizenzen für den Franchisenehmer,
- das Zustimmungserfordernis des Franchisegebers, wenn der Franchisenehmer seine Franchise übertragen will,
- Bezugsbindungen,
- Koppelungsbindungen,
- das Wettbewerbsverbot des Franchisenehmers,
- das Verbot von Kapitalbeteiligungen des Franchisenehmers,
- das Verbot des Vertriebs von Konkurrenzprodukten durch den Franchisenehmer,
- die Mitteilung von Richtpreisen durch den Franchisegeber.

8.4 Beurteilung von Franchiseverträgen vor 1989

Als erster Franchisevertrag wurde der des Franchisesystems Pronuptia de Paris GmbH nach dem europäischen Wettbewerbsrecht beurteilt.[19] Der Rechtsstreit[20] begann 1980, als Pronuptia de Paris eine Franchisenehmerin auf die Zahlung rückständiger Lizenzgebühren beim Landgericht Frankfurt am Main verklagte. Dieses verurteilte die Franchisenehmerin zu dieser Zahlung, woraufhin diese Berufung gegen

---

17 Vgl. *Epp, W.*, Franchising, 1994, S.229 f.; so auch *Fritzsche, J.*, Wettbewerbsbeschränkungen, ZHR, 1996, S.32 f.

18 Die Liste erhebt keinen Anspruch auf Vollständigkeit; vgl. dazu auch Abschnitt 8.6, S.381 ff.

19 Vgl. zum Ablauf dieses Falls u.a. EuGH-Urteil vom 28.01.1986, DB, 1986, S.637 ff., NJW, 1986, S.1415 ff., WuW/E 1986, S.523 ff., ZIP, 1986, S.329 ff., AblEG Nr.L 13 vom 15.01.1987, S.39 ff.; *Schödermeier, M.*, Franchiseverträge, WuW, 1986, S.669 ff.; *Skaupy, W.*, Pronuptia, WuW, 1986, S.445 ff.; *Kevekordes, J.*, Franchiseverträge, BB, 1987, S.74 ff.; *Schaub, S.*, Franchising, WuW, 1987, S.607 ff.; *Joerges, C.*, Franchiseverträge, ZHR, 1987, S.195 ff.; *Adams, J. / Mendelsohn, M.*, Franchising, JBL, 1986, S.214 ff.; *Bodewig, T.*, Franchising, IIC, 1993, S.155; *Empel, M.v.*, Franchising, JWT, 1986, S.401 ff.; *Goebel, R.J.*, Franchising, ELR, 1985, S.93 ff.

20 Zum (weiteren) Instanzenweg im Rechtsstreit zwischen Pronuptia de Paris und der deutschen Franchisenehmerin vgl. u.a. *Bechtold, R.*, Europäisches Kartellrecht, ZHR, 1996, S.663 f.; BGH-Urteil vom 27.05.1986, WuW/E 1986, S.1002 ff.; BGH-Urteil vom 08.02.1994, WuW/E 1994, S.547 ff.; OLG Frankfurt, Urteil vom 27.09.1994, WiB, 1996, S.640 ff.

das Urteil beim OLG Frankfurt am Main einlegte. Als Begründung führte sie an, daß die betreffenden Franchiseverträge einen Verstoß gegen Art.85 Abs.1 EGV darstellten und eine Anwendbarkeit der Gruppenfreistellungsverordnung für Alleinvertriebsvereinbarungen (Nr.67/67) nicht gegeben sei. Das OLG folgte dieser Argumentation und hob das Urteil des Landgerichts auf.[21] Gegen dieses Urteil ging Pronuptia de Paris in Revision und forderte die Wiederherstellung des erstinstanzlichen Urteils.

Der BGH vertrat die Auffassung, daß die Entscheidung der Revision von der Auslegung des Gemeinschaftsrechts abhänge, weshalb er dem EuGH die Fragen, ob Art.85 Abs.1 EGV auf Franchiseverträge anwendbar sei, und falls dies bejaht werde, ob eine Freistellung dieser Verträge durch die Gruppenfreistellungsverordnung für Alleinvertriebsvereinbarungen (Nr.67/67) möglich sei, zur Vorabentscheidung vorlegte. Der EuGH entschied am 28.01.1986, daß zwar Art.85 EGV auf Franchiseverträge anwendbar sei, eine Freistellung des Franchisevertrags im Rahmen der Gruppenfreistellungsverordnung für Alleinvertriebsvereinbarungen aber nicht in Betracht komme.[22] Er untersuchte die Klauseln in dem Pronuptia-Vertrag auf eine wettbewerbsbeschränkende Wirkung und überprüfte dann, ob die Voraussetzungen für eine Einzelfreistellung nach Art.85 Abs.3 EGV vorlägen. Da dies der Fall war, wurde für diesen Franchisevertrag eine Einzelfreistellung erteilt, was zur Folge hatte, daß die Bestimmungen des Art.85 Abs.1 EGV nicht auf diesen Vertrag angewendet werden konnten. Der Vertrag konnte also wettbewerbsbeschränkende Bestimmungen beinhalten, ohne gegen Art.85 Abs.1 EGV zu verstoßen, da dessen wirtschaftliche Vorteile die aus den Wettbewerbsbeschränkungen resultierenden Nachteile überwogen.

Die gesamtwirtschaftlichen Vorteile von Franchisesystemen sind nach Meinung des EuGH u.a. die Garantie der Nahversorgung, Marktübersicht und Preistransparenz in bezug auf die Franchisewaren oder -dienstleistungen sowie eine produktivere und wirtschaftlichere Anwendung von Know-how, Arbeit, Kapital und Immobilien. Der Verbraucher - gemeint ist hier nicht bloß der Endabnehmer, sondern jeder Abnehmer - profitiert beim Franchising von einer verbesserten Marktversorgung, einer doppelten Qualitätsgewährleistung (durch den Franchisegeber und den Franchisenehmer), einem breiteren Angebot, größeren Lagern und einem umfangreicheren Service. Die Notwendigkeit von bestimmten Bindungen in Franchisesystemen (z.B. von Bezugs- oder Alleinvertriebsbindungen) könne im Hinblick auf die Erreichung ihrer betriebswirt-

---

21 Vgl. zur Frage der Unvereinbarkeit eines Franchisevertrags mit der EG-Gruppenfreistellungsverordnung 67/67 das Urteil des OLG Frankfurt vom 02.12.1982 WuW, 1983, S.804 ff. und WRP, 1983, S.414 ff. sowie den Kommentar dazu von *Skaupy, W.*, Unvereinbarkeit, WuW, 1984, S.383 ff.

22 Vgl. dazu *Skaupy, W.*, Pronuptia, WuW, 1986, S.445 ff.

schaftlichen Ziele nicht bestritten werden. Die Wettbewerbsbeschränkungen in Franchisesystemen seien somit für diese aus ökonomischen Gründen unerläßlich.[23] Für die Frage, ob trotz der Wettbewerbsbeschränkungen ein wesentlicher Restwettbewerb verbleibt, ist laut EuGH sowohl auf den Wettbewerb zwischen den Franchisenehmern eines Franchisesystems (dem sogenannten Intrabrand-Wettbewerb) als auch auf den Wettbewerb zwischen dem Franchisesystem und Dritten (dem sogenannten Interbrand-Wettbewerb) abzustellen. Erst bei Marktanteilen von über 80% auf dem Gemeinsamen Markt wird von der Kommission eine Freistellung der Wettbewerbsbeschränkung aufgrund nicht ausreichenden Restwettbewerbs abgelehnt werden.[24] Diese Situation wird bei Franchisesystemen eher selten gegeben sein, weshalb die Ausschaltung des Wettbewerbs für einen wesentlichen Teil der betreffenden Waren unwahrscheinlich ist.

Seit einigen Jahren gibt es eine Gruppenfreistellungsverordnung für Franchisevereinbarungen. Diese Verordnung Nr.4087/88, von der Kommission am 30.11.1988 über die Anwendung von Art.85 Abs.3 EGV auf Gruppen von Franchisevereinbarungen erlassen, beinhaltet zum größten Teil die Grundsätze der Pronuptia-Entscheidung[25] des EuGH vom 28.01.1986 sowie die einzelfallbezogenen Erfahrungen[26] der Kommission in den Fällen Yves Rocher[27] (Kosmetik), Computerland[28] (Computer), ServiceMaster[29] (Reinigungsdienstleistung) und Pronuptia[30] (Brautmoden), auf die im folgenden näher eingegangen wird.

8.5 Die Gruppenfreistellungsverordnung für Franchisevereinbarungen

Am 01.02.1989 trat die Gruppenfreistellungsverordnung[31] (GVO) für Franchisevereinbarungen in Kraft. Sie gilt bis zum 31.12.1999 in jedem EU-Mitgliedstaat (Art.9 GVO). Durch die Gruppenfreistellungsverordnung für Franchisevereinbarungen

---

23 Vgl. SmlgEG, Pronuptia-Urteil, 28.01.1986, S.381 ff.

24 Vgl. AblEG Nr.L 224 vom 15.08.1978, S.44 "Fedetab-Empfehlung" (bestätigt durch den EuGH am 29.10.1980, Smlg.1980, 3125).

25 Vgl. SmlgEG, Pronuptia-Urteil, 28.01.1986, S.374 ff.

26 Vgl. *Sauter, H.*, Franchiseverträge, WuW, 1989, S.285 und *Bunte, H.-J. / Sauter, H.*, EG-GVO für Franchisevereinbarungen, 1988, S.491.

27 Vgl. AblEG Nr.L 8 vom 10.01.1987, S.49 ff.

28 Vgl. AblEG Nr.L 222 vom 10.08.1987, S.12 ff.

29 Vgl. AblEG Nr.L 332 vom 03.12.1988, S.38 ff.

30 Vgl. AblEG Nr.L 13 vom 15.01.1987, S.39 ff.

31 Vgl. zum Inhalt der GVO u.a. *Weltrich, O.*, Franchisevereinbarungen, RIW, 1989, S.90 ff., *Jakob-Siebert, T.*, Franchisevereinbarungen, in: *von der Groeben et al.*, Kommentar zum EWGV, 1991, S.1715 ff.; *Jakob-Siebert, T.*, Franchisevereinbarungen, CR, 1990, S.241 ff.; *Sauter, H.*, Franchisevereinbarungen, WuW, 1989, S.284 ff.; *Martinek, M.*, Vertragstypen, 1992, S.199 ff.

gab die Kommission, ebenso wie durch die Schaffung der anderen Gruppenfreistellungsverordnungen, den Unternehmen in Europa ein Stück Rechtssicherheit. Dies tat vor allem deshalb Not, weil der EuGH die Anwendung der EG-Verordnung Nr.67/67 sowie ihrer "Nachfolgerin", der Gruppenfreistellungsverordnung Nr.1983/83 für Alleinvertriebsvereinbarungen, auf Franchiseverträge nicht anerkannte. Für die Kommission selbst bedeutete die Gruppenfreistellungsverordnung für Franchisevereinbarungen eine Entlastung hinsichtlich ihres Arbeitsvolumens. Es wäre abzusehen gewesen, daß die Kommission - auch gerade im Hinblick auf das Pronuptia-Urteil - eine Fülle von Einzelfreistellungsanträgen hätte bewältigen müssen, wenn eine Gruppenfreistellungsverordnung für Franchisevereinbarungen ausgeblieben wäre.

Bunte vertritt die Ansicht, daß die Gruppenfreistellung zwar nicht dem Ziel dient, der Wirtschaft einen einheitlich zu praktizierenden Formularvertrag vorzuschreiben, doch laufe es in der Praxis darauf hinaus.[32] Gleiss / Hirsch / Burkert geben zu bedenken, daß die Gruppenfreistellungsverordnung schwer verständlich sei, ihr Regelungsgegenstand werde durch die Anhäufung von Definitionen eher verdeckt als klargestellt, und die Bestimmungen seien nicht klar genug. Deshalb könne sie nicht als Vorbild für künftige Gruppenfreistellungsverordnungen dienen.[33] Martinek beklagt, daß die Gruppenfreistellungsverordnung lediglich das Subordinationsfranchising[34] thematisiert und horizontale Franchiseverbindungen völlig ausgeklammert werden. Innerhalb des Subordinationsfranchising komme es dann zusätzlich zu einer Beschränkung auf das Vertriebs- und Dienstleistungsfranchising. Zudem würden die Franchiseverträge nicht als Absatzmittlungsverträge zur Begründung einer subordinativen Absatzkooperation, sondern als lizenz- bzw. know-how-vertragliche Verwertung eines Wissensschatzes durch den Franchisegeber gesehen. Gerade aber diese Annahme stehe auf schwankendem Boden.[35] Schaub gibt zu bedenken, daß aufgrund der Tatsache, daß die Gruppenfreistellungsverordnung keine erschöpfende Liste aller zulässigen und unzulässigen Klauseln enthält, es mitunter doch nicht zur erhofften Klärung der Rechtslage durch die Verordnung selbst kommen wird. Diese könne aber mit Hilfe eines Notifizierungsverfahrens (Widerspruchverfahren) erreicht werden.[36] Durch das System des Widerspruchs hat die Kommission die Möglichkeit, innerhalb einer Frist von sechs Monaten nach Anmeldung der Franchisevereinbarung, gegen solche Fran-

32 Vgl. *Bunte, H.-J.*, Franchising, NJW, 1986, S.1407.

33 Vgl. *Gleiss, A. / Hirsch, M. / Burkert, T.*, Kommentar zum EG-Kartellrecht, 1993, S.605, Rdnr.1551.

34 Vgl. zum Subordinationsfranchising Abschnitt 2.5 (S.21).

35 Vgl. *Martinek, M.*, Vertragstypen, 1992, S.201 f.

36 Vgl. *Schaub, S.*, Franchising, WuW, 1987, S.625.

chisevereinbarungen Widerspruch einzulegen, die nicht unter Art.2, 3 und 5 dieser Verordnung fallen.

8.5.1 Anwendungsbereich

Nach Art.1 Nr.1 der Gruppenfreistellungsverordnung ist unter den in der Verordnung genannten Voraussetzungen[37] Art.85 Abs.1 EGV gemäß Art.85 Abs.3 EGV auf Franchisevereinbarungen nicht anwendbar. In Art.1 wird der Anwendungsbereich der Gruppenfreistellungsverordnung auf Franchisevereinbarungen weiter abgegrenzt. Wichtig ist hierbei, daß die Franchisevereinbarungen nicht zwischen mehr als zwei Unternehmen bestehen dürfen. Da immer nur die Beziehung zwischen dem Franchisegeber und einem Franchisenehmer betrachtet wird, stellt diese Voraussetzung kein Problem dar. Freigestellt werden jedoch nicht etwa einzelne Bindungen, sondern der Franchisevertrag als Ganzes.

Die Gruppenfreistellungsverordnung für Franchisevereinbarungen gilt laut Art.1 Abs.3b nur für Franchisevereinbarungen, in denen ein Unternehmen, der Franchisegeber, es einem anderen Unternehmen, dem Franchisenehmer, gegen unmittelbare oder mittelbare finanzielle Vergütung gestattet, eine Franchise zum Zwecke der Vermarktung bestimmter Waren und/oder Dienstleistungen zu nutzen. In den Erwägungsgründen 4 und 5 wird auch noch einmal festgehalten, daß die Verordnung nur für Dienstleistungs- und Vertriebsfranchisen gilt. Nicht in die Verordnung mit einbezogen werden industrielle Franchisen, da diese andere Merkmale als die beiden genannten Franchisetypen aufweisen.[38] Die Kommission führt weiter aus, daß sie die industriellen Franchisen auch aus dem Kontext der Gruppenfreistellung herausgenommen hat, weil ihnen häufig auch der Rechtsvorteil anderer Gruppenfreistellungsverordnungen zugute kommt (Erwägungsgrund 4). Auch Großhandelsfranchisen[39] werden nicht von der Gruppenfreistellungsverordnung erfaßt, weil die Kommission diesbezüglich keine Erfahrungen hatte (Erwägungsgrund 5).

Erfaßt werden von der Gruppenfreistellungsverordnung aber Masterfranchisevereinbarungen, auch Hauptfranchisevereinbarungen genannt. So bezeichnet man Vereinbarungen, in denen der Franchisegeber es einem Hauptfranchisenehmer gegen unmittelbare oder mittelbare finanzielle Vergütung gestattet, eine Franchise zum Zwecke

---

37 Siehe dazu Abschnitt 8.5.4 (S.379 f.).

38 Im Pronuptia-Urteil vom Januar 1986 nahm der EuGH nur zum Vertriebsfranchising Stellung, da sich die Vorlagefragen des nationalen Gerichts nur auf diesen Franchisetyp bezogen.

39 Vgl. dazu auch Art.1 Abs.3a, in dem der Weiterverkauf von Waren oder Dienstleistungen an *Endverbraucher* angesprochen wird.

des Abschlusses von Franchisevereinbarungen mit Franchisenehmern zu nutzen (so die Definition des Begriffs "Hauptfranchisevereinbarungen" in Art.1 Abs.3c der GVO). Nach Art.1 Abs.2 finden die Vorschriften dieser Verordnung über das Verhältnis zwischen Franchisegeber und Franchisenehmer, soweit dies möglich ist, auch auf das Verhältnis zwischen Franchisegeber und Hauptfranchisenehmer sowie auf das Verhältnis zwischen Hauptfranchisenehmer und Franchisenehmer entsprechende Anwendung. Voraussetzung ist auch hier, daß es sich dabei um Franchisevereinbarungen im Sinne des Art.1 Abs.3b handelt.

8.5.2 Mindestanforderungen an die Franchisevereinbarungen

Eine Franchise ist nach Art.1 Abs.3a als Gesamtheit von Rechten an gewerblichem oder geistigem Eigentum wie Warenzeichen, Handelsnamen, Ladenschilder, Geschmacks- und Gebrauchsmuster, Urheberrechte, Know-how oder Patente, die zum Zwecke des Weiterverkaufs von Waren oder der Erbringung von Dienstleistungen an Endverbraucher genutzt wird, definiert.

Damit ein Franchisevertrag unter die Gruppenfreistellungsverordnung fallen kann, muß er nach Art.1 Abs.3b folgende Mindestkriterien erfüllen:

a) Der Vertrag muß die Benutzung eines gemeinsamen Namens oder Zeichens sowie die einheitliche Aufmachung der Geschäftslokale oder Transportmittel regeln, zu deren Nutzung der Franchisenehmer nicht nur berechtigt sein darf, sondern verpflichtet ist.

b) Der Franchisegeber muß dem Franchisenehmer Know-how mitteilen. Es kann sich dabei um kommerzielles Know-how (z.B. Kenntnisse über den Verkauf von Waren oder die Erbringung von Dienstleistungen gegenüber Endverbrauchern, die Warenpräsentation, die Führung des Geschäfts in verwaltungsmäßiger und finanzieller Hinsicht) oder technisches Know-how handeln.[40] Know-how ist nach Art.1 Abs.3f eine Gesamtheit von nichtpatentierten praktischen Kenntnissen, die auf Erfahrung des Franchisegebers sowie auf Erprobungen durch diesen beruhen und die geheim, wesentlich und identifiziert sind. Diese drei Begriffe werden wiederum in Art.1 Abs.3g, h und i erläutert. "Geheim" ist das Know-how, wenn es weder allgemein

40 Das technische Know-how darf aber nicht im Vordergrund stehen, da ansonsten an Stelle der Gruppenfreistellungsverordnung für Franchisevereinbarungen die Gruppenfreistellungsverordnung für Know-how-Vereinbarungen (Nr.556/89) angewendet wird (vgl. *Gleiss, A. / Hirsch, M. / Burkert, T.*, Kommentar zum EG-Kartellrecht, 1993, S.606, Rdnr.1554).

bekannt noch leicht zugänglich ist. Es ist nicht notwendig, daß jeder Teil des Know-how für sich geheim sein muß, es kommt auf die Gesamtheit der übermittelten Kenntnisse an (Art.1 Abs.3g). Das Know-how ist "wesentlich", wenn es für den Franchisenehmer wichtig und nützlich ist. Diese Nützlichkeit zeigt sich insbesondere in einem Wettbewerbsvorteil des Franchisenehmers (Art.1 Abs.3h).[41] Die Anforderungen an die Wesentlichkeit des Know-how sind nicht besonders hoch. Es genügt, wenn dem Franchisenehmer das Franchisekonzept in einem Handbuch mitgeteilt wird. Der Begriff "identifiziertes Know-how" meint, daß das Know-how ausführlich genug beschrieben sein muß, um prüfen zu können, ob es die Merkmale des Geheimnisses und der Wesentlichkeit erfüllt (Art.1 Abs.3i).

c) Außerdem muß der Franchisegeber dem Franchisenehmer eine fortlaufende kommerzielle oder technische Unterstützung während der Vertragslaufzeit gewähren. Die Gruppenfreistellungsverordnung gilt nur dann, wenn sich der Franchisegeber zur fortlaufenden Unterstützung des Franchisenehmers ausdrücklich verpflichtet.

Fehlt nur eines dieser Merkmale, so findet die Verordnung keine Anwendung.[42]

8.5.3 Struktur

Die Gruppenfreistellungsverordnung ist folgendermaßen strukturiert:

- Die Artikel 2 und 3 Abs.2 und Abs.3 GVO stellen die sogenannte "*weiße Liste*" dar: sie enthält eine Aufzählung von Beschränkungen des Franchisegebers und des Franchisenehmers, die entweder ausdrücklich vom Verbot des Art.85 Abs.1 EGV freigestellt sind oder einer Gruppenfreistellung nicht entgegenstehen, unabhängig davon, ob sie gegen Art.85 Abs.1 verstoßen (per se-Freistellung).
- Art.5 enthält die sogenannte "*schwarze Liste*": dabei handelt es sich um Beschränkungen, die auf keinen Fall vorliegen dürfen, da sonst eine Gruppenfreistellung nicht in Betracht kommt. Art.4 beinhaltet die Voraussetzungen, die auf jeden Fall erfüllt sein müssen, damit eine Gruppenfreistellung möglich ist.

---

41 Nach Meinung von Gleiss / Hirsch / Burkert besteht dieser Wettbewerbsvorsprung der Franchisenehmer aber schon durch die Tatsache, daß sie der Vertriebsorganisation angeschlossen sind (vgl. *Gleiss, A. / Hirsch, M. / Burkert, T.*, Kommentar zum EG-Kartellrecht, 1993, S.607, Rdnr.1556).

42 Vgl. *Jakob-Siebert, T.*, Franchisevereinbarungen, CR, 1990, S.243.

- Art.3 Abs.1 stellt die "*graue Liste*" dar: die dort aufgeführten Beschränkungen sind dann freigestellt, wenn und soweit sie für den Schutz der Rechte des Franchisegebers an gewerblichem oder geistigem Eigentum oder zur Aufrechterhaltung der Einheitlichkeit und des Ansehens des Franchisenetzes erforderlich sind ("wenn und soweit"-Vorbehalt).[43] Soweit die Erforderlichkeit einer Klausel der "grauen Liste" zu verneinen ist, ist sie nicht automatisch freigestellt. Sind die Verpflichtungen nicht erforderlich, können sie den Vorteil der Gruppenfreistellung insgesamt entfallen lassen. Dann steht es den Parteien allerdings frei, ihre Vereinbarungen zum Widerspruchverfahren nach Art.6 GVO anzumelden.[44]

Wettbewerbsbeschränkungen, die weder in der "weißen" noch in der "schwarzen Liste" aufgeführt sind, können im Rahmen des Widerspruchverfahrens nach Art.6 freigestellt werden. Dazu gehören sowohl die Klauseln der "grauen Liste", wenn es um die Frage der Erfüllung des "wenn und soweit"-Vorbehalts geht, als auch Klauseln, die von der Gruppenfreistellungsverordnung nicht erfaßt werden.

8.5.4 Voraussetzungen, Ausnahmen und Entzug

Art.4 nennt die Voraussetzungen, die erfüllt sein müssen, um eine Freistellung erwirken zu können. Es sind dies:

- die Möglichkeit von Querlieferungen (Art.4a),
- eine europaweite Garantie für Waren und Dienstleistungen (Art.4b)
- und die Kennzeichnung des Franchisenehmers als unabhängigen Händler (Art.4c).

Art.5 beinhaltet die Wettbewerbsbeschränkungen, die nicht nach Art.1 freigestellt werden können (sogenannte "schwarze Liste"). Die Freistellung gilt nicht, wenn

- Unternehmen horizontale Franchisevereinbarungen treffen (z.B. zwei Franchisegeber der gleichen Branche; Art.5a),
- ein Franchisenehmer daran gehindert wird, Waren zu beziehen, die in ihrer Qualität den vom Franchisegeber angebotenen Waren entsprechen (Art.5b),

43 Kritik an der grauen Liste üben zu Recht *Gleiss, A. / Hirsch, M. / Burkert, T.*, Kommentar zum EG-Kartellrecht, 1993, S.609, Rdnr.1563.

44 Vgl. *Jakob-Siebert, T.*, Franchisevereinbarungen, in: *von der Groeben et al.*, Kommentar zum EG-Kartellrecht, 1991, S.1727, Rdnr.414.

- ein Franchisegeber sich aus Gründen, die nichts mit dem Schutz des Eigentums und der Aufrechterhaltung des Systems zu tun haben, weigert, vom Franchisenehmer vorgeschlagene Dritte als Hersteller zuzulassen (Art.5c),
- der Franchisenehmer nach Vertragsbeendigung an einer Verwertung des Franchisegeber-Know-how gehindert wird, selbst wenn dieses allgemein bekannt oder leicht erhältlich geworden ist (Art.5d),
- der Franchisenehmer in der Preisfestsetzung von Waren oder Dienstleistungen, die Gegenstand der Franchise sind, vom Franchisegeber mittelbar oder unmittelbar beschränkt wird; allerdings darf der Franchisegeber Verkaufspreise empfehlen (Art.5e),
- der Franchisegeber dem Franchisenehmer verbietet, Rechte an gewerblichem oder geistigem Eigentum anzugreifen, die Gegenstand der Franchise sind (sogenannte "Nichtangriffsklausel"); das Recht des Franchisegebers, in diesem Fall den Vertrag zu beenden, bleibt unberührt (Art.5f) oder
- der Franchisenehmer Endverbraucher im Markt der EU aus Gründen des Wohnsitzes nicht beliefern darf (Art.5g).

Art.6 erklärt detailliert den Vorgang und die Besonderheiten des *Widerspruchverfahrens*. Bei Vereinbarung auch nur einer in der Gruppenfreistellungsverordnung nicht freigestellten Wettbewerbsbeschränkung ist die gesamte Gruppenfreistellungsverordnung unanwendbar. Dies folgt aus dem "Alles-oder-Nichts-Prinzip"[45], das die Kommission verfolgt. Für einen Franchisegeber bleiben dann folgende Möglichkeiten: entweder kann er den Franchisevertrag bei der Kommission zum Widerspruchverfahren oder zum allgemeinen (Einzel-)Freistellungsverfahren anmelden. Dieses Widerspruchverfahren stellt ein vereinfachtes Freistellungsverfahren ohne dessen lange Verfahrensdauer dar. Voraussetzung für eine Freistellung durch ein Widerspruchverfahren ist aber, daß die Bedingungen des Art.4 erfüllt sind und daß die Vereinbarung keine "schwarzen" Klauseln im Sinne des Art.5 beinhaltet. Die Vereinbarung gilt als freigestellt, wenn die Kommission nicht innerhalb von sechs Monaten nach der Anmeldung gegen die Freistellung Widerspruch erhebt.

Nach Art.7 darf die Kommission die durch die Anwendung der Verordnung erlangten Kenntnisse nicht preisgeben. Die Kommission hat nach Art.8 die Möglichkeit, eine Gruppenfreistellung zu widerrufen, wenn die Franchisevereinbarung Auswirkungen hat, die mit den Voraussetzungen des Art.85 Abs.3 EGV unvereinbar sind (*Miß-*

---

45 Vgl. hierzu *Weltrich, O.*, Anpassung von Franchiseverträgen, DB, 1988, S.1481 und *Axster, O.*, "Alles-oder-Nichts-Prinzip", WuW, 1994, S.615 ff.

brauchsaufsicht). So kann die Freistellung insbesondere dann entzogen werden, wenn dem Franchisenehmer Gebietsschutz gewährt wird *und*

- durch die kumulative Wirkung paralleler Netze gleichartiger Vereinbarungen der Zugang zu dem betroffenen Markt oder der Wettbewerb auf diesem in erheblichem Maße eingeschränkt ist (Art.8a);
- die Franchiseprodukte bzw. -dienstleistungen in einem wesentlichen Teil des Gemeinsamen Marktes nicht mit gleichartigen Konkurrenzprodukten in einem wirksamen Wettbewerb stehen (Art.8b);
- die Franchisenehmer oder ihre Endverbraucher aufgrund ihres Wohnortes daran gehindert werden, Waren oder Dienstleistungen, die Gegenstand der Franchise sind, zu beziehen, oder die zwischen den Mitgliedstaaten bestehenden Unterschiede in der Beschreibung solcher Waren oder Dienstleistungen von diesen zur Abschottung von Märkten ausgenutzt werden (Art.8c);
- Franchisenehmer die Verkaufspreise für Waren oder Dienstleistungen, die Gegenstand der Franchise sind, aufeinander abstimmen (Art.8d);
- der Franchisegeber Kontroll- und Zustimmungsrechte zu nicht franchiseimmanenten Zwecken ausübt (Art.8e). Die in Art.8 genannte Aufzählung erhebt keinen Anspruch auf Vollständigkeit.

Liegt allerdings eine Franchisevereinbarung im Sinne der Gruppenfreistellungsverordnung vor, von der die Voraussetzungen der Gruppenfreistellung nicht erfüllt werden, so bleibt nur die Möglichkeit einer Einzelfreistellung.

8.6 Freigestellte Franchiseklauseln

Der EuGH beurteilte das Vertriebsfranchising, von dem er festhielt, daß es sich dabei weniger um eine Vertriebsform, sondern eher um eine Art wissenschaftlicher Verwertung ohne Einsatz von eigenem Kapital handele, wettbewerbspolitisch grundsätzlich als positiv.[46] Deshalb hat er den erlaubten funktionalen Rahmen für diese Form des Franchising weit gefaßt.[47] Im folgenden wird die rechtliche Vorgehensweise des EuGH im Pronuptia-Fall als auch in den anderen Fällen beschrieben.

46 Vgl. SmlgEG, Pronuptia-Urteil, 28.01.1986, S.381, Rdnr.15.

47 Vgl. dazu *Kevekordes, J.*, Franchiseverträge, BB, 1987, S.74 ff.; *Bunte, H.-J.*, Franchising, NJW, 1986, S.1406 ff.; *Skaupy, W.*, Pronuptia, WuW, 1986, S.445 ff.; *Schödermeier, M.*, Franchiseverträge, WuW, 1986, S.669 ff.

Die Methode des EuGH bei der Beurteilung des Pronuptia-Franchisevertrages sah folgendermaßen aus: Als erstes prüfte man, ob Beschränkungen des Franchisenehmers oder Franchisegebers im Franchisevertrag enthalten waren. Im zweiten Schritt ging es darum, ob diese Beschränkungen für die Verwirklichung des Franchisevertrages unerläßlich waren. Das Kriterium der Unerläßlichkeit aus Art.85 Abs.1 EGV ist also ein Erforderlichkeitskriterium, mit dem vor allem der Franchisegeber vor materiellem und immateriellem Schaden geschützt werden soll. Als unerläßlich sah der EuGH Vertragsbestimmungen zum Schutze des vermittelten Know-how und zur Wahrung der Identität und des Ansehens der Vertriebsorganisation an. Wenn aber eine Klausel, die diesem Zwecke dient, unerläßlich ist, da nur durch sie der Zweck erfüllt werden kann, dann liegt darin auch kein Verstoß gegen Art.85 Abs.1 EGV vor.[48]

Kevekordes bewertete das vom EuGH angewandte Unerläßlichkeitskriterium deshalb skeptisch, weil seiner Meinung nach die Unbestimmtheit des Begriffes keine Rechtssicherheit mit sich brachte. Das Unerläßlichkeitskriterium habe nicht nur eine Einschränkung des Verbotstatbestandes des Art.85 Abs.1 EGV zur Folge, sondern führe auch noch zu einer Kompetenzverlagerung von der Kommission zu den nationalen Gerichten. Als weitere Kritik führt Kevekordes den Umstand an, daß neben dem Unerläßlichkeitskriterium bezüglich Art.85 Abs.1 EGV ein weiteres in Art.85 Abs.3 EGV enthalten sei, das jetzt eventuell durch ersteres leerlaufe. Eine solche Gefahr existiere nicht, wenn man in bezug auf Art.85 Abs.1 EGV nur die *wettbewerblichen Wirkungen* der zu erörternden Klausel beurteilt; ein negatives Ergebnis hätte dann zur Folge, daß bei einer Freistellungsentscheidung nach Art.85 Abs.3 EGV die Kommission sich hinsichtlich des Unerläßlichkeitskriteriums an den *außerwettbewerblichen Kriterien* orientiert.[49] Nach Ansicht Schaubs ist gar das Kriterium der Unerläßlichkeit dem Art.85 Abs.1 fremd; es gehöre zu Art.85 Abs.3a EGV.[50]

Klauseln zum Schutz des Franchisegeber-Know-how sind also freigestellt, wenn sie für das Franchisesystem unerläßlich sind. Dies wird in der Regel immer der Fall sein, denn ein Franchisegeber geht, wenn er dem Franchisenehmer sein Wissen und Know-how zur Verfügung stellt, das Risiko ein, daß dieses Wissen durch Indiskretionen seinen Konkurrenten zugute kommt. Um die Wahrscheinlichkeit zu senken, daß der Franchisegeber dadurch mögliche Nachteile erfährt, kann er zu seiner Sicherheit in die Franchiseverträge Klauseln zum Schutz des Know-how mit einbringen. Dem Franchisenehmer werden mit der Bereitstellung des Know-how nicht nur Rechte, sondern

48 Zur Kritik am "doppelten" Unerläßlichkeitskriterium vgl. Abschnitt 8.3 (S.371 f.).
49 Vgl. *Kevekordes, J.*, Franchiseverträge, BB, 1987, S.79 f.
50 Vgl. *Schaub, S.*, Franchising, WuW, 1987, S.614 f.

auch Pflichten auferlegt. Dabei halten sich jedoch die Vor- und Nachteile, die ihm aus den diesbezüglichen Klauseln erwachsen, in der Regel die Waage. Hinsichtlich des Schutzinteresses eines Franchisegebers in bezug auf sein Know-how - und dies gilt auch in bezug auf den Schutz der Identität und des Namens der Vertriebsorganisation - kann man sagen, daß das Know-how eines Franchisesystems um so schutzwürdiger ist, je bekannter das System ist. Da die Kommission sowohl in der Yves Rocher-Entscheidung[51] als auch in der Pronuptia-Entscheidung[52] die Klauseln zum Schutz des Know-how eines Franchisegebers in Franchisevereinbarungen nicht für wettbewerbsbeschränkend im Sinne des Art.85 Abs.1 EGV hielt, wurden auch die folgenden Entscheidungen zu Franchisevereinbarungen (Computerland[53], ServiceMaster[54], Charles Jourdan[55]) dieser Rechtsprechung angegliedert. Die aus diesen Entscheidungen festgehaltenen Grundsätze wurden in die Gruppenfreistellungsverordnung für Franchisevereinbarungen mit eingebracht.

Klauseln, die die Identität und den Namen der Vertriebsorganisation schützen, sind keine Wettbewerbsbeschränkungen, solange sie primär diesem Zweck dienen. Darunter fallen in erster Linie solche Bestimmungen, die das äußere Erscheinungsbild und damit den Eindruck der Kunden prägen. Auch bei dieser Art von Klauseln prüfte die Kommission / der EuGH, ebenso wie bei den Klauseln zum Schutz des Know-how in den diesbezüglichen Entscheidungen, ob sie unerläßlich sind. Als solche wurden die folgenden Klauseln befunden, da dem Franchisegeber ein großer Schaden hinsichtlich des Ansehens und damit i.a. auch finanzieller Art entstehen kann, wenn seine Franchisenehmer sich nicht in bezug auf seine Geschäftsmethoden, Ladenausstattungen etc. strikt an seine Vorgaben halten.

8.6.1 Wettbewerbsverbote

Darunter versteht man solche Klauseln, die festlegen, daß während der Vertragsdauer und/oder in einem gewissen Zeitraum nach Ablauf des Vertrages der Franchisenehmer kein ähnliches Geschäft (wie das Franchisegeschäft) in seinem ehemaligen Vertragsgebiet eröffnen und betreiben darf. Wettbewerbsverbote zu Lasten des Franchisenehmers dienen dem Schutz des Franchisegeber-Know-how, da durch sie verhindert werden soll, daß dieses während oder nach der Vertragslaufzeit Konkurrenten des

51 Vgl. AblEG Nr.L 8 vom 10.01.1987, S.54 ff., Rdnrn.39-51.
52 Vgl. AblEG Nr.L 13 vom 15.01.1987, S.43, Rdnr.25 i).
53 Vgl. AblEG Nr.L 222 vom 10.08.1987, S.17, Rdnr.22.
54 Vgl. AblEG Nr.L 332 vom 03.12.1988, S.39, Rdnrn.7-12.
55 Vgl. AblEG Nr.L 35 vom 07.02.1989, S.36, Rdnr.27.

Franchisegebers zugute kommt. Bereits in den Entscheidungen "Pronuptia"[56], "Yves Rocher"[57], "ServiceMaster"[58] und "Computerland"[59] wurden vertragliche und nachvertragliche Wettbewerbsverbote diskutiert. In diesen Fällen sah die Kommission keinen Verstoß dieser Klauseln gegen Art.85 EGV. Herausgestellt werden muß hier, daß ein nachvertragliches ebenso wie ein Wettbewerbsverbot während der Vertragsdauer sich immer nur auf eine gleichartige Geschäftstätigkeit beziehen darf, wie die, die der ehemalige Franchisenehmer in seiner Tätigkeit als Inhaber eines Franchisegeschäfts ausübte. Es steht ihm hingegen frei, sofort nach Vertragsende eine völlig anders geartete Tätigkeit - auch in seinem ehemaligen Gebiet - aufzunehmen.[60]

Als Rechtsgrundlage für die Wettbewerbsverbotsklauseln ist Art.3 Abs.1c Gruppenfreistellungsverordnung für Franchisevereinbarungen zu nennen. Dort heißt es: "Der Anwendbarkeit von Art.1 stehen folgende, dem Franchisenehmer auferlegte Pflichten nicht entgegen: in Gebieten, in denen er mit Unternehmen des Franchisenetzes einschließlich des Franchisegebers in Wettbewerb treten würde, die Franchise weder mittelbar noch unmittelbar in einem ähnlichen Geschäft zu nutzen. Diese Verpflichtung kann dem Franchisenehmer hinsichtlich des Gebietes, in welchem er die Franchise genutzt hat, auch noch für einen angemessenen Zeitraum nach Beendigung der Vereinbarung auferlegt werden, der ein Jahr nicht überschreiten darf."

Das nachvertragliche Wettbewerbsverbot ist also durch Art.3 Abs.1c räumlich "hinsichtlich des Gebietes, in welchem er [der Franchisenehmer] die Franchise genutzt hat" und zeitlich auf ein Jahr begrenzt. Zudem existiert eine sachliche Begrenzung auf die Branche, in der der ehemalige Franchisenehmer tätig war. Eine Kollision der Interessen des ehemaligen Franchisegebers und der des neu tätig werdenden Ex-Franchisenehmers steht dann in der Regel nicht an. Ein generelles, gebietsmäßig unbeschränktes nachvertragliches Wettbewerbsverbot dürfte aber gegen Art.85 Abs.1 verstoßen. Die Zulässigkeit solch einer Klausel richtet sich nach der Verbotsdauer, deren Beurteilung nach dem Kriterium der Erforderlichkeit zu erfolgen hat.[61] Die Zulässigkeit eines nachvertraglichen Wettbewerbsverbotes richtet sich somit nach der

---

56 Vgl. SmlgEG, Pronuptia-Urteil, 28.01.1986, S.381, Rdnr.6 und AblEG Nr.L 13 vom 15.01.1987, S.43, Rdnr.25 i).

57 Vgl. AblEG Nr.L 8 vom 10.01.1987, S.55, Rdnr.47.

58 Vgl. AblEG Nr.L 332 vom 03.12.1988, S.40, Rdnr.11.

59 Vgl. AblEG Nr.L 222 vom 10.08.1987, S.17, Rdnr.22 iii).

60 Vgl. dazu auch AblEG Nr.L 35 vom 07.02.1989, S.36, Rdnr.27 "Charles Jourdan"; vgl. hierzu auch die Neuregelung des HGB in bezug auf das nachvertragliche Wettbewerbsverbot in Abschnitt 6.4 auf S.279.

61 Vgl. *Jakob-Siebert, T.*, Franchisevereinbarungen, in: *von der Groeben et al.*, Kommentar zum EG-Kartellrecht, 1991, S.1718, Rdnr.379.

Bewertung des Know-how. Dies kann, wie im Falle Charles Jourdan, dazu führen, daß ein nachvertragliches Wettbewerbsverbot von vornherein unzulässig ist, wenn z.B. das Know-how auf allgemeinen Handelstechniken beruht.[62]

8.6.2 Verbot der Franchiseübertragung

Die Gruppenfreistellungsverordnung für Franchisevereinbarungen enthält in Art.3 Abs.2j eine Bestimmung, nach der der Franchisenehmer Rechte und Pflichten aus der Franchisevereinbarung nur mit Erlaubnis des Franchisegebers übertragen darf. Dieses Verbot, ohne vorherige schriftliche Zustimmung des Franchisegebers die Franchise ganz oder teilweise zu übertragen, soll ebenfalls den Schutz des Know-how gewährleisten. Bei einer Übertragung der Franchise an Dritte besteht nämlich die Gefahr der Verwässerung des Know-how. Indem das Know-how von Konkurrenten in ihr eigenes System eingearbeitet wird, schwächt es das Franchisesystem des Franchisegebers. Man denke hier an Erkenntnisse über die Kundenwerbung, die Produktherstellung oder -lagerung u.ä., wodurch Kunden abgeworben, ähnliche Produkte hergestellt oder die bereits existierenden Produkte besser gelagert werden können.

Eine solche Übertragung der Rechte und Pflichten aus der Franchisevereinbarung kann vielgestaltiger Natur sein. Sie kann in Form eines Verkaufs, der Vermietung, Verpachtung, Vererbung oder Schenkung geschehen. Da eine Übertragung negative Auswirkungen auf den Know-how-Schutz haben kann, verwundert es nicht, daß sowohl Yves Rocher[63] als auch Pronuptia[64], ServiceMaster[65] und Charles-Jourdan[66] in ihren Verträgen ein solches Verbot verankerten. Die Verbote für den Franchisenehmer, seinen Franchisevertrag einem Dritten abzutreten, den Laden unterzuvermieten, zu verpachten oder zu verkaufen, eine Unter-Franchise zu vergeben, sein Geschäft durch Dritte verwalten zu lassen oder ohne ausdrückliche Genehmigung durch den Franchisegeber einen angestellten Geschäftsführer zu bestellen, wurden deshalb von der Kommission und dem EuGH als nicht wettbewerbsbeschränkend eingestuft.

---

62 Vgl. AblEG Nr.L 35 vom 07.02.1989, S.36, Rdnr.27.
63 Vgl. AblEG Nr.L 8 vom 10.01.1987, S.55, Rdnr.47.
64 Vgl. SmlgEG, Pronuptia-Urteil, 28.01.1986, S.382, Rdnr.16.
65 Vgl. AblEG Nr.L 332 vom 03.12.1988, S.40, Rdnr.12.
66 Vgl. AblEG Nr.L 35 vom 07.02.1989, S.36, Rdnr.27.

8.6.3 Klauseln zum Franchisegeber-Know-how

Nach Art.3 Abs.2f der Gruppenfreistellungsverordnung ist die Verpflichtung, "die vom Franchisegeber *entwickelten Geschäftsmethoden mit allen späteren Änderungen anzuwenden und die lizenzierten Rechte an gewerblichem oder geistigem Eigentum zu nutzen*", erlaubt. Darunter fällt auch die Pflicht des Franchisenehmers, Innovationen des Franchisegebers in seinem Geschäft einzuführen, damit alle Franchisenehmerbetriebe auf dem gleichen Stand bleiben. Auch in der Yves Rocher-Entscheidung vom 17.12.1986 wurde die Verpflichtung des Franchisenehmers, das vom Franchisegeber übertragene Know-how und die von diesem entwickelten Geschäftsmethoden zu benutzen, von der Kommission nicht als Wettbewerbsbeschränkung angesehen, da der Franchisegeber ein Recht darauf hat, daß seine Kenntnisse und Erfahrungen in entsprechender Weise von seinen Franchisenehmern umgesetzt werden.[67] Diese Klausel war auch Gegenstand der Pronuptia-Entscheidung des EuGH, wobei es hier um die Verpflichtung ging, die von Pronuptia angegebenen Handelsverfahren anzuwenden und das zur Verfügung gestellte Wissen und die Erfahrung zu nutzen. Eine spezielle Begründung bezüglich der Unerläßlichkeit dieser Klausel wird jedoch nicht gegeben.[68] Doch nicht nur bei diesen beiden Entscheidungen spielte diese Klausel eine Rolle. In dem Computerland-Rechtsstreit war davon die Rede, daß der Franchisenehmer die üblichen Geschäftsmethoden zu übernehmen habe. Hier bezog die Kommission Stellung, indem sie diese Klausel als Bestandteil des Franchisesystems anerkannte, die die Einheitlichkeit und die Qualität der Vertriebsorganisation sicherstellt.[69] Die gleiche Begründung wurde in der ServiceMaster-Entscheidung geliefert.[70]

Die *Pflicht des Franchisenehmers, das Know-how nicht für andere Zwecke als die Nutzung der Franchise* zu verwenden, verstößt nicht gegen Art.85 Abs.1 EGV. Art.3 Abs.2d GVO erlaubt es Franchisegebern, ihren Franchisenehmern während der Vertragslaufzeit und nach Vertragsbeendigung diese Verpflichtung aufzuerlegen. Voraussetzung für ein Geheimhaltungsverbot nach Vertragsablauf ist, daß das Know-how noch geheim ist. Wurde das Know-how durch einen Vertragsbruch des Franchisenehmers bekannt, so kann der Franchisegeber am nachvertraglichen Nutzungsverbot festhalten (Art.5e).

67 Vgl. AblEG Nr.L 8 vom 10.01.1987, S.55, Rdnr.43.
68 Vgl. SmlgEG, Pronuptia-Urteil, 28.01.1986, S.382, Rdnr.18.
69 Vgl. AblEG Nr.L 222 vom 10.08.1987, S.17, Rdnr.23 iii).
70 Vgl. AblEG Nr.L 332 vom 03.12.1988, S.40, Rdnr.13.

Die *Pflicht des Franchisenehmers, dem Franchisegeber alle bei der Nutzung der Franchise gewonnenen Erfahrungen mitzuteilen und ihm sowie den anderen Franchisenehmern die Nutzung des Know-how, das auf diesen Erfahrungen beruht, zu gestatten*, wird durch Art.3 Abs.2b GVO von Art.85 Abs.1 EGV freigestellt. Mit dieser sogenannten "*Grant back-Klausel*" soll eine ständige Verbesserung des Franchisesystems erreicht werden. "Grant back-Klauseln" dürfen sich dabei nur auf solche Erfahrungen und solches Know-how beziehen, die/das der Franchisenehmer bei Nutzung der Franchise erworben hat, nicht jedoch auf solche aus anderen Tätigkeiten.

Die *Geheimhaltungspflicht* umfaßt i.a. nicht nur den Franchisenehmer, sondern auch seine Angestellten. Sie dient der Erhaltung des kommerziellen Werts des Know-how. Allerdings ist nur besonderes Know-how auch wirklich schützenswert, da auf ihm zumeist der Erfolg eines speziellen Franchisesystems basiert. Im Gesetzestext der Gruppenfreistellungsverordnung für Franchisevereinbarungen wurde das Recht des Franchisegebers auf Geheimhaltung seines Know-how in Art.3 Abs.2a folgendermaßen verankert: "Der Anwendbarkeit von Art.1 stehen folgende dem Franchisenehmer auferlegte Verpflichtungen nicht entgegen: das vom Franchisegeber mitgeteilte Know-how nicht an Dritte weiterzugeben; diese Verpflichtung kann dem Franchisenehmer auch für die Zeit nach Beendigung der Vereinbarung auferlegt werden."

Auch diese Klausel fand sich in einigen wichtigen Entscheidungen über Franchiseverträge. So waren nicht nur die Franchisenehmer von Yves Rocher[71] dazu verpflichtet, das vermittelte Know-how nicht zu verbreiten, sondern auch die Franchisenehmer von Computerland[72] und ServiceMaster[73] mußten Stillschweigen über die ihnen vermittelten Kenntnisse wahren. Während in den Franchiseverträgen von Yves Rocher und Computerland kein zeitlicher Rahmen hinsichtlich der Geheimhaltungspflicht vorgegeben war, bezog man sich im ServiceMaster-Franchisevertrag auf die Dauer *vor und nach* der Vereinbarung.

8.6.4 Geschäftslokalklauseln

Oftmals behält sich der Franchisegeber das Recht vor, den Standort des neuen Franchisegeschäftes selbst festzulegen, oder diesen - sollte es sich um einen Vorschlag des Franchisenehmers handeln - zumindest zu genehmigen. Die Bedeutung einer Klausel zur *Standortwahl eines Geschäfts* für den Franchisegeber kann man erkennen,

71 Vgl. AblEG Nr.L 8 vom 10.01.1987, S.55, Rdnr.47.
72 Vgl. AblEG Nr.L 222 vom 10.08.1987, S.17, Rdnr.22 i).
73 Vgl. AblEG Nr.L 332 vom 03.12.1988, S.39, Rdnr.7.

wenn man sich die Auswirkungen einer falschen Lage für sein Franchisesystem vor Augen führt. Da dies erhebliche Imageeinbußen bedeuten kann, laufen seine anderen, gut plazierten Franchisegeschäfte Gefahr, auch davon betroffen zu werden. Deshalb, so auch die Kommission im Yves Rocher-Fall, muß der Franchisegeber in der Lage sein, auf die Auswahl des Standorts seines neuen Franchisegeschäfts mit einwirken zu können.[74] Häufig wird es in der Praxis so vonstatten gehen, daß der Franchisegeber eine Marktuntersuchung durchführt und dem Franchisenehmer dann einen Standort vorschlägt. Für die bekannten Franchisesysteme wird dieser überwiegend in der besten Geschäftslage der jeweiligen Stadt liegen.

Ebenso darf in vielen Fällen die *Verlegung des Geschäftsstandorts* nicht ohne die Zustimmung des Franchisegebers durchgeführt werden. In diesem Zusammenhang werden häufig auch Bestimmungen mit aufgeführt, nach denen der Franchisenehmer die *innere und äußere Gestaltung des Geschäfts* nur nach den Anweisungen des Franchisegebers vornehmen darf. Dies war auch in den Franchiseverträgen von Yves Rocher,[75] Pronuptia,[76] Computerland[77] und Charles Jourdan[78] der Fall.

Die rechtliche Basis für oben genannte Punkte bilden Art.3 Abs.2g und 2i der Gruppenfreistellungsverordnung für Franchisevereinbarungen, in denen es heißt: "Der Anwendbarkeit von Art.1 stehen folgende dem Franchisenehmer auferlegte Verpflichtungen nicht entgegen: die Anforderungen des Franchisegebers hinsichtlich der Einrichtung und Gestaltung des vertraglich bezeichneten Geschäftslokals und/oder der vertraglich bezeichneten Transportmittel zu erfüllen; das vertraglich bezeichnete Geschäftslokal nur mit Erlaubnis des Franchisegebers zu verlegen."

8.6.5 Geschäftszeichenklauseln

Die Franchiseverträge enthalten oft Vereinbarungen darüber, daß Franchisenehmer die Geschäftszeichen des Franchisegebers nicht anders als in Verbindung mit dem Gesellschaftsnamen verwenden dürfen. Diese Klausel war sowohl im Pronuptia-Fall[79] als auch bei der Computerland-Entscheidung als nicht wettbewerbsbeschränkend eingestuft worden, da der Franchisegeber ein schutzwürdiges Interesse an einem

74 Vgl. AblEG Nr.L 8 vom 10.01.1987, S.54, Rdnr.42 "Pronuptia"; AblEG Nr.L 222 vom 10.08.1987, S.18, Rdnr.23 v) "Computerland"; AblEG Nr.L 332 vom 03.12.1988, S.40, Rdnr.15 "ServiceMaster".

75 Vgl. AblEG Nr.L 8 vom 10.01.1987, S.54, Rdnr.43.

76 Vgl. SmlgEG, Pronuptia-Urteil, 28.01.1986, S.382, Rdnr.19.

77 Vgl. AblEG Nr.L 222 vom 10.08.1987, S.18, Rdnr.23 v).

78 Vgl. AblEG Nr.L 35 vom 07.02.1989, S.36, Rdnr.28.

79 Vgl. SmlgEG, Pronuptia-Urteil, 28.01.1986, S.385, Rdnr.27.

seriösen Gebrauch seiner Geschäftszeichen hat. Um einer Verwässerung seiner Namen und Warenzeichen sowie seines Systems vorzubeugen, hatte Computerland seinen Franchisenehmern außerdem auferlegt, nach Ausscheiden einen Gebrauch derselben zu unterlassen.[80] In der Gruppenfreistellungsverordnung findet man diesen Sachverhalt unter Art.3 Abs.2f, da es sich bei den Firmenzeichen um gewerbliches Eigentum handelt. Danach kann der Franchisenehmer dazu verpflichtet werden, die lizenzierten Rechte an gewerblichem oder geistigem Eigentum zu nutzen.

Oft wird der Franchisenehmer auch vertraglich dazu angehalten, den jeweiligen Franchisegeber bei einem möglichen Angriff auf dessen Schutzrechte zu unterstützen sowie ihn von vorhandenen und drohenden Beeinträchtigungen der Schutzrechte zu unterrichten. Obwohl diese Klausel nicht Gegenstand von Entscheidungen war, wurde sie in die Gruppenfreistellungsverordnung für Franchisevereinbarungen aufgenommen. Nach Art.3 Abs.2c derselben ist eine Klausel zulässig, wonach der Franchisenehmer dazu verpflichtet ist, dem Franchisegeber Verletzungen seiner Rechte an gewerblichem oder geistigem Eigentum mitzuteilen, für die er Lizenzen gewährt hat, gegen Verletzer selbst Klage zu erheben oder den Franchisegeber in einem Rechtsstreit gegen Verletzer zu unterstützen.

8.6.6 Bezugsbindungen

Klauseln über einen Alleinbezug sehen die Verpflichtung des Franchisenehmers vor, ausschließlich Waren oder Dienstleistungen des Franchisegebers zu kaufen und anzubieten. In der Regel darf der Franchisenehmer aber einen kleinen Teil der Waren bzw. Dienstleistungen auch bei anderen Lieferanten beziehen; dazu bedarf es aber i.a. der Zustimmung des Franchisegebers. Alleinbezugsbindungen sind oft nötig, damit dem Ansehen und der Identität des durch die Markenbezeichnung symbolisierten Vertriebsnetzes kein Schaden zugefügt wird. Bei dem Verkauf von Waren anderer Marken besteht die Gefahr, daß das Marketingwissen des Franchisegebers Konkurrenten zugute kommt.[81] Bezugspflichten dienen auch der Qualitätskontrolle. Die Kommission läßt sie aber nur zu, wenn es keine weniger einschneidenden Mittel gibt (Grundsatz der Verhältnismäßigkeit).

Bei dem Pronuptia-Urteil stellte der EuGH seine Entscheidung auf die *Existenz objektiver Qualitätsnormen* ab. Da es in einigen Fällen, wie z.B. bei Modeartikeln,

80 Vgl. AblEG Nr.L 222 vom 10.08.1987, S.17, Rdnr.23 ii).

81 Vgl. AblEG Nr.L 8 vom 10.01.1987, S.55, Rdnr.45 "Yves Rocher" und AblEG Nr.L 35 vom 07.02.1989, S.36, Rdnr.28 "Charles Jourdan".

undurchführbar sei, objektive Qualitätsnormen aufzustellen - der Käufer erwartet jedoch bei jedem Franchisenehmer die gleiche Qualität - dürfe der Franchisegeber dem Franchisenehmer die Verpflichtung auferlegen, nur Waren des Franchisegebers oder von diesem ausgewählten Lieferanten zu kaufen und zu verkaufen. Allerdings dürfe es dem Franchisenehmer nicht verwehrt werden, sich diese Waren auch bei anderen Franchisenehmern, also durch Querlieferungen, zu beschaffen.[82]

Dem Franchisesystem Computerland ging es bei seiner Verpflichtung, bei der die Franchisenehmer nur Waren und Dienstleistungen anbieten durften, die von Computerland genehmigt wurden oder von gleicher Qualität waren, um die Erhaltung des Rufes des Vertriebsnetzes als Bezugsquelle für qualitativ hochwertige Microcomputer-Erzeugnisse. Bei dieser Klausel handelte es sich nicht um eine Alleinbezugsbindung, da der Franchisenehmer nicht ausschließlich bei Computerland seinen Bedarf an Waren und Dienstleistungen zu decken hatte; aber durch die Bestimmung, daß andere Waren oder Dienstleistungen der vorherigen Zustimmung des Franchisegebers bedurften, wurde trotzdem der Qualitätsstandard für den Käufer gewährleistet. Auch bei diesen Erzeugnissen war und ist es nicht möglich, objektive Qualitätsvorschriften zu erstellen, zumal diese besonders dann negative Auswirkungen haben könnten, wenn Franchisenehmer in ihrer Freiheit behindert werden, hochmoderne Erzeugnisse zu verkaufen, weil die fraglichen Vorschriften nicht fortwährend überarbeitet werden.[83]

Bei ServiceMaster bestand eine Bezugspflicht für die von ServiceMaster bezeichneten oder genehmigten Reinigungsgeräte und -mittel. Diese sei, so die Kommission, für einen effizienten Geschäftsverlauf von wesentlicher Bedeutung und komme einer Qualitätskontrolle gleich. Da im Bereich der Reinigungsmittel objektive Qualitätsmerkmale spezifiziert werden konnten, mußte sich ServiceMaster dazu verpflichten, Waren von anderen Herstellern nicht abzulehnen, wenn diese die Qualitätskriterien erfüllen können.[84]

Die *Festlegung einer Mindestqualität* (Art.3 Abs.1a GVO) durch den Franchisegeber darf nach der Gruppenfreistellungsverordnung nur dann erfolgen, wenn dies zum Schutz der Rechte des Franchisegebers an gewerblichem oder geistigem Eigentum oder zur Aufrechterhaltung der Einheitlichkeit und des Ansehens des Franchisenetzes erforderlich ist ("wenn und soweit"-Vorbehalt des Art.3 Abs.1). Diese Qualitätsvorgaben müssen objektiv, realistisch und im voraus festgelegt sein (Art.3 Abs.1b, Art.5b GVO). Dieses Konzept der Kommission gilt aber nur für Waren "zweiter Ordnung".

82 Vgl. SmlgEG, Pronuptia-Urteil, 28.01.1986, S.383, Rdnr.21.
83 Vgl. AblEG Nr.L 222 vom 10.08.1987, S.18, Rdnr.23 vi).
84 Vgl. AblEG Nr.L 332 vom 03.12.1988, S.40, Rdnr.17.

Für Waren "erster Ordnung" (Waren, die Gegenstand der Franchisevereinbarung sind und die der Franchisegeber selbst herstellt, nach seinen Anweisungen herstellen läßt oder mit seinem Namen oder Warenzeichen versieht) braucht der Franchisegeber keine Qualitätsanforderungen aufzustellen. Hier kann er seinen Franchisenehmern eine Bezugsbindung auferlegen, d.h. die Herstellung, Verwendung und den Verkauf fremder, konkurrierender Waren verbieten.[85] Für Ersatzteile, Zubehör, Nebenartikel zum Sortiment und Accessoires gilt aber, daß Franchisenehmern erlaubt sein muß, diese Waren bei Dritten zu beziehen, wenn dieser Drittlieferant die Qualitätsanforderungen einhält. Wird ein Franchisenehmer daran gehindert, so entfällt die Gruppenfreistellung (Art.5b).

Die Gruppenfreistellungsverordnung stellt zwar *Bezugspflichten* nicht expressis verbis frei. Eine (Allein-) Bezugsbindung wird von der Kommission und dem EuGH aber dann als nicht wettbewerbsbeschränkend angesehen, wenn die *Festlegung und Überwachung objektiver Qualitätskriterien* unmöglich oder zu kostspielig ist. Eine solche Spezifizierung kann aufgrund technischer Schwierigkeiten, der Vielzahl von Franchisewaren oder ästhetischen, geschmacklichen oder sonstigen Kriterien unmöglich sein. Ist dies der Fall, dann darf der Franchisegeber seine Franchisenehmer dazu verpflichten, nur solche Waren zu verkaufen oder zu verwenden, die sie vom Franchisegeber oder einem vom Franchisegeber zugelassenen Dritten bezogen haben (Art.3 Abs.1b). Der Franchisenehmer hat aber ein Vorschlagsrecht in bezug auf andere Hersteller, die auf die Lieferantenliste des Franchisegebers kommen sollen. Verweigert der Franchisegeber die Zulassung des vorgeschlagenen Herstellers aus Gründen, die nichts mit dem Schutz des Eigentums und des Ansehens des Systems zu tun haben, entfällt die Gruppenfreistellung für die Franchisevereinbarung (Art.5c). Dies gilt aber - wie bereits oben gesagt - nur für Waren "zweiter Ordnung", nicht aber für Waren "erster Ordnung". Für letztere darf ein faktischer Alleinbezug vereinbart werden.

Nach Art.4a müssen auch bei Bezugsbindungen Querlieferungen zwischen Franchisenehmern eines Systems erlaubt sein. Franchisenehmer müssen also Waren, die Gegenstand der Franchise sind, von anderen Franchisenehmern beziehen können. Werden diese Waren auch über ein anderes vom Franchisegeber errichtetes Netz zugelassener Händler vertrieben, so muß der Franchisenehmer die Möglichkeit haben, sie von diesen Händlern zu beziehen.

---

85 Vgl. *Gleiss, A. / Hirsch, M. / Burkert, T.*, Kommentar zum EG-Kartellrecht, 1993, S.625, Rdnr.1614.

8.6.7 Richtpreisklauseln

Als selbständiger Kaufmann muß der Franchisenehmer in der Lage sein, die Preise für "seine" Waren frei festzusetzen. Werden ihm vom Franchisegeber nun *Höchst- oder Mindestpreise* auferlegt, so handelt es sich dabei um eine Wettbewerbsbeschränkung im Sinne des Art.85 Abs.1a EGV. *Richtpreise* sind nach Ansicht des EuGH und der Kommission unbedenklich, da die Franchisenehmer in der Gestaltung ihrer Verkaufspreise frei sind. Die Kommission sah aus diesem Grund die Richtpreise, die Yves Rocher in seinen an die Franchisenehmer verteilten Katalogen nannte, nicht als Wettbewerbsbeschränkungen im Sinne des Art.85 Abs.1 EGV an, zumal es auch keine Hinweise auf abgestimmte Verhaltensweisen zwischen den Franchisenehmern gab. Dieser Punkt ist besonders wichtig, da bei einer abgestimmten Verhaltensweise zwischen Franchisegeber und Franchisenehmern oder den Franchisenehmern untereinander auch Richtpreise nicht erlaubt sind, da diese dann faktisch einem Festpreis gleichkommen.[86] Im Falle solcher Preisabsprachen kann die Kommission die Gruppenfreistellung entziehen (Art.8d).

In der Gruppenfreistellungsverordnung für Franchisevereinbarungen manifestierte sich diese Rechtsprechung in Art.5e. Danach sind ebenso solche Verpflichtungen, durch die der Franchisenehmer in der *Freiheit der Preisgestaltung* für Waren und/oder Dienstleistungen, die Gegenstand der Franchise sind, unmittelbar oder mittelbar beschränkt ist, nicht freigestellt. Das Recht des Franchisegebers, Verkaufspreise zu empfehlen, bleibt unberührt. Es ist aber zu prüfen, ob die Preisempfehlung des Franchisegebers gegen nationales Kartellrecht verstößt. In Deutschland z.B. sind Preisempfehlungen nur für Markenwaren (§§ 38 Abs.1 Nr.11 und 12, 38a GWB) und Mittelstandsempfehlungen (§ 38 Abs.2 GWB) erlaubt.[87]

8.6.8 Klauseln zur Werbung

Da auch die vom Franchisenehmer ohne das Wissen des Franchisegebers durchgeführte Werbung letzterem Schaden zufügen kann, indem durch ungünstige Werbemaßnahmen eines einzelnen Franchisenehmers der Kunde einen negativen Eindruck vom gesamten Franchisesystem gewinnt, ist der Franchisegeber dazu berechtigt, in

86 Vgl. AblEG Nr.L 8 vom 10.01.1987, S.56, Rdnr.51 "Yves Rocher"; so auch in SmlgEG, Pronuptia-Urteil, 28.01.1986, S.384, Rdnr.24; AblEG Nr.L 332 vom 03.12.1988, S.41, Rdnr.19 "ServiceMaster"; AblEG Nr.L 35 vom 07.02.1989, S.37, Rdnr.29 "Charles Jourdan".

87 Vgl. dazu Abschnitt 7.4 (S.309) und Abschnitt 7.5 (S.310).

gewissem Maße Einfluß auf die Werbung zu nehmen. Zudem ist es für ein Franchisesystem wichtig, daß auch das Erscheinungsbild der Werbung einheitlich ist. In der Yves Rocher-Entscheidung hat die Kommission die Klausel, nach der jegliche vom Franchisenehmer auf eigene Kosten betriebene örtliche Werbung der vorherigen Zustimmung von Yves Rocher bedurfte, als nicht wettbewerbsbeschränkend angesehen. Allerdings dürfe sich die Kontrolle nur auf die Art der Werbung beziehen und nicht auf den Inhalt. Zudem dürfe sie keine Einflußnahme auf die Verkaufspreise enthalten.[88]

Besonders restriktiv war die Klausel des Computerland-Franchisesystems, da danach der Franchisenehmer nur von Computerland selbst hergestelltes oder von Computerland genehmigtes Werbematerial verwenden durfte. Als zulässig wurde diese Klausel von der Kommission deshalb befunden, weil der Werbung bei der Entwicklung des Ansehens einer Vertriebsorganisation wesentliche Bedeutung zukommt. Der Franchisegeber wollte sich über besagte Klausel vor einer Beeinträchtigung des Images schützen und hatte auch das Recht dazu.[89]

Laut Art.3 Abs.1g GVO darf der Franchisegeber dem Franchisenehmer die Verpflichtung auferlegen, ihm einen bestimmten Anteil seines Einkommens für Werbezwecke zu überweisen und eigene Werbemaßnahmen durchzuführen, wobei er die Zustimmung des Franchisegebers zu der Art der Werbung einholen muß. Aus dieser Norm geht hervor, daß der Franchisegeber seinen Franchisenehmern die Pflicht auferlegen darf, einen bestimmten Teil seines Einkommens für Werbezwecke an den Franchisegeber zu überweisen. Ein Betrag von 4 bis 5% des Gesamtumsatzes beim Direktverkauf an Endverbraucher erachtet die Kommission für zulässig.[90] So werde sichergestellt, daß sich die Franchisenehmer an der überregionalen Werbung beteiligen. Der Franchisenehmer darf auch dazu verpflichtet werden, von seinem Geschäftslokal aus Werbung für die Franchisewaren oder -dienste zu betreiben.

8.6.9 Verkaufsbeschränkungen

Hier kann man zwischen Beschränkungen, die der Franchisegeber sich selbst auferlegt und solchen, die die Franchisenehmer betreffen, unterscheiden. Zu der ersten Kategorie gehören solche Klauseln, die den Franchisenehmern eine territoriale "Ex-

88 Vgl. AblEG Nr.L 8 vom 10.01.1987, S.55, Rdnr.44 "Yves Rocher"; so auch SmlgEG, Pronuptia-Urteil, 28.01.1986, S.383, Rdnr.22; AblEG Nr.L 332 vom 03.12.1988, S.40, Rdnr.18 "ServiceMaster"; AblEG Nr.L 35 vom 07.02.1989, S.36, Rdnr.28 "Charles Jourdan".

89 Vgl. AblEG Nr.L 222 vom 10.08.1987, S.18, Rdnr.23 vii).

90 Vgl. AblEG Nr.L 13 vom 15.01.1987, S.44, Rdnr.26.

klusivität" garantieren sollen. In die andere Kategorie fallen Klauseln, die den Franchisenehmer hinsichtlich des Verkaufs von Waren oder der Erbringung von Dienstleistungen an sein Geschäft binden sowie das Wettbewerbsverbot für diese und das Verbot aktiven Wettbewerbs.

8.6.9.1 Beschränkungen des Franchisegebers

Die von der Kommission erarbeitete Rechtsprechungslinie bestimmte die Gestaltung der Gruppenfreistellungsverordnung für Franchisevereinbarungen gerade auch im Hinblick auf den Gebietsschutz. Ein "relativer"[91] Gebietsschutz ist in Franchisesystemen aus verschiedenen Gründen sinnvoll. So setzt sich ein in dieser Weise geschützter Franchisenehmer voll für das Franchisesystem ein, und er kann eher die Gebühren bestreiten. Enthält ein Franchisevertrag aber einen Gebietsschutz, so muß er entweder nach Art.85 Abs.3 EGV freigestellt werden oder an die Gruppenfreistellungsverordnung für Franchisevereinbarungen angepaßt werden, da er wettbewerbsbeschränkende Wirkungen hat. Vertragsgebiet im Sinne der Gruppenfreistellungsverordnung kann nach Art.2a dabei nur ein abgegrenztes Gebiet des Gemeinsamen Marktes sein. Drei Arten von räumlichen *Beschränkungen des Franchisegebers* sind nach Art.2a der Gruppenfreistellungsverordnung freigestellt. So kann der Franchisegeber sich dazu verpflichten, *Dritten die Nutzung der Franchise weder ganz noch teilweise zu gestatten* (1.Alt.; sogenannte *Absatzbindung*), *die Franchise nicht selbst zu nutzen und Waren oder Dienstleistungen, die Gegenstand der Franchise sind, nicht selbst unter Verwendung ähnlicher Methoden zu vermarkten* (2.Alt.) und *"seine"*[92] *Waren nicht selbst an Dritte zu liefern* (3.Alt.; sogenanntes *Wettbewerbsverbot des Franchisegebers*). "Dritte" können dabei andere Händler, aber auch Endverbraucher sein. Eine Kombination dieser Klauseln ist möglich. Allerdings ist es auch zulässig, wenn der Franchisegeber dem Franchisenehmer keinen territorialen Schutz zugesteht.

Im Pronuptia-Urteil hielt der EuGH fest, daß Bestimmungen, die die Märkte aufteilen - sei es nun zwischen Franchisegeber und Franchisenehmer oder zwischen den Franchisenehmern untereinander - Wettbewerbsbeschränkungen im Sinne des Art.85 Abs.1 EGV darstellen. Es ging dabei um die Bestimmung des Franchisegebers, dem Franchisenehmer für ein bestimmtes geographisches Gebiet die ausschließliche Nutzung des Warenzeichens "Pronuptia de Paris" einzuräumen (*Ausschließlichkeitsklausel*). Dies bedingte, daß der Franchisegeber sich dazu verpflichtete, weder selbst im

91 Vgl. zum "absoluten" Gebietsschutz S.400.

92 Vgl. zum Begriff "Waren des Franchisegebers" Art.1 Abs.3d GVO.

Gebiet des Franchisenehmers eine Niederlassung zu errichten noch andere Franchisenehmer in dem Bezirk zuzulassen (sogenannte territoriale Exklusivität). Letzteres wurde dadurch erreicht, daß neue Franchisenehmer einen eigenen Bezirk zugewiesen bekamen und bereits vorhandene Franchisenehmer der Geschäftslokalklausel[93] unterlagen. Nach dieser Geschäftslokalklausel (auch *Standortklausel* genannt) waren die Franchisenehmer dazu verpflichtet, Vertragswaren nur in einem vertraglich festgelegten Geschäftslokal zu verkaufen. Die Verpflichtung, den Franchisevertrag nur in den zu diesem Zweck ausgewählten Räumen anzuwenden, bedeutet aber nichts anderes, als daß dem Franchisenehmer dadurch die Eröffnung eines zweiten Geschäftes untersagt wird. Die Geschäftslokalklausel verhindert somit eine *Expansion* sowohl *im In-* als auch im *Ausland*.[94] Die Kombination der Bestimmungen, so der EuGH, führt zu einer Marktaufteilung, bei der die einzelnen Franchisenehmer vor dem Wettbewerb der anderen Franchisenehmer geschützt werden.

Nachdem nun diese Klauseln als Wettbewerbsbeschränkungen im Sinne des Art.85 Abs.1 klassifiziert wurden, wurde als nächstes die Möglichkeit der Beeinträchtigung des zwischenstaatlichen Handels überprüft. Der Gerichtshof hielt dazu fest, daß Verträge über Vertriebsfranchising, die Bestimmungen zur Aufteilung der Märkte zwischen Franchisegebern und Franchisenehmern enthalten, den Handel zwischen den Mitgliedstaaten auch dann beeinträchtigen können, wenn sie zwischen Unternehmen mit Sitz in demselben Mitgliedstaat geschlossen worden sind, sofern sie die Franchisenehmer daran hindern, in einem anderen Mitgliedstaat eine Niederlassung zu errichten.[95] Da Pronuptia nicht unerhebliche Marktanteile auf dem französischen Markt der betreffenden Waren besaß und sich ihr Vertriebsnetz auf mehrere Länder des Gemeinsamen Marktes erstreckte, waren die Wettbewerbsbeschränkungen dazu geeignet, den Handel *spürbar* zu beeinträchtigen, weshalb der angemeldete Franchisevertrag in den Anwendungsbereich von Art.85 Abs.1 EGV fiel.[96]

Nun wurde eine Freistellung desselben nach Art.85 Abs.3 EGV in Betracht gezogen. Da es zu dem damaligen Zeitpunkt noch keine Gruppenfreistellungsverordnung für Franchisevereinbarungen gab, die Franchiseverträge aber Ähnlichkeiten zu den Alleinvertriebsvereinbarungen aufwiesen, zog man die Gruppenfreistellungsverordnung für Alleinvertriebsvereinbarungen (67/67) als mögliche Freistellungsgrundlage heran. Die Kommission bezog sich wieder auf einen Vergleich der beiden Vertrags-

---

93 Vgl. dazu Abschnitt 8.6.9.2 (S.398 f.).

94 Vgl. SmlgEG, Pronuptia-Urteil, 28.01.1986, S.383, Rdnr.23 f.

95 Vgl. SmlgEG, Pronuptia-Urteil, 28.01.1986, S.383, Rdnr.24.

96 Vgl. SmlgEG, Pronuptia-Urteil, 28.01.1986, S.383, Rdnr.26.

typen durch den EuGH, welcher jedoch zeigte, daß Franchiseverträge über die Bestimmungen der Alleinvertriebsvereinbarungen hinausgehen.[97] Aus diesen Gründen kam eine Freistellung der Franchiseverträge aufgrund dieser Gruppenfreistellungsverordnung nicht in Betracht. Mit der gleichen Argumentation verweigerte die Kommission auch die Freistellung des Pronuptiafranchisevertrages nach der Nachfolgeverordnung 1983/83, der neuen Verordnung über die Gruppenfreistellung von Alleinvertriebsvereinbarungen.[98]

Da die Möglichkeit einer Gruppenfreistellung nicht gegeben war, untersuchte die Kommission den Pronuptiafranchisevertrag auf eine Einzelfreistellung hin.[99] Die Voraussetzungen wurden von der Kommission hinsichtlich positiver Effekte überprüft. Festzuhalten ist, daß eine *Verbesserung der Warenerzeugung und -verteilung der betreffenden Erzeugnisse* bejaht wurde, da der Franchisegeber ohne Vornahme von Investitionen sein Vertriebsnetz ausweiten kann, der Wettbewerb zwischen den Marken intensiviert wird, der Franchisegeber den Kunden ein einheitliches Vertriebsnetz zur Verfügung stellen kann und aufgrund der engen Beziehung zu den Franchisenehmern auf Änderungen der Marktgewohnheiten reagieren kann (z.B. durch Umstellung seiner Produktionsplanung), der Franchisenehmer in dem ihm eingeräumten Gebiet sich aktiv auf seine Verkaufsbemühungen konzentrieren und durch die territoriale Ausschließlichkeit konkrete Absatzprogramme erarbeiten kann, die dem Franchisegeber wiederum in der Planung seiner Produktionsprogramme dienlich sind und eine Versorgung mit den betreffenden Erzeugnissen gewährleisten. Auch die *angemessene Beteiligung des Verbrauchers an dem durch die Verbesserung der Warenerzeugung und -verteilung entstehenden Gewinn* wurde als gegeben angesehen. Dem Verbraucher, so die Argumentation, kommen die Vorteile des einheitlichen Vertriebsnetzes zugute, wie etwa eine einheitliche Qualität und ein einheitliches Warenangebot. Auch werde durch die Selbständigkeit des Franchisenehmers eine geschäftliche Dynamik und Sorgfalt gewährleistet, von der der Verbraucher profitiert. Er kommt in den Genuß der Rationalisierungsvorteile und Marktnähe des Franchisesystems. Der Verbraucher könne den Franchisenehmer zudem aufgrund dessen Selbständigkeit auch zivilrechtlich haftbar machen.

Nach dieser Nennung von Vorteilen für den Verbraucher kam das Gericht zu einer Einstufung der Einschränkungen des Franchisevertrages unter dem Aspekt der *Erläßlichkeit*. Die Einschränkungen wurden als nicht erläßlich angesehen, da wahrscheinlich

---

97 Vgl. SmlgEG, Pronuptia-Urteil, 28.01.1986, S.387, Rdnr.33.
98 Vgl. AblEG Nr.L 13 vom 15.01.1987, S.46, Rdnr.33.
99 Vgl. AblEG Nr.L 13 vom 15.01.1987, S.46 f.

kein Franchisebewerber bereit gewesen wäre, die notwendigen Investitionen vorzunehmen und eine nicht unerhebliche anfängliche Pauschalvergütung zu zahlen, um Zugang zu solchen Franchisesystemen zu finden, wenn er nicht in seinem Gebiet auf einen gewissen Schutz vor den anderen Franchisenehmern und dem Franchisegeber selbst hätte zählen können.[100] Querlieferungen unter den Franchisenehmern, so der EuGH, müßten aber möglich sein.[101]

Als letztes Kriterium wurde der Franchisevertrag auf die *Eignung der Ausschaltung des Wettbewerbs für einen wesentlichen Teil der Waren* untersucht. Dieser Punkt wurde mit der Begründung verneint, daß zwischen den Franchisenehmern ein Wettbewerb ("Intrabrand-Wettbewerb") in räumlicher Hinsicht aufgrund der Möglichkeit, auch außerhalb ihres Gebietes Waren verkaufen zu können, und ein preislicher aufgrund der freien Preisfestsetzung, existiere. Aber auch der Wettbewerb zwischen den Marken ("Interbrand-Wettbewerb") sei gewährleistet, da im EG-Raum etliche Hersteller dieser Erzeugnisse ihre Produkte nicht über den Franchiseweg verkaufen. Die Freistellungsvoraussetzungen für eine Einzelfreistellung des Pronuptia-Vertrages nach Art.85 Abs.3 waren also erfüllt, was zur Folge hatte, daß Art.85 Abs.1 für nicht anwendbar erklärt wurde.

Ebenso wie der Pronuptiavertrag beinhalteten die Franchiseverträge von Yves Rocher, Computerland und Charles Jourdan die Ausschließlichkeitsklausel sowie die Geschäftslokalklausel. Auch hier war die Vorgehensweise der Kommission hinsichtlich der Freistellung dieser Verträge dieselbe wie im Pronuptia-Fall.[102] Da die wettbewerbsbeschränkenden Klauseln bei allen Verträgen zu einer Marktaufteilung führten, die die Franchisenehmer daran hinderten, sich in anderen Mitgliedstaaten niederzulassen, waren sie damit geeignet, den Handel zwischen den Mitgliedstaaten zu beeinträchtigen. Eine Spürbarkeit lag in den ersten zwei Fällen vor.[103] Bei Charles Jourdan sagte die Kommission nichts zur Spürbarkeit aus. Da die angemeldeten Franchiseverträge deshalb unter Art.85 Abs.1 fielen, griff die Kommission nun die Möglichkeit einer Freistellung dieser nach Art.85 Abs.3 auf. In diesen Fällen bezog sich die Kommission bezüglich der Freistellung der Franchiseverträge durch die Gruppenfreistellungsverordnung für Alleinvertriebsvereinbarungen auf die Feststellung des

---

100 Vgl. SmlgEG, Pronuptia-Urteil, 28.01.1986, S.384, Rdnr.24.

101 Vgl. SmlgEG, Pronuptia-Urteil, 28.01.1986, S.383, Rdnr.21.

102 Vgl. AblEG Nr.L 8 vom 10.01.1987, S.54, Rdnr.54 "Yves Rocher" sowie AblEG Nr.L 222 vom 10.08.1987, S.19, Rdnr.25 "Computerland" und AblEG Nr.L 35 vom 07.02.1989, S.37, Rdnr.32 "Charles Jourdan".

103 Vgl. AblEG Nr.L 8 vom 10.01.1987, S.54, Rdnr.55 "Yves Rocher" sowie AblEG Nr.L 222 vom 10.08.1987, S.19, Rdnr.27 "Computerland".

EuGH in der Pronuptia-Rechtssache, nämlich daß eine Anwendbarkeit derselben nicht in Frage kommt.[104] Deshalb wurden die Verträge jeweils auf die Möglichkeit einer Einzelfreistellung hin untersucht.[105] Diese waren ebenso wie im Pronuptia-Fall bei Yves Rocher, Computerland und Charles Jourdan erfüllt. Die Einzelfreistellung dieser Franchiseverträge wurde deshalb gewährt.

8.6.9.2 Beschränkungen der Franchisenehmer

Der *Verkauf der Waren des Franchisegebers* darf i.d.R. *nur in den dafür speziell eingerichteten Franchisegeschäften*, stattfinden. Diese sogenannte *Geschäftslokalklausel*, der ein Franchisenehmer unterliegt, kann als Verbot zur Eröffnung eines zweiten Geschäfts interpretiert werden. Auch wenn der Franchisenehmer ein weiteres Geschäftslokal eröffnen darf, schadet es nach Ansicht des EuGH nicht, wenn er die Zustimmung des Franchisegebers einholen muß, bevor er die Franchise im neuen Geschäftslokal benutzt. Dadurch habe der Franchisegeber eine Kontrollmöglichkeit, ob das neue Geschäftslokal dem Erscheinungsbild des Franchisesystems entspricht. Der Franchisegeber darf seine Zustimmung zur Eröffnung weiterer Geschäfte aber nicht aus Gründen verweigern, die nichts mit der Einheitlichkeit und dem Ansehen des Franchisesystems zu tun haben. Ist der Franchisenehmer nicht frei, weitere Geschäftslokale zu eröffnen, so liegt ein Verstoß gegen Art.85 EGV nur dann vor, wenn Spürbarkeit gegeben ist. Dies ist der Fall, wenn der Franchisenehmer finanziell dazu in der Lage ist, mehrere Geschäfte zu führen.

Die Geschäftslokalklausel sollte im Yves Rocher-Fall gewährleisten, daß die vom Franchisegeber vermittelte originäre Vertriebsform in der Praxis zur Anwendung kommt.[106] In der Pronuptia-Entscheidung wurde zwar nicht direkt von der Verpflichtung gesprochen, den Verkauf der Waren nur in den speziell dafür eingerichteten Geschäften zu tätigen, aber indirekt lief es auf dies hinaus, da in dem Vertrag die Bestimmung enthalten war, daß der Betrieb des Geschäftes in Räumen durchzuführen sei, die nach den Anweisungen des Franchisegebers eingerichtet und gestaltet

104 Vgl. AblEG Nr.L 8 vom 10.01.1987, S.57, Rdnr.54 "Yves Rocher" sowie AblEG Nr.L 222 vom 10.08.1987, S.19, Rdnr.29 "Computerland" und AblEG Nr.L 35 vom 07.02.1989, S.37, Rdnr.36 "Charles Jourdan".

105 Vgl. AblEG Nr.L 8 vom 10.01.1987, S.57, Rdnr.54 "Yves Rocher" sowie AblEG Nr.L 222 vom 10.08.1987, S.20 ff., Rdnrn.30-35 "Computerland" und AblEG Nr.L 35 vom 07.02.1989, S.38 f., Rdnrn.37-42 "Charles Jourdan".

106 Vgl. AblEG Nr.L 8 vom 10.01.1987, S.54, Rdnr.43.

sind.[107] Auch die Franchisenehmer der Charles Jourdan-Gruppe durften ihre kommerzielle Tätigkeiten nur in den speziell dafür vorgesehenen Geschäften ausüben.[108]

Heutige Rechtsgrundlage für die Geschäftslokalklausel ist Art.2c GVO. Die wettbewerbsbeschränkende Verpflichtung des Franchisenehmers, die Franchise nur von dem vertraglich bezeichneten Geschäftslokal aus zu nutzen, wird nach Art.1 GVO freigestellt. Durch solche räumlichen Beschränkungen der Franchisenehmer wird ein Wettbewerb zwischen den Franchisenehmern ("Intrabrand-Wettbewerb") eines Systems verhindert.

Den ServiceMaster-Franchisenehmern war es ebenfalls untersagt, außerhalb ihres Gebietes eine weitere Geschäftsstelle zu eröffnen. Hinzu kam noch ein *Verbot des aktiven Wettbewerbs*; der Franchisenehmer durfte also nicht außerhalb seines Gebietes aktiv um Kunden werben, was zusammen mit der Ausschließlichkeitsklausel (territoriale Exklusivität) zu einer Marktaufteilung führte.[109] Auch hier wurde der Handel zwischen den Mitgliedstaaten dadurch beeinträchtigt, daß es den Franchisenehmern untersagt war, Geschäftsstellen in anderen Mitgliedstaaten zu errichten und aktiv um Kunden in Franchisegebieten anderer Mitgliedstaaten zu werben. Hinsichtlich der Spürbarkeit bezog sich die Kommission auf die zukünftige Entwicklung des Franchisesystems. Da es sich bei ServiceMaster um ein junges, in der Entwicklung befindliches Dienstleistungsunternehmen handele, müsse man davon ausgehen, daß deren wettbewerbsbeschränkende Standardfranchiseverträge dazu geeignet seien, den zwischenstaatlichen Handel zu beeinflussen, zumal die Prognosen von ServiceMaster selbst optimistisch waren.[110] Da es sich bei ServiceMaster um ein Dienstleistungsfranchisesystem handelt, konnte man nicht wie bei den Entscheidungen zu den Franchiseverträgen der Vertriebsfranchisesysteme von Pronuptia, Yves Rocher, Computerland und Charles Jourdan Bezug nehmen auf eine mögliche Freistellung durch die Gruppenfreistellungsverordnung für Alleinvertriebsvereinbarungen. Deshalb prüfte die Kommission die ServiceMaster-Standardfranchisevereinbarung gleich im Hinblick auf eine Einzelfreistellung. Diese wurde auch erteilt, da die Voraussetzungen erfüllt waren.[111]

Das *Verbot aktiven Wettbewerbs* ist durch Art.2d GVO von Art.85 Abs.1 EGV freigestellt. Franchisenehmer dürfen folglich von ihren Franchisegebern daran gehindert werden, um Kunden mit Sitz außerhalb des Vertragsgebietes zu werben. Dieses

107 Vgl. SmlgEG, Pronuptia-Urteil, 28.01.1986, S.382, Rdnr.19.
108 Vgl. AblEG Nr.L 35 vom 07.02.1989, S.36, Rdnr.28.
109 Vgl. AblEG Nr.L 332 vom 03.12.1988, S.41, Rdnr.22.
110 Vgl. AblEG Nr.L 332 vom 03.12.1988, S.41, Rdnr.23.
111 Vgl. AblEG Nr.L 332 vom 03.12.1988, S.41 f., Rdnrn.24-27.

Verbot bezieht sich aber nur auf Waren und Dienstleistungen, die Gegenstand der Franchisevereinbarung sind. Ein Franchisenehmer darf jedoch nicht an *passivem Wettbewerb* gehindert werden (Verbot eines "absoluten" Gebietsschutzes). Kommen Kunden aus anderen Vertragsgebieten als dem eigenen auf einen Franchisenehmer zu, dann muß dieser das Recht haben, sie zu bedienen. Dies geht sowohl aus Art.5g als auch aus Art.8c hervor. Wird einem Franchisenehmer die Belieferung von Kunden mit Sitz außerhalb des Vertragsgebietes verboten, so entfällt die Gruppenfreistellung automatisch. Damit diese Rechtsfolge eintritt, muß es sich aber um ein ausdrückliches Verbot handeln; die faktische Erschwerung oder Verhinderung passiver Verkäufe läßt die Gruppenfreistellung unberührt.[112]

Der Franchisegeber darf seinen Franchisenehmern nach Art.2e GVO die Verpflichtung auferlegen, keine Erzeugnisse herzustellen, zu verkaufen oder bei der Erbringung von Dienstleistungen zu verwenden, die mit Waren des Franchisegebers im Wettbewerb stehen, welche Gegenstand der Franchise sind (*Wettbewerbsverbot des Franchisenehmers*). Dieses *Herstellungs-, Verkaufs- und Verwendungsverbot fremder Waren* dient zwar auch den Absatzinteressen des Franchisegebers, primär soll dadurch aber ein Schutz des Know-how sowie eine Qualitätskontrolle erreicht werden. Schon diese beiden Aspekte bewirken, daß kein Verstoß gegen Art.85 vorliegen dürfte.[113] Allerdings ist in Art.2e eine Einschränkung enthalten. Die Freistellung dieses Verbots bezieht sich nur auf Waren des Franchisegebers[114] und auf andere, fremde Waren, wenn sie Gegenstand der Franchise sind. Bezieht der Franchisegeber die Waren nur von Dritten und vertreibt er sie nicht unter seinem Warenzeichen oder Namen, so darf er seinen Franchisenehmern auch kein Herstellungs-, Verkaufs- oder Verwendungsverbot auferlegen. Die Verpflichtung darf zudem auch nicht in bezug auf Ersatzteile und Zubehör zu den Franchisewaren auferlegt werden, auch wenn Ersatzteile und Zubehör Gegenstand der Franchise sind (Art.2e S.2).[115]

Yves Rocher-Franchisenehmer durften zwar nicht eine mit dem Schönheitsfachgeschäft konkurrierende Tätigkeit aufnehmen, dafür aber sich anderweitig an einer

---

112 Vgl. *Gleiss, A. / Hirsch, M. / Burkert, T.,* Kommentar zum EG-Kartellrecht, 1993, S.633, Rdnr.1641.

113 Vgl. *Gleiss, A. / Hirsch, M. / Burkert, T.,* Kommentar zum EG-Kartellrecht, 1993, S.615, Rdnr.1581.

114 Gemeint sind damit solche, die der Franchisegeber selbst herstellt oder von Dritten nach seinen Vorgaben herstellen läßt (vgl. Art.1 Abs.3d GVO).

115 Kritik daran üben Gleiss / Hirsch / Burkert, die sowohl in der Herausnahme von Ersatzteilen und Zubehör aus Art.2e als auch in der Nichtfreistellung von Alleinbezugspflichten nach Art.2e einen Fehlgriff sehen (vgl. *Gleiss, A. / Hirsch, M. / Burkert, T.,* Kommentar zum EG-Kartellrecht, 1993, S.616, Rdnr.1583 und S.617, Rdnr.1586).

nicht konkurrierenden Tätigkeit beteiligen, wenn die Arbeit als Franchisenehmer nicht darunter litt.[116] Bei ServiceMaster sah die Verpflichtung entsprechend aus. Auch hier war eine konkurrierende Tätigkeit des Franchisenehmers während der Vertragsdauer nicht erlaubt. Ausgenommen von diesem Verbot war der Erwerb einer Kapitalbeteiligung an einer börsennotierten Gesellschaft bis zu einer Höhe von 5% des Kapitals. Die Kommission hielt diese sonst unzulässige Wettbewerbsbeschränkung dennoch für zulässig, da es sich dabei ihrer Meinung nach um keine *echte* Wettbewerbsbeschränkung handelt. Franchisenehmer würden nämlich in der Regel keine Kapitalbeteiligung von über 5% an börsennotierten Unternehmen anstreben.[117] Nach Art.3 Abs.1d GVO ist die Klausel, nach der ein Franchisenehmer keine Anteile am Kapital eines konkurrierenden Unternehmens erwerben darf, die es ihm ermöglichen würden, einen *wesentlichen Einfluß* auf das geschäftliche Verhalten des Unternehmens auszuüben, dann freigestellt, wenn sie dem Schutz des Know-how oder der Aufrechterhaltung des Systems dient.

Die an sich wettbewerbsbeschränkende *Verpflichtung des Franchisenehmers, Waren nicht an Wiederverkäufer zu verkaufen*, ist grundsätzlich dann erlaubt, wenn zu befürchten ist, daß der Name, das Markenzeichen oder der Geschäftsbetrieb durch den Verkauf der Vertragserzeugnisse an einen Wiederverkäufer beeinträchtigt werden, etwa dadurch, daß dieser nun Zugang zu dem Know-how hat. Diese Verpflichtung wurde aus Gründen des Know-how-Schutzes und des Schutzes des Ansehens des Franchisesystems in der Yves Rocher-,[118] der ServiceMaster-[119] und der Charles Jourdan-Entscheidung[120] von der Kommission freigestellt.

Im Computerland-Fall durften die Franchisenehmer nur an Endverbraucher und andere Computerland-Franchisenehmer liefern, sofern keine anderweitige Genehmigung des Franchisegebers vorlag. Die Kommission sah in dieser Klausel eine Wettbewerbsbeschränkung im Sinne des Art.85 Abs.1 EGV, die sowohl zwischen den Franchisenehmern als auch in bezug auf Dritte wirkte. Als Begründung nannte sie, daß bei Computerland obige Gefahr nicht bestünde, da sich der Name und das Markenzeichen "Computerland" auf den Geschäftsbetrieb und nicht auf die Verkaufserzeugnisse bezog. Diese trugen nämlich den Namen und das Markenzeichen des Herstellers.[121] Nachdem von der Kommission festgehalten wurde, daß die Wettbe-

116 Vgl. AblEG Nr.L 8 vom 10.01.1987, S.55 f., Rdnr.49.
117 Vgl. AblEG Nr.L 332 vom 03.12.1988, S.39, Rdnr.10.
118 Vgl. AblEG Nr.L 8 vom 10.01.1987, S.55, Rdnr.46.
119 Vgl. AblEG Nr.L 332 vom 03.12.1988, S.41, Rdnr.21.
120 Vgl. AblEG Nr.L 35 vom 07.02.1989, S.36, Rdnr.28.
121 Vgl. AblEG Nr.L 222 vom 10.08.1987, S.19, Rdnr.26.

werbsbeschränkungen dazu geeignet waren, den zwischenstaatlichen Handel spürbar zu beeinträchtigen,[122] wurde eine mögliche Freistellung dieser "Wiederverkäuferklausel" nach Art.85 Abs.3 in Betracht gezogen. Auch hier wurde die Gruppenfreistellungsverordnung für Alleinvertriebsvereinbarungen mit Bezug auf das Pronuptia-Urteil für nicht anwendbar erklärt,[123] weshalb die Kommission die Voraussetzungen für eine Einzelfreistellung prüfte. Hinsichtlich dieser wettbewerbsbeschränkenden Klausel hielt die Kommission fest, daß das Computerland-Geschäftskonzept und alle Bemühungen, ihm zum Erfolg zu verhelfen, verwässert würden, wenn es den Franchisenehmern anheimgestellt wäre, ihre Bemühungen auf andere Tätigkeiten als den Einzelhandelsverkauf oder den Kundendienst zu verlagern. Um die Vorteile eines rationalisierten Vertriebes an die Kunden weitergeben zu können, sei es deshalb notwendig, daß die Franchisenehmer nur als Einzel- und nicht als Großhändler auftreten.[124] Deshalb stellte die Kommission das Verbot, an Wiederverkäufer Vertragserzeugnisse zu liefern, frei. Allerdings müßten die Franchisenehmer die Freiheit haben, innerhalb des Franchisenetzes die Vertragserzeugnisse an andere Franchisenehmer zu liefern.

Die Freistellung dieser Klausel durch die Gruppenfreistellungsverordnung für Franchisevereinbarungen ergibt sich aus Art.3 Abs.1e GVO. Danach steht die Verpflichtung des Franchisenehmers, Waren, die Gegenstand der Franchise sind, nur an Endverbraucher, an andere Franchisenehmer und an Wiederverkäufer abzusetzen, die in andere vom Hersteller dieser Waren oder mit dessen Zustimmung belieferte Vertriebswege eingegliedert sind, einer Freistellung nicht entgegen. Aus dem Ausschlußprinzip ergibt sich also, daß dem Franchisenehmer durch den Franchisegeber auferlegt werden darf, Vertragserzeugnisse nicht an Wiederverkäufer abzusetzen. Dem Franchisenehmer darf es aber nicht untersagt werden, an andere Franchisenehmer zu liefern oder von diesen zu beziehen (Art.4a). Es darf ihm auch nicht verboten werden, an Wiederverkäufer zu liefern, die zwar keine Franchisenehmer sind, aber einer Vertriebsorganisation des Herstellers der Franchisewaren angehören (z.B. Fachhändler des Herstellers, wobei auch der Franchisegeber Hersteller sein kann). Ausnahmen davon können dann notwendig sein, wenn ein Belieferungsverbot dazu dient, daß sich die Franchisenehmer auf ihre Einzelhandelstätigkeit konzentrieren.[125]

Wird der Franchisenehmer zu Garantieleistungen verpflichtet, so muß sich diese Bestimmung auch auf Erzeugnisse beziehen, die von einem anderen Unternehmen des

122 Vgl. AblEG Nr.L 222 vom 10.08.1987, S.19, Rdnr.27.
123 Vgl. AblEG Nr.L 222 vom 10.08.1987, S.19, Rdnr.29.
124 Vgl. AblEG Nr.L 222 vom 10.08.1987, S.19, Rdnr.34.
125 Vgl. AblEG Nr.L 222 vom 10.08.1987, S.21, Rdnr.34 "Computerland".

Franchisenetzes oder von einem anderen Vertriebshändler im Gemeinsamen Markt geliefert wurden, unter der Voraussetzung, daß diese Absatzmittler eine "ähnliche Garantiepflicht" trifft (Art.4b). Dieser Grundsatz gilt für *alle* Waren des Franchisegebers. Anderenfalls entfällt die Gruppenfreistellung. Gäbe es eine solche Norm nicht, könnte über die Garantieleistungen ein Gebietsschutz angestrebt werden. Der Computerlandvertrag enthielt diese Pflicht des Franchisenehmers zur *europaweiten Garantie*, so daß dieser auch Waren, die in einem anderen Land gekauft wurden, zur Reparatur o.ä. während der Garantiezeit annehmen mußte.[126]

8.6.10 Kontrollrechte

Die Zulässigkeit von Kontrollrechten nach Gemeinschaftsrecht richtet sich nach der Zulässigkeit der Hauptpflichten, deren Einhaltung kontrolliert werden soll. Kontrollrechte eines Franchisegebers sind somit dann unbedenklich, wenn es um die Einhaltung von nach Art.85 Abs.1 EGV unbedenklichen Vertragspflichten geht.[127] So wurde die Verpflichtung des Franchisenehmers, Kontrollen des Franchisegebers bzw. seiner Mitarbeiter zu dulden, von der Kommission in ihren Entscheidungen als eine nicht wettbewerbsbeschränkende Klausel angesehen. Im Falle des Yves Rocher-Franchisevertrages ging es um das Recht des Franchisegebers, den *Warenbestand und die Finanzlage des Franchisenehmers zu prüfen*.[128] Dadurch bekommt der Franchisegeber einen Einblick, ob der Franchisenehmer seine vertraglichen Verpflichtungen einhält. Doch nicht nur genannte Punkte dürfen durch den Franchisegeber überprüft werden, sondern auch die *Inspektion der Geschäftsräume* sowie den *Blick in die Bilanzen und Gewinn- und Verlustrechnungen* muß sich der Franchisenehmer gefallen lassen. Dies entschied die Kommission im Computerland-Fall.[129] Erneut kam die Überprüfung der Finanzlage im ServiceMaster-Fall zur Sprache, wo sie auch mit Hilfe der obigen Argumentation für zulässig erklärt wurde.[130]

Laut Art.3 Abs.2h GVO hat der Franchisenehmer dem Franchisegeber zu gestatten, das vertraglich bezeichnete Geschäftslokal und/oder die vertraglich bezeichneten Transportmittel, den Umfang der gekauften Waren und der erbrachten Dienstleistungen sowie das Inventar und die Bücher des Franchisenehmers zu überprüfen. Sinn sol-

---

126 Vgl. AblEG Nr.L 222 vom 10.08.1987, S.18, Rdnr.23 vi).

127 Vgl. *Gleiss, A. / Hirsch, M. / Burkert, T.*, Kommentar zum EG-Kartellrecht, 1993, S.623, Rdnr.1607.

128 Vgl. AblEG Nr.L 8 vom 10.01.1987, S.56, Rdnr.50.

129 Vgl. AblEG Nr.L 222 vom 10.08.1987, S.18, Rdnr.23 viii).

130 Vgl. AblEG Nr.L 332 vom 03.12.1988, S.40, Rdnr.19.

cher Kontrollrechte und Bilanzpflichten ist die Überprüfung, ob die Franchisenehmer ihren Vertriebsförderungspflichten nachkommen und die Franchisegebühren korrekt abrechnen. Steht hinter den Kontrollen ein anderes Motiv als das des Schutzes des gewerblichen und geistigen Eigentums sowie der Aufrechterhaltung der Einheitlichkeit und des Ansehens des Franchisesystems, kann die Kommission dem Franchisegeber die Gruppenfreistellung gemäß Art.8e GVO entziehen.

Kontrollen des Franchisegebers können sich aber auch auf *nachträgliche Qualitätsprüfungen* beziehen können, wie die Pronuptia-Entscheidung zeigte. Bezog der Franchisenehmer einen Teil der Waren von anderen Lieferanten seiner Wahl, so hatte Pronuptia das Recht einer nachträglichen qualitativen Kontrolle und - bei Gefahr eines Imageschadens - sogar zur Untersagung der Vermarktung dieser Waren.[131]

8.6.11 Auswahl und Pflichten der Franchisenehmer

Die Kommission entschied, daß der Franchisegeber zum Schutze seines Franchisesystems *Kriterien für die Auswahl seiner Franchisenehmer* stellen darf. Yves Rocher verzichtete als Franchisegeber gerade darauf, besagte Kriterien zu erstellen mit der Begründung, daß Yves Rocher in Einführungskursen die Franchisenehmer auf ihr zukünftiges Aufgabenfeld gründlich vorbereite und deshalb das Recht habe, seine Franchisenehmer frei zu wählen. Dieses Recht schließe das Ablehnen von Bewerbern, die Yves Rocher für die Position eines Franchisenehmers als ungeeignet empfinde, mit ein.[132] Ähnlich wie bei Yves Rocher sah es bezüglich der Auswahlkriterien und der Fort- und Weiterbildung bei Charles Jourdan aus. Ein Verzicht auf Auswahlkriterien wurde damit begründet, daß Charles Jourdan die Absicht habe, ein einheitliches und solidarisches Vertriebsnetz zu schaffen, dem beizutreten sich jeder beruflich oder persönlich dazu befähigte Einzelhändler aus freien Stücken entscheiden könne. Da die Anzahl der Franchisenehmer sowieso einer Beschränkung unterliege, komme es "zwangsläufig" zu einer Auswahl.[133] Bei den Computerland-Franchiseverträgen verzichtete man jedoch nicht auf die Auswahlkriterien bezüglich der Franchisenehmer, obwohl auch hier eine Verpflichtung der Franchisenehmer und ihrer Angestellten zu Ausbildungskursen existierte.[134] Die Franchisegeber haben somit ein Recht auf freie Auswahl der Franchisenehmer;[135] eine quantitative Selektion ist somit zulässig.

---

131 Vgl. AblEG Nr.L 13 vom 15.01.1987, S.43 f., Rdnr.25ii).
132 Vgl. AblEG Nr.L 8 vom 10.01.1987, S.54, Rdnr.41.
133 Vgl. AblEG Nr.L 35 vom 07.02.1989, S.37, Rdnr.30.
134 Vgl. AblEG Nr.L 222 vom 10.08.1987, S.17, Rdnr.23 i).
135 Vgl. SmlgEG, Pronuptia-Urteil, 28.01.1986, S.382, Rdnr.10.

Die Franchisegeber legen oftmals vertraglich fest, daß der Franchisenehmer und seine Angestellten an bestimmten *Schulungs- und Weiterbildungskursen* teilzunehmen haben. Diese Klausel hat ebenfalls Eingang in die Gruppenfreistellungsverordnung gefunden. In Art.3 Abs.2e GVO heißt es, daß der Franchisenehmer die vom Franchisegeber auferlegte Verpflichtung, an seinen Ausbildungslehrgängen selbst teilzunehmen oder sein Personal daran teilnehmen zu lassen, akzeptieren muß, da sie nicht unter Art.85 Abs.1 EGV fällt.

Den Franchisenehmern wird in den Franchiseverträgen häufig auch die *Pflicht zur ganztägigen Arbeit im Franchisegeschäft* auferlegt. So bestand auch im Franchisesystem von Computerland dieser Zwang. Begründet wurde diese Klausel damit, daß nur durch Ganztagsarbeit der Franchisenehmer dazu in der Lage sei, das Franchisegeschäft ordnungsgemäß und uneingeschränkt zu führen. Des weiteren durften die Franchisenehmer in ihren Franchisegeschäften keine andere Tätigkeit als die des Franchisenehmers ausüben.[136] Fraglich ist, wie dies bei der Verpflichtung zur ganztägigen Arbeit noch möglich sein soll.

Außerdem existieren in den Entscheidungen sowie in den neueren Franchiseverträgen Klauseln, die den Franchisenehmer dazu verpflichten, den *Umsatz des Franchisegeschäfts zu fördern und zu steigern*. Nicht nur in der Yves Rocher-Entscheidung[137] wurde diese Klausel für zulässig gehalten, sondern auch in der ServiceMaster-Rechtsprechung.[138] Nach Art.3 Abs.1f GVO darf der Franchisegeber seine Franchisenehmer dazu verpflichten, sich nach besten Kräften um den Absatz der Waren oder die Erbringung der Dienstleistungen zu bemühen, die Gegenstand der Franchise sind. Hier wird die Umsatzförderungspflicht direkt angesprochen. Auch die Pflichten zur Erzielung von Mindestumsätzen, die Bereithaltung eines Mindestsortiments und Mindestlagers[139] sowie zu einer Vorausplanung von Bestellungen[140] dürfen den Franchisenehmern auferlegt werden, wenn es für den Franchisegeber um die Erhaltung des Systems oder den Know-how-Schutz geht (Art.3 Abs.1f GVO). Auch die Verpflichtung zur ganztägigen Arbeit kann als Umsatzförderungspflicht verstanden werden.

---

136 Vgl. AblEG Nr.L 222 vom 10.08.1987, S.17, Rdnr.23 iv).

137 Vgl. AblEG Nr.L 8 vom 10.01.1987, S.55, Rdnr.49.

138 Vgl. AblEG Nr.L 332 vom 03.12.1988, S.40, Rdnr.16.

139 Vgl. AblEG Nr.L 13 vom 15.01.1987, S.44, Rdnr.27 "Pronuptia".

140 Eine Klausel im Pronuptiavertrag, wonach der Franchisenehmer Aufträge für mindestens 50% der anhand der Aufträge des Vorjahres geschätzten Verkäufe *im voraus* zu erteilen hatte, wurde vom EuGH als nicht wettbewerbsbeschränkend beurteilt (vgl. AblEG Nr.L 13 vom 15.01.1987, S.44, Rdnr.27).

8.6.12 Weitere erlaubte Klauseln

Bestimmungen hinsichtlich der Vertragsdauer und -verlängerung sowie die Option des Franchisegebers, nach Vertragsende in den Mietvertrag des Franchisenehmers einzutreten, traten im Computerland-Franchisevertrag auf und wurden nicht von der Kommission beanstandet, da es sich dabei um Klauseln handelt, die dem Schutz des Namens und der Identität der Vertriebsorganisation des Franchisegebers dienen. Deshalb fallen sie nicht unter Art.85 Abs.1 EGV.[141]

Bei der *Verpflichtung des Franchisenehmers zur Firmengründung* handelt es sich um eine Klausel, die dem Franchisenehmer durch Gründung einer Firma die geschäftliche Tätigkeit erleichtern soll. Nähere Angaben machte Computerland, die diese Klausel in ihrem Franchisevertrag benutzte, nicht. Da sie nicht wettbewerbsrechtlich relevant sei, so die Kommission, sei sie vom Anwendungsbereich des Art.85 Abs.1 ausgeschlossen.[142]

Die *Verpflichtung des Franchisenehmers, auf seine Selbständigkeit hinzuweisen,* war ebenfalls Bestandteil der Computerland-Entscheidung; laut Franchisevertrag des Computerland-Franchisesystems mußte jeder Franchisenehmer durch einen gut sichtbaren Hinweis die Öffentlichkeit über die wahren Besitzverhältnisse und die Verantwortlichkeit für die einzelnen Verkaufsstellen informieren. Es mußte also daraus hervorgehen, daß es sich bei dem Franchisenehmer um einen selbständigen unabhängigen Inhaber handelt.[143] Nach Art.4c ist die Pflicht des Franchisenehmers, seine Stellung als unabhängiger Händler bekanntzugeben, eine Voraussetzung für die Gewährung einer Gruppenfreistellung.[144] Der Franchisegeber darf den Franchisenehmern Vorgaben hinsichtlich Größe, Ort und Gestaltung dieses Hinweises machen, damit die Einheitlichkeit des Franchisenetzes nicht beeinträchtigt wird.

Die *Pflicht des Franchisenehmers zur Zahlung einer Aufnahmegebühr und von monatlichen Gebühren* in dem Computerland-Franchisevertrag, die natürlich nicht nur dort auftritt, sondern in vielen Franchiseverträgen vorhanden ist, bildet nach Meinung der Kommission nur die Gegenleistung, die der Franchisenehmer zahlen muß, um zum Vertriebsnetz zugelassen zu werden und die damit verbundenen Rechte und Vorteile

141 Vgl. AblEG Nr.L 222 vom 10.08.1987, S.19, Rdnr.24 v).

142 Vgl. AblEG Nr.L 222 vom 10.08.1987, S.19, Rdnr.24 ii).

143 Vgl. AblEG Nr.L 222 vom 10.08.1987, S.19, Rdnr.24 iii).

144 Kritik an dieser Voraussetzung üben Gleiss / Hirsch / Burkert (vgl. *Gleiss, A. / Hirsch, M. / Burkert, T.*, Kommentar zum EG-Kartellrecht, 1993, S.637, Rdnr.1650).

zu erlangen. Die Kommission sah keinen Grund, diese Klausel für unzulässig zu erklären.[145]

Für die *Verpflichtung des Franchisenehmers, Endverbraucheranschriften zu Zwekken des Kundendienstes und der Werbung an den Franchisegeber weiterzugeben*, betrachtete die Kommission den Anwendungsbereich des Art.85 Abs.1 EGV ebenfalls als nicht einschlägig, weshalb diese Klausel des Computerlandvertrages somit erlaubt war.[146]

Obwohl einige dieser Klauseln keinen Eingang in die Gruppenfreistellungsverordnung gefunden haben, hat sich doch die ein oder andere Klausel in den Franchiseverträgen durchgesetzt.

8.7 Artikel 86 EGV

Für etablierte Franchisesysteme kommt eine Beurteilung nach Art.86 EGV in Betracht.[147] Die Norm verbietet die mißbräuchliche Ausnutzung einer marktbeherrschenden Stellung auf dem Gemeinsamen Markt oder einem wesentlichen Teil desselben durch die in einem Franchisesystem kooperierenden Unternehmen, wenn dies zu einer Beeinträchtigung des Handels zwischen den Mitgliedstaaten führt. So kann es Wettbewerbern dadurch nahezu unmöglich sein, in den Markt einzudringen oder ihre Marktstellung auszuweiten. Schutzzweck des Art.86 EGV ist der Schutz des Handelspartners vor Ausbeutung und vor Angriffen auf die freien Betätigungsmöglichkeiten der Wettbewerber und den institutionellen Wettbewerb. Der Sinngehalt des Art.86 EGV kann mit dem des § 22 GWB verglichen werden. Seine normative Gestaltung orientiert sich ebenfalls an den beiden Kriterien "Marktbeherrschung" und "Mißbrauch", die ähnlich dem deutschen Recht zu interpretieren sind.

Die Anwendung des Art.86 EGV setzt voraus, daß ein oder mehrere Unternehmen über eine marktbeherrschende Stellung auf dem Gemeinsamen Markt oder einem wesentlichen Teil desselben verfügen. Art.86 EGV liegt das sogenannte *Marktmachtkonzept* zugrunde, nach dem sich wirtschaftliche Macht stets nur auf einem bestimmten, dem relevanten Markt, bilden kann. Der *sachlich relevante Markt* wird anhand des *Bedarfsmarktkonzeptes* ermittelt. Dabei wird nach der funktionellen Austauschbarkeit der fraglichen Güter und Dienstleistungen aus der Sicht des verständigen

145 Vgl. AblEG Nr.L 222 vom 10.08.1987, S.19, Rdnr.24 i).

146 Vgl. AblEG Nr.L 222 vom 10.08.1987, S.19, Rdnr.24 iv).

147 Zur Relevanz des Art.86 EGV für Franchisesysteme vgl. *Blaurock, U.*, Franchisesysteme, 1984, S.36 f.

Abnehmers gefragt. Maßgebend sind dabei u.a. die Eigenschaften des Produktes oder der Dienstleistung, die Preislage und der Verwendungszweck.[148] Der *räumlich relevante Markt* ist das Hauptabsatzgebiet eines Unternehmens. Es kommt dabei vor allem auf die Verbrauchsgewohnheiten der Abnehmer sowie auf die Transportkostenempfindlichkeit der betreffenden Güter an. Auch die Möglichkeit der Abnehmer, räumlich entfernte Produktmärkte zu erreichen, und staatliche Handelsschranken sind zu berücksichtigen.[149] Das gemeinschaftsweite Mißbrauchsverbot findet aber nur Anwendung, wenn der jeweilige räumlich relevante Markt zugleich einen *wesentlichen* Teil des Gemeinsamen Marktes bildet. Maßgebendes Kriterium ist die Relevanz des Marktes für den Wettbewerb in der Gemeinschaft.

Der EG-Vertrag konkretisiert nicht, was unter einer beherrschenden Stellung i.S.d. Art.86 EGV zu verstehen ist. Darauf verzichtete der Gesetzgeber bewußt, um das Mißbrauchsverbot der Entwicklung des Gemeinsamen Marktes anpassen zu können. Das entscheidende Merkmal der marktbeherrschenden Stellung sieht der EuGH in der Fähigkeit eines Unternehmens, sich dem anonymen Wettbewerbsdruck auf seinen Märkten zu entziehen, *unabhängige* Strategien zu entwickeln und dadurch die Wettbewerbsbedingungen in einer Weise zu beeinflussen, die allein den Interessen des herrschenden Unternehmens entsprechen. Die Kommission folgt im wesentlichen dem Gerichtshof, rückt aber den *besonderen*, vom Wettbewerb nicht kontrollierten *Verhaltensspielraum* des betreffenden Unternehmens als ausschlaggebendes Kriterium in den Vordergrund. Die Marktanteile eines Unternehmens bestimmen diesen Verhaltensspielraum in besonderer Weise mit. Während das deutsche Recht eine marktbeherrschende Stellung bereits bei einem Marktanteil von einem Drittel vermutet, ist das europäische Wettbewerbsrecht zurückhaltender. Marktanteile unter 20% schließen eine marktbeherrschende Stellung aus; solche zwischen 20% und 45% begründen nur dann eine marktbeherrschende Stellung, wenn andere Faktoren hinzu kommen. Erst ab 40% wird eine marktbeherrschende Stellung angenommen, insbesondere, wenn noch andere Faktoren in diese Richtung weisen. Bei über 50% wird sogar meistens ohne weitere Prüfung von dem Vorliegen einer marktbeherrschenden Stellung ausgegangen. Die Annahme einer beherrschenden Stellung ist um so eher gerechtfertigt, je größer der Vorsprung vor den nächsten Konkurrenten ist.[150]

Da über die Marktanteile von Franchisesystemen aber keine Daten vorliegen, soll eine ausführliche Diskussion dieses Artikels im Rahmen dieser Arbeit unterbleiben.

---

148 Vgl. *Emmerich, V.*, Kartellrecht, 1991, S.570 f.

149 Vgl. *Emmerich, V.*, Kartellrecht, 1991, S.572.

150 Vgl. *Emmerich, V.*, Kartellrecht, 1991, S.576.

Aufgrund einer fehlenden Würdigung dieser Thematik in der Franchiseliteratur wird davon ausgegangen, daß Art.86 bislang keinen großen Stellenwert in der rechtlichen Beurteilung von Franchisesystemen innehat. Für den Fall, daß ein den deutschen Markt beherrschendes Franchisesystem oder ein Franchisesystem mit relativer Marktmacht Dritte (vertikal oder horizontal) behindert oder diskriminiert, sei auf die §§ 22 und 26 GWB verwiesen.

8.8 Zusammenfassung

Die in den Franchiseverträgen enthaltenen Klauseln kann man in kartellrechtlicher Hinsicht in vier Kategorien unterteilen. Erstens gibt es solche, die gar nicht erst in den Anwendungsbereich des Art.85 Abs.1 EGV fallen (nicht wettbewerbsbeschränkende Klauseln). Zweitens gibt es wettbewerbsbeschränkende Klauseln, die für ein Franchisesystem unerläßlich sind. Diese werden vom EuGH deshalb in nicht wettbewerbsbeschränkende Klauseln umgedeutet. Drittens gibt es Klauseln, die dazu dienen, den Wettbewerb innerhalb des Systems (Intrabrand-Wettbewerb) oder zwischen dem System und anderen Wettbewerbern (Interbrand-Wettbewerb) zu beschränken. Diese wettbewerbsbeschränkenden Klauseln i.S.d. Art.85 Abs.1 EGV können nach Art.85 Abs.3 EGV freigestellt werden, wenn sie dessen Prämissen erfüllen. Viertens gibt es Klauseln, die auch nicht nach der Gruppenfreistellungsverordnung freigestellt werden können (z.B. aufgrund Art.5 der Gruppenfreistellungsverordnung für Franchisevereinbarungen).

Franchiseverträge enthalten i.d.R. solche Klauseln, die Wettbewerbsbeschränkungen i.S.d. Art.85 Abs.1 EGV darstellen. Dieses sowohl vertikal als horizontal ausgerichtete Kartellverbot verbietet Wettbewerbsbeschränkungen zwischen Unternehmen, die dazu geeignet sind, den zwischenstaatlichen Handel spürbar zu beeinträchtigen. An einer Eignung der Beeinträchtigung des zwischenstaatlichen Handels wird es bei den meisten Franchiseverträgen nicht fehlen. Ausnahmen können dann vorliegen, wenn die Marktanteile eines Franchisesystems unter 5% auf dem Gemeinsamen Markt betragen *und* keine qualitativen Kriterien zu einer veränderten Wahrnehmung der Spürbarkeit der Wettbewerbsbeschränkung führen.

Sind Wettbewerbsbeschränkungen in Verträgen zwischen Unternehmen enthalten, so können diese unter bestimmten Voraussetzungen vom Verbot des Art.85 Abs.1 EGV freigestellt, d.h. erlaubt werden. Eine solche Freistellung erfolgt durch die Kommission nach Maßgabe des Art.85 Abs.3 EGV. Sie kann in Form einer Einzel- oder Gruppenfreistellung erfolgen. Der Unterschied besteht darin, daß bei einer

Einzelfreistellung nur Einzelvereinbarungen vom Kartellverbot des Art.85 Abs.1 EGV ausgenommen sind, während bei einer Gruppenfreistellungsverordnung bestimmte Vertragsarten (z.B. Patentlizenz-, Alleinvertriebs-, Alleinbezugs-, Forschungs- und Entwicklungsverträge etc.) als Gruppe aufgefaßt werden.

Einige Jahre lang wurden Franchiseverträge einzeln freigestellt, wenn sie Wettbewerbsbeschränkungen i.S.d. Art.85 Abs.1 EGV enthielten und die Freistellungsvoraussetzungen des Art.85 Abs.3 EGV erfüllten. Da die Kommission sich aber darüber im klaren war, daß eine Flut von Einzelfreistellungsanträgen auf sie zukommen würde, wenn man keine Gruppenfreistellungsverordnung für Franchisevereinbarungen schaffen würde, entschloß man sich zu diesem Schritt. Diese Gruppenfreistellungsverordnung gilt aber nur für Waren- und Dienstleistungsfranchisesysteme sowie für Masterfranchisesysteme, nicht jedoch für industrielles Franchising und Großhandelsfranchising. In der Gruppenfreistellungsverordnung ist deshalb definiert, was unter den Begriffen "Franchise", "Franchisevereinbarungen", "Hauptfranchisevereinbarungen" und anderen zu verstehen ist.

Die Gruppenfreistellungsverordnung für Franchisevereinbarungen enthält verschiedene Klauselkategorien. In der sogenannten "weißen Liste" sind diejenigen Klauseln aufgeführt, die trotz Verstoßes gegen Art.85 Abs.1 EGV per se freigestellt sind. Dazu gehören Klauseln, die die territoriale "Exklusivität" des Vertragsgebietes betreffen, die sogenannte "Geschäftslokalklausel", das Verbot aktiven Wettbewerbs und das Herstellungs-, Verkaufs- und Verwendungsverbot. Als "weiße" Klauseln sind auch die anzusehen, die sich auf die Geheimhaltungspflicht, die Verpflichtung zum Erfahrungsaustausch und zu Schulungen, die Verwendung des Know-how, die Einrichtung, die Gestaltung, die Kontrolle und den Standort des Geschäftslokals und die Übertragung von Rechten und Pflichten der Franchise beziehen.

Zudem gibt es Klauseln, die trotz ihrer wettbewerbsbeschränkenden Wirkung unter dem Vorbehalt zulässig sind, daß sie für den Schutz der Rechte des Franchisegebers an gewerblichem und geistigem Eigentum oder zur Aufrechterhaltung der Einheitlichkeit und des Ansehens des Franchisenetzes erforderlich sind. Zu dieser sogenannten "grauen Liste" gehören Klauseln über den Alleinbezug, das vertragliche und nachvertragliche Wettbewerbsverbot, Kapitalbeteiligungen an konkurrierenden Unternehmen, den Verkauf von Waren an Wiederverkäufer, die Absatzförderungspflicht des Franchisenehmers und die Werbung.

Eine weitere Kategorie bildet die "schwarze Liste". Sie beinhaltet all die Klauseln, die einer Gruppenfreistellung der Franchisevereinbarung entgegen stehen. Horizontale Vereinbarungen (zwischen Franchisegeber und Unternehmen auf dergleichen Wirtschaftsstufe), Nichtangriffsklauseln bezüglich der Schutzrechte des Franchisegebers, die Preisfestsetzung durch den Franchisegeber, das Verbot passiven Wettbewerbs und der Verwertung von allgemein bekanntem Know-how sowie "ungerechtfertigte" Bezugsbindungen stellen Wettbewerbsbeschränkungen dar, für die eine Freistellung nicht in Frage kommt. Eine Freistellung kann zudem aber nur unter den Voraussetzungen erfolgen, daß Querlieferungen zwischen den Franchisenehmern erlaubt sind, eine europaweite Garantie erbracht wird und der Franchisenehmer im Geschäftsverkehr als "unabhängiger" Händler auftritt. Erfüllt eine Vereinbarung die Voraussetzungen der Gruppenfreistellungsverordnung nicht, so besteht noch die Möglichkeit einer Einzelfreistellung.

Darüber hinaus sind wettbewerbsbeschränkende Klauseln denkbar, die weder als weiße noch als schwarze Klauseln in der Gruppenfreistellungsverordnung enthalten sind, aber deren Voraussetzungen erfüllen. Diese Klauseln können von der Kommission ebenfalls freigestellt werden, wenn sie bei dieser angemeldet werden und gegen sie von der Kommission kein Widerspruch innerhalb von sechs Monaten erhoben wird. Die Kommission hat weiterhin die Möglichkeit, den Rechtsvorteil der Anwendung der Gruppenfreistellungsverordnung für Franchisevereinbarungen zu entziehen, wenn eine nach der Verordnung freigestellte Vereinbarung Auswirkungen hat, die mit den in Art.85 Abs.3 genannten Voraussetzungen unvereinbar sind.

Die Gruppenfreistellungsverordnung für Franchisevereinbarungen hat den Franchisesystemen durch die Kodifizierung Rechtssicherheit im Hinblick auf deren kartellrechtliche Beurteilung durch die Kommission gegeben. Zwar wird in diesem Zusammenhang mitunter bemängelt, daß es immer noch Regelungslücken gibt (z.B. für bestimmte Franchisearten und Vereinbarungen, die nicht von der Verordnung erfaßt werden), jedoch darf man den Wert dieser Verordnung nicht unterschätzen. Franchisegeber und Franchisenehmer können sich hieran orientieren. Sie können sich, wenn es um die Frage der kartellrechtlichen Zulässigkeit (sowohl im nationalen als auch im europäischen Recht) bestimmter Klauseln geht, mit Hilfe der Gruppenfreistellungsverordnung oder des Widerspruchs oder Widerspruchverfahrens Gewißheit verschaffen.

9 Konzernrechtliche Analyse des Franchising

Für Franchisenehmer können sich je nach Vertragsgestaltung vielfältige Abhängigkeiten ergeben. Gerade die Abhängigkeiten in den Bereichen Finanzen, Organisation und Einkauf erfahren im Aktiengesetz eine erhöhte Bedeutung. Aus diesem Grunde werden im folgenden die Grundlagen des Konzernrechts erörtert, um anschließend beurteilen zu können, ob es sich bei Franchisesystemen um einfache Abhängigkeitsverhältnisse oder Konzerne handeln kann.

Nicht alle Vorschriften des Aktiengesetzes sind ausschließlich auf die Rechtsformen der Aktiengesellschaft oder Kommanditgesellschaft auf Aktien beschränkt; es gibt zahlreiche aktienrechtliche Normen, die sowohl auf Kapitalgesellschaften als auch auf Personengesellschaften jeder Organisationsform anwendbar sind.[1] Dies wird dadurch begründet, daß jeder Unternehmenszusammenschluß der Konzernleitung die vielfältigen Möglichkeiten der Gewinnverlagerung eröffnet.[2] Die Untersuchung der Franchiseverträge ergab, daß kein Vertrag direkt auf das Aktiengesetz Bezug nahm oder die Beziehung zwischen Franchisegeber und Franchisenehmer direkt als Unternehmensverbindung im aktienrechtlichen Sinn klassifizierte. Dies ist jedoch insoweit nicht schädlich, da das Konzernrecht hierfür Lösungen anbietet. So könnte ein Franchisesystem z.B. als faktischer Konzern angesehen werden.

Die Einordnung eines Franchisesystems als Konzern kann weitreichende Konsequenzen haben. Neben den konzernrechtlichen Folgen sind vor allem auch wettbewerbsrechtliche Folgen zu berücksichtigen.[3] Zu denken ist hier an die fusionsrechtlichen Bestimmungen der §§ 23 f. GWB. Ferner "bedürfte bei einer Bejahung der Konzernnatur von Franchise-Systemen das gesamte bisher entworfene Theoriegebäude zur wettbewerbsrechtlichen Behandlung des Franchising nach den §§ 1 ff., 15 ff. und 26 Abs.2 GWB einer Totalrevision."[4]

---

1 Vgl. *Emmerich, V. / Sonnenschein, J.*, Konzernrecht, 1993, S.3 und S.488.

2 Vgl. *Emmerich, V. / Sonnenschein, J.*, Konzernrecht, 1993, S.23.

3 Vgl. *Martinek, M.*, Franchising, 1987, S.635.

4 *Martinek, M.*, Franchising, 1987, S.635.

9.1 Aufbau des Aktiengesetzes

Für die vorliegende Untersuchung ist lediglich eine geringe Zahl von Vorschriften des Aktiengesetzes relevant. Hierzu zählt der sogenannte *allgemeine Teil* des Aktiengesetzes in den §§ 15 bis 22 AktG. In den §§ 15 bis 19 AktG werden zunächst die Begriffe "verbundene Unternehmen", "abhängige und herrschende Unternehmen", "Konzernunternehmen" sowie "wechselseitig beteiligte Unternehmen" erläutert, während die Mitteilungspflichten in den §§ 20 bis 22 AktG für Transparenz sorgen sollen. Diese Bestimmungen gelten für Unternehmen aller Art, so daß sie auch dem richterrechtlich entwickelten GmbH- und Personengesellschafts-Konzernrecht zugrunde gelegt werden.[5] Weiterhin sind die §§ 291 bis 307 AktG relevant, die sich auf Unternehmensverträge beziehen. Die analoge Anwendung dieser Paragraphen auf GmbH- und Personengesellschaftskonzerne wird teilweise erwogen.[6]

9.2 Formen der Unternehmensverbindungen

Unternehmensverbindungen lassen sich nach verschiedenen Kriterien systematisieren. Die Systematisierung kann *nach der Art der verbundenen Wirtschaftsstufen* erfolgen, wobei man zwischen horizontalen, vertikalen und anorganischen Verbindungen von Unternehmen unterscheidet. Bei Zusammenschlüssen horizontaler Art handelt es sich um Verbindungen zwischen Unternehmen der gleichen Wirtschaftsstufe (z.B. der gleichen Produktions- oder Handelsstufe), während Zusammenschlüsse auf vertikaler Ebene durch Unternehmensverbindungen von aufeinanderfolgenden Wirtschaftsstufen entstehen. Unter anorganischen Zusammenschlüssen versteht man branchenfremde Vereinigungen, bei denen Unternehmen unterschiedlicher Branchen und/oder unterschiedlicher Wirtschaftsstufen kooperieren. Mit Zusammenschlüssen horizontaler Natur wird hauptsächlich die Ausschaltung der Konkurrenz zwischen den nun verbundenen Unternehmen und damit das Erringen einer stärkeren Marktposition verfolgt, oder es geht um die gemeinsame Durchführung bestimmter Funktionen. Wird bei einem Zusammenschluß vertikaler Art rückwärts integriert, d.h. ist der Zusammenschluß von der Endstufe auf die vorgelagerten Produktionsstufen gerichtet, spielen die Sicherung der Rohstoffversorgung und die damit erreichte Unternehmensunabhängigkeit von fremden Zulieferunternehmen eine Rolle. Das Motiv der Vorwärtsintegration, d.h. des Zusammenschlusses von Rohstoffunternehmen mit nachgelagerten

5 Vgl. *Emmerich, V. / Sonnenschein, J.*, Konzernrecht, 1993, S.41 f.
6 Vgl. Abschnitt 9.7 (S.433 ff.) und Abschnitt 9.8 (S.438 ff.).

Wirtschaftsstufen, ist vor allem die Sicherung des Absatzes. Bei anorganischen Zusammenschlüssen kann es z.B. um eine Risikostreuung oder um finanzpolitische Aspekte gehen.

Eine Systematisierung der Unternehmensverbindungen kann aber auch *nach der rechtlichen Zulässigkeit* vorgenommen werden. So gibt es Zusammenschlüsse, die keine Wettbewerbsbeschränkungen zur Folge haben und solche, die wettbewerbsbeschränkend sind. Wettbewerbsbeschränkungen können durch Kartellverträge, aufeinander abgestimmtes Verhalten und durch den Mißbrauch einer marktbeherrschenden Stellung entstehen.[7]

Eine weitere Form der Zuordnung von Unternehmensverbindungen ist die *nach den rechtlichen Gestaltungsmöglichkeiten*. Hier kann entweder auf die Vertragsdauer oder die Zusammenschlußdauer abgestellt werden. Auch die Rechtsbeziehungen zwischen der Unternehmensverbindung und Dritten können ein Unterscheidungskriterium bilden.

Die Systematisierung *nach der wirtschaftlichen und rechtlichen Selbständigkeit* der zusammengeschlossenen Unternehmen wird jedoch diejenige sein, die für die Ausführungen zum Franchising relevant ist. Hier unterscheidet man zwischen *Kooperation* und *Konzentration*, je nachdem, ob einer der Partner seine wirtschaftliche oder sogar rechtliche Selbständigkeit verliert oder nicht. So ist es ein Merkmal der Kooperation, daß es sich um eine freiwillige Übereinkunft handelt, bei der die Unternehmen rechtlich und wirtschaftlich selbständig bleiben. Beispiele für Kooperationen sind Interessen- und Arbeitsgemeinschaften, Konsortien, Kartelle und Wirtschaftsfachverbände. Die Konzentration hingegen führt für mindestens ein Unternehmen zur Aufgabe der wirtschaftlichen (z.B. bei Unterordnungskonzernen) oder der rechtlichen Selbständigkeit (z.B. bei Fusionen). Formen der Konzentration sind z.B. die mit Mehrheit beteiligten bzw. im Mehrheitsbesitz stehenden Unternehmen, abhängige und herrschende Unternehmen, Konzerne und Fusionen.[8]

Konzerne tragen also zum Konzentrationsprozeß bei; das Konzernrecht hat aber nicht zum Ziel, die Entstehung von Konzernen zu verhindern und damit einer weiteren Konzentration vorzubeugen, sondern es liefert den rechtlichen Rahmen, in dem Konzerne errichtet und tätig werden können.[9] Jedoch gilt es hier wiederum zwischen dem Konzernrecht im weiteren und dem im engeren Sinne zu unterscheiden. Als Konzernrecht im weiteren Sinne gelten die §§ 15, 16, 17 AktG, während der § 18 AktG das Konzernrecht im engeren Sinne regelt.

---

7 Vgl. dazu Kapitel 7 (S.293 ff.) und Kapitel 8 (S.365 ff.).

8 Vgl. *Wöhe, G.*, Betriebswirtschaftslehre, 1986, S.320 ff.

9 Vgl. *Raiser, T.*, Kapitalgesellschaften, 1992, S.356 f., Rdnr.8.

9.3 Der Begriff der verbundenen Unternehmen

Auf den Begriff der *verbundenen Unternehmen* wird in § 15 AktG Bezug genommen. Unter diesen Begriff fallen unter Mehrheitsbesitz stehende und mit Mehrheit beteiligte Unternehmen (§ 16 AktG), abhängige und herrschende Unternehmen (§ 17 AktG), Konzernunternehmen (§ 18 AktG), wechselseitig beteiligte Unternehmen (§ 19 AktG) und Vertragsteile eines Unternehmensvertrages (§§ 291, 292 AktG). Von Falkenhausen spricht von drei Stufen verbundener Unternehmen: verbundene Unternehmen an sich (§§ 16, 19 AktG), Abhängigkeitsverhältnisse (§ 17 AktG) und Konzerne (§ 18 AktG).[10] Die Arten der verbundenen Unternehmen schließen sich dabei aber nicht aus, sondern können sich auch überlagern. So kann ein Abhängigkeitsverhältnis beispielsweise auf einer Mehrheitsbeteiligung beruhen oder daneben vorliegen. Auch ein Konzernverhältnis kann zu dem Abhängigkeitsverhältnis hinzutreten.

Der Begriff *"verbundene Unternehmen"* ist Tatbestandsmerkmal und Voraussetzung für die Anwendung der Konzernrechtsfolgenormen, weshalb auf ihn kurz eingegangen wird. Beide Teile der Verbindung müssen Unternehmen sein, wobei dieser Begriff aber nicht gesetzlich definiert ist. Darauf hat der Gesetzgeber bewußt verzichtet. Als Unternehmen muß nach herrschender Meinung derjenige gelten, der als Rechtssubjekt außerhalb seiner Beteiligung an einer AG objektiv erkennbar selbständig am erwerbswirtschaftlichen Prozeß teilnimmt.[11] Hinsichtlich des Unternehmensbegriffes gab es verschiedene Theorien. Die *institutionelle Theorie*, nach der der Kaufmannsbegriff des HGB für die Unternehmenseigenschaft ausschlaggebend sein sollte, erwies sich als zu eng. Nach der *funktionalen Theorie* sollte jede Person Unternehmen sein, welche für die Gesellschaft unternehmerisch, d.h. aktiv planend und gestaltend, tätig wird. Heute wird der Begriff *teleologisch* bestimmt; er wird so weit gefaßt, daß er die Fälle abdeckt, in denen die Möglichkeit des Aufbaus von Unternehmensgruppen unter einheitlicher Leitung besteht.[12]

Mit einer bestimmten Rechtsform geht nach Ansicht Koppensteiners aber nicht zwangsläufig die Unternehmenseigenschaft einher.[13] Entscheidend dabei ist, daß die Unternehmen Träger von Rechten und Pflichten sind. Kaufleute, die ein Gewerbe betreiben, sind ausnahmslos Unternehmen im Sinne der §§ 15 ff. AktG. Ein Handelsgewerbe ist nicht erforderlich. Selbst eine Gewinnerzielungsabsicht des Gewerbetrei-

---

10 Vgl. *v. Falkenhausen, K.H.*, Konzernabschlüsse, NJW, 1973, S.487.

11 Vgl. *Werner, H.S.*, Unternehmensverbindungen, JuS, 1977, S.143.

12 Vgl. *Raiser, T.*, Kapitalgesellschaften, 1992, S.549 f., Rdnr.2.

13 Vgl. *Koppensteiner, H.-G.*, Kölner Kommentar, 1988, § 15 AktG, S.157, Rdnrn.8 und 9.

benden wird aus konzernrechtlicher Sicht nicht verlangt. Unter den Unternehmensbegriff fallen natürliche Personen, Kapitalgesellschaften, Genossenschaften, Personenhandelsgesellschaften, Vereine und Stiftungen, BGB-Gesellschaften, Gewerkschaften sowie nicht rechtsfähige Vereine. Während Einzelkaufleute und Personenhandelsgesellschaften schon kraft Gesetzes ein Unternehmen betreiben, handelt es sich bei Kapitalgesellschaften nur dann um Unternehmen, wenn die weiteren Merkmale erfüllt sind.

Bei den Bestimmungen zu den verbundenen Unternehmen handelt es sich um Normen im Aktienrecht, die "vor die Klammer gezogen" wurden. Sie gelten deshalb nicht nur für Aktiengesellschaften, sondern auch für Gesellschaften mit beschränkter Haftung und für Personengesellschaften. Voraussetzung für eine *direkte* Anwendung einiger Normen des Aktiengesetzes ist die Beteiligung einer AG oder KGaA an einer Unternehmensverbindung. Abhängige Unternehmen können *im Aktienrecht der* §§ *291-337 AktG* immer nur AG und KGaA sein; die oben genannten anderen Unternehmen können somit dann nur als herrschende Unternehmen auftreten. Die Rechtsform ist aber dann nicht entscheidend, wenn das Gesetz von *Unternehmen* und nicht von *Gesellschaften* spricht.[14] Zudem werden mittlerweile auch die §§ 291 bis 308 AktG zum Teil auf andere Rechtsformen angewendet.[15]

Als weitere Bedingung müssen die verbundenen Unternehmen trotz der wirtschaftlichen Vereinigung ihre rechtliche Selbständigkeit behalten. Darunter wird im wesentlichen die autonome Haftungsverantwortung und die Führung eines eigenständigen Namens im Geschäftsverkehr verstanden.[16]

§ 16 AktG, in dem es auf der einen Seite um in Mehrheitsbesitz stehende Unternehmen bzw. auf der anderen Seite um mit Mehrheit beteiligte Unternehmen geht, kann bei der folgenden Betrachtung außer acht gelassen werden, da der Franchisegeber i.d.R. weder die Mehrheit der Anteile noch die Stimmenmehrheit an der Gesellschaft des Franchisenehmerunternehmens hält. Auch § 19 AktG über wechselseitige Beteiligungen kann hier vernachlässigt werden, da hier jedem Unternehmen mehr als 25 v.H. der Anteile des anderen Unternehmens gehören muß, was bei Franchisesystemen nicht der Fall ist. Eventuell sind beim Franchising einfache Abhängigkeitsverhältnisse nach § 17 AktG oder, wenn dazu noch eine einheitliche Leitung im konzernrechtlichen Sinne durch den Franchisegeber tritt, Konzernunternehmen im Sinne des § 18 AktG gegeben. Es geht darum, den konzernrechtlichen Begriff der Abhängigkeit

14 Vgl. *Koppensteiner, H.-G.*, Kölner Kommentar, 1988, § 15 AktG, S.155, Rdnr.4.

15 Vgl. Abschnitt 9.7 (S.433 ff.) und Abschnitt 9.8 (S.438 ff.).

16 Vgl. *Werner, H.S.*, Unternehmensverbindungen, JuS, 1977, S.143.

und der einheitlichen Leitung zu charakterisieren und mit den Gegebenheiten in Franchisesystemen zu vergleichen. Des weiteren werden die §§ 291, 292 AktG untersucht, in denen es um durch Unternehmensverträge verbundene Unternehmen geht.

9.4 Der Begriff der Abhängigkeit nach § 17 AktG

Der Begriff der Abhängigkeit zieht sich wie ein Leitmotiv durch das Konzernrecht. In der Abhängigkeit wird der zentrale Tatbestand für das Konzernrecht im weiteren Sinne gesehen, da an ihn und nicht an den der Konzernierung bzw. der einheitlichen Leitung in den §§ 16, 17, 18 und 19 AktG angeknüpft wird.[17] Die einfache Abhängigkeit nach § 17 AktG bildet die schwächste Form einer Unternehmensverbindung.[18] Diese Norm befaßt sich direkt mit abhängigen und herrschenden Unternehmen. Abhängige Unternehmen sind nach § 17 Abs.1 AktG rechtlich selbständige Unternehmen, auf die ein anderes Unternehmen (herrschendes Unternehmen) mittelbar oder unmittelbar einen beherrschenden Einfluß ausüben kann.

§ 17 AktG erwähnt das abhängige Unternehmen, ohne den Begriff der Abhängigkeit genauer als durch die Beeinflußbarkeit durch ein anderes Unternehmen zu definieren. Aus § 17 Abs.1 AktG ist zu entnehmen, daß das Gegenstück zum abhängigen Unternehmen das herrschende Unternehmen ist, das auf dieses einen beherrschenden Einfluß ausüben kann. Die Rechtswissenschaft hat folgende Kriterien zur Bestimmung des beherrschenden Einflusses herausgearbeitet:[19]

- Der Einfluß muß unternehmensintern vermittelt sein, d.h., er muß in den Entscheidungszentren des Unternehmens selbst ausgeübt werden.
- Er muß organschaftlicher Natur sein, womit der Einfluß gemeint ist, den ein Unternehmen im Aufsichtsrat oder in der Hauptversammlung eines anderen Unternehmens ausüben kann.
- Er muß Einflußmöglichkeiten auf die Geschäftsführung ermöglichen.
- Er muß zukunftsbezogen sein. Nicht die Kontrolle der Durchführung von bereits getroffenen Entscheidungen, sondern das Mitwirken bei diesen ist entscheidend.
- Der Einfluß kann sich nicht nur durch Einflußnahme widerspiegeln, sondern auch durch Unterlassen, z.B. durch Einspruchs- oder Vetorechte.[20]

---

17 Vgl. *Hüffer, U.*, Aktiengesetz, 1993, § 17 AktG, S.54, Rdnr.1; *Emmerich, V. / Sonnenschein, J.*, Konzernrecht, 1993, S.57.

18 Vgl. *Emmerich, V. / Sonnenschein, J.*, Konzernrecht, 1993, S.26.

19 Vgl. *Werner, H.*, Unternehmensverbindungen, JuS, 1977, S.145.

20 Anderer Ansicht Koppensteiner, vgl. Fußnote 29 auf S.421.

- Er muß institutionalisiert sein. Gemeint ist damit, daß der Einfluß jederzeit durch das Unternehmen ausgeübt werden können muß.
- Des weiteren muß er sofort ausübbar sein.
- Allerdings muß er nicht auf Dauer existieren.

Der Abhängigkeitsbegriff des § 17 AktG ist nach Ansicht von Koppensteiner im Zweifel restriktiv auszulegen. Er darf nur anhand von aktienrechtlichen Maßstäben ermittelt werden. Zwischen den Begriffen "Abhängigkeit" und "Konzern" gibt es eine Verbindung, wie § 18 Abs.1 S.3 AktG zeigt. Danach wird von einem abhängigen Unternehmen vermutet, daß es mit dem herrschenden Unternehmen einen Konzern bildet. Jedoch setzt Abhängigkeit nicht einen Konzern voraus. Einen Konzern macht die einheitliche Leitung aus. Abhängigkeit setzt aber nur die Möglichkeit zur Ausübung von Einfluß voraus, nicht jedoch dessen tatsächliche Durchführung. Deshalb wird Abhängigkeit auch bisweilen als potentielle Konzernierung verstanden.[21] Ein Abhängigkeitsverhältnis entfällt aber nicht schon dann, wenn das herrschende Unternehmen mit dem abhängigen Unternehmen Verträge über eine Zusammenarbeit abschließt.[22]

Ferner kann eine konzernrechtliche Abhängigkeit durch die sogenannte *Vermutungsregel* begründet werden. Von einem in Mehrheitsbesitz stehendem Unternehmen wird vermutet, daß es von dem an ihm mit Mehrheit beteiligten Unternehmen abhängig ist (§ 17 Abs.2 AktG).[23] Gehört die Mehrheit der Anteile eines rechtlich selbständigen Unternehmens einem anderen Unternehmen (Mehrheitsbesitz) oder steht einem Unternehmen die Mehrheit der Stimmrechte an einem anderen Unternehmen zu, so kann man sich leicht vorstellen, daß das "Minderheits-Unternehmen" von dem anderen Unternehmen abhängig ist. Für das Franchising sind jedoch Mehrheitsbeteiligungen des Franchisegebers in der Regel nicht gegeben.

---

21 Vgl. *Koppensteiner, H.-G.*, Kölner Kommentar, 1988, § 17 AktG, S.194, Rdnr.9.

22 Vgl. BGH-Urteil vom 04.03.1974, BGHZ 62, S.203 "Seitz".

23 Vgl. zu dem Zusammenhang zwischen Höhe der Beteiligung und beherrschendem Einfluß BGH-Urteil vom 26.03.1984, BGHZ 90, S.381 ff. "BuM" und BGH-Urteil vom 05.12.1983, JZ, 1984, S.576 ff. und in BGHZ 89, S.162 ff. "Heumann-Ogilvy".

9.4.1 Möglichkeit des beherrschenden Einflusses

Abhängigkeit im konzernrechtlichen Sinne meint also die Möglichkeit beherrschenden Einflusses eines Unternehmens[24] auf ein anderes. Der Unterschied zwischen den Begriffen "beherrschender Einfluß" und "einheitliche Leitung" (aus § 18 AktG) ist graduell, da in dem ersten Fall nur gehandelt werden könnte, in dem zweiten jedoch ständig gehandelt wird. "Beherrschender Einfluß wird durch ständige Ausübung zur Leitung."[25] Der Begriff der Abhängigkeit des § 17 AktG erfordert somit die *Möglichkeit* des Einflusses, der Begriff der einheitlichen Leitung des § 18 AktG dagegen die konkrete Ausübung.[26]

Wenn in § 17 AktG die Rede davon ist, daß der Einfluß unmittelbar oder mittelbar ausgeübt werden kann, so bedeutet dies, daß das herrschende Unternehmen diesen entweder selbst oder durch von ihm kontrollierte Dritte ausüben kann.[27] Der Einfluß eines Unternehmens ist aber nicht beherrschend, wenn sich das andere Unternehmen jederzeit diesen Einflüssen entziehen kann oder das "herrschende" Unternehmen bei der Einflußnahme wiederum von Dritten "abhängig" ist, deren Mitwirkung ungewiß ist. "Das entscheidende Merkmal eines abhängigen Unternehmens ist die Unentrinnbarkeit gegenüber der Einflußnahme des herrschenden Unternehmens."[28]

9.4.2 Umfang des beherrschenden Einflusses

Hinsichtlich der Intensität des potentiellen Einflusses läßt sich festhalten, daß Abhängigkeit als Wahrscheinlichkeit einflußkonformen Verhaltens aufgefaßt werden kann. Wenn die Geschäftsleitung des einen Unternehmens mit persönlichen Nachteilen bei Mißachtung der Direktiven des anderen Unternehmens zu rechnen hat, dann kann man von einer Abhängigkeit sprechen. Koppensteiner lehnt eine Auslegung des Begriffes "Abhängigkeit" als "negative Beherrschung" - gemeint ist damit die Möglichkeit eines Unternehmens, (wesentliche) Entscheidungen bestimmten Inhalts bei

---

24 Nach Auffassung des BGH können unter Umständen auch mehrere Unternehmen einen beherrschenden Einfluß auf ein abhängiges Unternehmen ausüben (Mehrmütterklausel nach § 23 Abs.1 Satz 2 Halbsatz 2 GWB), vgl. BGH-Urteil vom 04.03.1974, BGHZ 62, S.196 und in NJW, 1974, S.856 "Seitz"; BGH-Beschluß vom 08.05.1979, BGHZ 74, S.363 "WAZ".

25 *V. Falkenhausen, K.H.*, Konzernabschlüsse, NJW, 1973, S.188.

26 Vgl. *Koppensteiner, H.-G.*, Kölner Kommentar, 1988, § 17 AktG, S.196, Rdnr.15 f. und § 18 AktG, S.240, Rdnr.18 und Rdnr.26; *Hüffer, U.*, Aktiengesetz, 1993, § 18 AktG, S.64 f., Rdnr.10 f.

27 Vgl. *Koppensteiner, H.-G.*, Kölner Kommentar, 1988, § 17 AktG, S.199, Rdnr.22.

28 *Prühs, H.*, Aktienrechtliche Abhängigkeit, Die AG, 1972, S.311; sinngemäß auch *Koppensteiner, H.-G.*, Kölner Kommentar, 1988, § 17 AktG, S.198, Rdnr.18.

einem anderen Unternehmen bloß zu blockieren - ab. Der Gesetzgeber habe an den Fall der "negativen Beherrschung" nicht gedacht.[29] Er geht auch nicht mit der Meinung mancher Autoren konform, Abhängigkeit setze voraus, daß beherrschender Einfluß während einer gewissen Dauer ausgeübt werden müsse. Der Zeitfaktor spielt für ihn keine Rolle.[30]

Mit der Position, daß die Einflußmöglichkeiten des herrschenden Unternehmens nicht umfassend-genereller Natur sein müssen, um von Abhängigkeit reden zu können, wendet sich Koppensteiner gegen die herrschende Meinung.[31] Auch Prühs vertritt den Standpunkt, daß ein Unternehmen, das zunächst nur auf einem lebensnotwendigen Bereich abhängig ist, später auch in anderen Bereichen abhängig werden kann. Aus der sektoriellen Abhängigkeit erwachse dann im Laufe der Zeit eine generelle.[32] Hüffer schließt sich der h.M. an, daß der Einfluß nicht punktuell, sondern von einer gewissen Breite sein muß. Der Einfluß auf wesentliche unternehmerische Teilfunktionen genügt seiner Meinung nach allerdings.[33] Werner unterscheidet zwischen absolutem, eingeschränktem, sektoralem und punktuellem Einfluß. Ein absoluter Einfluß besteht, wenn alle wesentlichen Entscheidungen vom herrschenden Unternehmen bestimmt werden. Dies ist z.B. bei einer mehr als 75%igen Beteiligung per Beherrschungsvertrag der Fall. Eingeschränkter Einfluß umfaßt den generellen Einfluß auf die Geschäftsführung, z.B. bei einfacher Stimmenmehrheit.[34] Sektoraler Einfluß bezieht sich nur auf Teilbereiche des Unternehmens wie den Einkauf, die Werbung, die Produktion, den Verkauf oder die Finanzen. Ein punktueller Einfluß bezieht sich nur auf bestimmte Unternehmensentscheidungen, die z.B. durch Sperrminorität blockiert werden können. Nur bei einem absoluten, einem eingeschränkten und einem punktuellen Einfluß entsteht aus der Sicht Werners eine Abhängigkeit nach § 17 AktG.[35]

Abhängigkeit im Sinne des § 17 AktG wird speziell dann angenommen, wenn das eine Unternehmen aufgrund seiner Herrschaft über die Personalpolitik in einem anderen Unternehmen in der Lage ist, letztlich die Geschäftspolitik der abhängigen

---

29 Vgl. *Koppensteiner, H.-G.*, Kölner Kommentar, 1988, § 17 AktG, S.199, Rdnr.22; a.A. *Werner, H.S.*, Unternehmensverbindungen, JuS, 1977, S.145.

30 Vgl. *Koppensteiner, H.-G.*, Kölner Kommentar, 1988, § 17 AktG, S.200, Rdnr.23; *Prühs, H.* Aktienrechtliche Abhängigkeit, Die AG, 1972, S.310.

31 Vgl. *Koppensteiner, H.-G.*, Kölner Kommentar, 1988, § 17 AktG, S.200 f., Rdnr.24 f.

32 Vgl. *Prühs, H.*, Aktienrechtliche Abhängigkeit, Die AG, 1972, S.311.

33 Vgl. *Hüffer, U.*, Aktiengesetz, 1993, § 17 AktG, S.55, Rdnr.5.

34 So entschied der BGH im Süssen-Fall, daß weitere Umstände für einen beherrschenden Einfluß hinzutreten müssen, falls keine Mehrheit der Stimmrechte vorliege, vgl. BGH-Urteil vom 16.02.1981 "Süssen", BGHZ 80, S.73 und in NJW, 1981, S.1512.

35 Vgl. *Werner, H.*, Unternehmensverbindungen, JuS, 1977, S.145 f.

Gesellschaft in maßgebender Hinsicht zu beeinflussen.[36] Nicht jede Einflußmöglichkeit begründet jedoch eine Abhängigkeit. Eine partiell beschränkte Bindung hinsichtlich bestimmter Geschäfte oder Geschäftsmaßnahmen ist so ein Fall.[37] Im Feldmühle-Nobel-Urteil wurde eine Abhängigkeit i.S.d. § 17 Abs.1 AktG dann angenommen, "wenn das herrschende Unternehmen entweder in der Lage ist, dem abhängigen Unternehmen für dessen Geschäftsführung Weisungen zu erteilen und deren Befolgung zu erzwingen, oder zumindest in der Lage ist, auf längere Sicht Konsequenzen herbeizuführen, wenn seinem Willen nicht entsprochen wird."[38] Voraussetzung sei allerdings, daß sich die Einflußmöglichkeit auf die Geschäftsführung im ganzen erstrecke und zumindest die wichtigen Geschäftsbereiche erfasse.

9.4.3 Formen des beherrschenden Einflusses

Als Grundlagen der Abhängigkeit i.S.d. § 17 AktG kommen Beteiligungen und Unternehmensverträge in Betracht. Der Gesetzgeber nennt in § 17 Abs.2 AktG die Mehrheitsbeteiligung als Möglichkeit der Einflußnahme eines Unternehmens auf ein anderes, weshalb vermutet wird, daß das mit Mehrheit beteiligte Unternehmen das herrschende, das andere Unternehmen das abhängige Unternehmen ist. Aber auch aus Minderheitsbeteiligungen kann ein beherrschender Einfluß erwachsen. Sperrminoritäten will die herrschende Meinung nicht als ausreichend gelten lassen, um von einem beherrschenden Einfluß reden zu können, da kein steuernder Einfluß ausgeübt werden kann.[39]

Neben vertraglichen oder organisatorischen Bindungen können aber auch tatsächliche Umstände eine Abhängigkeit begründen. Ein Unternehmen befindet sich in einer tatsächlichen Abhängigkeit, wenn es sich in existentiellen Angelegenheiten dem Diktat eines anderen Unternehmens beugen muß, da andernfalls seine Lebensfähigkeit bedroht ist.[40] Die Frage, ob auch tatsächliche Abhängigkeiten aufgrund schuldrechtlicher Verträge (z.B. Marktbeziehungen in Form von Kredit-, Liefer-, Lizenz- oder Franchiseverträgen) unter § 17 Abs.1 AktG einzuordnen sind, wird heute - trotz ca. 25jähriger Diskussion - noch immer nicht einheitlich beantwortet. Die amtliche

36 Vgl. *Nirk / Brezing / Bächle,* Aktiengesellschaft, 1994, S.517, Rdnrn.893 f.

37 Vgl. *von Falkenhausen, K.H.*, Konzernabschlüsse, NJW, 1973, S.488.

38 OLG Düsseldorf, Urteil vom 22.07.1993, Die AG, 1994, S.37, "Feldmühle-Nobel".

39 Vgl. *Raiser, T.*, Kapitalgesellschaften, 1992, S.546, Rdnr.15.

40 Vgl. *Prühs, H.*, Tatsächliche Abhängigkeit, DB, 1972, S.2005.

Begründung zu § 17 AktG und die Rechtsprechung[41] bejahen sie. Hinzu kommen müsse allerdings noch, daß das andere Unternehmen aufgrund dieser Marktbeziehungen auch in andere Bereiche der Unternehmensführung hineinwirken kann. Die herrschende Meinung, daß die Abhängigkeit juristisch abgesichert sein müsse, lehnt Prühs ab. Eine Freistellung der tatsächlichen Abhängigkeit von den Konsequenzen der §§ 302 ff. AktG finde keine Stütze im Gesetz und in den Materialien. Eine Ausnahme der tatsächlichen Abhängigkeit von der Subsumtion unter § 17 AktG sei nicht zu rechtfertigen.[42] Gegner dieser Auffassung ist u.a. Hüffer, der externe Abhängigkeiten nicht für ausreichend erachtet, um eine Abhängigkeit im Sinne des § 17 AktG zu begründen.[43] Er weist darauf hin, daß der Einfluß immer gesellschaftsrechtlich vermittelt sein muß; rein wirtschaftliche oder tatsächliche Beteiligungen seien nicht ausreichend.[44] Raiser räumt ein, daß es Fälle geben kann, bei denen außergesellschaftliche Bindungen einen allein nicht ausreichenden gesellschaftsrechtlichen Einfluß so verstärken können, daß eine Abhängigkeit begründet wird.[45]

Köhler unterscheidet zwischen marktbedingten und verwaltungsbedingten Einflußmöglichkeiten. Andere Autoren sprechen von Einflußmöglichkeiten aufgrund gesellschaftsrechtlicher Konstellation oder aufgrund der tatsächlichen Verhältnisse.[46] Bei einem marktbedingten Einfluß habe ein Unternehmen Einfluß auf die Entscheidungen der Leitung eines anderen Unternehmens, indem es diesem mit dem Abbruch der Beziehungen oder ähnlichem drohe.[47] Hierbei handele es sich um eine Abhängigkeit im kartellrechtlichen Sinne. Charakteristisch für die verwaltungsbedingten Einflußmöglichkeiten sei, daß die Unternehmensleitung zwar von den Marktverhältnissen her andere Entscheidungen treffen könnte, sie aber aufgrund interner Abhängigkeit aus rechtlichen oder faktischen Gründen nicht treffen könne oder werde. Diese Abhängigkeit sei konzernrechtlicher Natur. Eine Einbeziehung der marktbedingten Abhängigkeit in den Tatbestand des § 17 Abs.1 AktG hält er rechtlich weder für möglich noch für sinnvoll. Ein "beherrschender Einfluß" im Sinne dieses Paragraphen werde nicht durch das Fehlen von Ausweichmöglichkeiten begründet. Diesem wirtschaftlich abhängigen Unternehmen stünden andere, zivil- und kartellrechtliche Ansprüche zu. Zu

---

41 Vgl. z.B. BGH-Urteil vom 04.03.1974, BGHZ 62, S.193 "Seitz"; BGH-Beschluß vom 08.05.1979, BGHZ 74, S.359 "WAZ"; BGHZ 80, S.69; BAG vom 30.10.1986, Die AG, 1988.

42 Vgl. *Prühs, H.*, Tatsächliche Abhängigkeit, DB, 1972, S.2005.

43 Vgl. *Hüffer, U.*, Aktiengesetz, 1993, § 17 AktG, S.56, Rdnr.8.

44 Vgl. BGH-Urteil vom 26.03.1984, BGHZ 90, S.381 ff. "BuM".

45 Vgl. *Raiser, T.*, Kapitalgesellschaften, 1992, S.549, Rdnr.21.

46 Vgl. *Prühs, H.*, Tatsächliche Abhängigkeit, DB, 1972, S.2001.

47 Diese entspricht der oben genannten Abhängigkeit aufgrund schuldrechtlicher Verträge.

denken sei hier an die §§ 138, 242, 826 BGB und die §§ 26 Abs.2, 37a GWB.[48] Hingegen sei im Verhältnis zwischen abhängigem und herrschendem Unternehmen i.S.d. § 17 AktG die Anwendung des Diskriminierungsverbots nur möglich, wenn (1) der Leiter des abhängigen Unternehmens sich den Weisungen des herrschenden Unternehmens widersetze, und das herrschende Unternehmen daraufhin seinen Willen mit diskriminierenden Maßnahmen durchzusetzen versuche oder (2) die Einflußnahme des herrschenden Unternehmens auf die Leitung des abhängigen Unternehmens zu von vornherein nicht ausgleichsfähigen Nachteilen führe.[49]

Aus § 17 AktG ergeben sich vielfältige Rechtsfolgen. Fehlt ein Beherrschungsvertrag zwischen den verbundenen Unternehmen, dann gelten die §§ 311, 312 ff. AktG. So darf ein herrschendes Unternehmen seinen Einfluß nach § 311 Abs.1 AktG nicht dazu nutzen, eine *abhängige AG oder KGaA* (nur für diese Rechtsformen gelten die genannten Paragraphen) zu veranlassen, ein für diese Gesellschaft nachteiliges Rechtsgeschäft vorzunehmen oder Maßnahmen zu ihrem Nachteil zu treffen oder zu unterlassen, es sei denn, daß die Nachteile ausgeglichen werden. Auf den Nachteilsausgleich hat das abhängige Unternehmen einen Rechtsanspruch nach § 311 Abs.2 S.2 AktG. Das abhängige Unternehmen ist nach § 312 AktG aber dazu verpflichtet, einen Abhängigkeitsbericht in den ersten drei Monaten des neuen Geschäftsjahres zu erstellen, wenn zwischen den verbundenen Unternehmen kein Beherrschungsvertrag existiert. In diesem sind alle Rechtsgeschäfte des abhängigen Unternehmens mit dem herrschenden Unternehmen im vergangenen Geschäftsjahr aufzuführen. Es herrscht jedoch in der Literatur Einigkeit darüber, daß die §§ 311 ff. AktG nur auf AG und KGaA anwendbar sind.[50] Im folgenden wird jedoch davon ausgegangen, daß Franchisenehmer keine AG oder KGaA gründen. Wird die Abhängigkeit eines Unternehmens im Sinne des § 17 AktG bejaht, so bilden das herrschende und das abhängige Unternehmen nach der Vermutungsregel des § 18 AktG einen Konzern. Insofern ist auf die Rechtsfolgen des § 18 AktG zu verweisen.[51]

9.5 Der Begriff des Konzerns nach § 18 AktG

Sind ein herrschendes und ein oder mehrere abhängige, aber rechtlich selbständige Unternehmen unter der *einheitlichen Leitung* des herrschenden Unternehmens *zu-*

48 Vgl. *Köhler, H.,* Abhängige Unternehmen, NJW, 1978, S.2478.
49 Vgl. *Köhler, H.,* Abhängige Unternehmen, NJW, 1978, S.2481.
50 Vgl. dazu auch S.434.
51 Vgl. hierzu S.430.

sammengefaßt, so bilden sie nach § 18 Abs.1 AktG einen Konzern; die einzelnen Unternehmen sind Konzernunternehmen. Unternehmen, zwischen denen ein Beherrschungsvertrag (§ 291 AktG) besteht oder von denen das eine in das andere eingegliedert ist (§ 319 AktG), sind als unter einheitlicher Leitung zusammengefaßt anzusehen (§ 18 Abs.1 S.2 AktG). Nach § 18 Abs.1 S.3 AktG wird von einem abhängigen Unternehmen vermutet, daß es mit dem herrschenden Unternehmen einen Konzern bildet. Man spricht in diesem Fall von einem *Unterordnungskonzern*. Dieses Unternehmen ist im Innenverhältnis durch finanzielle, wirtschaftliche oder personelle Abhängigkeit von der Konzernspitze gekennzeichnet.

Der Konzernbegriff des § 18 Abs.1 AktG setzt zwar ein Abhängigkeitsverhältnis im Sinne von § 17 AktG voraus. Allerdings ist nicht umgekehrt aus dem Bestehen eines Konzernverhältnisses zu folgern, daß es sich um ein Abhängigkeitsverhältnis handelt.[52] Denn sind rechtlich selbständige Unternehmen unter einheitlicher Leitung zusammengefaßt, ohne daß das eine Unternehmen von dem anderen abhängig ist, bilden sie einen sogenannten *Gleichordnungskonzern* (§ 18 Abs.2 AktG). Der Zusammenschluß der konzernierten Unternehmen erfolgt als gleichberechtigte Partner, z.B. durch paritätische Beteiligung, Interessengemeinschaftsvertrag oder Gewinnpoolungsvertrag. Das verdeutlicht, daß ein Abhängigkeitsverhältnis zur Konzernbildung nicht zwingend erforderlich ist.

Konzerne sind Unternehmen, die keine Rechtsform besitzen. Ihnen fehlt die Rechtsfähigkeit. Nur die verschiedenen Unternehmen sind Rechtssubjekte und handlungsfähig. Folgende drei Merkmale charakterisieren also einen Konzern: die rechtliche Selbständigkeit der Unternehmen, die einheitliche Leitung und die Zusammenfassung.

9.5.1 Unterordnungskonzerne nach § 18 Abs.1 AktG

Bei Unterordnungskonzernen kann man zwischen Vertrags-, Eingliederungs- und faktischen Konzernen unterscheiden. Ein *Vertragskonzern* ist durch die gesetzlich anerkannte Leitungsmacht des herrschenden Unternehmens gekennzeichnet (§ 308 AktG), die auf einem Beherrschungsvertrag (§ 291 AktG) beruht. Durch ihn unterstellt eine AG oder KGaA die gesamte Leitung der Gesellschaft einem anderen Unternehmen. Wird der Beherrschungsvertrag noch mit einem Gewinnabführungsvertrag kombiniert, wie das häufig der Fall ist, so spricht man von Organschaftsverträgen.

52 Vgl. BGH-Urteil vom 04.03.1974, BGHZ 62, S.196 "Seitz".

Vertragskonzerne bilden aber auch die Unternehmen, die durch einen Gewinnabführungsvertrag oder durch die sonstigen Unternehmensverträge (§ 292 AktG) miteinander verbunden sind. Im *Eingliederungskonzern* (§ 319 AktG) besteht ebenfalls eine gesetzlich anerkannte Leitungsmacht (§ 323 AktG).

Beim *faktischen Konzern* handelt es sich um einen Sammelbegriff ohne gesetzliche Basis, bei dem es keine gesetzlich anerkannte Leitungsmacht gibt, sondern diese auf einer Mehrheitsbeteiligung beruht. Durch den Abschluß schuldrechtlicher Unternehmensverträge und durch die personelle Verflechtung der Leitungsorgane kann diese Verbindung noch verstärkt werden.[53] Hier ist wiederum zwischen einfacher und qualifiziert faktischer Konzernierung zu unterscheiden. Bei einem *einfachen faktischen Konzern* sind die Gesellschaften nur durch den Besitz der Mehrheit der Aktien der jeweils untergeordneten Gesellschaft verbunden, ohne daß Unternehmensverträge zwischen den Gesellschaften bestehen. Wenn die einheitliche Leitung in einem solchen Umfang vorgenommen wird, daß sich einzelne Weisungen und ihre Wirkungen auf das abhängige Unternehmen nicht mehr isolieren lassen, so daß das abhängige Unternehmen etwa wie eine unselbständige Betriebsabteilung geführt wird, spricht man von *qualifiziert faktischer Konzernierung*.[54] Voraussetzung ist also, daß die herrschende Gesellschaft nicht mehr durch isolierbare Einzelmaßnahmen schädigend im Interesse des Konzerns eingreift, sondern die Geschäftsführung an sich zieht. Darunter wird eine so enge Bindung verstanden, daß der qualifiziert faktische Konzern sich auf ein Problem der konzernabhängigen GmbH und GmbH&CoKG reduziert. Einfache Abhängigkeitsverhältnisse unterscheiden sich von einfachen und qualifiziert faktischen Konzernen durch den zunehmenden Intensitätsgrad der einheitlichen Leitung.[55]

Schmidt geht mit der Unterscheidung von Vertragskonzernen und faktischen Konzernen nicht konform, da es nicht der Realität entspreche, die eine Unternehmensgruppe dem einen, die andere dem anderen Bereich zuzuweisen. Die vertraglichen und faktischen Grundlagen der Konzernleitungsmacht könnten nur jeweils für das Verhältnis zwischen einzelnen Konzernunternehmen festgestellt werden.[56]

---

53 Vgl. *Raiser, T.*, Kapitalgesellschaften, 1992, S.534 f., Rdnr.4.
54 Vgl. *Bälz, U.*, Unternehmen, Die AG, 1992, S.282.
55 Vgl. *Theisen, M.R.*, Der Konzern, 1991, S.86.
56 Vgl. *Schmidt, K.*, Gleichordnung, ZHR, 1991, S.421.

9.5.2 Gleichordnungskonzerne nach § 18 Abs.2 AktG

Ein Gleichordnungskonzern weist zwar das Kriterium der einheitlichen Leitung, nicht aber das der Abhängigkeit eines Unternehmens von einem anderen auf.[57] Allerdings, so stellt Schmidt klar, sei die Lehre, nach der der Gleichordnungskonzern notwendig ein Konzern ohne Abhängigkeit sei, unrichtig und als solche mittlerweile auch erkannt worden. Seiner Meinung nach handelt es sich bei einer Gleichordnung im Konzern hinsichtlich Gesetzgebung und Lehre um terra incognita, wobei zudem noch in rechtstatsächlicher Hinsicht mit vielen Problemen zu kämpfen sei. Den Gleichordnungskonzern klassischer Prägung gebe es nur noch in Ausnahmefällen, dafür sei aber der Frage nachzugehen, ob auch konzentrative Konzerngebilde als Gleichordnungskonzerne zu werten seien. Die herrschende Meinung verneint dies.[58] Die EG-Kommission habe aber bereits in den 70er Jahren einen konzentrativen, straff geführten Gleichordnungskonzern anerkannt. Dabei geht es Schmidt nicht um eine Abhängigkeit eines einzelnen Konzernunternehmens von einem anderen, sondern um eine Abhängigkeit von der gemeinschaftlichen Konzernleitung. Die herrschende Meinung habe drei verschiedene Strategien im Umgang mit dem Problem der Abhängigkeit gleichgeordneter Unternehmen entwickelt: die Verbots-, die Verharmlosungs- und die Verdrängungs- oder Ausweichstrategie. Erstere verbietet das Entstehen von Abhängigkeit im Gleichordnungskonzern. Die zweite verleugnet das Problem, während die dritte jeden Gleichordnungskonzern in einen Unterordnungskonzern umdeutet, sobald Abhängigkeit auftritt. Auch sei der Mindestumfang der einheitlichen Leitung im Gleichordnungskonzern nicht einfach zu präzisieren und könne von Fall zu Fall Streitfragen auslösen. Einheitliche Leitung gleichgeordneter Gesellschaften setze eine institutionalisierte Vereinheitlichung der Unternehmensplanung voraus, nicht dagegen das Fehlen von Abhängigkeit, wie die herrschende Meinung in bezug auf § 18 Abs.2 AktG ist.[59]

Die herrschende Meinung unterscheidet außerdem zwischen *vertraglichem und faktischem Gleichordnungskonzern*. Liegt ihm ein *Gleichordnungsvertrag* zugrunde, dann handelt es sich um eine Gesellschaft bürgerlichen Rechts (§ 705 BGB). Aus § 291 Abs.2 AktG geht hervor, daß ein Gleichordnungsvertrag kein Beherrschungsvertrag ist. Schmidt übt Kritik daran, daß in § 291 Abs.2 AktG einerseits auf die Möglichkeit von Weisungen und andererseits auf das Fehlen von Abhängigkeit

57 Vgl. *Koppensteiner, H.-G.*, Kölner Kommentar, 1988, § 18 AktG, S.236, Rdnr.5.
58 Vgl. *Schmidt, K.*, Gleichordnung, ZHR, 1991, S.422.
59 Vgl. *Schmidt, K.*, Gleichordnung, ZHR, 1991, S.424 ff.

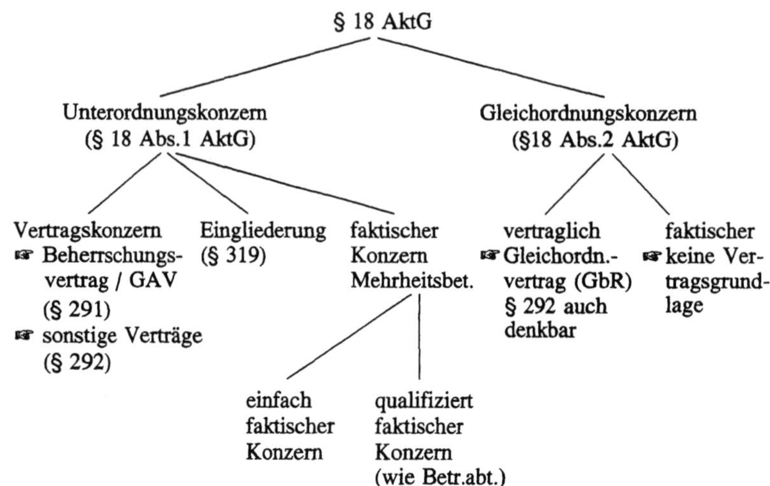

Abbildung 2: Konzernarten im Sinne des § 18 AktG

verwiesen wird. "§ 291 Abs.2 AktG kann uns nicht hindern, auch den Gleichordnungsvertrag als Unternehmensvertrag einzuordnen."[60] Der Unternehmensvertrag ist der Legitimationsgrund für den mit der externen Leitung verbundenen Autonomieverlust. Als *faktischen Gleichordnungskonzern* bezeichnet man eine Gleichordnung ohne Vertragsgrundlage, wenn sich also Unternehmen jeweils selbständig der einheitlichen Leitung unterstellen. Bei einem faktischen Gleichordnungskonzern wird trotz fehlendem Legitimationsgrund die einheitliche Leitung gleichgeordneter Unternehmen ausgeübt.

So wie es eine Verlustausgleichspflicht bei Vorliegen eines Beherrschungsvertrags gibt, gibt es nach Dafürhalten Schmidts auch eine für Gleichordnungskonzerne, die je nach Rechtsform abbedingbar oder zwingend ist.[61] Ist im Gleichordnungskonzern eine Gewinngemeinschaft oder Betriebsüberlassung vereinbart, gelten die §§ 292 ff. AktG.

Da sich in den Franchiseverträgen keine Anhaltspunkte für die gleichrangige Einstufung von Franchisenehmer und Franchisegeber fanden, werden Gleichordnungskonzerne von vornherein von der Betrachtung ausgeschlossen.

---

60 *Schmidt, K.*, Gleichordnung, ZHR, 1991, S.427.
61 Vgl. *Schmidt, K.*, Gleichordnung, ZHR, 1991, S.429.

9.5.3 Der Begriff der einheitlichen Leitung

Hauptmerkmal eines Konzernunternehmens ist die einheitliche Leitung, womit die wirtschaftliche Einheit gemeint ist. Sowohl in Unterordnungs- als auch in Gleichordnungskonzernen muß die Zusammenfassung mehrerer Unternehmen unter einheitlicher Leitung vorliegen. Im Gegensatz zu diesem engen Konzernbegriff will der weite Konzernbegriff die einheitliche Leitung (Planung, Durchführung, Kontrolle) in wenigstens einem wesentlichen Bereich unternehmerischer Tätigkeit (z.B. Produktion, Verkauf, Organisation) als maßgeblich gelten lassen. Es ist jedoch nicht erforderlich, daß Weisungen für alle wesentlichen Teile der unternehmerischen Tätigkeit erteilt werden, damit ein Konzern vorliegt. Untersteht der Finanzbereich der zusammengeschlossenen Unternehmen der einheitlichen Leitung, so besteht in der Literatur Einigkeit darüber, daß dies genügt, um von einem Konzern sprechen zu können. Mittlerweile bejaht man die Ansicht, daß die einheitliche Leitung die Finanzplanung und -kontrolle der Konzernunternehmen umfassen *muß*, damit ein Konzern vorliegt.[62] Bei der Ermittlung, ob einheitliche Leitung im Finanzbereich vorliegt, muß eruiert werden, ob der Finanzbereich des Verbundes selbst oder die Investitionspolitik im Verbund bestimmt wird.[63] "Welche Mittel der Koordination verwendet werden, ist rechtlich unerheblich. Es kommt nur auf das Ergebnis, d.h. darauf an, ob verbundweite Integration des Finanzbereichs verwirklicht ist."[64]

Die einheitliche Leitung zielt darauf ab, eine auf das Gesamtinteresse der verbundenen Unternehmen ausgerichtete Zielkonzeption sowie die Durchführung und Kontrolle dieser zu entwickeln. "Einheitlichkeit der Leitung liegt dann vor, wenn *ein* zentrales Gremium - die Konzernspitze - der verbundenen Unternehmen die Konzernbelange abgestimmt auf das gemeinsame Konzerninteresse leitet."[65] Als Formen der Leitungsmacht kommen Einflußnahmemöglichkeiten wie Doppelmandate oder andere personelle Verflechtungen, gemeinsame Beratungen, Empfehlungen, Zielvorgaben u.ä. in Betracht.

Nach § 18 Abs.1 S.2 AktG wird die einheitliche Leitung, die als konzernbegründendes Kriterium gilt, bei Beherrschungsverträgen oder bei Eingliederung unwiderlegbar vermutet. Widerlegbar ist hingegen die sogenannte Vermutungsregel des § 18

62 Vgl. *Koppensteiner, H.-G.*, Kölner Kommentar, 1988, § 18 AktG, S.241, Rdnr.19.
63 Vgl. *Koppensteiner, H.-G.*, Kölner Kommentar, 1988, § 18 AktG, S.243, Rdnr.21.
64 *Koppensteiner, H.-G.*, Kölner Kommentar, 1988, § 18 AktG, S.246, Rdnr.29.
65 *Werner, H.S.*, Unternehmensverbindungen, JuS, 1977, S.147.

Abs.1 S.3 AktG, nach der von einem abhängigen Unternehmen vermutet wird, daß es mit dem herrschenden Unternehmen einen Konzern bildet.

Die Konzernbindung kann mehrstufig oder mehrfach sein. Im ersten Fall wirkt sich die einheitliche Leitung der Muttergesellschaft unmittelbar auf die Tochtergesellschaft und mittelbar auf die Enkelgesellschaft aus. Man spricht hier von einem *Konzern im Konzern*. Im zweiten Fall ist ein Unternehmen mit zwei verschiedenen Unternehmen (unabhängig voneinander) konzernverbunden. Als Beispiel sind hier Gemeinschaftsunternehmen (die sogenannten Joint-ventures) zu nennen.

Die Rechtsfolgen bestimmen sich danach, ob es sich um einen Unterordnungs- oder um einen Gleichordnungskonzern handelt. Für *beide* Konzernarten gelten die §§ 134 Abs.1 S.4 (zu den Stimmrechten), 145 Abs.3 AktG (Rechte der Sonderprüfer, Prüfungsbericht) und die Bestimmungen über verbundene Unternehmen. Nur für Unterordnungskonzerne gelten die an § 17 AktG anknüpfenden Bestimmungen, § 100 Abs.2 S.2 AktG (Konzernprivileg bei der Zahl der Aufsichtsratssitze) sowie die §§ 290 ff. HGB (Konzernjahresabschluß) zum Konzernabschluß und zum Konzernlagebericht. Auf Gleichordnungskonzerne kann das Kartellverbot des Art.85 EGV oder § 1 GWB anwendbar sein.[66] Ferner gelten die §§ 97 Abs.1 AktG (Bekanntmachung bei gesetzeswidriger Zusammensetzung des Aufsichtsrats) und 331 Ziffer 2 HGB (Strafvorschrift). Ebenso ist die Existenz eines Unterordnungskonzerns für die Mitbestimmungsgesetze von Bedeutung.[67] "Die wohl wichtigste Rechtsfolge des Konzerns findet sich in den Vorschriften über die Konzernrechnungslegung."[68]

Sofern sich Personengesellschaften, Einzelfirmen oder andere Kapitalgesellschaften als die AG zu einem Konzern zusammenschließen, richtet sich die Frage der anzuwendenden Vorschriften nach der Rechtsform der beteiligten Unternehmen und dem Grad der Abhängigkeit bzw. einheitlichen Leitung.

9.6 Der Vertragskonzern nach den §§ 291 und 292 AktG

Als Vertragskonzerne bezeichnet man Unternehmen, die durch Unternehmensverträge die Leitung ihres Unternehmens einem anderen Unternehmen unterstellen oder sich verpflichten, ihren ganzen Gewinn an ein anderes Unternehmen abzuführen (§ 291 AktG). Im ersten Fall existiert ein *Beherrschungsvertrag*, im zweiten ein *Gewinnabführungsvertrag*.

---

66 Vgl. *Hüffer, U.*, Aktiengesetz, 1993, § 18 AktG, S.68, Rdnr.22.
67 Vgl. *Koppensteiner, H.-G.*, Kölner Kommentar, 1988, § 18 AktG, S.236 f., Rdnr.9 f.
68 *Koppensteiner, H.-G.*, Kölner Kommentar, 1988, § 18 AktG, S.238, Rdnr.14.

9.6.1 Der Beherrschungsvertrag

Unterstellt eine Aktiengesellschaft oder Kommanditgesellschaft auf Aktien die Leitung ihrer Gesellschaft einem anderen Unternehmen, so liegt nach § 291 Abs.1 AktG ein sogenannter Beherrschungsvertrag vor. Mit dem Abschluß eines Beherrschungsvertrages wird ein Vertragskonzern begründet. Das abhängige Unternehmen ist durch einen Beherrschungsvertrag dazu verpflichtet, die Weisungen des herrschenden Unternehmens zu befolgen.[69] Von einem Unternehmen, das mit einem anderen Unternehmen einen Beherrschungsvertrag abschließt, wird nach § 18 Abs.1 S.2 AktG unwiderleglich vermutet, mit diesem einen Konzern zu bilden. Ein Beherrschungsvertrag im Sinne des § 291 AktG gestattet es dem herrschenden Unternehmen, die Leitung des abhängigen Unternehmens in vollem Umfang an sich zu ziehen.[70] Stellen sich Unternehmen, die voneinander nicht abhängig sind, durch Vertrag unter einheitliche Leitung, ohne daß dadurch eines von ihnen von einem anderen vertragsschließenden Unternehmen abhängig wird, so ist dieser Vertrag gemäß § 291 Abs.2 AktG kein Beherrschungsvertrag.

Bei einem Beherrschungsvertrag handelt es sich um einen gesellschaftsrechtlichen Organisationsvertrag sui generis. Er muß ins Handelsregister eingetragen werden, damit er wirksam wird.[71] Dies verlangt § 294 AktG. Bei einer abhängigen AG muß der Vertrag von der Hauptversammlung mit qualifizierter Mehrheit beschlossen werden (§ 293 S.1 AktG), bei einer KGaA müssen außerdem die persönlich haftenden Gesellschafter zustimmen (§ 285 Abs.2 S.1 AktG). Um seine steuer- und konzernrechtlichen Zwecke zu erfüllen, muß sich aus dem Inhalt des Vertrages zudem ergeben, daß sich das abhängige Unternehmen dem Willen des herrschenden Unternehmens unterwirft. Vertragspartner der abhängigen Gesellschaft kann nur ein Unternehmen i.S.d. § 15 AktG sein. Ferner ist für Vertragskonzerne nach § 291 Abs.1 AktG zu beachten, daß nach § 304 AktG ein angemessener Ausgleich für die außenstehenden Aktionäre vorgesehen werden muß. Andernfalls wäre ein derartiger Unternehmensvertrag nichtig.[72]

Das herrschende Unternehmen kann durch den Beherrschungsvertrag die Leitungsmacht des anderen Unternehmens an sich ziehen; dieser wird zur "Rechtsgrundlage der Konzernleitungsmacht" und zum "herrschaftlichen Angelpunkt des Konzern-

---

69 Vgl. *Emmerich, V. / Sonnenschein, J.*, Konzernrecht, 1993, S.469.

70 Vgl. *Emmerich, V. / Sonnenschein, J.*, Konzernrecht, 1993, S.157.

71 Vgl. *Hefermehl, W.*, Einführung zu Beck-Gesetzestext AktG, 26.Auflage, 1995, S.XXV; *Emmerich, V. / Sonnenschein, J.*, Konzernrecht, 1993, S.471.

72 Vgl. *Koppensteiner, H.-G.*, Kölner Kommentar, 1988, § 291 AktG, S.53, Rdnr.9.

rechts".[73] Die umfassende Leitungsmacht des herrschenden Unternehmens kann für das abhängige Unternehmen eine Änderung der Satzung bedeuten. Selbst für das abhängige Unternehmen nachteilige Weisungen müssen von diesem befolgt werden (§ 308 Abs.2 AktG). Allerdings muß das herrschende Unternehmen den daraus entstehenden Jahresfehlbetrag gemäß § 302 AktG ausgleichen. Wer die Geschicke einer Gesellschaft bestimmen kann oder ihren gesamten Gewinn erhält, muß auch für ihre Verluste einstehen. Diese Vorschrift kann nicht abbedungen werden. Im Gervais-Urteil wurden die Gefahren eines Beherrschungsvertrags nicht nur in einer Interessenkollision, sondern auch in "undurchsichtigen, unklaren und letztlich unkontrollierbaren Verhältnissen"[74] gesehen.

Nirk weist darauf hin, daß ein Beherrschungsvertrag im allgemeinen nur dann zustande kommt, wenn zuvor ein faktisches Beherrschungsverhältnis vorgelegen hat. Für das abhängige Unternehmen ist aufgrund der Rechtsfolgen eines Beherrschungsvertrages (§§ 308, 311 AktG) ein starker Anreiz zu einem Abschluß eines solchen gegeben, wenn bereits ein solches Beherrschungsverhältnis besteht.[75]

9.6.2 Der Gewinnabführungsvertrag

Der *Gewinnabführungsvertrag* ist ein Unternehmensvertrag, durch den sich eine *inländische* AG oder KGaA verpflichtet, ihren gesamten Gewinn an ein anderes Unternehmen abzuführen (§ 291 Abs.1 S.1 AktG). Sieht man einmal von dem Rechtsformerfordernis einer abhängigen AG oder KGaA ab, so spielt diese Art von Unternehmensverträgen beim Franchising keine Rolle, da die Franchisenehmer nicht ihren gesamten Gewinn dem Franchisegeber abführen müssen, sondern die laufenden Gebühren von diesem Gewinn zu zahlen haben.

Eine besondere Form des Gewinnabführungsvertrages ist der *Geschäftsführungsvertrag*, durch den sich eine inländische AG oder KGaA verpflichtet, ihr eigenes Unternehmen zwar im eigenen Namen, aber für Rechnung eines anderen Unternehmens zu führen (§ 291 Abs.1 S.2 AktG). Bei einer solchermaßen verpflichteten Gesellschaft fallen dadurch keine Gewinne und Verluste mehr an. Auch hier kann man - bei einer rechtsformunabhängigen Betrachtung - keine Parallelen zur vertraglichen Praxis in Franchisesystemen erkennen, da die Franchisenehmer auf eigene Rechnung arbeiten, und so auch Gewinne und Verluste in ihren Unternehmen anfallen.

---

73 Begründung Regierungsentwurf, Vorbemerkung zum dritten Buch, bei *Kropff*, AktG 1965, S.374.
74 BGH-Urteil vom 05.02.1979, NJW, 1980, S.232, "Gervais-Danone".
75 Vgl. *Nirk / Brezing / Bächle*, Aktiengesellschaft, 1994, § 291, S.575, Rdnr.1003.

9.6.3 Die Unternehmensverträge nach § 292 AktG

In § 292 AktG sind vier weitere Arten von Unternehmensverträgen geregelt, die nach § 15 AktG eine weitere Form von Unternehmensverbindungen bzw. Vertragskonzernen darstellen. Dazu gehören der Gewinngemeinschaftsvertrag, der Teilgewinnabführungsvertrag, der Betriebspacht- und der Betriebsüberlassungsvertrag. Sie sind schuldrechtliche Austauschverträge, die weder die wirtschaftliche noch die rechtliche Struktur der abhängigen AG oder KGaA verändern.

Die sogenannte *Gewinnpoolung*, die durch den *Gewinngemeinschaftsvertrag* entsteht, kann in bezug auf das Franchising vernachlässigt werden, da Franchisegeber und Franchisenehmer weder ihre gesamten Gewinne noch Teile davon zur Aufteilung eines gemeinschaftlichen Gewinns zusammenlegen, wie es § 292 Abs.1 Nr.1 AktG verlangt.

Führt eine AG oder KGaA aufgrund eines Vertrages einen Teil ihres periodischen Gesamtgewinns oder den Gewinn einzelner ihrer Betriebe ganz oder teilweise an einen anderen ab, so spricht man von einem *Teilgewinnabführungsvertrag*. Beim Franchising werden in der Regel vom Franchisenehmer laufende Gebühren an den Franchisegeber abgeführt (manche Franchisegeber verzichten aber auf die Erhebung von Gebühren), diese können aber nicht als Teil des Gewinns verstanden werden. Sollte ein Franchisenehmer einmal Verluste erzielen, so wären diese Gebühren trotzdem fällig.

Da die Franchisenehmer auch nicht ihre Unternehmen dem Franchisegeber verpachten oder überlassen, liegt auch kein *Betriebspachtvertrag* oder *Betriebsüberlassungsvertrag* im Sinne des § 292 Abs.1 Nr.3 AktG vor. Aus diesem Grunde besteht kein *Betriebsführungsvertrag*, denn die Führung des Franchisenehmerbetriebes obliegt dem Franchisenehmer und nicht etwa dem Franchisegeber.

9.7 Das Konzernrecht der GmbH

Während in den vorliegenden Franchiseverträgen die *Franchisegeber* überwiegend in der Rechtsform der GmbH organisiert waren (19 von 30 = 63%; außerdem waren zwei AG, eine OHG, eine BGB-Gesellschaft und fünf GmbH&CoKG vertreten; zwei Verträge enthielten keine Angaben über die Rechtsform des Franchisegebers), gibt es für die *Franchisenehmer* in den Verträgen keine Vorgaben über die Rechtsform. In den meisten der vorliegenden Verträge steht es den Franchisenehmern frei, eine Personen- oder Kapitalgesellschaft zu gründen. Ein Vertrag weist den Franchisenehmer darauf hin, daß er eine Ein-Mann-GmbH gründen kann. Laut Clemens führten von 281 Franchisenehmern 147 (=53%) ihr Unternehmen in Form einer Einzelunternehmung. 83 oder 29,5% hatten eine GmbH gegründet, 28 oder 10% eine GmbH&CoKG, 32 oder 8,2% sonstige Rechtsformen gewählt, und 32 machten keine Angaben. Clemens weist darauf hin, daß bei den sonstigen Rechtsformen die Gesellschaft bürgerlichen Rechts dominiert, gefolgt von der KG und der OHG.[76]

Führt ein Franchisenehmer eine GmbH, so könnte es sich bei dieser Gesellschaft um ein abhängiges Konzernunternehmen handeln. Diesen Fall behandelt das *GmbH-Konzernrecht*. So bezeichnet man Unternehmensverbindungen, bei denen die abhängige Gesellschaft eine Gesellschaft mit beschränkter Haftung ist.[77] Da es zu keiner Kodifikation eines GmbH-Konzernrechts, wie ursprünglich vorgesehen, gekommen ist, wurde die Entwicklung desselben von Rechtsprechung und Lehre vorgenommen. Als ein Meilenstein ist hier das ITT-Urteil anzusehen.[78] Zur rechtlichen Beurteilung von GmbH-Konzernen können die rechtsformunabhängigen allgemeinen Vorschriften des Aktiengesetzes über verbundene Unternehmen (§§ 15-21 AktG) sowie einzelne Vorschriften des GmbHG herangezogen werden. Auf weitere Normen wird im jeweiligen Zusammenhang eingegangen werden. Aufgrund der Verfassungsunterschiede zwischen GmbH und AG wird eine Analogie zum Aktienkonzernrecht heute nur noch von Fall zu Fall erwogen.[79] Nicht analogiefähig sind die §§ 311-318 AktG über faktische Konzerne (das GmbH-Recht erlaubt nämlich eine Schädigung der Gesellschaft selbst gegen sofortigen anderweitigen Ausgleich nicht[80]) und die §§ 319-327 AktG über die Eingliederung, da eine GmbH nicht eingegliedert werden kann. Dagegen wird die analoge Anwendung von einigen der §§ 291 ff. AktG auf GmbH-Konzerne von Fall zu Fall in Betracht gezogen.[81]

9.7.1 Der GmbH-Vertragskonzern

Wie im Aktienkonzernrecht wird auch beim GmbH-Konzernrecht zwischen Vertragskonzernen und (einfachen und qualifiziert) faktischen Konzernen unterschieden. Das GmbH-Konzernrecht läßt Beherrschungsverträge mit einer abhängigen GmbH bei Zustimmung sämtlicher Gesellschafter zu.[82] Deshalb sei auch der auf Unterstellung

---

76 Vgl. *Clemens, R.*, Franchising, 1988, S.70.

77 Vgl. *Emmerich, V. / Sonnenschein, J.*, Konzernrecht, 1993, S.428.

78 Vgl. *Schmidt, K.*, Unternehmensbegriff, Die AG, 1994, S.190; vgl. BGH-Urteil vom 05.06.1975, BGHZ 65, S.15 ff. und WM, 1975, S.1152 und GmbHR, 1975, S.269 und NJW, 1976, S.191 "ITT".

79 Vgl. *Emmerich, V. / Sonnenschein, J.*, Konzernrecht, 1993, S.432 und S.9.

80 Vgl. *Lutter, M.*, 100 Bände BGHZ, ZHR, 1987, S.455; *Lutter, M.*, Haftung, ZIP, 1985, S.1428.

81 Vgl. *Emmerich, V. / Sonnenschein, J.*, Konzernrecht, 1993, S.213 f.

82 Vgl. *Emmerich, V. / Sonnenschein, J.*, Konzernrecht, 1993, S.434.

der Leitung einer Gesellschaft mit beschränkter Haftung unter ein anderes Unternehmen gerichtete Vertrag als Unternehmensvertrag i.S.d. § 291 Abs.1 AktG zu werten, entschied der BGH.[83] Die Weisungskompetenz der beherrschten GmbH geht dann auf die Gesellschafterversammlung des herrschenden Unternehmens über. Das herrschende Unternehmen ist verpflichtet, einen Jahresverlust der abhängigen Gesellschaft zu übernehmen.[84] Außerdem haftet die herrschende Gesellschaft gegenüber einer organisationsvertraglich beherrschten Einmanngesellschaft mit.[85]

Wie bei Aktiengesellschaften auch, spricht man von einem Beherrschungsvertrag, wenn die abhängige Gesellschaft (in diesem Fall die GmbH) sich vertraglich der Leitung eines anderen Unternehmens unterstellt, indem sie diesem das ausdrückliche oder konkludente Weisungsrecht hinsichtlich der Leitung ihres Unternehmens einräumt. Im Gegensatz zu faktischen Konzernen darf hier das herrschende Unternehmen auch nachteilige Weisungen erteilen.

Durch die Ausrichtung der Interessen des abhängigen Unternehmens auf die des herrschenden Unternehmens ändert sich der Zweck der GmbH (§ 33 BGB). Auch die Mitverwaltungs- und Gewinnbezugsrechte der abhängigen GmbH werden durch einen Beherrschungsvertrag stark beschnitten. Dem Beherrschungsvertrag müssen alle Gesellschafter zustimmen. Ihre Zustimmung können sie z.B. von Abfindungs- oder Ausgleichsansprüchen abhängig machen. Während der Zustimmungsbeschluß der Gesellschafter zum Beherrschungsvertrag nach § 53 Abs.2 GmbHG der notariellen Beurkundung bedarf, genügt für den Beherrschungsvertrag die schriftliche Abfassung (§ 293 Abs.3 AktG). Der Unternehmensvertrag ist nach § 294 AktG ins Handelsregister einzutragen. Der Umfang der Eintragung ist jedoch im einzelnen umstritten.[86] Ein Beherrschungsvertrag mit einer abhängigen GmbH bedarf der Zustimmung durch das herrschende Unternehmen. Bei einer AG als Obergesellschaft muß folglich die Hauptversammlung, bei einer GmbH die Gesellschafterversammlung diesem Vertrag zustimmen. Anderenfalls ist der Vertrag unwirksam. Für diesen Zustimmungsbeschluß gilt das in bezug auf die Formvorschriften zum Zustimmungsbeschluß der Gesellschafter der abhängigen Gesellschaft Gesagte. Diese Bestimmung steht in Zu-

83 Vgl. BGH-Beschluß vom 24.10.1988, BGHZ 105, S.324 ff. "Supermarkt".

84 Vgl. BGH-Urteil vom 14.12.1987, BGHZ 103, S.1 ff. "Familienheim"; BGH-Urteil vom 19.09.1988, BGHZ 105, S.168 ff. "HSW"; BGH-Beschluß vom 24.10.1988, BGHZ 105, S.324 ff. "Supermarkt".

85 Dies folgert Bälz aus dem "Autokran"-Urteil des BGH vom 16.09.1985 in BGHZ 95, S.330 ff., da dort die §§ 303, 322 AktG sogar auf den faktischen Konzern angewendet werden (vgl. *Bälz, U.*, Unternehmen, Die AG, 1992, S.287).

86 Vgl. BGH-Beschluß vom 24.10.1988, BGHZ 105, S.345 "Supermarkt".

sammenhang mit der analogen Anwendung der §§ 302, 303 AktG (Verlustübernahme und Gläubigerschutz) auf abhängige GmbH.

Die Möglichkeit, daß in einem Franchiseverhältnis ein Beherrschungsvertrag abgeschlossen wird, ist jedoch als sehr gering einzuschätzen, da der Abschluß eines solchen Vertrages in erster Linie dem Franchisenehmer Vorteile einbringen würde. Im übrigen fanden sich in den untersuchten Verträgen keine Anhaltspunkte für das Vorliegen eines Beherrschungsvertrages, abgesehen von den strengen Formvoraussetzungen, wie sie oben dargelegt wurden. Auf eine Darstellung der anderen Unternehmensverträge in GmbH-Konzernen wird an dieser Stelle verzichtet, da, wie schon erwähnt, diese für das Franchising nicht relevant sind.

9.7.2 Der faktische GmbH-Konzern

Eine weitere Konzernform ist der sogenannte *faktische* Konzern.[87] Bei faktischen Konzernen unterscheidet man wiederum zwischen einfachen und qualifiziert faktischen Konzernen. Zur "Eingliederung" einer GmbH in einen Konzern reicht die Möglichkeit, den Geschäftsführern Weisungen zu erteilen, entweder aufgrund der Mehrheit in der Gesellschafterversammlung oder aufgrund entsprechender Sonderrechte, aus.

Der einfache faktische GmbH-Konzern:

Aus der gesteigerten Treuepflicht, die sich aus der Abhängigkeit des einen Unternehmens vom anderen ergibt, resultiert ein Verbot jeder schädigenden Einflußnahme des herrschenden Unternehmens auf das abhängige. Wird gegen dieses Schädigungsverbot verstoßen,[88] dann richtet sich die Haftung des herrschenden Unternehmens nach § 43 GmbHG analog; die Beweislast der sorgfältigen Geschäftsführung liegt bei den Geschäftsführern (§ 93 Abs.2 S.2 AktG analog). Beispiele für ein schädigendes Verhalten durch das herrschende Unternehmen sind die Veranlassung der abhängigen Gesellschaft zu übermäßig riskanten oder spekulativen Geschäften sowie jede nicht durch den Gesellschaftsvertrag gedeckte Konkurrenz seitens des herrschenden Unternehmens. Solange sich noch einzelne Weisungen und ihre Auswirkungen auf die abhängige Gesellschaft isolieren lassen, ist das herrschende Unternehmen für treuwidrige Einzeleingriffe ersatzpflichtig. Als Rechtsfolgen einer solchen Handlung sind neben

87 Vgl. *Emmerich, V. / Sonnenschein, J.*, Konzernrecht, 1993, S.27.

88 Vgl. dazu das ITT-Urteil des BGH vom 05.06.1975, BGHZ 65, S.15 ff. und WM, 1975, S.1152 und GmbHR, 1975, S.269 und NJW, 1976, S.191.

Schadensersatzpflichten auch Unterlassungs- und Beseitigungspflichten des herrschenden Unternehmens denkbar. Dabei können die Gesellschafter diese Ansprüche mit der actio pro socio geltend machen. In Einmanngesellschaften resultiert das Schädigungsverbot aus den §§ 60 ff. GmbHG, so daß auch hier Schadensersatzansprüche in Betracht kommen. Weitere Rechtsfolgen ergeben sich aus dem jeweiligen Sachverhalt, z.B. der Konzernvermutung.

Der qualifiziert faktische GmbH-Konzern:

Ebenso wie im aktiengesellschaftsrechtlichen Sinne handelt es sich bei qualifiziert faktischen GmbH-Konzernen um Konzerne, die als Betriebsabteilung eines anderen Unternehmens einzustufen sind. Relevant wird die Einstufung als qualifiziert faktischer Konzern in der Praxis vor allem immer wieder im Bereich der Haftung.[89] "Als qualifiziert faktische Konzerne bezeichnet man üblicherweise diejenigen GmbH-Konzerne, in denen sich das herkömmliche Instrumentarium zum Schutze der außenstehenden Gesellschafter und Gläubiger angesichts der umfassenden "Eingliederung" der abhängigen Gesellschaft in den Konzern des herrschenden Unternehmens als nicht mehr vollauf funktionstüchtig erweist."[90] Während in einfachen faktischen Konzernen der abhängigen Gesellschaft noch ein großer Teil an Selbständigkeit verbleibt, fehlt es hieran im qualifiziert faktischen Konzern.[91] Nach Ansicht des BGH liegt ein qualifiziert faktischer Konzern dann vor, wenn das herrschende Unternehmen die Geschäfte der abhängigen Gesellschaft dauernd und umfassend führt.[92] Die herrschende Meinung geht jedoch davon aus, "daß die dauernde und umfassende Leitung der abhängigen Gesellschaft durch das herrschende Unternehmen für die Annahme eines qualifizierten faktischen Konzerns allein *nicht* ausreicht, sondern, daß noch ein qualifiziertes Merkmal hinzukommen muß [...]."[93] Indizien für die Annahme eines qualifiziert faktischen Konzerns sind neben der dauernden und umfassenden Leitung der Geschäfte des abhängigen Unternehmens durch das herrschende die Übertragung zentraler unternehmerischer Funktionen auf das herrschende Unternehmen, die ständige Absaugung der gesamten Liquidität, die vollständige Ausrichtung des Produktionspro-

89 Vgl. bspw. BGH-Urteil vom 29.03.1993, ZIP, 1992, S.1632 ff. und ZIP, 1993, S.589 ff. "TBB"; BAG-Urteil vom 06.10.1992, ZIP, 1993, S.380 ff. "AG-Union"; BGH-Urteil vom 23.09.1991, ZIP, 1991, S.1354 ff. "Video".

90 *Emmerich, V. / Sonnenschein, J.*, Konzernrecht, 1993, S.446.

91 Vgl. *Emmerich, V. / Sonnenschein, J.*, Konzernrecht, 1993, S.27.

92 Vgl. BGH-Urteil vom 23.09.1991, ZIP, 1991, S.1356 "Video"; BAG-Urteil vom 06.10.1992, ZIP, 1993, S.380 ff. "AG-Union".

93 *Emmerich, V. / Sonnenschein, J.*, Konzernrecht, 1993, S.446.

gramms der abhängigen Gesellschaft auf das herrschende Unternehmen und die völlige Undurchschaubarkeit und Unkontrollierbarkeit des Beziehungsgeflechts zwischen den verbundenen Unternehmen.[94]

Da auch in qualifiziert faktischen Konzernen eine Treuepflicht des herrschenden Unternehmens besteht, existiert auch ein allgemeines Schädigungsverbot. Es kommt dann zu einer Ersatzpflicht des herrschenden Unternehmens, wenn sich eine treuwidrige Einflußnahme und ihre nachteiligen Auswirkungen nachweisen und isolieren lassen. Die Frage einer analogen Anwendbarkeit der §§ 302, 303 AktG bei qualifiziert faktischen GmbH-Konzernen wird von Rechtsprechung und Lehre überwiegend bejaht.[95] Diese folgt aus der Verletzung einer Pflicht zu ordnungsgemäßer Konzerngeschäftsführung. Der Ansatzpunkt für die Sanktion ist aber nicht die (dichte) Leitung allein, sondern die dichte *und* nachteilige Leitung. Erst wenn die schädigenden Maßnahmen nicht mehr durch Einzelausgleich gemildert werden können, sondern das herrschende Unternehmen ständig schädigend eingreift, kommt der globale Verlustausgleich nach § 302 AktG analog zur Anwendung.[96]

9.8 Das Konzernrecht der Personengesellschaften

Die Rechtsbegriffe "Unternehmen", "Abhängigkeit" und "Beherrschung" sind im Zusammenhang mit Personengesellschaften ebenso auszulegen wie im Aktiengesetz. Eine Personengesellschaft ist somit dann von einem anderen Unternehmen abhängig, wenn sie unter dessen beherrschendem Einfluß steht. Diese Beherrschungsmöglichkeit muß - wie bei einer AG auch - gesellschaftsrechtlich vermittelt sein. "Findet die Beherrschung ihre Grundlage nicht in organisatorischen Bindungen, sondern in rechtlichen oder tatsächlichen Umständen sonstiger Art, so muß es sich doch jeweils um Umstände handeln, die in Verbindung mit der Ausübung von Beteiligungsrechten von Bedeutung sind oder deren Gewicht verstärken."[97] Fälle rein wirtschaftlicher Abhängigkeit sind allein nach zivil- und wirtschaftsrechtlichen Grundsätzen zu beurteilen (§§ 138, 242, 826 BGB, §§ 22, 26 GWB u.a.).

---

94 Vgl. *Emmerich, V. / Sonnenschein, J.*, Konzernrecht, 1993, S.446 f.

95 Vgl. z.B. die Urteile Autokran, Tiefbau, Video, TBB, AG Union; *Schmidt, K.*, Gesellschaftsrecht, S.1016 f.; *Altmeppen, H.*, "TBB", DB, 1994, S.1912 ff.; BGH-Urteil vom 13.12.1993, NJW, 1994, S.446 f. und ZIP, 1994, S.207 ff. "Anschluß an TBB".

96 Vgl. *Fischer, R. / Lutter, M. / Hommelhoff, P.*, GmbH-Kommentar, 1987, Anhang zu § 13 GmbHG, S.136, Rdnr.17.

97 *Ulmer, P.*, Konzernrecht, in: Großkommentar zum HGB, 1988, Anh. zu § 105, Rdnr.25; so auch *Martens, K.-P.*, Verbundene Personenhandelsgesellschaften, in: *Schlegelberger, F.* (Hrsg.), Handelsgesetzbuch, 1992, Anh. zu § 105, Rdnr.5.

9.8.1 Der vertragliche Personengesellschaftskonzern

Auch bei den Personengesellschaften besteht der Unterschied zwischen einer abhängigen Gesellschaft nach § 17 AktG und einer konzernierten Gesellschaft nach § 18 AktG in der Zusammenfassung des herrschenden mit einem oder mehreren abhängigen Unternehmen unter einer *einheitlichen Leitung*.[98]

Die Unterstellung einer Personengesellschaft unter die einheitliche Leitung des herrschenden Unternehmens setzt voraus, daß die Geschäftspolitik der Unternehmen aufeinander abgestimmt werden muß. Erst dann kann man von einheitlicher Leitung und somit von einem Konzern sprechen. Durch die Unterstellung der beherrschten Personengesellschaft unter die einheitliche Leitung des herrschenden Unternehmens wird aber das Gesellschaftsinteresse vom Konzerninteresse überlagert oder verdrängt. "Aus der Sicht der Personengesellschaft liegt die Besonderheit der Konzernierung gegenüber der bloßen Abhängigkeit in der Ersetzung oder Überlagerung des Gesellschaftsinteresses durch das Konzerninteresse als Richtschnur für die Unternehmensleitung."[99] Eine Änderung der Gesellschaftsgrundlagen ist die Folge. "Diese Umstrukturierung erfordert daher einen vertragsändernden Konzernierungsbeschluß der Gesellschafter, wenn die Gesellschaft ursprünglich entweder als unabhängige oder als zwar abhängige, aber nicht konzernierte Personenvereinigung gegründet war."[100]

Bei Vorliegen eines Beherrschungsvertrags wird auch bei Personengesellschaften heute von der herrschenden Meinung vermutet, daß ein Konzern existiert (§ 18 Abs.1 S.2 AktG).[101] Die Frage, ob die Konzernvermutung des § 18 Abs.1 S.3 AktG auf Personengesellschaften übertragbar ist, ist strittig. Während Ulmer für das Eingreifen der Konzernvermutung ist, spricht sich Martens dagegen aus.[102] Eindeutig ist aber, daß mangels positivrechtlicher Regelungen im Personengesellschaftsrecht kein Raum für eine Eingliederung im Sinne des § 319 AktG ist. Auch eine Abhängigkeit aufgrund

98 Vgl. dazu auch Abschnitt 9.5.3 (S.429).

99 *Ulmer, P.*, Konzernrecht, in: Großkommentar zum HGB, 1988, Anh. zu § 105, Rdnr.29.

100 *Ulmer, P.*, Konzernrecht, in: Großkommentar zum HGB, 1988, Anh. zu § 105, Rdnrn.58 ff.

101 Vgl. *Ulmer, P.*, Konzernrecht, in: Großkommentar zum HGB, 1988, Anh. zu § 105, Rdnr.30 und *Martens, K.-P.*, Verbundene Personenhandelsgesellschaften, in: *Schlegelberger, F.* (Hrsg.), Handelsgesetzbuch, 1992, Anh. zu § 105, Rdnr.13.

102 Vgl. *Ulmer, P.*, Konzernrecht, in: Großkommentar zum HGB, 1988, Anh. zu § 105, Rdnr.31; a.A. *Martens, K.-P.*, Verbundene Personenhandelsgesellschaften, in: *Schlegelberger, F.* (Hrsg.), Handelsgesetzbuch, 1992, Anh. zu § 105, Rdnr.8.

einer Mehrheitsbeteiligung kann wegen des bei Personengesellschaften geltenden Einstimmigkeitsprinzips ausgeschlossen werden.[103]

Als Rechtsfolgen der Konzernierung ergeben sich somit für das herrschende Unternehmen *Treue- und Sorgfaltspflichten* gegenüber der abhängigen Gesellschaft sowie ein *(eingeschränktes) Weisungsrecht des herrschenden Unternehmens* (nach § 308 AktG analog). Zudem existiert ein *Bestandsschutz der konzernierten Gesellschaft*. Von besonderer Bedeutung ist die *Übernahmepflicht des herrschenden Unternehmens für Verluste der abhängigen Gesellschaft*. Eine solche Pflicht ist auch bei verbundenen Personengesellschaften mittlerweile anerkannt. Eine analoge Anwendung des § 302 AktG bei abhängigen Personengesellschaften wird dabei allerdings von der herrschenden Meinung abgelehnt,[104] da das Eigeninteresse der Personengesellschaft aufgrund des Erfordernisses des einstimmigen Beschlusses zum Beherrschungsvertrag hinreichend abgesichert ist. Aber es besteht eine Pflicht des herrschenden Unternehmens zum Verlustausgleich über die Risikohaftung des Geschäftsherrn nach § 670 BGB.[105] Emmerich / Sonnenschein halten außerdem nach Beendigung der Konzerneingliederung § 303 AktG (Gläubigerschutz) für entsprechend anwendbar.[106] Beherrschungsverträge mit abhängigen Personengesellschaften bedürfen der Schriftform und der Eintragung ins Handelsregister, damit einerseits die Kontrolle durch die Mitgesellschafter und andererseits der Gläubigerschutz gewährleistet ist.

9.8.2 Der faktische Personengesellschaftskonzern

Ein weiterer ungeklärter Punkt im Konzernrecht der Personengesellschaften ist die Frage des Vorrangs der Vertragstheorie oder der Eingliederungstheorie. Gemeint ist damit, ob eine einheitliche Leitung nur durch einen Vertrag oder auch durch faktische "Eingliederung" des abhängigen Unternehmens zustande kommen kann. Es geht also um die Übertragbarkeit der Einteilung in (einfache oder qualifiziert) faktische Konzerne und Vertragskonzerne auf Personengesellschaften. Reuter hält eine einheitliche

---

103 Vgl. *Ulmer, P.*, Konzernrecht, in: Großkommentar zum HGB, 1988, Anh. zu § 105, Rdnr.28, 35 und *Martens, K.-P.*, Verbundene Personenhandelsgesellschaften, in: *Schlegelberger, F.* (Hrsg.), Handelsgesetzbuch, 1992, Anh. zu § 105, Rdnr.11.

104 *Für* die analoge Anwendung des § 302 AktG sind *Emmerich, V. / Sonnenschein, J.*, Konzernrecht, 1993, S.500.

105 Vgl. *Ulmer, P.*, Konzernrecht, in: Großkommentar zum HGB, 1988, Anh. zu § 105, Rdnr.72 ff. und *Martens, K.-P.*, Verbundene Personenhandelsgesellschaften, in: *Schlegelberger, F.* (Hrsg.), Handelsgesetzbuch, 1992, Anh. zu § 105, Rdnr.40; *Reuter, D.*, Personengesellschaft, ZHR, 1982, S.5 und *ders.*, Personengesellschaft, Die AG, 1986, S.134.

106 Vgl. *Emmerich, V. / Sonnenschein, J.*, Konzernrecht, 1993, S.500.

Leitung des herrschenden Unternehmens ohne wirksamen Vertrag im Konzernrecht der Personengesellschaften für unzulässig. Es bedürfe außerdem eines Willensaktes des herrschenden Unternehmens, der auf die Aufnahme des abhängigen Unternehmens in den Konzernverbund gerichtet sei. Dies könne z.B. durch eine Konzernierungserklärung geschehen. Eine Konzernabhängigkeit einer Personengesellschaft oder gar eines einzelkaufmännischen Unternehmens werde nur durch Vertrag begründet. In bezug auf das Problem des qualifiziert faktischen Konzerns konstatiert Reuter: "Wenn das herrschende Unternehmen das abhängige faktisch zu seiner Betriebsabteilung macht, wird die Verwahrung gegen den Willen zur Begründung eines Beherrschungsverhältnisses zur unbeachtlichen protestatio facto contraria."[107] Reuter gibt also der Vertragstheorie - im Gegensatz zur Eingliederungstheorie - den Vorzug. Mit Hilfe dieser komme man für konzernabhängige Personengesellschaften zu befriedigenden Problemlösungen. Nach Ulmer ist eine Unterscheidung zwischen einfachem und qualifiziert faktischem Konzern für die beherrschte OHG / KG nicht von Interesse, da im Personengesellschaftsrecht schon die einfache Konzernierung einen Unrechtstatbestand darstellt und zu ihrer Legalisierung eines Konzernierungsbeschlusses bedarf.[108]

Eine einheitliche Leitung kraft faktischer Abhängigkeit halten dagegen einige Autoren für möglich.[109] Das Eigeninteresse der abhängigen Gesellschaft könne unter den Bedingungen der einheitlichen Leitung durch das herrschende Unternehmen gewahrt werden, allerdings nur unter der Voraussetzung, daß die einheitliche Leitung dezentral gehandhabt wird.[110] Erst für den qualifiziert faktischen Konzern gelte etwas anderes, da dort die Geschäftsleitung der abhängigen Personengesellschaft überwiegend auf das Interesse des herrschenden Unternehmens ausgerichtet sei. Die Eigeninteressen der abhängigen Gesellschaft würden dadurch nachhaltig beeinträchtigt. Emmerich billigt die Entstehung eines qualifiziert faktischen Konzerns, wenn ihm alle Gesellschafter zugestimmt haben.[111] Bei einer Konzerneingliederung handelt es sich um eine Änderung des Zwecks der Gesellschaft, weshalb ihr alle Gesellschafter zustimmen müssen. Gegen qualifiziert faktische Konzernierung sind außenstehende Kommanditisten durch das Einstimmigkeitsprinzip geschützt. Die Verlustübernahmepflicht beschränkt sich

107 *Reuter, D.*, Personengesellschaft, Die AG, 1986, S.137.

108 Vgl. *Ulmer, P.*, Konzernrecht, in: Großkommentar zum HGB, 1988, Anh. zu § 105, Rdnr.36.

109 Vgl. *Emmerich, V.*, Konzernrecht, 1985, S.751.

110 Anderer Ansicht Ulmer, der nicht das Vorliegen zentraler oder dezentraler einheitlicher Leitung, sondern den Übergang vom Gesellschafts- zum Konzerninteresse als Richtschnur der Geschäftsführung ansieht (vgl. *Ulmer, P.*, Konzernrecht, in: Großkommentar zum HGB, 1988, Anh. zu § 105, Rdnr.36).

111 Vgl. *Emmerich, V.*, Konzernrecht, 1985, S.743 ff.

nicht nur auf den Vertragskonzern, sondern gilt ebenfalls für den faktischen Konzern.[112]

9.9 Konzernrechtliche Beurteilung durch die Lehre

Die konzernrechtliche Beurteilung des Franchising ist, ebenso wie die arbeitsrechtliche, durch eine Meinungsvielfalt gekennzeichnet. Martinek ging der Frage nach, ob beim Subordinationsfranchising ein Unterordnungskonzern und beim Konföderationsfranchising ein Gleichordnungskonzern im Sinne des § 18 AktG gebildet werde.[113] § 17 AktG beziehe sich allein auf die interne, verwaltungsbedingte Abhängigkeit, die sich nicht nur auf einzelne unternehmerische Bereiche erstrecken dürfe, sondern das ganze Unternehmensverhalten erfassen müsse. Mitunter könnten jedoch externe Marktbeziehungen wie bei Liefer-, Kredit- und Lizenzverträgen in eine interne Abhängigkeit i.S.d. § 17 AktG umschlagen.[114] Allerdings müsse sich der beherrschende Einfluß dann mindestens auf die Finanz-, die Investitions- und die Personalpolitik erstrecken. In diesen genannten Bereichen dürfe bei dem abhängigen Unternehmen keine eigenständige Willensbildung mehr stattfinden. Martinek vertritt hier die Überzeugung, daß es daran beim Subordinationsfranchising fehle, da der Franchisenehmer i.d.R. Herr seiner Finanzen bleibe. Bei ihm handele es sich um die Entscheidungsinstanz, die das letzte Wort habe; diese Restautonomie unterscheide den Franchisenehmer vom Filialsystem. Da für einen Gleichordnungskonzern nach § 18 Abs.2 AktG aber keine konzernrechtliche Abhängigkeit nötig ist, sondern nur die einheitliche Leitung der Konzernunternehmen, untersucht Martinek noch das Konföderationsfranchising. Die Zusammenfassung unter einheitlicher Leitung müsse sich auch hier in der Koordination des finanzpolitischen Bereiches äußern, was aber beim Konföderationsfranchising nicht gegeben sei.[115]

Skaupy geht schon mit der auf Martinek basierenden Einteilung in Subordinations- und Partnerschaftsfranchising nicht konform. Seiner und der überwiegenden Meinung anderer Autoren nach gibt es in Deutschland nur das Business format franchising,[116] was dem Subordinationsfranchising nach Martineks Terminologie entspricht. Diese Sichtweise ist zu befürworten, da die empirische Analyse der Franchiseverträge keinen

112 Vgl. *Ulmer, P.*, Konzernrecht, in: Großkommentar zum HGB, 1988, Anh. zu § 105, Rdnr.75.
113 Zur Terminologie Martineks vgl. Abschnitt 2.5 (S.21).
114 In der Literatur ist dies jedoch umstritten; vgl. Abschnitt 9.4.3 (S.422).
115 Vgl. *Martinek, M.*, Franchising, 1987, S.633 ff.
116 Vgl. Abschnitt 2.5 (S.17).

Hinweis auf die Existenz des sogenannten Partnerschaftsfranchising ergab.[117] Nicht gefolgt werden kann der Ansicht Skaupys, daß es nicht angehen könne, das Franchising als "relativ lose vertikale Kooperationsform [...] in das Korsett eines Unterordnungskonzerns zu pressen."[118] Buschbeck-Bülow hielt in ihrer Antwort Skaupy dessen eigene Argumente vor. Skaupy vertrat in einem Artikel nämlich die Ansicht, daß das Franchising straff organisiert sei und der Franchisenehmer Innovationen in seinem Betrieb einzuführen habe. Bei Weigerungen des Franchisenehmers werde man sogar an sein Ausscheiden aus dem System zu denken haben. Weiterhin bezweifelt sie seine Aussage, daß Franchisegeber nur allgemeine Weisungen erteilen. Ihrer Ansicht nach verbleibt dem Franchisenehmer kaum unternehmerische Initiative; auch könne er nicht über die Investitionen in seinen Betrieb allein entscheiden.[119] Skaupys Replik stellte ein systemkonformes Verhalten der Franchisenehmer, welches durch die *allgemeinen* Vorgaben des Franchisegebers erreicht wird, als conditio sine qua non dar. Vor allem aber beklagt Skaupy, daß die nationalen und internationalen Definitionen des Franchising ignoriert würden.[120] Der Verweis von Skaupy auf die rechtliche Gleichstellung von Franchisenehmern und Franchisegeber vermag jedoch nicht zu überzeugen, wenn man sich die vertraglich vorbehaltenen Weisungsrechte des Franchisegebers vor Augen hält. Die rechtliche Unabhängigkeit von Franchisenehmerunternehmen existiert de jure, de facto ist sie aufgrund versunkener Kosten und hoher Abwanderungskosten nicht gegeben.[121] Die Franchisenehmer sind dadurch in vielen Situationen gezwungen, sich dem Franchisegeber unterzuordnen, weshalb der Begriff des Subordinationsfranchising nicht falsch gewählt wurde. Alle Weisungsrechte des Franchisegebers mit dessen Erfahrung und dem Ziel der Einheitlichkeit bzw. als franchisespezifisch zu rechtfertigen, scheint angesichts der sehr speziellen Klauseln in Franchiseverträgen und der noch spezielleren Ausführungen in den Handbüchern nicht angebracht.

Selzner verneint die Abhängigkeit des Franchisenehmers im Sinne von § 17 AktG, da dieser Paragraph eine innerorganisatorische gesellschaftsrechtliche Beherrschungsmöglichkeit erfordere, woran es fehle. Aus diesem Grunde seien Franchisesysteme keine Konzerne im aktienrechtlichen Sinne. Er befürwortet aber ebenso wie Gitter-

117 Vgl. Abschnitt 2.5 (S.21).

118 *Skaupy, W.*, Franchisesysteme, BB, 1990, S.136.

119 Vgl. *Buschbeck-Bülow, B.*, Franchisesysteme, BB, 1990, S.1061.

120 Vgl. *Skaupy, W.*, Replik, BB, 1990, S.1061 f.

121 Vgl. zu den Abwanderungskosten Abschnitt 4.2.2 (S.80).

mann die Konzerneigenschaft im betriebsverfassungsrechtlichen Sinne, woraus sich die Möglichkeit der Bildung von Konzernbetriebsräten ableitet.[122]

Autoren, die sich mit neuen Konzernstrukturen beschäftigen,[123] diskutieren ebenfalls die Möglichkeit von Franchise-Konzernen. Nagel bezeichnet Verflechtungstypen wie die Beziehung zwischen Hersteller und Lieferant bei der Just-in-time-Produktion[124], Franchising, Joint Ventures und Arbeitsgemeinschaften als "weiche" Konzerne, um deren Position zwischen Dauerschuldverhältnis und Konzern zu charakterisieren. Für die Tatsache, daß Juristen die konzernrechtlichen Grundsätze (noch) nicht auf weiche Konzerne anwenden, macht Nagel den heimlichen Vorrang der schuldrechtlichen vor der gesellschaftsvertraglichen Interpretation verantwortlich, der immer dann gegeben ist, wenn die Parteien ihr Vertragsverhältnis als schuldrechtlich klassifizieren. Eine direkte oder analoge Anwendung konzernrechtlicher Lösungen müsse aber dann möglich sein, wenn die Interessen in einem Fall die gleichen seien wie im Konzern. Konzernrechtliche Abhängigkeit sei heute eher die Regel als die Ausnahme, was bedeute, daß das Leitbild vom autonomen Unternehmer von der ökonomischen Wirklichkeit abweiche.[125] "Aus juristischer Sicht stellen sich viele der neueren schuldrechtlichen Vertragsgestaltungen als Umgehungen von gesetzlichen Schutzrechten dar; derartige Umgehungen sind zumindest auch Zweck der Verträge."[126] Rechtlich seien solche Verträge nicht allein dadurch zu rechtfertigen, daß sie ökonomisch effizient sind. Es sei zu prüfen, ob die Interessenkonstellationen der Verträge denen in arbeits- oder konzernvertraglichen Schutznormen geregelten Konstellationen identisch oder zumindest ähnlich sind. Sei dies der Fall, müsse die direkte oder analoge Anwendung der Schutznormen geprüft werden.

Nach Theis kommt es darauf an, ob die Selbständigkeit des Franchisenehmers im Rahmen des synergetischen Kooperationsverbundes noch gewahrt ist oder ob er als nur wirtschaftlich abhängiges Ausführungsorgan eines straff und dirigistisch gesteuerten Systems fungiert.[127] "Das Problem besteht darin, daß die Entscheidungskompetenz und die wirtschaftlichen Entscheidungsrisiken unterschiedlichen Rechtssubjekten

---

122 Vgl. *Selzner, H.*, Mitbestimmung, 1994, S.108, S.114 und S.118; *Gittermann, D.*, Arbeitnehmerstatus, 1995, S.203; vgl. auch Kapitel 11 (S.535 ff.) zur Mitbestimmung.

123 Vgl. *Nagel, B.*, Konzernstrukturen, DBR, 1991, S.257 ff.; *derselbe*, Arbeitnehmer, Die Mitb., 1997, S.48 ff; *Nagel, B. / Riess, B. / Theis, G.*, Neue Konzernstrukturen, 1991; *Theis, G.*, Konzernstrategien, 1992.

124 Vgl. *Nagel, B.*, Lieferant on line, DB, 1988, S.2291 ff.; *derselbe*, Just-in-time-Lieferbeziehungen, DB, 1991, S.319 ff.; *derselbe*, Zulieferbeziehungen, WuW, 1992, S.818 ff.; *Nagel, B. / Riess, B. / Theis, G.*, Just-in-time-Konzern, DB, 1989, S.1505 ff.; *dieselben*, Just-in-time-Produktion, 1990.

125 Vgl. *Nagel, B.*, Autonomie, 1994, S.91 f.

126 *Nagel, B.*, Autonomie, 1994, S.108.

127 Vgl. *Theis, G.*, Konzernstrategien, 1992, S.107 f.

zugeordnet sind. Die Frage ist daher, bis zu welcher Grenze dieses Auseinanderfallen hinnehmbar ist und ab wann es durch Ausgleichsmechanismen korrigiert werden muß."[128] Die Autorin sieht die Franchisenehmer aufgrund der Fremdbeeinflussung wesentlicher Unternehmensbereiche ihrer Unternehmen durch den Franchisegeber zum Zwecke der Einheitlichkeitswahrung und -förderung nur noch als ausführende Organe an, denen im Vertrieb keine materiellen unternehmerischen Handlungsspielräume mehr verbleiben.[129]

Nagel / Riess / Theis befaßten sich bei der Untersuchung neuer Konzernstrukturen u.a. mit dem Franchisesystem Jacques' Weindepot. Sie gehen ausführlich auf den "Konzernrechtsfall" Jacques' Weindepot ein und gelangen zu dem Schluß, es habe "sich bei den Franchise-Depots um abhängige Unternehmen gem. §§ 17, 18 AktG gehandelt. Die Bildung eines Konzernbetriebsrates wäre demnach möglich gewesen."[130]

9.10 Konzernrechtliche Würdigung

Unternehmensverbindungen im Sinne der §§ 15 ff. AktG können nur durch die Verbindung zwischen *selbständigen Unternehmen* entstehen. Das beinhaltet, daß es sich sowohl um *selbständige* Franchisenehmer - in Abgrenzung zu einem Franchisenehmer, der als Arbeitnehmer qualifiziert wird - als auch um *Unternehmen* handeln muß. Beide Voraussetzungen sind aber in den meisten Franchisesystemen gegeben, so daß zunächst nichts gegen eine potentielle Einstufung als einfache Abhängigkeitsverhältnisse i.S.d. § 17 AktG oder als Konzern i.S.d. § 18 AktG aus dieser Sicht spricht.

Beim Franchising könnte es sich um herrschende und abhängige Unternehmen i.S.d. § 17 AktG handeln. Zur Begründung der Abhängigkeit reicht bereits die bloße Möglichkeit zur Ausübung von Leitungsmacht aus, wofür allein die Sicht der abhängigen Gesellschaft maßgebend ist. Zwar kommen als Herrschaftsmittel außer vertraglichen und organisatorischen Bindungen auch sonstige rechtliche und tatsächliche Umstände in Betracht, allerdings muß ein potentieller Einfluß immer gesellschaftsrechtlich vermittelt sein. Eine rein wirtschaftliche oder tatsächliche Beteiligung, z.B. aufgrund von Liefer- oder Kreditbeziehungen, reicht nach herrschender Meinung nicht

128 *Theis, G.*, Konzernstrategien, 1992, S.108.

129 Vgl. *Theis, G.*, Konzernstrategien, 1992, S.263 f.; so auch *Buschbeck-Bülow, B.*, Franchisesysteme, BB, 1990, S.353.

130 *Nagel, B. / Riess, B. / Theis, G.*, Neue Konzernstrukturen, 1991, S.163.

aus, um eine Abhängigkeit i.S.d. § 17 AktG zu begründen. Im Franchising werden aber gerade gesellschaftsrechtliche Beziehungen der Beteiligten vermieden. Selbst wenn man sich von der herrschenden Meinung entfernt (oder wenn im Einzelfall doch gesellschaftsrechtliche Beteiligungen des Franchisegebers am Unternehmen des Franchisenehmers existieren), könnte es an einer Abhängigkeit im aktienrechtlichen Sinne des Franchisenehmers vom Franchisegeber fehlen. Eine solche wird angenommen, wenn das eine Unternehmen aufgrund seiner Herrschaft über die Personalpolitik in einem anderen Unternehmen in der Lage ist, letztlich die Geschäftspolitik der abhängigen Gesellschaft in maßgebender Hinsicht zu beeinflussen. Bezieht sich der Einfluß auf andere zentrale Unternehmensbereiche (z.B. den Einkauf, die Organisation, die Finanzierung oder den Verkauf), so liegt ebenfalls eine Abhängigkeit im Sinne des § 17 AktG vor. Als Grundlagen der Abhängigkeit werden Beteiligungen, personelle Verflechtungen, besondere Satzungsbestimmungen und Unternehmensverträge angesehen. An diesen Grundlagen wird es aber in der Regel fehlen. Eine Abhängigkeit aufgrund schuldrechtlicher Verträge, wie sie zwischen Franchisegebern und Franchisenehmern bestehen, wird derzeit noch verneint. An dieser Auffassung wird in jüngster Zeit Kritik laut, da die herrschende Meinung verkennt, daß schuldrechtliche Vertragsbeziehungen eine der Mehrheitsbeteiligungen vergleichbare Herrschaft begründen können.

Als eine weitere Form der Unternehmensverbindungen sind *Konzerne* zu nennen. Das zentrale Merkmal von Konzernen, die sich aus mindestens zwei Konzernunternehmen zusammensetzen, ist die einheitliche Leitung. Eine einheitliche Leitung liegt bereits vor, wenn die Finanzplanung zentral für den gesamten Konzern durch die Konzernspitze erfolgt. Ein Konzern liegt auch vor, wenn in einem der anderen zentralen Unternehmensbereiche wie etwa Einkauf, Organisation, Personalwesen oder Verkauf einheitlich geplant und durchgesetzt wird. Beim Begriff der einheitlichen Leitung geht es folglich darum, ob die Geschäftspolitik oder sonstige grundsätzliche Fragen der Geschäftsführung mit der Konzernspitze abgestimmt werden müssen.

Tritt zu dem Merkmal der einheitlichen Leitung die *Abhängigkeit* des einen Unternehmens von dem anderen, so spricht man von einem *Unterordnungskonzern*. Die Einstufung eines Franchisesystems als Unterordnungskonzern scheitert an zwei Punkten. Zum einen kann eine Abhängigkeit im Sinne des § 17 AktG aufgrund fehlender gesellschaftsrechtlich vermittelter Einflußgrößen nicht nachgewiesen werden, zum anderen fehlt es dann an einer einheitlichen Leitung, wenn den Franchisenehmern noch genügend Spielräume hinsichtlich ihrer Unternehmensführung verbleiben. Zu diesen Problemen treten solche, die sich aus der Ausrichtung des Konzernrechts auf Aktiengesellschaften und Kommanditgesellschaften auf Aktien ergeben. Da die Unternehmen der Franchisenehmer meistens in der Rechtsform einer Personengesellschaft oder Gesellschaft mit beschränkter Haftung geführt werden, kommt nur die analoge Anwendung bestimmter aktienrechtlicher Normen in Betracht. Während das Aktienrecht den Eingliederungs-, den Vertrags- und den faktischen Konzern unterscheidet, sind im Konzernrecht der Personengesellschaften und der GmbH nur Vertragskonzerne und faktische Konzerne denkbar.

Das *GmbH-Konzernrecht* beruht ebenso wie das *Konzernrecht der Personengesellschaften* mangels gesetzlicher Regelungen auf der Rechtsprechung. Ein *Vertragskonzern* existiert aber zwischen Franchisegeber und Franchisenehmer nicht, da diese keinen *Beherrschungs-* oder *Gewinnabführungsvertrag* miteinander schließen. Allenfalls käme die Möglichkeit eines *faktischen Konzerns* zwischen Franchisegeber und Franchisenehmer in Betracht. Hier unterscheidet man zwischen einfachen faktischen und qualifiziert faktischen Konzernen. Kann die Mehrheit durch Einflußnahme auf die Geschäftsführung die Interessen der Mitgesellschafter beeinträchtigen, ohne daß ein Beherrschungsvertrag vorliegt, so handelt es sich um einen *einfachen faktischen Konzern*. Eine solche Einflußnahme der Gesellschafter wird aber für als GmbH organisierte Franchisenehmergeschäfte zu verneinen sein, da der Franchisegeber gerade nicht an der Gesellschaft des Franchisenehmers beteiligt ist. Aus diesem Grund entfällt auch eine Einstufung des Franchiseverhältnisses als *qualifiziert faktischen Konzern*, bei dem im Unterschied zum einfachen faktischen Konzern das herrschende Unternehmen dauerhaft und umfassend von seiner Leitungsmacht Gebrauch macht.

Es existiert auch nicht die Möglichkeit eines einfachen oder qualifiziert faktischen Unterordnungskonzerns bei Franchisenehmerunternehmen, die als Personengesellschaften organisiert sind, da nicht davon ausgegangen werden kann, daß der Franchisenehmer im Gesellschaftsvertrag abweichend vom Einstimmigkeitsprinzip Mehrheitsbeschlüsse zuläßt. Dies ist aber die Voraussetzung für eine Abhängigkeit von Personengesellschaften im Sinne des § 18 AktG.

Werden rechtlich selbständige Unternehmen unter einheitlicher Leitung zusammengefaßt, ohne daß das eine Unternehmen von dem anderen Unternehmen abhängig ist, so handelt es sich um einen Gleichordnungskonzern (§ 18 Abs.2 AktG). Die Einstufung eines Franchisesystems als *Gleichordnungskonzern* wird aber schon deshalb nicht in Betracht gezogen, weil es an einer "Gleichordnung" von Franchisenehmer und Franchisegeber in der Regel fehlt. Der Begriff des Subordinationsfranchising ist hingegen für die durch die vorliegenden Franchiseverträge repräsentierten Franchisesysteme zutreffend.

9.11 Zusammenfassung

Das Konzernrecht der Aktiengesellschaft und der Kommanditgesellschaft auf Aktien ist im Aktiengesetz, insbesondere in den §§ 15 ff., 291 ff. AktG, geregelt. Bei den §§ 15 bis 19 AktG handelt es sich um rechtsformunabhängige Normen, da dort nur generell von Unternehmen die Rede ist. Franchisesysteme könnten sich deshalb, auch wenn an ihnen keine AG oder KGaA beteiligt ist, als einfache Abhängigkeitsverhältnisse oder Konzerne i.S.d. des § 18 Abs.1 AktG darstellen. Eine Einstufung als Abhängigkeitsverhältnis i.S.d. § 17 AktG scheitert aber nach herrschender Meinung immer dann, wenn der Beziehung zwischen zwei (oder mehr) Unternehmen "nur" eine schuldrechtlich vermittelte Abhängigkeit zugrunde liegt. Für ein Abhängigkeitsverhältnis i.S.d. § 17 AktG ist hingegen eine gesellschaftsrechtlich vermittelte Abhängigkeit notwendig. Auch wird es sich bei Franchisesystemen nur dann um Konzernunternehmen i.S.d. § 17 Abs.1 AktG handeln, wenn ein nach § 17 AktG abhängiges Unternehmen unter der einheitlichen Leitung des herrschenden Unternehmens mit diesem zusammengefaßt ist. Wird zum einen an einer gesellschaftsrechtlich vermittelten Abhängigkeit des Franchisenehmerunternehmens gezweifelt, so wird zum anderen auch die einheitliche Leitung i.d.R. nicht gegeben sein. Denn es wird weder ein Beherrschungsvertrag zwischen Franchisegeber und Franchisenehmer abgeschlossen noch existieren sonstige Einflußnahmemöglichkeiten wie Doppelmandate oder personelle Verflechtungen. Während also ein Vertragskonzern im allgemeinen schon aufgrund der strengen Formvoraussetzungen ausgeschlossen werden kann, so besteht noch die Möglichkeit, daß Franchisegeber und Franchisenehmer einen faktischen Konzern bilden. Doch auch hier erschweren besondere Voraussetzungen die Befürwortung eines solchen. Zwar handelt es sich beim faktischen Konzern um einen Sammelbegriff ohne gesetzliche Basis, bei dem es keine gesetzlich anerkannte Leitungsmacht gibt, jedoch beruht diese Leitungsmacht auf einer Mehrheitsbeteiligung, von der bei Franchisesystemen gerade nicht auszugehen ist. Des weiteren werden Franchisegeber und Franchisenehmer auch keinen Gleichordnungskonzern bilden, da das "klassische" Franchising, wie es hier analysiert wurde, nicht auf einer Gleichordnung, sondern auf einer Unterordnung basiert.

Als generelles Fazit läßt sich somit festhalten, daß es im allgemeinen an einer Konzerneigenschaft von Franchisesystemen fehlen wird. Nur unter ganz bestimmten Voraussetzungen kann es zu einer anderen Beurteilung der Situation kommen.

10 Arbeitsrechtliche Analyse des Franchising

Die Selbständigkeit des Franchisenehmers wird zwar sowohl in den Franchiseverträgen als auch in der Literatur[1] als eine Tatsache und Bedingung dieses Absatzmittlungssystems immer wieder hervorgehoben, aber dennoch ist diese *faktisch* nicht zwangsläufig bei allen Franchisesystemen gegeben. Der Franchisenehmer ist auf der einen Seite zwar aufgrund des eigenen Unternehmens und der damit verbundenen Rechte und Pflichten rechtlich selbständig. Als Indiz hierfür kann man die vertragsmäßige Pflicht werten, daß sich der Franchisenehmer in das Handelsregister als selbständiger Kaufmann einzutragen hat. Aber der mögliche Rechtsformzwang könnte auf der anderen Seite als ein Instrument zur Umgehung des Arbeitsrechts dienen. Es darf jedoch nicht außer acht gelassen werden, daß es laut BAG aber auf die tatsächlichen Vertragsinhalte und deren Durchführung bei der Einstufung eines Erwerbstätigen als Selbständigen oder als Arbeitnehmer ankommt.[2]

Um die Bedeutung des Arbeitsrechts für das Franchising erfassen zu können, werden einige allgemeine Überlegungen zum Arbeitsrecht im folgenden kurz vorangestellt. Unter Arbeitsrecht versteht man die Gesamtheit aller Rechtsregeln, die sich mit der unselbständigen Arbeit befassen. Beim Arbeitsrecht handelt es sich also um ein Recht der abhängigen Arbeit. Arbeit kann auch selbständig erbracht werden, unterliegt dann aber nicht dem Arbeitsrecht. Man unterscheidet zwischen individuellem und kollektivem Arbeitsrecht. Von ersterem spricht man bei rechtlichen Regelungen zwischen Arbeitgeber und Arbeitnehmern. Kollektives Arbeitsrecht meint die rechtlichen Regelungen zwischen den Zusammenschlüssen von Arbeitgebern und Arbeitnehmern, und zwar durch Beziehungen zwischen den Gewerkschaften und Arbeitgeberverbänden oder einzelnen Arbeitgebern sowie zwischen Betriebsräten und Arbeitgebern, insbesondere das Zustandekommen von Gesamtvereinbarungen (Tarifvertrag, Betriebsverfassung).[3]

Das Arbeitsrecht ist in viele Einzelgesetze zersplittert, deren Rangfolge sich nach dem Rangprinzip und Art.31 GG richtet. Das überstaatliche Recht (das Gemeinschafts-

1 Siehe dazu Abschnitt 10.6.1 (S.505 ff.).
2 Siehe dazu Abschnitt 10.2.2.2 (S.460).
3 Vgl. *Gabler Wirtschaftslexikon*, 1988, S.318 f.

recht) ist das höchstrangige, dann folgen das Grundgesetz, die Bundesgesetze, die Rechtsgrundsätze und die Rechtsprechung (gleichrangig), die Länderverfassung, die Ländergesetze, die Tarifverträge, die Betriebsvereinbarungen, die Betriebsübungen und der Individualvertrag, der das schwächste Recht innerhalb des Arbeitsrechts darstellt.[4] Allerdings gilt das Rangprinzip nur eingeschränkt, da das Günstigkeitsprinzip ebenfalls berücksichtigt wird. Danach kann das rangniedrigere Gesetz dem ranghöheren vorzuziehen sein, wenn es eine für den Arbeitnehmer günstigere Regelung enthält. Des weiteren gilt das Spezialitätsprinzip. Nach diesem soll für einen Betrieb immer nur der Tarifvertrag gelten, der aufgrund seiner betrieblichen, fachlichen und räumlichen Nähe der speziellere ist. Der Begriff des Betriebes wurde im Arbeitsrecht durch Rechtsprechung und Lehre entwickelt. Ein *Betrieb* ist die organisatorische und räumliche Zusammenfassung von Arbeitsmitteln durch den Arbeitgeber, in dem die Arbeitnehmer nach seinen Anweisungen fortgesetzt zu einem bestimmten arbeitstechnischen Zweck gegen Entgelt abhängige Arbeit leisten. Ein *Unternehmen* ist im arbeitsrechtlichen Sinne der weitere Begriff. Unternehmen können aus einem oder mehreren selbständigen Betrieben bestehen. Ein Unternehmen faßt mehrere Betriebe organisatorisch zur Verfolgung eines wirtschaftlichen Zweckes zusammen.[5]

10.1 Relevanz der Fragestellung

Wie wichtig die Einstufung des Franchisenehmers als Selbständiger oder als abhängig Beschäftigter ist, zeigen die jeweiligen Rechtsfolgen, die damit verbunden sind. Die Begriffe "Selbständige" und "Arbeitnehmer" sind nämlich nicht nur semantisch Gegenbegriffe, sondern auch konträr in ihren Auswirkungen.

Ein *Arbeitnehmer* ist durch seine Eingliederung in den Betrieb Gefahren ausgesetzt. Diese können z.B. durch die technischen Produktionsmittel gesundheitlicher oder durch die wirtschaftliche Überlegenheit des Arbeitgebers existentieller Natur sein. Das Arbeitsschutzrecht, welches nicht abdingbar ist, wirkt der Willkür der Arbeitgeber entgegen. Man unterteilt den Arbeitsschutz entweder nach dem geschützten Personenkreis in einen allgemeinen und einen besonderen Arbeitsschutz oder nach dem Schutzgegenstand. Der allgemeine Arbeitsschutz gilt für alle Arbeitnehmer, der besondere nur für bestimmte Berufsgruppen. So gibt es z.B. ein Frauen- und Mutterschutzgesetz, ein Jugendarbeitsschutzgesetz und ein Schwerbehindertengesetz. *Schutzgesetze zu den Arbeitsbedingungen* stellen z.B. das Arbeitszeitgesetz (ArbZG), das Bundesurlaubs-

4 Vgl. *Linnenkohl, K.*, Arbeitsrecht, 1986, S.8.
5 Vgl. *Pünnel, L.*, Arbeitsrecht, 1989, S.47 f.

gesetz (BUrlG), die Arbeitsstättenverordnung (ArbStättV) und das Gesetz über Betriebsärzte, Sicherheitsingenieure und andere Fachkräfte für Arbeitssicherheit, kurz Arbeitssicherheitsgesetz (ArbSichG), dar. Kündigungsschutz genießen Arbeitnehmer primär durch das Kündigungsschutzgesetz (KSchG), aber auch das BetrVG (§ 102 Abs.1), das BGB (z.B. die §§ 622, 626) sowie besondere *Kündigungsschutzgesetze* für bestimmte Arbeitnehmergruppen (z.B. Schwangere, ältere Arbeitnehmer, Wehr- oder Zivildienstleistende etc.). Zudem existieren *gesetzliche Mitwirkungsrechte der Arbeitnehmer*. Diese können sich aus dem Betriebsverfassungsgesetz (BetrVG), dem Mitbestimmungsgesetz (MitbestG), dem Montan-Mitbestimmungsgesetz (Montan-MitbestG), dem Mitbestimmungsergänzungsgesetz (MbErgG) und dem Tarifvertragsgesetz (TVG) ergeben. *Normen, die die gesetzliche Daseinsvorsorge der Arbeitnehmer regeln*, sind u.a. das Entgeltfortzahlungsgesetz (EFZG), die Konkursordnung (§ 59 Abs.1 Nr.3a KO), das Mutterschutzgesetz (MuSchG), das Bundeserziehungsgeldgesetz (BErzGG) sowie das Vermögensbildungsgesetz (VermbG). Von besonderer Bedeutung ist die Sozialversicherung, die die gesetzliche Kranken-, Unfall-, Renten-, Pflege- und Arbeitslosenversicherung beinhaltet.[6] Gesetzliche Grundlagen der Sozialversicherung bilden die Reichsversicherungsordnung (RVO) und das Sozialgesetzbuch (SGB).

Bei einem *Selbständigen* kommen alle oben genannten Schutzrechte nicht zur Anwendung, da sie nur für die Personen gelten, die abhängig beschäftigt sind. Ein Selbständiger ist i.d.R. nicht sozialversicherungspflichtig, sondern versicherungsberechtigt. Das Versicherungsverhältnis kommt nur durch Freiwilligkeit des Versicherungsberechtigten zustande. Allerdings gibt es auch Selbständige, die versicherungspflichtig sind. Hat der Selbständige sich nicht freiwillig der Sozialversicherung angeschlossen, dann muß er im Krankheitsfall oder im Rentenalter auf selbstgeschaffene Kapitalreserven zurückgreifen.

Würde man den Franchisenehmer als *arbeitnehmerähnliche Person* einstufen, so wären einzelne arbeitsrechtliche Vorschriften und Grundsätze anwendbar (z.B. die §§ 2 BUrlG, 2 EFZG, § 92a HGB).[7] Nach § 5 ArbGG unterstehen diese zwar der Arbeitsgerichtsbarkeit, jedoch ist das materielle Arbeitsrecht grundsätzlich nicht anwendbar, soweit nicht in den einzelnen arbeitsrechtlichen Gesetzen etwas anderes vorgesehen ist. Es besteht auch die Möglichkeit, die Arbeitsbedingungen für arbeitnehmerähnliche Personen mit Ausnahme der Handelsvertreter durch Tarifvertrag zu regeln.[8]

---

6 Die Arbeitslosenversicherung gehört nach h.M. zwar nicht zur Sozialversicherung i.e.S., wird jedoch im GG zur Sozialversicherung gerechnet (Art.74 Nr.12 GG).

7 Vgl. *Martinek, M.*, Franchising, 1987, S.285.

8 Vgl. *Zöllner, W.*, Arbeitsrecht, 1983, S.53.

10.2 Ontologische Definition des Arbeitnehmerbegriffs

Der ontologischen Annäherung an den Arbeitnehmerbegriff anhand rechtstatsächlicher Beobachtungen wird an späterer Stelle eine teleologische Begriffsbestimmung gegenüber gestellt.[9] Doch zunächst geht es darum, in welcher Weise definitorische, deklaratorische, formale, subjektive und objektive Kriterien dazu geeignet sind, den Arbeitnehmerbegriff zu spezifizieren.

In keinem der deutschen Gesetzestexte findet sich eine Definition des Begriffs "Arbeitnehmer." Dennoch lassen sich aus den Gesetzen Anhaltspunkte ziehen, da bestimmte Berufsgruppen als Arbeitnehmer eingestuft werden, andere hingegen von diesem Status ausgenommen sind. Aufgrund des Fehlens einer Arbeitnehmerdefinition im Gesetz muß nach Kriterien gesucht werden, die eine Einstufung eines Berufstätigen als Arbeitnehmer oder Selbständigen erlauben. Derartige Ansatzpunkte liefern die §§ 84, 92a HGB, 12a Abs.1 Nr.1 TVG, 5 BetrVG, 4 Abs.5 BPersVG, 5 Abs.1 S.2 ArbGG, 2 S.2 BUrlG und 2 HAG. Sie können im folgenden zur näheren Bestimmung des Arbeitnehmerbegriffs herangezogen werden, da in ihnen die Begriffe "selbständig" und "Arbeitnehmer im Sinne des ...gesetzes" enthalten sind und interpretiert werden.

10.2.1 Legaldefinitionen

Eine Möglichkeit, den Arbeitnehmerbegriff einzugrenzen, ist die der negativen Abgrenzung zu den Selbständigen. In diesem Zusammenhang bietet § 84 HGB, der sich mit dem Unterschied zwischen dem selbständigen Handelsvertreter und dem unselbständigen Handlungsgehilfen befaßt, wichtige Hinweise. Laut § 84 Abs.1 HGB ist Handelsvertreter, wer als selbständiger Gewerbetreibender ständig damit betraut ist, für einen anderen Unternehmer (Unternehmer) Geschäfte zu vermitteln oder in dessen Namen abzuschließen. Selbständig ist, wer im wesentlichen frei seine Tätigkeit gestalten und seine Arbeitszeit bestimmen kann (§ 84 Abs.1 S.2 HGB). Wer hingegen, ohne selbständig im Sinne des Absatzes 1 zu sein, ständig damit betraut ist, für einen Unternehmer Geschäfte zu vermitteln oder in dessen Namen abzuschließen, gilt als Angestellter nach § 84 Abs.2 HGB.

Merkmal der Selbständigkeit des Handelsvertreters ist die persönliche rechtliche Freiheit, die sich in der Möglichkeit zur freien Gestaltung der Tätigkeit und der Arbeitszeit widerspiegelt. Der selbständige Handelsvertreter unterliegt z.B. nicht

9 Vgl. dazu Abschnitt 10.4 (S.478 ff.).

einem bestimmten Tagesplan, einer Mindestarbeitszeit oder einem Arbeitspensum. Für die Selbständigkeit sprechen außer der nur eingeschränkten Weisungsgebundenheit auch das Vorliegen eines eigenen Unternehmens, die eigene Übernahme der Kosten und Risiken der Geschäftstätigkeit, eigene Geschäftsräume, selbst ausgesuchtes eigenes Personal sowie das Recht zum Einsatz von Untervertretern.[10] Anzeichen für eine Selbständigkeit im Bereich der Unternehmensorganisation sind z.B. eine eigene Buchführung, Werbung, Kundenbeziehungen, Büroeinrichtungen und ein entsprechendes Auftreten im Geschäftsverkehr, insbesondere durch die Firmenbezeichnung am Geschäftslokal und bei der geschäftlichen Korrespondenz.[11] Eher schwache formelle Indizien für eine Selbständigkeit sind: die Anmeldung beim Gewerbeamt, die Eintragung ins Handelsregister und die Veranlagung zur Umsatz- und Gewerbesteuer.[12]

Die Selbständigkeit des Handelsvertreters ergibt sich nicht bereits aus seiner Kaufmannseigenschaft, da diese von der Selbständigkeit abhängt.[13] Gegen die Selbständigkeit sprechen die Genehmigungspflicht für jede Nebentätigkeit, die Einbeziehung in die betriebliche Organisation und in die Tarifordnung und das Abführen von Lohnsteuer und Sozialversicherung.[14] Ein weiteres Zeichen der Unselbständigkeit ist es, wenn der Unternehmer den Handelsvertreter jederzeit kurzfristig in den Innendienst berufen kann.[15] Als neutral wertete der BGH folgende Umstände: ein mangelnder eigener Kapitaleinsatz, ein vertragliches Verbot der Mehrfirmenvertretung und feste Vergütungsbestandteile.[16]

Bezüglich der Weisungen des Unternehmers, für den der Handelsvertreter tätig wird, hielt der BGH in verschiedenen Urteilen fest, daß der Unternehmer dem Handelsvertreter zwar Weisungen erteilen darf, diese jedoch nicht zu weit gehen dürften. Erlaubt sind Absprachen hinsichtlich der Vertragspartner, der Vertragsbedingungen, der Verbuchung und Abrechnung sowie Abreden über Ort und Zeit (z.B. Tourenpläne), soweit durch diese der Handelsvertreter nicht zum unselbständigen Arbeitnehmer wird. Die Vorgabe von Mindestumsätzen und das Verabreden von regelmäßigen Rücksprachen sind ebenso zulässig wie die Verpflichtung des Handelsvertreters, den Unternehmer im Büro zu besuchen und telefonisch erreichbar zu sein.[17] Das Maß der

---

10 Vgl. *Hopt, K.J.*, Handelsgesetzbuch, 1995, § 84, S.22 f., Rdnr.36.
11 Vgl. *Sonnenschein, J.*, HGB-Kommentar, 1989, § 84, S.458, Rdnr.16.
12 Vgl. *Hopt, K.J.*, Handelsvertreterrecht, 1992, § 84, S.27, Rdnr.36.
13 Vgl. *Sonnenschein, J.* HGB-Kommentar, 1989, § 84, S.455, Rdnr.7.
14 Vgl. *Hopt, K.J.*, Handelsgesetzbuch, 1995, § 84, S.224, Rdnr.36.
15 Vgl. *Sonnenschein, J.*, HGB-Kommentar, 1989, § 84, S.457, Rdnr.12.
16 Vgl. *Hopt, K.J.*, Handelsvertreterrecht, 1992, § 84 HGB, S.27, Rdnr.36.
17 Vgl. *Hopt, K.J.*, Handelsgesetzbuch, 1995, § 84, S.224, Rdnr.38.

Freiheit in der Tätigkeitsgestaltung kann aber durch die Anforderungen der Geschäftsart eingeengt sein, z.B. in bezug auf den Arbeitsablauf.[18]

Während § 84 HGB auf die Definition der Selbständigkeit zielt, legt § 5 BetrVG fest, wer als Arbeitnehmer im Sinne dieses Gesetzes gilt, ohne den Begriff zu definieren. In § 5 Abs.1 BetrVG heißt es: "Arbeitnehmer im Sinne dieses Gesetzes sind Arbeiter und Angestellte einschließlich der zu ihrer Berufsausbildung Beschäftigten." Die Absätze 2 und 3 zeigen die Personengruppen auf, die nicht als Arbeitnehmer im Sinne des BetrVG gelten. Dazu gehören auch die leitenden Angestellten. Der Begriff des leitenden Angestellten wird in § 5 Abs.3 und 4 BetrVG definiert. Leitender Angestellte ist, wer selbständig Personalentscheidungen treffen kann oder wer Prokura oder Vollmacht hat oder wer unternehmerische Aufgaben wahrnimmt und dabei im wesentlichen frei von Weisungen ist. Das Betriebsverfassungsgesetz geht vom allgemeinen arbeitsrechtlichen Begriff des Arbeitnehmers aus, auf den im folgenden näher eingegangen wird.[19]

Arbeitnehmer im Sinne des Arbeitsgerichtsgesetzes sind nach § 5 Abs.1 S.1 ArbGG Arbeiter und Angestellte sowie die zu ihrer Berufsausbildung Beschäftigten. Als Arbeitnehmer gelten auch die in Heimarbeit Beschäftigten und die ihnen Gleichgestellten sowie sonstige Personen, die wegen ihrer wirtschaftlichen Unselbständigkeit als arbeitnehmerähnliche Personen anzusehen sind (§ 5 Abs.1 S.2 ArbGG). Laut § 5 Abs.2 ArbGG sind Beamte als solche keine Arbeitnehmer. § 5 Abs.3 ArbGG bestimmt, unter welchen Voraussetzungen Handelsvertreter als Arbeitnehmer im Sinne des Gesetzes gelten. Auch das Arbeitsgerichtsgesetz enthält keine Definition des Arbeitnehmerbegriffes, sondern geht von dem allgemeinen Arbeitnehmerbegriff des Arbeitsrechts aus. Ist jemand als Arbeitnehmer nach § 5 ArbGG anzusehen, so sind die Arbeitsgerichte im Streitfalle zuständig.

In § 4 BPersVG geht es um den Begriff des Beschäftigten im öffentlichen Dienst im Sinne des Bundespersonalvertretungsgesetzes. Danach sind Beschäftigte im öffentlichen Dienst im Sinne dieses Gesetzes die Beamten, Angestellten und Arbeiter einschließlich der zu ihrer Berufsausbildung Beschäftigten sowie Richter, die an eine der in § 1 BPersVG genannten Verwaltungen oder zur Wahrnehmung einer nichtrichterlichen Tätigkeit an ein Gericht des Bundes abgeordnet sind. Arbeiter sind nach § 4 Abs.4 BPersVG Beschäftigte, die nach dem für die Dienststelle maßgebenden Tarifvertrag Arbeiter sind, einschließlich der zu ihrer Berufsausbildung Beschäftigten. Bezugspunkt des BPersVG ist der allgemeine Arbeitnehmerbegriff.

---

18 Vgl. *Hopt, K.J.*, Handelsvertreterrecht, 1992, § 84, S.27 f., Rdnr.37.

19 Vgl. dazu Abschnitt 10.2.2.1 (S.458 f.)

§ 2 BUrlG bestimmt den Geltungsbereich des Bundesurlaubsgesetzes. Dieser erstreckt sich auf Arbeitnehmer, wobei darunter Arbeiter und Angestellte sowie die zu ihrer Berufsausbildung Beschäftigten verstanden werden. Als Arbeitnehmer gelten nach § 2 S.2 BUrlG auch Personen, die wegen ihrer wirtschaftlichen Unselbständigkeit als arbeitnehmerähnliche Personen anzusehen sind.

In § 2 HAG werden die für das Heimarbeitsgesetz relevanten Begriffe "Heimarbeiter", "Hausgewerbetreibender" und "Zwischenmeister" definiert. Heimarbeiter im Sinne des Gesetzes ist, wer in selbstgewählter Arbeitsstätte (eigener Wohnung oder selbstgewählter Betriebsstätte) allein oder mit seinen Familienangehörigen im Auftrag von Gewerbetreibenden oder Zwischenmeistern erwerbsmäßig arbeitet, jedoch die Verwertung der Arbeitsergebnisse dem unmittelbar oder mittelbar auftraggebenden Gewerbetreibenden überläßt. Beschafft der Heimarbeiter die Roh- und Hilfsstoffe selbst, so wird hierdurch seine Eigenschaft als Heimarbeiter nicht beeinträchtigt (§ 2 Abs.1 HAG). Es handelt sich bei den Heimarbeitern zwar nicht um Arbeitnehmer, da sie nicht persönlich von einem Arbeitgeber und dessen Weisungsrecht abhängig sind. Wegen der großen wirtschaftlichen Abhängigkeit von ihren Auftraggebern, werden sie aber als arbeitnehmerähnliche Personen eingestuft, so daß sie in zahlreichen arbeitsrechtlichen Vorschriften den Arbeitnehmern gleichgestellt sind. Ihr Schutz geht mitunter sogar über den der Arbeitnehmer hinaus. Ihre Interessenvertretung übernimmt der Betriebsrat.[20]

Im Tarifvertragsgesetz enthält § 12a TVG eine knappe Definition der arbeitnehmerähnlichen Personen, die - das wurde schon bei den Ausführungen zu § 2 HAG deutlich - eine Position zwischen den Arbeitnehmern und den Selbständigen einnehmen. Laut § 12a Abs.1 TVG gelten die Vorschriften des Gesetzes entsprechend für Personen, die wirtschaftlich abhängig und vergleichbar einem Arbeitnehmer sozial schutzbedürftig sind (arbeitnehmerähnliche Personen), wenn sie aufgrund von Dienst- oder Werkverträgen für andere Personen tätig sind, die geschuldeten Leistungen persönlich und im wesentlichen ohne Mitarbeit von Arbeitnehmern erbringen und a) überwiegend für eine Person tätig sind oder b) ihnen von einer Person im Durchschnitt mehr als die Hälfte des Entgelts zusteht, das ihnen für ihre Erwerbstätigkeit insgesamt zusteht.

Zentrale Merkmale einer arbeitnehmerähnlichen Person sind ihre persönliche wirtschaftliche Abhängigkeit und ihre soziale Schutzbedürftigkeit bei rechtlicher Selbständigkeit. Die soziale Schutzbedürftigkeit setzt voraus, daß das Maß der Abhängigkeit nach der Verkehrsanschauung einen solchen Grad erreicht, wie er im

20 Vgl. *Kittner, M.,* Arbeits- und Sozialordnung, 1995, S.929.

allgemeinen nur in einem Arbeitsverhältnis vorkommt und die geleisteten Dienste nach ihrer sozialen Typik mit denen eines Arbeitnehmers vergleichbar sind.[21] Dabei kommt es nicht darauf an, ob es sich um einen Dienst- oder Werkvertrag handelt. Die Einkommens- und Vermögensverhältnisse dürfen keinen Einfluß auf die Einstufung haben. Eine arbeitnehmerähnliche Person kann auch für mehrere Auftraggeber tätig sein. Sie ist zwar nicht in den Betrieb des Arbeitgebers eingegliedert, kann aber in ihrer Funktion betriebsbezogen sein. Dabei verzichtet sie aber auf eigenes Beschicken des Marktes. Weder Weisungsgebundenheit noch -freiheit ist ein Kriterium der Eigenschaft einer arbeitnehmerähnlichen Person.[22] Die Grenzziehung zwischen Arbeitnehmern, arbeitnehmerähnlichen Personen und Selbständigen beruht auf den Merkmalen der persönlichen sowie der wirtschaftlichen Abhängigkeit.[23] Die Feststellung der Arbeitnehmerähnlichkeit kann im Wege einer (Status-) Feststellungsklage vor den Arbeitsgerichten geklärt werden. Wird eine Person als arbeitnehmerähnlich qualifiziert, so kann sie eine kollektive Interessenwahrnehmung erfahren; es können unter den im TVG genannten Voraussetzungen Tarifverträge für arbeitnehmerähnliche Personen abgeschlossen werden.

§ 611 BGB befaßt sich mit dem Wesen des Dienstvertrages. Durch den Dienstvertrag wird derjenige, welcher Dienste zusagt, zur Leistung der versprochenen Dienste, der andere Teil zur Gewährung der vereinbarten Vergütung verpflichtet (§ 611 Abs.1 BGB). Gegenstand des Dienstvertrages können Dienste jeder Art sein (§ 611 Abs.2 BGB).

Das Arbeitsverhältnis wird durch einen Arbeitsvertrag zwischen Arbeitnehmer und Arbeitgeber begründet. Der Arbeitsvertrag ist eine Unterform des Dienstvertrages. Gegenstand dieses Vertrages sind daher Dienstleistungen. Von einem Dienstvertrag unterscheidet sich ein Arbeitsvertrag aber durch den Grad der persönlichen Abhängigkeit. Diese entsteht schon durch eine Einordnung in die von einem Dritten (dem Arbeitgeber) bestimmte Arbeitsorganisation. Die Arbeitspflicht ist die im Gegenseitigkeitsverhältnis stehende Hauptpflicht des Arbeitnehmers. Sie ist im Zweifel persönlich zu leisten. Der Inhalt der Arbeitspflicht richtet sich nach den zwingenden gesetzlichen Vorschriften, dem Arbeitsvertrag und den dispositiven gesetzlichen Vorschriften. Dies gilt insbesondere für Art, Umfang, Zeit und Ort der Arbeitsleistung. Welche Arbeit der Arbeitnehmer zu verrichten hat, bestimmt sich, soweit nicht vertraglich festgelegt,

---

21 Vgl. *Löwisch, M. / Rieble, V.*, Tarifvertragsgesetz, 1992, § 12a, S.373, Rdnr.7; BAG-Urteil vom 02.10.1990, AP Nr.52 zu § 611 BGB Abhängigkeit.

22 Vgl. *Herschel, W.*, Arbeitnehmerähnliche Person, DB, 1977, S.1185 ff.

23 Vgl. *Löwisch, M. / Rieble, V.*, Tarifvertragsgesetz, 1992, § 12a, S.375, Rdnr.15.

danach, welche Arbeit Arbeitnehmer in vergleichbarer Stellung üblicherweise verrichten. Die Arbeitszeit ist mit Ausnahmeregelungen zwingend im Arbeitszeitgesetz und weitgehend durch Tarifvertrag und Betriebsvereinbarung geregelt. Wenn keine besondere Vereinbarung vorliegt, ist die Arbeit nach herrschende Meinung im Betrieb des Arbeitgebers zu leisten. Jedoch kann sich aus der Art der Arbeit eine stillschweigende anderweitige Vereinbarung ergeben (z.B. bei Verkaufsfahrern, Bauarbeitern o.ä.).

Die Treuepflicht ist eine Nebenpflicht des Arbeitnehmers. Ob sie auf § 242 BGB beruht, ist umstritten. Zur Treuepflicht gehört die Pflicht des Arbeitnehmers, die Interessen des Arbeitgebers und die des Betriebes zu wahren. Des weiteren hat der Arbeitnehmer, auch nach Ende des Arbeitsverhältnisses, über geschäftliche und persönliche Belange des Arbeitgebers zu schweigen, soweit dadurch die Interessen des Arbeitgebers beeinträchtigt werden können. Wer Betriebs- oder Geschäftsgeheimnisse verrät, macht sich strafbar (§ 17 UWG). Dem Arbeitgeber obliegt ein Direktionsrecht, durch das er einseitig die Arbeitsbedingungen bestimmen kann. Diesem hat der Arbeitnehmer Folge zu leisten. Die Grenzen des Direktionsrechts ergeben sich aus dem Gegenseitigkeitsverhältnis der Hauptpflicht, den Arbeitsschutzvorschriften, dem gesetzlichen Bestandsschutz, Treu und Glauben sowie aus dem Grundsatz der ergänzenden Vertragsauslegung, dem Persönlichkeitsrecht des Arbeitnehmers und dem Recht, von Weisungen abzuweichen (§ 665 BGB).[24] Der Treuepflicht des Arbeitnehmers entspricht die Fürsorgepflicht des Arbeitsgebers. Gesetzliche Grundlage dafür ist § 242 BGB. Die Fürsorgepflicht entsteht schon mit dem Eintritt in Vertragsverhandlungen; sie existiert auch nach Beendigung des Arbeitsverhältnisses abgeschwächt weiter. Die Fürsorgepflichten umfassen Schutzpflichten in bezug auf Leben und Gesundheit des Arbeitnehmers, sein Eigentum und Haftpflichtbelange sowie Sorgfalts-, Auskunfts- und Hinweispflichten. Außerdem hat der Arbeitnehmer einen Anspruch darauf, die im Arbeitsvertrag vereinbarte Tätigkeit zu verrichten (Beschäftigungspflicht des Arbeitgebers). Nach dem Gleichbehandlungsgrundsatz darf der Arbeitgeber einzelne Arbeitnehmer (oder Gruppen) nicht ohne billigenswerten Grund unterschiedlich, insbesondere nicht schlechter behandeln, als solche in vergleichbarer Stellung.[25]

Die Zahlung einer Vergütung ist die Hauptpflicht des Arbeitgebers aus dem Arbeitsvertrag. Sie wird als Gegenleistung für die zu verrichtende Arbeit gewährt. Zu der "normalen" Vergütung können Lohn und Gehaltszuschläge sowie Sonderzahlungen, Provisionen, Gewinnbeteiligungen, vermögenswirksame Leistungen, Gratifikatio-

---

24 Vgl. dazu auch *Berger-Delhey, U.*, Arbeitgeber, DB, 1990, S.2266 ff.

25 Vgl. *Palandt, O.*, BGB-Kommentar, 1995, § 611, S.660 ff.

nen, Zuschüsse, Arbeitgeberdarlehen, Aus- und Fortbildungskosten und Werksangehörigenrabatte hinzukommen. Alle Arbeitnehmer haben einen Anspruch auf einen Mindesturlaub.

Ein Gesetzesvorhaben aus dem Jahre 1977 definierte das Arbeitsverhältnis folgendermaßen: "Ein Arbeitsverhältnis wird durch den Arbeitsvertrag zwischen Arbeitgeber und Arbeitnehmer begründet. Durch den Arbeitsvertrag verpflichtet sich der Arbeitnehmer, die vereinbarte Arbeit unter Leitung und nach Weisung des Arbeitgebers zu leisten, der Arbeitgeber verpflichtet sich, das vereinbarte Arbeitsentgelt zu entrichten."[26] Zu einem entsprechenden Gesetz kam es jedoch nicht. Allerdings erscheint selbst diese Definition immer noch als zu ungenau.

10.2.2 Gebrauchsdefinition in Rechtsprechung und Lehre

Aufgrund der fehlenden Kodifikation des Arbeitnehmerbegriffs wird dieser seit der Einführung des BGB durch Rechtsprechung und Lehre inhaltlich geprägt. Im folgenden wird dabei nur die Meinung in Literatur und Lehre nach dem 2.Weltkrieg berücksichtigt.

10.2.2.1 Der allgemeine Arbeitnehmerbegriff

Einer älteren, aber immer noch relevanten Definition von Hueck zufolge ist Arbeitnehmer, wer aufgrund eines privatrechtlichen Vertrages im Dienste eines anderen (Arbeitgeber) zur Leistung fremdbestimmter Arbeit in persönlicher Abhängigkeit verpflichtet ist.[27] Arbeit ist hier im wirtschaftlichen Sinn - in Abgrenzung zu spielerischer oder sportlicher Betätigung - zu verstehen.[28] Diese Begriffsbestimmung entspricht im wesentlichen der in Rechtsprechung und Lehre. Ob ein Arbeitsverhältnis vorliegt, bestimmt sich durch eine Gesamtbetrachtung aller Umstände des Einzelfalles, nicht aber etwa durch die Bezeichnung des Vertrages oder das Selbstverständnis der Vertragsparteien. Man spricht in diesem Zusammenhang vom Rechtsinstitut des arbeitsrechtlichen Rechtsformzwanges. Gemeint ist damit, daß jeder, der einen anderen in abhängiger Arbeit beschäftigt, sich der verbindlich vorgeschriebenen Rechtsform des Arbeitsvertrages bedienen muß. Liegt also tatbestandlich eine Arbeitsleistung vor, wobei es nach der herrschenden Meinung auf die objektive praktische

---

26 *Reinecke, G.*, Würgegriff, HB, 1992 und *derselbe*, Würgegriff, DFV, 1992.

27 Vgl. *Hueck, A. / Nipperdey, C.*, Arbeitsrecht, 1963, S.25.

28 Vgl. *Schaub, G.*, Arbeitsrechts-Handbuch, 1992, S.37.

Durchführung des Dienstvertrages ankommt, so muß ein Arbeitsvertrag abgeschlossen werden. Vom Institut des arbeitsrechtlichen Rechtsformzwanges gibt es nur wenige Ausnahmen: Unter Umständen kann eine Rechtsformwahl möglich sein, wenn ein sachlicher Grund dafür gegeben ist. Voraussetzung ist allerdings, daß das Rechtsverhältnis an der Grenze des Arbeitsrechts angesiedelt sein muß. Neben der freiwilligen Entscheidung für eine Rechtsform durch die schwächere Partei und der Gleichwertigkeit alternativer Vertragsmodelle (z.B. bieten die handelsvertreterrechtlichen Vorschriften einen ähnlichen Schutz wie die arbeitsrechtlichen Vorschriften) soll eine Rechtsformwahl auch dann zulässig sein, wenn ebenso viele Gründe für als auch gegen das Vorliegen eines Arbeitsverhältnisses sprechen. Während die ersten zwei Argumente nicht geeignet scheinen, den grundsätzlichen Rechtsformzwang zu verdrängen, ist das letzte - auch im Hinblick auf die Privatautonomie - stichhaltig.[29] Auf den Willen der Parteien kommt es somit nur an, wenn die Umstände keine eindeutige Zuordnung des Vertragsverhältnisses zulassen.[30]

Bei dem privatrechtlichen Vertrag muß es sich um einen Dienstvertrag handeln, in dem sich der eine Teil zur Leistung der versprochenen Dienste und der andere zur Gewährung der vereinbarten Vergütung verpflichtet. Diese Dienste müssen unselbständig erbracht werden. Dies unterscheidet den Dienstvertrag vom Arbeitsvertrag. Liegt kein privatrechtlicher Vertrag vor, so scheidet ein Arbeitsverhältnis aus, selbst wenn unselbständige Dienste geleistet werden (z.B. von Strafgefangenen, Beamten, Richtern, Soldaten oder Familienangehörigen).[31] Unselbständig oder persönlich abhängig ist, wer nicht im wesentlichen frei seine Tätigkeit gestalten und seine Arbeitszeit selbst bestimmen kann.[32] Unerheblich ist, ob eine wirtschaftliche Abhängigkeit gegeben ist oder ob ein Entgelt gezahlt wird.[33] Der zeitliche Umfang der Tätigkeit spielt ebenfalls keine Rolle.[34] Nur eine natürliche Person kann Arbeitnehmer oder arbeitnehmerähnliche Person sein, eine juristische Person nicht. Im Gegensatz dazu ist jeder, ob natürliche oder juristische Person, der einen Arbeit-

---

29 Vgl. *Holling, D.*, Franchising, 1996, S.21 ff.

30 Vgl. z.B. BAG-Urteil vom 14.02.1974, AP Nr.12 zu § 611 BGB Abhängigkeit; BSG-Urteil vom 13.07.1978, AP Nr.29 zu § 611 BGB Abhängigkeit.

31 Vgl. *Schaub, G.*, Arbeitsrechts-Handbuch, 1992, S.37 f.

32 Vgl. *Brox, H.*, Arbeitsrecht, 1993, Rdnrn.9 ff.

33 Vgl. BAG-Urteil vom 03.10.1978, AP Nr.18 zu § 5 BetrVG 1972.

34 Vgl. BAG-Urteil vom 28.06.1973, AP Nr.2 zu § 2 BUrlG; BAG-Urteil vom 16.03.1972, AP Nr.10 zu § 611 BGB Lehrer, Dozenten.

nehmer beschäftigt, Arbeitgeber.[35] Ohne Bedeutung ist, ob es sich um eine untergeordnete oder leitende Tätigkeit handelt.[36]

Eine Form der persönlichen Abhängigkeit ist die Weisungsgebundenheit des Arbeitnehmers in fachlicher, örtlicher und zeitlicher Hinsicht. Als eine Verständnishilfe dient hier § 84 HGB, der einen Handelsvertreter als selbständig bezeichnet, wenn dieser über seine Arbeitszeit bestimmen und seine Tätigkeit frei gestalten kann. Demnach müßten Arbeitnehmer diese Möglichkeiten nicht haben. Die persönliche Abhängigkeit kommt des weiteren zum Ausdruck in der Eingliederung des Arbeitnehmers in den Betrieb, seiner Unfähigkeit zur eigenen Daseinsvorsorge und zur eigenen Verwertung seiner Arbeitsergebnisse. Statt des Unternehmerrisikos trägt der Arbeitnehmer das Risiko des Arbeitsplatzverlustes.

Da es keine gesetzliche Definition gibt, muß die Arbeitnehmereigenschaft von Fall zu Fall im Wege der richterlichen Normsetzung neu konkretisiert werden. "Dabei können dieselben Merkmale mal so und mal anders vorliegen und gedeutet werden."[37] Besonders die Abgrenzung der freien Mitarbeiter zu den Arbeitnehmern ist schwierig und kann nur typologisch erfolgen. Es kann kein mit Hilfe logischer Ableitungen zu belegendes richtiges oder falsches Ergebnis geben, sondern im Grund nur eine vertretbare oder unvertretbare Entscheidung.[38] Auf die soziale Schutzbedürftigkeit kommt es bei der Klärung der Arbeitnehmereigenschaft nicht an; sie kann aber ein weiteres Indiz sein.

10.2.2.2 Der Arbeitnehmerbegriff des Bundesarbeitsgerichts

Zur Abgrenzung des Selbständigen vom Arbeitnehmer kommt es nach Auffassung des Bundesarbeitsgerichts (BAG) auf den Grad der persönlichen Abhängigkeit an. Allerdings steht bei einer Zuordnung zu der Gruppe der Arbeitnehmer oder der Selbständigen nicht immer das gleiche Unterkriterium im Vordergrund. Wie sehr sich die Rechtsprechung wandelt, läßt sich am Merkmal des Parteiwillens zeigen. Dieser sollte früher nur in zweifelhaften Fällen Vorrang haben, nämlich dann, wenn sich aus der praktischen Gestaltung der Rechtsbeziehung kein eindeutiges Bild ergab.[39] Später kam das BAG jedoch zu der Ansicht, daß über die Zuordnung einer Vertragsgestal-

---

35 Vgl. *Germelmann, C.-H. / Matthes, H.-Ch. / Prütting, H.*, Arbeitsgerichtsgesetz, 1990, § 5, S.217 ff.

36 Vgl. *Grunsky, W.*, Arbeitsgerichtsgesetz, 1990, § 5, S.132.

37 *Becksches Personalhandbuch*, Arbeitsrechtslexikon, 1994, "Arbeitnehmer", Bl.27, S.1.

38 Vgl. *Becksches Personalhandbuch*, Arbeitsrechtslexikon, 1994, "Arbeitnehmer", Bl.27, S.2.

39 Vgl. BAG-Urteil vom 28.06.1973, AP Nr.10 zu § 611 BGB Abhängigkeit.

tung zur Gruppe der Arbeitsverträge oder der freien Dienstverträge zunächst der Parteiwille entscheide. Dabei komme es weniger darauf an, wie die Parteien ihr Rechtsverhältnis benannt haben, sondern wie sie es nach objektiven Maßstäben praktiziert haben.[40]

Trotz der unterschiedlichen Beurteilung eines Kriteriums aufgrund der Andersartigkeit der jeweiligen zu beurteilenden Tätigkeit treten bestimmte Merkmale in der Rechtsprechung des BAG immer wieder bei der Abgrenzung zwischen Selbständigen und Arbeitnehmern auf. Diese werden im folgenden dargestellt.

Kennzeichen einer Arbeitnehmereigenschaft können nach Meinung des BAG sein:

Der Betroffene hat die Stellung eines Arbeitnehmers bei dem Beschäftigten inne.

Anzeichen dafür sind, daß der Betroffene seinen Arbeitsplatz in den Geschäftsräumen des Unternehmers hat, alle Korrespondenz auf dem Firmenpapier stattfindet und vom Geschäftsführer oder Unternehmer unterschrieben werden muß, der Unternehmer an allen Verhandlungen selbst teilnimmt und der Betroffene mehrmals täglich zu diesem gerufen wird.[41] Auch ein Nebenbeschäftigungsverbot kann ein Indiz für die Unselbständigkeit sein.[42] Allerdings bedeutet die Festlegung des Arbeitsablaufs und das Auftreten wie ein Angestellter nicht zwangsläufig eine Beschränkung der Selbständigkeit.[43]

Der Betroffene ist fachlich weisungsgebunden.

Viele Arbeitnehmer bekamen und bekommen ihre Arbeitsaufgaben in Form von fachlichen Weisungen von ihrem Arbeitgeber gestellt. Deshalb sah das BAG darin auch ein Indiz für eine Arbeitnehmereigenschaft. Die fachliche Weisungsgebundenheit kann aber auch fehlen oder nur in geringen Umfang vorhanden sein; die moderne Form der Teamarbeit der einzelnen Mitarbeiter macht fachliche Weisungen der Vorgesetzten nicht mehr zwingend nötig.[44] Die Rechtsprechung bezüglich Lehrer und Dozenten sieht diese nur dann als persönlich abhängig an, wenn dem Lehrer oder

---

40 Vgl. BAG-Urteil vom 13.01.1983, AP Nr.42 zu § 611 BGB Abhängigkeit; BAG-Urteil vom 03.04.1990, AP Nr.58 zu § 611 BGB Abhängigkeit.

41 Vgl. u.a. BGH-Urteil vom 04.12.1981, AP Nr.2 zu § 84 HGB und BAG-Urteil vom 28.06.1973, AP Nr.10 zu § 611 BGB Abhängigkeit.

42 Vgl. BGH-Urteil vom 04.12.1981, AP Nr.2 zu § 84 HGB.

43 Vgl. BGH-Urteil vom 11.03.1982, AP Nr.3 zu § 84 HGB.

44 Vgl. z.B. BAG-Urteil vom 08.10.1975, AP Nr.18 zu § 611 BGB Abhängigkeit und BAG-Urteil vom 02.06.1976, AP Nr.20 zu § 611 BGB Abhängigkeit.

Dozenten über die Vereinbarung des Lehrgegenstandes hinaus methodische und didaktische Anweisungen zur Gestaltung des Unterrichts von der Lehranstalt gegeben werden.[45] Das Kriterium der fachlichen Weisungsgebundenheit eines Arbeitnehmers hat wesentlich an Bedeutung verloren, nicht zuletzt wegen der Kritik der Lehre daran und der Unvereinbarkeit mit den realen Gegebenheiten in Arbeitsverhältnissen.[46]

Hinzu kommt, daß es auch Selbständige gibt, die in einem gewissen Rahmen fachlichen Weisungen unterliegen. Allerdings muß ihnen immer ein noch wesentlicher Freiraum bei ihrer Tätigkeit verbleiben. "Der Status eines freien Mitarbeiters erfordert nicht notwendig, daß der Dienstverpflichtete in jeder Beziehung frei auch über den Gegenstand seiner Tätigkeit bestimmen kann. Es genügt, wenn er bei der Ausübung seiner dem Gegenstand nach festgelegten Arbeit im wesentlichen frei ist."[47]

Der Betroffene muß sich ständig in Bereitschaft halten, um seinen Tätigkeitsbereich bei einem bestimmten Beschäftiger nicht zu verlieren. Dieser kann jederzeit auf den Betroffenen zurückgreifen.

Dies kann für einen Grad der persönlichen Abhängigkeit sprechen, der auf ein Arbeitsverhältnis schließen läßt.[48] Das Urteil stieß auf heftige Kritik, da tatsächliche und rechtliche Elemente des Begründungsversuchs in unvertretbarer Weise vertauscht worden seien. Bestehe nämlich keine rechtliche Dauerverpflichtung, so könne sie auch nicht als Arbeitsverhältnis qualifiziert werden.[49] Beuthien / Wehler geben zu bedenken, daß die Zwangslage, keine Aufträge ablehnen zu können, keine persönliche, sondern allenfalls eine wirtschaftliche Abhängigkeit begründet, die jedoch nur bei arbeitnehmerähnlichen Personen erheblich wird.[50] Hier wurde die ständige Dienstbereitschaft aus dem wirtschaftlichen Zwang heraus begründet.

Das Merkmal der ständigen Dienstbereitschaft findet sich aber auch für sich genommen in weiteren Urteilen des BAG wieder. "Die von einem Sender erwartete

---

45 Vgl. BAG-Urteil vom 25.08.1982, AP Nr.41 zu § 611 BGB Abhängigkeit.

46 "Sich fachlich unterordnen zu müssen, ist vor allem kein Grund dafür, vom Auftraggeber soziale Schutzleistungen wie Lohnfortzahlung im Krankheitsfall und Urlaub sowie Kündigungs- und Mutterschutz beanspruchen zu dürfen." Diese Auffassung vertreten *Beuthien, V. / Wehler, Th.* in der gemeinsamen Anmerkung zu AP Nr.15-21, zu § 611 BGB Abhängigkeit, Bl.699.

47 BAG-Urteil vom 16.08.1977, AP Nr.23 zu § 611 BGB Abhängigkeit.

48 Vgl. u.a. BAG-Urteil vom 14.02.1974, AP Nr.12 zu § 611 BGB Abhängigkeit; BAG-Urteil vom 09.03.1977, AP Nr.21 zu § 611 BGB Abhängigkeit; BAG-Urteil vom 22.06.1977, AP Nr.22 zu § 611 BGB Abhängigkeit.

49 Vgl. *Lieb* zum BAG-Urteil vom 14.02.1974, AP Nr.12 zu § 611 BGB Abhängigkeit.

50 Vgl. *Beuthien, V. / Wehler, Th.*, Gemeinsame Anmerkung zu AP Nr.15-21 zu § 611 BGB Abhängigkeit, Bl.704.

ständige Dienstbereitschaft eines Mitarbeiters kann eine für ein Arbeitsverhältnis typische persönliche Abhängigkeit begründen."[51] Darauf, ob der jeweilige Mitarbeiter nach der Abwicklung eines einzelnen Auftrags in der Annahme oder in der Ablehnung weiterer Aufträge frei ist, kommt es nicht an.[52] Wird der Einsatz eines Mitarbeiters durch Dienstpläne geregelt, die ohne seine Mitwirkung erstellt werden, so ist dies ein starkes Indiz für eine Arbeitnehmereigenschaft.[53] Denn die einseitige Aufstellung von Dienstplänen ist regelmäßig nur dann sinnvoll, wenn Dienstbereitschaft der darin geführten Mitarbeiter erwartet werden kann.[54] Mit der Aufstellung von Dienstplänen verfügt der Dienstberechtigte i.d.R. in zweifacher Hinsicht über die Arbeitsleistung des Mitarbeiters. Zum einen wird darüber bestimmt, wann die Arbeit geleistet werden muß, zum anderen wird damit auch die Art der zu verrichtenden Tätigkeit (je nach Branche) festgelegt.[55]

Der Betroffene kann seine Arbeitszeit nicht frei gestalten.

Die Verpflichtung zur Einhaltung der betrieblichen Arbeitszeiten[56] oder die Weisungsgebundenheit in zeitlicher Hinsicht[57] kann ein Hinweis auf eine abhängige Beschäftigung sein. Wer als "freier Mitarbeiter" zeitlich im wesentlichen in der gleichen Weise und in dem gleichen Umfang wie andere im Anstellungsverhältnis Beschäftigte in den Betrieb eingegliedert ist, ist Arbeitnehmer.[58] Dabei ist aber zu beachten, daß nicht jeder, der seine Arbeitskraft dem Dienstberechtigten für eine bestimmte Zeit zur Verfügung zu stellen hat, deshalb schon Arbeitnehmer ist. Eine persönliche Abhängigkeit wird nur dann begründet, wenn der Dienstberechtigte auch Einfluß darauf nimmt, wann der Dienstverpflichtete seine Tätigkeit ausübt.[59] Maßgeblich für ein Arbeitsverhältnis ist also, daß der Arbeitgeber innerhalb eines be-

---

51 BAG-Urteil vom 09.03.1977, AP Nr.21 zu § 611 BGB Abhängigkeit und BAG-Urteil vom 07.05.1980, AP Nr.36 zu § 611 BGB Abhängigkeit.

52 Vgl. BAG-Urteil vom 15.03.1978, AP Nr.25 zu § 611 BGB Abhängigkeit.

53 Vgl. u.a. BAG-Urteil vom 16.02.1994, AP Nr.70 zu § 611 BGB Abhängigkeit.

54 Vgl. z.B. BAG-Urteil vom 16.03.1994, AP Nr.68 zu § 611 BGB Abhängigkeit und BAG-Urteil vom 30.11.1994, AP Nr.74 zu § 611 BGB Abhängigkeit.

55 Vgl. BAG-Urteil vom 20.07.1994, AP Nr.73 zu § 611 BGB Abhängigkeit.

56 Vgl. BAG-Urteil vom 03.10.1975, AP Nr.17 zu § 611 BGB Abhängigkeit und ArbG Solingen, Urteil vom 17.02.1988, AiB, 1988, S.312 f.

57 Vgl. BAG-Urteil vom 13.11.1991, AP Nr.60 zu § 611 BGB Abhängigkeit und BAG-Urteil vom 26.07.1995, AP Nr.79 zu § 611 BGB Abhängigkeit.

58 Vgl. BAG-Urteil vom 03.10.1975, AP Nr.16 zu § 611 BGB Abhängigkeit.

59 Vgl. BAG-Urteil vom 09.09.1981, AP Nr.38 zu § 611 BGB Abhängigkeit; LAG Berlin, Urteil vom 16.08.1983, AP Nr.44 zu § 611 BGB Abhängigkeit.

stimmten zeitlichen Rahmens über die Arbeitsleistung des Mitarbeiters verfügen kann.[60] Jemand, der während bestimmter Öffnungszeiten seine Tätigkeit auszuüben hat, ist nicht Arbeitnehmer, wenn er über Art und zeitliche Lage seiner Tätigkeit entsprechend seinen eigenen Neigungen mitbestimmen kann.[61] Allein die vertragliche Festlegung der Arbeitszeitdauer spricht also weder für noch gegen ein Arbeitsverhältnis. Entscheidend ist, wer über die Verteilung der Arbeitszeit auf die einzelnen Tage sowie über Beginn und Ende der Arbeitszeit entscheidet.[62]

Zeitliche Vorgaben oder die Verpflichtung, bestimmte Termine für die Erledigung der übertragenen Aufgaben einzuhalten, sind keine wesentlichen Merkmale für ein Arbeitsverhältnis.[63] Auch ein Selbständiger kann an Öffnungszeiten, Termine o.ä. gebunden sein, jedoch beruhen diese "Zwänge" nicht auf Weisungen des Arbeitgebers, sondern auf wirtschaftlichen Gegebenheiten.[64] Die Intensität der Inanspruchnahme hat nur eine schwache Indizwirkung für das Vorliegen einer abhängigen oder selbständigen Stellung. Denn ein Arbeitsverhältnis könne sehr wohl vorliegen, wenn die Arbeit in zeitlich außergewöhnlichen Abständen zu leisten sei und wenn sie den Arbeitnehmer nicht vollständig oder nur nebenberuflich in Anspruch nehme.[65] Bei der Ausführung von Tätigkeiten in geringem zeitlichen Umfang[66] kann nämlich auch ein hohes Maß an Weisungsgebundenheit bestehen.[67]

Der Betroffene kann nicht wie ein Unternehmer frei über seine Arbeitskraft verfügen.

Hierin zeigt sich auch die Fremdbestimmtheit und Fremdnützigkeit der Arbeit eines Arbeitnehmers. Wer seine Arbeitskraft nicht wie ein Unternehmer nach selbstgesetzten Zielen unter eigener Verantwortung und mit eigenem Risiko am Markt verwerten kann, sondern darauf angewiesen ist, seine Arbeitsleistung fremdnützig dem Auf-

---

60 Vgl. BAG-Urteil vom 27.03.1991, AP Nr.53 zu § 611 BGB Abhängigkeit.

61 Vgl. u.a. BAG-Urteil vom 21.09.1977, AP Nr.24 zu § 611 BGB Abhängigkeit und BAG-Urteil vom 09.05.1983, AP Nr.45 zu § 611 BGB Abhängigkeit.

62 Vgl. BAG-Urteil vom 30.10.1991, AP Nr.59 zu § 611 BGB Abhängigkeit.

63 Vgl. BAG-Urteil vom 27.03.1991, AP Nr.53 zu § 611 BGB Abhängigkeit.

64 So z.B. BAG-Urteil vom 24.04.1980, AP Nr.1 zu § 84 HGB, BGH-Urteil vom 04.12.1981, AP Nr.2 zu § 84 HGB, BGH-Urteil vom 11.03.1982, AP Nr.3 zu § 84 HGB.

65 Vgl. BAG-Urteil vom 14.02.1974, AP Nr.12 zu § 611 BGB Abhängigkeit.

66 Ein Beispiel hierfür ist die Einstufung von Lehrern mit einer Wochenunterrichtszeit von 13 Stunden oder weniger als Arbeitnehmer und nicht als freie Mitarbeiter (vgl. BAG-Urteil vom 14.01.1982, AP Nr.39 zu § 611 BGB Abhängigkeit). Andererseits ist nicht schon deshalb jemand Arbeitnehmer, weil er sich in einem zeitlich erheblichen Umfang zum Unterricht verpflichtet (vgl. BAG-Urteil vom 25.08.1982, AP Nr.41 zu § 611 BGB Abhängigkeit).

67 Vgl. BAG-Urteil vom 30.10.1991, AP Nr.59 zu § 611 BGB Abhängigkeit.

traggeber zur Verwertung nach dessen Planung zu überlassen, ist persönlich abhängig.[68] Diese Personen sind typischerweise sozial schutzbedürftig.[69]

Der Betroffene muß die Arbeit an einem betrieblichen Arbeitsplatz verrichten.

Überwiegend üben Arbeitnehmer ihre Tätigkeit in dem Unternehmen des Arbeitgebers aus, Selbständige hingegen in ihrem eigenen Unternehmen oder arbeitsplatzunabhängig (z.B. als Handelsvertreter). Doch auch davon gibt es Ausnahmen. So gibt es beispielsweise abhängig beschäftigte Journalisten, die ihre Arbeit an zum Teil beliebigen Orten leisten können.[70] Ist die Bindung einer Tätigkeit an einen bestimmten Ort[71] zudem für manche Berufe (z.B. bei pädagogischen Tätigkeiten) typisch, so besagt dies nichts über eine persönliche Abhängigkeit.[72]

Der Betroffene übt eine kontinuierliche Beschäftigung für den Auftraggeber aus.[73]

Viele Arbeitnehmer erbringen ihre Arbeit in einem Vollzeitbeschäftigungsverhältnis. Allerdings kann ein Arbeitsverhältnis auch dann vorliegen, wenn der Mitarbeiter nur in zeitlich begrenztem Umfang verpflichtet ist, dem Dienstherrn seine Arbeitskraft anzubieten.[74] Auf der anderen Seite sieht das BAG denjenigen, der sich in zeitlich erheblichem Umfang zur Arbeit verpflichtet, nicht zwingenderweise als Arbeitnehmer an. "Der zeitliche Umfang, in dem sich ein Mitarbeiter zu Dienstleistungen verpflichtet hat, sagt nichts darüber aus, unter welchen Bedingungen diese Dienste zu leisten sind und ob sie zu einer persönlichen Abhängigkeit führen."[75] Das BAG hält den zeitlichen Umfang der Arbeit allein nicht als Abgrenzungsmerkmal zwischen selbständiger und abhängiger Arbeit für geeignet, da auch Rechtsanwälte, Architekten, Steuerberater, Musikbearbeiter und andere in zeitlich erheblichen Umfang für andere tätig werden, deshalb aber noch lange nicht persönlich abhängig sind. Den Vorschlag

---

68 Vgl. BAG-Urteil vom 02.06.1976, AP Nr.20 zu § 611 BGB Abhängigkeit.

69 Vgl. z.B. BAG-Urteil vom 15.03.1978, AP Nr.26 zu § 611 BGB Abhängigkeit; BAG-Urteil vom 23.04.1980, AP Nr.34 zu § 611 BGB Abhängigkeit; BAG-Urteil vom 07.05.1980, AP Nr.36 zu § 611 BGB Abhängigkeit.

70 Vgl. *Berger-Delhey, U. / Alfmeier, K.,* Arbeitnehmer, NZA, 1991, S.258.

71 Vgl. BAG-Urteil vom 03.10.1975, AP Nr.17 zu § 611 BGB Abhängigkeit.

72 Vgl. BAG-Urteil vom 09.05.1983, AP Nr.45 zu § 611 BGB Abhängigkeit.

73 Vgl. BAG-Urteil vom 22.06.1977, AP Nr.22 zu § 611 BGB Abhängigkeit und BAG-Urteil vom 07.05.1980, AP Nr.36 zu § 611 BGB Abhängigkeit.

74 Vgl. BAG-Urteil vom 14.02.1974, AP Nr.12 zu § 611 BGB Abhängigkeit.

75 BAG-Urteil vom 25.08.1982, AP Nr.41 zu § 611 BGB Abhängigkeit.

von Beuthien / Wehler, den Arbeitnehmerbegriff am Zeitumfang der Tätigkeit festzumachen, lehnt das BAG deshalb ab.[76]

Der Betroffene ist in den Betrieb des Beschäftigers eingegliedert.

Ein Merkmal der Eingliederung ist der Umstand, daß der Verpflichtete seine Tätigkeit nicht ausführen kann, ohne die betrieblichen Einrichtungen des Beschäftigungsgebers, d.h. dessen personalen und sächlichen Apparat zu benutzen.[77] Die persönliche Abhängigkeit kann sich also auch in einer Abhängigkeit von den technischen Hilfsmitteln und von dem Team des Auftraggebers manifestieren.[78] Dabei kann das Weisungsrecht, insbesondere bei Diensten höherer Art, oftmals eingeschränkt und zur funktionsgerecht dienenden Teilhabe am Arbeitsprozeß verfeinert sein, ohne daß dies etwas an der Arbeitnehmereigenschaft ändern würde.[79] Diese Rechtsprechung wurde mit Urteil zum 30.11.1994 ausdrücklich aufgegeben.[80] Das BAG erkannte auch, daß es auf eine Eingliederung in den Betrieb bei einem Personenkreis nicht ankommen kann, der seiner Berufstätigkeit überwiegend außerhalb des Betriebes nachgeht.[81] Diese Betroffenen sind dann Arbeitnehmer, wenn sie ihre Tätigkeit nicht frei gestalten und ihre Arbeitszeit nicht selbst bestimmen können.[82]

Weitere abgrenzungsrelevante Kriterien:

Nimmt der Dienstberechtigte für sich das Recht in Anspruch, über die Durchführung des Vertragsverhältnisses einseitig zu bestimmen, so spricht dies gegen einen

76 Vgl. dazu auch das LAG Berlin, Urteil vom 23.08.1982, EzA 114, 1983 zu § 611 BGB Nr.23 Arbeitnehmerbegriff.

77 Vgl. BAG-Urteil vom 28.06.1973, AP Nr.10 zu § 611 BGB Abhängigkeit; BAG-Urteil vom 03.10.1975, AP Nr.16 zu § 611 BGB Abhängigkeit; BAG-Urteil vom 03.10.1975, AP Nr.17 zu § 611 BGB Abhängigkeit; BAG-Urteil vom 08.10.1975, AP Nr.18 zu § 611 BGB Abhängigkeit; BAG-Urteil vom 02.06.1976, AP Nr.20 zu § 611 BGB Abhängigkeit; BAG-Urteil vom 09.03.1977, AP Nr.21 zu § 611 Abhängigkeit; so auch das BSG-Urteil vom 22.11.1973, AP Nr.11 zu § 611 BGB Abhängigkeit.

78 Vgl. BAG-Urteil vom 15.03.1978, AP Nr.25 zu § 611 BGB Abhängigkeit und BAG-Urteil vom 15.03.1978, AP Nr.26 zu § 611 BGB Abhängigkeit.

79 Vgl. BAG-Urteil vom 23.04.1980, AP Nr.34 zu § 611 BGB Abhängigkeit.

80 Vgl. BAG-Urteil vom 30.11.1994, AP Nr.74 zu § 611 BGB Abhängigkeit; BAG-Urteil vom 27.02.1991, EzA, 1992, Nr.43 zu § 611 BGB Arbeitnehmerbegriff.

81 Vgl. BAG-Urteil vom 17.05.1978, AP Nr.28 zu § 611 BGB Abhängigkeit.

82 Vgl. BAG-Urteil vom 07.05.1980, AP Nr.35 zu § 611 BGB Abhängigkeit. Nach Ansicht des OLG Köln spricht es nicht gegen eine Eingliederung, daß restliche Arbeiten abends und an den Wochenenden zu Hause erledigt werden können (vgl. OLG Köln, Beschluß vom 15.09.1993, NJW-RR, 1993, S.1526 f.).

Status als freier Mitarbeiter.[83] Dies ist ebenfalls der Fall, wenn der Betroffene Kontrollen des Dienstberechtigten zu dulden und solche durch Berichte o.ä. zu ermöglichen hat. Weitere Indizien für das arbeitsorganisatorische Abhängigkeitsmoment sind die Unterordnung unter einen fremden Produktionsplan, die Zwangslage, einzelne Aufträge nicht ablehnen zu können, wenn der Betroffene die gleiche Arbeit verrichtet wie ein Arbeitnehmer, die betriebliche Gleichbehandlung beider Gruppen, die erforderliche Zusammenarbeit mit anderen Dienstpflichtigen.[84]

Das Fehlen spezifischer Unternehmerrisiken, wie sie Selbständige zu tragen haben, sowie einer eigenen Unternehmensorganisation sind ebenfalls Umstände, die für eine Arbeitnehmereigenschaft sprechen. Dabei ist jedoch zu berücksichtigen, daß die Zuweisung von Risiken an den Arbeitenden nur dann für Selbständigkeit spricht, wenn damit größere Freiheiten und größere Verdienstmöglichkeiten verbunden sind, weil allein die Zuweisung zusätzlicher Risiken einen abhängig Beschäftigten noch nicht zum Selbständigen macht. Ein wichtiges Kriterium für die Statusbeurteilung ist auch die Behandlung vergleichbarer Mitarbeiter.[85] Bei der Frage, in welchem Maße der Mitarbeiter persönlich abhängig ist, kommt es außerdem auf die Eigenart der jeweiligen Tätigkeit an.[86] Über die rechtliche Einordnung des jeweiligen Rechtsverhältnisses entscheidet der Geschäftsinhalt, der sich sowohl aus schriftlichen Vereinbarungen als auch aus der praktischen Durchführung ergeben kann. Widersprechen sich schriftliche Vereinbarung und praktische Durchführung des Vertrages, ist letztere maßgebend.[87] Spricht ebenso viel für das Vorliegen eines Arbeitsverhältnisses wie dagegen, dann kommt es entscheidend auf den Parteiwillen an.[88]

Ein sachlicher Grund muß die Wahl der Vertragsform (z.B. des freien Mitarbeiters) rechtfertigen; dabei ist die Üblichkeit im Arbeitsleben zu berücksichtigen. "Fehlt es an einem sachlichen Grund, ist die Wahl dieser Vertragsform - da sie der Umgehung des Sozialschutzes dient - ein Mißbrauch der Vertragsfreiheit. Der Dienstberechtigte muß sich dann so behandeln lassen, als hätte er einen Arbeitsvertrag abgeschlos-

---

83 Vgl. BAG-Urteil vom 24.06.1992, AP Nr.61 zu § 611 BGB Abhängigkeit und BAG-Urteil vom 20.07.1994, AP Nr.73 zu § 611 BGB Abhängigkeit.

84 Vgl. hierzu AP Nr.15 bis 21 und AP Nr.26.

85 Vgl. BAG-Urteil vom 08.10.1975, AP Nr.18 zu § 611 BGB Abhängigkeit und BAG-Urteil vom 02.06.1976, AP Nr.20 zu § 611 BGB Abhängigkeit.

86 Vgl. BAG-Urteil vom 15.03.1978, AP Nr.26 zu § 611 BGB Abhängigkeit und BAG-Urteil vom 17.05.1978, AP Nr.28 zu § 611 BGB Abhängigkeit. So bedeutet z.B. die Bindung eines Diplom-Handelslehrers an einen bestimmten Unterrichtsstoff keine persönliche Abhängigkeit (vgl. BAG-Urteil vom 07.02.1990, EzA, 1993, § 611 Nr.31 Arbeitnehmerbegriff).

87 Vgl. BAG-Urteil vom 13.01.1983, AP Nr.42 zu § 611 BGB Abhängigkeit.

88 Vgl. BAG-Urteil vom 14.02.1974, AP Nr.12 zu § 611 BGB Abhängigkeit; zum arbeitsrechtlichen Rechtsformzwang vgl. Abschnitt 10.2.2.1 (S.458).

sen."[89] Die Wirklichkeit eines Arbeitsvertrages läßt sich deshalb nach Ansicht von Beuthien / Wehler durch keine salvatorische Klausel verdrängen. "Werden Personen, die der betrieblichen Funktion nach Arbeitnehmer sind, im Vertragstext (obschon einverständlich) als freie Dienstnehmer bezeichnet, ist das eine rechtlich unerhebliche falsa demonstratio oder (wie man auch sagen kann) eine Vertragstypenvernebelung. [...] Die Parteien dürfen Vertragstypen wählen, aber nicht verleugnen."[90]

Jedoch müssen nicht alle Kriterien erfüllt sein, um einen Arbeitnehmer als solchen qualifizieren zu können. Das Fehlen einzelner Merkmale kann durch das Gewicht der anderen Merkmale aufgewogen werden. Es kommt also auf den Abhängigkeitsgrad im Einzelfall an.

Abgrenzungsirrelevante Kriterien:

Das Selbstverständnis der Parteien ist kein relevantes Abgrenzungskriterium.[91] Nicht maßgeblich ist nach der Rechtsprechung des BAG außerdem die Bezeichnung des Vertrages.[92] Auch die Dauer der Rechtsbeziehung hat für sich genommen keinen arbeitsrechtlichen Indizwert. Die aus einer dauerhaften Vertragsbeziehung hervorgehende Verpflichtung, bestimmte Dienste regelmäßig und wiederkehrend zu leisten, kann für ein freies Mitarbeiterverhältnis ebenso typisch sein wie für ein Arbeitsverhältnis.[93]

Äußerlichkeiten wie ein eigenes Arbeitszimmer mit Schreibtisch und Telefon sowie ein eigenes Postfach haben nach Ansicht des BAG keine Aussagekraft. Dieser Standpunkt wurde zum Teil deshalb kritisiert, weil zwar das Fehlen einer solchen Arbeitsplatzzuweisung und -ausstattung nach Meinung von Beuthien / Wehler nicht unbedingt gegen ein Arbeitsverhältnis spricht, ihr Vorhandensein aber den Kranz der für die Arbeitnehmereigenschaft sprechenden Indizien abrunden kann.[94]

Nicht von Belang für die Zuordnung eines Rechtsverhältnisses zu Arbeits- oder Dienstverträgen ist die Vergütung. Die Vereinbarung einer Vergütung ist nämlich

89 BAG-Urteil vom 14.02.1974, AP Nr.12 zu § 611 BGB Abhängigkeit, Bl.588.

90 *Beuthien, V. / Wehler, Th.*, Gemeinsame Anmerkung zu AP Nr. 15-21 zu § 611 BGB Abhängigkeit, Bl.698.

91 Vgl. LAG Berlin, Urteil vom 29.12.1989, AP Nr.50 zu § 611 BGB Abhängigkeit.

92 Siehe z.B. BGH-Urteil vom 04.12.1981, AP Nr.2 zu § 84 HGB; BGH-Urteil vom 11.03.1982, AP Nr.3 zu § 84 HGB; BAG-Urteil vom 28.11.1990, AP Nr.55 zu § 611 BGB Abhängigkeit; BAG-Urteil vom 09.06.1993, AP Nr.66 zu § 611 BGB Abhängigkeit; so auch das LAG Schleswig-Holstein, Urteil vom 23.01.1996, AiB, 1996, S.198.

93 Vgl. BAG-Urteil vom 27.03.1991, AP Nr.53 zu § 611 BGB Abhängigkeit.

94 Vgl. *Beuthien, V. / Wehler, Th.*, Gemeinsame Anmerkung zu AP Nr.15-21 zu § 611 BGB Abhängigkeit, Bl.706.

nicht notwendiger Bestandteil eines Arbeitsvertrages.[95] Auch die Modalitäten der Entgeltzahlung, die der Senat früher einmal als abgrenzungsrelevant betrachtet hatte, sind nach neuerer Rechtsprechung nicht mehr entscheidend, da die Umstände der Dienstleistung ausschlaggebend sind.[96] Des weiteren wird eine Bezugsbindung vom BAG nicht als ein ein persönliches Abhängigkeitsverhältnis begründendes Merkmal angesehen. Durch sie werde nur die unternehmerische Freiheit des Betroffenen eingeschränkt.[97] Formelle Merkmale wie die Abführung von Steuern und Sozialversicherungsbeiträgen und die Führung von Personalakten spielen ebenfalls bei der Abgrenzung keine Rolle.[98] Die wirtschaftliche Abhängigkeit ist weder erforderlich noch ausreichend, um jemanden als Arbeitnehmer zu qualifizieren.[99]

Als Ergebnis läßt sich festhalten, daß zur Bestimmung der Arbeitnehmereigenschaft einer Person das BAG nicht in allen Fällen auf dieselben festen Kriterien zurückgreifen kann. Jede Tätigkeit muß individuell beurteilt werden. Das ist der Grund dafür, daß in dem einen Fall mal diese, in dem anderen mal jene Merkmale im Vordergrund stehen. "Von keinem dieser Gesichtspunkte kann man sagen, daß er nicht irgendwie mit der Arbeitnehmereigenschaft zusammenhängt. Andererseits macht keiner dieser Teilaspekte voll einsichtig, warum eine derart verstandene persönliche Abhängigkeit den Dienstpflichtigen im Sinne des Arbeitsrechts sozial schutzbedürftig macht."[100]

10.2.2.3 Der Arbeitnehmerbegriff des Bundessozialgerichts

Auch das Bundessozialgericht (BSG) stellt bei der Beurteilung der Arbeitnehmereigenschaft auf die persönliche Abhängigkeit des Betroffenen ab.[101] Durch diese wird auch im Sozialversicherungsrecht die selbständige von der nichtselbständigen Tätigkeit unterschieden. Als Merkmale der abhängigen Beschäftigung sieht das BSG u.a. folgende Verpflichtungen an:[102]

---

95 Vgl. BAG-Urteil vom 13.08.1980, AP Nr.37 zu § 611 BGB Abhängigkeit.

96 Vgl. BAG-Urteil vom 30.10.1991, AP Nr.59 zu § 611 BGB Abhängigkeit.

97 Vgl. BAG-Urteil vom 13.08.1980, AP Nr.37 zu § 611 BGB Abhängigkeit.

98 Vgl. BAG-Urteil vom 09.06.1993, AP Nr.66 zu § 611 BGB Abhängigkeit.

99 Vgl. BAG-Urteil vom 28.06.1973, AP Nr.10 zu § 611 BGB Abhängigkeit; BAG-Urteil vom 10.05.1990, AP Nr.51 zu § 611 BGB Abhängigkeit.

100 *Beuthien, V. / Wehler, Th.*, Gemeinsame Anmerkung zu AP Nr.15-21 zu § 611 BGB Abhängigkeit, Bl.669.

101 Zum Verhältnis zwischen Bundessozialgericht und Arbeitsrecht siehe *Birk, R.*, Bundessozialgericht, NJW, 1979, S.1017 ff.

102 Viele der im folgenden genannten Merkmale stammen aus der Rechtsprechung zur Frage, ob Lotto-Bezirksstellenleiter Selbständige oder Arbeitnehmer sind.

- der Weisungsberechtigte (Arbeitgeber) kann die Beschäftigung in ihrer gesamten Durchführung - namentlich durch Einzelanordnungen - bestimmen,[103]
- der Betroffene unterliegt einem Zeit, Dauer, Ort und Art der Arbeitsausführung umfassenden Weisungsrecht des Arbeitgebers,[104]
- die Weisung, keinen Beruf auszuüben, der den Betroffenen örtlich und zeitlich von seiner Tätigkeit abhält,[105]
- den Wohnsitz und ständigen Aufenthalt in der Stadt der Tätigkeit zu haben, damit er diese persönlich verrichten kann,
- für den Fall der Verhinderung einen Vertreter nur mit Zustimmung des Auftraggebers zu bestellen,
- die Pflicht zur Förderung des Ausbaus der Vertriebsorganisation,
- die Berechtigung des Unternehmers, die Bezirksgrenzen neu festzulegen,
- für einen Urlaub von mehr als zwei Wochen die Zustimmung des Unternehmers einholen zu müssen,
- die Namen und Adressen der Hilfskräfte auf Verlangen des Unternehmers mitteilen zu müssen,
- Änderungen der Allgemeinen Geschäftsbedingungen sowie Verfügungen, Anordnungen und sonstige die Tätigkeit betreffende Weisungen befolgen zu müssen.[106]

Kennzeichen einer selbständigen Tätigkeit sind nach Ansicht des BSG vornehmlich das eigene Unternehmerrisiko, das Vorhandensein einer eigenen Betriebsstätte, die Verfügungsmöglichkeit über die eigene Arbeitskraft und die im wesentlichen frei gestaltete Tätigkeit und Arbeitszeit.[107] Ein Unternehmerrisiko liegt schon darin, daß der Erfolg des Einsatzes der Arbeitskraft ungewiß ist. Allerdings vermag die Belastung eines Erwerbstätigen mit zusätzlichen Risiken keine Selbständigkeit zu begründen.[108] Ausschlaggebend ist, ob den Risiken der Selbständigkeit auch Freiheiten in der Gestaltung der Tätigkeit gegenüberstehen.[109] Die Bestimmung des Unternehmerrisikos kann erfolgen, indem ermittelt wird, was der Betroffene verkauft, wieviel er

103 Vgl. BSG-Urteil vom 27.03.1980 (12 RK 26/79; DOK 1981, S.86).

104 Vgl. BSG-Urteil vom 29.08.1963, BSGE 20, S.6 ff.

105 Vgl. zu diesem Punkt und den folgenden sechs Punkten das BSG-Urteil vom 31.10.1972, BSGE 35, S.20 ff und BSG-Urteil vom 01.12.1977, BSGE 45, S.201 f.

106 Vgl. BSG-Urteil vom 31.10.1972, BSGE 35, S.24.

107 Vgl. BSG-Urteil vom 31.10.1972, BSGE 35, S.21; BSG-Urteil vom 01.12.1977, AP Nr.27 zu § 611 BGB Abhängigkeit und BSG-Urteil vom 13.07.1978, AP Nr.29 zu § 611 BGB Abhängigkeit.

108 Vgl. BSG-Urteil vom 12.12.1990, EzA Nr.40 zu § 611 Arbeitnehmerbegriff; so z.B. auch *Plander, H.*, Normalarbeitsverhältnis, 1990, S.134 und LAG Düsseldorf vom 20.10.1987, NJW, 1988, S.725 ff. "Jacques'Weindepot".

109 Vgl. BSG-Urteil vom 13.07.1978, AP Nr.29 zu § 611 BGB Abhängigkeit.

umsetzt, ob, wie oft und in welcher Höhe er eine Mindestprovision überschreitet, ob eine Anwesenheitspflicht für die gesamte Öffnungszeit besteht oder der zeitliche Einsatz selbst bestimmt werden kann, ob und welchen Weisungen des Unternehmers er nachzukommen hat und auf welche Weise er überwacht wird. Darüber hinaus spielt es bei der Abgrenzung des Unternehmerrisikos eine Rolle, wer den Betroffenen im Verhinderungsfall vertritt, ob er nach freiem Entschluß Urlaub nehmen kann, ob und in welchem Umfang er für Fehlbestände haftet, ob er Mitarbeiter selbst einstellen kann[110] und entlohnen muß und ob eine Tätigkeit für andere Unternehmer zulässig ist. Eine entscheidende Frage dabei ist auch, ob der Betroffene seine Verdienstmöglichkeiten durch seine Anstrengungen und seine Geschicklichkeit beeinflussen kann.[111]

Ob jemand abhängig oder selbständig tätig ist, hängt davon ab, welche Merkmale überwiegen. Maßgebend soll stets das Gesamtbild der jeweiligen Arbeitsleistung unter Berücksichtigung der Verkehrsanschauung sein. Auch die vertragliche Vereinbarung kann Aufschlüsse über die Natur der Rechtsverhältnisse geben. Weichen die Vereinbarungen von den tatsächlichen Verhältnissen ab, sollen letztere laut BSG den Ausschlag geben.[112]

10.2.2.4 Neubestimmung des Arbeitnehmerbegriffs durch das LAG Köln

Das LAG Köln[113] hielt eine Neubestimmung des Arbeitnehmerbegriffs angesichts grundlegender Veränderungen des Erwerbslebens und der Organisation von Arbeit für notwendig. Nur so könne der aus Art.2 Abs.2 und Art.12 Abs.1 GG folgenden Schutzpflicht des Staates gegenüber einem in einem Vertragsverhältnis grundsätzlich unterlegenen Vertragspartner Rechnung getragen werden. Der herkömmliche Arbeitnehmerbegriff, der wesentlich auf den Grad der persönlichen Abhängigkeit und dabei insbesondere auf die Fremdbestimmtheit der Arbeitszeit abstellt, sei dazu nicht mehr geeignet.[114]

---

110 Das Recht, Mitarbeiter einzustellen, spricht nicht gegen eine Arbeitnehmereigenschaft (vgl. BSG-Urteil vom 31.10.1972, BSGE 35, S.26).

111 Vgl. BSG-Urteil vom 24.10.1978, AP Nr.30 zu § 611 BGB Abhängigkeit.

112 Vgl. BSG-Urteil vom 01.12.1977, AP Nr.27 zu § 611 BGB Abhängigkeit und BSG-Urteil vom 24.10.1978, AP Nr.30 zu § 611 BGB Abhängigkeit.

113 Vgl. im folgenden LAG Köln, Urteil vom 30.06.1995, AP Nr.80 zu § 611 Abhängigkeit.

114 In einem vom LSG Hamburg entschiedenen Fall wurde allerdings eine Propagandistin als Arbeitnehmerin eingestuft, da sich Arbeitszeit, Pausenregelung, Ausstattung und Gestaltung des Verkaufsstandes mit der Billigung der Firma an den Gegebenheiten des Kaufhauses orientierten. Hier führte die herkömmliche Definition des Arbeitnehmerbegriffs folglich schon zu einer Qualifizierung als abhängig Beschäftigte (vgl. LSG Hamburg, Urteil vom 19.06.1983, AiB, 1988, S.117 f.).

In diesem Urteil ging es um die Arbeitnehmereigenschaft einer Kaufhauspropagandistin. Diese beantragte vor dem ArbG die Feststellung eines Arbeitsverhältnisses mit dem Kaufhaus und dem Unternehmen, für welches sie die Waren im Kaufhaus propagierte. Das ArbG verneinte ein Arbeitsverhältnis, da die vom BAG entwickelten Kriterien für eine Arbeitnehmereigenschaft nicht bejaht werden konnten. So fehlte es vor allem an der zeitlichen Weisungsgebundenheit der Propagandistin, die ein wesentliches Merkmal der Arbeitnehmereigenschaft sei. Das LAG Köln hielt in der Revision hingegen den an § 84 HGB angelehnten Arbeitnehmerbegriff des Arbeitsgerichts für verfehlt. Die zeitliche Weisungsgebundenheit sei nur eines der kumulativ geforderten Merkmale des § 84 HGB. Seien aber die Anforderungen an die Fremdbestimmtheit der Arbeitszeit zu hoch, würde dies dazu führen, daß viele Erwerbspersonen, die wie Arbeitnehmer schutzbedürftig seien, aus dem statusbezogenen Schutz des Arbeits- und Sozialrechts herausfallen. Das Problem der "neuen" Selbständigen und der Flucht aus dem Arbeitsrecht wurde vom LAG erkannt und durch eine Neubestimmung des Arbeitnehmerbegriffs gemindert. Abweichend von der Definition des BAG muß nach Ansicht des LAG Köln jede juristische Definition teleologisch sein.[115] Das Gericht folgte den von Wank entwickelten Kriterien. Eine zeitgemäße Abgrenzung der Arbeitnehmer gegenüber Selbständigen müsse in Zukunft anhand des Merkmals von unternehmerischen Risiken *und* Chancen erfolgen. Typische Arbeitnehmermerkmale seien danach die auf Dauer angelegte Arbeit nur für einen Auftraggeber, die in eigener Person (ohne Mitarbeiter) und im wesentlichen ohne eigenes Kapital und ohne eigene Organisation erbracht werde. Die völlige Unterlegenheit der Vertragsposition der Propagandistin, die über die typische Unterlegenheit eines Arbeitnehmers hinausging, kam zudem noch dadurch zum Ausdruck, daß diese keinen Einfluß auf die Preise und das Warenangebot hatte und nur einen Teil ihrer Leistung vergütet bekam.

Bei Anwendung der gleichen Kriterien kam das ArbG Nürnberg[116] zu dem Ergebnis, daß eine Versicherungsvertreterin ebenfalls Arbeitnehmerin sei. Diese konnte - wie die Propagandistin auch - zwar ihre Arbeitszeit frei gestalten, hatte darüber hinaus aber weder eine eigene Organisation noch durfte sie eine solche aufbauen. Es war ihr untersagt, ohne Zustimmung eine Tätigkeit für ein anderes Unternehmen der Versicherungsbranche oder einer anderen Branche aufzunehmen. Außerdem wurde sie daran gehindert, werbend für sich oder ihr Unternehmen am Markt tätig zu werden und so eine unternehmerische Perspektive zu entwickeln. Die Angebotspalette und die Preise dafür konnte sie ebenfalls nicht beeinflussen. Das Gericht qualifizierte diese

115 Vgl. hierzu Abschnitt 10.4 (S.478 ff.).

116 Vgl. ArbG Nürnberg, Urteil vom 31.07.1996, AiB, 1996, S.677 ff.

Tätigkeit als eine solche ohne unternehmerische Freiheit; sie sei im Gegenteil nur mit unternehmerischen Risiken belastet.[117]

10.3 Flucht aus dem Normalarbeitsverhältnis

Immer mehr Wissenschaftler sehen im Franchising - neben anderen Beschäftigungsverhältnissen - eine Flucht der "Arbeitgeber" aus dem Normalarbeitsverhältnis, eine Situation, die auch unter den Begriffen "Scheinselbständigkeit"[118] oder "Neue Selbständigkeit" diskutiert wird.[119] Dabei wird unter Normalarbeitsverhältnis das auf Dauer angelegte, in seinem Bestand in gewissem Umfang rechtlich geschützte Vollzeitarbeitsverhältnis verstanden.[120] Eine andere Definition beschreibt das Normalarbeitsverhältnis als eine stabile, sozial abgesicherte Vollzeitbeschäftigung, deren Rahmenbedingungen kollektivvertraglich oder arbeits- bzw. sozialrechtlich auf einem Mindestniveau geregelt sind, mit einer tendenziell diese Bedingungen vereinheitlichenden Vertretungsmacht (Einheitsgewerkschaft).[121] Noch genauer erfaßt Däubler das Normalarbeitsverhältnis. Er versteht darunter eine Vollzeitarbeit mit Normalarbeitstag sowie monatlicher Vergütung, wobei sich die Tätigkeit im Betrieb mit einer Mindestgröße von fünf oder sechs Beschäftigen vollzieht. Das Normalarbeitsverhältnis ist durch einen gewissen Bestandsschutz (Sozialpläne, Kündigungsschutzgesetz u.ä.) vor willkürlichem Verhalten des Arbeitgebers geschützt. Die Höhe der Vergütung und der Sozialleistungen hängt hier von der Betriebszugehörigkeitsdauer ab. An die Dauer der Erwerbstätigkeit knüpft schließlich die Rentenversicherung an. Eine kollektive Interessenvertretung ist möglich.[122]

Als atypische Beschäftigungsverhältnisse werden alle Beschäftigungsformen bezeichnet, die von obiger Definition abweichen. Zu denken ist hier an Teilzeitbe-

117 Bereits 1989 hatte das ArbG Lübeck Versicherungsvertreter/innen als Arbeitnehmer eingestuft, da diese zu fremdnütziger Arbeit unter vollständiger Eingliederung in den Produktionsbereich des Unternehmens verpflichtet waren und ihre Tätigkeit nicht i.S.d. § 84 Abs.1 S.2 HGB im wesentlichen frei gestalten konnten (vgl. ArbG Lübeck, Beschluß vom 29.06.1989, AiB, 1989, S.349 ff.).

118 Es wird geschätzt, daß von den rund 1,3 Millionen Einpersonenselbständigen in der Bundesrepublik ungefähr 750.000 Erwerbstätige scheinselbständig sind (vgl. *Ballauf, H.*, Grauzone, Mitb., 9/1996, S.15). Zu einer ähnlichen Einschätzung kommen Mayer / Paasch (vgl. *Mayer, U. / Paasch, U.*, Selbständigkeit, 1990, S.31).

119 Vgl. z.B. *Plander, H.*, Normalarbeitsverhältnis, 1990; *Buschmann, R.*, Scheinselbständigkeit, 1992; *Wank, R.*, "Neue" Selbständigkeit, DB, 1992, S.90 ff.

120 Vgl. *Zachert, U.*, Entwicklung, WSIMitt., 1988, S.458.

121 Vgl. *Bosch, G.*, Normalarbeitsverhältnis, WSIMitt., 1986, S.165.

122 Vgl. *Däubler, W.*, Deregulierung, WSIMitt., 1988, S.450 f.; *Däubler, W.*, Perspektiven, ArbuR, 1988, S.302 ff.

schäftigte, Leih- und Heimarbeiter, Befristungen der Arbeitsverträge, geringfügig Beschäftigte und Scheinselbständige. Kennzeichen dieser Erwerbstätigen, die rechtlich als Selbständige behandelt werden, die aber de facto wie abhängige Beschäftigte arbeiten und hinsichtlich ihres sozialen Schutzbedürfnisses sich nicht von diesen unterscheiden, sind folgende: Sie erbringen die Arbeitsleistung persönlich (ohne Personal), verfügen über wenig Eigenkapital und arbeiten überwiegend für nur einen Arbeitgeber, von dem sie wirtschaftlich abhängig sind.[123] Diese Scheinselbständigkeit wird bei Zachert mit 1% aller Beschäftigungsverhältnisse (Stand 1992), vor allem im privaten Straßentransport und im Versicherungswesen, beziffert. Die sogenannte Krise des Normalarbeitsverhältnisses[124] lasse sich kaum belegen. Dennoch ist auch Zachert der Ansicht, daß diese Problematik nicht verharmlost oder rechtspolitisch ignoriert werden darf.[125]

In diesem Zusammenhang wird von Plander von einer Flexibilisierung von Arbeitsleistungen unter anderem durch Aufgabe der Arbeitgeberrolle gesprochen. Da das Arbeitsrecht bewußt umgangen wird, sind die Betroffenen - wie z.B. die Franchisenehmer - in sozialer Hinsicht schutzbedürftiger als Arbeitnehmer. Sie übernehmen nämlich unternehmerische Risiken ohne die Möglichkeit zur eigenen Daseinsvorsorge. Zu den sozialpolitischen Problemen dieser Berufsgruppen treten physische und psychische. Neue Selbständige, so Plander, sähen sich oft zur Selbstausbeutung veranlaßt, um Umsätze zu erzielen, welche die von ihnen getätigten Investitionen amortisieren und zusätzlich ihren Lebensunterhalt abdecken sollen. Er weist darauf hin, daß der Rückgriff auf den Franchisevertrag eines sachlichen Grundes bedarf. Fehlt dieser, so liegt ein Arbeitsvertrag vor. Sachliche Gründe sind z.B. der Wunsch des Beschäftigten, als Selbständiger arbeiten zu wollen, die Abwendung der drohenden Existenzgefährdung, die Beseitigung bestehender oder konkret drohender Wettbewerbsnachteile nicht unerheblichen Umfangs oder wenn ein Unternehmen mit Hilfe einschlägiger Verträge eine Organisation aufbauen will, die nachweislich effizienter ist als eine sich auf Arbeitnehmer stützende. Es stellt sich die Frage, ob diese sachlichen Gründe spezifische Vereinbarungen legitimieren, wie sie mit "Neuen Selbständigen" getroffen werden. Plander verneint dies für diejenigen - häufigen - Fälle, in denen Betroffenen rechtlich zwar der Status Selbständiger zugewiesen wird, sie aber zugleich daran gehindert werden, sich auch tatsächlich als Selbständige zu betätigen. "Nimmt man ferner an, allein das Bestreben der Nachfrager nach Arbeitskraft, arbeitsrechtlichen

---

123 Vgl. *Paasch, U.*, Selbstfahrende Unternehmer, WSIMitt., 1990, S.217.

124 Vgl. *Mückenberger, U.*, Krise, ZfS, 1985, S.415 ff.

125 Vgl. *Zachert, U.*, Normalarbeitsverhältnis, AiB, 1992, S.250 ff.

Bindungen finanzieller und anderer Art auszuweichen, könne einschlägige Vereinbarungen sachlich ebenfalls nicht rechtfertigen, so werden "Neue Selbständige" oft schon deshalb Arbeitnehmer sein, weil Nachfrager nach Arbeitskraft sich bei der Entscheidung, "Selbständigenverträge" zu schließen, vielfach in der Tat gerade von solchen Erwägungen leiten lassen."[126]

Wank kritisiert jene, die das Weisungsrecht des Franchisegebers als systemimmanent ansehen. Wenn in der Literatur vorgetragen werde, die vollständige Abhängigkeit der Organisation des Franchisebetriebes von den Auflagen des Franchisegebers folge aus den betriebswirtschaftlichen Besonderheiten des Franchising, dann werde verkannt, daß gerade diese Abhängigkeit das Kennzeichen für den Arbeitnehmer ist.[127] Er empfiehlt, die Zuordnung des Betroffenen zur Gruppe der Arbeitnehmer oder der Selbständigen am Kriterium der unternehmerischen Chancen und Risiken und der damit verbundenen Weisungen vorzunehmen. "Wer einer so engen Weisungsbindung unterliegt, daß er zwar unternehmerische Risiken trägt, aber keine unternehmerischen Chancen wahrnehmen kann, ist Arbeitnehmer. Wer dagegen so wenigen Weisungen unterliegt, daß er unternehmerisch am Markt auftreten und eigene Chancen wahrnehmen kann, ist Selbständiger."[128] Auch wenn man den Franchisenehmer als Selbständigen qualifiziere, müsse man bei der Anwendung der bürgerlich-rechtlichen und der wirtschaftsrechtlichen Vorschriften der vielfach einem Arbeitnehmer vergleichbaren Stellung des Franchisenehmers Rechnung tragen. Je nach dem Grad der organisatorischen Einbindung und der Größe der eigenen Unternehmensorganisation sei ein Schutz durch das Arbeitsrecht möglich. In der Regel sei jedoch Selbständigenrecht anwendbar.[129]

Däubler sieht z.B. in Tankstellenpächtern und Handelsvertretern nur formal Selbständige, die einer "nicht durch arbeitsrechtliche Schutznormen geminderten Verfügungsmacht eines anderen unterliegen."[130] Sein Rat zielt auf den Ausbau der solidarischen Elemente des Normalarbeitsverhältnisses durch die Gewerkschaften. Schutzgesetze im Hinblick auf die Scheinselbständigkeit wären ein weiteres mögliches Mittel.[131] Noch weiter geht die Forderung Paaschs. Eine klare gesetzliche Definition des Arbeitnehmerbegriffs sei notwendig, die sich vor allem an der Frage der sozialen Schutzbedürftigkeit zu orientieren habe. Es könne nicht hingenommen werden, daß das

---

126 *Plander, H.*, Normalarbeitsverhältnis, 1990, S.151.
127 Vgl. *Wank, R.*, "Neue" Selbständigkeit, DB, 1992, S.91.
128 *Wank, R.*, "Neue" Selbständigkeit, DB, 1992, S.92.
129 Vgl. *Wank, R.*, Arbeitnehmer, 1988, S.283 f.
130 *Däubler, W.*, Deregulierung, WSIMitt., 1988, S.451.
131 Vgl. *Däubler, W.*, Deregulierung, WSIMitt., 1988, S.455.

Arbeits- und Sozialversicherungsrecht durch die Hintertür zum dispositiven Recht wird, indem Personen, die wie Arbeitnehmer arbeiten und sozial schutzbedürftig sind, formal als Selbständige behandelt werden.[132] Mayer / Paasch[133] verdeutlichen in ihrem Artikel über Propagandistinnen, daß viele Scheinselbständige oftmals genau dieselben Tätigkeiten verrichten wie die Arbeitnehmer. Diese vermeintlich selbständigen Verkäuferinnen sind wie Arbeitnehmerinnen in den Kaufhausbetrieb eingegliedert und unterliegen den Weisungen des Kaufhauses. Es handelt sich bei ihnen jedoch um Fremdfirmenbeschäftigte, so daß das Kaufhaus nicht mit den Propagandistinnen, sondern mit Dritten Verträge abschließt. Dadurch entledigt es sich aller Arbeitgeberpflichten; der Betriebsrat als Interessenvertretungsorgan der Kaufhaus-Arbeitnehmer ist nicht für die Propagandistinnen zuständig, hat aber Mitwirkungsrechte über § 99 BetrVG.[134]

Nach Ansicht des BAG hat der Betriebsrat - ebenso wie bei der Beschäftigung von Leiharbeitnehmern - immer dann nach § 99 BetrVG zuzustimmen, wenn im Betrieb Personen beschäftigt werden sollen, die in die betriebliche Organisation eingegliedert und dem Weisungsrecht des Arbeitgebers unterworfen sind und zusammen mit den bereits im Betrieb beschäftigten Arbeitnehmern den unveränderten arbeitstechnischen Zweck des Betriebes verwirklichen sollen.[135] Dabei ist es gerade nicht nötig, daß es sich um einen Arbeitnehmer handelt; auch kommt es nicht darauf an, daß der im Betrieb eingesetzte Selbständige seinerseits wieder Arbeitnehmer einstellt oder ob er in vertraglichen Beziehungen zu dem Unternehmen steht, in dessen Betrieb er eingegliedert ist.[136] In Übereinstimmung mit dem Beschluß des BAG vom 15.04.1986 (1 ABR 44/84)[137] hat das LAG Hamburg in seinem Beschluß vom 15.11.1988 (6 TaBV 6/88) erneut auf die Gleichgültigkeit der Art des Rechtsverhältnisses zwischen der in einem Betrieb eingegliederten Person und dem Betriebsinhaber für die Anwendbarkeit des § 99 BetrVG hingewiesen. In diesem Fall ging es um die Eingliederung von Fahrern eines Subunternehmers in den Betrieb des Auftraggebers. Das LAG Hamburg sah es für die Frage, ob die Beschäftigung von Fahrern eines Subunternehmers der Mitbestimmung nach § 99 BetrVG bei der Einstellung unterliege, nicht für entschei-

---

132 Vgl. *Paasch, U.*, Selbstfahrende Unternehmer, WSIMitt., 1990, S.227.

133 Vgl. zu dieser Thematik auch das Buch der Autoren "Ein Schein von Selbständigkeit" von 1990.

134 Vgl. ArbG Bremerhaven, Urteil vom 03.08.1988, AiB, 1989, S.85 und *Mayer, U. / Paasch, U.*, Selbständig, AiB, 1988, S.245; so auch das LAG Hamburg im Falle der Eingliederung von Subunternehmern in einen Betrieb (vgl. LAG Hamburg, Beschluß vom 15.11.1988, 6 TaBV 6/88, unveröffentlicht).

135 Vgl. BAG-Urteil vom 15.04.1986, AP Nr.46 zu § 611 BGB Abhängigkeit und AP Nr.35 zu § 99 BetrVG.

136 Vgl. *Mayer, U.*, Personalpolitik, ArbuR, 1990, S.217.

137 Vgl. BAG-Urteil vom 15.04.1986, AP Nr.46 zu § 611 BGB Abhängigkeit.

dend an, wer Eigentümer der Arbeitsmittel sei. Entscheidend sei, ob die Personen in die betriebliche Organisation eingegliedert und dem Weisungsrecht des Betriebsinhabers unterworfen seien.[138]

Mayer / Paasch schlagen vor, daß die Selbständigen ins Wählerverzeichnis bei Betriebsratswahlen aufgenommen werden sollten. Die Gegenwehr sollte ihrer Meinung nach auf der Ebene der Tarifpolitik und der betrieblichen Mitbestimmung ansetzen. Der Betriebsrat wird so auch zum Organ der "Selbständigen".[139]

Auch in der Versicherungsbranche gehe der Trend weg von Angestellten hin zu selbständigen Unternehmern. Bei der Beurteilung dieser Beschäftigungsverhältnisse greife das BAG auf die Schwerpunkttheorie zurück. Dabei werde abgewogen, ob die Summe der für bzw. gegen eine persönliche Abhängigkeit sprechenden Merkmale überwiegt. Kritiker haben dazu zwei Alternativtheorien aufgestellt. Für die Vertreter der Vertragstheorie kommt es nur auf den Vertragstext an. Dies bedeutet aber, daß der wirtschaftlich Stärkere den Status festlegen kann. Andere halten ein Anknüpfen an die Unternehmereigenschaft für sinnvoll. Merkmale seien hier z.B. die eigenen Geschäftsräume, eigene Arbeitnehmer und das Eigentum am Kundenbestand. Mayer / Paasch gehen davon aus, daß es sich bei den Einfirmenvertretern, die nach der Schwerpunkttheorie selbständig, jedoch keine Unternehmer im wirtschaftlichen Sinne sind, um arbeitnehmerähnliche Personen handeln dürfte.[140]

Die Umgehung der Sozialversicherungspflicht durch Scheinselbständigkeit dokumentierten Mayer / Paasch / Ruthenberg weiterhin in einer Studie, die die Befragung von Betriebsprüfern der Allgemeinen Ortskrankenkasse über das Problem zweifelhafter oder vorgetäuschter Selbständigkeit zum Gegenstand hatte. Aufgabe der Betriebsprüfer ist es u.a., Scheinselbständige "aufzuspüren" und von deren Arbeitgebern Beiträge nachzufordern. Die Untersuchung ergab einen nicht unerheblichen Umfang vermeintlich "selbständiger" Beschäftigungsverhältnisse mit steigender Tendenz. Allein die Tatsache, daß die befragten Betriebsprüfer 1050 Berufe oder Tätigkeiten angaben, in denen ihrer Meinung nach die vorgetäuschte oder zumindest zweifelhafte Selbständigkeit eine Rolle spielt, verdeutlicht die Problematik. Rechtspolitische Konsequenzen könnten nach Ansicht der Autoren zum einen eine Erweiterung der Kontrollkompetenzen der Betriebsprüfer sein, zum anderen sei aber auch eine klare Legaldefinition des Arbeitnehmerbegriffs notwendig. Eine andere Möglichkeit wäre es, die Sozialversicherungspflicht generell vom Status zu entkoppeln. "Damit würde der sozialen

---

138 Vgl. LAG Hamburg, Beschluß vom 15.11.1988 (6 TABV 6/88), S.4.

139 Vgl. *Mayer, U. / Paasch, U.*, Scheinselbständigkeit, AiB 1987, S.60.

140 Vgl. *Mayer, U. / Paasch, U.*, Deregulierung, WSIMitt., 1987, S.581 ff.

Schutzbedürftigkeit auch vieler echter "kleiner" Selbständiger Rechnung getragen und das Problem der Statusfeststellung ausgeräumt. Allerdings sollte dabei eine Lösung gefunden werden, auch den Auftraggeber / Arbeitgeber in angemessener Weise mit einem Teil der Beiträge zu belasten."[141]

Einen ähnlichen Lösungsvorschlag unterbreitet von Einem. Seiner Meinung nach bringt eine Legaldefinition des Begriffes "Scheinselbständigkeit" keinen Fortschritt, da sich der Nachweis, daß bei einem Erwerbstätigen die Kriterien für einen abhängigen Selbständigen erfüllt sind, praktisch kaum durchführen läßt. Er plädiert für die Integration weiterer Gruppen in die Sozialversicherungssysteme. Damit verknüpft von Einem die Hoffnung, daß bei Erweiterung der Versicherungspflicht für Selbständige in Zukunft weniger Scheinselbständigkeitsverhältnisse begründet werden oder Betroffene eher bereit sind, sich als solche zu erkennen zu geben. Dies hätte dann für deren Arbeitgeber eine Beitragspflicht zur Folge.[142]

10.4 Teleologische Definition des Arbeitnehmerbegriffs

Immer häufiger gibt es Kritik am herkömmlichen Arbeitnehmerbegriff. Diese Kritik ist berechtigt, da sich die moderne Arbeitswelt heute vielfältiger präsentiert als noch vor einigen Jahren. Neue Technologien, neue Absatzsysteme und Geschäftspolitiken, aber auch ein anderes Selbstverständnis und andere wirtschaftliche Modalitäten haben dazu beigetragen, daß die schon immer existierende Diskrepanz zwischen den verschiedenen Formen von Arbeitnehmerexistenzen noch größer wurde. Deshalb fordern einige Autoren, das Kriterium der persönlichen Abhängigkeit nicht nur mit der Weisungsgebundenheit in bezug auf Zeit, Ort und Art der Arbeit zu unterlegen, sondern auch andere Merkmale der abhängigen Arbeit bei der Untersuchung der Arbeitnehmereigenschaft einzubeziehen. Die Rechtsprechung der obersten Gerichte zur Arbeitnehmereigenschaft ist, wie man aus der vorherigen Diskussion erkennen konnte, zu widersprüchlich, um konkrete Abgrenzungskriterien liefern zu können. Im folgenden werden einige alternative Ansätze auf dem Weg zu einem qualifizierten Arbeitnehmerbegriff dargestellt. Diese Ansätze sind teleologisch orientiert, da sie versuchen, Sinn und Zweck der arbeitsrechtlichen Normen zu erfassen und aus dem Zusammenhang der Rechtssätze den Sinn der Einzelvorschrift und deren besonderen Zweck abzuleiten.[143]

---

141 *Mayer, U. / Paasch, U. / Ruthenberg, H.-J.*, Scheinselbständigkeit, Soz.Sich. 1988, S.77 ff.
142 Vgl. *von Einem, H.-J.*, Abhängige Selbständigkeit, BB, 1994, S.60 ff.
143 Vgl. *Creifelds, C.*, Rechtswörterbuch, 1994, S.112.

Interessant ist, daß nicht alle Autoren zu einer Abkehr von den Merkmalen des bisherigen Arbeitnehmerbegriffs raten, sondern die bisher erarbeiteten Kriterien eher erweitern und modifizieren. Es findet eine Kombination des Merkmals der persönlichen Abhängigkeit mit wirtschaftlichen Elementen statt. *Bauschke* hält die Beschränkung auf das Weisungsrecht als den Schlüsselbegriff der persönlichen Abhängigkeit selbst in Kernbereichen der Arbeitnehmertätigkeit nicht mehr für hinreichend, da dadurch nicht atypische Beschäftigungsformen erfaßt werden können. Die bis jetzt von den Gerichten nur hilfsweise herangezogenen Kriterien der Eingliederung in den Betrieb, der wirtschaftlichen Abhängigkeit, der Verteilung der unternehmerischen Chancen und Risiken, der sozialen Schutzbedürftigkeit o.ä. sind nach Bauschke Möglichkeiten, den Arbeitnehmerbegriff neu zu gestalten.[144]

10.4.1 Informationelle Fremd- oder Selbstbestimmung

Buschmann vertritt die Auffassung, daß der herkömmlichen Definition der Arbeitgeber- / Arbeitnehmer-Begrifflichkeit ein Arbeitsverhältnis zugrunde liegt, das der heutigen Arbeitswirklichkeit nicht mehr gerecht wird. Statt für eine Definition des Arbeitnehmerbegriffs plädiert er für die Beschreibung moderner arbeitsrechtlicher Beziehungen und unternehmerischer Steuerung. Eine grundlegende Wende gegenüber der in der Rechtsprechung dominanten Methode sei nicht notwendig. "Vielmehr wäre schon damit geholfen, wenn die Rechtsprechung de lege lata die tatsächliche Veränderung der abhängigen Arbeit begreift und juristisch anerkennt."[145] Buschmann hält es für widersinnig, das Direktionsrecht als konstitutives Merkmal des Arbeitsrechts aufzufassen, da heute überwiegend allgemeine Zielvorgaben und keine Einzelanweisungen mehr gegeben würden. Das Merkmal der Fremdbestimmung sei nicht mehr auf Arbeitsleistungen, sondern auf die Arbeitsziele zu beziehen. Des weiteren komme es nicht auf die eigene unternehmerische Organisation an, sondern auf die arbeitsorganisatorische Einbindung. Seiner Meinung nach könnte auch die informationelle Fremd- oder Selbstbestimmung in Zukunft ein Abgrenzungsmerkmal sein. Gemeint sind damit die im Rahmen eines Arbeitsverhältnisses legitimerweise dem Arbeitgeber zur Verfügung gestellten Informationen über Arbeitsinhalte und Ergebnisse. Bei informationeller Fremdbestimmung sei das Arbeitsrecht anwendbar. "Wenn informationelle Steuerung an die Stelle direktiver Steuerung getreten ist, reicht informationelle Fremdbestimmung bei dauerhafter, nicht substituierbarer Arbeit für einen

144 Vgl. *Bauschke, H.-J.*, Arbeitnehmerbegriff, RdA, 1994, S.209 ff.
145 *Buschmann, R.*, Scheinselbständigkeit, 1992, S.129 ff.

anderen aus, um Arbeitsrecht zur Anwendung zu bringen."[146] Als Abgrenzungskriterien werden von ihm die Risikoverteilung, die juristische Selbsteinschätzung der Vertragsparteien sowie die wirtschaftliche Abhängigkeit abgelehnt. Die Risikoverteilung sei Rechtsfolge für den rechtswirksam vollzogenen Ausstieg aus dem Arbeitsrecht und nicht etwa Voraussetzung. Die Selbsteinschätzung der Vertragsparteien könne falsch sein und dürfe zwingendes Arbeitnehmerschutzrecht nicht verdrängen. Die wirtschaftliche Abhängigkeit sei keine konstitutive Voraussetzung der Arbeitnehmereigenschaft, da sich wirtschaftliche Unabhängigkeit und Arbeitnehmerstatus nicht widersprächen. Der wirtschaftliche Hintergrund eines Arbeitnehmers sei für die Kategorisierung des Arbeitsrechtsverhältnisses unerheblich.

Linnenkohl et al. schlagen vor, den Begriff des Arbeitnehmers durch das Kriterium der informationellen Abhängigkeit zu konkretisieren. Die Relativierung der Weisungsgebundenheit ergebe sich aus dem Wandel der technischen Rahmenbedingungen. So würden oftmals keine detaillierten Arbeitsanordnungen mehr gegeben, sondern die Kooperation zwischen den Arbeitsvertragsparteien trete in zunehmendem Maße an die Stelle der Subordination. Die Eingliederung in den betrieblichen Produktionsprozeß könne jedoch als grundlegende Voraussetzung für die Arbeitnehmereigenschaft angesehen werden. Mit Hilfe moderner Informations- und Kommunikationstechniken entsteht eine "informationelle" Abhängigkeit des Arbeitnehmers. Er und seine Arbeitsergebnisse werden "gläsern", welches ein weiteres Beispiel seiner persönlichen Abhängigkeit ist. Nach Linnenkohl ist daher Arbeitnehmer, wer in einem fremden Organisationsbereich beschäftigt ist *und* seine Leistung in persönlicher Abhängigkeit erbringt, die auch in einer informationellen Abhängigkeit bestehen kann.[147]

10.4.2 Sachliche Abhängigkeit

Heuberger legt bei seiner Abgrenzung das Gewicht auf die sachliche Abhängigkeit. Nicht der Arbeitnehmer sei abhängig, sondern die zu leistende Arbeit von der Existenz eines Arbeitgebers und dessen Dispositionen. Gemeint ist damit die Situation vom vorrechtlichen Angewiesensein auf die Arbeitsgelegenheit über die Position auf dem Arbeitsmarkt bis hin zu der Tatsache, einen planenden und riskierenden Arbeitgeber zum Kontrahenten zu haben. Bei einer sachlichen Abhängigkeit handelt es sich also um eine Abhängigkeit von fremder Organisations- und Risikobereitschaft. Die Leistungserbringung im Arbeitsverhältnis sei abhängig von Existenz und Bereitstellung

146 *Buschmann, R.*, Franchise-Arbeitnehmer, AiB, 1988, S.51 ff.
147 Vgl. *Linnenkohl, K. et al.*, Arbeitnehmerbegriff, ArbuR, 1991, S.203 ff.

des Leistungssubstrats. Durch die sachliche Abhängigkeit als Kriterium des Arbeitsverhältnisses könne sowohl die finanzielle Situation des Arbeitnehmers als auch das damit oberflächliche organisatorische Erscheinungsbild als allein ungenügend ausgeschaltet werden. Dennoch bleibe die Ausfüllung mittels "persönlicher" und "wirtschaftlicher" Einzelmerkmale notwendig. "Vor allem wird dabei herauszustellen sein, inwieweit durch die Beiträge beider Parteien ein "Arbeitsplatz" gebildet wird."[148] In der Rechtsprechung sei deutlich eine Neuakzentuierung des Inhalts von "persönlicher Abhängigkeit" bemerkbar, z.B. über das Korrektiv der Lehre von der organisatorischen Eingliederung des Arbeitnehmers. Die verstärkte Verwendung allgemeiner Rechtsgrundsätze bilde eine Vorstufe zur deutlicheren Einbeziehung der Arbeitgeberposition bei der begrifflichen Erfassung des Arbeitsverhältnisses.[149]

10.4.3 Die Fähigkeit zur eigenen Daseinsvorsorge

Traeger sieht den Einsatz von Kapital und die Existenz einer eigenen Unternehmensorganisation als entscheidend für die Selbständigkeit an. Er bezieht sich somit auf das Unternehmerrisiko, für welches der Einsatz von Kapital eine Voraussetzung ist. "Um als Abgrenzungsmerkmal zwischen abhängigen und selbständigen Beschäftigten Unterscheidungskraft zu besitzen, bedarf der Kapitaleinsatz eines Ausmaßes, welches dem Beschäftigten wenigstens partielle Unabhängigkeit von seinem Auftraggeber sichert und ihn nicht in dem gleichen Sinne schutzbedürftig erscheinen läßt wie denjenigen, der zur Sicherung seiner Existenz allein auf die Verwertung seiner Arbeitskraft angewiesen ist."[150] Es geht hierbei vor allem um die Unterscheidung, ob die Person prinzipiell in der Lage ist, von dem Kapital zu leben und selbst für sich zu sorgen. Ist dies der Fall, dann kann, so Traeger, von einer Unabhängigkeit des Beschäftigten gesprochen werden, die ihn auf die Gewährung arbeitsrechtlichen Sozialschutzes nicht angewiesen sein läßt. Ist dies nicht der Fall, so ist der Betroffene Arbeitnehmer.[151]

Nach Meinung von Rosenfelder kommt es auf die soziale Schutzbedürftigkeit an. Sein Formulierungsvorschlag in bezug auf eine Definition des Arbeitnehmerbegriffs lautet: "Arbeitnehmer ist, wer wegen der Verpflichtung zur Leistung fremdgestalteter und die berufliche Mobilität nicht unerheblich beeinträchtigender Arbeit als sozial

---

148 *Heuberger, G.*, Sachliche Abhängigkeit, 1982, S.163.
149 Vgl. *Heuberger, G.*, Sachliche Abhängigkeit, 1982.
150 *Traeger, B.*, Arbeitsrechtl. Sozialschutz, 1981, S.178.
151 Vgl. *Traeger, B.*, Arbeitsrechtl. Sozialschutz, 1981, S.154 ff.

schutzbedürftig anzusehen ist. Fremdgestaltete Arbeit hat insbesondere zu leisten, wer Weisungen unterworfen ist oder sonst in fremde Arbeitsorganisation eingebunden ist. Eine nicht unerhebliche Beeinträchtigung der beruflichen Mobilität liegt vor allem dann vor, wenn durch unbefristete Verpflichtung zur Arbeitsleistung ein wesentlicher Teil der Arbeitskraft in Anspruch genommen wird oder infolge der sonstigen zeitlichen Umstände der Arbeitsleistung die jederzeitige volle Verwertung der Arbeitskraft in einem weiteren Dienstverhältnis in demselben oder einem verwandten Beruf ausgeschlossen ist."[152] Bei dieser Definition geht es um die unzureichende Möglichkeit eines Arbeitnehmers zur eigenen existentiellen Sicherung und Daseinsvorsorge, deren Ursache in der Fremdgestaltung der Arbeitsabläufe und der Arbeitskraftbindung des Arbeitnehmers liegt. Indizien zur Feststellung der Fremdgestaltung der Arbeitsabläufe und der Arbeitskraftbindung sind die regelmäßige Anwesenheit an der Arbeitsstätte, der vorausgeplante Einsatz des Beschäftigten durch den Dienstherrn, eine ständige Dienstbereitschaftspflicht des Arbeitnehmers, die Abhängigkeit des Beschäftigten von Apparat und Team des Dienstherrn und die Festsetzung der Tage und der Uhrzeit der Arbeitsleistung. Dieser Ansatz weist Parallelen zum Vorschlag von Beuthien / Wehler auf, jedoch mit dem Unterschied, die Existenz eines Arbeitsverhältnisses nicht von einem konkreten Zeitrahmen abhängig zu machen.

Beuthien / Wehler kritisieren, daß die herrschende Lehre kein Einzelmerkmal kennt, das unverzichtbar vorliegen muß, damit man von persönlicher Abhängigkeit sprechen kann. "Wenn weder die persönliche noch die fachliche Weisungsgebundenheit noch die Eingliederung in einen fremden Betrieb oder Organisationsbereich noch die Art und Dauer des Beschäftigungsverhältnisses begriffsnotwendig sind, so droht von der sogenannten persönlichen Abhängigkeit als unverzichtbarer Rest nur die zwar richtige, aber für sich genommen selbstverständliche Feststellung zu bleiben, daß ein Arbeitnehmer unselbständig sein müsse."[153] Am Merkmal der persönlichen Abhängigkeit wollen die Autoren jedoch weiterhin festhalten, da die Fremdgestaltung und Fremdnützigkeit der Arbeit sowie die Eingliederung in einen fremden Produktionsprozeß wichtige Indizien einer Arbeitnehmereigenschaft bleiben. Der herrschende Arbeitnehmerbegriff muß sich nach Beuthien / Wehler daraufhin überprüfen lassen, ob die von ihm für ausreichend erachtete persönliche Abhängigkeit im materiellen Sinne eine soziale Schutzbedürftigkeit begründet. Diese lasse sich jedoch nicht allein mit der persönlichen Abhängigkeit erklären, sondern hänge mit der Aufgabe der Selbständigkeit zusammen. "Im Sinne des Arbeitsrechts schutzbedürftig ist also, wer

---

152 *Rosenfelder, U.*, Freie Mitarbeiter, 1982, S.207.
153 *Beuthien, V. / Wehler, Th.*, Freie Mitarbeiter, RdA, 1978, S.3.

wegen des Verzichts auf die eigene unternehmerische Arbeitskraftverwertung daseinsvorsorgeunfähig ist." Arbeitnehmer ist deshalb nur der dienstvertraglich Beschäftigte, der persönlich abhängig *und* sozial schutzbedürftig ist. Die soziale Schutzbedürftigkeit sei nicht etwa bereits in der persönlichen Abhängigkeit enthalten. Wie kann nun aber die soziale Schutzbedürftigkeit genauer bestimmt werden? Sozial schutzbedürftig ist ein für fremde Rechnung Beschäftigter, wenn er so wesentliche Teile seiner Arbeitskraft bindet, daß er aufgrund der Aufgabe der Selbständigkeit zur eigenen Daseinsvorsorge unfähig wird. Beuthien / Wehler sind der Ansicht, wer eine bestimmte Anzahl von Arbeitsstunden (10 Stunden pro Woche, 40 Stunden im Monat) in persönlicher Abhängigkeit für einen Dienstgeber tätig ist, vernachlässigt dadurch seine eigene Daseinsvorsorge, wird dadurch sozial schutzbedürftig und Arbeitnehmer.[154] Sie fordern, vom formalen Arbeitnehmerbegriff zum sozialen Arbeitnehmerbegriff zurückzukehren. Für sie stellt sich eine Einordnung der Beschäftigten anhand der Merkmale "persönliche Abhängigkeit" und "soziale Schutzbedürftigkeit" folgendermaßen dar: Wer im Rahmen eines Dienstvertrages persönlich abhängig und sozial schutzbedürftig ist, ist Arbeitnehmer. Wer nicht persönlich abhängig ist, aber wirtschaftlich abhängig und vergleichbar einem Arbeitnehmer sozial schutzbedürftig ist, ist eine arbeitnehmerähnliche Person. Wer keine dieser Voraussetzungen erfüllt, ist freier Dienstnehmer oder freier Werkunternehmer. Arbeitnehmer ist für sie, wer aufgrund schuldrechtlichen Vertrages (a) in Person, (b) als Unselbständiger, (c) in sozial schutzbedürftig machendem Umfang, (d) Dienstleistungen zu erbringen hat.[155]

Auch Lieb hält den "alten" Arbeitnehmerbegriff für nichtssagend. Zur Entscheidung von Grenzfällen sei er aufgrund seiner Undifferenziertheit ungeeignet. Das Merkmal der Weisungsgebundenheit als Konkretisierung des Begriffs der persönlichen Abhängigkeit sei ebenfalls nicht tauglich für eine Abgrenzung, da sich die Arbeitsverhältnisse gewandelt haben und die Weisungsgebundenheit für die Arbeitnehmereigenschaft nicht immer erforderlich ist. Das Fehlen von Weisungsgebundenheit könne nicht gegen die Arbeitnehmereigenschaft ins Feld geführt werden. Gegen das Merkmal der Weisungsgebundenheit in bezug auf Zeit und Ort der Arbeitsleistung und der Eingliederung in den Betrieb spricht nach Lieb, daß sich aus einer organisatorischen Fremdbestimmung noch keine Verbindung mit der Arbeitnehmereigenschaft ergibt.

---

154 Richardi gibt aber zu bedenken, daß auch ein Arbeitgeber nicht immer zur Daseinsvorsorge des Arbeitnehmers verpflichtet sei. Der soziale Bestandsschutz für das Arbeitsverhältnis habe seine Wurzeln nicht in der Daseinsvorsorge, sondern im Willkürverbot (vgl. *Richardi, R.*, Betriebsverfassungsgesetz, 1981, S.188 f., Rdnr.14).

155 Vgl. *Beuthien, V. / Wehler, Th.*, Gemeinsame Anmerkung zu AP Nr.15-21 zu § 611 BGB Abhängigkeit, Bl.702.

Die Notwendigkeit organisatorischer Fremdbestimmung ergebe sich aus der Eigenart der betreffenden Tätigkeiten. Mit persönlicher Abhängigkeit im Sinne des Arbeitsrechts, d.h. mit spezifisch arbeitsrechtlicher Schutzbedürftigkeit, haben diese Umstände der organisatorischen Fremdbestimmung nach seiner Ansicht nichts zu tun. Lieb sieht im übrigen keinen Grund dafür, warum das Unternehmerrisiko gerade das entscheidende, sachlich zutreffende Kriterium sein soll. Das entscheidende Merkmal für die Bejahung der Arbeitnehmereigenschaft sieht er in der Frage, ob diejenigen Personen, um deren rechtliche Qualifikation es geht, noch die Möglichkeit eigener unternehmerischer Disposition über ihre Arbeitskraft haben oder ob diese Möglichkeit auf den Auftraggeber, der dadurch zum Arbeitgeber wird, übergegangen ist.[156] Die Dauer der Beschäftigung gebe Aufschluß über den Status einer Person. Je kürzer diese sei, desto eher handele es sich bei dem Betroffenen um einen Selbständigen, da dieser dann die Möglichkeit zur Disposition über die eigene Arbeitskraft habe. Der Arbeitnehmer verliert seine unternehmerischen Chancen, während sich die des Arbeitgebers erhöhen. Eine Folge davon ist, daß er nicht zur eigenen Daseinsvorsorge fähig ist, woraus sich die eigentliche Schutzbedürftigkeit des Arbeitnehmers ergibt.[157]

10.4.4 Persönliche und wirtschaftliche Merkmale

Buhl sieht als konstitutive Merkmale eines neuen Arbeitnehmerbegriffs die persönliche *und* wirtschaftliche Abhängigkeit an. Die persönliche Abhängigkeit äußert sich nach seiner Ansicht in der Eingliederung der Person in den Arbeitsorganismus eines anderen in dem Sinne, daß er dessen Leitung bezüglich der betrieblichen Arbeitsanforderungen und den damit verbundenen spezifischen Gefahren unterworfen ist. Wirtschaftlich abhängig ist i.d.R. jemand, wenn er mehr als die Hälfte seines Entgeltes aus seiner Erwerbstätigkeit von einer Person bezieht. Jemand, der faktisch noch in der Lage ist, seine Leistungen am Markt im Wege freier gleichberechtigter Verhandlungen zu verwerten, d.h. noch das Unternehmerrisiko trägt und damit auch unternehmerische Chancen hat, ist nach Buhl bei wirtschaftlicher Abhängigkeit allerdings kein Arbeitnehmer.[158]

---

156 Richardi kritisiert diesen Ansatz, da das Arbeitsrecht seinen sozialen Schutz grundsätzlich auf alle Beschäftigungsverhältnisse erstrecke. Es komme vielmehr darauf an, wie das konkrete Beschäftigungsverhältnis gestaltet sei (vgl. *Richardi, R.*, Betriebsverfassungsgesetz, 1981, S.188, Rdnr.13).

157 Vgl. *Lieb, M.*, Beschäftigung, RdA, 1977, S.210 ff.

158 Vgl. *Buhl, H.-J.*, Freie Mitarbeiter, 1978, S.196.

10.4.5 Wirtschaftlich-soziale Kriterien

Zu Recht weist Rancke darauf hin, daß das Merkmal der persönlichen Abhängigkeit zwar für Rechtssicherheit sorgt, aber die komplexen wirtschaftlich-sozialen Strukturveränderungen nicht erfaßt.[159] Das Merkmal des fachlich weisungsgebundenen persönlich abhängigen Arbeitnehmers führt dazu, daß verschiedene Berufsgruppen trotz gleicher Arbeitsbedingungen unterschiedlich beurteilt werden. Den Arbeitnehmer als eine in die Organisation des Arbeitgebers eingegliederte Person zu betrachten, ergibt für Rancke ebenfalls keinen Sinn, da es auch hier zu Widersprüchlichkeiten kommt. Der arbeitsteilig, arbeitsplatzabhängig und fremdnützig arbeitende (persönlich abhängige) Arbeitnehmer diene aus demselben Grund auch nicht zur Klärung des Arbeitnehmerbegriffs. Weiterhin seien die zeitliche Beanspruchung eines Mitarbeiters, die Fremdnützigkeit der Arbeitsleistung und die Möglichkeit zur unternehmerischen Disposition zur Abgrenzung ungeeignet. Rancke zieht die wirtschaftlich-sozialen Existenzbedingungen sowie die Selbsteinschätzung der Parteien als Abgrenzungskriterien heran. Als Komponenten der wirtschaftlich-sozialen Existenzbedingungen sieht er die persönliche Leistungserbringung ohne wesentlichen Einsatz fremder Hilfskräfte und Hilfsmittel, die wirtschaftliche Abhängigkeit im Rahmen des § 12 a Abs.3 TVG und die Arbeitsplatzabhängigkeit (strukturelle Merkmale), die Höhe des durchschnittlichen Verdienstes eines Industriearbeiters in Relation zum Verdienstniveau der betroffenen Branche, die Fremdfinanzierung von Arbeitsmitteln, die vertragliche Abhängigkeit und die persönliche Abhängigkeit (materielle Merkmale), die Familien- und Wohnsituation zur etwaigen Korrektur der Verdienstkomponente, die Vermögenslage sowie die Fremdeinschätzung der betroffenen Gruppe zur Ermittlung ihres Sozialprestiges (soziale Merkmale) an. Das Selbstverständnis ließe sich seiner Ansicht nach auf vierfache Weise bestimmen: 1) durch die Selbsteinschätzung der sozialen Position, 2) durch die Aktivitäten, Ziele und Selbstdarstellung des Berufsverbandes, 3) durch die Mittel der Interessenwahrnehmung, d.h. die Berücksichtigung der Mitgliederentscheidung eines Berufsverbandes bei Divergenz von Verbands- und Mitgliederauffassung sowie 4) die Einstellung zur Frage der gewerkschaftlichen Organisierung.[160] Die Rechtsfigur der arbeitnehmerähnlichen Person ist nach Rancke durch die Anerkennung der wirtschaftlichen Abhängigkeit als ein wichtiges Kriterium zur Bestimmung des Arbeitnehmerbegriffs veraltet. Er vertritt die Ansicht, daß eine sach- und wertungsgerechte Neubestimmung des Arbeitnehmerbegriffs durch ihn nur erfolgen

159 Vgl. *Rancke, F.*, Arbeitnehmerbegriff, ArbuR, 1979, S.10 f.
160 Vgl. *Rancke, F.*, Freie Berufe, 1978, S.177 ff.

konnte, weil die herkömmliche Trennung zwischen Individual- und Kollektivarbeitsrecht überwunden und eine Abstimmung der arbeitsrechtlichen mit der wirtschaftsrechtlichen Systematik durchgeführt wurde.[161]

10.4.6 Der Ausgleich von unternehmerischen Chancen und Risiken

Wank setzt sich in seiner Habilitationsschrift "Arbeitnehmer und Selbständige" mit den von Rechtsprechung und Lehre erarbeiteten Merkmalen der Arbeitnehmereigenschaft kritisch auseinander. Die Abgrenzung des Arbeitnehmerbegriffs durch das Heranziehen des Gegenbegriffs der Selbständigkeit hält er für ungeeignet. Er beanstandet die Unfähigkeit des Gesetzgebers, im Gesetz eine Legaldefinition des Arbeitnehmerbegriffs zu verankern bzw. die Parallelbehandlung von Arbeitsvertrag und Dienstvertrag nach § 611 BGB dort zu kennzeichnen. Die einzige Legaldefinition im Hinblick auf die Selbständigkeit in § 84 HGB sei nicht verallgemeinerungsfähig. Dem BAG wirft er vor, allgemeine Probleme eines Berufszweiges auf individuelle Probleme der Prozeßparteien zu reduzieren, die Rechtsfolgen bei einer Einstufung als Arbeitnehmer oder Selbständiger nicht zu berücksichtigen, bei allen Beschäftigungsarten (egal, ob Vollzeit- oder Teilzeitbeschäftigung o.ä.) die gleichen Kriterien zugrunde zu legen, keine eigenen Kriterien festzusetzen und den Zusammenhang zwischen den Regelungen für Arbeitnehmer, arbeitnehmerähnliche Personen und Selbständige nicht zu berücksichtigen. Die Kriterien, die die Rechtsprechung zur Unterscheidung der Arbeitnehmer von Selbständigen herausgearbeitet hat, stimmen seiner Ansicht nach heute so nicht mehr. Weisungsabhängig und sozial schutzbedürftig können sowohl Arbeitnehmer als auch Selbständige sein.

Als unterscheidendes Merkmal sieht er im Gegensatz dazu das Unternehmerrisiko an. Ein Fehlen desselben sei als Hinweis auf eine Arbeitnehmereigenschaft zu werten. Das *Unternehmerrisiko*, welches - anstelle des Arbeitnehmerrisikos - freiwillig übernommen werden muß, läßt sich seines Erachtens in *unternehmerische Entscheidungsfreiheit, den Ausgleich von Chancen und Risiken und die Zurechnung des Betriebsergebnisses zum Unternehmer* unterteilen. Dabei darf die unternehmerische Entscheidungsfreiheit nicht für sich allein als entscheidendes Abgrenzungskriterium genommen werden; entscheidend sei, wem auf der Tatbestandsseite die Folgen unternehmerischen Handelns zugerechnet werden. Nur wenn alle drei oben genannten Komponenten vorliegen, könne man von Selbständigkeit reden. Dabei kommt auch die Fähigkeit zur

161 Vgl. *Rancke, F.*, Freie Berufe, 1978, S.184. Gegen diese Betrachtung wendet sich Richardi (vgl. *Richardi, R.*, Betriebsverfassungsgesetz, 1981, S.189, Rdnr.15).

Eigenvorsorge als Abgrenzungsmerkmal mit ins Spiel. Wer die Rechtsform freiwillig wählt, die Möglichkeit zur Wahrnehmung unternehmerischer Chancen hat und eine eigene Existenzsicherung vornimmt, ist Selbständiger. Sind diese Faktoren nicht gegeben, so gilt Arbeitsrecht. Auch das Entgelt bezieht Wank in die Systematik des Unternehmerrisikos mit ein. "Kennzeichen für eine Tätigkeit als Selbständiger ist es, wenn nach dem Vertrag das Entgelt je nach Leistung des Selbständigen variiert."[162] Das Verhältnis des risikoabhängigen Entgelts zum unternehmerischen Entscheidungsspielraum und zu den unternehmerischen Chancen und Risiken sei also für die Arbeitnehmer- / Selbständigeneigenschaft entscheidend. Wenn der Beschäftigte über ein hohes Einkommen verfügt, so Wank, bedarf er eigentlich nicht des Existenzschutzes. Ein niedriges Einkommen sei hingegen oft ein Indiz dafür, daß das Unternehmerrisiko nicht freiwillig übernommen wurde.

Entscheidend ist nach Wank also, ob der Beschäftigte ein Unternehmerrisiko mit entsprechenden Chancen und einer Zuordnung der Ergebnisse oder ein Arbeitnehmerrisiko trägt. "Verfügt er über genügend unternehmerischen Spielraum, vor allem, wenn er keinen Weisungen unterliegt und nur einen Erfolg schuldet, und wird ihm das Ergebnis der Arbeit finanziell zugerechnet, so ist er Selbständiger. Wenn der Beschäftigte dagegen über keinen Ausgleich von Chancen und Risiken verfügt oder wenn er zwar weisungsfrei handelt, ihm das Ergebnis aber nicht finanziell zugerechnet wird, so ist er Arbeitnehmer."[163] Ein Selbständiger hat die Möglichkeit, seine Leistungen auf dem Markt anzubieten, wobei es auch eine Frage seines Geschicks ist, was er für sein Unternehmen erreichen kann. Ein Arbeitnehmer hat diese Möglichkeit nicht, ist dafür aber auch nicht etwaigen Schwankungen des Marktes direkt unterworfen. Wank bezeichnet diesen Aspekt als Marktorientierung.

Als nicht abgrenzungsrelevant sieht er folgende Kriterien an:[164]

- Die örtliche Weisungsgebundenheit ist nach Ansicht Wanks als selbständiges Kriterium ohne teleologischen Bezug nicht aussagekräftig. Auch ein Selbständiger kann seine Arbeitsleistung beim Auftraggeber erbringen, während sich umgekehrt innerhalb des Arbeitsverhältnisses der Arbeitsort ändern kann.
- Die Weisungsgebundenheit in bezug auf die Zeiteinteilung ist für sich genommen laut Wank auch kein Abgrenzungskriterium. Denn so wie der Selbständige auch an Termine gebunden sein kann, kann ein abhängig Beschäftigter in seiner Zeitein-

162 *Wank, R.*, Arbeitnehmer, 1988, S.136.
163 *Wank, R.*, Arbeitnehmer, 1988, S.151.
164 Vgl. *Wank, R.*, Arbeitnehmer, 1988, S.117 ff.

teilung frei sein. Auch lasse eine geringe Arbeitszeit den Arbeitnehmer nicht automatisch zu einem Dienstnehmer werden.

- Die Weisungsgebundenheit im Hinblick auf Art und Abwicklung der Arbeit: Auch Selbständige können in dieser Hinsicht weisungsgebunden sein. Aber es kann Arbeitnehmer geben, die aufgrund fehlender Kontrollmöglichkeiten, der besonderen Organisationsstruktur der Unternehmung oder ihrer fachlichen Qualifikation weitgehend weisungsfrei arbeiten.
- Das Merkmal "organisatorische Eingliederung der Beschäftigten in den Betrieb": Die Faktoren "eigene Betriebsstätte" und "eigenes Betriebskapital" haben seiner Ansicht nach keine eigenständige Bedeutung, sondern sind nur Untermerkmale der Begriffe "Unternehmerrisiko" und "angemessener Ausgleich von Chancen und Risiken"; die persönliche Arbeitsleistung oder die Beschäftigung von Mitarbeitern ist als Abgrenzungskriterium ungeeignet und nur dienlich im Hinblick auf das Unternehmerrisiko; die eigene Unternehmensorganisation sei für eine Selbständigkeit nicht zwingend notwendig.
- Einkünfte außerhalb des Beschäftigungsverhältnisses: diese müssen seiner Meinung nach bei einem Vergleich von Arbeitnehmer und Selbständigem außer Betracht bleiben.
- Die Selbsteinschätzung: Wank räumt zwar ein, daß einiges dafür spricht, daß man sich in Zweifelsfällen am Selbstverständnis der Berufsgruppen orientiert, aber die Selbsteinschätzung müsse in den Fällen negiert werden, in denen den Betroffenen in unerträglicher Weise Sozialschutz vorenthalten werden würde.
- Die Verkehrsanschauung: Zwar ist die Verkehrsanschauung zur Legitimation des bisher Üblichen und zur Rechtsfortbildung geeignet, aber dahinter steht die Wertung der Interpreten. In ihnen spiegeln sich unterschiedliche Ansichten über die soziale Schutzbedürftigkeit der Betroffenen wider.
- Der soziale Status: Die Bestimmung der Arbeitnehmer- / Selbständigeneigenschaft über den sozialen Status lehnt Wank ab, da die Statusbestimmung mit noch größeren Unsicherheiten behaftet sei als die Bestimmung der Arbeitnehmereigenschaft.
- Folgende Merkmale sind für Wank unwesentlich, da sie in keinem Sinnzusammenhang mit der Rechtsfolge stehen: ob der Beschäftigte sich zur Industrie- und Handelskammer oder gewerbepolizeilich angemeldet hat, ob er Einkommen-, Umsatz- und Gewerbesteuer zahlt, ob Sozialversicherungsbeiträge abgeführt werden, ob er eine eigene Firma verwendet oder einen eigenen Briefkopf oder ob es für ihn eine eigene Tätigkeitsbezeichnung gibt.

Da nur die abhängige Arbeit einen umfassenden Existenz- und Berufsschutz biete und in einigen Berufsgruppen Abgrenzungsprobleme existieren, sei, so Wank, gerade diese Abgrenzung wichtig. Dabei dürfe jedoch nicht von einem ontologischen, sondern müsse von einem teleologischen Ansatz ausgegangen werden. Alle bisherigen Abgrenzungsmerkmale seien am Merkmal der freiwilligen Übernahme des Unternehmerrisikos auszurichten. Zu dem Unternehmerrisiko müsse das Merkmal der unternehmerischen Entscheidungsfreiheit und der finanziellen Zurechnung treten. So sei zum Beispiel nicht das Merkmal der Weisungsgebundenheit bzw. -freiheit als solches entscheidend. Es komme darauf an, ob damit unternehmerische Chancen und Risiken verbunden sind.[165]

In diese Richtung geht auch der Vorschlag von Brox. Bei der Beurteilung, ob Unselbständigkeit gegeben ist, kommt es seiner Meinung nach darauf an, ob z.B. die betroffene Person Aufträge ablehnen kann, auf die Arbeitsorganisation des Beschäftigers angewiesen ist, ob sie auch für andere Auftraggeber tätig werden, werbend am Markt auftreten und ihr bei der Erledigung der Aufträge hinsichtlich Kalkulation und Gestaltung soviel Spielraum verbleibt, daß eine unternehmerische Gewinnchance besteht.

Mohr widerspricht der Ansicht, daß Arbeitnehmer derjenige sei, der zur Eigenvorsorge unfähig sei. Dies stehe in Widerspruch zu geltendem Recht. Die Zuordnung eines Beschäftigten zur Gruppe der Arbeitnehmer oder der Selbständigen habe auch nichts mit der sozialen Schutzbedürftigkeit zu tun, sondern solle aufgrund des Verhältnisses von unternehmerischen Chancen zu den damit verbundenen Risiken erfolgen. Es sei entscheidend, den Parteiwillen zu ermitteln, die Art der Risikoverteilung nach Vertrag und/oder tatsächlicher Durchführung festzustellen und der Frage nachzugehen, ob zwingendes Arbeitsrecht der Anerkennung des Parteiwillens entgegenstehe. Mohrs Vorschlag einer Definition des arbeitsrechtlichen Arbeitnehmerbegriffs in Abgrenzung zum Selbständigen ist folgender: "Arbeitnehmer ist, wer aufgrund privatrechtlicher Vereinbarung oder eines ihr gleichgestellten Rechtsverhältnisses zur Leistung abhängiger Arbeit verpflichtet ist. Selbständig ist, wer mit einer eigenen Arbeitsorganisation unternehmerische Chancen am Markt wahrnimmt und das Risiko unternehmerischen Scheiterns trägt.[166] Mohr bestreitet jedoch nicht, daß der Normaltypus des Arbeitnehmers, der auf Dauer Vollzeitbeschäftigte, von seinem Arbeitgeber persönlich und wirtschaftlich abhängig ist. Die Verbindung wirtschaftlicher und persönlicher

---

165 Vgl. *Wank, R.*, Arbeitnehmer, 1988.

166 Vgl. *Mohr, W.*, Arbeitnehmerbegriff, 1994, S.114.

Merkmale im Arbeitnehmerbegriff gewährleiste erst einen nahtlosen Verbund von Recht und Wirklichkeit.

Der Streit um den Arbeitnehmerbegriff könnte sofort entschärft werden, so Hilger, wenn man den Kündigungsschutz auch auf andere Beschäftigungsformen ausdehnen würde. Ihrer Meinung nach könnten die Gerichte dann unbeschwerter über diese Thematik entscheiden. So aber werde jeder Rechtsstreit über die Arbeitnehmereigenschaft durch diese Rechtsfolge belastet. Sie vertritt jedoch den Standpunkt, daß man bei der bisherigen Rechtsprechung bleiben sollte. Der Begriff der persönlichen Abhängigkeit sollte aber in Zukunft gemieden werden, da sich die Abhängigkeit nur auf die Arbeit bezieht. Wenn das Kriterium der Weisungsgebundenheit sowohl in fachlicher als auch in zeitlicher und örtlicher Hinsicht in bestimmten Fällen nicht vorliegt, dann müsse anhand anderer Kriterien entschieden werden. So spreche eine eigene Betriebsstätte und das Recht zur Einstellung von Hilfspersonal für die Selbständigkeit, aber auch hier könne es Grenzfälle geben. Anwesenheitskontrollen könnten dagegen ein Indiz für die Arbeitnehmereigenschaft sein. Aus der vertraglichen Risikoverteilung könne man auch Rückschlüsse über den Status des Betroffenen ziehen. Allerdings handele es sich dabei um ein kritisches Merkmal, das zu Ungerechtigkeiten führen könne. Die wirtschaftliche Abhängigkeit sei zu Recht kein Kriterium bei der Abgrenzung, da der wirtschaftlich Abhängige nicht automatisch Arbeitnehmer sei. Die Parteivereinbarung dürfe nicht darüber entscheiden, ob jemand selbständig sein soll, da dann das Arbeitsrecht der Willkür der Parteien ausgeliefert sei. Oftmals habe nämlich derjenige, der zur Leistung von Diensten verpflichtet ist, keine Wahl.[167]

10.5 Arbeitsrechtlich relevante Franchiseklauseln

Die von Rechtsprechung und Lehre erarbeiteten Kriterien zur Abgrenzung eines Selbständigen von einem Arbeitnehmer werden im folgenden auf die Situation in Franchisesystemen übertragen. Dabei wird untersucht, ob eine persönliche und/oder wirtschaftliche Abhängigkeit der Franchisenehmer von den Franchisegebern denkbar ist. Allerdings konnten nur die Franchiseverträge[168] auf arbeitsrechtliche Aspekte hin untersucht werden, da die Franchisehandbücher, die regelmäßig Vertragsbestandteil werden, Dritten nicht zugänglich sind. Aus den Verträgen lassen sich aber schon

167 Vgl. *Hilger, M.L.*, Arbeitnehmerbegriff, RdA, 1989, S.1.

168 Da die überwiegende Zahl der Franchisesysteme bei der Überlassung der Franchiseverträge um Wahrung der Anonymität gebeten hat, wird auf eine Quellenangabe im folgenden generell verzichtet.

etliche Hinweise auf eine mögliche Arbeitnehmereigenschaft der Franchisenehmer entnehmen.

10.5.1 Die persönliche Abhängigkeit

Vielfach wird in Rechtsprechung und Lehre die persönliche Abhängigkeit mit der Weisungsgebundenheit gleichgesetzt. Hieran übt Zöllner Kritik. Die Merkmale seien weder gleichbedeutend noch setze das eine das andere voraus. Ein wohlhabender oder sehr gesuchter Arbeitnehmer sei zwar unselbständig, aber nicht abhängig.[169] Nach Maus ist das Merkmal der persönlichen Abhängigkeit für eine Abgrenzung des Arbeitnehmers vom Selbständigen ungeeignet, da es seiner Meinung nach auch Selbständige gibt, die persönlich abhängig sind.[170] Dieser Ansicht widersetzt sich Hueck, der die Eigenschaft der persönlichen Abhängigkeit nur dem Arbeitnehmer zuordnet. Trotz der Kritik am allgemeinen arbeitsrechtlichen Arbeitnehmerbegriff hält Hueck es für richtig, am Kriterium der persönlichen Abhängigkeit festzuhalten. Dies sei nur ein relatives Kriterium, so daß es auf die Gesamtbetrachtung des Falles ankomme. Er weist darauf hin, daß man persönliche Abhängigkeit und Weisungsgebundenheit nicht gleichsetzen dürfe, sondern die persönliche Abhängigkeit mit einer Vielzahl von Tatbestandsmerkmalen zu untermauern habe. So könne man auch aktuelle Entwicklungen im Arbeits- und Wirtschaftsleben berücksichtigen.[171]

10.5.1.1 Örtliche Weisungsgebundenheit

Lange Zeit war die örtliche Weisungsgebundenheit ein Merkmal der abhängigen Arbeit. Der Arbeitnehmer erbrachte seine Arbeitsleistung seit den Tagen der Manufakturen im Betrieb des Arbeitgebers. Daran änderte sich bis zur dritten industriellen Revolution nichts. Die Computerisierung aber machte andere Formen der Leistungserbringung als im Betrieb möglich. Das bekannteste Beispiel sind die Heimarbeiter, aber denkbar sind auch Entwicklungen, bei denen Arbeitnehmer zu Hause die Arbeit erledigen, die sie sonst in der Unternehmung zu erfüllen hätten. Die rein physische Präsenz bedeutet nicht unbedingt Leistung; statt dessen ist es sinnvoller, als Kontrollmaßstab das Arbeitsergebnis anzulegen. Doch nicht nur die modernen Technolo-

169 Vgl. *Zöllner, W.*, Mitbestimmung, RdA, 1969, S.65 ff. und *Zöllner, W.*, Arbeitsrecht, 1983, S.45 ff.

170 Vgl. *Maus, W.*, Freie Mitarbeiter, RdA, 1968, S.357 ff.

171 Vgl. *Hueck, G.*, Arbeitnehmer, RdA, 1969, S.216 ff.

gien ermöglichen die Arbeit fernab von Unternehmen, sondern auch der Beruf der Außendienstmitarbeiter entzieht diese zwangsläufig der örtlichen Sphäre des Betriebes.

Auch wenn die örtliche Weisungsgebundenheit als Abgrenzungsmerkmal in den Hintergrund gedrängt wurde, ist es sinnvoll, sich über den Grad der örtlichen Weisungsgebundenheit beim Franchising klar zu werden. Der Franchisenehmer wird vom Franchisegeber in allen vorliegenden Franchiseverträgen dazu verpflichtet, seine Waren oder Dienstleistungen nur in einem bestimmten geographischen Gebiet zu verkaufen bzw. zu erbringen. Damit ist zwar sein Gebiet vor Intrabrand-Wettbewerb geschützt, andererseits kann aber auch er nicht in anderen Gebieten tätig werden (Verbot des aktiven Wettbewerbs). Durch diese Klausel wird eine sogenannte territoriale Exklusivität gewährt, die häufig anhand von Postleitzahlen verankert wird. Doch es gibt auch Franchisesysteme, die ihren Franchisenehmern keinen Gebietsschutz zugestehen.

"...[Name des Franchisegebers] ist berechtigt, weitere Franchisenehmer im Gebiet des Franchisenehmers einzusetzen."

"Die vorstehend genannten Nutzungs- und Verwendungsrechte werden dem Franchisenehmer persönlich gewährt, wobei diese Einräumung der Rechte weder örtlich noch sachlich noch zeitlich ausschließlich erfolgt."

"Die Eröffnung weiterer Betriebsstätten innerhalb des Vertragsgebietes ist generell möglich, bedarf aber der einvernehmlichen Abstimmung mit ...[Name des Franchisegebers]."

"...[Name des Franchisegebers] wird vor Vertragsabschluß über eine neue bzw. über die Umwandlung einer vorhandenen Vertriebsstelle, die den Partner tangiert, diesen vorab rechtzeitig unterrichten. ...[Name des Franchisegebers] obliegt der Nachweis gegenüber dem Partner, daß die geplante Vertriebsstelle den Partner nicht unzumutbar tangiert. Wird der Nachweis nicht geführt, nimmt ...[Name des Franchisegebers] von dem Vorhaben Abstand."

"...[Name des Franchisegebers] verpflichtet sich, im vorstehend bezeichneten Gebiet keinen weiteren Franchisingvertrag abzuschließen und keine eigenen Geschäfte zu installieren, solange der vorliegende Vertrag nicht gekündigt ist. Sollte aus markt- oder vertriebspolitischen Gründen eine oder mehrere ...[Name des Franchisegebers]-Plazierungen sinnvoll erscheinen, so wird dafür zunächst dem Franchisenehmer ein Angebot seitens ...[Name des Franchisegebers] abgegeben. Ohne ausdrückliche Zustimmung des Franchisenehmers kann im vorbezeichneten Gebiet kein weiteres ...[Name des Franchisegebers]-Geschäft eröffnet werden."

Eine weitere Einschränkung der freien Wahl hinsichtlich der örtlichen Tätigkeit stellt die sogenannte Geschäftslokal- oder Standortklausel dar. Nach ihr darf der Franchisenehmer sein Geschäft nur von einem bestimmten Standort aus, nämlich dem Sitz seines Geschäftslokals, betreiben. In Verbindung mit der territorialen Exklusivität bindet diese Klausel den Franchisenehmer örtlich erheblich.

"Die Franchisenehmer-Rechte beziehen sich ausschließlich auf vorstehend näher bezeichnete Betriebsstätte und dürfen nicht auf andere Betriebsstätten verlagert werden."

"Der Franchisenehmer verpflichtet sich, seine geschäftliche Tätigkeit ausschließlich aus dem in § 1 genannten Standort zu entfalten."

Doch auch der Standort des Franchisenehmergeschäftes kann von diesem oftmals nicht selbst festgelegt werden. Der Franchisegeber begründet einen Eingriff in diese Entscheidung damit, daß er aufgrund von Standort- und Marktforschungsanalysen besser in der Lage sei, den optimalen Standort eines neuen Franchisegeschäftes zu bestimmen. Dabei wird es aber nicht selten eine Rolle spielen, daß der Franchisegeber oftmals Geschäfte anmietet und an den Franchisenehmer untervermietet. Diese Untermietverträge dienen dann im Streitfall dem Franchisegeber als "hostages".[172]

"Der Franchisegeber wird den Betrieb entsprechend den in diesem Vertrag beigefügten Plänen anmieten und dem Franchisenehmer untervermieten. Der vorliegende Franchisevertrag und der Untermietvertrag sind in ihrer Laufzeit identisch. Wird der Franchisevertrag aus wichtigem Grund gekündigt, so gilt damit gleichzeitig der Untermietvertrag als aus wichtigem Grund gekündigt. Die Kündigung des Untermietvertrages aus wichtigem Grund hat umgekehrt zur Folge, daß auch der vorliegende Franchisevertrag als aus wichtigem Grund gekündigt gilt."

10.5.1.2 Zeitliche Weisungsgebundenheit

Wie schon oben aufgezeigt, läßt sich der Aspekt der zeitlichen Weisungsgebundenheit in die fremdbestimmte Festlegung der Zeiteinteilung und den Umfang der zeitlichen Bindung (Teilzeitarbeit o.ä.) unterteilen. Speziell dem ersten Kriterium kommt eine entscheidende Bedeutung zu.

Die zeitliche Weisungsgebundenheit kommt in Franchiseverträgen offen oder verdeckt zum Ausdruck. Dort finden sich häufig Klauseln, die die Festlegung der Arbeitszeiten oder des Urlaubs betreffen. Im allgemeinen sind die Franchisenehmer dazu verpflichtet, sich an die gesetzlichen Ladenöffnungszeiten zu halten. Regelungen

172 Vgl. Abschnitt 4.5.4 (S.143 ff.).

über die Urlaubszeiträume des Franchisenehmers schränken jedenfalls seine Zeitsouveränität ein.[173] Beispiele dafür sind folgende:

"Der Geschäftsbetrieb ist ganzjährig innerhalb der gesetzlichen Ladenöffnungs- und Schließzeiten aufrecht zu erhalten."

"Die Betriebsstätte ist zu den branchenüblichen Betriebszeiten, mindestens Montag bis Donnerstag von 8.00 bis 17.00 Uhr und Freitag bis 13.00 Uhr, zu öffnen."

Auch das Merkmal der zeitlichen Weisungsgebundenheit als ein Charakteristikum der Arbeitnehmereigenschaft ist heute teilweise überholt. Der "Zeitfaktor" ist ebenso wenig ein Garant für die Arbeitsleistung des Arbeitnehmers wie der "Ortsfaktor". Auch hier können als Beispiele wieder die Heimarbeiter und die Außendienstmitarbeiter genannt werden. Entscheidend ist bei diesen Personen nicht die aufgewendete Arbeitszeit, sondern das Arbeitsergebnis.

10.5.1.3 Fachliche Weisungsgebundenheit

Unter der Weisungsgebundenheit im Hinblick auf Art und Abwicklung der Arbeit versteht man die Treuepflicht des Arbeitnehmers, das fachliche Direktionsrecht des Arbeitgebers befolgen zu müssen. Gerade die Weisungsgebundenheit aber gestaltet sich von Beruf zu Beruf verschieden. Während ein Manager seiner Sekretärin vielleicht konkrete Aufträge gibt - auch sie wird aber aus der Erfahrung heraus vieles ohne direkte Anweisung selbst erledigen -, wird dem Chefpilot oder dem Chefarzt mit hoher Wahrscheinlichkeit der jeweilige Vorgesetzte nicht jeden Arbeitsschritt und jede Entscheidung vorgeben. Oftmals kann nur diejenige Person, die die besseren fachlichen Kenntnisse hat, die Entscheidung treffen. Geht es gar um eine Tätigkeit im Team, so werden die Zielsetzungen und die zu ihrer Erreichung benötigten Arbeitsleistungen von der Gruppe festgelegt. Bauschke weist auf die Möglichkeit hin, durch Wahl der Rechtsform der juristischen Person auch die oberste Ebene des Weisungsrechts auf (leitende) Angestellte zu übertragen.[174] Diese Beispiele zeigen, wie vielschichtig die Charakteristika von Arbeitnehmern sein können.

Diese Form der Weisungsgebundenheit spiegelt sich in vielen Klauseln wider, die der Franchisegeber zur Wahrung der Uniformität in dem Franchisevertrag verankert.

---

173 Siehe dazu das Urteil des LAG Düsseldorf vom 20.10.1987 "Jacques'Weindepot I" in Abschnitt 10.7.3 (S.521 ff.).

174 Vgl. *Bauschke, H.-J.*, Arbeitnehmerbegriff, RdA, 1994, S.209 ff.

Die *Aufmachung und Ausstattung des Geschäftslokals* wird vom Franchisegeber i.d.R. mit Akribie festgelegt. Seine Weisungen zielen auf die Vereinheitlichung aller das Franchisesystem prägenden Komponenten. Er ist bestrebt, etwa gleich große Ladenlokale mit gleicher Einrichtung an sehr ähnlichen Standorten zu plazieren; seine Franchisenehmer müssen die gleiche Arbeitskleidung tragen und teilweise sogar die Initialen des Franchisesystems im Autokennzeichen unterbringen. Als Beispiele mögen hier die folgenden Klauseln dienen:

"Die Ausgestaltung der Ladenlokale, Geschäftspost usw. wird von ... [Name des Franchisegebers] vorgegeben."

"...[Name des Franchisegebers] erbringt insbesondere folgende Dienstleistungen: Ladenplanung für Einrichtung, sowie Sortiment nach Menge und Wert (Ausstattungsplan, Beleuchtungsplan usw.)."

"Pflichtleistungen des Franchisegebers, abgegolten durch die Anschlußgebühr:
1. Standortkonzept
2. Ladenkonzept
3. Einkaufskonzept
4. Listung des Sortiments

Pflichtleistungen, abgegolten durch die laufende Gebühr:
5. Warenwirtschaft (Bestellwesen, Sortimentspflege)
6. Statistik und Erfolgsrechnungen
7. Betriebswirtschaftliche Vergleiche
8. Weiterentwicklung des Marketing
9. Schulung des Franchisenehmers

Pflichtleistung, abgegolten durch die Werbegebühr:
10. Konzeption, Gestaltung und Durchführung der überregionalen Image-Werbung

Pflichtleistung, gesondert zu vergüten:
11. Standortplanung
12. Ladengestaltung
13. EDV-Software, Electronic Mail
14. Seminare "

Die *Werbung* ist eine weitere Möglichkeit für den Franchisegeber, Systemkonformität zu erreichen. In der Mehrzahl der Franchiseverträge behielt sich der Franchisegeber vor, überregionale Werbung zu tätigen. Wird der Franchisenehmer regional werbemäßig aktiv, so muß er jedesmal die Zustimmung des Franchisegebers dazu einholen. Dabei sind Anzeigengrößen, Schriftarten u.ä. streng vorgeschrieben. Finanziell muß sich ein Franchisenehmer häufig mit einem Werbebeitrag an der überregionalen Werbung des Franchisegebers beteiligen. Des weiteren kommt es nicht selten vor, daß der Franchisenehmer bei einer regionalen Werbung die Kosten selbst zu tragen hat.

"Jeder Partner ist verpflichtet, zur Aufrechterhaltung der corporate identity die jeweils aktuellen Werbeträger in seinem ...[Name des Franchisegebers]-Betrieb anzubringen."

"Die lokale Werbung ist wöchentlich zu betreiben."

"Die Franchisegeberin ist berechtigt, regionale und überregionale Absatzförderungsprogramme aufzustellen und Werbemaßnahmen zu konzipieren, an deren Durchführung und Kosten sich der Franchisenehmer nach entsprechender Vereinbarung in angemessener Form zu beteiligen hat."

"Die überregionale Image-Werbung führt die Franchisegeberin durch. Hierfür führt der Franchisenehmer 1% seines Brutto-Gesamtumsatzes an die Franchisegeberin ab, die ausschließlich für die Durchführung der Image-Werbung, Absatzförderung und public relations verwendet werden dürfen."

Dem Franchisenehmer ist es verboten, das *Franchisegeschäft ohne Zustimmung des Franchisegebers zu verpachten oder zu verkaufen*. Diese Klausel betrifft zwar nur indirekt die Art und Abwicklung der Arbeit des Franchisenehmers, macht es diesem aber schwer, von seiner Arbeit Abstand zu nehmen. Sollte der Franchisenehmer aus dem Vertrag aussteigen, so ist es vielen Franchisegebern aufgrund einer Klausel möglich, den Betrieb selbst zu übernehmen.

"Der Franchisenehmer darf den Franchisebetrieb nicht ohne schriftliche Einwilligung von ...[Name des Franchisegebers] an Dritte übertragen.

"Verkauf, Verpachtung, Abtretung oder sonstige Verfügungen tatsächlicher oder rechtlicher Art über diesen Vertrag in seiner Gesamtheit dürfen nur mit vorheriger schriftlicher Zustimmung des Franchisegebers vorgenommen werden."

"Für alle Fälle, in denen der Franchisenehmer gemäß Ziffer 1) [Übertragung des Franchisevertrags] über seinen Betrieb verfügen will, hat der Franchisegeber das Recht, unter Entlassung des Franchisenehmers aus dem Franchisevertrag den Betrieb selbst zu übernehmen und zwar unter vollständiger Übernahme des gesamten Franchisebetriebes, jedoch unter Ausschluß der Übernahme der Firma des Franchisenehmers."

Die *Bestellung, Lagerung und Kontrolle der Franchisewaren* wird ebenfalls in der Mehrzahl der Franchiseverträge von den Franchisegebern detailliert festgelegt. So gibt es Mindestbestellmengen, Mindestlagerbestände und bestimmte Lageranforderungen.

Die Lagerbestände sowie die Waren, die nicht beim Franchisegeber bezogen werden, werden regelmäßig von diesem kontrolliert.

"Der Franchisenehmer wird im Rahmen seines ...[Name des Franchisegebers]-Betriebs einen seiner Auftrags- und Umsatzsituation entsprechenden Lagerbestand von ...[Name des Franchisegebers]-Grundmaterialien für den kurzfristigen Bedarf führen, um die laufende Lieferbereitschaft sicherzustellen."

"Der Franchisenehmer wird [...] für die neue Saison eine Anzahl [...; Nennung des Franchisegeberprodukts] bestellen, die mindestens 50% der verkauften Anzahl im Vergleichszeitraum des Vorjahres entspricht."

"Der Franchisegeber ist allerdings zu einer nachträglichen Kontrolle der genannten Waren [Waren von anderen Lieferanten] berechtigt und kann ihre Vermarktung untersagen, wenn er sie für das Erscheinungsbild der Marke ...[Name der Franchisegebermarke] für ungeeignet hält."

Ferner fielen in den Verträgen folgende Klauseln zu Bezugsbindungen, Schulungsklauseln, Änderungsvorbehalten u.ä. auf.

Bezugsbindungen:

"Das nach den Richtlinien des Franchisegebers systemtypische Warensortiment darf der Franchisenehmer nur vom Franchisegeber, von diesem benannten oder von ihm vorher gebilligten Lieferanten oder anderen Franchisenehmern beziehen. Das gemäß den Richtlinien des Franchisegebers zulässige Zusatzsortiment darf der Franchisenehmer nach vorheriger schriftlicher Zustimmung auch von anderen als den vom Franchisegeber benannten Lieferanten beziehen, wenn diese die Qualitätsrichtlinien erfüllen. Die Zustimmung kann zeitlich begrenzt sein und darf entsprechend Ziffer 1) nur aus wichtigem Grund versagt bzw. widerrufen werden."

"Sämtliche Produkte, die unter dem Warenzeichen ... [Name des Franchisegebers] vertrieben werden, darf der Franchisenehmer nur und ausschließlich vom Franchisegeber beziehen."

"Damit die Einheitlichkeit der Geschäftsbetriebe im gesamten Bundesgebiet gewährleistet ist, legen die Parteien fest, daß ein Grundsortiment von ...[Name des Franchisegebers]-Waren geführt wird und vom Franchisegeber aufgrund der Marktveränderungen entsprechende Anpassungen vorgenommen werden."

Da Franchisesysteme nicht stagnieren, sondern sowohl qualitativ als auch quantitativ wachsen sollen, werden die Franchisenehmer dazu *verpflichtet, an Schulungen teilzunehmen, Neuerungen in dem Geschäftslokal einzuführen, den Absatz zu fördern und Weisungen hinsichtlich Buchhaltung, Verkaufstechniken, Versicherungen o.ä. zu befolgen.*

Schulungsklauseln:

"Der Partner wird sich vor Eröffnung seines Betriebes in dem Betrieb von ...[Name des Franchisegebers] einer Ausbildung unterziehen, um sich mit den kommerziellen, technischen, betriebswirtschaftlichen und werblichen Methoden des Betriebes vertraut zu machen. Erst nach erfolgreicher Teilnahme kann der Partner seinen Betrieb eröffnen."

"Die Kosten der Aus- und Fortbildung trägt ...[Name des Franchisegebers]. Die Nebenkosten wie Fahrt-, Übernachtungskosten usw. trägt der Partner. Der Partner ist ferner gehalten, mindestens zweimal an Informationskursen von ...[Name des Franchisegebers] teilzunehmen, um sich über neue Entwicklungen, Erfahrungen und Produkte zu unterrichten."

"Der Franchisenehmer verpflichtet sich, sein Personal laufend auf seine Kosten zu schulen und weiterzubilden, so daß qualifiziertes Personal im Franchisebetrieb zur Verfügung steht."

Änderungsvorbehalte:

"Sollten die Beauftragten von ...[Name des Franchisegebers] gewisse Verbesserungen in dem Geschäftsbetrieb des Partners für notwendig halten, die im Interesse einer optimalen Ausnutzung der wirtschaftlichen Möglichkeiten sowie der Einheitlichkeit und Wirtschaftlichkeit des ...[Name des Franchisegebers]-Systems für angebracht erscheinen, so ist der Partner verpflichtet, entsprechend den Vorschlägen des Beauftragten Maßnahmen durchzuführen."

"Hiermit erklärt der Franchisenehmer sein Einverständnis, daß ...[Name des Franchisegebers] von Zeit zu Zeit sinnvolle Änderungen und Modifizierungen des ...[Name des Franchisegebers]-Markenzeichens und des ...[Name des Franchisegebers]-Systems, als auch der im Pflichtenheft genannten Standards und Einzelheiten [...] vornehmen kann."

Informationssysteme, Jahresabschluß u.ä.:

"Der Franchisegeber verfügt über einen einheitlichen Kontenrahmen und ein einheitliches Informationssystem, welches speziell auf die Erfordernisse des einzelnen Franchisebetriebes und des Gesamtsystems abgestellt ist. Der Franchisenehmer verpflichtet sich, sich diesem System anzuschließen."

"Des weiteren wird ...[Name des Franchisegebers] dem Franchisenehmer anbieten, ihn bei der Auswahl eines geeigneten Steuerberaters, der die Jahresbilanz erstellt, behilflich sein. Sollte der Franchisenehmer dieses Angebot annehmen, wird zwischen dem Franchisenehmer und dem Steuerberater ein entsprechender Vertrag abgeschlossen und letzterer von seiner Schweigepflicht gegenüber dem Franchisegeber entbunden."

"Einmal monatlich mit Abgabe der Statistik- und Erhebungsbögen verpflichtet sich der Franchisenehmer eine genaue Übersicht über das Auftragsvolumen und die Laufzeit der Verträge zu geben. Des weiteren wird der Franchisenehmer auf einer DIN A4 Seite max. 40 Zeilen über den Monatsablauf berichten. Mißerfolge, Chancen, notwendiger Schulungsbedarf etc."

"Er [der Franchisenehmer] erteilt schließlich sein Einverständnis, daß Daten beim Franchisegeber EDV-mäßig erfaßt, verarbeitet und gegebenenfalls zu Zwecken von Betriebsvergleichen Dritten zur Verfügung gestellt werden."

"Aufgrund der vorstehend genannten Informationen wird ...[Name des Franchisegebers] einen offenen Betriebsvergleich durchführen."

"Bei Einführung eines umfassenden und geschlossenen Warenwirtschaftssystems [...] ist der Franchisenehmer bereit, sich hieran unter Berücksichtigung seiner wirtschaftlichen Verhältnisse zu beteiligen [...]."

Kontrollen:

"Der Franchisegeber ist berechtigt, jederzeit während der Geschäftszeiten auch unangemeldet alle betrieblichen und steuerlichen Unterlagen des Franchisenehmers auf eigene Kosten einzusehen und zu überprüfen. Er kann sich dazu auch Dritter, zur Berufsverschwiegenheit verpflichteter Personen bedienen."

"Der Franchisegeber hat das Recht, selbst, durch seine Mitarbeiter oder durch beauftragte Dritte, den Betrieb des Franchisenehmers in angemessenen Zeiträumen, auch unangemeldet, zu überprüfen."

"Auf Verlangen hat der Franchisenehmer dem Franchisegeber alle Daten und Informationen über den Betrieb, dessen wirtschaftliche Lage, die Personalsituation und alle sonstigen Vorkommnisse in zumutbarer Art und Weise unverzüglich zu übermitteln."

Versicherungen:

"Der Franchisenehmer hat dem Franchisegeber auf Verlangen den Abschluß der vorgenannten Versicherungen durch Vorlage der Versicherungsscheine und Bestätigungen nachzuweisen. Der Franchisegeber kann unmittelbar von dem Versicherer Auskünfte einholen."

Der *Verkauf der Waren* ist mitunter nicht nur geographisch begrenzt, sondern auch in bezug auf den Kundenkreis. So dürfen die Franchisenehmer einiger Systeme nicht an Wiederverkäufer verkaufen. Die Belieferung von Großkunden soll laut manchen Verträgen nur durch den Franchisegeber erfolgen. Dieser behält sich manchmal die Möglichkeit vor, Waren auf anderen Vertriebswegen als denen der Franchisegeschäfte zu verkaufen, z.B. durch Direktvertrieb.

"Ein Verkauf ist nur an Endverbraucher in Haushaltsmengen, nicht an Wiederverkäufer, zulässig."

"Im übrigen kann ...[Name des Franchisegebers] in dem Vertragsgebiet [des Franchisenehmers] seine Produkte auf jedem anderen Vertriebsweg verkaufen."

Auch eine *Bewertung der Franchisenehmer* durch den Franchisegeber ist in einigen Franchiseverträgen vorgesehen.

"Um eine ständige Verbesserung des Verkaufssystems und eine darauf basierende wirksame technische Hilfe für den Franchisenehmer zu ermöglichen, verpflichtet sich ...[Name des Franchisegebers], den Franchisenehmer hinsichtlich der Auftragsbeschaffung und der Verkaufsstrategie laufend zu bewerten."

Die *Zahl der Mitarbeiter des Franchisenehmers sowie deren Qualifikation* wird häufig vom Franchisegeber festgelegt.

"Der Franchisenehmer wird ab Eröffnung eine Sekretärin als Vollzeitkraft beschäftigen und auch ihren Urlaub zukünftig durch eine Vertretung absichern. Die Einstellung weiteren Personals ist in einem Personalentwicklungsplan verbindlich festgelegt."

Die Franchisenehmer werden in der Regel zur *persönlichen Leistungserbringung* verpflichtet.

"Für die Führung des Franchisebetriebes wird der Partner seine gesamte Arbeitskraft zur Verfügung stellen."

"Dem Franchisenehmer wird die Franchise nur im Hinblick auf seine persönlichen Eigenschaften, Fähigkeiten und seinen Ruf gewährt."

"Diese Rechte werden dem Franchisenehmer persönlich gewährt."

"Vertragliche Hauptpflicht des Franchisenehmers ist es, die gemäß § 1, Ziffer a) dieses Vertrages eingeräumten Rechte mit der Sorgfalt eines ordentlichen Kaufmannes, persönlich unter Einsatz seiner Arbeitskraft, in vollem Umfang auszuüben und zu nutzen."

Damit geht in der Regel ein *vertragliches Wettbewerbs- und Nebentätigkeitsverbot* einher.

"Der Partner verpflichtet sich, während der Dauer des Vertrages sich weder unmittelbar noch mittelbar an einem anderen Unternehmen zu beteiligen, ein Unternehmen zu erwerben oder zu errichten, noch für ein anderes Unternehmen selbständig oder unselbständig tätig zu sein, das mit ...[Name des Franchisegebers] in Wettbewerb steht."

"Eine andere Beschäftigung oder Nebentätigkeit wird der Franchisenehmer nur nach schriftlicher Einwilligung des Franchisegebers übernehmen."

In einem Franchisevertrag hat der Franchisegeber das Recht, über die Arbeitskraft des Franchisenehmers nach Belieben zu verfügen. Die Selbständigkeit des Franchisenehmers muß bezweifelt werden, da über diesen wie über einen Arbeitnehmer verfügt wird.

"Der Franchisegeber behält sich vor, den Franchisenehmer als Subunternehmer zur Durchführung von Dienstleistungen einzusetzen, die von dem Franchisegeber gegenüber gewerblich tätigen Unternehmen zu erfüllen sind."

Trotz all dieser Vorschriften legen die Franchisegeber Wert darauf, daß der Franchisenehmer sich als Selbständiger fühlt und seine *rechtliche Selbständigkeit* nach außen hin auch durch entsprechende Hinweise am Ladenlokal deutlich macht.

"Der Partner bleibt rechtlich und wirtschaftlich selbständiger Unternehmer."

"Es ist dem Franchisenehmer gestattet, unter Kenntlichmachung seiner Stellung als selbständiger Kaufmann, im Geschäftsverkehr als Franchisenehmer des Franchisegebers aufzutreten."

"Die unternehmerische Freiheit des Partners bleibt gewahrt."

10.5.1.4 Die Eingliederung in den Betrieb

Auch das Merkmal der Eingliederung in den Betrieb wird als Abgrenzungskriterium in bezug auf eine Arbeitnehmereigenschaft herangezogen. Wie oben gezeigt,[175] gibt es im Berufsleben Beschäftigte, die kaum Weisungen unterliegen, aber dennoch Arbeitnehmer sind. Nach Zeuner kann das, was die spezifische Abhängigkeit des Arbeitnehmers ausmacht, nur in einem organisatorischen Element gefunden werden. Die Weisungsgebundenheit sei nur Ausdruck und Mittel der persönlichen Einbeziehung des Arbeitnehmers in die fremde Arbeitsorganisation.[176] Der entscheidende Unterschied ist für Hueck der, daß der Arbeitgeber in die eigene, der Arbeitnehmer dagegen in die fremde Organisation eingegliedert sei.[177]

Auch die Eingliederung des Franchisenehmers in die Franchisegeberorganisation läßt sich anhand der Verträge verdeutlichen. Der Franchisenehmer muß bei all seinen Handlungen auf die Übereinstimmung mit dem Firmenimage achten, das Warenzeichen des Franchisegebers benutzen, dessen Geschäftsgeheimnisse wahren, dem

175 Vgl. dazu Abschnitt 10.2.2.2 (S.466).
176 Vgl. *Zeuner, A.*, Arbeitnehmer, RdA, 1975, S.85.
177 Vgl. *Hueck, G.*, Arbeitnehmer, RdA, 1969, S.218.

Franchisegeber täglich, wöchentlich oder monatlich alle relevanten Betriebsdaten durchgeben oder sich dessen Warenwirtschaftssystem anschließen. Aber besonders die Ausschließlichkeitsbindung beim Bezug der Franchisegeberwaren macht die Abhängigkeit von der Organisation des Franchisegebers deutlich. Ob der Franchisenehmer für die Eingliederung in das System die Franchisegebühren bezahlen muß, ist umstritten. Die einheitliche Organisation, die dem Franchising systemimmanent ist, kommt in folgender Klausel zum Ausdruck:

"Der Franchisenehmer wird den Betrieb unter Beachtung der Bestimmungen des Handbuchs Organisation betreiben. Dieses Handbuch ist Bestandteil des Vertrages, um eine einheitliche Betriebsführung in allen Franchisebetrieben als wesentliche Voraussetzung für den Gesamterfolg des Franchisesystems zu gewährleisten. Im Falle der Nichteinhaltung der Normen des Handbuches Betrieb hat der Franchisenehmer nach Abmahnung durch den Franchisegeber jeden Verstoß unverzüglich zu beseitigen."

10.5.2 Die unternehmerischen Chancen und Risiken

Aus den obigen Ausführungen hinsichtlich der Neubestimmung des Arbeitnehmerbegriffs[178] ergab sich, daß nur bei einer ausgewogenen Vertragsgestaltung, bei der den unternehmerischen Risiken auch unternehmerische Chancen gegenüberstehen, von Selbständigkeit geredet werden kann. Die Ungewißheit über den wirtschaftlichen Erfolg muß folglich von einem Unternehmer durch größere Gestaltungs- und Verdienstmöglichkeiten ausgeglichen werden können, wenn nicht dessen Selbständigkeit bezweifelt werden soll.

Das wirtschaftliche Risiko liegt beim Franchisenehmer, der ja im eigenem Namen und für eigene Rechnung tätig wird. Der Franchisenehmer trägt somit das Verlustrisiko, ohne wesentlichen Einfluß auf die Geschäftspolitik des Franchisesystems zu haben. Zwar kann ein gescheiterter Franchisenehmer indirekt über die Schädigung des Franchisegeberrufes Schaden anrichten, der unmittelbare finanzielle Verlust liegt aber beim Franchisenehmer. Andererseits kann sich der Franchisenehmer Gewinne nicht voll zurechnen, da er dem Franchisegeber laufende Gebühren, Werbegebühren oder ähnliches bezahlen muß. Franchisegeber weisen oft darauf hin, daß sie nicht für die Rentabilität des Franchisenehmergeschäfts haften.

"Dem Partner wurde bei Vertragsschluß Gelegenheit gegeben, die wirtschaftlichen Chancen und Risiken des Franchisevertrages zu beurteilen bzw. durch einen Steuerberater / Wirtschaftsprüfer beurteilen zu lassen.

178 Vgl. dazu Abschnitt 10.2.2.4 (S.471 f.) und Abschnitt 10.4 (S.478 ff.).

...[Name des Franchisegebers] steht deshalb nicht für die Rentabilität bzw. den Gewinn oder Verlust des Betriebes des Partners ein."

Die unternehmerischen Chancen, die dem Franchisenehmer verbleiben, sind gering. So hat ein Franchisenehmer bei der Gestaltung seines Geschäftslokal keinen Entscheidungsspielraum, da dieses nach den Anweisungen des Franchisegebers ausgestattet werden muß. Im Falle der Vermietung des Geschäftslokals durch den Franchisegeber kann der Franchisenehmer bei einer Kündigung den "Standortvorteil" nicht weiter nutzen. Auch Telefonnummern müssen bei Vertragsbeendigung häufig an den Franchisegeber übertragen werden. Die Werbung, mit deren Hilfe der Absatz der Waren gefördert werden soll, liegt überwiegend ebenfalls im Ermessen des Franchisegebers. Die Freiheit der Preisgestaltung wird dadurch beeinträchtigt, daß faktisch aufgrund der Werbung und des Wettbewerbs mit anderen Franchisenehmergeschäften eine "Preisbindung" besteht. Das Lagerhaltungsrisiko wird auf den Franchisenehmer übertragen, der häufig an einen Mindestlagerbestand gebunden ist. Die Öffnungszeiten werden vom Franchisegeber in der Regel systemeinheitlich vorgegeben. Nur in einem vorliegenden Franchisevertrag konnten die Öffnungszeiten in Absprache zwischen Franchisegeber und Franchisenehmer festgelegt werden. Durch das Wettbewerbsverbot kann der Franchisenehmer sein Geschäftsrisiko nicht streuen. Behält sich ein Franchisegeber vor, weitere Franchisenehmer in das Gebiet des Franchisenehmers einzusetzen, so steigt das unternehmerische Risiko des Franchisenehmers weiter. Dieses Risiko kann auch nicht durch unternehmerische Chancen ausgeglichen werden. Die Verpflichtung zur persönlichen Leistung der Arbeit beschränkt die Franchisenehmer zudem.

Gerade da viele Punkte bis ins Detail vom Franchisegeber geregelt werden (man denke hier weiterhin z.B. an die Arbeitskleidung, die Fahrzeuge, die Urlaubsplanung, die Buchhaltung, die Gebühren u.ä.), bestehen für den Franchisenehmer kaum Möglichkeiten, das unternehmerische Risiko positiv zu beeinflussen. Der Franchisenehmer läuft Gefahr, gekündigt zu werden, wenn er sich nicht an die Vorgaben des Franchisegebers hält. In den Franchiseverträgen, in denen kein Ausgleich von unternehmerischen Chancen und Risiken gegeben ist, ist der Franchisenehmer trotz seiner formalen Selbständigkeit dann als Arbeitnehmer zu qualifizieren.[179]

179 Vgl. z.B. auch *Gittermann, D.*, Arbeitnehmerstatus, 1994, S.85 ff.

10.5.3 Die wirtschaftliche Abhängigkeit

Die wirtschaftliche Abhängigkeit ist das zentrale Merkmal von arbeitnehmerähnlichen Personen. Diese bleiben persönlich selbständig und grenzen sich dadurch von den Arbeitnehmern ab. Die Selbständigkeit geht aber nicht so weit, daß die arbeitnehmerähnlichen Personen von Weisungen des Beschäftigers frei sind. Es handelt sich hierbei um eine relative Selbständigkeit, die sich schon durch die Erbringung der Arbeitsleistung außerhalb des Betriebes ergibt. Bei der Beurteilung der wirtschaftlichen Abhängigkeit kommt es vor allem auf folgende Punkte an: Art und Dauer der Tätigkeit sowie die Höhe der Vergütung. Ein weiteres Merkmal der arbeitnehmerähnlichen Person ist, daß sie als solche fast nie unmittelbar für den Markt arbeitet. Sie pflegt die Verwertung ihrer Arbeitsprodukte dem Beschäftiger zu überlassen. Wirtschaftliche Abhängigkeit führt zur Arbeitnehmerähnlichkeit nur in den Fällen, in denen sie mit sozialer Schutzbedürftigkeit verbunden ist. Dies folgt aus § 12a TVG.[180]

Die Angewiesenheit des Franchisenehmers auf die Verbindung mit dem Franchisegeber, die Pflicht des Franchisenehmers, vor der Aufnahme von Nebentätigkeiten die Zustimmung des Franchisegebers einzuholen, das Verbot des Franchisenehmers, Mitarbeiter einzustellen,[181] das Verbot des aktiven Wettbewerbs auf seiten des Franchisenehmers sowie das vertragliche Wettbewerbsverbot sind Beispiele für eine wirtschaftliche Abhängigkeit des Franchisenehmers.[182]

Das Kriterium der wirtschaftlichen Abhängigkeit wurde von den Gerichten als Abgrenzungskriterium zwischen Arbeitnehmern und Selbständigen jedoch verworfen, da auch selbständige Kaufleute wirtschaftlich abhängig sein können. "Die wirtschaftliche Abhängigkeit wird, obwohl sie sozialgeschichtlich sicher das dominierende Merkmal des Arbeitnehmerbegriffs ist, von der überkommenen Doktrin und Praxis nur noch als akzidentielle Komponente verstanden."[183] Deshalb ist die wirtschaftliche Abhängigkeit allein nicht dazu geeignet, eine zufriedenstellende Abgrenzung zwischen Arbeitnehmern und Selbständigen herbeizuführen.

---

180 Vgl. *Zöllner, W.*, Arbeitsrecht, 1983, S.52.

181 Ein solches Verbot konnte in den untersuchten Franchiseverträgen jedoch nicht festgestellt werden.

182 Vgl. *Gittermann, D.*, Arbeitnehmerstatus, 1994, S.66 f.

183 *Konzen, H.*, Arbeitsrechtl. Drittbeziehungen, ZfA, 1982, S.289.

10.6 Arbeitsrechtliche Beurteilung des Franchising durch die Lehre

Während in den achtziger Jahren kaum eine arbeitsrechtliche Diskussion des Franchising stattfand, gibt es seit Beginn der neunziger Jahre verschiedene Ansichten über eine mögliche Arbeitnehmereigenschaft des Franchisenehmers. Diese verschiedenen Meinungen sollen im folgenden aufgezeigt werden.[184]

10.6.1 Die Selbständigkeit des Franchisenehmers

Oftmals diskutieren Autoren die Problematik einer möglichen Arbeitnehmereigenschaft der Franchisenehmer erst gar nicht, da sie sich nur auf die Definition des DFV beziehen, ohne diese zu hinterfragen.[185]

Martinek sieht den Franchisenehmer so lange noch nicht als Arbeitnehmer an, wie ihm die Verfügung über die Gegenstände des Betriebsvermögens, die Ausübung der Geschäftsführung und die Entscheidung über den Einsatz seiner Mittel für den Vertrieb der Vertragsware in eigener Verantwortung verbleibt. Seiner Meinung nach schließt das Kriterium des Handelns im eigenen Namen und auf eigene Rechnung nicht die Einstufung als Arbeitnehmer aus, da es nur ein Gesichtspunkt unter vielen sei. Sollte ein Franchisevertrag aber eine zu stark knebelnde Wirkung haben, so sei er aufgrund § 138 BGB sittenwidrig. Ein Franchisenehmer sei auch i.d.R. keine arbeitnehmerähnliche Person, da seine wirtschaftliche Selbständigkeit noch gegeben sei. Martinek vertritt die Auffassung, daß es sich, wenn ein Arbeitsverhältnis vorliegt, nicht mehr um Franchising handelt. Für ihn sind die Weisungs- und Kontrollrechte aus den geschäftsbesorgungsrechtlichen Normen herleitbar. Die Eingliederung des Franchisenehmers gehe nicht so weit, daß von einer arbeitsorganisatorischen Abhängigkeit gesprochen werden könne. Er kommt zu dem Schluß, daß das Gesamtbild den Franchisenehmer im Ergebnis als selbständigen Gewerbetreibenden, der im wesentlichen frei seine Tätigkeit gestalten und seine Arbeitszeit bestimmen kann, nicht aber als einen persönlich abhängigen Arbeitnehmer erscheinen läßt.[186] Diese Wertung kann jedoch nicht per se gelten, sondern muß anhand des jeweiligen Franchisesystems

---

184 Die Zuordnung eines Autors in eine der drei Kategorien erfolgte danach, mit welchen Argumenten dieser primär seine Auffassung vertrat. Dessen ungeachtet kann von den Autoren in speziellen Fällen auch eine andere Zuordnung eines Franchisenehmers vorgenommen werden.

185 Vgl. *Tiemann, R.*, Franchisevertrag, 1990, S.92 ff.; *Behr, V.*, Franchisevertrag, 1976, S.54; *Weltrich, O.*, Abgrenzung von Franchiseverträgen, DB, 1988, S.806; *Skaupy, W.*, Franchisesysteme, BB, 1990, S.134 und Replik, BB, 1990, S.1061; *Baudenbacher, C.*, Franchisevertrag, 1985, S.212.

186 Vgl. *Martinek, M.*, Franchising, 1987, S.288.

vollzogen werden. Denn im Einzelfall kann die Eingliederung des Franchisenehmers doch so weit gehen, daß ihm die Ausübung der Geschäftsführung, die Verfügung über die Gegenstände des Betriebsvermögens und über den Einsatz seiner Mittel nicht mehr verbleibt.

Für Selzner ergibt die Gesamtbetrachtung der typischen Regelungsinhalte des Franchisevertrags, daß keine persönliche Abhängigkeit des Franchisenehmers vom Franchisegeber gegeben sei. Die Franchisenehmer seien zwar in den Betrieb des Franchisegebers eingegliedert, nach außen seien sie aber selbständig (z.B. beim Kauf von Gegenständen des Anlagevermögens, bei Grundstücksgeschäften, bei der Eintragung ins Handelsregister u.ä.). In zeitlicher Hinsicht unterliege der Franchisenehmer zwar häufig den vom Franchisegeber festgelegten Ladenöffnungszeiten, arbeitszeitbestimmende und urlaubsbeschränkende Regelungen gebe es aber selten. Den unternehmerischen Risiken stünden unternehmerische Chancen gegenüber, da der Franchisenehmer im eigenen Namen und auf eigene Rechnung arbeite. Die Weisungen, denen ein Franchisenehmer unterliege, lassen sich seiner Ansicht nach nicht nur aus den geschäftsbesorgungsvertraglichen Elementen des Franchisevertrags erklären, sondern auch aus der Natur der Überlassung der Lizenzrechte und aus der Präsentations- und Imagepolitik des Franchisesystems. Zudem seien konkrete Einzelweisungen des Franchisegebers vertraglich nicht vorgesehen. Selbständigen sei es außerdem unbenommen, sich vertraglich weitgehend zu binden und Pflichten zu übernehmen, die ihre Spielräume einengen. Der Franchisenehmer sei auch keine arbeitnehmerähnliche Person, da er nicht wie erforderlich für fremde Rechnung tätig sei und nicht nach Höhe der Vergütung sowie Art und Dauer der Tätigkeit vom Franchisegeber abhängig sei.[187] Auch hier richtet sich die Kritik wieder gegen die Verallgemeinerung der Aussagen. So führt die Tatsache, daß der Franchisenehmer im eigenen Namen und für eigene Rechnung arbeitet, noch nicht zu dem Schluß, daß damit den unternehmerischen Risiken auch unternehmerische Chancen gegenüber stehen. Allgemeine Weisungen werden als systemimmanent bezeichnet. Dabei besteht aber die Gefahr, daß Franchisegeber unter dem Deckmantel der Systemeinheitlichkeit Weisungen erteilen, die objektiv nicht notwendig waren. Darüber hinaus können konkrete Einzelweisungen, obwohl nicht vertraglich festgelegt, sehr wohl von den Franchisegebern erteilt werden. Ebenso darf die Diskussion um eine potentielle Arbeitnehmereigenschaft eines Franchisenehmers nicht vorschnell mit dem Hinweis auf die Privatautonomie abgetan werden. Denn natürlich ist es jedem unbenommen, sich vertraglich zu binden; allerdings möchte der potentielle Franchisenehmer die vertragliche Verpflichtung als

187 Vgl. *Selzner, H.*, Mitbestimmung, 1994, S.38 f.

Selbständiger, mit den damit verbundenen Rechten, erfüllen. Aus den genannten Gründen sollte deshalb sowohl die Arbeitnehmereigenschaft als auch die Eigenschaft als arbeitnehmerähnliche Person eines Franchisenehmers überprüft werden.

Die Gemeinsamkeiten zwischen Franchisenehmern und Arbeitnehmern stellt Reinecke heraus. So sei der Franchisenehmer ebenso wie der Arbeitnehmer weisungsgebunden und in die Arbeitsorganisation eines Dritten eingegliedert, von dem er, wie Arbeitnehmer auch, wirtschaftlich abhängig sei. Der Franchisenehmer sei aber selbständiger Unternehmer, weil er ein bestimmtes Maß an unternehmerischer Gestaltungsfreiheit habe. Reinecke macht darauf aufmerksam, daß ein Franchisegeber ein hohes Risiko eingeht, wenn er darauf vertraut, daß die Rechtsprechung das Unternehmerrisiko als *das* ausschlaggebende Abgrenzungsmerkmal ansieht. Auch sei es unratsam, sich als Franchisegeber auf die Vertragsbezeichnung und formelle Merkmale der Franchisebeziehung als entscheidungsrelevant für die Abgrenzung zu Arbeitnehmern zu verlassen. In bezug auf die Bedeutung von Zusammenschlüssen von Franchisenehmern hält er fest: "Sichert sich der Franchisegeber im Gesellschaftsvertrag rechtlich oder faktisch den beherrschenden Einfluß, etwa indem er sich zum (wichtigsten) Geschäftsführer der Gesellschaft macht, oder dadurch, daß er sich das Recht sichert, allein über die Aufnahme und den Ausschluß von Gesellschaftern zu entscheiden, dann liegt es nahe, Franchise- und Gesellschaftsvertrag als Einheit zu sehen und anhand beider Verträge zu prüfen, ob der Franchisenehmer Arbeitnehmer ist."[188] Er rät den Franchisegebern, die Selbständigkeit der Franchisenehmer sicherzustellen, indem dem Unternehmerrisiko auch unternehmerische Chancen und Freiheiten gegenüber stehen. "Es führt kein Weg an der Einsicht vorbei, daß das Franchisesystem weniger Einflußmöglichkeiten bietet als das mit Arbeitnehmern betriebene Filialsystem eröffnet."[189] Der Autor, der in seinem Artikel der Frage nachgeht, ob sich das Franchising im Würgegriff des Arbeitsrechts befände, verneint dies für den Fall klar, in dem der Franchisegeber bei seiner Vertragsgestaltung die nötige Umsicht walten läßt und nicht mehr Beschränkungen in den Vertrag einfügt, als zum Funktionieren des Systems notwendig sind.[190] Diese Ausführungen sind zwar theoretisch richtig, doch in der Praxis unrealistisch. Denn viele Franchisegeber sind versucht, möglichst viele Punkte der Franchisebeziehung in ihrem Sinne zu regeln. So kommt es in der Realität doch vor, daß den Franchisenehmern kaum eigene Gestaltungs-

188 *Reinecke, G.,* Würgegriff, HB, 1992 und *derselbe,* Würgegriff, DFV, 1992, in den Franchiseverträgen gibt es allerdings keinen Hinweis auf eine solche Klausel.

189 *Reinecke, G.,* Würgegriff, HB, 1992 und *derselbe,* Würgegriff, DFV, 1992.

190 Vgl. *Reinecke, G.,* Würgegriff, HB, 1992 und *derselbe,* Würgegriff, DFV, 1992.

möglichkeiten verbleiben, weshalb dem Unternehmerrisiko kaum Chancen und Freiheiten gegenüber stehen.

Ullmann[191] sieht die rechtliche und wirtschaftliche Selbständigkeit der jeweiligen Franchisenehmer durch die starke Einbindung dieser in das Franchisesystem ebensowenig in Frage gestellt wie Bauder, da diese für das Funktionieren des Franchisesystems unerläßlich sei. Es handele sich um eine betriebswirtschaftliche Besonderheit des Franchising.[192] Nach herrschender Meinung schließen sich die Eigenschaft als Franchisenehmer und die eines Arbeitnehmers aus. Skaupy ist deshalb der folgenden Ansicht: "Soweit seine Selbständigkeit über Gebühr vertraglich oder sonstwie beschränkt sein sollte und seinen Risiken nicht entsprechende Chancen gegenüberstehen, liegt keine wirkliche Franchisevereinbarung vor."[193] Ein Arbeitnehmer komme als Franchisenehmer schon deshalb nicht in Betracht, weil der Arbeitnehmer nur im Rahmen der wirtschaftlichen Zweckverfolgung eines anderen - nämlich des Unternehmers, in dessen Dienst er getreten ist - tätig wird.[194] Aus typologischer Sicht sind laut Ekkenga die Franchisenehmer keine Arbeitnehmer, auch wenn sie engen Bindungen unterliegen und ihnen Vorschriften im Hinblick auf Arbeitszeit und Arbeitsort gemacht werden.[195] Da die Vorteile (z.B. eine höhere Leistungsbereitschaft des Franchisenehmers) bei einer Beurteilung des Franchising nach Arbeitsrecht beseitigt werden würden, ist seiner Meinung nach der arbeitsrechtliche Ansatz als untauglich abzulehnen.[196] Es kann aber nicht angehen, daß eine arbeitsrechtliche Beurteilung allein deshalb abgelehnt wird, weil sie die positiven Elemente des Franchising beseitigt. Schulthess qualifiziert den Franchisenehmer als selbständigen Gewerbetreibenden, der sein Geschäft grundsätzlich in eigener Entscheidungsgewalt betreibt. Das Verhältnis des Franchisenehmers zum Franchisegeber sei das der Kooperation und nicht der Subordination im Sinne des Arbeitsvertrags.[197] Hier stellt sich die Frage, warum es dann die Unterteilung im Martinekschem Sinne in Subordinations- und Partnerschafts-

---

191 Vgl. *Ullmann, E.*, Franchising, NJW, 1994, S.1255.

192 Vgl. *Bauder, W.*, Selbständigkeit, NJW, 1989, S.79.

193 *Skaupy, W.*, Zu den Begriffen, NJW, 1992, S.1790.

194 So z.B. *Buchner, H.*, Anmerkung, CR, 1991, S.37.

195 Vgl. *Ekkenga, J.*, Franchiseverträge, 1990, S.40.

196 Vgl. *Ekkenga, J.*, Franchiseverträge, Die AG, 1989, S.305.

197 Vgl. *Schulthess, V.G.*, Franchisevertrag, 1975, S.141. Laut *Müller-Graff* ist der Franchisenehmer gewöhnlich ein unabhängiger Unternehmer, der i.d.R. das Verkaufs- und Investitionsrisiko trägt. "Even if, however, a single franchisee may find himself in a neofeudalistic-like role of economic dependence and even if the praise of franchising as the individual entrepreneur's newest chance may be regarded with scepiticism, the typical concept of franchising cannot be reduced to an employment contract or a labor relation." (*Müller-Graff, P.-C.*, Franchising, JITE, 1988, S.140)

franchising gibt, wobei von der herrschenden Meinung bisher nur das Subordinationsfranchising beobachtet und bejaht wird.

Auch Baumgarten[198] kommt zu dem Ergebnis, daß es sich bei den Franchisenehmern um Selbständige handelt. Er vergleicht die Rechte und Pflichten, die ein Franchisenehmer gewöhnlich hat, mit denen von Arbeitnehmern. Wie ein Arbeitnehmer habe der Franchisenehmer die Pflicht zur Arbeitsleistung, die er höchstpersönlich (d.h. ohne Mitarbeiter) zu erbringen habe. Bereits dieser Punkt kann angezweifelt werden, da in den vorliegenden Verträgen häufig keine Pflicht zur persönlichen Leistungserbringung bestand. Hinsichtlich der Geheimhaltungsverpflichtung, des Wettbewerbsverbots und der Pflicht, nach Vertragsbeendigung alle Hilfsmittel und sonstigen Gegenstände wieder herauszugeben, bestehen zwischen Arbeitnehmern und Franchisenehmern nach Meinung von Baumgarten Parallelen. Unterschiede sieht er beim Weisungsrecht. Seiner Ansicht nach ist die Arbeit eines Arbeitnehmers bis ins letzte Detail durch die Vorgaben des Arbeitsvertrags, die Verkehrssitte und die Weisungen des Arbeitgebers geregelt. Zwar unterliege auch der Franchisenehmer Weisungen; über wichtige Aspekte wie die Öffnungszeiten und den Standort des Franchiselokals, die Einstellung und den Einsatz des beschäftigten Personals, den Endpreis der abzusetzenden Franchiseprodukte oder den Vertrieb von Zusatzprodukten könne er aber selbst bestimmen. Die Vertragspraxis sieht aber anders aus. So werden Ladenöffnungszeiten und der Standort des Franchiselokals in der Regel ebenso vom Franchisegeber vorgegeben wie Personalpläne, die den Einsatz und die Einstellung von Mitarbeitern des Franchisenehmers regeln. Dem Franchisenehmer muß zwar rechtlich die Möglichkeit zur Festsetzung der Endpreise verbleiben, de facto besteht aber eine Preisbindung durch die Werbung und die Konkurrenten des Franchisenehmers. Der Vertrieb von Zusatzprodukten bedarf im allgemeinen der Zustimmung des Franchisegebers. Kontrollen müsse ein Franchisenehmer genauso wie ein Arbeitnehmer dulden, aber weitergehenden Kontrollen, die sein gesamtes Tätigwerden betreffen, wie etwa bei der Personalplanung oder bei der Preisgestaltung, müsse er sich nicht unterwerfen. Zumindest die Behauptung, der Franchisenehmer werde keiner Kontrolle der Personalplanung unterzogen, fand in den vorliegenden Franchiseverträgen keine Bestätigung.

Bei den Rechten, die Franchisenehmer und Arbeitnehmer haben, bestehen gemäß Baumgarten sowohl Gemeinsamkeiten als auch Unterschiede. Beide haben einen Anspruch auf Schulung und Weiterbildung, das Bereitstellen von notwendigen Arbeitsmitteln einschließlich der wesentlichen Einrichtungs- und Ausstattungsgegenstände der Vertriebsstätte sowie auf buchhalterische Leistungen. Selbst bei diesen Aussagen ist

198 Vgl. *Baumgarten, A.K.*, Franchising, 1993, S.92-107.

Kritik angebracht, da die Schulungs- und Weiterbildungskurse eher eine Pflicht des Franchisenehmers darstellen als ein Recht. Einrichtungs- und Ausstattungsgegenstände des Geschäftslokals müssen oft von den Franchisenehmern aus ökonomischen Gründen gekauft werden. Von einem Recht auf Bereitstellung dieser Gegenstände kann hier kaum die Rede sein. Unterschiede sieht Baumgarten in dem Anspruch des Arbeitnehmers auf tatsächliche Beschäftigung, auf Vergütung und Aufwendungsersatz. Ein solcher Anspruch sei dem Franchisenehmer fremd. Da der Franchisenehmer auf eigene Rechnung und eigenen Namen tätig werde und seinen Verdienst aus der Gewinnspanne zwischen Einkauf und Verkauf erziele, habe dieser keinen Anspruch auf ein Entgelt, einschließlich seines Rechts auf Lohnfortzahlung bei Krankheit und Urlaub. Die methodische Herleitung dieses Ergebnisses ist jedoch fragwürdig. Hier werden unzulässigerweise die Rechtsfolgen aus einer Einstufung als Arbeitnehmer bzw. Selbständiger als Argumente gegen eine Arbeitnehmereigenschaft des Franchisenehmers herangezogen.

Tiemann gibt zu bedenken, daß sich die Begriffe des Arbeitnehmers und des Franchisenehmers ausschließen. Zu Recht kommt er aber im weiteren zu dem richtigen Schluß, daß deshalb aber nicht derjenige, der einen Franchisevertrag unterschreibt, auch automatisch Franchisenehmer ist. Weichen nämlich Vertragsbezeichnung und tatsächliche Durchführung voneinander ab, so kann im Einzelfall doch ein Arbeitsverhältnis vorliegen. Deshalb vergleicht Tiemann das Ausmaß der Abhängigkeit in einem Arbeitsverhältnis mit dem in einem Franchiseverhältnis. Er zeigt Bindungen auf, denen Franchisenehmer in der Regel unterliegen (z.B. in bezug auf die Ladenöffnungszeiten, das Nebentätigkeitsverbot, die Kontroll- und Weisungsbefugnisse des Franchisegebers, die Aufmachung des äußeren und inneren Erscheinungsbildes des Franchiselokals, die Kleidung, Schulung etc.); nach Ansicht von Tiemann sind diese Regelungen aber für die Einhaltung von Standards notwendig. Da der Erfolg des Systems von dessen Einheitlichkeit abhänge, müsse der Franchisegeber den Franchisenehmern gegenüber diese Kontroll- und Weisungsrechte ausüben. Tiemann räumt selbst ein, daß einem an die Vorgaben des Franchisegebers gebundenen Franchisenehmer "oft nur die Funktionen des Verkaufs, des Kredits, der Kundenberatung und -betreuung sowie beim Produkt-Franchising die Transport- und Lagerfunktion"[199] verbleibt. Die Ähnlichkeit zum angestellten Filialleiter verstärke sich noch weiter, wenn der Franchisenehmer die Betriebsräume und/oder die Betriebsmittel nicht selbst stellt, sondern vom Franchisegeber gemietet oder gepachtet hat. Dennoch beschränken sich seiner Ansicht nach die Weisungs- und Kontrollrechte auf das Kriterium der Ein-

---

199 *Tiemann, R.*, Franchisevertrag, 1990, S.85.

heitlichkeit. Zudem bestünden auch Unterschiede zwischen Franchisenehmern und Arbeitnehmern. Ein Franchisenehmer sei nicht auf den "Apparat" des Franchisegebers insoweit angewiesen, als der Franchisenehmer seine Tätigkeit ausüben kann. "Selbst bei einer Belieferung durch den Franchise-Geber geht die Abhängigkeit nicht weiter als in einem normalen Käufer- / Verkäuferverhältnis."[200] Auch bekomme der Franchisenehmer kein Entgelt, sondern müsse eine Gebühr an den Franchisegeber entrichten. Nur in besonderen Fällen könne das Abhängigkeitsverhältnis einen Intensitätsgrad erreichen, der zu einer Qualifizierung des Franchisenehmers als Arbeitnehmer führt. Neben der bereits oben erwähnten Kritik an der Behauptung, Bindungen seien dem Franchising systemimmanent, bestehen weitere Zweifel an den Argumenten Tiemanns. Zum einen wird das Franchisegeber-Franchisenehmer-Verhältnis schon deshalb über eine bloße Käufer- / Verkäuferbeziehung hinaus gehen, weil beide Parteien spezifische Investitionen in die Langzeitbeziehung tätigen werden. Vor allem der Franchisenehmer hat i.d.R. hohe versunkene Kosten, die gerade die wirtschaftliche Abhängigkeit verursachen.[201] Zum anderen gibt es Franchisesysteme, in denen nicht der Franchisenehmer eine Gebühr an den Franchisegeber abzuführen hat, sondern letzterer dem Franchisenehmer ein Entgelt zahlt.[202]

Nach Tiemann ist der Franchisenehmer auch keine arbeitnehmerähnliche Person, da eine solche wirtschaftlich abhängig sein und eine einem Arbeitnehmer vergleichbare soziale Stellung haben muß. Während das erste Kriterium diskussionswürdig sei, fehle es aber in jedem Fall an einer einem Arbeitnehmer vergleichbaren sozialen Stellung des Franchisenehmers. Auch dieses Argument ist seit dem Eismann II-Urteil nicht mehr stichhaltig, da das BAG den Franchisenehmer als sozial schutzbedürftig eingestuft hat. So unterhielt dieser keine eigene Unternehmens- oder Betriebsorganisation und beschäftigte im Verkauf keine eigenen Mitarbeiter. Zudem hatte er sich dazu verpflichtet, persönlich als Franchisepartner im Vertragsgebiet tätig zu sein. Somit war er letztendlich wie ein angestellter Verkaufsfahrer tätig.[203]

---

200 *Tiemann, R.*, Franchisevertrag, 1990, S.88.

201 Vgl. die ökonomische Diskussion in Abschnitt 4.3.6 (S.112 ff.) und in Abschnitt 4.5.2 (S.141).

202 Vgl. hierzu die Eismann II-Entscheidung in Abschnitt 10.7.6 (S.530).

203 Vgl. hierzu die Eismann II-Entscheidung in Abschnitt 10.7.6 (S.530).

10.6.2 Die potentielle Arbeitnehmereigenschaft

Einige Autoren bezeichnen die Franchisenehmer als "relativ selbständig", was aber eine Einschränkung der Selbständigkeit verdeutlicht.[204] Diese nur relative Selbständigkeit beschreibt Ahlert folgendermaßen: "Allerdings ist eine derartige "Selbständigkeit" mit gewissen Vorbehalten zu betrachten: obwohl die rechtliche und finanzielle Selbständigkeit gewahrt bleibt, sind die Franchisenehmer in ihrer wirtschaftlichen Dispositionsfreiheit häufig so stark eingeschränkt, daß sie bei wirtschaftlicher Betrachtungsweise auf eigene Rechnung arbeitende Verkaufsstellenleiter darstellen."[205] Das Risiko trage dabei der Franchisenehmer, da der Franchisegeber Handelsfunktionen und -risiken aus seinem Betrieb auf den Franchisenehmer überwälze, ohne jedoch gleichzeitig seinen Einfluß auf die Ausführung dieser Funktionen aufzugeben. Der Franchisenehmer habe deshalb nicht die wirtschaftliche Verfügungsmacht über seinen Geschäftsbetrieb, aber das volle Absatzrisiko.[206]

Wird das Franchising primär unter AGB-rechtlichen Aspekten betrachtet, so läßt sich laut Ekkenga festhalten, daß besonders weitreichende Weisungsvorbehalte - gemessen an den verkehrstypischen Vorstellungen des Publikums und den durch die Selbständigkeitsklauseln geweckten Erwartungen - als derart ungewöhnlich erscheinen können, daß die Franchisenehmer mit ihnen nicht zu rechnen brauchen. Franchisenehmer, die die Öffnungszeiten ihrer Geschäfte vom Franchisegeber vorgeschrieben bekommen, sind seiner Ansicht nach gemäß dem Arbeitsrecht zu beurteilen.[207]

Da mit dem Status des Franchisenehmers als Selbständiger bestimmte Ansprüche einhergehen (z.B. der Ausgleichsanspruch nach § 89b HGB[208]), ist nach Ansicht Köhlers bei jedem Franchisesystem zu prüfen, ob der Franchisenehmer selbständiger Gewerbetreibender ist, was zweifelhaft sein kann. Da er als Definition der Selbständigkeit § 84 HGB heranzieht, sind die Indizien für eine fehlende Selbständigkeit eng mit diesem Paragraphen verknüpft. Die Festlegung der Öffnungszeiten und damit der Arbeitszeiten durch den Franchisegeber sowie die der Urlaubszeiten, das Fehlen einer eigenen Buchhaltung und die Befugnis zu Einzelanweisungen hinsichtlich der

---

204 Vgl. *Busch, R. / Gregor, Ch.*, Franchisesysteme, DBW, 1993, S.24 ff.; *Mack, M.*, Franchising, 1975, spricht im Vorwort vom "im Prinzip selbständigen Franchisenehmer".

205 *Ahlert, D.*, Vertriebssysteme, 1981, S.94 f.

206 Vgl. *Ahlert, D.*, Vertriebssysteme, 1981, S.93 f.

207 Vgl. *Ekkenga, J.*, Franchiseverträge, 1990, S.37 ff.

208 Vgl. hierzu Abschnitt 6.3 (S.264 ff.).

Tätigkeit sieht Köhler somit als Indizien für ein Arbeitsverhältnis im Gewande des Franchisevertrags an.[209]

Wank[210], Matthießen[211] und Plander[212] sehen die Anwendbarkeit des Arbeitsrechts auf Franchisenehmer dann für sinnvoll und notwendig an, wenn das Franchiseverhältnis so abgewickelt wird, daß dem Franchisenehmer nur noch das Unternehmerrisiko verbleibt, ihm hingegen aber nicht die Chancen eines Unternehmers eingeräumt werden. Auch für Berning, der sich Martineks Typologisierung von Franchisenehmern anschließt, sind die Subordinationsfranchisenehmer aus diesem Grund i.d.R. Arbeitnehmer. Da das Kriterium der persönlichen Abhängigkeit zur Abgrenzung von Arbeitnehmern und Selbständigen aufgrund des fehlenden teleologischen Bezugs untauglich sei, zieht er statt dessen das Kriterium der freiwilligen Übernahme des Unternehmerrisikos, wie vor ihm schon Wank, zur Abgrenzung heran. Freiwillig werde ein Unternehmerrisiko dann übernommen, wenn dabei den Risiken auch entsprechende Chancen gegenüberstehen. Dies sei beim Subordinationsfranchising nicht der Fall. "Die unternehmerische Freiheit des Franchise-Nehmers beschränkt sich daher im Regelfall auf Fragen des Umfanges des Personaleinsatzes und der Entlohnung, lokale Werbemaßnahmen, das Einreichen von Verbesserungsvorschlägen außerhalb der Berichtspflichten, die Preisgestaltung im Rahmen der "Empfehlungen" sowie gegebenenfalls auf das Angebot von Drittprodukten, die außerhalb der Produktpalette des Franchise-Systems liegen."[213] Dabei dürfe der "Franchisevertrag" nicht zum Arbeitsvertrag umgedeutet werden; eine Identität von Arbeits- und Franchisevertrag sei nicht ausgeschlossen. Die Gründe für eine gegenteilige herrschende Meinung liegen seiner Ansicht nach in den unzutreffenden empirischen Grundlagen und in dem für die rechtliche Einordnung nicht maßgebenden wirtschaftswissenschaftlichen Vorverständnis des Franchising. Der Subordinationsfranchisenehmer könne zwar auch anders als durch das Arbeitsrecht geschützt werden (z.B. durch das Kartell-, das Handels- und das Gesellschaftsrecht), jedoch wirke dies nur auf der Rechtsfolgenseite und trage nicht zu seiner rechtlichen Selbständigkeit bei.

Er betont, daß aber auch in Subordinationsfranchiseverhältnissen Fälle denkbar sind, in denen der Franchisenehmer selbständig ist. Dies sieht er aber eher als Ausnahme an. Als rechtliche Normen scheidet für den selbständigen Subordinationsfranchisenehmer die Rechtsfigur der arbeitnehmerähnlichen Person nach Berning aus,

209 Vgl. *Köhler, H.*, Ausgleichsanspruch, NJW, 1990, S.1692.
210 Vgl. *Wank, R.*, Arbeitnehmer, 1988, S.284; vgl. auch S.486 ff.
211 Vgl. *Matthießen, V.*, Franchisenehmerschutz, ZIP, 1988, S.1095.
212 Vgl. *Plander, H.*, Normalarbeitsverhältnis, 1990, S.152.
213 Vgl. *Berning, H.*, Franchisenehmer, 1994, S.137.

dafür sei beinahe das gesamte Recht der Handelsvertreter analog anwendbar. Da diese Regelungsmaterie einen äquivalenten Schutz zu den Normen für arbeitnehmerähnliche Personen bewirke, sei die wirtschaftliche Unabhängigkeit dieser Personengruppe gegeben.[214]

10.6.3 Die fallbezogene Betrachtungsweise

Buschmann weist darauf hin, daß ein Arbeitsverhältnis im Regelfall vermutet wird, wenn nicht nachgewiesen wird, daß das abgeschlossene Beschäftigungsverhältnis tatsächlich das Merkmal eines anderen Vertragstypus erfüllt. Wenn objektiv ein Arbeitsverhältnis besteht, sei es unbeachtlich, daß der Franchisevertrag dies verneine. Es komme im Einzelfall darauf an, ob die tatsächliche Verselbständigung des Franchisenehmers soweit geht, daß die Vermutung für den Arbeitnehmerstatus nicht greift.[215]

Enghusen stellt in seiner rechtsvergleichenden Dissertation die Schlüsselfragen heraus, die bei der Beantwortung der Frage nach einem Arbeitgeber-Arbeitnehmer-Verhältnis beim Franchising zu beachten seien. Für ihn ist ausschlaggebend, wer die Gewinne erhält und die Verluste zu tragen hat, wer die Höhe der Gehälter und die Arbeitsbedingungen der Angestellten bestimmt, wer die Wiederverkaufspreise oder die Dienstleistungsvergütungen festsetzt, wer die Lohn- und Einkommensteuer abführt, wer die unternehmerischen Entscheidungen für das Geschäft des Franchisenehmers fällt und ähnliches.[216] Davon erweist sich ein Teil der Schlüsselfragen mittlerweile als überholt. Die Gruppenfreistellungsverordnung für Franchisevereinbarungen verbietet es dem Franchisegeber z.B., die Wiederverkaufspreise des Franchisenehmers zu bestimmen.

Clemens weist darauf hin, daß eine *Finanzierungsförderung* durch die Banken bei einer Franchiseexistenzgründung oft entscheidend davon abhängt, ob die Selbständigkeit des Franchisenehmers gewährleistet ist. So kommt es neben der Solidität des Systems und damit des Vorhabens, der Standortqualität und den fachlichen und kaufmännischen Qualifikationen des Franchisenehmers auch auf die Möglichkeit des Franchisenehmers zu selbständigen unternehmerischen Entscheidungen an. Zu vertraglichen Beeinträchtigungen der wirtschaftlichen Selbständigkeit gehören die Vorgabe von Mindestumsätzen, Vertragsstrafen, die Kündigungsmöglichkeiten der Fran-

---

214 Vgl. *Berning, H.*, Franchisenehmer, 1994, S.154 ff.
215 Vgl. *Buschmann, R.*, Franchise-Arbeitnehmer, AiB, 1988, S.55.
216 Vgl. *Enghusen, G.*, Franchiseverträge, 1977, S.100 f.

chisegeber wegen geringfügiger Vertragsverstöße sowie die Vorschriften über die Heranziehung von Steuerberatern. Die IHK Wuppertal-Solingen-Remscheid sah z.B. in Einkaufs-, Verkaufs-, Investitions- und Finanzierungs-, Versicherungs- und Rechnungswesenbindungen und speziellen Klauseln in Miet- oder Kreditverträgen eine Einschränkung der wirtschaftlichen Selbständigkeit. Die Förderprogramme der Deutschen Ausgleichsbank wurden nur dann gewährt, wenn neben der rechtlichen und steuerlichen Selbständigkeit der unternehmerische Entscheidungsspielraum des Franchisenehmers durch den Franchisegeber nicht zu sehr eingeschränkt wurde. Nicht akzeptiert wurden vom Franchisegeber festgelegte Öffnungszeiten, die Vorgabe von bestimmten Versicherungen, Steuerberatern o.ä., wenn der Franchisegeber sich das Recht vorbehielt, die Personalpolitik des Franchisenehmers mit zu beeinflussen, verbindliche Verkaufspreise festgelegt wurden und am Markt verfügbare Einrichtungsgegenstände ausschließlich bei einem festgelegten Lieferanten bezogen werden durften.

Das Land Baden-Württemberg förderte Franchisenehmer, die wirtschaftlich nicht in erheblichem Umfang gebunden waren und das unternehmerische Risiko der Existenzgründung selbst trugen. Der Franchisevertrag wurde dahin überprüft, ob ein angemessener Interessenausgleich zwischen beiden Franchisepartnern gegeben war. Die Länder Bayern, Berlin, Hamburg und Hessen orientierten sich bei der Gewährung von Förderungen an den Kriterien der Deutschen Ausgleichsbank. Nordrhein-Westfalen hatte eigene Prüfkriterien entwickelt, um die Selbständigkeit des Franchisenehmers zu bestimmen, die jedoch nicht im einzelnen benannt wurden. Saarland, Bremen, Rheinland-Pfalz, Niedersachsen und Schleswig-Holstein hatten keine Kriterien zur Beurteilung der Franchisenehmer-Selbständigkeit aufgestellt, sondern entschieden einzelfallbezogen.[217]

Neben der unternehmerischen Entscheidungsfreiheit wird oft auch die *Risikoverteilung* als Abgrenzungskriterium zwischen Selbständigkeit und Arbeitnehmereigenschaft genannt. Nach Weltrich wird die typologische Schwelle vom Franchise- zum Arbeitsvertrag nur dann überschritten, wenn entweder die Risikoverteilung verändert oder dem Franchisenehmer jegliche unternehmerische Selbstbetätigung verweigert wird.[218]

Auch Baudenbacher spricht sich für eine einzelfallbezogene Prüfung der möglichen Arbeitnehmereigenschaft oder der Eigenschaft als arbeitnehmerähnliche Person des Franchisenehmers aus, da dies in Ausnahmefällen denkbar sei. Kritisch seien z.B. Klauseln, die Offenhaltungspflichten statuieren. Die Abhängigkeit des Franchise-

217 Vgl. *Clemens, R.*, Franchising, 1988, S.29 ff.

218 Vgl. *Weltrich, O.*, Abgrenzung von Franchiseverträgen, DB, 1988, S.806 ff.

nehmers werde auch durch Bestimmungen, die den Franchisegeber bei Umsatzrückgang zur Kündigung berechtigen, verstärkt.[219]

Die uneinheitliche Rechtsprechung veranlaßt Mohr zu dem Schluß, daß die Abgrenzung des Arbeitnehmers vom Selbständigen im Bereich des Franchising sich nicht nach formellen Kriterien zu richten habe, sondern es auf den Umfang der unternehmerischen Dispositionsfreiheit und damit auf die Verteilung von Chancen und Risiken ankomme. Das Unternehmerrisiko treffe als Abgrenzungskriterium nicht den Kern der Problematik und sei deshalb ungeeignet. Beim Subordinationsfranchising sei häufig der unternehmerische Dispositionsfreiraum zu stark eingeschränkt. Frage man nach der angemessenen Verteilung unternehmerischer Chancen und Risiken als Ausdruck einer marktorientierten unternehmerischen Tätigkeit, zeige sich in vielen Fällen ein auffallendes Mißverhältnis. Eine generelle Zuordnung des Subordinationsfranchisenehmers zur Gruppe der Arbeitnehmer oder der Selbständigen sei nicht möglich. "Die Entscheidung ist Einzelfallentscheidung, wobei zu berücksichtigen ist, daß der Franchisenehmer Arbeitnehmer und Arbeitgeber in einer Person sein kann."[220] Eine grobe Differenzierung sei allenfalls nach der Größe der vom Franchisenehmer geschaffenen Suborganisation möglich. Gemeint ist damit, daß auch zu berücksichtigen sei, ob der Franchisenehmer z.B. seinerseits Arbeitnehmer einstellen darf und er damit eine über die formelle Entscheidungsfreiheit hinausgehende Suborganisation schaffen kann.[221]

Zu dem Schluß, daß eine Reihe von vertraglichen Regelungen den Franchisenehmer bei der Wahrnehmung seiner unternehmerischen Chancen beschränke, kommt Nolting.[222] Da der Franchisenehmer[223] jedoch das wirtschaftliche Risiko zu tragen habe, sei je nach der Intensität der Beschränkungen davon auszugehen, daß dem Franchisenehmer durch den Franchisevertrag die Risiken eines Selbständigen und die Pflichten eines Arbeitnehmers übertragen werden. In diesem Fall sei dann die Einordnung des Franchisenehmers als Arbeitnehmer geboten. Der Franchisenehmer sei aber auf jeden Fall keine arbeitnehmerähnliche Person, da dieser wirtschaftlich nicht primär vom Franchisegeber abhängig sei, sondern vom Nachfrageverhalten des Marktes. Er verzichte nicht auf die Teilnahme am Markt, weshalb kein rechtlicher Anhaltspunkt

---

219 Vgl. *Baudenbacher, C.,* Franchisevertrag, 1985, S.222.

220 *Mohr, W.,* Arbeitnehmerbegriff, 1994, S.248.

221 Vgl. *Mohr, W.,* Arbeitnehmerbegriff, 1994, S.245 ff.

222 Vgl. *Nolting, A.,* Franchisesysteme, 1994, S.94 f.

223 Gemeint ist hier der Subordinationsfranchisenehmer. Nolting befaßt sich auch mit dem Partnerschaftsfranchisenehmer, auf den in der vorliegenden Arbeit aber nicht eingegangen wird.

für die Arbeitnehmerähnlichkeit gegeben sei.[224] Arbeitnehmer seien sozial schutzbedürftig, da sie nicht auf der Ebene der Gleichordnung agieren, woran auch die Mitbestimmung nichts ändere. Bei der Beantwortung der Frage, wann ein Franchisenehmer Arbeitnehmer sei, müsse geklärt werden, unter welchen Voraussetzungen er vergleichbar einem Arbeitnehmer sozial schutzbedürftig sei. Indiz einer persönlichen Abhängigkeit und damit einer eingeschränkten unternehmerischen Freiheit sei die zeitliche Weisungsgebundenheit eines Franchisenehmers. Nolting gibt zu bedenken, daß in einem Ein-Mann-Unternehmen die Festlegung der Öffnungszeiten durch den Franchisegeber damit auch die Arbeitszeit des Franchisenehmers determiniert. Nur wenn dieser Mitarbeiter beschäftige, stelle die Festlegung der Öffnungszeiten keine Festsetzung der Arbeitszeit des Franchisenehmers dar. Sei der Franchisenehmer jedoch zur persönlichen Leistungserbringung verpflichtet (Präsenzpflicht des Franchisenehmers), dann spiele es keine Rolle, ob dieser Mitarbeiter beschäftige. Seine Arbeitszeit sei dann auf jeden Fall klar vorgegeben. Komme zu dieser Präsenzpflicht noch die Verpflichtung des Franchisenehmers, seine gesamte Zeit dem Betrieb seines Geschäftes zu widmen, dann komme dies einer Vollzeitbeschäftigung gleich. Auch die Mitsprache- oder Weisungsrechte eines Franchisegebers im Falle des Urlaubs oder der Krankheit eines Franchisenehmers seien dann unbedenklich, wenn es sich um ein Ein-Personen-Unternehmen handele, da der Franchisenehmer i.d.R. keinen Ersatz stellen kann. Bei einer zeitlichen Weisungsgebundenheit handele es sich um eine Verpflichtung zur Leistung fremdbestimmter Arbeit. Durch sie werde der Franchisenehmer in seiner unternehmerischen Tätigkeit eingeschränkt, da ihm keine entsprechenden Chancen mehr blieben.

Arbeitsrechtlich unbedenklich sind nach Nolting allgemeine fachliche Weisungsrechte des Franchisegebers, die Vergabe von exklusiven Vertragsgebieten durch den Franchisegeber an die Franchisenehmer, da auch ein Handelsvertreter solchen Beschränkungen unterliegen kann, Zustimmungs- bzw. Ablehnungsrechte des Franchisegebers in Personalangelegenheiten des Franchisenehmers, sofern sie im Interesse der Sicherung des Systemimages liegen, ein Zutrittsrecht des Franchisegebers, sofern der Franchisenehmer dadurch nicht erheblich in seiner unternehmerischen Tätigkeit gestört wird, eine Berichterstattungspflicht des Franchisenehmers *oder* eine zentralisierte Buchhaltung durch den Franchisegeber, die Teilnahmeverpflichtung der Franchisenehmer an Schulungen, die ihre Kenntnisse erweitern, die Pflicht des Franchise-

224 Vgl. *Nolting, A.*, Franchisesysteme, 1994, S.214 ff.

nehmers, Berufskleidung zu tragen und die Einhaltung von Betriebsführungsstandards durch den Franchisenehmer.[225]

Das Element der Unterordnung als Gegensatz zur unternehmerischen Selbstbestimmung stellt Kneppers-Heijnert in den Vordergrund bei der Debatte um eine potentielle Arbeitnehmereigenschaft von Franchisenehmern. Der Franchisegeber könne es vermeiden, daß sein Franchisevertrag als Arbeitsvertrag qualifiziert werde, indem es an einer totalen Unterordnung des Franchisenehmers fehlt. Der Franchisenehmer dürfe nicht vollständig an die Weisungen des Franchisegebers gebunden sein, sondern müsse selbst das Sagen in seinem Betrieb haben.

Schaub hält die Schwelle vom selbständigen Franchisenehmer zum Arbeitnehmer dann für überschritten, wenn ein Einzelner Dienste eines Franchisenehmers übernimmt und ihm Vorschriften im Hinblick auf Arbeitszeit und -ort gemacht werden.[226]

10.7 Entscheidungen im Bereich Franchising

Es gibt nur wenige veröffentlichte Entscheidungen zur Thematik einer möglichen Arbeitnehmereigenschaft von Franchisenehmern. Wie sich im folgenden zeigen wird, ist zudem die Rechtsprechung, die im folgenden chronologisch dargestellt wird, auch noch uneinheitlich. Dies ist ein weiterer Beweis für die Wichtigkeit einer Definition des Arbeitnehmerbegriffs, damit auch Rechtssicherheit gegeben ist. Zwar sind die Vorteile einer individualistischen Betrachtungsweise nicht von der Hand zu weisen, aber dabei sollten den Richtern konkrete Abgrenzungskriterien vorliegen, um der Willkür vorzubeugen.

10.7.1 Manpower

Der Franchisegeber eines Arbeitnehmerüberlassungsfranchisesystems geriet mit seinem geschäftlich gescheiterten Franchisenehmer in einen Abrechnungsstreit. Dieser wollte seiner Zahlungsverpflichtung nicht nachkommen, da er sich nach der tatsächlichen Ausgestaltung der Rechtsverhältnisse als Arbeitnehmer fühlte. Die Geschäftskosten, so seine Meinung, seien ihm unrechtmäßig überbürdet worden. Das BAG verneinte in seinem Urteil vom 24.04.1980[227] eine Arbeitnehmereigenschaft des Franchisenehmers, da es an hinreichenden tatsächlichen Feststellungen der persönli-

225 Vgl. *Nolting, A.*, Franchisesysteme, 1994, S.123-135.
226 Vgl. *Schaub, G.*, Arbeitsrechts-Handbuch, 1992, S.182.
227 Vgl. BAG-Urteil vom 24.04.1980, AP Nr.1 zu § 84 HGB.

chen Abhängigkeit des Franchisenehmers fehlte. So habe der Franchisenehmer im Gegensatz zu einem Arbeitnehmer seine Zeit selbst festsetzen und den Einsatz im Innen- und Außendienst selbst regeln können. "Er war wie ein Handels- und Franchisevertreter nur im eigenen geschäftlichen Interesse gehalten, Büro- und Geschäftszeiten einzuhalten." Es sei nicht zu erkennen, daß die allgemeinen Richtlinien für die Geschäftsabwicklung, wie sie bei Franchise- oder Handelsvertreterverträgen üblich seien, mehr als nur eine wirtschaftliche und damit persönliche Abhängigkeit herbeigeführt hätten. Eine fachliche Weisungsgebundenheit lag somit nicht vor.

Das Rechtsverhältnis wurde als eine Mischung aus Franchise- und Handelsvertretervertrag eingestuft, da laut des Franchisevertrages der Franchisenehmer als selbständiger Handelsvertreter tätig war. Das Gericht kam zu dem Ergebnis, daß der Franchisenehmer aber ein Recht auf Schutz durch den Franchisegeber vor Fehlinvestitionen habe. Ein Franchisegeber, der gerade damit werbe, daß er über ein erfolgreiches System, Erfahrung und Sachkunde verfüge, müsse seine Franchisenehmer vor möglichen geschäftlichen Fehlinvestitionen bewahren. "Das LAG wird daher aufzuklären haben, ob der geschäftliche Mißerfolg des Beklagten [des Franchisenehmers] auf mangelhafte Erfüllung der Pflichten der Klägerin oder den fehlenden Einsatz des Beklagten zurückzuführen ist."[228] Küstner und Nolting geben hier zu bedenken, daß kein echtes Franchisesystem vorgelegen habe, da der "selbständige Handelsvertreter" nicht auf eigene Rechnung tätig war.[229]

10.7.2 Eismann I

Eismann betreibt ein Franchisesystem, in dem die Franchisenehmer Tiefkühlwaren direkt an private Haushalte verkaufen. In einem Abrechnungsstreit zwischen Eismann und einem Franchisenehmer war man sich nicht darüber einig, ob das Arbeitsgericht (so die Auffassung des Franchisenehmers) oder das Landgericht (so das Empfinden des Franchisegebers) dafür zuständig sei. Das Landgericht hatte seine Zuständigkeit verneint und die Klage abgewiesen. Die Berufung von Eismann hatte vor dem OLG Schleswig Erfolg. Das Gericht stufte den Franchisenehmer als selbständigen Gewerbetreibenden ein. Dies ergebe sich aus dem Franchisevertrag und seiner tatsächlichen Durchführung. Zwar werde in der Literatur die Einordnung des Franchisenehmers als selbständiger Gewerbetreibender vereinzelt in Frage gestellt, letztlich aber doch

---

228 BAG-Urteil vom 24.04.1980, AP Nr.1 zu § 84 HGB.

229 Vgl. *Küstner, W.*, Anmerkung, AP Nr.1 zu § 84 HGB und *Nolting, A.*, Franchisesysteme, 1994, S.85.

bejaht. Als Indizien für die Selbständigkeit fand das OLG im Franchisevertrag folgende Kriterien: Der Franchisenehmer war - gemessen am Vertragswortlaut - Kaufmann, denn er erwarb Tiefkühlwaren von Eismann und veräußerte sie *im eigenen Namen und für eigene Rechnung*, er hatte seinen kaufmännischen Gewerbebetrieb anzumelden, mußte die Interessen des Franchisegebers am Vertrieb der Vertragsprodukte mit der Sorgfalt eines ordentlichen Kaufmanns wahrnehmen und trug das geschäftliche Risiko.

Um diese Kriterien "neutralisieren" zu können, müßten die für eine Unselbständigkeit sprechenden Gesichtspunkte ganz erhebliches Gewicht haben. Eine persönliche Abhängigkeit, die sich vor allem in einer fachlichen, örtlichen und zeitlichen Weisungsgebundenheit sowie der Einbindung in die Arbeitsorganisation bzw. den Apparat des Franchisegebers manifestiert, konnte vom OLG nicht festgestellt werden. Der Franchisenehmer unterliege nur allgemeinen Weisungen in bezug auf den Inhalt seiner Tätigkeit; eine konkrete Einflußnahme des Franchisegebers auf den Franchisenehmer sei im Einzelfall nicht möglich und im Franchisevertrag auch nicht vorgesehen. Wie der Franchisenehmer z.B. seine Verkaufstouren organisierte, blieb ihm überlassen. Zwar gebe es für den Franchisenehmer eine Gebietsbeschränkung, jedoch sei diese kein Argument gegen eine Selbständigkeit. Dem Franchisenehmer war auch nicht vorgeschrieben, wie und mit welchem tatsächlichen zeitlichen Einsatz er seine Arbeit zu erfüllen hatte. Des weiteren konnte er seine Urlaubszeit frei bestimmen; die Klausel, nach der der Franchisenehmer Termin und Anzahl seiner Urlaubstage bis zum 30.03. eines jeden Jahres bekanntzugeben hatte, wertete das OLG als unwesentliche Beschränkung. Das Unternehmerrisiko, das beim Franchisenehmer lag, wurde als weiteres Indiz gegen eine Stellung als Arbeitnehmer betrachtet. Sein Einkommen bezog er aus der Differenz von Einkaufs- und Verkaufspreisen; der Franchisegeber machte keine finanziellen Einbehalte. Die Berichterstattungspflichten und Kontrollrechte, so gab das Gericht zu, engten zwar den Franchisenehmer ein, jedoch seien sie einerseits nicht zwingend Aspekte der Unselbständigkeit und andererseits teilweise im Auftragsrecht des BGB vorgesehen oder vertraglich legitimerweise auszubedingen. Selbst wenn man davon ausginge, daß das Verbot einer Nebentätigkeit gegen eine Selbständigkeit spreche, was sich aufgrund von § 92a HGB bestreiten ließe, habe dieses Argument nicht so ein erhebliches Gewicht, um die Rechtsstellung des Franchisenehmers als die eines Arbeitnehmers erscheinen zu lassen. Für die Selbständigkeit sprächen außerdem die Bilanzpflicht des Franchisenehmers, die behördliche Anmeldung seines Gewerbes, das eigene eingesetzte Betriebskapital und die Rechtsnachfolgeklausel. Das Gericht entschied, daß der Franchisenehmer aufgrund der genannten Aspekte nicht als Arbeitnehmer anzusehen sei. Auch sei der Franchisenehmer keine arbeitnehmerähnliche Person, da er nicht für Rechnung anderer Personen tätig sei, wie es das Merkmal von arbeitnehmerähnlichen Personen ist.[230]

Wank übte Kritik am Urteil des OLG Schleswig. Seiner Meinung nach hätte die Arbeitnehmereigenschaft bejaht werden müssen. Der Beschäftigte sei durch eine Fülle von Vertragsklauseln an den Auftraggeber gebunden gewesen, ohne eigene Entscheidungsmöglichkeiten zu haben. Den Risiken hätten keine unternehmerische Chancen entsprochen, weshalb von einer Selbständigkeit nicht die Rede sein könne.[231]

10.7.3 Jacques'Weindepot I

1987 machte eine Entscheidung des LAG Düsseldorf über ein Weinhandelssystem Furore. Jacques'Weindepot vertreibt Weine über Ladenlokale, die zum Teil als Filialen und zum Teil als Partnergeschäfte geführt werden. Mit diesen sogenannten Partnern schloß Jacques'Weindepot Agenturverträge ab. Der Betriebsrat, der die Position vertrat, es handele sich bei den Partnern aufgrund der persönlichen Abhängigkeit um Arbeitnehmer im Sinne des BetrVG, wandte sich mit einer Feststellungsklage an das Arbeitsgericht Düsseldorf. Jacques'Weindepot führte als Gegenargument an, daß es sich bei den Partnern um Selbständige handele, mit denen Franchiseverträge abgeschlossen worden seien. Das ArbG Düsseldorf wies den Antrag des Betriebsrates mit der Begründung zurück, daß die Partner und Jacques'Weindepot keine Arbeitsverhältnisse eingegangen seien, sondern Franchiseverträge.

Der Betriebsrat ging in Berufung. Das LAG Düsseldorf befaßte sich zunächst mit der Natur des Agenturvertrages. Es hielt fest, "daß der Agenturvertrag zwar nahezu alle Elemente eines Franchise-Vertrages enthält, die Antragsgegnerin aber kein reines Franchise-System betreibt."[232] Die Partner seien nämlich *nicht* im eigenen Namen und auf eigene Rechnung tätig; deshalb seien sie entweder selbständige Handelsvertreter im Sinne des § 84 Abs.1 HGB oder unselbständige Handelsvertreter im Sinne des § 84 Abs.2 HGB. Die Rechtskonstruktion des Agenturvertrages enthalte Elemente des Franchise- und des Handelsvertretersystems, wobei aber die Gesamtbetrachtung aller Umstände des Einzelfalls ergebe, daß in Wirklichkeit Arbeitsverhältnisse begründet worden seien. So könnten die Partner nicht im wesentlichen frei ihre Tätigkeit gestalten und ihre Arbeitszeit bestimmen. Die Faktoren, daß die Partner den Ort und die Art der Arbeit nicht frei bestimmen konnten, wertete das Gericht noch nicht als

230 Vgl. OLG Schleswig, Urteil vom 27.08.1986, NJW-RR 1987, S.220 ff.

231 Vgl. *Wank, R.*, "Neue" Selbständigkeit, DB, 1992, S.91.

232 LAG Düsseldorf, Beschluß vom 20.10.1987, S.34.

ausschlaggebend. Ob die Berichterstattungspflichten und Kontrollrechte (wöchentliche Weitergabe der Kunden- und Interessentendatei, jederzeitiges Zutrittsrecht von Jacques'Weindepot zu den Geschäftsräumen der Partner, ein Bucheinsichtsrecht und der Zwang zur Vorlage der Gesamt-Netto-Umsätze), zu denen noch die Weisungsgebundenheit im Hinblick auf Namen, Zeichen und Geschäftspapiere hinzukam, noch mit der Freiheit eines Unternehmers zu vereinbaren seien, ließ das Gericht offen. "Durch weitere Verpflichtungen wird jedoch die persönliche Abhängigkeit der Partner so verstärkt, daß ihre Stellung in ein Arbeitsverhältnis umschlägt."[233]

Ausschlaggebend war für das Gericht, daß die Partner ihre Arbeitszeit nicht selbständig festlegen konnten und hinsichtlich ihres Urlaubs engen Bindungen unterlagen. Die Öffnungszeiten der Depots der Partner wurden von Jacques'Weindepot vorgeschrieben. "In praxi haben die Partner auf Veranlassung der Antragsgegner [Jacques'Weindepot] bestimmte Arbeitszeiten einzuhalten und verfügen über keine ins Gewicht fallenden Spielräume der Zeitgestaltung."[234] Die Urlaubsbestimmungen seien für die Partner noch enger gefaßt als für normale Arbeitnehmer. Eine Urlaubsfestschreibung (max. vier Wochen innerhalb der Sommerferien des jeweiligen Bundeslandes) sei untypisch für einen nach selbstgesetzten Zielen und eigener Planung handelnden Unternehmer. Auch seien die Partner auf den "Apparat" von Jacques'Weindepot angewiesen. Sie verfügten im Kern über keine eigene Buchhaltung, und auch die monatliche Endabrechnung, und damit die Ermittlung der Provision, erfolgte durch Jacques'Weindepot. "Dieses Verfahren ist dem Lohnabrechnungsverfahren in Arbeitsverhältnissen ähnlich. [...] Ihnen [den Partnern] bleibt letztlich - wie einem Arbeitnehmer - nichts anderes als die vom "Apparat" der Antragsgegnerin ermittelte Provision."[235]

Der Restbestand von Buchhaltung mache die Partner nicht zu Unternehmern, die im wesentlichen selbständig sind (§ 84 Abs.1 S.2 HGB). Den Partnern war auch das Abrechnungswesen vorgeschrieben. Eine weitere Abhängigkeit vom "Apparat" der Antragsgegnerin bzw. die Eingliederung in deren Arbeitsorganisation bestand nach Meinung des Gerichts auch in bezug auf das Warenwirtschaftssystem. Die Partner bekamen ein automatisches Nachdispositionssystem zur Verfügung gestellt; eine individuelle Nachbestellung durch die Partner schien nicht üblich zu sein. Die Klausel, nach der Jacques'Weindepot bei mehr als vierwöchiger Geschäftsunfähigkeit eines Partners (gemeint ist hier der Krankheitsfall) einen "kommissarischen Betriebsleiter"

233 LAG Düsseldorf, Beschluß vom 20.10.1987, S.37 f.
234 LAG Düsseldorf, Beschluß vom 20.10.1987, S.39.
235 LAG Düsseldorf, Beschluß vom 20.10.1987, S.42.

einsetzen konnte, wertete das LAG Düsseldorf als einen mit der Personalhoheit eines selbständigen Unternehmers unvereinbaren Eingriff, der der Vertretungsregelung durch den Arbeitgeber im Falle der Arbeitsunfähigkeit des Arbeitnehmers sehr nahe komme. Jacques'Weindepot erlege den Partnern außerdem eine völlige Preisbindung beim Verkauf an den Verbraucher auf, die beim Franchising aufgrund § 15 GWB verboten sei. Für die Selbständigkeit der Partner spreche auch nicht, daß nur allgemeine Weisungen durch Jacques'Weindepot erteilt würden. In modernen Arbeitsverhältnissen werde ebenfalls nicht alles durch "Einzelanweisung" vorgegeben, sondern sei eigenständiges Handeln gefordert. Des weiteren ließ man das Argument, die Partner könnten Teilzeitkräfte einstellen, was ihre unternehmerische Entscheidungsfreiheit untermauere, nicht gelten, da dies nicht dazu benutzt werden dürfe, die in Präsenzpflicht und Urlaubsfestlegung bestehende persönliche Abhängigkeit der Partner abzubauen.

Das Gericht kam zu folgendem Ergebnis: "Die Antragstellerin will demzufolge zwei Vertragssysteme - Franchising und Handelsvertretervertrag - so miteinander kombinieren, daß restliche Unternehmerfreiheiten auf seiten der Partner ausgeschlossen werden. Diese Absicht, mit Hilfe von Teilen aus verschiedenen Vertragssystemen die Einbindung der Partner in die Unternehmensziele der Antragsgegnerin zu optimieren, trägt dazu bei, daß die hier betroffenen Rechtsverhältnisse in Arbeitsverhältnisse umschlagen."[236] Daran ändere, so das Gericht, auch die Tatsache nichts, daß die Partner das Unternehmerrisiko zu tragen hatten. Das Unternehmerrisiko sei nur ein Indiz für die Selbständigkeit, welches durch andere Indizien der Abhängigkeit zurückgedrängt werden könne. "Wessen Stellung so, wie oben geschildert, durch persönliche Abhängigkeit gekennzeichnet ist, wird nicht dadurch zum Unternehmer, daß man ihn mit zusätzlichen finanziellen und Arbeitsplatzrisiken belastet."[237]

Die Partner seien auch keine leitenden Angestellten im Sinne des § 5 Abs.3 Nr.1 BetrVG, da die formale Befugnis, Arbeitnehmer einzustellen, noch nicht ausreiche, um vom leitenden Angestellten zu sprechen. Es sei nämlich erforderlich, daß sich die Einstellungs- und Entlassungsbefugnisse *nicht* auf einen eng begrenzten Personenkreis, sondern auf eine bedeutsame Zahl von Arbeitnehmern erstrecke. Dies sei bei den Partnern nicht der Fall, da sie allenfalls bis zu acht Teilzeitkräfte in ihren Depots beschäftigten.

236 LAG Düsseldorf, Beschluß vom 20.10.1987, S.46.

237 LAG Düsseldorf, Beschluß vom 20.10.1987, S.47. Zustimmend *Joerges, C.*, Franchise-Recht, Die AG, 1991, S.343; *Matthießen, V.*, Franchisenehmerschutz, ZIP, 1988, S.1094; ablehnend *Bauder, W.*, Selbständigkeit, NJW, 1989, S.78; *Ekkenga, J.*, Inhaltskontrolle, 1990, S.40; *Weltrich, O.*, Abgrenzung von Franchiseverträgen, DB, 1988, S.806.

Der Beschluß des LAG Düsseldorf wurde in der Literatur unterschiedlich bewertet, wobei aber die kritischen Stimmen überwogen. Buchner bestätigte zwar, daß das Urteil auf der Linie der gefestigten BAG-Rechtsprechung liege, aber dem Gericht sei zu widersprechen, was die mögliche Arbeitnehmereigenschaft eines Franchisenehmers betreffe. So würden sich die Eigenschaften als Franchisenehmer und die als Arbeitnehmer ausschließen, gehe man von einem typischen Franchisevertrag aus. "Ein Arbeitnehmer kommt als Franchisenehmer schon deshalb nicht in Betracht, weil der Arbeitnehmer nur im Rahmen der wirtschaftlichen Zweckverfolgung eines anderen - nämlich des Unternehmers, in dessen Dienst er getreten ist -, tätig wird."[238] Buchner vertritt die Meinung, daß es sich bei dem Agenturvertrag von Jacques'Weindepot weder um einen Pachtvertrag noch um einen Handelsvertretervertrag gehandelt habe. Ein Pachtverhältnis scheide aus, da die Partner einerseits keinen Pachtzins zu zahlen hatten, und andererseits die Verkaufstätigkeit der Partner im Namen und für Rechnung von Jacques'Weindepot zu deren Verkaufspreisen erfolgte. Von einem Genuß der Früchte des Pachtvertrages durch den Pächter, wie er in § 581 BGB geschildert wird, könne keine Rede sein. Gegen eine Qualifizierung als Handelsvertreter stehe das Kriterium der Selbständigkeit aus § 84 Abs.1 S.1 HGB. Die Partner seien nicht selbständig gewesen aufgrund der Vielzahl von Klauseln, die die Selbständigkeit beschränken. Im Ergebnis sei dem LAG aber zuzustimmen, denn alle relevanten Prüfkriterien würden für eine Unselbständigkeit sprechen. Buchner warnte allerdings davor, bürgerlich-rechtliche Rechtsbeziehungen in Zukunft dem Arbeitsrecht zuzuordnen. "Wenn Rechtsverhältnisse ausreichende persönliche Selbständigkeit des Dienstleistenden aufweisen, sollte nicht vorschnell unter dem offenen oder verdeckten Vorwurf, es würden zwingende arbeitsrechtliche Schutzvorschriften umgangen, die Anwendung der arbeitsrechtlichen Vorschriften reklamiert werden."[239]

Auch Weltrich betont, daß es sich bei dem System von Jacques'Weindepot nicht um Franchising handelte, da die Partner *im fremden Namen und für fremde Rechnung* arbeiteten. "Nicht verifizierbar ist, welche Gesamtbetrachtung eine typische Franchisevertragsgestaltung mit den angeführten Klauseln durch das LAG erfahren würde."[240] Seiner Ansicht nach kommt dem Kriterium "Verteilung des Unternehmerrisikos" vorrangige Bedeutung zu bei der Abgrenzung von Franchisenehmern gegenüber Arbeitnehmern. In der Weisungsunterworfenheit des Franchisenehmers könne kein oder

---

238 *Buchner, H.*, Anmerkung, CR, 1989, S.37.

239 *Buchner, H.*, Anmerkung, CR, 1989, S.39.

240 *Weltrich, O.*, Abgrenzung von Franchiseverträgen, DB, 1988, S.807; so auch *Martinek, M.*, Vertriebsrecht, 1992, S.36 ff.

allenfalls nur ein schwaches Indiz für eine persönliche Abhängigkeit erblickt werden. Weltrich sieht auch in der Arbeitszeiteinteilung, die zu einem großen Teil vom Franchisegeber bestimmt wird, keine relevante Einschränkung des Franchisenehmers. Sie diene der Funktionalität des Systems. Das zentralisierte Abrechnungswesen, das in vielen Franchisesystemen vorkomme, stelle nur eine Entlastung der Franchisenehmer von den umfangreichen Aufgaben der Buchhaltung und Abrechnung dar. Auf die im Beschluß des LAG Düsseldorf genannten weiteren Indizien für eine persönliche Abhängigkeit der Partner (z.B. die Entgeltregelungen, der Zugriff auf die Konten u.ä.) ging Weltrich nicht ein. Auch eine Einstufung des Franchisenehmers als arbeitnehmerähnliche Person lehnte er ab, da seine Entlohnung nicht durch den Franchisegeber erfolge, wie das bei arbeitnehmerähnlichen Personen der Fall ist.[241]

Matthießen sieht die Notwendigkeit eines Franchisenehmerschutzes, insbesondere beim Subordinationsfranchising, das durch die Geschäftsbesorgung des Franchisenehmers für den Franchisegeber charakterisiert ist. Der Franchisenehmer hat den Waren- oder Dienstleistungsabsatz dabei nach den Weisungen des Franchisegebers zu fördern. Ein solcher Franchisenehmerschutz sei z.B. über AGB-rechtliche Vorschriften, Treu und Glauben sowie die Sittenwidrigkeit, der Analogie zum Handelsvertreterrecht und das Abzahlungsgesetz zu erreichen. Die Arbeitnehmereigenschaft von Franchisenehmern verwirft er nicht generell, da er die Möglichkeit von Grenzfällen sieht. "Bestimmte Gestaltungen von Franchiseverträgen legen eine enge Verwandtschaft zum Arbeitsvertragsrecht nahe, so daß eine Einordnung von Franchisenehmern als Arbeitnehmer mindestens in Ausnahmefällen denkbar ist."[242] Sollten die Umstände ergeben, daß die Parteien das Dienstverhältnis im wesentlichen als Arbeitsverhältnis durchführen, müsse Arbeitsrecht angewendet werden. Matthießen legt die von Wank und Beuthien / Wehler erarbeitete Definition des Arbeitnehmers zugrunde und überträgt diese auf das Franchising. So hätte seiner Ansicht nach ein Franchisegeber mildere Mittel zur Verfügung, die Personalhoheit des Franchisenehmers mitzubestimmen, als Bestimmungen zu oktroyieren. Entscheidend sei daher in der Vertragsgestaltung, wieweit dem Franchisenehmer die Chance verbleibt, durch Steigerung seines Einkommens und flexiblen Personaleinsatz die Risiken, die ihm im Falle von Krankheit, Mutterschaft etc. entstehen, selbst abzusichern. Dazu gehöre auch eine gewisse Freiheit hinsichtlich der Präsenz im Franchisebetrieb sowohl während der Öffnungszeiten generell wie speziell für den Urlaub. Sein Fazit: "Es existieren aber nicht wenige Fälle, in denen das Franchiseverhältnis so abgewickelt wird, daß hier

241 Vgl. *Weltrich, O.*, Abgrenzung von Franchiseverträgen, DB, 1988, S.808.

242 *Matthießen, V.*, Franchisenehmerschutz, ZIP, 1988, S.1091.

dem Franchisenehmer nur noch das Unternehmerrisiko, nicht aber die Chancen eines Unternehmers eingeräumt werden. Derartige Vertragsverhältnisse müssen unter den Schutz des Arbeitsrechts gestellt werden."[243]

Bauder geht mit der Entscheidung nicht konform, weil sie den Begriff des Franchisevertrages, die Risiko- und Erfolgsverteilung zwischen den Vertragspartnern und die betriebswirtschaftlichen Besonderheiten des Franchising verkenne. Die Begründung des LAG für die Arbeitnehmereigenschaft des Franchisenehmers gehe von einem unrichtigen Ansatz aus, der daher rühre, daß Agentur- und Franchisevertrag gleichgesetzt werden. Die starke Einbindung des Franchisenehmers, aus der das LAG auf die persönliche Abhängigkeit schließe, sei für das Funktionieren des Franchisesystems unerläßlich und werde daher vom EuGH und der EG-Kommission für weitestgehend vereinbar mit dem EG-Recht gehalten. Der Franchisenehmer handele auf eigenes unternehmerisches Risiko und beziehe sein Einkommen nicht aus Zuwendungen des Franchisegebers, sondern aus der Differenz zwischen den Einkaufs- und Verkaufspreisen. Bauders Schlußfolgerung lautet: "Der Franchisenehmer ist kein Arbeitnehmer im Sinne des § 5 BetrVG, sondern ein selbständiger Unternehmer."[244]

Am 13.09.1989 entschied das BAG[245], daß die oben genannte Entscheidung aufzuheben sei, da die beanstandeten Verträge nicht mehr existierten. Diese hatten bis zum zweiten bzw. dritten Quartal den Rechtsbeziehungen zwischen Jacques'Weindepot und den Partnern zugrunde gelegen. Die neuen Agentur- und Pachtverträge unterzeichneten die Partner in zwei verschiedenen Fassungen. Während Jacques'Weindepot nun davon ausging, durch die Vertragsänderungen seien die Partner eindeutig als Selbständige zu identifizieren, vertrat der Betriebsrat weiterhin den Standpunkt, daß auch bei Zugrundelegung der neuen Verträge die Partner Arbeitnehmer im Sinne des Betriebsverfassungsgesetzes seien.

Das BAG befand, daß der vom Betriebsrat nach Änderung der Agenturverträge gestellte Antrag unzulässig geworden sei, weil das Rechtsschutzinteresse nachträglich entfallen sei. Die Vertragsänderungen betrafen sowohl die arbeitszeitliche Gestaltung (z.B. Fortfall der Präsenzpflicht) als auch die Art und Weise der von den Partnern zu erbringenden Tätigkeiten (z.B. Streichung der Verpflichtung, die Agenturrichtlinien beachten zu müssen). "Durch den Abschluß von neuen Agentur- und Pachtverträgen, in denen die Rechtsstellung der beteiligten Partner, insbesondere hinsichtlich ihrer Arbeitszeitgestaltung anders geregelt worden ist, haben sich die maßgeblichen Rechts-

243 *Matthießen, V.*, Franchisenehmerschutz, ZIP, 1988, S.1096.
244 *Bauder, W.*, Selbständigkeit, NJW, 1989, S.78 ff.
245 Vgl. BAG-Urteil vom 13.09.1989, NJW, 1991, S.520.

tatsachen gegenüber dem Sachverhalt, der dem angefochtenen Beschluß zugrunde liegt, wesentlich geändert."[246] Zwar sei es dem BAG rechtlich nicht möglich, über die Arbeitnehmereigenschaft der Partner zu entscheiden, aber es sei nicht auszuschließen, daß sich die Vertragsänderungen auch auf den betriebsverfassungsrechtlichen Status der beteiligten Partner ausgewirkt hätten.

10.7.4 Jacques'Weindepot II

Das BAG entschied 1990 über die Frage, ob ein mittelbares Arbeitsverhältnis bei Jacques'Weindepot vorlag.[247] Der Arbeitnehmer (Kläger) eines Agenturinhabers von Jacques'Weindepot hatte seine Kündigungsschutzklage und seine Zahlungsansprüche nicht gegen den Agenturinhaber, sondern gegen das Unternehmen Jacques'Weindepot (Beklagte) gerichtet, da er in diesem seinen Arbeitgeber sah. Der Agenturinhaber sei, so die Überzeugung des Klägers, nur als Arbeitnehmer der Beklagten zu betrachten, weil er für die Beklagte zeit- und weisungsgebundene Tätigkeit verrichte. Seiner Meinung nach umgehe die Beklagte mit der Vertragsgestaltung bewußt das Kündigungsschutzgesetz.

Die Klage war in allen Instanzen[248] ohne Erfolg. Das BAG sah in dem Agenturinhaber keinen Arbeitnehmer. So war es dem Agenturinhaber nicht von Jacques'Weindepot vorgeschrieben, wen und wieviele Arbeitnehmer er einstellt. Er durfte bauliche Veränderungen vornehmen und selbst über die Art der Werbung entscheiden. Dem Agenturinhaber war weder das Sortiment noch die Menge der Weine, für dessen Bezug er sich entschieden hatte, vorgeschrieben. Zudem hatte er das Recht, über die Ladenöffnungszeiten selbst zu entscheiden. Aus alledem zog das BAG den Schluß, daß es dem Agenturinhaber an einer persönlichen Abhängigkeit fehle, so daß es deshalb kein mittelbares Arbeitsverhältnis zwischen dem Kläger und der Beklagten vorliege. Da aus den Verträgen selbst nichts zu entnehmen war, wurde vom BAG die tatsächliche Durchführung geprüft, die zu diesem Ergebnis führte.

---

246 Beschluß vom 13.09.1989, S.32.

247 Vgl. BAG-Urteil vom 21.02.1990, AP Nr.57 zu § 611 BGB Abhängigkeit.

248 Vgl. auch ArbG Bonn vom 18.08.1988 (5 Ca 1080/88) und LAG Köln, Urteil vom 23.01.1989, DB, 1989, S.1195.

10.7.5 Kurierdienste

Die Arbeitnehmereigenschaft von Kurierfahrern bejahte das ArbG Düsseldorf.[249] Die als Selbständige deklarierten Kurierfahrer seien scheinselbständig, da sie ihre Arbeit im Rahmen der von der anderen Vertragspartei bestimmten Arbeitsorganisation zu erbringen hatten. Diese "Subunternehmer" seien in bezug auf die Preisgestaltung, die Arbeitszeit, die Fristen und die Auftragsabwicklung so eng gebunden, daß auf sie ein wirtschaftlicher Druck ausgeübt werde. Der Unternehmer, für den die Subunternehmer tätig waren, wälze das wirtschaftliche Risiko auf diese ab. Die Übernahme des Unternehmerrisikos schließe aber eine Arbeitnehmereigenschaft nicht aus. Vielmehr sei dies unzulässig, wenn objektiv ein Arbeitsverhältnis vorliege.

Auch das LAG Hamburg befaßte sich in einem Urteil vom 06.02.1990 mit der Frage nach einer möglichen Arbeitnehmereigenschaft von Franchisenehmern eines Dienstleistungssystems für Botenfahrten und Kleintransporte.[250] Die Franchisenehmer waren per Vertrag dazu verpflichtet, mindestens fünf Stunden werktäglich dem Franchisegeber zur Verfügung zu stehen. Für die Vermittlung der Aufträge durch den Franchisegeber hatten die Franchisenehmer eine im Vertrag geregelte Pauschale zu zahlen. Zwei Franchisenehmer hatten vor dem ArbG Hamburg Kündigungsschutzklage erhoben. Sie trugen vor, daß es sich bei dem Vertragsverhältnis seinem Inhalt und seiner Durchführung nach um ein Arbeitsverhältnis gehandelt habe, da sie vom Franchisegeber persönlich und wirtschaftlich abhängig gewesen seien. Ihrer Ansicht nach habe sich diese Abhängigkeit unter anderem in der Kontrolle der Präsenzpflicht der Fahrer, der Pflicht zur Führung eines Tourenbuchs, der Abmahnung von Pflichtverletzungen geäußert. Zudem erfolgten Fahrpreisabrechnung und Kundenvermittlung nur über den Franchisegeber, der auch die Touren- und Tarifplanung durchführte. Eine Vertretung der Franchisenehmer für die Fahrten durch Dritte sei nur mit Zustimmung des Franchisegebers möglich gewesen.

Der Franchisegeber widersprach den obigen Aussagen. Er sei kein Auftraggeber gewesen, so daß die Fahrpreisbezahlung durch die Kunden erfolgt sei. Auf die Tarifplanung habe er keinen Einfluß gehabt, und die Franchisenehmer hätten sehr wohl die vermittelten Aufträge durch Erfüllungsgehilfen erledigen lassen können. Die Präsenz der Fahrer sei nur für die Gemeinschaft, eine Gesellschaft bürgerlichen Rechts, kontrolliert worden. Die Franchisenehmer seien deshalb nicht persönlich und wirtschaftlich abhängig.

---

249 Vgl. ArbG Düsseldorf, Urteil vom 20.05.1988, AiB, 1989, S.128 ff.
250 Vgl. LAG Hamburg, Urteil vom 06.02.1990 (3 Sa 50 /89).

Das ArbG Hamburg entschied, daß der Franchisevertrag rechtlich als Arbeitsvertrag zu bewerten sei. Das Arbeitsverhältnis sei durch die Kündigung nicht aufgelöst worden, weshalb die Kläger zu unveränderten Bedingungen vom Beklagten weiterzubeschäftigen seien. Gegen dieses Urteil ging der Franchisegeber in Berufung. Das LAG Hamburg bestätigte das Urteil des Arbeitsgerichts jedoch. Zuvor hatten die Kläger und der Beklagte im wesentlichen die bereits vor dem Arbeitsgericht vorgetragenen Argumente wiederholt. Das LAG Hamburg stellte in der Urteilsbegründung auf die Rechtsprechung des BAG ab. Arbeitnehmer sei nach der Rechtsprechung des BAG derjenige, der seine Arbeitsleistung im Rahmen einer von Dritten bestimmten Arbeitsorganisation erbringe. Merkmale dieser Eingliederung in die fremde Arbeitsorganisation sei eine zeitliche, örtliche und oftmals auch eine fachliche Weisungsgebundenheit. Nur wenn die Franchisegeber es vermeiden, die Franchisenehmer so zu binden, daß diese Kriterien für eine Arbeitnehmereigenschaft erfüllt seien, werde durch den Franchisevertrag kein Arbeitsvertrag begründet. Entscheidend für das Urteil war die Rechtskonstruktion, bei der die Franchisenehmer nicht nur durch einen Franchisevertrag rechtliche Bindungen gegenüber dem Franchisegeber eingingen, sondern darüber hinaus durch den Franchisevertrag verpflichtet waren, Mitglieder der Gemeinschaft zu werden, die durch die personelle Verflechtung über die Person des Franchisegebers (Geschäftsführer) wesentlich unter dessen Einfluß steht. Dadurch sei in Wirklichkeit ein Arbeitsverhältnis begründet worden. Indizien gegen die Annahme der Selbständigkeit seien die Pflicht zur persönlichen Leistungserbringung sowie die zeitliche (Mindestarbeitszeit von fünf Stunden werktäglich) und fachliche Weisungsgebundenheit. Zwar verbleiben rein rechnerisch betrachtet noch zeitliche Spielräume pro Tag für den Franchisenehmer, dennoch hat die Kammer bei der Gesamtbewertung der persönlichen Abhängigkeit der Franchisenehmer im Verhältnis zum Franchisegeber den aus ökonomischen Gründen gegebenen faktischen Zwang zu einer weit höheren als der fünfstündigen Arbeitszeit nicht außer Betracht gelassen, auch wenn eine wirtschaftliche Abhängigkeit allein noch keine Arbeitnehmerstellung begründe. Auch im Rahmen einer Gesellschaft könne Arbeit in persönlicher Abhängigkeit erbracht werden. Eine solche persönliche Abhängigkeit bestehe nur dann nicht, wenn der Gesellschafter über wesentliche gesellschaftsrechtliche Beteiligungsrechte verfüge, daß er auf seine Weisungsgebundenheit wirksamen Einfluß ausüben könne. Bei den Kurierfahrern sei dies jedoch nicht der Fall. Auch das LAG Hamburg sah das Unternehmerrisiko nicht als wesentliches Indiz für eine Stellung als Selbständiger an; statt dessen müßten diesem Risiko auch größere Gestaltungsfreiheiten oder Verdienstchancen entsprechen. Gerade diese würden aber beim Franchisegeber liegen. Der rechtlichen Bewertung des Vertragsverhältnisses als Arbeitsverhältnis stehe es nicht entgegen, daß es an einem

Geldfluß vom Franchisegeber zu den Franchisenehmern fehle, da die nach § 611 Abs.1 BGB geschuldete vereinbarte Vergütung nicht in einem Zahlungsanspruch bestehen muß, sondern auch in der Verschaffung einer Verdienstmöglichkeit bestehen kann.

Interessant ist in diesem Zusammenhang, daß die Kammer die Revision des Franchisegebers zugelassen hatte, da ihrer Ansicht nach der Abgrenzung von Franchiseverträgen und Arbeitsverträgen grundsätzliche Bedeutung zukommt und sie hinsichtlich der Frage, inwieweit eine wirtschaftliche Abhängigkeit bei der Beurteilung der persönlichen Abhängigkeit Berücksichtigung finden kann, von der bisherigen Rechtsprechung des BAG abgewichen ist.

10.7.6 Eismann II

1997 entschied das BAG über einen Eismann-Franchisevertrag auf die Klage eines ausscheidenden Franchisenehmers hin.[251] Dieser hatte im eigenen Namen und auf eigene Rechnung in einem ihm zugewiesenen Verkaufsgebiet ausschließlich von der Beklagten bereitgestellte Tiefkühlkost zu verkaufen. Das benötigte Tiefkühlfahrzeug hatte der Franchisenehmer bei dem Franchisegeber gemietet. Der Franchisenehmer verlangte nach beiderseitiger Vertragskündigung die Rückzahlung der Einstiegsgebühr in Höhe von DM 20000,-, eine Abfindung für die Aufbauleistung sowie eine Entschädigung für das vereinbarte nachvertragliche Wettbewerbsverbot.

Der Franchisenehmer klagte vor dem Arbeitsgericht, da er die Ansicht vertrat, daß er Arbeitnehmer war. Dies begründete sich seiner Meinung nach darin, daß die Tätigkeit seine Arbeitszeit voll in Anspruch nehme und diese bis in alle Einzelheiten reglementiert sei. Beachtenswert ist, daß der Franchisenehmer vor dem Arbeitsgericht klagte, da er die oben angegebenen Entschädigungen aufgrund der Vertragsgestaltung auch vor einem Zivilgericht hätte geltend machen können. Bis zur Instanz des BAG ging es vornehmlich um die Frage, ob der Rechtsweg zu den Arbeitsgerichten zulässig ist. Entgegen der Rechtsprechung des LAG befürwortete dies das BAG. Das BAG sah den Franchisenehmer aufgrund seiner vertraglichen Bindung als *wirtschaftlich abhängig* an. Die Gestaltung des Vertragsverhältnisses beanspruchte den Kläger derart, daß er daneben keine weitere Erwerbstätigkeit mehr ausüben konnte. Ferner erhielt der Franchisenehmer lediglich *Auszahlungen* vom Franchisegeber, die zuletzt durchschnittlich DM 2600,- im Monat betrugen. Zudem war der Franchisenehmer exklusiv

251 Vgl. BAG, Beschluß vom 16.07.1997, NJW, 1997, S.2973 f. und DB, 1997, S.1524 und BB, 1997, S.1591 und BB, 1997, S.2220 f. und ArbuR, 1997, S.499 ff.

an das Warensortiment des Franchisegebers gebunden. Der Franchisenehmer ist laut BAG aufgrund seiner wirtschaftlichen Abhängigkeit und seiner einem Arbeitnehmer vergleichbaren *sozialen Schutzbedürftigkeit* (Pflicht zur persönlichen Tätigkeit, keine eigene Unternehmens- oder Betriebsorganisation, kein eigenes Personal) jedenfalls als arbeitnehmerähnliche Person anzusehen und gelte deshalb als Arbeitnehmer im Sinne des § 5 Abs.2 S.2 ArbGG. Vieles spreche sogar für einen Arbeitnehmerstatus. Ob der Franchisenehmer tatsächlich Arbeitnehmer war, mußte in diesem Fall aber letztendlich nicht entschieden werden.

Im Anschluß an die Verkündung des Beschlusses hat der ehemalige Franchisenehmer einen Schriftsatz eingereicht, in dem er erklärte, die Klage insgesamt zurückzunehmen.[252] Der unterlegene Franchisegeber erhob anschließend formellen Widerspruch gegen die Veröffentlichung des Beschlusses, drohte Schadensersatzansprüche und Dienstaufsichtsbeschwerde gegen den Senat an und kündigte eine Verfassungsbeschwerde an.[253] Die Beklagte (der Franchisegeber) begründete dies damit, daß sie eine Veröffentlichung des Urteils als vorsätzlichen Eingriff in ihren Gewerbebetrieb ansieht. Nicht nur der Senat selbst, sondern auch die entscheidenden Richter seien nicht aus Gründen des Rechtsfriedens, sondern aus eigensüchtigen Publicitygründen tätig gewesen.[254]

10.8 Zusammenfassung

Die Frage, ob es sich bei Franchisenehmern um Arbeitnehmer handelt, ist nicht pauschal zu beantworten. Zum einen stellt sich das Problem, daß der Arbeitnehmerbegriff auch nach jahrelanger Diskussion noch immer schwammig und mit Unsicherheiten behaftet ist. Zum anderen existieren zwischen den Franchiseverträgen erhebliche Unterschiede im Hinblick auf die Rechte und Pflichten der Vertragsparteien. Da sich aus einer Einstufung des Franchisenehmers als Arbeitnehmer aber sowohl für diesen als auch für den Franchisegeber wichtige Rechtsfolgen ergeben (z.B. Kündigungsschutz, Pflicht des Franchisegebers zur Daseinsvorsorge des Franchisenehmers u.ä.), ist es wichtig, dieser Thematik nachzugehen. Zwar gibt es keine Legaldefinition des Begriffs "Arbeitnehmer", aber aus der Zusammenschau anderer Definitionen (insbesondere die Abgrenzung des Selbständigen nach § 84 Abs.1 HGB gegenüber einem Arbeitnehmer) haben Rechtsprechung und Lehre den Begriff immer weiter präzisiert.

252 Vgl. BAG, Beschluß vom 16.07.1997, NJW, 1997, S.2973.
253 Vgl. BAG, Beschluß vom 16.07.1997, ArbuR, 1997, S.501.
254 "Aufgespießt", ArbuR, 1997, S.484.

Über Jahre hinweg sah die herrschende Meinung in der persönlichen Abhängigkeit das wesentliche Abgrenzungskriterium. Diese persönliche Abhängigkeit könne ihren Ausdruck in einer zeitlichen, örtlichen und fachlichen Gebundenheit des Arbeitnehmers an Weisungen des Arbeitsgebers finden. Auch die Eingliederung eines Arbeitenden in den Betrieb des Arbeitgebers sowie die Unfähigkeit eines Arbeitnehmers zur eigenen Daseinsvorsorge und zur anderweitigen Verwertung seiner Arbeitskraft und -ergebnisse wurden als Kriterien zur Abgrenzung zwischen Arbeitnehmern und Selbständigen herangezogen. Des weiteren gibt es Indizien, die für eine Arbeitnehmereigenschaft des Betroffenen sprechen. Dazu zählen die Pflicht zur ständigen Dienstbereitschaft, ein Nebentätigkeitsverbot, die einseitige Aufstellung von Dienstplänen u.v.m. Das Selbstverständnis der Parteien, die Vertragsbezeichnung, die Zahlungsmodalitäten hinsichtlich des Entgelts, die wirtschaftliche Abhängigkeit und formale Kriterien (z.B. das Abführen von Steuer- und Sozialversicherungsbeiträgen) werden jedoch i.a. als abgrenzungsirrelevant angesehen.

Die Schwierigkeit bei einer potentiellen Qualifizierung als Arbeitnehmer besteht darin, daß kein oben genanntes Merkmal zwingend vorliegen muß, um von einem Arbeitnehmer sprechen zu können. Auch müssen nicht *alle* Kriterien vorliegen. Über die rechtliche Einordnung des jeweiligen Rechtsverhältnisses entscheidet letztlich der Geschäftsinhalt, der sich sowohl aus schriftlichen Vereinbarungen als auch aus der praktischen Durchführung ergeben kann. Widersprechen sich schriftliche Vereinbarung und praktische Durchführung des Vertrages, ist letztere maßgebend.

Da der Grad der Weisungsgebundenheit eines Franchisenehmers folglich über seinen Status als Arbeitnehmer oder Selbständiger entscheidet, wurde mit der Hilfe der vorliegenden Franchiseverträge dessen Weisungsgebundenheit im Hinblick auf Zeit und Ort sowie auf Art und Abwicklung der Arbeit untersucht. Die örtliche Weisungsgebundenheit eines Franchisenehmers wird primär durch die territoriale Exklusivität sowie durch Standortklauseln und -vorgaben determiniert. Vorgaben des Franchisegebers hinsichtlich der Ladenöffnungszeiten und des Urlaubs, die Präsenzpflicht des Franchisenehmers und dessen Nebentätigkeitsverbot beschränken Franchisenehmer in zeitlicher Hinsicht. Da insbesondere die zeitliche Weisungsgebundenheit als Kennzeichen einer Arbeitnehmereigenschaft angesehen wird, sind Franchiseverträge, die solche Beschränkungen enthalten, mit hoher Wahrscheinlichkeit Arbeitsverträge. Auch eine "fachliche" Weisungsgebundenheit wird sich in Franchiseverträgen häufig belegen lassen, da die Aufmachung und Ausstattung des Geschäftslokals vom Franchisegeber vorgegeben wird und auch die Werbung, Lagerung und Kontrolle der Waren, die Schulung, die Art der Erbringung von Dienstleistungen, die Verpachtung / der Verkauf des Franchisenehmergeschäfts etc. vom Franchisegeber reglementiert werden.

Eine Eingliederung des Franchisenehmers in die Arbeitsorganisation des Franchisegebers kann sich in den Bezugsbindungen, der Anbindung des Franchisenehmers an Warenwirtschaftssysteme, der zentralen Buchhaltung und anderen Merkmalen widerspiegeln.

In Rechtsprechung und Lehre wurde jedoch in jüngster Zeit immer wieder Kritik am herkömmlichen Arbeitnehmerbegriff laut. Für viele greift das Kriterium der persönlichen Abhängigkeit zu kurz, da es nicht dazu geeignet ist, den modernen Vertragsformen gerecht zu werden. Ein auf Wank zurückzuführender Ansatz zu Bestimmung des Arbeitnehmerbegriffs sieht das Unternehmerrisiko (als Gegenbegriff zum Arbeitnehmerrisiko, das ein Arbeitnehmer zu tragen hat) als ausschlaggebendes Abgrenzungskriterium an. Da es aber Fälle gibt, in denen ein Selbständiger zwar das Unternehmerrisiko zu tragen hat, ansonsten aber gleich einem Arbeitnehmer weisungsgebunden ist, müssen den unternehmerischen Risiken auch unternehmerische Chancen gegenüberstehen, damit eine "gerechte" Abgrenzung mittels dieses Merkmals möglich ist. Für Wank ist danach derjenige selbständig, der unternehmerische Entscheidungsfreiheit unter Zurechnung des Betriebsergebnisses besitzt, so daß seine unternehmerischen Risiken durch unternehmerische Chancen ausgeglichen werden können.

Diese "Wende" in der Bestimmung des Arbeitnehmerbegriffs hat in die Literatur zum Franchising Eingang gefunden. Früher wurde ein Arbeitnehmerstatus von Franchisenehmern verneint, weil diese per Definition Selbständige seien und deren Eingliederung als systemimmanent angesehen wurde. Es wurde behauptet, daß den Franchisenehmern eine unternehmerische Autonomie verbleibe, die sie zu Selbständigen qualifiziere. Mittlerweile kommen Autoren immer öfter zu der Einschätzung, daß Franchisenehmer unter bestimmten Umständen Arbeitnehmer sein können, nämlich dann, wenn sie zeitlich, örtlich oder fachlich weisungsgebunden sind *und* eine Abwägung der unternehmerischen Chancen und Risiken für den Franchisenehmer "negativ" ausfällt. Ist dies der Fall, so ist in diesem Zusammenhang häufig von Scheinselbständigkeit, "neuer" Selbständigkeit oder von einer Flucht aus dem Normalarbeitsverhältnis die Rede.

Auch die Rechtsprechung hat das "modernere" Abgrenzungskriterium angewendet. Die arbeitsrechtlichen Entscheidungen zum Franchising sind eher spärlich. Manche der als Franchiseverträge deklarierten Verträge erwiesen sich bei näherer Untersuchung als Agenturverträge (so bei "Manpower" und "Jacques'Weindepot I"). Nur in den Fällen "Eismann" und "Jacques'Weindepot II" handelte es sich um Franchising. Die Gerichte beurteilten die klagenden Franchisenehmer der beiden letztgenannten Franchisesysteme als Selbständige. Während im "Eismann"-Urteil noch darauf abgestellt wurde, daß keine Weisungsgebundenheit des Franchisenehmers vorlag, wurde im

"Jacques'Weindepot II"-Urteil darauf hingewiesen, daß der Franchisenehmer seine unternehmerischen Risiken durch unternehmerische Chancen ausgleichen könne.

Dieser Rechtsprechung und Lehre ist - im Gegensatz zu den herkömmlichen Ansätzen - der Vorzug zu geben. Über die Arbeitnehmereigenschaft dürfen weder formale Kriterien (wie die Eintragung ins Handelsregister, der Hinweis auf die wirtschaftliche und rechtliche Selbständigkeit, die Bezeichnung des Vertrages, steuerrechtliche Handhabungen etc.) noch das Selbstverständnis der Parteien noch das Unternehmerrisiko an sich entscheiden. Auch auf eine wirtschaftliche Abhängigkeit kann es allein nicht ankommen. Eine Arbeitnehmereigenschaft schon deshalb abzulehnen, weil damit die wirtschaftlichen Vorteile des Franchising beseitigt werden würden, ist ebenso verfehlt wie der Hinweis auf die Privatautonomie. Zudem dürfen nicht alle Weisungen des Franchisegebers als zwangsläufig systemimmanent betrachtet werden. So ist bei der Prüfung der Klauseln und der Analyse der tatsächlichen Durchführung des Vertrages darauf zu achten, ob dem Franchisenehmer bei all seinen unternehmerischen Risiken auch genügend unternehmerische Chancen (bei Zurechnung des Betriebsergebnisses) verbleiben. Danach entscheidet es sich, ob ein Franchisenehmer als Selbständiger oder als Arbeitnehmer einzustufen ist.

Als Fazit läßt sich festhalten, daß es mittlerweile eine gefestigte Meinung dazu gibt, wann ein Franchisevertrag als Arbeitsvertrag, und somit ein Franchisenehmer als Arbeitnehmer, zu qualifizieren ist. Deshalb geben viele Protagonisten des Franchising den Franchisegebern den guten und richtigen Rat, ihre Franchisenehmer nicht nur mit Risiken und Weisungen zu belasten, sondern ihnen auch entsprechende Freiheiten einzuräumen.

11 Mitbestimmungsrechtliche Aspekte des Franchising

Die Arbeitsverfassung der Bundesrepublik Deutschland, d.h. die Gesamtheit der am Grundgesetz ausgerichteten rechtlichen Regelungen der Arbeitsordnung, beruht auf den beiden Fundamenten des Tarifvertragssystems und der Mitbestimmung. Beide sind miteinander verknüpft, da Gewerkschaftsvertreter im Aufsichtsrat von mitbestimmungspflichtigen Gesellschaften vertreten sind und umgekehrt Betriebsräte in den gewerkschaftlichen Tarifkommissionen für Flächentarifverträge mitarbeiten.[1]

Unter dem Begriff "Mitbestimmung" versteht man die Forderung nach "Demokratie" im Sinne einer Teilhabe aller in einer Organisation vertretenen Gruppen am Willensbildungs- und Entscheidungsprozeß. Als wirtschaftliche Mitbestimmung bezeichnet man die institutionelle Teilhabe der Arbeitnehmer(vertreter) am Willensbildungs- und Entscheidungsprozeß in Unternehmen und Betrieb. Den Arbeitnehmern wird auf diese Weise die Möglichkeit gegeben, durch Beteiligung an den Entscheidungsprozessen der Arbeitgeber die Interessengegensätze zwischen ihnen und den Arbeitgebern abzumildern.

Mitbestimmung umfaßt die *Mitentscheidung*, die *Mitwirkung* und die *paritätische* oder *qualifizierte Mitbestimmung*. Mitentscheidung meint, daß die Gültigkeit von Beschlüssen von der Zustimmung der Arbeitnehmer abhängt. Mitwirkung beinhaltet eine Mitberatung im Sinne gemeinsamer Erörterungen sowie Informations-, Anhörungs- und Vorschlagsrechte. Paritätische (qualifizierte) Mitbestimmung bedeutet eine gleichberechtigte Besetzung des Aufsichtsrats und der Vertreter der Arbeitnehmer im Vorstand.[2] Das Mitentscheidungsrecht stellt sich somit als die stärkste Form der Mitbestimmung dar, während im Falle der Mitwirkung die Arbeitnehmervertreter "nur" versuchen können, die Entscheidung zu beeinflussen. Mitbestimmungsregelungen bestehen auf der Ebene des Betriebs, des Unternehmens und des Konzerns.[3] Die betriebliche Mitbestimmung ist Teil des Arbeitsrechts, die unternehmensbezogene Mitbestimmung Teil des Unternehmensrechts. Ihre Bedeutung erschließt sich aber nur

---

1 Vgl. *Nagel, B.,* Wirtschaftsrecht III, 1994, S.213.

2 Vgl. *Gablers Wirtschaftslexikon*, 1988, S.414.

3 Zur historischen Entwicklung und der ökonomischen Effizienz der Mitbestimmungsgesetze vgl. *Nagel, B.*, Wirtschaftsrecht III, 1994, S.214 f. bzw. S.218 ff. und S.228 ff; *derselbe*, Tarifvertrag, GMH, 1996, S.97 ff.

durch eine einheitliche Betrachtung. Interessant ist es nun zu ermitteln, ob in Franchisesystemen die Möglichkeiten zur Bildung der verschiedenen Betriebsratskonstellationen gegeben sind.

11.1 Betriebsverfassungsrechtliche Begriffe

Die für das Franchising wesentlichen Bestimmungen der §§ 1, 4, 5, 47 und 54 BetrVG verwenden Begriffe wie *"Betrieb"*, *"einheitlichen Betrieb"*, *"Betriebsteile"* und *"Nebenbetriebe"*, *"Unternehmen"*, *"Arbeitnehmer"* sowie *"Konzern"*. Da diese Begriffe eine eigene betriebsverfassungsrechtliche Bedeutung besitzen, werden sie im folgenden kurz erläutert.

11.1.1 Betrieb

Betriebsräte können nach § 1 BetrVG nur in *Betrieben* errichtet werden. Der für das Betriebsverfassungsgesetz entscheidende Begriff des Betriebes ist jedoch gesetzlich nicht definiert. Definitionen aus den Gebieten des Handels-, Wirtschafts-, Sozial- und Steuerrechts können nicht herangezogen werden, da das Betriebsverfassungsgesetz einen eigenen Betriebsbegriff besitzt.[4] Eine präzise und leicht handhabbare Beschreibung dieses Begriffs zählt zu einer der schwierigsten Fragen des Betriebsverfassungsgesetzes.[5] Nach dem in Literatur und Rechtsprechung entwickelten Verständnis versteht man unter einem Betrieb eine "organisatorische Einheit, innerhalb derer der Unternehmer mit seinen Mitarbeitern mit Hilfe von technischen und immateriellen Mitteln bestimmte arbeitstechnische Zwecke verfolgt, die sich nicht in der Befriedigung von Eigenbedarf erschöpfen. Maßgebend ist der arbeitstechnische Zweck [...]."[6]

Ein Betrieb liegt folglich vor, "wenn die in einer Betriebsstätte vorhandenen materiellen Betriebsmittel für den oder für die verfolgten arbeitstechnischen Zwecke

---

4 Vgl. *Fitting, K. / Auffarth, F. / Kaiser, H. / Heither, F.*, Betriebsverfassungsgesetz, 1996, § 1, S.87, Rdnr.54.

5 Vgl. *Trümner, R.*, in: *Däubler, W. / Kittner, M. / Klebe, T. / Schneider, W.*, Betriebsverfassungsgesetz, 1994, § 1, S.178, Rdnr.34.

6 *Weiss, M. / Weyand, J.*, Betriebsverfassungsgesetz, 1994, § 1, S.29 f., Rdnr.3; sinngemäß vgl. auch *Gnade, A. / Kehrmann, K. / Schneider, W. / Blanke, H.*, Betriebsverfassungsgesetz, 1995, § 1, S.93, Rdnr.1 und *Fitting, K. / Auffarth, F. / Kaiser, H. / Heither, F.*, Betriebsverfassungsgesetz, 1996, § 1, S.87, Rdnr.55.

zusammengefaßt, geordnet und gezielt eingesetzt werden, und wenn der Einsatz der menschlichen Arbeitskraft von einem einheitlichen Leitungsapparat gesteuert wird."[7]

Ein *selbständiger Betrieb* im Sinne des Betriebsverfassungsgesetzes besitzt eine einheitliche Betriebsorganisation mit einer einheitlichen Leitung, die mit dem Betriebsrat zusammen die wesentlichen Fragen in personellen und sozialen Angelegenheiten regeln kann.[8]

Ferner kann im betriebsverfassungsrechtlichen Sinne nach § 1 BetrVG ein *einheitlicher (gemeinsamer) Betrieb* existieren, falls sich mehrere *selbständige Unternehmen* unter einer gemeinsamen Führung zusammengeschlossen haben. Voraussetzung ist auch hierfür wieder, daß die Arbeitgeberfunktionen in sozialen und personellen Angelegenheiten einheitlich für die beteiligten Unternehmen wahrgenommen werden, d.h. daß ein einheitlicher Leitungsapparat vorliegt.[9] Die räumliche Einheit oder zumindest Nähe ist ein Indiz für einen einheitlichen Betrieb, allerdings kann auch bei Fehlen dieser Eigenschaft ein einheitlicher Betrieb vorliegen. Insbesondere kann eine Zentrale mit den Filialen einen Betrieb bilden, wenn alle mitbestimmungspflichtigen Entscheidungen dort getroffen werden.[10]

§ 4 BetrVG nennt als weitere Differenzierungen des Begriffs *Betriebsteile* und *Nebenbetriebe*. Für die Abgrenzung eines Betriebes von anderen Betriebsteilen oder Nebenbetrieben ist entscheidend, daß die sachgerechte Wahrnehmung der Beteiligungsrechte für die Arbeitnehmer gewährleistet ist.[11] Betriebsteile gelten nach § 4 BetrVG als selbständige Betriebe, wenn sie die Voraussetzungen des § 1 BetrVG erfüllen und 1. räumlich weit vom Hauptbetrieb entfernt *oder* 2. durch Aufgabenbereich und Organisation eigenständig sind. Soweit Nebenbetriebe die Voraussetzungen des § 1 BetrVG nicht erfüllen, sind sie dem Hauptbetrieb zuzuordnen. Die Vorschrift regelt somit die Bedingungen, unter denen Betriebsteile oder Nebenbetriebe als selbständig und somit betriebsratsfähige Betriebe behandelt werden. Der Unterschied zwischen einem Betriebsteil und einem Nebenbetrieb ist dabei allenfalls gradueller Natur.[12]

---

7 *Fitting, K. / Auffarth, F. / Kaiser, H. / Heither, F.*, Betriebsverfassungsgesetz, 1996, § 1, S.88, Rdnr.56; sinngemäß vgl. auch *Gnade, A. / Kehrmann, K. / Schneider, W. / Blanke, H.*, Betriebsverfassungsgesetz, 1995, § 1, S.94, Rdnr.1.

8 Vgl. *Weiss, M. / Weyand, J.*, Betriebsverfassungsgesetz, 1994, § 1, S.30, Rdnr.5.

9 Vgl. *Weiss, M. / Weyand, J.*, Betriebsverfassungsgesetz, 1994, § 1, S.30 f., Rdnr.6; *Gnade, A. / Kehrmann, K. / Schneider, W. / Blanke, H.*, Betriebsverfassungsgesetz, 1995, § 1, S.94, Rdnr.3; *Fitting, K. / Auffarth, F. / Kaiser, H. / Heither, F.*, Betriebsverfassungsgesetz, 1996, § 1, S.92 f., Rdnr.75 ff.

10 Vgl. *Fitting, K. / Auffarth, F. / Kaiser, H. / Heither, F.*, Betriebsverfassungsgesetz, 1996, § 1, S.90, Rdnr.65.

11 Vgl. *Fitting, K. / Auffarth, F. / Kaiser, H. / Heither, F.*, Betriebsverfassungsgesetz, 1996, § 1, S.88, Rdnr.59.

12 Vgl. *Weiss, M. / Weyand, J.*, Betriebsverfassungsgesetz, 1994, § 4, S.45, Rdnr.3.

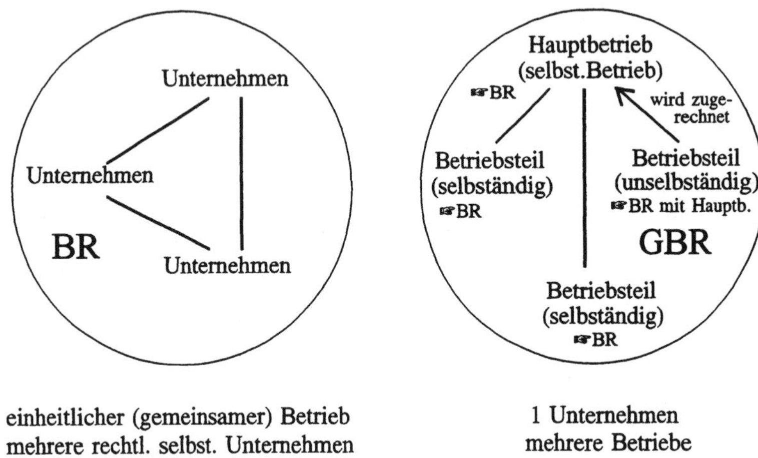

Abbildung 3: Betriebsbegriffe im Betriebsverfassungsgesetz

Ein Betriebsteil ist nach § 4 Nr.1 BetrVG dann als eigenständiger Betrieb anzusehen, wenn er räumlich weit vom Hauptbetrieb entfernt liegt. Entscheidend ist bei einer Beurteilung dieses Merkmals, ob zwischen den Belegschaften der Betriebsteile bzw. mit dem Betriebsrat ein "für die einheitliche Interessenvertretung unabdingbares Kommunikationsfeld"[13] besteht. Aus diesem Grund entscheiden über die Selbständigkeit eines Betriebsteils neben der Entfernung auch die Verkehrsbedingungen zwischen den Standorten. So wurde eine Entfernung von 28 km bei schlechten Verkehrsbedingungen bereits als räumlich weit entfernt eingestuft, während in einem anderen Fall eine Entfernung von 70 km noch nicht gegen zusammengehörige Betriebsteile sprach.[14] Eine eigenständige Organisation nach § 4 Nr.2 BetrVG zeichnet sich dadurch aus, daß ein Betriebsteil eine eigene Leitung besitzt. Als ausreichend wird angesehen, wenn die deutliche Mehrheit der Entscheidungen, die der Mitbestimmung unterliegen, in diesem

---

13 *Weiss, M. / Weyand, J.*, Betriebsverfassungsgesetz, 1994, § 4, S.45, Rdnr.5.; sinngemäß vgl. auch *Fitting, K. / Auffarth, F. / Kaiser, H. / Heither, F.*, Betriebsverfassungsgesetz, 1996, § 4, S.191, Rdnr.12.

14 Vgl. *Trümner, R.*, in: *Däubler, W. / Kittner, M. / Klebe, T. / Schneider, W.*, Betriebsverfassungsgesetz, 1994, § 4, S.285 f., Rdnr.36 f.

Betriebsteil getroffen werden. Allerdings muß sich diese Selbständigkeit auf personelle *und* soziale Belange beziehen.[15]

11.1.2 Unternehmen

Der Begriff des Unternehmens ist vor allem für § 47 BetrVG relevant, da unter bestimmten Umständen die Bildung eines Gesamtbetriebsrates in einem Unternehmen zwingend vorgesehen ist. "Das Betriebsverfassungsgesetz kennt keinen eigenständigen Unternehmensbegriff, sondern geht von dem allgemeinen Unternehmensbegriff aus, wie er von der Rechtsprechung und Rechtslehre entwickelt worden ist."[16] Ein Unternehmen stellt eine organisatorische Einheit unter *einheitlicher Leitung* dar, mit der der Unternehmer seine wirtschaftlichen oder ideellen Ziele verfolgt. Falls ein Unternehmen nur einen Betrieb hat, so ist das Unternehmen mit dem Betrieb identisch.[17] Ein Unternehmen kann aber auch mehrere Betriebe haben, die nicht unbedingt als Filiale oder Zweigniederlassung im Sinne der §§ 13 ff. HGB anzusehen sind.[18]

Ein Unternehmen im betriebsverfassungsrechtlichen Sinne setzt einen *einheitlichen Rechtsträger* voraus. Ein einheitlicher Rechtsträger ist gegeben, wenn das Unternehmen und damit auch dessen Betriebe von derselben rechtlich selbständigen Rechtsperson betrieben werden. Der Unternehmensträger kann sowohl eine natürliche Person als auch eine Personengesamtheit (z.B. OHG oder KG) oder eine juristische Person sein (z.B. AktG oder GmbH).[19] Bei Personen- und Kapitalgesellschaften ist die Gesellschaft identisch mit dem Unternehmen. Während eine Gesellschaft nur ein Unternehmen haben kann, kann eine natürliche Person mehrere Unternehmen ha-

---

15 Vgl. *Trümner, R.*, in: *Däubler, W. / Kittner, M. / Klebe, T. / Schneider, W.*, Betriebsverfassungsgesetz, 1994, § 4, S.288, Rdnr.43 und S.290 f., Rdnr.47.

16 *Fitting, K. / Auffarth, F. / Kaiser, H. / Heither, F.*, Betriebsverfassungsgesetz, 1996, § 47, S.834, Rdnr.7.

17 *Weiss, M. / Weyand, J.*, Betriebsverfassungsgesetz, 1994, § 1, S.30, Rdnr.4; *Trümner, R.*, in: *Däubler, W. / Kittner, M. / Klebe, T. / Schneider, W.*, Betriebsverfassungsgesetz, 1994, § 47, S.870, Rdnr.13; *Fitting, K. / Auffarth, F. / Kaiser, H. / Heither, F.*, Betriebsverfassungsgesetz, 1996, § 1, S.108, Rdnr.142 und Rdnr. 144 sowie S.88, Rdnr.59.

18 Vgl. *Trümner, R.*, in: *Däubler, W. / Kittner, M. / Klebe, T. / Schneider, W.*, Betriebsverfassungsgesetz, 1994, § 1, S.180, Rdnr.38; Trümner betont, daß ein Unternehmen nicht der Betrieb *ist*, sondern daß ein Unternehmen kein, ein oder mehrere Betriebe *hat*.

19 Vgl. *Trümner, R.*, in: *Däubler, W. / Kittner, M. / Klebe, T. / Schneider, W.*, Betriebsverfassungsgesetz, 1994, § 47, S.870, Rdnr.14.

ben.[20] Voraussetzung für ein Unternehmen ist folglich eine einheitliche Rechtspersönlichkeit und eine einheitliche und selbständige Organisation.[21]

11.1.3 Arbeitnehmer

Ausgangspunkt des betriebsverfassungsrechtlichen Arbeitnehmerbegriffs ist der im Arbeitsrecht entwickelte Begriff des Arbeitnehmers.[22] Dieser Begriff erhält jedoch im Betriebsverfassungsrecht einige Modifikationen, die sich aus dem Zweck des Gesetzes ergeben.[23] Diese Modifikationen ergeben sich durch § 5 Abs.2 und 3 BetrVG, die u.a. leitende Angestellte von dem betriebsverfassungsrechtlichen Schutz ausnehmen. Was unter einem leitenden Angestellten im betriebsverfassungsrechtlichen Sinne zu verstehen ist, wird in § 5 Abs.3 und Abs.4 BetrVG ausführlich dargelegt. Geschäftsführer einer GmbH oder Mitglieder des Vertretungsorgans einer juristischen Person sind ebenfalls keine Arbeitnehmer, sofern sie als Kontrahenten der Belegschaft auftreten.[24] Der Arbeitnehmerbegriff ist zwingend und kann nicht durch anderweitige Vereinbarung abgeändert werden.[25]

11.1.4 Konzern

Der Begriff des Konzerns ist für das Betriebsverfassungsgesetz ebenfalls relevant, da § 54 Abs.1 BetrVG die Möglichkeit der Bildung eines Konzernbetriebsrats eröffnet. Ein Konzern im Sinne des § 54 Abs.1 BetrVG ist identisch mit dem des § 18

---

20 Vgl. *Fitting, K. / Auffarth, F. / Kaiser, H. / Heither, F.*, Betriebsverfassungsgesetz, 1996, § 1, S.108, Rdnr.143 und § 47, S.835, Rdnr.11; *Trümner, R.*, in: *Däubler, W. / Kittner, M. / Klebe, T. / Schneider, W.*, Betriebsverfassungsgesetz, 1994, § 47, S.871, Rdnr.17.

21 Vgl. *Fitting, K. / Auffarth, F. / Kaiser, H. / Heither, F.*, Betriebsverfassungsgesetz, 1996, § 47, S.834 f., Rdnr.7 und 10; *Weiss, M. / Weyand, J.*, Betriebsverfassungsgesetz, 1994, § 47, S.195, Rdnr.1.

22 Vgl. *Fitting, K. / Auffarth, F. / Kaiser, H. / Heither, F.*, Betriebsverfassungsgesetz, 1996, § 5, S.198, Rdnr.8; zum arbeitsrechtlichen Arbeitnehmerbegriff vgl. Abschnitt 10.2 (S.452 ff.) und Abschnitt 10.4 (S.478 ff.).

23 Vgl. *Weiss, M. / Weyand, J.*, Betriebsverfassungsgesetz, 1994, § 5, S.47, Rdnr.1; *Fitting, K. / Auffarth, F. / Kaiser, H. / Heither, F.*, Betriebsverfassungsgesetz, 1996, § 5, S.196, Rdnr.2.

24 Vgl. *Weiss, M. / Weyand, J.*, Betriebsverfassungsgesetz, 1994, § 5, S.50, Rdnr.13.

25 Vgl. *Fitting, K. / Auffarth, F. / Kaiser, H. / Heither, F.*, Betriebsverfassungsgesetz, 1996, § 5, S.198, Rdnr.6.

Abs.1 AktG.[26] Damit bezieht sich der betriebsverfassungsrechtliche Konzernbegriff nur auf Unterordnungskonzerne im Sinne des Aktiengesetzes.[27]

Trotz des Verweises auf § 18 Abs.1 AktG kann es zu einer abweichenden Auslegung der Konzernmerkmale zwischen Gesellschafts- und Betriebsverfassungsrecht kommen, da unterschiedliche Zielrichtungen verfolgt werden. Insbesondere die Begriffe der Abhängigkeit und der einheitlichen Leitung können unterschiedlich bewertet werden.[28] In erster Linie hat sich die Auslegung des betriebsverfassungsrechtlichen Konzernbegriffs aber an § 18 Abs.1 AktG zu orientieren.[29]

11.2 Arbeitnehmerinteressenvertretung in Betrieben

Nach der Klärung der betriebsverfassungsrechtlichen Begriffe werden im folgenden Einzelheiten und Voraussetzungen für die Bildung von Betriebsräten erläutert. Die innerbetriebliche Wahrnehmung von Arbeitnehmerinteressen erfolgt durch Betriebsräte oder im öffentlichen Dienst durch Personalräte. Bei Betriebsräten handelt es sich um gewählte Vertreter der Arbeitnehmer als Partner der Arbeitgeber zur Mitbestimmung und Mitwirkung in Betriebsangelegenheiten. Gesetzliche Grundlage des Betriebsrates ist das Betriebsverfassungsgesetz von 1972, gesetzliche Grundlage des Personalrats das Bundespersonalvertretungsgesetz. Das Betriebsverfassungsgesetz regelt die Betriebsverfassung und gilt für alle Betriebe der Privatwirtschaft mit mindestens fünf wahlberechtigten Arbeitnehmern. Die Betriebsverfassung ist die Gesamtheit aller Normen, die die Rechte der Arbeitnehmer, des Arbeitgebers, des Betriebsrates und der Betriebsversammlung im Betrieb regeln. Sie gründet sich auf Gesetz, Tarifvertrag und Betriebsvereinbarung.

11.2.1 Betriebsräte

Betriebsräte werden in Betrieben mit mindestens fünf ständigen wahlberechtigten Arbeitnehmern gewählt, von denen drei wählbar sind (§ 1 BetrVG). Wahlberechtigt

---

26 Vgl. *Fitting, K. / Auffarth, F. / Kaiser, H. / Heither, F.*, Betriebsverfassungsgesetz, 1996, § 1, S.109, Rdnr.148; *Trittin, W.*, in: *Däubler, W. / Kittner, M. / Klebe, T. / Schneider, W.*, Betriebsverfassungsgesetz, 1994, § 54, S.925, Rdnr.4.

27 Vgl. *Gnade, A. / Kehrmann, K. / Schneider, W. / Blanke, H.*, Betriebsverfassungsgesetz, 1995, § 54, S.231, Rdnr.1; *Weiss, M. / Weyand, J.*, Betriebsverfassungsgesetz, 1994, § 54, S.213, Rdnr.2; vgl. zum Unterordnungskonzern auch Abschnitt 9.5.1 (S.425).

28 Vgl. *Trittin, W.*, in: *Däubler, W. / Kittner, M. / Klebe, T. / Schneider, W.*, Betriebsverfassungsgesetz, 1994, § 54, S.925 f., Rdnr.6.

29 Vgl. hierzu auch S.554.

sind gemäß § 7 BetrVG alle Arbeitnehmer, die das 18. Lebensjahr vollendet haben. Ab einer Betriebsbelegschaftsgröße von 151 Arbeitnehmern kommt es dann nicht mehr auf die Wahlberechtigung, sondern nur auf die Zahl der im Betrieb Beschäftigten schlechthin an. Wählbar sind nach § 8 BetrVG alle Wahlberechtigten, die sechs Monate dem Betrieb angehören oder als in Heimarbeit Beschäftigte in der Hauptsache für den Betrieb gearbeitet haben. Nicht wählbar ist, wer aufgrund einer strafgerichtlichen Verurteilung die Fähigkeit, Rechte aus öffentlichen Wahlen zu erlangen, nicht besitzt. In vielen Industrien (z.B. dem Bergbau, der Energiewirtschaft, der Automobilindustrie u.a.) sind die Betriebsräte überwiegend Mitglieder einer Gewerkschaft, die auch von gewerkschaftlichen oder betrieblichen Vertrauensleuten unterstützt und kontrolliert werden können.[30]

Aufgabe der Betriebsräte ist die Überwachung der Einhaltung der geltenden Gesetze und Tarifverträge durch den Arbeitgeber zum Wohl der Arbeitnehmer. Im übrigen können sie Maßnahmen, die dem Betrieb und der Belegschaft dienen, beim Arbeitgeber beantragen und die Eingliederung besonders schutzbedürftiger (z.B. Schwerbehinderter), älterer oder ausländischer Arbeitnehmer fördern. Arbeitgeber und Betriebsrat haben darauf zu achten, daß kein Arbeitnehmer aufgrund seines Geschlechts, seiner Herkunft, seiner Religion, seiner Gewerkschaftszugehörigkeit oder ähnlicher Faktoren diskriminiert wird (§§ 75 Abs.1, 80 Abs.1 BetrVG). Beide Parteien sind dazu angehalten, die freie Entfaltung der Persönlichkeit der Arbeitnehmer zu fördern (§ 75 Abs.2 BetrVG). Betriebsräte haben Mitbestimmungsrechte in sozialen (§ 87 BetrVG) und - in Betrieben mit mehr als 20 Arbeitnehmern - personellen (§§ 99 ff. BetrVG) Angelegenheiten. In allen Unternehmen mit in der Regel mehr als 100 ständig Beschäftigten ist ein Wirtschaftsausschuß zu bilden, der die Aufgabe hat, wirtschaftliche Angelegenheiten mit dem Unternehmer zu beraten und den Betriebsrat zu unterrichten (§ 106 BetrVG).[31] Die Mitbestimmung des Betriebsrates kann durch Tarifvertrag und Betriebsvereinbarung erweitert werden.

---

30 Vgl. *Nagel, B.*, Wirtschaftsrecht III, 1994, S.213.

31 Zu den Aufgaben, der Zusammensetzung und Bestellung des Wirtschaftsausschusses siehe die §§ 106 ff. BetrVG.

11.2.2 Gesamtbetriebsräte

Bestehen in einem Unternehmen mehrere Betriebsräte, so *muß* nach § 47 Abs.1 BetrVG ein Gesamtbetriebsrat errichtet werden.[32] Die Größe der jeweiligen Betriebsräte ist nicht relevant, wesentlich ist nur, daß in einem Unternehmen mindestens zwei Betriebsräte bestehen.[33]

Die Zuständigkeit des Gesamtbetriebsrates betrifft Angelegenheiten des gesamten Unternehmens oder die mehrerer Betriebe, die nicht durch die einzelnen Betriebsräte innerhalb der Betriebe geregelt werden können. Der Gesamtbetriebsrat ermöglicht eine sinnvolle Koordinierung der Betriebsratstätigkeit auf der Unternehmensebene. Seine Mitbestimmungsrechte beziehen sich aus diesem Grund auch nur auf die Unternehmensebene.[34] Der Gesamtbetriebsrat ist den einzelnen Betriebsräten nicht übergeordnet (§ 50 Abs.1 BetrVG). Der Betriebsrat kann mit der Mehrheit der Stimmen seiner Mitglieder den Gesamtbetriebsrat damit beauftragen, eine Angelegenheit für ihn zu behandeln. Die Entscheidungsbefugnis für diesen Fall kann sich der Betriebsrat vorbehalten (§ 50 Abs.2 BetrVG).

Jeder Betriebsrat hat einen Vertreter der Arbeiter und einen der Angestellten in den Gesamtbetriebsrat zu entsenden. Gibt es nur Arbeiter oder nur Angestellte in einem Betriebsrat, so darf nur ein Mitglied in den Gesamtbetriebsrat entsandt werden (§ 47 Abs.2 BetrVG). Die Stimmenzahl eines Gesamtbetriebsratsmitglieds bei einer Abstimmung richtet sich - entsprechend § 47 Abs.7 BetrVG - nach der Zahl der wahlberechtigten Arbeitnehmer(gruppen), die es vertritt. Mindestens einmal im Kalenderjahr hat der Gesamtbetriebsrat eine Betriebsräteversammlung einzuberufen. An ihr nehmen die Vorsitzenden und ihre Stellvertreter der Betriebsräte sowie die weiteren Mitglieder der Betriebsausschüsse teil. In dieser Versammlung hat der Gesamtbetriebsrat einen Tätigkeitsbericht und der Unternehmer einen Bericht über die personelle, soziale und wirtschaftliche Lage des Unternehmens zu erstatten (§ 53 Abs.1 und 2 BetrVG). Zweck der Betriebsräteversammlung ist es, allen Betriebsratsmitgliedern einen Gedanken- und Informationsaustausch zu ermöglichen, auch wenn sie nicht dem Gesamtbetriebsrat angehören.

---

32 Vgl. *Fitting, K. / Auffarth, F. / Kaiser, H. / Heither, F.*, Betriebsverfassungsgesetz, 1996, § 47, S.833, Rdnrn.3 und 5; *Trümner, R.*, in: *Däubler, W. / Kittner, M. / Klebe, T. / Schneider, W.*, Betriebsverfassungsgesetz, 1994, § 47, S.872, Rdnr.22; *Gnade, A. / Kehrmann, K. / Schneider, W. / Blanke, H.*, Betriebsverfassungsgesetz, 1995, § 47, S.219, Rdnr.1.

33 Vgl. *Weiss, M. / Weyand, J.*, Betriebsverfassungsgesetz, 1994, § 47, S.195, Rdnr.2.

34 *Trümner, R.*, in: *Däubler, W. / Kittner, M. / Klebe, T. / Schneider, W.*, Betriebsverfassungsgesetz, 1994, § 47, S.868, Rdnr.1.

11.2.3 Konzernbetriebsräte

Aufgrund der Tatsache, daß Gesamtbetriebsräte jeweils nur *ein* Unternehmen vertreten können, eine Konzernleitung jedoch Entscheidungen über personelle, wirtschaftliche und soziale Angelegenheiten treffen kann, die sich auf die Konzernunternehmen auswirken können, ergibt sich ein Bedürfnis zur Errichtung eines Konzernbetriebsrats.[35] Diesem Bedürfnis wird § 54 BetrVG gerecht, indem er diese Möglichkeit eröffnet. Gehören danach mehrere Unternehmen einem Konzern an, so *kann* ein Konzernbetriebsrat gebildet werden.[36] Voraussetzung ist, daß die Gesamtbetriebsräte aus den Konzernunternehmen, in denen insgesamt mindestens 75% der Arbeitnehmer des Konzerns beschäftigt werden, der Errichtung des Konzernbetriebsrates zustimmen (§ 54 Abs.1 BetrVG). Die Wahl eines Konzernbetriebsrates ist nach § 54 Abs.2 BetrVG auch dann möglich, wenn in einem Konzernunternehmen nur ein Betriebsrat, jedoch kein Gesamtbetriebsrat besteht. Dieser Betriebsrat hat dann im Rahmen der Vorschriften des Konzernbetriebsrats die Stellung eines Gesamtbetriebsrates.[37] Eine weitere Voraussetzung ist, daß in einem Konzern mindestens zwei Betriebsräte bestehen.[38]

Der Konzernbetriebsrat ist laut § 58 BetrVG für die Behandlung von Angelegenheiten zuständig, die den Konzern oder mehrere Konzernunternehmen betreffen und nicht durch die einzelnen Gesamtbetriebsräte innerhalb ihrer Unternehmen geregelt werden können. Den einzelnen Gesamtbetriebsräten ist er aber nicht übergeordnet (§ 58 Abs.1 S. 2 BetrVG).[39] Der Gesamtbetriebsrat kann mit der Mehrheit der Stimmen seiner Mitglieder den Konzernbetriebsrat beauftragen, eine Angelegenheit für ihn zu behandeln. Die Entscheidungsbefugnis kann sich der Gesamtbetriebsrat vorbehalten (§ 58 Abs.2 BetrVG). In den Konzernbetriebsrat entsendet jeder Gesamtbetriebsrat einen Vertreter der Arbeiter und einen der Angestellten, wenn ihm Vertreter beider Gruppen angehören. Besteht der Gesamtbetriebsrat nur aus einer Gruppe (Arbeiter oder Angestellte), dann darf er nur einen Vertreter entsenden (§ 55 Abs.1 BetrVG).

---

35 Vgl. *Weiss, M. / Weyand, J.*, Betriebsverfassungsgesetz, 1994, § 54, S.213, Rdnr.1.

36 Die Errichtung eines Konzernbetriebsrats liegt im freien Ermessen der Gesamtbetriebsräte und ist damit nicht zwingend (im Gegensatz zu der zwingenden Errichtung eines Gesamtbetriebsrates); vgl. *Weiss, M. / Weyand, J.*, Betriebsverfassungsgesetz, 1994, § 54, S.216, Rdnr.8; *Gnade, A. / Kehrmann, K. / Schneider, W. / Blanke, H.*, Betriebsverfassungsgesetz, 1995, § 54, S.232, Rdnr.3.

37 Vgl. *Gnade, A. / Kehrmann, K. / Schneider, W. / Blanke, H.*, Betriebsverfassungsgesetz, 1995, § 54, S.232, Rdnr.8.

38 Vgl. *Weiss, M. / Weyand, J.*, Betriebsverfassungsgesetz, 1994, § 54, S.216, Rdnr.11; *Fitting, K. / Auffarth, F. / Kaiser, H. / Heither, F.*, Betriebsverfassungsgesetz, 1996, § 54, S.912, Rdnr.27.

39 Vgl. *Fitting, K. / Auffarth, F. / Kaiser, H. / Heither, F.*, Betriebsverfassungsgesetz, 1996, § 54, S.903, Rdnr.1.

11.2.4 Europäische Betriebsräte

Die Richtlinie 94/45/EWG des Rates vom 22.09.1994[40] regelt die Einsetzung eines Europäischen Betriebsrates oder die Schaffung eines Verfahrens zur Unterrichtung und Anhörung der Arbeitnehmer[41] in gemeinschaftsweit operierenden Unternehmen oder Unternehmensgruppen.[42] Ziel der Richtlinie ist die Stärkung des Rechts auf Unterrichtung und Anhörung[43] der Arbeitnehmer in gemeinschaftsweit operierenden Unternehmen und Unternehmensgruppen. Es soll somit ein Informationstatbestand und ein Meinungsaustausch zwischen den Arbeitnehmervertretern und der Leitungsebene durch die Richtlinie gewährleistet werden. Arbeitnehmervertreter können nach der Richtlinie sowohl die gewählten Arbeitnehmervertreter (wie in Deutschland) als auch Gewerkschaftsvertreter (wie in Frankreich und Italien) sein.

Ein Europäischer Betriebsrat kann dabei freiwillig geschaffen oder aufgrund der Richtlinie eingesetzt werden. Die Befugnisse und Zuständigkeiten des Europäischen Betriebsrates erstrecken sich auf alle in den Mitgliedstaaten ansässigen Betriebe eines gemeinschaftsweit operierenden Unternehmens und im Falle einer gemeinschaftsweit operierenden Unternehmensgruppe auf alle in den Mitgliedstaaten ansässigen Unternehmen dieser Gruppe. Die Zahl der Arbeitnehmer eines gemeinschaftsweit operierenden Unternehmens muß dabei mindestens 1000 in den Mitgliedstaaten und jeweils mindestens 150 in mindestens zwei Betrieben bzw. Unternehmen in verschiedenen Mitgliedstaaten betragen. Die Ermittlung der Beschäftigtenzahlen hat nach den entsprechenden einzelstaatlichen Rechtsvorschriften und Gepflogenheiten zu erfolgen. Es soll die Zahl der in den letzten zwei Jahren im Durchschnitt Beschäftigten gelten.[44]

---

40 ABlEG Nr. L 245, S.64, abgedruckt in: Die AG, 1994, S.496 ff. Zu der Richtlinie über "Europäische Betriebsräte" siehe auch *Däubler, W. / Klebe, T.*, Euro-Betriebsrat, AiB, 1995, S.558 ff.; *Fiedler, P.*, Europäischer Betriebsrat, ArbuR, 1996, S.180 ff.; *Weiss, M.*, Europäische Betriebsräte, ArbuR, 1995, S.438 ff.; *Klinkhammer, H. / Welslau, D.*, Europäischer Betriebsrat, Die AG, 1994, S.488 ff.; *Klinkhammer, H. / Welslau, D.*, Europäischer Betriebsrat, ArbuR, 1994, S.326 ff.; *Bachner, M. / Kunz, O.*, Europäische Betriebsräte, ArbuR, 1996, S.81 ff.; *Heinze, M.*, Europäischer Betriebsrat, Die AG, 1995, S.385 ff.

41 Zur Umsetzung der Richtlinie in nationales Recht und den in diesem Zusammenhang auftretenden Problemen (welcher Arbeitnehmerbegriff soll gelten?, wie wird der Durchschnittswert zu berechnen sein? u.ä.) siehe u.a. *Däubler, W. / Klebe, T.*, Euro-Betriebsrat, AiB, 1995, S.557 ff.

42 Zur Kritik an der Richtlinie vgl. *Heinze, M.*, Europäischer Betriebsrat, Die AG, 1995, S.393 ff.

43 Der Begriff der Anhörung unterscheidet sich in der Richtlinie vom dem des BetrVG, da hier ein Dialog zwischen den Parteien gemeint ist.

44 Vgl. z.B. *Gaul, B.*, Europäischer Betriebsrat, NJW, 1995, S.229; *Klinkhammer, H. / Welslau, D.*, Europäischer Betriebsrat, Die AG, 1994, S.490.

Ein Europäischer Betriebsrat könnte auch ohne die Existenz eines deutschen Konzernbetriebsrates gebildet werden.[45] Die Richtlinie sieht weiterhin vor, daß ein besonderes Verhandlungsgremium auf Wunsch der zentralen Leitung oder von mindestens 100 Arbeitnehmern oder deren Vertretern aus mindestens zwei Betrieben oder Unternehmen in mindestens zwei verschiedenen Mitgliedstaaten gebildet werden kann. Einzige Aufgabe des besonderen Verhandlungsgremiums ist der Abschluß einer schriftlichen Vereinbarung über den Tätigkeitsbereich, über die Zusammensetzung, die Befugnisse und die Mandatsdauer des Europäischen Betriebsrates oder der Europäischen Betriebsräte oder über die Durchführungsmodalitäten eines Verfahrens zur Unterrichtung und Anhörung der Arbeitnehmer. Das Gremium setzt sich aus mindestens drei und höchstens 17 Mitgliedern zusammen. Aus jedem Mitgliedsland, in dem das Unternehmen oder die Unternehmensgruppe agiert, muß ein Arbeitnehmervertreter ins Gremium entsendet werden.

Das besondere Verhandlungsgremium kann mit der zentralen Leitung den Beschluß fassen, einen Europäischen Betriebsrat oder mehrere Unterrichtungs- und Anhörungsverfahren zu schaffen. Mit Zweidrittelmehrheit kann eine entsprechende Arbeitnehmervertretung auf europäischer Ebene oder das Unterrichtungs- und Anhörungsverfahren aber auch abgelehnt werden. Dann kann in frühestens zwei Jahren erneut über diese Thematik durch Einberufung eines neuen besonderen Verhandlungsgremiums entschieden werden, es sei denn, die Parteien haben eine kürzere Frist vereinbart.

Die subsidiären Vorschriften legen u.a. die Zusammensetzung des Europäischen Betriebsrates fest. Dieser darf aus höchstens 30 und muß aus mindestens drei Mitgliedern bestehen. Ein engerer Ausschuß aus drei Mitgliedern kann dann gewählt werden, wenn die Zahl der Mitglieder hoch ist. Der Europäische Betriebsrat hat sich eine Geschäftsordnung zu geben. Er ist befugt, einmal jährlich mit der zentralen Leitung zum Zwecke der Unterrichtung und Anhörung auf Grundlage eines Berichts der zentralen Leitung zusammenzukommen. Treten ungewöhnliche Umstände auf, die erhebliche Auswirkungen auf die Interessen der Arbeitnehmer haben, dann muß der engere Ausschuß oder der Europäische Betriebsrat - unabhängig von dem jährlichen Treffen - davon unterrichtet werden. Vertreter der von außergewöhnlichen Maßnahmen betroffenen Betriebe oder Unternehmen dürfen an diesen außerplanmäßigen Sitzungen des engeren Ausschusses oder des Europäischen Betriebsrates teilnehmen.

Die Mitglieder des Europäischen Betriebsrates sind berechtigt, die Arbeitnehmervertreter der Betriebe oder die Belegschaft direkt über Inhalt und Ergebnisse der durchgeführten Unterrichtung und Anhörung zu informieren. Handelt es sich um

45 Vgl. *Heinze, M.*, Europäischer Betriebsrat, Die AG, 1995, S.388.

vertrauliche Informationen, so bleibt es den Mitgliedstaaten überlassen, wie sie dieses Problem regeln wollen. Den Beteiligten (z.B. dem besonderen Verhandlungsgremium, dem Europäischen Betriebsrat oder den Sachverständigen) kann es verboten werden, vertrauliche Informationen weiterzugeben. Die Richtlinie unterstellt die Arbeitnehmervertreter hinsichtlich ihres Schutzes den jeweiligen Vorschriften des Staates, in dem sie beschäftigt sind.

Jeder Mitgliedstaat ist gemäß Art.10 der Richtlinie 94/45/EWG zur Einhaltung der Richtlinie verpflichtet, wenn sich nur die kleinste Einheit in seinem Zuständigkeitsbereich befindet, gleichgültig wo die zentrale Leitung liegt. Die Richtlinie gilt allerdings nicht für Unternehmen, die Vereinbarungen über die Einrichtung einer länderübergreifenden Unterrichtung und Anhörung innerhalb der Europäischen Union bis zum 22.09.1996 getroffen hatten (Art.13). Eine solche Abmachung geht der Richtlinie und ihren subsidiären Vorschriften vor und bietet dadurch zahlreiche Vorteile, weshalb Heinze sowohl deutschen Unternehmen als auch deutschen Betriebsräten dazu riet.[46]

Seit dem 01.11.1996 ist in der Bundesrepublik das Gesetz über die Einrichtung Europäischer Betriebsräte, durch das die EU-Richtlinie 94/45/EWG in nationales Recht umgesetzt wurde, in Kraft.[47]

11.3 Arbeitnehmerinteressenvertretung auf der Unternehmensebene

Auf der Unternehmensebene tritt die Wahl von Arbeitnehmervertretern in den Aufsichtsrat neben die Mitbestimmung durch den Betriebsrat. Der Aufsichtsrat bestellt die für die Geschäftsführung zuständigen Personen, überwacht die Geschäftsführung und wirkt an wichtigen Entscheidungen mit. Es gibt vier Normen, die sich mit der Mitbestimmung auf der Unternehmensebene befassen, nämlich das Mitbestimmungsgesetz von 1976, das Montan-Mitbestimmungsgesetz, das Mitbestimmungsergänzungsgesetz und das Betriebsverfassungsgesetz von 1952. Welchen gesetzlichen Normen ein Unternehmen in bezug auf die Unternehmensmitbestimmung unterliegt, hängt von der Branche, der Unternehmensgröße und der Rechtsform ab. So gilt für Kapitalgesellschaften des Bergbaus und der Eisen und Stahl erzeugenden Industrie das *Montan-Mitbestimmungsgesetz von 1951*. Das *Mitbestimmungsergänzungsgesetz* regelt die Mitbestimmung in Obergesellschaften, die selbst nicht überwiegend im Montanbereich tätig sind, jedoch einen sogenannten Montankonzern beherrschen. Die Montanquote

46 Zu den Vor- und Nachteilen der freiwilligen Lösung vgl. *Heinze, M.*, Europäischer Betriebsrat, Die AG, 1995, S.395 ff.

47 Vgl. *Gaul, B.*, Europäische Betriebsräte, NJW, 1996, S.3378 ff.

des Konzerns muß insgesamt mindestens 20% erreichen, bevor das Mitbestimmungsergänzungsgesetz angewendet werden kann. Das *Mitbestimmungsgesetz von 1976* setzt eine regelmäßige Beschäftigung von mehr als 2000 Arbeitnehmern in Kapitalgesellschaften voraus. Das *Betriebsverfassungsgesetz von 1952* (§§ 76 ff. BetrVG 1952) umfaßt die genannten Kapitalgesellschaften und greift bereits bei Unternehmen mit mehr als 500 Arbeitnehmern (§ 76 Abs.6 BetrVG 1952 und § 77 Abs.1 BetrVG 1952). Ein weiterer Unterschied des BetrVG 1952 zum MitbestG 1976 liegt u.a. in der Zusammensetzung des Aufsichtsrats. Nach § 7 MitbestG besetzen die Anteilseigner und die Arbeitnehmer je die Hälfte der Aufsichtsratsitze, auch wenn es sich durch das Doppelstimmrecht des Aufsichtsratsvorsitzenden (§ 29 Abs.2 MitbestG) sowie die Bestellung der in der Regel arbeitgebergeneigten leitenden Angestellten in die Arbeitnehmerbank (§§ 3 ff. MitbestG) eher um eine unterparitätische Situation handelt. Die Arbeitnehmervertreter von Unternehmen, die dem BetrVG 1952 unterfallen, besetzen hingegen nur ein Drittel der Aufsichtsratssitze (§ 76 BetrVG 1952). Aufgrund der besonderen Ausrichtung und Voraussetzungen dieser Gesetze wird eine Anwendbarkeit auf Franchisesysteme in der Regel nicht gegeben sein.

11.4 Mitbestimmung in Franchisesystemen

Die Frage der Mitbestimmungsmöglichkeiten in Franchisesystemen kann sich sowohl auf den Franchisenehmer als auch auf dessen Mitarbeiter beziehen. Die Unterschiede in den Mitbestimmungsmöglichkeiten richten sich in erster Linie nach der Einstufung des Franchisenehmers. Im weiteren sind deshalb folgende Fälle zu untersuchen: 1) Der Franchisenehmer wird als Selbständiger mit einem eigenen Unternehmen qualifiziert. Hier muß geprüft werden, ob Franchisenehmer und Franchisegeber einen einheitlichen Betrieb bilden oder ob die Bildung eines Konzernbetriebsrats in Betracht kommt. 2) Der Franchisenehmer wird als Arbeitnehmer qualifiziert. In diesem Fall ist zu untersuchen, ob es sich bei dem Franchisenehmer um einen Arbeitnehmer im betriebsverfassungsrechtlichen Sinne handelt. Des weiteren besteht die Möglichkeit, daß der Franchisenehmerbetrieb als unselbständiger Betriebsteil eingestuft wird.

11.4.1 Betriebsräte in Franchisesystemen

Zunächst ist zu klären, ob es sich bei den Franchisenehmergeschäften um selbständige Unternehmen, um einen einheitlichen Betrieb zusammen mit dem Franchisegeberbetrieb oder um einen Betrieb des Franchisegebers handelt, da gemäß § 1 BetrVG nur in *Betrieben* Betriebsräte eingerichtet werden können. Begreift man den Betrieb, wie oben bereits dargestellt,[48] als organisatorische Einheit, innerhalb derer jemand allein oder mit Mitarbeitern mit Hilfe von Betriebsmitteln bestimmte arbeitstechnische Zwecke unter einheitlicher Leitung verfolgt, muß man nach der Existenz dieser Kriterien in Franchisesystemen fragen. Als übergeordnetes Unterscheidungskriterium dient die Einstufung des Franchisenehmers als Selbständiger oder als Arbeitnehmer.

11.4.1.1 Der Franchisenehmer als Selbständiger

Wird der Franchisenehmer als Selbständiger qualifiziert, so führt er auch ein eigenständiges Unternehmen. Gibt es für dieses Unternehmen lediglich einen Standort, so ist dies der Betriebsort des Franchisenehmergeschäfts. Somit können die Arbeitnehmer des Franchisenehmers dann einen Betriebsrat bilden, wenn die gesetzlichen Erfordernisse nach § 1 BetrVG erfüllt sind. Setzt sich das Franchisenehmerunternehmen aus mehreren Betrieben zusammen, so kann von den Arbeitnehmern neben mehreren Betriebsräten auch ein Gesamtbetriebsrat gebildet werden. Sofern die entsprechenden Voraussetzungen des Aktiengesetzes erfüllt sind, besteht sogar die Möglichkeit der Bildung eines Konzernbetriebsrats.[49] § 54 BetrVG verweist auf § 18 Abs.1 AktG. Da jedoch die Möglichkeit eines Unterordnungskonzerns im Franchisesystem ausgeschlossen wurde, besteht auch keine Möglichkeit zur Errichtung eines Konzernbetriebsrats.

Das Betriebsverfassungsgesetz eröffnet aber auch die Möglichkeit der Bildung eines Betriebsrats, falls mehrere selbständige Unternehmen zusammen einen einheitlichen Betrieb bilden. Sofern die oben genannten Voraussetzungen für einen einheitlichen Betrieb vorliegen, können die Mitarbeiter des Franchisenehmers und die des Franchisegebers zusammen einen Betriebsrat bilden. Dabei werden bei der Erfüllung der Mindestanforderung aus § 1 BetrVG alle Arbeitnehmer des einheitlichen Betriebes berücksichtigt. Unter den genannten Voraussetzungen könnte bereits dann ein Betriebsrat gebildet werden, wenn dem System fünf Franchisenehmer ohne weitere Mitarbeiter angehören. Gittermann verneint, daß Franchisegeber- und Franchisenehmer-Betriebsstätten einen einheitlichen Betrieb im Sinne des § 1 BetrVG bilden. Allenfalls käme eine Zuordnung der Franchisenehmerbetriebe zu dem Franchisege-

48 Vgl. *Hueck, A. / Nipperdey, H.C.*, Arbeitsrecht, 1970, S.39.
49 Vgl. oben Abschnitt 11.1.4 (S.540).

berbetrieb nach § 4 BetrVG in Betracht, falls der Franchisenehmer nicht als selbständiger Unternehmer eingestuft wird.[50] Im Ergebnis ist hier Gittermann zuzustimmen, wenn auch die Möglichkeit der Zuordnung des Franchisenehmerbetriebs zum Franchisegeber-Betrieb unwahrscheinlich und ab einer gewissen geographischen Entfernung ausgeschlossen ist.

11.4.1.2 Der Franchisenehmer als Arbeitnehmer

Wird der Franchisenehmer als Arbeitnehmer qualifiziert, so kann er selber dann Betriebsratsmitglied werden, wenn er kein leitender Angestellter ist. Die Franchisenehmer selber fallen also nur dann nicht aus dem betriebsverfassungsrechtlichen Schutz heraus, so lange sie keine leitenden Angestellten sind. Sollte der Franchisenehmer als leitender Angestellter eingestuft werden, so könnten aber die Arbeitnehmer des Franchisenehmers die Anforderungen nach § 1 BetrVG erfüllen und einen Betriebsrat bilden. Für einen leitenden Angestellten im Sinne des § 5 Abs.3 BetrVG gelten folgende Kriterien:

1.) Nach § 5 Abs.3 Nr.1 BetrVG muß der leitende Angestellte entweder zur Einstellung und Entlassung von im Betrieb oder der Betriebsabteilung beschäftigten Arbeitnehmern berechtigt sein oder
2.) Generalvollmacht oder Prokura haben oder
3.) regelmäßig sonstige Aufgaben wahrnehmen, die für den Bestand und die Entwicklung des Unternehmens oder eines Betriebs von Bedeutung sind oder deren Erfüllung besondere Erfahrungen und Kenntnisse voraussetzt, wenn er dabei entweder die Entscheidungen im wesentlichen frei von Weisungen trifft oder sie maßgeblich beeinflußt.

Am leichtesten läßt sich der zweite Punkt entkräften, da der Franchisegeber gerade nicht dem Franchisenehmer Generalvollmacht oder Prokura einräumt. Der dritte Punkt kann auch widerlegt werden, da die Entwicklung des Unternehmens in der Regel zentral vom Franchisegeber gesteuert wird. Zudem zeichnet sich die Stellung des Franchisenehmers durch eine enge Weisungsbindung aus. Es sind aber Fälle denkbar, in denen der Franchisenehmer als Arbeitnehmer qualifiziert wird, ihm jedoch die Personalhoheit überlassen bleibt. Folglich könnte er als leitender Angestellter qualifiziert werden und keinen betriebsverfassungsrechtlichen Schutz genießen. Insofern kann

50 Vgl. *Gittermann, D.*, Arbeitnehmerstatus, 1995, S.133 und S.148.

Nolting nicht gefolgt werden, daß die Ausklammerung der Franchisenehmer aus der Betriebsverfassung damit grundsätzlich an der fehlenden Eigenschaft als leitende Angestellte scheitere.[51]

Nach Ansicht von Nolting ist vom Vorliegen eines einheitlichen Betriebes (einem einheitlichen Leitungsapparat) immer dann auszugehen, wenn die personellen und sozialen Entscheidungsbefugnisse im wesentlichen bei der Unternehmenszentrale liegen. Nur wenn diese Entscheidungen in den jeweiligen Betrieben getroffen werden, lägen verschiedene Betriebe vor. Bejahe man die Arbeitnehmereigenschaft eines Franchisenehmers, dann erscheine die Annahme einer zentralen Leitung durch den Franchisegeber geboten. Daran änderten auch geringe eigene Entscheidungsbefugnisse der Franchisenehmer nichts, da es darauf ankomme, daß die deutliche Mehrheit der Entscheidungen, die der Mitbestimmung unterliegen, von der einheitlichen Leitung getroffen werden. Ihre Analyse der Franchiseverträge hat ergeben, daß die Entscheidungsbefugnisse über die Vielzahl von sozialen Angelegenheiten überwiegend dem Franchisegeber zustehen. Auch die personalpolitische Zuständigkeit liege beim Franchisegeber, da dieser regelmäßig darüber entscheide, ob, wieviele und wer als Mitarbeiter für den Franchisenehmer tätig sei. Der Abschluß von Arbeitsverträgen durch die Franchisenehmer ändere nichts an der Situation, da dies nicht zu den betriebskonstituierenden Elementen gehöre.[52]

Noltings Beurteilung ist aber kritisch zu betrachten. Die im Rahmen dieser Arbeit erfolgte eigene Vertragsauswertung ergab, daß die Einstellung des Personals in der Regel durch den Franchisenehmer durchgeführt wird. Der Franchisegeber hat hier allenfalls ein Mitspracherecht. Zum anderen ist es fraglich, ob, wie Nolting behauptet, der Franchisenehmer durch seine Unterschrift unter den Arbeitsvertrag mit seinen Mitarbeitern nur die bereits zuvor vom Franchisegeber getroffenen Entscheidungen umsetzt, ohne sie inhaltlich wesentlich beeinflussen zu können.[53] Der pauschalen Einstufung von Nolting, daß es sich bei Vorliegen der Arbeitnehmereigenschaft des Franchisenehmers *immer* um einen einheitlichen Betrieb handelt, kann nicht gefolgt werden. Nolting kommt zu diesem Ergebnis, da sie die Personalhoheit in diesem Falle *grundsätzlich* bei dem Franchisegeber sieht.[54] Für die Einordnung als einheitlicher Betrieb ist jedoch nicht nur die einheitliche Leitung ausschlaggebend. Auch die räumliche Entfernung einzelner Betriebsteile voneinander spielt eine wichtige Rolle.

---

51 Vgl. *Nolting, A.*, Franchisesysteme, 1994, S.235.

52 Vgl. *Nolting, A.*, Franchisesysteme, 1994, S.224 ff.

53 Vgl. *Nolting, A.*, Franchisesysteme, 1994, S.227.

54 Vgl. *Nolting, A.*, Franchisesysteme, 1994, S.226 ff.; sinngemäß wiederholt Nolting dieses Argument in bezug auf die Diskussion des leitenden Angestellten auf S.232.

Nach § 4 Nr.1 BetrVG ist nämlich bei räumlich weit entfernten Betriebsteilen immer von selbständigen Betrieben auszugehen.[55]

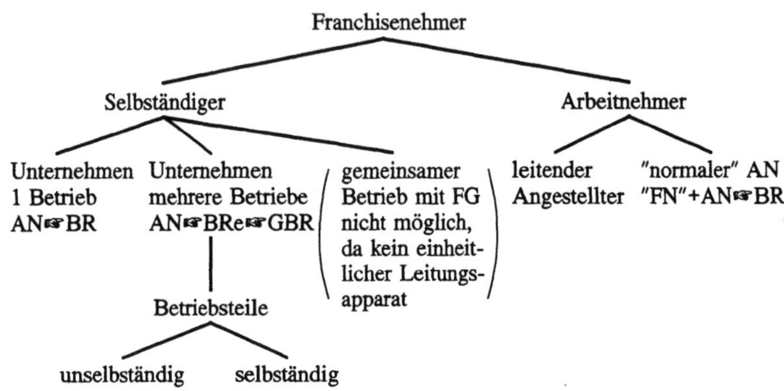

Abbildung 4: Mitbestimmung in Franchisenehmerunternehmen

Werden die einzelnen Franchisenehmerbetriebe als selbständige Betriebe eingestuft, dann können die als Arbeitnehmer qualifizierten Franchisenehmer nur mit ihren Mitarbeitern einen Betriebsrat errichten. Da es sich in diesem Fall bei dem Franchisesystem um ein Unternehmen mit mehreren Betrieben handelt, besteht die Möglichkeit, mit den Betriebsräten der anderen Franchisenehmer und mit dem des Franchisegebers einen Gesamtbetriebsrat zu bilden.

11.4.2 Gesamtbetriebsräte in Franchisesystemen

Für die Wahl eines Gesamtbetriebsrats wird in § 47 BetrVG auf den Begriff des Unternehmens abgestellt. Dieses zeichnet sich durch einen einheitlichen Rechtsträger aus. Bei selbständigen Franchisenehmern und dessen Franchisegeber handelt es sich um zwei oder mehrere rechtlich selbständige Unternehmen, weshalb die Bildung eines Gesamtbetriebsrates auf Franchisesystemebene nicht möglich ist. Die Bildung eines Gesamtbetriebsrats ist nur dann möglich, wenn es sich bei den Franchisenehmern um

55 Vgl. hierzu S.537.

Arbeitnehmer im arbeitsrechtlichen Sinne handelt und diese jeweils einen eigenständigen Betrieb führen, in denen sich Betriebsräte gebildet haben.

Unter Berücksichtigung dieser Aspekte kommt Gittermann zu dem Ergebnis, daß "die Wahl eines Gesamtbetriebsrats de lege lata in Franchisesystemen regelmäßig nicht in Betracht [kommt]."[56] Gittermann übersieht jedoch, daß nach § 4 BetrVG Betriebsteile eines Unternehmens als selbständig angesehen werden können, falls bspw. eine größere räumliche Entfernung vorliegt. In diesem Fall sind unter den Voraussetzungen des § 1 BetrVG einzelne Betriebsräte und ein Gesamtbetriebsrat einzurichten.

Buschbeck-Bülow verneint die Möglichkeit einer Gesamtbetriebsratsbildung in Subordinationsfranchisesystemen, da die Voraussetzung des § 47 Abs.1 BetrVG, nämlich das Bestehen mehrerer Betriebsräte in *einem* Unternehmen, nicht erfüllt sei. Bei den Franchisenehmern und dem Franchisegeber handele es sich um mehrere rechtlich selbständige Unternehmen. Für die Fälle des Koalitions- und des Konföderationsfranchising bejaht sie das Vorliegen eines Unternehmens und damit die Möglichkeit zur Bildung eines Gesamtbetriebsrats. Beim Koordinationsfranchising sei dies allerdings nicht möglich, da es sich bei den Franchisenehmern und dem Franchisegeber um zwei verschiedene Unternehmen handele, die mittels Austauschvertrag verbunden sind.[57]

11.4.3 Konzernbetriebsräte in Franchisesystemen

Voraussetzung für die Bildung eines Konzernbetriebsrates ist, daß es sich um einen Konzern im Sinne des § 54 BetrVG handelt. Insofern kommt die Bildung lediglich dann in Betracht, wenn es sich um selbständige Franchisenehmer mit eigenen Unternehmen handelt. Diese Unternehmen können, müssen aber nicht, einen Gesamtbetriebsrat gebildet haben (§ 54 Abs.2 BetrVG). Denkbar wäre ein Gesamtbetriebsrat in dieser Konstellation lediglich dann, wenn der Franchisenehmer mehrere eigenständige Betriebe besitzt. Ein Konzernbetriebsrat kann jedoch auch aus einzelnen Betriebsräten gebildet werden.

Gittermann sieht den Konzernbegriff des § 54 BetrVG nicht unbedingt an den Konzernbegriff aus dem AktG gebunden. Selbst wenn er Franchisesysteme nicht als Konzerne im aktienrechtlichen Sinne betrachtet, begründet für ihn die wirtschaftliche, marktbedingte Abhängigkeit den betriebsverfassungsrechtlichen Konzerntatbestand.[58]

---

56 *Gittermann, D.*, Arbeitnehmerstatus, 1995, S.173; sinngemäß auch *Selzner, H.*, Mitbestimmung, 1994, S.98 f, der von selbständigen Franchisenehmern ausgeht.

57 Vgl. *Buschbeck-Bülow, B.*, Franchisesysteme, BB, 1989, S.354.

58 Vgl. *Gittermann, D.*, Arbeitnehmerstatus, 1995, S.195.

Aus diesem Grund sieht er die Möglichkeit der Bildung eines Konzernbetriebsrats als realistisch an.[59]

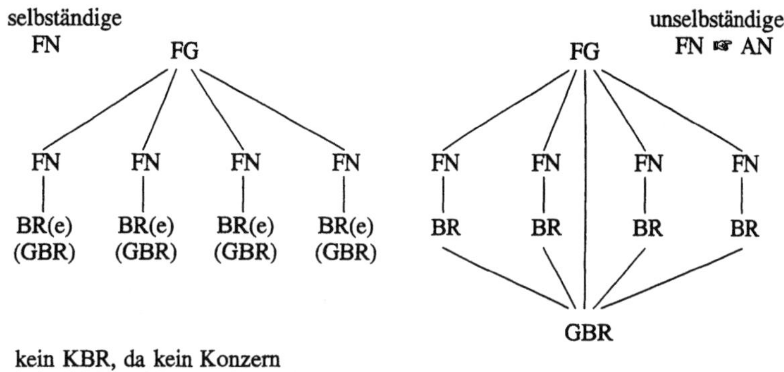

Abbildung 5: Mitbestimmung in Franchisesystemen

Für Nolting existiert ebenfalls ein eigenständiger Konzernbegriff in § 54 BetrVG. Durch den beherrschenden Einfluß des Franchisegebers aufgrund von Kontroll- und Weisungsrechten sowie durch die Eingliederung des Franchisenehmer-Unternehmens werde eine konzernrechtliche Abhängigkeitsbeziehung geschaffen.[60] Nach Auffassung von Nolting hat sich der Begriff des Konzerns in § 54 BetrVG jedoch an § 18 Abs.1 AktG zu orientieren. Somit komme ein Konzernbetriebsrat nur in einem Unterordnungskonzern in Betracht. Betriebsverfassungsrechtliche Gesichtspunkte kämen nur bei Auslegungsproblemen in Erwägung. Nach eingehender Untersuchung kommt Nolting zu dem Ergebnis, daß im Falle eines selbständigen Franchisenehmers die wesentlichen betriebsverfassungsrechtlichen Entscheidungen von diesem selbst getroffen werden und damit ein Konzernbetriebsrat nicht in Betracht komme.[61] Dieser letzten Ansicht ist zuzustimmen, da sich der betriebsverfassungsrechtliche Konzernbegriff in erster Linie an § 18 Abs.1 AktG zu orientieren hat.

---

59 Vgl. *Gittermann, D.*, Arbeitnehmerstatus, 1995, S.203.

60 Vgl. *Nolting, A.*, Franchisesysteme, 1994, S.250 und S.257.

61 Vgl. *Nolting, A.*, Franchisesysteme, 1994, S.257.

Nach Meinung von Buschbeck-Bülow ist die Bildung eines Konzernbetriebsrats bei Subordinationsfranchisesystemen möglich, da es sich dabei um Unterordnungskonzerne handeln kann. Grund dafür sei eine Entscheidung des BAG, in der der Konzernbegriff im Betriebsverfassungsgesetz neu definiert wurde. Der betriebsverfassungsrechtliche Konzernbegriff sei mit dem des Aktienrechts nicht identisch. "Die Verweisung auf § 18 Abs.1 Satz 1 und 2 AktG in § 54 Abs.1 BetrVG bezwecke nicht eine *wortgetreue* Anbindung an den aktienrechtlichen Konzernbegriff."[62]

11.4.4 Europäische Betriebsräte in Franchisesystemen

Das Gesetz über Europäische Betriebsräte gilt in dem Mitgliedstaaten für gemeinschaftsweit tätige Unternehmen und Unternehmensgruppen mit einer bestimmten Arbeitnehmerzahl. Eine Definition des Begriffs "Unternehmen" enthält dabei weder die EU-Richtlinie noch das "deutsche" Gesetz über die Einrichtung Europäischer Betriebsräte. Den Begriff "Unternehmensgruppe" kennt das deutsche Recht erst gar nicht; man spricht hier von "Unternehmensverbindungen". Laut EU-Richtlinie, in der der Begriff der Unternehmensgruppe eine wichtige Rolle spielt, handelt es sich dabei um eine Gruppe, die aus einem herrschenden und den von diesem abhängigen Unternehmen besteht (Art.2 Abs.1 Buchstabe b der Richtlinie 94/45/EWG). Dabei ist ein Unternehmen - ähnlich § 17 AktG - herrschend, wenn es unmittelbar oder mittelbar einen beherrschenden Einfluß auf ein anderes Unternehmen ausüben kann. Doch wie auch bei § 18 AktG kommen als Beherrschungsmittel nur die "klassischen" Formen wie Mehrheitsbeteiligungen und Beherrschungs- und Gewinnabführungsverträge in Betracht.[63] Die Rechtslage von Fällen, bei denen die Beherrschung nicht in Satzungen oder Unternehmensverträgen geklärt ist, ist ungewiß. Die Position des BGH, daß für eine Beherrschung immer eine Beteiligung des herrschenden Unternehmens an der abhängigen Gesellschaft vorliegen muß, wird immer häufiger kritisiert.[64] Solange jedoch keine wesentliche Änderung der höchstrichterlichen Rechtsprechung stattfindet, wird aufgrund der Andersartigkeit der Abhängigkeit des Franchisenehmers vom Franchisegeber eine EU-übergreifende Interessenvertretung der Franchisenehmer und deren Mitarbeiter durch Europäische Betriebsräte nicht möglich sein.

---

62 *Buschbeck-Bülow, B.*, Franchisesysteme, BB, 1989, S.354.

63 Vgl. *Fiedler, P.*, Europäischer Betriebsrat, ArbuR, 1996, S.181.

64 Vgl. *Hirte, H.*, Der qualifiziert faktische Konzern, 1993, S.18 ff.

11.4.5 Das Spannungsverhältnis in Franchisesystemen

Geht man von selbständigen Franchisenehmern aus, in deren Betrieben sich Betriebsräte gebildet haben, ergibt sich der Aspekt eines Spannungsverhältnisses zwischen Franchisegeber, Franchisenehmer und Betriebsrat. Der Franchisenehmer ist durch den Abschluß des Franchisevertrages eine Reihe von Verpflichtungen gegenüber dem Franchisegeber eingegangen, sei es in bezug auf Schulung, Dienstkleidung, Öffnungszeiten oder ähnliches. Diese Bereiche tangieren aber zum Teil die Rechte des Betriebsrates in dem Franchisenehmerbetrieb. Insofern hat der Franchisenehmer durch das Unterzeichnen des Franchisevertrages Entscheidungsbefugnisse abgetreten, über die er nicht ohne Einschränkung verfügen kann. Gittermann spricht in diesem Zusammenhang von der Abhängigkeit des Franchisenehmers als Arbeit*geber*.[65]

Selzner geht ausführlich auf diese Problematik ein und untersucht differenziert jeden möglichen Bezugspunkt zwischen Franchisevertrag und Betriebsratsrechten. Anknüpfungspunkte für das Zustandekommen dieses Spannungsverhältnisses finden sich in den Bereichen der Mitsprache des Franchisegebers, der Arbeitsplatzgestaltung und der Berufsbildung. Die Untersuchung Selzners ergab, daß der Bereich der Ladenöffnungszeit als unmittelbare unternehmerische Entscheidung mitbestimmungsfrei ist, daß jedoch in bezug auf die Dienstkleidung, die tägliche Arbeitszeit und die Berufsbildung der Franchisenehmer seine Pflichten gegenüber dem Betriebsrat nicht erfüllen kann.[66] Ferner seien Ladenaus- und -umbau bauliche Maßnahmen im Sinne von § 90 Abs.1 Nr.1 BetrVG und somit nicht mitbestimmungsfrei. Sofern der Franchisenehmer zum Umbau gemäß den Weisungen des Franchisegebers verpflichtet sei, verstoße er bei nicht rechtzeitiger Unterrichtung gegen das Unterrichtungsrecht des Betriebsrats nach § 90 Abs.1 BetrVG und gegen das Beratungsrecht nach § 90 Abs.2 BetrVG.[67] Selzner faßt das Problem wie folgt zusammen: "Die eigentliche Ursache des für alle Beteiligten nachteiligen Spannungsverhältnisses zwischen dem Franchising und der Betriebsverfassung liegt letztlich darin, daß hier die betriebsverfassungsrechtliche Mitbestimmung nicht dort ausgeübt wird, wo tatsächlich die unternehmerischen Entscheidungen getroffen werden."[68]

Die Lösung dieses Spannungsverhältnisses liegt für Selzner darin, daß der betriebsverfassungsrechtliche Konzernbegriff befürwortet wird und somit die Mitbestimmung

65 Vgl. *Gittermann, D.*, Arbeitnehmerstatus, 1995, S.199.

66 Vgl. *Selzner, H.*, Mitbestimmung, 1994, S.57, S.62 und S.87.

67 Vgl. *Selzner, H.*, Mitbestimmung, 1994, S.67 ff; zu den Folgen der Verstöße des Franchisenehmers gegen die Rechte des Betriebsrats siehe S.61, S.64 und S.72 derselben Quelle.

68 *Selzner, H.*, Mitbestimmung, 1994, S.97.

durch den Konzernbetriebsrat auf der Entscheidungsebene, also beim Franchisegeber, ausgeübt werden kann. Bei dieser Lösung übersieht Selzner jedoch, daß der Konzernbetriebsrat den einzelnen Betriebsräten nicht übergeordnet ist und daß die einzelnen Betriebsräte sich die Entscheidungsbefugnis vorbehalten können.[69] Ferner kann eine Beurteilung nach § 54 BetrVG nicht § 18 Abs.1 AktG außer acht lassen. Es müssen also immer die Voraussetzungen für einen Konzern in betriebsverfassungsrechtlichem Sinne erfüllt sein, damit ein Konzernbetriebsrat gebildet werden kann.[70]

11.5 Zusammenfassung

Wie die Ausführungen zeigten, sind die Möglichkeiten *eines Betriebsrates* auf Franchisesystemebene bei *selbständigen Franchisenehmern* auszuschließen. Hierzu fehlt es an einem einheitlichen Betrieb. Zweifellos besteht aber die Möglichkeit, falls die Mindestanforderungen an die Anzahl der Arbeitnehmer erfüllt sind, sowohl im Franchisegeberbetrieb als auch in den Franchisenehmerbetrieben einzelne Betriebsräte zu errichten. Sofern Franchisegeber oder Franchisenehmer mehrere Betriebe in ihrem Unternehmen besitzen, können jeweils *Gesamtbetriebsräte* gebildet werden. Die Möglichkeit der Bildung eines *Konzernbetriebsrats* ist in erster Linie an das Vorliegen eines Unterordnungskonzerns im aktienrechtlichen Sinne geknüpft. Da sich jedoch für das Vorliegen eines Konzerns in den im Rahmen dieser Arbeit untersuchten Verträge keine Anhaltspunkte fanden, scheidet die Möglichkeit der Bildung eines Konzernbetriebsrates aus.

Wird der Franchisenehmer als *Arbeitnehmer* qualifiziert, existieren folgende Möglichkeiten. Zum einen kann der Franchisenehmerbetrieb dem Franchisegeberbetrieb zugeordnet werden. In diesem Fall kann unter gegebenen Voraussetzungen ein *Betriebsrat* gebildet werden. Ferner kann aber der Franchisenehmerbetrieb auch als selbständiger Betriebsteil angesehen werden. In diesem Falle könnten *einzelne Betriebsräte* und ein *Gesamtbetriebsrat* auf Franchisesystemebene gebildet werden. Ob der Franchisenehmer selber durch den Betriebsrat vertreten wird, hängt von der Einstufung als leitender Angestellter ab, wobei beide Möglichkeiten in Betracht kommen. Die Bildung eines *Konzernbetriebsrates* scheidet aus, da es sich im Falle eines als Arbeitnehmer qualifizierten Franchisenehmers um lediglich ein Unternehmen des Franchisegebers handelt.

---

69 Vgl. S.544 und § 58 Abs.1 Satz 2 und Abs.2 BetrVG.
70 Vgl. S.554 und S.541.

Wie sich weiterhin zeigte, ergibt sich noch ein ganz besonderes Abhängigkeitsverhältnis des Franchisenehmers. Ursache hierfür ist eine doppelte Verpflichtung des Franchisenehmers dem Franchisegeber und dem Betriebsrat in seinem eigenen Betrieb gegenüber. Da sich der Franchisenehmer in relevanten Punkten dem Franchisegeber gegenüber verpflichtet hat, kann er in eine Konfliktsituation kommen, wenn er die Rechte des Betriebsrates erfüllen muß. Die Rechtsfolgen für den Franchisenehmer ergeben sich aus den Bestimmungen, die die Mißachtung der Rechte des Betriebsrates betreffen.

12 Gesamtwürdigung

Aufgrund der Privatautonomie und der Vertragsfreiheit können Personen untereinander Verträge eingehen, die der Staat grundsätzlich respektieren und deren Reglementierung er so weit wie möglich unterlassen soll. Schranken werden der Privatautonomie dort gesetzt, wo durch Rechtshandlungen der Privatpersonen gegen allgemeine Verbotsgesetze oder gegen die guten Sitten verstoßen wird. Zudem gibt es im Bereich des Schuldrechts für einzelne Vertragstypen unabänderbare gesetzliche Regelungen, das sogenannte zwingende Recht. Grenzen der Vertragsfreiheit existieren aber auch bei Formularverträgen, da diese dem AGBG unterliegen. Auf diese und auf weitere Schranken der Vertragsfreiheit stößt auch ein Franchisegeber.

Die Erklärungen, warum es Franchising gibt, geben einen ersten Einblick in die Strukturen und Probleme in Filialen und Franchisesystemen. Ein Grund für die Wahl dieser Organisationsform könnte die Kapitalknappheit der Franchisegeber sein, die gerne schnell eine Verbreitung und Bekanntmachung ihres Markennamens erreichen wollen, denen aber das nötige Kapital dazu fehlt. Diese Theorie ist umstritten, da manche Franchisegeber die Franchisenehmer finanziell unterstützen. Andererseits konnte eine Kritik an dieser Theorie insofern widerlegt werden, da in Umfragen Franchisegeber die Kapitalknappheit sehr wohl als Grund für die Wahl des Franchising nannten. Im Hinblick auf eine Abhängigkeit der Franchisenehmer von ihren Franchisegebern läßt sich aus dieser Theorie aber kein Schluß ziehen. Die suchkostentheoretische Erklärung des Franchising besagt, daß Franchising aufgrund der besseren örtlichen Kenntnisse der Franchisenehmer existiert. Dadurch bleiben dem Franchisegeber Suchkosten in bezug auf die lokalen Präferenzen, Marktbedingungen u.ä. erspart. Wenn diese Theorie wirklich zutreffen sollte, so läßt sich daraus auch keine Folgerung für die Abhängigkeit des Franchisenehmers ziehen. Es dürfte dann eher so sein, daß der Franchisegeber von den Franchisenehmern abhängig ist.

Die ökonomische Analyse von Franchiseverträgen baut hauptsächlich auf den Theorien der Neuen Institutionenökonomie auf. Diese liefert nicht nur Erklärungen für die Existenz des Franchising an sich, sondern auch für franchisespezifische Klauseln. Nach der Property-Rights-Theorie findet beim Franchising eine effiziente Verteilung von Verfügungsrechten statt. Die Ausrichtung einer Organisation auf eine effiziente

Verteilung von Verfügungsrechten spricht gegen eine Abhängigkeit des Franchisenehmers. Wenn man dem Franchising transaktionskostentheoretische Betrachtungen zugrunde legt, die auf den Annahmen einer begrenzten Rationalität der Beteiligten und nachvertraglichem Opportunismus basieren, dann wird man in Franchiseverträgen mit Klauseln zu rechnen haben, die zur Koordination der wirtschaftlichen Beziehungen führen sollen. Dies können Anreiz-, Kontroll- oder Sanktionsmechanismen bewirken. Viele der auf den ersten Blick "ungerechten" Klauseln stellen sich bei näherer Analyse als sinnvoll dar. Da aber eine bestimmte Funktion durch eine Klausel angestrebt wird und ihr somit nicht nur die Willkür des Franchisegebers zugrunde liegt, wird man zwar in einem gewissen Maße eine wirtschaftliche Abhängigkeit des Franchisenehmers vom Franchisegeber feststellen können, diese wird aber durch den Nutzen für den Franchisenehmer und die Anwendbarkeit bestimmter rechtlicher Normen relativiert.

Zu diesem Ergebnis kommt man auch bei einer agencytheoretischen Analyse des Franchising. Franchising, so die Argumentation der Agencytheorie, wird von den Franchisegebern aufgrund des Trade-offs zwischen den Agencyproblemen in Filialen und denen in Franchisegeschäften gewählt. So besteht in Filialen oftmals für die Geschäftsführer und deren Mitarbeiter ein Anreiz zu betrügen, da sie die negativen Folgen des Betrugs nicht unmittelbar zu tragen haben. Franchisenehmer haben dagegen eine höhere Arbeitsmotivation aufgrund der Gewinnbeteiligung, aber es besteht auch die Gefahr, daß Franchisenehmer müßig werden oder auf Kosten des Franchisesystems trittbrettfahren. Um diesen potentiellen Problemen vorzubeugen, wird der Franchisegeber in den Franchiseverträgen Anreiz- und Überwachungsklauseln implementieren. Durch die Vereinbarung von Eintrittsgebühren hat der Franchisenehmer einen Anreiz zur korrekten Geschäftsführung, da er bestrebt sein wird, diese "zurückzuerarbeiten". Der Franchisegeber hat aufgrund der laufenden Gebühren ebenfalls einen Anreiz zur Einhaltung seiner vertraglichen Pflichten, da diese Gebührenart an die Franchisenehmerumsätze gekoppelt ist. Bei einem Rückgang der Franchisenehmerumsätze aufgrund nachlassender Franchisegeberleistungen (z.B. Degeneration des Markennamens) sinken die Einnahmen des Franchisegebers. Auch durch Überwachungs- bzw. Kontrollklauseln versuchen Franchisegeber, ihre Franchisenehmer von opportunistischem Verhalten abzuhalten. So hat ein Franchisegeber Besuchs- und Einsichtsrechte, er vereinbart Vertragsstrafen bei Vertragsverletzungen, behält sich die Kündigung im Falle wesentlicher Vertragsverstöße vor etc. Allerdings sollte ein Vertrag nicht nur Klauseln enthalten, die einen Betrug seitens des Franchisenehmers verhindern sollen, sondern auch solche, die einen Betrug des Franchisegebers zu verhindern helfen.

In der Diskussion um die Frage, weshalb es ein Nebeneinander von Filialen und Franchisegeschäften (dualer Vertrieb) gibt, werden vor allem die Synergieeffekte als Ursache genannt. Aus der Tatsache, daß Franchisegeschäfte auf Filialen positive Effekte besitzen und umgekehrt, kann man in bezug auf die Abhängigkeit des Franchisenehmers keine Aussagen ableiten. Die Theorien über eine vertikale Integration lassen hingegen sehr wohl Rückschlüsse auf eine Abhängigkeit, zumindest in wirtschaftlicher Hinsicht, zu. Viele Theorien kommen nämlich zu dem Ergebnis, daß im Laufe der Zeit Franchisegeschäfte in Filialen umgewandelt werden, sei es nun aufgrund der Such-, Kapital- oder Überwachungskosten. Ein erfolgreicher Franchisenehmer läuft deshalb immer Gefahr, daß die Vertragsbeziehung nicht mehr verlängert wird oder ihm aus Opportunismus vorzeitig gekündigt wird.

Einige Faktoren beeinflussen die Entscheidung eines Unternehmens hinsichtlich einer Franchisierung entscheidend mit. Manche dieser Faktoren haben keine unmittelbaren Auswirkungen auf eine potentielle Abhängigkeit des Franchisenehmers, andere hingegen schon. Die geographische Entfernung eines Geschäftslokals zur Unternehmenszentrale, die "Knappheit" eines Unternehmens an qualifizierten Geschäftsführern und qualifiziertem Personal und die Existenz eines Markennamenkapitals haben für die Franchisenehmer keine negativen Effekte. Anders kann sich dies verhalten, wenn Franchising aufgrund von Nachfrageschwankungen, einer geringeren Profitabilität oder einer steigenden Arbeitsintensität gewählt wird. Hieraus können sich wirtschaftliche Abhängigkeitsmomente ergeben.

Viele der in Franchiseverträgen enthaltenen Klauseln erweisen sich als ökonomisch sinnvoll. Einstiegsgebühren können z.B. die Auswahl geeigneter Franchisenehmer erleichtern, als Franchisegebereinnahmen dienen, dessen versunkene Kosten in Werbung, Aufbau des Markennamens o.ä. decken oder als Unterpfand fungieren. Ein Unterpfand (oder verwirkbares Band) stellt eine glaubhafte Zusicherung dar, das bei opportunistischem Verhalten als verwirkt anzusehen ist. Die laufenden Gebühren können bis auf die Funktion der Auswahl von geeigneten Franchisenehmern ebenfalls wie die Einstiegsgebühr interpretiert werden. Vertragsstrafen, spezifische Investitionen und die Untervermietung eines Ladenlokals durch den Franchisegeber an den Franchisenehmer stellen "sunk cost penalties" dar. Andere Klauseln sollen eine einheitliche Qualität sicherstellen (z.B. Bezugsbindungen) und somit die Franchisenehmer von einem Trittbrettfahrerverhalten abhalten. Dazu zählen auch Kündigungsklauseln. Durch vertragliche und/oder nachvertragliche Wettbewerbsverbote werden das Know-how des Franchisegebers und seine Investitionen in Humankapital geschützt.

Diese Funktion der Klauseln wird auch in der rechtlichen Diskussion betont. Das GWB erkennt ebenso wie die Gruppenfreistellungsverordnung für Franchisevereinbarungen z.B. die Notwendigkeit von Bezugsbindungen dann an, wenn für Waren zweiter Ordnung keine objektiven Qualitätsmerkmale spezifiziert werden können. Während die Anwendung des § 1 GWB im allgemeinen zwischen Franchisegeber und Franchisenehmer ausscheidet, sind insbesondere die §§ 15 und 18 GWB einschlägig. So wird die eigenständige Preisbildung eines Unternehmers als eines der Grundmerkmale der unternehmerischen Entscheidungsfreiheit betrachtet. Nach § 15 GWB ist daneben auch eine Konditionenbindung durch den Franchisegeber in bezug auf den Zweitvertrag, den ein Franchisenehmer mit seinen Kunden abschließt, verboten. Mit Hilfe der Möglichkeit des Franchisegebers, unverbindliche Preisempfehlungen für Markenwaren abzugeben, läuft es jedoch in der Praxis auf eine "Preisbindung" hinaus. Durch das Preis- und Konditionenbindungsverbot soll ein Unternehmer somit rechtlich in bezug auf die Gestaltung der Zweitverträge unabhängig bleiben, de facto ist der Franchisenehmer aber in dieser Hinsicht gerade nicht unabhängig.

Die Ausschließlichkeitsbindungen, die man in Verwendungs-, Ausschließlichkeitsbindungen im engeren Sinne (Absatz-, Bezugs- oder Wettbewerbsbindungen), Vertriebs- (Kunden- oder Gebietsbindungen) und Koppelungsbindungen unterteilen kann, sind nach § 18 GWB nicht per se verboten, sondern unterliegen einer Mißbrauchsaufsicht. Diese greift ein, wenn der Wettbewerb beschränkt wird, ohne daß sachliche Gründe diese Wettbewerbsbeschränkung rechtfertigen. Oftmals kann eine solche sachliche Rechtfertigung in Franchisesystemen aber nachgewiesen werden. So werden Ausschließlichkeitsbindungen häufig zum Schutz der Systemidee und der Systemidentität gewählt.

Handelt es sich bei dem Franchisegeber um ein marktbeherrschendes Unternehmen oder um eines mit relativer Marktmacht, so existiert für ihn ein Behinderungs- und Diskriminierungsverbot nach § 26 Abs.2 S.2 GWB, wenn sich der Franchisenehmer in einer unternehmensbedingten Abhängigkeit vom Franchisegeber befindet. Eine solche ist gegeben, wenn er seinen Geschäftsbetrieb so stark auf den Franchisegeber ausgerichtet hat, daß er nur unter Inkaufnahme schwerer Wettbewerbsnachteile auf dem betreffenden Markt auf andere Unternehmen wechseln kann. Die Existenz einer unternehmensbezogenen Abhängigkeit wird i.d.R. nicht bestritten, aber es wird behauptet, daß eine Anwendung des § 26 Abs.2 S.2 GWB schon deshalb unwahrscheinlich ist, weil die Franchisegeber aus Gründen der Systemeinheitlichkeit gerade keine Differenzierung zwischen den Franchisenehmern vornehmen werden. Dennoch existiert für den Fall einer Diskriminierung ohne sachlich gerechtfertigten Grund oder einer unbilligen Behinderung ein Schutz des Franchisenehmers aufgrund seiner unternehmensbedingten Abhängigkeit nach § 26 Abs.2. S.2 GWB.

Die Gruppenfreistellungsverordnung für Franchisevereinbarungen "bestätigt" viele der aus dem GWB resultierenden Aussagen. Sie stellt wettbewerbsbeschränkende Klauseln in Franchiseverträgen, die nach Art.85 Abs.1 EGV verboten sind, von diesem Verbot aufgrund Art.85 Abs.3 EGV gruppenweise frei. Diese Klauseln werden als nicht wettbewerbsbeschränkend eingestuft. Die in den Franchiseverträgen enthaltenen Klauseln kann man in kartellrechtlicher Hinsicht in vier Kategorien unterteilen. Erstens gibt es solche, die gar nicht erst in den Anwendungsbereich des Art.85 Abs.1 EGV fallen (nicht wettbewerbsbeschränkende Klauseln). Zweitens gibt es wettbewerbsbeschränkende Klauseln, die per se erlaubt sind, da sie als für ein Franchisesystem unerläßlich angesehen werden. Diese werden vom EuGH deshalb in nicht wettbewerbsbeschränkende Klauseln umgedeutet. Exemplarisch seien hier das Verbot des Franchisenehmers, in anderen Franchisenehmergebieten aktiv um Kunden zu werben, die Verpflichtung des Franchisenehmers, die Franchise nur von dem vertraglich bezeichneten Geschäftslokal aus zu benutzen und weitere territoriale Beschränkungen aufgeführt. Drittens gibt es Klauseln, die dazu dienen, den Wettbewerb innerhalb des Systems (Intrabrand-Wettbewerb) oder zwischen dem System und anderen Wettbewerbern (Interbrand-Wettbewerb) zu beschränken. Diese wettbewerbsbeschränkenden Klauseln i.S.d. Art.85 Abs.1 EGV können nach Art.85 Abs.3 EGV freigestellt werden, wenn sie dessen Prämissen erfüllen. Diese stehen unter einem "wenn-und-soweit"-Vorbehalt, d.h., sie sind nur dann freigestellt, wenn und soweit sie für den Schutz der Rechte des Franchisegebers an gewerblichem oder geistigem Eigentum oder zur Aufrechterhaltung der Einheitlichkeit und des Ansehens des Franchisenetzes erforderlich sind. Als Beispiele für diese Klauseln seien hier Alleinbezugsbindungen, vertragliche und/oder nachvertragliche Wettbewerbsverbote und das Verbot, Waren an Wiederverkäufer zu liefern, genannt. Viertens gibt es Klauseln, die nicht nach der Gruppenfreistellungsverordnung freigestellt werden können (z.B. aufgrund Art.5 der Gruppenfreistellungsverordnung für Franchisevereinbarungen). Dazu gehören z.B. Preisbindungsklauseln, Bezugsbindungen ohne sachlich gerechtfertigten Grund, Nichtangriffsklauseln hinsichtlich der Schutzrechte des Franchisegebers und horizontale Vereinbarungen (also solche zwischen Unternehmen auf der gleichen Wirtschaftsstufe).

Eine Freistellung kommt zudem nur in Frage, wenn bestimmte Voraussetzungen gegeben sind. Dazu gehört die Möglichkeit von Querlieferungen zwischen den Franchisenehmern, die Gewährung einer europaweiten Garantie und die Kennzeichnung des Franchisenehmers als unabhängigen Händler.

Durch die Gruppenfreistellungsverordnung wird ein Mindestmaß an Franchisenehmerschutz gewährleistet. Die Abhängigkeit des Franchisenehmers vom Franchisegeber wird durch den "wenn- und soweit-Vorbehalt", die per se verbotenen Wettbewerbsbeschränkungen und die Voraussetzungen für eine Gruppenfreistellung gemildert. Zudem profitiert ein Franchisenehmer zum Teil auch von den per se erlaubten Wettbewerbsbeschränkungen, insbesondere von der Gebietsbeschränkungen.

Auch durch das AGBG, welches sich auf für eine Vielzahl von Verträgen vorformulierte Vertragsbedingungen bezieht, werden Franchisenehmer vor einer unangemessenen Vertragsgestaltung seitens des Franchisegebers geschützt. Hierbei sind aber Einschränkungen zu beachten. Erstens gilt das AGBG für Kaufleute nur eingeschränkt, da bestimmte AGB-Normen auf Verträge mit Kaufleuten nicht anwendbar sind, wenn diese Verträge zum Betriebe ihres Handelsgewerbes gehören. Zweitens bezieht sich eine AGB-Inhaltskontrolle immer nur auf Vertragsnebenleistungen. Die Kontrolle der Hauptleistungen, zu denen z.B. die vereinbarten Preise gehören, ist ausgenommen. Drittens findet das AGBG keine Anwendung bei Verträgen auf dem Gebiet des Arbeitsrechts. Trotz dieser Einschränkungen genießt ein als Kaufmann selbständiger Franchisenehmer insbesondere nach den §§ 3, 5 und 9 AGBG den Schutz einer Inhaltskontrolle der Vertragsnebenleistungen. Die Generalklausel des § 9 AGBG prüft dabei, ob die jeweilige Klausel für das Funktionieren des Systems erforderlich ist (hier existieren Parallelen in bezug auf das Unerläßlichkeitskriterium zwischen dem GWB und dem Gemeinschaftsrecht einerseits und dem AGBG andererseits) oder ob sie den Franchisenehmer unangemessen benachteiligt. So sind bspw. Qualitäts- und Absatzrichtlinien mit § 9 AGBG vereinbar, wenn sie der Sicherung der Qualität der Franchisewaren und -dienstleistungen dienen. Aus dem selbem Grund sind z.B. Bezugsbindungen, Verpflichtungen zu Mindestabnahmen, Lagerhaltung, Garantie- und Kundendienst, Teilnahme an Werbeaktionen, Klauseln zu Inhalt, Gestaltung und Mindestaufwand an Werbung, vertragliche und/oder nachvertragliche Wettbewerbsverbote sowie die Übermittlung von Kennzahlen aus AGB-rechtlicher Sicht erlaubt.

Als unangemessen werden dagegen Klauseln angesehen, die den Franchisenehmer dazu verpflichten, die Buchhaltung vom Franchisegeber durchführen zu lassen oder den Jahresabschluß von einem bestimmten Steuerberater oder Wirtschaftsprüfer vornehmen zu lassen. Muß der Franchisenehmer zu Personalmaßnahmen grundsätzlich die Zustimmung des Franchisegebers einholen, ohne daß sachliche Gründe dafür vorliegen, so handelt es sich dabei um eine unangemessene Klausel. Eine Präsenzpflicht, die mit einem Nebentätigkeitsverbot verbunden ist, benachteiligt einen Franchisenehmer ebenfalls unangemessen. Setzt ein Franchisegeber aus Gründen der Marktabdeckung oder bei ungenügender Verkaufsleistung weitere Franchisenehmer in das Gebiet eines Franchisenehmers ein, so kann es sich dabei um eine unangemessene

Benachteiligung handeln, wenn in der Klausel keine schwerwiegenden Gründe dafür genannt werden.

Wird ein Franchisenehmer zum wiederkehrenden Bezug von Waren verpflichtet, was in den meisten Franchisesystemen regelmäßig der Fall sein dürfte, räumt das VerbrKrG diesem eine Widerrufsmöglichkeit ein, die bei einer korrekten Belehrung über den Widerruf innerhalb einer Woche erfolgen kann. In den vorliegenden Verträgen war die Widerrufsbelehrung entweder gar nicht vorhanden oder fehlerhaft, was zur Folge hat, daß Franchisenehmer den Franchisevertrag innerhalb eines Jahres widerrufen können. Ob sie tatsächlich ein Interesse daran haben, ist fraglich, da sie in dieser Zeit schon Investitionen tätigen werden, die im Falle einer Nichtigkeit des Vertrages dann in der Regel verwirkt sein werden.

Neben den oben genannten Gesetzen sind aber auch die beiden Generalklauseln des allgemeinen Zivilrechts auf Franchiseverträge anwendbar. § 242 BGB, der einen Schuldner dazu verpflichtet, die geschuldete Leistung nach Treu und Glauben zu erbringen, wird vor allem im Zusammenhang mit den Kündigungsmöglichkeiten des Franchisegebers im Falle noch nicht amortisierter Investitionen des Franchisenehmers Bedeutung erlangen. Durch § 138, der Rechtsgeschäfte, die gegen die guten Sitten verstoßen, für nichtig erklärt, kann eine Sittenwidrigkeitskontrolle von Franchiseverträgen vorgenommen werden. Ein Franchisevertrag ist nichtig, wenn ein auffälliges Mißverhältnis von Leistung und Gegenleistung vorliegt.

Nun haben die diskutierten Gesetze oder Normen oftmals die Nichtigkeit der jeweiligen Klausel oder des Vertrages zu Folge. Unzulässige Klauseln besitzen nur selten die Rechtsfolge einer finanziellen Entschädigung des Franchisenehmers. Durch die analoge Anwendung einiger handelsvertreterrechtlicher Normen wird dem Franchisenehmer ein finanzieller Ausgleich in bestimmten Fällen zugestanden. Für die Überlassung des Kundenstamms durch den Franchisenehmer hat er einen Ausgleichsanspruch nach § 89b HGB analog, wenn der Franchisegeber daraus erhebliche Vorteile ziehen kann. Dieser Ausgleichsanspruch stellt zwingendes Recht dar; da an ihn aber strenge Anforderungen gestellt werden, ist es denkbar, daß nicht alle Franchisenehmer in dessen Genuß kommen werden. Auch die nachvertragliche Wettbewerbsabrede muß, wenn sie vertraglich vereinbart wurde, mit einer Karenzentschädigung abgegolten werden. Ein Franchisegeber sollte sich deshalb genau überlegen, ob er auf ein nachvertragliches Wettbewerbsverbot des Franchisenehmers nicht verzichten möchte, da bspw. bei einem einjährigen nachvertraglichen Wettbewerbsverbot 50% des durchschnittlichen Jahresverdienstes des Franchisenehmers vom Franchisegeber zu zahlen sind. Die Franchisenehmer profitieren des weiteren aus den §§ 89 und 89a HGB, in denen die ordentliche und die außerordentliche Kündigung geregelt ist. So dürfen die Kündigungsfristen nicht zum Nachteil des Franchisenehmers bestimmt werden, sondern haben sich an § 89 HGB zu orientieren. Beide Vertragsparteien dürfen nach § 89a HGB den Vertrag aus wichtigem Grund fristlos kündigen.

Einen weiteren Ansatzpunkt zur Untersuchung von Franchisebeziehungen bildet das Konzernrecht. Es stellt sich die Frage, ob die Franchisenehmerunternehmen bei Aufgabe ihrer wirtschaftlichen Selbständigkeit nicht unter bestimmten Voraussetzungen als Konzernunternehmen betrachtet werden können. Das Unternehmen des Franchisegebers und die der Franchisenehmer könnten sich als verbundene Unternehmen i.S.d. § 15 AktG erweisen. Zum einen bestünde die Möglichkeit eines einfachen Abhängigkeitsverhältnisses zwischen diesen Unternehmen, bei dem sich das Unternehmen des Franchisegebers als herrschendes Unternehmen und das Unternehmen des Franchisenehmers als abhängiges Unternehmen i.S.d. § 17 AktG darstellt. Dabei ist darauf hinzuweisen, daß die §§ 15 ff. AktG rechtsformneutral sind, weshalb auch Gesellschaften mit beschränkter Haftung und Personengesellschaften von diesen Normen erfaßt werden. Nach § 17 AktG ist ein Unternehmen von einem anderen Unternehmen abhängig, wenn das herrschende Unternehmen auf dieses einen beherrschenden Einfluß ausüben kann. Da jedoch die Abhängigkeit im aktienrechtlichen Sinne nach herrschender Meinung gesellschaftsrechtlich vermittelt sein muß, d.h. auf Beteiligungen o.ä. beruhen muß, scheidet eine Abhängigkeit aufgrund schuldrechtlicher Beziehungen aus. Es wird jedoch immer häufiger Kritik an dieser Auffassung laut, da auch schuldrechtliche Vertragsbeziehungen eine Herrschaft begründen können, die mit einer auf Mehrheitsbeteiligungen basierenden vergleichbar ist.

Eine "Konzernvermutung" nach § 18 AktG kann beim Franchising mit Hilfe von zwei Argumenten widerlegt werden. Ein Unterordnungskonzern, der der Merkmale der Zusammenfassung unter einheitlicher Leitung bei Abhängigkeit eines Unternehmens von einem anderen (Abhängigkeit i.S.d. § 17 AktG) als Voraussetzung bedarf, wird zum einen deshalb nicht gegeben sein, weil es an dieser gesellschaftsrechtlich vermittelten Abhängigkeit i.S.d. des § 17 AktG fehlt. Zum anderen fehlt es dann an einer einheitlichen Leitung, wenn den Franchisenehmern noch genügend Spielräume bei ihrer Unternehmensführung verbleiben. Auch die Heranziehung des Begriffs des (einfachen oder qualifiziert) faktischen Konzerns führt zu keinem anderen Ergebnis, da dieser Begriff ebenfalls gesellschaftsrechtlich vermittelte Einflußmöglichkeiten voraussetzt. Ein Gleichordnungskonzern wird beim Subordinationsfranchising deshalb nicht vorliegen, weil ein Unter-/Überordnungsverhältnis zwischen Franchisenehmer und Franchisegeber existiert und vermutlich auch die einheitliche Leitung nicht besteht.

Seit Jahren wird im Gegensatz zur Konzernrechtsthematik eine arbeitsrechtliche Diskussion um das Franchising geführt. Die Frage, ob es sich - je nach Vertragsgestaltung - beim Franchisenehmer um einen Arbeitnehmer handeln könnte, wurde oft vorschnell mit der Begründung verneint, daß sich die Franchisenehmereigenschaft (Selbständigkeit) und die Arbeitnehmereigenschaft (persönliche Abhängigkeit) ausschließen würden. Hier muß man aber darauf hinweisen, daß die Vertragsbezeichnung nicht ausschlaggebend ist, sondern, daß es auf die faktische Durchführung des Vertrages ankommt. Schwierigkeiten bereitet eine Einstufung des Franchisenehmers als Arbeitnehmer aber dennoch. Dies liegt vor allen Dingen daran, daß der Begriff "Arbeitnehmer" nicht gesetzlich definiert ist und die Rechtsprechung keine Kriterien gefunden hat, die zwingend vorliegen müssen, um von einem Arbeitnehmer sprechen zu können. Aus der Abgrenzung des Arbeitnehmers gegenüber selbständigen Handelsvertretern (§ 84 HGB) wurden die Merkmale der örtlichen, zeitlichen und fachlichen Weisungsgebundenheit extrahiert. Zudem wurde die Eingliederung einer Person in den Betrieb des Arbeitgebers sowie die Unfähigkeit eines Arbeitnehmers zur eigenen Daseinsvorsorge und zur anderweitigen Verwertung seiner Arbeitskraft und -ergebnisse als Abgrenzungskriterien herangezogen. Andere Merkmale und Indizien kamen hinzu. Man bezeichnete den Arbeitnehmer als eine Person, die persönlich abhängig, weisungsgebunden und ohne Unternehmerrisiko war. Besonders der Grad der zeitlichen Weisungsgebundenheit wurde für eine Unterscheidung zwischen Arbeitnehmern und Selbständigen als ausschlaggebend angesehen.

Mittlerweile hat sich die Auffassung zur Definition der Arbeitnehmereigenschaft gewandelt. Rechtsprechung und Lehre halten das Merkmal der persönlichen Abhängigkeit, welches insbesondere durch den Grad der Weisungsgebundenheit spezifiziert wird, für ungeeignet, den modernen Vertragsformen gerecht zu werden. Als besseres Abgrenzungskriterium empfinden sie das Unternehmerrisiko, welchem aber auch unternehmerische Chancen, die unternehmerische Entscheidungsfreiheit und die Zurechnung des Betriebsergebnisses gegenüberstehen müssen, um von Selbständigkeit reden zu können. Fehle es dagegen an diesen Merkmalen bei Existenz eines Unternehmerrisikos, so werde es sich de facto bei der betreffenden Person um einen Arbeitnehmer handeln. Die neuere Literatur zum Franchising hat sich zu Recht dieser Meinung im wesentlichen angeschlossen. Deshalb findet immer öfter eine Abwägung des Unternehmerrisikos des Franchisenehmers gegenüber dessen unternehmerischen Chancen, die i.d.R. vertraglich von den Franchisegebern beschnitten werden, statt. Die Einschätzung geht dahin, daß man den Franchisenehmer dann als Arbeitnehmer einstuft, wenn ihm vom Franchisegeber unternehmerische Risiken aufgebürdet werden, ohne ihm unternehmerische Freiheiten, insbesondere in Personal-, Arbeitszeit-, Vertretungs- und Urlaubsfragen, zu belassen. Diese Einstellung hat dazu geführt, daß Scheinselbständigen ein Arbeitnehmerstatus zuerkannt wurde. In den vorliegenden

Franchiseverträgen fanden sich nur vereinzelt kritische Klauseln. Die überwiegende Zahl der Franchisegeber räumt den Franchisenehmern auch unternehmerische Freiheiten ein. So können die meisten Franchisenehmer z.B. ihr Personal selbst auswählen, den Urlaubstermin frei festlegen, die Ladenöffnungszeiten mit dem Franchisegeber vereinbaren und für den Krankheitsfall selbst eine qualifizierte Vertretung benennen. Dennoch sind Verträge denkbar, in denen es an diesem unternehmerischen Entscheidungsspielraum fehlt, da der Franchisenehmer fast in allen unternehmerischen Belangen an die Weisungen des Franchisegebers gebunden ist.

Wird ein Franchisenehmer als Arbeitnehmer eingestuft, so genießt er den Schutz arbeitsrechtlicher Normen. Als Beispiele seien hier die Sozialversicherungspflicht, Kündigungs- und Arbeitsschutznormen und solche erwähnt, die Mitwirkungsrechte der Arbeitnehmer regeln. Von besonderer Bedeutung ist in diesem Zusammenhang das Betriebsverfassungsgesetz. Nach § 1 BetrVG kann in Betrieben mit mindestens fünf ständigen wahlberechtigten Arbeitnehmern ein Betriebsrat gewählt werden. Dieses gilt für den Fall der *Selbständigkeit* des Franchisenehmers für dessen Arbeitnehmer, wenn der Betrieb die Voraussetzungen des § 1 BetrVG erfüllt.

Im Falle der *Arbeitnehmereigenschaft* des Franchisenehmers bestehen zwei Möglichkeiten. Bei Zuordnung des Franchisenehmerbetriebs zu dem Franchisegeberbetrieb kann unter den gegebenen Voraussetzungen des § 1 BetrVG ein Betriebsrat errichtet werden. Wird der Franchisenehmerbetrieb jedoch als selbständiger Betriebsteil angesehen, können jeweils in den verschiedenen Franchisenehmerbetrieben Betriebsräte gebildet werden. Auf der Systemebene kann dann ein Gesamtbetriebsrat errichtet werden. Ob der Franchisenehmer in beiden oben genannten Fällen (bei Vorliegen eines Einheitsbetriebs oder eines selbständigen Betriebsteils) vom Betriebsrat vertreten wird, hängt davon ab, ob er als leitender Angestellter anzusehen ist. Denn leitende Angestellte sind nach § 5 Abs.3 BetrVG vom BetrVG ausgenommen.

Die Bildung eines Konzernbetriebsrates scheidet für den Fall der Arbeitnehmereigenschaft des Franchisenehmers aber *in jedem Fall* aus, da dazu zwei Unternehmen erforderlich sind, in denen jeweils ein Gesamtbetriebsrat oder Betriebsrat existiert. Daran mangelt es aber, da Arbeitnehmer (Franchisenehmer) und Franchisegeber ein Unternehmen bilden. Selbst im Falle der Selbständigkeit des Franchisenehmers verneint die herrschende Meinung die Möglichkeit der Bildung eines Konzernbetriebsrats.

Als Fazit läßt sich festhalten, daß ein Franchisevertrag eine Hybridform zwischen den beiden Gegensätzen "Markt" und Hierarchie" darstellt. Es werden die Vorteile beider Organisationsformen miteinander verknüpft (der Absatz der Waren und/oder Dienstleistungen durch den Franchisenehmer mit Hilfe der "einheitlichen Leitung" durch den Franchisegeber). Ein solches System kann effizienter sein als nur die

Organisation über Markt oder Unternehmungen, generell sind aber jedem System Konflikte immanent. Bis zu einem bestimmten Konfliktniveau sind solche Konflikte von Vorteil für ein System. Die Interessenunterschiede zwischen Franchisegeber und Franchisenehmer drohen aber dieses Niveau zu überschreiten. Viele der in den Franchiseverträgen vorkommenden Klauseln sind allerdings nur auf den ersten Blick zuungunsten des Franchisenehmers. Dennoch gibt es Klauseln, die primär dazu dienen, dem Franchisegeber ohne sachlich gerechtfertigten Grund einen einseitigen Vorteil zu verschaffen. Überwiegen diese "negativen" Klauseln in einem Franchisevertrag, so kann das Franchiseverhältnis in ein Arbeitsverhältnis oder - bei Änderung der Grundlagen des Konzernrechts - in ein einfaches Abhängigkeitsverhältnis oder Konzernverhältnis umschlagen.

Es hängt somit von den Franchisegebern ab, ob ein Franchisenehmer nur den (schwächeren) Schutz des Zivil- und Wirtschaftsrechts genießt oder ob er als Arbeitnehmer von den arbeitsrechtlichen Regelungen profitiert. Die Offenlegungs- und Kündigungsregelungen, die in den USA existieren, bieten den dortigen Franchiseinteressenten einen Einblick in das jeweilige Franchisesystem bzw. schützen Franchisenehmer vor einer Kündigung aus opportunistischen Gründen seitens des Franchisegebers. Zwar gibt es auch im deutschen Recht Normen, die die Franchisenehmer vor einer willkürlichen Kündigung des Franchisegebers schützen, an Offenlegungsverpflichtungen der Franchisegeber fehlt es aber. Eine Kodifikation des Franchisevertrages im nationalen Recht, verbunden mit Offenlegungsregelungen, würde dabei helfen, ex ante den an einer Franchise Interessierten ausreichende Entscheidungshilfen an die Hand zu geben und die Abhängigkeit eines Franchisenehmers ex post zu beschränken. Zudem sollten sich die Gerichte den relationalen Charakter der Vertragsbeziehungen verdeutlichen, was dazu führen müßte, daß sie immer nach den wahren Motiven für eine Handlung des Franchisegebers suchen sollten. Bei versunkenen Kosten des Franchisenehmers besteht nämlich die Gefahr, daß das Verhalten des Franchisegebers von opportunistischen Gründen bestimmt wird. Franchisegeber müssen deshalb auf zweierlei achten. Zum einen muß ihr Verhalten aus lauteren Motiven resultieren, damit es einem gerichtlichen Verfahren "standhält". Zum anderen dürfen sie ihre Franchisenehmer nicht zu sehr in ihren unternehmerischen Kernkompetenzen beschneiden, da dies zu einer Umdeutung des Franchisevertrags als Arbeitsvertrag führen kann. "Met andere woorden partijen hebben het zelf in de hand om een arbeidsovereenkomst te vermijden door aan de franchisenemer een zekere vrijheid te laten zelf ondernemersbeslissingen te nemen waarvoor hij het risico draagt." (*Kneppers-Heijnert, E.M.*, Franchising, 1988, S.27.)

Literaturverzeichnis

Adams, John / *Mendelsohn*, Martin: [Franchising, JBL, 1986] Recent Developments in Franchising, in: Journal of Business Law, 1986, S.206-219.

Alchian, Armen A.: [Property Rights, IlPol., 1965] Some Economics of Property Rights, in: Il Politico, 1965, S.816-829.

Alchian, Armen A. / *Demsetz*, Harold: [Production, AER, 1972] Production, Information Costs, and Economic Organization, in: American Economic Review, 1972, S.777-795.

- [Property Right Paradigm, JEH, 1973] The Property Right Paradigm, in: The Journal of Economic History, 1973, S.16-27.

Alessi, Louis de: [Property Rights, ResL&Econ, 1980] The Economics of Property Rights: A Review of the Evidence, in: Research in Law and Economics, 1980, S.1-47.

Anderson, Evan E. / *Shueh*, Chung-Ting: [Franchise Organizations, ZOR, 1986] Optimization Models in the Formation of Franchise Organizations, in: Zeitschrift Operations Research, 1986, S.231-241.

Ankele, Jörg: [Handelsvertreterrecht, DB, 1989] Das deutsche Handelsvertreterrecht nach der Umsetzung der EG-Richtlinie, in: Der Betrieb, 1989, S.2211-2213.

Ankermann, Ernst, [ZPO-Kommentar, 1987] Kommentar zur Zivilprozeßordnung, Neuwied: Luchterhand, 1987.

Assmann, Heinz-Dieter / *Kirchner*, Christian / *Schanze*, Erich: [Analyse des Rechts, 1993] Ökonomische Analyse des Rechts, Tübingen: Mohr, 1993.

Axster, Oliver: ["Alles-oder-Nichts-Prinzip", WuW, 1994] Das "Alles-oder-Nichts-Prinzip" der EG-Gruppenfreistellungsverordnung, in: Wirtschaft und Wettbewerb, 1994, S.615 ff.

Bachner, Michael / *Kunz*, Olaf: [Europäische Betriebsräte, ArbuR, 1996] Gesetz über Europäische Betriebsräte (EBRG) - der Entwurf zur Umsetzung der Europäischen Richtlinie, in: Arbeit und Recht, 1996, S.81 ff.

Bälz, Ulrich: [Unternehmen, Die AG, 1992] Verbundene Unternehmen, in: Die Aktiengesellschaft, 1992, S.277 ff.

Bamberger, Heinz-Georg: [Ausgleichsanspruch, NJW, 1985] Zur Frage der entsprechenden Anwendung des § 89b HGB auf den Ausgleichsanspruch des Eigenhändlers, in: Neue Juristische Wochenschrift, 1985, S.33 ff.

Baier, Manfred: [Wettbewerbsbeschränkungen, WiSt, 1987] Das System horizontaler Wettbewerbsbeschränkungen im deutschen Recht, in: Wirtschaftswissenschaftliches Studium, 1987, S.95-98.

Barzel, Yoram: [Measurement Cost, JLE, 1982] Measurement Cost and the Organization of Markets, in: Journal of Law and Economics, 1982, S.27-48.

Baucus, David A. / *Baucus*, Melissa S. / *Human*, Sherrie E.: [Franchise, JSB, 1993] Choosing a Franchise: How Base Fees and Royalties Relate to the Value of the Franchise, in: Journal of Small Business Management, 1993, S.91-104.

Baudenbacher, Carl: [Franchisevertrag, 1985] Die Behandlung des Franchisevertrages im schweizerischen Recht, in: *Kramer*, Ernst A.: Neue Vertragsformen der Wirtschaft: Leasing, Factoring, Franchising, Stuttgart, Bern: Haupt, 1985, S.205 ff.

Bauder, Wolfgang: [Franchisevertrag, 1988] Der Franchise-Vertrag - Eine systematische Darstellung von Rechtstatsachen, Dissertation, Stuttgart, 1988.

- [Selbständigkeit, NJW, 1989] Zur Selbständigkeit des Franchisenehmers, in: Neue Juristische Wochenschrift, 1989, S.78-80.

Baumgarten, Andreas K.: [Franchising, 1993] Das Franchising als Gesellschaftsverhältnis - Eine Studie zur spezifischen zivilrechtlichen Qualität des Rechtsverhältnisses zwischen Franchisegeber und Franchisenehmer, Dissertation, Göttingen, 1993.

Bauschke, Hans-Joachim: [Arbeitnehmerbegriff, RdA, 1994] Auf dem Weg zu einem neuen Arbeitnehmerbegriff, in: Recht der Arbeit, 1994, S.209 ff.

Bechtold, Rainer: [Ausgleichsansprüche, NJW, 1983] Ausgleichsansprüche für Eigenhändler dargestellt am Beispiel des Automobilvertriebs, in: Neue Juristische Wochenschrift, 1983, S.1393 ff.

- [Ausgleichsanspruch, BB, 1984] Rechtstatsachen zum Ausgleichsanspruch des Automobil-Händlers - Eine rechtliche Untersuchung auf der Grundlage einer demoskopischen Befragung der Automobilkäufer, in: Betriebs-Berater, 1984, S.1262 ff.

- [Kartellgesetz-Kommentar, 1993] Kartellgesetz: Gesetz gegen Wettbewerbsbeschränkungen - Kommentar, München: Beck, 1993.

- [Europäisches Kartellrecht, ZHR, 1996] Die Durchsetzung europäischen Kartellrechts durch die Zivilgerichte, in: Zeitschrift für das gesamte Wirtschafts- und Handelsrecht, 1996, S.660-672.

Becksches Personalhandbuch, Band 1: [Arbeitsrechts-Lexikon, 1994] Arbeitsrechts-Lexikon, München: Beck, 1994.

Behr, Volker: [Franchisevertrag, 1976] Der Franchisevertrag. Eine Untersuchung zum Recht der USA mit vergleichenden Hinweisen zum deutschen Recht, Frankfurt am Main: Metzner, 1976.

Behrens, Peter: [Arbeitsrecht, ZfA, 1989] Die Bedeutung der ökonomischen Analyse für das Arbeitsrecht, in: Zeitschrift für Arbeitsrecht, 1989, S.209-238.

Beimowski, Joachim: [Geschäftsbedingungen, 1989] Zur ökonomischen Analyse Allgemeiner Geschäftsbedingungen, München: VVF, 1989.

Bergen, Mark / *Dutta*, Shantanu / *Walker*, Orville C.: [Agency, JM, 1992], Agency Relationships in Marketing: A Review of the Implications of Agency and Related Theories, in: Journal of Marketing, 1992, S.1-24.

Berger-Delhey, Ulf: [Arbeitgeber, DB, 1990] Die Leitungs- und Weisungsbefugnis des Arbeitgebers, in: Der Betrieb, 1990, S.2266 ff.

Berger-Delhey, Ulf / *Alfmeier*, Klaus: [Arbeitnehmer, NZA, 1991] Freier Mitarbeiter oder Arbeitnehmer?, in: Neue Zeitschrift für Arbeits- und Sozialrecht, 1991, S.257 ff.

Berning, Harald: [Franchisenehmer, 1994] Die Abhängigkeit des Franchisenehmers - Selbständigkeit durch vertikale Gruppenkooperation oder Auflösung des Normalarbeitsverhältnisses?, Dissertation, Konstanz: Hartung-Gorre, 1994.

Beuthien, Volker / *Wehler*, Thomas: [Freie Mitarbeiter, RdA, 1978] Stellung und Schutz der freien Mitarbeiter im Arbeitsrecht, in: Recht der Arbeit, 1978, S.2-10.

Beyer, Walter E.: [Franchising, 1988] Franchising als Instrument zur Festigung der Marktstellung, Dissertation, Bochum: Brockmeyer, 1988.

Birk, Rolf: [Bundessozialgericht, NJW, 1979] Bundessozialgericht und Arbeitsrecht, in: Neue Juristische Wochenschrift, 1979, S.1017-1024.

Blair, Roger D. / *Kaserman*, David L.: [Franchising, SEJ, 1982] Optimal Franchising, in: Southern Economic Journal, 1982, S.494 ff.

Blaurock, Uwe: [Franchisesysteme, 1984] Kartellrechtliche Grenzen von Franchise-Systemen, in: *Hadding*, Walter (Hrsg.): Festschrift für Winfried Werner zum 65.Geburtstag: Handelsrecht und Wirtschaftsrecht in der Bankpraxis, Berlin, New York: de Gruyter, 1984.

Bodewig, Theo: [Franchising, IRIPCL, 1993] Franchising in Europe - Recent Developments, in: International Review of Industrial Property and Copyright Law, 1993, S.155-178.

- [Ausgleichsanspruch, BB, 1997] Der Ausgleichsanspruch des Franchisenehmers nach Beendigung des Vertragsverhältnisses, in: Betriebs-Berater, 1997, S.637-644.

Böbel, Ingo: [Eigentum, 1988] Eigentum, Eigentumsrechte und institutioneller Wandel, Berlin: Springer, 1988.

Böhner, Reinhard: [Franchisevertrag, NJW, 1985] Zur außerordentlichen Kündigung des McDonald's-Franchisevertrages, in: Neue Juristische Wochenschrift, 1985, S.2811-2812.

- [Franchiseverträge, NJW, 1992] Schriftform und Widerrufsrecht bei Franchiseverträgen nach dem Verbraucherkreditgesetz, in: Neue Juristische Wochenschrift, 1992, S.3135-3139.

- [Preisempfehlungen, BB, 1997] Verbot von Preisempfehlungen im Sixt-Autovermiet-Franchisesystem nach § 38 Abs.1 Nr.11 GWB, in: Betriebs-Berater, 1997, S.1427-1429.

- [Franchisegeber, NJW, 1994] Schadensersatzpflicht des Franchisegebers bei Vertragsabschluß, in: Neue Juristische Wochenschrift, 1994, S.635 f.

- [Werbekostenzuschüsse, NJW, 1998] Werbekostenzuschüsse und sonstige Einkaufsvorteile in Franchisesystemen, in: Neue Juristische Wochenschrift, 1998, S.109-112.

Bosch, Gerhard: [Normalarbeitsverhältnis, WSIMitt, 1986] Hat das Normalarbeitsverhältnis eine Zukunft?, in: WSI-Mitteilungen, 1986, S.163-176.

Boulding, Kenneth E.: [Human Conflict, 1965] The Economics of Human Conflicts, in: *McNeil*, Elton B. (Hrsg.): The Nature of Human Conflict, Englewood Cliffs, N.J.: Prentice Hall, 1965, S.174-178.

Bradach / Eccles: [Price, Annual Rev.Sociology, 1989] Price, Authority, and Trust, in: Annual Review of Sociology, 1989, S.97 ff.

Brickley, James / *Dark*, Frederick H.: [Franchising, JFE, 1987] The Choice of Organizational Form - The Case of Franchising, in: Journal of Financial Economics, 1987, S.401-420.

Brickley, James / *Dark*, Frederick H. / *Weisbach*, Michael S.: [Franchising, FMA, 1991] An Agency Perspective of Franchising, in: Financial Management, 1991, S.27-35.

- [Termination Law, JLE, 1991] The Economic Effects of Franchise Termination Law, in: Journal of Law and Economics, 1991, S.101-132.

Brox, Hans: [Arbeitsrecht, 1993] Arbeitsrecht, 11.Auflage, Stuttgart: Kohlhammer, 1993.

Bruse, Matthias: [Allgemeine Geschäftsbedingungen, BB, 1986] Zur Berücksichtigung Allgemeiner Geschäftsbedingungen bei der Sittenwidrigkeitskontrolle von Konsumentenkreditverträgen, in: Betriebs-Berater, 1986, S.478-484.

Buchner, Herbert: [Anmerkung, CR, 1989] Anmerkung zu LAG Düsseldorf Urteil vom 20.10.1987, in: Computer und Recht, 1989, S.37 ff.

Büser, Frank: [Datenübermittlung, BB, 1997] Rechtliche Probleme im Rahmen der Datenübermittlung beim Franchising, in: Betriebs-Berater, 1997, S.213-218.

Buhl, Hans-Jürgen: [Freie Mitarbeiter, 1978] Zum Problem des Arbeitnehmerbegriffs - dargestellt am Beispiel der "freien Mitarbeiter" bei Rundfunk und Fernsehen, Dissertation, Göttingen, 1978.

Bunte, Hermann-Josef: [Franchising, NJW, 1986] Franchising und EG-Kartellrecht, in: Neue Juristische Wochenschrift, 1986, S.1406-1407.

- [EG-Richtlinie, DB, 1996] Die EG-Richtlinie über mißbräuchliche Klauseln in Verbraucherverträgen und ihre Umsetzung durch das Gesetz zur Änderung des AGB-Gesetzes, in: Der Betrieb, 1996, S.1389 ff.

Bunte, Hermann-Josef / *Sauter*, Herbert: [EG-GVO für Franchisevereinbarungen, 1988] EG-Gruppenfreistellungsverordnung - Kommentar, München: C.H. Beck´sche Verlagsbuchhandlung, 1988.

Burow, Patrick: [Ökonomische Analyse, JuS, 1993] Einführung in die ökonomische Analyse des Rechts, in: Juristische Schulung, 1993, S.8 ff.

Buschbeck-Bülow, Brigitte: [Franchisesysteme, BB, 1989] Betriebsverfassungsrechtliche Vertretung in Franchisesystemen, in: Betriebs-Berater, 1989, S.352-354.

- [Franchisesysteme, BB, 1990] Franchisesysteme und Betriebsverfassung, in: Betriebs-Berater, 1990, S.1061.

Buschmann, Rudolf: [Franchise-Arbeitnehmer, AiB, 1988] Franchise-Arbeitnehmer, in: Arbeitsrecht im Betrieb, 1988, S.51-56.

- [Scheinselbständigkeit, 1992] Rechtsprobleme der Scheinselbständigkeit, in: *Däubler*, Wolfgang (Hrsg.): Festschrift für Alfred Gnade zum 65.Geburtstag, Köln: Bund, 1992.

Carney, Mick / *Gedajlovic*, Eric: [Franchise Systems, StrategManageJ, 1991] Vertical Integration in Franchise Systems: Agency Theory and Resource Explanations, in: Strategic Management Journal, 1991, S.607-629.

Castrogiovanni, Gary J. / *Justis*, Robert T. / *Julian*, Scott D.: [Franchise Failure Rates, JSB, 1993] Franchise Failure Rates: An Assessment of Magnitude and Influencing Factors, in: Journal of Small Business Management, 1993, S.105-114.

Caves, Richard E. / *Murphy*, William F.: [Franchising, SEJ, 1976] Franchising: Firms, Markets, and Intangible Assets, in: Southern Economic Journal, 1976, S.572-586.

Chan, Peng S. / *Justis*, Robert T.: [Franchise, MDE, 1993] To franchise or not to franchise?, in: Management Decision, 1993, S.22-26

Cheung, Steven N.S.: [Firm, JLE, 1983] The Contractual Nature of the Firm, in: Journal of Law and Economics, 1983, S.1-21.

Clemens, Reinhard: [Franchising, 1988] Die Bedeutung des Franchising in der BRD - eine empirische Untersuchung von Franchisenehmern und -systemen, Dissertation, Stuttgart: Poeschel, 1988.

Coase, Ronald H.: [Firm, ECO, 1937] The Nature of the Firm, in: Economica, 1937, S.386-405.

- [Social Cost, JLE, 1960] The Problem of Social Cost, in: Journal of Law and Economics, 1960, S.1-44.

Commons, J.R.: [Economics, AER, 1931] Institutional Economics, in: American Economic Review, 1931, S.648-657.

Competition Policy and Vertical Restraints: [Franchising, 1994] Franchising Agreements, Paris, 1994.

Cohen, Jerry S.: [Franchise System, 1971] Conflict and Its Resolution in a Franchise System, in: *Thompson*, Donald N. (Hrsg.): Contractual Marketing Systems, Lexington (Mass.), 1971, S.175-183.

Creifelds, Carl: [Rechtswörterbuch, 1994] Rechtswörterbuch, 12.Auflage, München: Beck, 1994.

Däubler, Wolfgang: [Deregulierung, WSIMitt, 1988] Deregulierung und Flexibilisierung im Arbeitsrecht, in: WSI-Mitteilungen, 1988, S.449-457.

- [Perspektiven, ArbuR, 1988] Perspektiven des Normalarbeitsverhältnisses, in: Arbeit und Recht, 1988, S.302 ff.

Däubler, Wolfgang / *Kittner*, Michael / *Klebe*, Thomas / *Schneider*, Wolfgang: [Betriebsverfassungsgesetz, 1994] Betriebsverfassungsgesetz, Kommentar für die Praxis, 4.Auflage, Köln: Bund, 1994.

Däubler, Wolfgang / *Klebe*, Thomas: [Euro-Betriebsrat, AiB, 1995] Der Euro-Betriebsrat, in: Arbeitsrecht im Betrieb, 1995, S.558 ff.

Dark, Frederick Howard: [Franchising, 1988] On Organizational Form: The Case of Franchising, Dissertation, University of Utah, 1988.

Demsetz, Harald: [Property Rights, AER, 1967] Towards a Theory of Property Rights: in: American Economic Review, 1967, S.347-359.

Deutscher Bundestag (Hrsg.): Selbständiger Mittelstand, BT-Drucksache, 10/6090 vom 30.09.1986.

Deutscher Franchise-Verband (Hrsg.): [Franchise-Recht, 1988] Franchise-Recht, Protokolle der Vorträge des 1.Franchise-Rechts-Forums 1988, Nafa-Verlag, Berlin, 1988.

Deutscher Franchise-Verband (Hrsg.): [Jahrbuch Franchising, 1990] Jahrbuch Franchising 1990, Frankfurt am Main: Deutscher Fachverlag, 1990.

Deutscher Franchise-Verband (Hrsg.): [Jahrbuch Franchising, 1992] Jahrbuch Franchising 1992, Frankfurt am Main: Deutscher Fachverlag, 1992.

Deutscher Franchise-Verband (Hrsg.): [Jahrbuch Franchising, 1994] Jahrbuch Franchising 1994, Frankfurt am Main: Deutscher Fachverlag, 1994.

Deutsches Franchise-Institut (Hrsg.): [Franchise-Recht, 1991] Franchise-Recht, Dokumentation zum 2.Deutschen Franchise-Rechts-Forum 1990, München, 1991.

Dnes, Antony W.: [Economic Analysis, 1991] The Economic Analysis of Franchising and its Regulation, in: *Jörges*, Christian: Franchising and the Law, Baden-Baden: Nomos, 1991, S.133-142.

- [Franchise Contracts, JITE, 1992] "Unfair" Contractual Practices and Hostages in Franchise Contracts, in: Journal of Institutional and Theoretical Economics, 1992, S.484-504.

- [Case-Study Analysis, JLegStud, 1993] A Case-Study Analysis of Franchise Contracts, in: Journal of Legal Studies, 1993, S.367-393.

Ebenroth, Carsten Thomas: [Absatzmittlungsverträge, 1980] Absatzvermittlungsverträge im Spannungsverhältnis von Kartell- und Zivilrecht, Konstanz: Universitätsverlag Konstanz, 1980.

Ebenroth, Carsten Thomas / *Parche*, Ulrich: [Absatzmittlungsverhältnisse, BB, 1988] Die kartell- und zivilrechtlichen Schranken bei der Umstrukturierung von Absatzmittlungsverhältnissen, in: Betriebs-Berater, 1988, Beilage 10, S.16 ff.

Ebers, Mark / *Gotsch*, Wilfried: [Organisation, 1993] Institutionenökonomische Theorien der Organisation, in: *Kieser*, Alfred (Hrsg.): Organisationstheorien, Stuttgart, Berlin, Köln: Kohlhammer, 1993.

Eckert, Jörn: [Ausgleichsanspruch, WM, 1991] Die analoge Anwendung des Ausgleichsanspruchs nach § 89b HGB auf Vertragshändler und Franchisenehmer, in: Wertpapier-Mitteilungen, Zeitschrift für Wirtschafts- und Bankrecht, 1991, S.1237-1248.

Eger, Thomas: [Langzeitverträge, 1995] Eine ökonomische Analyse von Langzeitverträgen, Marburg: Metropolis, 1995.

Einem, Hans-Jörg von: ["Abhängige Selbständigkeit", BB, 1994] "Abhängige Selbständigkeit" - Handelsbedarf für den Gesetzgeber?, in: Betriebs-Berater, 1994, S.60-64.

Ekkenga, Jens: ["Vertikale Gruppenkooperation", Die AG, 1987] "Vertikale Gruppenkooperation" und Deutsches Kartellrecht: Anlaß für eine Renaissance der Kartellformenlehre?, in: Die Aktiengesellschaft, 1987, S.373 ff.

- [Franchiseverträge, Die AG, 1989] Grundfragen der AGB-Kontrolle von Franchiseverträgen, in: Die Aktiengesellschaft, 1989, S.301-316.
- [Inhaltskontrolle, 1990] Die Inhaltskontrolle von Franchiseverträgen - Eine Studie zu den zivilrechtlichen Grenzen der Vertragsgestaltung im Bereich des Franchising unter Einschluß des Vertragshändlerrechts, Heidelberg: Recht und Wirtschaft, 1990.
- [Ausgleichsanspruch, Die AG, 1992] Ausgleichsanspruch nach § 89b HGB und Ertragswertmethode, in: Die Aktiengesellschaft, 1992, S.345-357.

Elsner, Wolfram: [Institutionen, WiSt, 1987] Institutionen und ökonomische Institutionentheorie - Begriffe, Fragestellung, theoriegeschichtliche Ansätze, in: Wirtschaftswissenschaftliches Studium, 1987, S.5-14.

Emmerich, Volker: [Konzernrecht, 1985] Das Konzernrecht der Personengesellschaft - Rückblick und Ausblick, in: *Lutter*, Markus et al. (Hrsg.): Festschrift für Walter Stimpel zum 68.Geburtstag am 29.11.1985, Berlin: de Gruyter, 1985, S.743-757.
- [HGB-Kommentar, 1989] Handelsgesetzbuch (ohne Seerecht): Kommentar, Berlin; New York: de Gruyter, 1989.
- [Kartellrecht, 1991] Kartellrecht, 6.Auflage, München: Beck, 1991.
- [Franchising, JuS, 1995] Franchising, in: Juristische Schulung, 1995, S.761 ff.

Emmerich, Volker / *Sonnenschein*, Jürgen: [Konzernrecht, 1993] Konzernrecht, 5.Auflage, München: Beck, 1993.

Empel, M.v.: [Franchising, JWT, 1986] Franchising in the EEC - Pronuptia et Post, in: Journal of World Trade Law, 1986, S.401-316.

Enghusen, Gunnar: [Franchiseverträge, 1977] Rechtliche Probleme der Franchiseverträge in den Vereinigten Staaten von Amerika und in Europa unter besonderer Berücksichtigung des Kartellrechts, Berlin, 1977.

Epp, Wolfgang: [Franchising, 1994] Franchising und Kartellrecht, Dissertation, Köln: Carl Heymanns, 1994.

Erdmann, Günter: [Franchiseverträge, BB, 1992] Die Laufzeit von Franchiseverträgen im Lichte des AGBG, in: Betriebs-Berater, 1992, S.795 ff.

Eßer, Guido: [Franchising, 1987] Franchising ja - aber wie? Der Franchisevertrag im Lichte der Rechtsprechung, Köln: Ebert, 1987.

Falkenhausen, K.H.von: [Konzernabschlüsse, NJW, 1973] Konzernabschlüsse - ungeklärte Rechtsfragen?, in: Neue Juristische Wochenschrift, 1973, S.487 ff.

Fama, Eugene F. / *Jensen*, Michael C.: [Separation, JLE, 1983] Separation of Ownership and Control, in: Journal of Law and Economics, 1983, S.301-325.
- [Agency Problems, JLE, 1983] Agency Problems and Residual Claims, in: Journal of Law and Economics, 1983, Band 26, S.327-349.

Felstead, Alan: [Franchise, WLE, 1991] The Social Organization of the Franchise - A Case of "Controlled Self-Employment", in: Work, Employment & Society, 1991, 37-57.

Fezer, Karl-Heinz: [Rechtskritik, JZ, 1986] Aspekte einer Rechtskritik an der economic analysis of law und am property rights approach, in: Juristen Zeitung, 1986, S.817-824.

Fiedler, Peter: [Europäischer Betriebsrat, ArbuR, 1996] Der Europäische Betriebsrat in der Unternehmensgruppe, in: Arbeit und Recht, 1996, S.180 ff.

Fischer, Robert / *Lutter*, Marcus / *Hommelhoff*, Peter: [GmbH-Kommentar, 1987] GmbH-Gesetz / Kommentar, 12.Auflage, Köln: Schmidt, 1987.

Fitting, Karl / *Auffarth*, Fritz / *Kaiser*, Heinrich / *Heither*, Friedrich: [Betriebsverfassungsgesetz, 1996] Betriebsverfassungsgesetz, Handkommentar, 18.Auflage, München: Vahlen, 1996.

Flohr, Eckhard: [Franchiseverträge, 1990] Fristlose Kündigung von Franchiseverträgen, in: *DFV (Hrsg.)*: Jahrbuch Franchising, Frankfurt am Main: Deutscher Fachverlag, 1990, S.99 ff.

- [Franchisegebühren, 1991] Charakter und Bewertung der Franchisegebühren aus rechtlicher Sicht, in: *Deutsches Franchise-Institut (Hrsg.)*: 2.Franchise-Rechts Forum, Dokumentation zur Tagung, München, 1991.

Forkel, H.: [Franchisevertrag, ZHR, 1989] Der Franchisevertrag als Lizenz am Immaterialgut Unternehmen, in: Zeitschrift für das gesamte Wirtschafts- und Handelsrecht, 1989, S.511-538.

Foth, Dietmar: [Investitionsersatzanspruch, BB, 1987] Der Investitionsersatzanspruch des Vertragshändlers, in: Betriebs-Berater, 1987, S.1270-1274.

Fritzsche, Jörg: [Wettbewerbsbeschränkungen, ZHR, 1996] "Notwendige" Wettbewerbsbeschränkungen im Spannungsfeld von Verbot und Freistellung nach Artikel 85 EGV, in: Zeitschrift für das gesamte Wirtschafts- und Handelsrecht, 1996, S.31-58.

Führich, Ernst: [Wirtschaftsprivatrecht, 1992] Wirtschaftsprivatrecht - Grundzüge des Zivil-, Handels- und Verfahrensrechts für Wirtschaftswissenschaftler und Unternehmenspraxis, München: Vahlen, 1992, S.290 ff.

Furobotn, Erik G. / *Pejovich*, Svetozar: [Property Rights, JEconLit, 1972] Property Rights and Economic Theory: A Survey of Recent Literature, in: Journal of Economic Literature, 1972, S.1137-1162.

Gallini, Nancy T. / *Lutz*, Nancy A.: [Dual Distribution, JLEO, 1992] Dual Distribution and Royalty Fees in Franchising, in: Journal of Law, Economics, and Organization, 1992, S.471-501.

Gaul, Björn: [Europäischer Betriebsrat, NJW, 1995] Die Einrichtung Europäischer Betriebsräte, in: Neue Juritische Wochenschrift, 1995, S.228 ff.

- [Europäische Betriebsräte, NJW, 1996] Das neue Gesetz über die Europäischen Betriebsräte, in: Neue Juristische Wochenschrift, 1996, S.3378-3385.

Germelmann, Claas-Hinrich / *Matthes*, Hans-Christoph / *Prütting*, Hanns: [Arbeitsgerichtsgesetz, 1990] Arbeitsgerichtsgesetz, München: Beck, 1990.

Gerum, Elmar: [Neoinstitutionalismus, 1988] Neoinstitutionalismus, Unternehmensverfassung und Unternehmensethik, in: Diskussionsbeiträge zur Führung privater und öffentlicher Organisationen, Referat, Hamburg, 1988.

Gittermann, Dirk: [Arbeitnehmerstatus, 1995] Arbeitnehmerstatus und Betriebsverfassung in Franchise-Systemen, Frankfurt am Main: Lang, 1995.

Gleiss, Alfred / *Hirsch*, Martin / *Burkert*, Thomas O.J.: [Kommentar zum EG-Kartellrecht, 1993] Kommentar zum EG-Kartellrecht, Band 1: Artikel 85 und Gruppenfreistellungsverordnung, 4.Auflage, Heidelberg: Verlag Recht und Wirtschaft, 1993.

Gnade, Albert / *Kehrmann*, Karl / *Schneider*, Wolfgang / *Blanke*, Hermann: [Betriebsverfassungsgesetz, 1995] Betriebsverfassungsgesetz, Basiskommentar, 6.Auflage, Köln: Bund, 1995.

Goebel, Roger J.: [Franchising, ELR, 1985] The Uneasy Fate of Franchising Under EEC Antitrust Laws, in: European Law Review, 1985, S.87-118.

Goldberg, Victor G.: [Contracts, BEL, 1976] Regulation and Administered Contracts, in: The Bell Journal of Economics, 1976, S.426-448.

Grunsky, Wolfgang: [Arbeitsgerichtsgesetz, 1990] Arbeitsgerichtsgesetz: Kommentar, 6.Auflage, München: Vahlen, 1990.

Hadfield, Gillian K.: [Problematic Relations, Stanf.L.Rev., 1990] Problematic Relations: Franchising and the Law of Incomplete Contracts, in: Stanford Law Review, 1990, S.927 ff.

- [Franchising, RAND J., 1991] Credible Spatial Preemption through Franchising, in: RAND Journal of Economics, 1991, S.531 ff.

Hager, Johannes: [Geltungserhaltende Reduktion, JZ, 1996] Der lange Abschied vom Verbot der geltungserhaltenden Reduktion, in: Juristen Zeitung, 1996, S.175 ff.

Harper Collins Dictionary Economics [Dictionary Economics, 1991], New York: Harper Collins, 1991.

Heinrichs, Helmut: [Allgemeine Geschäftsbedingungen 1993, NJW, 1994] Die Entwicklung des Rechts der Allgemeinen Geschäftsbedingungen im Jahre 1993, in: Neue Juristische Wochenschrift, 1994, S.1380-1388.

- [Verbraucherverträge, NJW, 1995] Umsetzung der EG-Richtlinie über mißbräuchliche Klauseln in Verbraucherverträgen, in: Neue Juristische Wochenschrift, 1995, S.153 ff.

- [Allgemeine Geschäftsbedingungen 1994, NJW, 1995] Die Entwicklung des Rechts der Allgemeinen Geschäftsbedingungen im Jahre 1994, in: Neue Juristische Wochenschrift, 1995, S.1395 ff.

- [Änderung, NJW, 1996] Das Gesetz zur Änderung des AGB-Gesetzes - Umsetzung der EG-Richtlinie über mißbräuchliche Klauseln in Verbraucherverträgen durch den Bundesgesetzgeber, in: Neue Juristische Wochenschrift, 1996, S.2190 ff.

Heinze, Meinhard: [Europäischer Betriebsrat, Die AG, 1995] Der Europäische Betriebsrat - Die Richtlinie und ihre Alternativen, in: Die Aktiengesellschaft, 1995, S.385 ff.

Herbert, Manfred: [Ausgleichsanspruch, BB, 1997] Neues zum Ausgleichsanspruch des Handelsvertreters, in: Betriebs-Berater, 1997, S.1317-1323.

Herschel, Wilhelm: [Arbeitnehmerähnliche Person, DB, 1977] Die arbeitnehmerähnliche Person, in: Der Betrieb, 1977, S.1185-1189.

Hesse, Günter: [Handlungsrechte, 1983] Zur Erklärung von Handlungsrechten mit Hilfe ökonomischer Theorie, in: *Schüller*, Alfred (Hrsg.): Property Rights und ökonomische Theorie, München: Vahlen, 1983.

Heuberger, Georg: [Sachliche Abhängigkeit, 1982] Sachliche Abhängigkeit als Kriterium des Arbeitsverhältnisses, Königstein / Taunus: Athenäum, 1982.

Hiestand, Martin: [Franchiseverträge, RIW, 1993] Die international privatrechtliche Beurteilung von Franchiseverträgen ohne Rechtswahlklausel, in: Recht der Internationalen Wirtschaft, 1993, S.173-179.

Hilger, Marie-Luise: [Arbeitnehmerbegriff, RdA, 1989] Zum Arbeitnehmer-Begriff, in: Recht der Arbeit, 1989, S.1-7.

Hirte, Heribert: [Konzern, 1993] Der qualifiziert faktische Konzern, 1993.

Hoffmann-Becking, Michael (Hrsg.): [Formularbuch, 1991] Beck´sches Formularbuch zum bürgerlichen, Handels- und Wirtschaftsrecht, 5.Auflage, München: Beck, 1991.

Holling, Detmar: [Franchising, 1996] Arbeitsrechtlicher Rechtsformzwang und Franchising, Dissertation, Bonn, 1996.

Holling, Werner: [Handelsvertreterverhältnis, BB, 1961] Gründe zur fristlosen Kündigung eines Handelsvertreterverhältnisses in der Rechtsprechung, in: Betriebs-Berater, 1961, S.994 ff.

Hopt, Klaus J.: [Handelsvertreterrecht, 1992] Handelsvertreterrecht, 29.Auflage, München: Beck, 1992.

\- [Handelsgesetzbuch, 1995] Handelsgesetzbuch, München: Beck, 1995.

Horn, Norbert: [Rationalität, AcP, 1976] Zur ökonomischen Rationalität des Privatrechts - Die privatrechtstheoretische Verwertbarkeit der "Economic Analysis of Law", in: Archiv für die civilistische Praxis, Tübingen: Mohr, 1976, S.307-333.

Hueck, Alfred / *Nipperdey*, Carl: [Arbeitsrecht, 1963] Lehrbuch des Arbeitsrechts, Band I, 7.Auflage, Berlin, 1963.

Hueck, Goetz: [Arbeitnehmer, RdA, 1969] Einige Gedanken zum Begriff des Arbeitnehmers, in: Recht der Arbeit, 1969, S.216-220.

Hüffer, Uwe: [Aktiengesetz, 1993] Kommentar zum Aktiengesetz, München: Beck, 1993.

Jakob-Siebert, Thinam: [Franchisevereinbarungen, CR, 1990] Franchisevereinbarungen und EG-Kartellrecht - Die neue EG-Gruppenfreistellungsverordnung, in: Computer und Recht, 1990, S.241 ff.

Jensen, Michael C. / *Meckling*, William H.: [Theory of the Firm, JFE, 1976] Theory of the Firm: Managerial Behavior, Agency Costs, and Ownership Structure, in: Journal of Financial Economics, 1976, S.305-360.

Jörges, Christian: [Franchiseverträge, ZHR, 1987] Franchiseverträge und europäisches Wettbewerbsrecht - Eine Kritik der Pronuptia Entscheidung des EuGH und der Kommission, in: Zeitschrift für das gesamte Wirtschafts- und Handelsrecht, 1987, S.195-223.

- [Franchise-Recht, Die AG, 1991] Status und Kontrakt im Franchise-Recht, in: Die Aktiengesellschaft, 1991, S.325-351.
- (Hrsg.): [Franchising, 1991] Franchising and the Law - Theoretical and Comparative Approaches in Europe and USA, Baden-Baden: Nomos, 1991.

Joseph, Robert T.: [Franchisors, BL, 1991] Do Franchisors Owe a Duty of Competence?, in: Business Lawyer, 1991, S.471-505.

Katz, Barbara G. / *Owen*, Joel: [Franchise Contracts, IJIO, 1992] On the Existence of Franchise Contracts and Some of Their Implications, in: International Journal of Industrial Organizations, 1992, S.567-593.

Katz, Michael L.: [Relations, 1989] Vertical Contractual Relations, in: *Schmalensee*, R. / *Willig*, R.D. (Hrsg.): Handboook of Industrial Organization, Vol.1, Elsevier Science Publishers, 1989, S.656-721.

Kaufmann, Patrick J. / *Lafontaine*, Francine: [Cost of Control, JLE, 1994] Cost of Control: The Source of Economic Rents for McDonald's Franchisees, in: Journal of Law and Economics, 1994, S.417-453.

Kaulmann, Thomas: [Unternehmungstheorie, 1987] Property Rights und Unternehmungstheorie, Stand und Weiterentwicklung der empirischen Forschung, München: VVF, 1987.

- [Property Rights, 1987] Property Rights and Fairness, Manageralism versus Property Rights Theory of the Firm, in: *Bamberger*, Günter / *Spremann*, Klaus (Hrsg.): Agency Theory, Information, and Incentives, Berlin: Springer, 1987, S.440 ff.

Kecht, Wolfdietrich: [EWG-Kartellrecht, 1988] Das EWG-Kartellrecht in der Praxis, Wien: Signum, 1988.

Kern, Hans-Günther: [Langzeitverträge, JuS, 1992] Ökonomische Theorie der Langzeitverträge, in: Juristische Schulung, 1992, S.13-19.

Kevekordes, Johannes: [Franchiseverträge, BB, 1987] Zur EWG-kartellrechtlichen Beurteilung von Franchise-Verträgen, in: Betriebs-Berater, 1987, S.74-80.

Kirchner, Christian: ["Ökonomische Analyse", ZHR, 1980] "Ökonomische Analyse des Rechts" und Recht der Wettbewerbsbeschränkungen, in: Zeitschrift für das gesamte Handels- und Wirtschaftsrecht, 1980, S.563-588.

Kittner, Michael: [Arbeits- und Sozialordnung, 1995] Arbeits- und Sozialordnung, Ausgewählte und eingeleitete Gesetzestexte, 20.Auflage, Köln: Bund, 1995.

Klein, Benjamin: [Transaction Cost Determinants, AER, 1980] Transaction Cost Determinants of "Unfair" Contractual Arrangements, in: American Economic Review, 1980, S.356-362.

Klein, Benjamin / *Crawford*, Robert G. / *Alchian*, Armen A.: [Vertical Integration, JLE, 1978] Vertical Integration, Appropriable Rents, and the Competitive Contracting Process, in: Journal of Law and Economics, 1978, S.297-326.

Klein, Benjamin / *Leffler*, Keith B.: [Contractual Performance, JPE, 1981] The Role of Market Forces in Assuring Contractual Performance, in: Journal of Political Economy, 1981, S.615-640.

Klein, Benjamin / *Saft*, Lester F.: [Franchise Tying Contracts, JLE, 1985] The Law and Economics of Franchise Tying Contracts, in: Journal of Law and Economics, 1985, S.345-361

Klinkhammer, Heiner / *Welslau*, Dietmar: [Europäischer Betriebsrat, Die ArbuR, 1994] Auf der Ziegeraden: Der Europäische Betriebsrat, in: Arbeit und Recht, 1994, S.326 ff.

- [Europäischer Betriebsrat, Die AG, 1994] Der Europäische Betriebsrat, in: Die Aktiengesellschaft, 1994, S.488 ff.

Klosterfelde, Walter / *Metzlaff*, Karsten: [GWB-Kommentar, 1994] §§ 15-19 GWB, in: *Langen*, Eugen / *Bunte*, Hermann-Josef: Kommentar zum deutschen und europäischen Kartellrecht, 7.Auflage, Neuwied: Luchterhand, 1994, S.391 ff.

Kneppers-Heijnert, Elizabeth Mary: [Franchising, 1988] Een economische en juridische Analyse van Franchising tegen de Achtergrond van een Property Rights - en Transactiekostenbenadering, Dissertation, Groningen, 1988.

Knigge, Jürgen: [Franchisesysteme, 1973] Franchise-Systeme im Dienstleistungssektor, Dissertation, Berlin: Duncker & Humblot, 1973.

Köhler, Helmut: [Abhängige Unternehmen, NJW, 1978] Der Schutz des abhängigen Unternehmens im Schnittpunkt von Kartell- und Konzernrecht, in: Neue Juristische Wochenschrift, 1978, S.2473 ff.

- [Vertragsrecht, ZHR, 1980] Vertragsrecht und "Property-Rights"-Theorie - Zur Integration ökonomischer Theorien in das Privatrecht, in: Zeitschrift für das gesamte Handels- und Wirtschaftsrecht, 1980, S.589-609.

- [Ausgleichsanspruch, NJW, 1990] Der Ausgleichsanspruch des Franchisenehmers: Bestehen, Bemessung, Abwälzung, in: Neue Juristische Wochenschrift, 1990, S.1689-1696.

Konzen, Horst: [Arbeitsrechtliche Drittbeziehungen, ZfA, 1982] Arbeitsrechtliche Drittbeziehungen, in: Zeitschrift für Arbeitsrecht, 1982, S.259-291.

Koppensteiner, Hans-Georg: [Kölner Kommentar, 1988] §§ 15 ff. AktG, in: Kölner Kommentar zum Aktiengesetz, 2.Auflage, Köln: Heymanns, 1988.

Kramer, Ernst: [Innominatverträge, 1985] Funktion, rechtliche Problematik und Zukunftsperspektiven der Innominatverträge, in: *Kramer*, Ernst (Hrsg.): Leasing, Factoring, Franchising, Bern, Stuttgart: Haupt, 1985, S.21 ff.

Krueger, Alan B.: [Franchising, Quart.JE, 1991] Ownership, Agency, And Wages: An Examination of Franchising in the Fast Food Industry, in: The Quarterly Journal of Economics, 1991, S.75-101.

Kübler, Tobias: [Franchiseverträge, 1989] Franchise-Verträge in der deutschen Rechtspraxis, Dissertation, Stuttgart: Sprint-Druck, 1989.

Kümmel, Helga Hannelore: [Ausgleichsanspruch, DB, 1997] Der Ausgleichsanspruch des Vertragshändlers, in: Der Betrieb, 1997, S.27-32.

Küstner, Wolfram: [Anmerkung, AP Nr.1 zu § 84 HGB] Anmerkung zu BAG Urteil vom 24.04.1980 AP Nr.1 zu § 84 HGB.

Küstner, Wolfram: [Wettbewerbsverbot, BB, 1997] Zur Wirksamkeit eines Wettbewerbsverbots nach § 90a HGB, wenn kein Bezirk zugewiesen ist, in: Betriebs-Berater, 1997, S.1753-1755.

Küstner, Wolfram / *Manteuffel*, Kurt v.: [Ausgleichsanspruch, BB, 1988] Berechnung des Ausgleichsanspruchs des Vertragshändlers, in: Betriebs-Berater, 1988, S.1972 ff.

- [Handelsvertreterrecht, BB, 1990] Die Änderungen des Handelsvertreterrechts aufgrund der EG-Harmonisierungsrichtlinie vom 18.12.1986, in: Betriebs-Berater, 1990, S.291-299.

Kunkel, Michael: [Franchising, 1994] Franchising und asymmetrische Information - eine institutionenökonomische Untersuchung, Dissertation, Wiesbaden: Deutscher Universitäts Verlag, 1994.

Kurtenbach, Jutta: [Franchiseverträge, 1986] Die Beurteilung von Bezugs- und Alleinvertriebsbindungen in Franchiseverträgen nach § 18 des Gesetzes gegen Wettbewerbsbeschränkungen und Artikel 85 des Vertrages zur Gründung der Europäischen Wirtschaftsgemeinschaft, Dissertation, München: Florentz, 1986.

Kuther, Hermann: [Handelsvertretervorschriften, NJW, 1990] Die neuen Handelsvertretervorschriften im HGB, in: Neue Juristische Wochenschrift, 1990, S.304-305.

Lafontaine, Francine: [Franchising, RAND J., 1992] Agency Theory and Franchising: Some Empirical Results, in: RAND Journal of Economics, 1992, S.263 ff.

- [Franchising, JLEO, 1993] Contractual Arrangements as Signaling Devices: Evidence from Franchising, in: Journal of Law, Economics, and Organization, 1993, S.256-289.

Lafontaine, Francine / *Kaufmann*, Patrick J.: [Franchise Systems, JRT, 1994] The Evolution of Ownership Patterns in Franchise Systems, in: Journal of Retailing, 1994, S.97-113.

Lal, Rajiv: [Franchising, MS, 1990] Improving Channel Coordination Through Franchising, in: Marketing Science, 1990, S.299-318.

Leipold, Helmut: [Institutionentheorie, ORDO, 1989] Das Ordnungsproblem in der ökonomischen Institutionentheorie, in: Jahrbuch für die Ordnung von Wirtschaft und Gesellschaft, 1989, S.129-146.

Lieb, Manfred: [Beschäftigung, RdA, 1977] Beschäftigung auf Produktionsdauer - Selbständige oder unselbständige Tätigkeit?, in: Recht der Arbeit, 1977, S.210-218.

Liesegang, Helmuth: [Franchiseverträge, BB, 1991] Die Bedeutung des AGBG für Franchiseverträge, in: Betriebs-Berater, 1991, S.2381-2385.

- [Franchisevertrag, 1992] Der Franchise-Vertrag, 4.Auflage, Heidelberg: Verlag Recht und Wirtschaft, 1992.

Lillis, Charles M. / *Narayana*, Chem L. / *Gilman*, John L.: [Franchise, JM, 1976] Competitive Advantage Variation Over the Life Cycle of a Franchise, in: Journal of Marketing, 1976, S.77-80.

Linnenkohl, Karl: [Arbeitsrecht, 1986] Arbeitsrecht, 2.Auflage, München: Oldenbourg, 1986.

Linnenkohl, Karl / *Kilz*, Gerhard / *Rauschenberg*, Hans-Jürgen / *Reh*, Dirk A.: [Arbeitnehmerbegriff, ArbuR, 1991] Der Begriff des Arbeitnehmers und die "informationelle Abhängigkeit", in: Arbeit und Recht, 1991, S.203-206.

Lörcher, Gino: [Anpassung, DB, 1996] Die Anpassung langfristiger Verträge an veränderte Umstände, in: Der Betrieb, 1996, S.1269 ff.

Löwe, W.: [Geltungserhaltende Reduktion, ZIP, 1995] Geltungserhaltende Reduktion von AGB bei "fertig bereitliegenden Rechtsordnungen", Zeitschrift für Wirtschaftsrecht, 1995, S.1274.

Löwisch, Manfred / *Rieble*, Volker: [Tarifvertragsgesetz, 1992] Tarifvertragsgesetz: Kommentar, München: Vahlen, 1992.

Lutter, Marcus: [Haftung, ZIP, 1985] Die Haftung des hessischen Unternehmers im GmbH-Konzern, in: Zeitschrift für Wirtschaftsrecht, 1985, S.1425 ff.

- [100 Bände BGHZ, ZHR, 1987] 100 Bände BGHZ: Konzernrecht, in: Zeitschrift für das gesamte Wirtschafts- und Handelsrecht, 1987, S.444 ff.

Maas, Peter: [Franchising, 1990] Franchising in wirtschaftspsychologischer Perspektive - Handlungsspielraum und Handlungskompetenz in Franchise-Systemen, Dissertation, Frankfurt am Main: Lang, 1990.

Mack, Manfred: [Franchising, 1975] Neuere Vertragssysteme in der Bundesrepublik Deutschland - Eine Studie zum Franchising, Bielefeld: Gieseking, 1975.

Mallen, Bruce: [Conflict, 1965] Conflict and Cooperation in Marketing Channels, in: *Smith*, George L. (Hrsg.): Reflections on Progress in Marketing, Chicago: American Marketing Association, 1965, S.83-85.

Markert, Kurt: [GWB-Kommentar, 1992] § 26 GWB, in: *Immenga*, Ulrich / *Mestmäcker*, Ernst-Joachim (Hrsg.): Gesetz gegen Wettbewerbsbeschränkungen, Kommentar, 2.Auflage, München: Beck, 1992.

Martin, Robert E.: [Franchising, AER, 1988] Franchising and Risk Management, in: American Economic Review, 1988, S.954 ff.

Martinek, Michael: [Abzahlungsgesetz, ZIP, 1986] Abzahlungsgesetz und Absatzmittlungsverträge, in: Zeitschrift für Wirtschaftsrecht, 1986, S.1440 ff.

- [Kommentar, EWiR, 1987] Kommentar zum Urteil des OLG Düsseldorf vom 15.01.1987, in: Entscheidungen zum Wirtschaftsrecht, 1987, S.312.
- [Franchising, 1987] Franchising - Grundlagen der zivil- und wettbewerbsrechtlichen Behandlung der vertikalen Gruppenkooperation beim Absatz von Waren und Dienstleistungen, Heidelberg: von Decker, 1987.
- [Franchising, ZIP, 1988] Franchising im Handelsrecht, in: Zeitschrift für Wirtschaftsrecht 1988, S.1362-1379.
- [Vertriebsrecht, 1992] Aktuelle Fragen des Vertriebsrechts: Belieferungs-, Fachhändler-, Vertragshändler-, Agentur- und Franchisesysteme, RWS-Skript 189, 3.Auflage, Köln: Verlag Kommunikationsforum Recht, Wirtschaft, Steuern, 1992.

- [Vertragstypen, 1992] Moderne Vertragstypen, Band II, Franchising, Know-How-Verträge, Management- und Consultingverträge, München: Beck, 1992.

Mathewson, Frank G. / *Winter*, Ralph A.: [Franchise Contracts, JLE, 1985] The Economics of Franchise Contracts, in: Journal of Law and Economics, 1985, S.503-526.

- [Franchise Contracts, 1991] Territorial Restrictions in Franchise Contracts, Working Paper, Department of Economics, University of Toronto, 1991.

Matthießen, Volker: [Franchisenehmerschutz, ZIP, 1988] Arbeits- und handelsvertreterrechtliche Ansätze eines Franchisenehmerschutzes, in: Zeitschrift für Wirtschaftsrecht, 1988, S.1089 ff.

Maus, Wilhelm: [Freie Mitarbeiter, RdA, 1968] Die "freien Mitarbeiter" der Deutschen Rundfunk- und Fernsehanstalten, in: Recht der Arbeit, 1968, S.367 ff.

Mayer, Udo: [Handels- und Versicherungsvertreter, AiB, 1989] Handels- und Versicherungsvertreter, in: Arbeitsrecht im Betrieb, 1989, S.72-77.

- [Personalpolitik, ArbuR, 1990] Rechtsprobleme bei der Personalpolitik mit Selbständigen, in: Arbeit und Recht, 1990, S.213-221.

Mayer, Udo / *Paasch*, Ulrich: [Scheinselbständigkeit, AiB, 1987] Scheinselbständigkeit - ein neues Konzept der Personalpolitik, in: Arbeitsrecht im Betrieb, 1987, S.57-60.

- [Deregulierung, WSIMitt, 1987] Deregulierung von Arbeitsbedingungen durch selbständige Beschäftigung - Das Beispiel des Versicherungsaußendienstes, in: WSI-Mitteilungen, 1987, S.581-589.

- [Selbständig, AiB, 1988] Selbständig, chic und frei? Propagandistinnen in Kaufhäusern, in: Arbeitsrecht im Betrieb, 1988, S.242-246.

- [Selbständigkeit, 1990] Ein Schein von Selbständigkeit - Ein-Person-Unternehmen als neue Form der Abhängigkeit, Köln: Bund, 1990.

Mayer, Udo / *Paasch*, Ulrich / *Ruthenberg*, Hans-Jürgen: [Scheinselbständigkeit, SozSich, 1988] Umgehung der Sozialversicherungspflicht durch Scheinselbständigkeit, in: Soziale Sicherheit, 1988, S.77 ff.

Michael, Steven Craig: [Strategy, 1993] Strategy, Structure, and Control in Franchise Systems, Harvard University, Dissertation, 1993.

Milde, Helmuth: [Adverse Selektion, WiSt, 1988] Die Theorie der adversen Selektion, in: Wirtschaftswissenschaftliches Studium, 1988, S.1-6.

Minkler, Alanson Peter: [Franchise, 1988] Property Rights, Monitoring, and Search: Why Firms Franchise, Dissertation, University of California Los Angeles, 1988.

- [Franchise, JITE, 1992] Why Firms Franchise: A Search Cost Strategy, in: Journal of Institutional and Theoretical Economics, 1992, S.240-259.

Mohr, Wolfgang: [Arbeitnehmerbegriff, 1994] Der Arbeitnehmerbegriff im Arbeits- und Steuerrecht, Frankfurt am Main: Lang, 1994.

Monjau, Herbert: [Konzernbetriebsrat, BB, 1972] Der Konzernbetriebsrat, in: Betriebs-Berater, 1972, S.839-843.

Mückenberger, Ulrich: [Krise, ZfS, 1985] Die Krise des Normalarbeitsverhältnisses - Hat das Arbeitsrecht noch Zukunft?, in: Zeitschrift für Sozialreform, 1985, S.415-434.

Mühlhaus, Karsten: [Franchising, 1989] Geld verdienen mit Franchising - Vor- und Nachteile der Partnerschaft in Franchisesystemen, München: Heyne, 1989.

Müller-Graff, Peter-Christian: [Franchising, JITE, 1988] Franchising: A Case of Long-Term Contracts, in: Journal of Institutional and Theoretical Economics, 1988, S.122-144.

Müller-Hagedorn, Lothar: [Distribution, JITE, 1995] The Variety of Distribution Systems, in: Journal of Institutional and Theoretical Economics, 1995, S.186-202.

Nagel, Bernhard: [Wirtschaftsrecht I, 1987] Wirtschaftsrecht I, 3.Auflage, München: Oldenbourg, 1987.

- [Lieferant on line, DB, 1988] Der Lieferant on line - Unternehmerische Probleme der Just-in-time Produktion am Beispiel der Automobilindustrie, in: Der Betrieb, 1988, S.2291 ff.
- [Wirtschaftsrecht II, 1989] Wirtschaftsrecht II, Eigentum, Delikt, Vertrag. Mit einer Einführung in die ökonomische Analyse des Rechts, München: Oldenbourg, 1989.
- [Just-in-time-Lieferbeziehungen, DB, 1991] Schuldrechtliche Probleme bei Just-in-Time-Lieferbeziehungen, in: Der Betrieb, 1991, S.319 ff.
- [Konzernstrukturen, DBR, 1991] Neue Konzernstrukturen und Mitbestimmung, in: Gewerkschaftliche Umschau, Fachbeilage in: Der Betriebsrat, 1991, S.257 ff.
- [Zulieferbeziehungen, WuW, 1992] Zulieferbeziehungen der Automobilindustrie und Wettbewerbsrecht der EG, in: Wirtschaft und Wettbewerb, 1992, S.818 ff.
- [Autonomie, 1994] Autonomie, Abhängigkeit und Wettbewerb: Rechtliche und ökonomische Analyse, in: Jahrbuch 11 Ökonomie und Gesellschaft, Markt, Norm und Moral, Frankfurt am Main, New York: Campus, 1994.
- [Wirtschaftsrecht III, 1994] Wirtschaftsrecht III, Unternehmens- und Konzernrecht, München: Oldenbourg, 1994.
- [Tarifvertrag, GMH, 1996] Wie effizient sind Tarifvertrag und Mitbestimmung? Kosten und Nutzen von zwei Grundpfeilern der Arbeitsverfassung, in: Gewerkschaftliche Monatshefte, 1996, S.97 ff.
- [Arbeitnehmer, Die Mitb, 1998] Arbeitnehmer wie Aktionäre behandeln, in: Die Mitbestimmung, 1997, S.48 ff.

Nagel, Bernhard / *Riess*, Birgit / *Theis*, Gisela: [Just-in-time-Konzern, DB, 1989] Der faktische Just-in-time-Konzern - Unternehmensübergreifende Rationalisierungskonzepte und Konzernrecht am Beispiel der Automobilindustrie, in: Der Betrieb, 1989, S.1505 ff.

- [Just-in-time Produktion, 1990] Der Lieferant On Line - Just-in-time Produktion und Mitbestimmung in der Automobilindustrie, Baden-Baden: Nomos, 1990.
- [Neue Konzernstrukturen, 1991] Neue Konzernstrukturen, Baden-Baden: Nomos, 1991.

Nassall, Wendt: [Verbraucherverträge, JZ, 1995] Die Anwendung der EU-Richtlinie über mißbräuchliche Klauseln in Verbraucherverträgen, in: Juristen-Zeitung 1995, S.689 ff.

Niebling, Jürgen: [Allgemeine Geschäftsbedingungen, 1991] Allgemeine Geschäftsbedingungen von A-Z, 2.Auflage, München: Beck, 1991.
- [Allgemeine Geschäftsbedingungen, BB, 1992] Isolierte Betrachtung Allgemeiner Geschäftsbedingungen oder Würdigung des Gesamtvertrages?, in: Betriebs-Berater, 1992, S.717-720.

Nirk / Brezing / Bächle: [Aktiengesellschaft, 1994] Handbuch der Aktiengesellschaft, 3.Auflage, 1994.

Noetzel, Ludwig: [Ausgleichsanspruch, DB, 1993] Die eigene Kündigung eines Handelsvertreters und sein gesetzlicher Ausgleichsanspruch, in: Der Betrieb, 1993, S.1557 ff.

Nolting, Anja: [Franchisesysteme, 1994] Die individualarbeitsrechtliche und betriebsverfassungsrechtliche Beurteilung von Franchisesystemen, Dissertation, Frankfurt am Main: Lang, 1994.

Norton, Seth W.: [Franchising, JOB, 1988] An Empirical Look at Franchising as an Organizational Form, in: Journal of Business, 1988, S.197-218.
- [Franchising, JITE, 1989] Franchising, Labor Productivity, and the New Institutional Economics, in: Journal of Institutional and Theoretical Economics, 1989, S.578-596.

Paasch, Ulrich: ["Selbstfahrende Unternehmer", WSIMitt, 1990] "Selbstfahrende Unternehmer" - oder: Wie der Traum von der Selbständigkeit unter die Räder kommt, in: WSI-Mitteilungen, 1990, S.220-227.

Palandt, Otto: [Bürgerliches Gesetzbuch, 1983] Bürgerliches Gesetzbuch, Kommentar, München: Beck, 1983.
- [Bürgerliches Gesetzbuch, 1995] Bürgerliches Gesetzbuch, Kommentar, 54.Auflage, München: Beck, 1995.

Pfeiffer, Thomas / *Dauck*, Andreas: [Verbraucherkreditgesetz, NJW, 1997] BGH-Rechtsprechung aktuell: Verbraucherkreditgesetz, Entscheidungen und LM-Anmerkungen 1991-1995, in: Neue Juristische Wochenschrift, 1997, S.30-34.

Phillips, Owen R.: [Franchises, SEJ, 1991] Vertical Restrictions and the Number of Franchises, in: Southern Economic Journal, 1991, S.423-429.

Picot, Arnold: [Organisation, 1991] Ökonomische Theorien der Organisation - Ein Überblick über neuere Ansätze und deren betriebswirtschaftliches Anwendungspotential, in: *Ordelheide*, Dieter u.a. (Hrsg.): Betriebswirtschaftslehre und ökonomische Theorie, Stuttgart: Poeschel, 1991, S.143-170.

Pitegoff, Thomas / *Blinn*, Hans-Jürgen: [Franchiseverträge, WuW, 1991] Praktische Erfahrungen mit Franchiseverträgen in den USA, in: Wirtschaft und Wettbewerb, 1991, S.899-905.

- [Franchiseverträge, WRP, 1991] Als deutscher Unternehmer mit Franchiseverträgen in den USA konfrontiert, in: Wettbewerb in Recht und Praxis, 1991, S.631-633.

Plander, Harro: [Normalarbeitsverhältnis, 1990] Flucht aus dem Normalarbeitsverhältnis: An den Betriebsräten und Personalräten vorbei?, Baden-Baden: Nomos, 1990.

Plett, Martin / *Welling*, Thomas: [Wettbewerbsverbot, DB, 1986] Wirksamkeitsvoraussetzungen des nachvertraglichen Wettbewerbsverbots, in: Der Betrieb, 1986, S.2282 ff.

Poenicke, Klaus: [Duden, 1988] Duden, Wie verfaßt man wissenschaftliche Arbeiten?, Ein Leitfaden vom ersten Studiensemester bis zur Promotion, 2.Auflage, Mannheim: Duden, 1988.

Pratt, John W. / *Zeckhauser*, Richard J. (Hrsg.): [Principals and Agents, 1991] Principals and Agents: The Structure of Business, Boston: Harvard Business School Press, 1991.

Prühs, Hagen: [Aktienrechtliche Abhängigkeit, Die AG, 1972] Grundprobleme der aktienrechtlichen Abhängigkeit im Spiegel der neuen Literatur, in: Die Aktiengesellschaft, 1972, S.308 ff.

- [Tatsächliche Abhängigkeit, DB, 1972] Die tatsächliche Abhängigkeit aus aktienrechtlicher Sicht, in: Der Betrieb, 1972, S.2001 ff.

Pruitt, Mark: [Disclosure, ComLJ, 1985] Disclosure and Good Cause Legislation: "Where's the Beef" in Franchise Regulation?, in: Commercial Law Journal, 1985, S.563-570.

Pünnel, Leo: [Arbeitsrecht, 1989] Was man vom Arbeitsrecht wissen sollte, 14.Auflage, Frankfurt am Main: Luchterhand, 1989.

Raiser, Thomas: [Kapitalgesellschaften, 1992] Recht der Kapitalgesellschaften: ein Handbuch für Praxis und Wissenschaft, 2.Auflage, München: Vahlen, 1992.

Rancke, Friedbert: [Freie Berufe, 1978] Die freien Berufe zwischen Arbeits- und Wirtschaftsrecht, Berlin: Duncker & Humblot, 1978.

- [Arbeitnehmerbegriff, ArbuR, 1979] Arbeitnehmer-Begriff und sozio-ökonomischer Strukturwandel - Eine Analyse der Rechtsprechung des BAG, in: Arbeit und Recht, 1979, S.9 ff.

Ratay, Robert: [Franchisesysteme, 1993] Franchisesysteme und Preisbindungsverbot nach deutschem und EG-Kartellrecht: eine juristische und ökonomische Analyse, München: VVF, 1993.

Rau-Bredow, Hans: [Institutionenökonomie, 1992] Zur theoretischen Fundierung der Institutionenökonomie, München: VVF, 1992.

Rebmann, Kurt / *Säcker*, Franz Jürgen (Hrsg.): [Münchener Kommentar, 1993] Münchener Kommentar zum Bürgerlichen Gesetzbuch, 3.Auflage, München: Beck, 1993.

Reinecke, G.: [Würgegriff, HB, 1992] Franchising im Würgegriff des Arbeitsrechts?, in: Handelsblatt vom 07.05.1992.

- [Würgegriff, DFV, 1992] Das Franchising im Würgegriff, in: *DFV (Hrsg.)*: Jahrbuch Franchising 1992, Frankfurt am Main: Deutscher Fachverlag, 1992.

Reuter, Dieter: [Personengesellschaft, ZHR, 1982] Die Personengesellschaft als abhängiges Unternehmen, in: Zeitschrift für das gesamte Handels- und Wirtschaftsrecht, 1982, S.1 ff.

- [Personengesellschaft, Die AG, 1986] Ansätze eines Konzernrechts der Personengesellschaft in der höchstrichterlichen Rechtsprechung, in: Die Aktiengesellschaft, 1986, S.130-140.

Reuter, Norbert: [Institutionalismus, ZWS, 1994] Institutionalismus, Neo-Institutionalismus, Neue Institutionelle Ökonomie und andere "Institutionalismen" - Eine Differenzierung konträrer Konzepte, in: Zeitschrift für Wirtschafts- und Sozialwissenschaften, 1994, S.5-23.

Richardi, Reinhard: [Betriebsverfassungsgesetz, 1981] Betriebsverfassungsgesetz: Kommentar, 6.Auflage, München: Beck, 1981.

Richter, Rudolf: [Institutionenökonomik, ZWS, 1990] Sichtweise und Fragestellungen der Neuen Institutionenökonomik, in: Zeitschrift für Wirtschafts- und Sozialwissenschaften, 1990, S.571-591.

Richter, Rudolf / *Bindseil*, Ulrich: [Neue Institutionenökonomik, WiSt, 1995] Neue Institutionenökonomik, in: Wirtschaftswissenschaftliches Studium, 1995, S.132-140.

Rittner, Fritz: [Wettbewerbsverbot, DB, 1989] Das Wettbewerbsverbot des Handelsvertreters und § 18 GWB, in: Der Betrieb, 1989, S.2587-2595.

Rosenfelder, Ulrich: [Freie Mitarbeiter, 1982] Der arbeitsrechtliche Status des freien Mitarbeiters, Dissertation, Berlin: Duncker & Humblot, 1982.

Rubin, Paul H.: [Franchise Contracts, JLE, 1978] The Theory of the Firm and the Structure of the Franchise Contract, in: Journal of Law and Economics, 1978, S.223 ff.

Sauter, Herbert: [Franchisevereinbarungen, WuW, 1989] Die gruppenweise Freistellung von Franchisevereinbarungen, in: Wirtschaft und Wettbewerb, 1989, S.284-292.

Schäfer, Wilhelm: [Wirtschaftswörterbuch, 1992] Wirtschaftswörterbuch, Band 1, Englisch-Deutsch, 4.Auflage, München: Vahlen, 1992.

Schaub, Günter: [Arbeitsrechts-Handbuch, 1992] Arbeitsrechts-Handbuch: systematische Darstellung und Nachschlagewerk für die Praxis, 7.Auflage, München: Beck, 1992.

Schaub, Stefan: [Franchising, WuW, 1987] Franchising und EG-Kartellrecht, in: Wirtschaft und Wettbewerb, 1987, S.607-626.

Schenk, Karl-Ernst: [Institutionenökonomik, ZWS, 1992] Die neue Institutionenökonomik - Ein Überblick über wichtige Elemente und Probleme der Weiterentwicklung, in: Zeitschrift für Wirtschafts- und Sozialwissenschaften, 1992, S.337-378.

Schlegelberger, Franz: [Handelsgesetzbuch, 1992] Handelsgesetzbuch: Kommentar, 5.Auflage, München: Vahlen, 1992, Band 3, Halbband 1, §§ 105-160 HGB.

Schmid, Günther / *Deutschmann*, Christoph / *Grabher*, Gernot: [Institutionelle Ökonomie, 1988] Die neue institutionelle Ökonomie. Kommentare aus politologischer, soziologischer und historischer Perspektive institutioneller Arbeitsmarkttheorie, Berlin, 1988.

Schmidt, Karsten: [Gleichordnung, ZHR, 1991] Gleichordnung im Konzern: terra incognita?, in: Zeitschrift für das gesamte Wirtschafts- und Handelsrecht, 1991, S.417 ff.

- [Handelsrecht, 1994] Handelsrecht, 4.Auflage, Köln: Heymann, 1994.

- [Unternehmensbegriff, Die AG, 1994] Die wundersame Karriere des Unternehmensbegriffs im Reich der Konzernhaftung, in: Die Aktiengesellschaft, 1994, S.189 ff.

Schmidt-Salzer, Joachim: [Verbraucherverträge, BB, 1995] Transformation der EG-Richtlinie über mißbräuchliche Klauseln in Verbraucherverträgen vom 05.04.1993 in deutsches Recht und AGB-Gesetz, in: Betriebs-Berater, 1995, S.733 ff.

- [Verbraucherverträge, BB, 1995] Transformation der EG-Richtlinie über mißbräuchliche Klauseln in Verbraucherverträgen vom 05.04.1993 in deutsches Recht und AGB-Gesetz: Einzelfragen, in: Betriebs-Berater, 1995, S.1493 ff.

- [AGB-Grundfragen, JZ, 1995] Recht der Allgemeinen Geschäftsbedingungen und der mißbräuchlichen Klauseln, Grundfragen, Juristen Zeitung, 1995, S.223-231.

Schödermeier, Martin: [Franchiseverträge, WuW, 1986] Die "Pronuptia"-Entscheidung des EuGH - "Leading Case" für die Beurteilung von Franchiseverträgen unter europäischem Wettbewerbsrecht, in: Wirtschaft und Wettbewerb, 1986, S.669-677.

Schüller, Alfred (Hrsg.): [Property Rights, 1983] Property Rights und ökonomische Theorie, München: Vahlen, 1983.

Schulthess, Victor G.: [Franchisevertrag, 1975] Der Franchise-Vertrag nach schweizerischem Recht, Dissertation, Zürich, 1975.

Schumann, Claus-Dieter: [Schiedsrichterlizenz, NJW, 1992] Auf dem Weg zur Schiedsrichterlizenz, in: Neue Juristische Wochenschrift, 1992, S.2065 f.

Schumann, Jochen: [Ökonomische Institution, WISU, 1987] Die Unternehmung als ökonomische Institution, in: Das Wirtschaftsstudium, 1987, S.212 ff.

Schwerdtner, Peter: [Handelsvertreterrecht, DB, 1989] Das Recht zur außerordentlichen Kündigung als Gegenstand rechtsgeschäftlicher Vereinbarungen im Rahmen des Handelsvertreterrechts, in: Der Betrieb, 1989, S.1757 ff.

Sciarra, Silvana: [Franchising, 1991] Franchising and Contract of Employment: Notes on a Still Impossible Assimilation, in: *Joerges*, Christian: Franchising and the Law, Baden-Baden: Nomos, 1991.

Selzner, Harald: [Mitbestimmung, 1994] Betriebsverfassungsrechtliche Mitbestimmung in Franchise-Systemen, Baden-Baden: Nomos, 1994.

Sen, Kabir C.: [Franchising, Managerial and Decision Econ, 1993] The Use of Initial Fees and Royalties in Business-Format Franchising, in: Managerial & Decision Economics, 1993, S.175-190.

Skaupy, Walther: [Franchising, DB, 1982] Das Franchising als zeitgerechte Vertriebskonzeption, in: Der Betrieb, 1982, S.2446 ff.

- [Unvereinbarkeit, WuW, 1984] Zur Frage der Unvereinbarkeit eines Franchise-Vertrages mit der Gruppenfreistellungsverordnung VO 67/67 der EG (Urteil des OLG Frankfurt vom 02.12.1982), in: Wirtschaft und Wettbewerb, 1984, S.383 ff.
- [Pronuptia, WuW, 1986] Pronuptia und die Folgen, in: Wirtschaft und Wettbewerb, 1986, S.445-454.
- [Franchisevertrag, 1986] Anmerkung zum Franchisevertrag, in: *Hoffmann-Becking*, Michael / Schippel, Helmut (Hrsg.): Beck'sches Formularhandbuch zum Bürgerlichen, Handels- und Wirtschaftsrecht, 4.Auflage, München: Beck, 1986, S.805 ff.
- [Franchising, 1987] Franchising - Handbuch für die Betriebs- und Rechtspraxis, München: Vahlen, 1987.
- [Franchisesysteme, BB, 1990] Franchise-Systeme und Betriebsräte, in: Betriebs-Berater, 1990, S.134-136.
- [Replik, BB, 1990] Replik, in: Betriebs-Berater, 1990, S.1061-1062.
- [Zu den Begriffen, NJW, 1992] Zu den Begriffen "Franchise", "Franchisevereinbarung" und "Franchising", in: Neue Juristische Wochenschrift, 1992, S.1785-1790.
- [Haftung, BB, 1995] Haftung des Franchisegebers für Werbung des Franchisenehmers?, in: Betriebs-Berater, 1995, S.2121f.

Sonnenschein, Jürgen: [HGB-Kommentar, 1989] in: *Emmerich*, Volker: Handelsgesetzbuch (ohne Seerecht): Kommentar, Berlin; New York: de Gruyter, 1989.

Staudinger, Julius von: [Bürgerliches Gesetzbuch, 1983] Kommentar zum Bürgerlichen Gesetzbuch mit Einführungsgesetz und Nebengesetzen, Buch 2: Recht der Schuldverhältnisse, 12.Auflage, Berlin: Schweitzer de Gruyter, 1983.

Steindorff, Ernst: [Handelsgenossenschaften, BB, 1979] Bezugsbindungen und Konzentrationsrabatte im Bereich der Handelsgenossenschaften, in: Betriebs-Berater, 1979, Beilage 3.

Storholm, Gordon / Scheuing, Eberhard E.: [Franchising, JBusEthics, 1994] Ethical Implications of Business Format Franchising, in: Journal of Business Ethics, 1994, S.181-188.

Theis, Gisela: [Konzernstrategien, 1992] Neue Konzernstrategien und einheitliche Leitung im faktischen Konzern, Dissertation, Stuttgart: M und P, Verlag für Wissenschaft und Forschung, 1992.

Theisen, Manuel René: [Wissenschaftliches Arbeiten, 1990] Wissenschaftliches Arbeiten, 4.Auflage, München: Vahlen, 1990.

- [Der Konzern, 1991] Der Konzern - Betriebswirtschaftliche und rechtliche Grundlagen der Konzernunternehmung, Stuttgart: Poeschel, 1991.

Thiele, Mouna: [Neue Institutionenökonomik, WISU, 1994] Neue Institutionenökonomik, in: Das Wirtschaftsstudium, 1994, S.993 ff.

Thümmel, Hans / Oldenburg, Werner: [Unklarheitenregel, BB, 1979] Fällt die AGB-Klausel "soweit gesetzlich zulässig" unter die Unklarheitenregel des AGBG?, in: Betriebs-Berater, 1979, S.1067-1070.

Thume, Karl-Heinz: [Ausgleichsanspruch, BB, 1994] Neues zum Ausgleichsanspruch des Handelsvertreters und des Vertragshändlers, in: Betriebs-Berater, 1994, S.2358-2363.

Tiemann, Ralf: [Franchisevertrag, 1990] Die Beendigung des Franchise-Vertrages durch Kündigung und Fristablauf, Dissertation, Frankfurt am Main: Haag und Herchen, 1990.

Tietz, Bruno / *Mathieu*, Günter: [Franchising, 1979] Das Franchising als Kooperationsmodell für den mittelständischen Groß- und Einzelhandel, Heft 85, Forschungsinstitut für Wirtschaft, Verfassung und Wettbewerb, Köln: Heymanns, 1979.

Tietz, Bruno: [Franchising, DBW, 1986] Franchising, in: Die Betriebswirtschaft, 1986, S.398.

- [Franchising, 1987] Franchising in ausgewählten Bereichen des Handels in der Gemeinschaft - eine wettbewerbspolitische Analyse, Luxemburg: Amt für Veröffentlichungen der EG, 1987.
- [Handbuch Franchising, 1991] Handbuch Franchising: Zukunftsstrategien für die Marktbearbeitung, 2.Auflage, Landsberg am Lech: Moderne Industrie, 1991.

Tietzel, Manfred: [Property Rights, ZWP, 1981] Die Ökonomie der Property Rights: Ein Überblick, in: Zeitschrift für Wirtschaftspolitik, 1981, S.207-243.

Traeger, Burkhard: [Arbeitsrechtl. Sozialschutz, 1981] Die Reichweite des arbeitsrechtlichen Sozialschutzes - zur Abgrenzungsproblematik des durch Arbeitsgesetze zu schützenden Personenkreises, Dissertation, München: Minerva Publikationen, 1981.

Ullmann, Eike: [Franchise und Lizenz, CR, 1991] Die Schnittmenge von Franchise und Lizenz, in: Computer und Recht, 1991, S.193 ff.

- [Franchising, NJW, 1994] Die Verwendung von Marke, Geschäftsbezeichnung und Firma im geschäftlichen Verkehr, insbesondere des Franchising, in: Neue Juristische Wochenschrift, 1994, S.1255-1262.

Ulmer, Peter: [Der Vertragshändler, 1969] Der Vertragshändler, München: Beck'sche Verlagsbuchhandlung, 1969.

- [Verbraucherkreditgesetz, 1992] Verbraucherkreditgesetz: Kommentar, Sonderausgabe, München: Beck, 1992.
- [Verbraucherverträge, EuZW, 1993] Zur Anpassung des AGBG an die EG-Richtlinie über mißbräuchliche Klauseln in Verbraucherverträgen, in: Europäische Zeitschrift für Wirtschaftsrecht, 1993, S.337 ff.

Ulmer, Peter / *Brandner* / *Hensen* / *Schmidt*, H.: [AGB-Kommentar, 1993] AGB-Gesetz: Kommentar zum Gesetz zur Regelung des Rechts der Allgemeinen Geschäftsbedingungen, 7.Auflage, Köln: O.Schmidt, 1993.

Ulmer, Peter / *Schäfer*, Carsten: [Kfz-Vertragshändler, ZIP, 1994] Zum Anspruch des Kfz-Vertragshändlers gegen den Hersteller auf Zustimmung zur Übernahme einer Zweitvertretung, in: Zeitschrift für Wirtschaftsrecht, 1994, S.753-769.

Vogt, Angelika: [Franchising, 1976] Franchising von Produktivgütern - Voraussetzungen, Beurteilungsmöglichkeiten und Einsatzmöglichkeiten, Dissertation, Darmstadt, 1976.

Vortmann, Jürgen: [Franchiseverträge, 1990] Franchiseverträge, 2.Auflage, München: WRS, 1990.

Wank, Rolf: [Arbeitnehmer, 1988] Arbeitnehmer und Selbständige, München: Beck, 1988.

- [Neue Selbständigkeit, DB, 1992] Die "neue" Selbständigkeit, in: Der Betrieb, 1992, S.90 ff.

Weber, Hansjörg: [Franchising, JA, 1983] "Franchising" - ein neuer Vertragstyp im Handelsrecht, in: Juristische Arbeitsblätter, 1983, S.347 ff.

Weise, Peter / *Brandes*, Wolfgang / *Eger*, Thomas / *Kraft*, Manfred: [Mikroökonomie, 1991] Neue Mikroökonomie, 2.Auflage, Heidelberg: Physica, 1991.

Weiss, Manfred: [Europäische Betriebsräte, ArbuR, 1995] Die Umsetzung der Richtlinie über Europäische Betriebsräte, in: Arbeit und Recht, 1995, S.438 ff.

Weiss, Manfred / *Weyand*, Joachim: [Betriebsverfassungsgesetz, 1994] Betriebsverfassungsgesetz, Kommentar, 3.Auflage, Baden-Baden: Nomos, 1994.

Weltrich, Ortwin: [Abgrenzung von Franchiseverträgen, DB, 1988] Zur Abgrenzung von Franchiseverträgen und Arbeitsverträgen, in: Der Betrieb, 1988, S.806-808.

- [Anpassung von Franchiseverträgen, DB, 1988] Anpassung von Franchiseverträgen an die neue EG-Gruppenfreistellungsverordnung, in: Der Betrieb, 1988, S.1481 ff.

- [Franchisevereinbarungen, RIW, 1989] Die EG-Gruppenfreistellungsverordnung für Franchisevereinbarungen, in: Recht der Internationalen Wirtschaft, 1989, S.90 ff.

Werner, Horst S.: [Unternehmensverbindungen, JuS, 1977] Die Grundbegriffe der Unternehmensverbindungen des Konzerngesellschaftsrechts, in: Juristische Schulung, 1977, S.141 ff.

Wessels, Andrea Maria: [Franchiseverträge, 1990] Franchiseverträge im Vergleich: Die häufigsten und schwerwiegendsten Fehler bei der Vertragsgestaltung - eine erste und umfassende empirische Ermittlung wesentlicher Regelungsinhalte deutscher Franchiseverträge, in: *DFV (Hrsg.)*: Jahrbuch Franchising, 1990, Frankfurt am Main: Deutscher Fachverlag, 1990, S.118 ff.

Westermann, Peter (Hrsg.): [Bürgerliches Gesetzbuch, 1993] Handkommentar zum Bürgerlichen Gesetzbuch, 9.Auflage, Münster: Schendorff, 1993.

Westphalen, Graf von: [Franchising, 1994] Franchising, in: *Albrecht*, Andreas: Das Rechtsformularhandbuch, 13.Auflage, Köln: O.Schmidt, 1994.

Williamson, Oliver E.: [Credible Commitments, AER, 1983] Credible Commitments: Using Hostages to Support Exchange, in: American Economic Review, 1983, S.519-540.

- [Economics of Governance, JITE, 1984] The Economics of Governance: Framework and Implications, in: Journal of Institutional and Theoretical Economics, 1984, S.195-223.
- [Economic Institutions, 1985] The Economic Institutions of Capitalism, New York: The Free Press, 1985.
- [Die ökonomischen Institutionen, 1990] Die ökonomischen Institutionen des Kapitalismus, Tübingen: Mohr, 1990.

Windsperger, Josef: [Transaktionskosten, 1985] Transaktionskosten und das Organisationsdesign von Koordinationsmechanismen, in: *Boettcher*, Erik / *Herder-Dornreich*, Philipp / *Schenk*, Karl-Ernst (Hrsg.): Jahrbuch für Neue Politische Ökonomie, Band 4, Tübingen: Mohr, 1985, S.199-218.

Wirtschaftslexikon, [Wirtschaftslexikon, 1988] 12.Auflage, Wiesbaden: Gabler, 1988.

Wöhe, Günter: [Betriebswirtschaftslehre, 1986] Einführung in die Allgemeine Betriebswirtschaftslehre, 16.Auflage, München: Vahlen, 1986.

Wolf, Manfred / *Horn*, Norbert / *Lindacher*, Walter F.: [AGB-Kommentar, 1989] AGB-Gesetz, Kommentar, 2.Auflage, München: Beck, 1989.

- [AGB-Kommentar, 1994] AGB-Gesetz, Kommentar, 3.Auflage, München: Beck, 1994.

Wolf, Manfred / *Ungeheuer*, Christina: [Franchising, BB, 1994] Vertragsrechtliche Probleme des Franchising, in: Betriebs-Berater, 1994, S.1027-1033.

- [Allgemeine Geschäftsbedingungen - Teil 1 / Teil 2, JZ, 1995] Zum Recht der allgemeinen Geschäftsbedingungen, Teil 1 in: Juristen-Zeitung, 1995, S.77-85; Teil 2 in: Juristen-Zeitung, 1995, S.176-188.

Zachert, Ulrich: [Entwicklung, WSIMitt, 1988] Entwicklung und Perspektiven des Normalarbeitsverhältnisses, in: WSI-Mitteilungen, 1988, S.457-466.

- ["Erosion", BB, 1990] "Erosion des Normalarbeitsverhältnisses" in Europa, in: Betriebs-Berater, 1990, S.565 ff.
- [Normalarbeitsverhältnis, AiB, 1992] Normalarbeitsverhältnis / Flexibilisierung, in: Arbeitsrecht im Betrieb, 1992, S.250-253.

Zeisberg, Hans Joachim: [Franchisevertrag, 1991] Der Einfluß des GWB auf vertragliche Betriebsformen von Markenwaren, unter besonderer Berücksichtigung des Franchisevertrages, Dissertation, Hagen, 1991.

Zeuner, Albrecht: [Arbeitnehmer, RdA, 1975] Überlegungen zum Begriff des Arbeitnehmers und zum Anwendungsbereich arbeitsrechtlicher Regeln, in: Recht der Arbeit, 1975, S.84-88.

Zöllner, Wolfgang: [Mitbestimmung, RdA, 1969] Die Einwirkung der erweiterten Mitbestimmung auf das Arbeitsrecht, in: Recht der Arbeit, 1969, S.65 ff.

- [Arbeitsrecht, 1983] Arbeitsrecht, 3.Auflage, München: Beck, 1983.
- [Arbeitsrecht, ZfA, 1994] Arbeitsrecht und Marktwirtschaft, in: Zeitschrift für Arbeitsrecht, 1994, S.423 ff.

Rechtsprechungsverzeichnis

Gericht	Datum	Aktenz.	Fundstelle	Paragraphen	Bemerkung
BSG	29.08.1963	3 RK 86/59	BSGE 20, S.6 ff.	§ 611 BGB	Abhängigkeit
BKartA	22.05.1968	BM-221000-RT-46/67	WuW BKartA, S.1199 ff.	§§ 18, 19, 34 GWB, Art.3 GG	Kraftfahrzeugpflegemittel
OLG Hamm	02.07.1968	4 U 46/68	BB 1970, S.374	§ 138 BGB	Sittenwidrigkeit
BGH	19.12.1968	VII ZR 83, 84/66	NJW 1969, S.750 ff.	§ 1041 Abs.1 Nr.1 ZPO	Schiedsvertrag
KG Berlin	18.02.1969	Kart V 34/67	WuW OLG S.995 f.	§ 22 GWB	Handpreisauszeichner
BSG	31.10.1972	2 RU 186/69	BSGE 35, S.20 ff.	§ 611 BGB	Arbeitnehmer
LG Berlin	25.04.1973	16 O 100/73	BB 1975, S.61	§ 139 BGB	Nichtigkeit FV
BAG	28.06.1973		AP Nr.18 zu § 5 BetrVG		
BAG	28.06.1973	5 AZR 19/73	AP Nr.10 zu § 611 BGB Abh.	§ 611 BGB	freier Mitarbeiter
KG Berlin	10.07.1973	17/4 U 1111/73	MDR 1974, S.144 f.	§ 138 BGB	FV / Wettbewerbsverb.
OLG Nürnberg	21.09.1973	1 U 56/73	MDR 1974, S.144	§§ 89a, 89b HGB	Kündigung HV
BSG	22.11.1973	12/3 RK 83/71	AP Nr.11 zu § 611 BGB Abh.	§§ 168, 441, 442 RVO, GG Artikel 5	Arbeitnehmer
BAG	14.02.1974	5 AZR 298/73	AP Nr.12 zu § 611 BGB Abh.	§§ 611, 620 BGB	Arbeitnehmer
BGH	04.03.1974	II ZR 89/72	BGHZ 62, S.193 ff. NJW 1974, S.855 JuS 1974, S.738	§§ 17, 312 AktG	Seitz
BGH	05.06.1975	II ZR 23/74	BGHZ 65, S.15 ff. WM 1975, S.1152 ff. GmbHR 1975, S.269 ff. NJW 1976, S.191 ff. JuS 1976, S.54 Nr.16	§§ 1, 13, 37 GmbHG	ITT
KG Berlin	19.06.1975	KVR 2/74	BGHZ 65, S.30 ff.	§§ 1, 70 Abs.5, 75 Abs.4 GWB	Vertriebsgesv. "ZVN"
BAG	03.10.1975	5 AZR 427/74	AP Nr.16 zu § 611 BGB Abh.	§ 611 BGB, § 256 ZPO	Arbeitnehmer
BAG	03.10.1975	5 AZR 445/74	AP Nr.17 zu § 611 BGB Abh.	§ 611 BGB, § 256 ZPO	Arbeitnehmer

			BB 1976, S.228		
BAG	08.10.1975	5 AZR 430/74	AP Nr.18 zu § 611 BGB Abh.	§ 611 BGB, § 256 ZPO	Arbeitnehmer
OLG Celle	19.12.1975	11 U 79/75	BB 1976, S.1287 ff.	§§ 1, 8 ff. AGBG	Individualv. <--> AGB
OLG Düsseldorf	24.05.1976	W (Kart) 3/76	WuW/E 1976, S.585 ff.	§§ 15, 87, 92, 94 GWB	Wimpy
BAG	02.06.1976	5 AZR 131/75	AP Nr.20 zu § 611 BGB Abh.	§§ 611, 620, 315 BGB	Arbeitnehmer
			BB 1976, S.1611		
OLG Köln	14.06.1976		WuW/E 1976, S.821 ff.	§§ 15, 18, 92, 96 GWB	Wimpy Hamburger
BGH	07.07.1976	IV ZR 229/74	NJW 1976, S.2349 ff.	§ 652 BGB	Inhaltskontrolle AGB
BGH	15.12.1976	IV ZR 197/75	NJW 1977, S.624 ff.	§ 625 BGB	vorformulierte Bed.
EG Kommission	22.12.1976	Abl. Nr.L 16	19.01.1977	Art.85 EGV	Gerofabriek
BAG	26.01.1977	5 AZR 796/75	EzA 50/1977, § 611 Nr.8	§§ 611, 620 BGB	Arbeitnehmer
BAG	09.03.1977	5 AZR 110/76	AP Nr.21 zu § 611 BGB Abh.	§ 611 BGB	Arbeitnehmer
BAG	22.06.1977	5 AZR 753/75	AP Nr.22 zu § 611 BGB Abh.	§ 611 BGB	Arbeitnehmer
			EzA 1978, § 611 Nr.14		
BAG	16.08.1977	5 AZR 290/76	AP Nr.23 zu § 611 BGB Abh.	§ 611 BGB, § 281 ZPO	Arbeitnehmer
			EzA 1978, § 611 Nr.13		
BAG	21.09.1977	5 AZR 373/76	AP Nr.24 zu § 611 BGB Abh.	§ 611 BGB	Arbeitnehmer
BGH	26.10.1977	IV ZR 177/76	WM 1978, S.245 ff.	§§ 278, 654 BGB	Provisionsanspruch
OLG Celle	28.10.1977		WM 1977, S.1389 ff.	§§ 1 Abs.2, 11 Nr.6 AGBG	
BSG	01.12.1977	12/3/12 RK 39/74	AP Nr.27 zu § 611 BGB Abh.	§ 2 Abs.1, 5 Abs.1 Nr.1 AVG	Arbeitnehmer
			BSGE 45, S.199 ff.		
BGH	02.03.1978	VII ZR 104/77	BB 1978, S.636 ff.	§ 8 AGBG	AGB / Inhaltskontrolle
BAG	15.03.1978		AP Nr.25 zu § 611 BGB Abh.	§ 611	
BAG	15.03.1978	5 AZR 819/76	AP Nr.26 zu § 611 BGB Abh.	§§ 611, 620 BGB	Arbeitnehmer
			ArbuR 1978, S.344 f.		
BAG	17.05.1978	5 AZR 580/77	AP Nr.28 zu § 611 BGB Abh.	§ 611 BGB, § 84 Abs.1 S.2 HGB	Arbeitnehmer
BAG	30.05.1978		NJW 1979, S.335 f.	§ 60 HGB	Wettbewerbsverbot
			BB 1979, S.325		
BSG	13.07.1978	12 RK 14/78	AP Nr.29 zu § 611 BGB Abh.	§ 611 BGB	Arbeitnehmer
EG Kommission	20.07.1978	Abl. Nr.L 224	15.08.1978	Art.85 EGV	Fedetab-Empfehlung
BAG	03.10.1978		AP Nr.18 zu § 5 BetrVG		
BSG	24.10.1978	12 RK 58/76	AP Nr.30 zu § 611 BGB Abh.	§ 611 BGB	Arbeitnehmer

BSG	30.11.1978	12 RK 32/77	AP Nr.31 zu § 611 BGB Abh.	§ 611 BGB	Arbeitnehmer
BGH	05.02.1979	II ZR 210/76	NJW 1980, S.231 ff.	§§ 105, 109, 114, 161 HGB	Gervais-Danone
			Die AG 1980, S.47		
			WM 1979, S.937		
			JuS 1980, S.152 Nr.11		
			NJW 1979, S.2245		
			BB 1979, S.1735		
			DB 1979, S.1833		
BAG	14.02.1979	5 AZR 490/77	AP Nr.32 zu § 611 BGB Abh.	§ 611 BGB, § 256 ZPO	Arbeitnehmer
BKartA	21.03.1979	B7-333000-RTV-84/76	WuW/E 1979, S.613 ff.	§§ 18, 26 Abs.2 GWB	Identteile
BGH	08.05.1979	KVR 1/78	BGHZ 74, S.359 ff.	§§ 10, 23 GWB, § 17 AktG	WAZ
			BB 1979, S.1418		
			DB 1979, S.1978		
			NJW 1979, S.2401		
			WM 1979, S.910		
			WuW/E BGH 1608		
OLG Frankfurt	22.01.1980	22 U 140/77	MDR 1980, S.576 f.	§§ 119 Abs.2, 459 ff. BGB	Franchisevertrag
KG Berlin	12.02.1980	23 W 128/80	DB 1980, S.2033	§ 9 AGBG	mündl. Abmachungen
BAG	23.04.1980	5 AZR 426/79	AP Nr.34 zu § 611 BGB Abh.	§ 611 BGB	Arbeitnehmer
BAG	24.04.1980	3 AZR 911/77	BB 1980, S.1471	§§ 84, 86b HGB, § 611 BGB	Manpower
			DB 1980, S.2039		
BAG	07.05.1980	5 AZR 293/78	AP Nr.35 zu § 611 BGB Abh.	§ 611 BGB	Arbeitnehmer
BAG	07.05.1980	5 AZR 593/78	AP Nr.36 zu § 611 BGB Abh.	§ 611 BGB	Arbeitnehmer
BAG	13.08.1980	4 AZR 592/78	AP Nr.37 zu § 611 BGB Abh.	§§ 611, 138, 581 BGB	Arbeitnehmer
			BB 1981, S.183		
OLG München	28.11.1980	23 U 2171/80	unveröffentlicht	§ 138 BGB	Franchising
LG Konstanz	19.12.1980	3 O 170/80	BB 1981, S.1420 ff.	§ 8 AGBG, § 830 BGB	AGB
BGH	16.02.1981	II ZR 168/79	BGHZ 80, S.69 ff.	§ 47 GmbHG, § 17 AktG	Süssen
			NJW 1981, S.1512		
BGH	26.02.1981	IV a ZR 99/80	BB 1981, S.756 f.	§ 242 BGB, §§ 9 ff. AGBG	Inhaltskontrolle AGBG
BAG	09.09.1981	5 AZR 477/79	AP Nr.38 zu § 611 BGB Abh.	§§ 611, 620 BGB, § 84 Abs.1 HGB	Arbeitnehmer
			ArbuR 1981, S.383		

BGH	05.10.1981	II ZR 203/80	DB 1982, S.846	§§ 114, 125, 161 HGB	Holiday Inn
			NJW 1982, S.1817 f.		
			WM 1982, S.394		
			ZIP 1982, S.578 ff.		
			NJW 1983, S.2920 ff.		
BGH	04.12.1981	I ZR 200/79	AP Nr.2 zu § 84 HGB	§§ 84, 65, 87 ff. HGB	Arbeitnehmer
BAG	14.01.1982	2 AZR 254/81	AP Nr.39 zu § 611 BGB Abh.	§§ 611, 620 BGB	Arbeitnehmer
BGH	11.03.1982	I ZR 27/80	NJW 1982, S.1757 ff.	§§ 84 Abs.1, 89b Abs.1 HGB	Handelsvertreter
			BGH AP Nr.3 zu § 84 HGB		
BGH	23.03.1982	KZR 28/80	BGHZ 83, S.238	§ 26 Abs.2 GWB	Diskriminierungsverbot
LAG Berlin	23.08.1982	9 Sa 27/82	EzA 114/1983	§ 611 Nr.23 ANbegriff	Arbeitnehmer
BAG	25.08.1982	5 AZR 7/81	AP Nr.41 zu § 611 BGB Abh.	§§ 611, 620 BGB	Arbeitnehmer
			EzA 116/1983, § 611 Nr.25		
VGH Mannheim	06.10.1982	6 S 2382/81		§ 1 Abs.1b MFG BW	AN / Franchising
OLG Frankfurt	02.12.1982	6 U (Kart) 31/82	WuW 1983, S.804 ff.	Art.85 EWGV, VO 67/67	Pronuptia
			WRP 1983, S.414 ff.		
BAG	13.01.1983	5 AZR 149/82	AP Nr.42 zu § 611 BGB Abh.	§§ 611, 620 Abs.2 BGB, Art.2 GG	Arbeitnehmer
LSG Hamburg	19.06.1983	I KRBf 35/83	AIB 1988, S.117 f.	§ 611 BGB	Arbeitnehmer
LAG Berlin	16.08.1983	9 Sa 23/83	AP Nr.44 zu § 611 BGB Abh.	§§ 611, 620 Abs.2 BGB	Arbeitnehmer
BKartA	17.10.1983	B 9-7-11068-V-1006/804	WuW/E 1984, S.170 ff.	§§ 22 Abs.4, Abs.5 GWB	Metro-Eintrittsvergütung
BGH	25.10.1983	KZR 27/82	NJW 1984, S.1355 f.	§ 1027 ZPO, §§ 91, 1 GWB	Schiedsklausel
BGH	05.12.1983	II ZR 242/82	BGHZ 89, S.162 ff.	§ 112, 113, 162 HGB	Heumann-Ogilvy
			JZ 1984, S.576 ff.		
BGH	21.12.1983	VIII ZR 195/82	BB 1984, S.233	§§ 9, 28 Abs.2 AGBG, § 315 BGB	Ford
			BGHZ 89, S.206		
			NJW 1984, S.1182 ff.		
BGH	26.03.1984	II ZR 171/83	BGHZ 90, S.381 ff.	§§ 17, 57 AktG	BuM
			NJW 1984, S.1893 ff.		
OLG Frankfurt	03.05.1984	6 W 14/84	BB 1984, S.1124 f.	§§ 1b, 1c Nr.3 AbzG	Franchisevertrag
			WM 1984, S.1009		
OLG Stuttgart	04.05.1984		WRP 1984, S.645 ff.		Boschdienst
BAG	09.05.1984	5 AZR 195/82	AP Nr.45 zu § 611 BGB Abh.	§ 611 BGB	Arbeitnehmer

Gericht	Datum	Aktenzeichen	Fundstelle	Normen	Stichwort
BGH	28.05.1984	III ZR 63/83	NJW 1984, S.2816 ff.	§§ 7, 9, 11 Nr.2, 3 AGBG	AGBG
BGH	03.10.1984	VIII ZR 118/83	DB 1985, S.35	§§ 242, 305 BGB	McDonald's
			NJW 1985, S.1894 f.		
			ZIP 1984, S.1494 ff.		
KG Berlin	16.10.1984	Kart 14/83	WuW/E OLG, S.3367 ff.	§§ 22 ff. GWB	Metro-Kaufhof
OLG Koblenz	26.10.1984	2 U 968/84	WuW/E 1985, S.739 ff.	Art.85 EWGV, VO 67/67	Eismann
BGH	26.11.1984	VIII ZR 214/83	BB 1985, S.218 ff.	§ 9, 11, 13, 24 AGBG	Opel
			BGHZ 93, S.29 ff.		
			DB 1985, S.1067		
			EWiR § 315 BGB, 1985, S.55		
			NJW 1985, S.623		
			ZIP 1985, S.161		
BGH	13.02.1985	VIII ZR 154/84	NJW 1985, S.2328 f.	§§ 9, 11 Nr.12a AGBG,	Laufzeit / AGBG
			BB 1985, S.956 ff.	§§ 363, 542 BGB	
LG München I	20.03.1985	7 HKO 20 168/84	NJW 1985, S.1906 ff.	§ 15 GWB	Konditionenbindung OLG
München	12.09.1985	5 U 4430/85	EWiR 1985, S.843	§ 138 BGB	Schneeballs. / FV
			NJW 1986, S.1880		
BGH	16.09.1985	II ZR 275/84	BGHZ 95, S.330 ff.	§§ 17, 18, 302, 303 AktG	Autokran
			NJW 1986, S.188		
			JuS 1986, S.236		
			GmbHR 1985, S.78 ff.		
			Die AG 1986, S.15 ff.		
			DB 1985, S.2341 ff.		
			BB 1985, S.2065 ff.		
EuGH	28.01.1986	Abl. Nr. L 13	15.01.1987, S.39 ff.	Art.85 EWGV	Pronuptia
			DB 1986, S.637 f.		
			NJW 1986, S.1415 ff.		
			WuW 1986, S.523 ff.		
			ZIP 1986, S.329 ff.		
OLG München	07.03.1986	23 U 1936/82	ZIP 1987, S.849 ff.	§ 138 BGB	Betriebsführungsv.
BGH	11.03.1986	KVR 2/85	WuW/E 1986, S.713 ff.	§§ 22 ff. GWB	Metro Kaufhof
BGH	15.04.1986	KVR 3/85	DB 1986, S.2221 ff.	§§ 15, 26 Abs.2 S.1 GWB	EH-Partner-Vertrag
BAG	15.04.1986	1 ABR 44/84	AP Nr.46 zu § 611 BGB Abh.	§ 611 BGB, § 256 ZPO	Arbeitnehmer

BGH	16.04.1986	VIII ZR 79/85	BB 1986, S.1115 BGHZ 97, S.351 ff. DB 1986, S.1452 EWiR § 1c AbzG 1986, S.529 NJW 1986, S.1988 ff. NJW-RR 1987, S.631 ff. WM 1986, S.795 ZIP 1986, S.781	§ 1c AbzG	Yves Rocher
BGH	11.05.1986	KVR 2/85	WuW BGH, S.2231 ff.	§§ 22, 23, 24, 57 Abs.1, 69 GWB	Metro-Kaufhof
BGH	12.05.1986	II ZR 11/86	NJW 1986, S.2306 f.	§§ 581 Abs.2, 556 BGB, § 235 HGB	Pachtvertrag
BGH	27.05.1986	KZR 32/84	NJW-RR 1986, S.1486 f.	§ 1 GWB	gemeinsamer Zweck
OLG Hamburg	05.06.1986	3 U 181/85	WuW/E 1987, S.393 f.	Art.85 EWGV, §§ 138 f., 242 BGB	Alster Brautmoden
OLG Koblenz	24.07.1986	6 U 677/85	NJW 1987, S.74 f.	§§ 24, 10 Nr.7 AGBG	Anwendbarkeit AGBG
OLG Schleswig	27.08.1986		NJW-RR 1987, S.220 ff.		Eismann
EG Kommission	03.09.1986	Abl. Nr.C 231	12.09.1986, S.2 ff.	Art.85 EGV	Bagatellverträge
BAG	30.10.1986	6 ABR 19/85	BAGE 53, S.187 WM 1987, S.1551 Die AG 1988, S.106	§§ 17, 18 AktG, § 5 MitbestG §§ 54, 55 BetrVG	Gemeinschaftsunt.
KG Berlin	05.11.1986	Kart 15/84	WuW/E OLG, S.3917 ff.	§§ 22 ff. GWB	Coop-Wandmaker
BGH	12.11.1986	VIII ZR 209/84	DB 1987, S.1039 NJW-RR 1987, S.612 ff.	§§ 90a Abs.1 S.3 HGB, § 138 BGB	Heim-Getränkedienst
BGH	12.11.1986	VIII ZR 280/85	BGHZ 99, S.101 ff. DB 1987, S.735 EWiR § 138 BGB 1986, S.1173 NJW 1987, S.639 ff. ZIP 1987, S.35	§ 138 Abs.1 BGB	Schinderhannes
OLG Frankfurt	26.11.1986	21 U 5/86	NJW-RR 1987, S.548 f.	§ 9 AGBG, §§ 84 ff. HGB	Handelsvertreter
EG Kommission	17.12.1986	Abl. Nr. L 13/39	15.01.1987, S.39 ff.	Art.85 EWGV	Pronuptia
EG Kommission	17.12.1986	Abl. Nr. L 8	10.01.1987, S.49 ff. WuW 1987, S.409 ff.	Art.85 EWGV	Yves Rocher
BGH	15.01.1987	III ZR 222/85	DB 1987, S.929	§§ 16, 8 AbzG	Handelsregistereintragung
OLG Düsseldorf	15.01.1987	6 U 149/86	EWiR 1987, S.311 DB 1987, S.928 f. NJW-RR 1987, S.631 ff.	§§ 1c Nr.3, 1b, 1d, 8 AbzG	Bezugsvereinbarung

			WM 1987, S.599 ff.		
LG Paderborn	19.02.1987	5 S 284/86	NJW-RR 1987, S.672 f.	§ 138 Abs.1 BGB	Vertretervertrag
BGH	19.03.1987		EWiR BGH § 127 BGB 1987, S.749		Vertragshändler, AGB
			EWiR BGH § 5 AGBG 1987, S.633		
BKartA	31.03.1987	B 6-796000-J-151/85	WuW/E 1987, S.1051ff	§§ 1, 5 Abs.2, 3 GWB	System-gut Logistik
OLG Düsseldorf	30.04.1987	U (Kart) 16/86	WuW 1987, S.921 ff.	§§ 18, 34, GWB, §§ 134, 138 BGB	Eismann
BGH	02.07.1987	I ZR 188/85	ZIP 1987, S.1383	§ 89b HGB	KFZ-Eigenhändler
			EWiR § 89b HGB 1987, S.1109		
EG Kommission	13.07.1987	Abl. Nr. L 222	10.08.1987, S.12 ff.	Art.85 EWGV	Computerland
			WuW 1988, S.343 ff.		
BGH	14.07.1987	X ZR 38/86	NJW 1987, S.2818 ff.	§§ 10 Nr.4, 9, 11 Nr.7 AGBG	KFZ-Reparaturbed.
LAG Düsseldorf	20.10.1987	16 Ta BV 83/87	CR 1989, S.33 ff.	§ 5 Abs.3 Nr.1 BetrVG	Jacques Weindepot
			DB 1988, S.293 ff.		
			EWiR 1988, S.219		
			NJW 1988, S.725 ff.		
			ZIP 1988, S.454		
OLG München	13.11.1987	8 U 2207/87	BB 1988, S.865 f.	§ 282 ZPO	Aufklärungspflicht
BAG	11.12.1987	7 ABR 49/87	BB 1988, S.1389	§ 47 Abs.1 BetrVG	Gesamtbetriebsrat
BGH	14.12.1987		BGHZ 103, S.1 ff.	Familienheim	
ArbG Solingen	17.02.1988	3 BV 24/87	AIB 1988, S.312 f.	§§ 87, 99, 101 BetrVG	Arbeitnehmerbegriff
BGH	23.02.1988	KZR 20/86	DB 1988, S.1690	§ 26 Abs.2 S.2 GWB	Opel-Blitz
			EWiR § 26 GWB 1988, S.683		
			WuW/E BGH, S.2491		
OLG Celle	18.03.1988		NJW-RR 1988, S.1516 f.	§ 138 Abs.1 BGB	
BGH	14.04.1988	I ZR 122/86	EWiR 1988, S.685 f.	§ 89b HGB	Ausgleichsanspruch
ArbG Düsseldorf	20.05.1988	4 Ca 5858/87	AIB 1989, S.128 ff.	§§ 138, 612 Abs.2 BGB	Scheinselbständige
BGH	25.05.1988	VIII ZR 360/86	BB 1988, S.2201 ff.	§ 9 AGBG, §§ 242, 433 BGB	Peugeot
			DB 1988, S.1591		
			EWiR § 9 AGBG 1988, S.737		
OLG Schleswig	28.07.1988	2 U 28/87	NJW 1988, S.3024	§§ 1 ff. AbzG	unwirksamer FV
ArbG Bremerh.	03.08.1988	2 BV 18/87	AiB 1989, S.85	§§ 89 ff. BetrVG	Propagandistin
ArbG Bonn	18.08.1988	5 Ca 1080/88			
LG Karlsruhe	16.09.1988	4 O 214/88	NJW-RR 1989, S.822	§ 138 BGB	Sittenwidrigkeit FV
BGH	19.09.1988		BGHZ 105, S.168 ff.		HSW

BGH	24.10.1988	II ZB 7/88	BGHZ 105, S.324 ff.	§§ 53, 54, 78 GmbHG	Supermarkt
			NJW 1989, S.295		
LAG Hamburg	15.11.1988	6 TaBV 6/88	unveröffentlicht	§ 99 BetrVG	BR-Zustimmung
EG Kommission	14.11.1988	Abl. Nr. L 332	03.12.1988, S.38 ff.	Art.85 EWGV	Service Master
			WuW 1989, S.523 ff.		
LG Karlsruhe	24.11.1988	5 S 245/88	unveröffentlicht	§ 138 BGB	Franchising
EG Kommission	02.12.1988	Abl. Nr. L 35	07.02.1989, S.31 ff.	Art.85 EWGV	Charles Jourdan
			WuW 1989, S.529 ff.		
OLG Zweibrück.	09.12.1988	1 U 7/88	EWiR 1989, S.729	§ 1b AbzG	Widerrufsbelehrung
LAG Köln	23.01.1989	5 Sa 1028/88	DB 1989, S.1195	§ 611 BGB	Franchise / Arbeitsv.
			NZA 1989, S.601		
			BB 1990, S.1064 ff.		
BGH	20.02.1989	II ZR 167/88	BGHZ 107, S.7 ff.	§§ 16, 17, 18, 302 AktG	Tiefbau
			NJW 1989, S.1800		
			JuS 1990, S.329 Nr.13		
			DB 1989, S.816 ff.		
			ZIP 1989, S.440 ff.		
			GmbHR 1989, S.196 ff.		
BGH	18.04.1989	X ZR 31/88	BGHZ 107, S.185 ff.	§§ 9, 11 Nr.3, 24 AGBG	Bündelziehkran
OLG Oldenburg	27.04.1989	1 U 256/88	NJW-RR 1989, S.1081 f.	§ 9 AGBG, § 4 HGB	Kaufleute
BKartA	01.06.1989	B 6-791000-Ib-220/80	WuW/E 1989, S.850 ff.	§ 56 GWB	German Parcel
OLG Hamm	08.06.1989	18 U 186/88	NJW-RR 1990, S.567 ff.	§ 9 AGBG	Handelsvertreter
ArbG Lübeck	29.06.1989	2 BV 46/89	AIB 1989, S.349 ff.	§§ 5, 6, 7 BetrVG, §§ 84, 92 HGB	AN-Eigenschaft
BAG	13.09.1989	7 ABR 5/88	NJW 1991, S.520	§ 611 BGB, § 5 BetrVG	Jacques Weindepot I
LAG Hamm	16.10.1989	19 (13) Sa 1510/88	ZIP 1990, S.880 ff.	§§ 138, 242, 611 BGB	Provisionsv.
BAG	25.10.1989	7 ABR 1/88	AIB 1990, S.254 f.	§§ 5 Abs.1, 2 BetrVG	Arbeitnehmer
LAG Berlin	29.12.1989	9 Sa 83/89	AP Nr.50 zu § 611 BGB Abh.	§ 611 BGB, § 2 ArbGG	Arbeitnehmer
LAG Hamburg	06.02.1990	3 Sa 50/89	unveröffentlicht		
BVerfG	07.02.1990	1 BvR 26/84	BB 1990, S.440 ff.	§ 90a HGB, Art.12 Abs.1 GG	Handelsvertreter
BAG	07.02.1990	5 AZR 89/89	EzA 248/1993, § 611 Nr.11	§ 611 BGB	Arbeitnehmerbegriff
BAG	21.02.1990	5 AZR 162/89	EzA 212/1990, § 611 Nr.32	§ 611 Nr.32 § 611 BGB, § 84 HGB	Jacques Weindepot
			AP Nr.57 zu § 611 BGB Abh.	§ 611 BGB, § 84 HGB	
			BB 1990, S.1064 ff.		

BAG	03.04.1990	3 AZR 258/88	AP Nr.58 zu § 611 BGB Abh.	§§ 611, 117, 181 BGB	Arbeitnehmer
BAG	10.05.1990	2 AZR 607/89	AP Nr.51 zu § 611 BGB Abh.	§§ 611, 626 BGB, §§ 4, 7, 13 KSchG	Arbeitnehmer
ArbG München	29.05.1990	14 Ca 11935/89	EzA 213/1990	§ 611 Nr.33 Arbeitnehmerbegriff	Pharmaberater
BAG	02.10.1990	4 AZR 106/90	AP Nr.52 zu § 611 BGB Abh.	§ 611 BGB, § 12 a TVG	Arbeitnehmer
BGH	08.10.1990	VIII ZR 176/89	BB 1990, S.2216	§ 1b AbzG	S-Fashion
			BGHZ 112, S.289 ff.		
			DB 1990, S.2414 f.		
			EWiR § 1d AbzG 1990, S.1145		
			NJW 1991, S.105		
			ZIP 1990, S.1410 ff.		
BAG	28.11.1990	4 AZR 198/90	AP Nr.55 zu § 611 BGB Abh.	§ 611 BGB, § 1 TVG	Arbeitnehmer
BSG	12.12.1990	II RAr 73/90	EzA 229/1991 § 611 Nr.40	§ 611 BGB	Arbeitnehmer
BAG	27.02.1991	5 AZR 107/90	EzA 232/1992, § 611 Nr.43	§ 611 BGB	Arbeitnehmerbegriff
LG Oldenburg	14.03.1991	15 O 478/88	ZIP 1992, S.1632 ff.	§§ 302, 303, 17 AktG	TBB
OLG Frankf./M.	14.03.1991	6 U 5/90	DB 1991, S.1769	§§ 1b, 1c Nr.3, 6 AbzG	AbzG, VergrKrG/FV
BAG	27.03.1991	5 AZR 194/90	AP Nr.53 zu § 611 BGB Abh.	§ 611 BGB, § 84 Abs.1 HGB	Arbeitnehmer
OLG Hamm	06.06.1991	18 U 114/90	NJW-RR 1992, S.364 f.	§ 89b Abs.3 Nr.2 HGB	Handelsvertreter
LG Koblenz	10.09.1991	4 HO 22/91	DB 1991, S.2230	§ 89b Abs.3 S.1	Ausgleichsanspruch
			DB 1992, S.2182 f.		
BGH	23.09.1991	II ZR 135/90	BGHZ 115, S.187 ff.	§§ 302, 303 AktG	Video
			ZIP 1991, S.1354 ff.		
			NJW 1991, S.3142		
			JuS 1992, S.157		
			Die AG 1991, S.429 ff.		
			GmbHR 1991, S.520 ff.		
			DB 1991, S.2176		
BGH	10.10.1991	VII ZR 2/91	NJW 1992, S.433 ff.	§ 9 AGBG	Schiedsgutachten
BGH	10.10.1991	III ZR 141/90	NJW 1992, S.575 ff.	§ 1027 ZPO, § 9 AGBG	Schiedsklausel
OLG Frankfurt	17.10.1991	6 U 57/91	NJW-RR 1992, S.620 f.	§§ 339, 343 BGB	Vertragsstrafe
BAG	30.10.1991	7 ABR 19/91	AP Nr.59 zu § 611 BGB Abh.	§ 611 BGB, §§ 5 Abs.1, 7 BetrVG	Arbeitnehmer
BGH	07.11.1991	I ZR 51/90	BB 1992, S.596	§ 89b HGB	Ausgleichsanspruch
			NJW-RR 1992, S.421 ff.		
BAG	13.11.1991	7 AZR 31/91	AP Nr.60 zu § 611 BGB Abh.	§ 611 BGB	Arbeitnehmer

BAG	29.01.1992	7 ABR 25/91	NZA 1992, S.835	§ 5 Abs.1 BetrVG	Arbeitnehmer
BGH	01.04.1992	IV ZR 154/91	NJW 1992, S.2818 ff.	§ 652 BGB, § 84 HGB	Handelsvertreter
BAG	24.06.1992	5 AZR 384/91	AP Nr.61 zu § 611 BGB Abh.	§ 611 BGB	Arbeitnehmer
OLG Hamm	28.07.1992	19 U 193/92	NJW 1992, S.3179 ff.	§ 2 Nr.3 VerbrKrG	VerbrKrG und FV
			ZIP 1992, S.1224 ff.		
LG Koblenz	04.08.1992	4 HO 22/91	DB 1992, S.2182 f.	§ 89b HGB, Art.12, 100 GG	Ausgleichsanspruch
BGH	30.09.1992	VIII ZR 196/91	DB 1993, S.477 ff.	§ 34 GWB, §§ 9 VerbrKrG 1b AbzG	Widerrufsbelehrung
BAG	06.10.1992	3 AZR 242/91	ZIP 1993, S.380 ff.	§§ 17, 18, 302, 303, 322 Abs.2 AktG	AG Union
			ZIP 1992, S.1566		
			GmbHR 1993, S.220		
BGH	15.10.1992	I ZR 173/91	DB 1993, S.222 f.	§ 89b HGB	Handelsvertreter
OLG Frankfurt	19.11.1992	6 U 71/91	CR 1994, S.156 ff.	§§ 9, 24 AGBG, § 433 BGB	Vertragshändler
BGH	10.12.1992	I ZR 186/90	DB 1993, S.674 ff.	§§ 339, 157 BGB, § 9 AGBG	Fortsetzungszus.
BGH	19.01.1993	KVR 25/91	WuW 1993, S.941 ff.	Art.85 EWGV, § 26 Abs.2 S.2 GWB	Abhängigkeit
OLG München	21.01.1993	U (K) 2843/91	WuW 1993, S.539 ff.	§ 26 Abs.2 GWB	Amortisation
BGH	28.01.1993		DB 1993, S.1282 ff.	§ 9 AGBG	Handelsvertreter
BGH	28.01.1993		BB 1993, S.818 ff.	§ 90 HGB	
BGH	10.02.1993	VIII ZR 47/92	DB 1993, S.1031 ff.	§ 276 BGB, § 89a HGB	Vertragshändler
OLG Bremen	11.02.1993	2 U 62/92	NJW 1994, S.1292 f.	§ 3 UWG	Firmenbez. / FG
BGH	03.03.1993	VIII ZR 101/92	DB 1993, S.2280 ff.	§ 89a HGB	Schadensersatz
			BB 1993, S.883 f.		
BGH	17.03.1993	VIII ZR 180/92	DB 1993, S.1766 f.	§§ 11, 12a, 13 AGBG	Vertragslaufzeit
			NJW 1993, S.1651		
BGH	29.03.1993	II ZR 265/91	BGHZ 117, S.8 ff.	§§ 302, 303 AktG	TBB
			ZIP 1993, S.589 ff.		
			NJW 1993, S.1200		
			NJW 1994, S.446 ff.		
BGH	29.04.1993	I ZR 150/91	NJW-RR 1993, S.996 ff.	§ 89b Abs.3 Nr.1 HGB	Handelsvertreter
			DB 1993, S.1969 ff.		
EG Kommission	21.05.1993	Abl. Nr. L 95	NJW 1993, S.1838		Inhaltskontrolle AGBG
BAG	09.06.1993	5 AZR 123/92	AP Nr.66 zu § 611 BGB Abh.	§ 611 BGB	Arbeitnehmer
OLG Braunschw.	17.06.1993	2 U 36/93	NJW-RR 1994, S.34 f.	§§ 87, 89b HGB, §§ 275, 323 BGB	Handelsvertreter
OLG Hamm	22.06.1993	19 U 35/93	DB 1993, S.2121 f.	§ 242 BGB	Franchising
			NJW-RR 1994, S.243 ff.		

OLG Düsseldorf	22.07.1993	6 U 84/92	Die AG 1994, S.36 ff.	§ 17, 18, 120, 171, 312 ff. AktG	Feldmühle Nobel
OLG München	10.08.1993	7 U 6431/92	NJW-RR 1995, S.292 ff.	§§ 87 ff. HGB, § 9 AGBG	Handelsvertreter
BAG	11.08.1993		DB 1993, S.480 ff.	§ 54 Abs.1 S.2 BetrVG	Konzernbetriebsrat
OLG Köln	15.09.1993	2 W 149/93	NJW-RR 1993, S.1526 f.	§ 17a GVG, §§ 2, 5 ArbGG	Arbeitnehmer
OLG München	16.09.1993	6 U 5495/92	NJW 1994, S.667 f.	§§ 276, 254 BGB	Franchisevertrag
OLG München	22.09.1993	7 U 2318/93	BB 1993, S.2403	§ 89b HGB	Handelsvertreter
			NJW-RR 1994, S.104 ff.		
			DB 1993, S.2280		
BGH	06.10.1993	VIII ZR 172/92	NJW-RR 1994, S.99 ff.	§ 89b HGB	Kundenstamm
			CR 1994, S.461 ff.		
OLG München	14.10.1993	U (K) 5333/92	WuW/E 1994, S.146 ff.	§§ 242, 276 BGB	positive Vertragsv.
BGH	19.10.1993	KZR 3/92	Die AG 1994, S.130 f.	§ 1 GWB, § 138 BGB	Wettbewerbsverbot
BGH	01.12.1993	VIII ZR 41/93	DB 14 1994, S.727 f.	§ 89b HGB	Vertragshändler
			BB 1994, S.241 f.		
			DB 1994, S.727 f.		
BGH	01.12.1993	VIII ZR 129/92	NJW 1994, S.443 ff.	§§ 626, 628 BGB	fristlose Kündigg.
LG Berlin	09.12.1993	58 S 99/93	DB 1993, S.675 f.	§§ 2 Nr.3, 7 Abs.1, 2 VerbrKrG	VerbrKrG / FV
			BB 1994, S.742 f.		
			NJW-RR 1994, S.692 f.		
BGH	13.12.1993	II ZR 89/93	ZIP 1994, S.207 ff.	§§ 17, 302, 303 AktG	Anschluß TBB
			NJW 1994, S.446 f.		
BGH	15.12.1993	VIII ZR 157/92	DB 1994, S.728 f.	§ 89a HGB	fristlose Kündigung
			ZIP 1994, S.293 ff.		
BGH	15.12.1993	VIII ZR 157/92	BB 1994, S.815 ff.	§ 89b HGB	Überlegungsfrist
OLG Frankfurt	11.01.1994	5 U 31/93	NJW-RR 1994, S.530 f.	§§ 633, 640 BGB	Warmluftofen
BGH	12.01.1994	VIII ZR 165/92	ZIP 1994, S.461 ff.	§§ 8, 9 AGBG	Daihatsu
OLG München	26.01.1994	7 U 5841/93	BB 1994, S. 1104 ff.	§ 9 AGBG, § 779 BGB	Abwerbeverbot
			NJW-RR 1994, S.867 f.		
BGH	08.02.1994	KZR 2/93	NJW 1994, S.1651 ff.	§ 139 BGB	Pronuptia II
			WuW/E 1994, S.547 ff.		
BAG	16.02.1994	5 AZR 402/93	AP Nr.70 zu § 611 BGB Abh.	§ 611 BGB	Arbeitnehmer
BGH	23.02.1994	VIII ZR 94/93	BB 1994, S.594	§ 89b HGB	Handelsvertreter
BAG	16.03.1994	5 AZR 447/92	AP Nr.68 zu § 611 BGB Abh.	§ 611 BGB	Co-Pilot als AN
OLG Koblenz	25.03.1994	2 U 1573/92	NJW 1994, S.2099 f.	§§ 1, 16, 8 AbzG	Widerrufsbelehrung

BGH	27.04.1994	VIII ZR 223/93	NJW 1994, S.1800 f.	§ 16 AbzG, § 187 BGB	Widerrufsbelehrung
BGH	04.05.1994	XII ZR 24/93	ZIP 1994, S.1189 f.	§ 6 Nr.1 Alternative 1 HWiG	selbständiger Kunde
OLG Köln	20.05.1994	19 U 237/93	CR 1995, S.24 ff.	§§ 84 ff., 87c, 89, 89b HGB	Eigenhändler
BGH	27.06.1994	III ZR 117/93	NJW 1994, S.2300 f.	§ 1027 ZPO, § 126 BGB	Schiedsvertrag
OLG Hamm	08.07.1994	19 U 28/94	BB 1994, S.1739	§ 5 AGBG	Preiserhöhungsklausel
BAG	20.07.1994	5 AZR 627/93	AP Nr.73 zu § 611 BGB Abh.	§§ 611, 170 ff. BGB, Art.5 GG	Arbeitnehmer
BGH	19.09.1994	II ZR 237/93	ZIP 1994, S.1690 ff.	§§ 302, 303 AktG	Freiberuflerkonzern
OLG Frankfurt	27.09.1994		WiB 1996, S.640 ff.		Pronuptia III
			BB 1996, S.1899 ff.		
LG Baden-Baden	29.09.1994		DB 1994, S.2196	§ 84 HGB, § 5 Abs.3 S.1 ArbGG	Handelsvertreter
OLG Hamm	15.11.1994	29 U 70/92	BB 1995, Beilage 14, S.21 f.	§ 1027 ZPO	Schiedsgerichtsklausel
BGH	23.11.1994	VIII ZR 254/93	NJW 1995, S.524 ff.	§ 9 AGBG	KfZ-VHV
BAG	30.11.1994	5 AZR 704/93	AP Nr.74 zu § 611 BGB Abh.	§ 611 BGB	Arbeitnehmer
			NZA 1995, S.622		
BGH	14.12.1994	VIII ZR 46/94	ZIP 1994, A 153	§§ 139, 581, 812 BGB	ceiling-doctor
			ZIP 1995, S.105 ff.	§§ 1, 3, 7 VerbrKrG	
			JuS 1995, S.461 f.		
			NJW 1995, S.722 ff.		
			WM 1995, S.284		
			BB 1995, S.217		
			BGHZ 128, S.156 ff.		
BAG	25.01.1995	7 ABN 41/94	ArbUR 1995, S.379 f.	§ 54 BetrVG	Konzernbetriebsrat
BGH	21.02.1995	KZR 33/93	WuW/E 1995, S.733 ff.	§§ 9 AGBG, 242 BGB, 26 GWB	KfZ-Vertragshändler
OLG Köln	08.03.1995	27 U 90/94	DB 1995, S.2211	Art.85 EWGV	Nichtigkeit eines FV?
BGH	05.04.1995	I ZR 133/93	DB 1995, S.1507 f.	§ 13 Abs.4 UWG	Haftung des FG
			BB 1995, S.1436 f.		
BGH	26.04.1995	VIII ZR 124/94	DB 1995, S.1560 ff.	§§ 138, 242 BGB, § 89 HGB	Kündigungsausschluß
BGH	03.05.1995	VIII ZR 95/94	DB 1995, S.1657 f.	§ 89b HGB	Ausgleichsanspruch
			BB 1995, S.1437 f.		
			ZIP 1995, S.1001 ff.		
BGH	04.05.1995	I ZR 90/93	ZIP 1995, S.1273 ff.	§ 26 AGNB, § 9 AGBG	geltungserh. Reduktion
BGH	10.05.1995	VIII ZR 144/94	DB 1995, S.1658 f.	§ 9 AGBG	Vertragsstrafe
			BB 1995, S.1437		
OLG Rostock	29.06.1995	1 U 293/94	DB 1995, S.2006	§§ 138, 276 BGB	Laufzeit FV

LAG Köln	30.06.1995	4 Sa 63/95	AP Nr.80 zu § 611 BGB Abh.	§ 611 BGB, § 256 ZPO, § 1 AÜG	Arbeitnehmer
BAG	26.07.1995	5 AZR 22/94	AP Nr.79 zu § 611 BGB Abh.	§ 611 BGB	Arbeitnehmer
			DB 1996, S.381 f.		
BAG	01.08.1995	9 AZR 378/94	Die AG 1996, S.222 ff.	§§ 17, 18, 302, 303 AktG,	q.f. Konzern
LSG Berlin	14.08.1995	L 15 Kv 16/95	AP Nr.83 zu § 611 BGB Abh.	§ 611 BGB	Propagandistin
BAG	05.09.1995	9 AZR 718/93	DB 1996, S.784 f.	§§ 74, 74a, 75a, 75d HGB	Karenzentschädigung
LAG Baden-W.	22.09.1995	5 Sa 28/95	DB 1996, S.434	§ 74 HGB	Wettbewerbsverbot
OLG Köln	26.09.1995	22 U 13/95	DB 1995, S.2547 f.	§ 89b HGB	Eigenhändler
BAG	22.11.1995	7 ABR 9/95	ArbuR 1996, S.232	§ 54 BetrVG, §§ 16, 17, 18 AktG	Konzernbetriebsrat
			DB 1996, S.1043 ff.		
BGH	13.12.1995	VIII ZR 61/95	DB 1996, S.724 f.	§ 304 ZPO, § 89b HGB	Kettenverträge
OLG München	13.12.1995	7 U 5432/95	DB 1996, S.422	§§ 9, 24 AGBG	Handelsvertreter
OLG Köln	18.12.1995	16 U 23/95	DB 1996, S.1329	§ 242 BGB	Koppelung KV + FV
BGH	19.12.1995	KVR 6/95	DB 1996, S.1230 ff.	§§ 22 ff. GWB	Raiffeisen
LAG Schlsw.-H.	23.01.1996	1 Sa 507/95	AiB 1996, S.198	§ 611 BGB	Handelsvertreter / AN
BAG	13.02.1996	9 AZR 931/94	DB 1996, S.434		Karenzentschädigung
BGH	27.03.1996	VIII ZR 116/95	DB 1996, S.1278 f.	§ 89b HGB	Händlervertrag
BGH	25.04.1996	X ZR 139/94	DB 1996, S.1561 f.	§§ 1b AbzG, 22 HWiG, 7 VerbrKrG	Widerrufsbelehrung
			NJW 1996, S.1964 f.		
BVerfG	20.05.1996	1 BvR 21/96	AP Nr.82 zu § 611 BGB Abh.	§ 611 BGB	abh. Beschäftigter
BGH	05.06.1996	VIII ZR 7/95	DB 1996, S.2330 ff.	§ 89b HGB	KfZ-Vertragshändler
BGH	10.07.1996	VIII ZR 261/95	DB 1996, S.2278	§ 89b HGB	Handelsvertreter
Amtsg. Nürnberg	31.07.1996	2 Ca 4546/95	AiB 1996, S.677 ff.	§ 611 BGB	Scheinselbständigkeit
OLG Oldenburg	03.09.1996	5 U 34/96	DB 1996, S.2176	§ 305 BGB	Haftung FN
BAG	12.09.1996	5 AZR 104/95	ArbuR 1997, S.121	§ 611 BGB	Arbeitnehmer
BGH	26.09.1996	III ZR 30/95	NJW 1996, S.3217	§ 1027 Abs.2 ZPO	Schiedsvertrag
BGH	26.09.1996	VII ZR 318/95	DB 1997, S.89	§§ 1, 8 AGBG	Leistungsbeschreibung
LAG Hamm	21.11.1996	17 Sa 1026/96	ArbuR 1997, S.121	§ 1 AÜG	Arbeitnehmer
BGH	11.12.1996	VIII ZR 22/96	DB 1997, S.425	§ 89b HGB	Ausgleichsanspruch
			BB 1997, S.222 f.		
BGH	28.01.1997	XI ZR 42/96	BB 1997, S.1554 f.	§ 9 AGBG	Vertragsstrafe
BGH	26.02.1997	VIII ZR 272/95	DB 1997, S.871 ff.	§ 89b HGB	Erstkunden
OLG München	27.02.1997	U (K) 3297/96	BB 1997, S.1429 ff.	§ 15 GWB	Preisbindung Sixt

BGH	07.05.1997	VIII ZR 349/96	BB 1997, S.1380 ff. DB 1997, S.1816 f.	§ 9 AGBG	Vertragsstrafe
BAG	16.07.1997	5 AZB 29/96	BB 1997, S.1591 BB 1997, S.2220 f. NJW 1997, S.2973 f. DB 1997, S.1524 ArbuR 1997, S.499 f.	§ 6 Abs.1 ArbGG	Eismann
BGH	23.07.1997	VIII ZR 130/96	WuW 1997, S.901 ff. NJW 1997, S.3304 ff.	§§ 34, 95 GWB, §§ 139, 276 BGB	Benetton I
BGH	23.07.1997	VIII ZR 134/96	NJW 1997, S.3309 ff.	§ 276 BGB	Benetton II

Paragraphenverzeichnis

Stichwortverzeichnis

A

B

C

D

E

F

G

H

I

J

K

L

M

N

O

P

R

S

T

U

V

W

Y

Z

"Kasseler Wirtschafts- und Verwaltungswissenschaften"

Herausgeber: Prof. Dr. Heinz Hübner, Prof. Dr. Jürgen Reese, Prof. Dr. Peter Weise, Prof. Dr. Udo Winand
GABLER EDITION WISSENSCHAFT

Band 1:
Heinz Hübner/Torsten Dunkel (eds.)
Recent Essentials in Innovation Management and Research
Networking, Innovation Systems, Instruments, Ecology in International Perspective
1995. XXI, 269 Seiten, Broschur DM 98,-/ ÖS 715,-/ SFr 89,-
ISBN 3-8244-6253-2
This book is a documentation of the results of a working conference of ISPIM - International Society for Professional Innovation Management. In addition to the papers it includes the fields of future research as results of Working Groups.

Band 2:
Karsten Schweichhart
Modellierung persönlichen und privaten Wissens
Individuelle Systeme zur Datenrecherche und Vortragserstellung
1996. XVI, 206 Seiten, Broschur DM 89,-/ ÖS 650,-/ SFr 81,-
ISBN 3-8244-6318-0
Der Autor untersucht, ob und wie sich privates Entscheidungswissen beschreiben läßt und wo sein Fehlen am häufigsten Defekte verursacht. An einem Unterstützungssystem zur Vorbereitung von Vorträgen werden die Hypothesen experimentell überprüft.

Band 3:
Christian Zich
Integrierte Typen- und Teileoptimierung
Neue Methoden des Produktprogramm-Managements
1996. XX, 258 Seiten, Broschur DM 98,-/ ÖS 715,-/ SFr 89,-
ISBN 3-8244-6338-5
Der Markt fordert immer öfter speziell auf den Kundenwunsch zugeschnittene, aber möglichst kostengünstige Produkte. Die integrierte Typen- und Teileoptimierung ist eine überzeugende Methode zur Lösung dieses Problems.

Band 4:
Hermann-Josef Kiel
Dienstleistungen und Regionalentwicklung
Ansätze einer dienstleistungsorientierten Strukturpolitik
1996. XXIII, 258 Seiten, Broschur DM 98,-/ ÖS 715,-/ SFr 89,-
ISBN 3-8244-6438-1
Eine dienstleistungsorientierte Strukturförderung eröffnet neue Chancen zur Belebung der regionalen Wirtschaftsentwicklung im ländlichen Raum.